Das Buch

»Seit seinem ersten Erscheinen im Jahre 1954 erweist sich dieses Buch als Standardwerk der geistigen Geschichte des Christentums in den ersten sechs Jahrhunderten. Es handelt sich sowohl inhaltlich wie formal um eine der glänzendsten Darstellungen des Geistes der alten Christenheit überhaupt.
Der Verfasser denkt ganz unabhängig von dogmatisch vorgeformten Einstellungen. Er zeigt einfach auf, daß das Christentum nicht nur äußerlich, sondern innerlich als die Erfüllung des Griechentums der Spätantike auftrat und daher gar nicht anders konnte als schließlich siegen, und dies aus inneren Gründen.
Es ist ein streng wissenschaftliches Buch, aber eines der sehr seltenen, die den aufgeschlossenen Leser tief beglücken.«

St. Galler Tagblatt

Der Autor

Der Religions- und Kulturhistoriker Prof. Dr. phil. Carl Schneider, geb. 1900 in Zwickau, lehrte zunächst in Springfield/Ohio, dann als Ordinarius an den Universitäten Riga und Königsberg. Buchveröffentlichungen u.a.: ›Neutestamentliche Zeitgeschichte‹ (1934); ›Paulusfragen‹ (1936); ›Die Kulturgeschichte des Weines in der Spätantike‹ (1958); ›Kulturgeschichte des Hellenismus‹ (2 Bde., 1967/68).

Carl Schneider:
Geistesgeschichte der christlichen Antike

Deutscher
Taschenbuch
Verlag

dtv

Gekürzte Sonderausgabe der 1954 unter dem Titel ›Geistesgeschichte des antiken Christentums‹ erschienenen zweibändigen Originalausgabe

Mai 1978
Deutscher Taschenbuch Verlag GmbH & Co. KG,
München

Umschlaggestaltung: Celestino Piatti
Gesamtherstellung: C.H. Beck'sche Buchdruckerei,
Nördlingen
Printed in Germany · ISBN 4-423-04313-X

DEN DREI FREUNDEN

ALFRED HEUSS

Althistoriker in Kiel

GABRIL KAZAROW

Archäologe in Sofia

WILLY THEILER

Altphilologe in Bern

INHALTSVERZEICHNIS

VORWORT

Dieses Buch erschien zum ersten Mal im Jahre 1954 als zweibändige Ausgabe unter dem Titel ‹Geistesgeschichte des antiken Christentums› im gleichen Verlag. Es bietet weder eine Kirchen- noch eine Dogmengeschichte, sondern versucht vielmehr ein ganzheitliches Bild der frühchristlichen Epoche zu vermitteln, wobei in einer Strukturanalyse sowohl die seelischen wie die geistigen Kräfte aufgezeigt werden. Die Untersuchung ist kritisch gegen jede Form von Dogmatismus, sie steht bewußt in der Tradition der Kulturgeschichtschreibung des 19. Jahrhunderts. Dabei folgt sie der These Willy Theilers von der ‹immanenten Entwicklung des Griechentums zur Religion›. Dieser Leitgedanke hat sich immer wieder als fruchtbar erwiesen. Er besagt, daß der Übergang vom Hellenismus zum Christentum ohne Bruch erfolgt ist, denn selbst das Alte Testament ist nur in griechischer Interpretation vom Christentum rezipiert worden. Auch bei meiner langjährigen Arbeit an der ‹Kulturgeschichte des Hellenismus› (Band I ist 1967, Band II 1969 erschienen) hat sich diese These in einem vorher kaum geahnten Ausmaß bestätigt. Aus diesem Grund schien es angebracht, die Zusammenhänge des Christentums mit der Antike auch im Titel noch stärker zu betonen. Ich habe deshalb gerne eine Anregung des Verlages aufgegriffen und der vorliegenden Sonderausgabe den Titel ‹Geistesgeschichte der christlichen Antike› gegeben. In dieser einbändigen Sonderausgabe wurde der Text nicht nur gekürzt, sondern auch gestrafft. Auf den umfangreichen Anmerkungsapparat der Originalausgabe sowie auf das Literaturverzeichnis mußte verzichtet werden, doch wurde ein ausführlicher Zitatennachweis beigegeben.

Bei der Überarbeitung des Textes wurden einige Fehler berichtigt; sachliche Änderungen vorzunehmen hatte ich kaum Anlaß – von einer größeren Ausnahme abgesehen: Der Diognetbrief wurde nicht mehr als Quelle benutzt, da er doch vielleicht erst eine Schöpfung vermutlich des süddeutschen oder elsässischen Humanismus ist.

Den drei Freunden, denen die erste Ausgabe gewidmet war, soll auch diese mit herzlichem Dank gewidmet sein. Mein Dank gilt aber auch wieder dem Verlag C. H. Beck, der diese Sonderausgabe angeregt hat, in erster Linie Herrn Dr. phil. Dr. phil. h. c. Dr. jur. h. c. Heinrich Beck, sowie seinen Mitarbeitern Frau Dr. Ursula Pietsch und Herrn Dr. Hans Richtscheid.

Speyer, im Januar 1970 *Carl Schneider*

I. EINLEITUNG

Die Erscheinung des Christentums in der Alten Welt erfährt noch immer in der Geschichtswissenschaft die verschiedensten Beurteilungen. Stellt es den Anbruch eines völlig Neuen dar, eine so durchgreifende Weltwende, wie sie in der Geistesgeschichte ganz selten oder gar einmalig wäre, oder ist es nur die folgerichtige Fortsetzung einer längst begonnenen Linie? Bedeutet es den Ausweg aus einer müden, zu Ende gegangenen Zeit, ein neues Leben in den Trümmern der Antike, oder ist es selbst nur Verfallserscheinung, Dekadenz, letzte Auflösung in die Barbarei? Ist es ein Ergebnis westlichen griechischen Geistes, oder ist es der Sieg des Orients auf europäischem Boden? Hat es mit besonderen Kräften die antike Geistes- und Religionswelt überwunden, oder ist es in Wirklichkeit von diesen überwunden worden?

Dogmatische und geschichtsphilosophische Antworten auf diese Fragen haben bisher zu keiner Lösung geführt und versprechen sie auch nicht. Daher muß zunächst historisch versucht werden, Sein und Entstehen des antiken Christentums in seiner Gesamtheit zu sehen, nicht losgelöst wie in einer ‹kirchengeschichtlichen› oder ‹dogmengeschichtlichen› oder sonstigen Vereinzelung, sondern als ein Glied der Welt, in der es aufwuchs.

Historisch gesehen stammt das Christentum aus jener Weltepoche, die sichtbar mit der militärischen und geistigen Eroberung der Welt durch Alexander und der Ausweitung des Weltgriechentums begann und mit dem Jahre 529 endete, als Justinian das mittelalterliche byzantinische Reich geschaffen hatte und die Universität Athen schloß, und als im Westen Monte Cassino, das erste rein mittelalterliche Gebilde, entstand.

Diese Welt steht unter den Vorzeichen *griechischen* Geistes. Griechisch sind alle heiligen Schriften des Christentums geschrieben, griechisch haben seine größten geistigen Führer gesprochen und gedacht, in griechischen oder stark hellenisierten Metropolen – auch Rom war es in dieser Zeit in hohem Grade geworden – haben sich die entscheidenden Jahrhunderte seiner Entstehung abgespielt.

Zu den Eigentümlichkeiten dieser Epoche gehört ihre religiöse Lebendigkeit. An ihrem Anfang ließ sich Alexander von dem mit allem Zauber des religiösen Geheimnisses umgebenen Wüstenorakel zum Zeussohn erklären, und seine Zeitgenossen haben in ihm den neuen Dionysos gesehen. Unter seinen Nachfolgern zog der eleusinische Priester und Gelehrte Timotheos der Eumolpide durch Asien und Ägypten und formte die wichtigste asiatische Religion seiner Zeit, die der Kybele, und die wichtigste ägyptische, die der Isis, nach dem Vorbild von Eleusis um.

Noch immer war ein wesentlicher Zug der homerischen Götterwelt, der Glaube an die *Menschennähe und Immanenz* Gottes, lebendig. Noch immer wurde Homer als Schulbuch gelesen, und von Kind auf stand der Mensch unter dem Eindruck von Göttern wie der «lieben Herrin Athene», die ihren Schützlingen in jeder Not hilft. Von der Freundlichkeit und Liebe der Götter hat die Zeit ein tiefes Ahnen: «Geliebte, heiß Ersehnte», betet der Fromme bei den eleusinischen Mysterien, die sich während der ganzen Epoche halten, «liebe Herrin», ἀγάπη schlechthin, heißt Isis, die «süße Mutterliebe den Nöten der Elenden zuwendet». Die Götter sind Freund und Vater, sehr gut, und wollen die Welt glücklich machen. Menander (343/2 bis 293) drückt die Stimmung einmal schön aus: «Ohne Gott gibt es kein Glück für die Menschen.» Das erlebt der einzelne wie die Gemeinschaft; noch immer vertrauen ganze Städte wie Ephesos, Athen, Antiocheia, Alexandreia ihrer Stadtgottheit in allen Nöten: «Wenn Athene die Stadt nicht behütet hätte, wäre sie längst untergegangen.»

Aber die Anfechtungen dieser Immanenzfrömmigkeit waren groß. Die Angriffe der Philosophen waren weniger gefährlich als das Leben. Diese Götter hatten weder gegen die Tyrannei diadochischer Bandenführer noch die Erpressungen römischer Statthalter, weder gegen die sozialen noch gegen die inneren Nöte der Zeit wirklich geholfen. In den breiten Schichten begann man an der Liebe der Götter irre zu werden.

Das führte in weiten Kreisen besonders der Großstadt zum *Atheismus.* In zwei Formen tritt er auf: Bei den einen äußert er sich als Hemmungslosigkeit, die keinerlei Bindungen anerkennt, jenseits von Gut und Böse steht und entweder materialistisch oder völlig skeptisch denkt. Bei den anderen tritt an die Stelle der Götter ein dumpfer Schicksalsglaube, der sich willenlos oder willentlich in das Unvermeidliche ergibt oder mit den Mitteln der Naturwissenschaft, Technik und Magie, die einander in dieser Epoche oft sehr verwandt sind, das Schicksal zu bannen sucht.

Wo der Mensch aber religiös bleibt, gewinnt er einen *neuen* Gott. Die klassische Tragödie hatte hierzu schon den Grund gelegt. Das Rätselhafte und Ungeheure des Göttlichen, die ‹Antithese von göttlichem und menschlichem Wissen› war hier in aller Schärfe gesehen. Damit wurde Gott in jeder Beziehung größer, rückte aber auch dem Menschen ferner. Gewiß hat der überall spürbare Zug zum Monotheismus auch äußere Gründe: aus den Einzelstädten wurden Großreiche und schließlich das eine Weltreich, die Menschen näherten sich einander, die Philosophien glichen sich einander an, die Kunst entwickelte Einheitsstile bis zum römischen oder byzantinischen Reichsstil, so mußten auch aus den Stadtgöttern Reichsgötter und schließlich der eine Weltgott werden. Aber die inneren Gründe sind stärker. Hoch über der Welt und doch rätselhaft sie durchwaltend herrscht unumschränkt der Eine oder die Eine, der ‹eine Zeus Sarapis› oder die eine ‹tausendnamige Isis›, und die anderen Götter sind nur noch Dämonen oder Helfer, Boten oder Kräfte.

Doch mit der Immanenz Gottes schwand seine Wärme und Farbigkeit. Gott wurde zu groß, zu verborgen, zu abstrakt. Man erkannte wohl, daß der Mensch vor ihm Staub war, aber was half das in der Not des Tages und in der Not der Seele?

Hier erneuert sich nun eine andere alte Linie griechischer Frömmigkeit. In einem langen Prozeß sind griechische und orientalische Natursymbole zu Kulten und religiösen oder theologischen Systemen geworden, in denen die Grenze von Transzendenz und Immanenz des Göttlichen immer mehr verschwand oder die echte Polarität beider zusammengeschaut wurde. Der Ort, an dem das geschieht, ist die Seele des Glaubenden, und die Wirklichkeit dieses Geschehens verbürgt der Mythos, der für den Griechen von jeher realer und ewiger war als der fluktuierende Schein der Geschichte. Der logischen und rationalen Betrachtung ist dieser Mysteriengott entzogen. Aber wer in ihm sein eigenes Menschenschicksal erkennt, wer in der Seele mit ihm leidet und stirbt, wer sein eigenes Leben zu seinem Abbild macht, der versteht ihn und wird von ihm durch alle Tiefen des Lebens und Sterbens sicher geleitet.

Auch bei der Frage nach dem Verhältnis der Gottheit zur *Welt* hat der Hellenismus ein reiches Erbe übernehmen können. Was schon die ältere griechische religiöse Weltbetrachtung von jeder Naturreligion unterschied, war die erlebte und sowohl künstlerisch wie kultisch gestaltete Spiegelung der menschlichen Götter in jedem einzelnen Teil des Kosmos. Im Meer und im Blitz, im Baum und im Bach, im Tier und im Weinstock inkarniert sich ein immanenter, persönlicher Gott. Das ist im Hellenismus nicht verschwunden, nur wesentlich modifiziert. Das Ringen um die Einheit von Gott und Natur ist eins der großen Themen dieser Epoche; eine bloße Naturbeschreibung oder kausale Naturerklärung hat im griechischen Bereich nie dauernd genügt.

Drei geistige Richtungen jedoch stellten nun diese Einheit in Frage. Die kausalmechanische Welterklärung der atomistischen *Naturwissenschaft*, nach ihren vorsokratischen Anfängen im Epikureismus neu aufgelebt und weiterentwickelt, bekämpfte jede religiöse

Weltdeutung. Zweitens schienen dem alten, von der Sophistik und Skepsis aufgenommenen und in weitesten Schichten verbreiteten griechischen *Naturpessimismus* das Leiden und die Zerstörung in der Natur einem göttlichen Walten ebenso zu widersprechen wie die Nöte der Geschichte oder des einzelnen Menschenschicksals. Drittens hat eine im Griechentum immer vorhandene *anthropozentrische* Einstellung den Kosmos entgöttert. Wo der Mensch aller Dinge Maß war und die Welt sein Herrschaftsgebiet, hatten die Götter nicht mehr viel Platz.

Allerdings waren *Gegenkräfte* da. Aus der Stoa erwuchs eine neue religiöse Welt- und Naturdurchdringungslehre. «Nichts geschieht, o Gott, auf Erden, Nichts im reinen Himmelsäther, Nichts im Meer, das du nicht wirkest.» Auf einmal war die Gottheit lebendig nahe. Mag sie mehr als Gottnatur materialistisch, mag sie mehr panpsychistisch gedacht sein, das Weltgeschehen wurde doch zu einer Sphäre überweltlich-göttlichen Seins und Handelns.

So stehen damals zahlreiche Gegensätze einander gegenüber: griechischer Welt- und Naturpessimismus und griechischer Welt- und Kosmosjubel, dualistische Zerreißung von Gott und Welt oder entgottende Aufhebung religiöser Weltsicht oder tiefste Einheit.

Viele verbleiben in Unsicherheit und relativieren alles: «Wer weiß denn, ob nicht Leben Sterben sei und Sterben Leben?» Die meisten aber entscheiden sich für die eine oder die andere Seite. Es gibt sehr viel lebensbejahende *Diesseitsreligionen* im Hellenismus. Die Fülle der Votivinschriften, die Masse der privaten Gebete, die öffentlichen Kultformen beweisen, daß der Mensch von seiner Religion alles Gute für dieses Leben erwartet, von den gröbsten materiellen Formen – es gibt ein Gebet einer Mutter um Schönheit für ihre Tochter, damit diese einen Mann oder wenigstens einen Liebhaber bekomme – bis zu den sublimsten Formen irdischen Daseins. Alle Bereiche des privaten und öffentlichen Lebens sind religiös und kultisch durchsetzt. In Getreidespeichern und Winkelkneipen stehen Hausaltärchen, bei der Eröffnung der Schiffahrt nach dem Winter oder der städtischen Kollegien nach den Ferien werden die Götter angerufen, um Sonne und Regen wird öffentlich gebetet, Reisende werden von ihrem Schutzgott begleitet, Kranke wallfahren zu Gnadenorten und Sklaven lassen sich im Tempel loskaufen.

Wo aber dieses Leben als leidvoll und rätselhaft und diese Welt und ihre Geschichte als sinnlos oder völlig vergänglich, ungerecht und unverständlich erlebt und geglaubt werden, da blühen *Eschatologie und Apokalyptik* mächtig auf, die eine mit dem Blick auf das Leben jenseits dieser Welt und nach dem Tode, die zweite mit dem Blick auf das Weltende und eine neue, andere Welt. Einzelleben und

Gesamtgeschehen gelten jetzt nur noch unter dem Gesichtspunkt ewigen Lebens und nur als Weg dorthin. Auch das war im Griechentum längst da, sei es nun, daß man es schon früh von den Umweltvölkern, Ägyptern, Babyloniern und Persern gelernt hatte, sei es, daß man es selbst gefunden hatte. Es ist nötig, diesen großen Strom schon jetzt etwas genauer zu betrachten. Viele Flüsse fließen in ihm zusammen, im Hellenismus genau wie in älterer Zeit. Eleusis lehrt und zeigt, wie der sterbliche Mensch durch Feuer verzehrt zum unsterblichen Gott wird und wie er mit seiner Gottheit durch den Hades fährt, darum läßt man sich gern noch vor dem Tode weihen. Die Orphik führt durch den Kreis der Wiedergeburten sicher hindurch und an den Schrecken der Unterwelt sicher vorbei. Die Pythagoreer verbreiten ihren Glauben an die Weltperioden, die schließlich in einer neuen Welt enden, über die ganze Erde. Die Vorsokratiker hatten dazu die philosophischen Mittel geschaffen: Pherekydes von Syros hatte die alten Mythen vom Götterkampf schon als Todüberwindung ausgelegt. Parmenides' Himmelsreise wollte in jenseitige Welten einführen. Vor allem war Empedokles nicht vergessen, der das diesseitige Leben nur als eine ethische Vorbereitung des jenseitigen gelehrt hatte.

Ohne abzureißen, geht die Kette weiter: Pindar schaut «des Lebens Ende», aber auch den «gottgegebenen Anfang» eines neuen Lebens durch die Wiedergeburt in den Mysterien, die zuletzt zur Insel der Seligen führt, wo «die goldene Blume leuchtet über dem Land voll glänzender Bäume». Sophokles bekennt sich zur Eschatologie von Eleusis: «Dreimal selig sind die, die diese Weihen geschaut haben und so hindurchwandern zum Hades. Ihnen allein ist dort Leben, den anderen aber ist dort nur Qual.» Bei Euripides steht der Glaube an «Eleusis' hadeszwingende Macht» neben Worten des Unglaubens. Bei Aristophanes ist aus einer Mysterienliturgie ein Stück erhalten, das an ein christliches Adventslied erinnert und die himmlische Hochzeit schildert, in die alles ausmündet.

Der *Hellenismus* hat die griechische Eschatologie aber nicht nur durch die Mysterienreligionen, die pythagoreischen Zirkel, die Dichter und vorsokratischen Philosophen aufgenommen, sondern an erster Stelle durch *Platon*. Dabei hat eine lange wissenschaftliche Diskussion uns schließlich doch zu der Erkenntnis geführt, daß auch die Eschatologie Platons im wesentlichen nicht orientalisch, sondern urgriechisch ist. Vor allem sind es die folgenden platonischen Gedanken, die religiöser Lieblingsbesitz des Hellenismus in weitesten Schichten sind: Aus dem Gorgias hörte man den Warnruf an die Seele, die voll Schuld nackt und schmucklos vor den Richter im Hades treten muß, und die religiöse Verpflichtung: «Ich nun, Kallikles, habe mich von diesen Reden überzeugen lassen und strebe danach, daß ich vor dem Richter erscheinen werde mit einer Seele, die so gesund wie möglich ist.» Der Kratylos enthielt unter Berufung auf die Orphik den folgenschweren Gedanken, daß sich die Seele schon im Diesseits durch Leiden für das Jenseits entsühnen könne. Der Phaidon lieferte Farben und Begriffe zur Kennzeichnung des jenseitigen Zieles, den «wahrhaftigen Himmel», das «wahrhaftige Licht», die «wahrhaftige Erde». Die Pamphylierapokalypse im Staat fügte die Vorstellungen hinzu, die die Gefühle ansprachen und doch philosophisch vergeistigt blieben, Feuerstrom, Grauen der Nacht, Totenrichter, himmlische Schönheit, Sphärenharmonie. Der Phaidros endlich ließ die Seele über den Götterhimmel aufsteigen, wenn sie sich führen läßt.

Vor allem hat die Kunst bereits in vorhellenistischer Zeit eschatologische Szenen dargestellt und verbreitet; Höhepunkt und vielfaches Vorbild war Polygnots berühmtes Gemälde in der Lesche der Knidier in Delphoi. Pausanias schildert das großartig Schattenhafte der Darstellung: sogar die Fische im Acheron erscheinen als körperlose Schatten. Aber mitten durch die Schrecken der Hölle, vorbei an dem zähnefletschenden Eurynomos, dem Oknos mit seinem Seil, der aufgehängten Phaidra schreitet furchtlos Kleoboia mit der mystischen Kiste von Eleusis, denn da sie eingeweiht ist, braucht ihre Seele nichts zu fürchten. In immer neuen Variationen ist diese Szene auf den großen Unterweltsvasen nachgeahmt worden.

Am lebendigsten finden sich diese Ideen bei einem der größten religiösen Geister der Epoche, bei Plutarch (46–125 n. Chr.). Er hat am ernstesten um das Verhältnis von Apokalyptik und Geschichte gerungen. Seine schönste Apokalypse *‹De sera numinis vindicta›* geht vom Zweifel an der Gerechtigkeit Gottes aus, von dem er sich durch das Vertrauen auf einen abwartenden, aber die Geschichte zum Ende alles Alten und Bösen und zum Neubeginn eines gereinigten Kosmos hin erziehenden Gott befreit. Die Tyrannengestalten der griechisch-römischen Geschichte bis zu Nero sind Mahnmale der eschatologisch wirkenden Gerechtigkeit Gottes, die nie zu spät kommt. Das Buch ist mit packenden mythischen Gemälden ein großes Bilderbuch der Geschichte im Spiegel der ewigen Gerechtigkeit. Selbst bei der Frage nach dem unverdienten Leiden der Kinder oder der Unschuldigen lebt bei dem Priester von Delphoi eine unzerstörbare Glaubensgewißheit: das endgültige Heil kommt, wenn sich die Seele durch die göttliche Erziehung reinigen läßt.

Im hellenisierten *Rom* haben die Enderwartungen und Jenseitshoffnungen rasch Eingang gefunden. Ennius, Varro, Ciceros Somnium Scipionis, die Dichter der augusteischen Zeit beweisen ihre

Häufigkeit auch in den gebildeten Schichten. Neu war nur, daß sie aufs stärkste mit der römischen Geschichte verschmolzen wurden. Nicht ein unbekannter Pamphylier wird Offenbarer der letzten Dinge, sondern ein Scipione. Lohn im Jenseits und Heil kann nur der erhoffen, der im Diesseits dem römischen Staat genützt hat. Aber über die römische Hochschätzung des Diesseits lagert sich die griechische Erkenntnis der Fragwürdigkeit alles Zeitlichen: «Die leben, die aus den Fesseln der Körper wie aus einem Gefängnis entflohen sind, euer sogenanntes Leben ist der Tod», und auch das mächtige Imperium ist nur ein Punkt im All; letzter dauernder Wert ist das in den Mysterien verliehene Heil der Seele. Oder man empfindet wie Horaz: die dunklen Bilder von den Schrecken der Endzeit entnimmt er der römischen Gegenwart, die hellen dem griechischen Mythos. Am engsten ist die Verschmelzung bei Vergil. In der Äneis stehen mythische Höllenfahrt und geschichtlicher Glaube an das goldene Zeitalter des Gottessohnes Augustus nebeneinander. In der viel mißhandelten vierten Ekloge trägt das heilbringende Kind historische Züge, das neue Zeitalter aber wird mit bukolisch-mythischen Farben gemalt.

Nun aber steht alle eschatologische Erlösungssehnsucht nicht nur in Beziehung zum Erleben des Leides, sondern vor allem zu dem der *Schuld*. Auch das ist kein orientalischer Import, sondern ebenso altgriechisch wie die Eschatologie. Der Grieche hat insofern immer ein anderes Schuldgefühl gehabt als der Orientale und der vorhellenistische Römer, als bei ihm Schuld nicht Gesetzübertretung ist, sondern Hybris und prometheisches Trachten, die Götter auszuschalten, zu bekämpfen oder zu überlisten. Der hellenistische Mensch hat das nun nicht mehr so heroisch erlebt wie die klassische Tragödie, aber die Versuchung zum Hochmut nimmt auch er sehr ernst. Dazu kommt durch die mit jeder Großstadtkultur verbundene Dekadenz ein Schuldgefühl gegenüber den Unbeherrschtheiten der Triebe, und durch die populären ethischen Predigten und Lasterkataloge der Stoiker und Kyniker ein Schuldbewußtsein gegenüber allem Handeln aus Unvernunft und Unordnung. Im römischen Bereich aber erwächst ein neues, zum Teil erschütterndes Schuldgefühl aus dem Mord der Bürgerkriege und Proskriptionen, den Korruptionen und Ausplünderungen besonders in den grauenvollen Zeiten des ersten vorchristlichen und des dritten nachchristlichen Jahrhunderts.

Vier Möglichkeiten gibt es für die hellenistischen Religionen, von der *Schuld frei* zu werden. Die erste besteht in asketischen Leistungen. Die römische Dirne macht unter viel Beschwerden eine Wallfahrt nach Meroe in Ägypten oder badet in einem aufgehackten Eisloch. Schwieriger und unsicherer ist die Sühne durch ethische Leistungen. Jeder Frevel kann allmählich durch ein Übermaß an guten Taten ausgetilgt werden, nur liegen dem Griechen im allgemeinen kasuistisch-spekulative oder katalogisierende Aufzählungen weniger als dem Römer. Drittens gibt es den Glauben an die Möglichkeit stellvertretender Sühne. So gilt im Kynismos unserer Epoche der Kyniker und sein göttlicher Führer Herakles als der Stellvertreter für die Menschheit, der um der Mitmenschen willen unendliche Mühen und Leiden freiwillig trägt. Endlich wird in den tiefsten Schichten hellenistischer Frömmigkeit der Mensch durch die *Gnade* der Gottheit allein frei von Schuld und Strafe. Auch das war nicht neu. In der Orestie lebt es schon im Hintergrund des alten Mythos: nur die Gnade der Gottheit spricht Orest frei. Aischylos hat daraus in großartiger Schau den Kampf zwischen den alten Göttern der Gerechtigkeit und den jungen Göttern der Gnade gemacht und damit zum ersten Male deutlich eins der Hauptthemen der hellenistischen und auch christlichen Religionsgeschichte angeschlagen. In den Mysterienreligionen ist diese Gnade Gewißheit. In der Mysterienweihe schenkt der Gott mit oder ohne Bußleistungen Vergebung der Schuld; auch der in Eleusis geweihte Dieb Pataikion wird selig, und die Freundlichkeit der Isis erlöst auch die Dirne von ihrer Schuld.

Damit ist der Gott selbst zum *Erlöser* geworden. Sei es nun der höchste Gott, sei es dessen Sohn oder einer der anderen Götter oder Gottmenschen, immer gewinnt er das Herz des hellenistischen Menschen nicht als Schöpfer oder Gesetzgeber, sondern als ‹Wohltäter›, ‹Helfer› und ‹Heiland›, als ‹Mittler› zwischen Himmel und Erde, als ‹Freund› und ‹Bruder›. Alle Lasten des Leibes und der Seele nimmt er der Welt ab. Durch Wunder, die der Gläubige in zahlreichen schönen Aretalogien, Lobpreisungen, Votivinschriften dankbar bekennt, heilt er selbst unheilbare Krankheiten, stillt Stürme auf dem Meer, steht in allen Nöten des Alltags bei, gewährt aber vor allem Frieden und Ruhe der Seele, unzerstörbare Freude und schließlich Überwindung des Todes und jenseitige Seligkeit. Er vermag das, weil er am Schicksal des Menschen teilnahm, selbst Mensch wurde, alle Not mit dem Menschen litt, aber sie kraft seiner göttlichen Macht überwand. Ein schönes Beispiel ist der hellenistische Herakles. Schon zur Zeit Pindars weiß man, also um 500 v. Chr., daß er, der Gottessohn, als ein Mittler für die Menschen bittet, jetzt wird er Erlöser und Vorbild zugleich, geht durch die Welt mühselig und beladen, heimat- und besitzlos, friedliebend und doch ein Kämpfer, alle Falschheit und Lüge verschmähend, schlicht, «im größten gut», überall helfend und die Menschen zur Nächstenliebe aufrufend. Vor den Augen seiner Mutter leidet er schließlich den Tod, dafür aber darf er auch das goldene Zeitalter beginnen und zu den Göttern heimkehren.

Auf dreifache Weise wird die Erlösung dem einzelnen Frommen zuteil, durch Mystik, Sakrament und Ekstase. Im mystischen Erleben überträgt der Mensch das Schicksal des Gottes auf sein eigenes und wird so allmählich in den Gott selbst verwandelt. In den vielfältigen Formen der hellenistischen Sakramente, in Taufe, Kultmahl, im Anziehen heiliger Gewänder, in symbolischer Hochzeit mit dem Gott wird das Heil ganz real übertragen, was man freilich entweder geistig oder stofflich verstehen konnte. Endlich spricht in der Ekstase, die entweder als höchste Gnade und reines Geschenk empfunden oder durch technische Mittel erstrebt wird, der Gott selbst im Menschen und schenkt ihm so höchste Seligkeit.

Diese wesentlichen Grundzüge hellenistischer Religion haben sich weithin selbst der Religion mitgeteilt, die von ganz anderen Wurzeln herkam, dem *Judentum.* Seit dem dritten vorchristlichen Jahrhundert sind weite Kreise des Judentums stark hellenisiert worden. In Alexandreia, wo man jedes Jahr ein Fest zu Ehren der Septuaginta feierte, können wir den Prozeß am besten beobachten. Hier hat wohl auch der Eumolpide Timotheos bei seinem Versuch, alle Religionen in hellenistische Mysterienreligionen nach dem Vorbild von Eleusis zu deuten, sich mit dem Judentum befaßt, denn er tritt bis ins Mittelalter hinein in der jüdischen Literatur auf als der durch die ganze Welt reisende ‹berühmte Arzt Timotheos der Makedone›. Hier dringt der Platonismus ins Judentum ein, hier entsteht eine Art jüdisch-hellenistischer Mysterienreligion, hier übt Philon seinen großen Einfluß aus. Gewiß darf man dessen Griechentum nicht überschätzen. Festugière hat mit Recht darauf hingewiesen, daß er in der Hauptsache von «griechischen Gemeinplätzen» lebt. Die schöne Entdeckung Goodenoughs, er habe seine Schriften in einer für Juden bestimmten und einer für Griechen bestimmten Edition herausgegeben, wobei er sich in der einen als Jude, in der anderen als Grieche zeige, bestätigt das. Aber es gibt manchen hellenisierten Römer oder Afrikaner, der viel weniger griechisch empfindet als Philon.

Auch außerhalb Ägyptens gibt es hellenistisches Judentum. Josephus bemüht sich, die jüdischen Parteien zu griechischen Philosophenschulen zu machen, und beteiligt sich an der Kaiserverehrung, jüdische Grabinschriften unterscheiden sich textlich kaum von anderen, selbst die Mischna und das übrige rabbinische Schrifttum sind bei aller Griechenfeindschaft voll von griechischen Worten und Gedanken.

Aber auch das am stärksten hellenisierte Judentum kann noch eigentümliche Züge aufweisen, die nicht im Hellenismus aufgingen.

Das liegt an der größten Schöpfung des hellenistischen Judentums, an der *Septuagintaübersetzung* des Alten Testamentes. Sie ist wenige Jahre nach der umstürzenden Tat des Eumolpiden Timotheos in derselben Stadt begonnen worden, in der es gelang, die ägyptischen Religionen in hellenistische umzuschmelzen. Aber sie hat nicht zum gleichen Ergebnis geführt. So vieles in der Septuaginta auch *interpretatio Graeca* ist, die versucht, Altjüdisches umzudenken, der Gesamtgehalt des Alten Testamentes war zu ungriechisch, um wirklich hellenisiert werden zu können. Die völlige Hellenisierung des Judentums ist nicht an politischen Konstellationen, sondern ist zuletzt am Alten Testament gescheitert. In ihm stand zu vieles, was sich nicht hellenisieren ließ.

Zwar, der jüdische *Eingott* ließ sich leicht mit dem höchsten hellenistischen Gott verbinden. Wir haben Münzen, auf denen ganz unbefangen Jahve als Dionysos oder Dionysos als Jahve bezeichnet wird. Daß dieser eine und höchste Gott aber nach dem Zeugnis der jüdischen heiligen Schriften in besonderer Weise Israels Gott sein sollte, hat die hellenistische Welt nie verstehen können.

Man konnte auch das zahlreiche *eschatologische* und *apokalyptische* Gut, das das Judentum seit dem Exil und der Perserzeit hervorgebracht hatte, hellenisiert aufnehmen. Aber seine doch nur schwer abzulösende Bindung an ein kommendes Reich Israel und damit überhaupt die kaum ablösbaren Bestände an Nationalkult, Nationalreligion, jüdischem Rassenbewußtsein paßten nicht in die hellenistische Einheitswelt, ließen sich auch nicht einfach streichen. Erst dem Christentum ist es gelungen, durch die Trennung von ‹fleischlichem› und ‹geistigem› Israel das zu rezipieren.

Dazu kommt noch etwas sehr Bedeutsames. Das hellenistische Judentum erhob mehr als alle anderen nichtgriechischen Kulturen und Religionen den Anspruch, geistig überlegen zu sein und alle erziehen zu können. Eine Institution wie die von Willrich so genannte Fälscherzentrale von Alexandreia, die wahllos Urkunden zugunsten des Judentums fälschte oder billige griechische Dichterausgaben veranstaltete, in die Verse jüdischer Propaganda eingeschmuggelt wurden, ist einmalig in der Alten Welt. Wie tief der Einfluß des hellenistischen Judentums wirklich gegangen ist, läßt sich aus Mangel an zuverlässigen Quellen kaum sagen. Aber sein Missionsdrang ist bis ans Ende des 1. nachchristlichen Jahrhunderts sehr groß. Allerdings überrascht, daß die griechische und römische Welt von der Septuaginta kaum Notiz nimmt. Trotz der umfangreichen griechischen und lateinischen Literatur über das Judentum findet sich kaum einmal eine Anspielung auf sie. Um so erstaunlicher ist es, daß es dem Christentum gelang, in kurzer Zeit die Septuaginta in den weitesten Kreisen zu verbreiten.

Die Wirkung der hellenistischen *Synagoge* dagegen war größer. Ovid und andere bezeugen uns, daß man in sie genau so ging wie in den Isistempel: ihre Vorlesungen und Gottesdienste standen jedem offen, und davon machte man in den Großstädten gern Gebrauch. Was man als Nichtjude hier hörte, war gewiß zum großen Teil nichts anderes als die Lehren stoischer und anderer Popularphilosophen, viel Moral, viel kynisch-stoischer Ernst in leicht orientalischer Form, Polemik gegen Götzendienst und Götzenbilder, eschatologische Hoffnungen, Erwartung eines Erlösers, Glauben an einen einzigen höchsten Schöpfergott. Man empfand die Synagoge als vernünftig, und das war das Anziehende an ihr. Aber man empfand sie nicht als einen unverständlichen Fremdkörper im geistigen Gesamtbereich. Dazu hatte sie sich dem Hellenismus viel zu sehr angepaßt.

Im schroffen Gegensatz dazu stand das Judentum, aus dessen Kreisen die *rabbinischen* Schriften stammen. Diesen Pharisäern und Schriftgelehrten galt der Hellenismus als teuflischer Gegner. Zwar haben auch sie sich nicht von ihm fernhalten können, aber sie haben es auf jede Weise versucht. Hier entstand eine aus genuin Jüdischem, Persischem, Babylonischem und Gemeinorientalischem gemischte Geisteswelt, die oft von der Abwehr alles wirklich oder vermeintlich Griechischen lebte.

Im rabbinischen Judentum steht *Gott* nur noch theoretisch im Zentrum. Er ist weder ein zu durchdenkendes Problem noch ein erlebter Naher noch ein wirklich gefürchteter Ferner, sondern ein Theologumenon, das in völliger Abstraktheit hinter seiner Haupthypostase, dem Gesetz, zurücksteht. Wo man ihn noch durch Gleichnis abbildet, sitzt er mit Gebetsriemen versehen und studiert im Gesetz Tag und Nacht.

Dieses Gesetz, dem Gott sich beugt, ist die kasuistische Regelung aller möglichen und vor allem auch aller unmöglichen Situationen. Nie wieder hat der menschliche Geist eine solche Fülle von Kasuistik entwickelt wie bei diesen Rabbinen. Für den Jerusalemer Tempel werden Gesetze zum Auskehren der Asche entworfen, als dieser schon längst nicht mehr steht und auch gar nicht mehr neu entstehen soll, und zwar mit derselben Gewichtigkeit wie etwa die Gesetze höchster Ethik. Ein englischer Arzt behauptet, der *Talmud* habe sich mehr mit der menstruierenden Frau beschäftigt als die antike Medizingeschichte, aber nicht aus medizinischen Gründen, sondern um alle Erscheinungen mit allen nur denkbaren und undenkbaren Sonderfällen gesetzlich zu umspinnen.

Wie und warum es seit dem Exil zu dieser Entwicklung gekommen ist, ist so oft erörtert worden, daß es nicht noch einmal zu geschehen braucht. Es ist nicht leicht, sich in diese Mentalität hineinzudenken. Es ist heilsnotwendig zu wissen – und danach zu handeln –, ob man beim Gebet aufhören darf, wenn man von einer Schlange gestochen wird oder ob das Gebet noch gültig ist, wenn schon die dünne grüne Linie des Purkinjeschen Phänomens am Abendhimmel erscheint. Nur Kung-tze in China hat Ähnliches aufzuweisen, aber dort ist die Kasuistik zeremonieller, hier ist sie mit dem ewigen Heil des Menschen gekoppelt. Das ist das Einmalige der rabbinischen Religion.

Denn die Erfüllung möglichst aller dieser Gesetze, die mit jeder Rabbinengeneration zahlreicher wurden und die doch nur Interpretation des mosaischen Gesetzes sein wollten, heißt die *Gerechtigkeit* erlangen, die Gott vom Menschen fordert. Ob die Einzelgesetze oder ihr Sinn dabei verstanden werden, ist unwichtig. Sie müssen erfüllt werden, weil Gott Gehorsam um jeden Preis verlangt und das Gesetz mit dem Willen Gottes identisch ist. Das Korrelat dieses Gerechtigkeitsbegriffes ist der Vergeltungsbegriff, der aus den ältesten Schichten des Alten Testamentes stammt und bei den Rabbinen immer schonungsloser wird, wenigstens theoretisch. ‹Auge um Auge, Zahn um Zahn› – nach diesem Grundsatz handelt auch Gott mit dem Menschen. So kann man mit einem *syllogismus practicus* aus der Strafe auf die Schuld, aus der Schuld auf die Strafe eindeutig schließen. Beim Anblick einer Wasserleiche ruft ein Rabbi aus: «Weil du ertränkt hast, bist du ertränkt worden, wer dich aber ertränkt hat, wird wieder ertränkt werden.» Gewiß hat man gesehen, daß man damit nicht einfach durchkam, und gewiß hatte man im Alten Testament von der Güte und Gnade Gottes gelesen, aber unter der Herrschaft des Gesetzes wurde die Gnade nicht mehr als Gesinnung Gottes erlebt, sondern als Schulderlaß, Amnestie, Nichtzurechnen der Schuld aus juristisch tragbaren oder eben noch tragbaren Gründen: um der überschüssigen Leistungen der Erzväter willen, mit denen man blutsmäßig verbunden ist oder es durch die Proselytenbeschneidung werden kann, auf Grund der mildernden Umstände menschlicher Unwissenheit, Fahrlässigkeit, sündiger Empfängnis, an der man selbst unschuldig ist.

Eine solche Heiligkeit und Heilsnotwendigkeit des Gesetzes forderte die Unantastbarkeit, Heiligkeit und genaue Fixierung der *Gesetzbücher*, die Entstehung einer gültigen kanonischen Umgrenzung, aber zugleich die Sammlung, Tradierung und Normierung aller seiner Kommentare, die auf orthodoxe Gültigkeit Anspruch erheben. War der Begriff des göttlichen kasuistischen Rechtes seit der alttestamentlichen Frühzeit gegeben, so konnte sich die Religionsgeschichte in der Hauptsache als Rechtsgeschichte weiter vollziehen. Dabei rückt der Kommentar ganz von selbst mehr und mehr auf die gleiche Höhe wie das Gesetz oder Gesetzbuch. Nunmehr tritt neben die Formel ‹Es steht geschrieben› die andere ‹Es ist überliefert›. Beide besitzen die volle Autorität göttlicher Herkunft und göttlicher Jurisdiktion mit Einschluß göttlicher Strafe oder Amnestiemöglichkeit. Der Schriftgelehrte und Priester wird zum göttlichen Rechtsanwalt und Staatsanwalt zugleich, letzteres, indem er die ewige Anklage gegen den Menschen erhebt, der nicht jedes Jota des Gesetzes erfüllt, ersteres, indem er ihm Schliche nachweist, wie man auch das göttliche Gesetz legal umgehen kann, wenn man nur genügend Gesetzeskenntnis hat. Nirgends in der Religionsgeschichte und in der Rechtsgeschichte gibt es eine Parallele zu den beiden Traktaten über den Sabbat, wo buchstäblich im zweiten gelehrt wird, wie man das umgehen kann, was im ersten gefordert wird.

Für den einzelnen entwickelt sich daraus eine beständige *Angst* vor dem Nichterfüllen und der damit verbundenen Strafe. Typisch ist die Geschichte von dem Rabbi, der sich täglich eine Zeitlang auf einen heißen Ofen setzt, um sich schon jetzt an die Glut der Hölle zu gewöhnen. Der Pharisäer hat immer Angst. Angst davor, daß ihm ein kostbares Wort seines Gesetzlehrers entgehen könne und er dadurch ein Gesetz nicht lerne, das er dann unbewußt übertrete; deshalb legt er sich nachts unter das Bett seines Meisters, damit er hört, was dieser im Schlaf spricht. Angst vor falscher Interpretation, daher beständige Angst vor Ketzerei, Angst vor Bann und Fluch durch die Gemeinde, Angst endlich vor der Hölle, in der alles erbarmungslos abgebüßt werden muß. Die ‹Lust am Gesetz› und das ‹Licht seines Weges› wird von der Angst aus nicht unwesentlich verdunkelt. Nur eine tägliche harte Buße, ‹deren Tore sich nie schließen›, kann diese Angst mildern, wobei es ganz auf den einzelnen ankommt, ob er darunter eine Gesinnung oder nur mechanische Bußleistungen versteht.

Zur Angst kommt der rastlose, oft geradezu nervöse Eifer, das ‹Rennen und Laufen› um das Gesetz. Er erscheint als Eifer um die minuziöse Erfüllung bis zum Letzten, um ein sich einbohrendes Verständnis in irgendein Wort in der Gesetzesformel, um neue Kommentierungen noch nicht völlig erschöpfter Punkte, um Bekämpfung der Gegner. Das Gesetz strömt keine Ruhe aus, es peitscht den Menschen auf. Der Eifer kann heroisch werden: um des Gesetzes willen, wegen der Frage des Schweinefleischessens oder der Sabbatruhe kann man sein Leben aufs Spiel setzen; aber er kann auch sehr kleinlich werden, ewigen Streit zwischen den Schriftgelehrten hervorrufen, gegenseitige Verketzerung, Haß und Zank ohne Ende.

Die dritte Folge dieser Gesetzlichkeit ist der *Verlust jeder Naivität.*

Alles wird reflektiert. Der Feiertag hört auf, befreiend und beruhigend zu sein, weil man nachdenken muß, was man noch tun kann oder wie man das Verbotene rechtmäßig umgehen kann. Ein Beispiel für tausende: Am Sabbat darf man nur eine kleine Strecke zurücklegen. Da sich das bei Seereisen nicht durchführen läßt, wird eine Ausnahme gestattet, wenn man ‹über Wasser fährt›. Daraus läßt sich nun der kleine Sabbatweg unbeschränkt verlängern: man braucht nur einen Wasserschlauch auf seinen Esel zu legen und sich darauf zu setzen, dann kann man reiten, so lange man will. Man darf am Sabbat nicht kochen, aber man will doch warm essen – also erfindet man die Kochkiste.

Sehr gegensätzlich wirkt das Gesetz auf das religiöse *Selbstbewußtsein* ein. Einerseits führt es zu den quälendsten Minderwertigkeitsgefühlen, wenn man sieht, wie wenig man in Wirklichkeit erfüllen kann oder auch nur von den Gesetzen weiß und kennt. Dann ist der Mensch vor dem Gesetzgeber Gott und seinem Gesetz nichts als ein ‹übel riechender Tropfen›, voller Übertretungen, Sünde und Schuld, unzulänglich und unwissend. Andererseits aber erwächst aus dem Eifer um das Gesetz der religiöse Hochmut des Leistungsmenschen, der seine erfüllten Gesetze quantitativ aufrechnen und vor Gott darstellen kann: «Ich danke dir, Gott, daß ich nicht so bin wie andere Menschen.» Beides ist oft in dem gleichen Pharisäer vertreten, und beides raubt wiederum jede religiöse Naivität und Kindlichkeit.

Aus dem allen erklärt sich auch die besondere Art pharisäischer *Eschatologie.* Der Messias ist der Kommende, der den Seinen das letzte, restlose Verständnis des Gesetzes enthüllen wird. Was heute auch der beste Schriftgelehrte noch nicht weiß, wird der Messias offenbaren, und damit zugleich die letzten göttlichen Absichten und Pläne. Das Endgericht ist eine kaufmännische Bilanz: Bücher werden aufgeschlagen, aus denen hervorgeht, ob der Angeklagte mehr Gesetze erfüllt oder übertreten hat. Der Messias ist dabei nicht Welterlöser, sondern Weltrichter und Priester-König. Gnade wird dem Menschen nur dann zuteil, wenn er ebenso viele gute wie schlechte Werke getan hat: dann wird ihm ein gutes zugelegt. Das Ziel des Weltgerichtes ist nicht Erlösung von Stoff, Leid und Tod, sondern Straffreiheit oder Belohnung. Das Volk wird belohnt mit einem neuen politischen Dasein, der einzelne mit Teilnahme an einem jenseitigen Festmahl, bei dem Leviathan und Behemoth, die beiden dämonischen Ungeheuer, von den Seligen verspeist werden.

Beide Formen des Judentums sind *nur zum Teil* durch den gemeinsamen Besitz des Alten Testamentes zusammengeklammert, denn das hellenistische Judentum benutzte die Septuaginta, die das rabbinische verwarf. Aber eine straffe *Organisation* verband alle Synagogen. Sie waren mit der Spitze – erst in Jerusalem, später an verschiedenen Orten – durch Sendboten, Hirtenbriefe und regelmäßige Berichte verbunden. Eine gut durchorganisierte Selbstbesteuerung, ein strenges Ausschluß- und Aufnahmerecht, völkerrechtliche Verträge mit der Umwelt verbanden untrennbar. Man half einander, trug gemeinsam die finanziellen Lasten, aber man kontrollierte und exkommunizierte einander auch. Im Sabbat, in der Einhaltung der Speisegebote, in der Beschneidung oder Proselytentaufe hatte diese Weltmacht ihre äußerlich sichtbaren Zeichen.

Daraus folgen weiter noch zwei Einzelheiten, die das Judentum von der griechischen Welt entscheidend trennen. Diese setzt doch zuletzt hinter alle irdischen Gegebenheiten manches Fragezeichen, und das von jeher. Mit Homer beginnt eine pessimistische Linie im Griechentum, die nie abreißt, und damit eine ständige Neigung, das Empirische zu relativieren oder seine Vergänglichkeit zu betonen. Das Judentum dagegen ist von einer ausgesprochenen *Diesseitigkeit*, selbst im Eschatologischen. Darum nimmt der Jude das Diesseits ernster als der Grieche. Er reflektiert dauernd über Speise und Trank, Geschlechtsleben und Arbeitsnormen, Wirtschaft und Kultfunktionen äußerer Art. Dabei fehlen ihm alle ästhetischen Hemmungen. Der Grieche leidet schwer unter dem Häßlichen in der Welt, dem Juden ist das überhaupt kein Problem.

Schön zeigt sich dieser Gegensatz im Verhalten zur *Geschichte*. Der Grieche steht oft ratlos vor den Rätseln der Geschichte, dem Juden ist, mit wenigen Ausnahmen unter hellenistischem Einfluß, die Geschichte immer ‹deuteronomistisch› deutbar: man kann sie ablesen am Verhalten des Menschen zum Gesetz. Um Israels willen hat Gott die Welt geschaffen, und Israel wird sie dann dienstbar sein, wenn Israel das Gesetz erfüllt. Tut es das nicht, straft es Gott mit Geschichtskatastrophen. Aus dieser Erkenntnis aber erwuchs eine fast unbeschränkte Leidensfähigkeit.

Zwischen hellenistischem und rabbinischem Judentum einerseits, zwischen dem Judentum überhaupt und der hellenistischen Welt andererseits gab es nun eine große Menge von Sonder- und Zwischenformen, exklusive Kreise, Sekten, Weltanschauungsgruppen, Einsiedler aller Art. Teils sind sie durch andere Auslegungen des Gesetzes, teils durch einen anderen Grad der Hellenisierung oder der Mischung mit Persischem und Babylonischem entstanden, teils sind sie Ausprägungen religiöser Individualisten. Ihre Bedeutung für die Geistesgeschichte ist gering, aber so ziemlich jede von ihnen ist in der Neuzeit einmal – wenigstens bis die nächste Hypothese das Gegenteil behauptete – zur Quelle des Christentums gemacht worden. Diesem Schicksal sind weder die Essener noch die Mandäer noch die Sektierer der Rollen vom Toten Meer entgangen. Daher müssen wir uns hier kurz mit ihnen beschäftigen, obwohl solche Übertreibungen sich bisher meist von selbst wieder erledigten.

Die älteste und bedeutendste Abspaltung waren die *Samaritaner*, die zwar judaisierte, aber hellenistischen Einflüssen stärker offen stehende Mischbevölkerung, deren Anfänge auf den Einstrom fremder Siedler während der Exilszeit zurückgehen. Sie haben eine eigene, doch wenig abweichende heilige Schrift, vollziehen die jüdischen Riten etwas anders, besitzen seit langem ihr eigenes Heiligtum auf dem Garizim, das jedoch nach seiner Zerstörung 128 v. Chr. durch den Hohenpriester Joh. Hyrkan nicht wieder aufgebaut wurde, erwarten einen eigenen Messias, den Ta'eb. Der Verfasser des Johannesevangeliums hat sie gekannt und wenigstens einer der bedeutendsten frühchristlichen Synkretisten, Dositheos, ist aus ihnen hervorgegangen. Größere Bedeutung hatten die *Essener*, eine Art Ordensbildung. Ähnlich wie eine Reihe anderer jüdischer Täufersekten, von denen wir oft nicht mehr als die Namen kennen, legen sie großen Wert auf Waschungen, halten gemeinsame Mahlzeiten, lehnen Tempel und Kult von Jerusalem ab, besitzen eigene Schriften, die Vorstellungen hellenistischer Mystik enthalten, aber auch religiöse Geschichtsbetrachtungen, falls das Jubiläenbuch aus ihren Kreisen stammt. Die ‹Gemeinde des neuen Bundes im Lande Damaskus› entstammt der Zeit der pharisäisch-sadduzäischen Machtkämpfe im 2. vorchristlichen Jahrhundert. Von einem ‹Lehrer der Gerechtigkeit› in Jerusalem gegründet, wurde sie von einem ‹Mann der Lüge› exiliert und wanderte nach Damaskus aus. Sie ist identisch oder ganz nahe verwandt mit der Sekte, der die Rollen gehörten, die seit 1947 in Qumran aufgefunden wurden. Neben einem Jesajatext und einem Habakukkommentar, einem Hymnenbuch, einer Lamechapokalypse und einem Buch der ‹Kämpfe der Kinder des Lichtes gegen die Kinder der Finsternis› enthalten sie die ‹Sektenrolle›, eine Gemeindeordnung mit Aufnahmezeremonien, einem anthropologischen Exkurs und einem Schlußhymnus. Eine nüchterne Betrachtung zeigt, daß es sich weder um viel Neues noch um viel Bedeutsames handelt. Die Lehre besteht aus einem vulgären persisch-hellenistisch-jüdischen Dualismus: die Welt ist das Reich Belials, die Sekte die Gemeinde der Heiligen Gottes und der Lichtsöhne. Beide kämpfen gegeneinander, und das Ende ist nahe. Wer in den Bund eintritt, gibt freiwillig einen Teil seines Vermögens an die Gemeinde ab. Auch seine Arbeitskraft stellt man soweit möglich der Gemeinde zur Verfügung. Zum Ritual gehören außer psalmenähnlichen Gebeten ein Sündenbekenntnis und eine dualistisch gefaßte Bekenntnisformel zum Kampf gegen die Finsternis.

Nachwirkungen solcher Sekten zeigen sich bei den Judenchristen, bei den Mandäern und den Manichäern, Mani kannte jüdische Täufersekten.

Dies alles gehört zu der bunten religiösen Umwelt des Frühchristentums. Darum darf man hier nichts starr sehen. Es gibt keine Zeit der Geschichte, die mehr fluktuierendes Leben, mehr individuelle Ausprägungen ihrer Geisteshaltung zeigt als der Hellenismus und die Spätantike. Dies bunte Leben ist bei aller Einheitlichkeit in Ephesos anders als in Antiocheia, in Korinth anders als in Rom, in Alexandreia anders als in Jerusalem.

Die Erkenntnis und das Nacherleben der Farbigkeit dieser Welt ist die erste Voraussetzung zum Verständnis des Frühchristentums. Der Mensch dieser Epoche schreitet durch die gewaltigen Säulenhallen des Artemisions von Ephesos und sieht letzten Abendglanz auf dem Areopag, er kniet in der kleinen Kirche im Sand von Dura und schaut das geheimnisvolle Licht der Weihe im Isisheiligtum an der Rheingrenze, er hört den kaiserlichen Philosophen Selbstbetrachtungen diktieren und den Rabbi in seiner Handwerkerbude ein Gesetz über den Ackerwinkel disputieren, er zieht mit schweigsamen Kopten hinter die massigen Mauern des weißen Klosters und rast mit den letzten Dionysoszügen noch einmal durch einen kleinasiatischen Bergwald. Für uns besteht nur immer die Gefahr, daß wir der Fülle und Lebendigkeit dieser Zeit nicht gerecht werden.

II. DIE GRUNDLAGEN

1. *Jesus*

a) Die Lehre

Mitten in diese bunte Welt hinein klingen die Worte des galiläischen Wanderpredigers Jesus. Galiläa war ein geistig regsames Durchgangsland, Wanderprediger waren hier nichts Neues, die benachbarte Dekapolis und Gadara waren Mittelpunkte der kynisch-stoischen Wandermission. Aber auch hellenisierte und nichthellenisierte jüdische Prediger zogen herum und lehrten in den Synagogen. Keiner dieser vielen Lehrer hat auch nur annähernd die Bedeutung Jesu erreicht – worin lag das Besondere seiner Lehre?

Da Jesus wie Sokrates und sein ungefährer Zeitgenosse Epiktet nichts aufgeschrieben hat, kennen wir seine Worte in der Hauptsache nur aus den drei synoptischen *Evangelien,* denen aber bereits eine jahrzehntelange mündliche und schriftliche Überlieferung vorangeht und die literarische Mischgebilde von Spruch- und Gleichnissammlungen, Erbauungs- und Unterhaltungsgeschichten, Biographischem und Legendärem sind. Herkunftsmäßig, ihrem Zweck und ihrem historischen Wert nach sind sie sehr verschieden, was schon um 150 ihre antimarkionitischen Prologe wissen. Das wertvollste Quellenmaterial enthält das Lukasevangelium, das von einem gebildeten Griechen nach der Art frommer hellenistischer Geschichtschreibung gearbeitet ist, zwar wenig kritisch, doch den Quellen gehorsam, nur gelegentlich griechische Formen leicht überstreifend. Das kurze Markusevangelium ist eine vielleicht in Rom entstandene Sammlung eines schlichten christlichen Missionars. Das aus judenchristlichen Kreisen stammende Matthäusevangelium hat stärkere Eingriffe in die Überlieferung gemacht, da es in wesentlichen Stücken mit der ältesten Jesusüberlieferung bei Paulus nicht übereinstimmt und sich der jüdischen Welt inhaltlich anpaßt.

Dieser Tatbestand macht es nun sehr schwer, festzustellen, was Jesus selbst gesagt hat. Es gibt kaum ein synoptisches Wort Jesu, das in der langen Geschichte der überaus mühsamen Evangelienkritik nicht schon für unecht, aber auch keins, das nicht schon für echt erklärt worden wäre. Zudem sind die Widersprüche in der Überlieferung einzelner Worte zuweilen so groß, daß man unmöglich mit Sicherheit sagen kann, welches die ursprüngliche Fassung war. Ist daher keine absolute Gewißheit der historischen Echtheit oder

Unechtheit von einzelnen Jesusworten zu gewinnen, so ist doch die Frage nach dem *Eigentümlichen* in der *gesamten* Verkündigung Jesu nach den Synoptikern nicht aussichtslos.

Worin liegt der unableitbare Kern der Lehre des synoptischen Jesus? Mit seinem großartigen Scharfblick hat Harnack einst behauptet, daß es im Grunde nur ein einziges Stück in den Synoptikern gebe, das neu und einzigartig sei: das Gleichnis vom *Verlorenen Sohn*. Hier ist in der Tat etwas ganz Wesentliches erfaßt, und von hier aus ist das Neue in Jesu Lehre tatsächlich aufzurollen. In einem künstlerisch formvollendeten Meisterwerk treten hier zwei Menschentypen auf. Der eine bleibt sein ganzes Leben lang in der Nähe Gottes, tut alles, was «der Vater» ihm gebietet, aber aus Gehorsam und ohne Liebe. Doch das genügt nicht, obwohl auch ihm der Vater seinen Lohn nicht vorenthält. Nur muß er erst noch lernen, daß Liebe wichtiger ist als Gehorsam. Dramatischer ist der andere. Von Gott gut ausgerüstet darf er seinem freien Willen folgen, sich von Gott entfernen und sein eigenes Leben ganz auf sich allein gestellt aufbauen. Er endet aber in Hunger bei den Schweinen. Zur Erkenntnis seiner tiefsten Not gekommen, «schlug er in sich», wie Luther prachtvoll übersetzt hat. Von Hunger und Heimweh getrieben, macht er sich auf den Weg zu Gott zurück. Gott verlangt nichts von ihm, kein Opfer, kein Sündenbekenntnis, keine sakramentale Weihe, keine Moral, keine ethische oder kultische Leistung. Er freut sich einfach über seine Heimkehr: «Als er noch weit entfernt war, da sah ihn sein Vater und war tief ergriffen und stürzte ihm entgegen und fiel ihm um den Hals und küßte ihn.»

An dieser Geschichte ist die Absage an alle Gesetzesreligion einzigartig. Für das pharisäische Judentum in der Umgebung Jesu mußte sie deshalb eine grobe Gotteslästerung sein. «Laß die Sünder in immer neue Sünden fallen, damit sie deine Gerechtigkeit nicht erlangen», betet der Psalmist. Durch dieses Gleichnis aber wurde der pharisäische Begriff der Gerechtigkeit Gottes völlig zerstört. Der Judenchrist Matthäus hat es nicht aufzunehmen gewagt. Es allein mußte genügen, den frommen Pharisäer zum heftigsten Feind Jesu werden zu lassen.

Anders mußte es in der griechischen Welt wirken; der Grieche Lukas hat es ja auch allein überliefert. Der Grieche konnte in ihm seine religiösen Lieblingsgedanken entdecken oder sie hineininterpretieren: das Heimweh der Seele im gottfernen Diesseits, den Jubel göttlicher Freude über den trotz aller Verirrungen gottverwandten Menschen, den religiösen Optimismus, der sich ohne Rücksicht auf das Recht geschenkt und geliebt weiß. Aber neu und revolutionär war in seiner Radikalität hier folgendes: kein Schicksal, kein Dämon, kein Gott, kein Vorzeichen bestimmt den Weg des Verlorenen Sohnes. Seine Schuld kommt nur aus seinem absolut freien Willen, den Gott völlig respektiert. Der Sohn hätte auch anders gekonnt, wie der ältere Bruder beweist. Daß Gott aber sich über einen freiwillig schuldig Gewordenen und freiwillig Heimgekehrten mehr freut als über einen kultisch oder ethisch im Rahmen der Gesetze oder der ethischen und religiösen Überlieferungen und Ordnungen vollkommen Gerechten, bedeutet in der Tat etwas Umstürzendes. Das spätere Christentum hat nur selten gewagt, den Satz mit derselben Kühnheit auszusprechen wie Jesus und hat ihn durch verschiedene Lehrformen ungefährlicher gemacht. Aber bei Jesus selbst besagt das Gleichnis und seine mancherlei Parallelen und Gegenstücke, daß der Mensch jederzeit, was, wie und wo er auch ist, zu Gott heimkehren kann, und daß sich Gott über jeden Heimkehrer freut, wie zerlumpt er auch sein mag.

Damit verkündete Jesus einen schrankenlos liebenden Gott, und das war in dieser Ausschließlichkeit neu. Nicht nur, daß Gott über Böse und Gute seine Sonne scheinen läßt: das sagte Seneca auch. Aber daß sich Gott über den einen zurückgekehrten Verlorenen *mehr* freut als über die 99 ‹Gerechten›, daß die Letzten, die nur eine Stunde gearbeitet haben, den gleichen Lohn erhalten wie die, die den ganzen Tag gearbeitet haben, daß die Dirnen und Zöllner *vor* den Gerechten ins Reich Gottes kommen, das ist das Herzstück der Lehre Jesu über Gott, und das ist in dieser Form weder hellenistisch noch jüdisch.

Zum Verständnis dieses Gottes verwendet Jesus die Bezeichnung *Vater* mit dem Gefühlsgehalt, der längst im profanen und religiösen Sprachgebrauch üblich war. Wie ausgeprägt das Vater-Sohn-Verhältnis in der hellenistischen Welt war, zeigt als Beispiel etwa Plutarchs schöne Schilderung von dem Verhältnis zwischen Demetrios Poliorketes und seinem Vater, ‹vaterliebend› ist ein Ehrenname hellenistischer Herrscher. Für die unteren Schichten dient als Beispiel der Brief eines zur Flotte eingezogenen Rekruten an seinen Vater, der sich danach sehnt, seine «liebe Hand» zu verehren, oder der eines Vaters an seinen Sohn, dem er Geld schickt, für ein Paket Fische dankt und den er zum Vertrauen ermuntert: «Alles, was du willst, laß mich wissen». Wo Gott ‹das beste ewige Wesen› war und wo man lehrte, in der väterlichen Fürsorge des Zeus zu leben und zu sterben, war dieser Gefühlsgehalt religiös da. Das ist natürlich urmenschlich: aus dem dritten Jahrtausend klingt es schon in einem Gebet an eine Gottheit: «Eine Mutter habe ich nicht, du bist meine Mutter; einen Vater habe ich nicht, du bist mein Vater», und aus der Psalmenfrömmigkeit kannte man: «Wenn auch Vater und Mutter mich verlassen, nimmt mich doch Gott zu sich». Von der väterlichen Menschenliebe des Sarapis künden Aristeides und Plutarch, von der des Zeus Dion von Prusa, von der des Asklepios die Inschriften. Daß unter den von der Gottheit Geliebten auch Sünder sein konnten, beweisen Eleusis und Isis.

Neu ist also nicht das Vertrauen auf die väterliche Liebe Gottes, sondern ihre *zentrale Stellung* und besondere Beziehung zum Sünder. Sie ist kein eschatologischer Rechtfertigungsakt, sondern ein geduldiges Warten Gottes, ob der Mensch nicht doch zu ihm kommen werde, das schlichte Verhalten eines irdischen Vaters, der sich aber auch nicht aufdrängt. Für den Menschen bedeutet sie das höchste Glück wie in der griechischen Erlösungsreligion: «Selig, wer das gesehen von irdischen Menschen», heißt es in Eleusis; «selig sind die Augen, die sehen, was ihr seht», sagt Jesus.

Diese Liebe ergeht über die *ganze* Welt. Während der strenge Pharisäismus den verflucht, der vom Erbarmen Gottes über einen Vogel redet, stehen im Evangelium Pflanze und Tier unter der Liebe Gottes. Hellenistisch ist es, daß die *Natur* den Menschen religiös und philosophisch belehrt. Diogenes wurde dadurch bekehrt, daß er von einer Maus das kynische Leben lernte, als er in Versuchung geführt wurde. Jesus fordert den Jünger auf, an Vögeln und Blumen, Hirten und Herden, Saat und Ernte die Botschaft von der göttlichen Liebe zu hören; Gottes Garten ist die Welt, und Gott kümmert sich um die Anemonen auf der Wiese wie um den tot vom Dache fallenden Sperling.

Echt hellenistisch ist es auch, daß Gott gerade das *Kleinste* liebt. Jesu Bildersprache spricht gern von den Kindern, die sich ein hübsches griechisches Kinderliedchen mit griechischem Reim vorsingen: «Wir haben euch geflötet und nicht habt ihr getanzt, wir haben euch gejammert und nicht habt ihr geweint.» Dem Kind gehört das Reich Gottes, darum muß zum Kind werden, wer es erlangen will.

Zwei Dinge bewirkt die Liebe Gottes beim Menschen: ein ganz neues, unmittelbares, durch keinen Kult gehemmtes *Gebetsleben* und eine ungeheure *Geborgenheit* in der Welt. Was können Leid und Schuld, Welt, Leben und Tod noch tun, wenn der Mensch unter dieser Liebe Gottes steht? Gott weiß, was der Mensch braucht, und ihm gegenüber sind alle Werte, aber auch alle Unwerte, relativ. Gott ist der einzige Wert, und wer den hat, ist frei und selig zugleich.

Ist die Liebe Gottes der *eine* Pol der Verkündigung Jesu, so steht der *andere* damit in engstem Zusammenhang. Weil Gott alle Menschen liebt, kann auch ein gottgemäßes und vollkommenes Verhältnis von Mensch zu Mensch nur Liebe sein. Zur Welt Gottes gehört, wer, wie Gott selbst, den anderen *Menschen* liebt.

Bedeutet die zentrale Stellung der Liebe Gottes eine Umwälzung der Religion, so ist die schrankenlose Ausdehnung der Menschenliebe eine Umwälzung der *Ethik*. Diese Liebe beseitigt alle kasuistischen Materialethiken und wird zur reinsten Formalethik, die je gedacht wurde. Denn sie läßt sich in kein Gesetz fassen, ist unendlich in ihrer Aufgabe und daher nie völlig erfüllt. So wird die Ethik dynamisch, immer neue Verantwortungen sehend, lebendig, grenzenlos. Wertlos sind Kult und Bekenntnis ohne Liebe, und nur Lieben heißt den Willen Gottes tun. Das kann in einem ganz unbedeutenden Werk sichtbar werden, so, wenn man dem Durstigen einen Becher Wasser reicht, es kann aber auch die härteste Selbstaufgabe vom Menschen fordern. In langer und scharfer Polemik gegen die alttestamentliche und pharisäische Gesetz- und Materialethik stellt das Jesus klar heraus. Neu ist die Geringwertung der Gesetzleistungen. Wer ein Moralgesetz erfüllt, tut noch gar nichts Ethisches, sondern etwas Selbstverständliches: nicht töten oder nicht ehebrechen heißt noch lange nicht lieben. Wer im Gesetz lebt, bleibt unnützer Sklave, der nur seine Schuldigkeit tut. Alle echte Liebesethik aber ist im Gegensatz zur erfüllbaren Gesetzesethik nur annähernd erfüllbar, weil sie unendliche Möglichkeiten hat. Diese Liebe kann weich sein bis zum Hinhalten der Wange zum Schlag oder der Hingabe des eigenen Gewandes, oder hart bis zur Brutalität gegenüber der eigenen Familie oder den Gliedern des eigenen Leibes, sie kann in herbem Verzicht streng asketisch werden, aber ebenso unbekümmert die Feste mitfeiern, sie kann in der Einsamkeit des Gebirges hungern, aber auch verschwenden und bei den «Fressern und Weinsäufern» sein. Daß die Feindesliebe zu ihr gehört, ist sowohl Folgerichtigkeit wie stoisch-kynischer Einfluß durch galiläische Wanderprediger. Auch Seneca und Marc Aurel begründen die Haltung zum Nebenmenschen mit der Liebe Gottes zu allen Menschen oder mit der menschlichen kreatürlichen Abhängigkeit. Wie ‹synoptisch› mutet eine Geschichte wie die Plutarchs von der Priesterin Theano an, die Alkibiades verfluchen soll und antwortet: «Zu segnen, nicht zu fluchen bin ich Priesterin.» Nur ist bei Jesus auch die Nächstenliebe radikaler. Sie ist nicht ein neues Programm zur Weltverbesserung, sondern eine völlige Umkehr aller menschlichen Verhältnisse. «Wenn ihr nicht das Oberste zum Untersten macht und das Rechte zum Linken, werdet ihr nicht in das Reich kommen», wird ein Jesuswort überliefert, und in mehreren Parallelversionen begegnet bei ihm: «Die Könige der Völker herrschen über sie und die Mächtigen werden als Wohltäter kultisch verehrt. Nicht so ihr: sondern der Größte unter euch soll wie der Kleinste werden und der Herr wie ein Diener.»

Weil das alles *religiös* motiviert ist, erhält es eine besondere Kraft und erhebt sich über das Moralisieren. Auch hier liegt die Verwandtschaft zur Stoa auf der Hand. Seneca lehrt das Doppelgebot, daß der Mensch «Göttliches verehren und Menschliches lieben» soll, und mancher stoische Spruch erinnert an Formulierungen, die bei Jesus ähnlich sind: «Lebe so unter Menschen, als ob Gott es sähe.» «Vollkommen wie Gott» sein heißt auch in der Stoa: «Kannst du deinen Bruder nicht tragen, der doch auch Zeus zum Vater hat?»; auch in der Stoa darf der Mensch erst dann beten, wenn sein Verhältnis zum Nebenmenschen in Ordnung ist. Und mit derselben Herbheit, mit der der Kynismos feststellt: «Was hilft es, das Erstrebenswerte zu nennen, aber nicht zu tun?», droht Jesus: «Es werden nicht alle, die zu mir Herr, Herr sagen, in das Gottesreich kommen, sondern die den Willen Gottes tun.»

Es ist selbstverständlich, daß die Verwandtschaft zur Stoa und zum Kynismos, aber auch ihre christliche Überbietung bei der *konkreten* Anwendung der Nächstenliebe am sichtbarsten werden. Das gilt etwa bei der Frage von *Arm und Reich.* Das viel zitierte sokratische Wort: «Wer am wenigsten bedarf, ist den Göttern am nächsten», lautet bei Jesus wärmer von der Geborgenheit in dem väterlichen Gott her: «Es weiß euer himmlischer Vater, daß ihr des alles bedürft». Krates, der sich mit einer Sklavenfreilassungsformel von der Sklaverei seines Geldes frei- und losspricht, steht neben dem reichen Jüngling, der seinen Reichtum verschenken soll, um *für Gott* frei zu werden. Auch der Kyniker begnügt sich, wie Jesus, mit dem täglichen Existenzminimum, Jesus aber bittet Gott darum. Der Kyniker glaubt nicht, daß Tugend und Reichtum in einem Hause wohnen können, Jesus weiß, daß ein Kamel eher durch ein Nadelöhr geht als daß ein Reicher zur Liebe Zugang findet. Direkt nachweisbar ist eine unmittelbare Aneignung kynischen Gutes durch Jesus in dem Verbot, zwei Kleidungsstücke zu tragen. Das entspricht dem viel gerühmten kynischen Rock, der kein Untergewand gestattete.

Dem Kynismos verwandt, und doch religiöser, ist auch die Stellung zu *Gebildet* und *Ungebildet.* Der Kyniker lehnt den Weisen ab, der «nichts zu lernen braucht». Jesus sieht ein Geheimnis Gottes darin, daß er das Entscheidende «dem Weisen und Gebildeten verborgen» hat, aber dem «Unmündigen offenbart».

Die Unbedingtheit ist beiden gemeinsam. Selbst dem verstorbenen Vater darf der Sohn nicht die letzte Ehre erweisen, wenn die Hingabe an Gott es verbietet, ein Satz, der ein genaues Gegenstück in der Sarapisfrömmigkeit hat: der Sarapisgläubige Ptolemaios, der sich dem Dienst des Gottes geweiht hat, verläßt auch beim Tod seines Vaters das Sarapeion nicht «um des Sarapis willen». Der Jünger

Jesu aber, der die Hand nicht an den Pflug legen und zurückschauen darf, hat sein Gegenstück in dem Landmann, der vom Lesen des Platonischen Gorgias so gepackt wird, daß er den Pflug stehen läßt und zu Platon geht.

Wo die doppelte Liebe vorhanden ist, da ist das *Reich Gottes.* Jesus hat diesen Begriff mit völlig neuem Inhalt erfüllt, indem er in ihm den höchsten Wert, die höchste Verpflichtung und die höchste Seligkeit zusammenfaßt. In der jüdischen Welt war der Begriff entweder politisch oder eschatologisch gebraucht worden. Josephus hat den Unterschied der jüdischen Staatsauffassung zu allen anderen darin gesehen, daß schon Moses ein Reich Jahves im politischen Bezirk gewollt habe. Wo aber das Judentum keine politischen Hoffnungen mehr hatte, da wurde das Reich Gottes als eschatologisches ersehnt, erhofft und erwartet. Es kommt am Ende der Tage, liegt im Jenseits und hat zur gegenwärtigen bösen Welt keine Beziehung. Nur zuweilen unter dem Einfluß der griechischen Philosophie wird wie in der Weisheit Salomons «Reich Gottes» zu einer blassen Bezeichnung für die religiösen Tugenden.

Das Neue und Entscheidende ist, daß für Jesus das Reich Gottes eine *ausgesprochen gegenwärtige religiöse und ethische* Größe ist. Das Reich Gottes ist «in euren Herzen» oder «in eurer Mitte», die erste Übersetzung ist philologisch besser. Es wächst organisch inmitten von Unkraut, es durchleuchtet und durchsäuert die Welt durch sein wirkendes Dasein, es gestattet jedem Menschen hereinzukommen, es ist überall, wo Gott verkündet, wo geliebt, geholfen und geheilt wird. Es ist der höchste Wert *dieser,* nicht erst der jenseitigen Welt, den man wie eine köstliche Perle oder wie einen Schatz im Acker erwerben kann. Weil es aber geistig gegenwärtig ist, kann es, wie die Liebe selbst, nicht errechnet werden: «Das Reich Gottes kommt nicht beobachtbar» (μετὰ παρατηρήσεως), es ist nicht «hier oder da», man kann es aber «erstreben», «suchen», «erbeten», «in Besitz nehmen», «finden», sogar «mit Gewalt an sich reißen», ihm «nah» oder «fern» sein. Es ist kein Fremdkörper in der Welt, sondern die Welt ist auf das Gottesreich hin angelegt. Wer nach ihm trachtet, dem fallen die Notwendigkeiten des Daseins in der Welt von selbst zu.

Dies ist aber nur die eine Seite. Denn der Begriff war doch so stark eschatologisch getönt, daß Jesus bei der Verwendung unbedingt das Vorstellungsgut des kommenden, jenseitigen Reiches mit einschließen mußte. Selbst wenn man die apokalyptischen Kapitel der Synoptiker als zeitgenössische Literaturprodukte anderer Kreise ausschaltet, sind die apokalyptischen Hoffnungen der frühesten christlichen Gemeinden nicht zu erklären, wenn sie nicht auf Jesus selbst zurückgehen. Allerdings hat ihnen Jesus alles Politisch-Nationale genommen, denn der Versuch, Jesus zum politischen Messias zu machen, darf wohl als gescheitert gelten. Ein Vergleich mit jüdischer Apokalyptik macht das deutlich: dort zieht der König der Endzeit mit dem Schwert eine blutige Furche durch die Nichtjuden, und die Drohung wird erfüllt:

> Wehe den Völkern, die sich gegen mein Volk erheben,
> Gott der Allmächtige wird sie strafen am Gerichtstag,
> Feuer und Würmer wird er in ihr Fleisch schicken,
> Und vor Schmerzen werden sie in Ewigkeit aufschreien.

Dazu tritt das massive Vergeltungsschema. Auf die Frage, warum die Gottlosen nach einem glücklichen, die Frommen nach einem unglücklichen Dasein in gleicher Weise sterben, wird geantwortet, daß jene für ihre einzelnen guten Taten hier belohnt, für die vielen bösen dort ewig bestraft werden, bei den Frommen aber sei es umgekehrt.

Die eschatologischen Aussagen Jesu heben sich hier deutlich ab. Alle Haßstimmungen und mechanischen Vergeltungsgedanken fehlen der ältesten Überlieferungsschicht. Ausnahmen sind deutlich fremde Einschübe, wie das Gleichnis vom reichen Mann und armen Lazarus, das sich schon formal von allen Jesusgleichnissen unterscheidet und dessen nichtchristliche Herkunft Greßmann bewiesen hat. Bezeichnend ist, daß der Eschatologie Jesu auch alle Endberechnungen fehlen: die Synoptiker schwanken zwischen der Auffassung, daß das Ende nahe sei, und der, daß niemand, auch Christus nicht, wisse, wann es komme. Es hat also darüber von Jesus keinerlei Überlieferung gegeben.

Dagegen hat Jesus alle eschatologischen und apokalyptischen Bilder eindeutig in den Dienst der *Ethik* gestellt. Der Ernst des Endgerichtes wird beibehalten und sogar gesteigert. Aber das Maß des Richters ist ausschließlich das radikale Liebesgebot. Wichtig ist das Gericht nicht um dessentwillen, was einmal nach ihm kommt, sondern um des Lebens im Diesseits willen als der stete Mahner zu einem Leben dienender Gottes- und Nächstenliebe. So benutzt Jesus die Bilder, um zur Wachsamkeit aufzurufen. Wer sich nicht auf die letzte Entscheidung zwischen Gott und Mensch vorbereitet, handelt wie die törichten Jungfrauen oder wie der Hausherr, der sich vom Dieb überraschen läßt. Nur um dieses Rufes zur Wachsamkeit willen hat die Eschatologie Wert. Weil Jesus an der irdischen Vorbereitung mehr liegt als an Endspekulationen, hat er von den letzten Dingen am liebsten in den beiden Ursymbolen aller Mystik und Eschatologie gesprochen, in dem Symbol der Tischgemeinschaft mit Gott und dem der heiligen Hochzeit von Gott und Mensch. Die Ausmalung hat er seinen Schülern überlassen, ihm lag allein an der Heimkehr des Menschen zu Gott.

So richtet Jesus den Blick in erster Linie auf das *Diesseits* und die Verwirklichung der Gottes- und Nächstenliebe in ihm. Der Jünger, der niemanden hungern läßt, auch wenn er selbst nur ein Minimum besitzt, die Hingabe der eigenen Existenz, die Liebe, die Fluch mit Segen, Haß mit Vergebung, Verfolgung mit Wohltun belohnt, das ist das eigentlich Neue in seiner Lehre.

Zu dieser Liebe gehört der unerschütterliche *Glaube*, daß Gott, weil er den Menschen liebt, jedes Schicksal in seiner Hand hält, daß er auch da liebt, wo es im irdischen Leben oft nicht so aussieht. Das ist der Glaube, «der Berge versetzt», das Vertrauen des Kindes auf die Allmacht und Allgüte seines Vaters, auch wenn es dessen Handlungen nicht versteht.

Wer Gott so glaubt und liebt, braucht keinen *Kultus*. Für den griechischen Menschen war zwar der Kult immer weniger wichtig als die richtige Gotteserkenntnis, aber er war doch selbstverständlich. Bei den Pharisäern kann er in unmittelbaren Gegensatz zur Religion treten: man fragt sich ernstlich, ob man am Sabbat für Kranke beten dürfe. Bei dem synoptischen Jesus aber finden sich radikale antikultische Worte. Die Sabbatbrüche Jesu, auf die bei den Rabbinen wenigstens theoretisch die Todesstrafe steht, stimmen überein mit seiner Ablehnung von Bekenntnisformeln, seiner Bekämpfung der Schriftautorität, seiner Ablehnung der Täufergruppe als kultischer Kompromißler, seiner Forderung des Betens unter Ausschluß der Öffentlichkeit im rein privaten Raum und der Verwerfung vieler einzelner Kultsitten. Noch radikalere Worte sind wohl im Laufe der Zeit getilgt worden; als außerkanonisches Jesuswort ist noch überliefert: «Ich bin gekommen, die Opfer aufzulösen.» Ein Gesetz hat Jesus damit aber nicht schaffen wollen. Der Kult mag dort bleiben, wo alle Voraussetzungen erfüllt sind, die die Nächstenliebe und Vergebungsbereitschaft fordern. Wer meint, am Kult noch teilnehmen zu müssen, muß zunächst mit seinem Bruder alles in Ordnung gebracht haben. Eine Verwerfung des Kultes muß aus bewußter Haltung kommen, sonst ist sie gefährlich. Da wird einem Manne, der am Sabbat arbeitet, von Jesus gesagt: «Mensch, wenn du weißt, was du tust, bist du selig; wenn du es nicht weißt, bist du verflucht und ein Gesetzübertreter.» Wo Kultisches bleibt, ist es nicht um Gottes, sondern um des Menschen willen da.

Aus der Liebe ergibt sich von selbst ein *Sendungsdrang*. Ohne die Geschichtlichkeit der wichtigsten Aussendungsworte Jesu ist die urchristliche Mission völlig unerklärlich. Sie lag gewiß in der Zeit. Alle Religionen missionierten, selbst das Judentum und das konservative Eleusis. Am nächsten kommt Jesus auch hier wieder den Kynikern, die ihre Lehren als Samen in die Welt aussäen sollen und ununermüdlich missionieren. Wie sie kennt Jesus aber auch die Mißerfolge solcher Sendung: «Wenn er (Diogenes) sagte, daß alle, die seinem Wandel nachfolgen würden, von ihrer Torheit, Schlechtigkeit und Begierde erlöst würden, wollte ihn keiner hören oder von ihm geheilt werden... Die Korinther waren gewöhnt, Diogenes täglich in Korinth zu sehen, aber sie hielten es nicht für nötig, ihn zu hören.» Jesus macht die gleiche Erfahrung: «Wehe dir, Chorazin, wehe dir, Bethsaida, wenn die Taten in Tyros und Sidon geschehen wären, die euch geschehen sind, längst wären sie in Staub und Asche umgekehrt.»

Diese einheitliche Schau der Lehre Jesu läßt sich allerdings nur unter der Voraussetzung aufrecht erhalten, daß man die judenchristlichen Sätze des *Matthäusevangeliums*, die erst in der Zeit der judenchristlichen Polemik gegen Paulus zu Jesusworten gemacht wurden, ausschaltet. Die Berechtigung und Verpflichtung dazu erwächst aus dem unüberbrückbaren Widerspruch zur gesamten sonstigen synoptischen und paulinischen Überlieferung. Einige Beispiele: Für Jesus und im großen Strom der Überlieferung gilt jeder Mensch gleich, wie etwa im Gleichnis vom barmherzigen Samariter. Bei Matthäus aber wird der Nichtjude als Hund und Schwein bezeichnet. Jesus kämpft gegen die äquivalente Lohn-Straffrömmigkeit, Matthäus lehrt sie. Für Jesus ist Ehescheidung Ehebruch, Matthäus schwächt das im Sinne der Rabbinenschule Schammais ab. Bei Jesus soll der Mensch nicht einmal den entehrenden Schlag mit dem Handrücken vergelten, Matthäus gebraucht jüdische Vergeltungsformeln. Für Jesus ist die rabbinische Behandlung des Gesetzes «ein alter Schlauch», für einen judenchristlichen Interpolator war wie bei den Rabbinen jeder Buchstabe des Gesetzes zu beobachten. Selbst die Autorität des «Ich aber sage euch», die Jesus dem Alten Testament gegenüber geltend macht, schränkt Matthäus wieder ein. Sogar den Gottesbegriff Jesu hat Matthäus geändert. Da für ihn wie für Philon ein Vergleich von Gott und Mensch Sünde ist, hat er die schlichte Vateranrede bei Lukas und Paulus im Herrengebet in das pathetische «unser Vater in den Himmeln» umgewandelt. Während Jesus den pharisäischen Gerechtigkeitsbegriff durch ein Hungern und Dürsten nach der wahren Gerechtigkeit ersetzt, bekennt sich Matthäus daneben zum quantitativen Leistungsschema, zu Kult und Fasten. Irdisch-politische Verheißungen kehren bei ihm wieder, und die Weite der Liebesethik Jesu wird dadurch aufgehoben, daß das Werk statt der Liebe zum Kriterium der Frömmigkeit wird.

So läßt sich durch Vergleich das Judenchristentum ziemlich leicht abheben. Um so klarer tritt die im Grunde sehr einfache Lehre Jesu hervor: der Glaube an die grenzenlose Liebe Gottes mitten in menschlicher Not und Schuld, der eine völlige Geborgenheit gibt und grenzenlos zu Dienst, Opfer und Hingabe verpflichtet. Was Jesus auch sonst an Jüdischem oder Griechischem verkündet hat oder haben mag, hier liegt das Neue und die einmalige Eigenart seiner Lehre.

Damit aber bleibt die schwierigste Frage offen: was hat Jesus *über sich selbst* gesagt?

Sicher hat er eine besondere Autorität beansprucht. Dem Alten Testament stellt er sich selbst gegenüber: «Ich aber sage euch.» Den Propheten hat er sich mindestens gleichgestellt, wenn nicht sogar übergeordnet. Hat er aber auch sein Leben und Leiden als stellvertretende Leistung angesehen und sich ewige, zum mindesten eschatologische Bedeutung beigemessen? Diese Fragen führen zum Problem der Person Jesu.

b) Die Person Jesu

Die dornenvolle, aber auch ungeheuer mannigfaltige Geschichte der Leben-Jesu-Forschung hat als Ergebnis eine überreiche Fülle von Jesusbildern gebracht. Ist Jesus historischer Mensch oder Gestalt eines Mythos, hellenistischer Wanderphilosoph oder alttestamentlicher Prophet, eschatologischer Messias oder politischer Führer, Rabbi oder Schwärmer, weltfroher Optimist oder weltflüchtiger Pessimist, Künstler oder Puritaner, Ethiker oder Mystiker, Arzt oder Geisteskranker? Alles das ist behauptet worden.

Auszugehen ist immer von der Grundfrage: was läßt sich wirklich über den *historischen* Jesus aussagen? Haben diejenigen recht, die selbst in den Grundschichten der Evangelien nur einen aus allegorischer Septuaginta-Auslegung herausgesponnenen Mythos und in Jesus nur den Namen für einen neuen Kultgott sehen, der durch die komplizierten religionsbildenden Methoden Alexandreias aus dem Alten Testament geschaffen wurde? Wäre das der Fall, dann ergäbe sich die Frage, wer die Lehre Jesu geschaffen hätte. Was können wir wirklich über Jesus wissen? Wie verhält sich seine historische Wirklichkeit zu dem, was seine Schüler in ihm gesehen haben?

Zwei Evangelien enthalten *Kindheitsgeschichten* und Angaben über seine Herkunft, aber beide sind vom Mythos her bestimmt. Ihre *Stammbäume* sind künstlich aus alttestamentlichen oder unkontrollierbaren Namen aufgebaut. Der des Lukas deutet die paulinische Parallele von Urmensch und Himmelsmensch an, der des Matthäus will die judenchristliche Herkunft des Messias aus der Nachkommenschaft Davids beweisen und durch Nennung von vier alttestamentlichen Frauen, deren Ruf nicht besonders gut war, die Mutter Jesu jüdischen Angriffen gegenüber entlasten. Hellenistische Leser mochten bei Lukas an den bekannten Stammbaum der Ptolemaier denken, der in dreimal sieben Gliedern vom göttlichen Ahnherrn Dionysos bis zur Mutter des ersten Ptolemaiers führt. Vielleicht hat Lukas selbst nach ihm gearbeitet. Von historischem Wert ist, daß die älteste Fassung der Stammbäume Joseph als Vater Jesu voraussetzt.

Damit nicht in Verbindung steht das mythisch-theologische Dogma von der *Jungfrauengeburt.* Es kann nicht in jüdischen Kreisen entstanden sein, da das Judentum weder einen jungfräulich geborenen Messias noch überhaupt eine Gottessohnschaft in diesem Sinne anerkennt oder zuläßt. Matthäus hat es aber den Judenchristen durch alttestamentliche Zitate zu vermitteln gesucht, die allerdings Kenntnis der Septuaginta voraussetzen. Alle anderen Elemente sind bekannt. *Träume* von der wunderbaren Geburt großer Söhne sind altes Gut und ähnlich in der Platon- und Augustuslegende verwendet. Bethlehem als Geburtsort – bei beiden Evangelisten verschieden motiviert – stammt aus der Davidstradition. Die Geschichte vom Besuch der *Magier* hat Albrecht Dieterich als eine der vielen Übertragungen aus der römischen Kaisersphäre, nämlich als frische Erinnerung an den Besuch des Tiridates, der «als Magier» zu Nero kam und «Magier mit sich führte», erkannt. *Stern*erscheinungen kommen in dieser Sphäre auch vor; bei der Geburt des Mithradates und dem Regierungsantritt des Augustus geht ein Wunderstern auf. Die Geschichte vom *Kindermord* und der Flucht nach Ägypten, bei Matthäus durch eine Klammer von Schriftbeweisen zusammengehalten, formten folgende Motive: 1. Der aus der Ägyptenverehrung der Zeit stammende Glaube, daß jeder Fromme einmal in Ägypten gewesen sein müsse. 2. Der Einfluß hellenisierter Mosesgeschichten. 3. Erinnerungen an die Hinrichtungen des Herodes. 4. Das mythische Motiv der Verfolgung des göttlichen Kindes, das ähnlich auf das Geburtsjahr des Augustus übertragen war: nach Sueton beschloß der Senat auf ein Vorzeichen hin, daß kein in jenem Jahre geborener Knabe aufgezogen werde. 5. Ins Zeitgeschichtliche übertragene Formen eines Mythos, der von Horos, Apollon und Herakles erzählt und dessen tiefster Sinn dahin interpretiert wurde, daß das Göttliche nicht ohne Gefahr in diese Welt eintritt.

Die Kindheitsgeschichte des Lukas gibt einige Johanneslegenden wieder, die aus den Kreisen kleinasiatischer Täufer stammen. Historisches enthalten sie nicht, sondern sind durch hellenistische Motive und Wundererzählungen bereicherte Umdichtungen alttestamentlicher Geschichten. Auffällig ist das dionysische Motiv, daß das Kind im Mutterleib Orakel gibt.

Von höchster Schönheit sind die echt hellenistischen Jesusgeschichten, die Lukas recht glücklich mit den Johannesgeschichten verklammert hat. In der Form eines Idylls wird von der Jungfrauengeburt erzählt, anders als bei Matthäus, aber ähnlich, wie sie in Alexandreia von der Alexander- oder Platongeburt erzählt wurde. Das Programm des Evangeliums wird durch die oft wiederholten Formen des Wortes ‹Freude› oder ‹sich freuen› eindringlich gemacht. Historisch wird es sein, wenn im Gegensatz zu Matthäus das unbekannte *Nazareth* als Wohnort des Joseph und der Maria genannt wird. Die bukolische Szene einer Gebirgswanderung verbindet die Jesusgeschichte mit der Johannesgeschichte. In der eigentlichen Weihnachtsgeschichte entsprechen folgende Züge hellenistischer Stimmung: 1. Die leicht sentimentale Schilderung der reisenden Mutter, die keinen Platz findet, ihr Kind zu gebären. Hier denkt jeder griechische Leser an die Mutter Apolls, die auch keine Stätte fand, und die die Dichter ähnlich schildern. 2. Wie das Zeuskind bei Kallimachos in Windeln gewickelt wird und das Dionysoskind in einer Getreideschwinge liegt, so liegt bei Lukas das in Windeln gewickelte Jesuskind in einer Krippe. 3. Die bukolische Hirtenerzählung wird ganz ähnlich bei der Geburt des Kyros und des Romulus überliefert, wohl auch in Mithraskindheitsgeschichten. Mit alttestamentlichen Hirtengeschichten hat sie nichts zu tun, da diesen das Wesentliche, die Begrüßung des göttlichen Kindes, fehlt. 4. Die Lichterscheinung in der Nacht gehört in die Mysterien. «Mitten in der Nacht sah ich die Sonne strahlend im leuchtenden Licht», heißt es von der Isisweihe. 5. Aus den Mysterienfeiern stammt der Ruf: «Euch ist heute der Heiland geboren.» In Eleusis lautet der Jubelruf des Hierophanten: «Einen heiligen Knaben gebar die Herrin», bei der hiervon abhängigen alexandrinischen Aionfeier: «In dieser Stunde, *heute*, gebar die *Jungfrau* den Aion», und: «Die Jungfrau hat geboren, das Licht geht auf.» Bei Osiris heißt der Ruf: «Der Herr aller Dinge geht ans Licht hervor ... ein großer König und Wohltäter, Osiris, ist geboren», und im Herrscherkult: «Ein König ist euch geboren ... und er nannte ihn Charilaos, weil alle sehr froh wurden.» 6. Aus der Herrscherfrömmigkeit stammen die Ausdrücke: «große Freude verkündigen», «Heiland», «allem Volke». 7. Die Verkündigung der großen Freude bei der Heilandsgeburt ist ein religionsgeschichtliches Motiv, von dem wir nur nicht wissen, ob es im Lachen der Himmel und Welten bei der Buddhageburt oder im kosmischen Zarathustrajubel oder ob nicht beides erst im Hellenismus seine Wurzel hat. Vielleicht darf man bei

Lukas die gleiche hellenistische Quelle voraussetzen wie in der 4. Ekloge Vergils.

In der Weihnachtsgeschichte ist Maria die *Ehefrau des Joseph,* dem sie als ersten Sohn Jesus gebiert, dem, wie später erzählt wird, weitere Geschwister folgen. Das ist historisch brauchbar. Dagegen ist der Reichszensus wohl von Lukas nach dem Zensus vom Jahre 74 konstruiert, um die Nazarethüberlieferung mit der Bethlehemtheologie in Einklang zu bringen. Sollte die Geschichte von dem frommen Symeon buddhistischer Herkunft sein, wäre das eine Analogie zu Isis, die mit Buddhas Mutter Maja gleichgesetzt wird; es ist ja die Zeit, in der Griechen Buddhisten werden und der hellenisierte Buddha weit nach Osten und Westen vordringt. Die Geschichte vom zwölfjährigen Jesus braucht nicht dem Graekobuddhismus zu entstammen; sie entspringt dem allgemeinen Motiv vom Wunderkind und wurde ähnlich von Cicero erzählt. Doch mag in ihr ein echtes Jesuswort in Jesu Jugendzeit zurückdatiert worden sein.

Die wenigen *historisch sicheren* Angaben dieser Geschichten lassen sich durch spätere in den Evangelien ergänzen. Aus ihnen geht hervor, daß Jesus der Sohn des Dorfzimmermanns oder -schreiners Joseph aus Nazareth in Galiläa war, vier Brüder und mehrere Schwestern hatte, von denen einer schon in einer der ältesten christlichen Quellen, dem Galaterbrief, genannt wird.

Jesus ist in *Galiläa* zwar im Glauben des Alten Testamentes aufgewachsen, stand aber als Galiläer bei den strengen Juden in einem gewissen Verdacht des Heidentums; was konnte aus dem ‹Galiläa der Heiden› Gutes kommen? Unter dem Makkabäer Simon (143 bis 136) verließen sämtliche Juden Galiläa, und erst Aristobul I. (104/103) versuchte, das Land durch Zwangsbeschneidung wenigstens äußerlich zu judaisieren. Das römerfreundliche Verhalten vieler Galiläer im großen Aufstand rechtfertigte die Verachtung der Rabbinen für Galiläa. Als Durchgangsland hatte es eine bunte Mischbevölkerung. Poseidonios nennt Ägypter, Araber, Phoiniker, dazu kamen Griechen in Gerasa, Gadara und der ganzen Dekapolis, angesiedelte herodianische Veteranen, unter denen auch Kelten und Germanen waren, römische Villenbesitzer, eine kleine römische Besatzung bei Kapernaum. Schon um 280 hatte Menipp von Gadara die Dekapolis zum Ausgangspunkt der kynischen Weltbewegung gemacht. Auf fünf großen Straßen, die Galiläa mit der Welt verbinden, sind mancherlei Menschen, Religionen und Kulturgüter dorthin gekommen. In dieser Welt ist der junge Jesus aufgewachsen, nicht nur vom Judentum, sondern auch vom Hellenismus berührt. Daß er zweisprachig aufwuchs, steht fest. Jüdischer Haß hat, im Hinblick auf die buntfarbige Mischbevölkerung Galiläas, Jesus zum Sohn eines römischen Soldaten Panther und einer Friseuse Mirjam gemacht, doch ist dies wohl nur eine rabbinische Spielerei mit dem Wort Parthenos (Jungfrau); von Origenes bis Epiphanios haben die Kirchenväter dagegen Stellung genommen. Justin weiß, daß der junge Jesus seinem Vater beim Handwerk geholfen hat.

Später finden wir Jesus als Anhänger des *Täufers Johannes.* Dieser ist außer durch die Evangelien auch durch Josephus und durch das Bestehen einer Johannessekte in der Apostelgeschichte historisch gesichert. Lukas datiert ihn mit einer mehrfachen Chronologie auf das 15. Jahr des Tiberius (29). Im Judentum gärt es um diese Zeit. Der römische Statthalter in Judäa ist ebensowenig beliebt wie der Herodessohn in Galiläa oder die Vetternwirtschaft der sadduzäischen Hohenpriester. Messianische Erwartungen, politische Träumereien und Experimente erfassen weiteste Kreise. Da lebt ein Prophetentum auf, geschult an den großen Propheten des Alten Testamentes, und fordert die Abkehr vom Politischen und die Hinwendung zum Religiösen. Zu ihm gehört der Täufer Johannes, der den Ruf des Amos zur Umkehr erneuert. Die Endzeit hält er für nahe, aber das Volk sieht er nicht darauf vorbereitet. Daher ist sittliche Umkehr nötig, am besten in Form der Rückkehr zum Wüstenideal der alten Propheten. Den Willigen taucht Johannes zum Zeichen der Läuterung in den Jordan; so wird er der strengeren Reinigung durch Feuer beim Endgericht entgehen. Echt ist sicher die bei Lukas und Matthäus wörtlich übereinstimmende Drohrede gegen das heilsgewisse Judentum, sie geht auf eine gemeinsame alte Quelle zurück.

Jesus ist wenigstens zeitweise *Schüler des Täufers* gewesen und hat sich taufen lassen. Die christlichen Schriftsteller haben daran früh Anstoß genommen und die Taufe umgedeutet. Lukas macht unter Benutzung christlicher Taufgebete eine sakramentale Gotteszeugung im Mysterienstil daraus, die beiden anderen Evangelisten deuten den Vorgang als Berufungsvision nach Art der Prophetenberufungen oder als Demonstrationswunder. Daß Johannes in Jesus einen Größeren gesehen hat, ist nicht von der Hand zu weisen, in welchem Sinne aber, geht nicht aus den Quellen hervor.

Das *selbständige Auftreten* Jesu datiert Lukas auf sein 30. Lebensjahr, doch diese Zahl ist zu rund und hat zu viele religionsgeschichtliche Parallelen. Jesus hat sich vom Täufer getrennt, weil er dessen asketische Haltung nicht teilte und bei ihm die Liebe vermißte, doch scheint immer ein Kontakt zwischen den beiden Männern und ihren Schülern bestanden zu haben.

Die nun folgenden *Versuchungsgeschichten* mögen eine historische Erinnerung daran enthalten, daß Jesus gewiß durch mancherlei Anfechtungen hindurchgegangen ist. Diese haben die Evangelisten mit einer Reihe von Farben übermalt: 1. Prodikos hatte die die ganze Antike bewegende Geschichte von Herakles am Scheideweg geschaffen, die zu einem der beliebtesten Themen der kynisch-stoischen Predigt wurde. Wer nicht am Scheideweg der Versuchung gestanden hatte, galt noch nicht als bewährt. 2. Der Satan als Versucher stammt aus dem Buch Hiob, seine Kompetenzen aber haben sich durch stärkere iranische Einflüsse auf die Apokalyptik erweitert. 3. In der Einzelausmalung ist das Alte Testament reichlich benutzt, wobei interessant ist, daß der Teufel aus dem Alten Testament argumentiert. Von dort stammen die Wüste, die 40 Tage Hunger, Tiere, Engel, die heilige Stadt und ihr Tempel und wohl auch der Berg, von dem aus man die ganze Welt sehen kann.

Das weitere Leben Jesu ist von den Evangelisten mit Ausnahme der Leidensgeschichte nicht unter biographischen Gesichtspunkten dargestellt worden, sondern nach neun religiösen Stichworten. Fünf entstammen der hellenistischen, vier der judenchristlichen Welt. Mit griechischen Mitteln zeichnen die Evangelisten Jesus 1. als göttlichen Helfer und Wohltäter, d. h. als Gottessohn, 2. als Welterlöser und göttlichen Weltherrscher, 3. als Wundertäter, 4. als Idee des vollkommenen Menschen, 5. als mystisch-ekstatischen Geistträger. Aus jüdischen und judenchristlichen Vorstellungskreisen wird Jesus 1. als Prophet, 2. als Messias, 3. als Schriftgelehrter und 4. als Gottesknecht nach Jesaia 53 erlebt und gezeichnet.

1. Als *Helfer und Gottessohn* erscheint Jesus ähnlich wie die meisten hellenistischen Erlösergötter. Zwei synoptische Geschichten sind dafür besonders lehrreich. In einer auf griechischem Gebiet, in der Dekapolis, spielenden schwankartigen Dämonengeschichte nennt der Besessene Jesus den Sohn des Theos Hypsistos. Damit wird Jesus in echt griechischer Weise Sohn eines bestimmten Gottes so wie Herakles Sohn des Zeus, denn Theos Hypsistos war zu einer eindeutigen Gottesbezeichnung geworden. Wie Herakles und Dionysos führt Jesus den Kampf gegen eine ganze feindliche Legion. Die andere Stelle ist der Ausruf des römischen Centurio am Kreuz, den Lukas jedoch verändert hat, weil er ihm zu mythisch klang und er Jesus lieber als Philosophen nach Art des Sokrates zeichnen wollte. Mit dem Ausdruck: «Dieser ist ein Gottessohn gewesen» wird Jesus ohne Einschränkung von der Quelle, welche es auch immer sei, zu den griechischen Göttersöhnen gesellt. Für die jüdischen Frommen, für die es ein Unding war, daß «Gott einen Sohn haben könne», konnte diese Bezeichnung nur ein Grund für Anklage oder Spott sein. Aber selbst bei Matthäus ist sie mit der hellenistischen Wundergeschichte vom Wandel auf dem Meer zugleich mit den beiden

typischen Formeln hellenistischen Wunderstils: «seid getrost» (θαρρεῖτε) und «ich bin's» (ἐγώ εἰμι) eingedrungen.

Wir können sogar noch genauer sagen, welche Göttersöhne als Vorbild gedient haben. Viele der neutestamentlichen, übrigens auch der rabbinischen Wundergeschichten stammen aus dem *Asklepios*-kreis, dessen Heilungsberichte die ganze Welt kannte. Wie Asklepios heilt Jesus mit seiner ausgestreckten oder aufgelegten Hand oder mit einem Finger, mit dem er das kranke Körperglied berührt, oder auch durch anderes Berühren des Kranken. Wie bei Asklepios sind Glaube und Heilung meist, doch nicht immer, aufeinander bezogen; gelegentlich wird auch ein Ungläubiger geheilt. Wie dort, wird hier von den Geheilten Dank gefordert. Ein von Asklepios geheilter Blinder sieht wie ein von Jesus geheilter zunächst nur Bäume. Geheilt werden von beiden: Gelähmte, Stumme, in der Ferne Erkrankte, Lahme. Ihre Bahren tragen die Kranken nach der Heilung bei beiden selbst davon. Beide machen keine sozialen Unterschiede, heilen jung und alt, arm und reich, Mann und Frau, Sklaven und Freie, Freunde und Feinde. Zu den Heilungen kommen Naturwunder: Asklepios, der ihm verwandte Sarapis und Jesus stillen Stürme. Asklepios hat sechs Tote auferweckt, wobei die Einzelheiten dieselben sind wie bei den beiden Toten, die Jesus auferweckt: viele Zeugen sind zugegen, Scheintod wird von Ungläubigen vermutet, den Erweckten wird Nahrung gegeben.

Die *historisch weiterführende* Frage heißt nun: warum ist Jesus von seinen Schülern mit den Farben des Asklepios gemalt worden? Zunächst muß man sich einmal klarmachen, daß solche ‹mythische› Übertragungen auf historische Personen für den antiken Menschen keinerlei Schwierigkeiten hatten. Plutarch hat sehr glücklich die Verehrung Alexanders als Gottessohn so begründet: «Das ist gar nichts Wunderbares, denn Zeus ist zwar von Natur aller Vater, aber die Besten macht er sich zu seinem besonderen Eigentum.» Plinius glaubt an göttliche Wunderheilungen des Arztes Asklepiades, die römischen Historiker an solche Vespasians, selbst der oft so kritische Porphyrios an Wunder Plotins. Der Grund war immer derselbe: dankbare Menschen hatten ihre Heilung aus schwerer Krankheit als göttliches Wunder erlebt. Nun kann kein Zweifel darüber bestehen, daß Jesus Kranke geheilt hat, allerdings kaum durch medizinisches Wissen und ärztliche Technik, sondern durch die Kraft seiner Persönlichkeit. Ein ehrliches, bei Markus erhaltenes Zeugnis besagt, daß nicht alle seine Heilungen von Erfolg waren, es blieben aber immer noch genug, so daß die von ihm geheilten Menschen und ihre Freunde darin göttliche Kraftwirkung erblicken konnten.

Damit verschmolzen auch schon früh, wahrscheinlich noch im Bereich der volkstümlichen mündlichen Überlieferung in Galiläa, Züge aus dem Bild des anderen großen hellenistischen Erlösergottes, des *Herakles*, der in der nächsten Umgebung Jesu, in der Dekapolis und besonders in Gadara von den Kynikern glühend verehrt wurde. Die Synoptiker zeichnen Jesus wie die Kyniker Herakles: heimatloser als die Vögel und die anderen Tiere, aber immer seinem göttlichen Auftrag getreu, seinen Heroldsruf verkündend, den Kampf gegen alles Böse beginnend, nachdem er sich am Scheideweg entschieden hat. So hatten es die Schüler Jesu von kynischen Wanderpredigern oft gehört.

2. Da seit der Alexanderzeit allmählich die Grenzen zwischen dem Glauben an die Erlösergötter und der *Herrscherfrömmigkeit* fließend geworden waren, so überrascht es nicht, daß aus dieser Sphäre besonders vieles auf Jesus übertragen wurde. Jeder Hörer Jesu mußte bei seinem Lieblingsbegriff Reich Gottes – Himmelreich ist eine der judenchristlichen Veränderungen des Matthäus – sowohl an das göttliche Reich des Zeus denken, von dem die Stoiker als dem Heil der Welt sprachen, als auch an das religiös verklärte römische Reich. Die Bezeichnung Jesu als Gottkönig seines neuen Reiches hatte bei seinen Schülern denselben religiösen Klang, den das Wort ‹König› seit homerischer Zeit nie verloren hatte. Weil Jesus Gottkönig ist, ist seine Botschaft ‹Evangelium›, ein Wort, zu dessen Verständnis die Augustusinschrift von Priene und ihre Verwandten noch immer das beste Zeugnis liefern: «Der Geburtstag des Gottes (Augustus) begann für die Welt das Evangelium.» Ähnlich hatte man in Kommagene ein religiöses Glücksgefühl bei der gottmenschlichen Epiphanie des «gerechten und erschienenen Gottes» Antiochos' I. gehabt. Für griechische Hörer gehörte Jesu Begriff des Gottesreichs in diesen Zusammenhang. Wie man mit dem Kommen des Gottherrschers eine neue Zeit, eine Schicksalsstunde der Welt ersehnte, so glauben die Synoptiker sie mit der Ankunft Jesu angebrochen. Ein Kaiserhymnus wie der des Curtius Rufus ließ sich leicht auf Christus übertragen: «Der in der Nacht, in deren tiefstem Dunkel wir schon standen, einen neuen Stern aufgehen ließ ... Wie viele Schwerter hat er beseitigt! Welch einen Sturm durch wunderbare Stille gestillt!»

Der griechische Christusschüler *glaubt* ebenso an die Göttlichkeit seines Meisters wie der Herrscherfromme an die des Herrschers: «Wir glauben, daß er (der Kaiser) Gott sei, nicht daß es uns nur befohlen würde», sagt Seneca, und Plinius billigt die Vergottung Nervas, weil Trajan ihn vergottet habe, «nicht um den Bürgern Furcht zu machen oder Gott zu vermenschlichen oder zu deiner eigenen Ehre, sondern weil du ihn als Gott glaubst».

3. Nur an wenigen Stellen in den Evangelien ist das Eindringen

antiker *Volksreligion* zu sehen, nämlich da, wo Jesus als Zauberer erscheint. Die Zauberformel: «alles ist ihm untertan» wird auf Jesus angewandt. Markus, der der Volksreligion am nächsten steht, schildert das Handeln Jesu nach den beiden Formen des Zaubers, der ‹Apotrope›, Abwendung des Bösen, und ‹Therapie›, Herzauberung des Guten. Bei ihm wird auch die Dämonenbeschwörung wie in Zauberbüchern geschildert: der Dämon erkennt seinen Beschwörer, er fürchtet sich vor der göttlichen Macht, er droht oder bettelt. Jesus als Beschwörer braucht Zauberformeln, teils fremdsprachige, teils typisch griechische, und Zaubergesten. Einmal schildert Markus geradezu die Formen einer Konsultation bei einem ‹medizinischen› Exorzisten mit allen nur wünschenswerten Einzelheiten.

Die Frage nach der historischen Anknüpfung ist dahingehend zu beantworten, daß Jesus als antiker Mensch bei seinen Handlungen solche Formeln, in der Hauptsache bestimmte Worte und Gebete, verwandt hat.

4. Die Zeichnung des Jesusbildes nach der *Idee des vollkommenen Menschen* verbindet sich mit der vielumstrittenen Bezeichnung *«Menschensohn»*. Mit ziemlicher Folgerichtigkeit ist sie die Selbstbezeichnung Jesu in den ersten Evangelien. Später verschwindet sie fast völlig. Häufig ist sie nur die orientalische Umschreibung für ‹Ich›. Aber an einer Reihe wichtiger Stellen blickt dahinter die alte Spekulation vom Urmenschen hindurch, die als vielverzweigter Strom vom Babylonisch-Persischen her ebenso in die griechische Welt strömte wie in die jüdischen Daniel-, Henoch- und Esraapokalypsen. Ihr tiefster Sinn ist, daß der Urmensch-Menschensohn das Bild dessen ist, was der empirische Mensch einmal war und wieder werden soll, griechisch also die Idee Mensch. Damit erscheint in diesem Begriff Jesus bei den Synoptikern als der Mensch, den Gott ursprünglich wollte und nach seinem Bild schuf. Diesen «Anthroposmythos» hat Paulus und ihm folgend Lukas in Anlehnung an hellenistisch-jüdische Apokalyptik auf den Urmenschen Adam übertragen, aber doch wohl nur, weil Jesus selbst im Anschluß an Daniel und Henoch mit «Menschensohn» ähnliche Gedanken vertrat. Die Synoptiker jedenfalls sehen in dem Wort die Verbindung von Niedrigkeit und Hoheit in Christus. In der *ersten* Bedeutung ist noch ein Rest der persischen Vorstellung von dem Urmenschen, der 30 Jahre in der Welt ist, mit Dämonen kämpft und endlich getötet wird, enthalten, daneben aber auch kynische Stimmung:

Die Füchse haben Gruben und die Vögel haben Nester,
Aber der Menschensohn hat nicht, wo er sein Haupt zur Ruhe lege.

Auch die *zweite* Bedeutung leitet sich zuletzt aus der persischen

Lehre vom Weltrichteramt des Urmenschen am Ende dieser Weltzeit ab.

Die Frage nach der historischen Anknüpfung ist schwierig, weil viele Menschensohnworte schon theologisch umgeprägt sind. Jedoch ist das Wort im jüdischen Schrifttum so selten und hat einen so originellen Klang, daß sich sein Gebrauch dann erklärt, wenn Jesus es als Selbstbezeichnung verwandt hat. Es enthält dann die Gegensätzlichkeit von tiefer Bescheidenheit und überragendem Hoheitsbewußtsein. Doch gibt es noch eine andere Möglichkeit: Paulus scheint das Wort Menschensohn noch nicht zu kennen; daher ist möglicherweise der Begriff erst in der Zeit der Ausgleichsversuche zwischen Judenchristen und Heidenchristen als eine Art Kompromiß aufgenommen worden: die Griechen mochten sich darunter den Idealmenschen im Sinn der Philosophie oder des Anthroposmythos, die Juden den Messias der Apokalypsen vorstellen.

Ob Jesus überhaupt von seiner eschatologischen Bedeutung gesprochen hat, ist nicht festzustellen. Dagegen spricht, daß die älteste synoptische Überlieferung Gott als Weltrichter nennt, und der textkritische Vergleich zeigt, daß an einigen dieser Stellen erst später Gott durch Christus verdrängt wurde.

5. Endlich finden sich deutliche Züge hellenistischer Geistmystik im synoptischen Jesusbild. Bei Lukas wird Jesus in enthusiastischer Geisterfülltheit, «voll vom Geist», in der Wüste herumgetrieben, der Geist treibt ihn auch an seine Wirkungsstätte. Ein ‹Jubelruf› zeigt Jesus als ekstatischen Dichter:

«In jener Stunde kam eine Ekstase über Jesus und er sprach:

> Ich bestätige dir, Herr des Himmels und der Erde,
> Daß du das vor Weisen und Klugen verbargst,
> Den Kindern aber hast du es erschlossen,
> Ja, so, Vater, war es wohlgefällig bei dir.
> Alles ist mir übergeben von meinem Vater,
> Und keiner weiß, wer der Sohn ist außer dem Vater,
> Und wer der Vater ist außer dem Sohn,
> Und wem es der Sohn erschließen will.

Und er wandte sich zu den Schülern und sprach:

> Selig die Augen, die sehen, was ihr seht!»

Wie in den Mysterienliturgien beginnt Jesus mit der seligen Stunde, in der sich Gottes Geheimnisse enthüllen, und steigt in der Erkenntnis bis in die Tiefen Gottes hinab. Darauf folgt der Hinweis auf die Überbietung alles rationalen Denkens durch diese emotionale Schau, und den Höhepunkt bildet die Formel vom wechselseitigen Erkennen in uralten Worten der Mystik.

Man wird nur schwer entscheiden können, ob Jesus Züge eines hellenistischen Mystikers gehabt hat, doch sollte man auch hier den Quellen nicht allzusehr mißtrauen.

Nunmehr gilt es, *die* Farben des Jesusbildes auf ihre Echtheit hin zu untersuchen, die aus dem Alten Testament und aus jüdischen Religionsformen stammen.

1. Besonders Matthäus bemüht sich, die Verwandtschaft Jesu zu den *Propheten* nachzuweisen. Wie Moses das alte, so gibt Jesus das neue Gesetz auf einem Berge. Moses irrt vierzig Jahre in der Wüste, Jesus vierzig Tage. Wie Moses wird er beständig vom Volk bedroht und versorgt es doch auf wunderbare Weise mit Speise. Wie Elias und Elisa heilt er einen ausländischen Aussätzigen, erweckt den Sohn einer Witwe und könnte Feuer vom Himmel fallen lassen. Eine Epiphaniegeschichte hat das dadurch unterstrichen, daß sie Jesus mit Moses und Elias zusammen auf einem Berg, der an die Stiftshütte erinnert und damit an die Sinaigesetzgebung, zu einer Dreiheit zusammenstellt.

Jesus hat sich wohl selbst als Prophet bezeichnet und mit den alten Propheten verglichen. Das taten damals viele in Galiläa. Von anderen unterscheidet er sich dadurch, daß er nicht behauptet, alles zu wissen; es gibt Dinge, die ihm verborgen sind und die nur Gott weiß. Auch hält er sich vom politischen Prophetentum fern. Daß einige seiner Schüler Waffen trugen, kennzeichnet sie noch nicht als politische Aufrührer, denn Waffen brauchte man bei einem Wanderleben zum Schutz gegen Hunde und Räuber. Zwar kommt es bei seiner Verhaftung zu einem Handgemenge, zwar ist auch ein Zelot unter seinen Schülern, zwar verwendet Jesus selbst zuweilen zelotische Bilder, aber das ist alles viel zu wenig, um daraus einen politischen Jesus zu konstruieren. Wo Jesus als israelitischer Nationalist hingestellt wird, stammen diese Worte entweder, wie bei Matthäus, aus der antipaulinischen Polemik des Judenchristentums oder aus der späteren christlichen Tendenz, die Juden als besonders verworfen und undankbar hinzustellen.

Es ist vielmehr in der Überlieferung deutlich, warum Jesus sich Prophet genannt hat: er trat damit in Gegensatz zu dem pharisäischen Rabbinat, dem das Prophetentum verdächtig war. Prophetische Freiheit stand gegen die Kasuistik der Schriftgelehrten, und darum gehörte Jesus zum Prophetismus.

2. Hat sich Jesus für den jüdischen *Messias* gehalten? Dieses Problem ist außerordentlich kompliziert. Zunächst gehört der Messiasgedanke gar nicht zum «eisernen Bestand der eschatologischen

Hoffnungen Israels». Wenn auch die im Talmud vertretene Meinung, der Messias komme gar nicht, sondern sei schon «in den Tagen Hiskias» dagewesen, erst aus antichristlicher Polemik stammen mag, zeigt sie doch, wie wenig wesentlich dem Judentum der Messiasglaube war. Genau genommen verträgt sich eine Messiastheologie auch gar nicht mit dem alttestamentlichen Gottesbegriff. Erst in den politischen Notzeiten wird der Messias der Träger der nationalen Hoffnungen, und wenn auch zuweilen die universalen Strömungen im Judentum dieser Entwicklung entgegentreten, so ist doch der ideale jüdische Messias der Sieger über die politischen Feinde und der Vernichter oder Unterwerfer der Heiden, also eine Gestalt, wie sie Rabbi Aqiba, der absolute Gegner alles Nichtjüdischen, in Bar Kochba sah.

Ferner ist zu beachten, daß von dem Messiasbild in das Neue Testament nur die Bezeichnung *Christos*, und zwar meist in ihrer griechischen Form, und die Behauptung der Abstammung Christi von *David* gekommen ist, gegen die aber an einer wichtigen Stelle von Jesus selbst protestiert wird, und schließlich auch noch der eine oder andere apokalyptische Zug. Aber zwei evangelische Berichte sind doch ohne ein «messianisches Bewußtsein» Jesu nicht zu verstehen, das Petrusbekenntnis von Cäsarea Philippi und der Prozeß Jesu. Allerdings trägt der erste, wie Immisch glänzend gezeigt hat, hellenistischen Charakter; er ist ganz durch die Landschaft um die Pan-Attisgrotte von Cäsarea bestimmt, die als Pforte der Unterwelt galt. Durch diese Geschichte haben die Christen der sicher alten Gemeinde von Cäsarea-Paneas auf ihre engen Beziehungen zu Christus und Petrus hinweisen wollen. Bei der Wichtigkeit dieser Gemeinde der modernen Hauptstadt des beliebtesten Herodessohnes haben ihr zwei Evangelien eine Ehrenstellung eingeräumt. Der historische Hergang mag folgender gewesen sein: Jesus fragt im Angesicht des Pantempels auf dem Felsen, an dessen Fuß eine Grotte war, die als einer der Eingänge zur Unterwelt galt, was die Jünger von ihm halten. Petrus gibt eine jüdische Erklärung ab, er sei der Messias, und eine griechische, er sei der Gottessohn. Jesus weist auf die großartige Szenerie hin und antwortet in der Art seiner Bildersprache: So wie dieser schimmernde Pantempel auf seinem Felsen über der Hadespforte steht, wird meine Gemeinde – vielleicht war zunächst die von Cäsarea Philippi gemeint, für die Petrus eine Art Missionsauftrag bekam – unerschütterlich stehen, und Petrus soll der Fels sein, der sie trägt.

Der Prozeß Jesu gehört in den großen Komplex der *Leidensgeschichte*, die in ihrer Gesamtheit zu betrachten ist. Auch bei ihr muß die Frage nach dem Grad der Historizität gestellt werden. Eine Hyperkritik ist hier am wenigsten berechtigt, da in ihr im großen und ganzen alle Evangelien, auch Johannes, übereinstimmen, Paulus ihre Grundzüge kennt und alle frühen Zeugnisse des Christentums wenig voneinander abweichen. Auch die Leidensgeschichte ist kein ‹formgeschichtliches›, sondern ein ‹geschichtskritisches› Problem. Die Datierung unter Pilatus ist zwar noch kein fester Geschichtsbeweis, denn Plutarch datiert den mythischen Tod des Pan-Attis auch unter Tiberius. Auch die ungewöhnliche Form eines Verbrechertodes braucht noch nicht historisch zu sein, denn alle antiken Götter sterben auf unästhetische Weise: Dionysos-Zagreus wird von Bauern zerrissen, Herakles durch ein vergiftetes Gewand verbrannt, Adonis von einem Wildschwein aufgespießt, Attis verstümmelt sich. Andererseits wird niemand die Leidensgeschichten Buddhas, Zarathustras, Manis, des Peregrinus Proteus für unhistorisch erklären, weil einige mythische Züge in ihnen vorkommen. Das einfachste und natürlichste Verständnis der Entstehung des Christentums ist das Festhalten an der historischen Realität der Kreuzigungstragödie.

Einzelnes bleibt im Dunkel. Schon die Frage: ‹Warum zieht Jesus nach Jerusalem?› hat den Evangelisten Mühe gemacht. Auch hier ist die nächstliegende Erklärung die wahrscheinlichste. Jeder Prophet oder Wanderprediger will einmal in die *Landeshauptstadt*. Die Festzeit ist für ein Auftreten am geeignetsten, dann sind die meisten Hörer dort. So treten die Propheten seit Amos auf, so die griechischen Wanderredner auf den olympischen Spielen. Daß Jesus sein Leiden provoziert hat, verbindet ihn wieder mit Propheten und hellenistischen Rednern.

Vielfach *unkenntlich* gemacht ist die Leidensgeschichte allerdings durch die Eintragung alttestamentlicher Stellen. Aber auch sie war oft durch einen historischen Vorgang herausgefordert. Nicht so sicher ist, ob der flüchtende Jüngling in Gethsemane oder Simon von Kyrene und seine beiden Söhne Augenzeugen und Quellen für die Leidensgeschichte sind. Möglicherweise sind sie allegorische Gestalten. Wahrscheinlich ist es, daß der flüchtende Jüngling doch Johannes Markus selbst ist. Der entscheidende Einfluß der griechischen Welt aber geht bei allen Evangelisten schon daraus hervor, daß das wichtige Wort ‹leiden› (πάσχειν) kein aramäisches Äquivalent hat.

In Jerusalem wirkt Jesus als ‹galiläischer Prophet›. Er gerät in einen öffentlichen Konflikt auf dem *Tempelvorplatz,* da er einen scharfen Angriff gegen die Verweltlichung der Kultstätte macht, der den von der priesterlichen Regierung sanktionierten Krämern, Devotionalienhändlern, Andenkenverkäufern, Opferfleischern, Kuchenbäckern, Gastwirten und Geldwechslern schaden mußte, so daß es wohl zu Handgreiflichkeiten kommt, die mit südlichem Temperament ausgetragen werden. An der Geschichtlichkeit zu zweifeln liegt keinerlei Grund vor.

Dagegen könnte der Verräter *Judas* eine personifizierte Allegorie des Judentums sein, das Jesus verriet, da die Überlieferungen über ihn unsicher sind und auch sein Name (Iskariotes = Mann der Lüge) das nahelegt. Er kann aber auch nur die weitere Ausschmückung eines Verräters aus dem Jüngerkreis sein.

Schwierig ist die Aufhellung der Überlieferung über das letzte *Mahl* Jesu. Ein jüdisches Passahmahl ist es nicht gewesen. Dagegen spricht die älteste Überlieferung im 1. Korintherbrief, die nichts von einem Passahmahl erwähnt, ferner die Tatsache, daß die Hauptspeise des Passahmahls nicht genannt wird, jedenfalls keinerlei Rolle spielt. Auch die ältesten Gemeinden haben das Mahl *nicht* als Passahmahl gefeiert, sondern *täglich*. Für die älteste Quelle, Paulus, ist es Ausdruck der *Anamnesis*, das heißt, der ideell-mystischen rückschauenden Vereinigung mit dem ‹erhöhten› Herrn, der nach seinem Tode wieder das geistige Urbild geworden ist, mit dem sich der Mensch im Geist vereinen kann.

Nun aber ist wenig wahrscheinlich, daß Jesus ein Mysterienkultmahl stiften wollte, ebensowenig natürlich einen Ersatz für ein Opfermahl. Am nächsten liegt, an ein schlichtes *Abschiedsmahl* zu denken, bei dem Jesus in der anschaulichen Art seiner Bildersprache, durch die Todesnähe veranlaßt, seinen Leib mit gebrochenem Brot und sein Blut mit dem vergossenen Wein verglich, ein übrigens der Antike geläufiger Vergleich. Auf das Stellvertretende seines Leidens mag er hingewiesen haben, ebenso auf die Wiedervereinigung mit den Seinen in einer jenseitigen Welt, zumal der Gedanke an das Mahl der Seligen nahe lag. Auch die Wiederholung des Mahles wird er angeregt haben; in den Philosophenschulen gibt es Parallelen dazu.

Die *Verhaftung* Jesu erfolgte durch die dazu befugte jüdische Polizei. Grund genug dafür war, daß Jesus von einem kommenden Reich sprach, was man politisch auslegen konnte, und daß er das Gesetz, den «Zaun aller Ordnung», angegriffen hatte. Die Angst vor Unruhen und Konflikten war in der jüdischen Führerschicht so groß, daß man «lieber einen Mann verderben als das ganze Volk untergehen» lassen wollte. Aus taktischen Gründen hat man den Prozeß nicht selbst zu Ende geführt, sei es, daß man ihn für unsicher oder unpopulär hielt, sei es, daß man den Römern seine Loyalität beweisen wollte. Daß der römische Statthalter den galiläischen Landesherrn Herodes Antipas heranzog, ist wahrscheinlich: damit wollte er den nicht sehr botmäßigen Vasallen etwas an seine Pflicht erinnern. Jesus wurde als Unruhestifter verurteilt, denn eine jüdische

Anklage wegen Gotteslästerung hätte Pilatus nicht interessiert. Das Wort ‹Reich› ist Jesus verhängnisvoll geworden.

Die *Verhöhnung* durch die Soldaten hat eine riesige Literatur hervorgerufen, historisch sicher ist die Geißelung als übliche Begleitstrafe bei der römischen Kreuzigung, aber auch die Verspottung des ‹armen Narren› mit einem roten Soldatenmantel, Dornenkranz und Stecken durch Soldaten einer Auxiliarkohorte ist zu erschütternd schlicht, um erdichtet zu sein.

Dagegen ist der Gang zum Kreuz und die *Kreuzigung* selbst aus Mangel an christlichen Augenzeugen durch alttestamentliche Züge bereichert. Historisch echt ist, daß Jesus das patibulum, den Querbalken des Kreuzes, trägt; diese Sitte bezeugen auch Artemidor und Plutarch. Was an den Worten am Kreuz echte historische Überlieferung ist, wird sich wegen ihrer Abweichung voneinander nie mit Sicherheit sagen lassen; sie gehören zu der Gattung letzter Worte Sterbender, wie sie Plutarch seinen Helden gern in den Mund legt oder wie sie von fast jedem römischen Kaiser überliefert sind. Sie sind Psalmenzitate oder Anlehnungen an solche. Immerhin ist die Mth.-Mk.-Überlieferung: «Mein Gott, mein Gott, warum hast du mich verlassen», auffällig, da sie unmöglich aus irgendeiner Form christlicher Theologie herausgesponnen sein kann. Weitaus am einfachsten ist es, auch hier an eine historische Reminiszenz zu denken; Jesus hat den 22. Psalm in der Todesstunde gebetet. Dagegen ist die Szene des Zwiegesprächs mit den beiden Verbrechern bei Lukas doch wohl am einfachsten als das Programm des Lukas und der paulinischen Theologie zu erklären. Die Stundenangabe des Todes ist symbolisch; es ist die Zeit, in der die Passahlämmer geschlachtet werden, eine Symbolik, die Paulus schon kennt. Die Wunder beim Tod des Gekreuzigten entspringen bekannten hellenistischen Motiven und christlicher Spekulation: sie sind Vorzeichen der Heimkehr des Gottes in seine göttliche Welt, Trauer der Natur um den Tod des Gottessohns und demonstrative Bestätigung der Göttlichkeit des Toten. Der zerrissene Tempelvorhang oder der Bruch der Oberschwelle des Tempels ist eine erste Bestätigung dafür, daß Jesu Wort vom Niederreißen des Tempels in Erfüllung geht und der Eingang zum Allerheiligsten nunmehr offen ist. Ob hinter dem Centurio am Kreuz ein Stück historische Überlieferung steht, wird in anderem Zusammenhang zu untersuchen sein.

Nicht in die Welt des Mythos, wohl aber in die des hellenistischen Romans kommen wir mit der Darstellung der *Begräbnisszenen.* Längst ist die zum Teil wörtliche Parallele zum 3. Buch des etwas früheren Romans des Chariton bekannt, der gewiß weit verbreitet war: Am frühen Morgen kommt Chaireas zum Grab der Kallirhoe mit Kränzen und Totenspenden. Er ist in tiefster Verzweiflung. Da findet er den Stein weggewälzt und den Eingang offen. Er erschrickt so, daß er nicht in das Grab hineinzugehen wagt, ebenso wie alle, die auf das Gerücht hin aus Syrakus gelaufen kommen. Da schickt endlich Hermokrates einen hinein, der das Unglaubliche berichtet: die Tote liegt nicht mehr im Grab, das Grab ist leer. Chaireas ist ungläubig, er läuft jetzt, von heftiger Sehnsucht ergriffen, selbst hinein und findet das Grab leer.

Bei aller Vorsicht und Kritik kommt man so doch schließlich zu einem einigermaßen *klaren historischen Bild.* Die Auflösung der Jesusgestalt in einen Mythos ist ebensowenig befriedigend wie die in ein Substrat des Alten Testamentes. Jesus erscheint historisch als der Sohn eines kinderreichen galiläischen Dorfhandwerkers; die Einflüsse, die seine Entwicklung bestimmten, sind durch die besondere geographische und geistige Lage Galiläas gegeben. In den galiläischen Synagogen lernte er das Alte Testament kennen und lieben, aber auch die in vielerlei Strömen fließende Religion des Spätjudentums. Die strenge Gesetzlichkeit der Pharisäer ging ihm in ihrer Problematik schon früh auf. Wie jedes Kind eines Grenzlandes mit Mischbevölkerung ist er zweisprachig aufgewachsen, und so hörte er schon früh auf Straßen und Märkten die Lehren der aus der Dekapolis kommenden stoisch-kynischen Wanderprediger, aber auch sonst manches aus der flutenden hellenistischen Welt. Zugleich mag er manchen Einzelgänger von Wanderprediger und Asketen, deren es gerade in diesen Gegenden viele gab, gehört haben, durch sie angeregt oder abgestoßen worden sein. In jener Zeit und in jenem Raum gab es einsame Mystiker neben politischen Zeloten, religiöse Fanatiker neben herben Eremiten, hohle Schwätzer neben apokalyptischen Visionären.

Der junge Jesus schloß sich, wohl nach Kämpfen mit seiner Familie und nach eigenen inneren Kämpfen und Versuchungen, dem bedeutendsten unter ihnen, dem Täufer Johannes, an, aber dessen Moralismus und Härte stießen ihn ab. So zog er selbständig durch seine galiläische Heimat und verkündete die Gottes- und Nächstenliebe und das wahre Reich Gottes. Er lehrte nicht nur, sondern half, wo er konnte. Der Eindruck seiner Persönlichkeit war groß und beruhte auf dem innersten Kern seines Wesens, seiner engsten Bindung an seinen Gott, als dessen Offenbarer er sich wußte.

Galiläa wurde ihm bald zu eng. Er wanderte in die griechischen Orte im Osten und Norden, fühlte sich aber vor allem zur Landeshauptstadt mit ihrem Zentrum, dem alttestamentlichen Tempel, hingezogen, wo er seine neue Lehre verkündete. Dort mußte er als Neuerer und Gottloser erscheinen, da er das Gesetz und seine traditionelle Auslegung angriff oder wenigstens als ungenügend bezeichnete, den Kultus für nebensächlich hielt und auch mit keiner der politisch erregten Gruppen ging, aber doch größere Kreise um sich sammelte. Wohl hat er dort auch sich selbst im Gegensatz zu den religiösen Führern des Volkes oder zu den politisch-messianischen Hoffnungen als echten Messias bezeichnet und durch das alles seinen Tod herausgefordert. Von den jüdischen Behörden ist er verhaftet, an die Römer denunziert und ausgeliefert und von dem römischen Prokurator am Kreuz hingerichtet worden.

Wirklich ernsthafte Einwände sind gegen dieses Jesusbild kaum je gemacht worden. Daß es schmerzliche Lücken genug enthält, ist klar. Aber es hat zum mindesten keine inneren Widersprüche, und mehr läßt sich bei unserer Quellenlage nicht erreichen.

Das *eigentliche* historische Problem des Christentums beginnt aber nun erst. Wir haben bereits an einer Reihe von Einzelzügen gesehen, wie auf diesen Jesus die Züge sterbender und auferstehender hellenistischer Götter, griechischer Heilandsfiguren, antiker Gottherrscher und Gottmenschen und alttestamentlich-jüdischer Messiasbilder übertragen wurden. Nun aber muß man dieses Problem einmal in seiner Ganzheit sehen.

Zunächst ist immer wieder zu bedenken, daß dieser Prozeß eine Reihe von Parallelen hat. Der griechische Glaube an Götter, die auf Erden wandeln, ist nie ganz geschwunden. Wo immer in unserer Epoche ein transzendenter orientalischer Gott oder eine abstrakte römische Theologie auftraten, da stellte sich ihnen der griechische Glaube entgegen, daß man die immanente und anschauliche Gottheit nicht vom Menschen trennen darf. So werden Götter Menschen, und Menschen sind oder werden Götter: Pythagoras und Platon, die Diadochenherrscher und die großen Frauen der hellenistischen Geschichte, und zwar nicht, weil sie Träger einer Institution waren wie die Pharaonen oder die römischen Kaiser, und nicht, weil sie durch menschliche Verehrung dazu gemacht wurden, sondern weil sich an ihnen enthüllte, daß eine bloß rationale Erklärung ihres Tuns und Wesens nicht ausreichte.

So wird man bei Jesus danach fragen müssen, wodurch er auf seine Umwelt einen noch größeren Eindruck machte als etwa Platon auf seine ihn vergottenden Schüler.

Einiges schimmert durch die Quellen hindurch. Wer so beständig von *Liebesgemeinschaft mit Gott* sprach wie Jesus, der mußte in einer für die Mystik aufgeschlossenen Zeit als wesenhaftes Glied einer solchen Gemeinschaft erscheinen. Dazu kam, daß in einer nicht allzu liebevollen, aber sehr liebebedürftigen Welt – einer Welt des Parteigezänks, der religiösen und philosophischen Streitereien, der sozialen Krisen und Mißgünste, wo man den Zöllner verachtete und den Rom-Anhänger erdolchte, Gott dafür dankte, daß man nicht als Frau geschaffen sei, für die ‹Masse Volk› nur Haß und hochmütige Nichtachtung hatte, sich vor Mißtrauen gegen die Regierung, vor Neid gegen römische Villenbesitzer oder gerechte Pharisäer verzehrte –, eine solche Gestalt, die *Liebe* verkündigte und verwirklichte, nicht zu dieser Welt zu gehören schien. Die griechische Welt hat für Mangel an Liebe immer Verständnis gehabt, um so stärker mußte sie von einer Persönlichkeit gepackt werden, die mit der Liebe wirklich Ernst machte.

Damit hängt weiter zusammen, daß der antike Mensch für *Wohltaten* besonders empfänglich war und Dankbarkeit entschieden zur hellenistischen Stimmungslage gehörte. Deshalb haben die hellenistischen Griechen gern jeden, auch den kleineren Wohltäter für göttlich gehalten. Als ein Wohltäter erschien Jesus. Wenn wir auch im einzelnen wenig wissen, so bezeugen doch alle Quellen, daß es viele Menschen gab, die Grund hatten, Jesus zu danken. Griechische Form des Dankes war göttliche Verehrung. Ob Jesu Hilfe mehr ärztlich oder mehr seelsorgerlich war, wissen wir nicht, aber jedenfalls mußte sein Handeln an das erinnern, was man von Sarapis oder Asklepios oder einem der großen Helfer erzählte.

Die *Formen*, in denen Jesus als Gottmensch beschrieben worden ist, sind verschieden. Wenn die griechische Welt Gott meint, redet sie meist im Mythos. Dieser hat im Hellenismus bestimmte Grundelemente: Erstens will er ausdrücken, daß die Erscheinung des Gottmenschen in der Welt nicht einfach auf die Naturkausalität menschlicher Zeugung zurückgeführt werden kann. Deshalb erzählt er das Wunder der gottmenschlichen Geburt. Zweitens will er das ganze Leben des Gottmenschen als einen beständigen Einstrom göttlicher Kräfte durch ihn in die Welt darstellen. Deshalb umgibt er das ganze Leben mit einer großen Fülle von Wundern. Drittens aber muß er notwendig zum real-historischen Sterben des Gottmenschen Stellung nehmen.

Wie konnten Gottmenschen genau so *sterben* wie andere, ungöttliche? Hier ist nun irgendwann auf griechischem Boden, zuerst sicher im Eleusiskreis, einmal eine sehr glückliche Verbindung zwischen dem alten Natursymbol des sterbenden und auferstehenden Gottes und dem eigentlichen Mythos zustande gekommen. Die Natursymbolik sagte, daß Götter ebenso sterben wie der Frühling. Der Mythos sagte, daß Götter sterben müssen, um leben zu können. Ein Gott kann sich nur dadurch wirklich ausweisen, daß er durch den Tod hindurchgeht und ihn somit überwindet, nicht dadurch, daß er sich um ihn herumschleicht. Damit war die große Entdeckung gemacht, die die Entstehung der Mysterienreligionen bedeutet.

Diesen Mythos hat man in Jesus verwirklicht gesehen. Kindheitsgeschichten und Wundergeschichten hat die Antike öfter auf Philosophen, Politiker, religiöse Menschen und Künstler übertragen, mit dem Sterben und Auferstehen ist sie sehr sparsam gewesen: Hier blieb man im allgemeinen bei mythischen Gestalten und übertrug es nur ganz selten auf historische Gestalten.

Aus zwei Gründen haben Mitglieder des ersten Jüngerkreises Jesus als Sterbenden und Auferstehenden Gott verehrt und hat dieser Glaube die judenchristliche Auffassung, Jesus sei der bald wiederkehrende Messias, in den Schatten gestellt. *Erstens* hat der furchtbare Tod Jesu die Jünger so erschüttert und vor das Rätsel des Leidens des Unschuldigen gestellt, daß ihnen nur der hellenistische Glaube an den wie ein Mensch unter Menschen leidenden Gott helfen konnte. *Zweitens* hat Jesus selbst zur Deutung seines Lebens anscheinend das alttestamentliche Kapitel benutzt, das bald alle anderen Schriftstellen überragte, den leidenden Gottesknecht von *Jesaia 53*.

Wen das Kapitel ursprünglich meinte, ist noch nicht geklärt und wird vielleicht nie zu klären sein. Für uns wäre etwas anderes zu wissen viel notwendiger: wer hat zuerst die interpretatio Graeca auf dieses Kapitel angewandt? Vergleicht man den Septuagintatext mit dem hebräischen, so erkennt man deutlich, daß die Übersetzung bereits diese Interpretation kennt. Also wird ihre Quelle auch bei alexandrinischen jüdischen Kreisen zu finden sein, die von der vom Eumolpiden Timotheos ausgehenden Bewegung erfaßt waren. Was war geschehen? Aus dem politischen Messias wurde an Hand dieses Kapitels in Anlehnung an den Mythos vom sterbenden Gott ein leidender Messias, der erst leiden muß, ehe er zur «Erhöhung» und «Herrlichkeit» (Jes. 52, 13 LXX) kommt. Das wäre dann wenigstens theoretisch die Grundlage zu einer jüdisch-hellenistischen Mysteriengottheit. Hat Jesus sich selbst als leidenden Gottesknecht bezeichnet, so haben im Anschluß daran alexandrinisch-jüdisch geschulte Jünger diese zum Mythos gewordene Gestalt historisch verwirklicht gesehen.

Überschauen wir das Ganze noch einmal. Die fast zweihundertjährige Arbeit der Leben-Jesu-Forschung war nicht umsonst. Wir sehen mit ihrer Hilfe die Anfänge des Christentums deutlicher als manches quellenmäßig dürftiger belegte Stück der alten Geschichte. Wohl ist das älteste Christusbild, das uns die Quellen geben, schon eine Synthese aus der Lehre Jesu, seiner Persönlichkeit, hellenistischer und jüdischer religiöser Verehrung und interpretatio Graeca des Alten Testamentes. Eine ganz saubere Scheidung ist nicht mehr möglich, da dies alles schon vor den Evangelien und den Paulusbriefen zusammengewachsen ist. Wir können aber fragen, wie und wo das geschehen ist, und müssen uns daher nun den ersten Schülern Jesu zuwenden.

Dabei tut sich folgendes welthistorisch *entscheidende Problem* auf: Jesus lebte nicht aus Platon, sondern aus dem Alten Testament. Er ging in die Synagoge und stritt mit Rabbinen. Aber er ist nicht in den Talmud eingegangen, hat keine Rabbinenschule gegründet und schon im antiken Judentum keinerlei nennenswerten Erfolg gehabt. Dabei hat er doch einige Schüler und sogar einen Bruder gehabt, die gut pharisäisch dachten. Genügt es, diesen Mißerfolg in der jüdischen Welt auf seine Lehre und seine Person zurückzuführen, die eben gänzlich unrabbinisch waren, oder spielen hier auch die Schüler eine Rolle?

Leider liegen die Quellenverhältnisse vom Tode Jesu bis zu den ersten Paulusbriefen wieder schwierig. In den synoptischen Evangelien steht Jesus so im Mittelpunkt, daß die Schüler nur mit wenigen Strichen gezeichnet sind. Der vorpaulinische Teil der Apostelgeschichte enthält meist Konstruktionen, da dem Verfasser wenig Quellen zur Verfügung standen. Die wichtigste Quelle ist der Galaterbrief, aber er sieht mit paulinischen Augen. Trotzdem kann man auch über die Skepsis hinaus zu einigen Resultaten kommen.

2. *Die Schüler*

Zu den schönsten und intimsten menschlichen Verhältnissen in der Antike gehört das von *Lehrer und Schüler*. Ein Anhänglichkeitsgefühl, das zur Vergottung des Lehrers führt, bringt der Schüler nicht nur den großen Lehrern entgegen, sondern oft genug auch dem Sophisten, der sich an dem Geld des Schülers schamlos bereichert. Die Dankbarkeit und Treue der Schüler ist in vielen Fällen ebenso ergreifend wie die Hingabe und Verantwortungsfreudigkeit des Lehrers. Die innere Gemeinschaft des Sokrates mit seinen Schülern, die sich nach seinem Tode Waisen nennen, die innere Bindung der Akademie an Platon oder des Gartens an Epikur gehören zum Reizvollsten in der menschlichen Geistesgeschichte. Es ist leicht einzusehen, daß der Dank der Schüler schließlich Mythen und Legenden auf den Lehrer übertrug – das war nun eben die höchste Form, in der der Grieche an Wohltäter Dank abstatten konnte.

Nun kennt auch der Orient eine hohe Verehrung des Lehrers. Der arme Rabbi Hillel gibt die Hälfte seines Gesamteinkommens zur

Bezahlung seines Lehrers, und er folgt ihm, wo er auch hingeht. Aber ein wichtiger Unterschied besteht zur griechischen Haltung: der Schüler folgt seinem Lehrer sklavisch und tradiert wörtlich, was er sagt.

Die Jesusschüler stehen hierin den Philosophenschülern näher als den Rabbinenschülern. Nicht einmal das Herrengebet haben sie gleichlautend überliefert, ebensowenig die Einsetzungsworte des Abendmahls oder die Hauptsprüche der Bergpredigt.

Selten ist in der Antike dieses Verhältnis das eines bloßen Lehrens und Lernens, meist ist es eine *Lebensgemeinschaft*. Man ißt zusammen, wandert zusammen, wohnt auch wohl zusammen, wo es möglich ist. Kynische Wanderlehrer verlangen von ihren Schülern unbedingte Nachfolge. Auch Jesus forderte von seinem engsten Kreis Nachfolge und Lebensgemeinschaft, allerdings nicht Aufgabe des Privatlebens; eine sehr alte Quelle überliefert, daß einige der Jünger, darunter Petrus, verheiratet waren und blieben. Beruf und Wohnung gaben wohl kaum alle Jesusjünger auf. Die Nachfolgeforderung war Verpflichtung zur Treue, doch verlangte der Radikalismus Jesu zum mindesten eine Bereitschaft zur Aufgabe alles Eigenen.

Auch darin gleicht Jesus kynisch-stoischen Wanderpredigern, daß er nicht wie die meisten Rabbinen einen Lehrsaal mietet, sondern mit seinen Schülern durch Dörfer und Städte zieht, im Freien lehrt und wie Diogenes der Hund seine Schüler einfach von der Straße, vom Acker, vom Zollamt, vom Beruf abruft. Sicher hat er sie auch selbst ausgesandt, seine Lehre zu verbreiten; daß er aber, wie die Evangelisten zeitweise behaupten, nach Mysterienart ihnen Geheimhaltung der Lehre befohlen habe, ist späterer Eintrag. Im Gegenteil, der Schüler soll Salz der Erde und Licht der Welt sein, ein Doppelgleichnis, das bei Plinius begegnet.

Drei Gestalten treten bei den Synoptikern unter den Jüngern hervor, *Petrus, Jakobus* und *Johannes*. Da Petrus weder bei Paulus noch in den Evangelien sehr günstig gezeichnet ist, ist sein Bild geschichtlich zuverlässig. Wie unter den Pythagorasschülern sind unter den Jesusschülern mehrere Fischer gewesen, Petrus war einer von ihnen. Kelsos spottet darüber, daß die wichtigsten Schüler Jesu aus solchen Kreisen kommen. Die gute psychologische Zeichnung des Petrus in den Quellen macht sein Leben und Handeln verständlich: vielgeschäftig, leicht manisch-depressiv, nicht selbständig, nicht immer zuverlässig, rasch anfassend und zupackend, aber auch rasch nachlassend ist er, so daß er eifrig, aber zu labil für die Sache seines Meisters eintritt und einer starren und konsequenten Persönlichkeit wie der des Herrenbruders Jakobus oder gar einer wirklich großen wie der des Paulus weichen muß.

Auch die beiden *Zebedäussöhne* Johannes und Jakobus tragen manische Züge, Jesus nennt sie Donnerer. Neben diesen Fischern stehen Zöllner und Steuereinnehmer, Vertreter einer Berufsklasse, die zwar in der ganzen Antike verhaßt war und den Kupplern gleichgestellt wurde, aber gerade darum gern bei den neuen Religionen Zuflucht suchte, die sie nicht zurückwiesen. So sind Zöllner inschriftlich unter den Verehrern des Helios Sarapis belegt. Die Zwölfzahl mag allegorisch als Analogie zu den zwölf Stämmen oder den zwölf kleinen Propheten entstanden sein, aus ihrer Fessel erklären sich die Schwankungen in den Jüngerlisten. Auch Frauen sind im Schülerkreis gewesen; das ist unjüdisch und hat der Kirche später Schwierigkeiten bereitet. Nicht klar ist die Stellung der nächsten Verwandten zu Jesus. Zu seinen Lebzeiten scheint ihn seine Familie nicht verstanden zu haben, nach seinem Tode aber schlossen sich sein Bruder Jakobus und weitere Verwandte den Schülern an.

Nach der Verhaftung Jesu spaltete sich der Kreis. Ein Teil floh nach Galiläa, ein anderer blieb in Jerusalem. Über die nächsten, dem Tode Jesu folgenden Tage sind wir nun leider völlig im Dunkeln, da hier die Quellen weit auseinander gehen. Folgende *Möglichkeiten* bestehen: 1. An ein Wort Jesu von der Auferstehung anknüpfend, haben einige seiner Jünger seine baldige Auferstehung erwartet. 2. Die Jünger haben gar nicht an eine Auferstehung gedacht, sondern an ein nahes Weltende und Jesu messianische Erscheinung. Die zweite Möglichkeit ist weniger wahrscheinlich als die erste. 3. Hellenisierte Schüler haben auf eine Auferstehung gewartet, jüdische auf eine endzeitliche Wiederkunft. Jedenfalls sind beide Auffassungen noch in vorpaulinischer Zeit addiert worden. Leider wissen wir bei unserer Quellenlage nicht einmal, wo die Auferstehung zuerst erlebt und erzählt wurde. Wieder bestehen zwei Möglichkeiten: bei den nach Galiläa geflüchteten Jüngern etwa in Form einer Erscheinung am galiläischen See, oder in der Nähe der Todes- oder Begräbnisstätte in Jerusalem. Wir wissen auch nicht, wer sie zuerst erzählt hat, Petrus oder Frauen aus der Umgebung Jesu.

Es ist völlig unnötig, die seit Lessing immer wiederholten Argumente aufzuzählen. Für den Historiker gibt es nur zwei Möglichkeiten, die Auferstehungsverkündigung der Schüler Jesu zu verstehen: entweder geht sie auf visionäre Erlebnisse zurück oder auf die Übertragung des Mythos vom auferstandenen Gott. Wahrscheinlich war beides der Fall. Der äußere Hergang mag folgender gewesen sein: Petrus hatte als erster das entscheidende Erlebnis. Dafür spricht unsere älteste Quelle 1. Kor. 15, 1–8, aber auch die beiden Markusnotizen Mk. 14, 27f. und 16, 7 legen das nahe. In dem Paulusbericht fehlt jedes mythische Zubehör.

Erst als das Erlebnis literarisch fixiert werden sollte, ergaben sich Schwierigkeiten, denn ein emotionales Erleben sollte in eine gegenständliche Geschichte umgewandelt werden. Hier bot sich selbstverständlich der Mythos vom auferstandenen Gott in seinen vielerlei Fassungen gern an.

Doch versuchen wir zunächst, dem *Erlebnis* noch näher zu kommen. Da Paulus seine visionäre Schau des auferstandenen Christus, die er als «inneres Aufleuchten» oder als «Enthüllung des Gottessohnes in mir» kennzeichnet, der Erscheinung vor dem ersten ‹Auferstehungszeugen› Petrus gleichsetzt, hat er zweifellos bei Petrus an einen ganz ähnlichen Vorgang gedacht, ohne selbstverständlich an einem irgendwie beschaffenen objektiven Korrelat zu zweifeln. Zur psychischen Struktur des Petrus paßt ein solches Erlebnis gut. Die Depression über den Untergang des messianisch verehrten Lehrers, alttestamentliche Stellen von dem Sieg des Gerechten über den Tod, hellenistische Auferstehungsgeschichten, die er in Galiläa gehört hatte, ein Wort Jesu über seine Auferstehung kamen zusammen und genügen völlig, um die Psychogenese des Erlebnisses zu verstehen. Nur hätte dies Erlebnis allein weder das Christentum begründet noch ihm Dauer verliehen. Erst die Möglichkeit, mit seiner Hilfe die Verwirklichung des hellenistischen Glaubens an den auferstandenen Gott in einer geschichtlichen Gestalt zu sehen, gab ihm Dauergeformtheit und hob es aus dem Individuellen heraus. Petrus wirkte auf die ‹Zwölf›, auf die ‹500› – wobei es ganz offen bleiben muß, ob es sich dabei um seine erregte ‹Pfingstpredigt› oder ein sonst nicht bekanntes Ereignis handelt – und wohl auf den Herrenbruder Jakobus. Psychologisches und historisches Material über solche Erscheinungen ist so oft gesammelt worden, daß es sich erübrigt, es zu wiederholen. Nur an eine hellenistische Analogie sei noch einmal erinnert: Nach der Verbrennung des Kynikers Peregrinus Proteus in Olympia tritt ein Philosoph auf, der nicht nur behauptet, Peregrinus nach seinem Tode mit leuchtendem Antlitz, bekränzt und in weißem Gewand gesehen zu haben, sondern auch beschwört, Augenzeuge seiner Himmelfahrt gewesen zu sein. Daß er dabei subjektiv ehrlich war, wird niemand bezweifeln.

Erst in der Zeit zwischen Paulus und der Entstehung der synoptischen Evangelien ist die literarische Fixierung von Auferstehungsgeschichten eingetreten. Als erster Ort ist am ehesten *Antiocheia* zu denken, da dort die griechische Gemeinde mit der griechischen Erbauungs- und der Romanliteratur vertraut war, die die meisten Farben lieferten. Während Paulus noch eine fleischliche Auferstehung ablehnt, wird der Bericht unter dem Einfluß dieser Literaturformen anschaulich und stofflich. Sind wohl auch schon in Galiläa

Beziehungen zu Auferstehungsgeschichten der Mysterienreligionen geahnt worden, so werden sie in Antiocheia immer enger.

Gemeinsam ist allen Auferstehungsgeschichten, auch den christlichen, daß über den Auferstehungsvorgang als solchen sehr wenig gesagt wird, man zieht starke unanschauliche Gefühlsausdrücke vor: «Gefunden haben wir ihn, laßt uns jubeln», «seid getrost, weil der Gott gerettet ist», heißt es bei Attis und Osiris, «fürchtet euch nicht», «erschreckt nicht» in den synoptischen Auferstehungsberichten. Selbst die Abweichungen der Berichte in kleinen Einzelheiten lassen den Einfluß verschiedener Mysterienfassungen direkt oder indirekt vermuten. So kommen nach der einen Fassung der Osiris-Auferstehungsgeschichte drei Personen an das Grab genau wie im Markusbericht. Bei Matthäus aber sind es nur zwei Frauen genau wie nach der anderen Fassung des Osirisberichtes, nach der nur Isis und Nephthys am Grab stehen. Genau wie dort bringen die Frauen Balsam. Nicht aus hellenistischem Material sind die drei Tage zwischen Tod und Auferstehung übernommen, da sie Paulus vom Alten Testament herleitet und Matthäus die Jonageschichte als Quelle angibt.

Jesus hat sich die Welt als *sterbender und auferstehender Gott* erobert. Einen judenchristlichen Messias hätte die griechische Welt weder verstanden noch aufgenommen. Auch die Lehre Jesu allein wäre ohne einen göttlichen Träger nicht sehr weit gekommen, wie die folgende Entwicklung deutlich zeigt.

Nur so war es möglich, daß sich von jetzt ab Jesus mit ziemlich *jeder* Form griechischen religiösen Glaubens und sogar philosophischen Denkens vereinigen konnte. Man konnte unter seiner Auferstehung nur die Lehre von der Überwindbarkeit des Todes verstehen. «Was jedoch geistig und gut ist, ist stärker als Verderben und Vergehen», deutet Plutarch die Auferstehung des Osiris. Man konnte aber auch auf der Ebene der Volksreligion ganz realistisch und massiv ausmalen: der Auferstandene hat Nägelmale, fühlt Hunger und Durst. Dazwischen waren viele Zwischenformen möglich, die Geistiges und Stoffliches verbanden: der Auferstandene geht durch verschlossene Türen, darf und kann nicht angerührt werden und wird auch von seinen nächsten Freunden nicht erkannt.

In der ältesten Schicht liegt das alles noch in- oder dicht nebeneinander. Damit stehen wir wieder auf gutem historischem Grund. Bei dem Akademiker Paulus ist das entscheidende Erlebnis wesentlich geistiger gewesen als bei dem Fischer Petrus oder den ohnehin anschaulich erlebenden Frauen. Andererseits stehen dem gebildeten Lukas und dem gebildeten Verfasser des Johannesevangeliums viel mehr literarische Mittel zur Verfügung als dem unliterarischen Markus, an dessen kurzer Auferstehungsgeschichte daher auch noch lange ergänzt und geändert worden ist. Aber eins steht für alle fest: nur durch die Aufnahme Jesu unter die sterbenden und auferstehenden Götter entstand das Christentum, und von hier aus gesehen haben die recht, die im Griechenchristentum die letzte hellenistische Mysterienreligion erkennen wollen.

In antiochenischen Jüngerkreisen sind auch zuerst Mythen von *Höllen- und Himmelfahrt* mit Jesus verbunden worden. Mt. 27, 51 ist das älteste Zeugnis für das Eindringen des Höllenfahrtsmythos. Im Neuen Testament hat er noch keine große Bedeutung. Die Himmelfahrt aber hat zeitweise die Auferstehung verdrängt: Jesus geht nach einer Darstellung unmittelbar vom Kreuz in den Himmel; in den Lukasschriften ist beides sehr unglücklich miteinander verbunden. Die Himmelfahrt lehnt sich im Neuen Testament an die hellenistische Form der Apotheose an: auf ähnliche Weise wie Jesus fahren Homer, römische Kaiser und Kaiserinnen, aber auch Götter wie Attis, Kybele und Mithras in den Himmel; Herakles wird nach gehorsamer Erfüllung seiner Aufgabe wie Jesus von einer Wolke zum Himmel getragen. Auch alttestamentliche und jüdisch-hellenistische Entrückungsgeschichten haben eingewirkt, wie die Himmelfahrten des Henoch, Moses und Elia.

Welche Jünger haben alle diese Beziehungen hergestellt? *Zwei* Kreise kommen in Frage: hellenisierte Galiläer aus der Umgebung Jesu, unter dessen unmittelbaren Schülern Andreas und Philippos griechische Namen tragen, und die ‹Hellenisten› der Apostelgeschichte.

Damit kommen wir zur Apostelgeschichte, deren Wert allerdings durch unzureichende primäre Quellen und bestimmte Unionstendenzen eingeschränkt ist. Zudem ist das Textproblem durch die großen Abweichungen des westlichen Textes noch ungelöst und beweist vorläufig nur, daß aus kirchenpolitischen Gründen an dieser Schrift schon früh geändert worden ist. Selbst im zweiten Teil, dem der Verfasser persönlich viel näher steht als dem ersten, zeigt ein Vergleich mit den Paulusbriefen große Unzulänglichkeiten, und sogar gegen die Wir-Quelle ist eine gewisse Kritik angebracht. Immerhin ist auch hier ein hohes Maß geschichtlicher Wahrscheinlichkeit erreichbar.

Wo hat zunächst Petrus seine entscheidende Schau gehabt? Burkitt und andere haben vermutet, daß das auf der Flucht nach Galiläa geschehen und ein Rest davon in die Quo-vadis-Legende gekommen sei: auf dem Weg sei ihm der Herr erschienen und habe ihn nach Jerusalem zurückgeschickt. Aber die Quo-vadis-Legende ist über unbekannte Zwischenglieder aus Platons Kriton herausgesponnen, wo dem flüchtenden Sokrates die personifizierten Gesetze oder die personifizierte Polis entgegentraten und ihn nach Athen zurückschickten. Ebenso möglich ist, daß Petrus in Galiläa an einem für ihn gefühlsbetonten Ort, an dem ihm Jesus früher begegnet war, den Auferstandenen sah, und dann eine Gruppe galiläischer Jünger nach Jerusalem zurückführte. Die Gründe dafür darf man nicht zu sehr am Schreibtisch suchen: Scham über die Flucht, Erwartung der Wiederkunft am Ort des Todes, Beziehungen zu Jerusalemer Herrenjüngern, prophetische Weissagungen – solche komplexen Erlebnisse lassen sich nicht analysieren. Einige in Galiläa verbliebene Schüler haben jedoch nicht an die Auferstehung geglaubt und in Jesus nur den kommenden Messias gesehen, dem sie nachfolgen oder auf den sie warten konnten. Möglich, daß sie in Galiläa das ‹heilige Land› eschatologischer Erfüllung und in Jerusalem den ‹Ort der Sünde und des Todes› sahen. Sicher hat Petrus in Jerusalem die dort verbliebenen Jünger Jesu zusammengefaßt, den Anstoß zu einer wirklichen Gemeindebildung gegeben und weitere Anhänger durch öffentliche Predigt gewonnen.

Von vornherein war diese Gemeinde zur *Spaltung* verdammt. Denn einerseits schlossen sich ihr gesetzestreue Juden, Pharisäer, Priester der unteren Ränge an, ihr Führer wurde der Herrenbruder Jakobus. Sie zog vor allem die Ethik der Lehre Jesu an, und sie erwarteten in ihm den kommenden Messias. Doch blieben sie im Gesetz stehen und suchten es nur durch die radikaleren Forderungen Jesu zu überbieten. Andererseits gab es in Jerusalem hellenisierte Juden, natürlich auch Proselyten und eben erst zum Judentum übergetretene Griechen und Menschen anderer hellenistischer Völker. Sie konnten das Zentrum der Lehre Jesu besser verstehen und die ersten Träger der *interpretatio Graeca* Jesu werden.

Zunächst hielt die neue Gemeinde aber zusammen. An ihre Spitze trat ein Zwölferkollegium von Männern, die entweder zu Lebzeiten Jesu seine Schüler gewesen waren oder aber den Auferstandenen geschaut hatten. So war es weniger eine Institution als eine durch besondere Erlebnisse zusammengehaltene Gruppe. Das wurde schon anders, als man sich durch ein Losorakel zu ergänzen begann, eine Sitte, die aus dem Jerusalemer Kult genommen ist, in dem täglich die diensttuenden Priester zu ihren Funktionen ausgelost wurden.

Neben Petrus treten die Zebedäussöhne Jakobus und Johannes in diesem Kreis hervor, doch wurde der erstere durch den neuen Landesherrn Herodes Agrippa I. hingerichtet. Das beweist, daß die judenchristliche Gruppe verdächtig zu werden begann.

Zu ihnen kam, wann wissen wir nicht, der Herrenbruder *Jakobus*, der die Leitung der Gemeinde übernahm, als Petrus wegen jüdischer Nachstellungen Jerusalem verlassen mußte. Auch er hat eine Herrenerscheinung gehabt, aber außer in der Paulusnotiz ist jede nähere Überlieferung darüber verschwunden. Hegesipp schildert Jakobus auf Grund guter Überlieferung als den Pharisäern nahe stehend und als an prophetische Tradition anknüpfenden Asketen: Er ißt kein Fleisch und trinkt keinen Wein, deshalb hat man wohl in der Jerusalemer Gemeinde nur ‹das Brot gebrochen› beim Abendmahl. Als er 61/62 das Opfer eines antipharisäischen Hohenpriesters wurde, beklagten die Pharisäer seinen Tod. Groß wird diese judenchristliche Gemeinde nie gewesen sein, da man in der Stoa Salomons, wo sie sich zu versammeln pflegte, nicht gerade einen Volksauflauf geduldet haben wird, da sie 67 geschlossen nach dem kleinen Pella auswandern konnte, und da auch Justin und Origenes ihre Kleinheit bezeugen. Auch machten die beiden letzten Nachkommen eines Herrenbruders, die aber wohl ihrer Theologie nach zum galiläischen Zweig gehörten, auf Domitian den Eindruck so großer Bescheidenheit, daß er sie ohne weiteres entließ. Die Bedeutung der Jerusalemer Gemeinde lag jedenfalls nicht in Jerusalem, sondern in dem Hinaustragen ihrer Gedanken durch Petrus und die ‹Jakobusleute›, wodurch die geradlinige Entwicklung eines rein griechischen Christentums unterbrochen wurde.

«In den Tagen aber, als sich die Jüngerzahl mehrte, entstand ein Streit der *Hellenisten* gegen die Hebräer» (Act. 6, 1). Die erste Stelle, die die *hellenistische* Gemeinde erwähnt, zeigt sie bereits im Gegensatz zur judenchristlichen. Wer sind diese Leute?

Wie an der Spitze der Judenchristen die ‹Zwölf›, so stehen an der der ‹Hellenisten› die ‹Sieben›. Danach stehen beide Gemeinden mit eigenen Verwaltungen nebeneinander, so wie es auch in einer Stadt mehrere verschieden gerichtete und verschieden organisierte Synagogengemeinden gab. Die Namen der Sieben sind sämtlich griechisch. Neben Stephanos wird ein Philippos genannt, dessen ekstatische Töchter noch lange in griechenchristlichen Kreisen bekannt waren, ferner ein Proselyt Nikolaos, der allein schon zeigt, daß die ‹Hellenisten› keine Diasporajuden sind. Die in Jerusalem weilenden Diasporajuden lehnten diesen christlichen Hellenistenkreis aufs schärfste ab. Während die Judenchristen im allgemeinen bis 44 unbelästigt blieben, wurden die Hellenisten sofort verfolgt: Stephanos, ihr geistiger Führer, wurde in einem Volkstumult von erregten Juden gesteinigt, der Rest verließ Jerusalem, während der Zwölferkreis mit seinen judenchristlichen Anhängern dort blieb, bis diese nach dem Tode des Jakobus kurz vor Ausbruch des großen Aufstandes nach Pella flüchteten.

Die Auswirkungen des Hellenistenkreises sind ungeheuer. Von Männern wie Stephanos, Nikolaos und Philippos ist Botschaft und

Person Jesu in einer einmaligen geistesgeschichtlichen Leistung in die griechische Welt hinübergeführt worden, hier beginnt die *interpretatio Graeca* Jesu und die *interpretatio Christiana* der griechischen Welt. In Tarsos, Antiocheia, Ephesos und Korinth wurde das ausgebaut, begonnen wurde es in dieser Hellenistengruppe.

Die geistigen Unterschiede zwischen Judenchristen und Hellenisten lassen sich aus der Apostelgeschichte deutlich erkennen:

1. Für die *Judenchristen* bleibt trotz der Auferstehung das jüdische *Messiasbild* vorherrschend; der Herr sollte kommen, «um das Reich Israel wieder aufzurichten». Ihr Hauptgebet ist eins der wenigen aramäischen Worte des Neuen Testaments: «Herr, komm.» An dem bald hereinbrechenden Ende wird der Herr die Heiden richten und die Seinen retten. Daß er vorher leiden und sterben mußte, ist die Erfüllung von Jesaja 53. Als Messias ist Jesus Gottes Bevollmächtigter, aber nicht Gott selbst. Von seinem Namen geht eine Art magische Kraft aus, doch behaupteten das jüdische Kreise auch vom Namen Salomons. – Für die *Hellenisten* ist Jesus ein auf Erden wandelnder, leidender und auferstehender *Gott*, den man von der Gotteszeugung bis zum Unsichtbarwerden als «erschienenen Gott» bekannte und den man sich im Glauben an seine heilige Geschichte und in sakramentaler Form aneignen konnte. Auf messianische Wiederkunft wird kein großes Gewicht gelegt, denn der Herr ist im Geist gegenwärtig, an die Stelle der Eschatologie tritt die Mystik. Sein Leiden ist *metaphysisches* Müssen, über dessen Sinn man weiter nachgrübeln kann.

2. Das *Judenchristentum* versucht das *Alte Testament* als *Gesetz* beizubehalten. Es benutzt aramäische Texte, hält sich an die wörtliche Bedeutung, selbst an rabbinische Auslegungen. Daher geht man täglich in den Tempel, nimmt am Kult teil, fastet an jüdischen Fasttagen, hält die jüdische Woche, besonders den Sabbat, nimmt jüdische Gelübde auf sich; aus diesem Kreis stammt das Wort, daß jedes Häkchen im Gesetz zu halten sei und die judenchristliche Gesetzesgerechtigkeit größer sein müsse als selbst die pharisäische. Ein unechtes Jesuswort aus diesen Kreisen lautet: «Wenn ihr nicht fastet in bezug auf die Welt, werdet ihr das Reich Gottes nicht finden, und wenn ihr nicht den Sabbat haltet, werdet ihr den Vater nicht sehen.» Lohn und Strafe sind die Maßstäbe, nach denen Gott mit dem Menschen handelt. Auf Jesus werden nur die dem Judentum bereits geläufigen messianischen Weissagungen des Alten Testamentes bezogen. Ganz anders die *Hellenisten*. Sie benutzen den griechischen Text und damit die bereits durch die Übersetzung *hellenisierte Form des Alten Testamentes*. Der Wortsinn oder einzelne Weissagungen gelten ihnen wenig, sondern das ganze griechische

Alte Testament ist in jedem Stück allegorisch auf den Gottheiland Christus zu beziehen und kündet von ihm; das ganze Alte Testament wird christlich interpretiert. Tempel und Gesetz, das nur von Engeln, nicht von Gott stammt, lehnen sie ab, in den Juden sehen sie Prophetenmörder von alters her. Sie sind es wohl, die den Sabbat durch den Sonntag als Herrentag ersetzten; da ihn Justin Heliostag nennt, ist er eine rein hellenistische Übernahme. Auch der Freitag als Trauertag um den Herrn, der die jüdischen Fasttage verdrängt, stammt wohl von hier.

3. Beide Gruppen haben die *Taufe*. Sie ist aber bei den *Judenchristen* ein Aufnahmeakt wie die Proselytentaufe; auch die Taufe Jesu ist für sie höchstens göttliche Adoption. Bei den *Hellenisten* jedoch ist sie mystisches Mitsterben mit dem Herrn.

4. Beiden Gruppen ist ein *Mahl* gemeinsam, das immer mehr kultisch ausgeformt wird und geschichtlich mit dem letzten Mahl Jesu verbunden ist. Bei den *Judenchristen* ist es ein Vorblick auf das *messianische Mahl* und wird deshalb in sehnsüchtiger Enderwartung verzehrt. Vielleicht ist der alttestamentliche Opfergedanke mit ihm verbunden worden. Bei den *Hellenisten* ist die Vorstufe zu einem Mysterienkultmahl geschaffen worden; wie die Taufe, so wird das ‹Brotbrechen› mystisch-sakramental eine Wiederholung des Todes Christi.

5. Sehr schwierig ist die Frage zu entscheiden, ob die *judenchristliche* Gemeinde *ekstatische Züge* trug. Leider ist die Schilderung des Pfingstereignisses, das mit einem Rausch verglichen wird, schon so stark hellenistisch geprägt, daß aus ihr nicht viel zu schließen ist. Sofern ekstatische Erscheinungen vorhanden sind, hat man sie mit der Lehre vom Prophetengeist, die sich bei Jesaja und Joel fand, verbunden und sie als Zukunftsweissagungen oder als Beweis für das nahe Weltende gedeutet, immer im Sinne prophetischer Inspiration. Die echte Ekstase der Jerusalemer *Hellenisten* zeigt sich darin, daß, wie bei den Bakchen, das Gesicht des Stephanos sich verändert und dieser sich echt griechisch durch die Gewalt seiner eigenen Rede in die Vision hineinsteigert. In der Pfingstgeschichte hat Lukas meisterhaft mindestens drei Dinge zusammengearbeitet: 1. eine Massenvision, vielleicht die Erscheinung der 500, die Paulus nennt; 2. ein Gegenstück zur babylonischen Sprachverwirrung, und 3. das hellenistische Ideal einer Gemeindeekstase, die er wohl in paulinischen Gemeinden kennengelernt hat.

6. Jesu *Liebesforderung* hat bei den *Judenchristen* in Anlehnung an jüdische Sektenbildungen zu einer freiwilligen und nicht vollständigen Gütergemeinschaft, verbunden mit dem prophetischen Armutsideal, geführt. Paulus und ihre Gegner nennen sie «die Armen»

(Ebionim, πτωχοί). Auch durch Übernahme der jüdischen Armenpflege und einer Art von Synagogenbann beginnt man, das Leben der Gemeinde gesetzlich zu regeln. Die *Hellenisten* machen auch das nicht mit.

7. Endlich der Unterschied der Gestimmtheit. Bei den *Judenchristen* ist die Enderwartung mit einer *Bußstimmung* verbunden und die Furcht «vor dem, der in die Hölle werfen kann» nie ganz verschwunden. Daß Jakobus «beständig kniet und Gott um Verzeihung für das Volk bittet», ist typischer Ausdruck für judenchristliche Stimmung. Ganz anders die *Hellenisten*. Ihre Gestimmtheit gibt Lukas am besten wieder, der in seinen beiden Schriften unaufhörlich die *Freude* betont, die der neue Glaube bringt. Ihr ekstatischer Charakter wird darin deutlich, daß sie als Frucht des Geistes bezeichnet wird. Wie verwandt diese lukanische Haltung hellenistisch religiöser Stimmung ist, zeigen ähnliche Sätze bei Plutarch: «Wo (die Seele) Gottes Gegenwart am meisten glaubt und erlebt, da legt sie am vollständigsten alles Leid, alle Furcht, alle Trauer ab und überläßt sich der Freude.» So haben diese hellenistischen Christen auch gefühlt, davon wird noch zu reden sein.

Zwischen beiden Gruppen entbrannte bald ein heftiger Kampf. Die Judenchristen warnten vor den falschen Propheten und die Hellenisten klagten, daß die Judenchristen neuen Wein in alte Schläuche gössen. Aber so harte Formen der Kampf besonders zwischen Paulusgemeinden und Jakobusleuten schließlich annahm, keine der beiden Gruppen hat den vollen Sieg davongetragen. Denn einmal fühlten sich doch beide als ‹drittes Geschlecht›, als eine Einheit gegenüber der jüdischen und hellenistischen Umwelt, andererseits wurden immer neue Unionsversuche gemacht. Besonders Lukas hat dieses Ziel, indem er den Petrus, den der historische Paulus Heuchler nennt, zum Freund des Paulus und aus dem stürmischen Apostelkonzil des Galaterbriefs eine harmlose Konferenz machte.

Die Spannung wurde dadurch verschärft, daß beide Gruppen getrennt *missionierten*. Die Judenchristen wandten sich zunächst nur an die Juden, im Mutterland sowohl wie in der Diaspora. Nicht einmal zu den Samaritern gingen sie. Noch in der Zeit des Galaterbriefs scheint Petrus vorwiegend Judenmissionar gewesen zu sein. Radikaler waren die Sendlinge des Jakobus. Die Hellenisten machten aber von Anfang an keine Unterschiede: sie missionierten an der phoinikischen Küste, in Kypern, in Antiocheia. Als aber die Judenchristen mehr und mehr ihre Erfolglosigkeit bei den Juden erkannten, gingen auch sie zu den Nichtjuden. Das mußte zu ernsten Zusammenstößen führen. Denn während die hellenistischen Missionare jeden, der zum Glauben bereit war, tauften, stellten die Judenchristen die Bedingung, die auch die jüdischen Missionare an die Vollproselyten stellten, nämlich sich beschneiden zu lassen; und als dies wenig Erfolg hatte, forderten sie wenigstens die drei ‹noachischen› Gebote: Enthaltung von Götzenopferfleisch, von nicht rituell Geschlachtetem und von Unzucht, dazu die Beachtung der goldenen Regel. Hellenistische Gemeinden haben, wie die Diskussion über das Götzenopferfleisch im 1. Korintherbrief zeigt, diese Forderungen nicht anerkannt, so daß es zum Bruch der Tischgemeinschaft zwischen beiden Gruppen kam, was bedeutete, daß man kein gemeinsames Herrenmahl halten konnte. Allmählich stärker hellenisierte Judenchristen wie der Kyprier Barnabas und Petrus sind aber nicht so radikal gewesen wie die Jakobusleute.

Die weitere Entwicklung wird von *drei* Brennpunkten aus bestimmt. Dort haben schon vor Paulus größere christliche Gemeinden bestanden. Es sind *Antiocheia, Rom* und *Alexandreia*. Es ist bezeichnend, daß es zugleich die drei größten Städte der alten Welt sind. Die Quellenverhältnisse liegen am besten für Antiocheia, gut für Rom, ungünstig für Alexandreia.

Die vorwiegend hellenistische *antiochenische* Gemeinde löste sich bald vom Judenchristlichen los. Die Versuche des Petrus, der Abgesandten des Jakobus und sonstiger «dazwischen hineingekommener falscher Brüder», die Gemeinde an Jerusalem zu binden, scheiterten; die Liebesgabe der Antiochener für Jerusalem vom Jahre 45 bei einer Hungersnot ist ebensowenig eine Steuer wie die Kollekte des Paulus. Proselyten aus Kypern und Kyrene, auch ein Mann von dem hellenisierten Hof des Herodes Agrippa werden unter den Gründern genannt. Der hellenistische Charakter sicherte der Gemeinde die Existenzmöglichkeit, denn Antiocheia war seit der furchtbaren Plünderung durch den Makkabäer Jonathan äußerst judenfeindlich. Wie selbständig die Gemeinde war, zeigt die leider allzu kurze Bemerkung des Lukas: «In Antiocheia führten die Christen zuerst den Namen *Christiani*.» Das lateinische Wort kann nur bedeuten, daß sie sich hier zuerst einen Rechtstitel erwarben und sich unter diesem Namen in das von den römischen Behörden kontrollierte Vereinsregister wahrscheinlich als Begräbnisverein eintragen ließen. Das war leicht zu erreichen, da eine südliche Großstadt nur froh sein konnte, wenn für die Beseitigung der Leichen gut Sorge getragen wurde. Auch den ekstatischen Charakter der Gemeinden schildert Lukas.

Antiocheia war äußerst geeignet, Ausgangspunkt zur Weltausbreitung einer neuen hellenistischen Religion zu werden. Eine moderne Weltstadt mit guten Verbindungen nach allen Himmelsrichtungen, geistig lebendig, vielsprachig, mit dem berühmten Park der Daphne, in dem eine Art Hydeparkmeetings abgehalten wurde, auf denen jeder eine neue Lehre propagieren konnte und so ziemlich jede Meinung geäußert werden durfte, das war guter Boden für die Christen. Die Gemeinde ist rasch gewachsen. Die innere Krise durch Einbruch der Judenchristen, von der der Galaterbrief spricht, hat sie rasch überwunden, wohl durch eine Reihe von Zugeständnissen, denn Paulus hat doch wohl deshalb sein Hauptquartier von Antiocheia nach dem stärker griechischen Ephesos verlegt, weil man ihn dort besser und kompromißloser verstand.

Mehr im Dunkel liegt die vielfach untersuchte Entstehungsgeschichte der *römischen* Gemeinde in vorpaulinischer Zeit. Sicher ist nur, daß in ihr die judenchristlichen Einflüsse stärker waren als in allen Gemeinden des griechischen Ostens. Das beweisen folgende Tatsachen: 1. Das Judenedikt des Claudius v. J. 49 vertreibt die wegen Christus beständig tumultuierenden Juden aus Rom. 2. Im Römerbrief muß sich Paulus wegen seiner ‹heidenchristlichen› Verkündigung vor der römischen Gemeinde rechtfertigen. 3. In dem aus Rom geschriebenen Philipperbrief ist Paulus ganz einsam, hat also keinen Anhang in der römischen Gemeinde. Die Angriffe gegen die judenchristliche Theologie und die Bezeichnung alles jüdischen religiösen Besitzes als «Dreck» (σκύβαλα) sind in diesem Brief besonders leidenschaftlich. 4. Der Ausgang der Apostelgeschichte läßt einen sehr ernsten Bruch zwischen Paulus und der römischen Gemeinde vermuten. 5. Nach der Auffassung des Tacitus sind die römischen Christen aus Judäa stammende Verbrecher. 6. Corssens Nachweis, daß Josephus die Christen bei Nero denunziert hat, schließt ein, daß sie noch um diese Zeit nur der Judenschaft näher bekannt waren. 7. Zumindest Hegesipp war von den frühen Führern der römischen Gemeinde Jude, vielleicht auch der Verfasser des 1. Clemensbriefes.

Leider wissen wir nichts über die Anfänge des Christentums in *Ägypten,* die in vorpaulinischer Zeit liegen. Wir kennen einen alexandrinischen Christen, der mit Paulus Berührungen gehabt hat, Apollos. Er beschäftigte sich mit allegorischer Auslegung des Alten Testaments nach alexandrinischer Methode, gehörte also direkt oder indirekt zur philonischen Schule. Wenn der Hebräerbrief von ihm stammt, ist er ein klares Dokument für das alexandrinische Christentum der ersten beiden Jahrhunderte. Die christliche Interpretation des Alten Testamentes wird hier mit den verfeinerten Methoden alexandrinischer Auslegungskunst konsequent durchgeführt. Über Apollos hinaus können wir die Entwicklung nicht zurückverfolgen, doch mögen Mitglieder der alexandrinischen Synagoge in Jerusalem die ersten Vermittler des Christentums gewesen sein.

So hätte es auch ohne Paulus ein Weltchristentum gegeben. Es war nicht mehr das Christentum Jesu, dazu hatte es schon zu viele synagogale und hellenistische Zusätze bekommen. Es war auch noch nicht die schließlich Judentum wie Hellenismus überwindende Weltreligion. Daß es das eine wieder, das andere erst wurde, ist das Verdienst des Paulus aus Tarsos (Tarsoi) in Kilikien.

3. *Paulus*

Was Platon für Sokrates, ist Paulus für Jesus. Er ist nicht der Gründer des Christentums, auch nicht der, der es hellenisiert hat. Aber er hat es vollendet.

Drei Welten vereinigen sich in dem seltsamen Mann. Er nennt sich selbst nur mit einem guten *lateinischen* Namen und trägt mit Stolz als Erbgut das römische Bürgerrecht. Im römischen Staat sieht er Gottes Ordnung, den Feind des Bösen und Freund des Guten, «Gottes Diener zum Guten», der die widergöttlichen Mächte niederhält, und dem man deshalb Gehorsam schuldig ist. Der Bruder Senecas, Gallio, dem dieser eine seiner schönsten Schriften gewidmet hat, hat ihn als hoher römischer Beamter geschützt. Vor dem Gericht des römischen Kaisers hat er gestanden, und vielleicht ist die letzte Wirkungsstätte seines Lebens in den westlichen lateinischen Provinzen gewesen.

Dieser römische Bürger aber war *Grieche*. Eine freilich späte Überlieferung behauptet sogar seine griechische Abstammung, eine bessere weiß immerhin zu berichten, daß seine Familie aus Galiläa stammt. So könnte er von einer der in der Makkabäerzeit zwangsjudaisierten nichtjüdischen Familien Galiläas herkommen. Jedenfalls aber ist er in der Stadt Kleinasiens aufgewachsen, die den Ruf hatte, die griechischste zu sein und ein Hauptort des Hellenismus war. In der Zeit, in der die griechische Literatur keine Höhen aufzuweisen hat, erhebt er sich zu einem der größten griechischen Sprachgestalter aller Zeiten, der im Stil des Prosahymnus (ὑμνεῖν ἄνευ μέτρου) Dichtungen von einmaliger und gewaltiger Größe schafft. Die Höhepunkte seines Wirkens liegen, außer in der römischen Militärkolonie Philippi in Makedonien, nur in griechischen Städten, in Korinth, Thessalonike, Athen, Ephesos. Drei Gipfel seines Lebens zeichnet die Apostelgeschichte, und alle drei sind echt griechisch. Der erste ist in *Troja*. Wie im Fieber ist Paulus nach Westen geeilt. Auf der ehrwürdigsten Stätte der Welt, an der Alexander dem Achill opferte, erscheint ihm visionär ein Landsmann Alexanders und ruft ihn hinüber nach Makedonien. «Wie er aber das Gesicht gesehen hatte, da beeilten wir uns, nach Makedonien zu gehen.» Die Dramatik dieses Berichtes bei Lukas ist unüberbietbar. Dann *Athen*. Auf der heiligen Stätte des Areopag, auf dem Aischylos den Orest durch die Gnade der Gottheit lossprechen ließ, hält Paulus vor griechischen Philosophen eine rein griechische Rede, wie sie auf Poseidonios gegründet Dion von Prusa fast wörtlich genau so hätte halten können. Endlich *Korinth*. Im Gedränge der modernen Hafenstadt, hart verfolgt von den Juden, wird Paulus zaghaft. Er hat wieder eine Vision: «Habe keine Furcht, sondern rede und schweige nicht, denn ich bin bei dir.» Ein Bericht – trotz der Fülle der Paulusliteratur kaum beachtet und deshalb wohl auch späterer kirchlicher Zensur entschlüpft – geht noch über das alles hinaus. Von den Juden schon fast zu Tode gehetzt, will Paulus nach Rom. Das Schiff geht unter, und in Malta bleibt er als Schiffbrüchiger, kaum dem Tode entronnen. Da nimmt ihn ein alexandrinisches Schiff auf und bringt ihn in sicherer Fahrt nach Puteoli, und dieses Schiff steht unter dem Schutz der Dioskuren. Die vielgeliebten und verehrten griechischen Seefahrergötter führen ihn nach Rom: man spürt, wie Christengott und Griechengötter bei Lukas einander näherrücken. Griechisch ist die *Bildersprache* des Paulus. Sie wurzelt im Kosmischen, wie die der griechischen Naturphilosophie: Licht, Finsternis, Sonne, Mond, Gestirne, Horizont, irdische und himmlische Körper und deren Glanz, Sternstellungen im Zenit, oder im Biologischen: wilde und edle Bäume, Tiere aller Art, oder im Anthropologischen: Leib und Glieder, Haus und Familie, Stadt und Staat, alles die Bilder, die der griechischen Welt durch die Mission der kynisch-stoischen Diatribe lieb waren. Griechisches Kulturleben spiegelt sich in ihnen: Terrakotten und Spiegel, Bücher und Schreibwerk, Bankwesen und Sklavenloskauf, Architekt und Ingenieur, Säule und Tempel, Theater und Sportplatz, griechischer Sport und griechische Musik. Nur eine Gruppe seiner Bilder ist römisch, die vom Soldatenleben, die die Rüstung des Legionärs vom Stiefel bis zum Helm darstellen. Aber der römische Soldat war ja der Hüter griechischer Kultur. Wer sich daran erinnert, wie sehr Plutarch Nero, dessen Besuch in Delphoi er erlebt hatte, liebt und immer wieder entschuldigt, weil er Griechenland liebte, wird damit vergleichen, daß der paulinische Hymnus auf das römische Reich Neros auch die Militärmacht des Reiches einschließt.

Aber dieser griechisch-hellenistische Mensch hat von sich selbst gesagt, daß er aus dem Stamm *Benjamin* komme, Ἑβραῖος ἐξ Ἑβραίων sei, daß er in seiner Haltung zum alttestamentlichen Gesetz Pharisäer gewesen sei, daß er viele seiner Studiengenossen an jüdischer Gelehrsamkeit übertroffen und die Christen bis aufs Blut verfolgt habe. Die Septuaginta zitiert er sehr häufig, von griechischen

Schriftstellern wörtlich aber nur wenige und späte. Gewiß besagt die künstliche Stammestradition nichts, solche Dinge sind oft konstruiert worden, historischen Wert haben sie nicht. Auch der Eifer für die jüdische Religion besagt nicht zuviel: Juvenal zeichnet den Griechen, dessen Großvater vom Judentum noch keine Ahnung hatte, dessen Vater sich nur als ‹Gottesfürchtiger› für die Synagoge interessierte, der sich aber selbst beschneiden läßt und wilder für das Judentum agitiert als die Juden selbst. Sicher aber ist, daß Paulus aus dem Alten Testament lebt, dessen hervorragender Kenner er ist. Auch sind ihm jüdische Sitte und jüdischer Ritus von Kind auf lieb und vertraut. Noch als Christ möchte er seine eigene Seligkeit aufgeben, wenn er damit die seines Volkes, des «Israel nach dem Fleisch», erkaufen könnte. Paulus hat weder ein Verhältnis zur griechischen Geschichte noch zur griechischen bildenden Kunst, auch darin zeigt er sich als Jude. Immerhin, trotz dieser offen zutage liegenden Tatsachen bleibt in seinem Verhältnis zum Judentum noch manches unklar.

Sicher ist, daß Paulus in jüdischer Religion von diasporajüdischem Gepräge erzogen worden ist. In der Diasporasynagoge von Tarsos hat er die Septuaginta, vielleicht aber auch andere Texte kennengelernt, im Hause hörte und lernte er vieles von jüdischer Lehre und Sitte. Als er heranwuchs, ging es ihm wie jedem Diaspora-Menschen: er sehnte sich nach dem Mutterland, nach dem Tempel von Jerusalem, nach den berühmten Gelehrten dort. Seine Sehnsucht wurde erfüllt; der reiche Vater, der anscheinend Kaufmannskreisen angehörte, schickte ihn zum Studium in die heilige Stadt. Mit Feuereifer und jugendlichem Idealismus schloß er sich hier kompromißlos einem pharisäischen Meister und Schülerkreis an. Aber die große *Enttäuschung*, die jeder Diasporastudent auch heute noch erlebt, blieb nicht aus: in Jerusalem war alles ganz anders, als man es sich in der Diaspora erträumte. Diese Enttäuschung zittert noch lange nach in dem verächtlichen Ausdruck über das ‹empirische› Jerusalem im Galaterbrief und in dem Groll über die Stadt, den dieser Brief enthält. Paulus hat diese Enttäuschung dadurch zu überwinden gesucht, daß er sich bemühte, jüdischer zu werden als die Juden in Jerusalem. Einen Teil dieser inneren Spannungen reagierte er auf die hellenistische Christengemeinde ab, die er vielleicht für manches verantwortlich machte, was ihm in Jerusalem nicht gefiel. Als er die Luft Jerusalems nicht mehr ertragen konnte, ging er zeitweise wieder in die Diaspora, und zwar jetzt als Proselytenmissionar. Hier sammelte er Missionserfahrungen, die ihm später zustatten kamen. Aber die Spannungen wurden immer unerträglicher, und das Damaskuserlebnis seiner Bekehrung ist psychologisch gesehen durch diese Spannungen ausgelöst. Es ging Paulus plötzlich auf, daß das Christentum der Hellenisten, das ihm in Stephanos begegnet war, nicht nur die Befreiung von Jerusalem und seinem fragwürdigen Gesetz bot, sondern alle die religiösen Ansätze zur Erfüllung brachte, die im hellenisierten Diasporajudentum vorhanden waren. In der echten selbstbiographischen Schilderung der Bekehrung wird nämlich als Inhalt der Bekehrungsoffenbarung nicht der Messias, sondern der hellenistische Gottessohn angegeben und *zugleich* ein Sendungsauftrag an die *nichtjüdische* Welt. Der Bruch mit dem Judentum ging sofort sehr tief, denn schon im ersten Brief des Paulus, dem 1. Thessalonicherbrief, steht der Satz: «. . . und Gott hat an ihnen keinen Gefallen (den Juden). Sie hassen alle Menschen und hindern uns, den Griechen zu sagen, daß sie gerettet werden. So erfüllen sich ihre Sünden überall, und der Zorn Gottes liegt auf ihnen bis ans Ende der Welt.»

Worin liegt aber die Bedeutung des *Judentums* für Paulus? Positiv darin, daß er von Kind auf das Alte Testament kannte, daß ihm die Religion der Propheten und Psalmen, allerdings in der in der Diaspora üblichen hellenistischen Vergeistigung und ohne den nationalpolitischen Hintergrund Jerusalems, vertraut war. Im Römerbrief zählt er selbst auf, was er ihm alles verdanke: das Wissen um die Möglichkeit der Gotteskindschaft, die Einwohnung der Herrlichkeit Gottes in der Welt, die Bundesschlüsse Gottes mit der Welt, das Gesetz, den bildlosen Kult, die Verheißungen des Alten Testamentes, die Erzväter, den historischen Jesus. Von der Diasporasynagoge lernte er ferner den Ernst, für den wahren Gott zu kämpfen, kompromißlos zu sein, selbstbewußt und demütig zugleich zu leben und vor allem einen Sendungsauftrag an die nichtjüdische Welt zu haben. Andererseits verdankte Paulus dem Judentum, daß es ihn die Schrekken einer Religion des Buchstabens, des Gesetzes und der bloßen Dogmen lehrte und in ihm die Sehnsucht nach der Wärme der Mystik, der Aktivität der Liebe, der Freiheit des Geistes und dem Geheimnis des Sakramentes weckte.

Damit ist auch das Wesentliche über das Verhältnis des Paulus zum *Judenchristentum* gesagt. Wieder berichtet er selbst: Nach dem Bekehrungserlebnis «habe ich mich mit keinem Menschen besprochen, ging auch nicht hinauf nach Jerusalem zu den Aposteln vor mir . . . erst nach drei Jahren ging ich hinauf nach Jerusalem, um den Kephas zu sprechen. Ich blieb aber nur vierzehn Tage bei ihm. Einen anderen Apostel aber sah ich nicht außer dem Herrenbruder Jakobus. Was ich euch schreibe, vor Gott kann ich bezeugen, daß es wahr ist. Dann ging ich in die Provinzen Syrien und Kilikien. Den judenchristlichen Gemeinden aber blieb ich persönlich unbekannt».

In der Apostelgeschichte hat ein Kirchenpolitiker dieses vor Gott beschworene Zeugnis gefälscht. Wiederholt betont Paulus, daß er von den Judenchristen nichts empfangen oder gelernt habe, auch von den Aposteln nichts. Aber die Judenchristen ließen ihn nicht in Ruhe und zwangen ihn zu Auseinandersetzungen, aber auch zu immer stärkerer Klärung seiner eigenen Haltung. In seine griechischen Gemeinden schickten sie ihre Sendboten, «dazwischen eingeschlichene Falschbrüder», um sie «zu unterjochen», d. h. nach Art der jüdischen Weltkirche zur Unterordnung unter den Jerusalemer Kreis zu zwingen. Auf dem ‹Apostelkonzil›, einer sehr formlosen Besprechung, zu der Paulus aus innerer Überzeugung, nicht aus äußerem Zwang ging – wieder nach seinem eigenen Zeugnis im Galaterbrief –, kommt es zu einem dramatischen Zusammenstoß. Als die Judenchristen Forderungen an den Apostel stellen, sagt er nur: «... denen unterwarfen wir uns auch nicht eine Stunde.» Das ist nicht nur dem Verfasser der Apostelgeschichte zuviel, sondern sogar die neutestamentliche Handschrift D hat durch eine geschickte Textfälschung den Satz genau in sein Gegenteil verkehrt. Die Folge des Apostelkonzils ist ein klares Auseinandergehen, Paulus geht von nun an ausschließlich in die nichtjüdische Welt. Doch will er die Gemeinschaft mit den ältesten Herrenjüngern nicht ganz aufgeben: durch ein großes Liebeswerk will er den teils von jeher Armen, teils durch ihr kommunistisches Experiment, teils durch die wirtschaftliche Weltlage Verarmten in Jerusalem großzügig helfen. Mit der ihm eigenen Treue hat er dieses freiwillige Kollektenwerk durchgeführt, doch ist nach dem Text der Apostelgeschichte nicht sicher, ob die Jerusalemer Judenchristen diese Liebesgabe annahmen oder sie zurückwiesen, um sich nicht an heidnischem Geld zu verunreinigen.

Die Zusammenstöße hören nicht auf. In Antiocheia kommt es zu schweren Auseinandersetzungen mit dem «Heuchler» Petrus und den übrigen Judenchristen, in den galatischen Gemeinden machen «die von Jakobus» dem Paulus schwer zu schaffen, in Korinth die Petrusleute. Die Juden aber gehen ihm ans Leben. Mit dramatischer Wucht stellt der zweite Teil der Apostelgeschichte dar, wie die Juden von Ort zu Ort hinter Paulus herhetzen, ihn mit allen Mitteln, auch denen des Staates, zu vernichten suchen, und selbst vor Meuchelmord nicht zurückschrecken. Bis zur Zeit des 2. Korintherbriefs, also für eine Spanne von knapp fünfzehn Jahren, kann er schon aufrechnen: «Von den Juden habe ich 195 Schläge erhalten, bin ich dreimal gegeißelt und einmal gesteinigt worden.» Josephus und seine jüdischen Schauspieler haben ihn dann in Rom zur Strecke gebracht.

Blicken wir zurück. Paulus vereinigt die drei antiken Welten in sich, aber keiner gehört er *ganz* an, und keine hat ihn ganz gewollt.

Die Römer haben ihn hingerichtet, obwohl er römischer Bürger war, die Juden haben ihn zum Tod gebracht, obwohl er ihre heiligen Schriften erfüllen wollte. Die Griechen haben ihn zwar geliebt und gehört, weil sie Verwandtes bei ihm fühlten, aber die Stoiker und Epikureer auf dem Areopag haben doch gespürt, daß er nicht einfach einer der ihren war. Das lag daran, daß Paulus souverän über den drei Welten stand und aus jeder das nahm, was seiner eigentlichen Sendung diente. In dieser Freiheit des Geistes war er den Griechen Grieche, den Juden Jude, den Römern Römer.

Damit ist aber weder das Wesen noch die Wirkung des Paulus erfaßt. Man mache sich nur einmal klar, wie ungeheuer seine Wirkung war. In der römischen Militärkolonie Philippi, in der Paulus seine Arbeit in Europa begann, werden etwa zur Zeit seiner Ankunft folgende Götter aus aller Welt und für jedes geistige und religiöse Niveau verehrt: Juppiter Optimus Maximus, die Genien der Kaiser, Juno, Athene, Ares, Aphrodite, Artemis, Hermes, die Dioskuren, Dionysos, Hades, der thrakische Reiter, die thrakische Bendis, ein thrakischer Jagdheros, der thrakische Rincaleus, Isis, Mithras, eine assyrische Mondgöttin, Kybele, Jahve. Aber schon der Philipperbrief in seiner triumphierenden Freude läßt ahnen, daß Paulus das alles bereits für überwunden hält. Mag man ihn betrachten, von welcher Seite man will, den Ausschlag gibt immer das Geheimnis *seiner Person*.

Es liegt in der ungeheuren Fülle und Weite von Gegensätzen, die dieser Mann in sich vereint, und gerade darin ist er bei aller Originalität doch ein typisch *hellenistischer* Mensch. Überall schließen sich in ihm diese Gegensätze zusammen: der Großstadtmensch, der mit einer Unmenge von Männern und Frauen in Beziehung steht, und der ganz Einsame, der von den anderen bekennt: «Sie suchen alle das Ihre»; der herbe, männliche, sportliche Kämpfer, der sein Werk einmal als einen großen Boxkampf bezeichnet, der energische, revolutionäre Redner, der gröbste Schimpfworte gebraucht, und der fröhliche, kindliche, fast weiche Mensch und Dichter; der von Sorge und Verfolgung Geplagte, der doch die größten Worte über die Freude gesagt hat; der Handarbeiter, der mit dem schwierigsten Material der Antike, dem Leder, seine Hände zerarbeitet hat, von dem das Wort stammt: «Wer nicht arbeitet, soll auch nicht essen», und der doch einer der größten Sprachkünstler und Formvollender des Späthellenismus ist; der, welcher ehrlich vor den letzten Tiefen menschlicher Vergänglichkeit und Schuld steht und schonungslos seine eigenen Schwächen bekennt, und doch zugleich ein Selbstbewußtsein und einen Stolz hat, der jede Grenze sprengt; der große Organisator, dem die Welt für seine Arbeit zu eng wird, und der schon rein körperlich auf seinen Reisen Erstaunliches leistet, der zugleich das Wort spricht von der Welt, die nur eine Kolonie ist und von der Sehnsucht nach dem Sterben. Er hat selbst die Eigenart seines Wesens gekannt:

Ich kann niedrig sein, und ich kann hoch sein,
In jedes Mysterium bin ich eingeweiht,
Hungern kann ich und dürsten,
Mangel und Überfluß haben,
Alles vermag ich verbunden mit dem,
Der mich kraftvoll macht.

Oder:

Wir haben diesen Schatz in tönernen Gefäßen,
Damit das Übermaß an Kraft Gottes und nicht unser sei.
In allem sind wir bedrängt, aber wir werden nicht eng.
Wir zagen, aber verzagen nicht,
Verfolgt sind wir, aber nicht verlassen,
Niedergeworfen, aber verderben nicht.

Oder:

Als die Sterbenden, und sieh', wir leben,
In eine harte Schule gezerrt, und doch nicht tot zu kriegen,
Traurig, und doch immer fröhlich,
Arm, aber viele reich machend,
Nichts habend, und doch alles besitzend.

Gewiß ist das alles *auch* hellenistisch, und mancher Kyniker hat ganz ähnlich gesprochen, und doch wird niemand hier die größere persönliche Wärme und Tiefe überhören. Zweitens ist für den Menschen Paulus charakteristisch, daß er diese Gegensätze *gelebt* hat. Seine Belastbarkeit und Aktivität rücken ihn in die Reihe der großen antiken Tatmenschen: «Ich habe mehr Mühen auf mich genommen (echt kynisch ausgedrückt) als die anderen alle»,

«Bis auf diese Stunde hungern und dürsten wir,
Sind nackt und geplagt und heimatlos,
Und mühen uns und arbeiten mit unseren Händen . . .»

«In Zukunft soll mir keiner mehr Mühe machen, denn ich trage die Wundmale des Christus an meinem Leib.» «In langem Ausharren, in Trauer, unter der Wucht der Schicksalsschläge, in Herzensangst, in Plagen, in Gefängnissen, ständig auf Wanderschaft, in mühevoller Arbeit, in durchwachten Nächten, in körperlichen Entbehrungen aller Art, in Reinheit, in Ringen um Erkenntnis, in Ge-

Aber ohne Liebe bin,
Bin ich ein tönendes Erz oder eine klingende Schelle.
Wenn ich heilige Schau habe und weiß alle Geheimnisse und
[alle Erkenntnis,
Wenn ich allen Glauben habe, daß ich Berge versetze,
Ohne Liebe bin ich nichts.
Wenn ich all mein Vermögen an Arme verschwende,
Wenn ich meinen Leib hingebe, daß ich mich rühmen kann,
Ohne Liebe ist's ohne Wert.
Die Liebe ist langmütig, gütig ist die Liebe:
Sie ist ohne Neid, ohne Übermut, ohne Eitelkeit.
Nicht tut sie Ehrloses, nicht sucht sie das Ihre, nicht wird sie
[bitter.
Nicht rechnet sie Böses nach, nicht freut sie sich am Unrecht,
Mit der Wahrheit aber freut sie sich.

Alles trägt sie, alles glaubt sie, alles hofft sie, alles duldet sie.
Die Liebe höret nimmer auf:
Schau wird dunkel,
Sprachen verstummen,
Erkenntnis wird dunkel.
Aus Teilen erkennen wir, aus Teilen schauen wir,
Wenn aber das Ganze kommt,
Werden die Teile verschlungen.
Als ich ein Kind war,
Redete ich wie ein Kind, dachte wie ein Kind, sann wie ein
[Kind.
Seit ich ein Mann bin, legte ich Kindisches ab . . .

Paulus hat nicht nur den christlichen Liebesgedanken in griechische Formen gegossen, sondern ist den Weg der ‹Hellenisten› konsequent weitergegangen. Die Welt der Mysterien und der religiösen hellenistischen Philosophie erschließt sich in ihm dem Christentum noch weiter, besonders die letztere. Was Paulus in Tarsoi und Antiocheia, in Ephesos und Korinth täglich hörte, wurde sein geistiges Eigentum. Hinter diesem ganzen griechischen Reichtum des Paulinismus steht aber *Platon*.

Wir hatten schon gesehen, wie Paulus das frühchristliche Kultmahl durch den platonischen Begriff der Anamnesis umgeformt hatte. Doch ist das nur ein Teilausschnitt. Das Grundschema alles Platonismus: Idee, Abbild, Welt des Empirischen wurde auch das Grundschema des Paulinismus, nur in stärkerer religiöser Deutung. Gott, der «Seiende», der «auf alles zu, durch alles hindurch und in allem» ist, der «das Nichtseiende (τὸ μὴ ὄν) zum Sein (τὸ ὄν) ruft, selbst unsichtbar, unvergänglich, ist schon bei Paulus, nicht erst bei den christlichen Alexandrinern platonisch gedacht. Ihm gegenüber steht die empirische Welt. Ausgeprägter als bei Platon, aber genau wie bei den mittleren und späteren Platonikern ist ihr schwächster und vergänglichster Teil die stoffliche Seite (σάρξ, ὕλη), zu der allerdings auch die Seele gerechnet wird. Wer ihren Gesetzen folgt, rennt von einer Begierde zur anderen und endet endlich im Tod. Es gibt nur eine Möglichkeit, in ihr (ἐν σαρκί) zu leben: die obere Welt strahlt nämlich auch in sie herein, und durch diese Spiegelung Gottes in der Welt des Empirischen wird der Mensch ein Doppelwesen, «heller Schein in tönernen Gefäßen», «Tempel Gottes», «Abbild des Göttlichen», gliedert sich in «Sichtbares und Unsichtbares», «Äußeres und Inneres» und hat zugleich mit seiner empirischen «Zeltwohnung» bereits jetzt ein «unvergängliches», «nicht mit Händen gemachtes» «Himmelshaus»; je nach seiner stärkeren Hinlehnung zu der einen oder anderen Sphäre ist er «Kind des Stoffes» oder «Kind Gottes». Das ist alles aus platonischen Grundansätzen gewachsen.

Wie sich die Ideen in der Höhle schattenhaft abbilden, so sieht auch der Mensch des Paulus das Göttliche «in einem Spiegel in einem Rätselwort». Wie bei Platon gibt es hellere und dunklere Abbilder, und von da aus kommt es zu der paulinischen Christusmetaphysik. Das reinste Abbild (εἰκών) Gottes ist der beiden Welten angehörende Christus. Wie die Maske des Schauspielers nur das Empirisch-Individuelle verhüllt, aber das Wesentliche enthüllt, so trägt Gott die Schauspielermaske (πρόσωπον) Christi und enthüllt durch sie das Wesen seines Glanzes. Ähnliche Gedanken fand Paulus häufig vor: der göttliche Herrscher gilt als εἰκών des Zeus, Helios als εἰκών der Gottheit an sich, im hellenistischen Judentum sogar der Mensch der Schöpfung vor seinem Fall als εἰκών des Unsichtbaren. Dabei muß allerdings das Urbild sich gewisser Qualitäten entäußern, um zum Abbild zu werden; Christus muß «in der Schwachheit des Fleisches», «in Niedrigkeit», «in Sklavengestalt» wie der leidende Gottesknecht erscheinen.

Stellen wir jedoch die Christusfrage zunächst noch zurück. In aller von Platon beeinflußten Philosophie und Religion besteht eine stetig bewegte und sich bewegende Verbindung von *Abstieg* des Himmlischen und *Aufstieg* des Irdischen. Wie das alexandrinische Judentum, das damit die starre Transzendenz Gottes aufgibt, reiht sich auch Paulus hier ein. An die Stelle eines statischen Dualismus tritt auch bei ihm ein dynamisches System von Schichtungen, von Auf- und Abstiegsschemata zwischen Oben und Unten. Erstens kann dieses als Offenbarungsschema dargestellt werden. Bleibt der letzte Kern Gottes auch verhüllt, so umgibt er sich mit einem Erkennbaren, das sich der Vernunft durch Erkenntnis erschließt. Nur wo die Vernunft untüchtig wird, richtet sie sich nicht mehr auf das an Gott Erkennbare und verfällt dem geistigen Tod. Zweitens kann sich das Schema des Abstiegs nicht auf Erkenntnis, sondern auf Seinsfragen beziehen. Das Wesen Gottes ist Leben schlechthin, in die Welt tritt es in der Kraft des Geistes ein. Dieser lebenschaffende göttliche Geist teilt sich dem gottgeschaffenen Menschengeist mit. Hier aber trifft er auf eine dem Geist Gottes entgegenwirkende Gesetzmäßigkeit. Sie hat ihren Sitz im Stoff und ihre Auswirkungen in den Begierden, die die gänzliche Trennung vom Oben und damit den Tod bewirken. Oder das Schema wird drittens anthropologisch gebraucht. Der göttliche Geist, der allein in die Tiefen Gottes schaut, steigt herab und teilt sich dem Charismatiker mit. Aber die Menschenseele ist zwiespältig und läßt sich in die Tiefen des Geistes der Welt hinabziehen, deren Ende wiederum der Tod ist.

Man erkennt unschwer in all dem platonisches Denken. Dabei ist es Paulus wie den Platonikern, die sich gerade darum sehr gemüht haben, klar, daß diese Schemata in der Mitte *einen Bruch* haben. Denn bei dieser Dynamik des Geschehens handelt es sich nicht etwa um eine nur quantitative Abnahme des Geistes, sondern um eine Qualitätsveränderung, sobald der Abstieg in Menschen- und Stoffnähe kommt. Daraus entsteht ein *Kriegszustand*, dessen Parteien Gott und Gottfremde, Leben und Tod, Geist Gottes und Geist der Welt, äußerer und innerer Mensch, Fleisch und Geist sind.

Man kann sich das leicht an drei paulinischen Schemata verdeutlichen, von denen das erste stärker erkenntnistheoretisch, das zweite stärker anthropologisch, das dritte stärker metaphysisch bestimmt ist:

Das erste erscheint Röm. 1, 19 ff.:

Gott
Der erkannte Gott (τὸ γνωστὸν τοῦ θεοῦ)
Der Erkenntnisträger (νοῦς, ἐπίγνωσις)
Der verdunkelte Erkenntnisträger (ἀδόκιμος νοῦς)
Tod.

Das zweite findet sich Röm. 7 und 8:

Leben
Heiliger Geist
Gesetz des Geistes des Lebens
Dem Gesetz des Lebens dienender Nus.
Stoff (σάρξ, μέλη)
Begierden

Gesetz der Sünde (νόμος ἁμαρτίας)
Tod.

Das dritte 1. Kor. 2, 10f.:

Tiefen Gottes
Geist Gottes
Der Geistträger
Seele
Geister dieses Aeons
Tod.

Diese klaren Linien werden aber nun durchkreuzt von einem Begriff, hinter dem die Wirklichkeit steht, die Paulus zeit seines Lebens am leidenschaftlichsten umkämpft hat, dem Begriff des *Gesetzes.* Vom Alten Testament her war das Gesetz Ausdruck des Willens Gottes gewesen; von der rabbinischen Auslegung und dem pharisäischen Gebrauch her war seine Fragwürdigkeit deutlich geworden, und an dem Versuch, es zu erfüllen, war Paulus gescheitert. Von der platonisch-stoischen Umwelt her hatte er aber auch beides gehört: die göttliche Normierung des Kosmos durch die Gesetze, aber auch die Erkenntnis, daß die Gesetze keine Gerechtigkeit herzustellen vermögen, sondern daß die Gerechtigkeit nur eine annäherungsweise zu erreichende Idee sei. In diesen Konflikten hat nun Jesu formale Haltung zum Gesetz Paulus tief beeindruckt und ihm schließlich zur Klarheit über den Begriff Gesetz und die Überwindung des Gesetzes durch die Freiheit des Geistes geholfen. Er erkennt, daß man zwischen *drei* Gesetzen unterscheiden muß. Zunächst steht der Mensch unter dem durch die Schöpfung mitgegebenen göttlichen Natur- und Sittengesetz. Das alttestamentliche ist von diesem nur durch einen höheren Klarheitsgrad unterschieden. Wer aber das alttestamentliche Gesetz nicht hat, gewinnt dieselbe Erkenntnis aus seinem Gewissen. Es wendet sich an den inneren Menschen, an seine bessere Einsicht, die sich am Gesetz freut und ehrlich das Gute will. Da aber, wo der Mensch mit seiner Hilfe erkennt, wie wenig er Gutes tut, hilft es ihm wenigstens zu einer Sehnsucht nach Erlösung aus diesem Zustand der Nichterfüllung.

Nun aber liegt dieses Gesetz in einem ständigen Krieg mit einem *zweiten* Gesetz, dem ‹Gesetz der Sünde und des Todes›. Das ist die unheimliche Gesetzmäßigkeit, die den Menschen zwingt, das erste Gesetz zu übertreten, gegen die Natur zu leben, das heißt den natürlichen Geboten Gottes nicht zu gehorchen. Träger dieser Gesetzmäßigkeit ist der ‹äußere Mensch›. Seine Wirkungskraft liegt in der menschlichen Gier, die den Menschen veranlaßt, trotz besserer

Einsicht das Gute nicht zu tun. So führt es zur Übertretung der göttlichen Schöpfungsordnung und des göttlichen Sittengesetzes und endet in physischem und seelischem Tod. Das Tragische und zuletzt Unverständliche ist, daß die zweite Gesetzmäßigkeit immer über die erste Herr wird und diese ‹in Gefangenschaft führt›. Das ist die empirische Tatsache der allgemeinen Sündhaftigkeit. Nun aber bricht in dieses Gefängnis von oben herab eine *dritte* Gesetzmäßigkeit ein, die eigentlich kein Gesetz mehr ist, sondern Befreiung, «das Gesetz des Geistes». Sie erfaßt in ihrer Dynamik den ganzen Menschen, sucht ihn umzuwandeln zum ‹neuen Menschen›, und befreit durch ihre Wirkkraft, die vergebende göttliche Liebe. Was das erste Gesetz wollte, nämlich den Menschen in der Nähe Gottes erhalten, das wird erst durch das Gesetz des Geistes erreicht. An die Stelle der Erlösungssehnsucht im ersten Gesetz tritt nun die wirkliche Erlösung durch die Geistmystik.

Auch das läßt sich durch ein Schema verdeutlichen, dem Römer 7 und 8 zugrunde liegen:

	Gesetz I	*Gesetz II*	*Gesetz III*
1. Wesen:	Natur- u. Sittengesetz, alttest. Gesetz (νόμος θεοῦ)	Das Gesetz der Trennung von Gott (νόμος ἁμαρτίας)	Das Gesetz des Geistes (νόμος πνεύματος)
2. Der Mensch als Empfänger:	Der innere Mensch (ἔσω ἄνθρωπος)	Der äußere Mensch (ἔξω ἄνθρωπος)	Der *ganze* Mensch
3. Organ:	Vernunft, Gewissen	Gier (ἐπιθυμία)	Geist
4. Menschl. Verhalten:	Freude am Gesetz, Gutes wollen	Gutes nicht tun	Liebe
5. Norm:	Werkgerechtigkeit	Ungerechtigkeit	Glaubensgerechtigkeit
6. Ende:	Erlösungssehnsucht	Tod	Leben

Man sieht, wie nahe nebeneinander auch hier Platons und Paulus' Ausgangspunkte liegen. Den Gesetzen folgte Sokrates bis zum letzten, bittersten Schritt, und doch waren sie das Instrument seiner Verurteilung. Dasselbe sah Paulus bei Christus: nie hatte dieser sich vom göttlichen Gesetz abgesondert, und doch war dieses das Mittel zum Todesurteil über ihn gewesen. Und Paulus selbst hatte der Ermordung des Stephanos beigestimmt, um dem Gesetz treu zu sein. Nicht das göttliche Gesetz als solches ist schlecht, denn es ist bei Paulus genau wie bei Sokrates und im Platonismus Ausdruck des göttlichen Dranges, Ordnung in die Welt zu bringen. Genau wie im Platonismus und in der Stoa ist die Welt als Ausdruck dieser Ordnung Spiegel der göttlichen Herrlichkeit für jeden, der sie mit der Vernunft schaut (νοούμενα καθορᾶται Röm. 1, 20 ff.).

So sind Natur- und Sittengesetz ‹gut› und ‹heilig›. Warum aber werden sie im Falle Sokrates oder Christus zum Fluch?

Platon und die Stoa haben dafür die Schuld beim *Menschen* gesucht. Am schönsten faßt es der stoische Zeushymnus des Kleanthes (304–233 v. Chr.) zusammen:

> sie verschließen
> Aug' und Ohren dem Gesetze Gottes, das für alle gilt.
> Wenn sie ihm nur folgen wollten, könnten sie mit rechter
> Einsicht Lebensfrieden finden.

Die psychische Ursache dafür ist die Gier:

> Toren, immer lockt sie etwas als ein Gut, verlangend haschen
> Sie danach ...

Unser Schema zeigt für Paulus das gleiche. Die Welt und der Mensch sind als göttliche Schöpfung gut, aber die Gottlosigkeit (ἀσέβεια) und Ungerechtigkeit (ἀδικία) sind als etwas Fremdes in den Menschen und in die Welt hineingekommen und wirken sich nun aus. Wie im älteren Platonismus die feindlichen Kräfte noch nicht in der Materie liegen, sondern als etwas Fremdes in sie hineingekommen sind infolge der Unzulänglichkeit des Widerstandes gegen sie, so ist es bei Paulus: «Durch einen Menschen hindurch ging das Böse in den Kosmos hinein.» Durch diesen mit mythischen Farben gemalten Einbruch der bösen Mächte entsteht die zweite Gesetzmäßigkeit unseres Schemas, die wie im Platonismus in blinden Leidenschaften (πάθη) und Gier (ἐπιθυμίαι) des Menschen ihren Ort hat. Damit kommt der Riß in den Kosmos, die Gefangenschaft des natürlichen Menschen in der Höhle, aber auch sein Drang nach Befreiung, die durch die dritte Gesetzmäßigkeit, den Einbruch des *Geistes*, erreicht wird. Dies «Gesetz des Geistes» macht bei Paulus aber nicht nur von dem «Gesetz der Sünde und des Todes», sondern auch von dem ersten Gesetz, dem «Gesetz der Werke» frei. Wer den göttlichen Geist, dessen Wesen an dem Herrn, «der der Geist ist», erkannt wird, besitzt, der erfüllt das, was das erste Gesetz wollte, ohne Zwang oder Nötigung. Auch diesen paulinischen Optimismus des Geistmenschen kennt der Platonismus; Plutarch formuliert ihn einmal so: «Wenn jemand alle Gesetze aufhöbe, ließe aber die Worte des Parmenides, Sokrates, Heraklit, Platon bestehen, würden wir uns keineswegs auffressen oder ein tierisches Leben führen, ... wir würden dann freiwillig aus geistiger Haltung ... tun, was wir jetzt um des Gesetzes willen tun.»

Die drei Gesetzmäßigkeiten haben auch drei verschiedene Ziele. Das Ziel der ersten ist die ‹*Gerechtigkeit aus Werken*›. Das ist die Gerechtigkeit, um die der religiöse und sittliche Mensch zeit seines Lebens ringt, nach der er «rennt und läuft», die er aber nicht erreicht. Das Höchste, was er auf diesem Wege erreichen kann, wird wieder in zwei platonisch-stoischen Termini ausgedrückt, es ist Billigkeit (ἰσότης) und Anständigkeit (ἐπιείκεια), dagegen nie eine volle Herrschaft über die Leidenschaften. Das Ziel des zweiten Gesetzes aber ist die vollendete *Ungerechtigkeit* (ἀδικία), die absolute Anarchie, der Zustand des Chaos. Es will Gott und Mensch auseinanderreißen, die Natur in einem ständigen Sterben zugrunde richten, die Geschichte in ein wirres Durcheinander bringen und den Menschen in jeder Weise elend machen.

Nun aber tritt ihm das *Gesetz des Geistes* entgegen. Es erstrebt gar nicht mehr die empirische Gerechtigkeit, weil es weiß, daß der einmal eingetretene Riß in der Welt eine wirkliche Gerechtigkeit, ‹die vor Gott gilt›, unmöglich macht. Seine Gerechtigkeit liegt im Transzendenten, sie ist mit einem paulinischen Ausdruck «Gerechtigkeit aus Gnade». Gerechtigkeit muß von oben herabkommen und von Gott geschenkt werden. Hier trifft sich der paulinische Gnadenbegriff mit dem der sündenvergebenden Liebe Gottes bei Jesus. Die Gerechtigkeit ist nicht Leistung des Menschen, sondern göttliche Vergebung. Sie mag dem Menschen ungerecht erscheinen, aber sie ist deswegen gerecht, weil sie Gottes Wesen wiedergibt, und weil dieses Wesen Norm für Recht und Unrecht sein kann. Deutlich ist wieder der Gegensatz zum Pharisäer: bei Paulus ist die Gerechtigkeit vom Menschen ganz unabhängig. Sie gehört zum Wesen Gottes, ja, sie ist die in sich selbst normierte Struktur des Göttlichen. Im Judentum dagegen ist Gottes Gerechtigkeit seine Reaktion auf menschliche Verhaltensweisen, wobei sich Gott selbst an ein Gesetz bindet. *Bei Platon und Paulus steht die Gerechtigkeit über dem Gesetz, im Judentum steht das Gesetz über der Gerechtigkeit.* Der Gegensatz wird besonders da deutlich, wo Paulus gegen das geschriebene Gesetz kämpft; wie Platon ist auch ihm die Schrift wertlos und tot verglichen mit dem lebendigen Gesetz des Geistes. Paulus ist niemals Schrifttheologe gewesen: «Der Buchstabe tötet, aber der Geist macht lebendig.»

Die *letzte Schau* göttlicher Gerechtigkeit ist *nicht* dem Schriftgelehrten, *sondern* dem Geistträger vergönnt, der allerdings der Welt wie ein Narr erscheint. Wieder berühren sich Platon und Paulus ganz eng: «Wer die göttliche Schau hat, der allein ist wahrhaftig vollendet. Er wird frei von allen menschlichen Mühen und gottnahe. Von der Masse aber wird er wie ein Narr verachtet, denn ihr ist verborgen, daß er von Gott besessen ist», heißt es bei Platon, und bei Paulus analog: «Mein Wort und mein Heroldsruf bestehen nicht in Worten überredender Sophistik, sondern im Beweis des Geistes und der Kraft, damit euer Vertrauen nicht auf menschliche Intelligenz, sondern auf göttliche Begeisterung sich gründe. Und doch reden wir Weisheit bei den Vollkommenen. ... Gottes Weisheit im Mysterium ... uns hat sie Gott offenbart durch seinen Geist, der Geist aber dringt in alles ein, auch in die Tiefen Gottes ... Der Mensch aber, der allein zur leib-seelischen Welt gehört, nimmt die göttliche Begeisterung nicht auf, denn sie ist ihm eine Narrheit.»

Zu der ständigen Durchströmung des irdischen Menschen mit dem Geist kommt bei Platon wie bei Paulus eine starke Zurückhaltung gegenüber allem menschlichen Wissen. «Es scheint aber, ihr Athener, in der Tat der Gott weise zu sein und mit diesem Orakel zu sagen, daß die menschliche Weisheit nur sehr wenig wert ist oder gar nichts», sagt Sokrates in seiner Verteidigungsrede, und Paulus sagt analog: «Denn Gottes Torheit ist weiser, als die Menschen sind.» Von diesem Satz aus biegt Paulus sowohl von der griechischen Philosophie wie von der jüdischen Schriftgelehrsamkeit ab.

Denn die Religion des Geistträgers ist *Mystik*. «Wer Geist sagt, sagt Mystik», wobei unter Mystik jede Religionsform verstanden ist, die von der Einwohnung Gottes im Menschen in irgendeiner Form weiß.

Die Geistmystik des Paulus ist zunächst *Erkenntnismystik*. Denn Erkennen ist bei Paulus kein realistisches Fürwahrhalten aus der Welt der Subjekt-Objekt-Spaltung, sondern idealistisch-mystische Einwohnung des Erkannten. Gott erkennt nur, wem Gott innewohnt. Erkennen heißt in einem Ring stehen, dessen Pole vertauschbar sind: «nun aber Gott kennend, vielmehr von ihm erkannt». Die Geistesgemeinschaft mit Gott bewirkt, daß der erkennende Mensch keinem unbekannten Gott mehr gegenübersteht, und daß der erkennende Gott in alle Tiefen des menschlichen Herzens aus nächster Nähe hineinschaut.

Diese Gemeinschaft ist nicht nur Erkenntnisgemeinschaft, sondern Durchdringung des ganzen *Alls*. Paulus ist davon ebenso überzeugt wie jeder griechische Mystiker. Fünfmal findet sich bei ihm die Panformel, in der zum Ausdruck kommt, daß Gott nicht nur Anfang und Ziel aller Dinge ist, sondern alles nur in ihm bestehen kann und besteht. Diese Allmystik verschlingt sogar die Eschatologie, denn das Letzte wird sein, daß Gott «alles in allem» ist. *Neu* und eigentümlich für Paulus ist die Verbindung dieser Allmystik mit der Erlösungsfrömmigkeit. Gott hat für die ganze Menschheit den Zustand der Gottesferne und des Ungehorsams zugelassen und sie darin zusammengehalten, um sich ihrer erbarmen zu können: «Denn Gott hat sie alle in Ungehorsam zusammengeschlossen, damit er sich aller erbarme.»

Die Verbindung mit Gott durch den Geistbesitz ist nichts Statisches, sondern bedeutet ein tägliches *Verwandeltwerden*. Das empirische Wirken des Geistes in der Gegenwart besteht darin, den Menschen mehr und mehr dem Bild Christi anzugleichen: «Wir aber, ohne Maske den Lichtglanz des Herrn widerspiegelnd, werden in sein Bild verwandelt von einem Lichtglanz in den andren, und zwar vom Herrengeist her.» So ist auch hier der Geist im Gegensatz zu dem toten Stoff keine ruhende Substanz, sondern eine aktive, lebendige Kraft: «Ihr aber steht nicht in Verbindung mit dem Stoff, sondern mit dem Geist, sofern nämlich Gottes Geist in euch wohnt. Wenn nämlich jemand den Christusgeist nicht hat, der ist nicht sein. Wenn aber Christus in euch darin ist, so ist zwar auf Grund der Sünde euer empirisches leib-seelisches Wesen tot, der Geist aber (in euch) Leben auf Grund der (von Gott geschenkten) Gerechtigkeit. Wenn aber der Geist dessen, der Christus Jesus von den Toten auferweckt hat, in euch wohnt, so wird der, der Christus Jesus von den Toten erweckte, sogar euer sterbliches empirisches Wesen lebendig machen, weil sein Geist in euch wohnt.» So wird die Einwohnung des Geistes Christi geradezu zu einer neuen Schöpfung: «Wenn jemand in Christus ist, so ist er neue Schöpfung. Das Alte ist vergangen...» Das geht so weit, daß der Teil des Menschen, der nicht Christusgeist ist, einfach für tot erklärt wird:

Nicht mehr *lebt* nun mein Ich, Christus jedoch in mir *lebt*.

Daher kann der Geistmystiker mit göttlicher Autorität sogar an Stelle Christi richten und genau unterscheiden, wo er «im Namen des Herrn Jesu» redet oder wo er seine eigene Meinung sagt.

Ihren Höhepunkt und ihre Eigenart erhält die paulinische Geistmystik da, wo die Vereinigung ein gemeinsames Leiden von Christus und Geistträger bedeutet. Man spricht hier sehr glücklich von paulinischer *Leidensmystik*. Die Anregungen dazu nahm Paulus aus dem Mitleiden des Mysten mit dem leidenden Gott in den Mysterienreligionen, aber er geht weiter. Erst daß der Geistträger auf vielfache Weise mit seinem Herrn leiden darf, zeigt, daß beide wirklich eines Geistes sind: «Wir tragen ständig das Sterben Jesu in unserer Person mit uns herum, damit auch das Leben Jesu sich an unserer Person offenbare.» Dieses gemeinsame Leiden ist also eine Dauergeformtheit des Geistträgers, die sein ganzes Leben durchzieht. Es ist höchster Stolz des Paulus, sagen zu können: «Ich trage die Wunden Christi an meiner Person» oder «Die Christusleiden sind an uns übergroß geworden». Es kann sogar so weit gehen, daß die Leiden des Geistträgers die Christusleiden erst vervollständigen: Christus hat sozusagen noch nicht genug gelitten, um Gottes Liebesplan ganz zur Erscheinung zu bringen, und die Leiden beider werden völlig eins.

Die sichtbaren Zeichen dieser Einungen sind die *Sakramente*, wobei der Hauptakzent wieder auf der Leidensmystik liegt. In ihnen wird durch ein stoffliches Bild dem Menschen die Realität der göttlichen Geistübertragung und der geistigen Vereinigung mit Christus ganz anschaulich gemacht. Die Taufe übernahm Paulus von den Christen vor ihm, vielleicht verband er mit ihr ein Gewandsakrament wie bei der Isistaufe. Es ist möglich, daß der Ausdruck: «Wie viele von euch in Christus hineingetauft worden sind, die haben Christus angezogen», sich auf das Anlegen eines Taufgewandes bezieht. Die Beziehung zur Leidensmystik ist deutlich: «Oder wißt ihr nicht, daß, wie viele wir in Christus hineingetauft worden sind, so viele sind wir in seinen Tod hineingetauft. Wir sind nun mit ihm begraben durch die Taufe in den Tod.» Wie die Osiristaufe den Mysten mit Osiris ertränkt, so stellt die Christustaufe die reale Teilnahme am Leiden Christi her, und zwar mit ihren ethischen und eschatologischen Folgen: «So sind wir nun mit ihm begraben durch die Taufe in den Tod hinein, damit, wie Christus von den Toten erweckt wurde, auch wir in einem neuen Leben wandeln.» Sterben, Begrabenwerden, Auferstehen, Triumphzug sind die Akte des großen Mysteriendramas. Wie bei Dionysos steht bei dem Christus des Paulus der Triumphzug, wenn auch wohl nur als Bild und noch nicht als kultische Handlung, doch ist wie in allen Mysterienreligionen in den Gemeinden des Paulus das Eingangssakrament, die Myesis, und das wiederholbare Kultmahl, die Telete, kultisch gestaltet worden.

Nun ist Paulus eigentümlich, daß er zwar auch gelegentlich diese aus der Geistmystik kommenden Grundlagen nur wie ein Mystagoge andeutet oder in «unaussprechbaren Worten» umschreibt, meist aber sie mit der Klarheit des praktischen Lebens und der Klarheit einer Lehre verbindet.

Das erste geschieht durch die paulinische *Ethik*. Der Geist treibt den Menschen durch seine verwandelnde Kraft zu einem neuen tätigen Leben. Dabei ist nur eins überraschend. Wenn Paulus die Einzelbetätigungen der Liebe schildert, nimmt er die Farben dazu nicht aus der alttestamentlichen Ethik und nur selten aus den Worten Jesu, sondern fast immer aus der stoisch-kynischen Ethik. Die Gründe leuchten ein: die alttestamentliche Ethik war belastet mit rabbinischer Kasuistik, das Gesetz des Gewissens aber, auf dem die stoische Ethik aufbaute, war weniger verschüttet. Andererseits enthielt die formale Weite der Ethik Jesu zu wenig Regeln für den Alltag. So kann Paulus die ethische Umwandlung des Geistmenschen nach dem Bild des ‹vernünftigen Gottesdienstes› der Stoiker zeichnen. Die Kenntnis mag er von Schülern des Stoikers Athenodor gehabt haben, die in seiner Heimatstadt seine Zeitgenossen waren, auch wissen wir, daß er Arat gelesen hat. Wie die Stoiker beginnt er mit der Aufzeichnung der ethischen Unzulänglichkeiten des Menschen: «Wir sind alle unverständig, unbesonnen, unzuverlässig, unzufrieden, neidisch, – was soll ich mit schonenden Worten die offene Wunde zudecken: wir sind alle schlecht», heißt es bei Seneca, «wenn du gut sein willst, erkenne zuerst, daß du schlecht bist», ist stoischer Grundsatz. Positiv benutzt er die stoischen Tugendkataloge, um zu zeigen, in welche Richtung der Geist die Christen ethisch treibt, wenn sie sich treiben lassen. Das Betätigungsfeld des Geistes ist wie in der Stoa der empirische Bereich des Fleisches; dabei aber macht Paulus dieselbe Erfahrung wie Epiktet: «Was der Mensch will, tut er nicht.» «Denn das Fleisch begehrt leidenschaftlich gegen den Geist auf, und der Geist gegen das Fleisch, denn sie liegen im Streit miteinander, so daß ihr nicht das tut, was ihr wollt.» Und nun folgt ein stoischer Lasterkatalog: «Offenbar aber sind folgende Werke des Fleisches: Unzucht, Unreinigkeit, Schwelgerei, Götzendienst, Zauberei, Streitereien, Zank, Eifersucht, Erregung, Lohnarbeitergesinnungen, Parteibildungen, Sekten, Neid, Trunksucht, Üppigkeit und so weiter ... Die Frucht des Geistes aber ist Liebe, Freude, Friede, Langmut, Güte, Freundlichkeit, Treue, Sanftmut, Mäßigkeit.»

Die Frage aber, woher der Mensch den Geist hat, führt notwendig zu einer *Lehre*. Das Zentrum dieser Lehre ist die Verkündigung der Erlösung durch das Herabkommen des Christus. Sie ist der christliche Hieros Logos, den allerdings nur der annimmt, den Gott dafür ausersehen und mit dem Geist ausgestattet hat. So wird er auch von der mystischen Ringform umfaßt: der Geist muß im Menschen vorhanden sein, ehe er die Botschaft von Christus erfassen kann, diese aber löst den Geist ständig neu aus.

Bisher hatten wir gesehen, daß *Christus* für Paulus das Abbild des Wesens Gottes war, an dem der Mensch erkennen kann, wie

Gott ist und was er will. Ferner hatten wir gesehen, daß er als innerer Besitz des Menschen mit dem Geist identisch ist, und umgekehrt, daß Christus als Geist Gottes im Menschen wohnt. Nun kommt etwas Neues hinzu. Christus ist durch Abstieg und Aufstieg der Vollbringer der Erlösungstat Gottes, die den Menschen von Gesetz II befreit. Das aber muß in einem Hieros Logos geschildert werden.

Am vollständigsten ist dieser in dem großen hymnischen Stück des 2. Kapitels des Philipperbriefes erhalten. Dies strophische Gedicht ist wohl kultisch da in den paulinischen Gemeinden gebraucht worden, wo in den Mysteriengottesdiensten der Hierophant oder der Hierokeryx ähnliches verkündete. Denn dieser Hymnus ist ein ganz echter Mysterienkult-Logos von allerdings eigentümlich christlichem Inhalt. Jüdisch ist in ihm gar nichts, alttestamentlich die Terminologie der Sündenfallgeschichte und die von LXX Jesaia 53. Aus platonisierender Mysterienfrömmigkeit stammt die Metamorphose Christi von der Gottesgestalt zur Knechtsgestalt, das Auftreten eines Gottes in Menschengestalt, die göttliche Erhöhung und Inthronisation. Alles andere, das damit aufs engste verschmolzen ist, ist paulinische Formulierung und Deutung des Lebens und Sterbens des durch die Hellenisten zum Mysteriengott gewordenen geschichtlichen Jesus Christus, bleibt in sich geschlossen und wird durch andere christologische Worte ergänzt. Jesus Christus, auf den das Alte Testament vorschauend hingewiesen hat, ist Gottes Abbild. Während aber der erste Mensch Adam, der auch Gottes Bild trug, sich damit nicht begnügte und aus Hybris mit Gott identisch sein wollte, verzichtet der zweite Mensch Christus aus Gehorsam gegen Gott und aus Liebe gegen den unerlösten Menschen auf eine göttliche Existenzform, «wird arm», «lebt nicht sich selbst zu Gefallen», erscheint in «Gleichgestalt» eines sterblichen, dem Gesetz unterworfenen Menschen. Der Höhepunkt seines Gehorsams und seiner Hingabe ist sein Tod am Kreuz. Dann kommt die große Wendung: durch die Auferstehung setzt ihn Gott in alle Rechte eines Sohnes ein, übergibt ihm die Herrschaft über die drei Reiche und das Weltgericht, und erst am Ende aller Geschichte geht auch der Sohn wieder in der Allheit Gottes auf.

Die *Erlösung* der Menschheit, die dadurch bewirkt wird, stellt Paulus gern im Bild des sakralen Sklavenloskaufs dar. Bei Paulus kauft entweder Gott den Menschen aus der Sklaverei des Todes, der Sünde und des Gesetzes los, oder Christus kauft den Sklaven der Sünde für sich, so daß er nun Sklave Christi wird.

Bildloser und lehrhafter kann das Erlösungswerk als Abwendung des Zornes Gottes durch das stellvertretende Leiden Christi bezeichnet werden. Hier haben außer Jes. 53 griechische Vorstellungen eingewirkt, so stillt Herakles den Zorn der Hera durch seinen Tod. Dabei ist festzuhalten, daß bei Paulus Gottes Zorn nicht über den Menschen an sich, sondern über dessen Ungerechtigkeit ergeht.

Den altgriechischen Glauben, daß ein Gotteszorn durch Hingabe eines Menschenlebens gestillt werden kann, nimmt Paulus wieder auf. Das war besonders leicht, weil Christus den Verbrechertod gestorben war; es erinnerte an die bekannten Erscheinungen im griechischen Rhodos und im griechischen Massilia, wo gelegentlich Verbrecher zur Entsühnung der Stadt geopfert wurden. So ist Christus, allerdings selbst unschuldig, doch «für die Gottlosen gestorben». Der Tod dieses Einen bedeutet für Gott soviel als ob «alle gestorben» seien, und sein Tod ist das «Sühnemittel» (ἱλαστήριον).

Doch kehrt Paulus das Verhältnis auch um und macht *nicht nur* Gott zum Objekt der Versöhnung, sondern auch den Menschen. Die alten Ritschlianer haben ganz richtig erkannt, daß das eine der kopernikanischen Wendungen der Religionsgeschichte ist. Der Mensch führt Krieg gegen Gott, aber «Gott versöhnt die Welt mit sich selber» dadurch, daß er in der Gestalt des Christus stirbt und damit dem Menschen das Vertrauen zu seiner hingebenden Liebe einflößt, das zum Friedensschluß zwischen beiden Seiten führt. «Als Feinde wurden wir mit Gott durch den Tod seines Sohnes versöhnt.» Diese ausgestreckte Hand Gottes, von seiten Gottes eine Gnade, wird vom Menschen ergriffen: das heißt Glaube. Gnade ist keine Strafamnestie, sondern das frohmachende Geschenk, das Gott der Welt macht, und Glaube ist das vertrauensvolle Eingehen des Menschen auf diese Gnade. In ihm erfährt der Mensch, daß Gott ihn angenommen, «gerechtfertigt», hat, und aus ihm erwachsen die drei Heilsgüter Kraft, Freiheit und Freude.

Der Begriff *Kraft* hat bei Paulus noch etwas von seinem ursprünglichen, aus der Naturwissenschaft stammenden Sinn. Der Glaubende empfängt solche Kräfte, daß er Schwerstes ertragen und vollbringen kann.

Freiheit als das andere Heilsgut ist bei Paulus ganz griechisch empfunden. Was Curtius über die griechische Kunst gesagt hat: «Denn nur darin, daß sie aus der Idee der Freiheit erzeugt ist, unterscheidet sich die griechische Kunst von jeder orientalischen», gilt ebenso für die griechische Religion, und hier unterscheidet sich Paulus mit den Griechen ganz stark von dem Juden, der am ‹Joch› des Gesetzes seine ‹Lust› hat. Wie der Kynismos und seine größten Gegner, die sich darin einig sind, daß Freiheit und Befreiung Hauptthema der Religion und Philosophie sein müssen, so empfiehlt auch Paulus.

Diese Freiheit bedeutet, furchtlos auch vor Gott stehen zu dürfen.

«Ich bin nicht widerwillig Sklave Gottes, sondern stimme aus Freiheit mit ihm überein», bekennt der Stoiker, bei Paulus wird dieser Gedanke, von der Lehre Jesu geprägt, noch vertieft: «Ihr habt nicht einen Geist der Sklaverei empfangen wiederum zur Furcht, sondern ihr habt einen Geist der Kindschaft empfangen.» Schicksal, Schuld und Tod haben keine Macht mehr über den durch den Christusbesitz im Glauben erlösten Geistträger:

Denn das Geistesgesetz des Lebens in Christus Jesus
Hat mich frei gemacht
Von dem Schuld- und Todesgesetz.

An dieser Freiheit hat die ganze kosmische Welt teil, denn wenn der Geistträger frei ist, reißt er die ganze Schöpfung mit:

Daher die Schöpfung auch
Frei werden wird
Vom Sklavendienst der Vergänglichkeit
Zur herrlichen Freiheit
Der Gotteskinder.

Mit der kosmischen verbindet sich die sittliche Freiheit. In einem echt stoischen Paradox heißt frei sein von Schuld Freiheit zum Handeln aus Liebe: «Von der Schuld frei gemacht, habt ihr Gerechtigkeit zum Herrn.» Wie in der Stoa besteht diese Freiheit zunächst darin, daß man Fähigkeit und Mut bekommt, als Geistträger ohne gesetzliche Hilfe zwischen Gut und Böse zu unterscheiden. «Prüft ihr, was Gottes Wille sei, das Gute (τὸ ἀγαθόν), Gefällige und Vollkommene.» Zweitens gibt sie Befreiung von der Herrschaft der Begierden: «Wandelt im Geist, dann werdet ihr den Begierden des Fleisches nicht dienstbar sein.» Endlich aber bedeutet sie die Herrschaft über alle irdischen Dinge. Das ist auch kynisch. «Bin ich nicht sorglos, bin ich nicht furchtlos, bin ich nicht frei?», fragt Epiktets Kyniker, und ebenso Paulus: «Bin ich nicht frei?», oder:

Denn alles ist euer:
Paulus, Apollos, Kephas, Welt, Leben, Tod, Gegenwart und Zukunft.

Diese Freiheit relativiert einerseits alle Ordnungen des irdischen Lebens, bindet aber um so fester an Gott als den Quell der Freiheit. Auch das war kynisch: «Im jetzigen Zustand, der wie das Stehen in Schlachtordnung ist, muß da nicht der Kyniker dem Gotte dienen, ohne sich zerstreuen zu lassen?» Bei Paulus verbindet sich das mit einem tiefen Pessimismus gegenüber den nur irdischen Ordnungen:

Die Zeit ist flüchtig.
Daher, wer verheiratet ist, sei, als wäre er es nicht,
Wer weint, als weine er nicht,
Wer lacht, als lache er nicht,
Wer kauft, als besitze er nicht,
Wer die Welt liebt, als verlöre er sie.
Denn dieser Welt Gestalt wandelt vorbei.

Das ist die Freiheit, zu der Christus befreit. Sie soll der Mensch als kostbarstes Gut weder an Menschen verkaufen noch an Gesetze ketten noch gar an die Weltelemente griechischen Schicksalsglaubens oder an jüdische Regeln: «Was kehrt ihr euch denn wieder an die schwachen und armseligen Weltelemente, denen ihr von neuem Sklaven sein wollt?»

Das alles mündet aus in einer großen *Freude*. Es ist kein Zufall, daß sich unter den zahlreichen paulinischen Gebetsformeln nicht ein einziges Bußgebet findet, dagegen viele Dank- und Jubelhymnen. Schon vom natürlichen Menschen erwartet Gott nichts als Dank, beim Geistträger ist es selbstverständlich, an ihm erkennt man die Echtheit eines Christen. Der in der Gefangenschaft geschriebene Philipperbrief läßt erkennen, wie jauchzend eine solche aus dem Geist kommende Freude sein kann. Die Sätze überstürzen sich: «Aber wenn ich auch als Trankspende ausgegossen werde, damit ihr in Treue opfern und dienen könnt, so freue ich mich und freue mich mit euch allen. Aber auch ihr sollt euch freuen und sollt euch mit mir freuen ... Im übrigen, meine Brüder, freut euch im Herrn. Ich schreibe euch immer dasselbe, aber es ist mir nicht lästig.» Darin liegt der Geist der Sorglosigkeit der Bergpredigt:

Freut euch im Herrn immerdar, nochmals sage ich: freut euch!
Eure Freundlichkeit werde allen Menschen bekannt!
Der Herr ist nahe, sorget nicht ...

Ist bis hierher die paulinische Denk- und Glaubenswelt einheitlich, so zeigt sich ein gewisser Zwiespalt da, wo die jüdische Linie zu stark war, um ganz von der griechischen überwunden zu werden, in der *Eschatologie*. Grundsätzlich müßte sie für den Geistträger belanglos sein. Wer in Christus ist und den Geist hat, ist schon durch den Tod zum höheren Leben gekommen. Was noch fehlt, ist der physische Tod des biologischen Menschen, ein neuer geistiger Leib, ein Übergehen der Menschheitsgeschichte in den Ewigkeitszustand des «Gott alles in allem».

Aber Paulus zieht diese Konsequenz nicht ganz. Leipoldt sieht richtig: «Mir scheint, daß wir in den Paulusbriefen nur einen einzigen größeren Bereich finden, in dem jüdische Art vorherrscht, in der Lehre von den letzten Dingen.» Die beiden ersten Briefe, die an die Thessalonicher, enthalten noch die naive judenchristliche Enderwartung, auch im 1. Korintherbrief wird noch eine ‹ordnungsgemäße› Endgeschichte beibehalten, und Totenrichter bleibt Christus bis in die späteren Briefe, wobei gelegentlich sogar Einzelheiten jüdischer Eschatologie, wie die letzte Posaune, zurückbleiben.

Jedoch ist in all diesen Fällen *griechische Spiritualisierung* schließlich Sieger geblieben. Scharf wendet sich Paulus gegen den jüdischen Glauben an eine Auferstehung des Fleisches:

> Es wird gesät in Verweslichkeit, es wird auferstehen in Unverweslichkeit,
> Es wird gesät in Niedrigkeit, es wird auferstehen in Herrlichkeit,
> Es wird gesät ein seelisches Wesen, es wird auferstehen ein geistiges Wesen ...

« ... Das aber sage ich, liebe Brüder, daß Fleisch und Blut das Reich Gottes nicht erben kann und das Vergängliche das Unvergängliche nicht erbt.» Danach ist wohl auch die schwierige eschatologische Stelle des 2. Korintherbriefes zu verstehen. Unser irdisch-stofflicher Mensch wird durch den Tod aufgelöst. Wir haben aber bereits jetzt eine «ewige und unstoffliche Behausung», d. h. einen ewigen, unstofflichen Leib, der bei Gott für jeden verwahrt wird. Die Sehnsucht des Christen geht nun dahin, ohne Bruch in diesen ewigen Menschen verwandelt, «mit ihm überkleidet» zu werden. Denn schrecklich wäre es, form- und gestaltlos zu werden. Echt griechisch ist dabei, daß die Todesfurcht eigentlich die Furcht vor dem Gestaltlosen ist. Statt dessen möchten wir lieber, daß das Sterbliche vom Leben aufgesogen wird: das ist beim Christen der Fall, weil in ihm der lebenschaffende Geist schon da ist, der von innen her den Auferstehungsprozeß beginnt. Im Bereich des biologischen Lebens wird das allerdings nur im *Glauben* erlebbar, erst nach dem physischen Tod folgt der Zustand des Gott*schauens*. Zwischen Glauben und Schauen steht noch das Gericht, dem aber der Geistträger unbesorgt entgegensehen kann.

Im letzten Brief des Paulus in unmittelbarer Todesnähe verschwindet dann alles Beiwerk. Dann heißt es nur noch: «Ich habe Sehnsucht zu sterben und mit Christus zu sein, denn das wäre viel besser.» Der Tod ist Befreiung vom Fleisch und unmittelbarer Zugang zu Christus, besonders für *den* Geistträger, der in Vollendung der Leidensmystik begnadet wird, den Tod des Märtyrers zu erleiden.

Dieser Überblick führt auf das hin, was nun die große religionsgeschichtlich einmalige Schöpfung des Paulus ist. Es war ihm gelungen, und das ist das erste und wohl einzige Mal in der Religionsgeschichte, drei scheinbar unvereinbare Größen zu einer echten Synthese zu verbinden, nämlich *Mystik, Ethik und Eschatologie.*

Die griechische Mystik hatte auch nach einer Verständigung mit der Ethik gesucht, sie aber nicht finden können, weil sie an einen Mythos gebunden war, der im Widerspruch zur Ethik stand. Im Mythos war gut, was im Ethos schlecht war. Wie verträgt sich der seine Kinder verschlingende Gott des Mythos mit dem Guten, fragt Platons Euthyphron. Für Paulus bestand dieser Zwiespalt nicht, weil seine Mystik an Christus gebunden war, der zugleich Abbild des Sittlichen schlechthin war. Aber beim Griechen streiten sich auch Ethos und Eschatologie meist. Der kynische Protest gegen die Rettung eines Diebes durch Einweihung in die Mysterien hat das gespürt. Bei Paulus ist dieser Konflikt dadurch überwunden, daß das eschatologische Heil nicht nur von der Weihe, sondern auch vom Ethos abhängt. Taufe ohne neuen Wandel ist keine Taufe. Dabei wird das Ethos aber nicht zur Voraussetzung des neuen Lebens, sondern ist schon ein Stück von ihm, ebenso wie auch die Weihe. Die guten Werke sind nicht Folge der Heilsgewißheit noch diese eine Folge jener, sondern beide sind zwei Seiten eines Ganzen. Endlich widersprachen sich im Griechischen Mystik und Eschatologie. Der mystische Gottesbesitz wurde durch die leidvolle Gegenwart zu sehr in Frage gestellt, ließ aber für eine eschatologische Hoffnung zu wenig Raum. So kommt es zur echt griechischen Trennung der Epikureer. Götter leben nur in seligen Intermundien, die Welt aber ist gottlos. Paulus überwand diesen Zwiespalt mit Hilfe einer geradezu genialen Verchristlichung des platonischen Grundansatzes: wohl ist die Welt voll Leid, Schuld, Tod und Gottesferne, und wenn ein Gott in sie eintritt, muß er selbst Kreuz, Schuld und Tod auf sich nehmen. Deshalb wird Christus «zur Sünde gemacht». Aber Gott *kommt* eben in diese Welt, und in ihr verspürt ihn der Mensch in der realen Ekstase des Geistes, deren höchste Form die Liebe ist, die nun wieder den Ring zum Ethos schließt. So entsteht zwar kein theologisches oder philosophisches System, aber eine einheitliche Ausprägung eines Lehrgehaltes.

Nur an *einer* Stelle ist der Paulinismus gescheitert. Rudolf Sohm hat als erster die ungeheure religiöse und menschliche Tragik erkannt, über die Paulus nicht Herr wurde, die Tragik alles echten Enthusiasmos. Noch nie in der Religionsgeschichte war echte Mystik kirchenbildend. So wurde es auch die paulinische Christusmystik nicht. Auf dem freien Enthusiasmos des Geistes konnte keine Organisationsform ruhen, die als innerweltliches Gebilde Rechtscharakter tragen mußte. Nun stand Paulus in einer Welt voll fest gefügter

Gebilde, Synagogen- und Mysteriengemeinden, Philosophenschulen und judenchristlicher Organisationsansätze. Wenn er seine Botschaft nicht verflüchtigen wollte, mußte auch er einen Weg zu einer Kirche finden.

Er versuchte diese Kirche zunächst in den geistmystischen Zusammenhang einzubauen. Das geschah dadurch, daß die Kirche als geistiger ‹Leib Christi› gedeutet wurde, praktisch die Gemeinschaft der Geistträger sein sollte, in der jeder eine geistig-charismatische Funktion auszuüben hätte: Apostel, Propheten, Lehrer, Menschen mit Heilgaben, mit Fähigkeiten zu helfen, mit Organisationstalent. Wenn sie der eine Geist zusammenhielt, konnte ohne Gefahr jeder seiner geistigen Begabung nach leben und handeln.

Aber die rauhe Wirklichkeit zerstörte die Geistkirche. In den galatischen Gemeinden stieß die beginnende Jerusalemer Institutionskirche in die freie Geisteskirche des Paulus angreifend vor, in Korinth führte die Geistekstase zu schwierigsten Verhältnissen, selbst in Philippi, der Lieblingsgemeinde, stritten ekstatische Frauen miteinander. So hat Paulus hier resigniert. Die Gegner und die Zustände besonders in Korinth haben ihn wohl schließlich davon überzeugt, daß die Kirche auch nur «heller Schein in irdenen Gefäßen» ist. An die Stelle des geistigen Leibes Christi trat ein sehr menschliches, aber sehr praktisches Gebilde, dessen Aufgabe die christliche Verkündigung in Wort und Tat wird ohne Rücksicht auf den Geistbesitz des einzelnen. In seinem letzten Brief steht diese zuletzt doch versöhnliche Resignation: «Einige predigen Christus aus Neid und Lohnarbeitergesinnung, einige aber auch aus anständiger Haltung ... was tut es? Wenn nur Christus verkündet wird auf irgendeine Weise, sei es nur zum Vorwand oder echt ...» Aus dem ekstatischen Eiferer des Galaterbriefes ist der reife Mensch geworden, der erst durch diesen Verzicht nun wirklich alles dem Geist selbst überläßt.

Der Paulinismus blieb. Nicht Sokrates ist der Gestalter der Akademie, sondern Platon. Nicht Jesus ist der Former des Christentums, sondern Paulus. Aber einer ist nicht ohne den anderen zu denken.

Doch blieb der Paulinismus nicht rein. In Rom hat ihn das Judenchristentum in Verbindung mit römischer Art wesentlich verändert, in Alexandreia alexandrinische Gelehrsamkeit und jüdisch-hellenistische Allegorese verdünnt. Die rein paulinischen Gemeinden Philippi, Korinth, Thessalonike haben sich gegenüber diesen Weltstädten nicht durchsetzen können. Nur eine machte eine Ausnahme: *Ephesos.* Das ist das Verdienst des größten Paulusschülers, von dem wir allerdings nicht wissen, ob er den Lehrer jemals persönlich gekannt hat, des großen Unbekannten, dessen Schriften den Namen Johannes tragen.

4. Johannes

Die Frage, wer der *Verfasser* der fünf johanneischen Schriften sei, gehört zu den bestbearbeiteten der neutestamentlichen Wissenschaft; leider steht das Ergebnis in keinem Verhältnis zu der aufgewandten Arbeit. Der biographische Quellenbefund ist dürftig: im Evangelium und im 1. Brief nennt sich der Verfasser nicht, im 2. und 3. Brief bezeichnet er sich nur als Presbyter, und allein aus der Apokalypse erfahren wir, daß ihr Verfasser den häufigen Namen Johannes trug und auf der Insel Patmos war, ferner daß er in hohem Ansehen in einer Reihe kleinasiatischer Gemeinden stand. Die kirchliche Überlieferung ist widerspruchsvoll. Daher läßt sich mit Sicherheit nur folgendes sagen:

Die Abfassung einer oder aller Schriften durch den Herrenjünger Johannes, den Sohn des Zebedaios, ist ausgeschlossen, da 1. dessen Martyrium schon sehr früh bezeugt ist, 2. erst Irenaios dies behauptet, der aber an der entscheidenden Stelle sehr schwerwiegende Fehler macht, 3. Ignatios, der die Verhältnisse in Kleinasien am besten kennt, nichts davon weiß, 4. das Evangelium eine genaue Kenntnis der hellenistischen Religionen und Philosophien voraussetzt, die man so bei dem Fischer Johannes der Synoptiker und des Galaterbriefes unmöglich voraussetzen kann. Am wahrscheinlichsten ist die Verfasserschaft des bei Papias im Anfang des 2. Jahrhunderts bezeugten Presbyters Johannes von Ephesos, der sich vielleicht in der Taufe diesen Namen beigelegt hatte. Die Behauptung der Sekte der ‹Aloger› im 2. Jahrhundert, das Evangelium stamme von dem Gnostiker und Philonschüler Kerinth von Ephesos, dürfte eher umzukehren sein: Kerinth ist wohl vom Evangelium abhängig. Auf Grund von Joh. 11, 3–5 den ‹Lieblingsjünger› Lazarus als Verfasser der Grundschrift zu vermuten, ist nicht mehr als eine geistvolle Hypothese. Die innere und äußere Bezeugung des Evangeliums weist nach Ephesos gegen Ende des 1. Jahrhunderts: die Apokalypse dürfte in engem, auch zeitlichem Zusammenhang vom gleichen Verfasser geschrieben sein.

Schwieriger noch ist die Frage nach dem *ursprünglichen* Aussehen des Evangeliums. Am Johannestext ist bis in späteste Zeit geändert worden, das beweisen noch große Einschübe wie 7, 53–8, 11. Aber auch die vielen unausgleichbaren Widersprüche fordern eine ständige literar- und quellenkritische Arbeit. Seit K. G. *Bretschneiders* ‹Probabilia› (1820) darf als einigermaßen gesichert gelten, daß der ‹Ur-Johannes› eine Schrift war, die keine kirchliche Billigung fand. Eduard *Schwartz*, die bisherigen Ergebnisse zusammenfassend, hat sie charakterisiert: «Eine Aretalogie ... deren Christus nicht der mißhandelte . . . Knecht Jahves, sondern ein Held, der den Feind, die Juden, mutig aufsucht und heroisch in den Tod geht, freiwillig auf den Schutz der Seinen verzichtend, ist.» Vorformen markionitischen Denkens gab dieser Johannes. Die Kirche konnte diese ketzerische Schrift nicht einfach verschwinden lassen, dazu war sie in Kleinasien zu beliebt, auch trug sie den Namen einer bekannten Gestalt, aus der ein Jünger wurde. So hat sie am Anfang des 2. Jahrhunderts ein kirchlicher Bearbeiter verkirchlicht, allerdings wenig geschickt, da er sich gescheut hat, aus dem Text herauszustreichen. Er hat mit Zusätzen gearbeitet und die Widersprüche unbekümmert stehen lassen. So kommt es, daß im alten Text die Juden als Teufelskinder stehen bleiben, in der Überarbeitung aber das Heil von ihnen kommt. So günstig dadurch die Voraussetzung für eine Quellenscheidung ist, so ist sie doch nicht mit absoluter Sicherheit möglich.

Hans *Windisch* hat den Nachweis erbracht, daß Johannes weder eine Auslegung noch eine Erweiterung der Synoptiker gibt, sondern sie durch ein höheres, geistiges Evangelium ablösen will. In Fortführung der paulinischen Theologie will das Buch vom «Christus nach dem Fleisch» weg- und zum «Christus nach dem Geist» hinführen. Es kennt Galiläa nicht mehr, enthält nichts von den knappen Worten und Gleichnissen Jesu; seine Reden sind nicht auf Bergen und an Seeufern gehalten, sondern in religiösen Zirkeln der Großstadt vorgelesen worden. Seine Leser sind nicht Wanderprediger, die Stoff für ihre Verkündigung auf Märkten und Straßen brauchen, sondern Gebildete, denen das Christentum ein ‹Problem› ist. Schon seine ersten Zeilen stellen mehr Anforderungen an das abstrakte Denken und die philosophische Bildung als das ganze Markusevangelium. Vorausgesetzt werden alle Fragen und Antworten der paulinischen Theologie, und auf ihr wird weiter aufgebaut. Es beschäftigt sich nur mit hellenistischem Christentum, das Judenchristentum kennt der Verfasser entweder überhaupt nicht oder es bietet ihm keine Fragen. Dagegen scheint er Beziehungen zu samaritanischer Frühgnosis zu haben.

Am kürzesten kann man das Evangelium als erste philosophisch, theologisch, hymnisch und kultisch bestimmte Gesamtdarstellung des christlichen Hieros Logos mit gewissen Frontstellungen beschreiben. Aus den Synoptikern, vor allem aus Lukas, nimmt es einige Personen, Orte und Szenen, aber kaum Gedanken und Begriffe. Die johanneischen Sonderszenen haben keine historische, sondern nur Symbolbedeutung, sie sind aus bestimmten Anliegen erwachsen. Der Gedankengehalt ist klar und systematisch: Gott muß sich der durch seinen Logos gewordenen Welt offenbaren, da diese durch die feindliche Macht der Finsternis, deren empirische Exponenten die

Juden sind, die wahre Gotteserkenntnis verloren hat. Daher sendet er den Logos in Gestalt eines gottmenschlichen ‹Sohnes›, der bis in die letzten Tiefen des Stoffes, dessen Form er selbst annimmt, hinabsteigt und die Gotteserkenntnis hinabträgt. Seine Gegner töten ihn am Kreuz, können jedoch nicht verhindern, daß er durch Glauben und Erkennen Menschen mit sich vereint, die organisch an ihn gebunden bleiben und durch eine zweite Geburt aus dem bloßen Bereich des Bios in den Bereich eines zweiten, höheren Lebens, der Ζωή, gelangen. Diese Geburt geschieht durch das Einweihungssakrament der Wassertaufe, objektiv durch Eingießung des Geistes, ihre Fortwirkung garantiert ein sakramentales Mahl, bei dem ‹das Fleisch› des Sohnes gegessen wird. In diesem Sohn erfüllt sich alle Religionsgeschichte, er ist der wahre Dionysos, der wahre Asklepios, der wahre Herakles, aber auch der wahre Moses.

Damit ist nun eine Analyse der johanneischen Gedankenwelt möglich.

Mit der Verkündigung Jesu verbindet sie der Glaube an die schrankenlose *Liebe* Gottes, die dem ganzen *Kosmos* gilt. «So sehr hat Gott die Welt lieb», «Gott ist Liebe», ist das Grundthema. Alle anderen Religionen beten *Gott* an, nur der Jünger Jesu den *Vater*.

Hier schließt sich sofort der Paulinismus an. Die größte Liebestat Gottes ist die Sendung des Sohnes, der ihn offenbart: «Gott hat keiner je gesehen, aber der von Gott allein erzeugte Gott, der vom Vater Gezeugte, hat ihn uns gezeigt.» Das ist mit stoisch-platonischer Terminologie dasselbe, was Paulus schlichter sagt.

Wie bei Paulus geschieht die Verbindung mit diesem Bild Gottes durch die Geistmystik: «Daran erkennen wir, daß er in uns bleibt, an seinem Geist, den er uns gegeben hat.» Das Gleichnis vom Weinstock und den Reben verbindet dabei ganz paulinisch Mystik, Ethik und Eschatologie:

> Wer in mir bleibt und ich in ihm, der bringt viel Frucht,
> Denn ohne mich könnt ihr nichts tun.
> Wenn jemand nicht in mir bleibt, der wird weggeworfen.

Allerdings haben sich die Nuancen verändert. Die paulinische Leidensmystik ist zurückgetreten, an ihre Stelle sind Erkenntnismystik, Verwandlungsmystik und sakramentale Mystik getreten. Die erste verwendet die griechische Formel von der wechselseitigen Erkenntnis wieder:

> Ich erkenne, was zu mir gehört,
> Und mich erkennt, was zu mir gehört.

Die zweite bedient sich des ebenfalls griechischen Bildes von der

Zeugung aus Gott und der zweiten Geburt: «Jeder, der von Gott gezeugt ist, tut keine Sünde, denn sein Sperma bleibt in ihm»; «Wenn jemand nicht von neuem von oben herab geboren wird, kann er das Gottesreich nicht sehen.» Die dritte benutzt theophage Bilder von Mysterienkultmahlen: «Wer mein Fleisch mit den Zähnen zerbeißt und mein Blut trinkt.»

Doch verbindet sich wie bei Paulus die Ethik mit der Mystik. Sie knüpft bei der Liebestat und Liebesforderung des synoptischen Jesus an, ihre enge Verbindung mit der sakramentalen Mystik zeigt der Ersatz des synoptischen Abendmahlsberichtes durch die Fußwaschung, in der Ethisches und Sakramentales unlöslich verbunden sind.

Die Eschatologie wird noch stärker vergeistigt als bei Paulus – anderslautende Stellen stammen aus der kirchlichen Bearbeitung. Das bei Paulus noch vorkommende Endgericht verschwindet, an seine Stelle tritt die Entscheidung des Menschen für Gott oder die teuflische Sphäre bereits in dieser Welt, oder es heißt völlig raum- und zeitlos:

> Nicht hat Gott seinen Sohn in die Welt geschickt,
> daß er die Welt richte, sondern daß die Welt durch ihn gerettet werde.
> Wer ihm glaubt, unterliegt keinem Gericht, wer aber nicht glaubt, ist schon gerichtet.

Auch die *Heilsgüter* sind dieselben wie bei Paulus, in erster Linie *Freiheit* und *Freude*. Nur ist an Stelle des allgemeineren paulinischen Begriffes vom freimachenden Geist der der freimachenden *Wahrheit* getreten, aber wie bei Paulus besteht die Freiheit in der Erlösung vom Gesetz und der Heimkehr in die Gotteskindschaft. Freude aber ist ein Hauptthema: meist tritt der johanneische Christus auf Festen auf, Feste sind sein wesensgemäßer Hintergrund. «Das schreiben wir, damit ihr in völliger Freude seid», wird als Motiv der Briefe angegeben. Schon der Täufer, hier ganz der Vorläufer Christi, freut sich um dessentwillen wie «der Freund des Bräutigams». In den Abschiedsworten der Todesnacht klingen diese Freudenworte ähnlich wie in der Todesnähe des Philipperbriefs: «Das habe ich zu euch gesagt, damit meine Freude in euch sei und eure Freude voll werde ... So habt ihr nun jetzt keinen Schmerz mehr.»

Was bei Johannes von paulinischen Fragestellungen fehlt, das sind nur die Kontroversen mit den judenchristlichen Fragestellungen. Das weist nun auch wieder auf die ganz andere Welt hin, aus der Johannes kommt und für die er schreibt.

Schon vor sechzig Jahren hat *Grill* fast ungehört darauf hingewiesen, wo diese Welt im Johannesevangelium auftritt, und damit einen großen Teil seiner Eigenart erklärt. Man vergegenwärtige sich: in einer Stadt wie Ephesos tritt das junge Christentum sofort in den Kampf mit den hellenistischen Religionen um die Vorherrschaft ein. Jede will die wahre sein. Isis zeigt ein schönes Gegenstück: weil Isis alles kann und tut, was andere von sich behaupten, deshalb ist sie die «Eine, die alles ist». Das Verdienst des Johannesevangeliums ist, daß es diesen Kampf aufnimmt und in einer großartigen Gesamtschau die Überlegenheit des Logos Christus über alle hellenistischen Götter und jüdischen Ideen nachzuweisen sucht. Den falschen Göttern gegenüber steht Christus, der ‹Wahrhaftige› und ‹Wahre›. Diese Überlegenheit mußte vor allem den hellenistischen Lieblingsgöttern gegenüber bewiesen werden.

Der Lieblingsgott der Zeit, immer mehr vertieft und vergeistigt und seiner naturhaften Basis entkleidet, ist *Dionysos*. Noch immer ist einer seiner verbreitetsten Titel: «der Weinstock». Der johanneische Christus aber ist «der wahre Weinstock». Das ist nicht etwa ein Bild wie ein alttestamentliches Weinberggleichnis, sondern die Bezeichnung für den Träger eines mystischen Zusammenhangs («ihr seid die Reben»), genau entsprechend der Dionysosmystik. Auch verwendet Johannes das seit Euripides bezeugte alte dionysische Wunder der Verwandlung von Wasser in Wein als Zeichen. Christus kommt zu einer Hochzeit nach Kana, wobei *Grill* wohl richtig gesehen hat, daß Kana kein Ort ist, sondern קנה einfach νάρθηξ bedeutet, das heilige Symbol des Dionysoskultes. Dort trifft er betrunkene Festgäste, die im Weinrausch des Dionysos trunken sind. Jesus aber gibt einen besseren Wein: das zu dem Wein der nüchternen Trunkenheit gewordene Wasser. So ist der Sinn der Geschichte der: der Dionysosjünger braucht, um in die göttliche Ekstase zu kommen, das Mittel des Rauschtrankes. Der Christusjünger braucht zur Ekstase des heiligen Geistes nur Wasser: Wasser und Geist – mit deutlicher Anspielung auf die Taufe – führen zur echten göttlichen Trunkenheit. Im übrigen rast Jesus (μαίνεται Joh. 10, 20) wie Dionysos: man muß sich nur wundern, daß der spätere Bearbeiter diesen Ausdruck stehen ließ. Für das Abendmahl braucht Johannes den Ausdruck: «Wer nicht mein Fleisch mit den Zähnen zerbeißt und mein Blut austrinkt.» Diese theophage Wendung haben weder Paulus noch Jesus. Wohl aber zerkauen im Dionysosmythos die Titanen das Fleisch des Dionysos, und im Dionysoskultus zerreißen die Mainaden mit den Zähnen rohes Fleisch als Sakrament der Vereinigung mit dem Gott. Nur der Grad der kultischen Vergeistigung ist ein anderer.

Christus ist aber auch der wahre *Herakles*. Diese Entdeckung hat *Pfister* gemacht. In den ältesten christlichen Quellen fehlt die Mutter Jesu am Kreuz, bei Johannes aber verabschiedet sich Jesus von ihr wie sich Herakles von seiner Mutter verabschiedet: «Weine nicht, Mutter ... schon ruft mich der göttliche Vater ... ich komme, Vater!» Im Gegensatz zu den Synoptikern stirbt der johanneische Christus mit den gleichen Worten wie Herakles: «Es ist vollbracht.» Von dem Lieblingsjünger am Kreuz wissen die Synoptiker nichts, aber der Lieblingsjünger Hyllos, der nach dem Tode die Gottesmutter zu sich nimmt, gehört zu Herakles. Auch will Christus wie Herakles die Seinen nicht als Waisen (ὡς ὀρφανούς) zurücklassen. Herakles heißt Logos, und Cornutus überliefert aus der Heraklesreligion ein geradezu johanneisches Wort: «Denn nicht um zu schaden oder zu strafen, sondern um zu retten ist der Logos da.» Bei Johannes lautet das: «Denn nicht hat Gott seinen Sohn in die Welt gesandt, um die Welt zu richten, sondern damit die Welt durch ihn gerettet werde.» In kynischen Kreisen war Herakles mit Diogenes identifiziert worden, so hat ihn wohl auch Johannes gekannt. An der Gewinnung der Kyniker lag dem jungen Christentum viel, denn hier fühlte man Verwandtes. «Denkt nicht jeder, der mich sieht, daß er seinen König und Herrn sieht», fragt Diogenes, und bei Johannes spielt sich eine ganz ähnliche kynische Szene ab:

Pilatus: «Also bist du doch ein König?»
Jesus: «Ja, König bin ich.»

Wie Diogenes-Herakles sagt: «Wie ich jetzt bin, wirst du nie sein», so sagt der johanneische Christus: «Wo ich bin, könnt ihr nicht hinkommen.»

Christus ist auch der wahre *Asklepios*. Johannes schildert einen Gnadenort wie Epidauros, aber Jesus vermag mehr, indem er zur Heilung des Gnadenortes nicht bedarf. Ähnlich überbietet die johanneische Totenerweckungsgeschichte die asklepischen. Dabei werden bekannte Asklepiosformeln wie «Wenn du stirbst, bist du nicht gestorben» verchristlicht.

So sind überall Hinweise und Anspielungen auf hellenistische Religionen verstreut, die der Leser natürlich sofort verstand. Alle dienen einem Zweck: Christus ist wirklich der *Erfüller* aller Religionen, darum laßt euch missionieren! Nur einige Beispiele: «Osiris gebe dir frisches Wasser» ist die beliebteste osirische Grabformel, die auch der Orphik bekannt ist und vergeistigt werden kann: «Der dürstenden Seele gib frisches Wasser.» «Wer von dem Wasser trinkt, das ich ihm gebe, wird in Ewigkeit keinen Durst haben», sagt der johanneische Christus. Die johanneischen Doppelverbindungen

«Wasser und Geist», «Wasser und Blut» mögen mit der bei Isis gebrauchten «Blut und Geist» verwandt sein. Das 3. Kapitel ist sogar eine Auseinandersetzung mit dem, was man in Ephesos über Eleusis wußte. Eine nächtliche Zusammenkunft, eine Wiedergeburt von oben her, eine Wassertaufe, ein Mutterschoß, durch den hindurch der Gläubige von neuem geboren wird, eingeleitet durch das auffällige ἐλήλυθας, häufen so viele eleusinische Formelemente zusammen, daß das schwerlich zufällig ist. Johannes hat die Absicht, gebildete Griechen zu gewinnen; da kann er an Eleusis nicht vorübergehen.

Diese gleiche Tendenz bewegt ihn nun auch zur Übernahme von den drei Grundbegriffen aus der philosophischen Welt des Hellenismus, die eine neue Phase des Christentums bezeichnen: *Logos, Gnosis* und *Aletheia*. Mit ihnen wird energisch eine Intellektualisierung des Christentums begonnen, die den Bund mit der Philosophie für alle Zukunft schloß. Man muß nur erkennen, daß auch die interpretatio Christiana solcher Lieblingsbegriffe der hellenistischen Philosophie nicht aus einem theologisch-spekulativen Interesse kommt, sondern der Werbung des Christentums dienen will. Daher sind diese Worte nicht scharf definiert, denn jeder, der sie brauchte, sollte sich angeredet fühlen. Bewußt läßt Johannes im Unklaren, ob er mit dem Logos die stoische Weltvernunft in ihrer doppelten Richtung nach innen und außen oder eine mittelplatonische Abstiegsstufe der Gottheit oder eine philonische Hypostase des personifizierten göttlichen Schöpfungswortes meint. Der johanneische Logos gehört allen diesen Formen an, und er unterscheidet sich von ihnen nur durch die Beziehung auf eine bestimmte historische Person, in der er sich ganz verkörpert. Philonisch ist es, wenn der Logos nach der Epoche seiner Fleischwerdung in der Gestalt des ‹Parakleten› die Verbindung zwischen Gott und Mensch herstellt und sowohl als Mittler zu Gott wie als Pädagoge und Mystagoge der Welt erscheint.

Gnosis ist bei Johannes das religiöse Denken, das im Gegensatz zum diskursiv-analytischen Erkennen eine intuitive Wesensschau darstellt, die sich auf Offenbarungen gründet, die nur den Begnadeten geschenkt werden, aber durch die Einweihung in die Mysterien übertragen werden können. Sie ist höher als alle Vernunft und dringt in die transzendenten Sphären ein. Verchristlicht wird sie durch die Vereinigung mit dem paulinischen Glaubens- und dem urchristlichen Liebesbegriff. Wahre Gnosis hat nur der den Worten des göttlichen Sohnes Glaubende und der in der Art seines Opfers Liebende. Der Kosmos hat diese Gnosis verloren, und zwar durch eigene Schuld, aber der Christ gewinnt sie wieder durch das Hören auf den in der Welt erschienenen Logos.

Allerdings redet der Logos nicht eindeutig. Seine Sprechweise sind Zeichen (σημεῖα), und die versteht nur der *Geistträger* richtig. Damit wird auch der Geistbegriff erweitert. Zwar ist der Geist wie bei Paulus noch immer enthusiastische Kraft, die brausend daherfährt, erregt, ergrimmt, tröstet, belebt, und sein Gegensatz zum Fleisch wird ebenso hart empfunden wie bei Paulus: «Der Geist schafft das Leben, das Fleisch ist unnütz.» Aber zugleich ist er Erkenntnismittel, «Geist der Wahrheit». Man gewinnt ihn wie bei den Mysterienweihen im christlichen Einweihungssakrament, in dem man zum zweiten Male von oben her aus dem Geist geboren wird. Die zunehmende Platonisierung zeigt sich darin, daß dieser Geist die letzte religiöse und metaphysische Wirklichkeit selbst ist: «der Geist ist *die* Wahrheit». Damit wird aus dem Vatergott Jesu das platonisierend-hellenistische «Geist ist Gott».

Der zunehmenden inneren Hellenisierung der Botschaft Jesu und Pauli entspricht die äußere *Form*. Im ganzen Evangelium stehen nur elf alttestamentliche Zitate, davon die meisten in der Leidensgeschichte. Von Septuagintagriechisch ist nichts mehr zu spüren. Auch die vorjohanneischen christlichen Stil- und Formeigentümlichkeiten werden kaum benutzt. Aus den synoptischen Gleichnissen hat Johannes nur das vom guten Hirten ausgewählt, das hellenistischer Bukolik am nächsten kam. Seestücke, nächtliche Szenen, Berg- und Brunnenbilder fehlen nicht. Echt hellenistisch ist der am Grab des Freundes weinende Jesus. Die wichtigsten Personen auf der Seite Jesu tragen griechische Namen: der Name des Nikodemos ist so unjüdisch wie seine Person und Rede, und die Griechenjünger Philippos und Andreas stellen Petrus in den Schatten. *Abbott* hat vom Euripideischen des johanneischen Stils gesprochen; typisch sind gewollte Monotonien, Doppelbedeutung von Worten, feinste Unterscheidungen der Synonymik und des Tempusgebrauchs. *Friesenhahn* hat darauf aufmerksam gemacht, wie oft sich Johannes neupythagoreischer Buchstaben-Zahlensymbolik bedient.

In einer besonders schönen Szene hat er sein Griechentum bekannt: Während die Juden im Hintergrund den Tod Jesu beschließen und sich heimlich verschwören, kommen Griechen zu dem ‹griechischen› Jünger Philippos, der aus dem ‹Galiläa der Heiden› kommt, und bitten ihn: «Herr, wir möchten Jesus gern sehen.» Philippos sagt es dem anderen ‹griechischen› Jünger Andreas, und beide sagen es Jesus. Da erfaßt Jesus die ganze Größe der Stunde: «Nun ist die Stunde da, daß der Menschensohn verherrlicht wird.» Jetzt kann Jesus getrost in den Tod gehen, denn die Griechen haben nach ihm gefragt. Man spürt bis in den Stil hinein die Ergriffenheit, mit der Johannes das schildert, was ihm das Anliegen seines Lebens und Schreibens ist.

Der johanneische Christus will aber auch das *Judentum* überbieten. Darum ist er mehr als Moses und Abraham. Moses hat nur das Gesetz gegeben, Christus gibt die objektive Wahrheit, Moses hat nur eine eherne Schlange aufgerichtet, um die Menschen von Schlangenbissen zu retten, Jesus aber läßt sich selbst am Kreuz ‹aufrichten›, damit der Mensch von Schlimmerem gerettet werde. Moses hat nur Wasser aus dem Felsen geschlagen, nach dem man wieder Durst bekommt, Jesus gibt Wasser, nach dem man nie wieder durstig wird, Moses' Manna war vergängliches Brot, Jesus bringt das wirkliche ‹Lebensbrot›. Aus dem philonischen Gedanken, daß Moses bereits den göttlichen Logos gehört habe, wird die Behauptung, daß Moses bereits Christus als Logos gehört habe. Ebenso werden die jüdischen Erzväter abgewertet. Jakobs Brunnen enthielt auch nur vergängliches Wasser, Abraham war auch erst später als der Logos. Alle sind gestorben, ohne daß sie Leben vermitteln konnten. Die jüdischen Feste werden erst dann wirkliche Feste, wenn Jesus auf ihnen erscheint. Ein jüdischer, sonst nirgends genannter Jüngername ist entweder Deckname für Paulus oder vielleicht auch, wie *Eisler* vermutet, für den gnostischen Samariter Dositheos. Aber das erstere ist wahrscheinlicher, und die Nathanaelperikope eine Schilderung der paulinischen Bekehrung. Dafür spricht, daß die Begegnung mit Jesus auf der Straße erfolgt, Jesus ihn aber schon «unter dem Feigenbaum», einem alten Mutterleibssymbol, das heißt nach Gal. 1, 15 schon vor seiner Geburt, gekannt hat. Die Juden aber, die Johannes überall als Verfolger der jungen Gemeinden kennt, verfolgen Jesus, suchen ihn zu töten, mißverstehen das Alte Testament, kurz, sind so gezeichnet, wie die Christen des 1. Jahrhunderts sie als bitterste Gegner erlebten. Die Entwicklung ist wieder einen Schritt weiter gegangen. Paulus hat noch versucht, «einige aus den Juden zu retten», jetzt sind die Verbindungen zur Synagoge endgültig abgerissen.

So eigentümlich die Formulierungen der johanneischen Theologie auch sind, so geht sie selbst inhaltlich nicht weit über Paulus hinaus. Sie ist geistmystisch wie diese, und sie hat ebensowenig wie diese das Christentum enthistorisiert oder entmythisiert, was nahe gelegen hätte. Gerade Johannes legt Gewicht auf die Erhaltung der christlichen *Geschichte wie des christlichen Mythos*. Er betont, daß Jesus wirklich Fleisch war, als Mensch lebte, mit Pilatus konfrontiert, gekreuzigt wurde, starb. Aber die Geschichte steht bei ihm in einem mythischen Zusammenhang: Herabkunft Gottes, «Erhöhung vom Kreuze aus», außergewöhnliche Zeichen und Wunder kennzeichnen den Gottessohn. In keiner christlichen Schrift sind Geschichte und Mythos so eng miteinander verschmolzen wie bei Johannes.

Das ist nun aber auch das Grundprinzip der anderen großen johanneischen Schrift, die wie kaum ein anderes Buch die abendländische Geschichte erregt und beherrscht hat, der *Johannesapokalypse*.

Ihre äußere Form unterscheidet sie zunächst kaum von anderen orientalischen oder griechisch-römischen Apokalypsen. Höchstens ist bemerkenswert, daß sie nicht wie die meisten von ihnen einem Mann der Vorzeit in den Mund gelegt ist, sondern als Erlebnis des Verfassers selbst geschildert wird. Ihre Einheitlichkeit ist kaum zu bestreiten, und literarkritische Arbeiten sind aussichtslos, weil der Verfasser absichtlich älteres apokalyptisches Traditionsgut unverändert eingestreut hat.

Der Verfasser charakterisiert sich als charismatischen *Geistträger*, und man darf ihm das auch glauben. Eine eingehende psychologische Analyse zeigt, daß im Hintergrund des Buches seine *echten* ekstatischen Erlebnisse liegen, die freilich vorhandenes Anschauungsmaterial benutzen und später beim Niederschreiben stilisiert sind. Die seelischen Eigenheiten des Verfassers gleichen ganz denen des Verfassers des Johannesevangeliums. Seine Eigenart ist das Schwingen seines Gefühlslebens zwischen den Polen weich, tröstlich, feierlich und hart, kühl, bis zu grausam-realistisch. In dem Ineinander dieser Gefühlsgegensätze liegt das individuelle Geheimnis der Apokalypse, sie sind seelisch die Ursache für die Wahl apokalyptischer Stoffe und Bilder. Die ekstatischen Erlebnisse, die eine solche Gefühlsmodalität auslöst, sind bei Johannes stärker akustisch als visuell, deshalb bleiben die Bilder unanschaulicher als in anderen Apokalypsen, enthalten aber viele Stimmen, Geräusche, Musik, Schallerlebnisse aller Art. Die hohe Intelligenz des Verfassers verrät sich in der Art der gedanklichen Ausgliederung der Visionen und Auditionen, die nach den Gesetzen des geordneten Denkverlaufs sich vollzieht und bis zur völligen Abstraktion in unanschauliche Symbole gehen kann.

Mit der Niederschrift dieser Erlebnisse wollte Johannes seine *Geschichtstheologie* zum Ausdruck bringen. Das johanneische Thema der Geschichtswerdung des Logos wird fortgeführt und zu einem System der Theologie der Geschichte erweitert. Die Geschichte ist kein sinnloses Durcheinander, sondern Offenbarung von Gottes Übergeschichte. Die zahlreichen zeitgeschichtlichen Anspielungen des Buches wollen das an der gegenwärtigen Geschichtszeit des Verfassers klarmachen. In der Zeitgeschichte enthüllt sich der Kampf Gottes gegen die Mächte des Bösen, der so lange tobt wie es überhaupt Geschichte gibt. Diese geschichtsmetaphysische Schau ist Johannes wichtiger als die endgeschichtlichen Spekulationen.

Im Gegensatz zu vielen nur in die Zukunft schauenden Apokalypsen lebt dies Buch in einer bestimmten *Zeitgeschichte.* Die Sorgen der kleinasiatischen christlichen Gemeinden, die Nikolaiten in Ephesos, die Verfolgungen durch die Juden in Smyrna, die Ermordung des Antipas in Pergamon, die unwürdige Frau des Bischofs von Thyatira, die falsche Geschäftigkeit von Sardes, die ‹Satanssynagoge› von Philadelpheia, die Textilindustrie und die Augenklinik von Laodikeia haben den Verfasser ebenso angeregt wie die kaiserlichen Edikte zum Schutz der italischen Landwirtschaft, die sich für Kleinasien nachteilig auswirkten, wie die Parthereinfälle, der Vesuvausbruch vom Jahre 79, das Martyrium der beiden Zebedaiden, die kurze Lebenszeit des Titus, die neronische Christenverfolgung, die sieben Hügel Roms und der römische Welthandel.

Alle diese geschichtlichen Ereignisse sind nicht zufällig. Hier knüpft der Verfasser nur an einen alten Herodotschen Satz an. «Was geschehen muß, ist von Gott» (δεῖ γενέσθαι ἐκ τοῦ θεοῦ), das war seit Herodot Überzeugung der griechischen Geschichtschreibung. Denn über allem Wechsel der Geschichte steht Zeus, «der war, der ist, der sein wird». So will auch der Apokalyptiker von dem reden, was geschehen muß (ἃ δεῖ γενέσθαι), weil über aller Geschichte der steht, der «ist, war und kommt». Nur der apokalyptische Ausblick, daß alle Geschichte einem endgeschichtlichen Ziel zuläuft, fehlt der griechischen Geschichtschreibung, krönt aber den griechischen Mythos.

Nun aber kommt das Wichtigste, das sowohl den Zusammenhang mit dem Evangelium beweist als auch den Schlüssel zu vielem bietet. Im Evangelium überbietet Christus die Mysteriengötter, in der Apokalypse die Geschichtsgötter der Zeit, nämlich den Geschichte und Endgeschichte verbindenden *Mithras*, den römischen *Gottkaiser* und den jüdischen *Messias.*

Mithras ist sofort zu erkennen. Wie dieser trägt Christus Sterne auf der Hand und sitzt im roten Mantel mit dem persischen Königsdiadem geschmückt auf einem weißen Streitroß, gefolgt von einem Reiterheer. Auch führt er den persischen Großkönigstitel. Es ist überflüssig, all das persische Gut in der Apokalypse hier aufzuzählen, vermittelt worden ist es durch Mithras, weil Christus der wahre Mithras sein sollte. Als Mithras «führt er Krieg», «siegt», fesselt «die alte Schlange», die wie im persischen Mythos in der Endzeit noch einmal frei wird.

Komplizierter ist das Verhältnis zum römischen *Gottkaiser.* Die konkreten Erlebnisse der neronischen und domitianischen Verfolgungen zwangen mehr und mehr dazu, im römischen Kaiser das Prinzip des Bösen zu sehen. Dazu kam noch zweierlei. Zunächst die Abneigung des Christentums gegen jede Menschenvergötterung,

dann aber auch die sehr verwickelte seelische Haltung des kleinasiatischen Griechen gegenüber Rom. Bei Johannes spüren wir sowohl Römerhaß und Römerverachtung, vor allem da, wo der in Luxus und Begierden, Grausamkeiten und Stillosigkeiten versinkenden Welthauptstadt die wie im Phaidon Platons mit Edelsteinglanz gemalte Himmelsstadt gegenüber gestellt wird, als auch griechisches Empfinden für die Tragik des Untergangs der «großen Stadt» in dem genialen Gemälde der Kapitel 17 und 18:
«Die Kaufleute der Erde weinen und trauern über sie, weil keiner mehr ihre Waren kauft ...»
Erschütternd klingt der Weheruf in ständiger Monotonie:

Weh', weh'! die große Stadt,
Babylon, die starke Stadt.

Nun aber tritt dem römischen Gottkaiser der göttliche Weltherrscher Christus mit seinen ‹Reichsbürgern›, den Christen, entgegen. Sein Reich ist von Gott selbst gegründet, während das römische Reich auf die Verbrechen des alten Drachen zurückgeht und überall die sceleris vestigia zeigt, Gedanken, die der römischen Publizistik und dem griechischen Römerhaß vertraut waren. Christus als Gottkaiser trägt die höchsten Kaisertitel, ihm wird der ‹Herrentag› gefeiert, den man bisher dem römischen Kaiser heilig hielt, ihm gehört der Planet Venus zu, das Zeichen des größten Kaisergeschlechts.

Schließlich überwindet Christus auch den jüdischen *Messias*. Er übernimmt dessen Ehrentitel, kommt mit den Wolken des Himmels, verfügt über den Baum des Lebens, das Paradies, das himmlische Manna, das Wasser der Paradiesströme. Er ist der Weltrichter, der die Gerichtsurkunden öffnet, der wiederkehrende David, vor dem sich die Völker beugen. Der jüdische Messias aber ist der Satan, den die Satanssynagoge verkündet und der von Christus endlich in den Abgrund gestoßen wird.

Hebt sich schon damit die Johannesapokalypse deutlich von allen Apokalypsen der Zeit ab, so wird das durch ihre Sprache bestätigt. Diese beweist zunächst wieder die Identität des Verfassers mit dem Evangelisten Johannes. Herder hat mit seinem feinen Sprachgefühl als erster erkannt, daß die Sprache der Apokalypse eine Kunstsprache ist, die das Theion, das Göttliche der Schrift, durch ihre Besonderheit hervortreten lassen will. Ähnlich schreiben die Neupythagoreer ihre religiösen Schriften in seltsamen altdorischen Dialekten, auch die unter Lukians Namen gehende Schrift über die syrische Göttin ist in einem bewußt barbarischen Griechisch verfaßt. Zum Glück wird bei Johannes deutlich, daß das ‹barbarische› Griechisch, das er wählt, nicht seine eigentliche Sprache ist, sondern daß er ein außerordentlich gutes Griechisch schreiben kann. Denn während er einerseits mit Genera, Verbalformen, Partikel- und Präpositionsgebrauch derart willkürlich umgeht, wie das nicht einmal in den schlechtesten Papyri zu finden ist, so daß es nur Absicht sein kann, kennt er andererseits die feinsten Tempusunterschiede, Reimbildungen, Stilformen, klassizistischen Wendungen. Wie merkwürdig häufig Anklänge an platonische Wendungen und Worte in der Apokalypse sind, weiß man längst. Verräterisch sind besonders Wendungen, die an einer Stelle falsch, an einer anderen richtig gebraucht werden. Es ist seltsam: der Verfasser hat, um fremd und ‹apokalyptisch› zu wirken, orientalische und barbarische Stilformen nachgeahmt, aber es ist unmöglich, etwa die ersten drei Kapitel in irgendeine orientalische Sprache befriedigend zu übersetzen. Man versuche nur einmal, etwa die Wucht des Abschnittes 3, 14–22 in Aramäisch, Syrisch, Hebräisch oder Koptisch wiederzugeben – es geht einfach nicht. Auch von hier aus gesehen kann der Verfasser nur ein gebildeter Griechenchrist sein.

Damit ist auch ganz *ausgeschlossen*, daß die Apokalypse eine nur leicht christlich überarbeitete jüdische Apokalypse sei. Allerdings hat der Verfasser die jüdische apokalyptische Literatur innerhalb und außerhalb des Alten Testaments gekannt und ausgeschöpft. Das gesamte Requisit der jüdischen Apokalyptik ist benutzt, um das Unaussprechbare der Not der Geschichte und das Heil des Endes zu bezeichnen, das irdische und das endzeitliche Jerusalem, den Tempel, das Paradies, die Gerichtsbücher, die 12 heiligen Stämme, die Stiftshütte, die Unheilsvölker Gog und Magog, die Teufelsschlange, die prophetischen Heuschreckenschwärme, die ägyptischen Plagen des Moses, die Tiere Ezechiels und vieles mehr. Aber jüdisch sind auch hier nur die Form und das Bild, die Interpretation ist in jedem Einzelfall christlich. Der «Löwe aus dem Stamm Juda» ist eben nicht ein politischer Befreier oder ein jüdischer König der Endzeit oder ein kommender Wunderrabbi, der das Gesetz richtig erklärt, sondern Christus; die Scharen um den göttlichen Thron sind nicht Pharisäer und Schriftgelehrte, sondern christliche Märtyrer, Asketen, Gläubige; die großen Natur- und Geschichtskatastrophen sind nicht Zeichen des leidenden Volkes Israel, sondern des Leidens der Welt an der Natur und Geschichte. Die feindliche Haltung gegenüber dem Judentum ist dieselbe wie im Evangelium: die Synagoge ist «Satanssynagoge», und der Satansthron von Pergamon ist daher auch nicht der Zeusaltar, denn dieser ist nun einmal kein Thron, sondern gemeint ist eine Institution der Pergamener Synagoge, von der die Verfolgung ausgegangen ist, deren Opfer Antipas wurde.

Schließlich knüpft die Apokalypse auch an *astrologische* Vorstellungen und Systeme an. Der Verfasser hat wohl selbst in seinen Ekstasen Bilder in den Sternen gesehen (Sterneidetik), aber sie nach den von hellenisierten Magiern und anderen gehörten Einzelheiten gedeutet. Was dazu verlockte, war die Tatsache, daß die Ewigkeit der Gesetze des gestirnten Himmels zur Ableitung metaphysischer Gesetzmäßigkeiten am geeignetsten erschien. Die Basis dafür bildet der von Poseidonios neu entdeckte und dann die gesamte hellenistische Denkwelt sich mehr und mehr erobernde Gedanke von der Sympathie zwischen kosmischem und geschichtlichem Geschehen.

Nur auf den ersten Blick scheint es, als ob das Buch wenig typisch Christliches hätte. Nun hat in der Tat in diesen Schrecken der Liebesgedanke wenig Raum, das Buch ist das härteste des Neuen Testamentes, aber doch nur da, wo es sich mit der Geschichte befaßt. Gut verstanden hat es die radikale Ethik Jesu: «Ach, wenn du kalt oder heiß wärest! So aber, weil du lau bist und weder heiß noch kalt, will ich dich ausspeien aus meinem Mund.» Hinter aller Geschichte ist auch hier das Leitmotiv Gottes Liebe als einziger und letzter Trost: «Und Gott selbst wird bei ihnen sein, und er will alle Tränen aus ihren Augen trocknen, und der Tod wird nicht mehr sein, noch Trauer noch Klage noch Mühsal wird mehr sein.» Es darf nicht übersehen werden, daß das Buch mit einem an paulinische Mystik anknüpfenden Dankhymnus an «den, der uns liebt und uns befreit hat von unserer Schuld in Verbindung mit seinem Tod und uns zum Reich gemacht hat», beginnt. Die Heilsgewißheit, zugleich christlich und hellenistisch, ist lebendig, wieder nur von der Liebe Gottes her begründet: wir sind die nova progenies, das neue Geschlecht, frei von der alten Schuld der Geschichte: «Siehe, ich mache alles neu.» Das ist aber zugleich die neue Kreatur des Paulus. Die Liebe hält auch die Gerichte des Weltgeschehens in ihrer Hand: «Die ich lieb habe, die strafe und züchtige ich.» Wenn wenig vom *Ethos* der Liebe zu spüren ist, so erklärt sich das aus der Kampfzeit der Geschichte, es ist Kampf zwischen feindlichen Mächten außerhalb und innerhalb der Gemeinde. Jetzt ist keine Weichheit möglich, die Synoptiker hatten sie im Kampfe Jesu gegen die Pharisäer und Händler und Paulus hatte sie im Kampfe auf dem Apostelkonzil auch nicht gezeigt.

Damit läßt sich nun der *gesamte Aufriß* des Buches überschauen. Obere und untere Welt gehen parallel: Während unten Trauer, Angst, Natur- und Geschichtskatastrophen regieren, herrschen oben Seligkeit, Gesang, Lobpreis Gottes, Frieden. Ziel der Geschichte ist, daß das Unten vom Oben verschlungen wird. Das geschieht nicht früher, als bis die Menschheit in ihrer Katastrophensituation hin zu Gott findet. Die, welche sich in dieser Weise bewähren, bilden schon unten die Gemeinde der Heiligen, deren Vornehmste die Märtyrer und Asketen sind. Besonders diese letztere Vorstellung taucht im Christentum zum erstenmal auf. Solange das Unten noch besteht, werden immer neue Katastrophen von oben herabgesandt, damit der Mensch zur Besinnung kommen soll. Je näher das Ende kommt, um so furchtbarer wird es auf der Welt. Denn nicht nur von oben kommen die Nöte, sondern auch alle Mächte der Hölle tun sich auf und wüten über die Erde hin. Das ist das eigentliche Bild und die Deutung der *Weltgeschichte*. Daß sie wahr ist, beweist die Furchtbarkeit der Parthereinfälle, beweisen die sozialen und wirtschaftlichen Nöte, beweist vor allem die sittenlose Gewaltherrschaft der schlechten Kaiser Roms, die noch dazu den größten Frevel begehen, die Menschenanbetung zu fordern. Es ist kein Wunder, daß inmitten einer solchen Lage die Gemeinde der Heiligen, die sich an diese Geschichte nicht verliert, besonders gehaßt wird und leiden muß. Aber die übermütigen Geschichtsmächte gehen eine nach der anderen zugrunde. Schon ist die Zerstörung Jerusalems ein Beweis dafür, schon weisen der Vesuvausbruch, der Muttermörder Nero, die kurze Lebensdauer des Titus darauf hin, daß auch Rom nicht ewig ist. Aber ehe Rom untergeht, müssen Gott und die Dämonen erst miteinander ringen. Gott beginnt den Kampf dadurch, daß er den von einer himmlischen Göttin geborenen Erlöserknaben in die Welt schickt, den aber die Dämonen verfolgen. Als sie ihm nichts anhaben können, benutzen sie das Römische Reich, um seine Erlösten zu verfolgen. Als erstes Tier tritt, freilich mit Anachronismen gezeichnet, Augustus auf, ihm folgt Nero, der erste Christenverfolger. Doch die Befreiung naht. Noch steht den Heiligen die letzte Prüfung bevor: wie werden sie sich zum Kaiserkult verhalten? Werden sie auch jetzt das Martyrium vorziehen? Noch wird eine Reihe römischer Kaiser kommen, aber Gottes Zorn über Rom bestimmt nunmehr den Geschichtsverlauf. Naturkatastrophen und Geschichtskatastrophen gehen dem Untergang der großen Siebenhügelstadt und ihres Weltreiches voran. Nichts wird von ihr mehr übrigbleiben, Gottes Gericht in der Geschichte ist unerbittlich. Wenn er auch dem Einzelmenschen gnädig ist, in der Geschichte kennt er kein Mitleid. Darum soll auch der Christ über jedes Geschichtsgericht, das er miterlebt, und wenn es sein eigener irdischer Untergang ist, frohlocken. Dieser unerhörte und neue Gedanke ist die Wurzel eines *christlichen Geschichtspessimismus* geworden, der schwere Folgen in der Zukunft haben sollte.

Aber dieser Untergang Roms ist doch nur Hinweis auf das *Weltende*. Das wird nicht mehr von geschichtlichen Faktoren entschieden, sondern von metaphysischen. Jetzt kämpft Christus mit den dämonischen Mächten den Endkampf aus. Nach einem Zwischenstadium, das die besondere Stellung der Gemeinde der Heiligen darstellen soll, kommt es zur Vernichtung aller widergöttlichen Mächte, auch des Todes, und dem Herabkommen der Himmelsstadt, des Paradieses, des Reiches des Lichtes.

Nur darf nicht übersehen werden, daß dies alles nicht *nur* eine Geschichtsmetaphysik und Geschichtsdeutung sein soll, sondern daß hinter dem Buch gewaltige Gefühle und religiöse Kräfte stehen. Nicht aus Interesse an der Geschichte oder Endgeschichte ist es geschrieben, sondern «selig ist, wer die Worte der Weissagung dieses Buches behält». Es will dem Christen in der Notzeit dieser Welt den Ausweg zeigen und den Nichtchristen für diese christliche Welt- und Endschau erwärmen.

III. DIE ENTFALTUNG

Jesus, die beiden Urgemeinden, Paulus und Johannes bilden die Grundlagen des antiken Christentums, alle späteren Strömungen gehen auf sie zurück. Eine kirchengeschichtliche Darstellung würde nun Schritt für Schritt chronologisch weitergehen und die allmähliche Durchsetzung des Christentums möglichst annalistisch aufzuzeigen haben. Diese Arbeit braucht nicht noch einmal wiederholt zu werden, wir besitzen so viele gute Kirchengeschichten, daß sich eine weitere erübrigt. Unsere Aufgabe ist eine andere: dieses Buch soll eine *geistige Strukturanalyse* der ersten christlichen Jahrhunderte sein, die die Ergebnisse der Kirchengeschichte voraussetzt und nicht die äußeren Ereignisse, aber auch nicht einfach die Geschichte eines Einzelgebietes wie des Dogmas oder des Kultes aufzeichnen, sondern ein möglichst ganzheitliches Bild der gesamten frühchristlichen Epoche in allen ihren Teilgebieten geben will, nicht nur der äußerlich sichtbaren Erscheinungen, sondern auch der seelischen und geistigen Kräfte, die *hinter* ihnen stehen, und zwar niemals losgelöst von ihrer Umwelt. Daß dabei vieles unvollständig und ungeklärt bleiben muß, versteht sich von selbst. Aber der Versuch muß einmal gemacht werden.

1. *Die Welt der Gefühle*

Seit Schleiermacher weiß jede religionsgeschichtliche Forschung, daß sie nicht mit den objektivierten Niederschlägen und Zeugnissen einer Religion, nicht mit den fixierten Lehren oder den kultischen Bräuchen zu beginnen hat, sondern mit den Tiefenschichten der religiösen Erlebnisse, die in den Gefühlen liegen. Für eine Religion, die in die hellenistische Welt eindrang, war es entscheidend, ob sie in der reich gegliederten hellenistischen Gefühlswelt verwurzelt war oder in sie einwurzeln konnte. Denn der Hellenismus war eine Zeit, in der *die Gefühle* dominierten.

Es ist kein Zufall, daß erst im Hellenismus die *Psychologie der Gefühle* als Wissenschaft entstand. Man achtete auf die feinsten Gefühlsregungen und entdeckte das wichtigste Gesetz der Religionspsychologie, das Gesetz der *Gegensätzlichkeit der Gefühle:* tiefste Gefühle sind nicht Lust oder Unlust, sondern zweipolig, Lust und Unlust zugleich.

Hier konnte das Christentum leicht einsetzen. Wer Paulus, die

Evangelien, Johannes las, stieß auf fast jeder Seite in diese Tiefenschicht der Gefühle vor. Der ungeheure Gott, der allmächtige Herr, der schreckliche Weltrichter, das furchtbare Geschehen am Kreuz, die entsetzlichen, erschütternden Kämpfe gegen Teufel und dämonische Mächte und gegen sich selbst waren der eine Pol, das Erlebnis der Liebe Gottes, der Jubel der Auferstehung, die Seligkeit des Geistesbesitzes, die Freude des Erlöstseins der andere. Bis zu Augustin hin hat das Frühchristentum unaufhörlich auf diese *Gegensätzlichkeit des Erlebens* hingewiesen.

Diese Emotionalität entsprang zum Teil der seelischen Gestimmtheit der hellenistischen *Großstadt*, denn es ist eine bekannte Tatsache, daß Großstädte der beste Nährboden für Stimmungen und Gefühle sind. Das Land lebt von naturnahen Instinkten, die Klein- und Mittelstadt vorwiegend von nüchternen, ‹kleinbürgerlichen› vernunft- und willensbestimmten Regungen, in der Großstadt aber erwacht die unruhige, immer drängende, immer lebendige, flache oder tiefe, unendlich differenzierte und gegliederte Welt der Gefühle. Das Christentum hat sich von den hellenistischen Großstädten her entfaltet, mit ihrem Luxus und ihrem Elend, ihrer geistigen Beweglichkeit und ihrer Nervosität, ihrer Sorge um das tägliche Brot und ihren überschäumenden Vergnügungen.

In diesen Weltstädten wurde das *Individuum* neu entdeckt. Nirgends gibt es mehr Spielarten menschlichen Einzellebens als in der Einsamkeit der Großstadt. Zwar hat man auch früher schon individuelle Unterschiede erkannt, aber erst der Hellenismus hat die feinsten individuellen Schattierungen gesehen. Die individualisierende Porträtkunst erreicht im hellenistischen und im römischen Porträt einen höchsten künstlerischen Ausdruck für individuelle Gefühle. Das Lustspiel ist seit Menander, von dem Plutarch rühmt, daß bei ihm jeder seine individuelle Sprache spreche, vorangegangen und läßt auch den Sklaven leiden, sich freuen, eigensten Schmerz empfinden und Leidenschaften haben. Ihm folgt der Mimiambus, und von ihm haben feinste Psychologen wie Theophrast gelernt. Wie man den Bauern im Bad, in der Stadt, beim Frühstück belauscht, den Bescheidenen und den Angeber, den Mürrischen und den Leichtsinnigen in seiner Eigenart schildert, so macht man auch vor den Herren der Welt nicht halt: der berühmte Caracallakopf ist als Darstellung elementarster individueller Gefühle nie überboten worden. Wenn eine Religion in dieser Welt Fuß fassen wollte, mußte sie zu den differenzierten Gefühlen des Einzelmenschen sprechen und an ihnen ganz teilnehmen können. Das Christentum brachte diese Voraussetzungen mit und entfaltete sie noch.

Analysieren wir diese hellenistische Gefühlswelt etwas näher, so kamen für den religiösen Menschen und für das Werden und die Durchsetzung einer Religion vor allem *drei Gefühlspaare* in Frage, die der hellenistische Mensch besonders stark erlebt hat: Freude und Leid, Weitendrang und Ruhesehnsucht, Freiheitsgefühl und Geborgenheitsgefühl. Sie sind in sich selbst wieder vielfach gegliedert und besitzen wechselnde Tiefe, aber sie sind alle drei spezifisch und dürfen beim Verständnis der inneren Weiterentwicklung des Christentums nicht außer acht gelassen werden.

Es war schon die Rede davon, daß *Freude* das eigentliche Grundgefühl des ersten Christentums war. Die hellenistische Großstadt war seit ihrem Bestehen für jede Freude offen. Die glänzenden Feste in Alexandreia, den Jubel im Volkspark von Antiocheia, die fröhlichen Touristenschwärme in Ephesos, den heiteren alljährlichen Zug nach Eleusis, alles ahmten die kleinen Städte in irgendeiner Form nach. Nach der Beendigung der Kämpfe mit Rom und den römischen Bürgerkriegen wurde das Dasein noch froher. Felicitas temporum, Glückseligkeit der Zeit, war nicht nur ein Schlagwort, sondern es war tief im Herzen erlebt. Der Weltkaiser, der den Frieden gebracht hatte, war der Garant dieser Freude. Das war keine Schmeichelei. So hatte Horaz Augustus erlebt, so jauchzte man in ehrlicher Freude den guten Kaisern des zweiten Jahrhunderts zu. Wer den offiziellen Inschriften nicht glaubt, was sie vom Glück der Zeiten sagen, der lese unbeeinflußte Papyrusbriefe. Auch der kleine Mann ist glücklich, heiter, oft von sonniger Wärme erfüllt. Froh schauen die Gesichter aus den Mumienporträts, lachend gehen die Menschen durch die heiteren lebensnahen Mimiamben; froh kommen sie zu Sport und Spiel, zu Mahlzeit und kleinen und großen Festen. Dabei ist die Freude differenziert: barbarischer in Rom und Afrika, wilder in Syrien, feiner in Alexandreia, trotz aller Härte des Lebens noch immer beschwingt in Griechenland und dem griechischen Kleinasien. Der Kaiser, unter dem die Welt vielleicht überhaupt ihre glücklichsten Jahre gehabt hat, Hadrian, dichtete noch in seiner Todesstunde, daß das arme Seelchen des Menschen doch eigentlich in seinem bißchen Leben viel Freude gehabt habe. Daß frohe Menschen auch *frohe Religionen* wollen, versteht sich von selbst. Schon seit Homer konnte der Grieche mit seinen Göttern und über seine Götter von Herzen lachen, und das ist stets so geblieben. Man verkennt die Echtheit dieser Gefühle, wenn man von modernen Standpunkten aus abwertend von Götterparodie spricht. Es gibt in der gesamten Religionsgeschichte wenig Parallelen zu den beschwingten hellenistischen Prozessionen und Götterfesten, wiederum in Fortführung von Altgriechischem, man denke nur an die Brückenscherze der heiligsten griechischen Prozession nach Eleusis, an den tollen Jubel einer Dionysosprozession, an die festliche Maskerade einer Isisprozession bei der Feier der Wiedereröffnung der Schiffahrt nach dem Winter, an den Auferstehungsjubel am Auferstehungstag des Attis in Rom. Als tief blickender Kenner hat Plutarch den Epikureern, die die Religion gern als etwas Düsteres und Freudloses hinstellten, entgegengehalten, daß wahre Religion gar nichts Finsteres sei, sondern im Gegenteil etwas ungeheuer Beglückendes und froh Machendes: «Nirgends freuen wir uns so sehr wie in den Heiligtümern, keine Zeiten unseres Tuns und Erlebens machen uns froher als die Feste für die Götter, keine Feiern und Schaustellungen froher als die, die wir zu Ehren der Götter sehen und abhalten, die Feiern der heiligen Handlungen, Aufführung von Chören, Anwesenheit bei Opfern und Weihen ... Bei Prozessionen und Opfern sind selbst Greise und Greisinnen, selbst Arme und Elende, selbst ... Sklaven und Handarbeiter voll Lust und Freude. Denn was von den Göttern kommt, ist schön ... und daß es von den Göttern kommt, macht uns sehr froh.»

Hier konnte nun das Christentum leicht anknüpfen. Eines seiner Grundelemente war die Aufforderung zur Freude, als froh machende Botschaft wurde es von seinen Missionaren verkündet. Das Problem war, ob es ihm gelingen würde, die stark säkularisierte Freude der hellenistischen Religionen durch religiöse Tiefe zu überbieten, um den Menschen noch tiefere und dauerhaftere Freude zu schenken.

Das war nicht so einfach und führte zu *zwei verschiedenen Ergebnissen:* In mancher Hinsicht ist es dem Christentum wirklich gelungen. Alle die Menschen, die in ihrem großen Freudeverlangen in vieler hellenistischer, auch religiöser Freude doch nur einen Rausch erkannten, auf den unerbittlich die Kraipale, der Katzenjammer, folgte, bekannten sich rasch und gern zu dieser christlichen Freude. Wir wissen zufällig von einer Reihe bedeutender Dionysosgläubiger, die zum Christentum übergingen. Bei ihnen sprach gerade dieses Motiv mit. Wo man von der Freude der Zeit, der säkularen wie der religiösen, enttäuscht war, war der Weg zu dem paulinischen oder lukanischen oder johanneischen Freudeerlebnis gangbar.

Andererseits aber lag es da, wo diese Tiefe nicht erreicht wurde, nahe, die christliche Freude selbst zu säkularisieren. Das Christentum hat das nur zögernd getan, aber es konnte sich dem nicht ganz entziehen. In der vorkonstantinischen Zeit sind diese Stimmen noch selten, dann aber findet man fast bei jedem Kirchenvater schwere Bedenken oder scharfe Kampfansagen gegen die Verweltlichung der evangelischen Freude, gegen die Veräußerlichung in Volksfesten und die Verflachung in Stimmungen.

Diese Einstellung hat nicht hindern können, daß sich die echte christliche Freude weiter durchsetzte und entfaltete. Nur einiges Charakteristische: Zu jeder Zeit weiß man, daß ‹in Christus sein› schon an sich ein frohes Erlebnis bedeutet. Als Vorbild für viele spätere Martyrien schreibt der verhaftete Ignatios bei seinem Transport nach Rom von dieser Freude des in Christus Seins, über die hinaus es nichts Froheres gäbe, in einer Stimmung ständigen Jubels und Preises. Aber nicht nur ein Enthusiast wie Ignatios, sondern auch der kleine Spießbürger Hermas, der Weinhändler aus Rom (um 150), war einer solchen Freudigkeit fähig. Die Traurigkeit steht schon auf stoischen Lastertafeln, auf den christlichen rückt sie allmählich in die Reihe der *Todsünden:* «Lege von dir die Traurigkeit ab ... weißt du nicht, daß die Traurigkeit die schlechteste aller geistigen Haltungen ist? Bekleide dich mit Fröhlichkeit, die vor Gott anmutig ist und ihm Freude macht, und schwelge in ihr. Denn der frohe Mensch tut Gutes, denkt Gutes und bekämpft die Traurigkeit. Der traurige Mensch aber tut überall nur Böses.» Oft ist das eine bloße Fortführung stoisch-optimistischer Gefühlshaltungen: man meint einen Stoiker zu hören, wenn Basileios erzählt, daß wir uns oft nur deshalb nicht freuen, weil wir gar nicht daran denken, wieviel Gutes wir im Leben empfangen haben. Aber das wird christlich gesteigert: der Hauptgrund zur Freude ist, daß «unseretwegen Gott unter uns Menschen wandelte». In dieser das Leben begleitenden reinen, ungetrübten, gefühlswarmen Heiterkeit kann der Christ unablässig aus freiem Herzen sich freuen. In Anlehnung an den Ausdruck dieser Stimmung in älteren griechischen Formeln beginnt auch kaum ein frühchristlicher Brief ohne die fast formelhaft gewordenen Wendungen, daß man sich mit- und übereinander beständig freue und freuen wolle. Dionysios von Alexandreia (bis 265) erzählt, daß man trotz der Pest Ostern fröhlich feiere, und begründet das: «Wir haben auch damals (während der Verfolgung) Feste gefeiert und ... unser Festplatz war das freie Feld, die Wüste, das Schiff, die Flüchtlingsherberge, das Gefängnis.» Ostern wird zum Höhepunkt aller Festfreude, auch die 50 Tage bis Pfingsten werden zu einer geschlossenen Freudenzeit. Der Sonntag wird reiner Freudentag, man darf an ihm weder fasten noch knien. «Jeden Morgen und zu allen Stunden preisen und danken sie Gott. Ist einer von ihnen gestorben, freuen sie sich und danken Gott ... ist einem von ihnen ein Kind geboren, preisen sie Gott ...», «Seliger sind die Christen als alle Menschen auf der Welt». Noch als am Ende unserer Epoche im Westen in den Stürmen der Völkerwanderung alles zusammenbricht, erscheint in dem spanischen Historiker Orosius (414 Flucht nach Afrika) ein Christ, der in unbekümmerter Fröhlichkeit seine Zeiten nicht besser und nicht schlechter findet als andere Zeiten auch.

Ebenso stark und echt wie die Gefühle der Freude sind in der griechisch-hellenistischen Welt die des *Leides* entwickelt. Alle griechische Freude paart sich irgendwie mit dem Erleben des *Tragischen*, und alle griechische Tragik hat noch einen Schimmer von Freude. Der griechische Mensch hat das Leid nicht wie der Orientale errechnet oder dumpf hingenommen, sondern mit elementarer Tiefe und Leidenschaft erlebt. Mit höchster Spannung hat er *gefühlt*, wie die Götter rachgierig, zornig und neidisch ganze Häuser vernichten, und gespürt, wie ihre Willkür oder ihr Fluch bis zur Verzweiflung treiben. Immer gab es einen gefühlsbedingten griechischen Pessimismus, der auch in der bewußten pessimistischen Philosophie des Epikureismus nie seine Gefühlstiefe verliert. Immer wieder zitieren die hellenistischen Schriftsteller, Inschriften und Briefe die bekanntesten Homerverse von Vergänglichkeit, Leid, Zerstörung und Tod oder die hoffnungslosen Betrachtungen der sonst so starken und sinnenfrohen Adelsdichter. Daß es besser sei, nicht geboren zu werden oder früh zu sterben, hört man oft, und zu den meist zitierten Worten gehören die wohl jedem hellenistischen Menschen geläufigen Verse der Tragödie:

> «Ich sehe, daß wir lebend gar nichts andres sind
> Als Bilder, als ein Schatten und ein leerer Schein;»
> «Wer weiß denn, ob das Leben nicht das Sterben sei,
> Und Sterben Leben?»

Bis in die letzte, düsterste Gemütsverzweiflung schauen die hellenistischen Menschen hinein, so wenn Polybios in der berühmten Rede Hannibals das ganze Grauen und den ganzen Ekel vor der Geschichte und ihrem Leid zum Ausdruck bringt, wenn Dikaiarch der Gottlosigkeit und Ungerechtigkeit Kulte stiftet, weil sie die einzig wahren Götter seien oder endlich in letzter Not alles hingeworfen wird:

> Alles ist Hohn und alles ist Dreck und alles ist gar nichts,
> Alles ist ohne Vernunft, was nur auch immer geschieht.

Die *Spannung* zwischen Freude und Leid ist eine der starken *Lebenskräfte* des Hellenismus. Daß das Gefühl des Leidens vorhanden war, bewahrte die herrschende Freudestimmung vor dem Versinken in einen flachen Optimismus; daß das Gefühl der Freude lebendig war, schützte vor einer dumpfen, düsteren und stumpfen pessimistischen Haltung. Beides ist da, gleich stark und gleich bedeutsam. Wer den Hellenismus verstehen will, muß dies beides nacherleben können.

Hier stehen wir am eigentlichen *seelischen Ursprung der helleni-*

stischen Mysterienreligionen. Ihre Gefühlsgrundlage, in der sie das religiöse Erlebnis erfahren, ist die lebendige Spannung von Freude und Schmerz, Klage und Jubel, Tod und Auferstehung, Sterben und Neugeburt. Es geht hier zunächst nur um das seelische Erlebnis: die tiefe, verzweifelte Trauer und Klage der Demeter um ihr verlorenes Kind, der Schmerz der suchenden Isis um den Gatten und Bruder, das Weh der Kybele um den Geliebten, das Schwert im Herzen der Maria, das alles hebt das menschliche Leid auf göttliche Höhen, und der eleusinische Jubel über die Auffindung der Geraubten, die Isisfreude über die Auferstehung des Osiris, das Jauchzen der Attismysten über die Wiederkehr des toten Gottes, der Auferstehungsjubel der Christen heben die menschliche Freude auf die gleiche göttliche Höhe. Was im Erlebnis bis ins tiefste packt, wird im Kult dargestellt: erst muß der Myste alle Tiefen der Nacht durchschreiten, ehe er das große Licht sieht. Es ist gleichgültig, wie diese Gefühlstiefen rational ausgegliedert, dogmatisch fixiert, kultisch-liturgisch ausgestaltet, missionarisch verwertet werden, zuerst muß man sie einmal in ihrer Unmittelbarkeit auf sich wirken lassen.

Nun ist das Einmalige und Typische der hellenistischen Religionen, daß sie diese spannungsreichen Gefühle auf die *Gottheit* selbst und auf den Verkehr des Menschen mit ihr übertragen. Alle Not der Welt erlebt auch der geliebte Gott, und umgekehrt wird dieses göttliche Leiden im Gefühl des Menschen mitgetragen. Eben diese Gefühle sind die Brücke, auf der Gott und Mensch einander begegnen.

Zarter, weicher, ein wenig sentimental wird das in Alexandreia, massiver in Rom. Von körperlicher Selbstverstümmelung in Schmerz und Freude bis zu verinnerlichtem Mitleiden und Mitfreuen mit dem Gott durchlaufen die hellenistischen Religionen die ganze Gefühlsskala. Der Myste soll «nicht lernen, sondern leiden» (οὐ μαθεῖν, ἀλλὰ παθεῖν).

Auch der religiöse Platonismus hat das mitgemacht. Religiös im eigentlichen Sinne bei Plutarch, ästhetisch bei Plotin sind Freude und Schmerz die Organe, durch die die Nähe der Gottheit aufgenommen wird. Die religiöse Überwindung des Leides und die Gewinnung der Freude wird Thema aller Philosophien. Dabei kann man bei der kynischen Umkehrung ankommen: das Leid ist die größte Freude, und der leidende Gottmensch Herakles steht dem Kyniker am nächsten.

Wie an der griechischen Freudenstimmung, hat das Christentum auch an der entgegengesetzten Gefühlswelt teilgenommen. Das hat es vor einem flachen religiösen Optimismus bewahrt und ihm geholfen, die Wendung des Neuen Testamentes an die «Mühseligen und Lastträger», die in einer Welt, «deren Gestalt vorüberrauscht», «Angst haben», nicht zu veräußerlichen. Neben dem Jubel über die Schöpfung und den Schöpfer steht ebenso deutlich das Gefühl für die Tragik aller Welt: «Nichts in der Welt der Erscheinungen (οὐδὲν φαινόμενον) ist gut.» Am tiefsten hat das Markion erlebt: die Welt ist zu leidvoll und schlecht, als daß sie Gott geschaffen haben könnte, sie kann nur von einem bösen Dämon stammen. Pessimistische epikureische Sätze werden von der Patristik aufgenommen und miterlebt.

Dabei vertieft sich in der Zeit der Verfolgungen die Gegensätzlichkeit von Freude und Leid in einem Ganzen besonders da, wo sie sich praktisch bewähren konnte. Die paulinische *Leidensmystik* lebt hier weiter. Es ist höchste Freude, das Leid Christi real mitleiden zu dürfen: «Ich liebe zu leiden, und ich weiß nur nicht, ob ich dessen würdig bin», sagen die Märtyrer der ersten Jahrhunderte. Denn da das Leid Christus ähnlich macht, ist es frohmachende Gnade. «Feuer, Kreuz, Tod durch wilde Tiere, Foltern der Gebeine, Zerschmettern der Glieder, Zermalmung des ganzen Körpers, schlimme Plagen des Teufels sollen über mich kommen, wenn ich nur Jesus Christus entgegengehe», schreibt Ignatios von seinem Leidensweg. Wie Jesus um der ewigen Freude willen auf zeitliche Freuden verzichtete, so auch seine Nachfolger. Man muß das wieder alles viel weniger ethisch und gedanklich als gefühlspsychologisch verstehen. Nur unter stoischem Einfluß wird die Gefühlsgegensätzlichkeit auch im Christentum zu bekämpfen gesucht und von einem rationalistischen Vereinfachen her getadelt, aber in den tiefsten Formen des Frühchristentums bleibt die höhere Einheit von Freude und Schmerz gewahrt.

Allerdings wird das Leid auch im Christentum da stärker ausgegliedert, wo es als *Erziehungsmittel* gedeutet wird, aber gerade da wird es freudig hingenommen. Im Gegensatz zu der Deutung des Schmerzes als einer äquivalenten Vergeltung, ist im griechischen Christentum oft unter unmittelbarem Einfluß von Platon das Leid das kostbare Mittel, mit dem der Vater das geliebte Kind erzieht. Der gefühlsstarke Origenes hat das am tiefsten gespürt, zumal da ihm das griechische Erziehungsideal ständig vorschwebte und gefühlsmäßig nahe war: ihm ist das Leid, zu dem bereits die Gefangenschaft der Seele in der Materie gehört, schlechterdings nur Wohltat und dauernder Grund zur Freude, weil es erkennen läßt, daß das Schmerzgefühl seinen höchsten Sinn hat und den Leidenden am unmittelbarsten und ‹fühlbarsten› klar wird, daß sich Gott erziehend um den Menschen kümmert. *Leid ist Gnade,* weil es den Menschen zur Schau des Letzten und Vollkommenen führt.

Auch hier geschah freilich dasselbe wie mit der Freude. Wo man nicht bis zu dieser Tiefe durchdrang, da sucht man sich künstlich Leiden zuzufügen und wertet das schon hoch, weil es das Erlebnis des Mitleidens herbeiführte. So kommt es zu den Erscheinungen, die in anderem Zusammenhang noch genauer zu betrachten sind: wie der Attismyste diesen Zustand *‹euphorischen›* Leides sich durch Selbstverstümmelung schafft, treten auch Christen auf, die sich das selige Leid selbst schaffen, durch Hungern und Fasten, Heimatlosigkeit und asketische Übungen aller Art.

Es ist ein *zweites Gefühlspaar*, das für das seelische Gefüge des hellenistischen Menschen charakteristisch ist und wieder gegensätzlich gerichtet in den tiefsten Schichten als polare Spannung vorhanden ist. Das ist einerseits der Drang nach Leben, Weite, Bewegung und Erregung, andererseits das Verlangen nach Ruhe, Frieden, Lösung. Der alte griechische *Gefühlsdrang nach Weite*, den die Odyssee ausstrahlt, der die ganze Geschichte der griechischen Wanderungen und Kolonisationen begleitete, der die reisenden Historiker und Philosophen, Künstler und Religiösen trieb, ist seit der Alexanderzeit zum großen Weltgefühl geworden. Er zeigt sich emotional in jenem unstillbaren Drang nach Leben und Erlebnissen, in dem sich die Diadochen einer nach dem anderen verzehrten, und der selbst Römer wie Marc Anton mit verzehrte und mit verbrannte. Aus dem Lebenshunger erklärt sich der Lebenstaumel und Lebensrausch auf den Straßen und Festen. In flachsten und tiefsten Formen ist er erlebt, die Philosophen treibt er aus den Lehrsälen auf die Straßen und Märkte, die Dichter suchen soviel wie möglich von dem flutenden Außenleben wiederzugeben und verzichten auf Innerlichkeit, die Wissenschaften suchen Leben zu erhalten, die Medizin nebst ihren Hilfswissenschaften nimmt einen ungeheuren Aufschwung. Aus der gleichen seelisch-emotionalen Quelle kommt die Sucht, das Leben bis zum letzten auszukosten und führt zur Erfindung immer neuer und raffinierter Genüsse, und auf der anderen Seite die Hinwendung zu den vielen Religionen, die ein ewiges Leben garantieren. Erschütternd schreit dieser Lebenshunger aus den Gesichtern der Sterbenden in der Kunst, aus der Literaturgattung der Trostschriften, aus Grabinschriften und Briefen aller Art.

Dieser *Lebensrausch* geht auch durch die hellenistischen Religionen. Bei einer Dionysosfeier wird er am spürbarsten. Tanz, Trunkenheit, Licht im Dunkel, erregendes Flötenspiel sind Ausdruck der seelischen Gestimmtheit. Bei dem Isisfest ist es nicht anders: die ganze Fülle des Lebens wird vor dem Zuschauer eines Isisfestzuges ausgebreitet. Die alten Lebenssymbole werden bei den heiligen Handlungen vorgezeigt mit neuem Sinn.

Der häufig noch undifferenzierte Lebensdrang gliedert sich weiter in zwei Hauptrichtungen, das *Gefühl der Überwindung des Raumes* oder der Sehnsucht danach, und das der *Überwindung der Zeit.* Man muß auch hier stärker die Gefühlsbewegungen beachten, wenn man von hellenistischer Raumüberwindung spricht. Törichte Unternehmungen wie der Indienzug Antiochos' III. sind nicht nur aus Ehrgeiz, aus politischen oder wirtschaftlichen Erwägungen zu erklären, sondern aus der emotionalen Unruhe. Haben uns doch die Funde der letzten Jahrzehnte gezeigt, daß die antike Welt im Späthellenismus viel weiter reichte, als wir früher annahmen. Überall strebt man aus der alten Enge hinaus und sehnt sich nach den lockenden Fernen. Eine Flut von Reisenden durchströmt die Welt. «Es gibt keine noch so öde Gegend, in die nicht einer zum Vergnügen reist, denn der Mensch ist beweglich und unruhig und wandert wie die Gestirne», sagt Seneca. Damit wird das Interesse für das Ferne, Fremde größer und entfernt sich immer weiter von dem enger gewordenen alten Mittelmeerraum. Schon immer hat sich der Grieche für Perser und Ägypter interessiert, jetzt nimmt man, was man nur Exotisches findet: Persisches, Ägyptisches, die echte oder falsche Weisheit der indischen Gymnosophisten, Babylonisches, Thrakisches, Keltisches, Germanisches, aber immer nur so weit man es mit der unerschöpflichen geistigen und seelischen Kraft des Griechentums umformen und eingliedern kann. Die Kyniker prägten für einen Menschen, der erfüllt ist von diesem Weitendrang, nicht etwa von einer politischen Haltung, zuerst den Ausdruck *Kosmopolit* und meinten damit, daß der Mensch Herr dieser weiten Welt sei, auch wenn er sich in die Gestalt eines zerlumpten griechischen Bettelphilosophen kleidet. Aber die Erde, die man für enger hielt als sie ist, reicht für diesen Weitendrang nicht mehr aus, darum schweift man in die Welt der Sterne oder in Traumwelten und in das Übersinnliche in jeder Form. Das ist die seelische Haltung, die hinter Platons großen Mythen steht, die aus Sehnsucht und Weitendrang geboren sind nach Atlantis und Sphärenharmonie und der Himmelsreise mit beschwingten Pferden nach dem unendlich Schönen in grenzenlosen Weiten. Was ihrerseits nun die hellenistischen Religionen aus diesem Raumüberwindungsgefühl machen konnten, das verwandelte sich nicht nur in Glauben und Lehre, sondern drängte zur Tat und war die treibende Kraft hinter den großen hellenistischen *Missions*geschichten. So zogen Isis und Dionysos, Mithras und der kynische Herakles von Land zu Land, unaufhaltsam, grenzenlos.

Zum Weitengefühl des Raumes kommt das der *Zeit.* Tief in der hellenistischen Seele ist der Drang verwurzelt, für *Ewigkeiten* zu schaffen und Herr über die flüchtige Zeit zu sein. «Die Barbaren mögen in den Tag hineinleben, unser Planen muß über die Zeiten hinwegschauen.» Das ist der edelste Ausdruck der Sehnsucht nach Dauer, die ein Zeichen der Epoche ist, gerade dann, wenn man zugleich den Hauch der Vergänglichkeit spürt. Deshalb versenkt man sich mehr denn je in die Vergangenheit, begeistert sich an archäologischen und antiquarischen Funden, durchsucht die Welt nach ihnen und verlangt für alles einen Altersbeweis. Deshalb muß auch eine Religion alt sein, denn nur was alt ist, bietet Gewähr dafür, daß es die Zeiten überdauern wird. Deshalb gehen die Philosophen wieder zurück auf die sagenhaften Urzeitphilosophen. Aber dies Zeitgefühl zwingt auch zum Blick in die Zukunft. Deshalb berechnet man künftige Weltperioden, sehnt sich nach dem Kommenden.

Wieder konnte das *Christentum* bei diesen Gefühlskomplexen anknüpfen und Eingang finden. «Seufzende, sich sehnende Kreatur» war die Welt bei Paulus, das war ganz hellenistisch empfunden. Es übersteigerte noch den griechischen Drang und die hellenistische Sehnsucht nach *Leben*, entweltlichte ihn aber stärker und richtete diese Lebensgefühle auf ein jenseitiges oder geistiges ewiges Leben. Doch darf man das nicht allzusehr von diesseitigen Lebensgefühlen trennen: Einer der Apologeten formuliert kurz und bündig: «Der Zweck des Menschen ist zu leben», und zwar, wie er weiter ausführt, sein von Gott verordneter und gewollter Zweck. Deshalb ist alles Lebenfördernde göttlich, alles Lebenhemmende widergöttlich. Daraus ergab sich dieses oft so *jugendlich* anmutende Lebensgefühl, das die Schriften erst der Apologeten, dann der griechischen Kirchenväter durchpulst: die übrige Welt ist alt geworden, dem Absterben nahe. Wir sind jung, das neue Geschlecht, die anderen sterben, wir leben.

Dazu kam weiter, daß der christliche Mensch Anteil hatte am hellenistischen *Weitendrang* und diese Gefühlskräfte in den Dienst der neuen Religion stellte. Ein Wanderprediger hatte das Christentum zuerst in die Welt hinausgetragen, und Paulus begründet seine Spanienreise mit dem echt hellenistischen Satz, daß ihm im Osten der Raum zu eng sei. Wieder sind die Gefühle wichtiger als gedankliche Erwägungen einer Missionspraxis. Ohne diesen Weitendrang geht man nicht nach Spanien, wenn man im Osten kaum ein paar Dutzend Gemeinden hat; ein von Zweckerwägungen bestimmter Missionar handelt sinnvoller. Justin durchzieht im Philosophenmantel die ganze Welt, Irenaios geht von Kleinasien nach Südfrankreich, Lactanz von Italien über Kleinasien nach Trier, Gregor von Nazianz reist durch den ganzen Osten, Ägypten und Griechenland, Chrysostomos ist oft wochenlang unterwegs, Hieronymus durchzieht den Westen wie den Osten, selbst der reichlich beschränkte

Epiphanios ist häufig auf Reisen anzutreffen, Augustin nennt das christliche Leben eine nicht endende Reise. Sieht man das alles im Zusammenhang, so erkennt man, wie hier Menschen verschiedener Jahrhunderte doch durch den gleichen Gefühlsgrund zu Menschen einer Epoche werden. Ohne hellenistischen Weitendrang hätte es nie eine christliche Weltkirche gegeben. Dabei kann dieser Wandertrieb geradezu zur Plage für die Gemeinden werden, so wie die wandernden Kyniker weithin zur Landplage geworden waren. Die Didache warnt vor den reisenden Brüdern, Aposteln und Wanderpredigern, ihrem Bettel und ihrer Arbeitsscheu, empfiehlt Vorsicht; und mehr als einmal mußten Bischöfe gegen ein gar zu wildes christliches Herumvagabundieren einschreiten.

Denn es reisen ja nicht nur Missionare und Kleriker, sondern vom Anfang des 2. Jahrhunderts an die christlichen *Pilger*. Das christliche Pilgerwesen ist nichts Neues, es setzt die fromme antike *Touristik* fort. Nicht immer sind die Motive zu diesen Reisen in bestimmten Absichten zu suchen, häufig entspringen sie nur der Reiselust und Sehnsucht, die heiligen Stätten, von denen man so viel hörte, zu sehen. Genau so zogen alljährlich Tausende zu den großen Festen der berühmten Kultstätten aus aller Welt.

Wie Justin, der die heiligen Stätten des Christentums aufsucht, beweist, gibt es schon in vorkonstantinischer Zeit christliche Pilger. Seit der Zeit Konstantins sind sie nicht mehr zu zählen. Aus aller Welt kommen sie, am liebsten nach den heiligen Stätten Palästinas, die sich rasch vermehren, wenigstens aber nach Rom, an Heiligen- oder Apostelgräber. Der schönste der alten Pilgerberichte stammt von einer Frau Aetheria (um 390), die vom Rhônetal nach Palästina, dem Sinai, Ägypten, Arabien, Syrien, dem Ostjordanland, Edessa und dem Hauran reist, alles sieht, sich an allem freut, wenn auch das biblische und liturgische Interesse im Mittelpunkt ihrer Reise steht. Die Ziele der Touristik haben nur andere Namen bekommen: statt des Grabes des Achill besucht man nun das Grab Jesu, statt des Stuhles Pindars in Theben läßt man sich den des Petrus in Rom zeigen, statt des Eies der Leda bestaunt man das vom Himmel gefallene Bild der Maria. Es sind wahrhaftig keine historischen Interessen, sondern Gefühle, die diese christliche Touristenbewegung in Gang brachten.

Auch das hellenistische *Zeitgefühl* wird verchristlicht. «Aion ist, war und wird sein», heißt eine hellenistische Bekenntnisformel, christlich lautet sie: «Jesus Christus gestern und heute und in Ewigkeit derselbe», oder: «Ich bin das A und das O, der Anfang und das Ende, der da ist, war und kommt.» Auf das Alte Testament konnte man schon deshalb nicht verzichten, weil man in ihm einen Beweis dafür zu haben meinte, daß das Christentum die älteste und damit zeitüberlegenste aller Religionen sei. Man schätzte das Gefühl der Zeitüberlegenheit auch da, wo man sich selbst jung fühlte. Eine Welt, die an ihren Gräbern Uhren anbrachte, ließ auch den Christen nicht los.

So mündet auch im Christentum der griechisch-hellenistische Weitendrang in die Sehnsucht nach dem *Grenzenlosen.* Bei den einfacheren Gemütern formt sie sich um in Abenteuerromane und religiös in Himmelsreisen und Höllenfahrten, bei den tiefer Denkenden in die Sehnsucht nach Unendlichem, Überwindung alles Begrenzenden, Hemmenden und Bindenden. Auf die gedanklichen Ausgestaltungen und Ausdrucksformen kommt es hier nicht an, nur auf die treibenden seelischen Kräfte. Erkannt haben das die antiken Psychologen selbst, wenn sie das Unstete, Bewegliche, Unbefriedete ihres Lebens kennzeichnen. Geradezu grauenhaft zeichnet Plutarch in Cäsar den von wahnsinnigem Ehrgeiz (μεγαλοπραγμοσύνη) gehetzten friedlosen Menschen.

Nun ist damit aber aufs engste der entgegengesetzte Gefühlspol verbunden, die *Sehnsucht nach Ruhe und Frieden.* Aller Erregtheit des Hellenismus ist eine Grenze gesetzt durch das Harmoniegefühl griechischer Ruhe, das noch immer alle Lebensgebiete durchströmt. Es gibt kaum einen Begriff, für den das Griechische so viele Synonyma hat wie für Ruhe. Religiös Empfindende haben diese Ruhe als göttliches Geschenk gewertet, für das man den Göttern von Herzen dankte. Daher können Ruhe und religiöse Wiedergeburt identisch sein: «Durch deinen Plan bin ich zur Ruhe gekommen, durch deinen Willen wiedergeboren worden.» In dem schönen Isisgebet wird darum gebetet: «Ruhe und Frieden gewähre, genug sei's der Mühen, genug sei's der Gefahren.»

Im einzelnen gliedern sich diese Gefühlskomplexe in drei Schichten: in die Gefühlswelten äußerer Ruhe und äußeren Friedens, in die der Seelenruhe und in die ewiger, transzendenter Ruhe.

Die äußere Ruhe hat der Grieche immer in der Stille der *Natur* erlebt. Die ‹Herrin Nacht›, die den von viel Mühen gequälten Sterblichen Schlaf schenkt, der ruhige Mittagsschlummer im flimmernden Sonnenlicht und beim Summen der Bienen, die Meeresstille, deren göttliche Herrin Isis ist, die sich auch mit Vorliebe in der Stille der Vollmondnächte offenbart, das ist der romantische Kreis dieser Gefühle im Hellenismus. Weltweiter werden sie in der großen Sehnsucht nach *Weltfrieden,* die keineswegs erst aus der römischen Zeit stammt. Die Athener begrüßen Demetrios Poliorketes 307 v. Chr.: «Höre uns zu dir beten: schaffe uns zuerst Frieden.» Stärker als alle andere römische Propaganda hat die Idee der Pax Romana die Griechen gewonnen, sie ist der emotionale Grund, der den Kaiserkult im griechischen Osten getragen hat. Weil der Kaiser «pacator orbis» und «fundator pacis aeternae» ist, erkennt man ihn gern als Gott an. Dieser Friede führt also unmittelbar in das religiöse Erlebnis: «Halte Ruhe, dann wird der Gott dich führen», verkündet eine hellenistische Orakeltafel aus Kolossai.

Da aber, wo man erkennt, daß der Friede der Natur romantische Täuschung und der politische Friede eine kurze Episode oder eine Utopie ist, entsteht die Sehnsucht nach der «Meeresstille der Seele». *Seelenruhe* wird eins der großen hellenistischen Schlagworte. Sie bedeutet nicht notwendig Verzicht oder Resignation, im Gegenteil, der wahre Weise ist der, der mitten in den Tätigkeiten des Lebens, selbst in höchster Aktivität die unerschütterliche Ruhe der Seele gewinnt und bewahrt. Im Griechischen weicher, erscheint sie bei den Römern in härteren Formen. Das Gefühl prägt sich hier in gebietender Forderung aus. Man begnüge sich mit dem, was man hat, versuche nicht, von einem Frachtschiff in ein Kriegsschiff umzusteigen, nur um die Seekrankheit zu besiegen, nehme alle Freude und alles Leid mit Gleichmut hin, denke nur an das Schöne, freue sich darüber, daß man lebt, gesund ist, die Sonne sieht, daß das Land bebaut wird, daß das Meer schiffbar ist, erkenne, daß selbst in den Runzeln des Greises, in den Rissen des Brotes, in der fauligen Olive noch Schönheit ist. Alle diese Gedanken faßt ein viel zitierter epikureischer Satz zusammen: «Wer für den nächsten Tag am wenigsten sorgt, geht ihm am heitersten entgegen.»

Für das *Christentum* ist wichtig, daß sich die Ruhesehnsucht des Hellenismus mit einer alten orientalischen Gefühlseigentümlichkeit verbinden kann. Die Grußformel «Schalom» ist fast das einzige hebräische Wort, das wir im römischen Sprachbereich finden. Im Alten Testament wird Friede als Gottesgeschenk gewertet und gewünscht. «... und gebe dir Frieden» heißt die älteste israelitische Segensformel, ein späterer Kommentator bemerkt dazu: «Groß ist der Friede, denn Gott hat nichts Schöneres geschaffen, um es den Gerechten zu schenken, als den Frieden.» Weithin ist damit der äußere, politische Friede gemeint, meist aber etwas, das der griechischen Seelenruhe entspricht. Daß Gott selbst ruht, hat die Priesterspekulation des Alten Testamentes schon behauptet, bei Philon wird unter griechischem Einfluß daraus die Unveränderlichkeit Gottes. Umgekehrt wird mit starker Gefühlsbetonung Ruhelosigkeit die schwerste göttliche Strafe genannt, sie macht den Menschen dem vernunftlosen Tier gleich. Mit der Hellenisierung des Judentums verstärkt sich diese Auffassung eher noch, die LXX deutet griechische Seelenruhe in ganz anders lautende alttestamentliche Stellen hinein.

Alle diese Gefühle der Ruhe, des Ruheverlangens, der Sehnsucht nach äußerer und innerer Ruhe werden vom Christentum sofort aufgenommen. Eins der am meisten zitierten Jesusworte, das wir nur griechisch interpretieren dürfen, da es uns nur griechisch vorliegt und zum mindesten bei den Hörern und Lesern hellenistisch empfunden worden ist, enthält sie besonders eindringlich:

Kommt zu mir,
All ihr Schwerarbeiter und Lastträger,
Ich will euch Ruhe geben.
Nehmt mein Joch auf euch
Und lernt von mir,
Denn sanftmütig bin ich
Und demütig im Herzen,
Dann werdet ihr Ruhe finden
Für eure Seelen.
Denn mein Joch ist tragbar
Und meine Last ist leicht.

In der Folgezeit sind vor allem in der Großstadt Alexandreia diese Gefühle mit dem Christentum aufs engste verbunden. In ihrem ältesten christlichen Zeugnis wird die Ruhe geradezu *das* christliche Heilsgut, das man mit Hilfe alexandrinischer Exegese im Alten Testament verheißen findet: «Es ist noch eine Ruhe vorhanden dem Volke Gottes.» Der Christ gewinnt sie: «Wir, die gläubig Gewordenen, kommen nämlich zur Ruhe.» Der Ungläubige aber ist ruhelos. Gott jedoch ist selbst in Ruhe, und «wer in seine Ruhe eingegangen ist, der ist damit auch selbst zur Ruhe von seinen Werken gelangt, ebenso wie Gott von den seinen ruht». Bei Clemens von Alexandreia finden wir die gleiche Besonderheit alexandrinischer christlicher Frömmigkeit. Über der durch die Siebenzahl symbolisierten zeitlichen Ruhe, die noch mit der Unruhe zu kämpfen hat, steht die durch die Achtzahl symbolisierte himmlische, in der höchste Ruhe und höchste Bewegung eins sind. Diese letzte Ruhe ist der selige Zustand des christlichen Mysten und Gnostikers, der in Christus erreicht wird. Der Mensch, der sie erfährt, ist wirklich erlöst und besitzt alles; die zur Ruhe gekommene gereinigte Seele hat kein anderes Sehnen mehr. Die Erlösung aller, die am Ende des Weltprozesses steht, ist zugleich das Ende aller Bewegung und Unruhe. Im Diesseits braucht man zwar viel Mühe, Disziplin und Geduld, um sie zu erreichen, aber in ihr ist auch alle Frömmigkeit vollendet und vollkommen. Clemens weiß sich dabei bewußt von Platon abhängig.

Auch *Origenes* wird von diesen Gefühlen getragen. Wer sich von der göttlichen Weisheit in die Ruhe des Schweigens führen läßt und dem Geist in sich einen Ruheplatz gewährt, der kommt zur wahren Ruhe. Je unruhiger die äußere Situation der Welt wird, um so häufiger hört man von dieser Ruhe in *allen* Gegenden, in die die Kirche vorgedrungen ist. Dabei konzentrieren sich diese Gefühlswelten auf Christus. «Lebendiges Wasser, Ruhe, die uns von der Ruhe herkommt», «Du bist meine Ruhe» heißen die liturgischen Formeln. Ein apokryphes Evangelium erzählt, wie in der Nacht der Geburt Christi für einen Augenblick alles schweigt und ruht, selbst die Wasser aufhören zu fließen, Menschen und Tiere in jeder Bewegung innehalten. Einige neutestamentliche Szenen werden in der Literatur und in der bildenden christlichen Kunst zum beliebten Ausdruck dieser Gefühle, etwa der am Brunnen ruhende Jesus des Johannesevangeliums oder der die Unruhe der Martha abwehrende bei Lukas.

Wieder ist hier Äußerliches und Innerliches nicht immer zu trennen. Der Christ ruht nicht bloß in Gott, sondern er will auch Ruhe in der Welt haben. Noch im ersten Jahrhundert wird in christlichen Kreisen das *ruhige Leben* zum Idealzustand: «Ich ermahne nun zuerst, daß ihr Bitten, Gebete, Fürbitten und Dank für alle Menschen sagt, für die Kaiser und alle Staatsbeamten, damit wir ein stilles und ruhiges Leben in aller Frömmigkeit und Lauterkeit führen können, denn das ist schön und angenehm vor dem Erlöser, unserem Gott.» Hier interessiert nicht die weltgeschichtliche und weltpolitische Bedeutung dieser Stelle, sondern die *Gefühlsskala,* deren das Frühchristentum fähig war – von höchster ekstatischer Erregung bis zu biedermeierlicher Ruhe. Schon Paulus hatte die Pax Romana als eine besondere göttliche Gabe erlebt und gefühlt, im ersten Jahrhundert ist die Bitte um Weltfrieden in christliche Gebete, im 2. Jahrhundert in die ältesten Liturgien aufgenommen worden, in konstantinischer Zeit wurde vom christlichen Kaiser Erhaltung des Weltfriedens gefordert.

Vor allem fordert das Christentum die Ruhe des *einzelnen Gläubigen* – und schenkt sie. Das beginnt schon beim Schlaf. Es gibt frühchristliche Lobpreisungen des Schlafes als eines der kostbarsten Geschenke Gottes, für die der Mensch nicht genug danken kann, die jeder griechischen Hochschätzung des Schlafes gleichkommen. In erster Linie geht es aber um das Erlebnis der Seelenruhe. Es kann als ruhige Kontemplation empfohlen werden, der sich die ganze Schöpfung in Leidenschaftslosigkeit bei der Betrachtung Christi hingeben soll oder als die ruhige, «sanfte Stille, an der der Fürst dieser Welt scheitert». Es kann aber auch als Endergebnis einer langen, mühseligen Unruhe und eines mühevollen Strebens erreicht werden: «Nicht ruhen wird, wer sucht, bis er findet, wer aber gefunden hat, wird staunen, wer aber gestaunt hat, wird herrschen, wer aber herrscht, wird Ruhe finden.» Vor allem ging die im 2. Jahrhundert beginnende Entwicklung der Liturgie gefühlsmäßig darauf aus, dem Gläubigen mehr und mehr Möglichkeiten innerer Ruhe im Erlebnis liturgischer Schönheit zu verschaffen, nicht nur im griechischen Osten. Auch das beginnende mönchische Leben wurde von diesen seelischen Kräften getragen. Sicher liegt bei dem allen oft auch antike Kulturmüdigkeit, Übersättigung, Gefühl der Weltmüdigkeit vor, aber das braucht nicht der Fall zu sein, oft spürt man einfach die Seligkeit echter Gefühle, die noch gar keine Beziehung zu äußeren Geschehnissen oder Dingen haben, sondern den Urgrund der Seele selbst bilden. Oft sind diese Gefühle auch nur die einer Kampfpause, vor allem in den Verfolgungszeiten. Das war eine der emotionalen Verheißungen, die das Christentum auch dem vom Leben am stärksten Bedrängten geben konnte: in der Betrachtung des Kreuzes Christi überströmte ihn eine himmlische Ruhe, ganz gleich, wie das Leben sonst sein mochte. Eine Kreuzaufschrift aus dem frühen 4. Jahrhundert bringt das zum Ausdruck:

Seliges Kreuz, dich ersehn' ich, denn du bist Ruhe in Kämpfen.

Augustins klassisches Wort: «Unruhig ist unser Herz, bis es in dir Ruhe findet» und zahlreiche verwandte Stellen zeigen, wie durch das gesamte Frühchristentum die gleiche seelische Haltung erhalten blieb.

Überraschend ist es, daß das Christentum auch das Ruhegefühl beim *Tod* und die Überzeugtheit von der Ruhe des Todes kennt und bejaht. Für eine Religion, für die der Tod der letzte, furchtbarste Feind, das Leben und die Auferstehung das höchste Ziel waren, hätte, wenn Religionen etwas Logisches wären, die Todesruhe eigentlich kein Wert sein dürfen. Und doch war das Christentum von Anfang an so stark in der gesamten hellenistischen Gefühlswelt verankert, daß es auch zu diesen Gefühlsgehalten nicht nur Zugang hatte, sondern sie eher noch überbot. Auf welche Weise gedanklich Todesruhe und Auferstehung zu verbinden waren, blieb den Theologen überlassen. Der christliche Fromme sehnt sich nicht nur nach Leben und Auferstehung, sondern auch nach einem Ausruhen nach diesem bewegten Leben. Für Paulus gab es diese Todesruhe und den Todesschlaf noch nicht als Wert. Tod bedeutete für ihn Eingang in das Leben Christi, «mit Christus sein». Aber die synoptischen Evangelien enthalten schon das bekannte griechische Wort: «Sie ist nicht gestorben, sondern schläft nur.» Bei Johannes vollends ist die griechische Auffassung vom Todesschlaf da: «Lazarus, unser Freund, schläft», und die Toten «werden ausruhen von ihren Mühen». Wir werden erst später sehen, in welche gedanklichen Schwierigkeiten das führen konnte. Hier kommt es wieder nur auf die emotionale Bedeutsamkeit an. Der Christ konnte den Tod als den ärgsten Feind empfinden, aber auch als selige Ruhe. Er konnte sich nach Auferstehung sehnen, aber auch nach Todesruhe. Gerade weil beides möglich war, war die neue Religion so reich. Den Lebenshungrigen verhieß sie Auferstehung, den Ruhesehnsüchtigen Todesruhe. In Christus sah man beides: er hatte im Grab geruht, und er war auferstanden.

Gedanklich konnte man diesen Gefühlsgegensatz am einfachsten dadurch überbrücken, daß man die persisch-jüdische Lehre vom *Zwischenzustand* übernahm und beides addierte. Das war schon im hellenistischen Judentum geschehen, das sogar mehrere solcher Zwischenzustände aneinandergefügt hatte, im Christentum dagegen blieb es meist – nicht immer – bei den beiden: erst kommt für den Gläubigen die Zeit der Todesruhe und des stillen Schlafes, dann, bei der Wiederkunft Christi, die Auferstehung. Wie verbreitet diese Auffassung war, beweisen die christlichen Grabinschriften der ersten Jahrhunderte, und zwar die aus allen Schichten. Sie enthalten oft eine Anspielung auf die Todesruhe und verbreiten ebenso wie die Darstellungen Ruhender auf Sarkophagen vor allem diese Gefühle: «Den süßesten Eltern als Ruhestätte bis zur Auferstehung», «Gedenke der Ruhe und des Schlummers deiner Dienerin», «Unsere zur Ruhe gekommenen Brüder», «Hier liege ich, zur Ruhe gekommen» oder einfach «Ruhend im Herrn», «Hier ruht in Frieden» und bei den Kopten «Zur Ruhe ging ein der Selige». Dabei legen die Lateiner meist den Ton darauf, daß der *Leib* bis zur Auferstehung im Grabe ruht; die Formel: «Mögen deine Gebeine gut ruhen» findet sich nur im lateinischen Sprachbereich. Die Griechen aber halten am Fortleben der Seele fest, der Leib ist ihnen gleichgültig: «Herr, laß die Seele des ... zur Ruhe kommen.» Das bleibt auch im kultischen Raum, die ägyptochristlichen Liturgien beten nur um Ruhe für die verstorbenen *Seelen*. Schließlich kann auch die Sehnsucht nach ewiger Ruhe völlig an die Stelle jedes Auferstehungsglaubens treten; auf den Grabinschriften erscheint das in der alle Auferstehung ausschließenden Form: «Er ruht in nie endendem Frieden.»

Noch eine *dritte große Gefühlsgegensätzlichkeit* der Umwelt ist für die seelische Formung des Christentums entscheidend gewesen: die von Gefühlen der Freiheit und solchen der Gebundenheit oder der Geborgenheit. Wieder geht das auf zwei alte griechische Gefühlshaltungen zurück, die vom Christentum aufgegriffen und in eigenartiger Weise neu belebt und gestaltet wurden.

Zu allen Zeiten hat der Grieche beobachtet, daß ihn gerade das *Freiheitsgefühl* von allen Völkern des Ostens grundlegend schied.

Mit unsäglichem Spott verachtet er den Perser, der sich vor dem Satrapen zu Boden wirft, schüttelt er den Kopf über das Sklavendasein des Ägypters, haßt er Freiheitsbeschränkung in jeder Form. Nirgends ist Freiheit ein solcher *Gefühls*inhalt gewesen wie im Hellenentum, sowohl in Verbindung mit dem immer erneuerten Verlangen nach politischer Freiheit als auch mit Geistesfreiheit in jeder nur denkbaren Schattierung, bis zu den Formen völliger emotionaler Hemmungslosigkeit oder bis zur höchsten Disziplinierung im philosophisch-ethischen Denk- und Handlungsbereich. Die Beziehung zum Religiösen fehlt dabei selten; ein Beispiel ist etwa Hadrians Verhalten bei der letzten ‹Befreiung› Griechenlands. Neben sein eigenes Bild läßt der Kaiser das des Zeus Eleutherios stellen, denn die eigentliche Befreiung kommt von Gott.

In der unmittelbaren Umwelt des Frühchristentums hat man sich mit dem Verlust der *politischen* Freiheit weithin abgefunden, freilich nicht ganz. Auch sie war zu tief im Gefühl verankert. Bezeichnend ist wieder Plutarch. Er ist einsichtig genug zuzugestehen, daß unter der römischen Herrschaft jede Polis noch genug Freiheit habe, und doch wird seine Geschichtschreibung da subjektiv, wo er einen Befreier Griechenlands verteidigt, selbst Otho und Nero. Aber das unterscheidet doch im allgemeinen das hellenistische vom vorhellenistischen Freiheitsgefühl, daß es ihm mehr um die Freiheit von äußeren und inneren Hemmungen, von Begierden, Lasten, Leiden, Unzulänglichkeiten aller Art geht als um politische Freiheit, und schließlich vor allem um die metaphysische Freiheit von Schicksal, Tod, Naturgesetz und Sternenumlauf. Noch stärker wird es als sittliches Freiheitsgefühl erlebt, das allerdings nur dem ‹Weisen› zugänglich ist, ihn nur an sein eigenes Gewissen bindet und zum Herrn über alle Dinge macht.

Den hellenistischen Religionen und Philosophien gibt das Freiheitsgefühl ein besonderes Gepräge. Die Philosophie will Mittel zur Befreiung von Todesfurcht und anderen Hemmungen und Bindungen des Menschen sein. Der kynische Weise unterscheidet sich dadurch am meisten vom Toren und Ungebildeten, daß er diese Freiheit besitzt, die mehr wert ist als alles Wissen. Im Bereich der Religionen ist vor allem Dionysos der Befreier, und neben ihm Isis. Beide lösen die Bande der Gefangenen und die Fesseln des Schicksals und des Todes.

Hier kann nun die *christliche* Verkündigung sofort mit der paulinischen und johanneischen Freiheitspredigt einsetzen. Die ursprüngliche, schöpfungsgegebene Freiheit des Menschen und seine Wiederbefreiung durch Christus werden zum Lieblingsthema der griechischen Patristik. Alle griechischen Apologeten sind überzeugt davon, daß der Mensch frei geschaffen ist, daß er sich frei zum Guten oder Bösen entscheiden und bei rechter Entscheidung wieder gottgleich werden kann: «Alle Menschen sind für würdig geachtet, gottgleich zu werden und die Vollmacht zu besitzen, Söhne des Höchsten zu werden.» Dafür führen sie Platon als Zeugen an und bekämpfen die stoische Schicksalslehre als halb und unkonsequent, indem sie richtig die stoische Diskrepanz zwischen ethischer Freiheit und metaphysischem Determinismus erkennen. Die Leidenschaftlichkeit, mit der sie jeden Fatalismus ablehnen, unterscheidet sich wohltuend von den oft so trockenen und nüchternen Partien dieses Schrifttums. Dabei gehen sie viel weiter als das Neue Testament, denn das griechische Freiheitsgefühl hat das Gefühl der Sündigkeit verdrängt oder abgeschwächt. Es liegt nur an dem völlig freien Menschen, ob er sich gegen oder für Gott entscheidet. Schriftstellen, die von einem prädestinierenden Handeln Gottes reden, werden umgedeutet als das Vorherwissen Gottes um menschliche freie Entscheidungen. Seit Irenaios wird dem Determinismus der Gnosis dieser kirchliche Preis des freien Willens gegenübergestellt, durch den der Mensch gottähnlich bleibt. Gott will keinen Zwang und gestattet dem Menschen, aus dieser Freiheit heraus sein ewiges Schicksal selbst zu bestimmen. Obwohl er vorher weiß, daß der Mensch einen schlechten Gebrauch von der Freiheit machen wird, hindert er ihn nicht, sondern gibt ihm – echt griechisch – durch das Gesetz die Möglichkeit, sich die Freiheit zu erhalten, denn nur dies ist der Sinn des Gesetzes. Noch tiefer ist das bei den Alexandrinern empfunden. Der freie Wille ist sowohl Grund des menschlichen Falles als auch der menschlichen Erlösung. Gott hätte das Böse hindern können, er tut es aber nicht aus Achtung vor der menschlichen Freiheit, in der der Adel des Menschen besteht. Clemens wie Origenes gehen dabei wieder auf das Herrengleichnis zurück: der Vater hindert auch den verlorenen Sohn in keiner Weise in seiner freien Entscheidung. Origenes ist die *Freiheit wichtiger* als die *Erlösung*. Weil der freie Wille ewig bleibt, kann die Welt immer wieder von Gott abfallen, auch jede der künftigen Welten.

Mit diesem Freiheitserleben ringt nun in der ganzen griechischen Welt sehr schwer das oft unendlich drückende Gefühl der *Gebundenheit*. Alle Formen des griechischen Schicksalsglaubens entspringen ihm: der Glaube an den unentrinnbaren Fluch der Götter, der ganze Familien und Geschlechter vernichtet, oder an Tyche und Heimarmene, an das unlösbare Verhaftetsein an Sternenumlauf und Weltelemente, oder die Überzeugung, von Dämonen aller Art umgeben zu sein. Der Konflikt zwischen diesen beiden Gefühlskontrasten wird von den Mysterienreligionen und der Philosophie zu mildern oder zu lösen gesucht, am besten ist das erst dem Christentum geglückt. Sie fanden nämlich eine psychologische Umformungsmöglichkeit, indem sie aus dem Gefühl der Gebundenheit ein Gefühl der *Geborgenheit* werden ließen. Dies stand nicht mehr im Gegensatz zum Freiheitsgefühl, sondern ermöglichte eine Vereinigung beider.

Allerdings war die hellenistische Welt schon längst auf solche Geborgenheitsgefühle hin angelegt. In der griechischen Immanenzreligion war es von selbst gegeben, daß man sich in seinen Göttern auch geborgen fühlte. Maßgebend für das hellenistische Empfinden wurde, daß Platon den Weg gewiesen hatte, wie der freie Mensch doch in der *Gottheit* geborgen sein könne. Von ihm lernte man, daß der Mensch frei wählen kann und doch weiß, daß die Götter in allen Einzelheiten für ihn sorgen. In einem Satz, der paulinischen Formulierungen wohl als Quelle gedient hat, zählt er auf, daß dem Gerechten alles zum besten dienen muß: «Gestehen wir dem, den Gott liebt, nicht zu, daß, was von Göttern geschieht, alles zum allerbesten geschieht, soweit es nur möglich ist, außer wenn ihm wegen einer früheren Sünde etwas Schlimmes zustößt? In der Tat. Daher muß man über einen Gerechten so urteilen: Wenn er in Armut gerät oder in Krankheiten oder in irgendein anderes vermeintliches Übel, so geht ihm das irgendwie zum Guten aus im Leben oder im Tod. Denn keiner wird von den Göttern je verlassen, der danach strebt, gerecht zu werden und darum sich müht, Gott soweit ähnlich zu werden, wieweit es einem Menschen nur irgend möglich ist.» Der praktische Schluß daraus bindet zugleich noch fester und macht doch erst ganz frei: der Mensch soll an nichts im Leben hängen, und es doch ernst nehmen, weil er Leben und Sterben den *Göttern* überlassen hat. Diese Geborgenheit ist wärmer und echter gefühlt, weil sie religiös ist, als der stoische Vorsehungsgedanke, der demgegenüber mechanisch und kalt wirkt.

Auch die Volksreligion der Zeit weiß um die Geborgenheit und fühlt sie in ihrer ganzen Wärme. Die zahllosen Weihungen an die göttlichen ‹Wohltäter› und ‹Erlöser›, an das ‹Gute Geschick› und den ‹Guten Dämon›, an die ‹Menschenfreundlichen Götter› oder die ‹Erhörenden Götter› legen davon Zeugnis ab. Alle Komik und Verschrobenheit des Rhetors Aristeides, eines der gebildetsten Männer seiner Zeit, darf nicht darüber hinwegtäuschen, daß hinter den tollen Pferdekuren, die er im blinden Vertrauen auf das Geheiß seines Gottes unternimmt, das Wissen um eine unerschütterliche Geborgenheit steht, die in dem ‹menschenfreundlichsten›, ‹zum Erbarmen gewandten› Gott ihre Kraftquelle hat. Dieses Gefühl geborgenen Vertrauens beseitigt alle intellektuellen Hemmungen, es läßt den wahrhaft gläubigen Rhetor Dinge tun und glauben, die ein ‹vernünftiger› Mensch kaum tun würde und die unglaubliche körperliche Anstrengungen und Entsagungen verlangen. In der Sarapisfrömmigkeit ist dieses Geborgensein oft zu finden. Der schlichte Marinesoldat Apion dankt mit Ausdrücken unbeholfensten, aber kindlichen Vertrauens dem Herrn Sarapis für die Errettung aus Seenot. Gerade aus einem solchen Mund wirkt das so überzeugend und echt. Das Christentum stieß hier auf eine Erlebnisschicht, die ihm sofort Eingang verschaffen mußte. *Die Menschen dieser Zeit konnten glauben,* das war die Grundvoraussetzung für jede Religion, und dieser Glaube hat in seiner Kindlichkeit immer wieder etwas Ergreifendes: Geduldig warten in den Sarapisheiligtümern die Menschen Jahre, sogar Jahrzehnte lang, bis der Gott sie völlig annimmt und beruft, immer seiner Vorsehung bewußt, immer geduldig, daß die rechte Stunde doch kommen wird. Hier liegt für die Geistesgeschichte des Christentums ein nie zu übersehender Faktor. Das Entscheidende war nicht, daß das Christentum Religions*formen* vorfand, an die es anknüpfen oder von denen es entlehnen konnte – obwohl man das zunächst natürlich am klarsten sieht – sondern daß *seelische Haltungen* vorhanden waren, die seiner seelischen Haltung ganz nahe verwandt waren und in jeder Weise entgegenkamen. Das Wichtigste war dabei, daß der Glaube oft stärker war als der Gott. Denn wenn der Gott enttäuschte, konnte der Glaube an eine göttliche Vorsehung und eine Geborgenheit in Gott bleiben, sich aber einem neuen Gott zuwenden. So hat sich mancher von Sarapis oder einem anderen Gott abgewandt und dem neuen Gott Christus zugewandt, aber es blieb dieselbe Gefühls- und Glaubensgrundlage. Das Besondere ist nur, daß sie im Christentum stärker ihre Erfüllung fand als in den hellenistischen Religionen – aus verschiedenen hier noch zu untersuchenden Gründen.

Denn wir besitzen gerade aus dem Sarapiskreis das erschütterndste Beispiel für den *Zusammenbruch* eines religiösen Geborgenheitsgefühls. Der Bruder des fromm sarapisgläubigen Soldatensohnes Ptolemaios, Apollonios, der selbst in kindlicher Zuversicht auf den Gott gelebt hatte, schreibt jenem: «Alles lügst du, und ebenso deine Götter. Denn die haben uns in einen großen Schlamm geworfen, und darin müssen wir sterben, und wenn du denkst, daß wir gerettet werden, dann werden wir gerade untergetaucht (eine Ironie auf die Sarapistaufe) . . . wir sind ganz hinabgestoßen, irregeführt von den Göttern und an Träume glaubend.» Ähnliche Zeugnisse begegnen in der hellenistischen Welt öfter. Sie sind unmittelbare Erlebnisse, volkstümlich und echt, und darum um so elementarer. Im Demetrios Poliorketeshymnus bricht das Geborgenheitsgefühl einer ganzen Stadt zusammen: «Denn die anderen Götter sind weit fort oder sie haben keine Ohren oder existieren nicht oder kümmern sich nicht um uns.» Euripides, der wie kein anderer die Tiefen der griechischen Volksseele kannte, hat als erster solche tiefe Zusammenbrüche unverhüllt geschildert.

Wie mußte nun in einer solchen Welt seelisch das *Christentum* wirken, das einerseits das wankende Geborgenheitsgefühl zu den alten Göttern noch bewußter zerbrach, andererseits aber selbst aus einem Geborgenheitsgefühl lebte, das verkündete: «Auch die Haare eures Kopfes sind alle gezählt.» Diese Haltung kann zu einer hausbackenen Lebensregel werden: «Macht keine großen Pläne, sondern sprecht: Wenn der Herr will, werden wir leben und das oder jenes tun.» Sie konnte sich aber auch bis zum sieghaften Gewißwerden letzter Geborgenheit vertiefen:

> Wenn alles wankt, ich stehe fest,
> Wenn alles Sichtbare vergeht, ich komme nicht um,
> Denn der Herr ist mit mir und ich mit ihm.

Sie kann bis zum Weichen, Gefühlsdunklen führen, zu stimmungsbeherrschten Betrachtungen über den Gott, der «alle Leiden seines Sohnes ansah und die Welt doch nicht zerschlug», sondern um sie «weint» und sogar dann «weinen wird, wenn die Welt zu Ende geht». Sie kann aber auch zum willensbestimmten Sprung werden, der im Vertrauen auf diese Geborgenheit hin alles wagt. Mit Hilfe stoischer und platonischer Gedanken kann es gedanklich zu großen Vorsehungssystemen kommen, bei den Apologeten zuerst, dann bei Irenaios, wo dieser Vorsehungsoptimismus wirksame Waffe gegen den gnostischen Pessimismus wird. Bei den Alexandrinern wird dann die Vorsehung Gottes zu der großen Erziehungsmacht, die den Menschen schrittweise zum *göttlichen* Menschen erzieht. Die Lateiner haben das nie ganz verstanden und durch den Erwählungsgedanken die Gefühlsbeweglichkeit der Griechen verflacht. Der *Griechenchrist* weiß sich in der göttlichen *Liebe* geborgen, der *lateinische* von der göttlichen *Prädestination* gehalten. Wo der Griechenchrist von dem Geheimnis göttlicher Erwählung spricht, ist diese stets eine von Gott zuvor gewußte Antwort auf eine freie menschliche Entscheidung.

2. *Mystik und Enthusiasmos*

Diese drei großen und viele kleinere Spannungen der Gefühle werden nun auch in der Geistesgeschichte des Frühchristentums gesteigert zu zwei totaleren Erlebnisformen: zu dem Erlebnis einer Vereinigung mit der Gottheit, die man *Mystik* nennen kann, und zu dem

Erlebnis der Aufhebung des eigenen Ich in einem Zustand, der von ekstatischer Innerlichkeit bis zur wilden Raserei alle Stadien durchlaufen kann. Dies mag man *Enthusiasmos* oder *Ekstase* nennen.

Je weitere Kreise das Christentum erfaßt, um so mehr treten die ekstatischen Züge selbstverständlich zurück. Ekstatische Massenbewegungen sind nie von langer Dauer. Aber in der griechischen Welt erschien das junge Christentum *auch* als mystisch-ekstatische Religion. In der lateinischen lagen die Dinge anders. Während Nordafrika dafür aufnahmebereit war, blieb Rom zurückhaltender. Wie Hermas beweist, fehlen solche Züge auch da nicht ganz, aber die römische Scheu vor religiösen Heimlichkeiten, hinter denen man nach alter römischer Tradition gern Schlechtes vermutete, die Enttäuschung, die man mit vielen gerade in Rom auftauchenden falschen Enthusiasten und unechten Schwärmern erlebt hatte, dazu der nüchterne judenchristliche und römische Einfluß haben hier Erscheinungen wie in Nordafrika verhindert.

Der Mystik im Frühchristentum ist es zu danken, daß die apokalyptische Eschatologie der nahen Enderwartung überwunden wurde, an der das Christentum sonst zugrunde gegangen wäre, als das Ende der Welt ausblieb. Denn die Vereinigung mit Gott erfolgt auch für den Christen *schon hier.* In Ägypten teilt der Mensch im Jenseits das Schicksal des Osiris – das ist keine Mystik. Im hellenistischen Raum aber ändern sich die ägyptischen Vorstellungen einschneidend durch die Mystik: der Gläubige wird *hier* schon zum Gott, indem er das heilige Gewand des Osiris anzieht oder an anderen sakramentalen Akten teilnimmt. Denn eins eint alle mystische Frömmigkeit, daß nämlich in irgendeiner Phase, Gestaltung oder Zeit des Menschseins *hier* Gott und Mensch nicht mehr zu unterscheiden sind, sei es auch nur für eine gewisse Zeit oder einen gewissen Teilbereich. Der Mensch kann fühlen, daß er Staub und Asche ist, und doch gleichzeitig wissen, daß er Gottes Geist in sich trägt, und daher dieser Bereich in ihm wohl noch Mensch und doch zugleich Gott ist. Überall, wo mit dem Geist Ernst gemacht wird und dieser nicht bloß theologisch-spekulativ vorhanden ist, sondern in einer reichen Erlebnisfülle erfahren wird, ist schon Mystik. Denn hier ist – und gerade im neutestamentlichen Christentum trotz aller späteren und modernen Leugnung –, doch ein ‹Stück› Gott wirklich im Menschen. Philon ist trotz vieler mystisch klingender und anempfundener Wendungen kein Mystiker, weil der letzte Grund seiner religiösen Geborgenheit darin liegt, daß Gott «zu mir *gesagt* hat, ich solle mich nicht fürchten». Paulus aber ist Mystiker, weil er seine Furchtlosigkeit auf den Besitz des göttlichen Geistes gründet, der sogar in den Muskel seines Herzens eingegossen ist.

Einen mächtigen Aufschwung bekommt die christliche Mystik in dem Augenblick, als Justin (c. 100–165) die stoische Lehre vom *Logos spermatikos*, von dem über die ganze Welt ausgestreuten Samen des göttlichen Logos, übernimmt, ihn aber nicht stoisch als Gottmaterie, sondern platonisch als den alles durchdringenden und sich überall offenbarenden göttlichen Geist versteht, der in jedem irgendwie vorhanden ist. Die Anknüpfung an das Neue Testament war leicht, da ja Johannes bereits von dem göttlichen Sperma im Christen gesprochen hatte. Irenaios ist ihm gefolgt und hat in diesem Gottessperma das den Menschen eigentlich zu Gott Emportragende gesehen. Dieser Gedanke ist nie wieder ganz verlorengegangen und hat in fast allen christlichen Systemen eine Rolle gespielt. Bei den Lateinern wird er umgebildet zur Lehre von der anima naturaliter Christiana, die allerdings durch den Naturbegriff stoisch gefärbt ist. Die wesenhafte Einheit von Gott und Menschenseele ist ein *Naturzustand*, ein Herausfallen aus ihr ist nicht nur Sünde, sondern Naturwidrigkeit; die Natur stellt, wie bei den Stoikern, das eigentlich Göttliche dar. Die mystisch stoisierte Natur wird hier mystisch verchristlicht. Die Folge ist, daß man nur naturgemäß (κατὰ φύσιν) zu leben braucht, um christlich zu leben. So weit wäre das Neue Testament nie gegangen, weil es den Riß zwischen Gott und Natur stärker spürte, aber auch weil es vom Schöpfungsglauben her die Natur als bloßes *Werk* Gottes sehen gelernt hatte. Auf der anderen Seite haben christliche Gnostiker den göttlichen Geist, der in wahrer Erkenntnis mit Gott vereinigt, geradezu körperlich gespürt: «Wie die Schwingen der Taube über den Jungen sind . . . , so sind des Geistes Schwingen über meinem Herzen.» Im alten Bild der Himmelsreise trägt sie der Geist empor: «Ich ließ mich nieder auf den Geist des Herrn, der hob mich zur Höhe.» So führt er zur unverhüllten Erkenntnis Gottes selber, diese ist aber dann zugleich Erkenntnis des wahren, nämlich des geistigen Ich, das sich in dem erkannten Gott spiegelt:

> Siehe, unser Spiegel ist der Herr,
> So öffnet die Augen,
> Beschaut euch darin,
> Und erkennt, wie euer Antlitz aussieht.

An die Stelle der erkennenden Funktion kann auch die ganze *Seele* treten. Besonders dort, wo der Platonismus auf die christliche Mystik eingewirkt hat, wird die Vereinigung der Seele mit Gott gleichzeitig ihre Erlösung vom Körper. Die Spaltung Leib-Seele kann auf den Gottesbegriff einwirken: Gott ist nur für die vom Leid getrennte Seele Vater, für die an den Leib verhaftete aber Richter.

Häufiger ist die seit Paulus begegnende Auffassung, daß Gott oder Christus oder Gottes Geist im menschlichen Leib wohnt, so daß dieser Gottes Tempel wird. Dabei bleibt der Unterschied zu einer reinen Identitätsmystik gewahrt: in den Johannesakten begrüßen die Griechen den Johannes nicht als Gott, sondern nur: «Jetzt weiß ich, daß Gott in dir wohnt.» Selbst in der ekstatischen Mystik des ehemaligen Kybelepriesters und späteren christlichen Propheten *Montanus* und seiner ekstatischen Frauen (um 170) ist der Mensch nur das Instrument, dessen sich die Gottheit bedient, die Leier, an die das göttliche Plektron heranfliegt, auch sie setzen die Einwohnungsformel an die Stelle der Identitätsformel: «Ich, der Herr, der allmächtige Gott, wohne in einem Menschen.» Immerhin nimmt sich Montanus aus diesem Einwohnungserlebnis heraus das Recht zu sagen: «Ich bin der Vater und der Sohn und der Paraklet.» Man sieht, wie fließend die Übergänge sind und wie gefährlich es ist, willkürliche Grenzen zu ziehen.

Wenigstens an einer Stelle war die urchristliche Mystik schon über die bloße göttliche Einwohnung hinausgegangen, in der *Areopagrede*. «In ihm leben, weben und sind wir ... wir sind seines Geschlechts.» Das, was hier von einem Christen gesagt wird, ist die alte griechisch-mystische Linie, die etwa mit Heraklits: «Unsterblich sind die Sterblichen, sterblich die Unsterblichen» beginnt und über Pindars und anderer Überzeugung, daß der Menschen und Götter Geschlecht ein und dasselbe sei, bis in den Hellenismus hineinführt. Der Verfasser der Areopagrede selbst stützt sich auf die berühmten und beliebten Verse der Phainomena des Arat:

> Voll von Zeus sind die Straßen und Märkte, das Meer und die Häfen,
> Zeus' bedürfen wir alle, denn wir sind seines Geschlechtes.

Es ist klar, daß eine solche Mystik den breiten Schichten des Christentums verschlossen bleiben mußte. Den Einwohnungsgedanken konnten auch weitere Kreise aufnehmen, für diese Identitätsmystik waren nicht nur feinere religiöse Organe, sondern war vor allem eine größere Bildung notwendig. Darin lag gerade ihre Bedeutung: sie gewann dem Christentum jene gebildeten Schichten des Hellenismus, die sich der Mystik aufschlossen. So geht die christliche Entwicklung der des religiösen Platonismus annähernd parallel.

Ihren Höhepunkt erreicht diese Entwicklung bei dem christlichen Mystiker, der von allen griechenchristlichen Schriftstellern weitaus am meisten nachgewirkt hat – abgesehen von Origenes –, bei dem großen Unbekannten *Dionysios Areopagita* (um 500). Gewiß ist nicht viel Originelles an ihm. Seine Gefühle, Gedanken und Formulierungen hat er von Proklos, den er seitenweise ausschreibt, sein Christentum aus der Areopagrede und zum Teil aus Paulus. Seine Bedeutung aber liegt darin, daß es ihm gelang, die letzte große geistige Bewegung der Antike, den Neuplatonismus, ganz mit dem Christentum zu vereinen auf dem Hintergrund einer echten Erlebnistiefe. Das Einmalige dieser Mystik ist der Versuch eines konsequenten christlichen geistigen *Monismus*, der alle Gespaltenheit überwindend ein einheitliches Weltbild schaut. Gott, Welt, Mensch, Engel, Kirche, Liturgie bilden ein allumfassendes und unzerstörbares Ganzes, in dem nur das eine Teilglied näher, das andere ferner vom Zentrum ist. Das meint die Gliederung dieses Ganzen in ‹Hierarchien›, zwischen denen vollkommene Harmonie ohne scharfe Grenzen besteht. Alles ist aufeinander bezogen, Gott aber ist noch im letzten Teilganzen gegenwärtig. Daher hat auch das Kleinste göttliche Bedeutsamkeit, jede Farbe, jede Form, jede Regung, jedes Wesen.

Dem Menschen wird diese Ganzheit erlebbar und bewußt in der göttlichen Liturgie, vor allem, wie bei den Neuplatonikern, im Gebet. Sie besteht darin, daß auch im Einzelwesen jede Einzelheit bis hin zum Körperlichen eine Darstellung Gottes wird: das Auge ist die Aufnahmefähigkeit für Gott, der Geruch das Vermögen, die Süße Gottes zu spüren, das Gehör der Empfänger des göttlichen Wortes, der Geschmack das Bedürfnis nach geistiger Speise, das Tasten das Unterscheidungsvermögen für Göttliches, die Wimpern und Brauen sind das Bewahren göttlicher Geheimnisse, die Zähne das analytische Denken, die Arme die göttliche Schöpferkraft, das Herz ist das gottgleiche Fühlen, die Brust Gottes Unbesiegbarkeit, die Wirbelsäule die die Welt tragende Macht Gottes, die Füße sind die Sehnsucht nach Gott, die Nacktheit des Körpers ist das Erlöstsein. Bei Augustin haben diese neuplatonischen Formulierungen schließlich ihren kürzesten Ausdruck gefunden: «Ich würde überhaupt nicht sein, mein Gott, wenn du nicht in mir wärest.»

Von der Areopagrede und den vielen Allformeln bei Paulus her kommt es zu einer christlichen *Allmystik*, die im Osten platonischer, im Westen stoischer gefärbt ist. Hier hat sie auch stoische Formeln, wie: «Gott ist überall ausgestreut, um uns und in uns», im Osten ist sie aber immer dem System des Areopagiten ähnlich. Freilich ist dort eine letzte Scheu vorhanden, auch den Stoff ganz in diese Alleinheit Gottes mit einzugliedern. Man sucht sich zu helfen, indem man dem Stoff möglichst jede Realität abspricht, oder indem man bewußt das Problem des Stoffes ungelöst läßt.

Was aber wurde aus der eigentümlichen *christlichen* Mystik des Paulus und Johannes? Je allumfassender Christus wurde, um so mehr erweiterte sie sich bis zu pantheistischen Formen: «Hebe den Stein auf, und dort wirst du mich finden, spalte Holz, und ich bin dort», sagt ein außerkanonisches Jesuswort. Christus erfüllt das All: «Der du diesen Kranz durch dein Flechten geflochten hast, Jesus, der du diese Blumen in deines Angesichtes ewige Blume eingeflochten hast . . . , der du in allem bist, überall gegenwärtig, alles umfaßt und alles erfüllst.» Oder man wählt das neuplatonische Bild mystischen Durchdrungenseins vom Feuer: wer «Christus nahe» ist, ist «dem Feuer nahe», wird von ihm durchglüht, gereinigt und erwärmt.

Alle diese mystischen Formen sind im Christentum verbunden mit verfeinerten *Erlebnisschilderungen*. Da der Myste alles miterlebt, was der mit ihm verbundene Christus erlebt hat, erfährt er den ganzen Reichtum der Spannungen und Gegensätzlichkeiten mit ihm. Am schönsten hat das in dem großen Tanzhymnus der Thomasakten seinen Niederschlag gefunden:

Gerettet werden will ich und retten will ich,
Befreit werden will ich und befreien will ich,
Verwundet werden will ich und verwunden will ich,
Gezeugt werden will ich und zeugen will ich,
Verzehren will ich und verzehrt werden will ich,
Hören will ich und gehört werden will ich,
Gedacht werden will ich, der ich ganz Gedanke bin.

Schlichter hat Pseudomakarios (vor 400) die psychologische Christusmystik empfunden: «Wenn die Seele am Herrn hängt und der Herr von Erbarmen und Liebe bewegt zu ihr kommt und an ihr hängt, und der Geist ständig in der Gnade des Herrn bleibt, dann werden die Seele und der Herr ein Geist, ein Wesen, . . . er dient ihr in der Stadt des Leibes, sie aber dient ihm in der himmlischen Stadt.» Hier wird die christliche Linie voll gewahrt: die Einung mit Christus ist nichts Naturhaftes, sondern ein frohmachendes göttliches Geschenk.

Doch wird das Erlebnis mit Hilfe des *Mythos* anschaulicher. Im Gläubigen wiederholt er sich als Christusmythos. Die lateinischen Christen haben das nie ganz mitgemacht, bei ihnen heißt ‹zum Christus werden› meist nur ‹wie Christus werden›, bei den Griechen aber ist es in seiner mystischen Fülle erhalten, zuerst in der unter dem Namen Oden Salomons gehenden Hymnensammlung. Im Christen wiederholen sich die Taten Christi, die Besiegung des Teufels und der Dämonen, er fährt mit Christus in die Hölle und steigt mit ihm in den Himmel. Diese mythische Mystik wird auch noch im entstehenden Dogma benutzt. Sie ist *eine* Wurzel von Irenaios' Rekapitulationstheorie, nach der in Christus alle Menschen zusammengefaßt sind und das Sterben und Auferstehen mit ihm kosmisch, psychisch und metaphysisch vollziehen. Wie in Christus die ganze Menschheitsgeschichte sich noch einmal wiederholt, so wiederholt sich auch in jedem Gläubigen sein mythisches Schicksal.

Wo man Scheu vor der Christusmystik hat, weil Christus schon transzendent geworden ist, setzt eine eigentümliche *Engelmystik* ein. Bei Origenes erscheint sie noch ganz schlicht als ein von griechischen Daimonionvorstellungen herkommender Schutzengelglaube, bei dem Areopagiten jedoch als ein von neuplatonischen Dämonenlehren geformter, reich gegliederter Weg zum Aufstieg in die Engelsphäre oder Abstieg der Engel in die Menschenseele.

Wenn man nach einem alle Formen umfassenden charakteristischen Merkmal der gesamten frühchristlichen Mystik sucht, so ist es wieder in der Dominanz des *Liebesbegriffes* zu sehen. Liebe ist das einende mystische Prinzip. Nun gab es Liebesmystik längst im griechischen Raum. Rein ist sie bei Platon da, am deutlichsten im Phaidros. Wen der Eros erfaßt, der gehört zu Zeus; Eros und Anamnesis vereinigen wirklich mit Gott. Wieder braucht, wie bei Paulus, der Eros nur durch die christliche Agape ersetzt zu werden. An die Stelle der Liebe des Menschen tritt die sich mit ihm einende Liebe Gottes. Seit Irenaios ist diese schlechthin der Beweggrund aller göttlichen Mitteilung, und Gott hat den Menschen überhaupt nur geschaffen, um etwas zu haben, das er lieben kann. Von hier ist es nur ein Schritt, alle Formen griechischer *Brautmystik* bis hin zum Hieros Gamos in das Christentum aufzunehmen.

In drei Formen hat sich die *Brautmystik* im Frühchristentum entfaltet. Am griechischsten bleibt sie dort, wo Christus zum Eros, die Seele zur Psyche im Sinne des mythischen griechischen Märchens wird. Schon im zweiten Jahrhundert findet sich diese Übernahme. Stärker von orientalischer, zum mindesten aber alexandrinischer Sinnlichkeit bestimmt ist die Brautmystik der Thomasakten und verwandter Schriften. Da heißt es: «Seine (Christi) Gestalt wird dich nach Liebe zu ihm gierig machen, aber sie erlaubt dir auch nicht, ihm die Treue zu brechen», oder sogar:

> Sein (Christi) Leib ist bei mir, an ihm hänge ich, und er küßt mich,
> Denn ich könnte den Herrn nicht lieben, wenn er mich nicht liebte.
> Nur wer geliebt wird, kann die Liebe ermessen,
> Ich küsse den Geliebten und werde von ihm geliebt . . .

oder:

Das unsterbliche Leben umschlang und küßte mich ...

Ganz körperlich ist dieser Jubel der mystischen Liebe empfunden: «Wie der Wind durch die Harfe fährt, daß die Saiten singen, so fährt der Geist des Herrn durch meine Glieder, daß ich in seiner Liebe singe», «Es jubelt mein Geist in Liebe zu ihm und meine Seele leuchtet in ihm», und in dieser Liebe wird die letzte Einswerdung erlebt: «Weil ich den Sohn liebe, werde ich selbst Sohn sein». In kleinen christlichen Gruppen wurde das auch kultisch dargestellt, Irenaios berichtet, daß einige ein Brautgemach herrichteten und die Einweihung der Christen unter brautmystischen liturgischen Formeln vollzogen: «Diese Handlung nennen sie die heilige Hochzeit nach dem Vorbild der himmlischen Hochzeit.» Auch Vergröberungen blieben nicht aus. Ein frühes Beispiel sind die Visionen des römischen Weinhändlers Hermas (c. 140). Der gewiß biedere und harmlose ehemalige Sklave schaut nackte römische Matronen, Badeszenen, nächtliche Schlafzimmer mit Jungfrauen, Entkleidungsszenen. Es beweist die Unbefangenheit der frühchristlichen Überlieferung, daß sie solche Bücher nicht unterschlagen und vernichtet, sondern zeitweise sogar im Gottesdienst vorgelesen hat. Allerdings liegt doch zwischen dieser römischen Großstadtatmosphäre und der glühenden, innerlichen griechischen und östlichen Liebesmystik ein großer Abstand.

Endlich kann die Brautmystik auch zur *Gemeindemystik* ausgebaut werden. Christus ist der Bräutigam, die Gemeinde die Braut, das Kirchengebäude ihr gemeinsames Wohnhaus, die einzelnen Gläubigen ihre Kinder.

Der zweite Weg der mystischen Verbindung mit Gott bedient sich der Bilderkreise der *zweiten Geburt* oder abgemildert der göttlichen *Adoption*. Am schlichtesten ist es, wenn *der Gott den Menschen* in einer wunderbaren geistigen Geburt neu gebiert. Das hat man längst in Eleusis geglaubt und das kennt fast jede hellenistische Religion. «In Ewigkeit wiedergeboren» nennt sich der Attismyste, «wiedergeboren» der von Isis Erlöste; auch die große Mystenklasse der ἀπὸ καταζώσεως in den Dionysosgemeinden dürfte die aus Gott Geborenen bezeichnen.

Im Christentum hat das zuerst das Johannesevangelium übernommen. Die erste Geburt führt zum βίος, die zweite, von oben her erfolgende, zur ζωή. Die ‹Gnosis› greift das auf und durchläuft alle Schattierungen vom Grobsinnlichen bis zum Vergeistigten: «Ich (Christus) habe ihnen die Glieder geformt und meine eigenen Brüste dargeboten, meine heilige Milch zu trinken gegeben, und daher haben sie Leben bekommen», doch auch: «Denn seine (Gottes) Fülle hat mich gezeugt und der Gedanke seines Herzens.» Auch die Kirche verschloß sich diesen Stimmungen nicht. Der kleine anapästische Hymnus in Clemens' Paidagogos hat sie bei aller Spiritualisierung erhalten:

Jesu Christ,
Himmlische Milch,
Die den süßen Brüsten
Der Braut,
Der Gnade
Deiner Weisheit
Entquillt.
Als Säuglinge nun
Mit kindlichem Mund
Trinken wir jetzt
Aus des Logos Brust.

Im Kult ist die Taufe seit dem Johannesevangelium als Geburtsakt gedeutet worden, die Verbreitung der Kindertaufe seit dem 2. Jahrhundert hat diese Auffassung verstärkt. Wieweit man den Vorgang spiritualisierte, wieweit man ihn realistischer erlebte, hing von dem einzelnen Christen ab.

Es kann aber auch im mystischen Erlebnis *der Mensch den Gott* gebären. Am realistischsten ist das bei Dionysos vorhanden. Nach dem Zeugnis des Euripides säugen die Bakchantinnen an ihren Brüsten junge, dem Gotte heilige Tiere, sie werden gleichsam zu Gottesmüttern. Die paulinischen Bilder vom Christus im Menschen werden zu dem schließlich ganz entleerten Bild von der ständigen Geburt des Logos im Menschen. Diese Christusgeburt in der Seele kann bei mystischen Christen die Fleischwerdung des Logos völlig verdrängen.

Das Erlebnis der *Adoption* durch den Gott ist nur noch in sehr beschränktem Maße Mystik, weil es vorwiegend juristisch abgeleitet ist. Da es eine stärkere Jenseitigkeit Gottes voraussetzt, ist es in der griechischen und griechenchristlichen Welt selten, dagegen häufig in der lateinischen Patristik, wo es mystische Formeln der Griechen ersetzt.

Neben der Gottesgeburtmystik steht als zweiter großer Kreis die *Verwandlungsmystik*, in der der Mensch erlebt, allmählich oder plötzlich vom irdischen in ein göttliches Wesen verwandelt zu werden. «Ich erhielt die Gestalt und das Antlitz eines neuen Wesens, ich ging darin auf und wurde erlöst; ... alle, die mich sahen, staunten, ich erschien ihnen als ein Fremder.» In der Form der *Gewandmystik* wird das anschaulich gemacht. Sie kann sakramental-magisch werden. Wie der in Eleusis Geweihte über seine Nacktheit ein göttliches Gewand anzieht, und wie der Isismyste in dem Gottesgewand, das er außer in der Weihe nur noch im Tode trägt, angebetet wird, haben die christlichen Liturgien gewandmystische Riten aufgenommen oder wenigstens im Bild der Gewandmystik gesprochen. ‹Gewand des Heils› oder ‹Kleid der Unsterblichkeit› heißt das priesterliche Gewand, das dem Priester höhere Qualitäten verleiht und in einem komplizierten Ritual angelegt wird. Ähnlich wie etwa dem Usurpator Celsus das Himmelsgewand der karthagischen Himmelskönigin bei seiner Thronerhebung angelegt wird, bildet sich in der christlichen Kirche allmählich eine Investitur des Bischofs aus, der gewandmystische Züge nicht fehlen.

Wichtiger ist die *Taufmystik* für das Christentum geworden. Sie verdrängt schon sehr früh die orientalische Zeremonie der Reinigungs- und Bußtaufe und wandelt sie in die hellenistische Form der Vergottungstaufe. Wieder führen die Wurzeln nach Eleusis. Durch eine Feuertaufe macht im eleusinischen Kultlogos die Göttin den jungen Demophon unsterblich, mit einer Feuertaufe überwindet Christus die Wassertaufe des Johannes. Aus der realistisch-magischen Bluttaufe des Attis wird das Mittel mystischer Neugeburt, in die Bluttaufe des Christus ‹hineingetaucht› gewinnt der Christ das ewige Leben. In der Hermetik ist die Taufe der Mischkrug des Geistes, in dem sich Geist und Menschliches vermischen, in der christlichen Taufe führt das zum Glauben an die Verwandlung des Taufwassers durch den Geist. Die Taufe ist mystisch verstanden der Ort der Neugeburt, das ausgegossene Licht, in dessen Mitte der neue Mensch entsteht. Sie bedeutet die Übertragung der Jungfrauengeburt Christi auf den einzelnen, das hat schon die frühe christliche bildende Kunst darzustellen gesucht.

Auch das christliche *Kultmahl* wird mystisch verstanden. Hier empfängt der Myste die Speise, die unvermindert in ihm bleibt, ihn erneuert und ihm ungeahnte Kräfte verleiht. Das beginnt bei Ignatios. Im Osten bleibt es geistmystisch, im Westen wird es unter stoischem Einfluß stoffmystisch: «Wir trinken das Christusblut, das sich mit unserem Blut vereinigt.» Ob das eine oder das andere zum Sieg kommt, hängt einfach davon ab, ob die Christen spiritualistisch oder materialistisch denken.

Mit der Verwandlungsmystik verbindet sich meist eine *Erweiterung der Gemeindemystik*. Die reale Gegenwart des Göttlichen in der Gemeinde bewirkt nicht nur eine Verwandlung des einzelnen, sondern auch des gesamten Gemeindeorganismus. Die Gemeinde wird zur göttlichen Sphäre. Wieder ist Dionysos vorangegangen; in seinen Thiasoi ist der Gott real gegenwärtig, und durch Teilnahme an ihnen wird der Dionysosgläubige vom Gott in Besitz genommen. Über Johannes sind diese Vorstellungen zu Ignatios gekommen, der in der Gemeinde eine gegliederte göttliche Einheit sieht, deren Stufen Gott-Christus-Gesamtgemeinde-Bischof-Einzelchrist nur noch Gliederungsformen eines mystischen Ganzen sind. Platonisch formuliert werden Kirche und Bischof Abbild des Urbildes Gottes. Von dieser mystischen Einheit kann sich auch Gott nicht freimachen, denn «nicht kann der Kopf ohne Glieder existieren, sondern Gott verspricht Einheit, die er selbst ist». Irenaios hat die Gedanken seiner Lehrer weiter geführt. Die Kirche ist die durch den Geist gebildete mystische Einheit, wer an ihr teilhat, hat an Gottes Ewigkeit teil, bildet in ihr den Herrn ab. Das ist alles noch rein geistig gemeint. Wo aber stoisch-dinglich gedacht wird, da tritt ein Gegenstand dazwischen, an den sich die mystische Gegenwart Christi oder Gottes bindet. Im Westen liegt das deshalb näher, weil die feste Verbindung der Göttergegenwart mit substanziellen Gegenständen längst römisch war. So wird besonders in Rom die Gegenwart Gottes an einen Ort gebunden, etwa an den Stuhl erst des Bischofs, später des Petrus oder an einen Altar.

Die tiefste Form religiöser Mystik ist aber erst die *Leidensmystik*, in der die Verwandlung durch Leiden oder Mitleiden geschieht. Paulus trug «die Wundmale des Herrn Jesu» an seinem «Leibe», aber erst seit Ignatios wird der Märtyrer schlechthin «Christusträger». «Ich sah euch wie angenagelt an das Christuskreuz», schreibt er den künftigen Märtyrern in Smyrna, aber «nahe dem Schwert heißt in der Nähe Gottes und inmitten der Tiere inmitten Gottes». Wer als Märtyrer mit dem Herrn leidet, verliert seine Sünde und erhält alle Vollmachten des Herrn, so daß er selbst Sünden vergeben kann und sich in nichts mehr von ihm unterscheidet. Ihm ist auch, wie schon dem sterbenden Stephanos, die letzte und völlige Schau Gottes geschenkt. Gott zieht selbst in seinen Körper ein, so daß er die Leiden des Martyriums nicht mehr spürt. Daher werden die Märtyrergeschichten der neutestamentlichen Leidensgeschichte angeglichen; im Martyrium Polykarps fehlt nicht einmal der Einzug auf dem Esel. Der Wert dieses Leidens überträgt sich vom Märtyrer auf den, der mystisch mit ihm vereint ist, auf seinen Verehrer, der dadurch auch von Sünde und Leid frei wird. Zur Begründung benutzt man dabei gern eine platonisierende Abbildtheorie: der Mensch wird Abbild des leidenden Gottes.

Schließlich hat auch das Christentum wie die hellenistische, philonische und neuplatonische Mystik eine mystische Technik entwickelt, die sich eng an ihre Vorbilder anlehnt. Schon Athanasios gibt bestimmte Anweisungen zur Vergottung (θεοποίησις), voll ausgebaut ist das bei Basileios, der die drei neuplatonischen Stufen benutzt. Von der untersten Stufe der Reinigung geht es über die der Erleuchtung bis zur letzten Einigung mit dem Geist. Wie bei den Neuplatonikern ist für die östlichen christlichen Mystiker die Aufgabe entscheidend, über die menschliche Natur hinauszugelangen. Die Wege sind verschieden, das Ziel ist das völlige Eindringen in den Geist und das Licht der Gottheit, wobei man allerdings sich meist mit Formeln begnügt wie «Christus wird dir aufleuchten». Der Westen ist noch zurückhaltender; auch Augustin, der in seinen mystischen Ausdrücken oft sehr weit geht, sieht doch als letzte Stufe nur die visio Dei oder das frui Deo oder die delectatio in Deo. Auch Ambrosius, obwohl er Bilder der dionysischen Rauschmystik verwendet, vermeidet die Identitätsformel:

> Und Christus sei uns Speise,
> Und unser Trank der Glaube,
> So laßt uns fröhlich trinken
> Nüchternen Rausch des Geistes.

Endlich steht diesen mystischen Erlebnissen auch das *Bekehrungserlebnis* nahe, das man sehr scharf vom Berufungserlebnis trennen muß.

Bekehrungen hat die griechische Welt seit der göttlichen Bekehrung Hesiods zum Dichter oft beschrieben und religiös gedeutet. In orphisch-dionysischen Kreisen hat man dabei am stärksten unterstrichen, daß der Mensch auch gegen seinen Willen und Verstand vom Gott ergriffen und umgeformt wird. Euripides' Bakchen haben bei aller Skepsis und Ablehnung dieser Erscheinung sie doch psychologisch glänzend beschrieben. Auch der hellenistische Sarapiskreis erklärt solche Bekehrungen für notwendig; es muß deutlich werden, daß die Gläubigen vom Gott erfaßt (ἀπειλημμένοι) sind. Alexander von Abonuteichos hält es für möglich, daß sein Gott Glykon sogar den Spötter Lukian durch ein solches Erlebnis umwandeln kann. Apuleius schildert mit feinster psychologischer Einfühlung, wie ein von Begierden und Mühsal aller Art geplagter Mensch über den Weg eines ekstatisch-visionären Bekehrungserlebnisses hin bis zur Vergottung bekehrt werden kann. Die Parallele des letzten Buches seiner Geschichte zu Augustins Bekehrungsgeschichte liegt auf der Hand: die glänzenden Gottesdienste und ihre Wirkung, die Ruheverheißung, der Einfluß der anziehenden Persönlichkeit eines väterlichen Priesters, das Zögern des Gläubigen, der endliche Durchbruch infolge eines außerordentlichen Erlebnisses, das ist alles so ähnlich, daß man an eine eigentümlich *afrikanische* Form denken könnte.

In der frühchristlichen Literatur setzen solche Schilderungen mit der Bekehrung des Paulus ein. Die meisten gehören allerdings in die Gattung philosophisch durchsetzter, intellektuell verfärbter Umwandlungserlebnisse. Das gilt sowohl für die selbstbiographischen Angaben Justins wie des Arnobius und des Marius Victorinus. Die bewußte Zustimmung zu dem Neuen nach bewußter Erkenntnis der Unzulänglichkeiten des Alten ist in allen diesen Fällen stärker als das emotional-ekstatische Moment. Doch gibt es Ausnahmen wie die durch die Hinrichtung des Bruders veranlaßte Bekehrung des Paulinus v. Nola zur Weltflucht (um 389), die des Ennodius v. Arles (um 500) vom höfischen Dichter zum Asketen und die berühmteste aller Zeiten, die Augustins. Zwar ist sie kein einmaliges Erlebnis, sondern ein langer Prozeß, außerdem ist ihre literarische Darstellung größtenteils unselbständig und beeinflußt von neuplatonischen und christlichen Erlebnisschilderungen aller Art, zwar ist manches an ihr gewiß nicht religiös, sondern ähnlich wie bei Apuleius und Tertullian eine spezifisch afrikanische Sublimierung erotischer Komplexe, aber wenigstens in der Gartenszene haben wir eine ekstatische Bekehrungsgeschichte. Der sich körperlich auswirkende Zusammenbruch des Rationalen, der so wichtig ist, daß Augustin zu Boden stürzt, die halluzinatorische Umdeutung des Kinderliedes, die die sonst übliche Bekehrungsvision ersetzt (Augustin ist wenig visuell) und eine daraus folgende magisch-orakelhafte Handlung, endlich die Lösung: «Gleichsam wie flutendes Licht strömte Sicherheit in mein Herz», sind ohne allen Zweifel echt und beobachtungstreu.

Solche *ekstatischen Erlebnisse* stehen im Frühchristentum nicht nur am Anfang des neuen Lebens, sondern können auch seinen religiösen Höhepunkt bilden. Es sind die wiederholt geschilderten Zustände, in denen der Mensch nur noch die selige Gewißheit empfindet, nichts mehr in oder um sich zu haben als Gott, die er in irgendeiner Form noch zum Ausdruck oder zur Darstellung zu bringen versucht, wobei er sich der Unzulänglichkeit dieser Versuche schmerzlich bewußt wird. In der griechischen Welt erreichen solche Ekstasen den Gipfel im dionysischen Kreis, allerdings nur solange echtes ekstatisches Gepacktsein mit elementarer Gewalt erfahren und nicht technisch hervorgerufen wurde. Ein dionysischer Festzug mußte schal und sogar lächerlich wirken, wenn ihm die echte Ekstase fehlte, und die zunehmende Verbürgerlichung der dionysischen Kirche hat mit der Ekstase auch den Gott selbst zerstört.

Wieder war es *Platon*, der für alle Zeiten der Ekstase ihr geistiges Recht verliehen hatte. Im ‹Ion› wird die dionysische und die korybantische Ekstase der des gotterfüllten Dichters gleichgesetzt und im ‹Phaidros› als göttlich der nur menschlichen Besonnenheit gegenübergestellt. Hier wird auch die höchste Form der Erinnerung zur Ekstase, zum Berauschtsein von Gott, was für die Interpretation des Begriffes Anamnesis in der paulinischen Abendmahlslehre nicht gleichgültig ist. Den stärksten Einfluß auf die christliche Mystik haben aber doch die Ekstasenschilderungen *Plotins* ausgeübt. Plotinsche Formulierungen und deren Gehalte kehren immer wieder: «Oft, wenn ich aus dem Leib zu mir selber erwache und aus der Fremdheit in mich selbst trete, schaue ich eine ganz wunderbare Schönheit – wer es geschaut hat, weiß, was ich sage, daß die Seele dann ein anderes Leben empfängt, wenn sie heraustritt und herausgetreten ist und ihn (Gott) schon besitzt, so daß sie in dieser Erfahrung erkennt: der Chorführer des wahren Lebens ist da und nichts anderes mehr nötig. ... so müssen wir denn eilen, hinauszukommen und unwillig zu werden über unser Gebundensein, damit wir ihn mit unserem ganzen Sein umfassen und keinen Teil mehr an uns haben, mit dem wir Gott nicht fassen.» Diesen Satz hat die christliche Mystik ebenso oft wiederholt wie die ihm folgende Klage darüber, daß das noch kein Dauerzustand ist: «Aber warum bleiben wir nicht dort? Weil wir uns noch nicht ganz gelöst haben.» Besonders leicht wurde die Rezeption, weil Plotin selbst schon diese Erfahrungen mit eschatologischen Hoffnungen verbunden hatte, die ihm aus den hellenistischen Religionen zuströmten: «Es wird aber eine Zeit sein, da wir beständig schauen werden ohne irgendeine Unruhe ...» Die psychologische Analyse dieser Vorgänge war dieselbe wie bei der von Paulus herkommenden christlichen Geistmystik: «Das Schauen jedoch und das Schauende ist nicht mehr (menschlich-rationaler) Gedanke, sondern größer als der Gedanke und vor dem Gedanken und über dem Gedanken», (der Schauende) «ist gleichsam ein anderer geworden und nicht mehr er selber und gehört sich dort selber nicht mehr. Auch nicht dem Schönen gehört er mehr an ..., auch über den Reigen der Tugenden ist er hinausgeschritten». Und am leichtesten wurde es den Christen, Formeln aufzunehmen wie die Plotinschen Sehnsuchtsformeln: «So laßt uns fliehen in die geliebte Heimat. Dort ist unser Vaterland, woher wir gekommen sind, und dort ist unser Vater.»

Alle Formen der griechischen Ekstase haben weit über die eigentlich griechische Welt hinaus ausgestrahlt. Hier kommen nur die Erscheinungen in Frage, die für das junge Christentum wichtig wurden. Da ist zunächst *Philon*. An ihm erkennt man, wie stark diese ekstatischen Kräfte waren. Denn das Judentum war eine unekstatische Religion, und Philon ist nie ein echter Ekstatiker geworden. Er klagt darüber, daß ihm nie eine echte Ekstase geschenkt worden sei. Aber er spürt, daß hier ein Herzstück der Religion liegt. So konnte er zum großen Vermittler werden: er hat die ekstatische Terminologie und ein gutes Stück der literarischen Hochwertung der Ekstase den alexandrinischen Neuplatonikern und Christen weitergereicht.

Dann ist da *Rom*. Auch die Römer sind zunächst nicht ekstatisch. Das offizielle Rom hat sich lange gegen Dionysos gewehrt und wiederholt über Dionysosanhänger die Todesstrafe verhängt. Aber auch hier hat sich das Griechische durchgesetzt, und bei *Vergil* ist schließlich die ganze Wucht griechischer Ekstase wie kaum irgendwo sonst verstanden. Er prägt den klassischen Ausdruck «gelidus tremor» für diese Vorgänge und schildert sie in ihrer elementarsten Form bei der Sibylle, die auf die Christen so großen Eindruck machte.

Im Christentum sind ekstatische Erscheinungen bereits bei dem synoptischen Jesus zumindest angedeutet. In den griechischen Gemeinden werden Ekstasen im griechischen Sinne immer häufiger, die schlichte Ekstasenschilderung von 2. Kor. 12, aber auch die Verhältnisse in Korinth lassen ihre Art erkennen. Dieses ekstatische Christentum ist lange Vorkämpfer gegen die zunehmende Verbürgerlichung und Verrechtlichung der Gemeinden. Der Jubel der Ekstase, in der der Mensch so von Christus oder Gott ergriffen wird, daß er aufgehört hat, er selbst zu sein, begleitet wenigstens die östliche Kirche während der ganzen Epoche. Justin sieht in dem Vorhandensein männlicher und weiblicher Ekstatiker einen Wahrheitsbeweis für das Christentum, der streng ‹kirchliche› Irenaios folgt darin seiner johanneischen Tradition, daß er in der ekstatischen Gottesschau das christliche Endziel erhofft: «Der Mensch wird Gott schauen und so leben, indem er durch diese Schau unsterblich geworden in Gott eintaucht.» Zu dieser Schau führt das Stufenschema: Neugeburt, Wachstum, Kräftigung, Vermehrung, Genesung, Verherrlichung, die Schau selbst, Unsterblichkeit.

Die letzte große radikale ekstatische Bewegung des Frühchristentums war der *Montanismus*, den die Kirche allerdings nach langen Kämpfen ausgeschieden hat. Er kam nicht von der vergeistigt philosophischen Ekstase her, sondern von der sinnlichen der kleinasiatisch-phrygischen Mysterienkulte. Wie bei den sinnlichen Formen dionysischer Ekstasen waren vorwiegend Frauen seine Trägerinnen. Ekstase ist das höchste Ziel christlicher Verkündigung: «Herr ist, wer Menschenherzen außer sich bringt und Menschen ein neues Herz gibt.» Visuell geht ihre Sinnlichkeit nicht allzu weit, selten sehen sie farbige Visionen; einmal sieht eine Frau die Seele als zartes, leuchtendes Etwas, einmal erlebt eine, daß ihr Christus in Gestalt einer Frau erscheint und die Weisheit in sie hineinlegt. Nicht diese Ekstasen machten den Montanismus untragbar, sondern der Mißerfolg seiner Orakel und Endankündigungen, die sich nach delphischem und sibyllinischem Vorbild mit den Ekstasen dieser christlichen Pythien verbanden, und ihre rigorose Ethik, die sich nicht als lebenspraktisch erwies.

In der *lateinischen* Kirche, besonders in Rom, werden ekstatische Erlebnisse selten. Wo Ansätze dazu vorhanden sind, wie im ‹Hirten› des Hermas, bleiben sie kleinbürgerlich; es wirkt seltsam, wenn mit einer griechischen ekstatischen Formel vom Jubel des heiligen Geistes im Menschen gesprochen wird und dieser darin besteht, daß sich der Mann nicht mit seiner Frau wegen des Essens streitet. Eine Ausnahme macht wieder das römische *Afrika*. Auf diesem Boden sind Augustins klassische Ekstasenschilderungen erwachsen, deren berühmteste die vor dem Tod der Mutter in Ostia ist. Von der langen Landreise ermüdet stehen Mutter und Sohn am Fenster und denken der kommenden Seereise. Das Gespräch kreist um das Jenseits, und es folgt nun eine psychologisch nie übertroffene Schilderung: «Da erhoben wir uns in heißer Sehnsucht zu dem Sein selbst, woher Sonne, Mond und Sterne über die Erde leuchten.» Und dann mit der Terminologie der platonisch-neuplatonischen Aufstiegsschemata: «Und weiter stiegen wir, indem wir nach Innen unsere Gedanken und Worte richteten und deine Werke bewunderten, und da kamen wir in unsere Seelen, und auch die überschritten wir. . . . Und während wir noch redeten und uns sehnten, da kamen wir allmählich an sie (die ewige Wahrheit) mit der ganzen Glut unseres Herzens heran, und wir seufzten auf und ließen dort die gebundenen Erstlingsgarben des Geistes, und wir kehrten zurück zur mündlichen Rede, wo das Wort anfängt und aufhört . . . Dann sagten wir: Wenn in uns der Lärm des Fleisches schwiege, wenn schwiegen die Vorstellungen von Erde, Wasser und Luft, wenn der Gesang der Weltachse schwiege, auch selbst die Seele in sich schwiege, und auch ihr Eigenbewußtsein hinter sich ließe, wenn die Träume und Phantasiebilder schwiegen, jede Sprache und jedes Symbol, und alles was sich bewegt, wenn bei uns überhaupt alles schwiege . . . und er (Gott) allein redete, nicht durch sie (die Werke der Schöpfung), sondern durch sich selbst, so daß wir sein Wort hören, nicht in menschlicher Sprache noch durch eine Engelsstimme noch durch den Donner der Wolken, noch durch ein rätselvolles Gleichnis, sondern ihn selbst, so, wie wir uns jetzt erhoben haben und im rasenden Geistesaufschwung die über allem bleibende ewige Wahrheit erreicht haben; wenn das andauern würde und andere, dieser völlig ungleiche Schauungen verschwinden würden, und diese eine den Schauenden fortreißt und verschlingt und in die inneren Freuden einsenkt, so daß das ganz ewiges Leben werde, was dieser eine einsichtsvolle Augenblick war, in dem wir seufzen, ist das nicht mit dem Wort gemeint: ‹Gehe ein zu deines Herrn Freude?›» Gewiß ist hier das meiste formal wie inhaltlich Neuplatonismus, gewiß ist auch der Abstand zwischen dieser wortreichen Ekstasenschilderung und der wuchtig schlichten des Paulus groß, gewiß ist vieles daran rhetorisches Pathos, gewiß kann man von hier aus nicht auf weite christliche Kreise schließen, obwohl ähnliche Schilderungen besonders im 4. und 5. Jahrhundert häufiger werden, gewiß haben wir hier auch nichts spezifisch Christliches vor uns, aber das antike Christentum ist ohne das nicht zu denken. Hier zeigt sich die Fruchtbarkeit der Verbindung des Frühchristentums mit dem Neuplatonismus, und damit hat Augustin dem Christentum im Westen denselben Dienst getan wie die Origenisten und der Areopagite im Osten: sie haben es zustande gebracht, die letzte und in gewisser Weise höchste Stufe hellenistischer Religion ohne Bruch mit dem Christentum zu vereinen und dadurch das Christentum um die reinste Form religiöser Ekstasenfrömmigkeit zu bereichern.

Es gibt nun eine Reihe bestimmter Einzelformen ekstatischer Erscheinungen. An erster Stelle steht da das *ekstatische Gebet.* Für dieses ekstatische Beten gibt es einen technischen Ausdruck, den auch Paulus gebraucht (στενάζειν, ἀναστενάζειν), ebenso wie die liturgischen Stücke der Zauberpapyri, die ihn dann für magische Ekstase verwenden.

Das mit dem Neuen Testament beginnende *christliche ekstatische Beten* wird wichtig für die Entstehung der christlichen Bekenntnisformulierungen. Sie sind zunächst keine Lehrmitteilungen, sondern ekstatische Dankgebete von Geistträgern, dabei kann das Gebet als Heraustreten der Seele aus dem Leib verstanden werden und ihr die Erlangung höherer Offenbarungen ermöglichen. Vor allem wird das letzte Gebet des Märtyrers lange Zeit als ekstatisch beschrieben. So betet Pionius in der Todesstunde mit geschlossenen Augen, wobei eine merkwürdige Verwandlung mit ihm vorgeht. Die griechische Kirche hat einen Rest davon beibehalten, indem sie das Gebet um Geistesempfang jedem anderen Gebet vorordnet und darunter die ‹Öffnung des Herzens› zur Gottesschau im Geist versteht.

Die ekstatischen Erscheinungen führen in neutestamentlicher Zeit zur Entstehung eines Standes der Ekstatiker, der frühchristlichen *Propheten.* Die griechische Religionsgeschichte kennt eine lange Reihe von ekstatischen Prophetinnen und Propheten, bei ihnen, nicht im alttestamentlichen Prophetentum, hat das christliche ekstatische Prophetentum seine Wurzel. Die ältesten Belege christlicher ekstatischer Propheten führen in die paulinische Gemeinde von Korinth und nach Athen. Der Athener (man hätte daran nicht zweifeln sollen) Athenagoras (um 180) bezeichnet den Propheten als die Flöte, auf der der Geist spielt. Das trifft sich mit dem Prophetentum der phrygischen Montanisten, erhält sich aber bis in eine Apologie des dritten Jahrhunderts, die im kirchlichen Gebrauch noch vom Plektron des Geistes spricht, das auf der Leier des Menschen spielt. Christliche Prophetinnen sind vielleicht noch älter als die Propheten, hierher gehören im 1. Jahrhundert die weissagenden Töchter des Philippos. Ekstatiker ist auch der nicht sicher zu identifizierende frühe Apologet Quadratus im Sinne dieses Prophetenstandes. Die Didache steht ihnen freundlich gegenüber, sie erlaubt ihnen, im Gottesdienst zu beten, was und wie lange sie wollen.

Seit der Mitte des 2. Jahrhunderts ist das ekstatische Prophetentum in stetem *Rückgang* begriffen. Die Aussagen der Propheten widersprachen einander, ihre Verheißungen und Drohungen trafen nicht ein, der ekstatische Schwung erlosch infolge der zunehmenden Verbürgerlichung des Christentums, ekstatische Absonderlichkeiten und Übertreibungen stießen ab. Irenaios erklärt schon Prophetinnen für dämonenbesessen, und der Apologet Miltiades (um 200) verbietet Propheten, im ekstatischen Zustand vor den Gemeinden zu reden. Wie schwierig die Lage wurde, zeigt eine Stelle aus dem gewiß nicht prophetenfeindlichen Hermas: «Der auf dem Lehrstuhl sitzt, ist ein Pseudoprophet, der den Verstand der Gottesknechte verdirbt, d. h. den der Doppelseelischen verdirbt er, nicht den der Gläubigen. Diese nun, die Doppelseelischen, kommen zu ihm wie zu einem Orakel und fragen ihn, was denn mit ihnen sein werde. Jener aber, der Pseudoprophet, hat keinerlei Kraft des göttlichen Geistes in sich und redet ihnen nach ihrem Mund und nach den Begierden ihrer Schlechtigkeit und erfüllt ihre Seelen mit dem, was sie sich wünschen. Denn leer ist er, und leer antwortet er Leeren. . . . Aber er redet auch einige wahre Worte. Denn der Teufel erfüllt ihn mit seinem Geist in der Absicht, irgendeinen der Gerechten zu zerreißen. . . . Wer aber einen Pseudopropheten über irgendeine Sache befragt, ist ein Götzenanbeter und leer aller Wahrheit und unverständig. Denn jeder von Gott gegebene Geist läßt sich nicht fragen, sondern, da er die Kraft der Gottheit hat, redet er alles spontan . . . so sollst du den Propheten und den Pseudopropheten kritisch prüfen. An seiner Lebensweise prüfe den Menschen, der den göttlichen Geist hat. . . .»

Noch rascher wird die von Paulus und einigen seiner Gemeinden ausgeübte ekstatische *Glossolalie*, das Reden in unverständlichen, als Engelssprache gedeuteten Worten, ausgeschieden. Paulus selbst hatte schon eingeschränkt: «Wenn man aber in Zungen redet, dann nur zwei oder höchstens drei, und einer nach dem anderen, und einer soll dabei sein, der interpretiert. Wenn aber kein gründlicher Interpret dabei ist, soll er (der Zungenredner) in der Gemeindeversammlung still sein.» Doch ist dieses ekstatische Stammeln wohl nicht auf die Gemeinde von Korinth zu beschränken, wenn es auch vorwiegend in griechischen Gemeinden daheim war. Es hat eine lange Geschichte. Sein Ursprungsland mag Thrakien sein, doch begegnet es in klassischer Zeit in Athen. Plutarch bezeichnet mit dem Wort «in Zungen reden» die einer Deutung bedürfende Sprechweise der Pythia. Wie weit es in unserer Zeit bei Dionysos noch praktiziert wurde, wissen wir nicht, in der Kirche kommt es sicher nach dem lukanischen Schrifttum nur noch bei den Montanisten vor.

Dagegen sind ekstatische *Visionen* nie ganz verschwunden, allerdings läßt sich gerade bei ihnen nur sehr schwer sagen, wo echte Erlebnisse und wo literarische Formen vorliegen. Immerhin scheinen in der griechischen Welt in der Regel echte Erlebnisse visionärer Götterepiphanien allmählich zu bloßen *Traumerscheinungen* verblaßt zu sein.

Aber es gibt auch Visionen, die von Traumerlebnissen deutlich getrennt werden. So betont Apuleius, um jeden Zweifel auszuschließen, daß der Schläfer erst geweckt wird, ehe ihm Isis im flutenden Mondlicht erscheint. Allerdings ist in der späthellenistischen Welt die Durchdringung mit philosophischem Gut so stark, daß die Entsinnlichung der Visionen in die Richtung unanschaulicher neuplatonischer Erlebnisse führt, die nach bildlosen Urgestalten drängen, und als Ziel die Schau des reinen Geistes in völliger Bildleere haben.

Das Christentum bleibt zunächst gegenständlicher und pflegt sowohl Christusvisionen wie apokalyptische Bilderlebnisse. *Christusvisionen* können sehr blaß, aber auch sehr massiv sein. Carpus sieht vor seinem Ende einfach ‹die Herrlichkeit des Herrn› und ist froh darüber, und oft erscheint Jesus nur als leuchtende Gestalt. Andere sehen ihn als kleines, neugeborenes Kind, als Knaben, als blühenden Jüngling, als Greis von höchster Schönheit, und Frauen sogar als Frau. Auch können die Bilder sich wandeln: zuweilen erscheint Christus klein, dann riesengroß, jung, dann uralt, weich, dann furchtbar und hart, auch verdoppelt er sich. Häufig wird er nur als Kreuz gesehen, besonders bei Massenvisionen, zuweilen in Gestalt eines Apostels. Doch können auch diese Visionen unanschaulich bis zur Schau reiner Seele oder bloßen Lichtes werden.

Andere Visionsarten bleiben massiv. Teils ersetzen sie Orakel und gehören zum antiken Vorzeichenglauben auf visionärer Basis, so wenn Polykarp sein Bett brennen sieht als Hinweis auf seinen Feuertod. Teils sind sie apokalyptische Himmels- und Höllenvisionen mit Benutzung alten Materials. Perpetua schaut in der Todesstunde die orphische Hölle mit den Tantalusqualen und das Elysium. Afrikanisch ist der stark erotische Charakter ihrer Visionen, sie sieht sich nackt, mit Männern ringend, wird selbst zum Mann. Aber die Originalität und Anschaulichkeit, mit der geläufige Motive wie die Himmelsleiter oder der alte Drache individuell gestaltet werden, überrascht. Neben dieser afrikanischen Lebendigkeit wirken die römischen Visionen nüchterner; Hermas schaut in einer Staubwolke ein wildes Ungeheuer, dann Frauen jeden Alters, Fässer, Bänke, Hausgerät, Handwerkerarbeit. An der Erlebnisechtheit all dieser Visionen ist nicht zu zweifeln.

Auch ekstatische und halluzinatorische Erlebnisse *anderer* Sinnesgebiete kommen vor, besonders akustische. Himmelsstimmen erklingen in wunderbarer Weise, sie sind ‹süß›, ‹göttlich›, aber doch verständlich. Geruchshalluzinationen werden oft beschrieben; der göttliche Wohlgeruch und der teuflische Gestank, der schon den Eumeniden eigentümlich ist, haben den meist sehr geruchsfeinen antiken Menschen bedrückt oder beglückt. Eine Geschmackshalluzination hat Perpetua: sie schmeckt die Güte des Sahnenkäses, den ihr der gute Hirte reicht.

Die *Mittel*, durch die die Ekstasen hervorgerufen werden, sind bei den Christen verschieden. Am greifbarsten sind sie bei Dionysos. Tanzbewegungen, Schaukeln, Kopfbewegungen, die den Blutandrang zum Gehirn hervorrufen, dazu Rauschmittel, Wein, Verschlingen von rohem und blutendem Fleisch, Zerkauen von Efeu, Lorbeer und Giftpflanzen, narkotisierende Dämpfe oder das Wasser bestimmter Quellen, nächtliche Feiern, Finsternis oder blendendes Licht, das alles ruft die dionysischen Ekstasen hervor oder fördert sie. Aus der Orphik stammt das Erzeugen von Schockerlebnissen, durch plötzliches Vorzeigen, Berühren und Anfassen von Schlangen. Musik aller Art, bis hin zu nur noch exaltierten Schreien, gilt selbst in neuplatonischen Kreisen als eine theurgische Kunst, jedoch wird gelegentlich bei ihnen auch vor Ekstasen gewarnt, die nur durch Musikeinwirkung hervorgerufen wurden. Dazu kommt die ekstatische Wirkung größerer Massen oder dicht aneinander gerückter Menschen.

Aber doch steht dem allen eine echt griechische Haltung gegenüber. Statt dieser Mittel fordern die edelsten Geister die Gewinnung der Ekstase durch rein geistige Mittel, durch Reinigung der Seele, durch *Katharsis* und ‹nüchterne Trunkenheit› ohne Wein. In diese Ekstase gerät Dion bei der Betrachtung des Zeusbildes des Pheidias. Das ist das eigentliche aus sich Heraustreten der Seele, das durch reine Kontemplation gewonnen wird, indem man die Augen schließt, die Seele von allen Bildern löst und über die via negativa sich von allem befreit, was die reine Schau hemmt.

Das Christentum kennt sowohl die sinnlichen Mittel als auch die geistigen Wege der Ekstase. Tertullian läßt gelten, daß seine Ekstatiker durch Blutandrang zum Kopf, hervorgerufen durch entsprechende Körperhaltungen, geheimnisvolle Stimmen hören. Weit verbreitet ist Fasten zur Erzeugung von visionären Erlebnissen, während Wein und Rauschgifte abgelehnt werden, obwohl sie, wie die Verhältnisse in Korinth beweisen, hier und da doch eindringen. Die Mönchsekstasen setzen die grelle Sonnenglut oder die Nacht der Wüste voraus, die Vision der Thomasakten die nächtliche Feier dicht zusammengedrängter Scharen und viele brennende Kerzen, Hermas erlebt seine Visionen vermittelt durch die flimmernde Sonne der einsamen Campania oder die großartige Landschaft Cumaes, die selbst den alten Banausen auf die Knie zwingt.

Endlich muß noch eine weitere Tatsache gesehen werden. Daß der frühchristliche Enthusiasmos trotz der korinthischen Entgleisungen und gnostischen Überschwenglichkeiten keine ernsteren Störungen der geistesgeschichtlichen Entwicklung des Christentums bedeutete, verdankt es der im Griechentum längst vorhandenen *Zügelung* aller ekstatischen Erscheinungen. Im Gegensatz zum Enthusiasmos des Orientes wird griechische Ekstatik immer eingebettet in das religiöse und philosophische geistige Gesamtganze. Die Ekstase ist ein schöner und wichtiger Teil der Religion und der Philosophie, aber sie hat sich dem Ganzen einzufügen. Deshalb kann sich die Philosophie von Platon bis Plotin unbedenklich mit ihr befreunden, sie begründen, sie selbst zu einer ihrer Methoden machen. Nicht nur der Katzenjammer (κραιπάλη), den die dionysischen Reliefs auffallend oft darstellen, warnt vor einer Überschätzung der Ekstasen, sondern vor allem die philosophische und dichterische und in beiden Fällen religiöse Erkenntnis, daß es gefährliche Hybris ist, zu meinen, der Mensch könne allzu lange und allzu intensiv mit der Gottheit eins werden. So dankbar man die Möglichkeit der Ekstase ergreift und so bedeutungsvoll sie für das griechische Leben bis hin zum Neuplatonismus ist, so hütet man sich doch sehr davor, daß sie nicht in Gegensatz zu den Mächten des Logos, des Ethos, ja des Nomos tritt; sie darf aber durch sie auch nicht verkümmert werden, denn erst in Gemeinschaft mit ihnen wird Ekstase als wirklich sinnvoll anerkannt.

Das griechische *Christentum* hat seit Paulus die griechische Linie eingehalten. Bei aller Hochschätzung der Ekstase ist sie bei Paulus nur ein, freilich besonders schönes Instrument in dem harmonischen Konzert aller göttlichen Gnadengaben an den Menschen; auch der Enthusiasmos bis hin zur Glossolalie ist ein Gottesgeschenk, das jedoch dem übergeordneten der Liebe zu dienen hat. Daher kämpften die Christen seit dem Johannesevangelium, vor allem in Alexandreia, gegen die dionysische Ekstase, weil sie in ihr nur Trunkenheit und daher nur eine lächerliche Karrikatur echter Ekstase sahen; sie haben sie wohl auch in ihrer näheren Umwelt nicht besser kennengelernt: «Was aber hat der wahnsinnige und Frauenkleidung tragende Dionysos überhaupt Würdiges (σεμνόν)?» Die christliche Ekstase aber wird von Anfang an dadurch normiert und gezügelt, daß man sie am nüchternen Leben Jesu gleichsam kontrolliert und mit einem unekstatischen Ethos in Verbindung bringt.

3. Mythos und Gnosis

Von Anfang an hatte das Christentum seine Botschaft von der Liebe Gottes mythisch ausgedrückt; der Mythos hat bereits das Bild des historischen Jesus gedeutet und überdeckt. Bei Paulus finden wir den christlichen Mythos in seinen wesentlichen Stücken fertig vor, doch noch eng verbunden mit der historischen Erinnerung. In den Synoptikern erreicht die Synthese von Geschichte und Mythos ihren Höhepunkt, doch überwiegt die Geschichte. Vom 2. Jahrhundert an wird dann der Mythos mehr und mehr in abstrakte Lehrsysteme oder in kultische Formen umgewandelt, doch ist die Auffassung falsch, daß das Christentum nach einer mythischen Zeit unmythisch geworden sei. Auch hinter dem trockensten Lehrgebäude und dem kompliziertesten liturgischen Symbolismus steht in der ganzen alten Kirche die frische Lebendigkeit des von dem geschichtlichen Hintergrund getragenen Mythos. Julian beweist, daß das Christentum noch zu seiner Zeit vorwiegend als mythische Religion empfunden wurde, denn er wirft ihm mythische ‹Sklavenphilosophie› vor. Vor allem haben zwei große griechische Mythenschöpfungen das Christentum aufs tiefste beeinflußt, der Mythos von dem menschgewordenen Gott, der mit den Menschen leidet und stirbt, und der Mythos von der gefangenen Seele und ihrer Befreiung durch einen göttlichen Erlöser. Dazu tritt seit dem 5. Jahrhundert der Mythos von der Himmelsgöttin. Hier entsteht eine schwierige Frage. Warum lehnt das Christentum im allgemeinen die Mythen in den Umweltsreligionen und in der Philosophie ab und bekämpft sie, obwohl es selbst sie übernommen und kaum verändert hat? Wie kommt es, daß es seinen eigenen Mythos für *wahr* hält, aber denselben Mythos bei anderen für *falsch?* Seit den späteren Briefen des Neuen Testaments wird davor gewarnt, fremden Mythen zu folgen, die als verächtlich und wie in der rationalistischen stoischen Mythenkritik als Sache ‹alter Weiber› erscheinen. Doch entstehen eigenartige Komplikationen. Justin (gest. 165) führt als erster einen weit ausgesponnenen Wahrheitsbeweis für das Christentum aus hellenistischen Mythen und hält doch diese selben hellenistischen Mythen für falsch. Er weist darauf hin, daß die Christen von Christus dasselbe sagen wie die Griechen von Hermes, Asklepios, Dionysos, Herakles, den Dioskuren, Perseus, Bellerophontes, und doch ist ihm das dämonisch unwahr, während es für Christus wahr ist. Geradezu grotesk wird es bei dem Renegaten Firmicus Maternus (um 340). Er gibt zu: Christus hat alles gelitten, was der Mysteriengläubige von seinen Göttern sagt, er bringt alle Einzelheiten hellenistischer Mythen in Verbindung mit dem christlichen Mythos, und doch ist ihm das eine teuflische Nachahmung, das andere Wahrheit.

Die älteste Zusammenfassung des christlichen Mythos ist die Erweiterung des Christus betreffenden Teiles der ältesten *Taufbekenntnisse*. Während die Gott und den Geist betreffenden Teile vorwiegend zu Lehre und Dogma geworden sind, wurde der christologische mit Ausnahme der historischen Formel «unter Pontius Pilatus» mythisch geformt. Ursprünglich sind diese Bekenntnisse für praktische Zwecke verfaßt nach dem Muster hellenistischer Hieroi Logoi. Daher ihre Kürze. Sie gelten wie ähnliche Formeln in den hellenistischen Religionen nicht als neu, sondern als ehrwürdige Überlieferung. Schon bei Paulus werden solche Bekenntnisformeln eingeleitet: «wie mir überliefert ist». Clemens v. Alexandreia nennt sie zuerst Symbole (σύμβολα). Am besten verfolgt man an Hand der ältesten erreichbaren Formen dieser christlichen Taufbekenntnisse, die etwa bis um 150 hinaufführen, die weitere Entfaltung des christlichen Mythos.

Der neutestamentliche Einleitungssatz: «Ich glaube an Jesus Christus, Gottes einzigen Sohn» verblaßt zwar mehr und mehr zur abstrakten Lehre, aber ganz geht seine mythische Beziehung nicht verloren. Justin sagt unbekümmert im Stil hellenistischer Mythen: «Jesus Christus ist im eigentlichen Sinne Gott als einziger Sohn geboren worden.»

Auch die Zeugung aus Gott bleibt vergeistigt und abstrakt. Aber nach zwei Richtungen hin wird sie farbiger:

1. Die Beziehung der Christusgeburt zur *Wende der Zeit* wird anschaulicher. Charakteristisch ist Irenaios. Obwohl er bereits die Lehre als festen Bestand hat, daß Christus als Logos ewig bei Gott ist, bleibt eine mythische Verklärung der Menschwerdung des Logos bestehen. Die Stimmung der lukanischen Weihnachtsgeschichte wirkt lange nach, bis zu Augustin hat das geheimnisvolle Zusammentreffen zwischen augusteischem Reich und Christusgeburt mythische Kraft.

2. Die christlichen Schriftsteller begründen die Überlegenheit ihres Gotteszeugungsmythos über den hellenistischen häufig damit, daß er keinen erotischen Einschlag habe. Nun sind einige hellenistische

Religionen recht weit gegangen. Anknüpfend an die stark erotischen Zeugungsmythen des Dionysos, Hermes oder Herakles ist in einer neuen Mysterienreligion wie der des Alexander von Abonuteichos diese ‹Gotteszeugung› sogar im Kult vielleicht nicht nur symbolisch vollzogen worden, obwohl man Lukian als Quelle nicht trauen darf. Solche Dinge haben schließlich die Gegner über den christlichen Kult auch erzählt. Außerdem sind nicht alle hellenistischen Gotteszeugungen erotisch: weder die Geburt des Mithras noch die Verwendung des Mythos in der Philosophie hat erotische Anklänge. Und an einer Stelle ist auch der christliche Mythos nicht ganz von Erotik frei geblieben, nämlich in der Entwicklung des *Marienmythos*.

Dies ist allerdings der vom Neuen Testament am weitesten abweichende und am stärksten erweiterte Teil des christlichen Mythos, dem auch lange und heftig widersprochen worden ist; in Jerusalem zum Beispiel gibt es erst im 6. Jahrhundert eine Marienkirche, und in Afrika gibt es zu Augustins Zeiten noch kein Marienfest. Im ältesten Taufbekenntnis heißt es noch schlicht anknüpfend an die Jesajaverheißung der Septuaginta: «Geboren von der Jungfrau Maria.» Bald aber beginnt, zunächst in der christlichen Volksreligion, wie bei Isis und Osiris, der Versuch, Christus durch Maria zu verdrängen, und damit nimmt Maria allmählich alle hellenistischen Göttinnen in sich auf.

In drei Schichten hat sich der Marienmythos entwickelt: Maria als Jungfrau, als Mutter und als Göttin.

Noch bei Tertullian und Irenaios ist Maria der neutestamentlichen Überlieferung entsprechend nach der Geburt Jesu die *Ehefrau* Josephs und Mutter der in den Evangelien genannten Herrengeschwister. Daß es anders wurde, ist nicht auf asketische Haltungen zurückzuführen, die erst seit dem 4. Jahrhundert deutlicher hervortreten, sondern auf die Übernahme hellenistischer Mythen. Daher finden wir die Verwandlung der irdischen Maria in eine mythische Figur zuerst in gnostischen Kreisen und in den unteren Schichten. Älteste Einflüsse mögen von der hellenistischen Artemis kommen, die mit der jungfräulichen (ἀειπάρθενος) Stadtgöttin von Ephesos gleichgesetzt wurde; hier heißt diese Gebetserhörerin und Retterin (ἐπηκόα, σώτειρα), hier wird der Mai als ihr Monat besonders gefeiert. In Ephesos haben sie die Christen schon in paulinischer Zeit kennengelernt, hier ist auch der christliche Marienmythos in der Hauptsache geformt worden. Da Artemis aber auch in Ägypten hoch verehrt wurde, kam ein zweiter Bereich hinzu, dessen Vorort Alexandreia war. Kallimachos dichtete, daß sie von Zeus ewige Jungfrauschaft (παρθενίην αἰώνιον) erhielt. Zuerst haben die Christen diese Artemis noch bekämpft, weil es «unanständig sei, daß eine Jungfrau allein durchs Gebirge laufe und Tiere schieße», aber die Göttin mit ihrem Wundertempel von Ephesos war viel zu beliebt, um auf diese Weise entthront werden zu können. So wurde sie zu Maria. Bei der allgemeinen Götterangleichung haben auch Züge der jungfräulichen Athene eingewirkt, deren wunderbare Geburtsgeschichte für theologische Spekulationen geeignet war; ihr wundertätiges und vom Himmel gefallenes Bild wurde nur leicht verändert zum Marienbild. Dazu kam weiter, daß im Herakleskult die Mutter des Gottes Alkmene Jungfrau und Mutter zugleich war, daß Demeter trotz ihrer Mütterlichkeit in hellenistischen religiösen Hymnen Jungfrau heißt, wobei nirgends Mutter und Jungfrau als Widerspruch empfunden wurde, daß selbst Hera den Hephaistos jungfräulich geboren haben sollte.

Wie die Übertragung der Gottesjungfrau, so ist auch die der hellenistischen *Muttergöttin* auf Maria erst in nachneutestamentlicher Zeit erfolgt. In hellenistischer Zeit hatten sich die Gottesmütter immer mehr einander genähert und waren miteinander verschmolzen worden. Auch historische Frauen wurden ihnen gleichgestellt: auf die Mutter Alexanders des Großen war der mythische Ausdruck «Gottesmutter» (ϑεομήτωϱ) übergegangen, nur läßt sich nicht genau sagen, wann. Längst war vergessen, daß es sich um eine alte Fruchtbarkeitsgottheit handelte, denn auch hier war im Laufe der Jahrhunderte aus zum Teil fremden Naturmythen der griechische Menschheitsmythos geworden. Die Hauptfarben zum Bilde der christlichen Gottesmutter haben Eleusis und Isis geliefert. Eine eleusinische Szene hat sich unauslöschlich griechischem Erleben so sehr eingeprägt, daß sie alle anderen überschattet, nämlich die Trauer der Mutter um das göttliche Kind. Hier haben Mythos und Kultus ihre letzte menschliche Tiefe erreicht. Die Mutter des Herakles, die am Scheiterhaufen ihres göttlichen Sohnes steht, ist bereits eine Übertragung aus Eleusis. Dann ist Isis nach dieser Mutter geformt worden. Schon die ägyptische Isis trauerte, aber um den Gemahl; ihre Mütterlichkeit ist im vorhellenistischen Ägypten unwesentlich. Aber Eleusis hat aus ihr die Göttin der ‹süßen Mutterliebe› (dulcis matris adfectio) gemacht. Sie heißt ‹Gottesmutter› (ϑεοτόκος), als ‹Mutter des Königs Horos› beschützt sie alles Mütterliche, denn es kommt von ihr.

Ein langer dogmatischer Streit, der mit dem ephesinischen Konzil von 431 endete, hat für Maria endlich den Isistitel *‹Gottesmutter›* erkämpft. In den Synoptikern und auch bei Johannes war Maria, der Geschichte entsprechend, noch die Mutter, die ihren Sohn im letzten nicht verstand und ihn von seiner Sendung abbringen wollte. Nur bei Lukas zeigen sich erste Spuren des Eindringens des Mythos in dem Bild vom Schwert im Herzen der Mutter. Aber wie der Jungfrauenmythos hat auch der Gottesmuttermythos zuerst in der Volksfrömmigkeit seine Gläubigen gefunden; die schlichten Bleiamulette mit dem Frontalbild der Maria, das Kind an der Brust, und mit der griechischen Aufschrift: «Gottesmutter hilf», sind die ältesten Zeugnisse dafür. Seit dem 5. Jahrhundert drang das lukanische Ave in die Liturgien ein, und wieder bewahrheitet sich Leipoldts Wort, daß Religionen nicht sterben: Isis hatte ihren Einzug in die Kirche gehalten. Sogar ihr hellenistisches Bild schenkte sie ihr. Isis, das strampelnde Kind auf dem Schoß, ist seine menschlichste hellenistische Form. Mit ihm kam auch die zweite ägyptischere und transzendentere Form, in der das Kind zeitloser aussieht, die Urform byzantinischer Madonnen. Auch die dritte, wieder mehr hellenistische Form, Isis das Kind säugend, ist ins Christentum übernommen worden.

Der Mythos von Maria als *Göttin* geht bis ins zwölfte Kapitel der Johannesapokalypse zurück. Die von der Schlange verfolgte Göttin ist eine einfache Übernahme aus dem Isis-Typhonmythos in ganz ähnlicher Fassung, wie ihn Plutarch kennt. Überhaupt ist die *Göttin* Maria in der Hauptsache eine christlich umgenannte Isis. Wie ‹Gottesmutter›, so stammt auch ‹Himmelskönigin› unmittelbar aus der Isisliturgie. Die Verbindung der Isis mit der eleusinischen Demeter, der ephesinischen Artemis, der Aphrodite von Paphos und anderen Göttinnen hat die Kirche stillschweigend mit übernommen. Zu Maria wird die Isis Panthea, die ‹tausendnamige›, die ‹Herrin jedes Landes›, die ‹Vielgestaltige, Gnadenspenderin, Heilige, Retterin, Allherrscherin, Meereskönigin, Unbefleckte›, die von Indien bis Germanien unter mancherlei Namen verehrt wird, die der Natur die Frucht, den Menschen die Gesetze gegeben hat, die Ehen und Kinder segnet und beschützt, die Sonne, Mond und Sternen eng verbunden ist, die lehrt, was schön und häßlich ist, die Herrin auch über das Schicksal ist, die Königin Isis, Herrin aller Elemente, die den Beginn der Weltzeitalter offenbart, in der die Macht aller Götter und Göttinnen vereinigt ist, die der ganze Erdkreis verehrt. Es gibt keinen altchristlichen Marienhymnus, der an Schönheit das Gebet des Apuleius an Isis übertrifft:

Denn du bist heilig und stets hilfreich dem Menschengeschlecht,
Immer hilfst du den elenden Sterblichen,
Süße Mutterliebe gewährst du den Leiden der Unglücklichen.
Kein Tag, keine Ruhe, kein eigenes Wünschen hält dich vom Wohltun fern,
Denn zu Land und Meer schützest du die Menschen,

Und die segnende Rechte streckst du den in den Nöten des Lebens Irrenden hin.
Auch des Schicksals verworrene Irrwege bringst du in Ordnung,
Und die Stürme des Geschicks linderst du,
Und die schädlichen Sterne hinderst du.

Es hat immerhin fast fünfhundert Jahre gedauert, bis der hellenistische Mythos von der Himmelskönigin in *alle* Kreise der Kirche eindrang und sich durchsetzte. Isis, die selbst christliche Kaiser an einem ihrer Hauptverehrungsplätze, in Philae, noch bis ins 5. Jahrhundert hinein dulden mußten, ließ sich nicht so leicht verdrängen oder umnennen. Auch erkannten die geistig führenden Kreise, wie hier Heidnisches in gefährlicher Weise ins Christentum aufgenommen wurde. Aber es war wie so oft: die Führer erkennen den heidnischen Charakter des Mythos, aber das Volk kümmert sich nicht um sie, so resignieren sie und nehmen schließlich den Mythos über den Umweg des Dogmas auf. Vor Ephesos sind die Zeugnisse für eine Göttin Maria noch selten, weil sie zunächst der unliterarischen Schicht christlicher Volksreligion angehört. Das ‹Protevangelium Jacobi› (Datierung ganz unsicher) zeigt entscheidende Merkmale der Vergottung der Maria: ihre Geburt wird von Orakeln und Vorzeichen, Wundern und Erscheinungen aller Art begleitet. Wie eine griechische Göttin wohnt sie im Tempel, wie den Göttinnen von Eleusis wird ihr ein Fackelzug dargebracht, sogar die beliebte scherzhafte eleusinische Bauboszene hat in den Neckereien der Sklavin, die die trauernde Anna aufheitern will, eine Spur hinterlassen. Das Buch ist ein typisch hellenistischer Roman, Christliches enthält es außer einigen alt- und neutestamentlichen Floskeln nicht. Aber es wurde seit dem 4. Jahrhundert beliebt, was die frühen lateinischen und koptischen Übersetzungen beweisen. Nur von einer Marienhimmelfahrt hören wir vor dem 5. Jahrhundert nichts, obwohl die Himmelfahrt der Kybele und die zunehmende Angleichung der Maria an Christus das erwarten ließen. Von den frühen Kirchenvätern hatte Irenaios, durch die Eva-Maria-Parallele bestimmt, Maria «Ursache des Heils» genannt, und dabei natürlich nur an die Mutter Christi gedacht; Tertullian aber hat die Jungfräulichkeit bei der Geburt bekämpft. Origenes verteidigt zwar Maria warm gegen Kelsos, ob er aber den Ausdruck θεοτόκος verwendet hat, ist sehr unsicher. Erst bei Athanasios, der ihn für seine Theologie braucht, ist er sicher bezeugt. Gregor von Nazianz verehrt sie als Wundertäterin und Gottesmutter, Zeno (362–372 in Verona) formuliert als erster: «Maria virgo incorrupta concepit, post conceptum virgo peperit, post partum virgo permansit.» Nach dem Sieg der Göttin in Ephesos 431 beginnt die große Flut der Mariendichtungen und Mariendarstellungen, aber sobald man die zuweilen dicke Decke der Dogmatik etwas abzieht, schaut überall das Bild der hellenistischen Jungfrau-Muttergöttin heraus. Alles Hellenistische ist wie in eine Blütenlese in den berühmtesten griechischen Marienhymnus, den *Akathistos*, gekommen, den F. Dölger mit Recht wieder Romanos dem Meloden (490–c. 550) zugewiesen hat; die folgenden Verse zeigen deutlich die Abhängigkeit von Isis, Eleusis und anderem Hellenistischen:

Sei gegrüßt, durch die Freude aufleuchtet,
Sei gegrüßt, durch die Fluch auslöscht...
Sei gegrüßt, Höhe, die Menschendenken nicht erreicht,
Sei gegrüßt, Tiefe, die Engelaugen nicht erschauen...
Sei gegrüßt, Stern, der der Sonne voranleuchtet...
Sei gegrüßt, Mystin eines unaussprechlichen Planes,
Sei gegrüßt, Himmelsleiter, auf der Gott herabsteigt,
Sei gegrüßt, Brücke, die die Irdischen zum Himmel führt,
Sei gegrüßt, der Engel viel bejubeltes Wunder (θαῦμα),
Sei gegrüßt, der Dämonen viel beklagte Wunde (τραῦμα),
Sei gegrüßt, Acker, der die Frucht des Erbarmens reifen läßt...
Sei gegrüßt, die du den Fischern die Netze füllst...
Sei gegrüßt, du Hafen derer, die auf dem Lebensmeer treiben.
Sei gegrüßt, Blitz, der die Seelen erleuchtet,
Sei gegrüßt, die wie ein Donner die Feinde erschreckt,
Sei gegrüßt, die einen vielfachen Glanz ausstrahlt,
Sei gegrüßt, die einen vielfließenden Fluß quellen läßt...
Sei gegrüßt, Mischkrug, der Freude mischt...

Die *Einzelheiten* sind oft gerade durch die leichte christliche Übermalung verblüffend: Demeter und Isis lehren die Weihen, Maria die Mysterien der Trinität, Isis beendet Menschenopfer, Maria befreit ‹vom barbarischen Gottesdienst›, Isis ‹löst die Herrschaft der Tyrannen auf›, Maria hat ‹dem unmenschlichen Tyrannen die Herrschaft entrissen›, Isis hat die Städte durch Mauern gesichert, Maria ist ‹die unerschütterliche Mutter des Reiches›.

Nach zwei Richtungen hin wird der Marienmythos aber *zersetzt*. Sobald sich die dogmatische Lehre seiner bemächtigt, wird er abstrakt. Wenn sich die Antiochener und Alexandriner darüber streiten, ob eine Jungfräulichkeit in partu schon oder noch nicht doketisch sei, geht alle Feinheit und Frömmigkeit des Mythos verloren. Wo ihn die asketische Moral übernimmt, wird er wie bei Hieronymus, für den sogar Joseph jungfräulich ist, nur noch eine Legitimierung der Mönchsethik. Wo aber der Mythos bleibt und wächst, bemüht man sich, ihm möglichst jeden sexuellen Charakter zu nehmen. Das hatte man auch bei den außerchristlichen Mythen versucht. Wieviel Mühe gibt sich Plutarch, alles Sexuelle durch allegorisierende Umdeutung aus dem Isismythos zu entfernen. Das alles war bei Maria einfacher. Denn in der alten Kirche blieb die Mutter doch meist noch im Schatten des Sohnes stehen, sie ist schließlich nur um des Sohnes willen Göttin. Wenn auch das Christentum nie so weit in seinem Mythos gegangen wäre wie Mithras, dessen Felsengeburt die Griechen damit erklären, daß er nicht von einem Weibe habe geboren werden wollen, so blieb doch meist der Sohn der Mutter vorgeordnet.

Die Gestalt Christi selbst wurde mythisch wenig weiter gebildet, sie war zum Glück für die Kirche durch die Evangelien zu sehr festgelegt. Nur da, wo die evangelische Überlieferung im Stich ließ, traten Mythos und Legende ein, vor allem bei seiner *Kindheit*. Hier wurden die Mythen hellenistischer Kindergötter schließlich angezogen, zum Teil über die seelischen Gegebenheiten hellenistischer Kinderliebe und Kindersentimentalität. Es sind meist Geschichten von der Klugheit, der Wunderkraft, der Autorität des göttlichen Kindes, die ganz ähnlich vom hellenisierten Buddha, Mithras, Zeus, Dionysos, Hermes und Herakles erzählt werden, herüber und hinüber wandern.

An einer Einzelheit kann man wieder einmal sehr schön sehen, was alles zusammenkam, um eine mythische Erweiterung auch nur eines kleinen Teiles der Überlieferung zustande zu bringen. In der Ostkirche und ihrer Symbolik wird bis heute Christus nicht in einem Stall, sondern in einer Höhle geboren. Das läßt sich bis ins 2. Jahrhundert verfolgen. Diese Höhle ist einmal eine Nachwirkung der von Hieronymus bezeugten Adonisgrotte in Bethlehem, zweitens eine Übertragung der Höhlengeburt des Mithras und drittens die platonisierende Symbolik der Welt als einer dunklen Höhle. In die mythischen Teile der Johannesapokalypse sind in Verbindung mit Astralmythen die Schlangen der Hera gewandert, die das neugeborene Herakleskind verfolgen, sicher aus Bekanntschaft mit der Heraklesreligion. In dem indo-iranisch beeinflußten Thomasevangelium häufen sich die absurdesten Geschichten über das Jesuskind, über dessen Zauberkraft, die aus Lehm geformte Vögel zum Leben erweckt, dessen Klugheit, die alle Lehrer vertreibt, und vieles mehr.

Dagegen ist das *irdische Leben* Jesu nicht weiter mythisch ausgestaltet worden. In den Taufbekenntnissen ist es bezeichnenderweise nicht mit einem Worte erwähnt. Nur der Doketismus, der das Fleisch Christi und seine Geschichte ganz beseitigen wollte, griff hier und da zu mythischen Verflüchtigungen. Seit dem 2. Jahrhundert sprechen diese Kreise von einem mythischen Scheinleib Christi, der nur noch «um unsertwillen» ißt und trinkt, da er weder Hunger noch Durst hat, der nicht leidet und auch nicht wirklich gekreuzigt wird, durch keinen Raum gehemmt ist und in keiner Weise Substantielles an sich hat.

Ein wichtiges Bollwerk gegen eine zu starke Mythologisierung war die *Leidensgeschichte*. Sie sicherte man sogar gegen das Eindringen der hellenisierten orientalischen Naturmythen, die sich hier als schwächer erwiesen. Mit unerschöpflichem Spott übergießen die christlichen Apologeten den von einem Wildschwein getöteten Adonis, die Granatäpfel aus dem Blut des Dionysos, die Fische aus dem Leib des Osiris. Nur die Klage der Natur um den toten Gott, die längst Novellenmotiv geworden war, ließ man zu, da man an das Neue Testament anknüpfen konnte. Dagegen hat man aus dem Mythos oder der Geschichte vom Tod göttlicher Menschen in die Leidensgeschichte ohne Bedenken manches übernommen. Johannes hatte das ursprüngliche: «Mein Gott, mein Gott, warum hast du mich verlassen» durch das letzte Wort des Herakles: «Es ist vollbracht», ersetzt; dann ist das Bild des sterbenden Sokrates und das des Atheners Phokion, dem man auf der Marterstraße ins Gesicht spuckt und der doch als letztes gebietet, den Athenern zu vergeben, in das Christusbild eingegangen und in ihm festgehalten worden. Nur an einer Stelle ist die Leidensgeschichte entscheidend mythisch erweitert worden, in ihrer Vereinigung mit dem Urzeit-Endzeitmythos, die bis in jede Einzelheit durchgeführt wird. Der Baum des Lebens im Paradies wird im Kreuz wiederholt, dem Fall und Tod des Urmenschen entspricht der Tod des Gottessohnes, der hölzernen Arche das Holz des Kreuzes, der Nacktheit der ersten Menschen die Nacktheit Christi am Kreuz und vieles mehr. So wird die Leidensgeschichte zu einem kosmischen, weltumspannenden Mythos, dessen geschichtsmythischer Mittelpunkt die Kreuzigung ist.

Aus den Mysterienmythen erfolgt die Übernahme der Totenklage um Götter. Der «nie genug beklagte» Osiris, die schon 411 v. Chr. in Athen angestimmte Klage: «Tot ist Adonis, klagt um Adonis», die um Herakles trauernden Frauen haben auch die zunächst mythische, dann lehrhafte Form der christlichen Klage um den toten Christus entstehen lassen.

Aber selbst wo die mythischen Züge unterstrichen sind, sind sie nie dominierend, sondern immer bleibt der Liebesgedanke der Hingabe Christi im Vordergrund:

> Die Natur erschauerte und sprach erschüttert:
> Was ist das für ein neues Mysterium?

Der Richter wird gerichtet und ist still,
Der Unsichtbare wird gesehen und ist nicht beschämt,
Der Unfaßbare wird gefaßt und empört sich nicht,
Der Unmeßbare wird gemessen und erstaunt nicht,
Der Leidlose leidet und rächt sich nicht,
Der Unsterbliche stirbt und antwortet nicht;
Was ist das für ein neues Mysterium?

Mythischen Erwägungen entstammt es, wenn zu dem «gekreuzigt» des christlichen Hieros Logos noch das *«und begraben»* tritt. Es ist nicht nur eine seit dem Ende des 2. Jahrhunderts begegnende Unterstreichung der Realität des Auferstehungsvorganges, sondern Einfluß der besonderen Stellung der Göttergräber und Grabesklagen für Götter im hellenistischen Mythos. Ihre Bedeutung hat auch der Spott nicht verhindern können, der seit frühhellenistischer Zeit über das Zeusgrab in Kreta gegossen worden ist. In den Kulten hat man am Todestag des Gottes ein Götterbild wirklich ins Grab gelegt, wovon eine Erinnerung noch in der Osterliturgie der Ostkirche vorhanden ist. Die komplizierten Bestattungszeremonien bei Osiris sind in Ägypten unter den Augen und mit finanzieller Hilfe der Griechen seit ptolemäischer Zeit wieder ausgeübt worden. Das Fällen der Attispinie mit Begräbniszeremonien im kaiserlichen Rom, die Salbung des toten Adonis, die Bestattung des toten Dionysos sind ohne alle Beziehungen zum alten Naturmythos nur heilige Reden von der Grabesruhe des toten Gottes. Gelegentlich werden diese Mythen auf historische Gestalten übertragen, so in der Geschichte von der Bestattung des edlen Phokion durch eine Megarenserin an der geheiligten Stätte des eigenen Herdes mit kultischer Gebetsformel. Der christliche mythische Gehalt wird durch Verbindung mit einer wuchernden Legendenbildung um Golgatha und das heilige Grab erweitert. Das führt allmählich in den großen mittelalterlichen Grabesmythos hinüber.

Zugleich verband sich mit dem Grabesmythos der im Neuen Testament nur in ersten Ansätzen vorhandene Mythos von der *Höllenfahrt Christi*, dessen Geschichte J. Kroll geschrieben hat. Orpheus fuhr in die Unterwelt, um vom Tode zu retten, Herakles, der Bezwinger des Kerberos, verkündet: «Das Chaos der ewigen Nacht und noch Furchtbareres als die Nacht, die Todesgötter und das Schicksal, habe ich besiegt», Isis wird in hellenistischer Zeit Königin der Unterwelt, Eleusis feiert die göttliche Höllenfahrt als bedeutungsvollstes Ereignis, von hier aus sind andere Mythen abgezweigt. Durch Aristophanes mit Humor übersonnt, von Lukian mit ätzendem Spott übergossen, von Plutarch als verlogene «Weibergeschichten» abgelehnt, von der Kunst und Liturgie oft dargestellt, wird die Götterhöllenfahrt zum volkstümlichsten Mythos der griechischen Welt.

Das Christentum übernahm ihn in zwei Typen. Die ihm gemäßere Form war die Predigt Christi in der Unterwelt, die mythischere der Kampf Christi gegen Tod und Unterweltsmächte. Beide Formen verband man mit einer mythischen Interpretation des 24. Psalms, der das Motiv vom Sprengen der Höllentore liefert. Beim ersten Typ unterstreicht der Mythos das soteriologische Interesse. Das stammt wohl von Herakles, der aus der Unterwelt zurückkehrt, nachdem er den Toten Frieden gebracht hat und es nun in der Hölle keine Furcht mehr gibt. Ursprünglich christlich kann es nicht sein, da es Gericht und Auferstehung aus der zentralen Stellung rückt. Auch der zweite Typ ist von Herakles beeinflußt, denn dieser hat das Reich der Schatten, den gähnenden Abgrund, den schrecklichen Tod zerbrochen und sein Reich besiegt. In keinem anderen Stück wurde der Christusmythos so weit ausgebaut wie in diesem. Der Ringkampf Christi mit Teufel und Tod endet damit, daß Christus die Riegel der Hölle zerbricht oder den Höllenschlüssel raubt. Der Hades schaudert, als er ihn sieht. Mit dem Fuß tritt er dem Tod auf den Nacken, dann öffnet er die Höllentore und führt als echt griechischer Psychopomp die Seelen aus ihren finsteren Gemächern heraus. Endlich werden Tod und Teufel gänzlich ausgetilgt und zerschlagen und die Höllenfeuer ausgelöscht.

Die *Auferstehung* ist diesem Mythos gegenüber verblaßt. Nur verschwindet allmählich die alte Formulierung: Gott hat den Christus auferweckt, und an ihre Stelle tritt: Christus stieg von den Toten herauf. Das geht der hellenistischen Entwicklung parallel. Auch hier hat zunächst Zeus den Herakles, den Orpheus und die Kora aus dem Totenreich heraufkommen lassen, in der hellenistischen Fassung der Mythen ist jedoch diese Mitwirkung des Zeus verschwunden oder bedeutungslos geworden.

Der letzte Teil des Mythos, «aufgestiegen in die Himmel, thronend zur Rechten Gottes», findet im Neuen Testament leichte Ansätze, ist aber in der Folgezeit gewachsen. Zwei mythische hellenistische Kreise sind hier eingedrungen: der *Inthronisationsmythos* der thronenden Götter und der späthellenistisch-iranische *Sonnenmythos*.

Mit Inthronisations- und Himmelfahrtsmythos verbinden sich Züge aus der *Sonnenfrömmigkeit*. Sie wird zunächst durch Mithras vermittelt. Auf den Denkmälern erscheint er neben Helios, auf den Inschriften verschmilzt er mit ihm zu Helios Mithras oder Sol Mithras oder bleibt der alte socius solis. Syrische und kleinasiatische

Kulte folgen. Attis und Adonis werden als Helios dargestellt. Ägypten, das alte Land der Sonnenfrömmigkeit, setzt Helios mit Sarapis gleich, Helios Sarapis oder Zeus Helios Sarapis bezeugen die Inschriften. Geschickt griff der Kaiserkult diese Vorstellungen und Mythen auf, und vom 3. Jahrhundert an schien es zuweilen, als ob die Sonnenreligion zur einheitlichen Reichsreligion würde. Commodus ernannte Helios zum höchsten Juppiter, Elagabal machte sich zu seinem obersten Priester, Aurelian verfügte seine Verehrung als Reichsgott, Friedensbringer der Welt (pacator orbis), als Wiederhersteller des Erdkreises (restitutor orbis), Herrn des Reiches und übertrug Titulaturen und Verehrungsformen des müde gewordenen Kaiserkultes auf ihn. Im Jahre 310 ernannte ihn Konstantin zu seinem Privatgott, neben dem erst seit 313 auf Münzen das Kreuz erscheint; bei Julian ist er der von Zeus vor aller Schöpfung gezeugte Gottessohn. Aber schließlich scheiterte auch der römische Sonnenkult wie einst der Kult Amenophis' IV. Mit dem Menschen lebende und sterbende Götter stehen auf die Dauer dem Menschen näher als die immer ferne und unpersönliche Sonne.

Was am *Sonnenmythos* schön und erhaben war, hat das Christentum übernommen; Helios wird zu Christus. Seit Justin wird Psalm 18, ein Sonnenpsalm, auf Christus bezogen, Hermogenes verwendet den persischen Mythos, Christus habe bei der Himmelfahrt seinen Leib in der Sonne zurückgelassen, Origenes bezeichnet Christus gern als «wahren Helios». Allmählich sammeln sich alle Heliosbezeichnungen auf Christus, er wird der «alles Sehende», der «Unbesiegte», «die Sonne der Gerechtigkeit».

Die *Himmelfahrt* Christi ist nach und nach mit dem ganzen Prunk hellenistischer Himmelsreisen ausgestattet worden. Aus isischer Frömmigkeit wird das Durchwandern aller Elemente, das Vorüberschreiten an Gestirnen und Dämonen der Luft übernommen. Die triumphale Auffahrt des Attis im Triumphwagen wirkt so stark ein, daß auch Christus mit der Beute, die er in der Hölle gemacht hat, in den Himmel fährt, begleitet von Scharen der Geretteten, um dort inthronisiert zu werden. Dieser Siegeszug ist ein Schauspiel für die Engel, die zuschauen, und für den göttlichen Vater, der mit Stolz seinem Sohn entgegensieht.

Zum Christus- und Marienmythos kommt nun drittens der *Teufelsmythos*. Das Judentum hatte nach dem Exil die mythische Gestalt eines persönlichen Bösen von den Persern übernommen, weil es damit auf das immer dringender werdende Problem des Bösen und des Leides eine vorläufige Antwort geben konnte, ohne Gott zu belasten. Schulbeispiel ist die Veränderung von 2. Samuelis 24, 1 zu 1. Chronik 21, 1: reizte einst Gott zum Bösen, so tut es jetzt der Teufel. Im Hiobbuch ist er Gott noch untergeordnet, allmählich wird sein Herrschaftsbereich größer. Die alexandrinische Exegese hat ihn in die Sündenfallsgeschichte hineininterpretiert; so wird er zur mythischen Ursache der Sünde, des Götzendienstes und des Todes, der erbitterte Gegner Gottes, mit dem Gott in einem letzten Endkampf noch einmal bis zur Entscheidung ringen muß. In den Evangelien war er als feste Größe geglaubt, personal-mythisch den Menschen zum Bösen verführend, dämonische Kräfte in Krankheit und Besessenheit auslösend, aber Christus untertan und von ihm schließlich vernichtet. Paulus, an rabbinische Vorstellungen anknüpfend, hatte ihn als persönlichen Störer seiner Reisepläne und Urheber seiner Krankheit bezeichnet, und darin rabbinische Theologie übernommen, daß er ihn mit außerchristlichen Göttern identifizierte – vorausgesetzt freilich, daß 1. Kor. 10, 20 f. echt ist. Auch wenn diese Verteufelung erst später in die Kirche gekommen sein sollte, wurde sie doch von größter Bedeutung, denn sie gab den Volksmassen die Möglichkeit, die alten, lieben Göttermythen ohne Gefahr beizubehalten: man erzählte die alten Geschichten eben jetzt vom Teufel oder von Teufeln.

Der Teufel kann zu fast göttlicher Gewalt gelangen. In den Thomasakten singt er einen aretalogischen Hymnus auf sich selbst, der die ‹Ich-bin›-Formel benutzt: «*Ich bin* der Bewohner der Tiefe des Tartaros und ihr Besitzer.» Vor allem verschmilzt er mit dem Tod und behält alle Qualitäten des griechischen Thanatos. Tod und Teufel sind Kampfgenossen, Zwillingsbrüder oder schließlich auch nur eine Gestalt. Damit hört der Tod auf, Gewinn zu sein; der Lebenshunger des jungen Christentums zeigt sich auch darin der Todesresignation schließlich überlegen, daß es den Tod zum Teufel macht.

Zwei besondere Eigenschaften griechischer Götter leben im Teufel fort. Der Glaube an den *Neid* der Götter wurzelt in der griechischen Welt sehr tief und fest. Seit Irenaios wird dieser auf den Teufel übertragen: aus Neid bringt er den Menschen zu Fall, weil er ihn um sein Heil beneidet.

Zweitens ist der Teufel die mythische Personifikation der *Lüge*. Irenaios behauptet, daß der Teufel immer lüge, da das zu seinem Wesen gehöre und folgt dabei bereits johanneischen Ansätzen. In dem langen Teufelsgedicht des Isaak von Antiocheia (wahrscheinlich Pseudonym für einen syrischen Dichter um 450) ist er ein «gefesselter und geknebelter Löwe», der zwar von Gott gebändigt worden ist, aber durch das «Gebrüll» seiner Lügen noch immer gefährlich werden und in Schrecken versetzen kann. Das ist im Grunde iranisch, denn nur in Indien und im Iran gilt die Lüge als echte religiöse Sünde. Die griechische Volksfrömmigkeit hat gegen lügende

Götter nichts einzuwenden, denn seit der Odyssee gibt es in der griechischen Welt eine Ebene des Ethos, auf der die Lüge ein Zeichen von Intelligenz ist. Und nun geschah das Merkwürdige: von hier drang diese Stimmung in das Christentum ein in der Posse vom Teufelsbetrug, die allerdings von ernsthaften Dogmatikern zu einem abstrakten Dogma entleert wurde. Tod und Teufel als betrogene Betrüger verschlingen nichtsahnend Christus, können ihn aber nicht verdauen, sondern müssen ihn wieder ausspeien. Leicht ließ sich diese volkstümliche Mythologie mit der Höllenfahrt verbinden und variieren. Clemens von Alexandreia hat sie vergeistigt: die bescheidene irdische Hülle Christi täuscht den Teufel über sein wirkliches Wesen, und über Origenes ist diese Form des Mythos zu den Kappadokern gekommen, von denen Gregor von Nyssa (gest. 394) in einem wunderlichen Gemisch von Mythos, Humor und Zweinaturenlehre Christus zu Angelrute und Köder macht, an den der dumme Teufel anbeißt. Fast noch stärker erinnert an die Phlyakenposse der Dialog zwischen Christus und dem Teufel bei dem zeitlich nicht sicheren Pseudomakarios, in dem die beiden wie zwei levantinische Kaufleute miteinander handeln: Christus verlangt in der Hölle die Freigabe der Seelen, aber der Teufel zieht einen Handelsvertrag hervor: «Hier sind die verzeichnet, die meinem Befehl gehorcht und mich angebetet haben.» Schließlich muß sich der betrogene Teufel geschlagen geben.

Mit und neben dem Teufel dringen auch die antiken *Tiermythen* ins Christentum ein, allerdings werden sie in zwei entgegengesetzten Formen verwandt. Der *Löwe* des Attis und der Kybele wird entweder zum Teufel oder er wird zum gefügigen Nachfolger der heiligen Thekla. Die *Schlange*, in Eleusis und bei Asklepios heiliges und segensreiches Tier, noch bei Julian als Truppenfahne Garant des Sieges, bei Herakles jedoch böse Macht, ist in der Orphik und bei Mithras gut und böse zugleich, ähnlich in dem schlangengestaltigen Agathodaimon und ähnlichen Gebilden. Im Christentum wird sie in Anknüpfung an die Sündenfallgeschichte meist verteufelt, teils mit Hilfe etymologischer Spielereien, teils durch Übertragung griechischer oder jüdisch-apokalyptischer Schlangengeschichten, teils mit Hilfe der astralen Mythen von der gefährlichen Himmelsschlange. Aber ihr ambivalenter Charakter bleibt erhalten, und so kann es geschehen, daß an einer Stelle im Christentum die Schlange nicht zum Teufel, sondern zu Christus wird, nämlich da, wo unter philonischem und johanneischem Einfluß die von Moses in der Wüste aufgehängte Schlange Analogie zu dem gekreuzigten Erlösergott wird.

Ägypten trug zum christlichen Teufelsmythos bei, daß der Teufel im *Westen* lokalisiert wurde, in der Richtung des ägyptischen Totenreichs. Das wurde für den christlichen Mythos ebenso wichtig wie für die Liturgie. Geht Christus als die Sonne im Osten auf, so herrscht der Teufel als der Finstere oder Schwarze im Westen. So zeichnet ihn ein frühchristliches Euchologion mit Farben, die dem ägyptischen Typhon entlehnt sind: «Im Westen steht also der Teufel und knirscht mit den Zähnen, schüttelt wild die Haare, klatscht in die Hände, zerbeißt sich die Lippen, heult vor Wut, weil er verlassen und auf eure Freiheit neidisch ist.»

Um die beiden Gegenspieler sammelt sich eine ganze Menge mythischer Gestalten hellenistischer, iranischer, jüdischer und ägyptischer Herkunft. Die einen werden auch im Christentum zur Gefolgschaft Gottes, zu *Engeln* und *Heiligen*, die anderen zu *Teufeln* und bösen *Dämonen*, und die dritten spalten sich und werden zu beiden. Die Dämonen, die als abgefallene Engel mythisch einverleibt werden konnten, dienten bei der allgemeinen Dämonengläubigkeit und den philosophischen Rechtfertigungen der Dämonen als festes Bindeglied zwischen Griechentum und Christentum. Bei Platon, bei Plutarch, bei Maximus von Tyros, bei Proklos und Jamblichos wird von den Dämonen nicht anders gesprochen als bei den Christen. Justin beginnt damit. Nachdem er den Gedanken des mittleren Platonismus dargestellt hat, daß die Götter Dämonen seien, führt er aus, daß diese Dämonen den Tod des Sokrates herbeigeführt hätten, weil er als erster die Griechen von der Götterfurcht befreien wollte, und daß sie dasselbe bei Jesus wiederholten. Bei Origenes und den Origenisten sind sie leidens- und sogar erlösungsfähig; in der Mönchsliteratur belästigen sie beständig die Asketen in der Wüste, bei Augustin sind sie zwar wie menschliche Verbrecher nur solange und soweit mächtig, als Gott es zuläßt, aber sie sind doch die Urheber aller Krankheiten und Leiden. Aus den guten Dämonen der Platoniker aber werden die Engel, die den Christen überall umgeben, im christlichen Gottesdienst gegenwärtig sind und wie bei den Platonikern die Verbindung zwischen oben und unten herstellen.

So bekommt alles Himmlische seinen teuflischen Gegenspieler und umgekehrt. Das braucht kein metaphysischer Dualismus zu sein, sondern ist vielmehr ein Stück *mythischer Ordnungsliebe*. Der Gottesmutter tritt die Mutter oder volkstümlicher die Großmutter des Teufels gegenüber, die in der Hauptsache eine Verteufelung der hellenistischen Göttermutter, besonders der Kybele, ist und der man allmählich alles Schlechte anhing, was jemals in der Welt gegen die Frau gesagt wurde. Firmicus Maternus faßt schließlich diese ganze mythische Entwicklung in den kurzen Satz zusammen: Habet ergo diabolus Christos suos – «auch der Teufel hat seine Christusfiguren». Damit aber war zumindest das volkstümliche Christentum – aber nicht nur dieses – polytheistischer geworden als die antike Religion, denn es hatte teils durch iranischen Einfluß, teils durch seine Theologie von der Sünde die Anzahl der bösen Götter beträchtlich vermehrt. Bis zum 4. Jahrhundert hält sich das noch in gewissen Grenzen, dann aber wächst es hinüber in die unbegrenzte mittelalterliche Himmels- und Höllenmythologie.

Warum hebt sich aber nun doch der christliche Mythos von den Umweltsmythen ab und ist nicht einfach als neues Glied in ihre alte Kette eingefügt worden? Das hatte fünf Gründe:

1. Die Kirchenväter weisen oft darauf hin, daß der geistige *Liebesbegriff* des Christentums die obszönen Sexualitäten der hellenistischen und orientalischen Mythen nicht dulden konnte. Hier hat das Christentum nur *einen* Bundesgenossen, nämlich Mithras. Was der hellenistische Mythos an Liebes- und Ehebruchsgeschichten, an Entmannungs- und widernatürlichen Unzuchtsszenen enthielt, war für das Christentum und für Mithras unerträglich.

2. Überhaupt unterscheidet sich der christliche Mythos von den Umweltsmythen durch einen viel höheren Grad des *Sittlichen.* Justin, der zugibt, daß «unsere Lehren den griechischen sehr ähnlich sind», lehnt im gleichen Zusammenhang ihre Götter ab, «weil sie nicht tugendhaft lebten».

3. Die christliche Vergeistigung und das vorwiegend auf das Heil gerichtete Interesse ertragen nur schwer einen *Naturmythos.* Auch die christliche Nüchternheit lehnt ihn ab. Wenn die Mythen, meint Firmicus Maternus, wirklich Naturereignisse bezeichnen, warum sagt man das dann nicht lieber unmythisch in naturwissenschaftlicher Sprache? So ist Christus nie zu einem Vegetationsgott oder zu einem Symbol biologischer Vorgänge geworden.

4. Wenigstens die gebildeten christlichen Kreise wenden sich schärfer als es im allgemeinen der Hellenismus tut, gegen das *Unsinnige und Unvernünftige* in den Mythen. Hier bricht ein bedeutungsvoller Gegensatz auf. Während es im mittleren und neueren Platonismus weite Kreise gab, die die Überlegenheit des Geistes darin sehen wollten, daß er noch aus jedem Unsinn Sinn herauszulesen verstand, wenn die konservative Bindung hellenistischer Denker auch das Anstößigste in den Mythen hinnahm, waren die Christen meist von diesen beiden Erwägungen frei. Auch solche wie Clemens von Alexandreia, die eine hohe Achtung vor der geistigen Tradition der griechischen Religionsgeschichte hatten, machten an einer bestimmten Grenze Halt. Sie nannten das, was in den Mythen kindisch und lächerlich war, auch wirklich so.

5. Vor allem stellt das Christentum die Frage nach dem Problem *Mythos - Geschichte* schärfer als seine Umwelt. Für den Griechen konnte der Mythos zwar auch den Seinsgehalt der Geschichte zum Ausdruck bringen, er selbst aber stand jenseits und außerhalb der Geschichte. Ob Herakles gelebt hatte, war im Grunde unwichtig. Der christliche Mythos aber verlangt nach einem historischen Minimum: irgendwo mitten in der Geschichte mußte seine Gestalt erscheinen, sonst verlor er seine Hauptidee, die der Geschichtswerdung Gottes.

Was in der Geschichte nicht nachweisbar war, war im Mythos im Grunde nicht möglich. Das ist unter römischem Einfluß vollendet worden, doch bahnte sich die Entwicklung viel früher an. Für Paulus zwar war der «Christus nach dem Fleisch» unwichtig geworden, bei Johannes aber stand im Zentrum, daß der Logos Geschichte wurde: Fleisch, also nicht Mythos. Dann beginnt mit der zunehmenden Mythisierung die verzweifelte Bemühung, Züge des Lebens Jesu als historisch hinzustellen, was sie unmöglich sein konnten. Hier liegt ein ernsthafter Gegensatz des Christentums zur griechischen Haltung, und hier ist es dem Römertum verwandt. Dem Griechen genügte zum Beispiel Überwindung des Todes im Mythos, denn für die Geschichte gelten doch nur relative Maßstäbe. Das Christentum nahm die Geschichte ernster. War der Tod nicht in der Geschichte überwunden, dann blieb immer fraglich, ob er überhaupt überwunden war.

Mit dieser Bezogenheit auf die Geschichtsrealität hängt der Glaube an die *Überlegenheit* und *Besonderheit* des christlichen Mythos zusammen. Was der hellenistische Mythos ersehnte, war in der Christusgeschichte empirisch faßbar und greifbar. Damit hatte sich der hellenistische Mythos teils erledigt, teils war er christlich zu korrigieren, teils mußte er aber auch als Gefahr beseitigt werden, da er von der Geschichtswirklichkeit ablenkte. Je nach der Linie, die man verfolgte, konnte man ihn daher als prophetischen Hinweis auf den christlichen gelten lassen oder als teuflische Nachahmung der christlichen Wahrheit bekämpfen.

Doch gibt es seit neutestamentlicher Zeit auch christliche Bewegungen, die die Geschichte ablehnen und nur den Mythos als das Ewig-Wahre wollen. Man faßt sie gewöhnlich unter dem nicht sehr glücklichen Sammelnamen *Gnosis* zusammen. Hier seien nur diejenigen christlichen Richtungen und Systeme darunter verstanden, die alle neutestamentliche Erkenntnis in rein mythische Schau oder Spekulation auflösen und dazu Formen der Umweltreligionen, der Philosophie, der Literatur oder des Halbwissenschaftlichen, sogar der Volksreligion, verwenden. In Kleinasien sind sie von hellenistisch-gnostischen Gruppen befruchtet, in Ägypten auch von jüdisch-christlichen. Eine besondere Rolle bei ihrer Entstehung hat der Samariter Simon, ‹der Magier›, mit seinem Schüler Dositheos gespielt, dazu trat nach 100 der Kleinasiat Kerinth, und um dieselbe Zeit entstand die Gruppe der Naassener. In Syrien ist die erste markante Persönlichkeit der Berufsastrologe Bardaisan aus Edessa (vor 200). Neben zahllosen kleinen Gruppen und Grüppchen und einigen seltsamen Einzelgängern bildeten sich schließlich drei große Schulen heraus, die des Karpokrates, die des Basilides und die des Valentin. Alle drei gingen von Alexandreia aus und hatten ihre Blütezeit in der zweiten Hälfte des zweiten Jahrhunderts. Bei aller Verschiedenheit haben sie miteinander gemeinsam, daß sie alles Mythische durch eine starke platonisch-neupythagoreische Schicht hindurchfiltrieren.

Alle christliche Gnosis entstammt hellenistischem Geist, das heißt, sie hat alles, was sie an sich gezogen hat, griechisch interpretiert und umgewandelt. Die Blütenlese orientalischer Namen und Motive, die sie benützt, darf darüber nicht hinwegtäuschen. Mag ein Mythos aus dem Iran, eine astrologische Phantasie aus Babylon, ein Teil der spekulativen Terminologie aus Ägypten, ein theologischer Ausdruck aus dem Judentum stammen, so sind das alles doch nur lose umgehängte Gewänder. Der Geist ist nur griechisch, und zwar vorwiegend platonisch. Die Gnosis gehört in die Geschichte des Spätplatonismus als eine seiner Abzweigungen, allerdings eine sehr merkwürdige. Das sah schon der erste erbitterte Gegner der Gnosis, Irenaios. Er bezeichnet die Gnosis als eklektisches System aus Homer, Thales, Anaximander, Anaxagoras, Demokrit, Epikur, Empedokles, Platon, der Stoa, dem Kynismos und aus alten und neuen Pythagoreern. Der zweite alte Zeuge ist Tertullian, der Valentin schlechthin «Platonicae sectator» nennt. Als dritter erklärt der gute Kenner Plotin die Gnosis trotz orientalischen Unsinns und wirrer Form für Platonismus. Völlig falsch ist die Unterscheidung einer hellenistischen ‹metaphysischen› von einer orientalischen ‹mythologischen› Gnosis, denn erstens sind in allen westlichen wie östlichen Systemen Metaphysik und Mythos untrennbar miteinander verschmolzen, und zweitens sind gerade die mythischen Züge oft stärker griechisch als die dualistische Metaphysik.

Die entscheidenden griechischen Grundlagen sind leicht zu erkennen. Das tragende Gerüst, die *Verbindung von Mythos und Logos*, stammt ausschließlich aus Platon. Hellenistisch-platonisch ist die Gleichsetzung von Religion und Erkenntnis, wobei Selbsterkenntnis mythisch und mythische Erkenntnis Selbsterkenntnis wird. Im Mythos ersteht, metaphysisch-religiös gedeutet, die alte griechische Theogonie und Kosmogonie wieder: orphische Kreise liefern den christlichen Gnostikern unerschöpfliches Material. Der Mythos von Phanes-Dionysos, die Schichten und Ringe des Kosmos, die Ausbrütung des Ureies zur Welt, die mythische Bedeutung von Sonne und Winden sind von hier aus in die Gnosis gekommen. Wichtiger waren Phaidros und Timaios. Der Flug der Seele nach oben oder das Verwelken ihrer Flügel, der Mensch als Doppelwesen, das Durchschweifen der Himmel im Seelenaufstieg, die Auf- und Abstiegsschemata, der Leib als Grab und Gefängnis, das waren alles platonische Bausteine. Dann kommen vom Neupythagoreismus her die gnostischen Zahlenspekulationen und -symbole.

Dagegen gibt es *keine* ‹Urform› der Gnosis. Wohl sind einige Systeme näher miteinander verwandt, aber die meisten sind gesonderte Ergebnisse des hellenistischen Strebens, religiös möglichst Vielfältiges und Buntes zu absorbieren und zu vereinen. Die Übergänge von einem System zum anderen sind fließend, auch die von christlicher zu außerchristlicher Gnosis.

Die Fragestellungen der Gnosis nehmen alte griechische Probleme wieder auf. In erster Linie geht es um den Problemkreis des *Ursprungs aller Dinge*, der, echt hellenistisch gemischt, religiös-naturwissenschaftlich behandelt wird. Im Gegensatz zur kirchlichen Schöpfungslehre bevorzugt man Zeugungs- und Emanationssysteme. Bei den ersteren steht ein so vergeistigtes Urpaar am Anfang, daß man seinen mythischen Ursprung kaum noch erkennt, besonders wenn aus der Einheit (μονότης) und Einsheit (ἑνότης) die Monade wird, die sich mit dem Eins (ἕν) vermählt. Daneben bleiben rein mythische Formen: Helena, die Genossin des Gnostikers Simon, will keine andere sein als die vom Himmel herabgestiegene allmütterliche Wesenheit und Weisheit, die als das verlorene Schaf den Trojanischen Krieg entfesselte, dann in vielen Geburten bis zur letzten Tiefe irdischen Schmutzes herabstieg, aber durch die Vermählung mit dem göttlichen Gnostiker den Aufstieg wieder beginnt. Zwischen diesen beiden Extremen gibt es eine Menge heiliger Hochzeiten und Zeugungen, teils mythischer, teils spekulativ abstrakter Art. Der unbekannte Vater zeugt mit der Wahrheit die intelligible Welt, der göttliche Abgrund mit dem Schweigen den Geist, dieser mit der Wahrheit den Logos, dieser mit dem göttlichen Leben den Idealmenschen, oder aber der Abgrund zeugt mit der Weisheit den himmlischen Christus, dieser mit dem Geist den irdischen Jesus. Auf seine himmlische Zeugung beruft sich ganz nach Art orphischer Totenpässe der christliche Myste: «Ich bin ein Sohn des ewigen Vaters ... mein Geschlecht stammt von dem, der ewig ist, und ich reise wieder in die Heimat zurück, aus der ich gekommen bin.»

An die Stelle der Zeugung kann die *Emanation* treten. Hier sind mythische Beziehungen schwach, da sie aus der Naturwissenschaft stammt und häufig auch in den Religionen nur mit naturwissenschaftlichen Bildern wie dem vom ausstrahlenden Licht oder vom strömenden Quell arbeitet, die durch die Ausströmung nicht leerer werden und doch Neues formen. Lange Emanationsketten stellen sich wie mathematische Reihen dar: aus dem ungezeugten Vater emaniert der Nous, aus ihm der Logos, aus ihm das Denken, aus ihm die Weisheit, aus ihr die Kraft, oder etwa aus dem Urabgrund der Uranfang, aus ihm der Logos, aus ihm die Äonen. In vielen Figuren und Skizzen, die geradezu an moderne Zellteilungszeichnungen erinnern, führen die Bücher Jeû und verwandte Literatur diese Emanationssysteme vor. Nirgends ist der naturwissenschaftliche Hintergrund ganz verloren gegangen. Aber auch die Dichtung hat sich des spröden Materials bemächtigt:

Urgesetz der Allentstehung war der erstgeborene Geist,
Als zweites wurde vom Erstgeborenen das Chaos ausgegossen,
Und als drittes nahm von dort die Seele ihre wirksame Kraft

beginnt der Naassenerhymnus. Häufig werden die Reihen auch psychologisiert und der Emanationsvorgang ganz ins Seelische verlegt: die Materie ist eine Emanation aus Furcht, Trauer und Irrtum, die bösen Geister, aber auch die Elemente Wasser und Luft emanieren aus der Traurigkeit, oder aus Ekel und Furcht emaniert der Stoff, aus Bewegungsdrang die Seele, aus der Wesensschau der Geist.

Die *Schöpfung* bleibt demgegenüber als niederer Akt einem prometheischen Demiurgen oder gar einem bösen Dämon überlassen. Dämonische Engelwesen schaffen eine Art Mensch, aber das mißlingt: dieser Mensch bleibt am Boden haften und ist im Grunde nur tierisch.

Aus der mythischen Götterentstehung ist eine Entstehungsgeschichte der *Begriffe* geworden. Dositheos nennt sich «der Stehende», das ist eine Begriffsmythologisierung des aristotelischen Gottes, Simon «die höchste Kraft Gottes», das ist der Begriff des aristotelischen Allbewegers. Das Licht ist der «Same», von dem die Seele befruchtet wird, das stammt aus der stoischen Samenlehre. Gewiß ist die gnostische Mutter auch mythisch eine Himmelsgöttin, aber als solche nur mythisches Bild für das aus griechischen Seelentiefen herkommende tiefe Schweigen des Ewigen oder für die ewige Wahrheit oder die allem gemeinsame göttliche Natur. Die Markosier taufen zwar auf die «Mutter aller Dinge», setzen aber sofort hinzu, daß das die Wahrheit sei. Gewiß reizt derb mythisch Barbelo die Archonten zur Unzucht, damit sie auch den letzten göttlichen Samen noch vergießen sollen, bedeuten soll das aber nur den stoischen Gedanken, daß durch Reizung der Leidenschaften auch das letzte Göttliche noch zerstört wird. Wohl treten mythische hermaphroditische Figuren bei den Gnostikern auf, aber sie sind wie bei Platon nur Ausdrucksformen für eine über alle Differenzierungen hinausreichende kosmische oder geistige Einheit. Daß Engel und Dämonen orientalische Namen tragen, ist nichts weiter als *modern*, das heißt als die aus dem hellenistischen Weitendrang kommende Vorliebe für fremde Formen. Gewiß mutet es ungriechisch an, wenn griechische Götter, Dämonen und Heroen als Jao, Sabaoth, Astaphaios, Ailoaios, Horaios auftreten, aber es ist genau so merkwürdig wie ein Konfuzius oder eine Isis im Park eines ostpreußischen Rittergutes des 17. oder 18. Jahrhunderts, wo die Damen bei dünnem Tee Kantsche Aufklärung in Konfuzianismus uminterpretierten, weil das neu und modern war. Die Dinge liegen wahrhaftig gar nicht anders. Echt griechisch bleibt dabei immer die feine Differenzierung auch der letzten Begriffe: man spaltet das letzte Schweigen noch in Sige und Arreton und vieles andere.

Die Differenzierungen können so weit getrieben werden, daß das Ganze des Kosmos darüber zerbricht. Meist aber ist die gnostische Äonenlehre der Versuch, das platonische Reich der Ideen mythisch-spekulativ in letzte Feinheiten zu gliedern, auch wenn vor lauter Neben- und Unterordnen von Idee-Äonen manches auseinanderfällt. Was sind schließlich die obersten Äonen der Markosier: Unaussprechbarer, Schweigen, Urvater, Wahrheit, Logos, Leben, Idee Mensch, Idee Gemeinde anders als eine Ideentopographie. Oder die komplizierte Äonenliste der Valentinianer: Abgrund, Sein, Geist, Logos, Leben, Mensch, Idee Gemeinde, Tiefe, Mischung, Vereinigung, Einheit, Entstehung, Lust, Festigkeit, Kohärenz, Geburt, Seligkeit. Oder selbst die voluntaristisch gefärbten der Ptolemaier: Sein, Abgrund, Wille, Wahrheit, Geist. Es sind *Kategorientafeln* einer mythischen Philosophie.

Aller Äonen wichtigster ist die *Idee Mensch*, der Mensch an sich. Zu seiner Darstellung nimmt die Gnosis eine hellenisierte Form des iranischen präexistenten Gayomaretan. Mit ihm vereinigt sich der mannweibliche Urmensch der Orphik, der auch als Dionysos erscheint. Er steht zwischen dem höchsten Gott und dem Weltschöpfer, also über diesem. Er hat den Ehrensitz rechts vom Urlicht.

Wie kommt nun in diese vom letzten Guten und Geistigen gezeugte oder aus ständiger göttlicher Emanation lebende Welt das *Böse?* Zwei Antworten werden gegeben, entweder die platonisierende Abstiegslehre, die zu einer mythischen Fallgeschichte werden konnte in Anlehnung an altgriechische Gigantomachien, oder die iranische, meist mythisch oder auch nur abstrakt gefaßte Lehre eines ewigen und ursprünglichen Dualismus.

In mythischer Schönheit wird der *Abstieg* der Lichtgestalten platonisierend geschildert. Dabei kann das Neue Testament zur Mythenbildung benutzt werden. So ist die Urseele, die das Licht verließ, das tote Mädchen, das auf die Auferweckung durch den Herrn wartet. Das Glanzstück ist der ‹Perlenhymnus› der Thomasakten, in dem, ähnlich wie es mit Eros und Psyche geschehen ist, ein Märchen in einen Mythos verwandelt wird. Der Königssohn steigt im Auftrag der Eltern hinab nach Ägypten, dem Land der Toten, um die ‹Perle›, die von Tod und Materie gefangenen göttlichen Lichtteile, zu holen. Aber die Leidenschaften werden Herr über ihn, er ißt von den Speisen der Ägypter wie Kora von dem Granatapfel der Unterwelt und vergißt seinen göttlichen Auftrag. In den meisten Fällen haben die Affekte den Sturz veranlaßt. Aber auch die Neugier läßt die oberen Geistmächte, etwa die Sophia, bis in den Schlamm der unteren Gewässer tauchen und dadurch befleckt werden. Oder die Materie als Träger des Bösen entsteht aus der Verzweiflung über die Unmöglichkeit voller Gotteserkenntnis. Bezeichnend für den griechischen Charakter ist, daß sich nirgends die Übertretung eines göttlichen *Gesetzes* als Grund des Falles findet.

Wo aber ein metaphysischer Dualismus an der Stelle des Falles steht, da verbindet sich mit ihm eine Abwertung des *Demiurgen*, der als Schöpfer der materiellen Welt geradezu böse sein kann. Griechischer Pessimismus vereinigt sich in dieser Gestalt mit iranischem Dualismus. Seine Entstehung verdankt der Demiurg einem Irrtum, aus Dummheit schafft er die materielle Welt; er wird höchstens den Engelwesen zugerechnet, steht aber tief unter dem zum Geist erlösten Menschen. Bei den antijüdischen und ultrapaulinischen Gnostikern ist er der furchtbare Judengott, der Demiurg Jao, der den Unfrieden und die jüdischen Machtgelüste in die Welt gebracht hat, der grausame Gott des Alten Testamentes, der Rache und Vernichtung gebietet.

Die von ihm geschaffene Welt des *Stoffes* ist das griechische ‹Soma-Sema›. Wer von ihr gefangengehalten wird, ist vom Geist-Göttlichen getrennt und daher unglücklich. Denn das Böse ist mehr Tragik als Schuld: der von der Materie gefesselte irdische Mensch kann das Licht nicht mehr festhalten. Kosmisch erscheint dieser Zustand als das große Weltleid: alles Feuchte in der Welt sind Tränen, alles Schwere Traurigkeit, alles Bewegliche Furcht, alles Sinnliche Leid. Anthropologisch erscheint er als Widerstreit des Dionysischen und Titanischen ganz nach orphischer Mythenbildung. Der unerlöste Mensch ist genau wie auf orphischen Goldblättchen «Kind der Erde und des Sternhimmels». Der Leib ist «finsterer als alle Finsternisse und schmutziger als aller Schmutz», aber in ihm gefangen und durch ihn nicht zerstört ist der göttliche Funke. Am beweglichsten hat das wieder der Naassenerhymnus geschildert:

Daher trägt sie (die gefangene Seele) die Gestalt eines [flüchtigen Tieres;]
Unter der Macht des Todes müht sie sich in banger Sorge:
Einmal ist sie Herr des Reiches, schaut das ewige Licht,
Dann jedoch in tiefstem Weinen sieht sie keinen Ausweg mehr.

Hier erst setzt nun das *Christliche* der Gnosis ein. Aus dieser Lage kann sich die Seele nicht selbst befreien, sondern jetzt muß die göttliche Gnade herniedersteigen und sie befreien. Das tut sie in der Gestalt des göttlichen *Erlösers*, der aus Liebe aus der oberen Welt herabkommt und sich ihrer annimmt:

Wie sie auf der Erde leidet, von den Leiden heimgesucht
Fern von deinem Hauch umherirrt,
Fliehen will das bittre Chaos, doch den Aufstiegsweg nicht weiß.
Da sprach Jesus: Schaue Vater,
Daher sende mich hinab, o Vater,
Mit den Siegeln steig' ich nieder,
Schreite hindurch durch die Äonen,
Die Mysterien alle eröffne ich und zeige aller Götter Wesen,
Und des heiligen Weges Geheimnis verkünde ich: Gnosis heißt es.

Dieses Stück des Naassenerhymnus ist nicht nur formal deshalb beachtlich, weil es das Motiv des Gespräches des Welterlösers mit Gott vor seiner Menschwerdung benutzt, sondern weil es die Erlösung als *innergöttlichen Akt* versteht. Im Grunde vollzieht sich alles innerhalb der Gottheit, denn es wird nicht der Mensch, sondern das Göttliche im Menschen erlöst. Christlich bleibt das Motiv: aus reinem *Erbarmen* zieht der Erlöser die göttlichen Lichtteile aus dem Dunkel und der Materie heraus. Aus dem Lichtäon der Fülle steigt er in die untersten Tiefen, ohne sich, wie einst der Mensch, mit der Materie zu beflecken. Dabei kann er sich noch durch verschiedene Emanationen umformen. Auf seine historische Gestalt kommt es gar nicht an, er kann ebensogut Horos heißen wie Christus, doch braucht er auch gar keinen Namen zu tragen. Es ist nicht einmal wichtig, daß er überhaupt eine Person ist. Daher muß der gnostische Mythos immer doketisch sein, allerdings gibt es Zwischenformen, die den neutestamentlichen Sachverhalt möglichst einbauen. Man kann zwischen einem leidensfähigen und einem leidensunfähigen Christus unterscheiden, aber alle konsequenten Systeme lehnen jede Verbindung des Erlösers mit der Materie ab, sein Leib ist ein Scheinleib. Nicht Christus, sondern Simon von Kyrene wird gekreuzigt, und der Welterlöser steht dabei und lächelt über die Vertreter der Materie, die Juden, die das nicht merken. Wenn man ihm hier und da fleischliche Gestalt zuspricht, so ist sie ganz anders als die menschliche: unsterblich, lichtartig, rein. Er ißt und trinkt auf himmlische Weise, die Speisen verwesen nicht in ihm. «Wenn ich ihn berührte», erzählte ein gnostischer Evangelist, «griff ich bald auf einen stofflichen und dichten Körper, bald auf unstoffliche und unkörperliche Substanz wie auf nichts ... Nirgends auf der Erde war seine Fußspur zu sehen.» Er verdoppelt sich auf merkwürdige Weise und unterhält sich mit seinem Doppelgänger, erscheint als kleines Kind, macht sich unsichtbar.

Daneben stehen die Systeme, in denen *der Gnostike*r oder der Stifter der Sekte der vom Himmel gekommene Erlöser ist. Das beginnt bei Simon Magus und geht bis zu Menander. Man gibt sich für den Parakleten des Johannesevangeliums oder für die Erscheinung des auferstandenen Christus aus. Simon läßt sich auch als ‹lebendiger Gott› oder, wenn Hippolyt recht hat, sogar als vom Himmel gekommener Zeus verehren. Dieser erschienene Gott bringt die volle Wahrheit, da Jesus erst einen Teil geben konnte.

Das *Werk* des Erlösers wird nur zum Teil mythisch dargestellt. Bereichert hat die Gnosis den Höllenfahrtsmythos und den Mythos vom Dämonenkampf. Häufig wird die Vernichtung des Demiurgen und Judengottes beschrieben, der der schlimmste Gegner des Christus ist. Häufiger aber sind lehrhaft-unmythische Aussagen. Der Erlöser kommt, um den höchsten Gott zu enthüllen, um die Unwissenheit zu beseitigen, um der unruhigen Welt Ruhe zu bringen und einen heiligen Chor lobsingender Geister in ewiger Harmonie nach ihrer Befreiung von der Materie zu schaffen.

Je nach dem Grad ihrer Erlöstheit entstehen *drei Menschenklassen*, die aus dem Platonismus stammen: Pneumatiker, Psychiker und Hyliker. Gelegentlich können sie auch zu der alten platonischen Zweiheit Psychiker und Hyliker reduziert oder zu einer Vierheit erweitert werden, indem noch Hyliker und Somatiker voneinander getrennt werden. *Sicher* erlöst wird nur der Pneumatiker, der entweder wieder zum Geist aufgestiegen ist oder den Geist völlig über sich herrschen läßt. Er ist der eingeweihte Gnostiker. Heilsunfähig ist der Hyliker, der die Materie über sich herrschen läßt und im Rad der Wiedergeburten verbleibt. Über den Psychiker, dessen Leitkraft die Seele ist, gehen die Ansichten auseinander. Entweder spricht man ihm den freien Willen zu, sich für oder gegen die Erlösung zu entscheiden, oder man rechnet ihn zu den Erlösten oder Unerlösten. Erlöst werden unter allen Umständen nur Geist und Seele, nie die Materie.

Erlösung ist also *negativ* Befreiung von der Materie, *positiv* Vergottung, Gottgleichheit oder wenigstens Aufrücken in die Gottnähe: «Ihr sollt wissen, daß die Menschenseele, die den dunklen Körper ausgezogen hat, unmittelbar hinter Gott steht.» Der Pneumatiker vereinigt sich mit den geistigen Engelwesen, steigt durch das Dämonenreich an der Planeten- und Fixsternsphäre vorbei zum Urlicht und vollzieht die heilige Hochzeit mit dem göttlichen Geist. Die gereinigte Seele soll, sich legitimierend, zu den Dämonen sprechen: «Ich bin ein Gefäß, das größere Ehre verdient als das Weib, das euch geboren hat . . . ich kenne mich und weiß, woher ich stamme, und verehre die unvergängliche Weisheit, die in dem Vater ist.» Für die sieben Planetengeister hat sie besondere Paßworte, die auch vor dem Gericht schützen. Was aus der Materie wird, ist belanglos; sie mag ihre entgottete Existenz weiterführen oder in einem stoisch-persischen Weltbrand verbrennen. Der Ort, in dem auf der Erde das Heil vermittelt und der Aufstieg vollzogen wird, ist die gnostische *Mysteriengemeinde.* Auch sie gilt als eine Ausströmung des Geistes. Durch einen Eid verpflichtet sich der Gnostiker beim Eintritt zum unverbrüchlichen Schweigen und gelobt, nie wieder abzufallen. Dann wird durch Weihen und Sakramente die Seele höher und höher geleitet. Dabei überträgt der vollendete Pneumatiker den Geist auf den Neugetauften; wir besitzen noch eine solche Übertragungsformel: «Der Ort deiner Größe ist in mir. Wir müssen eins werden. Empfange zuerst von mir und durch mich die Gnade. Bereite dich wie eine Braut, die auf den Bräutigam wartet. Empfange in deinem Brautgemach den Lichtsamen. Nimm hin von mir den Bräutigam, fasse ihn und laß dich von ihm fassen.»

Außer der Kultgemeinde gibt es aber auch noch andere Bezirke, in denen die Seele ihre Verbindung zum Ewigen wiederfindet. Es sind vor allem der Bereich der *Astrologie,* das heilige *Symbol,* die *Zahl* und das *Zeichen.* Ihre Verwendung reicht von plumper Magie und Technik bis zu höchster Vergeistigung.

Hippolyt, der allerdings die Tendenz hat, für jede gnostische Gruppe eine andere Philosophenschule oder Religion als Quelle festzustellen, berichtet, daß die Peraten in hochpoetischer Weise eins der astrologisch-mythischen Systeme unverändert aufnahmen. Ihre Propheten verkünden wie echte religiöse Astrologen der Zeit: «Ich bin die Stimme des Wachrufs in der nächtigen Welt» und legen dar, wie Himmelsozean, Tierkreiszeichen, die Dämonen, die über Sternaufgang und Sternuntergang, Tag und Nacht herrschen, eigentlich heißen, denn ihre Namen zu wissen ist schon Gnosis. Soweit wir aber bei dem Mangel an Quellen sehen, hat die Astrologie in der Gnosis nicht ganz den Umfang und die Tiefe angenommen wie im hermetischen Kreis: man begnügt sich mit einigen Grundlehren wie der vom Parallelismus von Sterngeschehen und Weltgeschehen und der von Antipathie und Sympathie der Himmelskörper. Die sieben Planeten entsprechen den sieben Lichtstufen der Emanationen, der Fixsternhimmel dem Heer der Dämonen, die Tierkreiszeichen sind die Orte, die die Seele bei ihrem Aufstieg zu durchlaufen hat, der ganze Sternenkosmos die gesetzmäßige Ordnung guter Geister und böser Weltelemente. Christliches findet sich dabei ebensowenig wie Originelles.

Von besonderer Bedeutung für die Gnosis war die Erneuerung des Pythagoreismus. Sie schenkte ihr das Prinzip der *Zahl* als Basis für die Zusammenschau kosmischer, mythischer und psychologischer Gegebenheiten. Der feste Glaube, daß das Wunder der Zahl und der mathematischen Gesetze genaue Entsprechungen im Gesamtkosmos haben, ließ sich leicht mit der Zahlensymbolik der Bibel christlich rechtfertigen. Meist aber werden die neupythagoreischen Schemata nur leicht und oberflächlich verchristlicht. 1, 2 und 3 bleiben wie bei den Neupythagoreern und den neueren Platonikern Ausdruck des dialektischen Weltprozesses und damit Grundlagen zu allem weiteren. Die Spekulationen über die 1 und ihren besonderen Charakter in der Zahlenreihe entsprechen genau den Aussagen über das letzte Eine als Weltgrund. Die 2 gilt meist als Prinzip des Bösen, die 3 ist Ausdruck für die verschiedenen Trinitätsspekulationen und -mythen. Die 4, deren Vorkommen in der Symbolik des Johannesevangeliums die Gnostiker richtig erkannt haben, ist als Zahl der Himmelsrichtungen, Winde, Elemente, Konsonanz und Gerechtigkeit, dazu als erste Quadratzahl Formprinzip des gesamten kosmischen Aufbaus oder der Struktur der gegenwärtigen Welt. Die 5 spiegelt als Zahl der Machtfülle, der fünf Seelenteile und der fünf Sinne die Anzahl der obersten über die Welt gesetzten Archonten wider, in der 6 liegt die Gesamtheit der weltbildenden Kräfte Vernunft (νοῦς), Einsicht (ἐπίνοια) Stimme (φωνή), Name (ὄνομα), logischer Schluß (λογισμός) und begreifendes Nachdenken (ἐνθύμησις). Neben der 3 hat die 7 die größte Bedeutung. Nach einem Hippokrates zugeschriebenen Satz hat ein siebenjähriges Kind die Hälfte der Größe seines Vaters, daher kommt ihm die höchste Gotteserkenntnis zu. In der 7 erscheinen die sieben Planeten als die sieben Gewänder der Isis, die oberste Kraft, die die sechs Grundkräfte vereinigt, aber auch der Idealstaat des höchsten Wesens und die Anzahl der himmlischen Sphären. Die 8, die als erste Kubikzahl die geheimnisvollsten mathematischen Beziehungen hat, bildet die Ogdoas der ersten und entscheidenden Emanationen, aber auch das Wesen des Erlösers und die Ewigkeit. Die 12, die Zahl der Ekliptik und der Tierkreiszeichen, aber auch der olympischen Götter, ist die Zahl der heiligen Zeit, in der die Gemeinde ihre Geheimlehren empfängt. 18, die halbe Kreiszahl, ist die Summe der beiden Anfangsbuchstaben des Jesusnamens, 24 die Zahl aller Weltelemente. Von höheren Zahlen sind die 300, deren Zahlbuchstabe das Kreuz (T) ist, und die ‹Abraxaszahl› 365 von Bedeutung.

Mit der Zahl ist der *Buchstabe* eng verbunden. Als Mittel pythagoreischer Darstellung großer kosmischer Zusammenhänge entsteht ein Buchstaben-Zahlensystem. Das Alphabet enthält das Weltgesetz. Auch der menschliche Leib ist nur eine alphabetische Ordnung aller Einzelbuchstaben. Isopsephie und Gematrie als Methoden, Buchstaben in Zahlen und Zahlen in Buchstaben zu verwandeln, hat Johannes ins Christentum eingeführt, aber die Gnosis hat das nach jeder Seite hin weitergeführt. Natürlich war man dabei großzügig; wenn die Dinge nicht aufgingen, hat man sie stimmend gemacht, indem man etwa für i zur Erhöhung der Zahl ei schrieb oder auch sonst nachhalf.

Überblickt man alle diese Einzelheiten, so ist es klar, daß man nicht in den alten Fehler verfallen darf, ‹Gnosis› vom ‹Christentum› zu scheiden. Denn das Verhältnis von Christlichem im Sinne der neutestamentlichen Quellen zu Außerchristlichem ist bei jeder gnostischen Gruppe anders. Die meisten Gruppen sind zweifellos nicht völlig unmögliche Fortentwicklungen neutestamentlicher Gedanken in folgenden Punkten: 1. Die *Abwertung der Geschichte*, die mit der paulinischen Unterscheidung von Christus nach dem Fleisch und Christus nach dem Geist beginnt, wird hier radikal durchgeführt. Der Grund dafür liegt 2. in der *methaphysischen Trennung* von geschichtlicher und ideeller Welt, von Seele-Geist und Stoff. Auch das beginnt bei Paulus: «Die aber im Fleisch sind, können Gott nicht gefallen», «Ihr aber seid nicht im Fleisch, sondern im Geist», nur daß es da von der anderen Auffassung durchkreuzt wird, nach der der Leib Tempel Gottes ist und Christus Fleisch annahm. 3. Damit wird Gott immer weltferner und schließlich nur noch jenseitig. Auch das hatte im Neuen Testament Ansatzpunkte: «Keiner hat Gott je gesehen», «Gott ist Geist». Die Gnosis entwickelt diese Anfänge fort zu den rein negativen Gottesbestimmungen des späteren Platonismus. 4. Die Lücke zwischen oben und unten muß ein erweiterter Mythos schließen. Aber auch hier war das Neue Testament Vorbild, indem es nicht nur am Satan, sondern auch an Archonten, Engelwesen, Weltelementen und Dämonen festhielt. Nur ist deren Gewicht in der Gnosis größer geworden. 5. Nicht Glaube und Liebe sind der Weg zum Heil, sondern *Erkenntnis*. Das war gewiß in der Hauptsache der Philosophie entlehnt, aber doch im Neuen Testament als Ansatz vorhanden. Paulus hatte von einer Weisheit gesprochen, die nur «bei den Eingeweihten» (τέλειοι) sei, und Johannes hatte zum Glauben Gnosis gefordert.

Trotz dieser neutestamentlichen Basis sind die meisten gnostischen Gruppen von der kirchlichen Entwicklung nicht rezipiert oder sogar ausgeschieden worden. Die Gründe dafür liegen auf der Hand:

1. Gewiß ging man auch innerhalb der Kirche oft sehr weit in der *Entgeschichtlichung* des Christentums, besonders die der Gnosis nahestehenden Alexandriner. Aber die geschichtliche Wirklichkeit Jesu war doch unaufgebbar. Ihre Verkürzung in einen Mythos hätte die Wurzeln des Christentums abgeschnitten. Die Fleischwerdung Gottes war die sicherste Grundlage für seine Weltzugewandtheit und Nähe.

2. Die Kirche hat Schöpfung, Welt und Leib höher gewertet. Sie wehrt die Gnosis am erfolgreichsten mit dem *Schöpfungsoptimismus* Jesu ab, und selbst bei dem viel jenseitigeren Paulus bildet doch der Christus die freilich unverdorbene Schöpfung ab. Nicht «Schatten» sollen erlöst werden, formuliert Irenaios, sondern konkrete Menschen von Fleisch und Blut. Die Welt ist gar nicht so schlecht, wie die Gnostiker meinen, sondern so groß und schön, daß kein Demiurg sie hätte schaffen können, sondern nur Gott selbst.

3. Dem immer fernen oder abstrakten höchsten Wesen der Gnostiker steht der liebende *Vater* gegenüber, der gar nicht nur den Gnostiker retten will, sondern «will, daß allen Menschen geholfen werde». Gerade von diesem Punkt aus hat Origenes die Gnosis überwunden.

4. Gegen die Mythenbildung und Äonenreihen bäumte sich die Vernunft auf. Die Kirche hielt von der *Vernunft* viel mehr, ein rationalistischer Zug war ihr vom Neuen Testament her mitgegeben. Schon späte neutestamentliche Schriftsteller hatten diese Spekulationen und Mythologeme ‹pseudonyme Gnosis› genannt. Die Kirche war besonders bei den der Gnosis so nahestehenden großen Alexandrinern und Kappadokern glücklicher in ihrer Synthese von Glauben und Vernunft, die sie zu einem großen Teil der sauberen philologischen Forschungsarbeit vieler ihrer ersten Geister verdankt.

4. *Lehre und Dogma*

Immer da, wo sich der analytische Verstand der geschichtlichen Grundlagen einer Religion oder eines vorhandenen Mythos bemächtigt, entwickelt sich eine Lehre. Das Umgekehrte ist seltener, kommt aber auch vor, daß nämlich ein Mythos erst zur Illustration einer vorhandenen abstrakten Lehre gefunden wird. Dabei kann die Lehre den Mythos aushöhlen oder der Mythos die rationale Lehre überwuchern oder beide können einander sogar bekämpfen, indem die emotionaleren Träger der Religion sich auf die Seite des Mythos stellen, die rationaleren auf die der Lehre. Es gibt aber noch eine dritte Möglichkeit, daß Mythos und Lehre in einen geschlossenen Kreislauf übergehen, der Mythos die Deutung durch Denken und Lehre fordert, Denken und Lehre aber vom Mythos ständig befruchtet werden und von ihm die Sicherung gewinnen, nicht im Rationalistischen zu verflachen. Glauben, Lieben, Hoffen, ekstatisches Erlebnis, mythische Schau erschöpfen das Wesen des religiösen Menschen nicht, sondern gebieterisch mahnt das *Denken* an sein Recht. In einer Welt, die mehr oder weniger nach dem Aristoteleswort lebte, daß das Denken höchste Glückseligkeit sei, daß Gottes höchste Tätigkeit das Denken sei und der Denkende von ihm am meisten geliebt werde, hatte das Christentum nur dann eine Aussicht, wenn es begann, sich selbst zu durchdenken. In dem Augenblick, als der Christ zu fragen begann, wie es zu verstehen sei, daß ihm etwas Neues aufgegangen sei, war das christliche Dogma schon geboren. Es entstand nicht aus einer Enttäuschung, sondern aus der Selbstverständlichkeit des denkenden Menschen. Damit verband sich die Notwendigkeit, das Neue des Christentums nicht nur bezeugen zu wollen, sondern erklären zu müssen, und zwar in einer Welt, die bis zum Sklaven hinab denkerisch geschult war, und in einer Sprache, deren Sprachentwicklung eine ganze Philosophiegeschichte mit sich trug. Es ist alles viel einfacher und wirklichkeitsnäher zugegangen, als es in den Systemen der Dogmengeschichten aussieht. Aller ‹Hegelianismus› muß von der Dogmengeschichte ferngehalten werden. Erst dann tritt das Bild der frühchristlichen Lehrentwicklung in seiner geistigen Großartigkeit hervor. Die frühe Kirche hat ihre Glaubenserlebnisse früh und vielseitig in gedankliche Formulierungen umgewandelt. So entstand eine Fülle von oft widerspruchsvollen, zuweilen aber auch harmonisch zusammenstimmenden Gedankenreihen, von aphoristischen oder streng systematischen Gebilden. Nur der kleinste Teil bildete sich aus eigenen Kräften des Christentums, der weitaus überwiegende wurde aus der Philosophie der Umwelt übernommen und christlichen Bedürfnissen angepaßt. Allmählich kamen alle Schattierungen des Denkens zu ihrem Recht, von höchster Geistigkeit und Klarheit über kleinliche Spitzfindigkeit hin zu naiver Kindlichkeit oder stupider Borniertheit. Überraschend zahlreich sind geistig schöpferische Persönlichkeiten, zum Teil von einsamer Größe; vieles freilich entsprang auch abergläubischer Dummheit, brutaler Gewalt oder listiger Berechnung.

Die Dramatik dieses geistesgeschichtlichen Geschehens liegt darin, daß auf dem Boden der christlichen Lehrentwicklung die *griechische Philosophie* siegreich ihren Endkampf gegen die *widergriechischen*

Mächte kämpft, gegen Lateiner, Juden, Afrikaner und Syrer. Auch wenn ihr Sieg nicht immer glänzend war, so hat sie sich doch nicht mehr verdrängen lassen. Selbst in dem verzerrtesten christlichen Lehrgebilde und im stumpfsinnigsten oder spitzfindigsten Dogma ist noch irgendwo ein Funke griechischen Denkens verborgen. Am reinsten und schönsten ist dieser Sieg bei den großen griechischen Kirchenlehrern des 3. und 4. Jahrhunderts, die «zugleich aufrichtige Hellenisten» sind, aber die Bewegung geht so weit und tief, daß noch Prokop am Ende unserer Epoche unter den christlichen Ostgoten reine Platoniker findet.

Im Grunde war der Sieg bereits im *Neuen Testament* erfochten. In ihm schon hatte nach Lukas eine Himmelsstimme zu Paulus im entscheidenden Akt seiner Bekehrung durch ein Zitat aus Euripides gesprochen. In ihm hatten der Platonismus, aber auch Kynismos und Stoa, Pythagoreismus und Poseidonios, ja sogar zuweilen Epikur und der Peripatos Christliches und Alttestamentliches fast unmerklich mit ihrem religiösen Denken und Leben durchdrungen.

Der erste bekannte christliche Lehrer, der den Philosophenmantel nie abgelegt hat, ist der Märtyrer *Justin* (gest. 165). Er hatte sich bemüht, alle philosophischen Systeme kennenzulernen, aber in der Stoa war ihm sein Lehrer zu ungebildet, im Peripatos stieß ihn ab, daß sich die Philosophen bezahlen ließen, bei den Pythagoreern wurde ihm zu viel Mathematik, Astronomie und Musiktheorie getrieben. So wurde er schließlich Platoniker, was er als unmittelbare Vorstufe zum Christentum empfand; auch als Christ verehrte er die Philosophie. Die Philosophen haben einen gewissen Grad der Heiligkeit, denn alle Philosophie führt zu Gott, und das Gottsuchen ist ihre Aufgabe. Gottes Logos spermatikos hatte die eine wahre Philosophie in die Welt ausgesät, nur menschliche Halbheit und Vielgeschäftigkeit hat sie zu Unrecht in viele Schulen zerteilt. Christus und Sokrates stehen einander ganz nahe. Die christliche Offenbarung ist nur eine Überhöhung des Platonischen und Stoischen, aber kein Gegensatz dazu.

Tiefer und inniger ist die Synthese bei *Clemens von Alexandreia* (gest. 215). «Wen soll ich, Gott, von Dir als Begleiter meines Gottsuchens annehmen? . . . wie du willst, den Platon», das ist geradezu sein Programm. Zwar kann die Philosophie die Lehre Christi nicht größer machen, als diese ist, zwar ist auch nicht jede Philosophie gut, denn es gibt auch unter den Philosophen mehr Thyrsosträger als Bakchen. Der Egoismus hat die Philosophien oft verdorben, und weder den Epikureismus noch die Sophistik darf man zur wahren Philosophie rechnen. Diese liegt überhaupt nicht bei einer bestimmten Schule, denn der Wahrheitsbesitz der Schulen ist relativ. Aber das alles ändert nichts daran, daß *Gott* den Griechen die Philosophie gegeben hat, und zwar als ein Spiegelbild der Wahrheit an sich. Vor dem Kommen Christi gab es Menschen, die allein durch die Philosophie wirklich erlöst wurden. Auch jetzt noch ist sie für die Griechen Erzieher hin zu Christus. Ein Christ kann sich nicht genug mit griechischer Philosophie und Bildung beschäftigen. Clemens klagt bitter über Christen, die die hellenische Bildung verachten. Die Philosophie hat schon als bloßer Schmuck des Lebens Daseinsrecht, aber höher ist ihr ethischer Wert, und am höchsten ist sie da, wo sie durch Weisheit zur Ehre Gottes dient: «Herrin nun ist die Weisheit über die Philosophie... wenn nämlich die Philosophie auch nur Selbstbeherrschung (ἐγκράτεια)... verkündet, so müßte man sie schon deshalb wählen; ehrwürdiger und herrlicher aber erscheint sie, wenn sie wegen der Ehre und Erkenntnis Gottes getrieben wird.»

Schwieriger, nicht ohne den Schatten einer leisen Tragik, liegen die Dinge bei *Origenes* (gest. 254), der sie am tiefsten durchdacht und durchlebt hat. Stärker als Clemens steht er mit seiner christlich-griechischen Synthese im Verteidigungskampf, sowohl gegen seine philosophischen Freunde außerhalb des Christentums, die Neuplatoniker, als auch gegen die sture Orthodoxie des kleinen Mannes oder des ungebildeten Gläubigen in der Kirche. Den einen sagt er: «Wir aber ermahnen nach unseren Kräften auch die aus den Systemen der Philosophie zu unserer Frömmigkeit, indem wir deren Größe und sittliche Lauterkeit darstellen», den anderen: «So dürfen auch wir, wenn immer wir etwas Wahres bei den Nichtchristen finden, nicht immer sofort den Schriftsteller und seine Gedanken ablehnen». Das «Gymnasion der Seele» ist auch für den Christen Wissenschaft, vor allem Physik, Geometrie, Arithmetik und Philosophie, und unter den Philosophen hat es solche gegeben, die wirklich Gott erkannt haben. Auch wenn Porphyrios den Biblizismus des Origenes übersehen hat, so besteht sein Urteil doch zu Recht, daß dieser seiner Lebensweise nach zwar Christ, seiner Welt- und Gottesanschauung nach aber hellenistischer Philosoph war. Origenes verdankt dem Platonismus des Ammonios Sakkas seine Sprache, die Dialektik als Methode, die Formulierung des Gottesbegriffs, die Kosmologie, das Erziehungsideal. Daneben ist der Timaioskommentar des Poseidonios für ihn entscheidend geworden, dazu für die Logos- und die Tugendlehre Stoisches, für Teile der Anthropologie und der Freiheitslehre Peripatetisches.

Am kürzesten und schönsten hat Origenes seinen Standpunkt in dem glänzendsten aller altchristlich-patristischen Briefe zusammengefaßt, in dem an seinen Lieblingsschüler Gregor Thaumaturg. Die Überschrift, die ihm die Philokalia gibt: ‹Wann und wem die Lehren der Philosophie zur Erklärung der heiligen Schriften nützlich sind›, ist gleichsam eine Charakterisierung des Werkes des Origenes überhaupt, die stets gesuchte Synthese von Biblizismus und Philosophie. Hierin liegt seine einmalige Größe. Leicht scherzend beginnt der Lehrer: «Deine gute Begabung (εὐφυΐα) kann Dich zu einem vollendeten römischen Juristen machen, aber ebenso zu einem griechischen Philosophen»; er aber habe die ganze Dynamik dieser Begabung auf das Christentum hinlenken wollen, jedoch nicht im Gegensatz zu jenen. Denn was die enkyklischen Wissenschaften Geometrie, Musiktheorie, Grammatik, Rhetorik und Astronomie als Propädeutik für die Philosophie bedeuten, das bedeutet die Philosophie selbst als Propädeutik für das Christentum.

Folgerichtig geht diese Linie bei den Origenisten weiter. Hier setzen Platon, Poseidonios und Plotin ihren Siegeszug im Christentum fort. Der Timaios verdrängt selbst bei gut kirchlichen Schriftstellern das Alte Testament. Es ist eine lange Linie. Sie beginnt mit Gregor Thaumaturg, der Origenes so mit Sokrates vergleicht, wie Justin Christus mit Sokrates verglichen hatte, dann folgt Euseb, der von der tieferen Theorie des Origenes spricht und damit dessen Synthese von Philosophie und Exegese meint, trotz stärkerer Zurückhaltung steht ihr Athanasios nicht fern, Chrysostomos ist trotz geringerer Originalität bei ihr geblieben, der Areopagite ist eine ‹christianisierte Version des Proklos›, und Synesios (etwa 370–420) lehnt als christlicher Bischof die Dogmen ab, die mit dem Neuplatonismus nicht übereinstimmen.

Am schönsten entfaltet sich die Synthese bei den Kappadokern, vor allem bei *Gregor von Nyssa* (gest. 394) und *Basileios* (etwa 330–379). Gregor ist überhaupt der christliche Platoniker, dem die Synthese am besten gelungen ist, und der Freund des Libanios, Basileios, hat Platon, Poseidonios und die Neuplatoniker gründlich gelesen, ohne den origenistischen Biblizismus aufzugeben. Bei Libanios erkundigt er sich nach Homerauslegungen, seinen Mönchen empfiehlt er die platonischen Tugenden, der Phaidon steht ihm besonders nahe. In einer formvollendeten, von Plutarch abhängigen Abhandlung bekämpft er leidenschaftlich alle christlichen Bildungsverächter und mahnt die christliche Jugend, die antike Philosophie und Dichtung gründlich zu studieren und aus ihr soviel wie möglich zu lernen. Von einem Hesiodwort ausgehend, nennt er den Besten den, der alles erforscht, allerdings kritisch und immer den Blick auf die Vollendung durch die göttliche Offenbarung im Christentum gerichtet. Griechentum und Christentum gehören so untrennbar zusammen wie Blätter und Früchte auf einem Baum. Unter Berufung auf Dion von Prusa preist er Homer, bei Plutarch findet er bereits die christliche Feindesliebe, der agonistischen Literatur entnimmt er mit Hilfe allegorisierender Interpretation den Kampf des Christen gegen alles Böse. Seine Belesenheit in klassischen und nachklassischen griechischen Autoren ist erstaunlich, die Art seiner Auswahl taktvoll und nicht mechanisch. Dabei ist immer Platon der Führer. In die «Sonne» der göttlichen Offenbarung kann man nicht unmittelbar blicken, man muß sie erst einmal «gespiegelt im Wasser sehen», ehe man den Blick an sie selbst gewöhnen kann. Allerdings muß man kritisch lesen und sich vor allem hüten vor Historikern, die um der Leser willen lügen, vor Rhetoren, die leere Worte machen und vor Philosophen, denen es nicht auf die Wahrheit ankommt. Statt dessen soll die Jugend vor allem Homer lesen, der ein einziger großartiger Hymnus auf das sittlich Gute ist. Da Odysseus mit dem «Gewand der Tugend» geschmückt war, konnte er sich nackt zeigen, und wo von Zeus die Rede ist – «an wen immer ‹Homer› auch gedacht haben mag» –, ist der wahre, christliche Gott gemeint. Ja, Sokrates, Perikles, Euklid und andere haben die Bergpredigt erfüllt.

Im Westen hat es länger gedauert, bis Philosophie und Christentum sich fanden. Vor *C. Marius Victorinus* (etwa 350) ist die Verbindung keinem recht gelungen. Dieser aber führte seinen hochentwickelten Eklektizismus in sein Christentum hinüber. Ist er auch längst nicht so originell wie die Griechen, so hat doch sein stoischplatonisch unterbauter Voluntarismus eine bestimmte Art lateinischchristlicher Philosophie eingeleitet, die über Augustin weitergewirkt hat. Dagegen ist *Ambrosius* zwiespältig geblieben, zumal sein Verhältnis zur Philosophie selbst nie ganz echt war. Seine Abhängigkeit von Origenes und Basileios blieb doch mehr äußerlich, im Grunde lehnt er die Philosophie ab, der Glaube soll sich nur auf Offenbarung gründen, und die römische Rhetorik ersetzt griechisches Denken.

Sehr schwierig liegt das Problem bei *Augustin*, weil er nicht wie Origenes eine coincidentia oppositorum, sondern nur eine complexio oppositorum darstellt. Was bei Origenes zu einem Ganzen wird, bleibt bei ihm in der oft widerspruchsvollen Addition bloßen Nebeneinanders stehen. So entsteht sein doppeltes Gesicht. Einerseits ist er ganz von der ihm allerdings nur lateinisch vermittelten griechischen Philosophie abhängig. Theiler hat in einem der schönsten Bücher, das es über Augustin gibt, nachgewiesen, *wie* sehr er von Porphyrios bestimmt ist. Augustin selbst hat die Synthese einmal formuliert: «Denn dieselbe Sache, die jetzt Christentum (christiana religio) heißt, war auch bei den Alten da (erat et apud antiquos) und fehlte nicht von Beginn des Menschengeschlechts an, so lange, bis Christus ins Fleisch kommen sollte (quousque Christus veniret in carnem). Seither begann man die wahre Religion (vera religio), die schon vorhanden war (quae iam erat), christlich zu nennen.» Die Cassiciacumschriften zeigen ihn in einem Kreis, der sich mit jedem philosophierenden Kreis auf römischem Boden messen kann. Gewiß steht ihm als Römer die ciceronianische Rhetorik, der er nie entwachsen ist, näher als die reine Philosophie, gewiß hat seine schlechte Kenntnis des Griechischen ihn gehindert, die Quellen wirklich zu lesen, gewiß stehen ihm bei aller Kritik Vergil, Varro und die römischen Historiker näher als die griechischen Dichter und Historiker, aber sein ganzes Leben hindurch bleiben platonisch oder neuplatonisch seine Erkenntnistheorie, seine Gottesspekulationen, seine Metaphysik, Psychologie und Ästhetik. Andererseits aber distanziert er sich doch mit zunehmendem Alter von den «glänzenden Lastern» der Philosophie und Literatur, von «aristotelischen Finessen» und «platonischer Spitzfindigkeit», die für «das wahre Leben» nicht viel wert sind.

Aber am Ende dieser Epoche ist doch auf lateinischem Boden auch die Synthese noch einmal geglückt: als *Boëthius* vier Jahre vor der Schließung der Universität Athen aus dem Gefängnis im Angesicht des Todes sein platonisches Trostbuch von der Philosophie schrieb, das Buch, das Unzähligen im Leben und Sterben wirklichen Trost gebracht hat, da war es der Schlußstein eines reichen Lebenswerkes, das zwischen Christentum und Philosophie keinen Gegensatz mehr spürte. Gewiß war es keine reine griechische Philosophie mehr, der es um Wahrheit und Erkenntnis ging, sondern romanisierter Neuplatonismus, gewiß war es auch kein reines Christentum, sondern um die zentralen Stücke der Heilslehre reduziert, und doch haben in ihm immer sowohl Christen wie Humanisten Geist von ihrem Geist erkannt und bejaht.

So hat das mit Paulus einsetzende Ringen um die Verbindung zwischen griechischem und christlichem Denken einen großartig versöhnenden Abschluß gefunden. Der Areopagite im Osten, Boëthius im Westen waren gewiß nur Vertreter aristokratischer Geister und weniger Einsamer, auch im Christentum, aber auf die kommt es in der Geistesgeschichte schließlich allein an, da von ihren Brosamen auch die Massen noch satt werden.

Daneben aber geht eine ganz *entgegengesetzte* Richtung der christlichen Lehrentwicklung her, die ein tiefes Mißtrauen, ja einen abgrundtiefen Haß gegen die griechische Philosophie entwickelt und sich von ihr soweit irgend möglich zu lösen sucht.

Paulus hat zu seiner Enttäuschung zeitweise die Erfahrung gemacht, daß nicht viele philosophisch Gebildete, wohl aber viele Ungebildete seine Botschaft von dem um des Menschen willen leidenden Gott annahmen. Er versuchte diese Tragik als Gottes Absicht zu verstehen, den Hochmut des Gebildeten sich selbst zu überlassen. Aber nach Paulus haben die Ressentiments der Ungebildeten und der Griechenhaß barbarisch-nichtgriechischer Christen zu einer anderen Interpretation geführt, zu einem christlichen Bildungshaß, freilich vorwiegend bei Nichtgriechen. An der Spitze dieser Bewegung steht der Syrer *Tatian* (um 170). Es hat in der ganzen Antike weder vorher noch nachher eine so niedrig-gemeine Schmähschrift gegen alle Bildung, Kultur und Philosophie gegeben wie dessen ‹Apologie›; sie ist eine einzige wüste Schimpferei, die zum Erschrecken zeigt, welche Kreise im 2. Jahrhundert von der nichtgriechischen Welt her das Christentum in Gefahr brachten. Es ist eine Ehre für die Kirche, daß sie diesen Mann rechtzeitig ausgeschieden hat, der sogar bei den Syrern nicht recht Fuß fassen konnte. Etwa gleichzeitig erklärt auch der Antiochener *Theophilos* alle griechische Philosophie, Wissenschaft und Kunst für wertlos, egoistisch, widerspruchsvoll und unsittlich. Clemens von Alexandreia muß sich leidenschaftlich gegen Christen wehren, die behaupten, die Philosophie sei vom Teufel. Die pseudojustinsche *Cohortatio ad gentes* zeigt aber als ein Beispiel für alle, wie sich selbst die Verächter der Philosophie nicht von ihr befreien konnten. Aus allen erreichbaren Handbüchern sammelt sie mechanisch alles, was sich nur negativ über die Philosophie aussagen läßt, benutzt aber selbst nichts weiter als philosophische Methoden. Für die große christliche Lehrentwicklung im Osten haben diese kleinen christlichen Kläffer wenig zu bedeuten gehabt.

Anders im *Westen*. Hier kommt die alte typisch römische Zwiespältigkeit hinzu. Man fühlt sich der griechischen Philosophie gegenüber minderwertig, bewundert sie und braucht sie im Grunde, aber gerade darum haßt man sie. Die beiden Schulbeispiele sind Minucius Felix und Tertullian. *Minucius* lebt ganz von stoischem und platonischem Gedankengut, zu dem sich noch Cicero und Vergil gesellen, und er muß zugestehen: «Die Philosophen sind Christen oder die Christen Philosophen.» Und doch ist gleichzeitig bei ihm Sokrates der attische Narr, und die Philosophenkleidung der Deckmantel für alle Laster. Philosophie und ‹wahre Religion› sind Feinde. Das ist nicht miteinander zu vereinen und nur aus römischer Mentalität zu verstehen. Kommt aber nun noch der Griechenhaß römischer Afrikaner dazu, geht es ins Maßlose. In *Tertullian* tobt sich dieser Haß ungezügelt aus, und zwar um so mehr, je weniger ihm die *eigentliche* griechische Philosophie innerlich zugänglich war. Daß er dabei von der römischen Stoa um so sklavischer abhängig ist, gehört zu den großen Ironien der Geistesgeschichte.

a) Erkenntnistheoretische Voraussetzungen: Glauben, Erkennen, Offenbarung

Der synoptische Jesus hatte nicht gefordert, daß man über Gott etwas für wahr halten solle, sondern daß man ihm vertraue und ihn liebe. Eine Erkenntnismethode war der Glaube nicht. Eine emotionale Hingabe des Herzens, mit der sich ein Willensentschluß eng verband, war wichtiger als ein bestimmter Erkenntnisinhalt. Bei Paulus war das insofern nicht anders, als die Liebe über dem Glauben stand und selbst ein bergeversetzendes Vertrauen ohne Liebe wertlos war, während die Liebe ganz von selbst das glaubensmäßige Vertrauen erzeugt, denn «die Liebe glaubt alles». Paulus hatte aber dank seines Platonismus noch einen klaren Schnitt machen können, wo er die theoretische Schwierigkeit solchen Glaubens spürte: er erklärte den Glauben im Gegensatz zum unmittelbaren Erkennen im griechischen Sinne als emotionales Meinen, als eine vorläufige, freilich durchaus wahre, aber unvollständige Erkenntnis des empirischen Menschen. Viel höher als der Glaube ist das Schauen, das die ganze Wirklichkeit Gottes vermittelt, aber erst jenseits des Todes beginnt. Hier tritt nun Johannes ein und verlegt, griechischer, diese Schau als Gnosis bereits ins Empirische, sie mit dem Glauben verbindend. «Wir glauben und wissen nun», heißt seine Formel, in der die beiden griechischen Schichten, Meinen und Wissen, verbunden werden. Die emotionale Hingabe, die immer das Risiko des Irrtums in sich schließt, genügt auch für den Christen nicht mehr, sondern er muß und kann durch Gnosis jeden Irrtum in bezug auf Gott ausschließen.

Anders war es dort, wo *judenchristlicher* Einfluß zur Geltung kam. Das Judentum hatte längst einen intellektualistischen Glaubensbegriff entwickelt. Erstes Pflichtgebot des Glaubens war das Fürwahrhalten der Einheit Gottes. Ins Neue Testament ist dieser Glaubensbegriff durch den Jakobusbrief gekommen, aber überall da, wo judenchristlicher Einfluß war, brach er sich Bahn, besonders in Rom. Man kann das gut an der Entwicklung der Taufbekenntnisse beobachten. Bleiben sie im Osten unter griechischem Einfluß immer – bis heute – Verkündigung eines mystisch-mysterienhaften mythischen Geschehens, so werden sie im Westen Gesetz und Verpflichtung. Hätte sich das durchgesetzt, so wäre der christliche Mythos plötzlich statisch geworden, und es hätte keine christliche Lehrentwicklung gegeben. Das war auch das Ziel der Judenchristen, der römischen Christen und der Juristen in Byzanz. Man hätte dann eine feste, ruhende Autorität gehabt, einen Zaun, wie das jüdische Gesetz oder das römische Recht. Aber das scheiterte an der Lebendigkeit des griechischen Geistes. Die Griechenchristen hätten sich niemals dem gesetzlichen Zwang eines Glaubenmüssens unterworfen. Da sie es nicht taten, begannen nun die heißen Kämpfe um die Lehre, die 500 Jahre durchziehen und überwältigend in ihrer geistigen Großartigkeit sind, solange man auf griechischem Boden bleibt.

Man sieht also, daß es einen einheitlichen christlichen Glaubensbegriff nie gab. In der ganzen Antike blieb immer eine große christliche Schicht erhalten, die sich mit dem Glauben als bloßem *Vertrauen* begnügte. In Diatribebildern haben die Christen das Recht dieses Glaubens gern ausgemalt: man muß glauben, wie der Landmann an die kommende Ernte, wie der Seefahrer an die glückliche Heimkehr, wie der Kranke an den Arzt und der Schüler an den Lehrer. Dieser schlichte Glaube gewann dem Christentum nicht nur Anhänger unter den Ungebildeten, sondern auch unter den des Denkens müden Gebildeten.

Bedenklich wurde es, wenn dieser Glaube zur *einzigen erkenntnistheoretischen Voraussetzung wurde*. Der Satz, man müsse Gott alles glauben, weil er allein in allem wahr sei, konnte einem gefährlichen Glaubensdogmatismus Tür und Tor öffnen und alles Denken und alle Kritik töten.

Dagegen wendet sich nun das griechische Gewissen der *Alexandriner*, vor allem das des Clemens. In schärfster Polemik bekämpft er diejenigen, die sich mit dem bloßen Glauben *begnügen*. Sie gleichen den wertlosen Athleten, die nur Sehnen und Muskeln zum Kampf mitbringen. Der Glaube braucht eine ständige Korrektur nicht nur durch die Philosophie, sondern auch durch Geometrie, Musik, Grammatik und alle griechische Wissenschaft. Glaube ist eine Anfängerstufe, der christlichen Kindheit zugehörig, aber zu überwinden durch das Erkennen.

Origenes lenkt hier etwas ein. Er hat von der Stoa das Wort übernommen, daß es für die *Menge* besser sei, zu glauben, als dem Skeptizismus zu verfallen. So nimmt er die Tatsache hin, daß es Christen gibt, die über den Glauben nicht hinauskommen. Denn darin liegt die Menschenfreundlichkeit des Logos, daß der schlichte Mensch durch den bloßen Glauben sittlich besser und selig werden kann. Die Verbindung von griechischer Bildungsaristokratie und christlicher Nächstenliebe gesteht zu, daß der Glaube für die große Menge gut und Gottes Geschenk ist, und daß er für die, die keine Zeit haben zu philosophieren, der beste mögliche Weg zu Gott sei. Aber er bleibt eine Stufe, die im Grunde überwunden werden soll durch das Ringen um echte und volle Gnosis, die allerdings da ihre Grenze hat, wo sich Gott nicht in letzte Geheimnisse hineinschauen lassen will.

Eine für wahr zu haltende, gesetzliche *Glaubensregel* (regula fidei ... qua creditur) ist erst im Bereich der römischen Rechtssphäre in

Rom und Afrika entstanden. Zwar war in dem Gewirr der Glaubensmeinungen, die allmählich die griechische Kirche zu zersetzen begannen, die Entwicklung fester Normen selbstverständlich, aber sie wurden in Jahrhunderten mühsam durch- und erdacht. Nur im Westen wurden sie verordnet und kommandiert. Im Osten blieb bis in die Zeit Justinians genügend Raum für Denkleistungen und Meinungen, für Biblizisten und Pneumatiker, für die Glaubenssätze nicht die letzte Norm waren. Im Westen aber ist wieder der Jurist Tertullian vorangegangen. Seine regula fidei, die er auf Christus zurückführt (a Christo ... instituta), und gegen die es keine Fragen (nullas ... quaestiones) gibt, muß geglaubt werden, auf die weitere Denkarbeit kommt es nicht an. Ganz folgerichtig spricht daher im Westen schon Cyprian von einem «Gesetz» der Glaubensregel. Während sich der Westen aber mehr und mehr bemüht, für diese Glaubensregel apostolische Herkunft zu konstruieren, und etwa um 400 behauptet, die Apostel hätten sie in einem gemeinsamen Beschluß aufgestellt, hat der Osten bis in die Zeit Justinians eine ganze Fülle solcher Formeln, die nur als Synodalbeschlüsse oder als kaiserliche Erlasse Gültigkeit beanspruchten, nie aber als apostolische ‹Tradition›. Erst Justinian, dessen gesamtes Handeln und Denken von juristischen Kategorien her bestimmt wurde, hat den praktisch-politischen Wert dieser Glaubensgesetze für seinen Reichsgedanken erkannt. Vor diesem Gesetz mußte dann der letzte Rest griechischer und christlicher Freiheit auch im Osten – freilich nicht so vollständig wie im Westen – weichen: jetzt mußte nicht nur die Universität Athen, sondern auch Origenes endgültig fallen, nachdem schon vorher ehrgeizige Kirchenfürsten wie der Patriarch Theophilos von Alexandreia (399) und Anastasios I. von Rom (399–402), beschränkte Geister wie Epiphanios, wenig charakterfeste Rechthaber wie Hieronymus und nichtgriechische analphabetische Mönche den ‹Glauben› gegen seine griechische Bildung ausgespielt hatten. Die Tragik des Kampfes um Origenes und die Tragik seiner Opfer – Rufins, der vier langen Brüder, Johann Chrysostomos', Palladius' und manches anderen – ist äußerlich gesehen der Sieg des starren Fürwahrhaltens über Denken und Erkennen.

Im *Westen* führte diese Entwicklung schon früher zur Erstarrung der Lehre. Und doch ist auch ihm noch einmal ein großer Kritiker des bloßen Glaubens erstanden, *Augustin.* Er war doch zu sehr von der griechischen Philosophie bestimmt, um dem Glauben den Denkprimat zu überlassen. Zwar gesteht er den Glaubensorthodoxen zu, daß man auf Grund einer Autorität glauben müsse, aber er schränkt das sofort dadurch wieder ein, daß der Glaube nur in einigen Stücken der Vernunft vorausgehe, die Gottes besonderes Geschenk an den

Menschen sei. So fordert er das Ringen um Harmonie zwischen Glauben und Vernunft. Dazu kommt die Auflösung der Glaubensstarre durch die Liebe: «Nichts nützt der Glaube ohne Liebe.» Gott erkennt, wer Gott liebt. Der neuplatonische amor intellectualis Dei ließ sich eben leicht umkehren; schon im frühen Alexandreia gab es Christen, die behaupteten, ohne Erkenntnis könne man Gott gar nicht lieben.

Von hier aus ist es nicht mehr weit zu der *Überordnung* der Erkenntnis. Diesen Schritt tut Clemens. Die Erkenntnis ist höher als das Heil, «wenn (der vollkommene Christ) die Wahl zwischen Gotteserkenntnis oder ewigem Leben hätte..., so würde er die Gotteserkenntnis wählen». Allerdings wird diese Stufe nur im 2. und 3. Jahrhundert in Alexandreia erreicht und selbst dort bald wieder verlassen.

Da aber, wo die Überordnung des Erkennens über das Glauben erhalten bleibt, werden beide auf echt griechische Weise verbunden. Clemens zitiert Sophokles und läßt dadurch erkennen, woher die Zweiteilung von Glauben der Masse und höherer Erkenntnis der einzelnen wirklich kommt:

> Als einen solchen aber kenn' ich Gott:
> Zu Weisen spricht er stets im dunklen Wort,
> Die Toren lehrt er kurz in Einfalt nur.

Ein Widerspruch zwischen Glauben und Erkennen braucht nicht zu bestehen, wenn der Glaube aus Einsicht und nicht aus barbarischer Dummheit kommt. Schließlich hat auch hier Origenes die Entscheidung gegeben: Gregor Thaumaturg hat in der reizvollen Darstellung seines Unterrichtes darauf hingewiesen, daß dort nicht der Glaube der Ausgangspunkt war, sondern die sokratisch-platonische *Dialektik*. Origenes beginnt seinen Unterricht mit dem Hinweis, daß man ohne Philosophie wie das Vieh lebe und daß rechte Gottesverehrung ohne Erkenntnis unmöglich sei. Dann stellt er Fragen, treibt in die Enge, lehrt mit Hilfe dialektischer Methoden, Falsches von Wahrem zu scheiden, verschmäht auch Fallen nicht, die seine Schüler zuweilen kränken. Dann führt der Weg durch das griechische Erziehungssystem, Naturwissenschaften, Geometrie, Astronomie, die Lektüre aller Dichter und Philosophen zu eigener Urteilsbildung; nur ganz weniges wird ausgeschlossen. Erst zum Schluß wird mit dem Hinweis darauf, daß Gott und nicht der Mensch das Maß aller Dinge sei, zum eigentlich Christlichen übergegangen.

Letztes Ziel aller Erkenntnis ist bei den Alexandrinern die Erkenntnis *des reinen Geistes*, genau wie sie die Platoniker forderten.

Der beste Weg, auf dem man zu diesem Ziel kommt, ist der der *antithetischen Dialektik*. Im Christentum beginnt sie mit den paradoxen Formeln des Neuen Testamentes, dort legte sie die Paradoxie

‹Gott gleich Mensch› von vornherein nahe. Der arianische Streit und der Kampf um die Zweinaturenlehre ist *auch* ein Kampf um die Gültigkeit dieses Denkens. Denn hier wird die Kernfrage gestellt, ob man auch im Theologischen nur in der Logik des Identitätssatzes denken dürfe – so die Arianer und Antiochener –, oder ob die dialektische Paradoxie ihr Recht habe oder gar das einzige Mittel zur Wahrheitserkenntnis sei – so alle Origenisten.

Allerdings liegt mit ihr das *rationale Kausaldenken* im Streite, das von der Stoa und den religionsphilosophischen und religionsgeschichtlichen Empirikern her kam und das die Paradoxien in eine Kette von Ursachen und Wirkungen auflöst. Dieses Suchen nach den erhabenen Ursachen genügt auch vielen christlichen Theologen, besonders in der Gotteslehre. Aber in den komplizierten Teilen der christlichen Lehre war mit ihm nicht viel anzufangen.

Die *sinnliche Erkenntnis* wird im Gefolge des Platonismus bei den Christen immer mehr entwertet. Das überrascht zunächst, denn im Neuen Testament war im 1. Johannesbrief als Grundlage der apostolischen Verkündigung die sinnliche Wahrnehmung als «geschaut haben mit unseren Augen und betastet mit unseren Händen» ausdrücklich betont. Trotzdem wurde die neuplatonische Entwicklung zu immer stärkerer Betonung der Notwendigkeit erkenntnistheoretischer Ausschaltung der täuschenden Sinnesurteile mitgemacht. Das leidvolle und irrende Festhalten an Wahrnehmungen und Vorstellungen wird bekämpft, die Alexandriner setzen die «Weisheit dieses Aeons» mit der sinnlichen Wahrnehmung gleich. «So negieren auch unsere Denker die gesamte Natur des sinnlich Wahrnehmbaren», stimmt Origenes dem Kelsos zu; jede auf die Sinne aufgebaute Gotteserkenntnis sei ausgeschlossen. Nur Tertullian hat die sensualistische Erkenntnistheorie uneingeschränkt übernommen, die Zuverlässigkeit der Sinneswahrnehmungen verteidigt und sich auf den 1. Johannesbrief berufen. Die Griechen aber setzen die völlig unsinnliche Innenschau als höchste christliche Erkenntnismethode fort, am reifsten die Kappadoker: «Wenn man außerhalb der Knechtschaft der Leidenschaften und der Gedankenlosigkeit bleibt und mit klarem und unverfälschtem Denken seine Seele betrachtet, wird man wahrhaftig (καθαρῶς) in ihrer Natur die Liebe Gottes zu uns und den Plan (βούλημα) seiner Schöpfung erkennen.»

Echt griechisch ist es, wenn die christlichen Lehrer in Alexandreia das ganze Erkenntnisproblem aufs engste an den *Erziehungsbegriff* binden. Man berief sich auf Paulus, der in Anlehnung an die Diatribe zwischen ‹Milch› und ‹fester Speise› als zwei genetischen Erziehungsstufen der Erkenntnis unterschieden hatte. Nur der lateinische Westen und die Antiorigenisten haben dagegen eingewandt, daß eine geglaubte Wahrheit immer leicht faßbar und annehmbar sei und sich weder entwickeln könne noch zu entwickeln brauche, die Erziehung umfasse den Bereich des Willens, nicht den des Erkennens. Anders die Alexandriner. Es gibt keine einmalige abgeschlossene und fertige christliche Erkenntnis, sondern nur die allmähliche *Erziehung zur* Erkenntnis, die stufenweise die Seele höher führt bis zum letzten möglichen Grad, der erkennenden Menschen noch erreichbar ist. Denn auch die christliche Erkenntnis ist weder ein einmaliges Geschenk noch eine fertige angeborene Gegebenheit, sondern sie muß durch beständige Arbeit und eifriges Forschen erworben werden. Die Erziehung zur Erkenntnis aber ist sowohl Gottes Werk wie oberste Pflicht jedes Christen, der schon eine höhere Stufe erreicht hat. Der aber, der noch auf den untersten Stufen des Glaubens steht, muß sich dankbar erziehen lassen, damit auch er in der Erkenntnis fortschreite. Alle aber bedürfen dazu des größten Erziehers, des Logos selbst: «Der Pädagoge nun ist selbstverständlich der Logos, der uns Kinder zum Heil führt . . . seine pädagogische Methode aber (παιδαγωγία) ist die Frömmigkeit (θεοσέβεια), die in der Belehrung über die Gottesverehrung und in der Erziehung zur Erkenntnis der Wahrheit besteht.»

Origenes hat diesen Weg wieder stärker platonisch oder pythagoreisch beschrieben und läßt ihn mit der *Katharsis* der erkennenden Seele, der unaufhörlich sich vollziehenden kritischen, sondernden und prüfenden geistigen Reinigung, beginnen. Vollendet ist der Weg auf Erden nie; Origenesschüler rühmen, daß er in derselben bescheidenen Weise wie die besten griechischen Philosophen betonte, daß auch der christliche Gnostiker nie ein Endziel erreiche und immer noch ein Stück zu gehen habe.

Zum griechischen Denken gehört schließlich auch immer eine gewisse *kritische Skepsis.* Auch sie übernehmen die größten christlichen Denker. «Vieles bleibt unverständlich und unerkennbar», ruft Origenes den allzu Sicheren zu, und nichts ist ihm an Kelsos so zuwider wie dessen Behauptung, er wisse alles. In der schönen, wenn auch leicht resignierenden Bescheidenheit echten griechischen Philosophierens klagt er, wie schwer doch alles Erkennen sei, wie mühevoll und stückhaft nicht nur für solche, die einmal eine Reise in fremdes Gebiet machen, sondern sogar für die Einheimischen. «Auch wir, die wir dort leben, sagen nie: ‹Ich weiß alles›, denn lieb ist uns die Wahrheit. Keiner von uns wird sagen: Alles weiß ich von Platon . . . wer ist denn so frech, zu sagen: alles Stoische weiß ich oder alles Peripatetische.» Selbst bei dem oft so dogmatisch sicheren Augustin, dessen Ketzerbekämpfungsschriften von einem oft unduldsamen Erkenntnishochmut zeugen, fehlen solche Töne nicht ganz.

Wenn aber das Denken auch des Christen unerfüllt blieb, und wenn man die Stufe des Glaubens als eine untere Schicht ansah, dann konnte eine wirkliche Gewißheit über Gott und das Heil weder von Erkennen noch von Glauben kommen, sondern allein von einer *objektiven Offenbarung,* die sich selbst bezeugte, unbekümmert, ob sie gedacht oder geglaubt wurde.

Objektive Offenbarungen des Göttlichen kennt die alte Welt in vielen Formen. Daß man aber seine gesamte religiöse Erkenntnisgewißheit davon abhängig machte, war in dem Umfange, wie es schließlich bei den Christen geschah, doch neu. Allerdings bot sich von der Stoa und von Poseidonios her die Propagierung einer *natürlichen Theologie,* allen Menschen gleich geoffenbart und gleich zugänglich. Paulus hatte aus der Stoa die Lehre einer allgemeinen Offenbarung, die sich der Natur und des Gewissens bedient, übernommen; aus zwei Gründen hielten die Christen auch weiter daran fest: der vorchristliche Mensch sollte sich beim Gericht nicht mit Unwissenheit entschuldigen können, und vom Liebesgedanken her war es unerträglich, daß Gott die vorchristliche Menschheit ganz in Unwissenheit gelassen haben sollte. Clemens formuliert: Gott hat den Menschen immer geliebt und ihm daher schon immer ein Wissen um ihn geschenkt. Wie Xenokrates glaubt er, daß auch das Tier eine Ahnung von Gott hat. Origenes folgt ihm wieder: «Keiner von uns ist so kindisch, zu meinen, daß die Wahrheitserkenntnis vor der Erscheinung Christi nicht möglich gewesen wäre.» Im Gegenteil: das Christentum ist nicht neu, sondern umfaßt dieselbe natürliche Offenbarung, die im allgemeinen Sittengesetz und der Gotteserkenntnis manches Philosophen, sogar persischer oder barbarischer Herkunft, da war. Wichtig ist nur, daß der Mensch nicht von sich aus Gott finden kann, sondern Gott sich ihm zeigt. Bei den Lateinern ging das infolge ihrer noch stärkeren stoischen Bindungen oft erstaunlich weit. Origenes würde nie gesagt haben, was Minucius Felix sagt, daß jeder, der betet, Gott meint, und wer Juppiter sagt, sich nur im Namen täuscht. Das wirkt bis zu Augustin weiter, ein letzter Rest davon liegt in seinem Zugeständnis, daß es auch außerhalb der Kirche bei den Praedestinierten Offenbarung gibt. Viele, die ‹draußen› zu sein scheinen, sind überhaupt ‹drinnen›, und umgekehrt. Bis ins 6. Jahrhundert hinein wird eine Synthese von christlichen und außerchristlichen Offenbarungen versucht; je ungefährlicher das Heidentum wird, um so mehr kann man es heranziehen, und so geschieht in den Theosophien oder in der kirchenpolitischen Propaganda vor allem Justinians das, was ein halbes Jahrtausend vorher in Alexandreia begonnen wurde: man fälscht christliche Offenbarungen in die Aussprüche griechischer Götter, in Orakel, Dichter und Philosophen hinein und übernimmt die Offenbarungstheologie der Hermetik. Durch diese christliche Theosophen- und Orakelliteratur ist ein weiteres umfangreiches Stück Heidentum in das Christentum des östlichen wie des westlichen Mittelalters eingezogen. Es ist wieder ein Stück Ironie der Geistesgeschichte, an der die Zeit Justinians so reich ist.

Zur näheren Bestimmung und engeren Eingliederung der vorchristlichen Offenbarung in die christlichen Bereiche gebrauchte man gern den schon neutestamentlichen Begriff des *vorausblickenden Hinweises* (ἐπαγγελία). Er stammt aus der altgriechischen Orakelfrömmigkeit und gehört seit der Diadochenzeit in die Terminologie des Herrscherkultes. Die Geschichtschreibung benutzt ihn zur Begründung des Vorzeichenglaubens in der Geschichte, die politische Propaganda verwendet ihn reichlich. Hier liegt für die christliche Offenbarungslehre die Hauptwurzel für den *Wahrheitsbeweis aus der Weissagung*. Paulus hat ihn nur mit dem Alten Testament verbunden, aber die späteren Schriften des Neuen Testamentes sprechen davon, daß Gottes Verheißungen seit ewigen Zeiten ausgesprochen wurden. Im allgemeinen beschränkte man sich auf die alttestamentliche Literatur, auf einige Philosophen, vor allem Platon, auf die Sibylle und im lateinischen Raum auf Vergil als vorweisende Verkündiger.

Geeigneter war die stoische Lehre vom *Logos spermatikos*, die allerdings schon Justin unter platonisierenden Einwirkungen entstofflichte. Philon hatte sie zur Erklärung der Schöpfungsgeschichte herangezogen, sie ließ sich leicht mit der Lehre vom Logos als Schöpfungsmittler verbinden. Justin übernahm den Logos spermatikos als die alle Zeiten und alle Welt durchwaltende göttliche Wahrheit, und Irenaios begründete mit der Anwesenheit des Logos seit der Schöpfung die natürliche Gotteserkenntnis.

Dazu kam drittens die Lehre von der göttlichen *Erziehung des gesamten Menschengeschlechtes*. Es ist reizvoll zu sehen, wie sich das im Christentum wieder in einen griechischen und lateinischen Strom trennt. Bei den griechischen Vätern übernimmt die *Philosophie* diese Aufgabe. Bei den Lateinern übernimmt sie die *Geschichte*. Das war nicht neu und fand sich seit langem bei römischen Geschichtschreibern. Wieder zeigt sich eine eigentümliche Verwandtschaft zwischen Rom und dem nichtgriechischen Orient: außer in Rom hat man nur im Alten Testament die *Geschichte als* fortlaufende göttliche *Offenbarung* verstanden, und von den Christen hat keiner diese Idee so ‹römisch› durchgeführt wie Augustin. Griechisch sah das ganz anders aus: dort ist die Geschichte die *innerweltliche* Erziehung zur *menschlichen* Selbständigkeit. Nach dem von Poseidonios und auch bei den

Epikureern entwickelten Geschichtsbild mußte sich gerade am Anfang der Geschichte beim Primitiven das Göttliche deutlicher bemerkbar machen: in ihrem Gefolge lehrt Origenes, daß sich beim Geschichtslosen und Primitiven Gott mehr und häufiger offenbaren müsse, weil diese sich doch nicht so helfen können wie der zur Mündigkeit durch die Geschichte gereifte Mensch. Bei den Griechen enthüllt sich Gott nicht durch die Geschichte, wie in Rom und Palästina, sondern durch die Philosophie.

Viel wichtiger als die natürliche Offenbarung war der alten Kirche die Offenbarung Gottes in *heiligen Schriften.*

Selbstverständlich haben die aus der griechischen Welt zum Christentum Kommenden nicht erst am Alten Testament das Wesen einer heiligen Schrift kennengelernt. Denn der Hellenismus ist reich an heiligen Offenbarungsurkunden aller Art. Da gilt vor allem noch immer *Homers Werk* vielen als die unfehlbare heilige Schrift. Die weitaus meisten aller bisher gefundenen literarischen Papyri sind homerische, und Homerübersetzungen sind selbst ins Persische und Indische gemacht worden. In Literatur und Leben begegnen beständig die homerischen Gestalten als richtunggebend, mahnend, tröstend; Diogenes der Hund spottet über die vielen, die aufs tiefste erschüttert sind von den Leiden des Odysseus, aber ihre eigenen Leiden nicht sehen. Es gibt keinen griechischen Kirchenvater, der Homer nicht zitiert. Vor allem hat die Kirche sämtliche Formen der Exegese, die je am Alten oder Neuen Testament geübt worden sind, an der Homerexegese gelernt, wie übrigens auch schon die Synagoge. Homer blieb Lehrmeister in allen Künsten und Wissenschaften, Ratgeber in Politik und Ethik, aber auch in der Religion. Man brauchte ihn nur richtig auszulegen. Man hat längst eine Methode erfunden, die aus Odysseus einen Philosophen macht, und mit dieser Homermethode schuf erst Philon, dann mancher griechische Kirchenvater die Erzväter zu Weisen und Tugendhelden um. Wenn auch, wie Hippolyt bezeugt, nur einige Gnostiker Homer unmittelbar als christliche heilige Schrift benutzten, so wird doch seit der Mitte des 2. Jahrhunderts die christliche Homerinterpretation immer beliebter. Der Mast, an den sich Odysseus binden läßt, ist das Kreuz, das vor den Sirenen der Sünde und der Welt errettet, auf dem Schild Achills steht die Schöpfungsgeschichte, die Gärten des Alkinoos sind das christliche Paradies, die Insel der Kalypso der Zufluchtsort christlicher Einsiedler. Basileios hat sich von einem Interpreten, «der die Fähigkeit hatte, die Tiefen Homers zu durchdringen», sagen lassen, der Dichter habe nichts anderes als die Tugend darstellen wollen.

Aber auch andere Dichter vermitteln göttliche Offenbarung. Wie in der Stoa seit Chrysipp Dichterworte immer mehr Geltung bekamen, wie Paulus aus Arat und Menander argumentierte, so ziehen allmählich seit der großen Blütenlese des Clemens von Alexandreia viele Dichter in die Kirche ein, allen voran bei den griechischen Vätern Hesiod, Sophokles und vor allem Euripides; die Gnostiker allegorisieren sogar Anacreontica christlich.

Im Westen nimmt *Vergil* die gleiche Stellung ein wie Homer bei den Griechen. Wann das Christentum zuerst Vergil zum Propheten Christi machte, ist zeitlich nicht genau zu bestimmen; jedenfalls hat sich dagegen nie Widerspruch erhoben.

Zu den eigentlichen Dichtern trat in großer Fülle hellenistische Offenbarungsliteratur, sibyllinische, orphische, chaldäische, hermetische, in Prosa oder Metrum, wahllos Altes und Neues, Tiefsinniges und Sinnloses, Verstandenes und Unverstandenes weitergebend. Das ist nicht erst hellenistisch: schon Platon wehrt sich gegen die Überflutung Athens mit orphischen und anderen heiligen Büchern, die Sühne- und Opfervorschriften für Lebende und Tote, dazu Eschatologisches enthielten. Proteste gegen die zunehmenden Offenbarungsautoritäten sind selten, berühmte Fälle sind der Einspruch des Alkibiades im Protagoras gegen die autoritative Verwendung eines Simonidesgedichts und Ciceros Ablehnung der pythagoreischen Schriftgläubigkeit.

Das Christentum wurde von Anfang an durch sein Verhältnis zu den heiligen Schriften des Judentums bestimmt. Das Ringen um das *Schriftproblem* besteht also seit seinem Beginn. Zwar hatte Jesus das Alte Testament durch sein «Ich aber sage euch» und durch seinen Kampf gegen Kult-, Speise- und Reinigungsgesetze eingeschränkt, und seine Verkündigung von dem unmittelbaren Zugang des Menschen zu einem liebenden Gott schloß die Abhängigkeit von einer heiligen Schrift aus. Die Synoptiker hatten das verstanden, als sie Worte des Alten Testamentes dem Teufel in den Mund legten. Auch Paulus hatte den Geist *gegen* den Buchstaben gestellt und von der Decke auf dem Gesicht des Moses gesprochen. Aber er hat doch seine Beweisführungen ganz nach Art seiner judenchristlichen Gegner und mit Hilfe seiner rabbinischen Erziehung aus der Schrift selbst geführt. Mag er das Amt des Geistes noch so sehr dem Amt des Buchstabens gegenüberstellen, in Wahrheit ist er nie so vom Alten Testament losgekommen wie sein Schüler Markion.

Ganz anders war das in judenchristlichen und in ägyptochristlichen Kreisen, denn in Ägypten war der Glaube an inspirierte heilige Schriften uralt. So ist denn sowohl in dem judenchristlichen Matthäusevangelium der Schriftbeweis aus dem Alten Testament voll ausgebildet als auch im ägyptischen Hebräerbrief, der die allegorischen Methoden unbedenklich übernimmt. Von ‹gottinspirierten›

Schriften spricht der 2. Timotheosbrief, dessen Verfasser und Entstehungsort aber unbekannt ist, allerdings aus praktisch-pädagogischen, nicht aus dogmatischen Erwägungen.

Mit der Übernahme des Alten Testamentes mit seinen vielen anstößigen Geschichten, unverständlichen Opfergesetzen, Speise- und Reinigungsgeboten hatte sich das junge Christentum eine nicht leichte Last aufgebürdet, über die es nur durch *ein* Mittel Herr geworden ist, die *interpretatio Graeca,* bei der ihm allerdings Philon entscheidend vorgearbeitet hatte. Daß es damit das Alte Testament häufig genau in sein Gegenteil verkehrte, ist ihm selten klar zum Bewußtsein gekommen.

Warum und wie hielt man am Alten Testament fest?

1. *Der älteste Kreis* um Jesus lebte im Alten Testament.

2. *Jesus* hat nichts geschrieben. So behielt man das Alte Testament einfach als Ersatz für eine andere heilige Schrift.

3. Man besaß eine griechische Fassung des Alten Testamentes, die für die christliche Mission geeignet war, die *Septuaginta.* Sie war wenig bekannt und wirkte durch ihre Sprache seltsam, fremdartig und damit für hellenistische Menschen anziehend. Warum man sie vor ihrer Verwendung durch die Christen so wenig gelesen hat, ist ein noch ungelöstes Problem; die Christen haben ihre Bedeutung als Missionsschrift jedenfalls sofort, vielleicht noch vor Paulus, entdeckt. Wahrscheinlich hat außer Paulus keiner der neutestamentlichen Schriftsteller, geschweige denn ein späterer Grieche, den hebräischen Urtext gelesen oder auch nur lesen können; Origenes, der sich um ihn mühte und ihn völlig verstand, blieb doch bei der Septuaginta. Während das strenge Judentum wahrscheinlich schon in der Zeit des allerdings nicht sicher zu datierenden Aristeas mißtrauisch oder ablehnend gegen sie war, wird sie den Christen die einzig zulässige Fassung: Justin schon lehnt alles andere als den Septuagintatext radikal ab, und am Ende der Epoche verwirft noch Augustin den hebräischen Text. Man mag nun über den Umfang der Hellenisierung der Septuaginta sehr verschiedener Meinung sein, immerhin kann man ein Buch, das an zentraler Stelle den hebräischen Nationalgott in einen ἐγώ εἰμι ὁ ὤν griechisch-metaphysischer Ontologie übersetzt, nicht mehr als reine Übersetzung bezeichnen. Die die Septuaginta bekämpfenden Juden haben das ganz richtig empfunden.

4. Das Alte Testament wurde zu einer Hauptwaffe des christlichen Kampfes *gegen* das Judentum. Einmal konnte man an ihm zeigen, daß die Juden sich nicht um das Alte Testament kümmerten. Das hatte schon Paulus getan. Oder man steigerte das, zuerst wohl der Barnabasbrief, zu der Behauptung, die Juden dürften gar keinen Anspruch auf das Alte Testament erheben, da sie es niemals richtig

verstanden hätten, sondern es wörtlich statt geistig ausgelegt hätten. Oder man übernahm mit Freuden einen wahrscheinlich aus einem Geschichtswerk des Poseidonios stammenden Satz, daß Moses zwar ein vernünftiger Gesetzgeber gewesen sei, seine Nachfolger aber alles verdorben und verfälscht hätten, so daß das Alte Testament zuerst einmal wieder von all diesen Fälschungen gereinigt werden müsse, und das vermöchten nur die Christen. Die Schlechtigkeit der Juden sei um so schlimmer, weil sie Gottes Gesetz durch ihr Mißverstehen und Handeln entehrten. Oder man zog die Gerichtsworte der Propheten heran und zeigte, wie das Alte Testament selbst über die Juden urteilt.

5. Mehr und mehr wählte man in gebildeten Kreisen nur das aus dem Alten Testament aus, was sich mit der Philosophie oder mit Jesus in Einklang bringen ließ, vor allem den *Monotheismus* und die *Schöpfungstheologie*, die sich beide leicht vom Timaios, von Aristoteles und von der Stoa her interpretieren ließen. Dabei konnte man sogar kritisch vorgehen. Das schönste Beispiel dafür ist der Brief des Ptolemaios (um 170). Er lehnt sowohl die Auffassung ab, die 5 Bücher Moses – nur von ihnen handelt er – seien ganz und gar von Gott, als auch die markionitische, sie seien von einem bösen Wesen, denn sie enthielten sowohl Gesetze, die Gottes unwürdig sind, als auch solche höchster Gerechtigkeit. Maßstab für den Wert des Alten Testamentes können nur die Worte Christi sein. Dann fährt er fort: «Zuerst muß man lernen, daß jenes ganze Gesetz, das im Pentateuch des Moses enthalten ist, nicht von einem einzigen Gesetzgeber gegeben ist» . . . «sondern man muß es in drei Schichten gliedern, lehren uns die Worte des Herrn». Die erste stammt von Gott selbst, die zweite von Moses, «durch den Gott zwar Gesetze gibt, der aber auch einige Gesetze aus seiner eigenen Einsicht gegeben hat», die dritte nur von den «Presbytern des Volkes».

6. Das Alte Testament enthält *Prophetie* im Sinne des antiken *Vorzeichenglaubens*. Das wurde besonders wichtig, weil es nicht nur Vorschau auf Christus, sondern auf alles zukünftige Geschehen gab. Dabei werden aus den Propheten Wahrsager, Mantiker und Seher. Den gefährlichen circulus vitiosus, den man dabei machte, hat seltsamerweise keiner bemerkt. Man argumentierte: daß die Propheten die Wahrheit sagten, sei dadurch bewiesen, daß ihre Voraussagen eingetroffen seien; die Ereignisse seien aber deshalb eingetroffen, weil die Propheten sie vorausgesagt hätten: «Denn die Gottheit wird dadurch charakterisiert, daß sie über zukünftige Dinge Voraussagen macht, die die menschliche Natur übersteigen, und daß aus der Erfüllung des Vorausgesagten sich ergibt, daß es Gottes Geist war, der das verkündet

hat.» Naivere staunen ehrfürchtig über das, was die Propheten alles wußten. Kompliziertere denken darüber nach, welcher Teil der Gottheit in den Propheten spricht oder warum sie Zukünftiges in der Vergangenheit ausdrücken. Das Glanzstück ist die Voraussage des Falles von Jerusalem, und es gibt weniges, das der christlichen Propaganda so genützt hat wie die Erfüllung der Drohworte der ältesten Propheten im Jahre 70. Das hat man den Propheten reichlich gedankt. Justin würde Jesus für einen Schwindler halten, wenn er nicht durch die Propheten ausgewiesen wäre, Origenes zählt 10 000 prophetische Stellen im Alten Testament, an denen von Christus die Rede ist. Immer näher rückt die Herrlichkeit der Propheten an die Christi heran, und bereits seit den synoptischen Evangelien wird Geschichte nach den Propheten korrigiert oder konstruiert.

7. Wiederholt wurde schon darauf hingewiesen, daß das Alte Testament als *Altersbeweis* für das Christentum diente. Schon die Juden Alexandreias hatten erklärt, Abraham sei älter als Homer und Moses älter als Platon, die Christen aber haben sich mit alttestamentlichen Chronologien geplagt, um nachzuweisen, daß ihre Religion die älteste sei.

8. Das Problem des *Gesetzes* hatte grundsätzlich das Neue Testament gelöst, seine jüdischen Besonderheiten Kult, Opfer, Beschneidung, Sabbat hatten Jesus und Paulus beseitigt. Was blieb, waren Moralvorschriften und vor allem der verschieden verstandene Dekalog – man denke an die unterschiedlichen Deutungen des Bilderverbotes –, und ein unerschöpflicher Rohstoff für Spiritualisierungen und Allegoresen. Wörtliche Gesetzerfüllung ist selbst in judenchristlichen Kreisen nicht mehr angestrebt worden.

9. Von platonisierenden Kreisen wurde der *Abbildcharakter* des Alten Testamentes weiterentwickelt. Weil der Mensch das Göttliche nicht erträgt, schaut er es in irdischen Gewändern. Der Hebräerbrief hatte das im Gefolge alexandrinisch-jüdischer Platoniker begonnen, Irenaios hatte es fortgesetzt, Origenes es zur Vollendung geführt. Besonders gern bediente man sich dabei des von Paulus schon an dieser Stelle verwandten Schlusses a minore ad maius: wenn etwas schon im abbildhaften Alten Testament geschieht, wieviel herrlicher muß es dann in der neutestamentlichen Wirklichkeit sein.

10. Endlich konnten *liturgische Formen* dem Alten Testament entnommen werden, besonders wenn deren Gehalt schon verchristlicht oder allegorisiert war.

11. Nur selten werden einmal *innere Gründe* für das Alte Testament angeführt. Clemens rühmt die Schlichtheit des Alten Testamentes im Gegensatz zu den Schwierigkeiten der Philosophie, und Origenes folgt ihm. Wesentlich war das nicht. Denn es war der Septua-

ginta genau so gegangen wie Homer: als man zur Methode erhoben hatte, daß sich aus ihr alles begründen lasse, kam es auf die inneren Gründe nicht mehr viel an.

Trotzdem hat sich die Hochschätzung von Schrift und Schriftgelehrsamkeit erst durchkämpfen müssen. Polykarp ist noch zurückhaltend und erklärt, er sei in den heiligen Schriften nicht erfahren, jedenfalls nicht so wie die Philipper. Oder man ist lange unsicher wegen der vielen Verfälschungen der heiligen Schriften. Erregt wendet sich Ignatios gegen die, die nur das glauben wollen, wofür sie einen Schriftbeweis haben; nur Christus, nicht die Schrift sei Glaubensquelle.

Zu einer völligen *Ablehnung* des Alten Testamentes ist aber doch nur *Markion* (um 140) gekommen. Weil der Judengott, den er wohl bei den zahlreichen pontischen Juden oder als Schiffseigner bei den jüdischen Kaufleuten in aller Welt kennengelernt hatte, sich von dem Gott Jesu und dem des Paulus grundlegend unterschied, konnte für ihn das Alte Testament nicht die heilige Schrift sein. Er läßt es bestehen, aber als Buch der Juden, und zählt die zahlreichen Unterschiede und Gegensätze auf, die zwischen ihm und dem ‹paulinischen› Lukasevangelium und den echten Paulusbriefen bestehen. Aber erst sein noch radikalerer Schüler Apelles sieht im Alten Testament nur noch eine verbrecherische Schwindelliteratur.

«Wir bewegen uns von den elysischen Feldern des Alten Testamentes zu den Asphodeloswiesen des *Neuen*», so bestimmt ein Kommentator das Verhältnis des Alten zu dem allmählich entstehenden Neuen Testament. Ehe es dahin kam, war ein weiter Weg zu gehen. Zwar zitieren der erste Clemensbrief, Ignatios und Polykarp die Synoptiker und die Paulusbriefe als Autoritäten, aber der 2. Petrusbrief behandelt die Paulusbriefe noch nicht als heilige Schriften. Auch Markion gehört, wie Blackman richtig gezeigt hat, nur als ein Spezialfall in die große Reihe der sich bildenden neutestamentlichen Sammlungen hinein, darf also auch nicht als ‹der› Schöpfer des Kanons angesehen werden. Man kann höchstens sagen, daß sein Einfluß dem Lukasevangelium und dem Corpus der Paulusbriefe eine nicht mehr anzufechtende Stellung verschaffte, die die Kirche nur durch Gleichschaltung mit Matthäus, Markus und einem Corpus pastoraler und katholischer Briefe ihrer markionitischen Gefährlichkeit entkleiden konnte. Wie aber das johanneische Schrifttum kanonisch geworden ist, wissen wir überhaupt nicht.

Erst durch Irenaios, Tertullian und Clemens von Alexandreia wird das Neue Testament als Schriftensammlung eine *normgebende heilige Schrift*. Irenaios widerlegt die Häretiker sowohl mit alt- wie mit neutestamentlichen Worten, doch ist seine Position noch so ungefestigt, daß sie ihm erwidern, viele dieser Worte stammten von Fälschern, von Demiurgen oder von Dämonen. Wieder hat erst Origenes in voller Konsequenz die Einheit beider Testamente gelehrt, beide durch die gleichen Auslegungsmethoden und die Beziehung auf Christus harmonisiert und damit über Irenaios hinausgehend die Grundlage des Biblizismus geschaffen. Die beiden Testamente werden schließlich die beiden Drachmen, mit denen Petrus seine Steuern bezahlt.

Dabei standen *Umfang und Anzahl* der Schriften des Neuen Testamentes noch gar nicht einmal fest. Es ist merkwürdig, daß bis ins 4. Jahrhundert hinein vieles im Fließen bleibt, selbst bei den philologisch so gewissenhaften Alexandrinern. Überall herrschen Gegensätze und Widersprüche, Werturteile aller Art und Unsicherheiten. Der Westen erwärmt sich für, der Osten streitet gegen die Apokalypse, dafür liebt dieser den Hebräerbrief, den jener ablehnt. Tertullian ist für, Origenes gegen die Henochliteratur, der Judasbrief zitiert ein Henochwort, der 2. Petrusbrief streicht es aus. An eine Einheit der Texte ist überhaupt nicht zu denken außer bei einigen philologischen Rezensionen. Noch erstaunlicher ist die Unsicherheit über die Normen der Kanonisierung. Die einen sagen: Gültig ist, «was in allen Kirchen gelesen wird», die anderen: «was von den Aposteln stammt», die dritten unterscheiden sympathischen oder unsympathischen Lehrgehalt, und nur einige wenige lassen sich von historischen Erwägungen leiten. Origenes und Euseb versuchen wenigstens, gewisse Schichten des mehr oder weniger Angesehenen festzulegen. Im Westen löste man die Frage endlich durch Synodalbeschlüsse, im Osten war diese Entwicklung noch lange im Fluß.

Die Unsicherheit des *Textes* machte sich indessen immer stärker bemerkbar. In wieviel verschiedenen Fassungen hat man noch recht lange die Abendmahlsworte oder das Vaterunser überliefert; auch im Zitieren alttestamentlicher Worte blieb man unbekümmert frei. Erst als die wissenschaftlich *philologische* Arbeit an den heiligen Schriften in Alexandreia einsetzte, wurde das anders. Diese ist teils von Gegnern veranlaßt worden wie von der scharfen Bibelkritik des Porphyrios, teils aber auch vom Zustand der christlichen Schriften selbst. Zu den ältesten Zeugnissen philologischer Arbeit von Christen gehören die beiden Briefe des S. Julius Africanus (gest. 240), in denen mit philologischen Methoden die Unechtheit der Susannageschichte und die Ungenauigkeit der Stammbäume Jesu nachgewiesen wird. Clemens fordert als erster theoretisch, daß man Stellen nicht mehr aus ihrem Zusammenhang herausreißen dürfe, ein Grundsatz, den er freilich selbst wenig beachtet. Origenes, der von Aristarch und seiner Schule viel gelernt hatte, wird der Philologe der Kirche schlechthin. Dabei gehört es zu den rätselhaften Erscheinungen ganzheitlicher Menschen, daß sich mit seiner exakten Philologie seine oft so wilde Allegorese vertragen konnte. Seine noch längst nicht genügend gewürdigten philologischen Leistungen bestehen nicht nur in der Riesenarbeit der ‹Hexapla›, einer in achtundzwanzig Jahren vollendeten alttestamentlichen Rezension, die nur im Schatten des alexandrinischen Museions entstehen konnte, sondern in der philologischen Arbeit seiner Kommentare.

Zu den Fragen nach dem Text tritt die als viel schwerer empfundene nach der ‹richtigen› *Auslegung*. Sie erhält in der alten Kirche die Grundform: gibt es nur den einen wörtlichen Schriftsinn und daher auch nur einen Weg der Interpretation, oder gibt es einen verborgenen Schriftsinn und daher auch mehrere Methoden der Auslegung?

Im vorchristlichen Hellenismus war der *Protest gegen* die Mythenallegorese von den Philologen ausgegangen, bei vielen Christen kam eine Wendung gegen die gnostisch-allegorisierenden Spekulationen im Interesse des ‹gewöhnlichen Gläubigen› hinzu. So entwickelt sich seit Justin eine Auslegungsmethodik, die jedes Wort genau nimmt, nach lexikographischen Gesichtspunkten arbeitet und durch das Schema Weissagung-Erfüllung Worte und Gedanken durch beide Testamente hindurch verfolgt, ohne allegorisieren zu müssen. Ähnlich geht Irenaios vor; wenn er sich auch der Allegorese nicht ganz verschließen kann, wendet er sich doch gegen sie mit der Begründung, daß die biblischen Schriftsteller es hätten sagen müssen, wenn sie etwas anderes meinten als den Wortsinn. Auch Tertullian tritt für den einfachen Schriftsinn ein, aber auf Grund seines Umgangs mit eindeutigen juristischen Gesetzauslegungen. Zum wissenschaftlichen Problem wird die Frage aber erst im dritten Jahrhundert durch den Gegensatz der antiochenischen, von der Pergamener Philologie beeinflußten, und der alexandrinischen Exegetenschule. Aus philologischen Gründen forderte Antiocheia einen einfachen Schriftsinn und eine ihm entsprechende grammatisch-lexikalisch-historische Auslegung. In ihrem größten Vertreter Theodor von Mopsuestia (gest. 428) ist dieses Ziel fast erreicht.

Aber die *Alexandriner* waren stärker. Schon bei Clemens paart sich die philologische und wörtliche Auslegung mit einer moralisierenden und allegorischen; Gott will, daß der Mensch in der Schrift immer weiter suchen soll, und daher handelt derjenige nicht der Schrift würdig, der nicht zu ihrem geheimnisvolleren Sinn vordringt. Origenes baut das zu seinem großen System aus. Die Bibel als Gottes Wort (ϑεῖος λόγος) verlangt den gewissenhaften Einsatz der gesamten Person des Exegeten. Wie er aus Leib, Seele und Geist besteht, so muß man «sich in der Tat auf dreifache Weise die Gedanken der Heiligen Schriften in die Seele schreiben: damit auch der Einfältigere gleichsam vom Fleisch der Schrift erbaut werde, so soll man danach diesen Schriftsinn nennen; ... wenn aber einer schon im Glauben etwas vorgerückt ist, (nenne man ihn) nach der Seele; der Vollkommene aber (folgt 1. Kor. 2, 6 f.) erhält vom geistigen Schriftsinn (νόμος) den Schatten der zukünftigen Güter». Die Schrift hat ebenso Fleisch wie Christus, darum ist ihr Inhalt historisch real und muß als solcher hingenommen werden. Aber «in fast jeder prophetischen Schreibweise wird das, was gesagt wird, in einer ziemlich unverständlichen und dunklen Sprache gesagt. Denn es gefiel dem heiligen Geist nicht, der wollte, daß darüber geschrieben würde, dies öffentlich auszubreiten, so daß es die Füße Unkundiger sozusagen zertreten könnten». So muß der Ausleger mindestens auf den doppelten, meist aber auf den dreifachen Schriftsinn achten. Auf diese Weise hat Origenes, wie selbst Porphyr ihm zugesteht, «die jüdischen Schriften» lesbar gemacht und der Kirche den weiteren Weg gewiesen, allerdings auch bis zur Gegenwart ein Hinundherschwanken zwischen wörtlicher und allegorischer Exegese hervorgerufen, das sich bei Lateinern wie Hieronymus und Augustin verhängnisvoll auswirkt. Im Westen hat Hilarius von Poitiers die Auslegung des Origenes am besten verstanden und am reinsten fortgeführt.

Warum hat sich die origenistische Schriftaufspaltung durchgesetzt? Eines war klar: wenn man das Alte Testament beibehalten und manches im Neuen Testament – wie die apokalyptischen Stücke – einführen wollte, dann ging es nur auf dem Weg, auf dem auch die Philosophie Homer beibehielt. ‹Heilige› Schriften in ‹heiligem› Gebrauch haben einen ‹pneumatischen› Sinn, den nur der ‹Pneumatiker› erkennt und der eine ‹heilige› Methode der Auslegung verlangt. Pneumatischen Schriftsinn und allegorische Auslegung hat es schon vor Origenes gegeben, dadurch aber, daß dieser sie mit seiner philologischen und kirchlichen Autorität deckte, waren sie nicht mehr aus der Geschichte des Christentums zu verdrängen.

Allegorese haben, wie Pyramidentexte bezeugen, die Ägypter schon im dritten Jahrtausend getrieben und ohne Unterbrechung bis in griechisch-römische Zeiten geübt. Von ihnen hat noch Plutarch gelernt, der seinerseits behauptet, daß schon Pythagoras diese Methodik den Ägyptern verdanke, und in der Tat scheinen pythagoreische Speisegebote wie das Verbot des Bohnenessens früh auf ägyptische Weise im griechischen Raum allegorisch ausgelegt worden zu sein. Wie Plutarch weist auch Clemens von Alexandrien auf ägyptische Vorbilder hin, indem er die drei ägyptischen Schriftarten mit drei Auslegungsmethoden in Verbindung bringt und die Interpretation des Mistkäfers als Sonne und ähnliches als Musterbeispiel ägyptischer Allegorese empfiehlt. Im griechischen Bereich kam ihr die Rationalisierung der Mythen durch die Philosophie entgegen: Xenophanes und Hekataios (um 500 v. Chr.) hatten Mythen rationalistisch umgedeutet, Anaxagoras (um 450 v. Chr.) kosmisch und moralisierend, Theagenes physikalisch, und Metrodor von Lampsakos und Antisthenes hatten daraus Systeme entwickelt, die Hauptquellen für die stoische Mythenallegorese wurden. Die religiöse und dichterische Wärme Platons mußte sich zwar gegen diese oft allzu ‹aufklärerische› Art wenden, verzichtete aber auf Allegorese nicht, wie die Götterallegoresen im Phaidros oder die Phaetonallegorese im Timaios zeigen. Die Stoa und der Euhemerismus haben die verschiedenen Ströme der Mythenbehandlung vereinigt. Zenon bevorzugt neben physikalischen etymologische Deutungen, Kleanthes und Chrysipp benutzen alle Methoden. Was die verschiedenen Stoiker an Einzelallegoresen erarbeiteten, wurde durch Handbücher wie die des Cornutus oder Herakleides leicht zugänglich und von Nichtchristen und Christen eifrig ausgeschrieben. Eine besondere Stellung nimmt schließlich *Plutarch* ein. Er beherrscht die Allegorese ebenso meisterhaft wie Clemens und Origenes und vermag Mythen, religiöse Texte und Bräuche genau so in ihr Gegenteil zu verkehren und am Wortsinn genau so vorbeizugehen wie die beiden großen christlichen Platoniker. Die physikalische Mythenallegorese liebt er weniger als die moralische oder die philosophisch-spekulative, aber er ist fest davon überzeugt, daß auch ein schlechter Mythos Gutes enthält, wenn man ihn nur richtig deutet. Der spätere Platonismus und der Neuplatonismus haben diese Allegoresen, nach denen jeder Mythos irgendeine platonische Lehre enthielt, bis auf die Spitze getrieben. Nur Plotin hat sich davon ferngehalten.

Für die Allegorese des Alten Testamentes stand den Christen natürlich *Philon* zur Verfügung. Zwar betont gerade er den Eigencharakter des Alten Testamentes: «Von den anderen Gesetzgebern haben die einen unschön und nackt das als Gesetz vorgetragen, was ihnen gerecht erschien, die anderen ihren Gedanken viel Schwulst umgelegt und die Massen beeindruckt, indem sie mit mythischen Gebilden die Wahrheit versteckten, Moses aber überragt beide.» Aber eine eigene Methode findet er nicht, sondern ist im Grunde nur der Wegbereiter zur stoischen und platonischen Mythenallegorese, aus der er schöpft. Seitdem vollends Goodenough nachgewiesen hat, daß er nur dann allegorisiert, wenn er für griechische Leser schreibt, während er für die jüdischen am Wortsinn festhält, ist gewiß, daß man Clemens und Origenes nicht zu sehr im Lichte Philons sehen darf. Denn bei ihnen ist das Verhältnis umgekehrt. Die Allegorese ist ihnen kein Propagandamittel, sondern sie ist die höchste Methode der Auslegung, gleich verbindlich für Christen wie für Nichtchristen, und nur sie führt in die letzten Tiefen der Schrift.

Die Allegorese als *Methode* beginnt im Christentum bei Paulus. Gelernt hatte er sie schon in Tarsos, der Hochburg der Stoa. Der Wortsinn kann Gottes unwürdig und ungöttlich sein: «Denn im Gesetz des Moses ist geschrieben: Du sollst dem pflügenden Ochsen keinen Maulkorb anlegen. Gott macht sich doch wegen der Ochsen keine Sorgen!» Dann bleibt eine gewisse Unsicherheit: der von Philon abhängige Hebräerbrief allegorisiert die alttestamentlichen Kultbegriffe, aber der zweite Petrusbrief warnt vor Allegorese.

In allen Fällen wird das Alte Testament genau so behandelt wie das entstehende Neue, so daß beide aneinander rücken. Es bildet sich die Methode heraus, das ganze Neue Testament in das Alte hineinzulesen. Der Paradiesbaum wird ebenso zum Kreuz wie die Himmelsleiter, Joseph im Gefängnis ebenso zum leidenden Christus wie Hiob. Jeder alttestamentliche Fromme bedeutet in Wahrheit eine Seite der Person Christi; Adam und Eva sind Christus und die Kirche, Abel ist der getötete Christus, Lamech der Hohepriester Kaiphas. Der Archenerbauer Noah ist der Kirchengründer Christus, die Aussendung der Taube meint in Wirklichkeit die Aussendung der Jünger Jesu, die Trunkenheit Noahs das Leiden Christi. Abraham verhält sich zu Isaak wie Gott zu Christus. Die Mutter des Moses ist Maria, der von Moses erschlagene Ägypter ist der von Christus erschlagene Teufel, der brennende Busch die verfolgte Kirche. Aus dem Neuen Testament aber konnte man durch Allegorese alles ‹ungeistig› Anstößige entfernen: wo von Brot die Rede ist, ist in Wahrheit der Geist gemeint, oder: der Schlaf der Jünger in Gethsemane bedeutet, daß sich Gott auch des schlafenden Menschen erbarmt.

Bis zu Irenaios ist das ungezwungen und ohne feste Regeln, meistenteils folgt man stoischen, philonischen, hellenistisch-jüdischen Gemeinplätzen, teils der eigenen Intuition und Auslegungsphantasie. Erst mit Clemens wird die Allegorese zum System, gefördert durch das Verlangen, jeden christlichen Glaubenssatz aus der Heiligen Schrift belegen zu können. Systematisch konsequent hat das Origenes zu Ende geführt. In paulinischer Kampfstellung gegen die Schüler des Buchstabens und in der festen platonischen Überzeugung, daß sich Göttliches nie unmittelbar auf nur Sinnliches beziehen kann, ist alles – von der Völkertafel der Genesis über die Kriege des Alten Testamentes bis zu den Sperlingen in der Predigt Jesu – geistig zu verstehen. Um den Menschen zu erziehen und allmählich von einer Stufe zur nächsthöheren zu führen, verwendet Gott den dreifachen Schriftsinn, die ganze Wahrheit enthält nur der dritte, der allegorisch zu gewinnende geistige. Beim wörtlichen Sinn bleiben die Juden in der Härte ihrer Herzen sowie die Ungebildeten (ἀκεραιότεροι) stehen, die deshalb auch zu den verkehrtesten Anschauungen über Gott kommen. So beginnt zwar der Einfältige mit dem Fleisch der Schrift, der Fortgeschrittenere dringt bis zu ihrer Seele vor, aber der Vollkommene sucht ihren geistigen Gehalt. Die geistige Auslegung geht ganz platonisch vor; sie weiß, daß das Wesen hinter dem Schatten der Dinge steht. Sie ist nicht leicht, denn der Geist will, daß der Mensch selbst forschen soll, um des Geistes ganz teilhaftig zu werden. Die Anstößigkeiten der Schrift wirken dabei als Anreizungsmittel, sie sollen den Leser darauf aufmerksam machen, daß hier ein Geheimnis steckt. Dabei verbindet sich oft Allegorese mit einer geradezu erfrischenden *Kritik:* «Wer nun, der einigermaßen Verstand hat, wird glauben», daß die Schöpfungsgeschichte in ihren Einzelheiten wörtlich zu nehmen sei oder daß Jesus von einem hohen Berg aus «die Reiche der Perser, Skythen, Inder und Parther gesehen hat»? Es wäre absurd, «keinen unterwegs zu grüßen», unmöglich, «jemandem, der auf die rechte Wange schlägt, die andere hinzuhalten», nutzlos, «das rechte Auge auszureißen, wenn es ärgerlich ist»! Wenn schon diese Herrenworte die Sinnlosigkeit wörtlicher Auslegung und Befolgung beweisen, wieviel mehr erst das Alte Testament! Natürlich gibt es geschichtliche Tatsachen in der Schrift, natürlich gelten auch einige Gesetze wörtlich wie etwa das Gebot der Elternehrung, aber entscheidend ist das nicht. Unter allen Umständen entscheidet in Zweifelsfällen der allegorische Sinn.

Wie im einzelnen die allegorische Auslegung ausgeübt wird, dafür gibt es keine Regel. Um nicht uferlos zu werden und am eigentlichen Sinn der Schrift vorüberzugehen, muß sie sich an einige unabdingbare christliche Grundwahrheiten halten, über die man sich vorher klar sein muß. Im übrigen soll sie soviel wie nur möglich von den Griechen lernen. Aber eine starre Methode gibt es nicht, da der Geist in seiner unendlichen Fülle nur vom Geist erkannt wird und keine Methoden hat, sondern in Freiheit schafft. Hier ersteht in der origenistischen Allegorese noch einmal ein Stück urchristlicher Charismatik und Geistmystik. Pamphilos hat, wie immer, auch darin Origenes richtig verstanden, wenn er ihm nachrühmt, er habe wieder auf das *Geheimnis* der Schrift hingewiesen, und Gregor Thaumaturg dankt ihm, daß er gezeigt habe, die Verhüllung Gottes in der Schrift sei nötig, damit sie nicht in falsche Hände gerate. So steht auch hier ein platonisch-mystisches Auf- und Abstiegsschema: Gott muß mit Menschen menschlich reden, und darum hüllt er sich in die Form von Wort und Schrift. Das gehört zu seinem Abstieg. Der Mensch aber soll mit Hilfe der Schrift aus seiner irdischen Unzulänglichkeit wieder emporsteigen, und ein wesentlicher Schritt dazu ist die Exegese.

Die Höhe des Origenes ist nie wieder erreicht worden. Nur ganz selten nähert sich einer der Späteren seiner geistigen Freiheit, Tiefe, Selbständigkeit, echt griechischen Gedankenzucht, seinem ungeheuren Fleiß und seiner religiösen Wärme. Aber viele haben von ihm gelernt, auch seine Gegner. Als Beispiel diene nicht Hieronymus, der ihn in unverschämter Weise ausschreibt, sondern der liebenswürdigere Methodios von Olympos (um 300). In einer rührend naiven Nachahmung von Platons Symposion addiert er Platon und die allegorische Schriftauslegung, wobei er in der Umkehrung des Alten Testamentes so weit geht, daß er die Liebeslieder des Hohen Liedes zu Kronzeugen für das Ideal der Jungfräulichkeit macht.

Im Westen kam es schließlich noch zu einer Systematisierung der Schriftauslegung durch den Reformdonatisten *Tyconius* (um 380), der in einem durch Augustin erhaltenen liber regularum sieben Auslegungsnormen aufstellt. Sie sind durchaus rationalistisch, haben aber großen Einfluß ausgeübt. Ihre Hauptsätze sind: 1. Was in der Schrift auf Christus bezogen ist, kann man auch auf die Kirche beziehen, und umgekehrt. 2. In der Schrift Vereintes ist oft zu trennen, und umgekehrt. 3. Zwischen Gesetz und Verheißung muß immer scharf geschieden werden. 4. Die Schrift redet oft pars pro toto. 5. Bei Zahlen ist immer nach ihrer symbolischen Bedeutung zu fragen. 6. Die zeitliche Anordnung in den Schriften ist nicht maßgebend. 7. Wo vom Teufel die Rede ist, sind die Sünder gemeint, und umgekehrt. Augustin hat zu diesen Regeln noch einige andere hinzugefügt, die aus der römischen Rhetorik stammen.

Auf diesem ganzen Hintergrund entsteht nun der christliche *Biblizismus*, der ganz aus der heiligen Schrift lebt. Irenaios ist hier als erster zu nennen, seine Bibelkenntnis und sein tiefes Einleben in die Bibel sind erstaunlich. Dann immer wieder Origenes, der von Kind auf in der Bibel lebt und ihr schließlich sein ganzes Leben gewidmet hat. Ihm folgen seine Schüler, vor allem die Kappadoker, unter denen Basileios den Biblizismus praktisch anwendet: auch seine Ordensregel ist nichts anderes als ein «praktischer Bibelkommentar». Einen gewissen Abschluß bildet Chrysostomos, bei dem man über 18 000 biblische Zitate gezählt hat.

Bei den großen Massen führt das einerseits dazu, die Bibel in eine magische Sphäre zu rücken. Immer mehr Legenden lagern sich um sie herum. Andererseits aber wird der Kreis derer immer größer, die sich an jedes einzelne Wort der Bibel oft recht äußerlich hängen, keinen Schritt mehr gehen, ohne die Bibel zu befragen, und sie auch in den Dingen des Alltags nicht wörtlich genug auffassen können bis hin zu Toilettevorschriften. Als die heilige Melanie einmal eine Audienz am Hof von Byzanz erhält, zieht sie sich kein anderes Kleid an und nimmt den Schleier nicht ab, um «die Schrift nicht zu übertreten». Die Schrift wird Gesetz, Zeremonienbuch, Orakelbuch, Zauberbuch, kurz, sie wird zu allen Zwecken gebraucht und mißbraucht. Gewiß bleibt sie vielen auch nur Erbauungsbuch in ihren Kernstücken. Es hat viele gegeben, die sich von ihr zu einem anständigen Leben oder zum Martyrium tapfer machen und im Leiden und Sterben trösten ließen. Aber es waren auch andere da, die mit ihr nicht nur Schwindel und Betrug, sondern auch Verbrechen aller Art begründeten.

Darum verstummte bei allem Anwachsen des Schriftprinzips das Pauluswort von dem toten Buchstaben und dem lebendigen Geist nicht ganz, wenigstens da, wo die Verbindung mit der Mystik nicht verlorenging. Origenes ist auch hier der Klarste. Durch die Schrift hindurch und über die Schrift hinaus muß der Weg weiter gehen: der Vollkommene kennt keine Schrift mehr, sondern nur noch das eine *ewige Evangelium*, in dem der Geist zum Geist selber spricht ohne Schatten und Zwischenglieder.

b) Gott

Aus drei Strömen, aus den christlichen heiligen Schriften, aus der griechischen Philosophie und aus hellenistischem Seelenleben entstanden die christlichen Lehren von Gott.

Eines stand für alle christlichen Ausprägungen der Gotteslehre fest: die *zentrale Stellung Gottes* im Weltganzen. Alles, was in der antiken Spekulation sonst an die Stelle Gottes treten konnte, das Gesetz im Orient, der Mensch in der griechischen Welt, die Natur in der Stoa, das wurde oder blieb Gott untergeordnet, Gott war das Maß aller Dinge geworden, und zwar in allen christlichen Systemen. Ohne diesen apriorischen Satz ist das antike Christentum schlechterdings undenkbar. *Wie* aber dieser Gott selbst gedacht wurde, das war sehr verschieden und führte oft zu schweren Konflikten.

Das gilt schon für die *Eingottlehre.* Die Behauptung, daß Gott *einer* sei, war für das junge Christentum gar nicht so einfach. Denn verglichen etwa mit dem Judentum war das Christentum von Anfang an keine absolut monotheistische Religion. Zwar da, wo man sich mit dem antiken Polytheismus auseinandersetzte, hat man die Einheit Gottes gegen diesen ausgespielt, als man aber das Verhältnis Gott - Christus zu durchdenken begann, war man gezwungen, den Monotheismus zu modifizieren. Das ist nicht erst in den großen christologischen Kämpfen geschehen. Schon in der frühen Entwicklung der Taufbekenntnisse hat dieses Ringen seinen Niederschlag gefunden. Das Taufbekenntnis schwankt zwischen der Form: «Ich glaube an *einen* Gott» und der um der Trinität willen vorsichtigeren und schließlich sich durchsetzenden: «Ich glaube an Gott». Sicher war nur, daß man mit antikem Polytheismus nichts zu tun haben wollte. Hier hatte man das Alte Testament als Hauptstütze und Hauptwaffe.

Dazu kommt ein allgemeiner Zug zum Monotheismus. Für die religiöse Stoa ist der Monotheismus selbstverständlich. Mag Gott wie im Kleantheshymnus noch so sehr mit der Allnatur verschmelzen, mag er noch so stofflich gedacht sein, er ist eben doch nur *einer*. In stärker religiösen Naturen wird das wärmer und persönlicher. «Einer existiert, der überall ist und alles sieht, das ist Gott», heißt es in einem Menanderfragment. Das bleibt auch da, wo die Philosophie an den väterlichen Göttern festhält und den fremden ihre Neugier zuwendet, etwa bei Plutarch, bei dem doch über den dämonenartig gedachten traditionellen Göttern der «erste Gott» steht als gütiger Wille, der alles harmonisch geordnet hat, der Älteste und Ungeborene. Von höchster Bedeutung ist für das Christentum schließlich die Begegnung mit dem Neuplatonismus geworden. Von ihm nahm es seine vergeistigten Einheitsformeln, regte ihn aber auch zum schärfsten Durchdenken des Einheitsprinzips an.

Auch in den hellenistischen Religionen war der Monotheismus eine natürliche *Entwicklungsstufe*, die zum Christentum hinüberführte. «Es gibt nur einen Gott», bekennen die Dionysosgemeinden schon in vorhellenistischer Zeit, dann aber hören durch Götterhäufungen auf möglichst einen die Einheitsformeln im Hellenismus nicht mehr auf: «Du eine Isis, die du alles bist», «steh mir bei, aller Götter Gott». Für Sarapis ist die Notiz, daß in Alexandreia «alle Völker, selbst Christen und Juden, den einen Gott Sarapis» verehren, charakteristisch, von wem sie auch stammen mag. Bis ins vierte Jahrhundert wird er, «als großer und allerheiligster Gott» gefeiert.

Da die mit der Trinitätslehre in Zusammenhang stehenden Kämpfe um den *christlichen Monotheismus* erst später darzustellen sind, geht es hier nur um die *Grundlagen* der christlichen Gotteslehre. Zunächst überrascht, daß die Bewertung des monotheistischen Dogmas im frühesten Christentum sehr verschieden war. Das beweisen zwei einander so nahestehende Schriften wie der Jakobusbrief und der ‹Hirt› des Hermas. Für den ersteren bedeutet Monotheismus nichts Wichtiges, denn an einen Gott glauben «auch die Dämonen». Bei dem letzteren aber ist die Eingottlehre das Wichtigste am Christentum: «Vor allem glaube, daß Gott Einer ist.» Wo judenchristlicher Einfluß war, stand der lehrhafte Eingottglaube natürlich über und vor allen christologischen Lehren. Formeln wie «Ein Gott und der Christus» tragen ganz jüdisches Gepräge und sind in den Kirchen nie ganz verschwunden. Aber der große Strom christlicher Lehrentwicklung floß anders.

Die Abwehr gegen Markion und die Göttermischung gnostischer Gruppen zwang zu genaueren bekenntnismäßigen Formulierungen der *christlichen* Eingottlehre. Das klassische Beispiel gibt wieder Origenes: «Die Besonderheiten aber dessen, das durch die apostolische Verkündigung deutlich überliefert wird, sind folgende: zuerst daß *ein* Gott existiert, der alles geschaffen und zusammengefügt hat, und der, da nichts existierte, das Ganze zur Existenz brachte, als Gott auch vom ersten Geschöpf und der Gründung der Welt an (blieb), der Gott aller Gerechten ... *Dieser* Gott, der gerechte und gute Vater unseres Herrn Jesu Christi, gab selbst Gesetz, Propheten *und* Evangelien. Er ist auch der Gott der Apostel und sowohl des Alten wie des Neuen Testamentes.»

Bekämpft man den außerchristlichen Polytheismus, so bedient man sich fast nur der griechischen Aufklärungsphilosophie, der Propheten und der hellenistisch-jüdischen Propagandaliteratur. Man beruft sich auf Epikur: nicht der sei gottlos, der die Götter der Masse beseitigt. Nur war man radikaler und lehnte jedes Zugeständnis ab. Den christlichen Apologeten gegenüber sind selbst die strengen Epikureer, die die Götter immerhin in den Intermundien weiterleben ließen, Kompromißler. Den verzweifelten Weg, den selbst Platon bis zur Forderung der Asebieprozesse gegangen war, um die Götter der Stadt zu retten, und der die Stoiker zu immer seltsameren Umdeutungen führte, brauchte das Christentum nicht zu gehen, es forderte konsequent die Preisgabe aller Götter außer dem Einen. Das war instinktsicherer und lebensnäher, zugleich auch vernunftgemäßer. Stoiker, Epikureer, sittlich ernste Satiriker wie Persius haben über die vielen Götter auch nicht anders gesprochen als die Christen, aber sie zogen für die Praxis nicht die gleichen Folgerungen daraus wie die Christen. Dabei brauchte es gar nicht unbedingt zur christlichen Bilderstürmerei zu kommen, so nahe diese den Massen lag. Wie wohltuend heben sich von den Roheiten Tertullians, der Antiorigenisten, des Firmicus Maternus die Origenessätze ab: «Wir lachen auch die unbeseelten Götterbilder nicht aus ... auch wenn es Dämonen gäbe, die vielleicht in einigen Bildern wohnen und einer von ihnen Dionysos, der andere Herakles sein sollte, so schmähen wir auch sie nicht ... denn es ist gemein, jemanden zu schmähen, sei es einen Menschen oder einen Dämon.» Aber auch diese innere Vornehmheit des gebildeten Griechenchristen machte in der *Sache* kein Zugeständnis. Erklärt die Philosophie die Götter als Natursymbole, antworten die Christen: man kann die Sonne sachgemäßer und genauer beschreiben als durch den Wagen des Helios. Macht man die Götter zu Menschen der Vorzeit, so sind sie eben doch nur Menschen. Verteidigt man die Götter, weil die Vorfahren sie geehrt haben, so antworten die Christen, daß man in der Erkenntnis über die Irrtümer der Vorfahren hinauskommen müsse. Beruft man sich auf das Staatsgesetz, weigern sich die Christen, einem Staat da gehorsam zu sein, wo er Torheiten gebietet. Wäre die Auseinandersetzung um den einen Gott immer auf dieser Ebene verlaufen, so stände das Christentum rein da. Aber eine brutalere Schicht stieg auf und riß die Herrschaft an sich: man flucht den heidnischen Göttern, speit sie an und beginnt eine allgemeine Bilderstürmerei. Es war nicht unbedenklich, wenn sich Clemens von Alexandreia freilich noch theoretisch für den Skythenkönig Herodots erwärmte, der den Gründer der Kybelemysterien tötete. Merkwürdigerweise bleiben durch unsere ganze Epoche hindurch die heidnischen theophoren Götternamen erhalten. Man nennt sich auch als Christ Ammonios, Apollonius, Apollinaris, Athenagoras, Diodor, Diognet, Dionysios, Heraklas, Hermas, Hermias, Isidor, Origenes, Sarapion, Jovinian.

Im Lehrhaften sucht man den Eingottglauben möglichst straff zu fassen. Vor allem lehnt man möglichst jeden *Gottesnamen* ab. Das war nicht selbstverständlich in einer Religion, die alles ‹im Namen Jesu› tat und die im Alten Testament Gottesnamen vorfand. Origenes hat das beträchtliche Schwierigkeiten bereitet, und doch hat er es abgelehnt, Gott zu benennen. Vorgearbeitet hatte Justin mit Hilfe seiner platonisch-stoischen Tradition: Gott hat keinen Namen, weil er alle Namen gegeben hat. Jedenfalls setzte sich die Namenlosigkeit Gottes völlig durch: in kein altchristliches Bekenntnis ist ein Gottesname gekommen, obwohl das vom Alten Testament her nahelag. Der Areopagite begründet diese Namensscheu am Ende neuplatonisch: das Eine ist namenlos, steigt es aber herab, so wird es allnamig.

Aber im Christentum selbst traten auch *Gegner der Eingottlehre* auf. Da war zunächst die Gnosis. Die immer weiter durchgeführte Aufspaltung der Einheit zerstörte sie schließlich. Dazu kamen im Hintergrund stehende dualistische Spekulationen. Erhob man Kategorienlehre zur Metaphysik, entstanden die langen Reihen abstrakter Äonengötter. So tritt an die Stelle des einen Gottes die Mannigfaltigkeit oberster Prinzipien: Licht, Finsternis und Pneuma bei den Sethianern, der unbekannte Gute, der Demiurg, das Feuer, das Böse bei Apelles, das ‹Weibliche› und das ‹Männliche›, und vieles andere mehr. Aber es ist auch klar, daß sich gegenüber diesem Durcheinander der Eingott leicht durchsetzen konnte.

Viel gefährlicher war *Markion*, denn seine beiden Götter leuchteten nicht nur ein, sondern waren auch sorgfältig biblisch begründet. Freilich sind sie nicht ganz klar voneinander abzugrenzen. Es ist nicht ganz sicher, ob der Gott des Alten Testamentes, der gerechte Weltschöpfer, nun wirklich mit dem Bösen an sich identisch ist und ein echter Dualismus besteht. Aber Hippolyt, der der Auseinandersetzung noch sehr nahestand, wird richtig sehen, wenn er Markion mit dem griechischen Weltpessimismus zusammenbringt. Die zwei Götter, der gerechte und der liebende, verhalten sich zueinander wie böse zu gut.

Hier aber empfand auch die Kirche die großen Schwierigkeiten der Eingottlehre. Wie verhält sich *Gott zum Teufel?* Das Neue Testament hatte den Teufel als Herrn dieser Welt bezeichnet, aus der Umwelt strömten beständig dualistische Einflüsse zu. Man sollte aber auch nicht vergessen, daß selbst Origenes keine Hemmungen hat, Christus «zweiten Gott» (δεύτερος θεός) zu nennen. Eine sehr eigentümliche Stelle des Apologeten Athenagoras (um 177) geht noch weiter: Wir Christen sind eigentlich auch *Polytheisten*. Wir glauben nämlich an die Gotteshypostasen Licht, Schönheit, Geist, Kraft, an einen Sohn Gottes, an den Geist, an Engel. Doch lehrt er gleichzeitig die Einheit Gottes und sucht sie aus Platon, Aristoteles, Pythagoras und den Propheten zu beweisen.

Jedenfalls ist die Eingottlehre des Christentums nie so starr gewesen wie die des Judentums und des Islam. Man betete in verschiedenen Formen und Nuancen nicht nur zu Gott, sondern auch zu den christlichen ‹Untergöttern›, natürlich nicht überall.

Eine allzu abstrakte Gotteslehre war dem Christentum vor allem erschwert durch die konkrete neutestamentliche Auffassung von Gott als Vater. Wollte man sie lehrhaft unterbauen, mußte man sich zunächst der Frage zuwenden, in welchem Sinne Gott überhaupt *Person* sei. Das war nicht einfach, denn je enger der Bund der christlichen Lehrentwicklung mit der Philosophie wurde, um so mehr mußte man auf die unpersönlichen Aussagen über die Gottheit Rücksicht nehmen. Man ging verschiedene Wege: Tertullian hat gewaltsam stoische unpersönliche Aussagen zu dem persönlichen christlichen Gottesbegriff hinzuaddiert. Besser hilft sich Origenes mit einem vertieften Persönlichkeitsbegriff, den er zu einem Gestaltbegriff macht, der jeder Philosophie zugänglich wird: Persönlichkeit ist das sich selbst Konturierende.

Wie unsicher und schwebend trotzdem alles bleibt, zeigen die vielen Erörterungen über die *Allgegenwart* Gottes. Es war leicht, stoisch den *Logos* alles durchdringen zu lassen, und damit haben sich auch die Christen geholfen. Aber der Logos war eben nicht der

Vater. Auch konnten die Christen von der Stoa weder den biologisch-physikalischen Gottesbegriff noch die letzte Gleichheit der Natur Gottes mit der des Menschen brauchen, und bei ihrer Preisgabe zerfiel im Grunde das stoische System. Clemens' Kampf ist hier sehr lehrreich: man darf Gott nicht mit dem Ganzen gleichsetzen, da er dessen Vater ist. Damit will er nicht nur die Stoiker, sondern erst recht den neuplatonischen Monismus treffen. Aber bei der formalen Bestimmung des Verhältnisses Gottes zum Ganzen bleibt er dann stehen. Origenes hat weniger Bedenken. Er lehnt den Satz nicht ab, daß Gott das Ganze sei, nur muß man sich davor hüten, ihn mit irgendwelchen Teilen zu identifizieren.

Außerhalb Alexandreias hat man das Problem weniger gespürt. Man begnügt sich alttestamentlich damit, daß der Mensch Gottes Lebenshauch in sich trägt, oder man zitiert die Anfangsverse des Arat und läßt es offen, wie Gott alle Straßen, Märkte und Häfen erfüllen kann.

Eine weitere wichtige frühchristliche Gottesdefinition bediente sich des Begriffes *Macht*. Gott ist παντοκράτωρ, Allherrscher, Allmächtiger. War im Neuen Testament, besonders bei Paulus, die Kraft Gottes seine das Böse überwindende und den Menschen befreiende Dynamik gewesen, so wird sie mehr und mehr die souveräne Macht des «höchsten Herrn und Königs». So geht der Begriff sowohl in die Theologie wie auch besonders in die Liturgik ein, das Bittgebet wendet sich nicht mehr an den gütigen Vater, sondern an den allmächtigen Herrn und Herrscher und formt sich etwa nach dem folgenden Typ: «Gott Παντοκράτωρ, der du Himmel, Erde, Meer und alles darin gemacht hast, hilf mir, erbarme dich meiner, nimm meine Sünden weg, rette mich im jetzigen und künftigen Aion durch unsern Herrn und Heiland Jesus Christus, durch den der *Glanz* und die *Macht* in alle Aionen geht.»

Dagegen wurde der alttestamentliche Begriff der *Allmacht* Gottes nicht unbestritten hingenommen. Kelsos kritisiert Christen, die sagen: «Gott kann alles», und Origenes gibt ihm darin recht: Gott kann das nicht, was nicht seiner Natur entspricht. Er kämpft sogar energisch gegen den Satz, daß «für Gott alles möglich sei» (τὰ πάντα εἶναι δυνατὰ τῷ θεῷ). Wieder teilen sich die Christen in Platoniker und Stoiker: die einen lehren mit Poseidonios und den Stoikern die Allmacht Gottes, die anderen lehnen sie mit den Platonikern und mit vielen Naturwissenschaftlern ab. Außerdem zerlegt man den Begriff gern in mehrere Komponenten. Teils ersetzt man die Allmacht durch die Kraft der *Bewegung*. Abgesehen von der Areopagrede hat zuerst der Apologet Aristeides solche Bewegungslehren für den christlichen Gott übernommen.

Teils aber beschränkt man den Allmachtsbegriff durch eine sehr buntfarbige Lehre vom *Willen* Gottes, in der die gesamte antike Willensproblematik auftaucht. «So Gott will» ist im Hellenismus ebenso abgegriffen wie heute; «alles ist möglich, wenn Gott will», sagt Bion, «wenn Gott will, segelst du auch im Binsenkahn heil durchs Meer», sagt Thestios. So einfach das war, so schwierig wurde es bei zwei Teilfragen: 1. Gibt es für den Willen Gottes gar keine, auch keine sittlichen Beschränkungen? 2. Greift der Wille Gottes in das Weltgeschehen ein oder überläßt er dies einer eigenen Gesetzlichkeit?

Im Christentum trennen sich wieder Griechen und Lateiner. Die *Griechen* beschränken den Willen Gottes: Gott kann nur das Gute wollen. Eine absolute Willkür des Wollens Gottes ist bei ihnen kaum zu finden; die Valentinianer mögen in diesem Punkte römisch-stoisch beeinflußt sein, und Noet geht es mehr um Paradoxien als um Willensmetaphysik: «Unsichtbar ist Gott, wenn er will, sichtbar, wenn er will ... gezeugt und ungeboren ... leidenschaftslos und unsterblich oder leidend und sterblich ... je nach seinem Willen.» Im allgemeinen kann man sagen, daß im griechenchristlichen Raum der Wille Gottes hinter seiner Vernunft und seinem Denken zurücktritt.

Ganz anders bei den *Lateinern.* Seit Tertullian spielt hier der Wille Gottes eine Hauptrolle, wenn er auch oft stoisch gezügelt wird, indem man lehrt, Gott wolle nur das Zweckvolle. Über Marius Victorinus bis zu Augustin ist der Voluntarismus in der Gotteslehre nur im Westen *systematisch* entwickelt worden.

Am heftigsten waren die Auseinandersetzungen in der Lehre von den *Gemütsbewegungen* Gottes. Hier unterscheiden sich Griechen und Lateiner wieder grundlegend. Das biblische Schrifttum sprach ganz naiv von göttlicher Freude, Liebe, Sorge und göttlichem Zorn. Aber die griechische Philosophie trat mit einer ganz entgegengesetzten Auffassung an das Christentum heran. Seit Anaxagoras galt die Gottheit der Philosophie als leidenschaftslos. Platon zögerte. Zwar wollte auch er die Gottheit frei von Leidenschaften und allzu menschlichen Affekten haben, aber er gestand ihr doch ein gewisses Glücksgefühl zu. Auf dieser Linie blieben im allgemeinen die Platoniker, die Epikureer, einige Stoiker, Philon: die Gottheit ist leidenschafts- und affektlos (ἀπαθής), aber selig, glücklich und daher nicht völlig gefühllos.

Auf das Christentum hat die Lehre von der *Apathie* Gottes schon seit dem zweiten Jahrhundert Eindruck gemacht, und man hat tatsächlich das Unmögliche zustande gebracht, sie mit den ganz anders lautenden biblischen Sätzen zu vereinigen. Griechische frühchristliche

Apologeten haben sie einfach übernommen, ohne sich um den biblischen Tatbestand zu kümmern, denn für diese war sie ein großartiges Mittel im Kampf gegen die heidnische Volksreligion. Erst die Biblizisten bremsen; Irenaios spricht Gott zwar die unbeherrschten Leidenschaften ab, aber auf Grund der biblischen Aussagen alle sittlich ertragbaren und sogar notwendigen Gefühle zu. Dagegen vertritt Clemens von Alexandreia wieder die Lehre von der Apathie Gottes; sogar Christus ist für ihn ganz gegen das Neue Testament ἀπαθής. Aber an einer Stelle geht auch ihm die absolute Apathielehre zu weit: wenigstens die Güte Gottes hat emotionalen Charakter. Für Origenes ist die Apathie Gottes vollendete Tatsache; wenn in der Schrift andere Aussagen stehen, so ist das nur wegen der gewöhnlichen Gläubigen gesagt, die ohne Anthropomorphismen nichts verstehen würden. *Anders freilich im Westen.* Daß ein gefühlsmäßig so affektgeladener Mensch wie Tertullian sich auch seinen Gott nur mit starken Affekten denken kann, ist ohne weiteres klar. Überhaupt ist es in der Hauptsache das afrikanische Temperament, das für Gott auch die stärksten Leidenschaften rechtfertigt und fordert. Lactanz' Buch über den Zorn Gottes ist das Äußerste, was in dieser Beziehung geschrieben worden ist.

Nun ist diese Seite der Gotteslehre nicht zu lösen von der Frage nach dem *Ethos Gottes*. Die Sittlichkeit Gottes ist nicht so selbstverständlich und allgemein geglaubt worden, wie es den Anschein hat. Für die griechische Volksreligion und die Religion der Dichter waren unsittliche Götter ebenso selbstverständlich wie unsittliche Menschen, das hielt sie in Menschennähe oder zeigte, daß sie jenseits von Gut und Böse standen. Nun zeigt sich die merkwürdige Tatsache, daß in einigen Zeugnissen des antiken Christentums Gott als Lügner erscheint. Tertullian hat nämlich ganz recht, wenn er allem *Doketismus* den Vorwurf macht, daß Gott ja lüge, wenn Christus in einem Scheinleib auftrete. Das zweite Zeugnis findet sich bezeichnenderweise bei *Origenes*. Gegen den Moralismus des Kelsos behauptet er in Fortführung stoischer Gedanken: «Sagst du nicht selbst, Kelsos, daß man Betrug und Lüge benutzen darf, wenn es zum Zweck der Heilung erforderlich ist? Wie ist nun unschicklich (ἄτοπον), wenn man jemanden retten will, so zu handeln? Denn einige werden viel leichter durch Lügen zur Umkehr gebracht als durch die Wahrheit, wie auch zuweilen die Reden der Ärzte den Kranken gegenüber sich verhalten.» Gott kann also aus Liebe lügen, und Liebe ist für den Christen immer gerechtfertigt.

Doch sind das Ausnahmen. Im allgemeinen kämpft die christliche Gotteslehre gegen alles Unsittliche im Gottesbegriff sowohl der Volksreligion wie auch des Alten Testamentes. Von Paulus übernahm man den Zentralbegriff der Gerechtigkeit Gottes und verstand ihn bei den Griechen vom platonischen Begriff der Idee der Gerechtigkeit, bei den Judenchristen und Lateinern von einem juristisch-gesetzlichen Gerechtigkeitsbegriff her. Bei den griechischen Theologen schimmert dabei immer die seit archaischer Zeit im Griechentum verankerte Auffassung durch, daß die göttliche Rechtsordnung mit dem menschlichen Recht nicht übereinzustimmen braucht, aber auch die seit Platon feste Gewißheit, daß Gott sich unverbrüchlich an seine Ordnungen hält.

Aber nachweisbar seit der Orestie war dem Griechentum etwas Neues aufgegangen, das zu den unerhörtesten geistesgeschichtlichen Entdeckungen gehört: Gerechtigkeit verträgt sich nicht mit Erlösung. Das haben nur die Griechen und die Christen gefunden, und die Christen haben es zuletzt von den Griechen. Dabei bleibt es ein Rätsel, warum die Philosophie dieses Problem der Tragödie überlassen hat. Denn nur sie hat diese tiefste Problematik des Begriffes der göttlichen Gerechtigkeit erkannt. Wo die jungen rettenden Götter hinkommen, stirbt die Gerechtigkeit, sagen die Eumeniden seit Aischylos. Aber die christlichen Denker haben versucht, den Gegensatz von Gerechtigkeit und Güte in Gott wirklich denkerisch zu überbrücken; sie wurden dazu durch Markion angeregt, der diese beiden Begriffe auseinandergerissen hatte.

Der einfachste Weg war, an Platons *Gleichsetzung* von gut und gerecht anzuknüpfen und beides zu addieren. Das hat Irenaios getan, der bekennt, daß ihm Platon lieber sei als die Gnosis, da er Gott nicht zerteile und ihn als Gerechten gut sein lasse. Die Alexandriner lehren ebenso: «Gottes Gerechtigkeit ist gut, Gottes Güte gerecht.» Tertullian folgt – wenigstens zeitweilig – der griechischen Linie, indem er Gottes Gerechtigkeit als seine Qualität nicht erst im römischen Sinne als Strafgerechtigkeit gelten läßt; sie besteht für ihn schon vor der Sünde und offenbart sich in der harmonischen Gliederung des Kosmos.

Zu dieser allzu billigen Identifizierung im schroffsten Gegensatz steht Markion: Gerechtigkeit und Güte sind einander fremd, ja feindlich. Gerechtigkeit ist weder eine göttliche Idee noch Qualität, sondern ein kümmerlicher Notbehelf in einer kümmerlichen Welt, ihre Folge ist Härte, Grausamkeit und Vernichtung. Güte ist dieser Welt fremd und daher das wirklich Göttliche.

Im Zusammenhang mit der Lehre von den Affekten und der Gerechtigkeit Gottes steht als besonders schwierig die von seinem *Zorn*. Gottes Zorn ist ebenso alttestamentlich wie altgriechisch, bedrohlich für den einzelnen wie das Land.

Hiergegen wandte sich die Philosophie: «Gott kann niemals zürnen noch schaden», faßt Cicero diese ganze Opposition zusammen, und Plutarch lehnt grundsätzlich ab, daß Zorn und Güte in der Gottheit vereinigt seien. Aber im Alten Testament war der Zorn eines der wesentlichen Merkmale Gottes. Philon hatte einen aussichtslosen Kampf dagegen gekämpft, obwohl er sich mit allen Mitteln bemühte, die Apathielehre ins Alte Testament hinein zu exegisieren. Gelungen war es ihm nicht. Es kam erschwerend hinzu, daß auch Paulus vom Zorn Gottes gesprochen hatte, allerdings nicht als von einem gegen den Menschen gerichteten Affekt, sondern von einer göttlichen Haltung gegen Sünde und Gesetzlosigkeit. Dann hatte die Apokalypse den Begriff des Gerichtszornes Gottes ausgemalt. Nun wurde diese allerdings von den Griechenchristen sehr lange abgelehnt, aber ihre Wirkungen waren nicht zu beseitigen. Trotzdem haben die Christen zunächst den alttestamentlichen Gotteszorn verworfen, der Apologet Athenagoras sogar mit Polemik gegen den Gotteszorn bei Homer. Aber der alexandrinische Biblizismus lenkte ein. Er gestattete, bildlich vom Zorn Gottes zu reden, wie man vom Zorn eines Vaters über ungeratene Kinder redet, der dann nötig ist, wenn diese nicht ganz verderben sollen, denn in der irdischen Welt ist mit Liebe allein nicht auszukommen. Zorn Gottes ist also kein Affekt, sondern eine Haltung des Erziehers. Gott muß auch streng sein, denn nur die Sirenen schmeicheln allezeit. Im Westen aber ist seit Tertullian der Zorn Gottes wie der eines Herrschers völlig legitim und seit Ambrosius sittlich einwandfrei.

Doch ist darüber nie der neutestamentliche Gedanke der *Liebe* Gottes vergessen worden, sondern auch er wurde zur Lehre erhoben und mit Hilfe griechischer Denkkategorien weiter durchdacht. Die *Philosophie* bewirkte, daß an die Stelle der Liebe Gottes die platonische Güte, das absolute Gute, die Ursache alles Guten trat. Auch die optimistischen Töne der Stoa über Gottes Güte in seinem Verhältnis zur Welt bewirkten leichte lehrhafte Verfärbungen. Aus dem Neuplatonismus kam dazu die Gleichsetzung von höchster Güte und Geistigkeit im Begriff des Überguten Plotins. Ähnlich haben die Abstraktionen des *Kaiserkultes* gewirkt; er war für die christliche Lehrentwicklung deshalb wichtig, weil hier Macht und Güte in enger Verbindung standen. Sehr philosophisch geworden ist eine Kaiserakklamation wie die Neros in Alexandreia: «Der, den die Welt ersehnte und erhoffte, ist zum Autokrator ausgerufen worden; der gute Daimon der Welt, das Prinzip alles Guten ist er.» Ausdrücke wie «der beste Kaiser» oder «Wohltäter aller Welt», oder Übertragung von religiösen Akklamationen zur Bezeichnung kaiserlicher Güte gehören demselben theologischen Bereich an: ein schönes Beispiel ist die Übernahme der Isisakklamation: «O mein Vater, mein

Bruder, meine Mutter Isis» auf Claudius Gothicus (268–70) als «Claudius Augustus, du mein Bruder, du mein Vater, du mein Freund, du edler Senator, du wahrer Fürst». Hier konnte das Christentum lernen, wie man die Lehre von der Liebe Gottes mit der Lehre von seiner Allmacht vereinigen konnte.

Erst allmählich ist der neutestamentliche Vaterglaube zu einer ausgebauten Lehre geworden. Neben Justin hat die Gnosis zuerst den Begriff des «ungezeugten Guten» an die Stelle des Vaters gesetzt. Bei Origenes ist die Formulierung zum Abschluß gekommen: Gott ist Liebe an sich, wesenhaftes Gutes, das Gute schlechthin, er kann nur Gutes tun. Nur haben alle diese platonisch-stoischen Abstraktionen bei ihm nicht verhindert, daß er noch das Vertrauen des Neuen Testamentes, Gott Vater nennen zu dürfen, in seiner Einmaligkeit und Größe weiter spürt.

Im Westen ist die Lehre von der *Liebe* Gottes dadurch modifiziert worden, daß Juristen die ersten waren, die sich mit der Frage beschäftigten und für die das Spannungsverhältnis zwischen Liebe und Gerechtigkeit besonders auch nach dem markionitischen Einbruch immer drückender wurde. So bekommt Tertullians Gott zwei Brennpunkte: wohl ist auch für ihn Gott gütig, der Gott, der die Welt aus Güte schuf, der dem Mann eine Frau schenkt, der Mensch und Tier Leben und Nahrung gibt und der schließlich aus Güte die Erlösung bereithält. Aber zugleich ist er der strenge Richter, der nicht nach Güte richtet, sondern nach Werkgerechtigkeit. Eine wirkliche Brücke zwischen beiden gibt es zunächst noch nicht. Wenn die Griechen sagen, daß selbst die Sintflut und andere Katastrophen Zeichen der erziehenden Güte Gottes seien, so war das für diese Juristen unverständlich; hier sahen sie Gericht. Und in den Vaterbegriff kommt eine römische Interpretation: sein wesentliches Merkmal ist nicht mehr die Liebe, sondern die potestas des Vaters. Für die Lateiner war es fast unmöglich, eine so großzügige Lehre von der Liebe zu entwickeln wie Origenes und die Griechen. Von ihrem festen Glauben an die Gerechtigkeit im juristischen Sinn und an die Undurchbrechbarkeit juristischer Normen und Institutionen aus wurden sie in ständige Kämpfe gestürzt, die sie schließlich hart machten auch gegen eine Lehre von der Güte Gottes. Erst kam der Kampf gegen den schrankenlos gütigen Gott Markions, dann die Kämpfe gegen die allzu vergebende Milde Gottes im Streit um die Bußdisziplin, die selbst einen gebildeten Menschen wie Hippolyt unsäglich verbitterten, dann seit Cyprian die Beschränkung der Liebe Gottes auf die Zugehörigkeit zur Institutionskirche und schließlich bei Augustin die Verdrängung der uneingeschränkt schenkenden und erziehenden Liebe Gottes bei den Griechen durch die grausame Härte der doppelten

Prädestinationsmetaphysik. Augustins Prädestinationslehre ist das genau entgegengesetzte Theologumenon zu den bis zur Erlösung aller gehenden Liebeslehren Gottes bei den Griechen: wenn Gott nur zu den Erwählten gut ist, ist er nach griechischem Verständnis überhaupt nicht gut. An diesem Punkt der Gotteslehre zeigt sich wieder einmal, wie zwischen Ost- und Westkirche ein nie zu schließender Abgrund liegt. Der Fall Augustin macht das am klarsten. All seine reiche Liebesterminologie und selbst sein echtes Vertrauen auf die liebende Gnade Gottes gegenüber den zum Heile Bestimmten würde für Origenes sinnlos sein, denn wie kann man nach griechischer Auffassung von Liebe Gottes reden, wenn Gott nicht auch Tod und Teufel liebt?

Ein weiterer platonischer Zug, der die christliche Gotteslehre formen half, war die *Gleichsetzung von Urgutem und Urschönem.* Seit Xenokrates steht das Urschöne an der Spitze der kosmischen Dreiheit, und bis zu Plotin gilt im Platonismus der Satz, daß in Gott «gut und schön gleich» seien. Das Geistige dieser Schönheit wird darin deutlich, daß man sie durch die Symbolik der schönsten mathematischen Körper, etwa durch die Kugel oder durch das gleichseitige Dreieck, bezeichnet. Im Christentum findet sich zuerst bei dem Gnostiker Basilides im Anschluß an aristotelische Gedanken die Lehre von der Anziehungskraft des Schönen als des kosmischen Grundprinzips, so daß das alles anziehende Göttliche zugleich das Schöne an sich ist. Bei den Alexandrinern und ihren Schülern bis hin zum Areopagiten ist im platonischen Sinne Gott wahre und höchste Schönheit, bei Minucius Felix kommt das stoische Kausalprinzip hinzu: wer ein schönes Haus sieht, schließt auf den Besitzer, wer die schöne Welt sieht, schließt auf Gottes Schönheit. In der neuplatonischen Stimmung am Ende unserer Epoche ist dann die Durchdringung von Christlichem und Neuplatonischem vollendet: «Spät lernte ich dich lieben, alte und doch so neue Schönheit», heißt es bei Augustin, Gott der als «Urschönes» aufleuchtet, ist der ständig neu geformte Inhalt der Hymnen des Synesios, und Boëthius betet: «Du hältst im Geist die schöne Welt, nach deinem Bild geschaffen, Schönster aber bist du selbst.»

Als weitere göttliche Eigenschaften erscheinen in der Lehrbildung *Weisheit und Wissen.* «O welch eine Tiefe des Reichtums der Weisheit und der Erkenntnis Gottes», lautete eine paulinische Formel, die an Platonisches und Stoisches anknüpfte. Im Kampf gegen den blinden Schicksalsbegriff hatte der Platonismus die Existenz einer letzten, sinnvollen Weisheit gelehrt, die alles durch Voraussicht lenkt, und die Stoa hatte seit Chrysipp den blinden Fatalismus dadurch vermieden, daß sie den Vorsehungsgedanken einführte. Im Christentum verband sich damit der Glaube an Gottes Vorauswissen und Allwissenheit. Die Auseinandersetzung mit dem Schicksalsglauben wurde vor allem von Alexandreia geführt. Hier trat bewußt das Vorherwissen Gottes an die Stelle des Schicksals. Es ist absolut und dient zur Lösung der schwierigen Probleme der Gebetserhörung, der Theodizee, der Erwählung, selbst der Vorzeichen, soweit sie beibehalten werden. Nur eine Schwierigkeit blieb, und sie ist immer geblieben: wenn Gott gut ist und das Böse vorher weiß, warum hindert er es nicht? Für Origenes zwar war auch darauf die Antwort noch leicht, weil er griechisch die Achtung Gottes vor der Würde des freien Willens lehrte und an das göttliche Erziehungsideal glaubte. Für andere war das schwerer, wenn nicht unmöglich.

Wie gestaltet sich nun in der christlichen Gotteslehre das Verhältnis von Immanenz und Transzendenz Gottes? Es verschiebt sich, wie in jeder abstrakten Lehre, nach der Seite der *Transzendenz.* Seit Empedokles wird Gott in der Philosophie mehr und mehr das große Sein, farblos, gestaltlos, unfaßbar, unaussprechbar, ungeboren, unvergänglich, Idee der Ideen, reiner Geist. Den letzten Abschluß erreicht diese Entwicklung der Gotteslehre in Plotins Gott, der jenseits alles Denkens steht, und in dem eingeborenen Gott-Geist, dem unsichtbaren und unaussprechbaren jenseits des Nous stehenden Gotte der Hermetik. Dieser philosophischen Vergeistigung erliegt auch der Mythos: Dionysos wird zum Nous, Athene, als dem Haupt des Zeus entsprungen, zum reinen Denken, Apoll zum reinen Sein.

Im Christentum beginnen diese Vergeistigungen im Johannesevangelium und steigern sich in der platonisierenden Gnosis. Gott wird der «Unerkennbare», der «Unnennbare», der «Unerzeugte», der «Abgrund», der «Überhohe», das «Licht der Lichter», der «Unzerstörbare». Bei Justin ist er «namenlos», «unerzeugt», «ursprungslos», bei den Alexandrinern, «anfangslos», Urprinzip von Physik, Logik und Ethik, aber jenseits derselben, «der Seiende schlechthin», noch jenseits der Monas, bei Aristeides nicht umfaßbar, aber alles umfassend, in sich selbst existierende Gestalt, anfangs- und endlos, vollkommen, autark.

Aber auch mit dieser Entwicklung verbanden sich die schwersten geistigen Kämpfe. Von den heiligen Schriften und von der Philosophie wurde sofort die Frage gestellt, ob dieser jenseits alles Irdischen stehende Gott auch *unkörperlich* und *unstofflich* sei. Das Problem des Stoffes war von jeher eins der schwierigsten der griechischen Philosophie gewesen. Anaxagoras hatte den Nous stofflich gedacht, für die Stoa war die Gottheit das stoffliche Urfeuer, für die Epikureer waren die Götter stoffliche Atome. Der Satz: «Nichts ist ohne Körper» hat vor allem im Westen großen Eindruck hinterlassen. Nur die

Platoniker haben eine radikale Körperlosigkeit Gottes gelehrt und allein den Dämonen einen Geistleib zugesprochen.

Im Christentum drängten die Gottesanthropomorphismen des Alten Testamentes nach der stoischen Seite hin. Daher ist es nicht verwunderlich, daß es christliche Stoiker gibt, die leidenschaftlich für die *Stofflichkeit und Körperhaftigkeit Gottes* eintreten. Den Höhepunkt erreicht das in dem christlich-stoischen Materialismus und Behaviorismus Tertullians: «Wer wird daran zweifeln, daß Gott Körper ist, auch wenn er Geist ist?», denn «alles, was existiert, ist ein individueller Körper».

Die andere Seite aber kämpft für die *reine Geistigkeit* Gottes. Justin hatte als Platoniker jede räumliche und körperliche oder gar substanzielle Beschränkung Gottes abgelehnt. Origenes geht weiter. Er findet es tief beschämend, daß es Christen gibt, die Gott für körperlich und stofflich halten, denn Gott ist schlechthin unkörperlich und unstofflich, und daher lehnt er die Stoa und ihre christlichen Gefolgsleute scharf ab. Hier reiht sich schließlich auch Augustin an. Er spendet Platon das höchste Lob, weil er und seine Schule die Körperlosigkeit Gottes lehrt.

Nicht von so einschneidender Bedeutung war die Frage nach der *Zeitüberlegenheit* Gottes. Zeitspekulationen waren seit dem Frühhellenismus Mode geworden, und die Christen haben sie weitergeführt. Dabei schlossen sie sich gern an die Gedanken des Platonismus über die Ewigkeit der Ideen und der Stoa über die Konstanz des Ganzen an. Dazu traten Zeitspekulationen der neuen Orphiker, der Mithrastheologen und der hellenisierten Perser, die um die Begriffe und Personifikationen Chronos, Aion, Kairos, Zrvan Akarna eine oft sehr tiefsinnige Zeitmetaphysik entwickelten und sehr genau zwischen linienhafter und inhalterfüllter, nur erlebter oder wesenhaft-objektiver Zeit unterschieden. Sie hatten auf Rom eingewirkt und dort den Grund gelegt zu einem neuen Durchdenken des Begriffes aeternitas, das sich wieder auf die Geschichtsphilosophie in der Frage nach der Ewigkeit von Kaiser und Reich ausdehnte. Auch das Judentum hat die persischen Ansätze übernommen; es empfand zuerst das Problem: was tat Gott vor der Weltschöpfung?

Auch das Christentum hat sich mit den einfachen liturgischen Ewigkeitsformeln der Johannesapokalypse nicht begnügt. In den Märtyrerakten des Carpus (wohl noch vor 300) begegnet das Bekenntnis: «Denn unser Gott ist zeitlos und hat die Zeit geschaffen. Er ist unvergänglich und ewig, immer derselbe, wächst nicht und nimmt nicht ab.» Es gibt christliche Gnostiker, die Gott durch keine Berührung mit der Zeit beflecken wollen, daher lassen sie diese vom Demiurgen und nicht von Gott geschaffen sein. Die jüdische Frage, was Gott vor der Schöpfung getan habe, weist zwar Irenaios als unberechtigte Neugier ab, aber sie drängt sich doch bei jeder Betrachtung der Schöpfungsgeschichte auf. Das führt zu oft umfangreichen Zeitspekulationen, besonders in dem an der Geschichte stärker interessierten Westen, wo sie von Tertullian bis Augustin nicht abreißen; bei Augustin erreichen sie eine Dialektik des Wesens der Zeit, die subtiler ist als in der gesamten antiken Philosophie.

Da, wo man sich mit den Platonikern gegen den stoischen Materialismus und Rationalismus vereinigte, wurde Gott nur noch reiner Geist, reine Abstraktion. Dann unterscheidet sich der christliche Gott in nichts mehr vom neuplatonischen. Hier steht nun Gott nicht nur jenseits des Seins, sondern auch jenseits des Denkens, denn das Denken setzt schon ein Zweites voraus. Von der Relativität alles Seins ausgehend wird konsequent bei einigen Gnostikern Gott zum unbezeichenbaren Nichtseienden und zum absoluten Nichts. Selbst für Origenes steht Gott jenseits des Seins und Erkennens, und es ist nicht immer klar, wie er doch von da aus immer wieder den Weg zum neutestamentlichen Vatergott zurückfindet. Bei den späteren christlichen Neuplatonikern sind die Plotinschen Formeln unverändert übernommen.

Damit kam nun auch vom späteren Neuplatonismus die *via negativa* als einzige Methode der Gottesbeschreibung: von Gott lassen sich nur negative Aussagen machen. Platon hatte nur gesagt, daß es mühselig und schwer sei, Gott zu erkennen. Die späteren Neuplatoniker lehrten, daß man nur erkennen könne, was er nicht sei. In das Christentum haben platonisierende Gnostiker zuerst die via negativa eingeführt: «Ihr sollt Gott nicht suchen, denn er ist unerkennbar, und ihr könnt ihn nicht finden.» Dann häuft man mehr und mehr Negationen auf ihn. Theophilos und Minucius Felix sind die ersten in der Kirche, die das üben, aber auch die Alexandriner lassen die Methode neben anderen gelten. Aber wie sie, so begnügen sich gerade die am stärksten neuplatonisch beeinflußten Christen nicht mit ihr. Es ist seltsam: mit Hilfe Platons und des Neuen Testamentes überwinden sie den Neuplatonismus in der Eroslehre des Synesios und in der caritas-Lehre Augustins; wohl ist Gott unbekannt, aber dem Liebenden erschließt er sich. Wo aber sonst die via negativa in die Kirche eindringt, da wird sie durch den Offenbarungsgedanken überhöht und überwunden: in der Tat ist Gott nur negativ erkennbar, aber das unfaßliche Wunder geschieht, daß er sich positiv offenbart, daß der Ferne nahe kommt, daß der Unaussprechbare spricht, indem er selbst sein Schweigen bricht durch den *Logos*.

c) Christologie

Die Entwicklung von Mythos und Geschichte zur Lehre kann man selten in der Religionsgeschichte so gut beobachten wie in der Geschichte der Christologie. Zunächst ist hier unser Quellenbefund außerordentlich reich und für viele Lehrformen lückenlos. Auch kennen wir die *formenden* Kräfte. Es sind außer dem historischen Hintergrund, der zum Mythos geworden war, die gestaltenden Gedanken, die schon aus den Mythen der hellenistischen Religionen Lehren von einem ‹Erlöser› entwickelt hatten, ferner die Denkmittel der hellenistischen Philosophien. Dazu trat eine Reihe nüchterner Pragmatiker und Praktiker, denen es auf ein Minimum an Mythos und Lehre ankam. Vom Westen her gesellte sich schließlich noch das römische Rechtsdenken und dessen Begriffswelt hinzu. So entsteht ein lebendiges Mosaik, das nur der öde findet, der es dogmengeschichtlich isoliert und ohne seine Umwelt sieht. Wer aber das bunte antike Spiel in dem Gewoge der Christologien überschaut, wird seinen eigentümlichen Reiz spüren.

Stellen wir zunächst die älteren die Christusgestalt betreffenden Lehren, die über sein Verhältnis zum Vatergott Aussagen machen, zurück, da sie systematisch zur Trinitätslehre gehören. Hier kommt es nur auf die Lehre von der *Person Christi* an. Ihre Wurzeln sind uns an zwei Stellen des Neuen Testamentes begegnet, in dem Christushymnus des Philipperbriefs und im Johannesprolog. Die erste lehrt mit Hilfe platonischer Abstiegsschemata eine Metamorphose des in göttlicher Gestalt Seienden zur Sklavengestalt, die zweite in Überbietung platonischer und stoischer Gedanken die Fleischwerdung des Logos.

Immerhin hat es eine gewisse Zeit gedauert, bis die Christologie wirklich durchdacht war und zu einer geschlossenen Lehre wurde. Die ersten Generationen haben sich mit der Geschichte, dem Mythos und dem Ethos begnügt. Erst Origenes sagt, daß «auch der Sohn», nicht nur der Vater, schwer zu verstehen sei. Gewiß hat ein so tief im Hellenismus verwurzelter Mensch wie Ignatios bereits die dialektische Paradoxie und die via negativa neben Gott auf Christus angewandt, aber von einer wirklichen Christologie kann man doch erst seit Übertragung der *philosophischen Logoslehre auf Christus* reden.

Alle Logosspekulationen sind griechischen Ursprungs und griechischer Art. Ihre weite Verbreitung wird unter anderem auch dadurch sichergestellt, daß sogar die Rabbinen in der Gestalt der Memra Logosspekulationen von den Griechen übernahmen. Die Eignung dieses Begriffes für die Christologie zeigt eine kurze Besinnung auf seine Entwicklung in der griechischen Philosophie.

Ob man schon bei Heraklit die Logoslehre im späteren Sinne suchen darf, hängt von der unsicheren Deutung der beiden ersten Fragmente ab. Sicher aber ist sie bei Platon da. Denn bei ihm spielt der Logos als Wort und Ausdruck eine Mittlerrolle zwischen der ewigen Welt der Ideen und der Welt der Erscheinungen, er ist Offenbarungsträger und gehört als solcher beiden Welten an. So kann er, was für das Christentum brauchbar war, dem Götterboten Hermes gleichgesetzt, also personifiziert werden. Theiler hat gezeigt, wie im Platonismus der frühen Kaiserzeit der Logos so zum Organ Gottes wird, daß er fast alles enthält, was die Christen über den Logos aussagen.

Zu der platonischen trat die stoische Logoslehre. In der Stoa ist der Logos nicht nur geistiger Ausdruck einer höheren Welt, sondern in der Welt wirkendes oder ruhendes Naturgesetz und damit Weltschöpfer und Welterhalter. In Natur und Vernunft über die Welt hin ausgesät verbindet er das Getrennte, daher macht ihn Chrysipp zum gottgleichen Wesen, das nach Kleanthes das ewige, unzerstörbare Leben im Kosmos ist. Dabei sind Gleichsetzungen des Logos mit den alten Göttergestalten häufig.

Vor allem hat die Gleichsetzung Logos – Hermes alle anderen in den Schatten gestellt. «Hermes bedeutet den Logos, den die Götter vom Himmel gesandt haben, weil sie den Menschen allein von allen Lebewesen logosgemäß geschaffen haben ... vor allem ist der Logos zur Erlösung gekommen ... aber er ist auch als Offenbarer (κῆρυξ) der Götter gesandt worden und soll das, was sie betrifft, den Menschen verkünden.» So ist er Schöpfungsmittler, Offenbarer, Erlöser, Enthüller der Wahrheit, Mittler zwischen Gott und Mensch in einem. Mit diesem Hermes – Logos setzen Theologen des Kaiserkultes den Kaiser, vor allem Augustus, gleich, ihn übersetzt Philon in alttestamentliche Terminologie als den guten Hirten der Welt, er wird Mittelpunkt des großen Corpus hermetischer Schriften, nach deren Theologie der Logos als Sohn des obersten Gottes und Weltschöpfer unter dem Nous steht, als ein zweiter Gott, aber mit den Attributen des obersten.

Neu ist seit dem Johannesevangelium nur die Verbindung des Logosbegriffes mit dem Begriff *Fleisch*. Von einer Menschwerdung des Logos sprach man in der Heraklesspekulation auch, aber daß der Schöpfungsmittler und der Mittler zwischen Gott und Mensch in den Bereich der Hyle hinabtaucht und *Fleisch wird*, ist als etwas wirklich Neues empfunden worden. Eigentümlich christlich war zweitens die Polemik, die von hier aus gegen die alttestamentliche Schöpfungsgeschichte getrieben wurde: am Anfang war nicht Gott, sondern Gott *und* der Logos.

Neben dem Johannesevangelium hat zunächst der Hebräerbrief, unmittelbar von alexandrinischen Logosspekulationen beeinflußt, eine Lehre von Christus als dem «Reden» Gottes entwickelt, das, nachdem es in und seit der Schöpfung gesprochen hatte, «zu unseren Zeiten» das göttliche Urbild rein darstellt. Den gleichen Ausdruckscharakter des Logos Christus betont Ignatios, der ihn als Bruch des göttlichen Schweigens bezeichnet. Das Stoische tritt neben Platonischem dann bei Justin stärker hervor: Christus ist das vom Urlicht Gott ständig ausgehende Feuer; auch im Logos spermatikos war immer der ganze Christus in der Welt anwesend und sichtbar, und wo immer in der Welt Gott sprach, da sprach der Logos Christus. Theophilos übernimmt wörtlich die beiden stoischen Differenzierungen des in sich selbst ruhenden und des aus sich heraustretenden Logos, um das Verhältnis Gottes und Christi zur Welt zu bestimmen. Hippolyt trennt den in Gott als Idee vorhandenen Logos von der in der Zeit durch Zeugung heraustretenden Person des Logos, wobei dem ersteren kein Offenbarungs- oder Ausdruckscharakter zukommt. Am reinsten stoisch bleibt der Logos bei Tertullian: der Logos ist von Ewigkeit her eine substantielle Person und zugleich Gottes Vernunft; die stoische Differenzierung wird beibehalten, indem der Logos sowohl in sich selbst ruhende göttliche Weisheit als auch Offenbarungsträger ist.

Die große Synthese schafft wieder *Origenes*. Der Logos ist stoisch der zweite Gott, platonisch Abbild, Prinzip und Schöpfungsmittler. Wie bei Clemens ist er göttlicher Erzieher.

Das schwierigste Problem, das die Übernahme des Logosbegriffs aufwarf, war die Frage nach der *Präexistenz* des Logos. Der philosophische Logos stand jenseits von Raum und Zeit, so daß hier das Problem ohne weiteres gelöst war. Anders war es aber bei einer religiösen Personifizierung, denn da mußte die Logoslehre in Konflikt mit dem Monotheismus kommen. Philon hat das durch seine Hypostasenbegriffe, die immer etwas schillern, verschleiert. Die Christen haben es viel ernster genommen. Hier ist zunächst zu fragen, wie dem historischen Christus Präexistenz zugeschrieben werden konnte. Die Anfänge dazu liegen bei Paulus, dann hat Markions Christologie die paulinischen Ansätze fortgeführt, indem sie einen präexistenten ewigen Christus als Offenbarer des guten Gottes lehrte. Aber das Johannesevangelium war schon weiter gegangen, indem es in dem fast ermüdend wiederholten Imperfektum des Prologs (ἦν) dem Leser die Präexistenz des fleischwerdenden Logos einhämmert. Hier schließen sich die Gnostiker an. Die Gefahr für den Monotheismus wird jedoch bereits im 1. Petrusbrief erkannt, ähnlich auch bei den Apologeten. So ist bei Justin der Logos noch nicht im strengsten Sinne ewig, sondern nur älter als alle Geschöpfe und vor allen Geschöpfen erzeugt.

Statt des Logosbegriffes oder mit ihm zusammen ließen sich auch andere platonische Begriffe verwenden, vor allem *Bild, Abglanz, Spiegel, Schatten Gottes.* Das beginnt im Kolosserbrief. Da das Bild des Unsichtbaren als Abbild vom Urbild am Unsichtbaren selbst Anteil hat, ist es sowohl ein irdisches wie ein himmlisches Gebilde. Nach den neutestamentlichen Vorläufern haben die Alexandriner solche platonischen Formulierungen unverändert für Christus gebraucht: «Denn da er das sichtbare Bild des unsichtbaren Gottes ist, gewährte er Teilnahme (μετοχή) an sich selbst allen geistbegabten Wesen, so daß jeder soweit an ihm teilhat, wie er mit Liebe an ihm hängt.»

Um nun diese Lehren von dem ewigen Logos und dem göttlichen Abbild mit dem historischen Jesus in Einklang bringen zu können, war zunächst die Frage nach dem menschlichen *Leib,* dann überhaupt nach der menschlichen *Natur* Jesu zu stellen. Zur Lösung verhalfen außer den platonisch-stoischen Beiträgen die griechischen Spekulationen über das Wesen der Gottmenschen, der Heroen und der Gottherrscher.

Die besondere Schwierigkeit lag zunächst darin, daß die Formel von der *Fleisch*werdung des Logos höchstens Stoikern erträglich war. Die anderen haben sie meist durch eine spiritualisierende Interpretation des Leibes Christi zu mildern versucht. So entstehen *Scheinleibtheorien* von ganz verschiedenem Gepräge. Am einfachsten ist es, wenn man alle Aussagen über den Leib in der Schwebe läßt. In anderen Fällen bleibt Christus ein rein geistiges Wesen, das nur als Mensch *erscheint.* Auch der ‹historische› Jesus hat keinen Körper, sondern ist nur eine körperähnliche geistige Kraft, oder er hat drei Körper, einen geistigen, einen seelischen und einen stofflichen, oder er hat nur einen seelischen, auf den sich wie bei einer Mysterienweihe in der Taufe Logos und Pneuma niederlassen, oder er hat zeitweise einen minderwertigen Körper, der aber bei seinem Tod vergeht. Der ganz konsequente Doketismus, der von einer völligen Körperlosigkeit sprach, hat sich in der Kirche nirgends halten können, doch ist er über Markion in den Manichäismus eingegangen, hier ist Christus ohne jeden Leib auf der Erde.

In die *schwierigste* Lage kamen die Alexandriner. Ihr Biblizismus zeigte ihnen den fleischgewordenen Logos als wirklich körperlich, ihr Neuplatonismus mußte sich dagegen auflehnen. Clemens hat sich zunächst nicht ungeschickt nur mit einem Bild geholfen: das Fleisch ist wie das Audienzfenster der Pharaonen, durch das sich der Gottkönig der Menschheit zeigt. Es ist also nur Mittel zur Versichtbarung. Origenes konnte sich damit nicht begnügen. Er beginnt damit, die Anstößigkeit des Körpers für den platonisierenden Griechen möglichst zu mildern. Gott wird durch die Annahme eines Körpers ebensowenig befleckt wie die Sonnenstrahlen, die auf Schmutz scheinen. Auch weist er darauf hin, daß die griechischen Götter, um sich verständlich zu machen, eines körperlichen Minimums bedurften. Auf jeden Fall will er als Grundlage des von den Aposteln überlieferten Christentums festgehalten wissen, daß der Logos als wirklicher Gott wirklicher Mensch wurde und als wirklicher Mensch wirklicher Gott blieb, dabei wirklich menschlichen Leib trug und sein göttliches Wesen als reiner Geist doch eine wirkliche menschliche Seele hatte, wirklich litt und starb. Hier aber sah Origenes mit der schlichten Innerlichkeit, die er nie verlor und die seine Größe war, einfach das Wunder: «Es übersteigt das Staunen menschlichen Geistes, und die Fragwürdigkeit menschlicher Intelligenz findet nicht, wie sie begreifen und verstehen könne, daß jene so große Herrlichkeit der göttlichen Größe, der Logos des Vaters selbst . . . in der Enge des Mannes, der in Judäa erschienen ist, glaubhaft wirklich gewesen sein kann, daß sogar die göttliche Weisheit in den Leib einer Frau eingegangen und als Kind geboren worden sei und geschrien habe wie andere kleine Kinder, und, wie weiter über ihn überliefert ist, er auch durch den Tod schwer getroffen worden sei.» Allerdings macht Origenes zwei Einschränkungen, dazu zwang ihn sein Platonismus. Erstens konnte der Jesusleib nicht völlig jedem menschlichen Leib gleich sein. So versteht ihn Origenes analog zu den Göttern Homers: auch sie waren Menschen und hatten doch kein menschliches Blut. So ist auch der Jesusleib von dem unseren verschieden durch die wunderbare Zeugung, dadurch, daß sein Blut im Tode nicht gerann, sondern flüssig blieb, er sich beliebig wandeln konnte, seine Jünger seine Nähe nicht dauernd ertragen konnten, er geheimnisvoll kommt und verschwindet, über Wellen wandelt, schön oder häßlich erscheinen kann, oft eigentlich nur «wie Fleisch» (οἱονεὶ σάρξ) ist. Zweitens betont er die Sonderstellung der Jesusseele, die viel wichtiger ist als der Jesusleib. Gott kann sich unmöglich mit einem Leib vermischen, in Wahrheit vereinigt er sich mit der Jesusseele, nicht mit dem Jesusfleisch; sie ist Abbild und Schatten Gottes und Sitz des Logos, der Leib ist nur Hülle und Tempel, in dem der Logos wohnt. Dieser Leib Jesu, nicht der Gott-Logos, hat gegessen, getrunken, gelitten.

All den Abwertungen des Jesusleibes und damit der Fleischwerdung selbst trat nun eine andere Lehrentwicklung mit aller Schärfe entgegen. Auch sie ist griechisch. Denn wenn auch zunächst die radikalen Biblizisten von der Leidensgeschichte her die wirkliche Leiblichkeit Christi lehrten und wenn auch judenchristliche Einflüsse zum Schutz des Monotheismus Christus möglichst weit in die menschliche Sphäre hineinrücken mußten, so wurde für die christliche Denkentwicklung wichtiger, daß man das mit stoischen und gelegentlich sogar mit epikureisch-naturwissenschaftlichen Kategorien durchdenken und darstellen konnte. Auf die Bibel konnten sich beide berufen: wiesen die Platoniker auf die Zurücksetzung des «Christus nach dem Fleisch» bei Paulus oder auf vergeistigte Stellen bei Johannes hin, so führten die Stoiker die schlichten Geschichtstatsachen der Synoptiker oder die ‹antidoketischen› Worte bei Johannes an.

Zunächst wird das Johanneswort von der Fleischwerdung ohne weiteren Kommentar zitiert. Erst Ignatios entwickelte daraus eine bewußt antidoketische Bekenntnisformel, die aber auch noch keine philosophische Begründung oder nähere Definition enthält: «... der *wahrhaftig* (ἀληθῶς) geboren wurde, aß und trank, *wahrhaftig* unter Pontius Pilatus verfolgt wurde, *wirklich* gekreuzigt wurde und starb.» Dann stellte Irenaios gegen die Gnosis einen Satz auf, der für die ethische Abtönung der Christologie ganz entscheidend war: auch die Sündlosigkeit Jesu beruhe nicht auf einer besonderen Substanz seines Fleisches. Natürlich hängt bei ihm der Fleisch-Logos am Kreuz, und Maria gebiert wirkliches menschliches Fleisch. Antignostische und antiphilosophische Evangelien betonen: «Berührt mich, betastet mich, und nehmt wahr, daß ich kein unkörperliches Gespenst bin.»

Im Westen hat Tertullian die materielle Wirklichkeit des historischen Christus mit allen Mitteln eines stoischen Materialismus gegenüber Markioniten und Doketen leidenschaftlich verfochten. Was geboren wird, hat einen stofflichen Leib, also auch der Herr. Dieser Leib ist mit sämtlichen Affekten behaftet, auch mit denen, die sich nur schlecht mit dem Tertullianischen Gottesbegriff verbanden. Weil Christus einen Leib hat, ist er nicht nur leidend, hungrig und durstig, sondern empfindet Reue, weiß nicht alles, und zwar auch schon in seiner präexistenten Periode vor der irdischen Geburt. So entsteht die stoisch begründete Lehre von der Präexistenz des Christus*leibes*, eines Leibes, der Träger einer Seelensubstanz ist und zur Sünde fähig in einen materiellen Erbzusammenhang mit allen Menschen eingeht. Tertullian folgend hat der Westen die Logoslehre meist in der stoischen Form aufgenommen und an der Realität des Leibes Christi und seiner Fleischlichkeit meist unangefochten festgehalten.

Der Osten hatte aber nach und nach die Frage anders gestellt, und das bestimmte die weitere Entwicklung. Er fragte nicht mehr, was für einen Leib der Gottmensch trug, sondern *was an ihm göttlich, was menschlich sei.* Es ist der vielfach gewundene Weg der *Zweinaturenlehre.* Es ist nun merkwürdig, daß die griechische Religionsphilosophie diese Frage in der Schärfe, in der sie das Christentum stellte, nie gestellt hat, obwohl sie beim Heroen- und Herrscherkult genau so zu stellen wäre. Man begnügte sich mit mythischen Lösungen, mit der Anerkennung einer institutionellen Vergottung durch den Staat oder einer Vergottung durch Wohltaten und Leistungen, aber eine Zweinaturenlehre gab es, soweit wir sehen, nirgends. Und doch entstammen alle Begriffe und Methoden der christlichen Zweinaturenlehre ausnahmslos griechischer Philosophie und Anthropologie. Das beginnt mit dem methodischen Ansatz. Behandelte man das Problem logisch, mußte es zu einem differenzierten Nebeneinander von Göttlichem und Menschlichem kommen. Behandelte man es dialektisch, mußte das Ergebnis paradox werden und logisch Ungleiches in einer höheren Denkmethodik gleichgesetzt werden.

Die *logische* Linie folgte den Differenzierungen der griechischen Anthropologie und Psychologie. Die zwei Naturen Christi wurden dann definiert als ein göttlicher Geist in einem menschlichen Leib oder aber als zwei völlig verschiedene Wesen. Als Vermittlung zwischen beiden konnte die Seele dienen oder nur eine platonische Teilhabe des einen am anderen oder aber eine stoische Durchdringung aller Teile (κρᾶσις δι' ὅλων). Viele Abarten waren möglich, aber es blieb immer die gleiche Grundlage.

Eine *philosophische Zweinaturenlehre* begann bei Melito von Sardes (um 170) und mit der *Logoschristologie,* und zwar eine stoische Form bei Tertullian, eine platonische bei Origenes. Bei Tertullian wird Christus im Lichte der stoischen Zweisubstanzenlehre gesehen, beide Naturen sind körperlich-stofflich, aber die eine ist gebärbar, die andere ungeboren, die eine leibstofflich, die andere geiststofflich, die eine schwach, die andere stark, die eine leidet, die andere tut Wunder. Die Möglichkeit ihrer Vereinigung beruht darauf, daß beide stofflich sind, also Substanzen. Bei Origenes ist das Verbindende der platonische Seelenbegriff, nicht aber eine in den Naturen selbst liegende Gemeinsamkeit. In der Jesusseele haben die beiden Naturen Teilhabe aneinander, hier vereinigen sie sich wie Eisen und Feuer oder wie Mann und Weib.

Aus diesen Ansätzen entstehen im 4. Jahrhundert zwei Lehrformen. Die eine scheidet die beiden Naturen streng. Diodor von Tarsus (gest. um 390) hat sie auf die kürzeste Weise ausgedrückt: «Denn auch Paulus fordert nicht, daß der Gott-Logos, wie er Mensch wird und wie er geschaffen wird, ein Kind von der Maria werde, sondern er sagt, daß der *Mensch,* der von Maria geboren wurde, zu unserer Erlösung gesandt wurde.» Diese Stelle beweist, daß man nicht mit Unrecht in Diodor den Begründer des Nestorianismus gesehen hat. Es gab aber auch andere Ausprägungen. Im Kampf gegen den stoischen Monismus und neuplatonische Spiritualisierungen hatte Paul von Samosata (um 250) mit aristotelischen Kategorien Gott streng von dem Menschen Jesus getrennt. Der Logos ist die göttliche Aktualität, die der Mensch Jesus zwar bei seiner Empfängnis bekommt, die aber nichts an seiner menschlichen Natur ändert, da er mit dieser nur verkehrt, und zwar in der Hauptsache im psychisch-ethischen Bereich. Daneben bleiben die mystischen Einwohnungsformeln, so bei Methodios von Olympos: unvermischt wohnt der ganze Gott in dem Menschen Jesus. In den großen christologischen Kämpfen des 4.–6. Jahrhunderts hat der vor allem von Antiocheia vertretene *Dyophysitismus* in Theodor von Mopsuestia seinen besten Denker gefunden: in der einen Person Christi verkehren zwei getrennte Naturen miteinander, wobei die menschliche sich durch sittliche Bewährung der göttlichen asymptotisch nähert – die Christologie wird funktional aufgelöst.

Wesentlich komplizierter ist die Geschichte des *Monophysitismus*. Hier muß zwischen einer logischen und einer dialektischen Form scharf geschieden werden. Der naive Monophysitismus geht ebenso von einer rationalen Logik aus: entweder Gott oder Mensch. Er kann sogar noch rationaler sein als der Dyophysitismus, da bei ihm das schwierige Problem des Zusammenwirkens zweier heterogener Größen wegfiel. Aber diese Form war der christlichen Entwicklung doch zu einfach, bei den christlichen Denkern begegnet sie kaum. Dagegen hat der Monophysitismus der großen Zeiten des 5. und 6. Jahrhunderts seinen Ausgang von der paradox-dialektischen Erkenntnistheorie genommen, die in göttlichen Dingen die Gültigkeit des Identitätssatzes bestreitet mit der antinomen Formel: «Der *ganze* Gott *ist* der *ganze* Mensch.» Das beginnt bei Ignatios: «Es ist *ein* Arzt, fleischlich *und* geistig, geboren *und* ungeboren, im Fleisch wesenhafter Gott, im Tod wahres Leben, sowohl von Maria wie von Gott, zunächst leidend, dann leidensfrei.» Dann bleibt er zunächst in der Sphäre der Dichtung, die solche paradoxen Sätze liebt: Gott leidet und leidet nicht, leidet nicht und leidet. Solche Dichtungen waren sehr beliebt, noch in später Zeit beginnt ein syrisches monophysitisches Gedicht, das unter dem Namen des Isaak von Antiocheia geht: «Ein Gott, der Mensch geworden ist, wurde geboren aus der Jungfrau. Ein Gott, der Mensch geworden ist, ist 30 Jahre gewandelt auf Erden . . . Den einen Gott, der Mensch geworden ist, hat das Volk auf Golgatha gekreuzigt. Des einen, Mensch gewordenen Gottes Haupt wurde mit dem Rohr geschlagen . . .»

Die eigentlichen Lehrformen beginnen mit dem Modalismus des Sabellios (vor 200), von dem wir aber nur wissen, daß er den Begriff ‹sohnväterlich› (υἱοπάτωρ) prägte. Doch haben diese älteren Patripassianer, denen Tertullian Formeln entnehmen kann wie: es sei nötig, «etiam mortuum deum credere», ihren Modalismus noch wenig durchdacht. Sieht man von der Rolle ab, die das Problem im trinitarischen Streit spielt, so ist Apollinaris von Laodikeia (310 bis etwa 390) der erste, der es philosophisch durchdrungen hat. Bei ihm vereinen sich in der *einen Natur* des Logos auch nach seiner Menschwerdung Gott und Mensch zu einer echten Einheit nicht identischer, sondern paradoxer Art. Die nähere Durchführung hing nun davon ab, welche Art griechischer Anthropologie man wählte. Man konnte behaupten, die eine Natur des göttlichen Logos trägt zeitweise einen unbeseelten Menschenleib oder wohnt an Stelle des menschlichen Geistes in einem beseelten Menschenleib. Gottheit und Menschheit tauschen dabei ihre Eigenschaften völlig aus. Oder man konnte die eine gottmenschliche Natur als Willen in einen ganzen Menschen einziehen lassen, wenn man Voluntarist war. Man konnte vom aristotelischen Entelechiebegriff ausgehend lehren, daß die eine gottmenschliche Natur ihrer Hülle alle oder einige ihrer Eigenschaften oder Aktualitäten verleihe. Man konnte an die Stelle dyophysitischer Einwohnungsmystik monophysitische Identitätsmystik setzen. Man konnte auch stoisch von einer «naturhaften Einheit» (ἕνωσις φυσική) des fleischgewordenen Logos reden. Man konnte aber auch einfach die Paradoxie auf Grund der erkenntnistheoretischen Voraussetzung stehen lassen, daß die eine gottmenschliche Natur unauflösbar sei und jeder Analyse entzogen bleibe.

Den Sieg errang 451 in *Chalkedon* weder die monophysitische noch die dyophysitische Christologie, sondern die dialektische Erkenntnistheorie. Die beiden Naturen sind in dem Gottmenschen «nicht zusammengegossen, nicht ineinander wandelbar, nicht auseinanderreißbar, nicht getrennt». Die Bedeutung dieses Beschlusses ist selten in ihrer ganzen Größe erkannt worden: sie liegt darin, daß hier erst ein gewisser Abschluß der ganzen griechischen Philosophiegeschichte erreicht ist. Über den *geistesgeschichtlichen Ertrag* der Stunde sind sich auch die streitenden Parteien nicht klar gewesen. Nichts Geringeres wurde damit ausgesagt, als daß es im Bereich des Göttlichen einer anderen als der logischen Erkenntnistheorie bedarf und in der paradoxen Dialektik auch gibt. Darum gehört auch Chalkedon viel weniger in die Dogmengeschichte als in die antike Geistesgeschichte. Dabei ist es töricht zu meinen, die aus augustinschen und anderen Floskeln zusammengestoppelte konfuse epistula ad Flavianum habe dazu etwas Schöpferisches beigetragen. Die chalkedonensische Formel war das zwangsläufige Ende eines Jahrtausends griechischen Ringens um die Grundlage und Methodik des Erkennens.

Mit der christologischen Gesamtentwicklung verwandelten sich nun auch die *Einzelstücke* der Jesusgeschichte und des Christusmythos in abstrakte Lehrgebilde. Das begann mit der Menschwerdung. Je mehr der Gottmensch in die Sphäre der Ideen, Substanzen, Naturen und metaphysischen Wesenheiten entrückte, um so mehr mußte gerade sie zu einem rein metaphysischen Geschehen werden, an die Stelle der Fleischwerdung trat unmerklich die Lehre von der *ewigen Zeugung* in und aus Gott. Aus der historischen Gestalt Jesu war über den Mythos von der Inkarnation ein schlechthin transzendent-metaphysischer Akt geworden.

Völlig zurück trat die *Leidensgeschichte*, da sie nicht zu abstrahieren war. Im allgemeinen bleibt sie in der Lehre funktional von der jeweiligen Christologie abhängig: bei den Scheinleiblehren verschwindet sie ganz, bei der strengen Zweinaturenlehre leidet nur die menschliche Natur, bei der Identitätschristologie leidet Gott, die Paradoxchristologien haben Formeln wie: «Er litt und litt doch nicht.»

Auch die lehrhafte Ausgestaltung der *Auferstehung* mußte sich den jeweiligen Christologien anpassen. Je rationaler die Christologie war, um so mehr wurde die Auferstehung zur Adoption des Menschen Jesus durch Gott und zu einer Apotheose nach dem Vorbild der Gottmenschentheologie der Umwelt. Der Auferstehungsleib Christi konnte mit Hilfe des stoischen Monismus zu einer Wiederherstellung des ursprünglichen Leibes vor der Menschwerdung werden. Das ist etwa die Linie Tertullians. Je platonisierter aber die Christologie ist, um so mehr nähert sich die Auferstehung der Rückkehr der Seele, des Geistes oder des Göttlichen in Christus zu Gott selbst. Doch sind reine Vergeistigungen selten; selbst für Origenes ist der Auferstehungsleib Christi nicht nur geistig, wenn auch sehr unklar bleibt, wie er ihn sich vorstellt.

Es ging aber genau wie in der Gotteslehre. Je weiter sie sich vom Mythos und von der Geschichte entfernte, um so mehr wurde sie entweder völlig unanschaulich oder moralistisch. Kelsos kennt Christen, die lehren, daß Christus «stärker als Gott und Herr über den Herrscher Gott sei», doch bezieht sich das auf gnostische Gruppen, die dieses spekulativ-transzendente Christusgebilde in stärkster Jenseitigkeit gelehrt haben. In der Kirche treten zuerst bei Clemens Aussagen über die Weltferne Christi auf, der weder Freude noch Trauer kennt und dessen Liebe ohne jedes Begehren ist. In Alexandreia beginnen die Bekenntnisbildungen, die auf den Mensch Gewordenen Transzendenzformeln häufen: «unsichtbar aus dem Unsichtbaren», «unvergänglich aus dem Unvergänglichen», «unsterblich aus dem Unsterblichen», «Gott von Gott», «Licht vom Licht». Im Westen ist die Überhöhung und Abstraktion grundsätzlich dieselbe, nur hat hier die Kaiserfrömmigkeit stärker eingewirkt und die Gestalt des überweltlichen Gottkaisers Christus, die hinter Augustins Gottesstaat steht, werden lassen. Jedoch bildet sich hier eine Gegenbewegung, die aus der Betrachtung des leidenden Christus entsteht und mit dem größeren Interesse des Westens am Werk Christi statt an seiner Person zusammenhängt. Gegensätze entstehen an der praktischen Frage, ob man zu dem Sohn *beten* dürfe. In den paulinischen Gemeinden hatte man das ohne zu reflektieren getan. Erst die zunehmende Rationalisierung der Christologie und die judenchristliche Betonung des Monotheismus wandte sich dagegen: Anbetung gebührt nur dem Vater. Da schuf die Logoschristologie in Anknüpfung an die Vorstellungen von Botengöttern einen Ausweg: Das Gebet an den Logos bedeutet, daß der Logos das Gebet dem Vater *übermittelt*. Wie der Logos die Verbindung von oben nach unten herstellt, so auch die von unten nach oben; ist er von oben nach unten kommend Schöpfungsmittler, so umgekehrt Gebetsvermittler.

Wichtig ist das *ethische* Moment in der Christologie. Der Ausgangspunkt dafür war merkwürdigerweise weniger die ethische Verkündigung des synoptischen Jesus als die paulinische Lehre von der *Sündlosigkeit* des Gottessohnes. Die Philosophie, besonders die Stoa, hatte sie für den *Weisen* gelehrt. Weil der Weise sündlos (ἀναμάρτητος) ist und Tugenden besitzt, die andere nicht haben, ist er gottgleich und Gottes Sohn. Es gab christliche Gruppen, die darüber nicht hinausgingen und das Geheimnis Christi nur darin sahen, daß er gerechter war als alle anderen Menschen. Judenchristliche Kreise sahen in Jesus sogar nur den Erfüller des Gesetzes, dem es im Grunde jeder gleichtun könne.

Origenes vermochte auch hier wieder zu platonisieren. Nach Analogie der platonischen Seele, die sich ihren irdischen Aufenthaltsort selbst wählt, wählt sich der Logos Gottes die Jesusseele aus, weil diese als einzige aller geschaffenen Seelen das Gute statt des Bösen gewählt hatte. Denn auch die Jesusseele hatte den freien Willen und konnte sich für Gut oder Böse entscheiden. Nur infolge ihrer Willensübereinstimmung mit dem Willen Gottes und der daraus erwachsenden Haltung (ἀρετή) ist der Gottmensch Jesus als sittliche Persönlichkeit zu dem großen Wohltätergott geworden: «Was zu den Menschen herabstieg, war in Gottesgestalt und legte die Gottheit ab aus Menschenfreundlichkeit, damit es von den Menschen erfaßt werden könne. Diese Veränderung wurde ihm aber in keiner Weise ein

Wechsel vom Guten zum Bösen, denn Sünde tat er nicht, oder vom Schönen zum Häßlichen, denn Sünde erfaßte er nicht, und nicht gelangte er von Glückseligkeit zum Unglück, denn er erniedrigte sich zwar, war aber keineswegs weniger glücklich, auch damals nicht, als er aus Mitleid für unser Geschlecht sich erniedrigte. Auch war seine Veränderung nicht vom Besten zum Schlechtesten, denn wie könnte das Schlechteste gütig und menschenfreundlich sein?» Ohne Beziehung zum Platonischen auf rein rationalistischen Erwägungen aufbauend hat Paul von Samosata (um 250) die Verbindung von Gott und Jesus rein ethisch als Willens- und Liebesgemeinschaft bestimmt und damit die Urform des moralischen Jesusbildes ohne metaphysischen Untergrund geschaffen.

d) Die Lehre vom Geist

Die Entwicklung einer Lehre vom Geist hatte andere Voraussetzungen als die Entwicklung der Christologie. Hier war weder ein geschichtliches noch ein mythisches Faktum zu berücksichtigen. Dagegen kam eine zwingende Forderung der christlichen *Praxis* an die Lehrbildung heran: das Phänomen der Ekstase mußte lehrhaft behandelt werden. Sind Mythos und Ekstase zwei Hauptpfeiler des frühen Christentums, so wurde der Mythos in der Christologie, *die Ekstase in der Lehre vom Geist* durchdacht. Damit bekam die Geistlehre etwas Unsicheres, je nachdem sie die Begründung und Verteidigung der Ekstase oder ihre Bekämpfung wollte. Das hatte noch einen tieferen Grund: man wußte oder ahnte wenigstens zu allen Zeiten noch etwas davon, daß sich der Geist nicht in die Fesseln einer Lehre zwingen läßt und immer größer ist als alle Aussagen über ihn. Allerdings zeigt sich oft auch, daß man da, wo man die Ekstase nicht mehr gelten ließ, auch mit dem Geist selbst nicht mehr viel anfangen konnte.

Es ist daher nicht verwunderlich, daß wir auf weiten Strecken der christlichen Lehrentwicklung Sätze über den Geist überhaupt nicht antreffen oder daß sie nur eine sehr untergeordnete Rolle spielen. Es überrascht nicht, daß Tertullian zeitweise Bekenntnisformeln ohne den dritten Artikel benutzt und die Fleischauferstehung zum zweiten zieht. Freilich ist gerade er dann dem Geistwehen der Montanisten zum Opfer gefallen, einer dieser vielen merkwürdigen Widersprüche seiner römisch-afrikanischen Seele. Es überrascht ebensowenig, daß Lactanz, der römischste aller afrikanischen Christen, sogar in der Trinitätslehre wenig mit dem Geist anzufangen weiß und den von Gott abgefallenen Teufel an die Stelle des Geistes setzt.

Doch sorgten drei antike Strömungen dafür, daß auch nach dem

Erlöschen der Ekstase der Geist nicht aus den christlichen Lehrgebäuden verschwand. Da war zunächst die *spiritualisierte* Geistlehre, die sich im Platonismus entwickelt hatte. Xenokrates gab durch die Trennung von Seele und Geist, die Gleichsetzung von Geist und Ideenwelt und die Lehre von der Einwohnung des Geistes in Seele und Leib die Richtung an. Zweitens kam die aristotelische Unterscheidung von *leidendem* (νοῦς παθητικός) und *tätigem* (νοῦς ποιητικός) Geistigem dazu, zumal Aristoteles dem letzteren Präexistenz zugesprochen hatte. Drittens sind für die christliche Entwicklung Philon und die Neuplatoniker ausschlaggebend geworden. Von ihnen übernimmt man die Unterscheidungen von Seele und Geist, die Lehre von der Emanation des Geistes in die Seele und von seiner Vermittlung zwischen Empirie und Existenz.

Im Gegensatz dazu stand auch hier die *substantielle* Geistlehre. Sie wurde nicht nur von der Stoa, sondern auch von der hellenistischen Medizin genährt. Chrysipp hatte aus der Medizin die Lehre übernommen, daß in den Venen das Blut, in den Arterien der Geiststoff fließe; sie war durch Vermittlung des Poseidonios zu den Christen gelangt und wurde noch von dem Bischof Nemesios von Emesa (um 400) vertreten.

Eine dritte Linie kam von der alexandrinischen *Hypostasenlehre* her. Als Teilgliederung Gottes war im Judentum die Weisheit eine der ältesten Hypostasen gewesen, sie wurde in vorchristlicher Zeit mit dem Geist gleichgesetzt. Diese Geist-Weisheit steht in der Hermetik als Schöpfungsmittler neben dem Logos und arbeitet mit ihm gemeinsam. Diese Lehre ist zu Tertullian gekommen und mit seiner stoischen Geistlehre verbunden worden: der Geist ist als Gottes Weisheit gleichzeitig die Substanz, aus der die Welt geschaffen ist.

Ehe es aber zu umfassenderen Geistlehren kommen konnte, mußten mancherlei Vorfragen entschieden werden, die der Kampf um die frühchristliche Ekstase aufgeworfen hatte. War die Autorität der im Geist redenden Ekstatiker der des Sohnes gleichzusetzen? Aber wir sahen schon, daß das bald überwunden wurde. Da erhob sich von der Gnosis her die Frage, in welchem Verhältnis der Geist Gottes zu dem stoisch gedachten ‹Funken› des göttlichen Urfeuers, des in allem Menschlichen oder gar allem Kosmischen vorhandenen Geistes stehe, der erlösungsbedürftig und erlösungsfähig sei.

Doch wurde auch diese Linie nicht weiter verfolgt, sondern mit Irenaios entstand aus der Oikeiosislehre die ‹ökonomische› Lehre vom Geist, deren einfachste Formel etwa lautet: «Der Geist führt zum Logos, und der Sohn führt zum Vater.» Hierher gehört auch Origenes. Der Geist kann nicht ohne den Sohn sein, nur ihm verdankt er seine Eigenart, die sich in seinen Wirkungen zeigt, die in apostolischer Zeit am stärksten waren, deren «Spuren» man aber auch «heute noch» findet. Aber der *Vater* hält das All zusammen, durchdringt es und verleiht *jedem* Wesen Leben und Existenz; der *Sohn* wirkt als Logos nur in den *denkenden* Wesen, der *Geist* aber nur in den Christen.

Wo jedoch der Geist stofflich gedacht war, da geriet er in die Gefahr, *quantitativ* gemessen zu werden. Tertullian ist am massivsten. Zwar gesteht er allen Christen grundsätzlich den Geist zu, aber nicht im gleichen Maße. Im *Vollbesitz* des Geistes sind nur die Apostel und die montanistischen Propheten. Er ahnte wohl selbst nicht, was er damit auslöste. Denn war der eine Teil, der Montanismus, weggefallen, mußte seine Geistlehre den Vollbesitz des Geistes für immer an eine *Traditionsgröße* binden. So ist es denn auch gekommen.

Irenaios lehrt in aller Strenge, daß nicht die Gegenwart, sondern nur die Väter und die Schriftpropheten vom Geist belehrt seien und dieser erst am Jüngsten Tag auf *alles* Fleisch ausgegossen werde. Und doch blieb an einer Stelle die stets *gegenwärtige* Wirkung des Geistes, in der pneumatischen Schriftauslegung. Hierhin haben ihn die Alexandriner gerettet. Zwar betonen sie in aller Schroffheit, daß der Geist sich an objektive Gegebenheiten der Tradition, nämlich der inspirierten Schriften der Propheten und Apostel binde, ihre Auslegung aber erfordere ständig den subjektiv gegenwärtigen Geistbesitz des Auslegers. Blieb hier noch Raum für eine Freiheit des Geistes, so begann damit doch der Kampf um die richtige Exegese, und um den Widersprüchen zu entgehen, wird der Geist an das Bischofsamt, seit dem 4. Jahrhundert an die Konzilien und an die mündliche Überlieferung der Kirchenlehrer gefesselt. Immer fester wird die Kette, die die Bischöfe und die durch Konzilsbeschlüsse anerkannten Lehrer durch Tradition an die wirklichen und an fiktive Apostel bindet, und nur diese Kette ist noch Träger des Geistbesitzes. Wie frei ist der Geist noch bei Origenes, wie unfrei verkirchlicht ist er schon bei den Kappadokern, die doch die großen Freunde des Geistes sind. Zwischen 250 und 350 etwa ist die Entscheidung gefallen. Es war der Kirche zwangsläufig infolge dauernder Kämpfe, wo nun die Wahrheit sei, genau so gegangen wie den Philosophenschulen und dem Judentum. Zeiten, in denen der Geist sich frei, universal und souverän entfalten kann, in denen er «weht, wo er will», sind selten und sehr kurz. Im alten Christentum ist immerhin erstaunlich, daß von Paulus bis Origenes, also rund zweihundert Jahre, dem freien Geist doch recht viel Raum blieb.

Aber nicht nur an die Institution oder den Institutionsträger wurde der Geist gebunden, sondern daneben an die *Sakramente*. Ganz konsequent war das nur bei einer stoisch-stofflichen Geist- und einer magisch-stofflichen Sakramentlehre möglich, aber die Dinge sind selten ganz konsequent zu Ende gedacht worden.

Im übrigen folgt die Entwicklung der Geistlehre den trinitarischen und christologischen Spekulationen. Schon früh begegnet die Anbetung des Geistes, doch wird ihr lange widersprochen. Den Höhepunkt und Abschluß bilden die Kappadoker. Im Kampf gegen die ‹Pneumatomachen›, die die Geschöpflichkeit des Geistes lehrten, hat vor allem Basileios in einer glänzenden Schrift die Gottheit des Geistes verteidigt. Den Ausgangspunkt bildet nicht die Dogmatik, sondern die Liturgie: Basileios hat im Gottesdienst die Formel gebraucht: «Ehre sei dem Vater mit dem Sohn zusammen mit dem Heiligen Geist.» Darauf erhob sich in der Gemeinde Widerspruch: man dürfe wohl «im» (ἐν) oder «durch» (διά) für den Geist verwenden, aber nicht «mit» (σύν). Mit starken Ausfällen gegen die Stoa begründet Basileios, daß der Geist seiner Natur nach nicht anders sei als der Vater und der Sohn, daß der Gebrauch der Präpositionen nicht entscheidend sei, daß der Geist nicht «untergeordnet» (ὑποτεταγμένον), sondern «gleichgeordnet» (συντεταγμένον) und daher auch «gleicher Ehre wert» (ὁμότιμον) sei. Echt und neuplatonisch wird er dann definiert: er ist «körperlos» (ἀσώματον), «unstofflich» (ἀύλον), «leidenschaftslos» (ἀπαθές), als Abbild enthält er das Urbild. «Wie die Sonne ergreift er ein gereinigtes Auge und wird dir in sich selbst das Bild des Unsichtbaren zeigen. In der seligen Schau des Bildes wirst du die unaussprechliche Schönheit des Urbildes sehen.» Als «Chorführer des Lebens» hat er «engste Gemeinschaft» (κοινωνία) und «Verbindung» (συνάφεια) mit Christus und ist mit Gott «auf Grund der Gemeinschaft der Natur verbunden». Um jede Unterordnung des Geistes zu vermeiden, darf man nie von der Trinität «eins, zwei, drei» oder gar «erster, zweiter, dritter» sagen, sondern nur «ein Gott und Vater, ein eingeborener Sohn, ein Heiliger Geist». Alle drei verhalten sich wie «Monade zu Monade», wodurch auch der Monotheismus gesichert bleibt. Man mag ihn «Atem aus Gottes Mund» nennen, wenn man darunter nicht einen Teil versteht. Man kann auch mit einem echt platonischen Ringschema sagen, daß der Weg der Gotteserkenntnis «von dem einen Geist durch den einen Sohn zu dem einen Vater führt» und die Offenbarung Gottes «von dem einen Vater durch den einen Sohn zu dem einen Geist». Die Kraftwirkungen des Geistes sind «unsagbar an Größe, unzählbar an Menge»; er ist frei und Herr zugleich und übersteigt alle menschliche Erkenntnis. In jeder «gereinigten» Seele ist er beständig da, wenn auch nicht immer tätig.

Im *Westen* traten die metaphysischen Bestimmungen naturgemäß zurück. Hier rückte der Geist an die Stelle römischer genii und virtutes und wurde schließlich zum genius der Kirche. Christus ist bei Hermas der auf Erden wandelnde Geist, der die Kirche gründet und ihr einen Namen gibt wie ein römischer Genius loci, der Geist bei Cyprian, wie eine objektivierte römische Concordia, der Genius der Eintracht der Kirche. Weiter legen die Abendländer in ihren Genesiserklärungen ein großes Gewicht auf die Schöpfertätigkeit des Geistes. Die großen abendländischen Theologen, vor allem Hilarius, folgen aber den Spuren der Griechen, fordern die Anbetung auch des Geistes und sehen in ihm wie die Griechen den Offenbarer Gottes gegenüber den Einzelnen.

In einem aber sind sich Ost und West einig, und darin kommt das Neue der christlichen Auffassung von der Eigenart des Geistes und ihre trotz aller philosophischen Anleihen unzerstörte Verbindung mit dem paulinischen Geistbegriff zum Vorschein: der Geist ist immer eine *ethische* Kraft und gibt eine ethische Verpflichtung. Die Alexandriner haben die Lehre vom Geist der Heiligung systematisch entwickelt, die Abendländer betonen, daß der Geist nicht automatisch magisch oder mystisch da ist, sondern zum neuen Menschen erzieht und angenommen werden will.

e) Die Lehre vom dreifachen Gott

Einer der klarsten und packendsten Unterschiede zwischen griechischer und lateinischer Kirche, der die großen Massen ebenso betraf wie die kleine Gruppe der Führer und Gelehrten, ist folgender: Wenn in *Rom* alle Gemüter in Erregung geraten, wenn es zu wilden Szenen und Tumulten unter den Christen kommt, dann ist die Ursache der Kampf darum, wer römischer Bischof werden solle. Alle Moral und Unmoral altrömischer Ämterbewerbungen und tumultuarischer Kaiserwahlen haben sich geradlinig seit den ältesten Papst-Schismata fortgesetzt. Wenn sich aber in der *griechischen* Kirche die Christen in Massenbewegungen mit allen Tiefen aufgewühlter Leidenschaften erregen, wenn vom Kaiser in Byzanz bis zum letzten Sklaven die Welt jahrzehntelang nicht zur Ruhe kommt, wenn alle Moral und Unmoral der griechischen Polis noch einmal ins Weltweite gesteigert wiederkehrt und man echt griechisch jenseits von Gut und Böse kein Mittel mehr verschmäht, dann geht es um die Frage, ob es drei Götter in einem gibt, ob der Sohn dem Vater «wesensgleich» oder nur «wesensähnlich», «wesenseins» oder nur «ähnlich» ist. Wer könnte je dem griechischen Charakter der trinitarischen Streitigkeiten ganz gerecht werden und damit ihren verborgenen Reiz und ihr strahlendes Leben erfassen! Wer hier nur nach normativen Dogmenbildungen fragt, wird ihn ebensowenig finden wie der, der hier von vornherein eine dunkle Geschichtsperiode sucht. Jauchzend gröhlen die Gassenjungen in Alexandreia den neuesten nach einer Varietémelodie komponierten Schlager des Arius: «Einst – ist er nicht gewe–sen – – und nicht war – der Geschaffene», und zur gleichen Zeit suchen Origenes' beste Schüler den Kaisern und Kaiserinnen klarzumachen, was der Unterschied zwischen «homoousios» und «homoiousios» ist; wie in den besten Zeiten Athens werden erst die einen, dann die anderen, dann alle beide verbannt, dann zurückgerufen, kurz, alles ist sprühendes griechisches Leben, dem nicht einmal die Geschichtschreiber fehlen. Und griechisch ist es auch, daß diese *echte Renaissance der griechischen Volksseele* durch den Kampf um eine Lehre veranlaßt wurde. Denn schon immer hatten sich die Griechen wegen Lehren verhöhnt und verbannt, vergöttert und geliebt, verlacht und blutig geschlagen. Demokratie oder Aristokratie, Panhellenismus oder Polis, alte oder neue Götter, Eusebie oder Asebie, Gerechtigkeit oder Sophistik, das waren im Grunde alles philosophische und religiöse Dogmen, die aber nie ohne Beziehung zur Wirklichkeit selbst der Straße blieben. Dies alles bricht nun noch einmal auf im Kampf um die Trinitätslehre.

Was war an dieser Lehre so faszinierend und erregend? Fraglos vieles. Denn die griechische Philosophie in all ihren Schuldifferenzen lebt hier noch einmal auf. Der Pythagoreer spürte etwas von der geheimnisvollen Zahl 3 und ihrem Verhältnis zu 1, der Platoniker erkannte seine erkenntnistheoretischen Probleme wieder, der Stoiker merkte, daß es um die Frage der Substanz in ihrer letzten Radikalität ging, der Peripatetiker sah, daß um Entelechie, Wesen und Kraft gestritten wurde, der Kyniker fühlte, daß Ethik gegen Metaphysik stand. Wer aber nicht philosophisch, sondern rein religiös war, der spürte, daß es sich darum handelte, ob man als Christ in neuen Formen Polytheist sein könne oder nicht, und ob man wirklich Gott auf Erden habe. Man kann diese Zeit in ihrer Breitenwirkung religiöser Ideen in lehrhaftem Gewand nur noch mit der Zeit der deutschen Reformation vergleichen, denn Luthers 95 Thesen sind ebenso lehrhaft wie die Formeln der Trinitätslehre der alten Kirche und haben die Gemüter ebenso erregt.

Suchen wir zunächst wieder nach der Stellung der Trinitätslehre im antiken geistigen Raum. ‹*Götterdreiheiten*› gab es in der gesamten Antike; jede der entscheidenden hellenistischen Religionen besitzt eine Götterdreiheit: Eleusis die alte Trias Demeter, Kore, Triptolemos, die Asklepiosreligion hat Asklepios, Hygieia, Panakeia, der Dionysoskult Zagreus, Phanes und Dionysos, die eine modalistische Trinität darstellen, der Kaiserkult Juppiter, Roma und Venus neben oder anstelle der kapitolinischen Trias Juppiter, Juno, Minerva. Da sind die drei germanischen Matronen, die thrakische Göttinnendreiheit, die palmyrenische Dreiheit Jarhibol, Malakhbol, Aglibol, die Trias von Heliopolis, die Dreiheit Osiris, Isis, Anubis, die hellenistisch zu Osiris, Isis, Harpokrates wird. In *Ägypten*, dem Ursprungsland des christlichen Trinitätsstreites, sind diese Mythologumena beständig spekulativ verarbeitet worden. Hier entsteht die große Theologie des Hermes Trismegistos, «der allein ganz und dreimal Einer ist». Wie umfassend diese Dreiheiten schließlich gebraucht wurden, beweist Plutarch. Vom Timaios übernimmt er die Dreiheit Idee, Stoff, Welt, setzt sie gleich mit Vater, Mutter und Sohn, mit Osiris, Isis und Horus und mit den drei Ecken des metaphysischen pythagoreischen Dreiecks.

Sucht man nach den *philosophischen* Grundlagen der christlichen Trinitätslehren im engeren Sinne, so liegen sie in den *platonischen* Dreiheiten Einheit, Andersheit und Vereinigung als Urform von Denken und Sein, und Einheit, Idee und Erscheinungswelt. Wichtig wurde, daß das Verhältnis zwischen dem Einen und der Ideenwelt als Teilhabe durch Wesensgleichheit, jedoch nicht als Identität bestimmt wurde. Das war im Grunde die Formel der *Jungnizäner*. Das zweite Fundament war die Umwandlung der platonischen Dreieinheiten in die *aristotelische* Bewegung. Das gab die Formeln für die *‹ökonomische Trinitätslehre›*: das Eine ist Bewegung, sein Ausdruck Zweck, sein Stoff Empfänglichkeit. So konnte aus dem in dynamischer Bewegung handelnden Gott zum Zweck der Schöpfung und Erlösung als sein Ausdruck der christliche Sohnlogos kommen und der Geist zum Stoff werden, der Vater und Sohn empfängt. Drittens lieferten die *Pythagoreer* die philosophische Untermalung der Zahlen 1 und 3. Die 1 war das ungegliederte Ganze, in dem alles andere beschlossen war, die 3 das schon gegliederte Ganze, in dem die 1 und ihr Gegensatz, die 2, in einer höheren Einheit aufgehoben waren. Von hier schöpfen alle *statischen* Trinitätslehren. Viertens der *mittlere und neuere* Platonismus. Hier hatte sich ein ganzes Dreieinheitssystem entwickelt. Seit Xenokrates (396–314 v. Chr.) steht eine Dreieinigkeit an der Spitze des Weltganzen und ist die gesamte Welt nach dem Dreieinigkeitsplan aufgebaut. Aus diesen Überlieferungen entwickeln sich schließlich nach vielen Zwischenstufen die Plotinsche letzte Dreiheit: Geist, geistige Seinswirklichkeit und geistige Schau, die des Porphyr: geistiges Eines, Abbild, Demiurg, die aristotelisierende Jamblichs: Urwesen, Aktualität und Potentialität und die des Proklos: Eins, Heraustreten, Rückkehr.

Will man in das scheinbar so unübersichtliche und verwirrende Durcheinander der *christlichen* Trinitätslehren Ordnung bringen, so ist das sehr einfach, wenn man diese philosophischen Grundlagen berücksichtigt. Es heben sich dann sofort deutlich ab: 1. ein naiv biblizistischer Trinitätsglaube, der nicht weiter reflektiert, 2. eine einlinig rationale Ablehnung jeder Trinität, 3. eine Dreigliederung Gottes, die im Rahmen des Logischen bleibt und den Identitätssatz gelten läßt, 4. eine paradox-antinome Trinitätslehre, die den Identitätssatz aufhebt, 5. eine statische Trinitätslehre, nach der die Trinität eine in Gott selbst ruhende ewige Gliederung ist, 6. eine dynamisch-ökonomische Trinitätslehre, nach der die Gliederung Gottes nur zu einem bestimmten Zweck oder für eine bestimmte Heilsgeschichte erfolgt, 7. eine Trinitätslehre, nach der alle drei Teilganze der Gottheit gleichwertig und einander nebengeordnet sind, 8. eine Trinitätslehre, in der sie verschiedenartig und einander untergeordnet sind.

Der *naive Trinitätsglaube* geht unmittelbar aus dem Neuen Testament hervor und begnügt sich damit, die Funktionen von Vater, Sohn und Geist durch drei verschiedene Präpositionen, Eigenschaften oder Tätigkeiten zu kennzeichnen.

Mit Justin beginnt die *statische* Trinitätslehre. Sie bedient sich des Bildes vom leuchtenden Licht, das erhellt, ohne in Bewegung zu sein. Daran reihen sich mystische Wendungen: der Sohn ist ‹Gott im Vater›, oder schon die platonische Abbildsterminologie: ein Teil der Trinität bildet stets den anderen ab. Die konsequenteste Formulierung hat Origenes: «Es gibt keine Zeit, in der er (der Sohn) nicht existierte.» Denn Gott strahlt immer aus. Genau genommen darf aber das nicht einmal gesagt werden, sondern: «Als jenseits aller Zeit, aller Zeitperioden und aller Ewigkeit muß das verstanden werden, was über Vater, Sohn und Heiligen Geist gesagt wird.» Wer für dieses ewig statische Verhältnis zuerst den Terminus ‹wesensgleich› ins Christentum übernommen hat, ist nicht mit Sicherheit zu sagen, es mögen mit verschiedenen Schattierungen Sabellios, die Gnosis und Origenes unabhängig voneinander gewesen sein. Origenes bekämpft überdies mit dem Bild von der ewigen Zeugung jeden Versuch, die Urgegebenheit der göttlichen Dreigliederung in eine zeitliche Folge aufzulösen.

Im Gegensatz zu den statischen Trinitätslehren stehen die *ökonomisch-dynamischen*. Gemeinsam ist ihnen die Überzeugung, daß Sohn und Geist nur zu einem besonderen Zweck aus Gott hervorgehen. Gott denkt einen bestimmten Heilsplan, nämlich die Schaffung des neuen Menschen, so wie er früher schon einmal die Schöpfung des ersten Menschen gedacht hat. Diese göttliche «Ökonomie auf den neuen Menschen hin» wird dadurch verwirklicht, daß aus Gott heraus der Sohn erst als Schöpfungs-, dann als Erlösungsmittler tritt, durch ihn dann auch der Geist gesandt wird, um den

Menschen zu Gott zurückzuführen. Im johanneischen Kreis ist dies System entwickelt worden, seine ersten Spuren weisen nach Ephesos, Ignatios ist sein erster sicher bezeugter Vertreter, Irenaios hat es zur vollen Reife gebracht, indem er die göttlichen Zwecksetzungen der Weltschöpfung, Prophetie, Menschwerdung und Erlösung dem Sohn, die Offenbarung dieses Heilswegs dem Geist zuteilte. Der zuerst als Denkakt im Vater befindliche Sohn kehrt nach Erfüllung seines Auftrages wieder in ihn zurück. Tertullian modifiziert das durch stoische Entwicklungsideen und subordinatianische Gedanken: Gott ist reine und *einzige* Uraktualität, «es gab eine Zeit, in der Gott keinen Sohn hatte». Als Bilder tauchen jetzt auf Quelle, Bach und Fluß, oder Saatkorn, Keim und Frucht, oder Sonne, Strahl und Flamme.

Selten anzutreffen ist vor dem arianischen Streit eine konsequente auf *Identität* aufgebaute Trinitätslehre. Vorhanden ist sie allerdings bei den Modalisten Praxeas, Noet und Sabellios (um 200). Gott hat drei Gestalten, drei Masken, drei Formen, die er je nach Belieben anlegen kann. Auch ist wohl schon in vornizänischer Zeit aus dem Kaiserkult eine Formel in die Trinitätslehre eingedrungen, die in dieser Richtung liegt und neben dem Begriff ‹wesensgleich› zum Hauptausdruck der Identitätslehre wird, nämlich «Gott aus Gott». Sie wird schon 24 v. Chr. inschriftlich für Augustus gebraucht, und zwar in Ägypten, wo auch die Hauptvertreter dieser Art der Trinitätslehre zu finden sind.

Dagegen ist die *subordinatianische* Trinitätslehre in der vornizänischen Zeit weit verbreitet. In ihrer naivsten Form steht der Sohn als ein zweiter oder anderer Gott *unter* dem Vatergott, dem er Gehorsam schuldig ist. Bleibt die Lehre mythischer, ist er ein Engelwesen. Der Geist rückt in allen diesen Formen noch eine entsprechende Stufe tiefer. Eine kompliziertere Mischform stellt Tertullian dar: die drei sind der Substanz, der Existenz und der Zielsetzung nach gleich, aber der Individualität, der Gestalt und der Erscheinung nach im Verhältnis der Unterordnung verschieden.

Das alles prallt nun in dem großen *trinitarischen Streit* (325 bis 381) aufeinander. Über seine einzelnen Phasen berichtet jede Kirchengeschichte. Gewiß ist er ein unbarmherziger Kampf aller gegen alle. Basileios, der innerlich zu denen gehört, die am meisten durch ihn erschüttert sind, schildert ihn in einer glänzenden dramatischen Darstellung als eine Seeschlacht, zu der er die Farben aus Aischylos, Herodot und späteren Historikern nimmt. Mit Gewalt oder List, auf ehrliche oder unehrliche Weise sucht jedes Schiff das andere in den Grund zu bohren, aber ist eine Linie durchbrochen, geht der Kampf mit neuen, plötzlich aufgetauchten Gegnern weiter.

Die einen kämpfen bis zum Untergang, die anderen gehen zum Feind über. Die einen ertrinken, die anderen klammern sich an Planken, die dritten kämpfen in rasender Wut. Allen ist nur eins gemeinsam, der zügellose Haß. In dieser Form schildert er den Ehrgeiz der Bischöfe, die tyrannische Einmischung der Herrscher, die Zerstörung der Kirche. Andere, Historiker und vor allem Dichter, haben gleich ihm in den Kämpfen das große Erdbeben oder den gewaltigen Sturm gesehen, der Kirche und Welt in ihren Grundfesten wanken läßt. Das ist alles richtig, und doch ist es nur eine Seite. Zunächst weist der Streit eine unerhörte Fülle großer Charaktere auf. Denn die eigentliche Entscheidung gaben nicht schlaue Egoisten wie die Hofbischöfe Valens und Ursacius oder servile Naturen wie Euseb von Kaisareia, sondern die Männer, die um ihrer Sache willen alles opferten, und die gab es bei allen Gruppen. Selbst in den blühendsten Zeiten des athenischen Ostrakismos sind bei weitem nicht so viele in die Verbannung gegangen wie in diesen knapp sechzig Jahren: Arius, Euseb von Nikomedien, Marcell von Ankyra, Athanasios, Apollinaris, Hilarius von Poitiers, um nur ganz wenige zu nennen. Entscheidend aber ist, daß hier in einer glänzenden Heerschau noch einmal alle griechischen Denkmöglichkeiten in christlichen Uniformen aufmarschieren.

Auf der äußersten Linken stehen diejenigen, die *jede Trinitätslehre ablehnen.* Sie vertreten eine radikale Skepsis gegen jede Art von Glaubensmetaphysik. Ihr Schlagwort heißt: *«Der Sohn ist Gott in allem unähnlich, auch im Wesen.»* Ihre Erkenntnistheorie ist rein rationalistisch, ihre Theologie uneingeschränkt monotheistisch. Hier stehen die von Arius ausgegangenen, ihn aber weit überbietenden Radikalen Eunomios und Aetios.

Von ihnen unterscheidet sich *Arius* weiterhin dadurch, daß er nicht völlig mit der philosophischen Metaphysik und dem Origenismus brach, dadurch freilich nicht die Geradlinigkeit der Radikalen erreichte. Er macht der Trinitätslehre mit Benutzung aristotelischer Kategorien das Zugeständnis, daß es in Gott Logos und Weisheit als besondere Aktualitäten gibt, und der praktisch-kirchlichen Welt mit Hilfe stoischer Kategorien, daß man Christus wegen seiner fortschreitenden ethischen Vervollkommnung Gott ‹nennen› könne. Aber das waren Zugeständnisse. Der Kern des Arianismus ist doch, daß *der Sohn von Gott aus dem Nichts geschaffen wurde, er ist Gott nicht wesensgleich und hat nur durch seine Entscheidung für das Gute und den Fortschritt, den er im Guten machte, den höchsten Grad der Vollkommenheit erreicht,* den ein Geschöpf nur erreichen kann.

Die dritte Gruppe, die *Homöer,* stellt man zu sehr als taktische

Politiker hin. Das sind sie keineswegs. Ihre Formel *«ähnlich gemäß der Schrift»* ist vielmehr ein letzter Niederschlag des reifen origenistischen Biblizismus, der alle Meinungen zuließ, wenn nur ehrlich gefragt und um die Exegese gerungen wurde. Als Vertreter eines rein biblizistischen Formalprinzips sind sie die einzigen, die unabhängig von der Philosophie blieben.

Daran schließen sich nun die Gruppen der Rechten an, die darin übereinstimmen, daß sie methodisch an die Stelle logischen Trennens zwischen Gott und Sohn ein überlogisches Vereinen setzen. Ihre erkenntnistheoretischen Mittel nehmen sie teils vom Platonismus – vor allem die östlichen –, teils von der Stoa – vor allem die westlichen –, beide aber immer auch von Origenes.

Als vierte Gruppe stehen die *Homöousianer* der Mitte noch ziemlich nahe. Ihre Formel *«in allem, auch im Wesen ähnlich»* blieb noch sehr formal; bezeichnenderweise atmen ihre Urkunden am meisten Paulinismus. Erkenntnistheoretisch sind sie freilich stark rationalistisch im Gegensatz zu den reinen Biblizisten der vorigen Gruppe: in dem Begriff ‹ähnlich› vermeiden sie die Identitätsformel. Aber sie waren mit ihm schon über eine *bloße* Formalbestimmung hinausgegangen, und in dem Augenblick, als sie ihn in direktem Gegensatz zu dem ‹unähnlich› der Linken verwandten, wurden sie ganz von selbst nach der Seite abgedrängt, die die Ähnlichkeit mehr und mehr zur Gleichheit werden ließ.

Die geistig bedeutendsten Theologen des 4. Jahrhunderts stehen bei der fünften Gruppe, bei den *Jungnizänern*. Ihren Mittelpunkt bilden die drei großen Kappadoker, ihnen wendet sich auch der bedeutendste Denker des Westens, Hilarius von Poitiers zu. Ihre Formel: *«ein Wesen* (οὐσία), *drei ganzheitliche personale Gliederungen»* (ὑπόστασις) kam der Christologie des Origenes am nächsten, arbeitete auf der Grundlage einer rein platonischen Erkenntnistheorie und Ideenlehre und bedeutete einen vollen Sieg der griechischen Philosophie in der Christologie. Denn nun ging es echt neuplatonisch weiter; es wird hier nicht einfach $1 = 3$ gesetzt und das nur dialektisch geschaut, sondern bei aller Wahrung der Unteilbarkeit Gottes die Gliederungsform genau definiert, und zwar durch die Qualitäten der Teilganzen. Ungezeugtheit kommt nur der väterlichen Hypostase zu, ewiges Gezeugtsein nur der des Sohnes, Aussendung nur der des Geistes.

Endlich steht auf der äußersten Rechten *Athanasios* in seiner konsequenten Zeit. Um ihn sammelt sich eine sechste Gruppe, zu der die Abendländer gehören, die den jungnizänischen Origenismus nicht verstanden oder ablehnten. Im Grunde ist Athanasios ebenso philosophiefeindlich wie sein Gegner Arius. Nur steht bei ihm an

Stelle des Rationalen die spekulative Mystik. Seine Grundformel (die er freilich später aus taktischen und politischen Gründen preisgab) besagt, daß Gott, Sohn und Geist völlig wesens*eins* sind. Sie sind so sehr eine Einheit, daß sowohl der Logosbegriff wie der origenistische Begriff der Zeugung des Sohnes abgelehnt wird und unter Zeugung ganz willkürlich eine gleiche, ewige, natürliche Gottesqualität der Wesenseinheit (ταυτούσιος) verstanden wird. Bis zum Ende war diese Aussage nicht durchdacht, und daher geriet man dauernd in Schwierigkeiten. Aber diese Vorstellung war brauchbar für die Volksreligion, denn so konnte man ohne Hemmung zu Christus oder dem Geist als Gott beten, ohne in den Polytheismus zurückzufallen. Darum war es für Athanasios leicht, kirchliche Praktiker wie den heiligen Antonius oder die praktischen Abendländer für seine Sache zu gewinnen; den Kappadokern mußte er wesentlich mehr Zugeständnisse machen.

Jenseits von Athanasios steht noch siebentens das kleine Häuflein radikaler Athanasianer um *Marcell von Ankyra*. Ist bei Athanasios Gott ewig ein «sohnväterliches» Wesen, so ist für Marcell Gott nur eine *Monade* und der Sohn die *Kraft dieser Monade*. Nur um der Erlösung der Menschen willen nimmt diese Kraft für kurze Zeit Menschengestalt an, die sie sofort wieder ablegt, nachdem ihr Werk erfüllt ist. Eine ewige Differenzierung Gottes gibt es nicht. *Das ist im Grunde Arianismus in mystischer statt in rationaler Gestalt*, denn der biblische Jesus ist ebensowenig ewig wie bei Arius. Die Extreme rücken sich bedenklich nahe, der Kreis ist geschlossen.

Die dieses Ringen begleitende Massenbewegung hat es freilich auf zwei Formen reduziert. Die einen schrien auf den Straßen von Antiocheia und Alexandreia: «Der Sohn ist nicht ungeboren, ungeboren wäre er überhaupt nicht» (ὁ υἱὸς οὐκ ἔστιν ἀγέννητος, ἀγέννητος γὰρ οὐκ ἦν), die anderen: «Immer Gott, immer Sohn» (ἀεὶ θεός, ἀεὶ υἱός).

Der *Westen* hat das zunächst alles nicht verstanden. Seine philosophische Sprache war zu grob, die Subtilität griechischer Begriffe hat er nie ganz wiedergeben können. Auch ging ihm die Praxis immer über das Denken, und kirchliche Brauchbarkeit war ihm wichtiger als das Denken an sich. Das trieb ihn zu Arius oder zu Athanasios oder gar Marcell. Um so bedeutsamer ist es, daß sowohl *Ambrosius* wie *Hilarius* von den Jungnizänern aufs tiefste beeindruckt wurden und ihnen folgten, soweit sie sie verstanden. Daher hat schließlich bei den besten Geistern des Westens auch die neuplatonische Trinitätslehre den Sieg davongetragen, besonders seit der Bekanntschaft mit Jamblich und Proklos. Das Endergebnis ist Augustins Trinitätslehre. In ihr vereinigen sich platonische Erkenntnistheorie, die bei den metaphysischen Dreigliederungen des Timaios anknüpft, neuplatonische religiös geschaute Einheit im Dreierschritt, aristotelischer Realismus, der die ideelle Metaphysik zu realer Objektivität erhebt, und christlicher Biblizismus. Das einigende Band ist die neuplatonische psychologische Analogie: wie sich die Seele dreifach entfaltet in platonischer Teilhabe an der Idee, in gestaltendem Erkennen und in liebendem Begehren, so ist Gott der «Denkend-Zeugende» als Vater, der «Schöpferisch-Gestaltende» als Sohn und der «Liebend-Begehrende» als Geist.

Die immer stärkere Aufnahme neuplatonischer Bestandteile in die Trinitätslehre, die im Osten schließlich bei Synesios und beim Areopagiten dahin führt, daß außer dem Namen Christus kaum noch etwas Christliches in ihnen enthalten ist, geht mit der ständig zunehmenden weiteren Differenzierung der Begriffe Hand in Hand. Das war folgerichtig, denn jede philosophisch gelenkte Trinitätslehre forderte eine immer genauere Definition des Göttlichen. Seit den Kappadokern stand dabei fest, daß das nur mit Hilfe einer paradoxen Erkenntnis möglich sei. Basileios braucht zuerst in diesem Sinne die Begriffe «nicht zusammengegossen» (ἀσυγχύτως) und «ungetrennt» (ἀχωρίστως); sie, und mit ihnen diese Form des Erkennens und alle Feinheiten der Definition, sind über Nikaia und Konstantinopel hinaus in Chalkedon zum Sieg geführt worden.

f) Natur, Welt, Schöpfung, Mensch

Die umfangreichen christlichen Lehrbildungen, die die *Natur* zum Inhalt haben, sind von drei Faktoren abhängig: von dem Naturgefühl der christlichen Theologen, von der Rolle, die die Natur in den heiligen Schriften spielt und von dem vorhandenen naturwissenschaftlichen und naturphilosophischen Wissensbesitz. Dabei ist bezeichnenderweise für das antike Christentum der erste Faktor der wichtigste gewesen. Denn der große Gegensatz, den die christlichen Lehren von der Natur zu bewältigen hatten, nämlich: Welt und Natur sind gut, Gottes Schöpfung und Ruhm, oder: die Welt ist das Reich des Bösen, unvollkommen, leidvoll und wertlos, ist in erster Linie nicht gedacht, sondern gefühlt.

Man beobachtet dabei, daß sich auch das Christentum der allgemeinen hellenistischen Naturstimmung, ihrem lauten «Zurück zur (echten oder falschen) Natur» während dieser Epoche nicht entziehen konnte. Die im Neuen Testament zum Ausdruck kommenden griechischen Naturstimmungen haben in der Folgezeit nachgewirkt. Alte und echte griechische Naturverbundenheit lebte ja im Hellenismus wieder auf, zumal da die tiefe Naturstimmung seit Homer der griechischen Welt nie verlorengegangen war. Der frische Seewind der Argonauten und der Odyssee, die wunderbaren Gärten des Alkinoos, des Midas und der Sappho, das göttlich-königliche Leben des homerischen Schweinehirten, die Stille der Nacht Alkmans, die Schönheit der heimatlichen Landschaft bei Theognis und Sophokles zeigen, wie alt der Einfluß der Natur auf die Griechen war, wie er aber auch einer *denkenden Verarbeitung* bedurfte. Denn ohne dieses Naturerlebnis hätte es nie eine griechische Naturphilosophie gegeben.

Der Hellenismus hat aus dem griechischen Naturerleben zunächst eine Art Lebenspraxis gemacht, es dann aber auch rationalisiert. Der hellenistische Mensch steigt auf Berge, damit er im Anschauen «aller Reiche der Welt und ihrer Herrlichkeit» sich von dem Druck des eigenen Lebens frei macht. Darum macht er auch dem Ärmsten in den Parks von Alexandreia und Antiocheia ein Stück Natur zugänglich, baut er seine Villen ans Meer, legt er seine Städte mit Rücksicht auf die Landschaft an. Keine hellenistische Stadt liegt so häßlich wie die Zweckgründungen mittelalterlicher oder moderner Städte. Man lernt die Natur im nächsten Umkreis seines Lebens kennen und finden, darum die mit unendlicher Liebe entwickelte, kaum wieder erreichte Kultur des Kleinstgartens – wie winzig sind hellenistische Peristylgärten –, des Blumentopfes, der Blume überhaupt, darum die Freude am Tier, am kleinsten Vogel, an der Zikade und an der Mücke. Der Wanderer dankt einem Frosch, der ihm einen Weg zum Wasser zeigte, als er halb verdurstet war, Vögel füttert man, wo immer man kann, Papageien lehrt man reden, Tieren aller Art errichtet man Grabdenkmäler. Die Blumenliebe kennt keine Grenzen. Blumenstädte wie Alexandreia, Philippi oder Pästum sind in der ganzen Welt bekannt und gerühmt. Bei Festen wie dem großen Festzug des Ptolemaios Philadelphos oder bei römischen Kaisereinzügen wird alles mit Blumen überschüttet, selbst im Heer gibt es alljährlich Rosenfeste.

Das ist im Grunde *altgriechisch*. Zur Bewußtheit erhoben worden ist es zumindest seit Euripides, der sich in die Einsamkeit des Strandes zurückzieht und die Schönheit des Sonnenaufgangs und des Meeres als Lösung aller Tragik erkennt. Aber die Römer haben es sich gut anempfunden, am schönsten vielleicht Catull, der ganz in die Gardaseelandschaft eintaucht, und Statius, der wie Alkman das Schweigen der Natur hört. Den Höhepunkt hellenistisch-römischer Naturliebe bildet die Ablösung der Todestrauer durch die Naturstimmung: zuerst entsteht im hellenistischen Alexandreia das *Gartengrab*, das sich bald über die ganze Welt verbreitet und die kalte Grabstele zurückdrängt, ein Grab mit Blumen, Bäumen und Brunnen, dessen Stimmung die schönste der zahlreichen Kepotaphieninschriften auf lateinischem Boden wiedergibt:

Von meinem Grab herab fliegt ein zierliches attisches Bienlein,
Selber vom Thymian satt, schenkt es tropfenden Honig in Fülle.
Süß klingt mir Vogelgesang in den grün umsponnenen Höhlen,
Delischer Lorbeer grünt nicht fern von unserem Hügel,
Schimmernd wie edelstes Gold am Weinstock reifen die Trauben.

Für die christliche Lehrentwicklung wird wichtig, daß sich auf dem Boden dieser Naturerlebnisse eine schwere religiöse Krise abzeichnet. Die Natur beginnt die Götter zu verdrängen, das wachsende Naturerlebnis säkularisiert die Religionen. Zwar gilt das nicht allgemein. Gerade die neuen hellenistischen Religionen brachten neue naturmythische Momente: die Totenklage der Natur beim Tod des Adonis, die mythische Entstehung der Blumen aus dem Blut des toten Gottes und den Tränen der trauernden Göttin, Isis als Schwalbe den toten Osiris umflatternd; Zeus selbst trauert darüber, daß er im Titanenkampf Blumen zerstören muß. Wir wissen nicht recht, wieviel religiöse Lebenskraft das hatte und wieweit es nicht novellistisch verflacht war. Aber etwas anderes ist eingetreten: man erlebt mit oder ohne mythische Zwischenschaltung die Nähe des Göttlichen in der Natur. Das geschieht am unmittelbarsten in den zahllosen ländlichen Heiligtümern, Opfern und Götterfesten, aber auch ohne diese. Schilderungen vom ‹heiligen Schauer des Waldes›, von der Nähe einer Gottheit in der unheimlich flimmernden Stille des sonnigen Mittags sind ebenso häufig wie Hymnen auf die Sonne, den Wechsel der Jahreszeiten, die geheimnisvollen Bedeutungen von Pflanze, Tier und Stein. Selbst Horaz wird von einem Gewitter religiös gepackt. Der Zauber heiliger Haine, das göttliche Geheimnis um den Schwan oder die Wildtaube, das alles wird religiös gespürt, aber kaum noch mythisch gedeutet. Zum Erlebnis tritt ein rationaler Zug, der zu denken beginnt und auch bei Beibehaltung der alten Götternamen in der Natur nunmehr eine schaffende oder segnende Gottheit wirken sieht, an die der christliche Schöpfer- und Erhaltergott nur anzuknüpfen brauchte. Es gibt hellenistische Dichter und Theologen, die lehren, daß Zeus, wer immer er sei, die Wolken vertreibt oder regnen läßt, daß Hitze und Kälte, Mondwechsel und Wind ‹der Vater› bestimmt hat, daß man um Regen und Sonne beten, für alles andere aber arbeiten muß. In schlichten Weihinschriften dankt man Demeter «für die Früchte»; dem alten Priap, Pan oder Silen legt der Landmann dieselben Blumen oder Äpfel hin wie heute seiner Gottesmutter, die Traube kündet nach wie vor von der Macht des Dionysos und die Ähre von der Güte der Demeter. Sehr oft ist Orpheus als der göttliche Freund der Menschen, Tiere, Pflanzen und Steine dargestellt, nicht nur auf den kostbaren Mosaiken naturschwärmender Villenbesitzer, sondern auf dem Tongerät der Ärmsten und den hölzernen Bechern der Landleute. Auch der Kaisergott hat kosmische Naturbeziehungen: bei Cäsars Tod wird die Sonne dunkel, Hunde und Wölfe heulen heiser, die Vögel krächzen, der Ätna bricht aus, Blitze und Kometen erscheinen am Himmel, Tiere reden, Flüsse stehen still, Blut quillt aus Brunnen. Domitian beten die Tiere der Arena an. Isis, die Erde und Sterne geschaffen hat, schafft in geregelter Ordnung das Wunder der Nilschwelle neu, segnet Zeugung und Ackerbau, gibt den Tieren ihre Nahrung, den Blumen ihre Schönheit. Tief dringt die Bukolik in die Kulte ein: Hirten heißen Götter, aber auch die Kultdiener in Pergamon, bei Sarapis, bei Dionysos. Im Dämmerlicht der Höhle feiern Mithras und Adonis ihre Gottesdienste, Gärten und Gärtchen weiht man dem Adonis, die Apollonaltäre «überfließen von Blumen», die Naturschönheit der Asklepiosheiligtümer bewirkt einen Teil der Heilungen.

Wo dieses religiöse Naturerleben da ist, wird auch die Natur selbst als *fromm* gelehrt. Philosophen glauben, daß Elefanten ihre Eltern ehren und den Eid heilig halten, daß die Störche frömmer sind als die Menschen, weil sie ihren alten Eltern Nahrung bringen, daß Delphine um Wohltäter klagen, daß der Vogel Phoenix das Vorbild für Frömmigkeit schlechthin ist. Es ist bezeichnend, daß Origenes zu den ganz wenigen antiken Schriftstellern gehört, die diese Legende nicht glauben, während die meisten Christen sie als Auferstehungssymbol schätzen. Naturfreundliche Kreise trauen Tieren eine höhere Gotteserkenntnis zu als den meisten Menschen, man erzählt, daß einige von selbst kommen, um sich opfern zu lassen, andere auf Grund ihrer Frömmigkeit ewiges Leben erlangen.

Nun fand das Christentum jedoch nicht nur die säkularen oder die frommen Bejahungen der Natur im mehr oder weniger gefühlsgetragenen Erlebnis vor, sondern eine sich mit den Problemen der Natur beschäftigende Philosophie. Ein Blick in die ersten christlichen Apologeten zeigt, welchen reichen Gebrauch sie von der griechischen Naturphilosophie machen, auch wenn sie diese nur aus sekundären und tertiären Quellen kennen. Auf weite Strecken tritt das spezifisch Christliche hinter diesen Begegnungen völlig zurück. An erster Stelle steht Platons *Timaios*. Zwar war er schon durch mancherlei Hände gegangen, ehe die Christen ihn erhielten, und vor allem schon längst religiös aufgefaßt worden, aber in seinen

Grundlagen blieb er doch erhalten. Das alexandrinische Christentum legte nach ihm die Bibel aus. Der alttestamentliche Satz, daß der Mensch Gottes Bild trage, wurde nach dem Timaios geändert: der Kosmos trägt Gottes Bild. Im Kampf gegen das mechanistische Weltbild war er meist der Christen beste Waffe. Der göttliche Demiurg, ursprünglich, wie Theiler gezeigt hat, die Weltseele, wird nach Zwischenstufen zum christlichen Schöpfergott. Wie Plutarch, am Timaios geschult, auf die Frage, was das Schönste sei, antwortet: «Der Kosmos, denn er ist Gottes Gebilde», finden auch die Christen im Timaios eine Rechtfertigung ihrer Hochschätzung der Schöpfung. Vor allem aber war eins wichtig: mochte man den Demiurgen, die ihm vorschwebenden Ideen, die Weltseele, den Kosmos persönlicher oder unpersönlicher, geistiger oder stofflicher, platonnäher oder platonferner auslegen: zwei Pole ergaben sich immer, die die Grundlagen für alle echt religiösen nachplatonischen Lehren von der Welt bildeten, also auch der christlich-dogmatischen. Die Welt ist nach dem Bild der göttlichen Ideen gestaltet, das ist ihr *Reichtum*. Die Welt ist aber eben *nur* Bild, und das ist ihre *Armut*. Ihre ‹Teilhabe› an den göttlichen Ideen ist ihr Leben, daß es *nur* ‹Teilhabe› ist, ist ihr Mangel.

Der zweite Gedankenkreis kam von *Aristoteles* und dem Peripatos. Wohl war dessen Naturauffassung geradezu unreligiös, aber man hat nie gemerkt, daß die in ständiger Bewegung und Entwicklung begriffene, zweckmäßige Natur der Aristoteliker, die ihre Ideen in sich selbst trug, im Grunde logizistisch-rationaler Mechanismus war. Das war nur deshalb möglich, weil man den Zweckbegriff religiös umdeutete, indem man aus ihm auf eine transzendente göttliche Intelligenz schloß. Die religiöse Umdeutung des Platonismus im Hellenismus ist oft genug beschrieben worden, die des Aristotelismus ist noch wenig beachtet. Sie endet bei einem merkwürdigen Tatbestand: Die weltimmanente Naturbetrachtung des Aristoteles wird für eine transzendente Religion allmählich praktischer als die welttranszendenten Ideen Platons, weil der platonische Begriff der Teilhabe immanenter war als der aristotelische Kausalitätsbegriff, sobald man ihn bis zu einer transzendenten Kausalität fortführte.

Auch die *stoischen* Lehren von der Welt ließen sich in das christliche Gebäude einbauen. Man brauchte nur den stoischen Pantheismus in einen Theismus umzuwandeln. Dazu aber hatten die Stoiker mit ihrer reichlichen Verwendung des Namens Zeus selbst den Weg gewiesen. Vor allem hat *Poseidonios* unmittelbar oder mittelbar eingewirkt. Bei ihm, der den Ätna bestieg und die Naturbetrachtung ins Zentrum der Philosophie gestellt hatte, fand man die wünschenswerte Vereinigung von philosophischem Durchdenken und gefühlsbestimmtem Nacherleben der Natur. Seine kausale Betrachtungsweise machte aus der Welt für den Christen einen beständigen Hinweis auf den Schöpfer Gott. Sein Aufblick vom Mikrokosmos zum Makrokosmos, seine Konstruktion eines systematischen Weltganzen, die wärmer war als die des Peripatos, die Fülle des naturwissenschaftlichen Materials, die man bei ihm fand, seine Begriffe von Kraft und Bewegung in der Natur wurden für jede christliche Erklärung der Schöpfungsgeschichte unentbehrlich.

Das *neuplatonische* Weltbild hat zwar nicht die Breitenwirkung gehabt wie das stoische, ist aber doch bei den Alexandrinern und ihren Nachfolgern in wichtigen Stücken übernommen worden, wenn sich auch seine strenge Emanationslehre nicht mit der christlichen Schöpfungslehre vertrug. Jedoch ermöglichte die in Alexandreia heimische Auslegung von Genesis 1 als Schöpfung der Ideen im Gegensatz zu Genesis 2 als Schöpfung der empirischen Welt ein weitgehendes Eindringen neuplatonischer kosmischer Spekulationen. Bei Mystikern wie Dionysios Areopagita geht das am weitesten, aber auch sonst hat man die Schönheit und Geistigkeit der neuplatonischen Systeme gern als Waffen gegen den atomistischen Mechanismus benutzt, aber man wehrte sich gegen die neuplatonische Überschätzung des Kosmos.

Selbst das *epikureische* Weltbild ist nicht ohne Einfluß auf die Christen geblieben. Nicht nur im Materialismus Tertullians finden sich Spuren epikureischer Naturauffassung, sondern vor allem bei den christlichen Naturdichtern hat das echte und tiefe Naturgefühl des Lucrez weitergewirkt, besonders bei Prudentius.

Das alles ist der *griechische* Hintergrund zur christlichen Lehrentwicklung. Unmittelbare orientalische Einflüsse gibt es auch hier nicht. Allerdings war manches, was der Orient über Welt und Natur zu sagen hatte, ins Griechentum und in den Hellenismus übergegangen. Die alte ägyptische Blumenliebe, die den Pharao an einer Blume riechend darstellte, beeinflußte die hellenistisch-ägyptische Kunst, die ägyptischen, babylonischen und iranischen kosmogonischen Systeme und Spekulationen übten zu allen Zeiten auf die Griechen Anziehungskraft aus, obwohl sie sofort griechisch umgedeutet wurden, die ägyptischen und babylonischen Naturhymnen hinterließen formale Spuren in der griechischen religiösen Dichtung.

Im Christentum wird orientalischer Einfluß nur da sichtbar, wo seine Naturbetrachtung vom *Alten Testament* bestimmt ist. Das ist der Fall bei der Benutzung der Naturpsalmen, bei der Aufnahme der Naturdeutungen des Hiobbuches und bei dem Einfluß der ersten Kapitel der Genesis. Es gehört zu den glücklichsten Ergebnissen christlicher Beschäftigung mit der Natur, daß es gelang, diese alttestamentlichen Stücke mit griechischer Naturbetrachtung in Einklang zu bringen. Origenes' Genesiskommentar ist der erste, der Timaioskommentare zur christlichen Auslegung benutzt, und er ist immer wieder ausgeschrieben, übersetzt und benutzt worden. An ihn schließt sich die lange Reihe christlicher Hexaemera an, Kommentare zur Schöpfungsgeschichte der Genesis, die im Osten wie im Westen beliebt werden und neben dem Timaios vor allem die physikalischen Schriften des Aristoteles, Theophrast, Poseidonios, Galen, Aelian und im Westen Plinius, Cicero und Vergil benutzen.

Während sich das Judentum immer mehr von der Natur entfernt – «Wer unterwegs beim Nachdenken sagt: ‹Wie schön ist dieser Baum, wie schön ist dies Feld!›, den bestraft Gott mit dem Tod» –, fehlt selbst den trockensten christlichen Lehrschriften über die Natur nicht eine lebendige Beziehung zu ihr. Justin wandert am Meer entlang, um nachzudenken, und Minucius Felix freut sich mit seinen Freunden über den Sandstrand von Ostia, das leichte Spiel der Wellen bei ruhiger See und über die Buben, die «vom Wasser geglättete Steinchen wie flache Scherben» am Strande aufsammeln und sie dann «flach über die Wellen hingleiten lassen», so daß der Stein bald «den Rücken der See berührend elegant darüber hinwegrutscht, bald funkelnd wie in dauernden Sprüngen über die höchsten Wellenkämme hüpft». Andere, wie Basileios, tragen ihre Gedanken ins Gebirge. Wie die Philosophen seit dem Garten der Akademie philosophieren Clemens von Alexandreia, Tertullian und Cyprian in ihren Gärten oder preisen mit Vergilschen Worten den Landbau. Griechische und lateinische Theologen lieben die Blumen und begründen das Verbot von Kränzen damit, daß man die Blumen nicht im Kranz rasch verwelken lassen dürfe. In die Bibelexegese zieht die Naturstimmung ein: schon früh versetzt, echt bukolisch, eine allegorische Jesajaauslegung Ochse und Esel an die Krippe Jesu zur Ergänzung der Hirten und Herden des Textes. Naturstimmungen werden theologisch gedeutet, so erklärt man die Abendstimmung als Trauer über den gestorbenen Christus und als Hinweis auf den kommenden Auferstehungsmorgen. Pilgernde Christen bewundern Palmen und Ölbäume, Sonnenaufgang und -untergang, Wasserfülle des Euphrat und Schönheit der Frauen in Jesu Heimat, die Aussicht vom Nebo und die Stille der Wüste. Griechische Naturtexte werden christlich ausgelegt: auf dem Schild Achills ist die christliche Schöpfungsgeschichte dargestellt, und die Gärten des Alkinoos sind das christliche Paradies. Daß die Natur selbst fromm ist, wird Bestandteil der christlichen Lehre. Hyänen lassen sich von den christlichen Vätern so zähmen wie von Orpheus, Löwen trauen sich nicht an die Märtyrer heran oder lauschen der christlichen Belehrung, Vögel beten, indem sie das

Kreuzzeichen nachahmen. Die Eschatologie verbindet sich mit dem Naturgefühl; so erscheint auf dem Grab eines «angelorum hospes, martyrum comes vitamque spirans», also sicher eines in seiner tunesischen Heimat angesehenen Theologen, das Paradies als hellenistische Landschaft.

Nur an zwei Stellen konnten griechisch-hellenistisches Naturerleben und Naturverständnis nicht ungehindert ins Christentum eindringen. Kompromißlos besteht die christliche Theologie aller Schattierungen auf der *Lehre von der Schöpfung* der Welt durch das göttliche Wort, und ebenso kompromißlos lehnt sie jede Form von *Gleichsetzung* der Welt und Natur mit Gott ab. Damit fallen alle die griechischen Auffassungen weg, die von einer Ewigkeit des Kosmos ausgingen oder Kosmos und Weltseele als Gott definierten.

In der Lehre von der *Schöpfung* bemüht sich die Theologie der alten Kirche, die *Herrlichkeit Gottes* besonders anschaulich zu machen. «Der Mensch kann nicht einmal eine Fliege machen», sagt Irenaios, «niemand als Gott kann einen Baum machen», sagt Augustin; die echte christliche Gotteserkenntnis beginnt mit dem Staunen über die Schöpfung. Im Kampf gegen Markion wird das noch verschärft; nachdem Justin gesagt hatte, daß er sogar Christus nicht glauben würde, wenn er nicht den Schöpfergott verkündigt hätte, wird der erste Artikel als Lehre von der Schöpfung Bestandteil aller christlichen Bekenntnisse. Nur an einer Stelle werden dem Platonismus Konzessionen gemacht mit Hilfe der beiden alttestamentlichen Schöpfungsgeschichten: seit Origenes tritt bei vielen an die Stelle der nur einmaligen Schöpfung die dauernde Schöpfung, die sich nicht nur auf diese Erde beschränkt, sondern immer neue Welten schafft; vor dieser Welt schuf Gott schon andere, und nach ihr wird er andere schaffen.

Niemals und nirgends aber sind *Schöpfer und Geschöpf*, Gott und Natur identisch. Den Griechen wirft man vor, daß sie über der Schönheit der Schöpfung den Schöpfer übersehen. Gewiß ist die geschaffene Welt schön, schön der Tierkreis und die Gestirne, schön die Kugelgestalt der Erde, aber anbetungswürdig sind sie nicht, denn man verehrt nicht das Kunstwerk, sondern den Künstler. «Eure Untertanen beten nicht die von euch gebaute Hauptstadt, sondern euch selbst an», ruft Athenagoras dem Kaiser zu, und die Sonne würde es sich verbitten, für Gott gehalten zu werden.

Als Besonderheit drang noch aus der philosophischen Schöpfungslehre die Lehre von einer *intelligiblen* und einer *empirischen* Weltschöpfung ein. Die Verbindung zwischen beiden Welten wird durch den platonischen Begriff der Teilhabe hergestellt. Sie äußert sich in dem Vorhandensein eines göttlichen *Sinnes* und einer göttlichen

Idee in allem Irdischen und in dessen unruhevoller Sehnsucht, nach der göttlichen Idee zu suchen. Dadurch wird auch die empirische Welt wertvoll, und hierin kann Origenes dann mit seinem platonischen Gegner Kelsos bedingungslos übereinstimmen: «Die ganze Welt als Gottes Werk ist ganz und vollkommen in allen ihren Teilen.»

Häufiger jedoch als dieses Denken vom *Sinn* her ist eine christliche *Teleologie*. Die Zweckmäßigkeit des Kunstwerkes Welt wird entweder mit dem alten Technitenvergleich (der Terminus stammt von Theiler) ausgedrückt – jeder Teil der Welt ist seinerseits Künstler und Handwerker und arbeitet unter einem großen göttlichen Plan – oder wird mit Worten Jesu umschrieben – «auch die Borsten der Schweine hat Gott gezählt», sagt Tertullian –, oder man schreibt aus den Handbüchern alle Beispiele und Argumente heraus, die für eine Zweckmäßigkeit der Welt beizubringen sind. Doch wird auch dieses Zweckdenken nie ganz nüchtern, sondern behält wenigstens einen ästhetischen Zug. So steht einmal bei Tertullian neben einer ganz rationalistischen Stelle, an der es sogar heißt, daß auch Gott nicht existieren würde, wenn er keinen Zweck hätte, eine großartige Würdigung des Künstlers Gott: «Eine winzig kleine Blume ... von irgendeinem wilden Wegrain, nicht aus den Parks, die Schale einer kleinen Muschel vom Strand ... die kleine Feder eines gewöhnlichen Vogels ... das alles verkündet dir, daß der Schöpfer Künstler ist.»

Anderes ist umstrittener und schwieriger, so etwa das Problem des *Stoffes*. Auf der einen Seite standen die christlich-stoischen Materialisten. Seit Athenagoras behauptet eine christliche Apologetengruppe unter Hinweis auf die vorsokratische Naturphilosophie, Gott habe die Welt aus einem ‹Urstoff› geschaffen. Bei Tertullian führt die Verbindung von Genesis und Philosophie des Thales dazu, diesen Urstoff als Wasser zu definieren und den Beweis daraus zu führen, daß nach der Genesis Gott die Wassertiere zuerst schuf, den Menschen aus feuchter Erde formte und ihn durch die Glut des göttlichen Atems austrocknete. Auf der anderen Seite standen die alexandrinischen Spiritualisten. Gott schafft aus dem reinen Nichts, wobei ihm die Ideen als seine Gedanken den Schöpfungsplan liefern. Der Stoff stammt zwar auch aus dem Willen Gottes, ist daher nicht eigentlich schlecht, aber eine Art Abfallprodukt.

Nur *zwei* Gedankenreihen verwerfen beide Richtungen, den *mechanischen Atomismus*, den schon die älteste christliche Monographie über die Natur, die des Dionys von Alexandreia (um 230) mit platonischen Mitteln bekämpft, und einen ewigen *metaphysischen Dualismus* von Geist und Stoff nach Art der Gnosis. Auch die spiritualistischsten christlichen Schriften haben bei aller Hochschätzung des

Geistes und bei aller Kritik am Stoff daran festgehalten, daß auch er ein Stück von Gottes Schöpfung ist.

Eine andere Schwierigkeit brachte das *Kausalproblem,* da es die Frage stellte, ob Gott in den Verlauf der kausalen Naturgesetze eingreife oder nicht, und wie demgemäß Naturwunder zu beurteilen seien. Im Gegensatz zu hellenistischen und christlichen Naturwundergeschichten haben einige griechische Theologen doch behauptet, daß Gott die Naturkausalität zwar durchbrechen könne, dies aber nicht tue, sondern sich der Naturgesetze für seine Pläne bediene. Trat hier auch an die Stelle des Wunders die Vorsehung oder das Vorherwissen Gottes, so konnten diese wenigen Theologen doch die Entstehung einer christlichen Naturmagie nicht verhindern.

Sehr beliebt wurde der Satz von der Natur als der göttlichen *Lehrmeisterin.* Die stoisch-kynische Naturrechtslehre, daß die Natur mit ihren Gesetzen als göttliche Rechtsordnung den menschlichen Gesetzen unendlich überlegen sei, führte dahin, daß christliche Asketen und Heilige definiert werden als solche, die «in dem Naturgemäßen» (ἐν τῷ κατὰ φύσιν) sind. In Fortführung stoisch-kynischer Kasuistik lehrt man, daß das Naturgemäße Gottes Willen entspreche und jede Fälschung der Natur teuflischer Einbruch sei. Daher darf der Christ keine Wolle färben, weil Gott die Schafe ja nicht farbig geschaffen hat, sich keine Kränze aufsetzen, sich nicht schminken oder die Haare färben. Gott, Natur und Geist sind die drei Lehrmeister der Christen, ihre entsprechenden Lehrmittel sind Schrift, Naturerscheinungen und Kirchenlehre. Mit Hilfe stoischer Naturallegorie wird die Natur zum systematischen Lehrgebäude der gesamten Dogmatik: die Inseln im Meer sind die christlichen Gemeinden der Welt, die Wüsten sind die Häretiker, die Sonne ist Christus, der Mond ist der Mensch, die Seetiere sind die Täuflinge und vieles mehr.

Jede christliche Lehre von Schöpfung, Welt und Natur mußte aber auch noch mit einem anderen Faktor rechnen. Aus der Bibel, aus der Erfahrung und von den Epikureern hatte man gelernt, daß die außermenschliche Welt nicht mehr so ‹gut› war, wie sie Gott in der Schöpfungsgeschichte der Genesis erschien, sondern daß Skorpione und Krokodile sich nicht einfach in die Lehre einer vollkommenen Schöpfungsordnung einreihen lassen, daß der göttliche Urstoff Wasser oft eine recht trübe Flüssigkeit ist, daß die Winter immer kälter, die Sommer immer kürzer werden, die Bergwerke immer weniger Metalle liefern, die Menschen schwächer und träger werden, die Erde selbst alt wird. Das waren zum größten Teil Weisheiten, die aus dem epikureischen Naturpessimismus stammten. In einer energischen Auseinandersetzung aber mit Markion, mit der Gnosis, mit dem Manichäismus hat die christliche Theologie dies Problem nicht isoliert betrachtet, sondern es aufs engste mit der Lehre vom Menschen verbunden. Darum ist zunächst nach der Lehre vom *Menschen* zu fragen, denn «nicht von Anfang an» sind «die Raubtiere böse und giftig erschaffen worden . . . sondern die Schuld des Menschen hat sie degeneriert».

In ihrer Umwelt begegneten die christlichen Denker zwei entgegengesetzten Auffassungen von der *Stellung des Menschen.* Nach der einen ist der Mensch *Mittelpunkt der Welt,* Maß aller Dinge, Gewaltigster unter allem Gewaltigen in der Natur, dem Außermenschlichen ungeheuer überlegen, die eigentliche Idee und der letzte Sinn der Welt. Das wurde von der Stoa zum Dogma erhoben, von den Römern übernommen und über Poseidonios und Cicero den Christen vermittelt. Ähnlich anthropozentrisch lehrte das Alte Testament. Dagegen kämpfte im Griechentum wie im Orient die entgegengesetzte Richtung: der Mensch ist nur ein *Stäubchen im Kosmos,* ein flüchtiger bedeutungsloser Schatten, die Welt ist nicht um des Menschen, sondern um ihrer selbst willen da, der Mensch ist vielen Tieren unterlegen und oft unglücklicher als die Tiere, kurzum, nicht das Maß aller Dinge.

Ging die christliche Lehre von dem Satz der Schöpfungsgeschichte aus, daß der Mensch *nach dem Bilde Gottes* geschaffen sei und diese Besonderheit auch durch die Sünde nie ganz verlieren könne, so dachte sie anthropozentrisch. Im besten Sinne griechisch hat Gregor von Nyssa in dichterischer Schönheit betont, daß Gott für die Wunder seiner Schöpfung einen Zuschauer (θεατής) will. «Deshalb wurde als letzter nach der Schöpfung der Mensch geschaffen . . . damit er von seiner Erschaffung an König sei über alles ihm Untertane.» Gott konnte Mensch werden, aber nicht Tier. Wie Augustus unter römisch-stoischem Einfluß abgelehnt hatte, den Apis aufzusuchen, weil er gewohnt sei, Götter und nicht Tiere anzubeten, hält Origenes dem Kelsos entgegen, daß jeder, der dem Menschen keine Sonderstellung im Kosmos einräume, Ägypter werden und die Tiere verehren müsse; die vielgepriesenen Tierstaaten seien ja keine Produkte der Vernunft, sondern des Instinktes, und kein Bienenstaat könne sich davor schützen, daß man ihm den Honig wegnehme. Die Erschaffung des Menschen erforderte eine besondere Planung Gottes: «Die Sonne wird geschaffen, und kein besonderer Plan (βουλή) ist nötig (es genügt das göttliche Wort) . . . ebenso Himmel . . . Äther, die Luft der Zwischenschicht, das Meer, die Erde, die Tiere, die Pflanzen, das alles wird durch den Logos zur Entstehung gebracht. Allein bei der Erschaffung des Menschen hat der Schöpfer des Alls noch besonders geplant.»

Damit ist das *Verhältnis des Menschen zur Natur* bestimmt. Denn wie Gott die Herrschaft über den Menschen hat, erhält der nach seinem Bild geschaffene Mensch die Königsherrschaft über die außermenschliche Kreatur. Weil aber der Mensch von Gott abgefallen ist, verflucht Gott auch die Natur, wird der Mensch jedoch erlöst, wird auch die Natur miterlöst, denn auch der erlöste Mensch wird wieder eine Natur um sich haben. Nur bei stärkerem orientalischem Einfluß geht das, wie bei Paulus, so weit, daß sich Gott um die außermenschliche Welt gar nicht kümmert, sondern sie ganz dem Menschen überläßt. Während Clemens in Anlehnung an Philon im Alten Testament wenigstens die Absichten und Ziele Gottes bei der Schöpfung der Tiere hervorhebt, folgt Origenes Paulus: gegen die Speisegebote der Pythagoreer und ägyptischer Asketen führt er das Pauluswort an, daß Gott sich nicht um den Ochsen kümmere und daher der Mensch so viel Fleisch essen dürfe wie er wolle.

Von den anthropologischen Fragen im engeren Sinne steht die nach dem *Verhältnis von Leib und Seele* an erster Stelle. Noch einmal begegnet die Schwierigkeit, daß im Christentum zwei griechische Anthropologien, eine stoisch-monistische und eine platonisch-spiritualistische, zusammenstießen. Für die christlichen Platoniker stand fest, daß die Seele präexistent sei, daß sie im Körper von einer zwiespältigen Sehnsucht nach oben und unten zerrissen werde, daß sie auf- oder absteigen könne, die Gnade der Bewegung habe und doch den Fluch der Gebundenheit an den Körper, an Gott und den Ideen teilhaben könne oder als eigentliches Ebenbild Gottes seit der Schöpfung wirklich teilhabe, unsterblich, geistig und unsinnlich sei. Der Körper dagegen ist minderwertig, Sitz sinnlicher Triebe, Übel und Gefängnis, im besten Falle ein unvollkommenes Werkzeug der Seele. Aber es machte den christlichen Platonikern immer Schwierigkeiten, zu erklären, wie dieser vergängliche Leib Schöpfung des unvergänglichen Gottes sein könne. Man erklärte ihn allenfalls als göttliches Lehr- oder Strafmittel, oder man unterschied, daß Gott den Körper aus Erde «bildete» (ἔπλασεν), während er die Seele nach seinem Bilde «machte» (ἐποίησεν). Fest stand im Grunde nur, «daß wir nichts an unserer körperlichen Gestalt haben, das seinem Bilde entspricht» (οὐκ ἔχομεν τὸ κατ' εἰκόνα ἐν μορφῇ σώματος).

Die *christlichen Stoiker* folgen der stoischen Schultradition. Chrysipp hatte die Präexistenz der Seele geleugnet und ihre Unteilbarkeit abgelehnt, Panaitios die platonische Unsterblichkeit der Seele bekämpft und die Seele mit dem Leib vergehen lassen. Bei der Körperfreudigkeit der Christen fielen solche Gedanken auf fruchtbaren Boden; Euseb kennt Christen, die die Seele mit dem Körper sterben lassen, Origenes setzt sich mit solchen auseinander, die lehren, die Seele sei das Blut. Am weitesten geht die Seelenlehre Tertullians.

«Corpus est anima», heißt es kompromißlos bei ihm. Das wird da grotesk, wo es die Auferstehung des Leibes beweisen soll. Jedes einzelne Körperglied bekommt einen eschatologischen Wert: der Auferstehungsleib hat wirklich Zähne, auch wenn er sie nicht zum Essen braucht. Aber ein Mund ohne Zähne ist beim Gähnen häßlich. Aus seinen ärztlichen Handbüchern, besonders aus Soran, sammelt er alles, was zum Lobe des Körpers und zur Entgeistigung der Seele dient. Nicht auf Grund einer geistigen Seele, sondern infolge ihrer Abhängigkeit von Blut, Rasse und Landschaft sind Thebaner dumm, Athener beweglich, Phryger feig, Afrikaner eitel, Illyrer cholerisch, Kreter verlogen, Dicke denkfaul und Dünne spekulativ. In Zeugung und Empfängnis fließt der Körper-Seelenstoff über und vermittelt die körperseelische Vererbung; die Seele wird als reine Substanz erst im Mutterleib empfangen. Sie ist Körpersubstanz mit den Funktionen Denken, Wahrnehmen und Wollen, aber als bewegende nur mit der bewegten Fleischsubstanz zusammen funktionsfähig. Das wird behavioristisch erschlossen aus dem *Verhalten* der Pflanze, des Tieres, des Säuglings, aufgebaut auf einem absoluten Sensualismus. Wer staunend erfahren will, in welchem Maße ein christlicher Biologismus und materialistischer Anthropologismus möglich war, muß die Schriften Tertullians über die Seele und über die Auferstehung des Fleisches lesen, es sind die beiden ‹modernsten› Bücher, die das antike Christentum aufzuweisen hat.

Wie konnte aber eine solche Anthropologie christlich sein? Das war verblüffend einfach. Man brauchte nur den Schöpfungs- und den Auferstehungsgedanken auf beide Substanzen gleichmäßig zu beziehen, dann entstand eine Geschlossenheit des Menschenbildes, das jedem einfacher Denkenden einleuchten mußte. Mit Formeln, die sich jedes Kind einprägen konnte, sagt Tertullian: «Christus will den ganzen Menschen erlösen, nicht nur die Seele», «Gott will, daß nichts von dem vernichtet werde, was er geschaffen hat». Der *Leib* ist «Christi Bruder», *er* wird bei der Taufe abgewaschen und gesalbt, in der Askese geübt. Auch er trägt Gottes Bild, seine beiden Haupttriebe sind vom Wort Gottes ausdrücklich gesegnet. Das *Fleisch* ist von Gott geschaffen und wird von ihm erhalten, von Christus erlöst. Der Mensch darf es nur nicht verderben und verkommen lassen, denn nicht das Fleisch verdirbt den Menschen, sondern der Mensch das Fleisch.

Ist dieser Radikalismus eigentümlich für Tertullian, so war es doch auch für jede christliche Lehre schwer, das Fleisch *nur* negativ zu bewerten. Die Christologie verbot es, denn Christus war «der *eine* Arzt, fleischlich und geistig zugleich», aber ebenso die Schöpfungslehre, und schließlich auch die Liturgik, denn in jedem Gottesdienst erinnern Brot und Wein an die Heiligkeit des Stoffes. Die strengsten christlichen Platoniker haben vom Ästhetischen her zugegeben, daß der Leib schöner sei als das schönste Kleid, daß kein Künstler, sondern nur Gott etwas so Herrliches wie Fleisch, Blut, Augen und alle Sinnesorgane bilden könne. Nur haben sie darin immer etwas Relatives gesehen und erwartet, daß Gott nicht *den* Leib, sondern *vom* Leib erlösen werde, denn kein körperliches oder stoffliches Wesen kann jemals die ewige Schönheit Gottes ganz schauen und begreifen, auch im Jenseits nicht.

Diese Doppelheit in der Lehre vom Menschen hat nun ihre entscheidenden Folgen. Denn je höher die griechische Patristik von der Würde des Menschen als des Ebenbildes Gottes denkt, um so mehr muß sie betonen, daß er kein statisches Bild ist, sondern ein dynamisches, durch Leid, Sünde und Tod schreitendes, aber auf Gott hin gerichtetes Wesen: «Der Schöpfer der menschlichen Natur ist nicht aus einer Notwendigkeit (ἀνάγκῃ) zur Schöpfung des Menschen geschritten, sondern hat aus dem Überschwang seiner Liebe heraus die Entstehung dieses Lebewesens hervorgerufen. Denn das Licht sollte nicht ungeschaut bleiben und die Herrlichkeit nicht ohne Zeugen und seine Güte nicht ohne einen, der sich an ihr freut. ... Wenn nun der Mensch dazu entsteht, daß er der göttlichen Güter teilhaftig werde, mußte er notwendig so geschaffen werden, daß er zur Teilhabe an diesen Gütern fähig werde. Denn wie das Auge durch den von Natur in ihm liegenden Glanz in Gemeinschaft mit dem Licht steht, da es durch die eingepflanzte Dynamik das Verwandte anzieht, so war es nötig, daß der menschlichen Natur etwas beigemischt wurde, das in der Richtung auf das Göttliche hin verwandt ist. Denn wie auch in der Natur den Tieren, die ein Leben im Wasser oder in der Luft erlosten, die Anpassungsmöglichkeit an ihren Lebensbereich anerschaffen wurde, so wurde auch der Mensch ... mit dem göttlichen Leben, der Vernunft und der Weisheit und allen Gott geziemenden Gütern geschmückt, damit durch sie die Begierde nach dem ihm Verwandten entstehe.»

g) Leid und Sünde

Wie aber vertrug sich mit dieser Gottverwandtschaft die Tatsache des *Leides* und des *Bösen?* Wie konnte das Ebenbild Gottes seinen Gott selbst kreuzigen? Wie konnte dieser Gott die getreuesten seiner Ebenbilder römischen Folterwerkzeugen ausliefern?

Nicht die Philosophie, sondern die Tragödie hatte zuerst die ganze *Paradoxie des Theodizeeproblems* in aller Sauberkeit gedanklich verarbeitet und dialektisch gelöst. Aischylos war vorangegangen, aber erst Sophokles hatte in der gewaltigen Theodizee der Oidipusdramen fast alle nur möglichen Theodizeen zu einer vereinigt und dadurch die Überdimensionalität und die nur dialektisch lösbare Frage des Verhältnisses von Gott und Leid zur Klarheit gebracht. Als Folge der *Schuld* kommt die Pest über Theben; Leid ist immer irgendwie an Schuld gekoppelt, und schuldig bleibt Oidipus als Tyrann immer. Aber diese Schuld ist doch nur ein Zeichen dafür, daß der Mensch so unsäglich *elend* und bei all seinem großen Gehabe doch ein Nichts ist, einfach weil er Mensch ist. Damit er dies Menschsein nicht vergißt, verhängen die Götter in freier Willkür Leid und Fluch, über wen sie wollen, sie erheben und stürzen nach ihrer Wahl, allein was sie sagen und tun, ist wahr. In echter Polarität ist das dann in der dialektischen Formel zusammengefaßt. Als der Chor Oidipus fragt, warum er sich geblendet habe, antwortet er:

> Apollon war das, Apollon, Freunde,
> Der hat dies mein unendliches Leiden vollbracht,
> Aber keiner blendete mich, ich Elender tats mit eigener Hand.

Wo man das fromm hinnahm, zog man daraus den Schluß, «daß der Mensch Ehrfurcht lerne vor der Götter Macht». Doch konnte man auch aufbegehren gegen Götter, die menschliches Leid wollen oder um jeden Preis dem Menschen gegenüber ihre Macht zeigen und durchsetzen oder gar aus Eitelkeit, Neid und Rachsucht handeln. Die schmerzvolle Unsicherheit des Theodizeeproblems spiegelt am klarsten Euripides wider: die Mächte, die Menschen gegeneinander hetzen, sind zwar gewaltiger, aber im Grunde schlechter als der Mensch. Erbarmungslos ist die Aphrodite und die Artemis des Hippolyt und der Dionysos der Bakchen, obwohl sie als Götter auch das Recht zur Vernichtung des freilich nicht unschuldigen, sondern durch seine Torheit schuldigen Menschen haben.

So wird das Theodizeeproblem immer mehr ohne die alten Götter zu lösen versucht. Es gibt Zwischenlösungen wie die resignierte Beobachtung Plutarchs, daß es Zeiten gibt, in denen sich die Götter mehr um die Menschen kümmern, und andere, in denen sie die Menschen völlig vernachlässigen. Am meisten setzt sich der *Schicksalsglaube* durch, mit dem Platon noch gerungen hatte, der aber für die Stoa Prinzip war. Ehern und ungehindert bestimmt das Sternenschicksal, die Heimarmene, Tyche oder Ananke, das Leid und den Tod der Menschen; ob sie schuldig oder unschuldig sind, ist ohne Bedeutung. Es handelt mit der Präzision einer Naturnotwendigkeit (ἀνάγκη φύσεως). Dieses Schicksal (fortuna) hat dem Kaiser Augustus nach seinem Selbstbekenntnis auf dem Monumentum Ancyranum die Söhne geraubt, es ist ein «böses und ungerechtes Schicksal». Die Historiker lauschen seinem Schritt in der Geschichte, sei es, daß sie es als Begriff für alles nehmen, was in der Geschichte rätselhaft bleibt, wie Polybios, sei es, daß sie zu strengen Geschichtsfatalisten werden, wie Prokop. Wohl dem Menschen oder der Stadt, die eine gute Tyche erlost haben, die unter einer günstigen Sternkonstellation geboren sind oder wissenschaftlich oder religiös die Schicksalsangst überwinden: wissenschaftlich wie der Astronom Ptolemaios (85–170 n. Chr.) in der schönen Einleitung zu seiner Astronomie, nach der die Betrachtung des gestirnten Himmels wohl die ganze Kleinheit und Gebundenheit zeigt und doch so selig macht, als ob man «bei Zeus selbst mit Ambrosia» gespeist würde; religiös wie der Isisgläubige, der in Isis Befreiung vom Zwang der Heimarmene findet, da sie, die gnädige Göttin, zugleich «gutes Schicksal» (Ἀγαθὴ Τύχη) und Herrin über alle Schicksale ist. Der andere kann sein böses Schicksal nur mit Tapferkeit «ertragen und entsagen» (ἀνέχου καὶ ἀπέχου), Sträuben ist ebenso wertlos wie Beten, Opfern, Klagen oder Verzweifeln. Das führt in der Stoa zu einem atheistischen Ethos der Unerschütterlichkeit und Männlichkeit: «quanto plus tormenti, tanto plus gloriae». Wie wenig das aber im Ernstfall des Lebens half, zeigt die prachtvolle Schilderung Plutarchs vom Tode des jüngeren Cato. Dieser zweifellos echteste und ernsteste aller römischen Stoiker griff in der letzten Nacht seines Lebens, die für ihn Roms Untergang und sein eigenes Ende bedeutete, nicht zu einem stoischen Moraltraktat über Standhaftigkeit oder Todesverachtung und williges Sich-Beugen unter das Schicksal, oder gar zu einer Abhandlung, die nach stoischer Normaldogmatik die Zweckmäßigkeit dieser Welt, des Schicksals und des Leidens lehrt, sondern zu Platons Buch von der Unsterblichkeit der Seele. Eine größere *Niederlage* hat die Stoa und ihr Schicksalsbegriff nie erlitten.

Die griechischen Theodizeelehren kennen aber auch das Leid als Folge eigener oder fremder *Schuld* oder als *Sühne* dafür. Wieder ist Euripides am vielseitigsten. Der Fluch der Vorfahren, die Schuld der Väter, das eigene Vergehen endet immer in Leid, und nur durch das Leid kann diese Schuld gesühnt werden. Haben die Griechen dieses Leid mythisch oder als Unterweltsstrafen dargestellt, so sehen es die Römer mehr im Leid der Geschichte: die «sceleris vestigia nostra» müssen durch viel Leid in der Geschichte gesühnt werden.

An die Stelle des Sühnegedankens kann auch die Deutung des Leides als unmittelbarer *göttlicher Strafe* treten, wenn das auch häufiger im Orient (‹Auge um Auge›) und Rom als im engeren griechischen Bereich der Fall ist. Bei den Griechen ist es meist eine Erziehungsstrafe oder eine automatische Folge der Durchbrechung der

Ordnung des Kosmos, im Orient und in Rom dagegen ist es eine Folge des juristischen Begriffes der Strafgerechtigkeit Gottes.

Sehr verschieden war die *Bewertung* des Leides. Viele relativieren es, vor allem die stoischen Optimisten. Dem Weisen, der Leid und Lust nur für Urteilstäuschung hält, erscheint als Glück, was der Tor für Unglück hält, und umgekehrt. Die große Harmonie des Alls gibt auch den verschiedenen Stufen menschlichen Leides ihren ihnen zukommenden Platz: «Von der Art, wie der Satz ist: ‹Es verordnete Asklepios diesem Reiten oder kalte Bäder oder Barfußlaufen›, so ist auch folgender: ‹Es verordnete diesem die Natur des Alls Krankheit oder Verstümmelung oder Verlust oder anderes desgleichen›.»

So kann es sogar zu einer sehr *positiven Bewertung* des Leides kommen. Chrysipp hatte die Lehre entwickelt, daß das Leid in die Zweckmäßigkeit der Welt hineingehöre, weil es das Gute stärker hervortreten lasse. Antisthenes hatte die für die Kyniker und römischen Stoiker grundlegenden Sätze über die Notwendigkeit der Mühsal (πόνος) formuliert, die spätere Kyniker bis zur letzten Konsequenz erweiterten und in die Praxis umzusetzen versuchten. Der Mensch hat vor den Göttern voraus, daß er leiden darf, daher ist es besser, ein leidender Mensch als ein leidloser Gott zu sein. Von der römischen Stoa übernahm es Vergil: Juppiter wollte, daß der Mensch sich mühen solle, daß er kämpfen müsse, daß die Not ihn stark mache, daß er hart für sein Brot arbeite, denn nur aus Leid kommt Bewährung und echter Segen.

Alle Formen griechischer Theodizeelehren kehren im Christentum wieder. Aber an einem entscheidenden Punkt geht es bald über sie hinaus. Von dem Erlebnis des Mitleidens mit dem leidenden Christus her entwickelt es eine Lehre, die *dem Leid völlig seinen Unwert nimmt, ohne an seinem Ernst vorüberzugehen.* Paulus hatte lapidar formuliert, daß kein Leid von Gottes Liebe trennt, und die christlichen Märtyrer hatten das bezeugt. Daher konnte der Lehre das Leid nichts Widergöttliches bedeuten, weil es mit Gottes Leiden verband. Nicht das Leid, sondern die Sünde war das Böse. Es ist merkwürdig, stellt Cyprian einmal fest, wir «wohnen im gleichen Haus», aber ihr Nichtchristen seufzt immer, über Regenmangel und Hitze, schlechtes Wetter, allen Bruch dieser sinkenden Welt. Anders wir. Zwar beten wir auch, daß Gott Katastrophen abwende, aber im Grunde berühren sie uns nicht. Wir danken und freuen uns immer in unserer Verbindung mit dem Herrn, ganz gleich, welche Katastrophe uns trifft.

Das war jedoch erst der Rahmen der Leidlehre, und innerhalb dieses Rahmens gab es noch mancherlei Möglichkeiten, die Wirklichkeit des Leidens im einzelnen zu deuten. Am einfachsten war es, das

Leid *von Gott* kommen zu lassen, denn damit war sein Wert völlig gesichert. Da Gottes Wesen Liebe war, mußte Leid ein Ausdruck der Liebe Gottes werden, ja vielleicht sogar der höchste Erweis von Gottes Liebe, da Christus selbst aus Liebe alles gelitten hatte. Hier sahen die christlichen Lehrer das eigentliche Mysterium des Leides.

War aber das Leid eine Schickung der erziehenden Gnade Gottes, dann löste sich der starre *Schicksalsglaube* von selbst auf. In einer umfangreichen Schrift hat Gregor von Nyssa alle platonischen, epikureischen und biblischen Argumente gegen den stoischen und anderen Schicksalsglauben gesammelt, und er kommt schließlich zu dem Schluß, daß der Schicksalsglaube den Menschen nur «zum Abfall von Gott» und zur Hinwendung zu Dämonischem führe. Daher lebt der antike Schicksalsglaube nicht in den christlichen Theodizeelehren fort, wohl aber an einer ganz anderen Stelle, nämlich in den Prädestinationslehren.

Damit waren die Fragen noch nicht beantwortet, *warum* und *wo* das Leid auch im christlichen Kosmos sei. Hier treffen sich alle antiken Auffassungen wieder. Auch wenn das Leid von Gott kommt, kann es doch als göttliche Strafe kommen. Wo mit der Lehre von einer strafenden Gerechtigkeit Gottes Ernst gemacht wird, wird der Christ diese Strafe anerkennen und wünschen. Der Christ kann sogar strenger gestraft werden als der Nichtchrist, wenn er sich gegen Gott vergeht oder Gottes Angebote nicht annimmt. Versuchen die Alexandriner wenigstens, eine mechanische Vergeltungslehre von der Theodizee fernzuhalten, so stellen doch die lateinischen Juristen, besonders Cyprian, kasuistische Vergeltungsschemata auf: die Verfolgungen sind Strafe für die Sünde der Christen, die Naturkatastrophen für die der Nichtchristen.

Bei den Alexandrinern und ihren Nachfolgern schickt Gott das Leid als *Erziehungsmittel.* Wir tragen die Gestalt des leidenden Menschen, «damit wir in die gemeinsame Schule (παιδευτήριον) hineingehen können», die um der Erziehung unseres inneren Menschen willen nötig ist. So lehrt auch der Westen. Vor allem das Leid in Natur und Geschichte will den Christen darüber belehren, daß das Ende nahe ist, und ihn zu ständiger Wachsamkeit aufrufen.

Am eigentümlichsten christlich und neu in den antiken Lehren vom Leid war es, wenn man von Jesusworten ausging und lehrte, Gott schicke das Leid, damit der Christ es *durch Liebe überwinde.* Während der großen Pest des dritten Jahrhunderts lebt dieser Gedanke besonders auf: jetzt soll sich zeigen, ob die Gesunden den Kranken, die Christen den sie verfolgenden Nichtchristen, die Herren den Sklaven zu helfen bereit sind, auch wenn dabei der Einsatz des eigenen Lebens verlangt wird.

Je mehr nun das Leid zum Wert wird, um so mehr werden Schuld und Sünde zum Unwert. Auch hier hat das Christentum zunächst *alle* die im griechischen, orientalischen und römischen Bereich in großer Mannigfaltigkeit vorhandenen Lehren übernommen, doch ist wieder überraschend, daß die Entwicklung der christlichen Sündenlehre kaum auf jüdisch-pharisäische Formen zurückgreift, sondern in erster Linie auf griechische.

Im vorchristlichen hellenistischen Judentum Alexandreias ist zuerst die Sündenfallgeschichte des Alten Testamentes mit griechischen Gedanken vereinigt und zu einer mythisch-spekulativen Sündenlehre umgeformt worden, die nicht nur den Menschen, sondern den ganzen Kosmos umspannt. Solche Ideen hatten drei Wege gezeigt, die die Christen gern einschlugen, den eines *präexistenten Falles*, den einer *Erbsünde* und den eines innermenschlichen, *psychologisch erfahrbaren Dualismus*. Im Alten Testament sind gerade diese Züge nicht zu finden. Der präexistente Fall war in der Orphik zunächst mythisch als Kampf der Dämonen gegen die Götter entwickelt, aber in platonisierend orphischen Kreisen als präexistenter Fall der Seele gedeutet worden. Auch die Lehre von der Erbsünde war zunächst mythisch: weil der Mensch aus der Asche der sündigen Titanen gebildet ist, gibt er diese sündige Substanz weiter.

Ein wesentlicher Zug christlicher Sündenlehren ist sowohl an einigen Stellen im Alten Testament als auch in der griechischen Welt zu belegen: Gott ‹*verstockt*› den Menschen, so daß er schuldig werden *muß*. Am frühesten findet sich dieser Zug in Ägypten, in der griechischen Welt kennen ihn Aischylos und Herodot. In dionysischen Kreisen wird er Dogma: Dionysos schrieb man die Verstockung Alexanders beim Mord an Kleitos zu.

Schließlich boten sich *voluntaristische* Sündenlehren an. Wohl keine Platonstelle hat im griechischen Christentum eine solche Rolle gespielt wie die von der freien Wahl, die die Seele vor ihrer Inkarnation trifft. Unaufhörlich zitieren sie die Christen und leiten aus ihr ab, daß der freie Willensakt einer Wahlentscheidung die alles andere bestimmende Ursache von Sünde und Schuld sei.

Auch in der Frage nach dem, *was* Sünde sei, folgt die christliche Lehrbildung den griechischen Vorgängern. Trotz des Alten Testaments spielen bei Paulus kultische Vergehen ebensowenig eine Rolle wie bei den gebildeten Griechen der Zeit. Dagegen bleibt die älteste und wichtigste griechische Definition für Sünde erhalten: Sünde ist *Hybris*, Überschreitung der dem Menschen gesetzten Grenze und Einbruch in die Sphäre, die nur den Göttern gehört. Der Mensch begeht den Wahnsinn, «Kämpfer gegen die Gottheit» (θεομάχος) zu werden. Damit stört er die göttliche Ordnung und fordert die

Nemesis als Hüterin dieser Ordnung heraus. Die Tyrannen werden an ihr schuldig, aber auch die Sieger von Olympia, wenn sie sich den Göttern vergleichen. Nur der Tod kann eine solche Schuld sühnen, denn dieser zeigt am klarsten, daß der Mensch nicht Gott ist. So hat Pindar die Hybris gesehen, so ist sie seit Aischylos das ständige Thema der Tragödie. Doch tritt mit Euripides ein auch für die christliche Sündenlehre bedeutsamer Wandel ein: das θεομαχεῖν hört auf, heroisch empfunden zu werden. In der Komödie ist Prometheus nur noch der kleine Gauner, der den Göttern das Opferfleisch stiehlt, und Caligula, der den kapitolinischen Juppiter bedroht: «Zeige mir deine Macht oder fürchte die meine», macht sich nur lächerlich.

Ferner wird die Sünde definiert als *Unwissenheit*, Dummheit, Unbelehrbarkeit, Unvernunft und Mißachtung der vernünftigen Natur. Die Wanderprediger haben das in ihren stereotypen Einleitungsformeln beständig zum Thema ihrer Predigten gemacht, und christliche Prediger haben das übernommen: «O Menschen, die ihr euch der Trunkenheit, dem Schlaf und der Dummheit das Göttliche betreffend ausgeliefert habt, werdet nüchtern ... Bereut, daß ihr im Irrtum gelaufen seid und an der Unwissenheit Anteil hattet.» Aber auch genau das Gegenteil kann die Hauptsünde sein, nämlich der vorwitzige Wissensdrang, die *Neugier*. Apuleius gehört hierher, sein Roman ist eine große Verhöhnung der hellenistischen curiositas, die mit derselben Leichtfertigkeit und Vielgeschäftigkeit finstersten Aberglauben und geistigste Religion, zartestes Märchen und saftigste Gemeinheiten wichtig nimmt. Am ernstesten zeigt sich Plotin, der den Ursprung des Falles der Seele in ihrem undisziplinierten Wissensdrang sieht, der schließlich nur Zergliederung und daher Zerstörung des ewig Einen bewirkt.

Aber es gibt auch *Proteste* gegen die Verbindung Sünde-Intellekt. An einer bedeutsamen Stelle des Hippolyt spricht Euripides davon, daß der Mensch sehr wohl mit der Vernunft erkennt, was Sünde ist, daß er sie trotzdem tut und tun will, weil die Gefühle stärker sind als die Vernunft. Aus dieser Einsicht heraus hat die Stoa ihren intellektuellen Schuldbegriff durch ihre Affektenlehre korrigiert. Die Sünde liegt nicht in der Vernunft, sondern in der Dominanz der Affekte über diese. Das wird da noch übersteigert, wo die Sünde einfach pathologischer Wahnsinn ist. Das war schon in Euripides' Herakles (*nicht* in Sophokles' Aias) der Fall: Sünde ist eine von feindlichen Mächten verhängte Geisteskrankheit, der auch der Beste nicht entfliehen kann. Auch die Religion hilft dagegen nicht, denn gerade am Altar ereilt Herakles der unheilvolle Wahn.

Endlich kennt die Antike aber auch stärker *objektive* Sündenbegriffe. In der griechischen Welt erscheinen sie hauptsächlich als *Ab-*

weichung von einem objektiven Ideal, meist dem der Gerechtigkeit, in der lateinischen als *Handeln* gegen göttliches Gesetz. Zwar sagten auch die Griechen seit Hesiod, daß Zeus den Tieren erlaubt habe, einander zu fressen, den Menschen aber Recht und Gesetz geboten habe und daher Gesetzlosigkeit die schlimmste Sünde sei. Aber des Thukydides-Perikles berühmtes Wort, daß die Athener nicht wegen eines Gesetzes tapfer seien, bedeutet doch, daß Gut und Böse nicht an einem Gesetz zu messen sind, sondern an einer Idee jenseits des Gesetzes. Sünde heißt daher ‹nicht gerecht *sein*›. Trat bei den Christen Gott oder Christus an die Stelle der Idee, dann hieß Sünde alles, was nicht wie Gott oder Christus ist, und diesen Sündenbegriff haben Griechenchristen, besonders Origenes, immer bevorzugt. Sünde ist nicht Tat, sondern Zustand, nicht Widerstand, sondern Mangel an Gutem, nicht gegen Gott sein, wie bei den Abendländern, denn das ist eigentlich nicht möglich, sondern fern von Gott sein.

In drei Formen lebt die *Lehre vom präexistenten Fall* im Christentum fort. Die gewöhnliche kirchliche Fassung hält sich eng an die Genesis, sieht die erste Sünde in der Übertretung des göttlichen Gebotes durch den ersten Menschen und glaubt an deren unausweichliche Folgen für alle kommenden Menschen durch Vererbung der Schuld und der verdorbenen menschlichen Substanz. Diese Fassung war von juristischen Stoikern entworfen, Tertullian braucht zuerst den Ausdruck «vitium originis» für die von Adam her vererbte Sündenschuld und Sündensubstanz. Die Griechen bevorzugen dagegen die mythische Fassung vom Fall der himmlischen *Geister*, der die Menschen durch weitere Verführung nach sich zog. Neben der juristischen und der mythischen Fassung steht die philosophische vom präexistenten Fall der menschlichen *Seele*. In der Kirche vertreten sie Origenes und einige Origenisten. Vor ihrer Geburt hat jede Seele individuell die Entscheidung gegen Gott gefällt, und darum ist sie ans Fleisch gefesselt worden, um in der leidvollen Erziehung wieder den Aufstiegsweg zu ihrem Ursprung zu suchen und zu finden.

Gegen die Präexistenzspekulationen wenden sich von Justin bis zum Ausgang dieser Epoche alle die, die jede Sündenmetaphysik als Erweichung der harten Ethik der Sünde ansehen und denen es auf die Verantwortung jedes einzelnen in diesem Leben ankommt. Am reinsten hat *Pelagius* für diese ethische Sündenlehre gekämpft: «(Die ersten Menschen) wurden mit dem Tode bestraft, nicht weil sie nach der Gottheit Begierde gehabt hätten (non quia deitatem concupissent) ... sondern weil sie von der Frucht der Bäume aßen ... es handelt sich nämlich gar nicht um die Qualität der Sünde, sondern um die Überschreitung eines Gebotes.» Aus den Geboten der Bergpredigt hatte der ehemalige Jurist gelernt, daß Jesus radikalste Forderungen stellt und damit ernst genommen werden will, aus der Geschichte von Ananias und Sapphira, daß der Mensch selbst durch sein Handeln seine Rechtfertigung entscheidet, daß es eine Bekehrung nur durch die Tat gibt, und daß diese wiederum Voraussetzung jeder Vergebung ist.

Auch die sämtlichen Definitionen des Wesens der *aktuellen* Sünde und Schuld teilt das Christentum mit seinen hellenistischen Vorgängern. Paulus hat noch die alte Hybrislehre, Sünde heißt «auf räuberische Weise Gott gleich sein wollen». Später ging es wie im Griechentum: die Sünden aus heroischer Hybris sind selten, der Mensch des Alltags hat im allgemeinen weder den Schwung noch die Neigung zur Hybris. So wird die Sünde kasuistisch erklärt, wobei sich die Unterschiede der christlichen Provinzen und Individualitäten deutlich zeigen. So ist bei den temperamentvollen und temperamentschwierigen Afrikanern die *Ungeduld* die Ursünde, bei dem gemütsbestimmten und vom Wahrheitsdrang beherrschten Origenes *Herzenshärte und Unwahrhaftigkeit,* bei dem lebensfroh optimistischen Clemens die *Nichtachtung der göttlichen Güte,* bei den Lateinern der Hochmut oder die ungezügelte concupiscentia. Aber über alle Gegensätze und Verschiedenheiten hinweg lehren doch alle, daß das eigentliche Wesen der Sünde *Mangel an Liebe* sei.

Doch es gibt auch Christen, die sich die griechische Lehre aneignen, Sünde sei *Unwissenheit und Dummheit.* Diese Kreise verbieten Bußpredigten und wollen sie durch Aufklärungspredigten ersetzt haben. Das sind vor allem die ausgesprochen christlichen Stoiker, bei denen die Sünde *nur* Unvernunft und Unnatur ist. Allerdings verliert sie besonders im lateinischen Bereich damit ihren Schuldcharakter nicht: die gleichen Theologen und Juristen wiederholen, daß Unkenntnis nicht vor Strafe schützt und Unwissenheit vor Gott nicht als Entschuldigung gilt.

Im übrigen ist die *Bedeutung* der Sündenlehre in der alten, besonders der griechischen Kirche in keiner Weise mit der etwa der mittelalterlichen Kirche zu vergleichen. Es kam der alten Kirche wie schon dem Neuen Testament mehr auf das *Heil* als auf die Sünde an. Daher bleiben viele Fragen unerledigt, und in den Diskussionen der großen griechischen Konzilien spielt die Sünde kaum eine Rolle. Chrysostomos lehrt sogar, daß es sündlose Menschen gegeben habe und immer wieder geben könne.

Auch dieses Kapitel schließt man am besten mit *Origenes.* Denn auch hier ist er der reifste und tiefste Denker und steht dem Neuen Testament und der griechischen Welt am nächsten. Für ihn steht fest, daß keine Tat *an sich* Sünde ist. Sünde ist immer relativ, sie kann sogar ein Weg zur Verwirklichung des Heils werden. Denn es ist «besser, schlecht zu sein als lau», da die verlorenen Söhne den Weg zu Gott eher und aufrichtiger finden als die Halben: solange die Seele «in einer gewissen mittleren Temperatur verharrt, kann sie nur eine späte und ziemlich schwierige Bekehrung erlangen. Wenn sie sich aber ans Fleisch hängen sollte, wird sie wohl zuweilen von den Übeln, die sie von den Lastern des Fleisches her erduldet, übersättigt und angewidert oder von den schweren Lasten des Luxus und der Begierden ermüdet und kann sich dann leichter und schneller von dem materiellen Schmutz zu der himmlischen Sehnsucht und der geistigen Freude bekehren.» In *allen* Fällen stellt Gott auch Sünde und Schuld in den Dienst seiner göttlichen Ordnung und Harmonie, wie eine wohl geordnete Stadt auch die Verbrecher noch zur Zwangsarbeit für das Ganze heranzieht, um positive Werte zu schaffen. Die Seele selbst steht wie Herakles vor der Wahl zwischen Gut und Böse. Wählt sie das Böse, so läßt Gott sie ihre eigenen Wege gehen, wohin sie immer will. Kommt sie, bei den Schweinen angelangt, nicht schließlich selbst zur Besinnung, macht sie Gott durch das Leiden, das er über sie kommen läßt, sehend. Ist sie dadurch reif geworden, wird sie, wie im Gorgias, sich beschämt nach Strafe sehnen und das Leid als sühnende Strafe empfinden. Dann ist sie bereit, diesen Weg der Erziehung Gottes willig zu gehen und endlich zu Gott heimzukehren. Damit aber sprechen wir schon von der Erlösungslehre.

h) Das Werk des Erlösers, Erlösung

Die Erlösungslehren in der Umwelt des antiken Christentums sind uns leider sehr wenig bekannt, da uns hier die Quellen im Stich lassen. Im Christentum dagegen häufen sich die verschiedensten Lehrmeinungen über Erlösung und Erlösungswerk so, daß es darüber in der alten Kirche nie zu einem geschlossenen Lehrgebäude gekommen ist.

Mit der Übertragung des Begriffes ‹Heiland› (σωτήϱ) auf Christus im Neuen Testament war ganz allgemein sein Werk als das eines Wohltäters, Heilbringers im allgemeinsten Sinne, dann auch als eines *Mittlers* zwischen höchstem Gott und Menschheit, ähnlich wie das des Herakles und Mithras, bezeichnet. Es gibt christliche Lehrer, die sich mit dieser allgemeinsten Definition, Christus erlöst und vermittelt zwischen Gott und Welt, begnügen.

Dem Menschen, der nach Gott Sehnsucht hat, aber unwissend ist, schickt Gott einen *Offenbarer*. Christus erhält diese Stellung ganz ähnlich wie die hellenistischen Offenbarungsgötter der Hermetik Thot, Asklepios, Apollon, Hermes. In griechischer Form erscheint er so als ‹göttlicher Philosoph› und ‹Lehrer›, in alttestamentlicher und römischer als ‹neuer Gesetzgeber› oder als wegweisender Daimon. Weil er der Logos selbst ist, übertrifft er alle früheren Erzieher; sein Erziehungsziel ist die Wiederherstellung des gestörten Gottverhältnisses und der göttlichen Ordnung durch Belehrung der Menschen. Wie bei Sokrates und jedem echten Lehrer stimmen bei ihm Lehre und Leben völlig zusammen. Die Alexandriner haben von diesem Erziehungswerk Christi am schönsten gesprochen: «Wenn die Sonne ... nicht da sein würde, würde die Nacht alles bedecken. So, wenn wir den Logos nicht gekannt hätten und von ihm nicht erleuchtet worden wären, würden wir kein besseres Schicksal haben als das Geflügel, das man im Dunklen mästet und füttert, um es zu schlachten.»

Stärker religiös und mythisch bleibt die Lehre vom Werk Christi dort, wo seine Tätigkeit als die eines *Herrschers* und Königs über die Mächte des Schicksals, des Bösen, der Welt, aber auch über die Seinen beschrieben wird. Mysterientheologie, Kaisertheologie, mithrische Lehren, persische und jüdische Messianologie haben dafür Farben geliefert. Wenn es heißt, daß Christus mehr als alle anderen in der Welt zu leiden hatte, so mag hier die Theologie des leidenden und siegenden Herakles nicht ohne Einfluß geblieben sein. Denn auch Origenes zeigt an vielen griechischen Mythen wie an Jesus, daß es ein göttliches Gesetz sei, daß das freiwillige Sterben eines Gerechten böse Mächte abwehre und außer Kraft setze.

Auch benutzte die Lehre das neutestamentliche Bild vom *Sklavenloskauf* weiter. Gott kauft den Menschen von den bösen Mächten los, in deren realem und rechtmäßigem Besitz er ist. Der Preis ist die freiwillige Unterwerfung Gottes unter die furchtbarste dieser Mächte, den Tod. Die erste Verwendung dieses Bildes mag von Paulus stammen, da er Kaufmannsbilder liebt.

Ausgebaut wurde der *Stellvertretungsgedanke.* Seine Wurzeln liegen *nicht* im *Recht,* sondern im *Freundschaftsethos.* Religiös war er schon vorchristlich da, wo die Götter an Stelle von Menschen eintreten, und zwar in menschlicher Gestalt. Daß sie dabei in Stellvertretung des Menschen auch leiden müssen, hatte Ansätze bei Homer und war den Kreisen um Prometheus und Herakles nicht fremd. Für die Christen war Jesaia 53 wichtiger. Im Christentum wird die Lehre dadurch näher definiert, daß Christus als Gerechter für die Ungerechten gestorben ist.

Kompliziert wurde die Lehre vom Werke Christi durch das Eindringen der *Kultusbegriffe* Priester und Opfer. Christus ist der wahre göttliche Priester, und Christus ist das Gott dargebrachte Opfer. Die Verbindung von beiden wird wohl römischen Ursprungs sein und aus der römischen Sitte stammen, sich und den Feind zugleich dem Gotte zu weihen durch den Tod (simul hostia ac sacrificator). Getrennt stammen sie aus der alexandrinischen allegorischen Exegese der alttestamentlichen Opfer- und Kultgesetze, ihr ältestes christliches Zeugnis ist der Hebräerbrief.

Als *Priester* übt Christus alle Funktionen eines antiken Priesters aus. Er bringt Gott Opfer dar, entweder sich selbst oder unsere Gebete oder beides. Als *Opfer* nimmt er die gleiche sühnende Stellung ein wie ein Menschenopfer zur Entsühnung einer Stadt. Daß er als Gott eine Sühneschuld einlöst, war den Griechen nicht ganz unverständlich: auch Apoll sühnte die Schuld der Tötung des alten Drachen durch ein leidvolles Sklavendasein.

Was war nun *die Erlösung* selbst? Hier muß zunächst ein grundlegendes Mißverständnis überwunden werden. Es lautet etwa so: alle antiken nichtchristlichen Religionen lehren die Erlösung des kultisch oder sittlich Gerechten, nur das Christentum erlöst den Sünder bedingungslos. Der erste Teil des Satzes ist richtig, soweit er Judentum und Römertum betrifft, er ist falsch für das Griechentum und den griechischen Hellenismus. Der zweite Teil ist in dieser Form für das antike Christentum überhaupt falsch.

Für die römische und jüdische Religion braucht das nicht weiter nachgewiesen zu werden, wohl aber für die griechische und griechisch-hellenistische. Allerdings liegen die Dinge nicht ganz einfach. Sicher ist unsere Quellenlage denkbar schlecht; wir wissen nicht viel mehr als einiges aus Alexandreia, aus dem eleusinischen Kreis und aus der Isisliteratur. Es steht weiter fest, daß in der religiösen Philosophie durchweg nur der irgendwie gute Mensch von der Gottheit geliebt wird. Vor allem wiegt sehr schwer, daß Kelsos den Gegensatz der außerchristlichen Religionen zum Christentum so bezeichnet: «Die zu den anderen (außerchristlichen) Weihen einladen, rufen vorher: ‹Wer rein ist an seinen Händen und verständlich in seiner Sprache›, und wieder andere: ‹Wer rein ist von jeder bösen Tat, wessen Seele von nichts Bösem weiß, wer gut und gerecht gelebt hat und noch lebt› ... sie aber (die Christen) sagen: ‹Wer ein Sünder, wer unverständig, wer unmündig, und, um es kurz zu sagen, wer elend ist, den wird das Gottesreich aufnehmen.›» Aber nicht jeder hat die Mysterien so angesehen wie der *Philosoph* Kelsos. Wir kennen die Abneigung der Kyniker gegen Eleusis, weil dort der Dieb Pataikion selig wird, und zwar als Dieb und Sünder. Schon bei Euripides wird den Mysterien der Vorwurf gemacht, daß sich die Sittenlosen aller Art einweihen lassen, und mag nun an dem römischen Bacchanalienskandal von 186 v. Chr. sein, was wolle: sicher beweist dieses Ereignis, daß es bei Dionysos Männer und Frauen gab, die der Umwelt als Sünder erschienen genau wie die Zöllner und Dirnen des Evangeliums. Es hat also auch nicht erst Isis Sünder und Sünderinnen um sich gesammelt, sondern schon die alten Mysterien haben im Gegensatz zum Moralisieren der Philosophen gestanden.

Zur zweiten Frage hat ein so guter Kenner wie Schlatter betont, daß die Lehre von der Rechtfertigung *nur* aus dem Glauben nicht einmal im Römerbrief stehe und daß sie in der alten Kirche strenggenommen nur an einer Stelle wirklich vorkomme, bei Markion. Im Evangelium aber muß sich der verlorene Sohn erst aufmachen und den schweren Weg der Umkehr gehen. Wohl kann *jeder* Sünder erlöst werden, aber nicht automatisch. So widerlegt Origenes auch die Angriffe des Kelsos. Sünder, meint er, rufen wir zur Umkehr, und wir lassen sie erst nach ihrer Besserung zu unseren Mysterien zu. Die Erlösung beginnt damit, daß Gott zur Umkehr erzieht, und solche Bekehrungen exemplifiziert Origenes an den Beispielen griechischer Philosophen, an Odysseus, Herakles, Sokrates. Der Glaube allein genügt nicht: «Wir werden im göttlichen Gericht nicht wegen unseres Glaubens allein gerichtet, als ob unsere Lebensweise nicht geprüft würde, aber auch nicht wegen unserer Lebensweise allein, als ob der Glaube nicht erforscht würde. Nur wenn beide richtig sind, werden wir gerechtfertigt.» Genauso lehrt mit Ausnahme Augustins der Westen: weder die sola lex noch die sola fides kann «iustificare homines apud Deum», sondern nur beide zusammen. Wie in der Isistheologie durch die Gnade der Göttin, die innere Läuterung und den äußeren Gehorsam aus dem Tier ein Mensch und schließlich durch das Sakrament ein vergotteter Mensch wird, genau so vollzieht sich die Erlösung bei den meisten Kirchenvätern. Der Prozeß selbst ist asymptotisch: in dieser Welt kommt er nie zu Ende (ἄπαυστος πορεία).

In erster Linie sah man in der Erlösung die Aufhebung der menschlichen *Schuld* durch Gottes vergebende Liebe. Die Erziehung ist dann die Vorbereitung auf die Gewißheit, daß der schuldbeladene Mensch von Gott angenommen wird, der ihm nach seiner Umkehr die Schuld nicht mehr anrechnet. Es blieb dann nur die Frage noch offen, ob *alle* Schuld vergeben werden kann oder nicht. Am weitesten geht die Auffassung, daß Gott *jedem*, der wirklich ernstlich nach der Vergebung verlangt und sein Leben entsprechend ändert, indem er Christus nachzufolgen sucht, *alle* Schuld vergibt. Nur die Frage nach der unvergebbaren Sünde gegen den Heiligen Geist in den Synoptikern hat den Exegeten große Mühe gemacht.

Der Satz, daß Christus «für unsere Sünden gestorben» sei, gehört zur ältesten christlichen Lehrüberlieferung. Seine juristische Verallgemeinerung und die Beschränkung der Erlösung auf einen durch Christus bewirkten Schulderlaß hat nur der Westen. Römischer Mentalität entsprechend wurde aus der Erlösung ein *Rechtsakt.* Hatte in den Zeiten des Enthusiasmos der Geistträger, dann der Märtyrer die Sündenvergebung im Vertrauen auf die Liebestat Gottes verkündet, so wurde im Westen die Erlösung als Schulderlaß nach und nach an den juristisch einwandfreien Priester gebunden. Die ganze Schärfe der grundlegenden Veränderung der Lehre zeigt der Kampf Tertullians gegen den römischen Bischof Kallist (217/18). Im juristischen Erlaßstil, ohne Gott oder Christus auch nur zu erwähnen, vergibt dieser «pontifex maximus», wie ihn Tertullian mit dem heidnischen Titel spottend nennt, auch die schwersten Sünden. Tertullian verteidigt hier noch die neutestamentliche Linie: Christen können einander die Schuld vergeben, aber die Schuld gegen Gott kann kein Mensch erlassen, weder Petrus noch der Märtyrer in der Todesstunde, am allerwenigsten ein nicht einmal durch besondere Geistesgaben ausgewiesener Bischof von Rom. Aber Rom hat sich im Westen durchgesetzt und die Formeln des vom Priester gebrauchten Freispruchs der Formelsprache des Gerichtes entlehnt.

Viel reicher sind die Erlösungslehren der griechischen Kirche. Wieder zeigt sich der Unterschied der beiden Welten mit aller Deutlichkeit. Sündenvergebung war hier nur *eine* Seite der Erlösung; mindestens ebenso wichtig war Erlösung als Befreiung von den Mächten des *Schicksals,* des *Stoffes* und des *Todes.*

Nach dem nun, was als Unwert gelehrt wurde, richtet sich die Lehre von der *befreienden* Erlösung. Das feine Verständnis des Griechen dafür, daß unendlich viele Dinge den Menschen hemmen, fesseln und beschränken, und seine alte Sehnsucht nach Freiheit und Erlösung spiegeln sich in der Buntfarbigkeit der griechenchristlichen Erlösungslehren wider. Immer, wenn Griechen von Freiheit, Erlösung, Heil sprechen, verbinden sie damit einen ganzen Komplex von Gefühlen, Gedanken und Begriffen. Darum verstehen die Griechen auch unter Erlösung meist eine Befreiung von dämonischen Mächten.

Sah man in dem, was den Menschen fesselt, den Irrtum, so lehrte man, die Erlösung sei die *Erkenntnis der Wahrheit.* Sie macht den Christen frei von allem Wahn über falsche Götter, von verkehrten Vorstellungen über Leben und Tod oder anderen Angstgebilden. Echt griechisch bereitet diese Erkenntnis nicht etwa die Erlösung erst vor, sondern ist sie bereits selbst. Wer sie hat, der braucht Schicksal und Tod nicht mehr zu fürchten. Sah man aber in den bindenden Mächten die Wirklichkeit einer gottfeindlichen Welt, das Schicksal, den Stoff oder den Tod, so wurde die Erlösung zu einer durch Christus bewirkten *Überlegenheit* über alle diese Mächte: «Es ist alles euer – es sei Leben oder Tod.»

Keine altchristliche Erlösungslehre begnügt sich nur mit negativen

Formeln. Man will nicht nur *von* etwas erlöst werden, sondern auch *zu* etwas. Das kann kollektiv heißen, daß sich Gott durch Christus eine neue Generation, ein *neues Geschlecht*, eine neue Schöpfung bereitet. Umgekehrt kann Erlösung *Wiederherstellung* des ursprünglichen Menschen sein. Wie in der Hermetik die Erlösung des Unerlösten in der Erkenntnis besteht, daß der Urmensch Licht und Leben ist, ihm nacheifert und ihm ähnlich wird, so gewinnt der Christ das wieder, was die Menschheit verloren hat: «Was wir in Adam verloren hatten, das heißt, nach dem Bild und Gleichnis Gottes zu sein, das würden wir in Verbindung mit Christus Jesus wiedergewinnen.»

So wird die Erlösung zur Gabe der *Gotteskindschaft*. Auch diese ist meist als diesseitig realer, erkennbarer Zustand gedacht. Ganz griechisch zeigt sie sich in neuen ‹Aretai›, das heißt nicht nur in sittlichen Tugenden, sondern auch in neuen Kräften, Erkenntnissen, in größerer Fähigkeit, Leiden zu ertragen, in einer beständigen Freude. Vor allem besteht sie in einer zunehmenden Annäherung an Gott selbst. Das platonische Ziel, Gott soweit ähnlich zu werden, wie es möglich ist (ὁμοίωσις θεῷ κατὰ τὸ δυνατόν), ist bei allen christlichen Platonikern Kern der Erlösungslehre geworden. Die Stoa hatte diese Lehre schon übernommen und moralisiert, die Gottähnlichkeit vor allem in iustitia, pietas und insatiabile gaudium gesehen, der Neuplatonismus sie metaphysisch begründet und ihren Höhepunkt in der ekstatisch-mystischen Gottesschau gelehrt und dabei in der Gottähnlichkeit auch die Rückkehr in den ursprünglichen Zustand des Menschen gemeint. Bei den Christen gewinnt dieser Begriff seit Irenaios und Clemens Bedeutung, dann wird er über Origenes bis zu den Kappadokern die Lieblingsbezeichnung für den Zustand des erlösten oder der Erlösung sich nähernden Christen. Er umschließt den Zustand der Apathie, der Vergebungsbereitschaft, der Bedürfnislosigkeit, den freundschaftlichen Verkehr mit Gott (προσομιλεῖν), eine tatsächliche Gottesschau des Christen in seinem geläuterten Nous.

Die Erlösung kann auch wie in der Mystik und den Mysterienreligionen geradezu als *Vergottung* bezeichnet werden. Neben die Sätze: «Gott wurde Mensch, damit wir Gotteskinder würden» und «damit wir Gott ähnlich würden» tritt im griechischen Christentum: «Gott wurde Mensch, damit wir Gott würden». Ganz im Sinne des mittleren und neuplatonischen Vergottungsgedankens bedeutet dabei Vergottung wirklichen Anteil an der göttlichen Natur. Es treten in der griechischen Kirche Mystiker und Lehrer auf, die die Möglichkeit und Wirklichkeit einer Gottwerdung des Menschen so fest glauben und lehren, wie sie jeder antike Gottmenschenglaube gelehrt hat.

Alle diese Formen der Erlösung zu Gott hin werden unter neuplatonischen, besonders porphyrianischen Einflüssen als höchster *Ge-*

nuß hingestellt. Vor allem hat Augustin aus der Verbindung neutestamentlicher und neuplatonischer Frömmigkeit eine christliche Theologie von der Erlösung als Genuß Gottes entwickelt.

Das letzte wichtige Problem war endlich die Frage, ob die Erlösung *allein auf den Christen* beschränkt sei. Das ist in den meisten Fällen bejaht worden, und diese radikale Einseitigkeit, die jeden Nichtchristen von der Erlösung ausschließt, Gott nur zum ‹Vater der Christen› und Christus zum einzigen Weg der Erlösung macht, ist einer der markantesten Züge der Theologie der alten Kirche. Denn diese jugendliche absolute und radikale, alle anderen ausschließende Heilsgewißheit fehlte im allgemeinen den Umweltsreligionen. Deshalb weihte man sich in möglichst viele ein und war tolerant gegeneinander. Ausnahmen gibt es: Eleusis hat in seiner Blütezeit auch behauptet, daß nur der in Eleusis Geweihte selig wird, die anderen aber zu ewiger Nacht verurteilt sind. Doch «die Athener haben fremden Göttern immer Gastfreundschaft erwiesen»; den Gedanken «extra ecclesiam nulla salus» hat nur die Kirche entwickelt.

Wo man überzeugt war, daß es nur in der Verbindung mit Christus Erlösung gab, wurde die Frage brennend, warum nicht alle zu Christus kommen und wie man überhaupt zu Christus kommen könne. Das Griechenchristentum griff hier wieder auf die freie Wahl und Entscheidung des Menschen zurück. Die Erlösung wird dem Menschen nur angeboten, nicht aufgezwungen. Wer vor Christus gelebt hat, kann sich entweder auf Grund der natürlichen Theologie für den Logos *entscheiden* und nimmt dadurch an der Erlösung Anteil – doch reicht das jetzt, nachdem Christus gekommen ist, nicht mehr aus – oder er bekommt nach dem Tode noch eine Chance. «Christus will keinen erlösen, der nicht freiwillig zu ihm kommt.»

Aber da brach der antike Determinismus in die Erlösungslehre ein und verband sich mit alttestamentlichen Gedanken von der Willkür Gottes und mit alten ägyptischen, zäh fortlebenden Vorstellungen von den Menschen als Spielfiguren Gottes. So verengte sich die Erlösungslehre zur *Prädestinationslehre.* Nur der von Gott Prädestinierte hat Zugang zum Heil, der Mensch kann es weder suchen noch ablehnen, weder Ja noch Nein zu ihm sagen. Römisches hat hier eingewirkt; im 6. Buch der Aeneis bekennt sich Vergil zu prädestinatianischem Denken, und die Liebe lateinischer Christen zu Vergil hat daraus gelernt. Auch der oft so starre römische Schicksalsglaube und vor allem einige aus dem Zusammenhang bei Paulus herausgerissene Sätze haben die Prädestinationslehre bilden helfen. Doch bleibt sie vor Augustin noch gemäßigt, meist begnügt man sich mit der Lehre, daß Gott im voraus wisse, ob der Mensch Heil oder Unheil wähle und entsprechend handle. Erst Augustin hat seit etwa 400 die

Erlösungslehre in eine Prädestinationslehre umgewandelt, dann aber in einer großen Flut von teils sehr umfangreichen und leidenschaftlichen Schriften immer starrer begründet und verteidigt.

Die Menschheit ist für Augustin eine «verfluchte Masse» (massa damnata), die eigentlich keinerlei Erlösung verdient. Aber um die Harmonie seines Himmels zu wahren, muß Gott die Anzahl der von ihm abgefallenen Engel wieder auffüllen, und das tut er durch die Prädestination der entsprechenden Anzahl von Menschen, die er rein nach seiner gnädigen Willkür auswählt: «Erneuert wird natürlich, was im Himmel ist, indem das, was von da unter den Engeln abgefallen ist, aus den Menschen wieder hergestellt wird ... insofern als *die* Menschen, die zum ewigen Leben prädestiniert sind (qui praedestinati sunt ad aeternam vitam) vom alten Verderben weg erneuert werden.» Die anderen sind praedestinati ad sempiternum interitum, «verdammt zum ewigen Untergang». Daß er die einen zur Verdammnis (ad damnationem) prädestiniert, ist gerecht, die anderen zum Heil, ist Güte. Es bedurfte mancherlei verzweifelter Schachzüge, um das mit dem Gott des Neuen Testamentes einigermaßen in Einklang zu bringen.

Für seine radikale Prädestinationslehre hat Augustin in der alten Kirche nur einen Nachfolger gehabt, seinen uns erst durch *Diesner* erschlossenen Landsmann *Fulgentius von Ruspe* (462–527), den die arianisch-vandalische Umgebung so zum Widerstand reizte, daß er im Augustinismus den besten Bundesgenossen gegen jede Lehre fand, die bei Christus oder beim Christen die Beziehung zu Gott von menschlichem Ethos auch nur bedingt abhängig machen wollte. Andererseits waren alle Vertreter einer strengen Ethik oder gar Askese die leidenschaftlichen Gegner Augustins; neben Pelagius der bedeutende *Julian von Eclanum*, der als einziger Abendländer die strenge antiochenische Exegese verstand und klar und sachlich erkannte, was bei Augustin nicht christlich ist. Den Abschluß bildete eine Kompromißsynode in Arausio (Orange, 529) nach vielen äußerst gehässigen Streitigkeiten. Sie lehnte zwar nicht nur den strengen Pelagianismus, sondern auch den milderen Semipelagianismus, der statt von der Erbsünde von einer generellen Krankheit des Menschen sprach und bei der Erlösung Willen und Gnade zusammenwirken ließ, offiziell ab, blieb aber in ihren Formulierungen so allgemein und unbestimmt, daß in der Auffassung des Abendlandes schließlich die eklektische Prädestinationslehre des *Prosper von Aquitanien* (zwischen etwa 430 und 455) herrschend wurde, die als Motiv der göttlichen Prädestination Gottes Vorherwissen menschlicher Einzelschuld angab.

Für das alles hatten die Griechen *kein* Verständnis. Solche Beschränkungen des göttlichen Erlösungswillens vertrugen sich weder mit der griechenchristlichen Betonung der neutestamentlichen Lehre von der erlösenden Liebe Gottes noch mit der griechischen Vorstellung von der schließlichen Harmonie des Gesamtkosmos noch mit dem Sendungsdrang, *alle* Menschen zur Erlösung zu rufen. Darum fanden sie die großartigste Gesamtschau der christlichen Erlösung: trotz aller Not der Verfolgungen und allen inneren Streites, trotz aller bald einsetzenden mönchischen Enge, Weltverachtung und dogmatischen Grausamkeit, aller Ketzermacherei und Kirchenpolitik gab es immer wieder einmal christliche Griechen, die aus dem Neuen Testament gelernt hatten, daß Gott den *ganzen* Kosmos liebt und retten will, daß «er sich aller erbarme», daß er seinen Sohn in die Welt sandte, um den Kosmos zu retten, nicht zu richten. Irenaios und die Gnosis haben das empfunden, die Alexandriner zur Lehre ausgebildet. Clemens führte dazu den stoischen Begriff der *Apokatastasis panton* ein, der schon neuplatonisch umgebildet nicht mehr nur stoische Welterneuerung, sondern eine Heimkehr aller Seelen in die göttliche Einheit meinte. Weil alles zuletzt so harmonisch ist, daß auch in aller Häresie noch Wahrheit liegt, weil die Liebe das große Weltprinzip ist, weil Christus sich für jeden einzelnen hingegeben hat, deshalb kann es keine Beschränkung der Erlösung geben. Origenes ist auch hier wieder der Größte. Christliche Liebe und griechischer Eros, Gottesfreundlichkeit und Menschenwürde, griechische Weltharmonie und christliches Erbarmen geben ein leuchtendes Gesamtbild. Von der Freiheitslehre wird nichts zurückgenommen, aber ein ungeheuer gläubiger Optimismus führt sie zur Apokatastasislehre hin. Einst wird sich der *ganze* Kosmos *freiwillig* Gott zuwenden, und dann ist die vollkommene Schöpfung wiederum da. Der Lauf der Welt geht so lange weiter, bis durch Gottes unermüdliche Erziehung auch die letzte Seele wieder bei ihm ist. Es gibt keinen Menschen, den Gott nicht liebt. Auch für den furchtbarsten Sünder, selbst für den Teufel hat sich Christus kreuzigen lassen, und Gottes Führung hört vor dem letzten Ziel nicht auf. So endet alles in dem triumphalen neuplatonisch-neutestamentlichen Ausklang: «Weil es heißt, daß Gott alles in allem ist, so ist er auch im Einzelnen alles. Im Einzelnen aber wird er so sein, daß, was auch immer der vernünftige Geist, gereinigt von allem Schmutz der Laster und vom Dunkel des Bösen, fühlen, denken und erkennen kann, daß das alles Gott ist und man gar nichts anderes als Gott fühlt, erkennt, denkt, hält, daß aller Bewegung Maß und Art Gott ist . . . Dann wird auch kein Unterschied von gut und böse mehr sein.» Tief ergriffen hat Origenes selbst vor dem Ungeheuren dieser Lehre gestanden, für die sich seine besten Schüler mit ihm verdammen ließen.

i) Tod, Fortleben, Auferstehung, Weltende

Bei Paulus und Johannes war der *Tod* der widergöttliche *Feind*, der königlich über diese Welt herrscht, weil sie sich von Gott entfernt hat. Tod und Schuld, Tod und Gottferne sind Korrelatbegriffe. Auch das war nicht ungriechisch. Selbst wenn man zugibt, daß es im griechischen Bereich nie eine so primitiv vitale Abwertung des Todes gegeben hat wie in dem materiellen Ägypten, in dem der Satz: «das Leben lieben und das Sterben hassen» zu den geläufigen Wendungen gehört, hat es doch bis ins 5. Jahrhundert gedauert, bis in der griechischen Welt durch die Philosophie, die Kunst und die Religionen aus den furchtbaren Todesdämonen gütige Wesen wurden. Die vielen Trostschriften oder Abhandlungen über die Kürze des Lebens, die Verheißung des Epikureismus, durch Wissenschaft und Philosophie von den Todesschrecken befreien zu wollen, die realistischen Darstellungen der Häßlichkeit des Sterbens, die zahlreichen Skelettdarstellungen mit philosophischen Beischriften weisen in eine ähnliche Linie wie Paulus. Auch die Lehre, daß der Tod Strafe für Schuld, besonders für Frevel gegen die Götter, sei, ist durchaus griechisch, und man braucht auch hier die Wurzeln für die paulinische Lehre vom Tod nicht im Orient zu suchen.

Die christliche Lehrentwicklung hat nur selten an die ganze Furchtbarkeit der paulinischen Todeslehre angeknüpft. «Aber der Mensch hat auch eine besondere Strafe, mit der er durch den körperlichen Tod bestraft worden ist», nimmt Augustin den Zusammenhang von Sünde und Tod auf. Wie die Sünde, so vermehrt sich – unpaulinisch – auch der Tod durch die aus der sündigen Konkupiszenz kommende menschliche Zeugung, so daß jeder mit dem Tod geboren wird. Da, wo von christlichen Theologen der Tod als Folge der Schuld und nicht als Naturzustand gelehrt wird, wird meist das paulinische Bild vom Tod als Kriegsbesoldung der Sünde ohne nähere Definition weiter benutzt. Bei den Griechenchristen ist der Tod oft ohne Beziehung zur Schuld ein Zustand, in den der Mensch «auf Grund der Zugehörigkeit zur Welt ... hineingeboren wird». Aber das nachpaulinische griechische Christentum hat den Tod nicht mehr so furchtbar gespürt wie Paulus. Die Stärke des paulinischen Empfindens vom Tod als «dem letzten Feind» findet sich in der griechischen Patristik nicht mehr oder nur noch formelhaft. Zwar bleibt die Lehre, daß der Tod nicht Natur sei, sondern Folge der Sünde, am verbreitetsten, aber daneben gibt es, sie bald übertönend, seltsame Veränderungen.

Die Lehre vom Tod als Befreiung und Erlösung, aus orphisch-pythagoreischen Kreisen in platonische Kreise gedrungen, sah im Tod die Reise in das gemeinsame Vaterland, die Errettung von allen Übeln, den Erweis göttlicher Güte. Die gleichen Lehren verbreiteten die Mysterientheologien, wie einige vorhandene Proben beweisen: der Tod befreit von der Unvollkommenheit dieser Welt und bringt dem Göttlichen näher. Damit kann sich, so seltsam das klingt, ein starker Lebenshunger nach einem anderen Leben verbinden, zu dem der Tod Eingang ist. Im Christentum hat diese Paradoxie keiner tiefer empfunden als Augustin, der zwischen dem Tod als Übergang zu einem höheren Leben und dem Grauen von Natur und Mensch vor dem Nichtsein deutlich unterscheidet. Darin unterschied sich nun das Christentum wieder von der Lebensmüdigkeit der Umwelt. Auch Epikur hatte den Tod hoch gewertet, aber dabei das Leben entwertet. Das Christentum verband mit der Hochwertung des Todes eine gleiche Hochwertung des Lebens. Christus befreit von Todesfurcht und lehrt den Wert des Todes, aber nicht durch Lebensverzicht, sondern durch das Geschenk der jenseits des Todes beginnenden Lebensfülle.

Nun gibt es allerdings auch viele Christen, die nicht bis zu dieser Tiefe gelangen. Sie lehren über den Tod nicht anders als lebensmüde griechische Pessimisten. Die Formeln sind einander dann zum Verwechseln ähnlich: «Wir fürchten den Tod nicht, weil man ja doch sterben muß und in der Welt doch niemals etwas Neues geschieht.» Auch Sätze philosophischer Todesbetrachtung sind ins Christentum übergegangen, etwa von dem Typ: «Wir fürchten nicht den Tod, der die Seele vom Leib, sondern den, der die Seele von der Wahrheit trennt.» Vor allem findet sich die platonisch-christliche Synthese, daß der Mensch hier heimatlos, Gast und Fremdling, und die Stunde des Todes die frohe Stunde der Heimkehr sei.

Häufig wird in der Umwelt des Christentums der Tod als *Weg zu Gott* gelehrt. Auch die hellenistische Grabformel, daß der Tote «bei den Göttern» ist, wird gern benutzt. Man erzählt gern Geschichten von Menschen, die die Götter in den Tempeln sterben ließen, um sie gleich bei sich zu haben, oder tröstet: «Wenn dein Sohn jetzt bei den Göttern Feste feiert, wirst du nur seine Freude stören, wenn er dich um ihn trauern sieht.» Tote werden mit Götterattributen dargestellt: Grabsteine tragen die Zeichen der Götter, Grab-Epigramme reden davon, daß der Tote im Chor des Dionysos tanzt, Grabamulette rufen dem Toten zu: «Seliger, nicht mehr ein Mensch, sondern ein Gott wirst du sein.» Selbst nüchterne Römer lassen sich gern in Abydos beim Grab des Osiris begraben und glauben, daß der im Nil Ertrunkene unmittelbar zum Gott wird.

Bei den Christen wird das dahin gesteigert, daß die Lehre entsteht, *jeder* tote Christ sei in nächster Nähe Gottes, lebe zusammen mit den himmlischen Wesen und könne bittend für die Lebenden eintreten. Man weiß, daß man die Vorangegangenen ‹beim Herrn› wieder treffen wird. Vor allem ist ziemlich unbestritten, daß *jeder Märtyrer* unmittelbar zu Gott geht. In den Märtyrerakten finden sich die noch nicht abstrahierten, aber dafür unter dem unmittelbaren Eindruck der ersten Erlebnisse entstandenen Formulierungen dieser Lehre vom seligen Märtyrertod. Als Beispiel diene etwa das Gespräch zwischen Justin und dem Präfekten im Martyrium Justins. Der Präfekt fragt ihn, ob er überzeugt sei, daß er unmittelbar nach der Hinrichtung in den Himmel käme. Justin antwortet, daß allen, die auf diese Weise leiden, Gottes froh machendes Geschenk, nämlich das ewige Leben, schon bereit liege, noch lange vor dem Ende der Welt. Darauf sagt der Präfekt Rusticus: «Du vermutest also, daß du in den Himmel kommen wirst und eine bestimmte Belohnung erhältst?» Justin antwortet: «Ich vermute es nicht, sondern ich weiß es und bin absolut sicher.»

Überhaupt wirkt diese Umwertung des Todes sehr auf die christliche *Sitte* ein. Wandten sich gebildete Griechen auch schon gegen Traueraffekthandlungen oder Totenzeremoniell, so lehnen Christen oft jede Totenklage ab, denn «um Tote klagen nur solche, die keine Hoffnung haben». Schwarze Trauerkleidung verbieten sie ebenso wie Trauermusik oder Totenkränze. Um so lieber übernahm man die heitere beschwingte hellenistische Grabkunst und erfüllte sie mit Motiven, die den Tod als Eingang zur göttlichen Herrlichkeit und Christus wie Orpheus als sicheren Führer durch den Tod zeigen. Man feierte Liebesmahle auf den Gräbern, die man der Totenverbrennung vorzog, da das, was am Menschen von Erde genommen ist, wieder zur Erde werden muß; man lebte mit seinen Toten, die man in Gott geborgen wußte, zeichnete ihre Todestage als Geburtstage im Kalender auf.

Der umstrittene Gegensatz: *Fortleben und Unsterblichkeit der Seele* oder *Auferstehung des ganzen Menschen, auch des Fleisches*, hing davon ab, ob man christlicher Platoniker oder christlicher Stoiker war. Auf den biblischen Befund konnten sich beide stützen. Paulus hatte den jüdischen und stoischen Gedanken abgelehnt; «Fleisch und Blut können das Reich Gottes nicht erben», steht im Mittelpunkt seiner Auferstehungslehre. Auferstehung hieß bei ihm die Umschaffung des Menschen zu einem neuen Menschen des Geistes, dem Idealmenschen, der dem verklärten Christus ähnlich war; der Auferstehungsleib war bei ihm rein als geistige Form gedacht. Das war klar und ließ sich gut mit platonischen Gedanken von der Unsterblichkeit der Seele und ihrem Aufstieg in die göttliche Welt verbinden, was auch bald geschah. Platonische Christen blieben völlig davon überzeugt, daß der Tod die Trennung von Leib und Seele sei, die Seele aber ewig fortlebe, sei es, daß sie wie die Seele der Philosophen oder

der in die Mysterien Eingeweihten sofort nach dem Tode in göttlichen Regionen weiterlebe, sei es, daß sie erst durch ein Totengericht, sei es, daß sie durch einen Kreis von Wiedergeburten gehen müsse, sei es, daß sie durch den Tod so unberührt hindurchgehe wie durch die Geburt, sei es, daß sie sich durch den Tod wieder mit Gott oder Christus vereinige, sei es, daß sie in schattenhafter Form in der Nähe der Lebenden bleibe und ihnen Gutes erweise, – alles Formen, die in der christlichen Dogmenbildung wiederkehren. Daran denkt wohl schon Kelsos, wenn er schreibt, daß die Christen «über das Leben nach dem Tode nichts Neues (οὐδὲν καινόν)» zu sagen haben. Über den Körper macht man sich wenig Gedanken, er dauert noch eine gewisse Zeit in seinem Verwesungszustand fort und löst sich allmählich in seine Elemente auf. Die Befreiung von ihm ist höchstes Glück: «Was zögern und zaudern wir, den hindernden und sterblichen Körper abzulegen, der die Seele belastet, die irdische Zeltwohnung, die den vieldenkenden Sinn (νοῦς) beschwert, so daß wir los werden von den Fesseln und befreit werden aus den Wogen von Fleisch und Blut, damit wir mit Christus Jesus zu der Ruhe kommen (ἀνάπαυσιν ἀναπαυσώμεθα), die das Wesen der Seligkeit ist.»

Nach der Trennung vom Körper steigt die Seele unmittelbar oder nach einem Läuterungsprozeß zu Gott auf. Dabei mischen sich naturwissenschaftliche, philosophische und theologische Lehren mit allerlei mythischen Restbeständen. Die *Himmelsreise der Seele* wurde an dem alttestamentlichen Bild von der Himmelsleiter, das bis heute auf dem Ostergebäck der Ostkirche zu finden ist, dargestellt und kam so in die Kommentare von Genesis 28, wobei Philon bereits vorangegangen war. Meist aber spricht man nur andeutend und abstrakt.

Wo bei den christlichen Theologen iranische Vorstellungen über orphisch-gnostische Zwischenstufen eindrangen, da bildete sich, ähnlich wie bei den Manichäern die Lehre von der zunehmenden Läuterung in den Lichtschiffen der Gestirne, eine Lehre vom *Läuterungsfeuer* nach dem Tode aus. Von Stufe zu Stufe läutert sich die Seele, bis sie endlich, frohlockend allen feindlichen Mächten entgangen, vom eigenen Schmutz gereinigt bei Gott ankommt. Origenes hat ähnlich wie Plutarch und die Neuplatoniker verstanden, diesen Aufstieg zu einer fortgesetzten, auch nach dem Tode andauernden Erziehung der Seele zu machen, bis sie schließlich als reiner Geist über die Ideen hinaus Gott von Angesicht zu Angesicht schaut und bei ihm bleibt.

Nun sind aber nicht die Lehren von dem Aufstieg, der Läuterung und der Unsterblichkeit der Seele für das Christentum typisch und maßgebend geworden, sondern die mit einer kaum zu begreifenden Leidenschaftlichkeit durchgekämpfte und schließlich in den meisten

Kirchen siegreiche Lehre von der *Auferstehung des Fleisches.* Lange Zeit und in weiten Kreisen wird sie zum Zentraldogma des Christentums. «Der Hauptgrund für den christlichen Glauben ist die Totenauferstehung. Durch diesen Glauben sind wir Christen geworden.» Die Unsterblichkeit der Seele glaube so ziemlich jeder, die Auferstehung des Fleisches «nur wir», also heben wir uns gerade dadurch von der Umwelt ab.

Nun läßt sich diese Lehre nicht aus einer einzigen Wurzel ableiten. Im Neuen Testament findet man sie strenggenommen nur im johanneischen Zusatzkapitel für die Auferstehung Jesu. Aus dem Alten Testament stammt sie auch nicht unmittelbar, denn die Ezechielvision von den Totengebeinen ist nur eine symbolische Vision, wohl aber schon im Spätjudentum realistisch als fleischliche Auferstehung interpretiert worden. So ist als Hauptwurzel die *Apokalyptik* anzusehen. Wenn man Unterweltsqualen erleiden soll, muß man auch einen Leib haben, der sie erleidet. Auch Sisyphos und Tantalos setzen einen solchen jenseitigen fleischlichen Leib voraus. Die zweite Wurzel liegt in dem Fortleben *ägyptischer* Totenvorstellungen. Sie haben selbst Griechen und Römer dazu verführt, ihre Leichen mumifizieren zu lassen. Die christlichen Mönche des Epiphaniosklosters bei Luxor tun das noch bis ins 6. Jahrhundert. Das hat nur Sinn, wenn man an ein Fortleben in Verbindung mit dem irdischen Körper glaubt. Die dritte Wurzel ist der *Volksglaube,* daß tote Körper in schönere verwandelt werden, sich erneuern und verjüngen, «weißer als Schnee und roter als Rosen» werden. Endlich kommen einzelne Theorien der *Naturwissenschaftler, Ärzte und Paradoxographen* hinzu, nämlich Lehren von der Transmutation toter Körper in lebende, etwa toter Krokodile oder Ziegen in Skorpione, toter Pferde in Wespen und so weiter.

Jedoch erklärt das alles noch nicht recht, warum das Christentum gerade diese Lehre so eifrig verteidigt hat, daß sie schon in die ältesten Taufbekenntnisse aufgenommen wurde. Der Hauptgrund war wohl in den christlichen Schöpfungslehren zu suchen. Gott hat auch den Leib geschaffen, also muß auch er auferstehen und ewig leben. Wieder begegnen wir der christlichen Hochschätzung des Leibes. Hatte Gott den Leib einmal geschaffen, konnte er das auch ein zweites Mal tun: «Das Wunder, daß aus einem Spermatropfen ein Körper entsteht, ist nicht kleiner als das der Auferstehung desselben Körpers.» Der «aus dem Nichts die Atome schuf und sie zu Körpern fügte», kann sie auch nach der Verwesung wieder zusammensetzen. Dazu kamen Folgerungen aus der christlichen Ethik. Mühte man sich sein ganzes Leben, den Leib als Tempel Gottes rein zu halten, so mußte diesem Leib auch eine Belohnung werden. Zum Beweis benutzt man alles, was sich nur anbietet. Man sammelt Argumente aus der Natur, zieht sogar die Lehre von der Unvergänglichkeit der Atome ins Christentum herein oder die von der Kontinuität aller Ordnungen und Gattungen, beruft sich auf medizinische Aussagen, daß Knochen und Zähne nicht verwesen, und glaubt den Paradoxographen, daß man die Knochen der Giganten und Titanen gefunden habe. Wie wir schon sahen, kennt die Stofflichkeit des Auferstehungsleibes wenigstens bei den Lateinern keine Grenze; die Griechen ließen ihn wenigstens ohne Blut, Schleim, Galle und ähnliches sein, bei den Lateinern darf seit Tertullian weder ein Haar, noch ein Auge, noch ein Zahn fehlen, denn «ist die Seele die Braut Christi, so ist der reine Leib ihre Mitgift, ihr Brautkleid und ihr Schmuck». Im Westen ist diese Lehre so herrschend, daß selbst der Origenist Rufin, um sein Leben zu retten, dem Papst zugestehen muß, daß der Auferstehungsleib alle seine Glieder hat.

Die Lehre mußte schließlich noch auf die Frage nach dem *Zwischenzustand* zwischen Tod und Auferstehung ausgedehnt werden. Meist baute man hier den antiken Lieblingsgedanken von der Totenruhe ein. Nur da, wo gleichzeitig die Auferstehung des Leibes und das Fortleben der Seele gelehrt wurde, half man sich durch einen Kompromiß: der Leib ruht bis zur Auferstehung im Grabe, die Seele aber, die nie ruht, weilt schattenhaft im Hades und wartet dort auf ihre Wiedervereinigung mit dem Leib.

Die *Spannung* zwischen spiritualistischen Jenseitsvorstellungen und diesseitigen endgeschichtlichen Erwartungen oder konkreten Himmels- und Höllenerwartungen war keineswegs auf die älteste Kirche beschränkt und blieb auch nicht etwa nur im Rahmen des Mythos. Von Anfang bis zu Ende dieser Epoche steht immer eine geistige neben einer massiven Endvorstellung. Abhängig ist das meist vom Niveau des Gläubigen und von seiner seelischen Veranlagung.

Die *realistischen apokalyptischen Richtungen* haben nur einen bemerkenswerten Zug. Schon seit der Petrusapokalypse im 2. Jahrhundert wird die persisch-jüdische Apokalyptik durch die orphische verdrängt. Aus der einförmigen persisch-jüdischen Eis- und Feuerhölle wird auch in der Lehre die differenzierte und nach den Verbrechen gegliederte Hölle, die das negative Gegenstück zum Kosmos ist, aber selbst einen Kosmos darstellt. Alle christlichen Apokalypsen haben die ‹griechischen› Unterweltsvorstellungen und allegorisieren sie zu Lehren um: Weder die Vorhölle noch die griechischen Namen der Unterweltströme fehlen, noch die Abstufung der Büßenden nach den Qualen, die ihrer Schuld entsprechen: Hunger, Durst, Schlamm- und Kotbäder, quälendes, aber nicht verbrennendes Straf- oder Läuterungsfeuer, die verschiedenen Klassen der Strafdämonen, Schlangen, Würmer, glühende, spitze Steine, Geräderte und verkehrt Aufgehängte, der Höllenhund in verschiedenen Aufmachungen, die Verbindung von Totenreich und Vulkanen. Auch der Himmel hat verschiedene Schichten und Rangunterschiede, besondere Plätze für unschuldige Kinder, Kleriker, unschuldig Gestorbene oder Getötete. Wie die Griechen erwarten die Christen hier ihre Freunde zu finden, hier sind Gärten und lebendige Quellen, Duft und blumige Wiesen, hier werden die himmlischen Gottesdienste gefeiert, deren Ursprung in der griechischen Welt bis zu Pindar zurückgeht, hier ist alles Licht und Farbe. Dieterich hat richtig gesehen: «Jedenfalls aber kann kein Himmel hellenischer sein als der dieser Apokalypse des Petrus.» Gelegentlich kommt aus diesen massiven Kreisen selbst eine Warnung vor allzuviel Ausschmückung; so spottet Tertullian, der selbst sehr realistische Höllen- und Himmelsvorstellungen hat, daß die Valentinianer aus dem Himmel einen römischen Wohnblock gemacht hätten. Wertvoller ist das selten fehlende ethische Moment; die Grundlehre aller christlichen Apokalyptik bleibt der stete Anruf: «Wachet!» Auch spürt man in der Märtyrerzeit, in den Nöten der Völkerwanderung, der Goteneinfälle und des Zusammenbruchs des Römischen Reiches, aber ebenso in den Ketzerverfolgungen und kirchenpolitischen Streitigkeiten, daß die Apokalyptik Ausdruck für die Sehnsucht nach dem ‹lieben jüngsten Tag› und der große stille, froh machende Trost aller Mühseligen und Beladenen wird.

Richtet sich der massive Realismus in der Lehre auf die *Endzeit* und das *Weltende*, so lernt man außer von den neutestamentlichen, den apokryphen Apokalypsen und dem altchristlichen Chiliasmus von dem griechisch-römischen Vorzeichenglauben. Als Grundlehre gilt, daß katastrophale Ereignisse Gottes Warnungen an die Welt sind, die auf das Weltende hinweisen. Viele erwarteten das Gericht im Anschluß an die Zerstörung Jerusalems, die die These der jüdischen Apokalyptik, an den Mauern Jerusalems werde der letzte Sturm der Heiden zerschellen, widerlegt hatte. Im lateinischen Westen war man durch die düsteren Prophezeiungen der Historiker oder Vergils geschult und lehrte, daß Gott «zwar spät, aber ernst und würdig strafe». Jede Pest, jede Dürre, jede Hemmung in der Getreideversorgung, jeder Kaisermord, jeder Barbareneinfall, jeder Skandal in der Hauptstadt wurde diesen realistischen Endgeschichtlern ein Beweis dafür, daß das Weltende nahe war; Schlimmes geschah, Schlimmeres wird kommen. Der Christ sieht dabei ganz ruhig zu, denn er weiß, daß Gott alles nach seinem Willen erfüllen wird.

Der Westen betrieb auch *Endberechnungen*, bestärkt durch die Säkularberechnungen und die Sibyllenmathematik. Den meisten liegt das aus dem Iran stammende, von den Pythagoreern in die griechische, von Vergil in die römische Welt eingeführte Schema der Tausendjahrperioden zugrunde. Es verband sich im hellenistischen Judentum mit der aus der babylonischen Astrologie stammenden Siebenzahl der Weltwochen. Am einfachsten war es, die Welt 7000 Jahre dauern zu lassen; allegorische Exegesen von Genesis 1 machten daraus nur 6000 Jahre, das letzte Jahrtausend ist Gottes Feiertag, eine selige tausendjährige Zwischenzeit vor dem endgültigen Weltende; mit dem 8. Jahrtausend beginnt die Ewigkeit. Erscheinen im Hellenismus diese Perioden als viel zu kurz, so werden die Tausend zu Zehntausend oder noch größeren Vielfachen. Schwierig war allein die Berechnung, in welchem Augenblick man gerade jetzt lebte. Dazu brauchte man eine möglichst detaillierte Weltchronographie. Seit Sextus Iulius Africanus hat eine christliche Chronographenliteratur diese Lücke ausgefüllt. Schon sind wieder 160 Jahre vergangen, freut sich Tertullian, und doch bittet er auch darum, daß die «Schrecken der Endzeit» noch etwas aufgeschoben werden möchten. Nur selten wird bei diesen Berechnungen auch nur die einfachste historische Forderung erfüllt.

Für das Ende der Welt benutzen die realistischen Kreise fast ausschließlich die stoische *Weltbrandlehre.* Da diese Lehre keine völlige Vernichtung, sondern einen Umschmelzungsprozeß enthielt, war sie für die Christen gut brauchbar; mit dem Weltende fing die neue Welt an. Auch beruft man sich auf den Anblick der Gegend um das Tote Meer, die schon ein Stück des Weltbrandes getroffen habe.

Besonders eine Gestalt der alten Apokalyptik bleibt auch in der späteren christlichen Lehrentwicklung mit eigentümlicher Zähigkeit lebendig, der *Antichrist.* Als personifiziertes Böses wird er am Ende der Welt den göttlichen Sohn nachäffen. Er verlor seine mythischen Züge und wurde entweder als wiederkehrender Nero oder als jüdischer Messias ‹gelehrt›. Was sein Kommen noch aufhält, ist die Ordnungsmacht des römischen Reiches.

Die *Ankunft,* das zweite Kommen Christi selbst, wird ebenfalls als reale zukünftige Erscheinung gelehrt, Christus wird herrlich und in königlicher Pracht erscheinen, natürlich im menschlichen Fleisch. Denn, folgert Tertullian von seiner Substanzenlehre her ganz richtig, wenn der Mensch im Leib aufersteht, muß Christus auch im Leib wiederkommen.

Die sich anschließende Lehre vom *Weltgericht* ist völlig von der Umwelt abhängig. Wir finden sowohl die ägyptische Lehre von der Seelenwaage als auch die vorderorientalische und ägyptische Vorstellung von den Schuldbüchern bei Gott, als auch die griechischen Totenrichter. Dabei kann die Trinität an die Stelle der griechischen Dreizahl der Richter treten.

Aber gerade bei der Lehre vom Endgericht *scheiden sich Griechen und Lateiner* wieder sehr scharf. Bei den origenistischen Theologen ist die Lehre vom Endgericht nur ein vorübergehendes Erziehungsmittel für die Massen. Gott richtet überhaupt nicht, sondern der Mensch spricht sich selbst das Urteil. «Die Masse braucht freilich keine andere Lehre als die, daß Sünder gezüchtigt werden. Darüber hinauszugehen ist nutzlos. Denn es gibt welche, die sogar kaum die Furcht vor einer ewigen Züchtigung davon fernhält, in die tiefste Bosheit zu verfallen.» «Aus der *eigenen* Schuld (αἰτία) kommen für die, die nicht wachsam über sich sind, schneller oder langsamer die Verhängnisse, teils mehr, teils weniger . . .» Wo man uneingeschränkt an einem Endgericht festhält, betont man, daß es Gott sehr schwer fällt zu richten, daß er über die Gerichteten tief traurig ist, daß Christus beim Endgericht weinen wird, weil die Gerichteten aus freiem Willen den Tod wählten. Zuweilen sieht man im Endgericht auch nur die Offenbarung der Idee der Gerechtigkeit.

Bei den Lateinern dagegen vollzieht sich das Gericht in den Formen eines römischen Strafprozesses. Gott richtet ohne Gnade nach Verdienst und Vergehen, gerecht und unbestechlich, aber unbarmherzig, ein Rächer, der alles Unrecht vergilt und sich nur durch härteste Bußleistungen oder eine Fülle eigener oder von anderen übertragener guter Werke versöhnen läßt.

Die Lehren über den *neuen Himmel* und die *neue Erde* haben wahllos eine Fülle antiker Gedanken aufgenommen: die Lehre vom wiederkehrenden goldenen Zeitalter, in dem die Erde fruchtbar und friedlich sein wird, die vom idealen neuen römischen Saeculum, das seine Farben vom augusteischen Reich nimmt, die mannigfach abgewandelte stoische Lehre von der Wiederkunft und Wiederherstellung alles Guten.

Gegenüber aller sinnlichen und realistischen Eschatologie und Apokalyptik stand nun aber eine *spiritualisierend geistige.* Bei den Mystikern trat einfach an die Stelle aller eschatologischen Sinnlichkeit die Lehre von der beständigen mystischen Nähe des Herrn. Schon die Pastoralbriefe kennen Christen, die lehren, die Auferstehung sei schon geschehen. Die Neuplatoniker unter den Christen sind fest überzeugt, daß das Jenseitige auch jenseits alles Werdens steht, so daß sie für eine raumzeitliche Eschatologie keinen Sinn haben. Bei Clemens ist das eschatologische Ziel nichts weiter als Philosoph Gottes zu werden. Origenes kämpft gegen jede Versinnlichung eschatologischer Begriffe oder gar des Reich-Gottes-Begriffes. Eschatologisches Ziel ist der «selige Zustand der Willenszucht und die Harmonie weiser Gedanken . . . das Hören auf die heilbringenden Worte und das Tun der Werke der Gerechtigkeit und der anderen Tugenden».

Der Weltbrand der Philosophen und Apokalyptiker ist ein Bild für das ständig läuternde Handeln Gottes, ständig geschieht die Auferstehung der Seele, indem sie sich ständig von und zu Gott führen läßt. Einen Weltuntergang oder ein abschließendes Endgericht kann es überhaupt nicht geben, denn «wir sagen, daß einmal der Logos herrschen wird über alle vernünftige Natur, und daß er jede Seele zu seiner Vollkommenheit hin verwandeln wird, nämlich dann, wenn jeder nur von der göttlichen Vollmacht Gebrauch machen wird und in ihr wählt, was er will, und beständig bleibt in dem, was er gewählt hat». Eine ewige Strafe aber kann es erst recht nicht geben, weil dann das Böse ewig wäre. Auch eine Wiederkunft Christi ist unmöglich, weil Christus im Geist immer da ist. Endziel der *Welt* ist größtmögliche Gottähnlichkeit, Endziel dieser *Erde*, daß alle bis zum letzten Barbaren wirkliche Christen werden. Wohl wird die Erde einmal aufhören, da sie einmal begonnen hat, aber neue Erden werden kommen, wie andere vor ihr waren. Ob sie besser oder schlechter sein werden, hängt einzig davon ab, ob sie sich in ihrem freien Willen für oder wider Gott entscheiden. Im Westen vertritt am reinsten Boëthius diese geistige Eschatologie, aufgebaut auf dem Glauben und der Lehre, daß Gott ständig da, im Grunde immer sieghaft ist, und daß einmal doch das Gute in der Welt siegen wird. Origenes und Boëthius beweisen, daß dieser Glaube stark genug war, im Martyrium ausharren und einen Trost finden zu lassen, von dem die Realisten kaum etwas ahnten.

5. *Das Ethos*

Auch wer nicht gewillt ist, auf die Klagen über den moralischen Verfall der Antike, wie sie die römischen Dichter und Historiker von ihrer stadtrömischen Perspektive aus anstimmen, kritiklos zu hören, und wer aus vielen Lebenszeugnissen weiß, wieviel ernste, alltägliche Sittlichkeit, wieviel echte Freundschaft, Liebe, Hingabebereitschaft, Herzlichkeit von Mensch zu Mensch, wieviel Fleiß und Berufstreue es gab, wird nicht umhin können, eine Jahrhunderte währende ethische Krise zuzugeben. Gewiß darf man die Einflüsse einer humanen Gesittung nicht unterschätzen. «Non est huius saeculi» ist nicht nur ernst gemeint, sondern wirkt sich auch überall aus. Aber die Schatten sind nicht zu übersehen. Gewiß lagen die Verhältnisse im lateinischen Westen viel schlimmer als im Osten, wo griechisches Maß, griechische Geistigkeit und herbes iranisches Ethos erhalten blieben. Aber in Alexandreia und Antiocheia gingen gerade die oberen Kreise mit schlechtem Beispiel voran. Hellenistische Herrscher wie Ptolemaios der Dickbäuchige oder Ptolemaios der Flötenspieler zeigten einen erschreckenden Tiefstand. Besonders schlimm wurde es da, wo sich die Römer mit der ganzen Arroganz einer kulturlosen Besatzungsmacht festsetzten. Mit Entsetzen hatte sich zunächst jeder Grieche von der schlimmsten Ausgeburt des römischen Sadismus, der Arena, abgewandt. Bei sehr vielen blieb dieser Abscheu auch bestehen; und doch ist es Robert gelungen, etwa dreihundert Zeugnisse für Gladiatorenspiele im Bereich des griechischen Ostens zusammenzustellen. Allerdings muß sofort einschränkend hinzugefügt werden, daß die meisten Zeugnisse aus dem 2. und 3. Jahrhundert stammen, als der römische Einfluß am stärksten war, daß es nur sehr wenige Amphitheater gab, die zum Teil, wie das von Dura, nur für die römische Besatzungsmacht gebaut waren, daß in den Inschriften eine überraschend große Anzahl lateinischer Fremdwörter auftaucht, daß die Zeugnisse vor allem aus römischen Militärkolonien – u. a. Philippi – oder aus römisch durchsetzten Städten wie Korinth stammen, daß die Spiele meist von Beamten des Kaiserkultes gestiftet wurden, daß nur paarweise gekämpft wurde und Zeugnisse für römische Massenmorde fehlen, und daß Griechen wie Plutarch oder Dion von Prusa sie aufs schärfste als tierisch verurteilen.

Im lateinischen Westen war der Mensch zu schnell von einer bäuerlichen Welt in eine städtische zivilisierte übergegangen. Doch war das nicht die einzige Ursache der nie endenden Krise. Die Folgen der Bürgerkriege, das Entstehen von Großgrundbesitz und Großkapitalismus, die entwurzelnden Völkerverschiebungen, die Erfolge der Glücksritter und Spekulanten, die Begünstigung jedes Verbrechertums durch die weltweite Freizügigkeit, die Tatsache, daß man ganze ‹Völker in den Familien› hatte, das alles wirkte zusammen. Das Bauerntum wurde durch Landflucht, Enteignungen, Kriege, Umsiedlungen, törichte Steuer- und Zollpolitik bedroht und teilweise vernichtet, die geistigen Schichten durch Ächtungen, Proskriptionen und Wirtschaftskrisen dezimiert, das Handwerk verarmte durch die Großindustrie. Im besten Falle begann man zu resignieren; Aktivere aber erkannten, daß man mit den Grundherren oder den allmächtigen Verwaltungsbeamten nur fertig wurde, wenn man sie betrog oder passive Resistenz übte, und sie handelten danach.

Dazu kamen geistige Veränderungen. Rhetorik und Bühne propagierten das schrankenlose Ausleben, obwohl sie meist nur die Absicht hatten, zu unterhalten. Die behavioristische Naturwissenschaft und der Biologismus wandelten die Ethik in eine bloße Lebenstechnik um. Die Philosophie flüchtete sich in eine ethisch uninteressierte Mystik oder blieb bei aller ethischen Tapferkeit nicht von der Skepsis unangefochten: Epiktet zweifelt, ob es je einen wirklichen Stoiker gab oder geben wird. Wieder gilt das vor allem für Rom, dessen alte Kulturschichten geistig müde werden mußten: der alte Adel war sinnlos vom ‹besten› Kaiser hingeschlachtet worden, Juden und andere Orientalen, oft der Herkunft nach aus unfreien Familien, zogen in den Senat und die höchsten Ämter ein und wurden mächtig und reich. Der ethische Relativismus erfaßte die breitesten Schichten. «Einst war ich nicht, dann war ich, jetzt bin ich nicht mehr. Mach dir einen guten Tag, solange du noch bist», so oder ähnlich lauten viele Grabinschriften. Im Tode ist ja doch kein Unterschied mehr «zwischen Alexander dem Großen und seinem Eseltreiber». Was im Leben bleibt, ist das bißchen Sinnengenuß und das Sterben.

Aber, und das ist nun wieder das Große dieser Epoche, der Mensch *spürt das selbst,* und er sucht wieder nach ethischem Halt mit einer ungeheuren Ehrlichkeit und Hingabe. Drei Kreise mühen sich um ein Ethos, der Staat, die Philosophie, die Religionen. Der *Staat:* Augustus, Vespasian, Trajan, Diokletian versuchten es durch Erneuerung altrömischer Moral, Hadrian, Marc Aurel, Julian verbanden diese mit griechischer Ethik. Sie erließen gute Gesetze und gaben ein gutes Beispiel. Daß sie trotzdem keinen Erfolg hatten, lag nicht nur daran, daß die ‹guten Kaiser› zu kurz regierten oder daß das Volk schon ‹zu degeneriert› war, sondern an einem inneren Widerspruch, der schon bei Augustus deutlich wurde: Ehegesetze wirken nicht überzeugend, wenn man im eigenen Haus Skandal hat, Luxusgesetze bewirken das Gegenteil, wenn der Kaiser selbst einen Bauluxus treibt, der alle Grenzen übersteigt, Agrargesetze werden zum Hohn, wenn man gleichzeitig Bauern vertreibt, um Veteranen anzusiedeln, Sittengesetze wirken verlogen, wenn man gleichzeitig Gladiatorenspiele stiftet. An dieser Unglaubwürdigkeit ist das staatliche Ethos gescheitert.

Bei den ethischen Erneuerungen durch die *Moralphilosophie* war es oft nicht anders. Der Großkapitalist Seneca stellt Mäßigkeitsideale auf, und mancher kynische Bettelphilosoph bereichert sich unverschämt. Doch war das nicht die Regel. Im allgemeinen sah das Bild besser aus. Es gab Idealkyniker, die furchtlos und selbstlos durch die Welt zogen, Männer wie Dion von Prusa, die nicht nur Moral predigen, sondern Mäßigkeit, Sauberkeit, Tapferkeit, Besonnenheit, Hilfsbereitschaft, Wohltun und Nächstenliebe vorleben. Sie theoretisieren nicht, sondern zeigen praktisch wie Epiktet und vor allem Musonius Rufus dem Menschen im Alltag den Weg zu einem sittlichen Lebensernst.

Endlich haben auch die *Religionen* das Ethos zu erneuern versucht. Eleusis soll sich tapfer geweigert haben, Nero einzuweihen, weil Blut an seinen Händen war, Dionysos fordert Treue bis zum Martyrium, die hellenistische Isis weiß sich als die Geberin unverbrüchlicher Gesetze, durch die Ordnung in die Welt kommt, Mithras verlangt Tapferkeitsproben, die tödlichen Ausgang haben können. In *einem* war das Ethos der Religionen dem der Philosophie überlegen: dort forderte der Mensch oder ein abstraktes Tugendideal, hier forderte der Gott; die ethischen Gesetze waren offenbart und damit heilig.

Jeder dieser drei Ströme hat Menschen besser gemacht, dafür haben wir genügend Zeugnisse. Aber keiner hat die ethische Krise lösen können. Wie kommt es nun, daß sowohl Christen wie Nichtchristen auf dem Gebiet des Ethos im Christentum etwas Neues sahen und anerkannten, obwohl dieses auf weite Strecken mit den drei Strömen parallel läuft?

Von Lukian und Plinius bis zu Symmachus hin, also durch die ganze Epoche hindurch, hat die ethische Haltung der Christen die Christengegner überrascht, und viele von ihnen haben freimütig anerkannt, daß die *praktische Betätigung der Liebe* etwas Neues und Auffälliges in der Welt darstellte. Auch die Christen selbst haben darin etwas Unbegreifliches gesehen. «Muß hier nicht», fragt Origenes, «etwas Göttliches sein, wenn deutlich sichtbar so viele Griechen und Barbaren sittlich besser geworden sind», und Irenaios stellt fest, daß das Christentum eine Besserung der Welt herbeigeführt habe; Minucius Felix behauptet sogar, in den Gefängnissen gäbe es keine Christen außer den um ihrer Religion willen Verfolgten. Mochte sich das auch rasch ändern, als die Massen ins Christentum einströmten, und mochten auch schon vor dieser Zeit hier und da schlimmere Zustände geherrscht haben, vergessen wurde das hohe ethische Niveau der Frühzeit nie.

Was aber unterschied die christliche Ethik von aller anderen Ethik der Umwelt? Im Grunde *eins: Staat, Philosophie und Religionen* glauben noch an den *bessernden Wert des Gesetzes.* Das echte und ursprüngliche Christentum glaubt das auch in der Ethik *nicht.* An die Stelle des kasuistisch normierenden Gesetzes tritt auch in der Praxis des ethischen Handelns die *gesetzesfreie,* aus einem von Gott erfüllten inneren Leben frei strömende *Liebe.*

Das war in der Tat eine ethische Revolution ersten Ranges, und, was mehr bedeutet, es hat in den ersten Jahrhunderten diese gesetzesfreie, schrankenlose, dienende, opfernde und sich verschenkende Liebe in der Wirklichkeit des Lebensalltags auch gegeben. Nicht bei den Kirchenvätern, die am schönsten über die Liebe reden – Augustins tönende Worte über die caritas werden alle entwertet durch seinen abgrundtiefen Haß gegen Pelagianer und Donatisten – wohl aber in den Not- und Verfolgungszeiten der drei ersten Jahrhunderte. Hier übt man wirklich die freie Liebesethik des Neuen Testamentes. «Nicht aus Gesetzesfurcht, sondern aus Liebe handeln wir gut.» Wie Jesus kämpft man von dieser Liebe her gegen die Gesetze des Alten Testaments: wer liebt, braucht nicht erst das sechste Gebot, weil die Liebe keine Begierde kennt, auch nicht das fünfte Gebot, weil er sich lieber vom Nächsten töten läßt als selbst zu töten, auch nicht das dritte, weil er alle Tage Feiertag hat. Es gab Christen, die in dieser Liebe Herr waren über sich und über die Welt.

Gerade diese haben es weit von sich gewiesen, diese Liebe als ihre Leistung zu betrachten, sondern haben sie nur als Gottes Geschenk verstehen wollen. Lehrte die Philosophie, daß die Liebe *zu Gott* den Menschen besser mache, so betonten die Christen, daß dies Gottes Liebe *zum Menschen* tue. Ohne Gottes Hilfe kann der Mensch ethisch nicht besser werden, mit ihr aber wohl: «Diese (die Tugenden) sind nämlich sehr groß und hoch, und keine kann man als Besitz erlangen, wenn einem nicht Gott Kraft (δύναμις) einhaucht.» Wird aber die Nähe Gottes im ethischen menschlichen Werk gespürt, dann gibt es keine Frömmigkeit ohne Ethos, und dann kann sogar der höchste Grad eines freudigen und tätig zupackenden ethischen Optimismus erreicht werden.

Die in einem neuen Ethos wirksame Menschenliebe Gottes beginnt zunächst damit, daß sie den Menschen zum Handeln aus Liebe *erzieht*. So war nun auch hier wieder Raum geschaffen, den griechischen Erziehungsgedanken in das Christentum aufzunehmen. Auf diesem Weg geht dann ohne Widersprüche das formale Liebesprinzip in eine inhaltserfüllte Materialethik über, ohne daß das Gesetz nötig wäre. Daß man das in den ersten Jahrhunderten richtig verstand, geht daraus hervor, daß man keine eigene Materialethik schuf. Zur Liebe gehört, daß man all das Gute, die ἀρεταί und virtutes erfüllt, die die philosophischen Ethiker auch gesehen haben. Es gibt keine griechische Tugend und kein griechisches Laster, kein griechisches ethisches Schema, das die Christen nicht auch in ihre ethischen Systeme übernommen hätten. Vielfach bilden die vier platonischen Tugenden die Grundlage der christlichen Sittenlehren, dazu kommen spezifisch hellenistische Tugenden, wie Menschenfreundlichkeit, Freigebigkeit, Güte, Menschlichkeit, Frömmigkeit, Gastfreundschaft und die stoisch-kynischen Tugenden Selbstbeherrschung, Enthaltsamkeit, Männlichkeit. Die Laster, die bekämpft werden, sind teils platonisch, teils stoisch: Zorn, Traurigkeit, Hybris, Geiz, Verzagtheit, Schwelgerei, Neid. In der stoischen Stilform der Lasterkataloge zählt man sie auf und stellt ihnen Tugendkataloge gegenüber; ich kenne einen altchristlichen Lasterkatalog von sechzig Gliedern, vielleicht gibt es noch längere. Neu war also nur, daß man viel stärker als sonst spürte, daß das alles nicht theoretisch blieb. Typisch dafür ist etwa wieder die Aussage des jungen Juristen Gregor Thaumaturg über seine Bekehrung: er verdanke sie der Erkenntnis, daß Origenes der einzige Philosoph war, den er kennengelernt habe, dessen theoretische Ethik in allen Einzelheiten seinem Leben entsprochen habe.

Und doch ist schließlich in den breiten Schichten die christliche Ethik *dem Gesetz erlegen.* Nur wenige waren zu der großen Freiheit dienender Liebe fähig, die meisten brauchten das Gesetz.

Von drei Seiten her brach es wieder in die christliche Ethik ein, vom Alten Testament her, das sich doch trotz aller Allegoresen nicht völlig vom Gesetz befreien ließ, vom römischen Rechtsdenken und seiner Kasuistik, und von einer Erneuerung und Veränderung der griechischen Nomoslehren her. Die Markiongegner versuchten, die alttestamentlichen Gesetze zu verteidigen und möglichst viele von ihnen zu rezipieren, vor allem dem Dekalog wieder einen Platz einzuräumen, den er durch Jesu Worte in der Bergpredigt verloren hatte. Endlich entwickelt sich in Rom und Afrika ein immer kasuistischer werdendes Gesetzsystem, das in der nomistischen *Bußdisziplin* seinen Abschluß findet.

Die zunehmende Macht des Gesetzes zeigt sich in dem Eindringen der Begriffe *Lohn und Strafe* in die christliche Ethik. Selbst Heil, Auferstehung und ewiges Leben bleiben nicht überall Gottes Geschenke, sondern werden zum Lohn für ethische Verdienste. Sogar Origenes schreibt: «Wir müssen uns nun alle den einen Gott geneigt machen und ihn bitten, gnädig zu sein, ihn, der sich geneigt machen läßt durch Frömmigkeit und jede Tugend (ἀρετή).» Bei anderen wurden die Forderungen massiver. So kann schließlich genau das Gegenteil der neutestamentlichen Ethik entstehen und das menschliche Werk Norm für das Verhalten Gottes werden. An die Stelle der Erlösung des Sünders tritt die Belohnung des ‹Gerechten›. Im Osten wirkten die meist vorhandene ontologische Metaphysik und die Geistmystik in der Erlösungslehre zwar immer hemmend gegen eine Umwandlung des Christentums in eine Verdienstlehre – es gibt kein griechisches Wort, das dem in der lateinischen Kirche so wichtigen ‹meritum› entspricht –, im römischen Westen und unter der Herrschaft der lateinischen Juristen aber konnte die Entwicklung gar nicht anders verlaufen. Im Osten tritt das Gesetz in der Form der mönchischen Ordnung auf, bleibt also immer eine freiwillige Formung des Lebens. An der Regel Pachoms ist das noch deutlich zu erkennen, und auch ihre strengere Fassung durch Basileios macht sie noch nicht zu einem juristischen Codex, sondern erhält sie als eine *Ordnung,* obwohl dessen Bußkanones in der Kasuistik recht weit gehen.

Immerhin tritt durch diese Entwicklung eine Tugend an die Spitze der christlichen Ethik, die die Freiheit der Liebe sehr leicht verdrängen konnte, der *Gehorsam*. Ursprünglich ist er nur eine Form des Dankes an Gott, bei der zunehmenden Schätzung des Gesetzes aber wird er zum ‹Grundprinzip der Welt›; ursprünglich bezieht er sich nur auf *Gottes* Forderungen, dann muß er dem Presbyter, dem Bischof, der kirchlichen Institution geleistet werden. Wie weit das gehen kann, möge ein Beispiel aus der vita der Melanie zeigen. Nach längeren Ausführungen darüber, daß es ohne Gehorsam keinerlei Ordnung gibt, fragt der christliche Lehrer seinen Schüler, ob dieser aus Liebe zum Herrn ihm in allem gehorchen wolle. Der Schüler erklärt sich zu allem bereit. Da verlangt der Lehrer, er solle eine Geißel nehmen und eine Statue auspeitschen und mit Füßen treten. Der Schüler tut es. Da fragt ihn der Lehrer, ob ihm die Statue etwas getan habe. Als der Schüler das verneint, muß er dieselbe Tat noch zweimal wiederholen. Darauf erklärt ihm der Lehrer die Moral: «Wenn du wie diese Statue sein kannst und geschmäht nicht wieder schmähst und geschlagen nicht widersprichst, wirst du gerecht werden und kannst bei mir bleiben.»

Und doch ist das wieder nur *eine* Seite. Meist blieb das Gesetz nur ein *Teil* des Evangeliums, «eine Wohltat, keine Last», Ausdruck der Liebe, «königlich» im Sinne griechischer Hochschätzung des wahren Nomos.

Jedoch hatte diese Entwicklung *zwei praktische Folgen*. Die eine war die Schaffung eines ins einzelne gehenden christlichen *Lebensstils*. Dieser nahm die besten Seiten des antiken Alltagsethos und der griechischen Gesittung auf, die somit auch durch die barbarischen Jahrhunderte hindurch gerettet wurden. Bücher wie der Paidagogos des Clemens von Alexandreia sind in ihrer Wichtigkeit für die europäische Sittengeschichte noch gar nicht richtig erkannt. Daß hier jedem Taufbewerber unter christlichem Vorzeichen nicht orientalische, sondern *ausschließlich griechische Lebensformen* als für den Christen verpflichtend eingeprägt werden, hat überhaupt erst europäische Gesittung in der Breite ermöglicht. Von einem einheitlichen christlich-griechischen Lebensstil aus wird das Essen und Trinken gelehrt, der Tag, der Beruf, das ganze Leben in ein Gefüge der Ordnung gespannt. Es wird wichtig genommen, daß man nicht mit den Händen essen soll, nichts auf das Tischtuch oder in den Bart schütten darf, Ältere mehr trinken dürfen als die Jungen, daß man lieber abends als morgens trinken, einheimische Weine den ausländischen vorziehen und nicht aus Schlangengläsern oder aus Metall trinken soll, weil das nicht nur luxuriös, sondern unpraktisch ist. Man lehrt die Taufbewerber, wann und wie man lachen darf, welche Witze man erzählen kann und welche nicht, wann man den Kopf auf den Arm stützen darf und wann nicht. Man lehrt, daß man weder schreien noch flüstern soll, nicht pfeifen, gähnen, niesen, mit der Hand schneuzen, aufstoßen, in den Zähnen stochern darf, daß Männer sich nicht weibisch parfümieren sollen, und daß gefärbte Haare ebenso unnatürlich sind wie Kränze auf dem Kopf, daß man wie Odysseus in einem einfachen Bett schlafen soll, weil weiche Betten ungesund sind, daß man früh aufstehen, kalt duschen statt warm baden, nicht mit vollem Magen schwimmen und nicht beim Barbier schwatzen soll. Dieser ‹Paidagogos› ist eins der amüsantesten Bücher der christlich-griechischen Antike, aber er steht keineswegs allein; sogar christliche Kirchenordnungen nehmen Vorschriften darüber auf, was man mitnehmen dürfe, wenn man eingeladen ist, wie man sich beim Essen verhalten solle, wie man dem Gastgeber danken müsse, wieviel man essen und trinken dürfe. Die Gefahren sind deutlich, allzu leicht konnte ein stoischer Intellektualismus an die Stelle der Liebe treten, dazu begann für Empfindlichere die Unsicherheit, die bei einem sicheren Liebesinstinkt nicht eintreten kann. Während dieser besagt hatte, daß dem Reinen alles rein sei, gibt es jetzt Christen, die Zweifel haben, was sie lesen dürfen und was nicht, ob sie sagen dürfen: «Dort ist das Asklepieion» oder «Ich wohne in der Isisstraße», oder ob das etwa schon Götzendienst ist. Aber diese Gefahren können die Bedeutung des Sachverhaltes selbst nicht verkleinern.

Die zweite Folge war der allmähliche Aufbau großer ethischer *Organisationen.* Lange Zeit war die Freiwilligkeit die Hauptsache und die Organisation nur Mittel zum Zweck; die Christen brachten ihre Gaben ebenso freiwillig dar wie viele Heraklesgläubige ihren Zehnt. Allmählich aber wird die Organisation straffer und wichtiger. Der Bischof zieht alle Liebesgaben an sich und verfügt über sie wie er will. In größeren Gemeinden entsteht ein fast militärisch aufgezogener Hilfsdienst der Gabensammlung, dem sich keiner entziehen kann und in dem jedem ein bestimmter Platz angewiesen wird. Nach älteren Vorbildern entsteht eine Differenzierung nach den zu leistenden Arbeiten, es gibt organisierte christliche Erzieher, Krankenpfleger, Ärzte, Geldverwalter, Sammler, Totengräber.

Fragt man nach den *Einzelzügen* der christlichen Ethik, die der Umwelt am meisten auffielen, so war das neben der Liebeshaltung vor allem der *kämpferische, agonistische* Zug, der in der Verfolgungszeit in den Martyrien, später in den furchtbaren innerkirchlichen Kämpfen am deutlichsten zum Ausdruck kam. Dabei heben sich zwei christliche Typen voneinander ab: der heroische *Kämpfer,* der das Martyrium, die Exkommunikation oder die Verbannung durch ständigen Angriff sucht, sein Schicksal herausfordert und andere mitreißt, und der heroische *Dulder,* der gelassen in den Tod geht, wenn es die Stunde verlangt, aber nie herausfordert, sondern sich sogar dann durch Flucht entzieht, wenn es die Gemeinde oder ihre Verhältnisse erfordern. Beide Typen haben einander kaum verstanden und oft hart bekämpft. Cyprian, der zum zweiten Typ gehört, wirft den Rigoristen vor, sie seien gar keine Christen, sondern Stoiker, Clemens sagt, daß es eitel sei, sich zum Martyrium zu drängen. Aber sie rufen zur Gelassenheit des Duldens auf: man muß standhaft ertragen, was böse Menschen oder Dämonen verhängen, und unter Foltern oder vor dem Henker für die Feinde um Vergebung bitten. Sie lassen mit einer echt römischen Geste dem eigenen Henker noch 25 Goldstücke zahlen, bewirten die Polizei, unterhalten sich in der letzten Nacht mit philosophischen Gesprächen wie Sokrates und Cato, genießen noch die landschaftliche Schönheit des Richtplatzes, verbinden sich selbst die Augen, beten lange Gebete und überwinden Feuer und Foltern durch eine seelische Euphorie. Der andere Typ tritt zuerst in den montanistischen Gemeinden Kleinasiens und Nordafrikas auf. Hier gilt *nur* der Märtyrer als voller Christ, wird jeder Friede und Kompromiß mit den Abgefallenen ebenso abgelehnt wie jede Annahme einer Schonung oder eines Mitleids von Nichtchristen. Es gilt als Schande, wieder aus dem Gefängnis frei zu kommen, Flucht ist unter allen Umständen Abfall. Man drängt sich in das Gefängnis, um in diesem ‹Haus des Teufels› mit dem Teufel zu kämpfen. In den Prozessen provoziert man die Richter, um unter allen Umständen ein Todesurteil zu bewirken.

Gegen diesen Typ waren die Behörden machtlos, wenn sie nicht ganze Städte entvölkern wollten. Als ein Statthalter in Kleinasien einmal einige Christen verurteilte, drängte sich ein großer Teil der Bevölkerung des Ortes herzu und verlangte, auch hingerichtet zu werden, so daß ihnen der Richter riet, sie sollten sich doch aufhängen oder von Felsen stürzen, wenn sie durchaus sterben wollten. Übrigens haben die Christen diesen Märtyrerheroismus nicht als etwas Besonderes empfunden, sondern immer auf griechische, alttestamentliche und römische Vorbilder hingewiesen (ὑποδείγματα ἐθνῶν). Da erscheinen als Vorläufer der christlichen Märtyrer Pythagoras und seine 300 verbrannten Schüler, Heraklit und Demokrit, die verbannt wurden, Jesaja, Jeremia, die Märtyrer der Makkabäerbücher, Judith, Esther, Mucius Scaevola, Regulus und bei den Afrikanern aus Lokalpatriotismus sogar Dido und selbst Kleopatra. Auch die beliebten indischen Gymnosophisten tauchen als Gegenstück zu den Märtyrern auf. Eigenartig bleibt es immerhin, wenn christliche Märtyrer vor ihren Richtern nicht Bibelworte, sondern Homerverse zitieren. So war es nur noch ein Schritt, bis aus den hellenistischen Märtyrergeschichten und -legenden christliche Märtyrer hervorgingen, zumal da die Anzahl der christlichen Märtyrer nicht sehr groß, das Bedürfnis nach ihnen aber ungeheuer war.

Wichtig war jedenfalls, daß *Tapferkeit* und *Furchtlosigkeit* einen bevorzugten Rang in der christlichen Ethik bekamen. Im Bewußtsein der Kraft und in Kampfeslust freut man sich über jede Versuchung. Der Märtyrerathlet verspricht dem Prokonsul, der ihn verurteilt hat, einen anständigen Ringkampf, bei dem der Herr als Zuschauer gedacht ist. Die Motive sind nicht immer die höchsten, sondern oft Lohnerwartung oder Furcht vor Strafe im Jenseits, aber in den reifsten Fällen ist der Christ ein ‹Athlet der Liebe› und Liebe zu Christus das einzige berechtigte Motiv. Nur ein solches Martyrium ist heilbringend, und zwar auch nur dann, wenn es die Krönung eines christlichen Lebens in seiner Ganzheit bildet. Es ist nicht heilsnotwendig; wer sein ganzes Leben als Kämpfer Christi geführt hat, kann auch ohne das Martyrium vollkommener Christ sein. Nur muß sich der Christ vor aller Bequemlichkeit und Verbürgerlichung hüten und immer das ‹gefährliche Leben› suchen.

Die Übertragung dieses Tapferkeitsethos auf den *Alltag* führte in den ersten drei Jahrhunderten zu einem beständigen Kampf gegen alles Weichliche, Sentimentale und Degenerierte. Darum bejaht dieses frühe Christentum alles Gesunde und greift die Tradition der abgesunkenen antiken *Sportbewegung* erneut auf. Das alte griechische Sportideal wird ebenso aufgenommen wie die Klage über die Degeneration des Sportes und über die Professionellen. Abhärtung und Sauberkeit des Körpers, Harmonie zwischen Körper, Seele und Geist werden energisch gefordert. Wer sich gegen den Leib vergeht, vergeht sich auch gegen den Geist, wer aber rein ist, darf sich auch an körperlicher Schönheit erfreuen. Es ist Pflicht der Liebe, kranke Körper zu heilen, nicht nur kranke Seelen. Von den Evangelien her galt das als verpflichtend, daher bildete man Priester und sogar Bischöfe als Ärzte aus.

Aus der Hochschätzung körperlichen Lebens kommt die für die Antike überraschend radikale Ablehnung des *Selbstmords*. Zwar haben auch pythagoreische und platonische Kreise gelehrt, daß Selbstmord Flucht und Feigheit sei und eine göttliche Strafe im Jenseits erhalten werde, und Euripides sieht in ihm sogar eine Handlung aus Sklavengesinnung. Im allgemeinen aber gilt besonders unter stoischem Einfluß der Selbstmord als die offene Tür zur Freiheit und als eine den tapferen Menschen ehrende Handlung. Im Christentum aber ist es unabdingbare Pflicht, «im Fleisch auszuharren»; auch der Märtyrer darf sich die Qualen nicht durch Selbstmord erleichtern.

Zu diesem Betonen des Tapfer-Männlichen, Gesunden steht nun das christliche *Demutsideal* nicht im Widerspruch. Es ist im Grunde ebenso Ausdruck der Männlichkeit wie das kynische. Denn es wird stark betont, daß der Christ sich nur vor Gott, aber nie vor einem

Menschen erniedrigen dürfe und daß eine nur in äußeren Gesten bestehende Demut töricht und völlig unchristlich sei. Menschen gegenüber dürfe Demut nichts anderes bedeuten als Nachfolge der dienenden Liebe Christi und standhaftes Ertragen aller Situationen.

Wichtiger als das alles war, daß das Christentum auf dem Untergrund der Liebe eine wirkliche *Sozialethik* zu schaffen suchte, was ihm auch in einem Umfang gelang wie keiner anderen antiken Bewegung. Gewiß gibt es soziale Züge bei Epikureern, Stoikern, in den Religionen und in der Gesetzgebung, aber es fehlt ein großer einheitlicher Versuch, die verwickelten sozialen Verhältnisse von einer Wurzel her zu begreifen und zu lösen. Das Christentum hatte nun diesen Ausgangspunkt in der Liebe. «Was ihr einem dieser meiner geringsten Brüder getan habt, das habt ihr mir getan» – damit war die Sozialethik ein Glied der christlichen Mystik geworden, jedem Gesetz und jeder sonstigen Beschränkung entrückt; «niemals sollt ihr froh sein, wenn ihr nicht euren Bruder in Liebe anseht». Die Folgen sind sofort deutlich zu erkennen. Es gab genug antike Versuche, das Los des Sklaven zu bessern. Daß man es sich wie die Christin Melanie wirklich tief zu Herzen nimmt, daß so viele nackt und verfroren auf ihrer Matte auf dem Markt hocken, diese eigene seelische Belastung durch die soziale Not des anderen ist außerhalb des Christentums selten, im Christentum aber häufig. Hier ist das radikal Neue ebensowenig zu verkennen wie in der Anwendung des häufig zum Vorbild genommenen Herrenwortes: «Wer unter euch der Größte sein will, der sei euer aller Diener.» Am reinsten und schönsten erscheint diese neue Gesinnung bei Basileios, der sie auch in seinen praktischen Liebeswerken in die Tat umsetzte: «Dem Hungernden gehört das von dir aufgespeicherte Brot, dem Unbekleideten das Gewand in deinem Kasten, dem Unbeschuhten die bei dir verfaulenden Sandalen, dem Armen der Reichtum, den du vergraben hast.» Durch die soziale Haltung gewann die Kirche ein ungeheures Vertrauen; schon Konstantin übertrug ihr in Antiocheia die Sorge für die Hungernden, doch wohl nicht nur, weil sie die beste Organisation für solche Arbeiten hatte, sondern weil er ihren sozialen Leistungen vertraute.

Es ist irreführend, wenn man schon dem frühen Christentum eine ganz bestimmte *Staatsphilosophie* und ein dogmatisches *Staatsethos* zuschreiben möchte. Es hat die zahllosen antiken Versuche, den gerechten Staat und idealen Herrscher zu konstruieren, zunächst nicht fortgesetzt. Dabei kam doch gerade in diesen Versuchen vieles seiner sozialen Gesinnung entgegen, denn gerade hier wurde «auch der Steineklopfer um des Ganzen willen» ernst genommen. Seine älteste politische Haltung haben wir uns wohl wie die der Isis zu denken, deren Gläubige bei den Stadtratswahlen für eine bestimmte, ihnen wohlgesinnte Partei eintraten und im übrigen ähnlich wie das Judentum Gebete für den römischen Kaiser, den Senat und den Ritterstand rezitierten.

Für das älteste Christentum war die Lage kompliziert. Fest stand *einerseits* seit Röm. 13, daß der gerechte Staat, der den Guten belohnt und den Bösen bestraft, von Gott sei und von Gott auch das Schwert erhalten habe. Von dieser Haltung her betonte man auch in den schlimmsten Verfolgungszeiten die Loyalität gegenüber Staat und Kaiser. Auch vor Konstantin gab es viele Christen, die sich dem Staat zur Verfügung stellten und freudig an ihm mitarbeiteten. «Christen tun ihren Vaterländern mehr Wohltaten als andere Menschen, indem sie die Bürger erziehen und sie lehren, fromm zu leben (εὐσεβεῖν, das alte griechische Staatsbürgerideal) vor dem Städtebeschützer Gott, denn die, die in den kleinsten Staaten anständig leben, gewinnen sie auch für einen göttlichen und himmlischen Staat.» Ein schönes Beispiel ist das sog. Bußedikt des Gregor Thaumaturg, das wie eine moderne Kriegsverordnung wirkt. So mild dieser Origenist sonst urteilt, für zwei Vergehen gibt es bei ihm keine Vergebung und keine Möglichkeit der Kirchenbuße, für Landesverrat und Kriegsgewinnlertum. Wenn daher in konstantinischer Zeit Origenisten wie Euseb den Staat und den Kaiser überschwenglich preisen und sogar die Vergottungsterminologie des Kaiserkultes weiter verwenden, so sind das nicht byzantinische Schmeicheleien, sondern ältere christliche Überzeugungen. Ganz allgemein ist bei den Christen das Gebet für den Staat und den Herrscher, selbstverständlich auch für den die Christen verfolgenden, dazu für die Verwaltung, die Beamten, das Heer, den Senat, das ganze Volk. Selbst ein starkes Heimatgefühl zeigen die Kappadoker und die Kopten, bei den einen erinnert es an das seit der Odyssee faßbare griechische, bei den anderen an das schon in der Tefnutgeschichte bezeugte ägyptische Heimatgefühl. Tertullian behauptet nicht ganz mit Unrecht, daß die Gegner des Kaisers und die politisch Gleichgültigen nicht bei den Christen zu finden sind. Es gehört zu Konstantins politischem Scharfblick, daß er sich diese Kräfte dienstbar machte.

Aber die *Schwierigkeiten* waren doch größer als bei anderen Religionen. Zunächst lehnt man natürlich die Opfer im Kaiserkult ab, aber man geht darüber hinaus. Man macht die Kaiserfeste nicht mit, da sie einen religiösen Ton haben: «Wir bekränzen und illuminieren unsere Häuser nicht, denn das tut ein Bordell», sagt Tertullian. Man sucht das den Nichtchristen begreiflich zu machen: wer einen Kaiser in irgendeiner Weise vergottet, wünscht ja seinen Tod, denn erst der Tote wird apotheosiert. Dann teilt man mit den Stoikern den Protest gegen schlechte Kaiser. Nur der ist tapfer und mutig, sagt Origenes, der sich von Herrschern trennt, die schwelgen und ihre Untertanen zu gesinnungslosen Sklaven machen. Das ruft man bei den Verfolgungsprozessen den kaiserlichen Beamten in aller Öffentlichkeit zu: «Dein Urteil macht einem Kaiser, der Pius heißt, und seinem philosophierenden Sohn keine Ehre.» Endlich bekämpft man jede staatliche Gesetzgebung, die sich mit dem christlichen Ethos nicht verträgt, so geht schon Justin gegen die staatliche Prostitutionssteuer vor.

In diesen Spannungen erhoffte man eine Erleichterung durch die Anwendung eines in der Apostelgeschichte angewandten formalen Satzes: man soll in allen Fällen dem Staat unbedingt gehorchen, außer wenn er etwas gegen Gott fordert. Diese Formel hat auch zunächst geholfen und ist selbst von Nichtchristen anerkannt worden; selbst Kelsos ist bereit, ihr zuzustimmen und sie sogar für die Philosophie für verbindlich zu erklären. Aber wie bei jedem Formalprinzip vergrößerten sich die Konflikte, sobald die kasuistische Interpretation begann.

In dieser Lage bilden sich *drei Gruppen.* In der ersten bleibt die paulinische Freiheit erhalten, die es ermöglicht, in großzügiger Weise alles mitzumachen, was nicht lieblos gegen Gott oder den Nächsten ist. Zu ihr gehören Clemens, Origenes, alle Origenisten, Johannes Chrysostomos. Die zweite besteht aus den christlichen Juristen Afrikas, Spaniens, Galliens und Roms. Sie arbeiten eine Kasuistik und allmählich ein kasuistisches Kirchenrecht aus, das sich sehr wesentlich von der Bußdisziplin des griechischen Ostens unterscheidet und das genau festlegt, was der Christ im Staat darf und was nicht: so gestatten sie zum Beispiel Teilnahme an Feiern zum Anlegen der toga virilis, zu Verlobung, Hochzeit und Geburtstag, verbieten aber alle Teilnahme an Opferfeiern. Die dritte, radikale Gruppe hält schließlich alles für gottfeindlich, was vom Staat kommt. Sie provoziert überall, protestiert auch gegen das Harmloseste, reizt den Staat, wo sie kann und erklärt das für echtes Bekennertum.

Es ist gewiß nicht richtig, wenn noch immer vielfach behauptet wird, erst das junge Christentum habe eine antike *Arbeitsethik* geschaffen oder als erste Religion der Arbeit einen göttlichen Glanz verliehen. Die olympischen Götter arbeiten: Hephaistos steht rußig am Amboß, Demeter sät, Hermes handelt, Herakles mistet Ställe aus. Odysseus, der sein Bett selbst zimmert, und Achill verrichten viele Handarbeit, und «auch (König) Pittakos mahlte», sang man im Volkslied. In der Philosophie hat Platon den Berufsgedanken durchdacht; Philosoph, Soldat, Handwerker und Kaufmann sind ihm metaphysisch begründete letzte Menschheitsdifferenzierungen. Zahlreiche Arbeitsgleichnisse finden sich, oft liebevoll ausgeführt, in der gesamten hellenistischen Literatur, und die Zeugnisse in Brief und auf Tonscherbe sprechen von viel Fleiß und Arbeitsfreude. Der blühende Arbeitsrhythmus der Städte und die Erzeugnisse der hellenistischen Kleinarbeit zerstören das Bild von einer arbeitverachtenden Antike sehr bald.

Dem Christentum half, daß sich Paulus zur Handarbeit bekannte und stolz auf sie war. «Wer nicht arbeitet, der soll auch nicht essen»; «Arbeitet und schafft mit euren Händen»; «Ich habe mehr gearbeitet als die anderen alle» – diese paulinischen Sätze haben sich dem Christentum tief eingeprägt. Denn auch die *Arbeit* wurde zur *Forderung der Liebe*. Nur wer arbeitet, fällt dem anderen nicht zur Last und wird fähig, anderen zu helfen. Es war unerhört und neu und zeigt den großen Unterschied zur jüdischen Sabbatruhe, daß die Christen bis ins 3. Jahrhundert arbeitslose Feiertage ablehnen und auch am Herrentag arbeiten, denn Gott will, daß der Mensch nicht faul sei. Er soll Ackerbau treiben, das ist das schönste Dankopfer, das er Gott bringen kann, oder Weinbau, Gewerbe, Künste, Schiffahrt; ein Fauler darf überhaupt nicht in die Kirche aufgenommen werden. Das geht bis in die Deutung der Wundergeschichte hinein; Kranke werden nur geheilt, um wieder arbeiten zu können. Keine Arbeit ist entwürdigend – ähnlich dachten nur kynisierende Stoiker: man soll sich das Bett selber machen, das Essen selber auftragen, im Garten arbeiten, selber Wasser holen und Holz hacken, die Schuhe selber anziehen; und das gilt auch für die Frau, denn die schönsten Frauen sind die, die arbeiten. Von diesem Arbeitsethos aus wird der Bettel bekämpft. Schon die Didache verlangt, daß die Gemeinden auch ungelernten Arbeitern sofort Arbeiten zuweisen sollen. Unterstützt werden darf nur, wer schuldlos in Not geriet. So entwickelt sich eine großartige Organisation der Arbeitsvermittlung und des Arbeitszwanges, wie sie die Antike noch nicht kannte, am glänzendsten bei Schenute und bei Basileios, die jedem Arbeitslosen und Bettler zur Arbeit verhalfen.

Sehr seltsam und dem Historiker in der Gespaltenheit nur schwer verständlich ist *das ethische Verhalten der Christen zueinander*. Zunächst schienen die christlichen Gemeinschaften der beste Boden zur Verwirklichung des Liebesgebotes. In der außerchristlichen Welt gab es den Gedanken einer bis zur letzten Hingabe fähigen, nicht natürlich, sondern ethisch begründeten Gemeinschaft am reinsten im Freundschaftsideal, wie es Euripides in Herakles und Theseus oder Orest und Pylades darstellt, wie es zunächst philosophische Zirkel als ‹geistliche Freundschaft› verwirklichen und wie es schließlich auch in allgemeinere Kreise eindringt. Im Christentum gibt es das auch, zuerst in den schönen Worten Gregor Thaumaturgs über die Freundschaft mit Origenes: «Denn er trieb uns auch mit dem Stachel der Freundschaft an, dem man sich nicht gut widersetzen kann, durchdringend und sehr zielstrebig, voll Aufgeschlossenheit (δεξιότης) und guter Gesinnung, wie es uns schon gut erkennbar war an seiner Stimme, wenn er zu uns sprach und sich mit uns unterhielt ... Wie nun ein Funke, der mitten in unserer Seele aufflammte, so entzündete sich und entbrannte ... auch die Liebe (ἔρως) zu diesem Mann, seinem (des Logos) Freund und Verkünder. Durch sie am meisten verwundet wurde ich überredet, die mir augenscheinlich zukommenden Dinge und Studien aufzugeben, unter anderem auch mein Studium der schönen Rechtswissenschaften, sogar mein Vaterland und meine Verwandten ... Nur eins wurde mir lieb und teuer, die Philosophie und dieser göttliche Mensch, der mich in sie einführte.» Hierher gehört Augustins philosophischer Freundeskreis der Cassiciacumzeit, vor allem aber der Freundschaftskult Paulins von Nola, der die entwickeltste Form eines christlichen geistlichen Freundschaftsideals darstellt, zum Teil freilich bei diesen Asketen Ersatz für die Ehe ist; hat doch Paulinus selbst seine Ehe in eine ‹geistliche› verwandelt und seine zur Asketin gewordene Frau einfach in diesen Freundeskreis, dem zeitweise sogar der Kaiser angehörte, eingeschlossen.

Das war also nichts Neues. Neu war die Liebesgemeinschaft innerhalb der *Gemeinden* ohne Rücksicht auf soziale und andere Unterschiede und die weltweite, bald alle Grenzen überschreitende Hilfeleistung von einer Gemeinde zur anderen, die Verantwortung, die man für andere Gemeinden fühlte und in Taten umsetzte, die Entstehung einer christlichen Weltbruderschaft, die in den ersten Jahrhunderten noch keine feste Ordnung hatte und brauchte. Man hat sich wirklich oft ernstlich bemüht, in Fortführung der ethischen Mystik des Neuen Testamentes in jedem Mitchristen Christus selbst zu sehen. Man hat sogar neutestamentliche Formeln noch gesteigert: «Du sollst deinen Nächsten *mehr* als deine Seele lieben.» Es ist erstaunlich, was diese Gemeinden in den ersten Jahrhunderten meist freiwillig, dann durch ihre Organisation alles getan haben für Arme, Witwen, Waisen, Alte, Schiffbrüchige, Verfolgte, Gefangene, Kranke, Tote. Die Großzügigkeit der Gastfreundschaft überstieg alle Grenzen und ermöglichte erst die weltweite Arbeit. Die Opfer, die dabei gebracht wurden, sind unerhört. So schildert Tertullian, was eine christliche Frau auch gegen den Willen und die Mißdeutungen ihres heidnischen Gatten tut: sie geht von Straße zu Straße und besucht die Armen in den elendesten und verrufensten Vierteln, besucht die nächtlichen Versammlungen, bleibt zu Ostern die ganze Nacht fort, nimmt an dem berüchtigten Herrenmahl teil, läßt sich im Gottesdienst den ‹heiligen Kuß› geben, dient in den Gefängnissen den Märtyrern, wäscht wandernden Brüdern die Füße, nimmt Fremde gastlich im Hause auf. Man reist von Italien nach Libyen, um den Sohn einer

Witwe aus vandalischer Gefangenschaft loszukaufen, begibt sich selbst für andere in Schutzhaft, bringt bei allen Naturkatastrophen gewaltige Summen auf, die zum großen Teil aus Kreisen der Armen kommen.

So hell das Bild erscheint, so wird es doch sofort durch eine rätselhafte Tatsache wesentlich verdunkelt. Trotz aller Liebe bekämpfen sich seit neutestamentlichen Zeiten die Christen innerhalb der Gemeinden mit einem oft unglaublichen *Haß*, wenn es um verschiedene Lehrmeinungen geht. Es ist, als ob dann plötzlich alle Liebe vergessen ist. Dann streiten sich kurz vor dem Sterben die Märtyrer noch in fanatischem Haß um eine Formel, dann verweigert das sonst so gastfreie Rom jenen, die vom Glauben auch nur geringfügig abweichen, die Gastfreundschaft, dann erklärt man das Martyrium des Häretikers für eine göttliche Strafe, während man das eigene vergottet, dann scheut man sich nicht, den Staat zu benutzen, um den christlichen Gegner zur Strecke zu bringen. Der sachliche und ruhige Ammianus Marcellinus stellt fest, daß keine wilden Tiere so gegeneinander wüten wie die Christen. Wie ergreifend sind die Klagen des Basileios über die Streitsucht der christlichen Theologen und ihre Lieblosigkeit, ihre Denunziationen, ihren Neid und Haß. Es gibt in der gesamten Weltgeschichte nur wenig Parallelen zu dem abgrundtiefen Haß des Hieronymus, allerdings auch nicht in der Kirchengeschichte. Sein Haß gegen Origenes, den er trotzdem seitenweise bestiehlt, gegen Rufin, Pelagius, Jovinian und viele andere, der sich in den gemeinsten Schimpfworten und dümmsten Albernheiten, aber auch in gewissenlosesten Verleumdungen und Fälschungen entlädt, ist kaum noch glaublich. Man muß diese Dinge selbst lesen, um zu erkennen, wie schmutzig und wie unantik sie sind. Die ungeheure Leidensgeschichte aller Ketzer und im Lehrstreit Unterliegenden ist eins der trübsten Kapitel der Geschichte des Christentums, das um so dunkler wird, je dichter daneben die großen Liebestaten der Gemeinden stehen. Nur wenige machen eine Ausnahme, an erster Stelle wieder Origenes, dessen Güte, Milde, Versöhnlichkeit, Wärme die neuen Papyri eben wieder enthüllt haben. Er ist einer der wenigen, die diese Lieblosigkeiten als eine Schmach empfinden, und der sie nur damit zu entschuldigen sucht, daß es das in den Philosophenschulen auch gebe und daß selbst Platon den Staat zu Asebieprozessen aufgerufen habe, aber er billigt es nicht.

Damit stehen wir vor einer der schwersten Fragen. Abgesehen von wenigen Ausnahmen kennt das Christentum keine *Toleranz*. Hier ist die einzige Stelle, an der sich jüdischer Einfluß zeigt. Denn nur das Judentum und das Christentum zeigen in der Antike die gleichen Erscheinungen. «Die Griechen haben immer die Götter anderer Länder geehrt», und wenn sich Eleusis auch für die höchste aller Religionen gehalten hat, so hat es doch die anderen nicht bekämpft, geschweige denn auszurotten versucht. Wie tolerant sind die Griechen in Kleinasien, im Turfan, in Ägypten gegen die einheimischen Götter. Die Römer waren zwar nicht in der gleichen Weise großzügig, aber wenn sie untolerant wurden, geschah es aus Gründen der Staatsraison, wie etwa gegen die Christen oder die nationalgallischen Druiden. Das Judentum und das Christentum aber sind im Prinzip intolerant, und in dieser Intoleranz hört alle Liebe auf und ist jede, aber auch jede Gewalttat und Gemeinheit erlaubt. Es gibt leuchtende Ausnahmen: Origenes' Haltung kennen wir schon, die Kappadoker und Johannes Chrysostomos haben heidnische Freunde und verkehren auf gleicher Stufe mit ihnen; die Freundschaft von Basileios und Libanios gehört zum Schönsten, was wir aus der Spätantike wissen. Diese Menschen blieben eben auch als Christen Griechen. Ganz anders ist es im Westen, im syrischen und ägyptischen Osten, aber auch im griechischen Osten da, wo in den wirren Zeiten des 5. Jahrhunderts die dogmatischen Kämpfe sich bis zur Verbissenheit steigerten. Eine Räubersynode wurde in dem einst so griechischen Ephesos möglich. Ambrosius, Firmicus Maternus, Augustin, Hieronymus unter den Lateinern, Epiphanios unter den Griechen, Tatian unter den Syrern sind geradezu die klassischen Apostel der Intoleranz, die keine Hemmungen kennt. Sie alle rufen nach Gewalt, nach Vernichtung des heidnischen oder christlichen Gegners.

Immerhin darf man nicht übersehen, daß schwere Konflikte zwischen Christen und Nichtchristen *nicht ausbleiben konnten*. Daran war im Grunde keine der beiden Seiten schuld. Der Nichtchrist mußte es als Lieblosigkeit empfinden, wenn der Christ sich nicht an Opferfeiern beteiligte, wenn ihm der Kultgenosse näher stand als die alten Freunde, wenn die Streitigkeiten zwischen christlichen und nichtchristlichen Gliedern einer Familie nicht aufhörten. Soweit wir noch in die privaten Verhältnisse hineinsehen können, wurde das von beiden Seiten als tief tragisch empfunden. Wieviele Ehen, Familien, Freundschaften mögen darüber zerbrochen sein, wovon wir keine Zeugnisse mehr haben.

Kommen wir zur nächsten ethischen Spannung, der sehr schwierigen *Einstellung zu Besitz und Reichtum*. Die wirtschaftlichen Verhältnisse der ersten Jahrhunderte zeigen ein allmähliches Verschwinden des Mittelstandes und damit eine Verschärfung des Gegensatzes von Großkapital und Armut. Auf der einen Seite stand raffiniertes Schiebertum, übelstes Schlemmerleben, habsüchtiger Geiz, auf der anderen die große Masse der Bettler, die Furcht vor dem drohenden Nichts, die tägliche Wirtschaftsunsicherheit, das Ausgeliefertsein an

Wucherer. Das zwang alle Religionen, zum Problem Reich und Arm etwas zu sagen. Die Volksreligion machte es sich leicht, sie betete zu Zeus dem ‹Reichtumgeber› und anderen Göttern, vor allem dem Hermes mit dem Geldsack, der häufigsten devotionalen Götterbronze dieser Zeit, und erhoffte den Gott als Bundesgenossen im wirtschaftlichen Existenzkampf. Aber nicht nur die vom Armutsideal der Prophetie herkommenden Kreise des Judentums und einige andere religiöse Armutsbewegungen, sondern auch die höheren griechischen Religionen haben das Problem nicht umgehen können. Andania und der Sarapis von Delos verbieten inschriftlich den Luxus der Mysten. Aber oft ließen sich die Religionen in den Strudel mit hineinziehen und suchten selbst reich zu werden. Wiederholt ist überliefert, welche einträglichen Geschäfte die Göttermutter auf ihren Bettelfahrten macht, eine Isisweihe ist teuer, und für Asklepios bezeugt ein ergötzlicher Mimiambus, wie der Gott bei den kleinen Leuten ebenso eifrig über seine Kollekte wacht wie bei den reichen, doch begaunern ihn die einen wie die anderen.

Ernster war die Stimme der *Philosophie.* Kelsos behauptet, Jesus habe seine Gründe gegen den Reichtum Platon entlehnt, und er charakterisiert damit einen wesentlichen Zug der hellenistisch-philosophischen Ethik, die solche Platonstellen heraushob. Die aristotelische Linie, daß die Mitte zwischen Reichtum und Armut erstrebenswert sei, wird in den meisten Fällen als Ideal hingestellt. Darum wird sehr häufig das platonische Gebet zitiert, das um Schönheit der Seele und ein richtiges Verhältnis von Besitz und innerem Leben bittet: «Besitz will ich nur in dem Maße haben, wie ihn der Verständige ertragen kann.» In diesem Sinne schätzt auch der fromme und gewiß nicht reiche Plutarch den Besitz, wenn er sich in guten Händen befindet. Aber da waren auch die Radikalen der Stoa und des Kynismos. Seit Antisthenes den Satz aufgestellt hatte: «Lieber wahnsinnig werden als genießen», predigen sie ein Armutsideal, das allerdings weniger aus sozialen Erwägungen kommt als aus dem Suchen nach Unabhängigkeit und Freiheit. Seitdem Poseidonios für die Stoa und Diogenes von Sinope, Krates und andere für den Kynismos und damit für die Predigt der Popularphilosophie überhaupt den Reichtum für die Ursache aller Übel erklärt hatten, gehört die ständige Klage über ihn zur Topik. Bei den Kynikern ist es anders: wenn auch hier teils das Dogma herrscht, daß nur der Arme und Unbelastete wirklich glücklich sein könne, gibt es doch eine kynische Praxis, die arm wird, um den anderen dienen zu können. Das darf man nicht übersehen. Krates und Hipparchia geben ihren Reichtum weg und führen ein Bettelleben aus religiös-sozialen Gründen. Man macht sich Gedanken über Aufhebung des Privateigentums und die Gütergemeinschaft, motiviert sie auch religiös. Da alles den Göttern gehört, die Weisen aber Freunde der Götter sind und Freunde alles gemeinsam haben, erübrigt sich für den Weisen jedes Privateigentum.

Das Christentum war von vornherein durch das Liebesprinzip in einer besonderen Lage. Aber diese war mit den heftigsten Spannungen geladen. Zwei Richtungen stehen sich von Anfang an gegenüber, die schon in den beiden Fassungen des Herrenwortes zum Ausdruck kommen, das bei Lukas heißt: «Selig ihr Armen ... verflucht ihr Reichen», bei Matthäus aber: «Selig sind die geistig Bedürftigen». Die eine Richtung führt einen heftigen Kampf gegen Besitz und Reichtum. Sie geht unmittelbar auf Jesus zurück, der vom «Betrug des Reichtums» und vom «Mammon der Ungerechtigkeit» gesprochen hat. Durch die Epoche zieht sie sich hindurch: «Sieh, viele deiner Brüder sind in Schmutz gekleidet und verhungern, aber dein Haus ist voll von Besitz, und nichts kommt für sie heraus»; «Beanspruche kein Eigentum für dich»; «Selten sind Reiche barmherzig»; «Anstatt Äcker zu kaufen, helft Witwen und Waisen». Die höchste Reife erreicht diese Haltung bei Basileios. Nur einiges aus seinen flammenden Aufrufen sei zusammengestellt: Für Christen darf es kein Privateigentum geben. Jeder soll nur soviel besitzen, als er unbedingt braucht. Wer einen Nackten nicht kleidet und einen Hungernden nicht speist, ist ein Dieb und Räuber. Der Reiche soll alle zu sich rufen, die kein Brot haben, und zwar ohne zu zögern. Wer das Gesetz Christi erfüllen will, kann nicht reich sein, der Reiche ist der «böse Nachbar», der Unkraut sät. Gefährlich wurde, daß das Schema eindrang: Reichtum ist Sünde und hat ewige Strafe zur Folge, Armut aber ein Verdienst, daher muß man «seinen Gewinn mit Gott teilen». So wird der Arme zum «Schatz der Kirche» und jede caritative Leistung ein Verdienst bei Gott.

Doch führte das in der Praxis nur selten zur Verwirklichung des absoluten Armutsideals, meist blieb es bei der Genügsamkeit und einem Kampf gegen Habsucht, Wucher, Geiz und unrechtmäßige Bereicherung. Es gab jedoch auch reiche Armutsfanatiker, die nach kynischem Muster Villen, Grundbesitz, Schmuck, Kunstwerke und Geld an Arme geradezu verschleuderten. Immer aber hat man es dem Armen leicht gemacht, Christ zu werden. Er hatte keinerlei Eintrittsgebühr zu zahlen, der gesamte Unterricht selbst an den christlichen Universitäten war kostenlos, die Taufe kostete nichts, und im Bedarfsfall hatte man große Unterstützungen zu erwarten.

Es gab aber auch eine *andere Richtung*. Sie bekämpfte das Armutsideal und die Voreingenommenheit gegen die Reichen und den Reichtum, zuweilen aber die sozialen Fragestellungen überhaupt. Clemens wies als erster in einer Schrift nach, daß «auch der Reiche selig werden könne». Ihm folgen andere. Dabei geht man bis zur völligen Umkehrung von Jesusworten: das Gleichnis vom Kamel und Nadelöhr bedeutet, daß der Reiche sein Geld nicht verschleudern soll. Sünde ist nur falsch benutzter Reichtum, Jesus verlangt gar nicht Weggabe des Besitzes, sondern er meint die Reinigung der Seele, er spricht nie vom wirtschaftlich Reichen, im Gegenteil, solche beruft er ebenso gern wie Arme. Diese Kreise heiligen das Eigentum: jedes Eigentum steht so unter Gottes Schutz, als ob es ihm selbst gehöre.

Das Ergebnis der Spannungen war, daß sich die Kirche ebensowenig wie der Kynismos in einer Zeit voll Geldgier, Spekulantentum und Wirtschaftskrisen von diesen Dingen frei machen konnte. Sie hat sich dagegen gewehrt, unsaubere Kleriker ausgeschlossen, das Zinsnehmen verboten, den Klerikern zeitweise das Annehmen von Erbschaften untersagt, aber geholfen hat das alles nichts. Zu allen Zeiten dieser Epoche gibt es christliche Geschäftemacher, die die Liebesbereitschaft der Gemeinden zu ihrem Vorteil ausnützen. Als es Sitte wird, um des jenseitigen Heiles willen der Kirche Stiftungen zu machen und sie als Erben einzusetzen, da stellt sich die Kirche, wie in dieser Zeit die afrikanischen, spanischen und gallischen Sozialaufstände beweisen, auf die Seite der Reichen.

Nicht ohne Erfolg war die christliche Wendung gegen den *Luxus*. Zwar haben die christlichen Lehrer oft nur Listen zu bekämpfender Luxusgegenstände von den Stoikern abgeschrieben oder die luxusverbietenden Staatsgesetze eingeschärft, aber sie konnten wieder tiefer motivieren. Wie Plutarch und Musonius verlangt man, daß der Christ sich weder schmutzig noch zerlumpt kleiden soll, mit spartanischer Schlichtheit ohne ionische Verweichlichung, praktisch. Echt christlich ist der Kampf gegen den Schmuck begründet: man soll nie vergessen, daß an Gold und Edelsteinen «viel Tränen der in den Bergwerken Arbeitenden» hängen. Einen Siegelring muß man ja tragen, aber nur am kleinen Finger, damit er bei der Arbeit nicht hindert. Widernatürlich ist es, sich die Ohren zu durchstechen und Ohrringe zu tragen. Der kosmetische Luxus beleidigt Gott unmittelbar, weil der Mensch meint, damit Gottes Schöpfung verbessern zu müssen. Eine geschminkte Frau wird er vielleicht bei der Auferstehung gar nicht für einen Menschen halten. Abgelehnt wird jeder Frisurenluxus; wirklich schön ist nur die Frau, die es von Natur ist. Das Färben des Haares ist wie bei Musonius Vaterlandsverrat, denn man ahmt damit die Haarfarben der Landesfeinde, Germanen und Kelten, nach. Ein langer Kampf richtet sich gegen Gladiatorenspiele, Tierhetzen und dekadente Theateraufführungen. Das führte sogar zu innerkirchlichen Zerwürfnissen, da es Christen gab, die behaupteten, solche Spiele seien in der Schrift nicht verboten. Es war nicht leicht, gegen ein

Massenvergnügen anzugehen, von dessen Bedeutung im Westen man sich erst dann eine Vorstellung macht, wenn man bedenkt, daß allein das Kolosseum über 40 000 Sitzplätze hatte. Außer Seneca, der allerdings sehr offen spricht, hat es auch kaum jemand gewagt. Von den Christen hat Tertullian in vorderster Front gekämpft und auch die Tötung von Verbrechern zum Vergnügen der Zuschauer energisch verworfen. Mit dem Sieg des Christentums folgte allmählich, allerdings sehr langsam, eine gesetzliche Regelung; im Jahre 325 verbot Konstantin Gladiatorenkämpfe als Form der Hinrichtung von Verbrechern, doch berührte das die Spiele und Grausamkeiten kaum. Julian folgte den Christen und verschärfte die Gesetze, doch wissen wir nicht, mit welchem Erfolg. 392 verbot Theodosios Spiele am Sonntag. Honorius weigerte sich, trotz des stürmischen Wunsches der Bevölkerung von Rom, Spiele zu geben, und Anastasios verbot sie 492 endgültig, aber in der Stadt Rom wurden noch bis 523 Gladiatorenspiele veranstaltet. Auch ist es nie gelungen, die Tierhetzen in den romanischen Ländern völlig abzuschaffen.

Im Kampf gegen die verkommene *Bühne* war die augusteische Gesetzgebung vergeblich vorangegangen. Die Christen werden hier sehr scharf: der Senat solle sich schämen, Dirnen bei den Floralien nackt auf der Bühne auftreten zu lassen, Ehebruch und Blutschande auf der Bühne seien unerträglich, die Gefühle in den Kitschstücken erlogen und unecht. So sehr etwa Tertullian das Reiten als «Gottesgeschenk» liebt, wendet er sich doch gegen die prunkvollen Zirkusveranstaltungen, den Starbetrieb, das zügellose Geschrei.

Endlich hat die Umwelt die christliche Ethik nach der *Askese* hin abgedrängt. Bei Jesus findet sie sich noch nicht, die Gegner nennen ihn «Fresser und Weinsäufer». Aber mit seinem Liebesgebot vertrugen sich immerhin zwei Formen der Askese, die *Askese aus Liebe*, die um des anderen willen auf vieles verzichtet, und die *gymnastische Askese*, die erziehen und stählen will. Dagegen ist die *meritorische Askese*, die die asketischen Leistungen als verdienstlich ansieht, dem ältesten Christentum fremd. Echt christlich blieb man nur so lange, als man lehrte, daß alle Enthaltsamkeit ohne Liebe wertlos sei. Ähnlich haben Pythagoreer und Platoniker formuliert: Plutarch empfiehlt die Enthaltung von Fleisch, weil dadurch weniger Unrecht in der Welt geschehe, und andere Formen der Askese, weil die Welt dadurch genügsamer werde. Auch in der *gymnastischen Askese* treffen Christentum, Platoniker und Stoiker zusammen. Gerade die lebensbejahenden kirchlichen Schriftsteller betonen, daß Instinkte, Triebe, Essen, Trinken, Geschlechtsleben gottgewollt und gut seien, daß es aber männlich sei, sich ihrer zu enthalten, wenn es aus irgendeinem Grunde notwendig werde. Ganz ähnlich spricht Plutarch, der die

Trankspenden dahin spiritualisiert, daß die Götter mehr Freude am ausgeschütteten als am getrunkenen Wein hätten.

Die *meritorische* Askese aber, die meint, sich bei Gott Verdienste zu verschaffen oder sich magische Kräfte, Vollkommenheit, die Macht, Wunder zu tun, zu erwerben und Lösung von allen peinlichen Erdenresten zu bieten, kam aus orphisch-pythagoreischen Kreisen und vom Kynismos ins Christentum. Aus den östlichen Mysterien stammen die *Säulenheiligen*, die in Hierapolis mit einem alten Phalloskult verbunden erscheinen, im Christentum aber nur noch asketische Bedeutung haben. Endlich kamen *jüdische* asketische Strömungen ins Christentum herein; ihr besonderes Merkmal ist das Übergewicht des Fastens als asketische Leistung. Oft ist aber die Askese auch nur eine Reaktion gegen Übersättigung oder Ekel, wovon die Quellen oft sprechen.

Alle diese Kräfte haben die christliche meritorische Askese entstehen lassen, die daher auch entsprechend bunt aussieht. Schon in judenchristlichen Gruppen erscheint das Fasten. Tertullian hat noch ein richtiges Gefühl dafür, daß das alles mit Jesus gar nichts zu tun hat, aber er erklärt es für eine vom Geist bewirkte *Überbietung Jesu.* Die Schwäche des Fleisches habe auch nach Jesu Weggang weiter bestanden, erst der montanistische Paraklet habe sie überwunden. Immer neue asketische Gruppen treten auf, sie sind oft originell und erfinderisch, oft übernehmen sie aber auch einfach die Techniken antiker Sonderlinge. Da sind aus dem Kybelekult stammende ‹Xerophagen›, die nur Trockenes essen, ‹Artothyriten›, die nur Brot und Milchprodukte zu sich nehmen, mithrisch beeinflußte ‹Aquarii›, die selbst beim Abendmahl keinen Wein trinken, aus der ägyptischen Volksreligion stammende ‹Raphanophagen›, die nur Rettiche essen, Enkratiten, die Fleisch und Wein verschmähen. Die Kirche hat bis etwa zur Zeit des Irenaios das jedem einzelnen überlassen, allmählich aber in Abwehr der Übertreibungen ihre eigenen asketischen Gesetze aufgestellt. Dabei ging es nicht immer ohne Gegensätze ab. So hatte sich bereits von Korinth aus – bezeichnenderweise – das jungfräuliche Ideal rasch und weit verbreitet und war in markionitischen und gnostischen Kreisen mit orphischen und buddhistischen Gedanken verbunden worden: es sei der Weg zur Erlösung der Menschheit aus dem Rad der Geburten oder aus der Gewalt des bösen Schöpfergottes. Die offizielle Kirche mußte das vom Schöpfungsglauben her ablehnen, konnte es aber nicht ganz tun. So ließ sie die Jungfräulichkeit als meritorische Tapferkeitsleistung gelten und hat sie dem Lohnschema eingefügt.

Alle Ströme antiker Askese flossen schließlich in die *Mönchsethik* ein. Aus dem Kynismos und den Tapferkeitsproben der Mysterien stammen Nachtwachen, Schlafen auf der Erde, rauhe Kleidung, Schlafen zwischen Schlangen und Würmern, Tauchen in Eiswasser. Aus den ägyptischen Sekten kommen Anachoreten, Eremiten und Freunde klösterlicher Gemeinschaft, aus buddhistischen Einflüssen erklärt sich die Heimatlosigkeit als eine der vier Kronen der Heiligkeit. Natürlich sucht man alles biblisch zu begründen: schon Adam trägt die stachlichen Feigenblätter als Bußleistung.

Das führte aber nun zu *zwei Schichten der Ethik*, und damit zu einer neuen christlichen Aufspaltung. Die Ethik des ursprünglichen Christentums war für alle gleich verbindlich gewesen und für alle gleich schwer. Mit der Aufnahme der Askese aber sonderte sich eine Gruppe der Heiligen, Ernsten, Reinen von den nur halb Heiligen, halb Ernsten, halb Reinen ab. Eine Vorstufe dazu gab es bei Dionysos, wo man auch nach ‹Eingeweihten› und ‹Bakchen› schied; auch die Pythagoreer trennten zwischen ‹Pythagoreiern› und ‹Pythagoristen›, bei den Juden gab es Voll- und Halbproselyten. Origenes hat vom christlichen Gnostiker höhere ethische Leistungen gefordert als von den gewöhnlichen Gläubigen, und griechisch-philosophisch wurde das seit Clemens von Alexandreia mit der aristotelischen Schichtenlehre der Ethik begründet. So entsteht eine Ethik für den Durchschnittschristen und eine für den Vollkommenen. Das ist die ethische Parallele zu der intellektuellen Trennung von gewöhnlichen Gläubigen und Gnostikern. In den Augen der «Vollkommenen» verhalten sie sich zueinander «wie Sonne und Mond».

Aber innerhalb der christlichen Asketen selbst kam es zu einer zweiten entscheidenden Spaltung. Etwa seit Athanasios entsteht ein Kreis der ‹gebildeten› Asketen, die im Grunde nur die Zurückgezogenheit von der Welt wollen und bis aufs Haar philosophierenden Einsiedlern oder philosophischen Lebensgemeinschaften gleichen. Sie lehnen das ungebildete Mönchtum ab, ihr Ziel ist griechische Selbstdisziplin und Selbstüberwindung, sie stammen meist aus begeisterten oder aus weltmüden höheren Kreisen, besonders aus weiblichen. Zu ihnen gehören im Osten die Kappadoker und die beiden Melanie, im Westen Paulin von Nola. Im Gegensatz zu ihnen stehen die bewußt einfältigen, oft rohen Mönchshaufen, die einerseits der christlichen Unterhaltungs- und Erbauungsliteratur unerschöpflich Stoff lieferten, andererseits seit dem 5. Jahrhundert die Leibgarden gewissenloser Bischöfe wurden und die Synoden und Konzilien in Schrecken versetzten. Hier erscheint der ‹Narr in Christo› auf ethischem Gebiet wieder. Ihr Beispiel ist etwa eine von der Legende besonders geliebte Figur wie Paulus der Einfältige, der vierundzwanzig Stunden in Kälte und Hitze betet, ohne aufzuhören, und jeden Befehl wörtlich ausführt. Zu ihnen gehören die Wandermönche (κυκλωταὶ μοναχοί), die heimatlos in einem lächerlichen Kleid durch die Welt ziehen, und viele andere.

Die Besten haben jedoch nie vergessen, daß über aller Askese die *Liebe* steht. Eine der extremsten Asketinnen der alten Kirche schärft ihren Schülerinnen ein, daß alle menschlichen Werke, auch das Fasten und die Nachtwachen der Asketen, vom Teufel nachgeahmt werden könnten – nur eins vermöge er nicht, zu lieben und demütig zu sein. Darüber hinaus bildet sich eine sehr bewußte und klare Opposition gegen alle Askese und alles Mönchtum. Ihre drei Führer im Westen sind Jovinian, Vigilantius und Helvidius, die Hieronymus schließlich niedergeschrien hat in seinen drei maßlosesten Schriften. Diese drei Männer betonen, daß es «nur *einen* Himmel» gäbe und für den Mönch bestimmt keinen anderen, daß meritorische Askese ein unfrommer Versuch sei, Gott zu bestechen, daß Gott die Ehe geboten und damit geheiligt habe, daß auch Maria verheiratet gewesen sei und nach dem übereinstimmenden Zeugnis der Evangelien mehrere Söhne und Töchter geboren habe. Aber mit dem Einbruch des Mittelalters verstummten diese Stimmen: der Mönch wurde mehr und mehr dem Märtyrer, ja, den Engeln gleichgestellt, und die Wundergeschichten von Mönchen überstrahlten die der Apostel, Märtyrer oder gar die Jesu weit.

Gelegentlich taucht auch das Gegenteil der Askese, der *Libertinismus*, auf. In neutestamentlicher Zeit lehnt er sich an die paulinische Gnadenlehre an. In der Gnosis erscheint dann die Forderung, daß der Mensch erst alle Sünden getan haben müsse, ehe ihm vergeben werden könne. Schließlich führt die Prädestinationslehre Augustins zu den libertinistischen Exzessen des Klosters Hadrumetum (426) und ähnlichen Erscheinungen.

Im allgemeinen aber einigt man sich auf eine mittlere Linie, indem man den stoischen Begriff des *Gewissens*, den auch Paulus verwendet, wieder in den Vordergrund rückt. Wie in der Stoa, im Kynismos und im Epikureismus wird das Gewissen, der Tragödie folgend, auch bei den Christen schließlich das Kriterium für rechtes und falsches Handeln, allerdings muß es durch Belehrung und Übung veredelt und geschärft werden. Ist das aber der Fall, dann gilt es auch den Christen als untrüglich, irrtumslos und zuverlässig. An die Stelle eines engen Moralgesetzes tritt doch immer wieder ein unendliches formales Ziel, die Gottähnlichkeit (ἡ πρὸς τὸ θεῖον ὁμοίωσις). Sie wird in der nie vollendeten Nachfolge Christi ständig erstrebt, in der viele nicht ermüden, weil sie sich von der übermenschlichen Kraft des Geistes getrieben wissen. Der Weg zu diesem christlichen Ziel ist aber griechisch: μάθησις und ἄσκησις.

Welche ‹*Erfolge*› die frühchristliche Ethik gehabt hat, ist eine oft gestellte, aber müßige Streitfrage. Weithin bleibt das Bild düster. Die Intrigen, die die Bischöfe fast unaufhörlich gegeneinander spinnen, die blutigen Tumulte auf Konzilien und Papstwahlen, die Greueltaten der Arianer gegen die Orthodoxen und der Orthodoxen gegen die Arianer, der Donatisten gegen die Katholiken und der Katholiken gegen die Donatisten, die gemeinen Dokumentenfälschungen, geistigen Diebstähle, Haßausbrüche, Denunziationen durch Christen wie Hieronymus, die Feigheit und Servilität gegenüber dem Staat und den kirchlichen Vorgesetzten, die Unterschlagung von Kirchengeldern und die unsauberen Geldgeschäfte der Kleriker, die Spiel- und Wettleidenschaft im christlichen Volk, das spricht alles während der ganzen Epoche in Ost und West eine so deutliche Sprache, daß jede idealisierende Verzerrung ausgeschlossen sein müßte. Man kann schon verstehen, daß Julian und mancher andere den Gegensatz zwischen Ideal und Wirklichkeit im Christentum so groß fanden, daß sie als ehrliche Menschen mit einem Ideal brechen mußten, das so wenig Kraft besaß. Doch darf man auch die andere Seite nicht übersehen: in sehr vielen Bekannten und Unbekannten hat sich das Ideal doch verwirklicht, soweit sich Ideale überhaupt verwirklichen lassen. Was Männer wie Origenes, die Kappadoker, Chrysostomos, viele der kleinen Helfer und Frauen an Liebe ausgestrahlt haben, hat tief nachgewirkt und manche Last der schweren Jahrhunderte erleichtert, indem es eine breite Sphäre der Menschlichkeit schuf, an der man nicht mehr vorübergehen konnte. Die ‹Erfolge› einer Idee kann der Historiker nie ganz erfassen, und noch weniger der Statistiker. Vielleicht ist es für die Geistesgeschichte schon genug, daß Ideale überhaupt da sind.

6. Zauber und Aberglaube

Eines der seltsamsten Merkmale der Antike ist ihr Durchdrungensein von Magie. Das Christentum hat daran kaum etwas ändern können, im Gegenteil, es ist der Magie selbst verfallen. Griechische Religion und Philosophie waren längst von Magischem durchsetzt, alles Leben, von den offiziellen staatlichen Handlungen über die Weltschau der Historiker bis zum alltäglichen Liebeserlebnis des Dienstmädchens in der Vorstadtstraße war in der griechischen Welt von Zauber und Magie umgeben. Schließlich gab man den Kampf dagegen auf, und sowohl das Christentum wie der Platonismus sind ihnen zum Opfer gefallen.

An erster Stelle steht noch immer die Technik der *Orakel* und der *Vorzeichenglaube*. Seit dem zweiten christlichen Jahrhundert beleben sich die alten Orakel, Plutarch erneuert Delphoi, die Sibylle wird schließlich zur christlichen Heiligen, Kaiser benutzen den Orakelglauben als wichtigstes Propagandamittel, kein Historiker kommt ohne ihn aus. Besonders Geburt, Traum und Tod sind die ‹magischen› Momente des Lebens für Orakel und Vorzeichen. In Alexanders Geburtsnacht brennt der Tempel von Ephesos nieder, Scipio ermahnt vor dem Sturm auf Carthagena seine Soldaten durch eine Traumerzählung, und sterbend hat Alexander die Zukunft verkündet. Aber auch kein anderes Mittel wird verschmäht: Berauschung durch chemische Stoffe, Eingeweide- und Vogelschau, spiritistische Séancen, Befragung mumifizierter Köpfe, Orakel durch Picken von Tieren oder Zucken von Gliedmaßen, Spiegel- und Weinschau, Buchstaben- und Zahlenspielereien, Husten und Niesen, hochkomplizierte Orakelgeräte. Viele Orakel liefen literarisch um, andere wurden von Fall zu Fall angefertigt und für jeden Preis verkauft; der Pseudomant Alexander von Abonuteichos hat einen Stab von Orakeldichtern, -schreibern und -auslegern und besitzt eine ganze Orakelbibliothek.

Zum Vorzeichenglauben tritt die *Astrologie*, ein Gemisch von ernster Astronomie, materialistischer oder idealistischer Erkenntnistheorie, fatalistischer Metaphysik und magischer Technik. Sie ist ungeheuer verbreitet, stammen doch selbst die chinesischen Tierkreiszeichen aus dem Hellenismus. Fast alle Religionen haben sich mit ihr verbündet: der Zeus von Heliopolis umgibt sich mit den sieben Planeten, Attis setzt die Sternenmütze auf, Mithras versammelt Sonne, Mond, die Tierkreiszeichen und die vier Winde um sich, Isis setzt den Hundsstern auf die Front ihrer Tempel, der Christus der Johannesapokalypse hält die sieben Planeten auf seiner Hand, Isis und ihre Nachfolgerin Maria bekommen den Mond als ihr Zeichen. Aber die Astrologie wird selbst zur Erlösungsreligion mit einem hohen Ethos. Es lag ja in ihr die Polarität echter Religion, denn man fühlte sich einerseits durch die Erkenntnis des harten Zwanges der ‹Heimarmene›, des von den Sternen bedingten Schicksals, bedrückt, unfrei, gedemütigt, ‹schlechthin abhängig›, und doch zugleich von der Erhabenheit der Sternengesetzlichkeit ergriffen, getragen, in ihr geborgen, über die niederen sublunaren Sphären emporgehoben und daher von allem Irdischen befreit und erlöst.

Den Bereich des *Zaubers* haben die Neuplatoniker in ein System gebracht, das ‹Theosophie› als Zauber durch göttliche Menschen, ‹Theurgie› als Zauber mit Hilfe guter Dämonen und ‹Goetie› als Zauber mit Hilfe böser Dämonen unterscheidet. Als philosophische Grundlage diente bei den Stoikern die Lehre von der Sympathie, bei den Platonikern und Neuplatonikern die Lehre von den Dämonen als Mittlern zwischen der Welt des reinen Geistes und der des Stoffes, oder auch die Lehre von der Allbeseelung der Welt. Religion, Philosophie, Technik, Naturwissenschaft, Aberglaube primitivster Art und Schwindel mischen sich nun in den außerchristlichen und christlichen *Zauberpapyri.* Wir kennen heute etwa hundert größere, davon sind etwa zwanzig sicher christlich. Sie versprechen alles: Unsichtbarkeit, glückliche Wetten, Liebe, Schutz gegen jeden Feind, dienstbare Geister, Gesundheit, Geld, Herrschaft über alle Dämonen. Ihr Geheimnis liegt darin, daß ihre Praktiken unausführbar sind. Da müssen Formeln ausgesprochen werden, die sich gar nicht aussprechen lassen, da sind Mittel zu beschaffen, die ein Vermögen erfordern würden oder nicht zu beschaffen sind: Spitzmäuse, Mondkäfer, Geier, ungeborene Kinder. Auch setzen sie so grellen seelischen Belastungen aus, daß Menschen mit normalen Nerven sie nicht ertragen können. Nur die Formen sind international: da steht Hermes oder das alte Volksgespenst des Kopflosen friedlich neben Jahve und Christus, und sinnlose orientalische Worte neben hohem religiösem griechischem Gut und dem zum Zauberspruch gewordenen Vaterunser.

Inhaltlich stehen für den christlichen Zauber die *Dämonenaustreibungen* an erster Stelle. Von den primitivsten Formen des Herausziehens des Dämons aus der Nase des Besessenen über die Entlarvung des Dämons durch Nennen seines Namens bis zu kompliziertesten religiösen oder philosophischen Beschwörungsformeln begegnet der Exorzismus.

Weiter übernimmt die christliche Volksfrömmigkeit die meisten Formen des *Heilzaubers;* an die Stelle des asklepischen Tempelschlafes zu Heilungszwecken tritt der Kirchenschlaf. Das Gegenstück, der *Schadenzauber,* ist ebenso beliebt wie gefürchtet. Stets hat man raffinierte Techniken für ihn ausgearbeitet: Verleumdungen bei einer Gottheit, Analogiehandlungen, ‹Epipompe›, das heißt Ablenkung einer schädlichen Macht von sich auf einen anderen, bei dem es mehr zu holen gibt, fürchterliche Fluchformeln, die bis in die höhere Literatur und in die Politik vordrangen – man denke an Ovids Ibis oder an die damnatio memoriae der Kaiser –, die aber auch gequälten Menschen oft das Herz erleichterten: man denke an die furchtbaren Fluchformeln der Artemisia, die den Vater ihres Kindes verflucht, weil er dessen Mumie verpfändet hat. Oder da sind die für die Christen besonders wichtigen Bleitäfelchen und Zeichnungen, die man in Gräber steckt oder in Brunnen wirft, um die Geister der Tiefe zu entfesseln, die Herbeirufungen der Hekate oder der Racheengel, die Beschwörungen rachebedürftiger Seelen Ermordeter und anderer vorzeitig Gestorbener.

Dazu kommt der *Abwehrzauber,* der vorwiegend mit Speichel und

Zauberkreisen arbeitet, der Schutz vor dem bösen Blick, das Besprechen von Schlangen, Spinnen und Skorpionen, das bis in die Philosophie eingedrungen ist, und die ganze Fülle des kleinen Alltagsaberglaubens.

Endlich bietet der hellenistische Aberglaube dem Christentum eine reiche *Magie heiliger Gegenstände* an. Da gibt es, anknüpfend an das ehrwürdige Palladium, Götterbilder, die vom Himmel gefallen waren, andere, die im Regen nicht naß werden, frei in der Luft schweben, leuchten, schwitzen, weinen, Tempel, in denen man seinen Schatten verliert. Hoch entwickelt ist die Kunst der Amulette mit griechischen, ägyptischen, persischen, babylonischen, jüdischen, christlichen Namen und Symbolen, richtig und verkehrt geschrieben, die gegen jeden Luft-, Erd-, Unterweltdämon wie gegen jeden Schadenzauber schützen. Das Material reicht von der Tonscherbe und dem Papyrusfetzen bis zum kostbaren Edelstein, der Formenreichtum ist unerschöpflich. Dazu kommt der allgemein verbreitete *Reliquienzauber;* besonders beliebt sind Reliquien von Verunglückten, gewaltsam Getöteten und Gladiatoren. Wir sind in der glücklichen Lage, durch einige antike Autoren die erstaunliche Technik, deren sich der *Zauberschwindel* bediente, zu kennen. Was dabei überrascht, ist, daß die Spätantike hier eine Kenntnis physikalischer und technischer Gesetze aufweist, die zu besseren Zwecken kaum je verwandt wurden, eins der merkwürdigsten Probleme der antiken Kulturgeschichte.

Gegnerschaft gegen die Magie findet sich nur bei den Epikureern, bei einigen streng naturwissenschaftlichen Stoikern wie Panaitios, bei skeptischen Dichtern, mit gewissen Einschränkungen bei Cicero und vielleicht bei den Gläubigen des Dionysos. Denn es ist sehr auffällig, daß der Gott, der sonst in dieser Epoche am häufigsten begegnet, im Zauber kaum eine Spur hinterlassen hat. Einige Kaiser, wie Claudius, Vitellius und Caracalla, erließen Gesetze gegen die Zauberei, aber nur aus Angst vor ihr. Fast alle Kaiser mit Einschluß der christlichen bieten Beispiele krassesten Aberglaubens, selbst Marc Aurel ließ sich lange Zeit von dem Pseudomanten Alexander von Abonuteichos betrügen. Zu den seltsamsten Erscheinungen der Geistesgeschichte gehört aber, daß der Platonismus und das Judentum dem Aberglauben und der Magie am stärksten verfallen sind. Bei Jamblich ist der Neuplatonismus nur noch ein Gemisch von Magie und Mystik mit einigen naturwissenschaftlichen Restbeständen. Die Beispiele für jüdischen Zauber sind zahllos. Zarathustra, in hellenistischer Umdeutung der Urmagier, hat Magie und Astrologie «von Abraham gelernt»; Nilsson hat nachgewiesen, daß außer Helios kein Zaubergott so häufig in der Magie vorkommt wie Jahve-Iao, Sabaoth und Adonai. Besonders im erotischen Zauber sind die Juden führend:

zaubernde Liebhaber werden «so schön wie Jahve, so reich wie Sabaoth». Eine Masse von alttestamentlichen Stellen, besonders von Psalmzitaten, finden sich in den Zauberformeln.

Für das *Christentum* war der Weg durch das Neue Testament gewiesen. Von ihm aus war jede Magie unmöglich, die auf dem Schicksalsglauben aufbaute oder auf Gott einen technischen Zwang ausüben wollte. Dagegen hatte es den Dämonenglauben beibehalten und sogar gefördert, so daß hier die große Einbruchslücke für den Zauber war und für alle Zeiten blieb. Fast ohne Einschränkung hält das Christentum an derselben Dämonenordnung fest, die Plutarch zusammengestellt hat. Der Dämonenglaube dient: 1. zur Erklärung der mythischen Götter, 2. der Orakel, 3. des Bösen, 4. des persönlichen Daimon im Sinne des sokratischen, 5. des Aufenthaltes und der Existenzweise der fortlebenden Totenseele, 6. der Wirkkräfte alles Unerklärlichen. Alle sechs Formen finden sich im Christentum wieder: 1. Alle griechischen Götter sind böse Dämonen. Darum sind Tempel, Götterbilder, Opferfeiern und Theater gefährliche Orte, denn in ihrer Nähe wimmelt es von Dämonen. Aus den guten Dämonen werden die Engel. 2. Auch die Orakel stammen meist von bösen Dämonen, denn sie verwirren die Menschen durch Vieldeutigkeit. Gelegentlich wirken sie aber auch ein gutes Werk wie bei der Anzeige der Geburt Christi an die Magier. 3. Mit Genehmigung Gottes, aber als Werkzeuge des Teufels erzeugen die Dämonen Krankheiten, Wahnsinn, unsittliche Leidenschaften, Schlaflosigkeit, böse Träume, Irrlehren und Verfolgungen. 4. Die Besessenheit von einem bösen Dämon trifft sogar den Asketen in der Wüste, der gute persönliche Dämon wird zum Schutzengel. 5. Als Totendämonen begegnen Geister, die die Seele fangen wollen, das Fleisch verzehren und sich bei den Gräbern aufhalten. Sie werden gern mit ruhelosen Seelen gleichgesetzt und können wie im griechischen Zauber beschworen werden. Jahrhunderte währte in der Kirche der Streit um die Totenbeschwörerin von Endor. Hatte sie wirklich den toten Samuel heraufgeholt, oder war die Erscheinung ein böser Dämon, der den Toten nur vortäuschte? 6. Bei der Frage nach den ungeklärten Ursachen schwankte man. Theoretisch hat man zwar nie vergessen, daß Gott Ursache aller Dinge ist, aber die Volksreligion begnügte sich damit nicht, sondern behielt auch da die Dämonen bei. Wie die christlichen Amulette beweisen, blieben selbst die misch- und tiergestaltigen Dämonen erhalten, dazu alte Bekannte wie der ‹Kopflose›, der ‹Schwarze› oder Abraxas. Selbst höchste christliche Formeln sinken dabei in die Dämonenwelt ab; als Beispiel diene eine sehr frühe christliche Zauberformel: «Komm zu mir, der Götter Gott, der aus Feuer und Geist erscheint». Da konnte auch der Kampf des Origenes gegen alle barbarischen Dämonenvorstellungen, die sein platonischer Gegner billigt, nichts ändern.

Am wenigsten hat sich in der alten Kirche die *Astrologie* durchzusetzen vermocht. Das hing mit der Verwerfung des Schicksalsglaubens zusammen. Es galt als «töricht», «den Himmel mit Bildern zu bemalen», und falsch, an ihren Mechanismus zu glauben, denn «an uns, nicht an den Sternen liegt es, ob wir Gutes oder Böses tun». Nur die wissenschaftliche Astrologie hielt sich bei einigen gebildeten Christen und stützte sich auf die Magier der Weihnachtsgeschichte, die Origenes mit Hilfe des Kometenbuches des Chairemon auslegt. Die Gegner der Astrologie aber machten diese Magier zu den letzten legitimen Astrologen: der Satz, daß sie «auf einem anderen Weg zurückkehren sollten», bedeutet, daß sie von nun an keine Astrologie mehr treiben durften.

Dagegen hat das *Dämonenaustreiben* in der alten Kirche riesige Ausmaße angenommen. Der Exorzist brachte es sogar zu einem eigenen kirchlichen Amt. Als Austreibungsmittel dienen Gebetsformeln, Nennen des Jesusnamens, Fasten, Bedrohen des Dämons, symbolisches oder wirkliches Schlagen, Gesten aller Art, Reliquienbenutzung, Handauflegung, Anblasen. Da der Dämon Sklavengesinnung hat, rächt er sich aus der Ferne am Exorzisten, schickt die Christenverfolgungen, verhindert das Lesen christlicher Schriften. Aber der Christ ist allen überlegen, und der Christusname vertreibt sie alle, sogar dann, wenn ihn häretische oder heidnische Exorzisten aussprechen. Seit dem 4. Jahrhundert wird der Exorzismus allmählich ein fester Bestandteil der Taufliturgien.

Am bedenklichsten war der siegreiche Einzug der Magie in das christliche *Sakrament* und *Gebet*. Das geschah schon früh, denn der Einfluß der magischen hellenistischen Sakramente war zu stark, und die sakramentale Mystik des Neuen Testamentes war für die ins Christentum einströmenden Massen viel zu innerlich und geistig. So wurde sie ins Technische übersetzt und erscheint als Sakramentsmagie. Die *Taufe* erhält die Namen der wichtigsten Zauberhandlung der Zauberpapyri (πρᾶξις), sie sammelt auf sich Zaubergesten, wie Anblasen, Berühren mit Speichel, Verfluchung der Dämonen; das kostbare Taufwasser darf weder verschüttet noch abgewischt werden, darum darf man sich nach der Taufe wochenlang nicht baden oder waschen oder läßt sich in den Kleidern taufen. Magisch ist es, wenn es auf die innere Haltung des Täuflings überhaupt nicht mehr ankommt und die Taufe durch Ketzer gültig bleibt, wenn in die Taufbrunnen Münzen eingeworfen werden wie in die Heilquellen antiker Heilgötter, wenn immer neue Wundergeschichten von der Zauberwirkung des Taufwassers entstehen, wenn die Taufe nur noch als

Schutzmittel gegen Dämonen angesehen wird. Diese rein magische Wirkung hat nicht ohne Schuld Augustins dahin geführt, daß die Taufe eine rein technische Beseitigung einer dämonischen Substanz, etwa der Erbsünde, wird.

Ähnlich hat sich die Magie des *Herrenmahls* bemächtigt. Mit Kyrill von Jerusalem (gest. 386) begann der Verwandlungsakt zauberhaft zu werden, doch gab es längst Vorläufer verschiedener Schattierungen. Gegen diese Entwicklung kam nur von Alexandreia ein lauter Protest, der aber vergeblich war. Hier ist das ewige Abendmahl des Pneumatikers eine rein geistige Versenkung in Christus, die nicht einmal des Brotes und Weines bedarf. Aber in der übrigen Kirche werden die Vorstellungen immer gröber. Ignatios wendet als erster ein aus der Isistheologie stammendes Wort für das Herrenmahl an, «Medizin für die Unsterblichkeit» (φάρμακον ἀθανασίας); das hat Nikaia zum Dogma erklärt. Seither reicht man Sterbenden die «furchtbaren Mysterien», zuweilen sogar dreimal zur Steigerung der Wirkung. Seit Cyprian gibt man Säuglingen die Zauberspeise. Doch verschwindet der paulinische Begriff der Würdigkeit des Teilnehmers nicht ganz, aber auch er wird magisiert. Wer würdig genießt, in dem tötet die eucharistische Speise auch chemische Gifte, wer unwürdig genießt, dem verdorrt die Hand.

An die Stelle des magischen *Zauberstabes*, mit dem der Jesus der Katakombenbilder Tote auferweckt und Wasser in Wein verwandelt, tritt allmählich das *Kreuz*. Nirgends sieht man deutlicher, wie *Mystik zur Magie technisiert* werden kann. Als Zauberzeichen erscheint es in der Form des einfachen Kreuzes, bei den Kopten als die ägyptische Lebenshieroglyphe des Henkelkreuzes und seit konstantinischer Zeit als ‹Christusmonogramm›, ein christlich interpretiertes vorchristliches Symbol. Tertullian macht das Kreuzzeichen «bei jedem Schritt», beim Ankleiden, Anziehen der Schuhe, Baden, vor dem Essen, Lichtanbrennen, Hinsetzen, Einschlafen; seitdem es durch Konstantin offizieller Heerestalisman geworden war und schon früher fester Bestandteil der Liturgien, verdrängte es alle anderen Zauberzeichen. So verbietet Athanasios alle heidnischen Zaubermittel, erlaubt aber das Kreuz für jeden Zauber.

Die hellenistische Reliquienmagie heftet sich an *Märtyrerleichen*. Man berührt den Leib des Märtyrers, trägt Aschen- oder Knochenreste bei sich, sammelt seine Überbleibsel. Nur selten wagt einmal jemand, den Reliquienaberglauben und die damit einsetzende Leichenfledderei als heidnisch zu bekämpfen.

Außerchristliche *Zauberformeln* wurden entweder leicht christianisiert oder durch christliche Sätze wie den Johannesprolog oder das Vaterunser ersetzt. Die merkwürdigste ist die Sator Arepoformel, die noch heute jeden Mathematiker ergötzt. Das Kreuz, der Anfang des lateinischen Vaterunsers, die Symbolik ‹Christus das A und O›, vielleicht Beziehungen zu dem göttlichen Himmelswagen des Ezechielbuchs sind in die schon in Dura und Pompeji bezeugte palindrome Formel hineingelesen worden. Ursprünglich eine rein profane mathematische Spielerei – in Pompeji steht sie noch zwischen Liebeserklärungen und unanständigen Inschriften –, wird die Formel bis weit ins Mittelalter hinein ein weitverbreitetes christliches Zaubermittel. Auch der Buchstabenzauber bleibt erhalten, das Th ist Abwehrzeichen des Todes, das Y hilft gegen Krankheit, das I als Anfang des Jesusnamens für und gegen alles. Dabei wird das Quantitätsprinzip eifrig benutzt, so wiederholt man schon im frühen Mönchtum das Vaterunser dreihundertmal, um seine Wirkung zu steigern.

An die Stelle antiker Heilpriester, Wundertäter und Gottmenschen treten christliche *Wundertäter und Heilige*, die ihnen bis aufs Haar gleichen. Eine antichristliche Quelle des 4. Jahrhunderts stellt übertreibend fest, jeder christliche Priester sei Zauberer, Wahrsager und Wunderarzt. In der Legende und Geschichte gibt es dafür Beispiele genug, und es ist eigentlich nur überraschend, daß man den Heiligen Wunder zutraut, gegen die die schlichten Heilungen Jesu völlig verblassen. Petrus macht geräucherte Fische lebendig und läßt Säuglinge mit Baßstimme reden, andere Heilige machen sich unsichtbar, führen einen toten Knaben als echten griechischen Paredros mit sich herum, werfen Berge durcheinander, werden durch wilde Tiere gespeist. Historisch greifbar sind nur wenige dieser Gestalten, so etwa der bis Indien missionierende Wunderarzt Theophilos, der am Hof Konstantins Heilungen vollzog. Dagegen haben einige historische, durchaus unmagische Gestalten es erdulden müssen, daß man sie zu Zauberern machte, so der Origenesschüler Gregor Thaumaturg, von dem seine Schüler erzählten, er habe einen See austrocknen lassen, weil sich zwei Brüder um die Fische stritten, oder eine Überschwemmung eingedämmt, und so vor allem Cyprian. Schon im 4. Jahrhundert macht sein historisches Bild einem der wüstesten Zauberromane aller Zeiten Platz, «et c'est une des grandes ironies des choses d'ici-bas que ce roman connut une fortune plus brillante que la réalité ... la légende de Cyprien le Mage traversera les siècles», und hat schließlich im ‹Faust› den letzten Niederschlag gefunden. Man traute einander auch allerlei zu: die Arianer behaupteten, Athanasios habe den Bischof Arsenios ermordet und mit dessen abgehauener Hand gezaubert. Allerdings hatten sie das Pech zu übersehen, daß der Bischof noch lebte.

IV. DIE ALTCHRISTLICHE GESELLSCHAFT

1. *Die Völker*

Die neutestamentlichen Schriften hatten verkündet, daß vor Gott kein völkischer Unterschied bestehe, sowohl in bezug auf die Schuld als auch auf das Heil der Menschen, daß der neue Gott sowohl für Griechen wie für Barbaren gekreuzigt sei. Trotzdem hat das Christentum nicht nur die Vielheit der antiken Völker und ihre Eigenarten anerkannt, sondern in vielen Fällen sogar diese Eigenarten erst ans Licht treten lassen und damit zur Selbstbesinnung dieser Völker geführt. Wie war das möglich?

Durch die hellenistische Antike ging ein kosmopolitischer Zug. Als erster hatte sich Alexander der Große bewußt dafür entschieden, als er nicht dem Rat des Aristoteles folgte, die Barbaren wie Tiere zu behandeln, sondern der sophistischen Humanitätslehre des Isokrates von der einen Menschheit, und er hatte seine gewagten Verschmelzungsexperimente zwischen Griechen und Persern nicht ganz ohne Erfolg gemacht. Er wurde unterstützt von dem seit dem 4. Jahrhundert zunehmenden Interesse der Griechen für alles Nichtgriechische, von der reichen völkerkundlichen Literatur, von der romantischen Schwärmerei für Inder, Babylonier, Ägypter, Skythen, Germanen, Kelten. Man hat häufig behauptet, sie seien mit den Griechen verwandt; es gab Kreise, denen das Latein als griechischer Dialekt galt. Die theoretischen Grundlagen des Kosmopolitismus lieferten in der Folgezeit die sophistisch-stoische Naturrechtslehre, die kynische Opposition gegen alle Unterschiede und das stoische Menschheitsethos.

Aber es gilt doch einige Einschränkungen zu machen. Politisch haben innerhalb der großen Reiche zwar nur die Juden versucht, erst gegen die Diadochenreiche, dann gegen das römische Imperium ihre völkische Selbständigkeit zu erkämpfen. Doch an den Reichsgrenzen lebten politisch freie und kulturell eigenständige Völker, Parther, Araber, Skythen, Germanen und kleinere, die nie wirklich unterworfen und nie ganz hellenisiert waren. Auch innerhalb des Reiches blieb ohne politische Selbständigkeit kulturelles Eigengepräge oft ungestört erhalten. Es gelang der Koine nicht einmal, die Volkssprachen völlig zu verdrängen, und es bedurfte nur eines Anlasses, um diese, wie etwa die ägyptischen Dialekte, zu Literatursprachen werden zu lassen. Griechische und lateinische Völker blieben trotz tausendfacher Verbindungen selbständig, und im Westen entstanden aus genuiner Bevölkerung und Lateinerschicht neue geschlossene Volkskörper.

Das Christentum hat das Komplizierte dieser Situation klar erkannt und ihm Rechnung getragen. Es war viel zu religiös bestimmt, um sich mit den rein rationalistischen kynisch-stoischen Lösungen begnügen zu können. Trotz der Aufnahme des Naturrechtes war es durch die Praxis vor die Verschiedenheit der Völker gestellt. Schon Paulus hat die christliche Lösung gefunden und gefordert. Es gibt zwar eine Einheit aller Menschen, aber sie besteht nur da, wo die Menschen in Christus sind: «Ihr seid alle einer in der Verbindung mit Christus.» Aber soweit sie alle auch noch zur empirischen Welt gehören, sind sie verschieden als Mann und Weib, Knecht und Freier, Grieche, Jude, Skythe und Barbar. Paulus hat nicht darüber reflektiert, ob das von der göttlichen Schöpfung her so angelegt oder ob das erst Folge des menschlichen Falles sei und ob die Verschiedenheit der Völker göttlicher Wille oder menschliche Schuld sei. Aber er hat ihr in seiner Mission Rechnung getragen. In, nicht neben den Völkern muß das Evangelium verkündet werden, und zwar jedem Volk in seiner Eigenart. Aus dem verpflichtenden Sendungsdrang, «allen Schuldner» zu sein, kam die praktische Verwirklichung: «Den Juden bin ich geworden wie ein Jude und den Griechen wie ein Grieche.» Man sieht, wie auch hier nicht eine philosophische Theorie maßgebend ist, sondern das christliche Liebesmotiv.

Die beiden wichtigsten Mittel, die das junge Christentum für seine umfassende Völkermission verwandte und mit denen es sich anpaßte, waren die *Predigt in den Volkssprachen* und die reiche religiöse *Übersetzungsliteratur*. Schon der Verfasser der Apostelgeschichte hat die Forderung aufgestellt, daß der vom Geist getriebene christliche Missionsprediger jedem Volk in seiner Volkssprache «die großen Taten Gottes reden» soll. Während sich die Missionspraxis der meisten hellenistischen Religionen und missionierenden Philosophien der bequemen griechischen Koine und im Westen des Lateins bediente, hat ein Mann wie Irenaios als Bischof von Lyon noch im Alter das gewiß nicht leichte Keltisch gelernt, um so predigen zu können. Wer zuerst in Ägypten koptisch gepredigt hat, wissen wir nicht, jedenfalls aber sind es griechische Alexandriner gewesen. Nach Apostelgeschichte 14, 11 ist nicht ganz ausgeschlossen, daß Paulus Lykaonisch gesprochen hat; bei der Nachbarschaft von Lykaonien und Kilikien war es durchaus möglich, daß der polyglotte Paulus in seiner Jugend einiges von dieser Volkssprache sich angeeignet hatte. Syrische christliche Prediger hat es schon im 2. Jahrhundert gegeben. Leider können wir uns von der Art dieser Predigt, insbesondere von ihrer philologischen Beschaffenheit vor den Bibelübersetzungen außer bei den Kopten gar keine Vorstellung mehr machen.

Von noch größerer Bedeutung ist die Masse der christlichen *Übersetzungen.* Vom 2. Jahrhundert an beginnt eine imponierende Übersetzungstätigkeit der Kirchen. Seit der Alexanderzeit ist unendlich vieles *ins* Griechische übersetzt worden, besonders in Alexandreia, aber auch in Babylonien.

Aber das Christentum ist auch den anderen Weg gegangen. Es hat aus dem Griechischen in oft ungeeignete, wort- und formenarme, primitive und über den Dialekt noch nicht hinausgekommene Sprachen übersetzt, und zwar nicht aus wissenschaftlichen, sondern nur aus missionarischen Gründen. Mit der Verpflichtung, *allen* Schuldner zu sein, hat man es tatsächlich viel ernster genommen als irgendeine andere Religion oder Philosophie. Bei den meisten dieser Übersetzungen mußten alle Vorarbeiten, von der Schrift an, erst geleistet werden. Damit ist in der Tat ein Werk einmaliger Größe entstanden. Von den koptischen, syrischen und altlateinischen Übersetzungen über die äthiopischen, georgischen, armenischen, gotischen bis hin zur altslavischen sind geistige Leistungen größten Formats vollbracht worden, und zwar nur von der griechischen Kirche aus. Die lateinische hat sich keinerlei Mühe gegeben. Es gibt weder eine christliche Übersetzung in eine Berbersprache, was der großen afrikanischen Kirche ein leichtes hätte sein können, noch eine keltische; und die germanische Übersetzung ist nicht von Rom, sondern von Byzanz aus gemacht worden.

Meist werden zuerst die Bibel oder Bibelteile übersetzt, dann folgen liturgische Formulare, Märtyrer- und Heiligenlegenden, Geschichtschreibung und seit den großen dogmatischen Streitigkeiten schwierigste theologische Literatur. Sogar nichtchristliche philosophische Literatur übertragen diese meist anonymen christlichen Übersetzer. Dazu kommen Predigten, Briefe und erbauliche Traktate. Diese Übersetzungsarbeit ist die letzte große Welle der *Hellenisierung* der Welt. Was die Fülle griechischer Begriffe und Worte im Koptischen äußerlich bezeugt, gilt nun für alles: jetzt erst dringt griechisches Geistesleben in christlicher Form zu koptischen Bauern, armenischen Kaufleuten, arabischen Grüblern und gotischen Kriegern vor.

Nur der *Manichäismus* hat etwas Vergleichbares geschaffen. Eine Religion, die sich auf Zarathustra, Jesus und Buddha stützte, war von vornherein für alle Völker offen. So hat sie ähnliche bewundernswerte Übersetzungsleistungen vollbracht.

Auch in anderen Ausdrucksformen paßt sich das Christentum den Völkern an. Die Heiligenkalender füllen sich mit bodenständigen lokalen und völkischen Heiligen, jedes Volk will seinen eigenen Apostel und seine eigene christliche Tradition haben. Da die Hauptfiguren nicht ausreichen, greift man zu den Nebenfiguren. Welches Schicksal hat nicht der ‹Hauptmann Longinus› unter dem Kreuz gehabt; sogar zum Germanen und zum Spanier ist er geworden.

Die Völker bekamen durch dies alles ein unerhörtes *Selbstbewußtsein.* Mit Ehrfurcht und Freude betrachteten sie die Literatur in ihrer eigenen Sprache, auch wenn sie vieles nicht verstanden. In der Kirche drückte sich dieser Stolz durch ein Überlegenheitsgefühl aus: das Christentum hat mehr Völker vereinigt als das Alexanderreich und das römische Imperium. Justin und Tertullian zählen schon die von Römern nie betretenen, Christus aber freiwillig unterworfenen Länder auf. Doch mußte man allerdings auch manchen Angriff einstecken, weil man sich mit den Barbaren abgab, aber man wehrte sich dagegen mit dem Hinweis auf die Kulturleistungen der Barbaren, die man griechischen und lateinischen barbarenfreundlichen Geographen und Periegeten entnahm. Bei den Völkern selbst aber entstand das stolze Gefühl, daß man nicht nur religiös, sondern überhaupt geistig Griechen und Römern gleich sein oder gleich werden konnte, denn der Christ «kann auch ohne Bildung philosophieren, sei er nun Barbar oder Grieche».

Wie gestalteten sich nun die Dinge bei den wichtigsten antiken Völkern?

a) Die Griechen

Man muß sich immer und immer wieder vor Augen halten: die ältesten Schriften des Neuen Testamentes sind an Gemeinden des griechischen Mutterlandes, nach Thessalonike, Korinth und Philippi gerichtet. Auf dem Areopag spielt die wirkungsvollste Szene der Apostelgeschichte. Paulus stammt aus der ‹griechischsten Stadt› Kleinasiens, und der Verfasser der Johannesschriften lebt in dem griechischen Ephesos. Griechenstädte sind die sieben Gemeinden der Apokalypse, griechisch sind alle Schriften des Neuen Testamentes und überhaupt alle eigenständigen und neuen Schriften des frühesten Christentums geschrieben. Im griechischen Kolonialgebiet, in Kyrene, Kypern, Alexandreia, der syrischen Dekapolis, am Pontus sind die Ausfallstore des Christentums zu anderen Völkern. Das wichtige Rhônegebiet wird durch den griechisch schreibenden und denkenden Irenaios christlich. Clemens von Alexandreia ist Athener, in Athen schreibt Origenes seine zwei besten Kommentare. Byzanz prägt der christlichen Lehre und der christlichen Kunst ihre endgültige Form. Das sollte eigentlich ganz selbstverständlich sein und gar nicht mehr gesagt zu werden brauchen.

Dem Nachweis der inneren Beziehungen zwischen Griechentum und Christentum dienten bisher große Teile der Darstellung. Hier ist nur noch zu sagen, daß eine Weltreligion im 1. und 2. Jahrhundert *nur* im griechischen Raum entstehen konnte. Alle orientalischen Religionen sind erst dann Weltreligionen geworden, als sie in den griechischen Raum kamen und sich die ‹interpretatio Graeca› gefallen ließen, sonst blieben oder wurden sie Rand-Sekten. Das hatte seinen tiefsten Grund in der oft übersehenen Tatsache, daß seit der Alexanderzeit neben der Säkularisierung der griechischen Welt eine große religiöse Bewegung herging, die im 1. und 2. Jahrhundert ihren ersten, im 4. Jahrhundert ihren zweiten Höhepunkt erreichte. Zeugen sind dafür etwa Plutarchs Eifer für Delphoi, die Erneuerung von Eleusis, die Rückeroberung der geistigen Führerstellung Athens unter Hadrian, die manches an Alexandreia Verlorene zurückgewann. Wieder gehen Missionare, Künstler und Philosophen aus einer gefühlsstarken Liebe nach Athen, die Areopagrede ist das erste christliche Zeugnis dafür.

Es liegt darin etwas ganz Erstaunliches. Kein anderes Land der Antike hat so sehr gerade auch durch die Entstehung des paulinischen Christentums seine geistige Kraft bewiesen wie das verarmte griechische Mutterland. Gewiß ist es erschütternd, bei Pausanias und Strabon zu lesen, was alles in Trümmern lag, sich zu erinnern, was die Römer alles in Griechenland gestohlen und zerstört haben und wie das Land von den Diadochenkriegen bis in die römischen Bürgerkriege unaufhörlich verwüstet wurde. Aber man soll nicht übersehen, daß sich dieses Land voller Ruinen tapferer und erfolgreicher gegen die Romanisierung gewehrt hat als Gallien, Spanien, Britannien, Unteritalien und Sizilien, daß die Römer voll ständigen Neides auf Athen blickten, das doch seit Cicero mehr und mehr teils ihr Wallfahrtsort, teils ihr Touristenziel wurde, und daß in Athen und Korinth, in den Städten der via Egnatia, in Delphoi und Eleusis immer wieder neues geistiges Leben emporblühte. Die Orte der Apostelgeschichte 16–18 sind die eigentlichen Geburtsstätten des paulinischen und damit des reifsten Christentums, und sie liegen im griechischen Mutterland. Der größte Hymnus auf die Liebe und der auf den Geist, der die Tiefen der Gottheit erforscht, ist an die armselige, aber griechische Gemeinde von Korinth gerichtet.

Dazu kommt das *Weltgriechentum*. Innerhalb und außerhalb der römischen Reichsgrenzen hat griechisches Wesen auf allen Gebieten des Lebens trotz aller Verluste und in oft merkwürdigen Formen weitergewirkt. Wo Griechen waren, hielt sie das Gymnasion zusammen, und um diese Griechen bilden sich überall kleine oder größere Kreise von nichtgriechischen Philhellenen, ganze Herrschergeschlechter, wie die Arsakiden, die in Persien griechisches Recht, griechische Bühne, griechische Verwaltung einführen, und einzelne wie die Syrer Lukian oder Porphyr oder Ägypter wie Nonnos und viele andere, die alle griechische Namen mit Stolz tragen, griechisch denken und griechisch sein wollen. In griechischen Buchstaben schreibt man Ägyptisch-Koptisch, Babylonisch, Hebräisch – Origenes hat das ganze Alte Testament in griechische Buchstaben umgeschrieben. Griechische Inschriften, auch von christlichen Verfassern, erscheinen mitten im Herzen der lateinischen Welt, in Rom, an der Rhône und am Rhein, und noch im 5. nachchristlichen Jahrhundert lassen sich in Nordafrika vandalische Christen und in Mailand einer der besten Ärzte der Bischofsstadt griechische Grabinschriften setzen. Bis in die Mitte des dritten Jahrhunderts schreiben die Christen in Rom griechisch, und noch im fünften Jahrhundert verspotten die letzten römischen Heiden die Christen als ‹Graeci›. In den großen christlichen Schriftstellern des Ostens, in Clemens und Origenes, in den Kappadokern und in Johannes Chrysostomos feiert der Hellenismus seine Triumphe. Im Grunde lebt doch alles übrige Christentum von den Brosamen, die von den Tischen dieser letzten Griechen fallen. Griechisch spricht die Perpetua der Märtyrerakten in Nordafrika und schreibt Irenaios in Lyon, versteht Victorin von Pettau in den Bergen der Steiermark und der Ire Pelagius.

Es war ein *panhellenisches Griechentum*, dem sich das Christentum aufschloß. Vorgebildet durch die Mächte, die Alfred Heuß in schöner Weise analysiert hat, ersehnt von Platon und Isokrates, hat der Panhellenismus in den Bedrückungen der Römerherrschaft sich schließlich durchgesetzt. Vor allem die Religionen hatten ihm zum Siege verholfen. In einem bei Plutarch erhaltenen Fragment spricht der Zeussohn Herakles:

> Argeier oder Theber? Keins von beiden wünsch' ich.
> Denn meine einz'ge Burg ist aller Griechen Vaterland,

und an die panhellenische Bedeutung von Eleusis, Asklepios und Dionysos braucht nur erinnert zu werden. Hier setzt das Christentum ein: schon das Neue Testament spricht nur von Ἕλληνες. Diese panhellenischen Ἕλληνες waren es, die nach Johannes «Jesus gern sehen wollten».

Bei den *Griechenchristen* ist die griechische Haltung da von höchster Bedeutung geworden, wo sie mit den Lateinern zu kämpfen hatten und darum kämpften, sich von allen lateinischen Einflüssen rein zu erhalten. Weder in der Theologie noch in der Liturgie noch in der Kunst gab man seine Eigenständigkeit dem wachsenden römischen Zentralismus preis. Nicht einmal die Märtyrer und Heiligen war man bereit zu teilen; eins der wenigen westlichen Martyrien, das die Griechen anerkannten, berichtete, daß seine Heldin griechisch sprach. Römische Legaten sind wiederholt mit blutigen Köpfen und oft mit ganz leeren Versprechungen erfolglos aus dem Osten zurückgekehrt, und päpstliche Schreiben und Exkommunikationen landeten dann, wenn sie nicht in die griechische Linie paßten, in griechischen Papierkörben.

So kommt es, daß sich noch einmal, und nun für immer, *Hellas und Rom* feindlich gegenübertreten. Erst das Christentum hat den alten Kampf zu Ende gekämpft. Der Panhellenismus und der allem Barbarentum abgeneigte Griechenstolz haben im griechischen Christentum von Byzanz noch eine stolze Erfüllung gefunden. Kein römischer Werbeversuch, kein Kreuzzug gegen Byzanz, in welcher Form er auch immer begonnen wurde, keine unionistischen Vermittler oder Konjunkturpolitiker auf beiden Seiten haben daran etwas ändern können. Das lag nicht nur an der abgrundtiefen Verachtung, die so viele Griechen gegen das alte wie später gegen das mittelalterliche Rom und seine fränkischen Gefolgsleute hegten, sondern vor allem an dem positiven Besitz, den Rom nicht hatte: in jeder ‹göttlichen Liturgie› der griechischen Kirche wiederholte sich das Mysterium von Eleusis, verbunden mit der paulinischen Mystik, die das Abendland bis heute nie ganz verstand. Geist und Liebesmystik, Pneuma und Eros, aber nie Gesetz und Recht blieben die echt griechischen Merkmale dieser Kirche, Platon und Paulus mit Johannes, aber nie Cicero und Petrus blieben zuletzt ihre Schutzheiligen. Der Gegensatz zu Rom war und ist unüberbrückbar, solange noch ein lebendiges Griechentum in der Ostkirche sich forterbt.

b) Die Römer

Die römische Gemeinde war aus einer Gruppe unbekannter jüdischer Orientalen in einem Winkel der Weltstadt hervorgegangen, hatte sich aber rasch vergrößert. Ihre Theologie war judenchristlich, ihre völkische Zusammensetzung eine bunte Mischung. Denn in der Stadt war alles zusammengeströmt, was es in der Welt gab, weil man da «für Tugenden wie für Laster die höchsten Preise zahlte», wie Seneca für die Zeit bemerkt, in der die christliche Gemeinde entstand. Seitdem die Kaiser keine Römer mehr waren und immer mehr Nichtrömer in den Senat und in die Beamtenstellen einzogen, gab es kaum in den obersten Stellen noch reine Römer, jedenfalls weniger als in Mailand oder mancher Provinzstadt.

Ein gemildertes Judenchristentum mußte in Rom Anklang finden, ähnlich wie schon die synagogale Mission. Unter den Namen der beiden ersten Jahrhunderte begegnen uns lateinische neben orientalischen und griechischen Sklavennamen, doch läßt das keine Schlüsse zu. Die Bischöfe sind bis zu Viktor I. (189–198) sämtlich Orientalen oder Sklaven gewesen. Welche Gestalten aber in Rom noch im 3. Jahrhundert möglich waren, zeigt Papst Kallist (217–222). Man sollte das Zeugnis des ernsthaften Hippolyt über ihn nicht mildern und nicht abstreiten, daß Tertullian mit dem ‹pontifex maximus› ihn meint. Als Sklave eines Kaisersklaven geboren oder nach Rom gekommen, spekuliert er mit dem Geld seines Herrn, unterschlägt, macht einen Fluchtversuch, wird erwischt, als er ins Wasser springt, wird zur Tretmühle verurteilt, schwindelt sich los, prügelt sich mit Juden herum, zu denen er geschäftliche Beziehungen hat, und wird endlich in die Bergwerke Siziliens verbannt. Hier mischt er sich unter eine Gruppe amnestierter Christen und kommt mit ihnen wieder nach Rom, wird dort finanzieller Ratgeber des Bischofs und nach Verdrängung Hippolyts, des Vertreters der noch dünnen gebildeten römischen Schicht in der Gemeinde, selbst Papst, wobei er sich bei der christlichen Masse dadurch beliebt macht, daß er entgegen den bisherigen Traditionen des Westens eine laxe Haltung gegenüber sexuellen Vergehen einnimmt.

Seit etwa 250 beginnt eine stärkere *Latinisierung* der römischen Gemeinde. Sieht man von der zweifelhaften Überlieferung ab, daß am Ende des ersten Jahrhunderts der Konsul Flavius Clemens und die Flavia Domitilla Christen gewesen seien, so begegnen nun allmählich höhere römische Schichten und seit dem Ende des 3. Jahrhunderts auch römischer Adel in der Gemeinde. Ein Teil der senatorischen Familien sah im Christentum ein gutes politisches Mittel gegen den Kaiser, dessen Kult es ja leidenschaftlich bekämpfte. Jedenfalls wird das Christentum seit dem 4. Jahrhundert ein politisches Mittel in der Hand des lateinischen Adels, der nun auch seit Ambrosius von Mailand zuerst die Bischöfe und Päpste stellt, so die Massen gewinnt und dem Kaiser, freilich meist sehr vorsichtig, aber sicher, Trotz bietet. Um diese Zeit erst beginnt in Rom die Interpretatio Romana des Christentums, die in Afrika schon längst begonnen hatte.

Es konnte sich auch nur dadurch gegen das Griechenchristentum wehren, daß es den *Römerstolz* verchristlichte. Aus dem Glauben an die Weltsendung Roms wird der Glaube an die Weltsendung der römischen Kirche. Echt römisch sucht man das durch Mittel der Repräsentation der Welt zu zeigen. Römisch-propagandistisch wird die Stadt, ihre prächtigen Kirchen, die Fülle der Märtyrergräber und Reliquien mit dem himmlischen Jerusalem verglichen. Zu dieser Prachtentfaltung war das römische Christentum gezwungen, wenn es in Rom mit den außerchristlichen alten Religionen wetteifern wollte. Denn noch im 5. Jahrhundert war der Eindruck der heidnischen Kultdenkmäler groß.

Man mußte auf jede Weise deutlich machen, daß man Römer und Christ zugleich sein konnte. Von einem christlichen römischen Nationalismus her werden die fremden Kulte bekämpft, Firmicus Maternus nennt es eine Schande für Römer, persische Götter wie Mithras zu verehren, und das Verhalten des Konsuls Postumius gegenüber den Dionysosmysterien im Bacchanalienprozeß sei «würdig des römischen Namens»; Dionysos ist eine «ausländische Schande» und soll zur «Reinigung des Vaterlandes» ausgerottet werden. Allerdings muß man sich gegen den Vorwurf wehren, das Christentum sei am Niedergang Roms schuld – in solchen Fällen bedient man sich dann auch ungehemmt der griechischen Romfeindschaft und behauptet mit ihrer Hilfe, Rom sei durch seine eigenen Verbrechen gefallen. Im allgemeinen aber sieht man besonders in Aristokratenkreisen die römische Geschichte als natürlichen Vorläufer des Christentums an. Wie die griechischen Christen sich Platon aneigneten, so haben die römischen Vergil zu ihrem Heiligen gemacht, wunderbare Beziehungen zwischen Kaiser Augustus und Christus erdichtet, die römischen virtutes in jeder Form zu erneuern gesucht. Das alles war nicht vergebens. Wie das griechische Christentum den Hellenismus, so hat das römische Christentum Rom erneuert und wieder zum Leben erweckt. Was durch die Proskriptionen, die plutokratische Ausrottung der Landwirtschaft, die Maßlosigkeit des Reichtums, den Mangel an innerer Kultur längst zerstört worden war, war zwar nicht wiedergutzumachen, aber das römische Christentum hat unter Führung der Anicier oder solcher Männer wie Leo I. und anderer nicht nur gerettet, was noch zu retten war, sondern dem Römertum eine neue Würde, einen neuen Sinn und eine neue Weltaufgabe gegeben.

Römisch war an diesem Christentum die große *Organisationskraft*. Die Griechen haben nie etwas damit zu Vergleichendes gehabt. Während auf der Räubersynode von Ephesos im Osten durch griechischen Individualismus alles verfahren ist und keiner mehr aus noch ein weiß, führt auf der folgenden Synode von Chalkedon ein römischer Legat den Vorsitz, und sofort schafft er Ordnung. Die erhaltenen älteren Papstbriefe zeugen von einem imponierenden Organisationswillen und -geschick. Rom ist die Quelle des eigentlichen Kirchenrechts, der *straffen Diözesangliederung*, der kirchlich-rechtlichen Rangstufen anstatt der griechenchristlichen Mysterienweihegrade mit einer schon zur Zeit des Novatus erstaunlichen ‹Rangliste› von 1 Bischof, 46 Presbytern, 7 Diakonen, 7 Subdiakonen, 42 Akoluthen, 52 Exorzisten, Vorlesern und Türhütern.

Charakteristisch war weiter die unbegrenzte Übernahme des römischen *Macht- und Herrschaftsanspruchs*. Man darf dabei etwas sehr Wichtiges nicht übersehen: als die Kaiser schon längst Volksfremde waren, sitzen auf den Bischofsthronen von Mailand und Rom schon wieder Glieder alter senatorischer Adelsfamilien. Seit Victor I. (189 bis 198) erklären diese echten Römer jede Abweichung von der römischen Praxis im politisch-rechtlichen Sinne für Häresie und damit für strafwürdig. Allerdings haben sich die Griechen unter Führung des Polykrates von Ephesos nicht unterworfen; ob man bei Victor schon von «Primatansprüchen» reden darf oder nicht, ist ein müßiger Streit um Worte, die Sache selbst ist klar.

Etwa seit Kallist wurde aus dem römischen Beamtenrecht die Lehre von der Unverletzlichkeit des Amtes aufgenommen, die auch dem unwürdigen Amtsträger die Amtsbefugnis nicht entzog; im donatistischen Streit wurde sie zur letzten Folgerichtigkeit entwickelt. Das war ein ungeheurer Machtzuwachs und ermöglichte eine viel fester gefügte Rechtsordnung, als sie die griechische Kirche je besaß, in der niemand sicher wußte, ob und wann er abgesetzt wurde. Welches schreiende Mißverhältnis ergibt sich, wenn man allein die Unzahl der im griechischen Raum abgesetzten, exkommunizierten, wieder eingesetzten, zurückberufenen und wieder abgesetzten Bischöfe mit denen im römischen Raum vergleicht. Seit Julius I. (337–352) werden die Primatansprüche totaler; Liberius, von Ambrosius gestützt, (352 bis 366) behauptet sie im Kampf mit dem Kaiser, aber seine griechischen Gegner haben sehr scharf und richtig gesehen, daß er das nicht «um des Glaubens willen», sondern «um des Ruhmes vor den römischen Senatoren willen» getan habe. Der Bischof von Rom vertritt den *Senat gegen den Kaiser;* in dieser eigenartigen Form lebt altes Römertum auf. Innozenz I. (402–417) führt *alle* Bischofsautorität auf *Rom* zurück. Aber Leo I., vor seiner Papstwahl politischer Diplomat und Vermittler zwischen kaiserlichen Generälen, hat doch seine echt römisch gesteckten Ziele in zwei entscheidenden Punkten nicht erreichen können. Zwar gewann er ziemlich uneingeschränkt die Herrschaft über den Westen, und sein Glaubensbekenntnis, der Brief an Flavian, kam auch in dem abgekämpften Osten zu hohem Ansehen, da es alle nur möglichen Interpretationen und Kompromißformeln ermöglichte und echt römisch schillerte. Aber die in diesem Fall wirkliche politische Klugheit der Griechen, sei es die des Anatolios von Byzanz oder der Kaiserin Pulcheria oder beider, war ihm doch überlegen: er erreichte es trotz allen Bemühens und trotz aller Verbeugungen vor dem byzantinischen Kaiser und der Preisgabe der alten römischen Beziehungen zu Alexandreia nicht, daß das entscheidende Konzil auf italienischem Boden gehalten, ja, nicht einmal, daß der Termin seinen Wünschen angepaßt wurde, und er mußte trotz all seiner Proteste den für die weitere Entwicklung des Christentums so entscheidenden 28. Kanon hinnehmen, der dem Patriarchen von Konstantinopel die Kirche des

Ostens romfrei übergab. Was sich politisch ein Jahrhundert früher vollzogen hatte, vollzog sich nun kirchlich: Roms Rolle im griechischen Osten war ausgespielt.

Mit einem erstaunlichen, gleichsam altrömischen politischen *Instinkt* und den in Jahrhunderten römischer Geschichte gelernten politischen *Methoden* eroberte sich das christliche Rom die Herrschaft im Westen. Gewiß kam ihm dabei auch die politische Fortuna oft zu Hilfe, die etwa in Gestalt der Vandalen Roms Hauptgegner, die afrikanische Kirche, beseitigte. Aber darüber darf das andere nicht übersehen werden. Instinktsicher war es schon, Petrus zum Gründungsheros (heros ktistes) der römischen Kirche zu machen. Im 1. Clemensbrief und bei dem Bischof Gaius steht er noch neben Paulus, aber seit den Pseudoklementinen beginnt er jenen zu verdrängen. Paulus kann sich irren, denn er hat Christus nicht gekannt, mit Petrus aber hat Christus selbst gesprochen, wer mit Petrus streitet, streitet mit dem Herrn. So mächtig wird schon bald dieser neue Rom-Petrus-Mythos, daß sogar der Arianer Theoderich vor seinem Einzug in die Stadt erst einen Höflichkeitsbesuch am Grab des Petrus macht. Die politische Geschicklichkeit und Aktivität der römischen Kirche dokumentiert sich in unzähligen Gesandtschaften, Briefen, Sendschreiben, klugen Einmischungen in Schwierigkeiten anderer Gemeinden nach dem Prinzip des *divide et impera*, womit Rom die gallische Kirche schließlich überwältigte, in dem System von Vertrauensleuten und Spionen an allen wichtigeren Plätzen der Welt und den Versuchen, im Osten wenigstens Stützpunkte wie Thessalonike zu halten.

Die Eigenarten römischer *Religiosität* haben sich dem römischen Christentum sehr fest aufgeprägt und trennen es wieder scharf von den Griechen. Der Gottesdienst ist eine Pflicht *(officium)*, auch minuziöseste Einzelvorschriften müssen genau eingehalten werden, wobei ihr Verständnis nicht nötig ist. Der Gottesdienst ist nicht wie im Osten mystische Gemeinschaft, sondern *rite* vollzogenes Opfer. Der Himmel wird ausschließlich mit römischen Lokalheiligen bevölkert, vor 500 findet sich kein griechischer Heiliger in Rom. In den römischen Liturgien fehlen im Gegensatz zu den griechischen die spekulativen Aussagen, die Kirchen haben kein ‹Adyton›, keinen verborgenen Mysterienraum, den die Griechen aus den Mysterienliturgien übernahmen. Aber die alten römischen Bauernbräuche, die bisher alles überstanden hatten, ziehen dafür in die römische Kirche ein, die Quatember und Ambarvalia, die sich in den christlichen Flurumgängen fortsetzen, das Schellen der Arvalfeiern, das in die römische Messe übergeht. Sogar die römischen Latrinengötter, die die Ausgrabungen in Ostia, Augustin und eine Clemensnotiz bezeugen, sind im römischen Bereich als ‹Heilige Drei Könige› umgenannt und bis heute als das CMB an diesen Plätzen erhalten.

Aber man muß noch weiter gehen. Es gibt einen ganz tiefen theologischen Gegensatz zwischen griechischem und römischem Christentum. *Die griechische Kirche hat nie ein beherrschendes Sündengefühl gehabt,* sondern vorwiegend ein Gefühl für Leid und Vergänglichkeit. In *Rom* aber entsteht der Karfreitag mit seinen Beziehungen zu *Schuld und Sünde.* In der Ostkirche macht eine alte Tradition den Karfreitag zum Auferstehungstag, Alexandreia tauft bis ins 6. Jahrhundert in der Karfreitagsnacht. Römisch wird er zum Gedenktag menschlicher Schuld und unerhörter menschlicher Sündhaftigkeit. Aus dem römischen Recht kommt dazu die Furcht vor der Sündenstrafe und damit ein ganz anderes, weil juristisch gefordertes Sühneverlangen. Denn auch das Gesetz ist ja geblieben: hatten es die Griechen fortallegorisiert, legten es die Römer wieder auf. Seit dem ersten Clemensbrief fordert Rom da Gehorsam, wo die Griechen alles der freien Entscheidung überlassen. Das alles ist nicht christlich, sondern urrömisch.

Die stadtrömischen Zustände bewirkten schließlich, daß in Rom das Christentum schneller *verweltlichte* als anderswo. Die Zustände, die Ammianus Marcellinus und Hieronymus übereinstimmend schildern, übertreffen doch alles, was wir von griechischen Großstädten wissen, und das ging am römischen Christentum nicht spurlos vorüber. Schon Hermas bekämpft die Uneinigkeit im römischen Klerus, und im Kampf um den römischen Bischofsstuhl gibt es seit dem Streit zwischen Damasus (366–384) und seinem Gegenpapst Ursinus Intrigen, Bestechungen, Verleumdungen, Haß aller Art. Die Damen der christlichen Gesellschaft Roms unterscheiden sich von denen, die Juvenal aus der heidnischen Gesellschaft zeichnet, nicht im geringsten: schon Hippolyt ist tief empört darüber, wie Abtreibungen und Ehebruch unter den Christinnen Roms um sich greifen. Eunuchen auch in den «guten» christlichen Familien kennt Hieronymus. Papst Damasus macht die dunkelsten Geldgeschäfte, die ganz an Renaissancepäpste erinnern; ähnlich wie der bekannte römische Spottvers auf Alexander VI. lautet das Wort einer zeitgenössischen Quelle über ihn: «redemit omne palatium». Der arme Landklerus aber kommt gelegentlich einmal nach Rom, um sich dort ungesehen zu betrinken.

So darf man sich nicht darüber wundern, daß die Abwehr und Abneigung gegen Rom bei ernsten Christen schon früh beginnt. Origenes verläßt Rom sehr bald wieder, es ist ihm innerlich fremd. Tertullian entlädt seinen ganzen Haß auf den römischen Bischof, und Augustin hält die Christen in Rom und die nach Afrika gekommenen christlichen Flüchtlinge nicht für unschuldig an ihrem Unglück.

Aber der alte Glanz der Stadt, die politische und kulturelle Bindung des gesamten Westens an sie, politisch kluge und machtvolle Männer auf dem Bischofsthron, das Fehlen jeder anderen Zentralgewalt im Westen waren stärker als alle zentrifugalen Kräfte.

c) *Die Syrer*

In der Hauptstadt der römischen Provinz Syrien hatte das Christentum seinen Namen bekommen. Aber Antiocheia war keine syrische Stadt, sondern eine moderne, viel gefeierte Groß- und Weltstadt, in der noch zur Zeit des Chrysostomos Syrisch nur in den alleruntersten Volksschichten gesprochen wurde. Das antiochenische Christentum war hellenistisch. Ein syrisches Christentum entstand jedoch da, wo sich auch umgekehrt unter christlichem Einfluß eine syrische Nation und Nationalkultur bildete, in den Pufferstaaten nordöstlich von Antiocheia, besonders in Edessa. Hier bestand immer eine gewisse Selbständigkeit und syrische Eigenart, die eine sehr dünne hellenistische Decke trug. Nur in die jüdisch besiedelten Teile Ostsyriens und des Zweistromlandes drang das Christentum kaum oder nur mit großer Mühe ein. Aber es gewann Anhänger in der großen syrischen Soldaten- und Kaufmannsdiaspora, die über die ganze Welt verstreut war. Sie findet sich in Rom schon in republikanischer Zeit, in Sizilien, Spanien, Gallien, Illyrien, am Rhein, an der Donau und in Britannien; in Paris hört man noch im Jahre 591 Kaufleute syrisch sprechen. Alle Syrer missionieren sehr eifrig für ihre heimischen Religionen, sowohl durch organisierte Trupps syrischer Wandermissionare wie durch Laien. Die ältere Welle dieser Mission in griechisch-hellenistischer Zeit wurde noch hellenistisch aufgefangen, Adonis wurde zum griechischen Idyll. In römischer Zeit wurde sie syrischer, so die Propaganda der Göttin von Hierapolis-Bambyke, deren berühmtes Heiligtum Wallfahrer und Neugierige aus aller Welt anzog, die der Baale von Doliche und Heliopolis, die der palmyrenischen Götterdreiheit und vieler anderer. Unter den syrischen Kaisern ist der Höhepunkt erreicht, als Elagabal vor einem syrischen Stein durch die Straßen Roms im Prozessionsrhythmus schritt, und Aurelians Experimente mit einem syrisch gefärbten Sonnenkult und palmyrenischen Göttern bildeten noch ein Nachspiel dazu.

Es gibt bestimmte charakteristische Züge des syrischen Christentums. Da ist zunächst die Form der *Gegner- und Ketzerbekämpfung*. Die Syrer haben den Schimpfton in die Kirche eingeführt. Alle, die aus dem syrischen Raum kommen, wie Tatian (c. 150–200) und Epiphanios (aus Eleutheropolis in Südjudäa, gest. 403), aber auch die großen syrischen Prediger und Dichter wie Aphraat (um 350),

Ephraem (gest. 373), Isaak von Antiocheia (5. Jhdt.), Rabbula von Edessa (gest. 436) sind unvornehm in ihrer Polemik, maßlos in ihrem Haß und wüst in ihrem Angriff. Unduldsamkeit und Fanatismus kann man leicht in jeder syrischen Schrift finden. Darum leben in Syrien die Sonderkirchen der Nestorianer und Monophysiten fort, weil sie in ihrem unduldsamen Gegeneinander durch die beständige Polemik immer lebendig blieben.

Das führt zu der oft dargestellten Emotionalität der christlichen Syrer. Fast alle schreiben in einem merkwürdigen Gemisch von Morallehre, glutvoller Dichtung, grellsten Gefühlen und banalster Vernunft. Als Julian im Krieg gegen die Perser gefallen war, veranstalten die syrischen Christen Tanzvergnügen in Kirchen und Märtyrerkapellen. Typisch beschreibt ein syrischer christlicher Dichter seinen Eindruck von Antiocheia: «Im Dezember, dem Monat, der den Bewohnern durch Musik den Schlaf zu rauben pflegt, hörte ich jede Nacht den Ton von Zithern, Hydraulen und Sackpfeifen vor den Palästen der Vornehmen klingen. So süß auch der Schlaf zur Nachtzeit ist, horchte man doch gern auf die Musik. Der jubelnde Klang der Hörner triumphierte über den Schlaf. Die ganze Stadt glich einer Festhalle ... Dieser Monat, der Dezember, frischte die Erinnerung an den Rangunterschied in der Stadt wieder auf; denn in keiner seiner Nächte hörte die Musik auf unter den Fenstern der Richter und an den Türen der Vornehmen. In jeder Nacht wurden die Instrumente gleich Musikkörpern aufgestellt...» Das gleiche Gemisch von Emotionalität und Nüchternheit zeigen die syrischen Apostelromane, die mit dem edessenischen Abgarroman beginnen. In den syrischen Kirchen traten zuerst besonders gekleidete Mädchen- und Frauenchöre sichtbar vor der Gemeinde auf, und die syrischen Marienlieder sind die sinnlichsten der alten Kirche.

In den syrischen Pufferstaaten entstanden die ersten christlichen *Staatskirchen*. Die Verbindung Staat und Kirche ist in Syrien alt, und die großen Priesterstaaten wie Emesa mit zuweilen monarchischer, mindestens aber aristokratischer Spitze haben dem Christentum vorgearbeitet. In Edessa und Palmyra verbinden sich zum erstenmal Staat und Kirche; Paul von Samosata liefert den Präzedenzfall, daß eine staatliche Herrscherin bei einer Kirchenspaltung die eine Partei diktatorisch unterstützt. Leider sehen wir zu wenig klar, um sagen zu können, in welcher Form diese ersten Gestaltungen beispielgebend für das spätere Verhältnis von Kirche und Staat im Römischen Reich waren, wenn aber die syrischen Kaiser tatsächlich das Christentum zum Teil geduldet oder sogar geschätzt und geschützt haben, dann mögen hier heimatliche Erfahrungen zu spüren sein.

Die Grenzlandsituation machte diese Kirchen hart. Isaak von Antiocheia gibt einmal ein gutes Bild von der Lage: an der Ostgrenze droht ständig der Perser, Einfälle nomadisierender Araber sind an der Tagesordnung. In dieser Unruhe wird das Christentum zum Schutz: «Der Priester möge mit dem Diakon beten, daß wir nicht den Tod durch das Schwert zu kosten brauchen!» Die Furcht vor den persischen Reitern wird nur gebannt durch ein strenges, sittliches Leben, aber auch durch die Teilnahme an der Eucharistie und durch das Kreuzzeichen.

Mit alledem half das Christentum der *wachsenden Selbständigkeit* des Syrertums. Seit Tatian wird es zu einem Instrument syrischen Hasses gegen Griechen und Römer. Die syrische Gnosis ist am wenigsten hellenisiert, und aus Syrien kommt die heftigste Bekämpfung des griechischen Paulinismus. Aphraat ist einer der ersten Christen, der die dogmatische Entwicklung des griechischen Christentums bewußt nicht mitmacht. Die syrische Sprache bekommt sowohl durch die massenhafte Übersetzungsliteratur als durch das Entstehen einer eigenen christlichen syrischen Dichtung ein neues Gewicht im Osten. Da das Land immer polyglott war, fanden sich leicht viele und gute Übersetzer. Schon im 2. Jahrhundert beginnt die Geschichte der christlichen syrischen Literatur. Der christliche Dialekt von Edessa wurde allmählich zu einer literarischen Weltsprache. Schon Aetheria nahm Kopien der Abgarbriefe aus Edessa mit nach dem Westen. Damit wuchs der nationale Stolz. Man besaß nun, was die Griechen hatten, blieb aber, weil man Monophysit oder Nestorianer war, nicht den Griechen unterworfen, sondern fühlte sich freier als die byzantinischen ‹Königsknechte› (Melchiten). Man übersetzte, was einem unter die Finger kam, bevorzugte aber Kirchengeschichten, Märtyrerakten, Heiligenleben, die den Syrern zum Ruhm gereichten, etwa die syrischer Monophysiten wie des Severus von Antiocheia, ferner Apologien, denn die konnte man gegen die Griechen immer ausspielen, und Kommentare der antiochenischen Schule, die im Gegensatz zur griechischen spekulativen Allegorese standen. Ein besonders deutliches Spiegelbild des wachsenden syrischen Selbstbewußtseins ist die Geschichte der syrischen Bibelübersetzungen: in der älteren Zeit stammen sie von Griechen aus Antiocheia, aber das duldet der nationalchristliche Stolz nicht mehr. Tatian will sogar einen eigenen syrischen Evangelienkanon; und obwohl dieser sich nicht durchsetzt, übersetzen auch spätere Syrer sehr selbständig und oft eigenwillig. Mit den Übersetzungen geht die Kenntnis des Griechischen rasch zurück, syrische Mönche sind stolz darauf, nur noch Syrisch sprechen zu können. Die syrische Schrift und Sprache aber wird durch Nestorianer Grundlage für die Schrift und Sprachformulierung vieler Sprachen und Dialekte Persiens und Innerasiens, syrische Inschriften wandern mit den Nestorianern bis Südsibirien und an die chinesische Grenze, wo sich syrisches Missionschristentum bis in die Mongolenzeit hält. In Syrien selbst verschlingt seit dem Ende des 4. Jahrhunderts die Sprache der syrischen Christen nicht nur die einheimischen Dialekte und Sondersprachen wie das Palmyrenische, das im 3. Jahrhundert noch weithin gesprochen wurde, sondern sogar die griechischen Städtenamen, die die syrischen Christen wieder durch die altsyrischen ersetzen. Der Prozeß findet seinen äußeren Abschluß durch die Loslösung der syrischen Nestorianer- und Monophysitenkirchen von Byzanz am Ende dieser Epoche.

d) Die Juden

Das *einzige Volk*, das im antiken Raum das Christentum nicht angenommen hat, sind die Juden. Mit dieser Feststellung hatte bereits der Verfasser der Apostelgeschichte geschlossen: «Es soll euch nun klar sein, daß den Nichtjuden dieses Heil Gottes gesandt ist, und sie werden auch hören.» Der eigentliche Grund wird selten gesehen: das Judentum hat *keine* hellenistische Religion angenommen, und es hat von vornherein das Christentum als eine hellenistische Religion erkannt und verworfen. Paulus bedeutete für die Juden Abfall zum Griechentum genau wie schon Stephanos. Daß die Christen aber auch noch die jüdischen heiligen Schriften wegnahmen und sie gleichsam einer hellenistischen Religion auslieferten und nicht wie Philon zu Ehren des Judentums griechisch auslegten, machte den Bruch unheilbar. Drei Jahrhunderte hindurch haben die Juden die Christen mit allen Mitteln verfolgt, dann haben sich die Christen ebenso blutig gerächt. Der Besitz der gemeinsamen Heiligen Schrift hat nicht verhindern können, daß christliche Bischöfe und Heilige die ersten waren, die Synagogen niederbrennen ließen und die Todesstrafe auf Mischehen mit Juden setzten.

Daß das Christentum im Kampf mit dem Judentum Sieger blieb, liegt zu einem großen Teil an einem inneren Widerspruch des Judentums. Beide fühlten sich der Umwelt überlegen, beide waren untolerant gegen andere Religionen, aber beim Christentum setzte sich das um in einen Missionseifer, der nicht nachließ und kein Mittel scheute, bis er den anderen gewonnen hatte, sei es auch mit Hilfe der Staatsgewalt. Im Judentum aber klafft ein innerer Riß, der nach den Ereignissen des Jahres 70 immer fühlbarer wurde. Der zeitweise vorhandene jüdische Missionseifer wird verdrängt durch die Tendenz, sich zu *isolieren:* «Trenn dich von den Völkern und iß nicht mit ihnen, handle nicht nach ihren Werken und werde nicht ihr Genosse, denn ihre Worte sind unrein und alle ihre Wege eine Befleckung.» Damit überließ man dem Christentum das Feld.

Immerhin bleibt es erstaunlich, wie rasch das Christentum dem Judentum die Weltmachtstellung entrissen hat. Denn diese Veränderung hat tatsächlich *nur* das Christentum, nicht etwa die Zerstörung Jerusalems, die für das Diasporajudentum nicht mehr als eine Episode war, bewirkt. Diese Macht hatte in der Antike keine Parallele. Was man in der Seleukidenzeit gelernt hatte, nämlich innerseleukidische Streitigkeiten klug auszunutzen, hatte man in der Römerzeit fortgesetzt und so ein Privileg nach dem anderen bekommen. Wenn man lehrte, daß «die Welt um der Juden willen geschaffen sei», so schien sich das fast verwirklicht zu haben. Immer neue Funde haben gezeigt, wie die Juden an allen entscheidenden Plätzen der alten Welt ihre Synagogen hatten, wobei überraschend ist, daß diese auch im Westen griechische Inschriften tragen. Von Wichtigkeit war, daß es in allen Kreisen Juden gab, daß sie einerseits in Literaten-, Finanz- und Schauspielerkreisen ungeheuren Einfluß gewannen, andererseits auch in den untersten Schichten zu finden waren, «sie handeln sogar mit Glasscherben», sagt Martial. Ihr politischer Einfluß geht oft über Frauen, denn seit dem Buch Esther finden wir den Typus der Jüdin an den Höfen. Unter Tiberius trat die Frau des Senators Saturninus zum Judentum über, um Poppäa am Hofe Neros sammelte sich ein großer Kreis von Juden, Marc Aurel soll, wenigstens nach jüdischer Überlieferung, eine jüdische Amme gehabt haben, selbst der Zerstörer Jerusalems, Titus, war einer Jüdin völlig verfallen, und in Adiabene trat eine Königin zum Judentum über. Jüdische literarische Propaganda eignet sich alles an, was es in der Welt gibt: die Brahmanen heißen eigentlich ‹Abrahamanen›, Abraham hat als erster die Seelenwanderung gelehrt, Sarapis ist der Sohn der Sara, Platon war mit Jeremia in Ägypten, Aristoteles ist zum Judentum übergetreten, Alexander der Große hatte einen jüdischen Minister Menahem, und die römischen Könige fragten Salomon um Rat.

Im *Kampf mit den Nichtjuden* sind sie im großen wie im kleinen hemmungslos. Der Esther-Zusatz der Septuaginta, in dem der Griechenhaß gegen den ‹Makedonen› Hamann zum Ausdruck kommt, bekennt selbst, daß wegen der Juden die Welt nicht zur Ruhe käme. Die Greuel der Juden im kyreneischen Aufstand sind in der Antike einmalig: sie baden sich im Blut der erschlagenen Griechen, machen Gürtel aus ihren Eingeweiden und kleiden sich in ihre Haut. Paulus, ein zuverlässiger Zeuge, zählt im zweiten Kapitel des Römerbriefs eine lange Liste jüdischer Hemmungslosigkeiten auf. Es überrascht, daß der Jude den Götzendienst verbietet, aber, wie wir aus vielen Zeugnissen wissen, einen schwunghaften Handel mit heidnischen Devotionalien, Orakeln und Horoskopen treibt, daß er griechische Wissenschaft Schweinezucht nennt, aber sie ausschreibt.

Der zunehmende jüdische Einfluß auf allen Gebieten hat *Abwehr und Gegenkräfte* hervorgerufen, es entstand der oft behandelte antike Antisemitismus. In Alexandreia kommt es ständig zu blutigen Zusammenstößen, denen dann sogar römische Todesurteile über die griechischen Judengegner folgen, aber die griechischen Gymnasiarchen haben trotzdem den Kampf erbittert weitergeführt. In den Dörfern schließen sich zur Zeit Trajans die Gräko-Ägypter zum Kampf gegen die ‹gottlosen Juden› zusammen. Eine literarische Polemik, von der wir Apions Schrift aus der Gegenschrift des Josephus noch gut erkennen können, wächst an; selbst Männer, die doch für alle Völker ein großes Verständnis hatten, wie zum Beispiel Plutarch, kämpfen literarisch gegen die Juden.

Daß sich das Judentum trotzdem bis zum Jahre 70 in der nichtjüdischen Bevölkerung Freunde erwarb und ausbreitete, lag weniger an der weit überschätzten *Proselytenmission* als an dem Interesse, das die *Synagogen* erwecken mußten. Interessant ist, daß Ovid behauptet, viele liefen nur dahin, um einen Flirt zu beginnen, so daß also die scharfe Trennung zwischen Frauen und Männern, die wir aus den palästinensischen Synagogen kennen, in der Diaspora nicht allgemein bestanden hat. Echte Proselyten, die sich beschneiden ließen, gab es nur wenige; außer jenem Germanen Sigesmund, der wegen einer Frau zum Judentum übertrat, kennen wir nur einige Namen aus Kyrene, Kreta und Italien. Es ist doch bezeichnend, daß auf 554 jüdischen Inschriften aus Rom nur acht Vollproselyten genannt sind, darunter sechs Frauen. In Kertsch ist bezeugt, daß man gelegentlich Sklaven freiließ, wenn sie übertraten. Auch die *literarische Propaganda* hatte wohl nicht allzuviel Erfolg, da wir ihre Wirkungen kaum spüren. Dagegen waren es die *Synagogengottesdienste*, die auf die Umwelt wegen ihrer nüchternen Schlichtheit den tiefsten Eindruck machten und dem Judentum Freunde gewannen.

Um dem jüdisch-christlichen Problem näherzukommen, müßte man die *Rechtslage* der Juden im Römischen Reich besser kennen. Diese war aber sehr unterschiedlich. Da die offiziellen Beziehungen zum römischen Staat schon bis in die Makkabäerzeit zurückgehen und bereits Pompeius seinen jüdischen Freigelassenen das Bürgerrecht verlieh, rückten allmählich Juden in römische Staatsstellungen auf. Unter Cäsar und Augustus spielen Juden eine große Rolle im Staatsleben, dann verfolgt sie Sejan unter Tiberius, Claudius vertreibt sie überhaupt aus der Stadt, aber am Hofe Neros sind sie wieder da. Vespasian bedient sich des Josephus als eines Propagandaleiters, Titus will die Jüdin Berenike heiraten, aber das Volk verhindert es, und zur Zeit Trajans ist der Senat «voll von gottlosen Juden». Die antijüdischen Gesetze Hadrians hob Antoninus Pius wieder auf. Alexander Severus, in dessen Geburtsstadt Arca Caesarea eine von Römern besuchte Synagoge bezeugt ist, nimmt den Titel eines Archisynagogos an. Zuletzt hat Julian noch einmal aus Christengegnerschaft und unter Einfluß judenfreundlicher Neuplatoniker das Judentum begünstigt.

Den *Kampf zwischen Christentum und Judentum* hat das Judentum angefangen. Organisierte jüdische Christenverfolgungen beginnen kurz nach dem Tode Jesu mit der Steinigung des Stephanos und den Angriffen auf Paulus. Die Evangelien betonen schon den amtlichen Charakter: «Sie werden euch an die Synedrien übergeben und euch in ihren Synagogen geißeln.» Zur Verbrennung Polykarps holen die Juden das Brennmaterial herbei, Justin schildert, wie sie überall die Verfolgungen beginnen. Die Paulusakten bestätigen das für Kleinasien, Dionys von Alexandreia für Ägypten, Tertullian, der die Juden «Quellen» der Verfolgung nennt, Cyprian und noch Augustin für Afrika. In Persien sind unter Sapor II. (310–382) 22 christliche Bischöfe auf jüdische Denunziationen hin getötet worden. Auch an der diokletianischen Verfolgung sind Juden aktiv beteiligt. Wie furchtbar diese Situation für die Christen war, geht aus der Bemerkung des Petrusevangeliums hervor, es sei besser, «die schwerste Sünde zu begehen», als «in die Hände der Juden zu fallen». Soweit die Juden nicht auf Grund der ihnen gewährten Rechtsautonomie gegen Judenchristen vorgehen konnten, bedienten sie sich der Hilfe des Staates, sei es nun des römischen oder des persischen, oder aber sie erregten Volkstumulte.

Neben dieser brutalen Bekämpfung geht die *literarische* her. Die rabbinische Literatur hat einiges davon erhalten, vieles allerdings erst in volkstümlicher Erzählung des Mittelalters. Anderes verbirgt sich hinter Decknamen. Aus der jüdischen Publizistik stammt eine Reihe von Legenden: die Christen morden beim Abendmahl Kinder und treiben im Dunklen Unzucht, die Leiche Jesu wurde gestohlen, Maria war die Geliebte des römischen Soldaten Panther. Seit dem Ende des ersten Jahrhunderts wurde die Verfluchung der Christen in das tägliche jüdische Gebet aufgenommen: «Die Christen und die Ketzer mögen augenblicklich zugrunde gehen. Sie seien vertilgt aus dem Buch des Lebens, und zusammen mit den Gerechten seien sie nicht geschrieben. Gelobt seist du, Jahve, der du die Frevler zerschmetterst.»

Das Christentum nahm den Kampf gegen das Judentum sofort in der schärfsten Weise auf. Zunächst wurde er literarisch geführt. Vom 1. Thessalonicherbrief bis zu Johannes Damascenus gibt es nur wenige kirchliche Schriftsteller, die nicht wenigstens einige schroff antijüdische Sätze ausgesprochen hätten, und die Liste der oft überaus gehässigen Kampfschriften gegen die Juden ist sehr lang. Ein paar Namen mögen genügen: der Barnabasbrief, Tertullians Schrift ‹Gegen die Juden›, Justins ‹Dialog mit Tryphon›, Pseudocyprians ‹Gegen die Juden›, Novatians ‹Über die jüdischen Speisen›, die ‹Consultationes Zacchaei›, die ‹Altercatio Simonis›, mindestens zehn streng antijüdische Ambrosiusbriefe, Augustins ‹Predigt gegen die Juden›, Traktate fast aller syrischen Schriftsteller.

Alle diese und zahlreiche andere Schriften benutzen in der Hauptsache folgende *literarische Motive:*

1. Die Juden sind *gottverhaßt*, denn sie hassen Gott. Sie sind gar nicht Gottes Volk, sondern, das hatte man von Poseidonios gelernt, stammen von den Äthiopen oder von aussätzigen Ägyptern ab. Vom Alten Testament verstehen sie nichts, Gott nimmt ihre Opfer nicht an, sie allein haben Christus gekreuzigt, sind abergläubisch und zaubern. So nützt ihnen ihr hoch geschätzter Monotheismus nichts, denn sie machen keinen Gebrauch davon und verunehren Gott mehr als die Heiden in ihrer Unkenntnis. Das sind alles Sätze von überzeugten Christen.

2. Seit den Johannesschriften war eine *metaphysische* Begründung aufgekommen: die Juden sind das Prinzip des Bösen in der Welt, sie sind «Kinder» und «Synagoge des Satans».

3. Die Juden gelten als Vertreter des Chaotischen. Tertullian betont, daß die Rachegebote des Alten Testamentes alle echte Kultur zerstören.

4. Die Juden sind *unsittlich*, grob sinnlich und stellen jeder Frau nach. Ihre Reinigungsgebote halten sie nur, weil sie in sittlicher Hinsicht nicht einwandfrei sind. Auch heucheln und lügen sie, helfen nur ihren jüdischen Volksgenossen, hassen und verachten die Griechen.

5. *Nur* die Juden haben Christus gekreuzigt. Schon die Evangelien entlasten den römischen Statthalter und belasten die Juden, das wird später gesteigert. Nicht die römischen Soldaten, sondern die Juden quälen und verhöhnen Jesus, die Heiden bekehren sich am Kreuz zu ihm, die Juden schmähen ihn noch im Tod. Wie sie aber den Herrn getötet haben, so würden sie am liebsten alle Christen töten, denn «der Jude bleibt sich zu allen Zeiten gleich». Solche Sätze schreiben nicht etwa christliche Fanatiker, sondern ruhige und vornehme Menschen wie Clemens von Alexandreia, Origenes und Chrysostomos neben radikalen wie Markion und Tertullian.

6. Das *Gericht* Gottes an den Juden ist schon jetzt sichtbar und wird in Zukunft noch deutlicher werden. Der Fall Jerusalems ist sein Beginn, und das Ende ist die Verfluchung aller Juden, ihr Ausschluß vom ewigen Leben und ihr ewiges Klagen. In haßerfüllten Bildern malen die christlichen Sibyllinen den endgültigen Untergang, schil-

dern christliche Jerusalempilger triumphierend, wie die Juden an den Resten der Klagemauer stehen und jammern. Nichts kann den Juden mehr vor dem Endgericht schützen, denn dann wird die Beschneidung das Zeichen sein, das den Eintritt in den Himmel verwehrt, genau umgekehrt wie die Rabbinen lehrten.

7. Es kann *keinen Kompromiß* zwischen Juden und Christen geben. Die Juden dürfen den Christen Sklavendienste leisten: an ihre Bekehrung glaubt man seit dem 3. Jahrhundert nur noch selten. Zusammenfassend formuliert Tertullian das alles: Christen und Juden haben «nicht denselben Gott». Darum soll der Christ sich freuen, wenn ihn der Jude verfolgt und verleumdet; wenn aber ein Christ auf den Juden hört, begeht er eine unvergebbare Sünde.

Aber es blieb nicht bei der literarischen Bekämpfung. Die *antijüdische Gesetzgebung* einzelner vorchristlicher römischer Kaiser wird von den christlichen Kaisern wieder aufgenommen und verschärft. Voraus ging die Forderung der christlichen Sibyllinen, der Staat solle die angehäuften jüdischen Reichtümer für seine Zwecke enteignen. Die Synode von Elvira verbot um 310 Mischehen zwischen Christen und Juden, und dieses kirchliche Verbot nahm Konstantius in die staatliche Gesetzgebung auf. Aus dieser Zeit datiert das Verbot, daß Juden keine christlichen Sklaven haben dürfen, das Konstantius streng durchführt, der auch den Besitz aller enteignen läßt, die zum Judentum übergetreten waren. Dann schließt Honorius die Juden von jedem Militärdienst aus. Der erste bekannte Fall der Niederbrennung einer Synagoge ereignet sich auf Befehl des Bischofs von Kallinikon im Jahre 388, doch dürfte er Vorgänger gehabt haben. Auf Bitten der Juden will der Kaiser den Wiederaufbau anordnen, aber Ambrosius tritt ihm mit der Behauptung entgegen, Gott habe die Ausrottung der Synagoge gewünscht, da sie in der Welt unnütz sei. Arkadius entzieht den Juden das Asylrecht, Theodosios II. schließt im Jahre 415 die jüdische Universität Tiberias und setzt den dortigen Patriarchen ab, und Justinian wandelt endlich alle noch vorhandenen Synagogen in Kirchen um.

e) Armenien, Georgien, Iran, Indien, Arabien

Folgt man dem Weg des Christentums weiter nach dem Osten, so ergeben sich zwei Tatsachen mit aller Deutlichkeit. Erstens bedeutet die Christianisierung eine Fortsetzung des nie zu Ende gegangenen geistigen *Hellenisierungsprozesses*, und zweitens ist sie ein Schritt zur politischen Loslösung der Oststaaten vom römischen Reich, zu ihrer nationalen *Verselbständigung*. Wir betrachten diese Vorgänge nur, soweit sie noch in dieser Epoche liegen.

Ein typisches Beispiel ist *Armenien.* Eine uralte armenoide, dann stark indogermanisch überlagerte Völkergruppe lag, geschützt durch Gebirge, die ein unter die Briefe des Basileios geratenes Schreiben «im Winter unzugänglich» nennt, zwischen zwei Hochkulturen, der hellenistischen und der iranischen, und zwischen zwei Großmächten, der römischen und der persischen. Geistig und kulturell entlehnte sie aus beiden, politisch rang sie um ihre Selbständigkeit. Der politische Versuch mißlang. Zwar entstand unter Tigranes, dem Schwiegersohn des Mithradates, auf kurze Zeit ein eigenes Reich, das aber sofort seine ihm gesteckten Grenzen verkannte und meinte, auf den Trümmern des Seleukidenreiches Großmachtpolitik treiben zu können. Aber nach der kurzen Hochblüte von 83–69 v. Chr ging der Traum rasch vorüber, und das Land wurde bald römisch, bald iranisch, bald byzantinisch, bald persisch, Zankapfel und Pufferstaat zugleich. Trotzdem blieb Armeniens politische Bedeutung ungeheuer: ohne armenische Truppen hätte seit Alexander Severus Rom seine Ostgrenze nicht mehr halten können, und ohne die armenischen Kaiser und die armenischen Soldaten wäre die byzantinische Geschichte anders verlaufen. Aber das Freiheits- und Selbständigkeitsbedürfnis dieses Volkes griff mit richtigem Instinkt zu einer geistigen Macht, die zunächst von beiden Welten trennte, zu der neuen Religion. Armenien wurde um 300 christlich, als weder der römische Westen noch der iranische Osten schon christlich waren. Daher konnte sich eine ziemlich selbständige Nationalkirche entwickeln, allerdings in Verbindung mit dem bereits früher christlichen Edessa, das ja in einer ähnlichen Lage war. Man erkennt das noch daran, daß das armenische Christentum für die Geschichte seiner Anfänge einfach die edessenische Legende übernommen hat und daß es altarmenische Evangelientexte gab, die aus dem syrischen Diatessaron stammen. Diese stolze Selbständigkeit hat die Kirche bis zu einem gewissen Grade auch weiter gewahrt: die Ablehnung des Konzils von Chalkedon durch die Armenier erfolgte nicht aus dogmatischen, sondern rein aus nationalen Gründen, Armenien wollte selbständig bleiben. Aber auf die Dauer konnte man doch weder aus sich selbst noch von den Syrern leben, und so folgte die geistige Anlehnung zuerst an das griechenchristliche Kleinasien, dann an Kappadokien und schließlich an Byzanz ganz von selbst. Allerdings hat sie die kraftvolle Eigenart dieser Kirche nie verwischen können.

Sie beruht zunächst darauf, daß der Armenier im Gegensatz zum Georgier aus dem Verstand und nicht aus dem Gefühl lebt. Wenn die armenischen Kirchen lange Zeit bildlos waren, so kommt das daher. Das bestätigt aber vor allem ein Blick in den bedeutendsten armenischen Kirchenschriftsteller, Jeznik von Kolb (zwischen 397 und

478). Er hat dankbar von Byzanz gelernt, und große Stücke seiner ‹Bücher gegen die Ketzer› sind nur eine glänzende Übersetzung aus Methodios. Selbständig ist er in seinem Angriff gegen die iranischen Religionen und den Markionitismus. Mit einer erfrischenden Vernunft bekämpft er den iranischen Dualismus, den Schicksalsglauben und die Askese. Dabei bedient er sich lebensnaher Bilder aus seiner Welt und verblüffend unkomplizierter Schlüsse. So begründet er die Willensfreiheit: «O schwaches Schicksal, o kraftlose Bestimmung, die Diebe und Räuber durchbrechen können, wenn sie über einen herfallen und ihn der Güter und des Lebenslichtes berauben! Wenn die Dinge nach einem vorausbestimmten Schicksalsspruch bewirkt würden, dann wäre es nicht mehr nötig, daß Könige einen Todesbefehl geben, noch daß die Richter einen Menschenmörder entfernen und töten lassen.» Das Fleischverbot der Markioniten widerlegt er: «Wenn sie dennoch sagen sollten: Christus aß nach der Auferstehung Fisch, aber nicht Fleisch, daher essen auch wir Fische, aber kein Fleisch, so ist zu sagen, daß dann eben auch sie nicht in diesem Leben Fisch essen sollten, sondern erst einst in der Auferstehung.»

Die Bindung an Kappadokien, Byzanz und das Griechenchristentum überwand völlig die syrischen Einflüsse. Für den armenischen Bibeltext wurde schließlich die Hexapla des Origenes zugrunde gelegt; die großartigen armenischen Übersetzerschulen machen seit dem 5. Jahrhundert ihr Volk nicht nur mit den griechischen Kirchenvätern und der byzantinischen Liturgie bekannt, sondern auch mit Platon, griechischen Rhetoren, dem Alexanderroman. Schon im dritten Jahrhundert steht der erste bekannte armenische Bischof in Verbindung mit Dionysios von Alexandreia, und der eigentliche Organisator der armenischen Kirche, Gregor Photistes (um 300), kam aus dem platonisch-origenistischen Kreis von Kaisareia in Kappadokien und ließ sich durch den Metropoliten Leontios von Kappadokien zum ‹Katholikos von Armenien› weihen. So blieb die Kirche Tochterkirche von Kappadokien, und erst die Eroberung Armeniens durch die Perser im Jahre 363 lockerte die äußere Verbindung, die geistige blieb. Vor der Einführung des armenischen Alphabets sind die christlichen Inschriften in Armenien griechisch.

Doch bleiben altarmenische Sitten bestehen. Jeznik bemüht sich zum Beispiel, die *Blutrache* christlich zu rechtfertigen. Auch ein handgreiflicher *Dämonenglaube* bleibt erhalten, obwohl ihn Jeznik stark rationalisiert und einschränkt. Aber noch heute wird im armenischen Ritus mit einer Rassel (keschotz) gerasselt, um die Dämonen zu vertreiben.

Höchste Ehren haben die Armenier ihren Bibelübersetzern und den Erfindern ihrer *Schrift* erwiesen. Die im allgemeinen historisch zuverlässige Vita Mesrops des Koriun (um 450) beschreibt, wie sein Lehrer Mesrop aus einem vornehmen armenischen Geschlecht nach guter griechischer Erziehung, einer Beamten- und Offizierslaufbahn die Notwendigkeit der Bildung seines Volkes erkannt und nach Beratung mit dem Katholikos Sahak und edessenischen Bischöfen schließlich die armenische Schrift geschaffen habe, die sich an die Awestaschrift anlehnt, aber durchaus eigenständig ist. Später habe er dann auch den Georgiern ein Alphabet geschenkt. Seine Bibelübersetzung beginnt sehr bezeichnend mit den praktischen ‹Sprüchen Salomos›. Auch die Einführung der byzantinischen Liturgie in armenischer Sprache ist sein Verdienst. Mit einer Reihe von Schülern, unter denen wohl auch Koriun selbst war, begibt er sich an den Hof von Byzanz und lernt dort unermüdlich; Byzanz verleiht ihm einen Ehrentitel. Gegen die Ketzer geht er energisch vor: er läßt sie unter anderem schwarz oder bunt anstreichen und aus dem Lande treiben. Er predigt unaufhörlich, begründet mit Sahak die große Übersetzerschule, organisiert die Kirche als Nachfolger Sahaks neu und schreibt Traktate unter dem alexandrinischen Titel ‹Teppiche› (Hatschachapatum).

Von ungeheurer, auch nationaler, Bedeutung war, daß die Armenier von den Griechen den Sinn für *Kirchengeschichte* bekamen. Euseb wurde früh übersetzt und war äußerst beliebt, bald aber begannen die Armenier selbst in großem Stil Kirchen- und zugleich Volksgeschichte zu schreiben. Faustus von Byzanz (um 400) schreibt seine armenische Geschichte noch griechisch, ist aber sofort übersetzt worden, ihm folgen Moses von Choren (Zeit unsicher, vielleicht erst um 800), Jelische, der geschickte Darsteller der persisch-armenischen Kämpfe des 5. Jahrhunderts und andere. In ihnen allen vereinigt sich der Geist der armenischen Kirche und der armenischen Nation mit dem griechischer Geschichtschreibung.

Es versteht sich von selbst, daß eine solche nationale Kirche nach einer politischen Gestaltung drängen mußte. Ihre Begründer stammten aus dem ritterlichen Adel und sahen im Christentum die Hauptwaffe gegen die Überfremdung Armeniens durch iranisches Geistesgut; sie wollen die Perser nicht nur mit dem Schwert, sondern auch mit Hilfe der Religion austreiben. Das war aber nur möglich, wenn das Christentum alleinige *Staatsreligion* wurde, und darin hat man von Edessa gelernt. Byzanz hat das gut verstanden. Als Sahak und Mesrop um Berater bitten, gibt man ihnen nicht nur Übersetzer, Philologen und Theologen, sondern vor allem den General Anatolios.

Auch in dem benachbarten *Georgien* (Iberien und Kolchis) bedeutet das Christentum einen weiteren Schritt in der Hellenisierung und im nationalen Erwachen. Nur sehen wir hier nicht so klar, denn während die Armenier Geschichte schreiben, schreiben die Georgier dank ihrer größeren Emotionalität Legende. So macht eine dicke Schicht von Legenden die Anfänge des georgischen Christentums nahezu unkenntlich.

Der am Schwarzen Meer liegende Teil Georgiens war stärker hellenisiert als Armenien. Über Pantikapaion kamen griechische Einflüsse, Alexander der Große wurde hier als Heros verehrt. Die römische Herrschaft war sehr lose, die einheimische Dynastie unterhielt zu Hadrian und anderen Kaisern gute Beziehungen. In Ostgeorgien dagegen waren nicht nur die persischen Einflüsse stärker, sondern hier machte sich auch der armenische Einfluß geltend. Erst dem Christentum ist es gelungen, die beiden auseinanderstrebenden Teile, das alte Kolchis und das alte Iberien, zu einigen.

Das ist um so seltsamer, da das Christentum, als es nach Georgien kam, noch keine *einheitliche* Größe darstellte, sondern erst in Georgien zu einer Nationalreligion zusammenwuchs. Denn es kann kein Zweifel darüber bestehen, daß in der Mitte des vierten Jahrhunderts vielleicht in Nachahmung armenischer Verhältnisse auch das georgische Herrscherhaus sich an Byzanz mit der Bitte wandte, das Christentum einzuführen, einer Bitte, die gern erfüllt wurde. Diese Anlehnung an Byzanz überrascht nicht, wohl aber die kaum ganz zu klärende Frage, warum die neue georgische Kirche nicht Byzanz, sondern Antiocheia unterstellt wurde. Dadurch bekam sie nicht nur einen byzantinischen, sondern auch einen syrischen Einschlag, der sich in der Liturgie zeigte, aber auch die allmähliche Loslösung von Volk und Religion aus der unmittelbar byzantinischen Umgebung erleichterte. Immerhin blieb der hellenistisch-byzantinische Charakter der Kirche beherrschend. Dazu trug die Emotionalität der Georgier nicht unwesentlich bei, drang doch – freilich erst *nach* dieser Zeit – die neuplatonische Mystik ein, und es entwickelte sich gerade in Georgien ein stark gefühlsmäßig bestimmtes Mönchtum.

Der hellenistisch-byzantinische Einfluß ist die eigentliche Kraft gewesen, durch die sich Georgien von Armenien befreit hat. Denn bis zum Jahre 349 stand Ostgeorgien nicht nur politisch, sondern auch geistig unter armenischem Einfluß, und es bedurfte einer ziemlichen Anstrengung, nicht dem armenischen Christentum zu unterliegen, was unfehlbar die Loslösung Iberiens von dem alten Kolchis zur Folge gehabt hätte. Es ist wohl die Königsfamilie gewesen, die zuerst sah, daß es besser sei, mit Byzanz als mit Armenien geistesverwandt zu sein. Einer der bedeutendsten Ibererkönige, Bakurios ‹der Große›, besuchte Libanios in Antiocheia. Griechen oder Antiochener, nie aber Armenier haben bis zum Jahre 542 das Oberhaupt der georgischen Kirche gestellt. Der Gegensatz zu Armenien wurde schließlich durch den dogmatischen Bruch besiegelt: nach langem Zögern erkannte die georgische Kirche das Chalcedonense an und blieb damit in der Verbindung mit Byzanz, die Armenien aufgegeben hatte.

Für die übrigen Staaten und Völker des Ostens läßt sich in dieser Epoche ein Gesetz aufstellen: *Je weniger tief die Hellenisierung gedrungen war, um so schwieriger wurde es für das Christentum, Fuß zu fassen.*

Das gilt deutlich für das *persische Reich.* Solange die hellenophilen Arsakiden herrschten, drang das Christentum von verschiedenen Seiten her ungehindert ein und weit nach Osten vor. Das änderte sich grundlegend, als im Jahre 226 die Sassaniden den Thron bestiegen und die persische Nationalkultur im Gegensatz sowohl zum Griechentum wie zu den Syrern erneuerten. Damit wurde vor allem die alte, fest gefügte Staatsreligion des Mazdaismus gefördert, die in dieser Epoche ihren heiligen Schriftkanon abschloß und auch sonst alle Zeichen einer neuen Blüte trug. Aus ihr heraus, freilich bald im äußeren Gegensatz zu ihr, war der Manichäismus erwachsen, der sehr geschickt hellenistische und christliche Gedanken mit dem Parsismus verband und in tatkräftiger Mission bis nach dem fernen Westen vorstieß. Vom 3. Jahrhundert an begann auch ein neuer Aufschwung des Mithras, der die gleichen persischen Gedanken in anderer Form dem lateinischen Westen vermittelte.

Konnte ein Volk, das diese drei Weltreligionen hervorgebracht hat, noch eine vierte aufnehmen? Das persische ‹Stammvolk› kaum, wohl aber die über ganz Persien verstreut wohnenden Syrer. Da sie meist Nestorianer wurden, waren sie in einem Bereich von mehr praktischen als spekulativen Religionen lebensfähig und zugleich durch diese herbe Form des Christentums leidensfähig in den bald über sie kommenden Verfolgungen. Sie bildeten die erste selbständig organisierte *Diasporakirche* in der Geschichte, vergleichbar etwa der Kirche der Siebenbürger Sachsen. Sie gingen weder religiös noch sprachlich in der Umwelt auf. Syrisch blieb die Kirchensprache der persischen Christen, und eine persische christliche Übersetzungsliteratur gibt es kaum.

Die *Stellung des Staates* zu dieser Kirche zeigt sämtliche Probleme, die auch in modernen Diasporagemeinden bestehen. Als die nationale Reaktion der Sassaniden alles Unpersische auszurotten versuchte, begann im 4. Jahrhundert die schwere Verfolgungszeit, die immer drückender wurde, je mehr die Spannungen zwischen Byzanz und den Sassaniden wuchsen. Nach einer anfänglichen Toleranz, von der die christlichen Kirchenbauten bei Arbela aus dem 3. Jahrhundert Zeugnis ablegen, begannen um 340 die großen sassanidischen Verfolgungen. Staat und persische Priesterschaft sahen im Christentum nicht ganz mit Unrecht eine byzantinische Untergrundbewegung. Als aber die Verfolgung nicht zum Ziele führte, begünstigte der Staat die Kirche und versuchte sie zu nationalisieren, um sie politisch unschädlich zu machen. Er nahm die aus Byzanz vertriebenen Nestorianer gern in Persien auf und erreichte die Bildung einer nationalpersischen Nestorianerkirche. Auf dem Konzil von Seleukeia-Ktesiphon (410) wurde sie eine selbständige Nationalkirche unter einem eigenen Katholikos, dann erhielt sie einen bedeutenden Zuwachs durch die Auswanderung der nestorianischen Schule von Edessa nach Nisibis im Jahre 489 und bekam im folgenden Jahre durch Barsauma wegen ihrer antibyzantinischen Haltung volle Duldung. Ihre Schule in Nisibis blühte ebenso auf wie ihre bedeutende medizinische Fakultät in Gandisapora in der Susiana. Wie viele moderne Diasporakirchen betonte sie unaufhörlich ihre Treue zum andersgläubigen Staat und ihre Feindschaft gegen den byzantinischen Landesfeind. Im 6. Jahrhundert wurden auch die monophysitischen Jakobiten von den Sassaniden aus den gleichen politischen Gründen gern aufgenommen. Sie ließen sich in den mesopotamischen Teilen des persischen Reiches nieder, wo sie eine eigene Schule in Resaina (westlich von Nisibis) gründeten.

Wie die persischen Religionen zunächst vielfach vom Hellenismus umgeformt wurden, so sind sie, wenigstens in der Gestalt des *Manichäismus*, auch von Christen aufs stärkste beeinflußt worden. Allerdings war die Folge, daß der Manichäismus vom strengen Persertum als unpersisch ausgeschieden wurde. Den tiefsten Eindruck haben die Markioniten hinterlassen, die nach ihrem Ausschluß durch die Kirche schon vor 300 in großen Scharen nach Persien auswanderten und dort aus antirömischen politischen Gründen geduldet wurden. Auch einen großen Einfluß der johanneischen Literatur haben die neuen Manifunde bewiesen; Paulus, Markion und der Gnostiker Bardaisan werden als «die einzigen wahren Christen» zu manichäischen Propheten. Auch wer die griechischsten und christlichsten Hymnen des koptisch-manichäischen Psalmbuchs erst für Dichtungen des griechisch-christlichen Ägypten hält, wird zugeben müssen, daß im ursprünglichen Manichäismus genug Griechisches und Christliches erhalten blieb.

Wie der Manichäismus, so stieß auch das Christentum über Persien hinaus auf den alten Straßen weiter nach Osten vor. In erster Linie waren es die Nestorianer, dann aber drangen auch Jakobiten und byzantinische Melchiten tief nach Asien ein. Trotz der großen Fortschritte, die die Erforschung Baktriens und des Turkestan in den letzten Jahrzehnten gemacht hat, wissen wir noch immer recht wenig über das Christentum in diesen Gegenden. Schon im 4. Jahrhundert kommen christliche und markionitische Flüchtlinge in die *Turkmenensteppe* und nach *Turkestan*, 334 gibt es einen christlichen Bischof in Merw. Die Manichäer aber schaffen sich einen bedeutenden Außenposten in Samarkand. In Herat in *Afghanistan* sind Christen schon um 430 bezeugt; hier und in Samarkand gab es nestorianische Bischöfe. Im 8. Jahrhundert hat Buchara eine christliche Kirche, um 800 missioniert der Nestorianer Timotheos vom kaspischen See bis nach *China*, doch sind chinesische nestorianische Gemeinden inschriftlich schon vor 635 bezeugt. Viele dieser Nestorianer sind Perser, einige bleiben als Eremiten in der zentralasiatischen Wüste. Alle diese und andere christliche Gruppen Innerasiens haben sich lange gehalten, ihre Inschriften gehen bis ins 15. Jahrhundert. Noch um 1000 missionieren Nestorianer in der Mongolei und noch im 14. Jahrhundert byzantinische Melchiten unter den Chazaren. Von dem inneren Leben dieser Christen können wir uns allerdings kaum eine Vorstellung machen; die Träger ihrer großen Missionsarbeit sind Kaufleute gewesen, die auf der alten Straße von Palmyra über Baktrien nach Osten zogen, also meist Syrer und Nestorianer waren. Diese Straße hatte schon seit dem 2. vorchristlichen Jahrhundert Anschluß an China und über Samarkand zu den Goldhändlern in Südsibirien.

Zu den Wegen auf den alten Straßen nach dem Turfan und Turkestan im Norden kamen die Südverbindungen über das östlichste Alexandreia in Arachosia und die Seeverbindung nach *Indien*. Wieder folgte das Christentum den Spuren des Hellenismus, hier aber kam es zu spät. Denn unter König *Aschoka* war der Buddhismus hellenistisch geworden (273–233 v. Chr.). Aschoka hatte damit Asien eine hellenistische Religion gegeben, die durch das Christentum nicht mehr zu verdrängen war. Immer deutlicher erkennen wir, was durch ihn und durch die Ausstrahlung des gräko-baktrischen Reiches bis ins zweite vorchristliche Jahrhundert geistesgeschichtlich geschehen ist. Ein paar Inschriften und Reliefs, die griechischen Tempel und Münzen von Afghanistan und Indien, die Turfanfunde und die Kunst von Gandhara, dazu die Erforschung der Mahayanaliteratur weisen alle in die gleiche Richtung. Seit dem dritten vorchristlichen Jahrhundert gab es nicht nur eine griechische Kunst in Indien, sondern eine hellenistische Erlösungsreligion. Zwar waren die kühnen politischen Eroberungsversuche Indiens durch den baktrischen König Demetrios I. nicht von langem Erfolg gewesen, aber es geschah mehr: sowohl nach dem Turfan als auch auf der Straße von Seleukeia-Ktesiphon über Ekbatana und Taxila nach Pataliputra wanderten hellenistische Dichtung, Philosophie und Religion. So wurde wie Isis und Attis, Adonis und Christus auch Buddha zum griechisch-hellenistischen Erlösergott. Es gibt kein Buddhabild, das nicht von den griechischen Buddhabildern Gandharas abstammt; alle Erlösungs- und Mysterienelemente des Mahayanabuddhismus sind griechisch. Buddha wird zum versuchten, leidenden, sterbenden und erhöhten Mysteriengott, zu Horus-Harpokrates auf der ägypto-hellenistischen Lotosblume, seine Mutter Maja zu Isis. Aber diese Isis ist ebensowenig ägyptisch wie Maja indisch oder Maria hebräisch – wieder einmal zeigt sich uns die ergreifende Geschlossenheit des hellenistischen religiösen Raumes. In Kabul wird Isis verehrt und im buddhistischen Raum von Gandhara gibt es im Relief homerische Szenen. Auch Dionysos, dessen Beziehungen zu Indien alt sind, wandert über Baktrien hinaus, dazu die griechische Astrologie. In römischer Zeit setzt sich das fort; man bedenke, daß im zweiten nachchristlichen Jahrhundert jährlich allein von Myos Hormos am Roten Meer 120 Schiffe nach Indien ausliefen und theophore römische Münzen in Ceylon gefunden wurden. Unterwegs nahm man noch die hellenisierte persische Apokalyptik mit und zu dem Mysterienbuddha gesellte sich noch der apokalyptische Buddha Maitreya mit iranischen Zügen.

Von den *Christen* erwähnt zuerst Clemens von Alexandreia den Buddha, aber das besagt wenig, da man in Alexandreia alles kannte. Ebenso darf man es nicht zu hoch einschätzen, daß sich Hippolyt mit den Brahmanen beschäftigt, denn das hat er aus der Literatur. Das erste sichere Zeugnis christlicher Berührung mit Indien sind die *Thomasakten*. Hier ist der indoparthische König Gondaphar (1. Jhdt.) erwähnt, und hier liegt deutlich gräko-buddhistischer Erzählungsstil vor. Dagegen sind die Berichte über indisches Christentum bei Sokrates und Sozomenos wertlose Legenden. Seit dem 5. Jahrhundert finden wir dann in einigen Inschriften die Spuren missionierender christlicher Nestorianer in Indien. Kosmas Indikopleustes kennt eine christliche Gemeinde persischer Kolonisten auf Ceylon, die die byzantinische Liturgie benutzen.

Die Nestorianer, die in friedlicher Eintracht mit Buddhisten und Manichäern die gleichen Heiligtümer benutzten, waren es, die Buddha in das christliche Pantheon aufnahmen, wo er dann zu einem Lieblingsheiligen des Mittelalters wurde und über das römische Martyrologium als Heiliger *Joasaph* noch heute verehrt wird. Joasaph (Bodhisattva) wird als indischer Königssohn trotz der Hinderungsversuche seines Vaters von dem Asketen Barlaam zum Prediger und Mönch bekehrt. Dieser christliche Buddha zog zu den Georgiern, nach Byzanz und nach dem Westen. Es ist wieder eine der Ironien der mittelalterlichen Kirchengeschichte, daß in der Zeit, in der man die letzten Paulicianer, Bogomilen und Albigenser totschlug, gerade in den Kreisen ihrer Verfolger der ‹Heilige Buddha› glühend verehrt wurde.

Werfen wir noch einen Blick auf *Arabien*.

Das Christentum drang zunächst in die *Randgebiete* des nabatäischen Arabien ein, hier hat Paulus missioniert. Sozomenos bezeugt, daß im 4. Jahrhundert ein arabischer Scheich Zokomos von einem Wandermönch zum Christentum bekehrt wurde, Kyrill von Skythopolis, daß im Jahre 420 ein ganzer Stamm unter Scheich Aspebet zum byzantinischen Christentum übertrat. Aber schon 200 Jahre früher bekämpfte Origenes massive arabische Auferstehungshoffnungen, die in Bostra, lange Mittelpunkt des arabischen Christentums, aufgetaucht waren. Hier aber handelt es sich wohl nur um städtisches und vorwiegend griechisches Christentum. Titus von Bostra (um 370) schreibt griechisch, und nach ihm die bekannten arabischen Bischöfe bis ins 8. Jahrhundert hinein. Um 380 macht Gregor von Nazianz eine Reise durch Arabien, doch hat er sich wohl nur für die christlichen Einsiedler in der arabischen Wüste interessiert. Vom 6. Jahrhundert an wächst die Bedeutung Arabiens dadurch, daß sich die im Reich verfolgten Ketzer in das arabische Gebiet begeben. Nachdem schon im 4. Jahrhundert Arianer zu den Sabäern gekommen waren, folgen nach und nach Monophysiten und Nestorianer, daneben aber bleiben oder entstehen vor allem durch byzantinische Kaufleute byzantinische ‹kaiserliche› (melchitische) Kirchen. Doch hat sich in der vorislamischen Zeit keine wesentliche christliche arabische Literatur entwickelt. Erst als die Araber beginnen, die von der byzantinischen Kirche abgespaltenen Nestorianer und Monophysiten aus politischen Gründen zu fördern, und als die arabische Sprache die syrische und die koptische zu Dialekten herabdrückt, beginnt die große Zeit der christlichen arabischen Literatur. Aber das liegt *nach* dieser Epoche. In vorislamischer Zeit schreibt man griechisch oder syrisch, gelegentlich arabisch in syrischer oder griechischer Schrift. Als Aetheria Arabien besucht, findet sie viele Einsiedler und Klöster besonders im Sinaigebiet, auch läßt sie sich von einem nicht weiter bekannten arabischen Bischof begleiten. In Südarabien scheinen die Äthiopen früh missioniert zu haben, aber die Zersplitterung der arabischen Stämme und ihre dauernden Kämpfe miteinander ließen es wohl zu keinem rechten Erfolg kommen. Von den melchitischen Klöstern am Sinai aus ist zuerst der Versuch gemacht worden, im Sinne der byzantinischen Kirche mit der Schrift unter den Arabern zu missionieren, aber erst der Monophysiten- und Nestorianermission war eine größere Verbreitung möglich; von ihr hat Mohammed seine freilich nicht allzu tiefen Kenntnisse des Christentums erhalten.

f) Afrika

α) *Alexandreia und das hellenistische Ägypten.* Trotz der Zerstörung in den römischen Bürgerkriegen und in den Aufständen unter Aurelian und Diokletian blieb *Alexandreia* Mittelpunkt griechischen Wesens. Die glanzvoll ausgestatteten Besuche der Kaiser, die Flut der Touristen, das alles sorgte dafür, daß sein alter Ruf erhalten blieb. Die Ägyptomanie der ersten Jahrhunderte mit ihrem Höhepunkt zur Zeit Hadrians brachte nicht nur Obelisken und Sphingen in römische Villen und Ammonsköpfe und Lotosblumen auf Gräber mit den guten römischen Namen Crassus oder Pompeius, sondern auch eine maßlose Bewunderung Alexandreias in die westliche Welt. Allerdings ist diese *interpretatio Romana* oft eine recht zweifelhafte Sache: die eleganten, hellenistisch-ägyptischen Götter schleppen schwere römische Waffen, und der von den Griechen gemiedene, pissende ägyptische Nilgott erregt das Entzücken der römischen Barbaren. Alle unterlagen irgendwie dem Zauber der Stadt, nicht nur Marcus Antonius, der in ihr begraben sein wollte, sondern auch Augustus, der sie trotz aller politischen Bedenken nicht zerstörte, sowohl aus Achtung vor Alexander und aus Verehrung für einen alexandrinischen Philosophen als auch aus Bewunderung für ihre Schönheit. Unter Caracalla nahm sie noch einmal rein griechischen Charakter an, da als Gegenmaßnahme gegen die koptische Landflucht alle Ägypter aus ihr ausgewiesen wurden.

Für die *Religionsgeschichte* blieb Alexandreia der wichtigste Ort. Die beiden ehrwürdigen Stadtkulte, der am Grab Alexanders und der des Stadtgottes Aion, hörten wohl erst allmählich von allein auf. Das berühmteste Heiligtum der Stadt, das Sarapeion, behielt auch nach seiner Zerstörung durch die Christen noch Freunde; man trauerte ihm wehmütig nach und tröstete sich damit, «daß die Welt für solche Götter zu schlecht» sei. Dionysos ist schon durch die Römer schwer geschädigt worden, da sie seine Feiern mit einer skrupellosen Weinsteuer belegten. Immerhin zeigt das glühende Dionysosepos des Nonnos von Panopolis (um 450), wie lebendig die Dionysosfrömmigkeit im griechischen Ägypten bis in die letzte Spätzeit blieb. In Anlehnung an den Alexanderkult und die Ptolemaierkulte ist der Kaiserkult lange weitergeführt worden und wurde im 2. Jahrhundert sogar volkstümlich: in Alexandreia erzählte man zuerst die Heilungswunder Vespasians oder die Begegnungen Hadrians mit Isis und Sarapis und seine Begrüßung durch den Memnonskoloß. Auch die alten *Sondergötter* lebten weiter, der alte Schutzgott Agathos Daimon, die alexandrinischen Hafendioskuren, die von den Ptolemaiern geförderten samothrakischen Götter als Schützer der Seefahrt. Seit dem dritten nachchristlichen Jahrhundert taucht der energische Manichäismus hier auf, früh von den Neuplatonikern bekämpft. «Ägypten ist der Tempel der ganzen Welt», sagt Apuleius. Immerhin: zu allen Zeiten standen Griechen hinter all diesen Schöpfungen: der *Athener* Timotheos formt die Isismysterien um, der *Athener* Demetrios von Phaleron dichtet in Alexandreia die ersten Sarapisaretalogien, der *Athener* Bryaxis schafft das Sarapisbild, und der *Athener* Clemens von Alexandreia begründet die höchste Blütezeit des alexandrinischen Christentums. Die Alexandriner haben selbst zugegeben, daß hinter ihrem religiösen Leben Eleusis und Samothrake stehen. Dabei ist selbstverständlich, daß stimmungsmäßig die ägyptische Umwelt den Religionen förderlich gewesen ist. In Alexandreia ist schließlich von der Septuaginta bis zu Philon das Judentum hellenisiert worden und hat seinerseits alle Schichten des Religiösen angeregt: Zauber und Magie arbeiten mit alttestamentlichen Namen, die philosophischen Sarapisverehrer erfahren von Philon, daß Sarapis das Kind der Sara bedeute, griechische Touristen lassen sich auf der Pharosinsel die siebzig Zellen der Septuagintaübersetzer zeigen, und vielleicht hat es in Alexandreia sogar eine jüdische Mysterienreligion gegeben. Aber im allgemeinen wahrte man auch da, wo keine offene Feindschaft herrschte, zum mindesten Distanz. Das unter einem Ethnarchen straff gegliederte städtische Judentum kämpfte mit allen Mitteln beständig um Sonderrechte und rief dadurch einen heftigen Antisemitismus hervor, der wieder Gegenreaktionen auslöste. Das Verbot jüdischer Zuwanderung, das Claudius verhängte, hat die Lage nur sehr vorübergehend entspannt.

Für die *Philosophie* bedeutete Alexandreia in dieser ganzen Epoche einen der Hauptorte des religiösen Platonismus. Hier begründete Ammonios zu Beginn des dritten Jahrhunderts die neuplatonische Schule. Zu ihm kam sein größter Schüler, Plotin, aus dem thebaischen Gau, und um ihn sammelten sich die führenden Christen und Nichtchristen. Hier lernten Porphyr und Origenes. Auch die Hermetik behielt ihren Mittelpunkt in Alexandreia, der dreieinige (ter et unus) Hermes ist eine gräko-ägyptische Schöpfung von griechischem Inhalt in ägyptisierenden Formen. Von den großen Stoikern weilte der bedeutende Chairemon hier, von den Neupythagoreern Numenios, von den Kynikern Peregrinus Proteus. Nur die griechische Wissenschaft ging langsam zurück; der Verlust der Bibliothek von 47 v. Chr. war nie wieder ganz zu ersetzen, und das Museion verlor seinen alten Glanz zur Zeit Caracallas.

Die religiös und geistig glänzende Griechenstadt besaß auch ein freilich allmählich kleiner werdendes *Hinterland*. Da war die alte Griechengründung Naukratis im Delta, da waren den Nil entlang

Heliopolis, Herakleopolis, Oxyrhynchos, Hermoupolis, Lykopolis, Ptolemais, Panopolis, die Heimat des letzten griechischen Dichters Nonnos, da waren vor allem die hellenischen Städte des Fayum um Arsinoe und Philadelphia. Kein ägyptischer Gau ist in den ersten Jahrhunderten ohne Griechen gewesen. Hadrian hat sich dieser Griechen besonders angenommen, zum Dank tragen einige seit dieser Zeit lateinische Namen; er gründete die nach seinem Freunde Antinoos benannte letzte griechische Kolonie in Ägypten. Das Gymnasion war der geistige Mittelpunkt dieser Städte, ihre formale Freiheit war ihr Stolz, ihre Sprache und ihre Kultur ihr Schutz.

Das *Christentum* faßte in dieser gräko-ägyptischen Welt zuerst in Alexandreia Fuß; das echt ägypto-hellenische Wesen der frühesten Christen Alexandreias hatte sich bereits bei Apollos und im Hebräerbrief gezeigt, wobei in beiden Fällen die Beziehung zum ägyptohellenischen Judentum sichtbar war. Bis ans Ende des ersten Jahrhunderts bleiben wir ziemlich im Dunkel, dann aber steht die alexandrinische Kirche plötzlich im hellen Licht und zeigt, daß sie eine griechisch gebildete Gemeinde ist von viel höherem Niveau als die gleichzeitigen Gemeinden an irgendeinem anderen Platz außer Ephesos. Der Athener Clemens ist um 200 ihr geistiger Führer, und sie pflegt lebhaften Verkehr mit griechischen Gemeinden in Caesarea Palaestinensis, Kappadokien und Antiocheia. Die hohe Bildungsstufe des Hebräerbriefs und des Clemens von Alexandreia, die nicht nur Kenntnis der Septuaginta, sondern auch der griechischen Literatur und Philosophie, bei Clemens sogar in einem sehr hohen Maße, voraussetzen, die Tatsache, daß die Leser des Clemens nicht unvermögend sein können, da bei ihnen eine beträchtliche Höhe der äußeren Zivilisation erwartet wird, lassen ebenso wie die frühe Entwicklung der christlichen Gnosis in Alexandreia vermuten, daß hier das Christentum zunächst von kleinen gebildeten Zirkeln getragen wurde und daher wohl erst verhältnismäßig spät und langsam aus der Stadt hinausdrang. Erst nach 150 beginnen die christlichen Papyri, Evangelienfragmente und Briefe vom Land; Oxyrhynchos ist erst zu Beginn des 5. Jahrhunderts stark christlich. Aber auch das griechische Landchristentum trägt einen ‹gnostischen› Charakter; der christliche Papyrus Rylands Nummer 457 (vielleicht noch kurz vor 200) enthält gnostisch beeinflußte Johannesszenen. Der Einfluß der Gnostiker Alexandreias, Valentin, Basilides und Apelles, alle aufgewachsen in der geschilderten alexandrinischen geistigen Sphäre, reicht ebenso zu den Fayumgriechen wie der ihrer ‹kirchlichen› Gesinnungsgenossen. Das griechische Christentum in Ägypten charakterisiert das Schrifttum des Clemens eindeutig: es ist reich, weltoffen, gebildet, vielseitig interessiert, lebt in griechischer Kultur und Zivilisation, die es in Übereinstimmung mit der Lehre Jesu und den christlichen Mysterien zu bringen sucht.

In diesen gebildeten Schichten entstand nach dem Muster griechischer Philosophenschulen die alexandrinische *Katechetenschule*. Der erste Name, der mit ihr in Verbindung gebracht wird, ist Pantainos, der aber selbst nichts schrieb und uns daher kaum bekannt ist; sein Ruf als Lehrer drang bis nach Athen. Das hier entwickelte christliche Bildungsideal und -gut hat Clemens stoisiert, Origenes platonisiert. Clemens hat den attischen Stil eingeführt, Origenes hat in Anlehnung an das Vorbild der platonischen Akademie und an die philologischen Institute und in Anpassung an den traditionellen Lehrbetrieb des Museion das Lehrsystem ausgebaut. Die Schule war ein freies Lehr- und Forschungsinstitut. Sie unterstand nicht der Kirche. Ihr formaler Bildungsweg entsprach genau den griechischen Hochschulen. Unterrichtsfächer waren außerchristliche Philosophie, Mathematik, Naturwissenschaften, Musik, Rhetorik, Philologie, und, sich darüber lagernd, christliche Exegese und Systematik. Hier reiften die Pläne zu den großen Kommentaren und Textrezensionen, zu der platonisierenden christlichen Hermeneutik sowie ein neues christliches Rhetorenideal. Was diese Schule aber von den anderen alexandrinischen Bildungsunternehmen unterschied und die Umwelt tief beeindruckte, war, daß diese Lehrer mit ihrem einwandfreien Wissen und Forschen ein Ethos verbanden, an dem besonders die Martyriumsbereitschaft und die aktive Liebe auffielen. Man muß diese Schule und ihre Nachfolgerin in Kaisareia auf ihrem Höhepunkt unter Origenes nicht nur im Lichte Gregor Thaumaturgs sehen, sondern im Lichte des Christengegners Porphyrios: «Nach seiner Lebensweise lebte er (Origenes) als Christ und gegen das platonische Schulgesetz (παρανόμως), in seinen Meinungen über das Wesen der Dinge (περὶ τῶν πραγμάτων) und über das Göttliche war er Grieche.» Es ehrt einen Abendländer, Vinzenz von Lerinum (gest. um 450), daß er 200 Jahre später in seinen wunderschönen Worten auf Origenes noch einmal an das Urteil des Porphyrios anknüpft: «Unzählige Gelehrte (doctores) gingen aus seiner Lehre hervor, unzählige Priester (sacerdotes), Confessoren und Märtyrer. Denn wer könnte beschreiben, wie groß bei allen die Bewunderung für ihn, wie groß sein Ruhm, wie groß seine Begnadung (gratia) war? Wer flog nicht zu ihm aus den äußersten Enden der Welt, wenn er auch nur ein wenig an der Religion interessiert war! Wer von den Christen verehrte ihn nicht fast wie einen Propheten, wer von den Philosophen nicht als einen Lehrer? Daß er nicht nur in seinem privaten Bereich, sondern sogar vom römischen Herrscherhaus (imperio) verehrt wurde, beweisen die Berichte, welche überliefern, daß er von der

Mutter des Kaisers Alexander gerufen worden sei. ... Wenn jemand unseren Bericht über sein unglaubliches Wissen (incredibili quadam scientia) als christliches Zeugnis nicht annehmen wollte, so möge er wenigstens ein heidnisches Bekenntnis annehmen, wie es die Philosophen aussagen. Es sagt nämlich jener Nichtchrist (impius) Porphyrios, daß er durch dessen Ruhm erregt sich fast noch als Knabe nach Alexandreia aufgemacht habe und ihn dort schon als alten Mann gesehen habe, aber deutlich als einen solchen, der die Burg der ganzen Wissenschaft (arcem totius scientiae) fest gegründet hatte.» Daß es neben dieser echten Hochschule auch christliche Schulen auf dem Lande gab, beweist ein Wiener Papyrus, der ein Schulheft mit Psalmübungen enthält.

Solange die Kirche Alexandreias griechisch blieb, war sie wie keine andere die Kirche der großen *geistigen* Persönlichkeiten. Schon unter Clemens traten hier griechische Philosophen zum Christentum über. Auf Origenes folgten seine Schüler, vor allem Dionysios der Große (gest. um 265). Dieser griff auf die seit dem 2. Jahrhundert übliche Sitte zurück, von Alexandreia aus den anderen Kirchen den genauen Ostertermin mitzuteilen, und er entwickelte diese Osterfestbriefe nicht nur zu Kalendermitteilungen, die auf schwierigen, nur in Alexandreia möglichen astronomischen und mathematischen Forschungen beruhten, sondern zu wissenschaftlich-christlichen Lehrschreiben, die die alexandrinische Geisteshaltung über die ganze christliche Welt trugen. Sie sind in einem hervorragenden Griechisch abgefaßt und suchen zwischen streitenden Kirchen mit origenistischer Weite und Milde zu vermitteln. Die Christen in der Provinz hatten durch Nepos von Arsinoe die christliche Eschatologie mit sinnlichen ägyptischen Jenseitsvorstellungen verschmolzen, Dionysios suchte sie zur origenistisch-griechischen Geistigkeit zurückzuführen. Unter den späteren Origenisten in Ägypten tritt neben Petrus von Alexandreia (um 300), der jedoch nicht sklavisch tradierte, vor allem die edle Gestalt Didymos' des Blinden (gest. um 400) hervor, des Lehrers Rufins.

Dann beginnt der jähe Absturz. Waren der Ausbruch des arianischen Streites in Alexandreia, die erbitterten Kämpfe des alexandrinischen Volkes für oder gegen die volle Gottheit Christi, die Reihe der charaktervollen Persönlichkeiten in diesem Kampf noch ein Zeichen für das geistig frische Leben der nunmehr christlichen Stadt, so änderte sich das, als mit Theophilos (385–412) und Kyrill (412 bis 444) brutale Gewaltmenschen auf den alexandrinischen Bischofsthron kamen, die sich mehr auf ihre koptische Leibgarde als auf griechische Geistigkeit stützten. Das griechische Christentum Alexandreias hatte sich wohl auch durch seine ungeheuren Leistungen erschöpft.

Diese Männer bedeuten zugleich das unglückliche Ende des alexandrinischen Kampfes um die *Vormachtstellung* in der Kirche. Die Griechenstadt hat den Untergang der Ptolemaier und den Verlust ihrer freien Herrscherstellung wohl nie ganz verwunden. Nun schien besonders nach Überwindung der in Ägypten streng durchgeführten decischen Verfolgung – viele ‹libelli› sprechen davon – die Kirche eine Möglichkeit zu bieten, der Stadt noch einmal eine Führerstellung in der ganzen Welt zu erringen. Zwar hat sich die Sonderstellung des monarchischen Bischofs in Alexandreia langsamer entwickelt als in Kleinasien; der Stadt lag wohl eine geistige Alleinherrschaft nicht so sehr. Aber allmählich ging der Lauf der Dinge hier wie überall. Bald besitzen selbst die Landgemeinden einflußreiche Bischofsgestalten wie Sarapion von Thmuis und den erwähnten Nepos. Seit Dionysios hat der Metropolit von Alexandreia eine Vormachtstellung in Ägypten, jedoch hat bis ans Ende des 4. Jahrhunderts das Presbyterium in Alexandreia noch wesentlich mehr Einfluß und Recht als in den anderen Metropolitengemeinden. Doch erstreckt sich schon im 3. Jahrhundert der Einfluß Alexandreias allmählich über das palästinensische Syrien, zumal seitdem Kaisareia der Sitz der Origenisten geworden war, und auch über große Teile Kleinasiens, das zu dem griechischen Alexandreia mehr Zutrauen hatte als zu dem von den Griechen Kleinasiens als syrisch empfundenen Antiocheia. In Laodikeia residieren Bischöfe aus Alexandreia wie der Aristoteliker Anatolios, und Irenaios fragt gelegentlich in Alexandreia um Rat. Aber seit Theophilos gilt für Alexandreia, was so oft auch für Rom gilt: sie gingen zu weit. Damit tragen die Alexandriner die Schuld an ihrem Absturz selbst. Er begann damit, daß Theophilos um der Macht willen die griechische Tradition verriet und Origenes und den Origenismus preisgab. Mit ihm fängt jene verhängnisvolle Entwicklung an, die mit grausamer Folgerichtigkeit zum Ende führte. Schon Athanasios hatte aus diplomatischen Gründen Rom gegen Byzanz und den griechischen Osten ausgespielt, die Metropoliten des 5. Jahrhunderts setzten diese Politik fort. Schlimmer war das Bündnis mit den Kopten, das schließlich Ägypten dem Islam in die Arme trieb. In ihrem blinden Machtstreben haben die Metropoliten nicht erkannt, daß die Macht Alexandreias nur zu erlangen und erhalten war, wenn sie sich auf die einmalige Eigenart des christlichen Alexandreia, nämlich seine griechische Geisteswelt, stützte. Statt dessen haben sie *genau den gleichen Fehler* gemacht, der den Untergang des Ptolemaierreiches auslöste, die Heranziehung bewaffneter Ägypter. Wie nach der Schlacht bei Raphia die Ägypter als Waffenträger der griechischen Herrschaft immer bedrohlicher wurden, so wurden es jetzt die bewaffneten ägyptischen Mönchshaufen dem ägyptischen Griechenchristentum. Auch den zweiten großen Fehler der Ptolemaier wiederholten diese Patriarchen, den Appell an Rom. Im Bunde mit den Kopten und soweit möglich mit Rom haben Theophilos, Kyrill und Dioskur das Griechentum im Christentum verraten, um die Macht des Patriarchen von Alexandreia zu sichern und zu steigern. Aber es wurden Pyrrhossiege. Was half es, daß der Patriarch über den kaiserlichen Statthalter stieg und selbst Statthalter wurde. *Eigenartig wiederholt sich die Geschichte.* Wie die mit Rom paktierenden Ptolemaier ihrerseits vom Senat immer wieder verraten wurden, so ist Dioskur endlich von Papst Leo, dem echten Fortführer römischer Politik, verraten worden, und an seinen Nachfolger Proterius schreibt der römische Bischof schon wie an einen Vasallen. Der Untergang des griechischen Christentums in Ägypten war bereits in dem Augenblick da, in dem Theophilos unter dem Zwang der Kopten den Origenisten Ammonios mit den Worten: «Ketzer, verfluche den Origenes», mißhandeln ließ. Das war zugleich das Todesurteil über die Griechen in Ägypten überhaupt. Alle weiteren Gewaltakte dieser von untersten Volksschichten abhängigen Kirchenmänner waren selbstverständliche Folgen der Barbarisierung, so die Nichtbeachtung des theodosianischen Ediktes zum Schutz der Kunstwerke, die Zerstörung des Sarapeions vom Jahre 391 (389?) und vor allem der schauerliche Mord an der platonischen Philosophin *Hypatia.* Kyrill ist an dieser Greueltat moralisch der Hauptschuldige, aber ein griechenchristlicher Historiker hat sie mit allem Abscheu verurteilt und ohne zu beschönigen beschrieben. Nach einem überschwenglichen Lob der Hypatia, ihrer Bildung und ihres Weltruhmes fährt er fort: «Gegen diese rüstete sich damals der Neid ... und sinnlich erhitzte Männer, an deren Spitze ein kirchlicher Vorleser (Anagnost) Petrus stand, verschworen sich miteinander und überfielen die Frau hinterrücks, als sie einmal von irgendwo kommend nach Hause fuhr. Sie rissen sie aus ihrem Wagen (oder der Sänfte, ἐκ τοῦ δίφρου) und schleppten sie mit Gewalt zu der Kaisarionkirche, zogen ihr die Kleider aus und zerfetzten sie mit Tonscherben (ὀστράκοις ἀνεῖλον). Und jedes einzelne Glied rissen sie ihr ab, brachten die Glieder auf den sogenannten Kinaron und verbrannten sie. Dies gereichte dem Kyrill und der alexandrinischen Kirche zu nicht geringem Schimpf, denn ganz fremd sind solchen, die christlich denken, Mord, Blutvergießen und ähnliches.»

β) *Das koptische Ägypten, Nubien, Äthiopien.* Es gehört zu den fesselndsten Tatsachen der Geschichte des Frühchristentums, daß dicht neben dieser griechenchristlichen Kirche eine andere aufwächst, die zu ihr in schroffsten Gegensatz tritt und sie endlich verschlingt, eine

Kirche, die eine Nation bildet, die Ursache für den völkischen Zusammenschluß des Ägyptertums und dessen Erneuerung wird, sprachschöpferisch und literaturbildend wirkt und eine eigene nationale Kunst schafft. Über keine Kirche gehen die Urteile mehr auseinander als über diese: im gleichen Jahre nennt ein deutscher Gelehrter das *koptische Christentum* einen «Zustand der Verblödung», ein anderer dagegen «das Wiedererwachen des alten Pharaonentums». Kümmern wir uns wieder nur um die Tatsachen.

Das Christentum kann nur über die Griechen zu den Kopten gekommen sein. Aber da erhebt sich sofort ein schwieriges Problem. Die Ptolemaier und auch die meisten römischen Kaiser haben der eingeborenen ägyptischen Bevölkerung ihre alten ägyptischen Religionen nicht nur gelassen, sondern haben sie sogar aus naheliegenden Gründen gefördert, aber zu einer wirklich lebendigen Erneuerung der ägyptischen Religion ist es ebensowenig gekommen wie zur Annahme einer griechischen oder einer ägyptohellenischen Religion wie der des Sarapis oder der Isismysterien, jedenfalls nicht in weiteren ägyptischen Kreisen.

Ganz anders ging es seltsamerweise mit dem Christentum. Seltsam deshalb, weil auch dieses von den Griechen, das heißt von Alexandreia, gekommen war. Es ist die letzte, freilich auch tragische Ausstrahlung des Griechentums in Ägypten.

Die Anfänge des Christentums in der ägyptischen Landbevölkerung rühren von Flüchtlingen, Verfolgten und Verbannten der großen Verfolgungen her. Dem einfachen Bauern imponierte diese sonst bei den Griechen Ägyptens kaum zu findende Standhaftigkeit im Leid. So wenig er auch von der neuen Lehre verstand, das riß ihn mit fort. So kam zuerst in der severianischen Verfolgung das Christentum bis nach Oberägypten. Die völlige Christianisierung vollzog sich in dem konservativen Land langsam und ruhig, aber am Ende des dritten Jahrhunderts scheint es schon eine christliche Mehrheit bei den ländlichen Kopten gegeben zu haben. Wenn Euseb Ägypten ein christliches Land nennt, so mag er zunächst an Alexandreia und Unterägypten gedacht haben, aber aus den überwiegend griechischen Namen der frühesten Märtyrer Ägyptens kann man nichts schließen, denn in der Zeit der decischen Verfolgung gab es viele Kopten, die griechische Namen trugen.

Gewiß hat die Sympathie für die verfolgten Christen bei den Kopten durch die Ablehnung der römischen Herrschaft einen besonderen Auftrieb bekommen, eine Ablehnung, die durch die tief einschneidende Wirtschaftsgesetzgebung Diokletians, aber auch schon durch den vom Volk jubelnd begrüßten Einbruch der Zenobuia in die römische Herrschaftssphäre gesteigert wurde. Das von den Römern verfolgte Christentum konnte den von den Römern Ausgesogenen auch dann nicht gleichgültig sein, wenn seine Vertreter Griechen waren. Aber man darf das nicht zu stark betonen, denn die Ägypter waren seit Jahrtausenden an Aussaugung gewöhnt. Auch die wirtschaftliche Armut der Bevölkerung ist für die Christianisierung der Kopten nicht ausschlaggebend. Wie überall im spätantiken Orient darf man hier nicht mit modernen Augen sehen. Viel Armut, Elend und Krankheit gab es in Ägypten immer, aber die Papyri zeigen doch, daß die meisten Menschen ein Existenzminimum hatten. Wer es nicht hatte, half sich in Ägypten von jeher selbst: «Diebstahl ist selbstverständlich für den, der keinen Besitz hat, und das Stehlen für den Bettler.» Gewiß reden die Papyri viel von Schuld und Schuldhaft, Bettelei, Raub, Diebstahl und Prostitution aus wirtschaftlichen Gründen, aber es bleibt doch ein Ruhm des koptischen Landvolkes, daß es weithin im Gegensatz zur Sklavenwirtschaft die freie Tagelöhnerwirtschaft und sogar trotz aller hohen Besteuerung das freie Bauerntum bis in byzantinische Zeit hinein erhalten konnte. Vielfach war das Leben für die Mittelklassen, auch die gräkoägyptischen, schwerer als für den koptischen Bauern. Reich war der koptische Bauer gewiß nicht, und vor allem im 4. Jahrhundert gab es durch Steuerdruck, Kapitalmangel, Zusammenbruch der Planwirtschaft, Plünderungen der Soldaten und Landflucht echte Bauernnot. Das Evangelium vom Heil für die Armen konnte hier leicht Boden gewinnen, aber einerseits haben andere Religionen damals in Ägypten Ähnliches gelehrt und sind nicht angenommen worden, und andererseits sind gerade die ärmsten Hirtenscharen, die seit dem 2. Jahrhundert periodisch aufständischen Bukolen, am längsten Nichtchristen geblieben.

Der wichtigste Grund für die Christianisierung war, daß sich das Christentum als erste Religion an die Kopten *in ihrer eigenen Sprache* wandte. Vielleicht hat selbst Athanasios es nicht verschmäht, koptisch zu predigen, und viele vor und nach ihm, deren Namen wir nur nicht kennen, entwickelten die koptische Predigt und Mission. Aber nicht nur das: das Christentum kam auch in koptischer *Schrift*. Sowohl die Christwerdung als auch die Nationwerdung der Kopten geht sicher in erster Linie darauf zurück, daß jetzt die meisten Ägypter ihre Muttersprache lesen und schreiben konnten. Das bedeutete in Ägypten Ungeheures. Ein Volk, das durch Jahrtausende Schreibergötter verehrt hatte, das seine Götter als «schön Schreibende» angebetet hatte, mußte mit besonderer, geradezu religiöser Ehrfurcht auf eine heilige Schrift schauen, die es nun wirklich lesen konnte. Die alten ägyptischen heiligen Schriften hatte es nie lesen können, sie waren allein durch die Schwierigkeit der Schrift den Gelehrten vorbehalten. Jetzt bekam man durch die Christen ein Alphabet, das denkbar einfach war, und mit ihm eine Schriftsprache, die die Dialekte nicht auslöschte, aber doch in den Dialektformen verstanden wurde. Wir wissen nicht, wer zuerst die erstaunliche Leistung der koptischen Bibelübersetzungen begonnen hat – nie noch war seit der Fremdherrschaft in Ägypten etwas derart Volkstümliches geschehen. Das überragte bei weitem alles, was die Ptolemaier gewollt und versucht hatten. Auch diese hatten den Ägyptern Tempel gebaut, aber sie übersahen, daß diese Tempel dem ägyptischen Bauern nichts bedeuten konnten. Allenfalls erfreuten sie den ägyptischen Theologen. Denn die ägyptische Theologie war noch immer lebendig, wie die von Junker bearbeiteten theologischen Werke der griechischen Zeit zeigen. Dem Volk aber blieb das alles tot. Mit den Christen kam lebendiges Wort, lebendige Schrift und in den Märtyrern lebendige Tat. Der Asket Hierakas, ein hellenisierter Kopte, wird als erster Verfasser einer christlichen Literatur in koptischer Sprache genannt. Dann nehmen vom 3. bis zum 5. Jahrhundert die Übersetzungsarbeiten in alle möglichen koptischen Dialekte zu, nicht nur die Übersetzung der Bibel, sondern auch die der Schriften der wichtigsten Väter, Gnostiker und Manichäer. Für zwei bis drei Jahrhunderte lebt die ägyptische Sprache und die ägyptische Seele unfaßbar auf. Man wird gewiß nicht unterschätzen, wie segensreich das Christentum in Ägypten durch seine Liebestätigkeit gewirkt hat, aber das war schon ein weiterer Schritt in der Entwicklung; zunächst fand es durch Wort und Schrift Eingang in die Herzen. Wir verstehen jetzt, warum von Anfang an die ägyptischen Klöster von jedem neu Eintretenden unbedingt verlangten, daß er lesen und schreiben lernen mußte.

Damit werden wir noch einmal auf das Verhältnis von Koptentum und Griechentum in der ägyptischen Kirche hingewiesen. Zunächst scheint es rein negativ zu sein. Die an sich von jeher schwachen Beziehungen zwischen Griechen und Kopten werden seit dem Erstarken der Kopten immer schwächer und hören seit dem 4. Jahrhundert ganz auf. Auf dem Land hebt ein erbitterter Kampf zwischen den wenigen reichen heidnischen Griechen und den zahllosen armen christlichen Kopten an, der gewiß nicht nur aus religiösen Motiven geführt wird. Die Geistigkeit der griechischen Christen beobachtet der koptische Bauernchrist mit Mißtrauen. Seit dem meletianischen Schisma vertritt das Koptentum uneingeschränkt die radikale Bereitschaft zum Martyrium und wendet sich gegen die Kompromisse der alexandrinischen Griechenchristen. Vor allem war die alte bäuerlich-cholerische Zerstörungswut ein unheilvoller psychologischer Faktor. Sie hatte sich schon einmal in der Herakleopolitenzeit geäußert, als sie die Denkmäler des alten Reiches angriff und niederriß, wo sie konnte. Aus dieser mit primitivem Aberglauben gemischten vitalen Seelenhaltung heraus hat das koptische Christentum sehr viele griechische Tempel und Kunstwerke zerstört und Griechen und Griechinnen, aber auch anders gesinnte Christen niedergeschlagen und ermordet, zumal dann, wenn es von gewissenlosen Führern und Machthabern benutzt wurde. Die koptische Bauerntheologie hatte vielfach genug an einem handfesten Biblizismus und an ihren streng nationalistischen Heiligen. Wie häufig begegnet die Formel: «Dieser große Heilige war aus unserem Land.»

Und doch ist das nur die *eine* Seite, auf der anderen Seite stehen die griechische Grundlage der Schrift, die unzähligen griechischen Worte in der koptischen Sprache, die Masse der Übersetzungen, ja sogar das Fortleben der griechischen Sprache. Noch in der Araberzeit werden Amtshandlungen dreisprachig – griechisch, koptisch und arabisch – vollzogen, und bis ins 13. Jahrhundert finden sich griechische christliche Grabinschriften, deren formelhafter Text allerdings kaum noch verstanden wurde. Die monophysitische Theologie war griechisch, und die koptische Liturgie ist die griechische Mysterienliturgie bis heute. Auch in die ägyptische Gewalt koptisch-christlicher Architektur, Plastik und Malerei hat die hellenistische Kunst Farbe und Wärme gebracht. Die Kopten haben selbst dionysische Szenen und sogar Leda mit dem Schwan noch in Zeiten dargestellt, in denen das längst keine andere christliche Kunst mehr tat.

Die enge Verbindung von Koptischem und Griechischem zeigt sich am deutlichsten in der Entstehung des ägyptischen *Mönchtums*. Seine Begründer Antonius, Pachom, Pschai, Pgol und Schenute waren Kopten. Eine gewisse Disposition dafür war gewiß bei den Kopten durch die Herbheit ihrer Bauernnaturen, die Einsamkeit der Wüstenlandschaft, die Jahrhunderte der Unterdrückung, die wirtschaftlichen Nöte gegeben; daß sie sich entfaltete, stammt aber von den Anstößen, die hellenistisch-asketische Strömungen nach Ägypten brachten. Bei der Anlage der Klöster hat die Sarapiskatoche eingewirkt, und wenn die Mönchgemeinschaft als Idealstaat definiert wird, so ist das aus griechischem Denken und Formulieren gekommen. Die Hauptsache wurde aber doch von den Ägyptern selbst getan, und zwar von den oft gewaltigen, aus unverbrauchtem Bauerntum kommenden Gestalten. Das Christentum hatte ihr ohnehin schon großes Selbstgefühl noch gestärkt, ihre ungestüme, aus jahrtausendealtem Kampf mit dem Sand stammende «Eroberung der Wüste» (Reitzenstein) aufs neue ermöglicht, ihre durch die Sonne und die gewaltige Landschaft entfachte Leidenschaft erhöht, ihrem praktischen Sinne unbegrenzte Betätigungsweiten eröffnet. Bauernherren wie Schenute schreiben jetzt an den Kaiser, weil das Christentum aus ihrer kleinbäuerlichen Umwelt ein oft sicher nur gefühlsmäßig erfaßtes Ungeheures gemacht hatte, ungeheuer in seinen Gegensätzen wie Stromland und Wüste, und ewig wie diese. Aber noch mehr: es lehrte diese Menschen das Wichtigste, was sie überhaupt lernen konnten, und zu ihrer Ehre muß man sagen, daß sie es willig lernten: dieselbe bäuerliche Urkraft, die in Schenute kaiserliche Polizisten verprügelt, stellt sich demütig unter die Herrschaft eines Größeren; so lernte der aus Vitalität heraus Befehlende und Herrschende christliche Zucht und sogar etwas von griechischem Maß. Das ist trotz alles Seltsamen so anziehend an diesen koptischen Anachoreten und Klosterherrschern.

Eine Besonderheit dieser ägyptisch-christlichen Gemeinschaften tritt deutlich hervor: die hohe Bewertung der *Arbeit*. Schroff äußert sich Schenute gegen arbeitslose Asketen. Eine sehr strenge Arbeitspflicht bestand in allen alten koptischen Klöstern, nicht nur um die Ernährung der Insassen zu sichern, sondern weil man klar erkannte, daß die Faulheit die Ursache aller Laster war. Das ist altägyptisch. Dem Ägypter war die Arbeit etwas Gewohntes. Sie war in Ägypten nie so abschätzig beurteilt worden wie in den Ländern mit großer Sklavenwirtschaft, daher konnte man hier den paulinischen Satz, daß *der* nicht essen solle, der nicht arbeitet, gern und willig aufnehmen und in die Tat umsetzen. Arbeitet doch, einer alten Auffassung nach, der Ägypter sogar im seligen Jenseits der ewigen ‹Binsengefilde› nach seinem Tode. Von dem griechischen Sarapeion hören wir einmal, daß sich dort ein Mädchen eine große Summe erbettelt hat, in den Klöstern Pachoms oder Schenutes wäre so etwas unmöglich gewesen. Dieser wichtige Unterschied zur Sarapiskatoche muß beachtet werden.

Die Größe des koptischen Mönchtums liegt in seiner praktischen *Nüchternheit* und straffen, großzügigen *Organisation*. Darin waren die Ägypter von jeher Meister. Die Bauernmönche blieben auf dem Boden ihrer Erde fest stehen und führten so altägyptische Tradition fort. Ein Grundsatz Schenutes zeigt schön diese sachliche Diesseitigkeit: «Wenn wir nicht jungfräulich leben können, so laßt uns die Ehe halten, die Gott geehrt und gereinigt hat. Wenn wir unser Kreuz nicht tragen und dem Herrn nicht nachfolgen können, so laßt uns barmherzig sein gegen die Armen. Wenn wir nicht ohne Unterlaß beten können, so laßt uns beten, so gut wir es vermögen.» Aus dieser Haltung entstehen die gewaltigen Mauern und Basiliken in der altägyptischen Monumentalität, die kennzeichnend für die koptischen Klöster sind. Es erinnert an die Güte altägyptischer Organisation und Verwaltung, von der nicht nur die Ptolemaier, sondern auch die Römer entscheidend gelernt haben, daß in diesen Klöstern ein geregeltes und betriebsames Leben entsteht, das aufs höchste durchorganisiert ist und bis aufs letzte funktioniert. 1800 Mönche und 1200 Nonnen betreuen im Kloster Schenutes während einer Hungersnot 5000 bis 6000 Menschen und schützen durch ihre Wehrhaftigkeit ganze Landstriche vor den räuberischen Einfällen der Nubier. In diesen Klöstern fehlt weder der Arzt noch der Tierarzt, eine strenge Wirtschaftsethik wird nicht nur theoretisch gelehrt, sondern auch praktisch durchgeführt, nach der jeder sein Existenzminimum erhält, ebenfalls nach altägyptischer Tradition wird der Schreiber ein Hauptamtsträger, der in genauester Buchführung auch das Kleinste registriert. Pedantisch wie sonst in der Antike nur auf ägyptischen Papyrusrechnungen wird alles bis zum Letzten ordentlich vermerkt. Es entstehen Gasthäuser und Refektorien, alles solid, wenn auch in betonter Einfachheit, ferner Gemeinschaftsküchen, Hospitäler aller Art. Eine straff zentralisierte Wirtschaftsführung besorgt Einkauf und Verkauf, überwacht die Autarkie des Klosters in wirtschaftlicher Beziehung. Man verpflegt und bekleidet die großen Massen ganz aus Eigenem und verkauft auch Handwerksprodukte: Körbe, Tuche, Taue, auch landwirtschaftliche Erzeugnisse, vor allem aber, was für die Verbreitung der koptischen Schrift und Sprache wichtig ist, Bücher aller Art. Riesige Klosterarchive, an die altägyptischen Tempelarchive erinnernd, bewahren alles buch- und urkundenmäßig auf, von der Eintrittsurkunde des neuen Mönches an, auf der dieser den Verzicht auf sein Privatvermögen und seine Unterordnungsbereitschaft erklärt, bis zu seinem Totenschein. Das alles ist ägyptisch, und in der Antike *nur* ägyptisch, aber man muß sofort hinzufügen: durch den christlichen Liebesgedanken ist es aufgeblüht und lebendige Tat geworden. Der Segen, der von diesen Klöstern auf das Volk ausging, war sehr groß.

Dabei war es nicht leicht, in ihnen zu leben, denn die Ähnlichkeiten mit dem Leben in einer Kaserne sind geradezu verblüffend. Das ist kein Zufall. Schon seit der Schlacht bei Raphia stellten die Kopten ein großes Kontingent von Soldaten, und das Militärische lag den ägyptischen Bauernsöhnen. Der Klostergründer Pachom war selbst ein Soldatenkind. So ersteht in den Klöstern das ägyptische *Soldatentum* noch einmal. In den Werkstätten der Nonnen erhält jeder Klosterinsasse dieselbe Uniform angefertigt, die er Sommer und Winter bis zum Zerreißen zu tragen hat, dann wird sie auf der Kammer eingetauscht. Selbst das lederne Koppel fehlt nicht. Eine gemeinschaftliche Küche speist jeden, und es darf keinesfalls ‹auf Stube› gegessen werden, sondern nur im gemeinsamen Speisesaal. Das Brot wird jedem von einem Klosterfourier gleichmäßig abgewogen. Wer Zivilkleider trägt, wird strengstens bestraft. Nur einmal am Tage wird Verpflegung ausgegeben, die bis zum nächsten Tag zu reichen hat. Selbst zum Gebet knien die Klosterinsassen auf Kommando nieder, und zwar alle gleichzeitig mit einem Ruck. Die Schlafzeit ist genau geregelt und wird überwacht. Nur in den klösterlichen Krankenrevieren ging es menschlicher zu als es im allgemeinen in militärischen zuzugehen pflegt, das gebot die christliche Liebesforderung.

Aus dem allen erklärt sich, warum die oft brutale Härte des ägyptischen Bauerntums in diesen Mönchen und ihren Führern fortleben konnte, ja geradezu gepflegt wurde. Alle Greueltaten, die so sehr im Gegensatz zu der sonst gern verwirklichten christlichen Liebesforderung stehen, waren dann möglich, wenn es Feinde zu bekämpfen galt, waren diese nun Origenisten im eigenen Land oder Parteigegner auf der Räubersynode oder Gegner und Zuchtlose in den eigenen Reihen. Die Waffe der altägyptischen Polizei und ihr Strafinstrument war die Peitsche, die diese Klöster eifrigst übernommen haben. Prügelstrafen hat es in Ägypten selbst im griechischen Fayum gegeben; in den christlichen Klöstern sind sie selbstverständlich. Bei diesen koptischen Bauern half wohl auch nichts anderes. In Schenutes Klöstern erhielt man für eine Lüge fünfundzwanzig Stockhiebe auf die Fußsohlen; auch Frauen wurden geprügelt. Schenute hat eigenhändig solche Exekutionen vollzogen, wenn es notwendig war. Daß es an blutigen Keilereien zwischen koptischen Mönchen und Klerikern nicht fehlte, ist bei diesen urwüchsigen Bauern natürlich. So ist es verständlich, daß koptische Mönche die Polizeitruppen der östlichen Bischöfe und Konzilien wurden, was allerdings etwas dem Griechenchristentum völlig Fremdes in die Ostkirche hineinbrachte.

Man darf dabei nicht übersehen, daß in diesen Klöstern um ein gesundes und kraftvolles Ethos gerungen wurde. Man kämpfte ja gegen den Teufel, und da mußte man schon brutal sein. Man vergesse auch nicht, daß das koptische Kloster keinem, der Einlaß begehrte, seine Pforten verschloß, selbst alte Wüstenräuber wurden gern aufgenommen und umgeschmolzen. Das konnte nicht durch eine Heilslehre geschehen, für die die Kopten kein Verständnis hatten, wohl aber durch eine massive Ethik mit Lohn und Strafe, Himmel und Hölle, Gehorsam und selbstverständlichem Glauben an eine Willensfreiheit, die sich freiwillig unterordnen muß. Den besten Eindruck von dem allen gibt das von Leipoldt rekonstruierte Eintrittsgelübde jener Klöster, aus dem zugleich die Mischung von Christlichem und Ägyptischem ersichtlich ist: vieles stammt aus den Bekenntnissen der ägyptischen Toten vor den Totenrichtern des Totenbuchs: «Ich bekenne vor Gott an seinem heiligen Ort, indem das Wort, das ich mit meinem Munde gesprochen habe, mir Zeuge ist: ich will meinen Leib in keiner Weise beflecken, ich will nicht stehlen, ich will keinen Meineid schwören, ich will nicht lügen, ich will nicht heimlich Böses tun. Wenn ich übertrete, was ich gelobte, so will ich nicht ins Himmelreich kommen, obwohl ich es sah.»

Aus allem Vorhergehenden versteht sich die große Liebe der Kopten zur *Märtyrerverehrung*, die zusammen mit bäuerlicher Freude am Erzählen eine üppig sprossende koptische Märtyrerlegende und Märtyrerliteratur hervorbrachte. Meletios nennt seine hauptsächlich koptische Kirche schlechthin «Kirche der Märtyrer». Hier wird wieder Ägyptisches sichtbar. Längst hatte sich unter den fremden Beherrschern Ägyptens eine Hochwertung des leidenden Widerstandes herausgebildet, den die Märtyrer fortsetzten. Endlich konnte man an die Märtyrerverehrung die alten, liebgewordenen Bauernbräuche anhängen, Sozomenos und Schenute schildern übereinstimmend, wie es bei koptischen Märtyrerfesten zuging: Fressereien, Saufereien, die moderne ägyptische Jazzmusik, Vieh- und Süßigkeitenhandel, Diebstahl, Prostitution, tödliche Raufereien gehören zu diesen echt bäuerlichen Szenen, die an Bruegelsche Bilder erinnern und mit denen sich der koptische Festkalender füllt. Vielfach verbindet sich damit eine volkstümliche Form des Osiriskultes, die Verehrung toter Gebeine. Natürlich ist nicht jeder christliche Gebeinkult koptisch, vielmehr ist die Vorstellung von der im Knochen lebenden Organseele allgemein primitiv. In Ägypten war sie aber längst zum Mythos der Hochreligion geworden, die zerschnittenen Glieder des Gottes waren höchster Verehrung würdig. An die Stelle der Osirisgebeine traten bei den Kopten die Knochen der Märtyrer. Gewissenlose Patriarchen wie Kyrill haben das zu einem schwungvollen Reliquienhandel und zur Reliquienfabrikation ausgenutzt. Wir besitzen keine einzige historische koptische Märtyrerakte, dagegen etwa 50 koptische Märtyrerbücher, die zwar griechische zur Vorlage haben, aber sie märchenhafter, massiver und derber bäuerlich umgestalten. Die Martern werden wie auf bäuerlichen Holzschnitten immer blutiger und grausamer, die Wunder gröber und massiver, der theologische Gehalt immer geringer.

Auch Züge der ägyptischen *Todesvorstellungen* haben die christlichen Kopten erneuert. Gelegentlich hatten schon ägyptische Griechen einiges angenommen. Manche von ihnen ließen ihre lieben Verwandten mumifizieren, stellten die Mumien in ihren Häusern auf oder trugen sie sogar auf Reisen mit sich herum. Bei den ägyptischen Christen verstärkt sich das noch mehr. Die Mumifizierung wird weiter ausgeübt, wo noch die Mittel dafür vorhanden sind, die Hieroglyphe ‹Leben› erscheint auf den christlichen Grabsteinen als magisches Zeichen, die Himmels- und Höllenbilder der alten Ägypter und der Totenbücher tauchen in der koptischen Eschatologie wieder auf. Liebeswerke für Tote und Totenmessen übersteigen jedes christliche Maß und benutzen oft unverstandene Riten der ägyptischen Totenfeier.

Endlich ist im koptischen Christentum eine geradezu ungeheuerliche Fülle von *Aberglauben*, Zauber und Magie vorhanden. Auch sie ist gut bäuerlich und stammt zum größten Teile aus der ägyptischen Volksreligion. Besonders auffällig ägyptisch ist die *lokale* Bindung von Zauberkräften im Gegensatz zu der personalen in griechischen Kreisen. Epidauros ist ein Gnadenort, und von derselben Art sind die christlichen Gnadenorte im griechischen Bereich, weil dort Asklepios, Gott, Christus oder ein Heiliger heilt. Bei den Kopten aber spricht Christus zu dem Märtyrer: «Wenn jemand den *Ort* deines Martyriums vernachlässigt, den werde ich dem unauslöschlichen Feuer ausliefern. Ich werde an deinen Begräbnis*ort* (Topos) die Gnade der Heilungen verleihen. Jeden Sonnabend werde ich *dort* einen heilen.» Hier ist sowohl die Bindung an Raum wie an Zeit echt ägyptisch; die alten ägyptischen Lokalkulte haben nicht aufgehört zu leben. Immer glaubten die Ägypter an Totenerwecker, die Kopten tun es mit Vorliebe. Als ein Priester einen Raubmord beging – auch das ist koptisch –, brauchte man nur den Toten zu beschwören, der den Schuldigen überführte.

Nun zeigt sich wieder die Folgerichtigkeit des Gesetzes, das für die gesamte alte Kirchengeschichte gilt. Auch die koptische Kirche und mit ihr die koptische Nation verfiel in dem Maße, in dem sie sich von ihrem griechischen Untergrund löste. Die Gegensätze waren eben doch zu *tief*. Was den Ptolemaiern nie geglückt war, konnte auch dem Christentum nicht glücken. Die Religionen der beiden großen Ägypter, des Griechen Origenes und des Kopten Schenute, waren nicht zu vereinigen. Selbst in Pachoms Kloster wohnten Griechen und Kopten in getrennten Häusern. Es war auch nicht anders möglich. Origenes würde gelogen haben, wenn er die Kopten nicht verachtet hätte als Christen, denen die Erhaltung des minderwertigen Stoffes so wichtig war, daß sie ihren Leib mumifizieren ließen. Die «Schande Ägyptens» (opprobrium Aegypti) ist für Origenes jedes «körperliche Laster», denn Ägypten ist und bleibt «die Mutter des Götzendienstes», dazu starr und niemals bereit, das, was es an Aberglauben von den Vätern ererbt hat, aufzugeben.

Die Verachtung der Kopten als des dümmsten aller Völker setzte sich bei den Griechenchristen fort, auch wenn der bisherige Anstoß, die Tierverehrung, weggefallen war. Ägypten blieb bei allen nichtkoptischen Christen Symbol für die widergöttliche Welt, den Teufel, die Materie. Der Königssohn der Thomasakten vergißt die köstliche Perle in Ägypten, und der Teufel erscheint Perpetua in der Gestalt eines Ägypters. Die Kopten förderten das durch Verwendung der altägyptischen Bilder und Symbole. Statt des Kreuzes benutzten sie die Lebenshieroglyphe. Selbst das Seistron der Isis wird in christlichen Kirchen weiter geschüttelt. Es ist das sehr vitale, sehr diesseitige

Leben des bäuerlichen Ägypten, das auch hinter der härtesten Askese steht und das aus der steinernen Frontalität der übergroßen Köpfe der koptischen Skulpturen und Bilder so unendlich unätherisch und unmystisch herausschaut.

Südlich der Kopten am Oberlauf des Nils hat sich bei den *Nubiern,* vor allem den Blemmyern, die sich dem Hellenismus nicht ganz verschlossen hatten, eine weitere kraftvolle Kirche gebildet, die in den mächtigen Festungsbauten der Städte sogar dem Islam jahrhundertelang widerstand. Mönche der Thebais haben das Christentum dorthin gebracht, und obwohl es sich zeitweise dem koptischen Patriarchen unterstellte, ist es nie völlig koptisch geworden. Man las die heiligen Schriften weiter in griechischer Sprache, und auf den christlichen Grabsteinen Nubiens stehen auf griechisch rein griechenchristliche Formeln. Da die Kaiserin Theodora am oberen Nil unter Nubiern missionieren ließ, bestanden Beziehungen zu Byzanz ohne koptische Vermittlung, auch die Verfassung dieser nubischen Kirche war anders als die der koptischen. Es bildete sich nämlich eine Staatskirche mit einem christlichen König als Staats- und Kirchenoberhaupt heraus. Die Liturgie scheint der byzantinischen eng verwandt gewesen zu sein, doch sind nur Andeutungen vorhanden.

Ganz anders steht es mit der *äthiopisch-abessinischen Kirche.* Bezeugt ist sie vielleicht schon in der Apostelgeschichte und durch Irenaios, doch wird sie erst seit dem 4. Jahrhundert deutlicher sichtbar. Dann ist sie als Staatskirche das einigende Band zwischen den verschiedenen Stämmen und ihre Kirchensprache als Literatursprache die Überwindung der einzelnen Volkssprachen. Aber wo stammt sie her? Äthiopien hat eine alte und große jüdische Diaspora gehabt, und die äthiopische Kirche enthält sehr starke judenchristliche Elemente. Diese mögen aus dem Judenchristentum unmittelbar gekommen sein, auch mögen christliche Einflüsse über Arabien bis nach Abessinien gedrungen sein. Aber ganz konnte auch diese Kirche nicht vom griechenchristlichen Raum abgeschnitten bleiben: ihre sehr reiche christliche Übersetzungsliteratur geht zum Teil auf griechische Vorlagen zurück, zum Teil allerdings auf koptische und arabische Zwischenstufen. Es hat in Abessinien großen Eindruck gemacht, daß Justin I. das monophysitische Land in seinem Kampf gegen das jüdische Reich im Yemen militärisch unterstützte; dadurch gewann sich Byzanz viele Freunde. Alexander der Große ist über den Umweg des Alexanderromans in Abessinien bekannt und dort zum ‹Heiligen› geworden. Die Liturgie ist trotz vieler seltsamer Schnörkel und abessinisch-judenchristlicher Einlagen in der Grundform die griechische. Daneben findet sich Ägyptisches: die Äthiopen geben ihren Toten Totenpässe nach Art der ägyptischen mit ins Grab.

Eine *Besonderheit* Äthiopiens sind die aus griechischen, koptischen und palästinensischen (Einfluß der christlichen Bauten Jerusalems) Elementen gemischten und doch einheitlichen alten Kirchen und Klosterbauten. Viele von ihnen sind äußerst kühn in Felsenhöhlen errichtet oder in den Felsen selbst eingemeißelt. Mittelpunkt ist die ‹heilige Stadt› Aksum, schönstes Beispiel Lalibela.

γ) *Libyen und die Kyrenaika.* Noch einmal kommen wir in griechenchristliches Gebiet, wenn wir die Länder westlich von Ägypten betreten. Das Christentum ist hier uralt, vielleicht sogar noch ein paar Jahre älter als das von Alexandreia. Sollte Simon, der kyreneische Kreuzträger Jesu, eine historische Gestalt sein, so war er kein kyreneischer Jude, dem das Kreuztragen höchste Sünde gewesen wäre, sondern wohl mit seinen Söhnen, die bekannte Sklavennamen tragen, Sklave eines reichen kyreneischen Diasporajuden. Bald darauf läßt die Apostelgeschichte mit Sicherheit die ersten Beziehungen zwischen Christen und Kyrene erkennen. Einmal interessiert sich die Synagoge der ‹Kyrenaier›, also wohl griechisch sprechender Diasporajuden in Jerusalem, für das Christentum des Stephanoskreises zusammen mit anderen griechisch sprechenden Synagogen, dann aber schlossen sich der antiochenischen Gemeinde schon sehr früh ‹Männer aus Kypern und Kyrene›, also wohl Kaufleute, an; unter ihnen ist ein Lukios mit Namen bekannt. Diese haben das Christentum nach der Kyrenaika gebracht, während es nach Libyen von Alexandreia aus gekommen sein mag. Zur Zeit des Irenaios ist es schon weit bekannt, im frühen dritten Jahrhundert war die Kirche bischöflich organisiert, Vorort war zunächst Berenike.

Diese Kirche mußte griechisch sein, denn Kyrene hatte sich auch in unserer Epoche als Westpfeiler der griechischen Welt und Kultur gefühlt. Noch in christlicher Zeit pflegte man bewußt Dorismen im kyreneischen Dialekt, betonte die spartanische Herkunft, notierte die Olympiasieger aus Kyrene und schickte seine Söhne zum Studium nach Athen.

Hier hatte nur ein griechisches Christentum Aussicht auf Bestand. In dem ersten bekannten Christen dieser Gegenden, *Sabellios* (um 200), tritt ein griechisch spekulierender, neuplatonisch denkender geistiger Führer auf, dessen christologische Formeln die Trinitätslehre beeinflußt haben. Als der arianische Streit die Gemeinden von Berenike und Boreion erfaßte, setzte sich die neuplatonische Christologie rasch durch. Die bedeutendste Persönlichkeit der kyreneischen Kirche ist *Synesios* (370 bis 414). Was die Alexandriner begonnen hatten, führt er zu Ende, das Christentum wird vom Neuplatonismus verschlungen und behält seine Eigenart nur in der hohen Form eines

Ethos, das in einem gebildeten und tapferen Leben in die Praxis umgesetzt wird. Aus einer vornehmen heidnischen Familie stammend, wird er Schüler der Hypatia, die er glühend verehrt. Als echter Platoniker stellt er sich in den Dienst seiner Stadt, führt eine sehr schwierige Gesandtschaft zum Kaiser durch, vor dem er im Stile Dions von Prusa eine mannhafte Rede über den echten Herrscher hält, und kämpft als Soldat gegen die Kyrene bedrohenden Wüstenräuber. Sein Übertritt zum Christentum wird durch seine Enttäuschung über das stagnierende Heidentum in Athen und durch die Freundschaft mit gebildeten Christen, vielleicht auch durch seine Frau, eine alexandrinische Christin, mit der er sich kirchlich trauen ließ, gefördert. Aber auch als Christ lebt er als reicher, politisch aktiver Philosoph und Rhetor, schreibt die üblichen Reden über die Kahlköpfigkeit, allegorisiert Träume, begeistert sich für Astronomie, verwandelt den Osirismythos in einen aktuellen Roman, sammelt seine Jagderlebnisse und versucht sich in Komödien und Tragödien. Mitten in dieses griechische Idyll hinein wählt ihn die Hauptstadt Ptolemais zum Bischof; es war das höchste Amt, das sie zu vergeben hatte. Nach langem Zögern nimmt Synesios an, aber er stellt Bedingungen, die beweisen, was in dem ‹griechischen› Kyrene noch möglich war, als man in Alexandreia schon Tempel stürmte. Er will seine platonische Seelenlehre beibehalten, will verheiratet bleiben und für sich und im Kreise der Seinen völlig unabhängig philosophieren und nur vor der Masse ‹kirchlich› lehren. Als der Patriarch das alles zugesteht, nimmt er an, da ihm die Schönheit der christlichen Kirchen und Gottesdienste völlig griechisch erscheint, sein Dichten und Philosophieren im Rahmen eines so weiten Christentums möglich ist und die politische Stellung eines Bischofs ihn lockt. Dabei hat er sich auch als Christ noch gerühmt, von dem Heraklessohn Eurysthenes abzustammen, und getauft war er wahrscheinlich überhaupt nicht, wenigstens nicht vor seiner Bischofswahl. Seine an der griechischen Bibel, den chaldäischen Orakeln und den neuplatonischen Hymnen geschulten und doch eigenständigen Hymnen sind die letzten gewaltigen Dichtungen in griechischer Sprache. Fast alles ist in ihnen neuplatonisch, aber Christus ist der Ausdruck für alle griechischen Offenbarungsspekulationen. Einen solchen Bischof konnte die kyreneische Kirche haben, weil eine platonische Interpretation des Christentums seit Paulus über Origenes für das Christentum legitim war, aber auch, weil in diesem Lande in christlicher Zeit selbst die Bauern noch ihren Homer lasen.

Dieses griechische Christentum steht gegen das in Libyen und der Kyrenaika ansässige *Judentum* in einem schweren Kampf, den es Seite an Seite mit der griechischen Bevölkerung führt. Um 100 scheint in der Kyrenaika etwa ein Achtel der Bevölkerung jüdisch gewesen zu sein. Die Hauptsitze des Judentums waren Kyrene, Tokra, Berenike und Boreion; es war straff organisiert und besaß eigene Synagogen in Jerusalem und Rom. Der römische Staat hatte diesen Juden eine weitgehende Verwaltungs- und Kulturautonomie gewährt, ihre Geschäftstüchtigkeit hatte sie reich werden lassen. Daß sie geistig von den Griechen gelernt hatten, beweist ihre bedeutendste Persönlichkeit, der Historiker Jason. Aber mehr noch als in Alexandreia sind sie ein unruhiges Element. Schon 86 v. Chr. hatte Sulla den Lucull nach Kyrene schicken müssen, um einen Judenaufstand niederzuwerfen, dann folgte 70 n. Chr. ein weiterer, sehr blutiger, und schließlich 114–118 der schon erwähnte, der die Kyrenaika so verwüstete, daß sie sich davon nie wieder erholte. Diese Kämpfe setzten sich in blutigen Auseinandersetzungen zwischen Christen und Juden im 4. und 5. Jahrhundert fort, bis Justinian 534 alle Synagogen enteignen und in Kirchen umwandeln ließ.

Zwischen Alexandreia und Libyen, in der Mareotischen Wüste, liegt noch ein besonderes Zeugnis des alten Christentums, der ‹Stolz Libyens›, die Stadt des Heiligen *Menas.* Ihre Bedeutung beruht wohl darauf, daß sie der christliche Ersatz für das bis an den Ausgang der Antike hochgeachtete Orakel des Zeus Ammon in der Libyschen Wüste ist. Menas ist ein kaum bekannter und daher für die Legendenbildung besonders geeigneter ägyptischer Märtyrer der diokletianischen Verfolgung, eine Wundergeschichte läßt ihn in Nachahmung der Sarapistransferierung aus Asien übergesiedelt sein. Auch sein Kultbild ist nicht originell, sondern eine Wiederholung des häufigen Typos eines zwischen zwei Tieren stehenden Gottes. Daß diese Tiere hier Kamele sind, ist nicht weiter verwunderlich und kein Grund für große religionsgeschichtliche oder gar weltgeschichtliche Spekulationen. Seit dem 4. Jahrhundert entsteht ein Wallfahrtsort, der den größten heidnischen auch nicht das geringste nachgibt. Aus aller Welt kommen die Pilger und reisen mit ihren Ampullen voll heiligen Wassers wieder ab, die uns die erstaunliche Verbreitung dieses Kultes erkennen lassen. Kaiser Arkadius baute die große Basilika im Anschluß an die ältere Grabeskirche mit dem Kultbild des Heiligen und dem Brunnen für das Menaswasser. Daneben waren große Räume zu Inkubationszwecken, Bade- und Wasseranlagen für Wunderkuren, Pilgerherbergen und ein Baptisterium.

δ) *Das lateinische Afrika.* Seit dem dritten Punischen Krieg war das Kulturland des westlichen Nordafrika lateinisch. Wenn auch die Blutmischung mit den afrikanischen Berberrassen und den phoinikischen Puniern dem afrikanischen Menschen ein besonderes Gepräge gab, der lateinische Einschlag setzte sich durch Koloniegründung, Zuwanderung, Soldatenansiedlung und beständigen Verkehr mit Italien und dem lateinischen Spanien durch. Aber es entstanden keine ‹echten› Römer, sondern die recht komplexe afrikanische Mentalität griff selbst auf römische Kolonistenfamilien über. In christlicher Zeit wuchsen sogar Abneigung und selbst Haß gegen Rom. Die Latinisierung konnte nicht verhindern, daß der lateinische Afrikaner zwiespältig blieb oder wurde. Gewiß mutet vieles lateinischer an als in Rom; daß man aber hier mehr lateinisch schrieb als dort und die ersten lateinischen christlichen Schriften in Afrika verfaßt sind, kommt nur daher, daß Afrika nie in den griechischen Kulturbereich gekommen war, der doch bis zu einem gewissen Grade in Rom vorhanden war. Allerdings konnte eine punische Bewegung in größerem Umfang, etwa entsprechend der koptischen, nicht mehr entstehen. Rom war nur drei Tagereisen von Karthago entfernt, und man wußte, was das bedeutete. Aber das Punische war nicht vergessen, und Septimius Severus führte es sogar wieder als Urkundensprache ein. Jedoch ist eine christliche punische Literatur nicht entstanden.

Jedenfalls fand das Christentum in Afrika einen *besonderen Menschenschlag* vor. Plutarch schildert ihn auf Grund guter Quellen psychologisch ausgezeichnet als bitter, finster, leicht verärgert, verdrießlich, servil nach oben, grausam nach unten, leicht verzagt, unbeherrscht, humorlos, aber eisern zielbewußt und starr im Einhalten von Prinzipien. Ereignisse wie der große Bauernaufstand von 238 lassen diese Eigenschaften erkennen, und nicht minder deutlich die donatistischen und pelagianischen Wirren. Der ausgesprochen schizothyme Zug der Afrikaner, ihre Gespaltenheit zwischen Nüchternheit und Überschwang, zwischen raffinierter Feinheit und übertriebener Mäßigkeit, zwischen unbeherrschter Leidenschaft und kühler Wissensklarheit fehlen bei keinem Kirchenvater, und diese Wesensart ist jedem einzelnen und der ganzen afrikanischen Kirche schließlich zum großen Schaden geworden.

Überraschend ist die große Zahl von *Juristen und Literaten*, die sich von Anfang an in der afrikanischen Kirche finden. Nun bezeugt auch Apuleius, daß in diesen Kreisen in Afrika das Interesse an religiösen Fragen groß war; keine andere westliche Provinz des Christentums weist so viele glänzende Namen von Juristen und Rhetoren auf wie diese.

Die älteste Literatur dieser Kirche ist, und das gibt einen Schlüssel zur Geschichte und Entstehung des afrikanischen Christentums, ausgesprochene *Märtyrerliteratur*. In einem Gemisch von sachlicher Härte und emotionalen Ausbrüchen bis hin zur Sentimentalität zeigt sich hier etwas Eigenartiges und für den afrikanischen Menschen Typisches. Die Akten der Märtyrer von Scili (um 180), die der Perpetua und Felicitas, die um Cyprian, alle zeigen die gleiche Gegensätzlichkeit von Fanatisch-Überschwenglichem und Nüchtern-Realistischem. Die Handlungsweise der Perpetua gegenüber ihrem Kind und ihrem Vater konnte nur afrikanische Rhetorik so schildern; sie ist weder echt noch menschlich, aber außerordentlich wirkungsvoll, weil sie Härte und Sentimentalität geschickt vereint. Der schmerzgequälte Vater, der sich auf der Erde wälzt, sich den Bart ausrauft, die Tochter abwechselnd liebevoll beschwört oder verflucht, zeigt, was die Afrikaner vom Christentum annahmen, und warum gerade harte Juristen und diese Härte kompensierende Rhetoren – oft in einer Person – an der Wiege dieses Christentums stehen. Diese seelische Haltung ist so konstitutiv, daß sie die Verfolgungszeiten überdauerte und sich Martyrien suchte, wo sie zu finden waren; im donatistischen Streit hat sie sich wieder in schauerliche Taten umgesetzt. Auch das Eingreifen des Kaisers hat an dem «entsetzlichen Wahnsinn» nichts ändern können. Trotz Augustins Warnungen berauschte man sich geradezu am Märtyrerkult und Märtyrerroman, und als es längst keine Verfolgungen mehr gab, wurde die Passio der Perpetua in den afrikanischen Kirchen noch immer im Gottesdienst verlesen. «Ist Afrika nicht voll von den Leichen heiliger Märtyrer?» rühmt Augustin. Schon im Jahre 438 muß eine karthagische Synode sehr energisch gegen alle Arten von Märtyrervergötzung einschreiten.

Die *Härte der Afrikaner* wird von Rom getadelt. «Heidnische Gerichte sind milder und geduldiger als ihr (christlichen) Afrikaner», schreibt Bischof Zosimus von Rom an die afrikanischen Bischöfe. Der Streit um die Ketzertaufe oder um die Wiederaufnahme der Abgefallenen sieht die meisten Afrikaner auf der Seite unbarmherziger Härte, und nirgends ist um diese Fragen so erbittert gekämpft worden wie in Afrika. Schismen und Streitigkeiten aller Art geben der afrikanischen Kirchengeschichte das Bild höchster Unduldsamkeit.

Mit den charakterlichen Zügen hängt es eng zusammen, daß die Afrikaner am stärksten die Fragen des *Willens* und die Nöte der *Schuld* gespürt haben, daß die Konflikte zwischen Trieb und Ethos, Freiheit und Gebundenheit auf ethischem Gebiet schmerzlicher empfunden wurden als anderswo. Sünde und Gnade werden hier aus metaphysischen Wirklichkeiten zu moralischen. Hier erst wird das Christentum Kampfmittel gegen die ständig als bedrohlich empfundene Sexualität, die Tertullian ebenso zu schaffen macht wie Augustin. Die Frage nach dem Ursprung des Bösen wird hier zur Lebensfrage, die Härte einer doppelten Prädestination findet in Afrika ihre Ausprägung und entspricht ganz afrikanischer Schizothymie.

Daraus erklärt sich also, daß sich unter den afrikanischen Christen in erster Linie Juristen, Politiker und Soldaten finden. Sie haben, beginnend mit Tertullian, den verhängnisvollen Bund von Recht und

Religion im Christentum verankert. Von dem Reformdonatisten Tyconius stammen die Begriffe «Gottesstaat» (statt Reich Gottes) und «Teufelsstaat», die auch bei Augustin trotz manichäisch-religiöser, mythischer und apokalyptischer Verkleidung juristisch bleiben. Die Afrikaner haben die Rechtsgrundlagen für den römischen Primat geschaffen, juristische Bilder und Kategorien durchziehen die gesamte afrikanische Patristik und bestimmen sie und verwandeln die christliche Liebesethik wieder in eine Gesetzesethik. Cyprian hat in völliger Umkehrung des Urchristentums den unmittelbaren Verkehr des Menschen mit dem Vatergott juristisch verboten und nur in einer Institutionskirche für erlaubt erklärt. Die Bischöfe, deren es um 220 schon 70 gibt, sind hier nicht religiöse Führer, sondern juristische Autorität. Der juristische Verdienstbegriff löst den altchristlichen Rechtfertigungsglauben ab, der Dienst an der Gemeinde ist nicht froh machende Gnade, sondern munus, ordo und officium. Die Glaubensregel ist nicht, wie bei den Griechen, Ausdruck einer Wahrheit, sondern verbindliche lex, der Häretiker nicht, wie bei den Griechen, Feind der Wahrheit, sondern Empörer gegen die kirchliche Rechtsordnung.

Das alles hat eine enge Beziehung zu dem *Militärischen* im afrikanischen Christentum. Der römische Soldat und der Veteranenkolonist haben in dieser Provinz eine größere Bedeutung gehabt als anderswo, auch unter den Christen. Tertullian versteht man nur richtig, wenn man in ihm den römischen Unteroffizierssohn sieht, der etwas zu schnell hochgekommen ist und voll Verdrängungen aller Art steckt, aber auch das Positive des römischen Soldaten von Kind auf in sich trägt. Solche Typen sind im afrikanischen Christentum häufig. Von ihnen geht der Radikalismus der Askese afrikanischer Montanisten, der Puritanismus afrikanischer Donatisten, der Fanatismus der Circumcellionen aus. Das ist alles leichter aus dem Grenzsoldatentum zu erklären als aus hypothetischen Blutmischungen von Berbern, Puniern und Römern, obwohl man auch das beachten muß. Nicht zufällig nennen sich die Circumcellionen bei ihren grausamen Aufständen gegen ihre Unterdrücker ‹Soldaten Christi›. Die furchtbare Verbissenheit, mit der in allen diesen Aufständen gekämpft wurde, läßt nur noch schwer das Bild einer *christlichen* Kirche erkennen; afrikanische Triebherrschaft, römisch-soldatische Schroffheit, afrikanischer Fanatismus, römische juristische Kälte überdecken das Bild ganz und gar.

Gegen diese Leidenschaften konnte nur ein strenger *Moralismus* schützen. Augustin macht sich noch als Mann darüber Sorgen, daß er als Kind einmal Holzbirnen gestohlen hat, und für Tertullian ist das Tragen bestimmter Kleidungsstücke und die Verschleierung der Frauen heilsnotwendig; die Abhängigkeit der Wirkung der Sakramente von der Moral des Priesters ist in Afrika am heißesten umstritten worden.

Das alles bedarf noch einer entscheidenden Ergänzung. In keiner Kirche sind die Beziehungen zum *Griechentum* so schwach gewesen wie im lateinischen Afrika. Zwar haben auch hier hellenistische Einflüsse nicht ganz gefehlt, aber sie waren meist römisch vermittelt und dadurch schon verändert. Einen Anteil an der griechischen Welt hat Afrika nie gehabt. Selbst Augustin kann so schlecht griechisch, daß er ἐπί mit ἐν verwechselt und nie das Bedürfnis hat, seine neuplatonischen Quellen im Original zu lesen. Tertullian greift griechische Sitten ganz offen an: «Was hast du, Libyen und Europa . . . damit zu tun?» Um so tiefer sind die wechselseitigen Beziehungen zu *Rom.* Die Afrikaner haben dem römischen Bischof nicht nur seine eigentliche Autorität verliehen, sondern haben ihn auch zurechtgewiesen. Gesandte und Beobachter gehen hin und her. Dabei mischen sich immer dank des römischen Einschlages der Provinzen Verehrung und Achtung für Rom mit dem punischen Haß gegen Rom. Ein starkes afrikanisches Heimatgefühl bildet die Grundlage, auch die Christen wollen in afrikanischer Heimaterde begraben sein. «Afrikanisches Wesen braucht sich vor den Römern nicht zu schämen», schreibt Tertullian, der sich für die afrikanische Tracht gegen die römische einsetzt. Mit scharfer Kritik verfolgt man alles, was an Rom in Vergangenheit und Gegenwart schlecht ist. Und doch fühlt man sich römischer als die Römer selbst.

Die *weltgeschichtliche Bedeutung* der afrikanischen Kirche liegt darin, daß sie die Eigenständigkeit der westlichen Kirche bestärkt und diese innerlich endgültig von der griechischen losgelöst hat. Sie hat die lateinische Kirchensprache gebildet, die religiösen Begriffe des griechischen Christentums in juristische verwandelt, aus der mystischen Agape die moralische *caritas* gemacht (ähnlich wie in einigen englischen Bibelübersetzungen *love* zu *charity* geworden ist) und eine *disciplina* auf religiöser Basis geschaffen. *Augustins* Ruhm überstrahlte schließlich den jedes anderen westlichen Bischofs der alten Kirche, auch jedes Papstes. Freilich liegt seine Besonderheit in dem großen Umfang seines geistigen Bereichs, nicht in seinem Christentum. *Christlich* ist bei ihm, daß schließlich überall noch der Glaube an die Liebe Gottes hindurchleuchtet, wenn oft auch nur sehr schwach. *Griechisch* ist bei ihm, daß er den Neuplatonismus soweit verstanden hat, wie ihn ein lateinischer Mensch überhaupt nur verstehen konnte. *Römisch* ist bei ihm der fortgesetzte Einbruch des Juristischen, sein juristischer Kirchenbegriff, seine politische Geschichtsphilosophie, seine kriminaljuristische Betrachtung der Gegner, *afrikanisch* sowohl sein Erbsündenmaterialismus wie auch sein Auferstehungsmaterialismus, sein schwankendes Gefühlsleben, seine starke Abhängigkeit vom verdrängten Sexuellen, sein Wechsel von Brutalität und Sentimentalität, seine Freude an Streitschriften, sein schwankendes Selbstbewußtsein, sein praktischer Moralismus, sein oft ungesteuertes Temperament. *Manichäisch* schließlich ist sein jedem ursprünglichen Christentum widersprechender Dualismus. Noch einmal stelle man Origenes und Augustin einander gegenüber: *dort* der bei aller Weite einheitliche Mensch, der Christ wurde, weil er im Christentum die Erfüllung des Griechentums erkannte, *hier* eine sich widersprechende Addition vieler Welten, bei der das Christentum wegen seiner vielfachen Interpretationsmöglichkeiten die Klammer zwischen auseinanderstrebenden Gefühlen, Gedanken und Trieben war. *Dort* ein klarer Weltverlauf, dessen Sinn die göttliche Erziehung ist, die den Menschen zur letzten Läuterung führen will, *hier* das Gegeneinander einer göttlichen und einer teuflischen Welt, die sich chaotisch bekämpfen und erst eschatologisch auseinanderwirren, und das ebenso schroffe Gegeneinander eines *ad salutem* und *ad damnationem* prädestinierenden Gottes. *Dort* die Durchdringung der Welt von oben her durch den herabsteigenden Logos, *hier* die Ansätze einer *analogia entis*, die doch zuletzt von unten nach oben steigt. *Dort* die unpsychologische Metaphysik, der es nur auf das Handeln des Geistes ankommt, *hier* die vom Menschen und seiner Seele her bestimmte Religion. *Dort* die schlichte biblische Liebe, *hier* die gewiß subjektiv ehrliche pathetische Rhetorik. *Dort* die vornehme Auseinandersetzung in geistigen Dingen, die auch dem Kelsos alles Recht gewährt, *hier* die brutale Gewalt gegen Ketzer und Gegner. Es sind nicht zwei Männer, sondern zwei Welten, die sich hier gegenüberstehen.

Ähnlich wie die koptische Kirche hat sich die afrikanische schließlich selbst zerstört, nur noch viel totaler. Der lange donatistische Streit, die Kämpfe um den Pelagianismus, der Haß zwischen Katholiken und Arianern in der Vandalenzeit, in einigen Gegenden wie in Madaura auch das zähe Fortleben des Heidentums machten das Land reif für den Islam. Das kurze byzantinische Zwischenspiel, das nur mit Hilfe maurischer christlicher Fürsten möglich war, konnte die sterbende Kirche auch nicht am Leben erhalten.

g) *Die übrigen Völker*

Von allen europäischen Provinzen des Römischen Reiches war *Spanien* am frühesten und am stärksten latinisiert. Daher ist auch das spanische Christentum lateinisch, soweit wir es mit Sicherheit zurückverfolgen können. Sollte Paulus wirklich nach Spanien gekommen sein, so haben sich seine Spuren vollständig verloren. Es ist aber unwahrscheinlich. Den Hauptanstoß zur Christianisierung hat

Spanien erst im 3. Jahrhundert von Afrika aus bekommen, und daher trägt besonders das südspanische Christentum afrikanische Züge. Bis in die Zeit Augustins haben sich spanische Bischöfe mit Anfragen an afrikanische gewandt. Daneben ist auch das Verhältnis zum gallischen Christentum zunächst eng gewesen, zumal da Spanien und Gallien einen regen Wirtschaftsaustausch pflegten.

Wichtiger war, daß die spanische Kirche im 4. Jahrhundert in die Geschicke der kaiserlichen *Kirchenpolitik* entscheidend eingegriffen hat. Das geschah zuerst durch den Bischof Hosius von Corduba (gest. 358). Leider wissen wir nicht, wie es dieser Mann bis zum Hofbischof Konstantins brachte; jedenfalls ist er einer der Hauptregisseure des nizänischen Konzils. Seine Theologie ist ganz von den Afrikanern, besonders von Tertullian abhängig, seine oft geschmeidige Kirchenpolitik half zwar dem Nicaenum zum Sieg, schützte ihn aber auch nicht vor zeitweiliger Absetzung. Einschneidender war es, daß in Theodosios I. (379–395) ein Spanier auf den Kaiserthron kam. Kornemann hat von ihm als dem «bigotten Spanier» gesprochen, und ohne Zweifel hat dieser Kaiser afrikanisch-spanische Züge wie kein zweiter. Nur Theodosios II. ähnelt ihm.

Die Zeugnisse von der *Verweltlichung* der spanischen Kirche sind sehr alt. Schon zur Zeit Cyprians ist das Verhalten des Klerus so anfechtbar, daß man ihn in Afrika wie in Rom tadelt, und die erste spanische Synode von Elvira (um 310) gibt ein erschreckendes Bild von den Zuständen in den spanischen Gemeinden. Christen haben heidnische Priesterämter inne, Christinnen prügeln ihre Sklavinnen tot, Mord, Ehebruch, Wucher und Aberglaube aller Art sind an der Tagesordnung. Die *Reaktion* dagegen ist dafür um so rigoroser und ebenfalls extrem. Die Strafen, die die Synode für Unsittlichkeiten festsetzt, sind überaus hart, und seit dem 4. Jahrhundert entwickelt sich durch Priszillian eine ekstatisch-rigorose Laienbewegung, die mit größter emotionaler Leidenschaftlichkeit gegen alle Weltlichkeit vorging. In Spanien hat sie sich bis in die germanische Zeit gehalten, aber in Gallien ist sie gescheitert. Die Gebeine des in Trier hingerichteten Priszillian (386) wurden im verzückten Triumph nach Spanien gebracht.

Elvira läßt auch das zweite Merkmal erkennen, die künstlerische Note, die das spanische Christentum hat. Man legt großes Gewicht auf prachtvolle Kirchen und Bilder, vor allem aber hat Spanien die größten christlichen lateinischen *Dichter* hervorgebracht. Im Anfang des 4. Jahrhunderts dichtet Juvencus, an Vergil geschult, eine metrische Evangelienharmonie, ihm folgt Prudentius (um 400), der alle anderen lateinischen christlichen Dichter formal und inhaltlich weit überragt.

Viel verwickelter liegen die Dinge in *Gallien*. Hier waren nicht nur die Romanisierung besonders im Süden weniger erfolgreich, die keltische Bevölkerung lebendiger und eigenständiger als die vorrömische Bevölkerung Spaniens, die fremden Einströmungen von allen Seiten stärker, die Beziehungen nach dem Osten ausgeprägter, da gallischer Export- und Importhandel während der ganzen Epoche bis Kleinasien und Alexandreia ging, sondern vor allem waren griechische Einflüsse seit den ältesten Kolonien der Phokäer nie abgerissen. Bis in die Merowingerzeit hören christliche griechische Inschriften im Rhônetal nicht auf. Wer durch Südfrankreich reist, spürt den griechischen Einfluß noch heute auf Schritt und Tritt. Agathias von Myrina (536–582) bedauert, daß zu seiner Zeit durch die germanische Einwanderung Marseille das griechische Gesicht verliere. Diese griechischen Einflüsse durch das Rhônetal reichen bis in die Pfalz.

Das älteste Christentum in Gallien stammt aus dem griechischen Kleinasien und kommt über Marseille. Es spricht und schreibt nur griechisch. Vielleicht ist sogar schon 2. Timotheos 4, 10 mit dem Sinaiticus und der Handschrift C statt Galatien ‹Gallien› zu lesen. Sicher sind die ersten Märtyrer von Lyon (177) Pergamener, kleinasiatische und phrygische Griechen, und sowohl Vienne wie Lyon berichten über ihre Märtyrer in griechischer Sprache an die kleinasiatische Heimat. Lyon kann sich schon ein Jahr nach der Verfolgung (178) Irenaios aus Kleinasien holen, der auch in Lyon griechisch schreibt. Griechisch ist die berühmte und in ihrer Datierung sehr umstrittene, doch wohl dem 4. Jahrhundert angehörende Pectoriusinschrift von Autun, ein kleiner Katechismus als Ichthys-Akrostichon mit einem Totengebet.

Die keltische Schicht im gallischen Christentum bezeugt Irenaios, der sie sehr lobt, ihretwegen Keltisch lernt und sich wegen der keltischen Einflüsse in seinem Stil entschuldigt. Einige Nachwirkungen gingen in der christlichen Volksreligion von den keltischen Götterdreiheiten, von der auch im römischen Heer beliebten gallischen Epona und von einigen Lokalgottheiten aus, doch sind sie nicht sehr groß.

Die Verbindung mit dem Osten bewirkte, daß sich in Gallien das blühendste *Klosterwesen* des Westens entwickelte. Damit verband sich die Hochschätzung des freien Willens und des menschlichen Tuns, so daß diese Klöster der Mittelpunkt des Kampfes gegen Augustins Prädestinationslehre wurden. Das *Ethische* spielt überhaupt eine wichtige Rolle. In Arles haben die Novatianer und ihr Rigorismus lange einen Hauptsitz, Prudentius rühmt den arlesischen Märtyrer Genesios wegen seines Verhaltens. In Arles hielten sich auch die Arianer am längsten (neben Périgueux), wohl auch wegen ihres herben Ethos. Auch die gallischen Heiligen sind vorwiegend ethisch betont, so der von Sulpicius Severus verherrlichte Martin von Tours (gest. 397). Im Kampf gegen ein klerikales und prachtliebendes Priestertum wird er als das christliche Vorbild auf den Schild gehoben. Als alter Soldat aus dem Donauraum geht er zwar mit den Tempeln und Götterbildern Galliens nicht sehr schonend um, zeigt aber sein gutes Herz in seinem mannhaften Auftreten gegen die Hinrichtung Priszillians. In Gallien treten auch die ersten Bußprediger im Westen auf, die die mittelalterliche Bußpredigt einleiten, vor allem Salvian (gest. 480), der die germanischen Barbaren für besser hält als die Christen und die Schuld am Zusammenbruch Galliens darin sieht, daß die Christen nicht wie Christus leben.

Im Mittelpunkt des klösterlichen Lebens in Gallien stehen das Kloster von Lerinum, das unter Vincentius von Lerinum und Faustus von Reji Sitz des Semipelagianismus war, und die beiden Klöster Johannes Cassians (360–435) bei Marseille. Als Origenist aus dem Osten vertrieben, hat dieser in Gallien ebenso origenistisches Geistesgut verbreitet wie etwa gleichzeitig Hilarius von Poitiers.

Neben diesen kirchlichen Führern des christlichen Gallien steht nun eine überraschend große Anzahl von ‹weltlichen› *Dichtern* und Rhetoren, die, mehr oder weniger locker mit dem Christentum verbunden, die letzten lateinischen Vertreter antiker Kultur sind. Zu ihnen gehören Ausonius (310–392) aus Bordeaux, der Dichter der Mosellandschaft, der bedeutendere Apollinaris Sidonius (431–487) aus der Auvergne, einer der letzten Panegyriker Roms, der noch Beziehungen zum Griechentum hat, Avitus von Vienne (gest. 518), der aber schon biblische Stoffe für seine Dichtungen wählt, Ennodius von Arles (um 500), der sich ebenso von der Welt abwendet wie der Größte von ihnen, Paulinus von Nola (353–431) aus Bordeaux.

Eine weitere Eigenart Galliens sind die zahlreichen christlichen *Touristen und Pilger.* An ihrer Spitze steht die reiche und interessierte Aetheria aus Aquitanien, die am Ende des 4. Jahrhunderts mit großem Gefolge vier Jahre lang den Osten durchwandert. Ihr Bericht gehört zum Schönsten, was eine Frau in der alten Kirche geschrieben hat. Auf dem Landweg zieht sie mit offenen Augen und von warmer Frömmigkeit erfüllt, über Konstantinopel nach Syrien, Edessa, Palästina, den Sinaiklöstern, Ägypten. Neben ihr steht der einsilbige Bericht des Pilgers von Bordeaux, der im Jahre 333 nach Palästina und ins Ostjordanland zieht und über Rom und Mailand zurückkehrt. Ein Postumius von Narbonne wählt den Seeweg über Karthago und Alexandreia. Auch diese Erscheinungen weisen noch auf die alten Beziehungen der gallischen Kirche zum Osten hin, ebenso wie die in Gallien häufige Menasverehrung.

Dagegen waren die *Beziehungen zu Rom* zunächst lose, wenn auch zur Zeit Cyprians bereits Briefe zwischen Lyon und Rom und Lyon und Afrika ausgetauscht wurden. Noch auf der ersten Synode von Arles (314) sah es fast so aus, als ob sich eine selbständige gallische Nationalkirche bilden würde. Ambrosius hat diese Tendenzen besorgt beobachtet und spätere Päpste haben sie auf jede Weise zu verhindern gesucht. Ein Mittel dazu war die Einmischung in die Streitigkeiten zwischen Vienne und Arles, in denen schließlich das stärker griechische Vienne durch das stärker lateinische Arles überwunden wurde. Aber erst mit Hilfe der Franken ist die gallische Kirche römisch geworden. Nur in den Eigenheiten der gallischen Liturgie war ihre Besonderheit noch lange zu erkennen.

Die Kelten des vorgermanischen *Britannien* scheinen im Christentum dasselbe gefunden zu haben wie die Galliens. Sowohl die ‹altbritische› wie die ‹iroskotische› Kirche gehen in ihren Anfängen auf Missionare aus dem Osten zurück, die entweder direkt oder über Gallien gekommen sind; die römische Entwicklung haben sie bis zur Einwanderung der Germanen nicht mitgemacht. Wahrscheinlich hat die Rekeltisierungsbewegung nach dem Abzug der Römer dem Christentum geholfen, so daß es eine Art römerfeindliche Nationalreligion bildete. Sein Charakter war durchaus ethisch-mönchisch, sein deutlichster Repräsentant Pelagius. Dieser «allerdümmste (stolidissimus) und vom schottischen Haferbrei (porridge) fette (pultibus praegravatus)» Brite, wie ihn der neid- und haßerfüllte Hieronymus in seiner üblichen Sprache beschimpft, ist ein hochgebildeter, sittenstrenger Engländer, der lateinische Dichter, stoische Philosophen und Historiker genau kennt, aus dem Griechischen übersetzt – auch seine Übersetzungen hat Hieronymus bestohlen – und wie sein Landsmann Faustus von Reji von dem ernsten altchristlichen Ethos her Augustin bekämpft. Die Gründung von Hi, die eine neue Epoche der englischen Kirchengeschichte einleitet, steht schon außerhalb unserer Zeit (563) und gehört einer anderen Welt als der antiken an. Aber gerade in diesen iroskotischen Klöstern ist, zumal nach dem Zustrom gallischer Flüchtlinge, das Erbe der Antike bewahrt worden.

Zum Schluß noch einige Bemerkungen über das Christentum auf dem *Balkan* in vorgotischer und vorslavischer Zeit. Leider wissen wir sehr wenig über die Anfänge des Christentums in *Thrakien und Mösien.* Dies ist um so bedauerlicher, als Thrakien von jeher eins der religiös lebendigsten Länder war. Hier mußten die unter Diokletian in Thrakien angesiedelten parthischen Gefangenen sich gut anpassen können, aber ebenso ein ekstatisches Christentum: eine gute Quelle berichtet, daß der Montanismus früh in Thrakien Eingang fand und thrakische Christinnen ekstatische Feiern ähnlich den thrakischen

Dionysosmainaden feierten. Mit der am Ende des dritten Jahrhunderts mächtig wachsenden Weltbedeutung dieser Provinzen – Galerius und Licinius kamen aus Bulgarien, Maximian aus Mitrowitza (Sirmium), wo auch Konstantius zeitweilig residierte, Konstantius Chlorus weilte lange in Nisch (Naissus) – wuchs auch das Christentum rasch. Bis zur Dobrudscha ist es in der zweiten Hälfte des 4. Jahrhunderts gekommen, von hier, aus dem kleinen Kassianoi, stammt Johannes Cassian. Einc thrakisch-bulgarische Nationalkirche entstand erst nach der Slaveneinwanderung: an der altbulgarischen Kirche, der Mutter aller slavischen Kirchen, zeigte sich noch einmal das nationenbildende Moment des von Byzanz kommenden Christentums.

Im Gegensatz zu diesen griechischen stehen die stärker romanisierten Provinzen *Pannonien* und *Dakien*. In christlicher Zeit waren die Gebiete schon so sehr latinisiert, daß mit wenigen Ausnahmen alle christlichen Inschriften lateinisch sind, daß ein nationales Christentum sich nicht entwickelt und pannonische Bischöfe Seneca lesen und enge Beziehungen zu Rom und Spanien haben. Aus dieser christlichen Welt, die zugleich militärische Grenzwelt war, kamen die pannonischen Kaiser Jovian und Valentinian I. Im Namen dieses Grenzchristentums beginnen sie den Kampf gegen das griechische Beamtentum und die heidnischen Reste des Senates. Der Kampf der Pannonier gegen das Griechentum, der sich schon einmal zu den Zeiten Kaiser Galliens abgespielt hatte, wiederholt sich. Zunächst sind mit dem wachsenden Interesse dieser Gebiete für die Kaiser die Christen hier straffe Glieder der Staatskirche und ihre Bischöfe äußerst kaisertreu: Singidunum und Mursa sind die Sitze der wichtigsten Hofbischöfe des arianischen Streites. Während *Illyrien* der ewige Zankapfel zwischen griechischer und lateinischer Kultur und daher schon früh auch zwischen den kirchlichen Ansprüchen Roms und Konstantinopels wird, ist das Christentum *Dalmatiens* wohl von Anfang an über die Adria gekommen und lateinisch gewesen. Von einer im Neuen Testament erwähnten Anwesenheit des Paulus oder Titus in diesen Provinzen sind keinerlei Spuren zu finden. Dagegen ist ein echter Dalmatiner in die Kirchengeschichte eingegangen, Hieronymus. Seine Unverbrauchtheit und Robustheit, aber auch seine verlogene Intrigensucht und krankhafte Eitelkeit, Triebhaftigkeit und Treuelosigkeit, sein brennender Neid und sein Fanatismus sind vergröberte Merkmale des Dalmatinertums, die man auch an dem letzten fanatischen Gegner des Christentums, dem Dalmatiner Diokletian, beobachten kann. Eine besondere ‹adriabyzantinische› christliche Kultur entwickelte sich in der alten dalmatinischen Hauptstadt Salonai, von der ihre drei großen Friedhöfe Marusinac, Kapljuz und Manastirine zeugen. Auf dem Untergrund einer zunächst mithrischen, dann arianischgotischen Frömmigkeit formt sich das von syrischen Missionaren gebrachte Christentum, das eine Märtyrertradition seit der diokletianischen Verfolgung besaß, zu einer imponierenden Formgestaltung aus, die nur in den Bauten Diokletians ihr Gegenstück hat.

2. *Alter und Geschlecht*

a) Kinder und Jugendliche

Die Griechen, die sich selbst gern als ewige Kinder betrachteten, haben immer eine große Liebe zum Kind gehabt; ägyptische und griechische Kinderliebe vereinigten sich in Alexandreia. Hier beobachtet Kallimachos seine entzückenden Kinderszenen, hier werden Kinderfeste von erlesenstem Geschmack und wunderbarer Feinheit veranstaltet, hier entstehen Harpokrates mit dem Finger im Mund und der kindliche Eros, das Vorbild aller Kinderengel, von hier werden die reizenden Kindergläschen mit Spielszenen zum kindlichen Gebrauch exportiert. Welche Kreise die Kinderfreundlichkeit erfaßte, zeigt wieder Plutarch. Von den meisten seiner Helden erzählt er Kindergeschichten; sie sind teils von kindlicher Zartheit wie die von Anaxagoras, der sich alle Ehrungen verbat außer der einen, daß man an seinem Todestag für alle Zeiten den Kindern schulfrei geben sollte, teils von psychologischer Beobachtungsreife wie die vom jungen Cato, der im Spiel mit seinen Mitschülern alle seine späteren Qualitäten zeigt. Er ist nicht nur Pädagoge und Kinderpsychologe in der Theorie, sondern läßt in sein eigenes kinderreiches Haus die intimsten und lebensfrischesten Einblicke tun: mit Vaterstolz erzählt er breit, wie die Tochter, die er nach der geliebten Mutter nennt, anderen Kindern ihre Spielsachen schenkt. Das ist kein Einzelfall. Selbst der kinderfeindliche Epiktet kann nicht umhin, spielende Kinder zu schildern.

Die Stellung des Kindes in der *Ehe* wird betont. Es ist alte griechische Auffassung, daß die Ehefrau ‹zum Erzeugen rechtmäßiger Kinder› da sei; die römische Stoa erhebt das bis zur Ausschließlichkeit. Cato tritt dem Hortensius seine Frau ab, damit sie ein Kind bekommen soll, und Musonius und andere ermahnen die Frauen immer wieder, im Kind ihren eigentlichen Lebenssinn zu sehen.

Der *fremden Kinder* nimmt man sich gern an. Staatliche Waisenfürsorge gibt es schon in archaischer Zeit, und in Theben steht Todesstrafe auf Kinderaussetzung. Erziehung und Aufnahme ausgesetzter Kinder würden nicht das ewig wiederkehrende Thema von Tragödie und Komödie sein, wenn derlei im praktischen Leben nicht oft genug vorgekommen wäre. Andererseits befürwortet die Philosophie, vor allem Aristoteles, das Aussetzen kränklicher Kinder. Ganz verschwunden sind jedenfalls Abtreibung und Aussetzung nicht.

Die schönsten Zeugnisse für die Kinderliebe der Zeit sind die *Kindergräber* und die Nachrichten über die Stellung des Kindes in den *Religionen*. Der wunderbare Nachruf, den Plutarch seiner toten Tochter gewidmet hat, Ciceros ergreifende Klagen über den Tod der seinen werden aus dem Alltag ergänzt durch eine Reihe von Grabinschriften von hoher Schönheit für gestorbene Kinder. Sie gelten ‹dem besten Sohn›, der ‹süßesten Tochter›, erzählen von den kleinen Freuden des Kindes und den großen der Eltern, von den ersten Erfolgen im Gymnasion und von erschütternd frühem Tode. Die ‹süßeste und liebste› Octavia Paulina, die der Tod mit sechs Jahren hinwegnahm, spielt in einem herrlichen Garten mit allem, was ein Kind erfreuen kann, vom Seelengeleiter mild dorthin geführt.

Im *Christentum* fanden wir diese hellenistische Stimmung schon bei Jesus, der ein griechisches Kinderliedchen zitiert und von Kindern umgeben ist. Doch ging er in der Verwendung des Bildes Kind–Vater für das Verhältnis von Mensch zu Gott über diese Stimmung hinaus. Gott ist der Vater, jeder Mensch sein Kind – diese Vorstellung bot viele Möglichkeiten für die Aufnahme hellenistischer Kinderliebe in das Zentralste der christlichen Frömmigkeit und mußte zu einer besonderen Wertung des Kindes führen. Das Kind wird Gegenstand der besonderen Fürsorge Christi, Christus durchlebt absichtlich jede Altersstufe, um als Säugling die Säuglinge zu erlösen, als Kind die Kinder.

Die Verbindung dieser inneren Haltung mit stoischen und jüdischen Gedanken führte dazu, auch christlich das Ziel der Ehe weithin *nur im Kinde* zu sehen. Kinderlosigkeit ist etwas unsagbar Trauriges, die Pastoralbriefe sehen im Kind die höchste Aufgabe der Frau und verlangen, daß der christliche Bischof und Priester Vater wohlerzogener Kinder sein müsse. Sogar die aus einem Ehebruch stammenden Kinder sind von Gott gewollt, werden von Engeln behütet und sind schon vor ihrer Geburt ein Wunder. Daß der Hauptsinn der Ehe in der Erzeugung neuen Lebens liegt, wird der Stoa und dem Alten Testament entnommen, aber die Freude, an der Schöpfungstat Gottes Anteil zu haben, räumt im Gegensatz zur Stoa auch der Lust ein gewisses Recht ein.

Die *Fürsorge* für das Kind wird auf Jesu Wort von den «Kleinsten unter meinen Brüdern» gegründet. Kinderreichen Armen soll die Kirche besonders helfen, und Hilfe für Waisen und verlassene Kinder gehört zu den Pflichtgeboten aller alten Kirchen. Das ist in den Märtyrerzeiten hoch entwickelt: eine Christin adoptiert ganz selbstverständlich das Kind der Märtyrerin Felicitas (vor 200).

Auch *zum Sterben* des Kindes hat das Christentum eine ganz hellenistische Einstellung. Es stehen ihm zwei Geschichten des Neuen Testaments zur Verfügung, die auf seinen Kindergräbern erscheinen: die Erweckung der Tochter des Jairus und die Rückgabe des Jünglings von Nain an seine Mutter. Von hier aus sind Trauer und Resignation leichter überwunden worden; christliche Kindergräber bezeugen, daß schon Einjährige friedlich in Christus ruhen und geborgen sind.

Endlich bejahte das Christentum auch die Teilnahme des Kindes an der *Religion* selbst. Im Gegensatz zu den meisten orientalischen Religionen haben die griechischen besonderen Wert darauf gelegt, auch dem Kind Heil zu vermitteln und das Kind durch die Religion vor den Leiden der Welt und den Schrecken des Jenseits zu sichern. Uralt ist das in Eleusis: hier gehört es zum alten Kultlogos, daß die Göttin ein Kind durch ein Feuersakrament vergotten will. Töricht die Mutter, die diese rettende Tat der Göttin aus Unverstand verhinderte, eine Warnung an alle Mütter, die ihre Kinder nicht einweihen lassen. In der großen eleusinischen Prozession schreiten auch Kinder mit, und Knaben als Lektoren sind in allen griechischen Mysterienreligionen bezeugt. Einen dionysischen ‹Kindergottesdienst› setzt die große Bakcheninschrift voraus. Hier üben die Kinder auch Kultfunktionen als Opferdiener oder in Prozessionen aus. Einmal wird von einem Knaben gesagt, daß er im Jenseits einen Satyr spielt: dionysische Ekstasedarstellungen finden sich auf Kindersarkophagen, und Dionysos selbst soll als Kind eingeweiht worden sein. Die Charonlekythen und die großen unteritalischen Unterweltsvasen bringen seit dem 5. Jahrhundert das Motiv, daß Charon den Kindern als väterlicher Freund erscheint und die Kinder an der Hand eines Erlösers wie Orpheus oder Hermes ohne Furcht mit einem kleinen Wägelchen an der Hand oder einem anderen Spielzeug an allen Schrecken der Unterwelt vorbeiwandern. Auf Asklepiosweihreliefs kommen Kinder mit ihren Eltern zu dem heilenden Gott, der so gütig ist, daß er dem Kind sogar seine verlorenen Klicker (Murmeln) wiederfinden hilft. Auch Isis wendet sich gütig den Kindern zu. Auf dem Grab eines Knaben in Ostia liegt das tote Kind in das unsterblich machende Himmelsgewand der Isis gekleidet, und das Isisheiligtum von Pompeji ist als Votiv für ein sechsjähriges Kind gebaut. Manche ließen ihre Kinder in mehrere Mysterien einweihen. So ist der sechsjährige Aurelius Antonius in die Mysterien der Bona Dea, der Kybele, des Dionysos und eines nicht sicher zu identifizierenden Gottes eingeweiht gewesen und hat in allen diesen Kulten schon aktiv als Opferdiener oder Chorsänger mitgewirkt. Für die Allerkleinsten sind im lateinischen Gebiet die Ammengöttinnen beliebt, die neben die alten römischen Geburtsgöttinnen treten. Aus allen hellenistischen Religionen ist eine Fülle mütterlicher Gebete für ihre Kinder erhalten.

Das Christentum hat durch die Einführung der *Kindertaufe*, die lange umstritten wurde, einem hellenistischen Bedürfnis nachgegeben. «Gib deinen Kindern Gott als Vater», bezog man teils auf die christliche Erziehung, teils auf den sakramentalen Akt der Taufe. Daher sind vor allem die Griechen für die Kindertaufe eingetreten und haben sie schließlich durchgesetzt, aber auch Römer und Afrikaner. Bei diesen wird die Taufe aus einem mystisch-sakramentalen zu einem juristisch-institutionellen Akt, ungetauft sterbende Kinder haben hier keinen Anteil am Heil. Doch ist das erst durch die Verbindung mit der Augustinschen Erbsündenlehre allgemein geworden. Deshalb wird von den Vertretern der Kirche als einer Heilsanstalt, vor allem von Cyprian, gefordert, möglichst sofort nach der Geburt zu taufen, und hier wird der erste Schrei des Kindes als Verlangen nach der Taufe gedeutet. Hier wird auch zuerst die Teilnahme der Kinder am Herrenmahl verlangt oder wenigstens genehmigt. Daß Kinder in ein Kloster aufgenommen werden, läßt sich für die älteste Zeit nur bei den Kopten sicher belegen, doch entsprang das mehr sozialen als religiösen Erwägungen: es war eine Abhilfe gegen das Kinderelend bei der koptischen Landbevölkerung.

Der Hellenismus hatte geglaubt, daß das *Kind religiös wertvoller* sei als der Erwachsene. Kinder preisen die Götter aus schlichtem und reinem Herzen, Kinder lügen und betrügen nicht, sie haben noch keine Gemeinschaft mit dem Schmutz der Hyle und können ebenso tugendhaft oder besser sein als die Erwachsenen. Darum kann man durch sie zu Gott kommen. Schon das alte Ägypten kennt Kinderorakel, im Isismythos weisen Kinder den richtigen Weg zu Osiris. Wer von Kindern träumt, darf auf Erfüllung des Traumes rechnen, denn Kinder wissen und schauen mehr als die Erwachsenen; auch der Philosoph muß die letzten Dinge vom Kind lernen.

Jesus hatte den religiösen Wert des Kindes ganz hellenistisch formuliert: «Wenn ihr nicht wie die Kinder werdet, werdet ihr nicht in das Himmelreich kommen», und beim Einzug in Jerusalem heben die Evangelisten die Mitwirkung der Kinder besonders hervor. Clemens hat diese Stimmung in seinem Hymnus am Ende des Paidagogos gut erfaßt:

Deine Kinder schlicht
Versammle um dich
Zu heiligem Lob,
Zu lauterem Preis
Aus arglosem Mund
Auf Christus, den Führer der Kinder ...

Geleite du, König,
Unschuldige Kinder.

(Übers. J. Kroll).

Die *Sündlosigkeit der Kinder* vertreten schon Apologeten und noch die Gegner Augustins. Kinder sind so unschuldig wie der Mensch vor dem Fall und wie einst die Erlösten im Jenseits. Die Kindersprache ist Gottes Lob im Urlaut, und in Anlehnung an eine bekannte hippokratische Lehre formuliert das Thomasevangelium: «Wer mich (Christus) sucht, wird mich unter siebenjährigen Kindern finden.» Das kindliche Gebet hat Augustin gut beobachtet: «Als Kind rief ich dich um Hilfe und bat dich, klein, aber nicht mit kleiner Inbrunst, daß ich in der Schule keine Prügel bekommen möchte.» Als der Staat die Kindertaufe bei Todesstrafe verbot, hat das in keiner Weise gewirkt, und als er gegen Kinder einschritt, kam es zu Kindermartyrien, von denen einige historisch gut bezeugt sind. Natürlich erreichten sie genau das Gegenteil. «Kinder und Frauen ertragen bei uns freudig mehr Schmerzen als Mucius, Aquilius und Regulus.» Jugendlicher Idealismus, wie er im Drang des Knaben Origenes zum Martyrium sich äußert, war ein hervorragendes Missionsmittel. Kindermartyrien wurden daher rasch zu einer beliebten Literaturgattung.

Aus all diesen Gründen hat das Christentum die Kinder gern *aktiv am Kult beteiligt*. In ältester Zeit werden Bischöfe aus so Jugendlichen gewählt, daß die Gemeinden ermahnt werden, keinen Anstoß daran zu nehmen, und eine Inschrift bezeugt, daß der kirchliche Lektor der ersten Region von Karthago im 4. Jahrhundert ein elfjähriger Knabe war. Seit dem 3. Jahrhundert gibt es christliche Kinderchöre, denen Gregor von Nazianz zutraut, daß Gott besonders auf sie hört. Aetheria freut sich darüber, daß bei der großen Palmsonntagsprozession in Jerusalem alle Kinder der Stadt mit Palm- oder Ölbaumzweigen mitgehen oder von den Eltern getragen werden. Im 4. Jahrhundert nimmt man häufig Knaben zu Vorlesern, zur gleichen Zeit bildet sich der Ministrant heraus. Die Kinder fanden an den bunten Gottesdiensten ebenso Gefallen wie an den kindertümlichen Geschichten der Evangelien; richtig bemerkt Clemens, zur Überlegenheit des Christentums gehöre, daß auch Kinder es verstehen können.

Schließlich hat das Christentum den letzten Schritt hellenistischer Kinderliebe mitvollzogen, die Verehrung von *Kindergöttern* und die Schaffung von *göttlichen Kindheitsgeschichten*. Der Hellenismus war darin außerordentlich reich. Ganz hellenistisch ist es, wenn Origenes das Jesuskind anbetet: «Laßt uns den allmächtigen Gott anbeten, aber laßt uns auch das kleine Jesuskindchen anbeten, zu dem wir gern sprechen und das wir gern in den Armen halten möchten.»

Gegenüber dieser Kinderfreundlichkeit kann die in der hellenistischen wie altchristlichen Welt gelegentlich einmal auftauchende *Kinderfeindlichkeit* nicht aufkommen. In der Stoa, besonders bei Epiktet, finden sich neben den kinderfreundlichen Sätzen auch harte Worte gegen Kinder. Zenon erklärt Kinder unter fünfzehn Jahren für vernunftlos, also den Tieren gleich. So haben auch einzelne Christen in Kindern ein Hindernis zum Heil gesehen, aber erst unter Justinian werden Verheiratete nicht mehr im Bischofsamt im Osten erlaubt; zum Priesteramt hat die Ostkirche Verheiratete stets zugelassen. Typisch christlich war, daß in Verfolgungszeiten die Kinder hinter dem Bekenntnis zu Christus zurücktreten mußten. Auch die zuweilen auftauchende Mahnung, nicht die eigenen Kinder vor den sozial Notleidenden zu bevorzugen, ist dem Christentum eigentümlich.

Das führt auf das Verhältnis von *Eltern und Kindern*. Es gehört nicht nur zur alttestamentlichen, sondern auch zur ältesten griechischen Ethik, daß sofort nach den Pflichten gegen die Götter die gegen die Eltern kommen, das beachten selbst Tiere. Geschichten wie die von Epameinondas, der als Schönstes in seinem Leben bezeichnet, die Schlacht von Leuktra «noch zu Lebzeiten seiner Eltern» gewonnen zu haben, liefen zu Hunderten um. Platon gebietet wie Jesus, den Göttern keine kostbaren Weihgeschenke darzubringen, um die Eltern nicht zu vernachlässigen. Ihn quält das Problem, ob ein Sohn seinen Vater anklagen dürfe, wenn dieser ein Verbrechen begangen habe, und er führt jeden Ruhm des Menschen auf seine Eltern zurück, ein Gedanke, der ganz allgemein griechisch ist. Epikurs Elternliebe rühmt sein Biograph, Plutarch dankt noch in hohem Alter seinem Vater, und in Artemidors Traumbuch sind die Eltern den Göttern ähnlich. In Rom steht das Verhältnis von Vater und Sohn zeitweise sogar über dem zum Staat, sind die toten Eltern von jeher gottähnlich verehrt worden und sind Beispiele wie die von Catos Sohn, der ihm in jeder Lage folgt, häufig. Rutilius Namatianus weint, als er in Pisa die Ehreninschrift für seinen Vater sieht. Natürlich ist das in kleinen Kreisen alles auch zu finden: «Wenn ich mich nur vor deiner lieben Hand verneigen könnte», schreibt der zur Flotte eingezogene Soldat seinem Vater, und in der Schule schreibt man Aufsätze über Liebe und Ehrfurcht vor den Eltern. Wieder sprechen die Grabsteine am lautesten: aus weiter Ferne holt der Vater die Gebeine seines Sohnes zur Bestattung in der Heimaterde, und *parentibus optimis* wird im Lateinischen formelhaft. So ist es kein Wunder, wenn auch der kommende Weltheiland liebender Eltern bedarf. Ausnahmen wie das ergreifende Lear-Schicksal des alten Veteranen, der seiner Tochter alles gegeben hat, von ihr jedoch dafür mißhandelt wird, sind selten.

Im *Neuen Testament* ist das Gebot der Elternehrung nicht nur in den dort aufgenommenen stoischen Tugendkatalogen und in der Betonung des vierten Gebotes zu finden, sondern der Grieche Lukas zeichnet das Bild des Jesus, der nach Gott seinen Eltern gehorsam ist. Die Heiligkeit des Verhältnisses von Eltern und Kind betonen die Apologeten gegen familienfremde Tendenzen und motivieren sie christlich von der Vaterschaft Gottes und dem Gott der Liebe her. Witwen, die Kinder haben, sollen zunächst von diesen versorgt werden, ehe die Gemeinde einspringt. Hermas macht sich Gewissensbisse darüber, daß er sich zu viel um sein Geschäft und zu wenig um seine Kinder gekümmert habe, und sieht sich mit Recht von Gott dafür bestraft, daß er sie nicht besser erzogen hat. Clemens von Alexandreia hat am schönsten die christliche Basis dieser neuen Familienethik verstanden: gute Väter ihrer Kinder können nur die werden, die den göttlichen Vater haben, und gute Söhne nur die, die den Sohn Gottes kennen; nur dann werden Söhne nicht bitter gegen ihre Väter und Väter nicht hart gegen ihre Kinder. Wer seinen irdischen Vater liebt, wird umgekehrt seinen himmlischen lieben, sagte man den Kindern, und den Eltern malte man aus, wie ihnen am Jüngsten Tag ihre Kinder entgegenkommen. Das schönste Bild einer christlichen Familie aber ist das der Familie des Origenes, sein Verhältnis zu seinem Vater Leonides, die treue Fürsorge des Sohnes für Mutter und Geschwister, kurz ein Bild, das nicht mehr übertroffen werden kann. Auch als in den Verfolgungszeiten manche christliche Familie auseinanderbrach, weil der Vater gegen den Sohn stand und die Generationen sich nicht verstanden, als in den Zeiten der dogmatischen Kämpfe der Vater den Sohn exkommunizierte, gilt als Kirchengesetz: «Wer seine Kinder im Stich läßt und nicht richtig aufzieht, und, soviel an ihm liegt, zur geziemenden Frömmigkeit führt, sondern unter dem Vorwand der Askese vernachlässigt, sei verflucht.»

Dabei war selbstverständlich, daß im Gefolge der Philosophen die Forderung einer guten *Kindererziehung* erhoben wurde. Das hatten die hellenistischen Religionen auch gelehrt. Die große Bakcheninschrift bezeugt bei Dionysos eigene Jugendführer, und der unterirdische Kultraum an der Porta Maggiore zeigt einen Schüler mit Schulmappe vor dem Götterbild betend.

Das alles fand das Christentum vor. Es wird sofort übernommen. Der ägyptisch-hellenistische Teil der Apostolischen Kirchenordnung verlangt, daß die Diakone Kinder unterrichten können, und der 1. Clemensbrief, daß alle Kinder an der christlichen Erziehung teilnehmen, daß sie Demut lernen, Liebe zu Gott, Gottesfurcht, Wandel mit reinem Gewissen. Zuerst sind die Eltern zu dieser Erziehungsarbeit aufgerufen; wer dem Logos gemäß Kinder erzeugt, wird sie auch logosgemäß erziehen, und Gott wird ihn dafür belohnen. Wenn auch die Erziehung zum Christentum selbstverständliche Voraussetzung wurde, besuchten die Kinder in den ersten Jahren unbedenklich die Schulen der heidnischen Umwelt, und als mehr christliche Schulen entstanden, beseitigten diese aus dem allgemeinen Lehrsystem nur das, was unbedingt mit dem Christentum unverträglich war. Die nichtchristlichen Autoren las man auch in den christlichen Erziehungsanstalten weiter. Auch die christlichen Hochschulen, sowohl die von Alexandreia als auch die von Kaisareia und die unter besonderem kaiserlichem Schutz stehende von Konstantinopel unterscheiden sich von den griechischen nur wenig. Aus jüdischer Überlieferung mag es kommen, daß das Christentum nicht nur für charakterliche und wissenschaftliche, sondern auch für berufliche Erziehung sorgt. Wie die Rabbinen schreiben die apostolischen Konstitutionen den christlichen Eltern vor, die Kinder ein Handwerk lernen zu lassen: sind die Eltern tot, ist der Bischof dazu verpflichtet.

b) Männer

Während Isis, Adonis und die meisten hellenistischen Mysterienreligionen in erster Linie auf Frauen wirkten, hatte Christus, darin nur Herakles und Mithras vergleichbar, von seinem Beginn an eine außerordentlich starke Anziehungskraft auf den *Mann*. Auch hier ist zunächst von der Wirkung des neutestamentlichen Schrifttums auszugehen. Die «männliche Art Jesu», der besonders in den beiden ersten Evangelien kämpferisch, oft hart, im Leiden standhaft erscheint, die Sport- und Soldatenbilder bei Paulus, die harten Forderungen, das Fehlen mythischer Sentimentalität ließen im Vergleich mit anderer religiöser Literatur der Zeit das Neue Testament als ein ausgesprochen männliches Buch erscheinen.

Danach verlangte die Zeit. Mitten in den Großstädten und in den Militärlagern sehnte man sich nach Männlichkeit. Darum fühlte man instinktiv den besonderen Wert der stoisch-kynischen Mission, gewann neue Kraft aus dem Vorbild des Herakles und seiner irdischen Nachahmer oder ließ sich vom Kaiser bis zum Sklaven in Mithras einweihen, bestand seine Tapferkeitsproben unter Lebensgefahr und erwartete von seiner kämpferischen Art und seiner Siegeszuversicht über alles Böse das Heil.

Das Christentum hat dem Mann zwar nicht die Sonderstellung eingeräumt, die ihm das Judentum einräumte, wohl aber durch die Selbstverständlichkeit der Tatsachen an die entscheidenden Plätze Männer gestellt. Die gewaltigen Missionsleistungen des ersten Jahrhunderts erforderten schon physisch männliche Kraft. Das blieb auch weiterhin so. Gerade weil von der Umgebung Jesu her eine von Männern bestimmte Religion erwuchs, konnten sich die folgenden Generationen am leichtesten mit der Stoa und dem Kynismos verbünden und wie diese, aber schärfer und kompromißloser, jede Verweichlichung und jeden Luxus bei Männern, die weibische Kleidung, das warme Baden, die Kosmetik, das Schmucktragen des Mannes bekämpfen. Paulus hatte gesagt, daß es gegen die «Lehre der Natur» sei, «wenn sich ein Mann die Haare lang wachsen läßt», spätere Prediger ergänzen solche Vorschriften: es sei unwürdig und schlimm, daß der heidnische Schauspieler Frauenkleider im Spiel trägt. Mächtig flammte die männliche Haltung in der Verfolgungszeit auf: «Nicht wurde der Starke erschüttert, nicht erzitterte der Held, nicht wurde der Kämpfer Christi verwirrt.» «Stehe fest wie ein Amboß, auf dem herumgehämmert wird», lautet eine Mahnung dieser Zeit. Hier wurden Tapferkeitsproben abgelegt, mit denen sich die des Mithras nicht messen konnten, und die Wirkung ist nicht ausgeblieben, denn der Grieche hat immer gewußt, daß man die Götter am besten durch einen Agon ehrt. Die vorkonstantinischen Väter ziehen die Heldenbeispiele der römischen Geschichte heran, um die Männlichkeit der christlichen Märtyrer zu illustrieren, und aus Bewunderung für diese Männlichkeit kommen der römische Adel und die römische Stoa mehr und mehr zum Christentum. Glücklicherweise wirkte der Liebesgedanke nicht verweichlichend, da er kein Mitleidsressentiment war. So wie das Johannesevangelium Jesus mit der Peitsche darstellt, hat man auch sonst gern betont, daß Liebe im rechten Augenblick hart sein müsse und dürfe, ein Satz, der freilich auch gefährlich wurde.

Mit dem Sieg des Christentums wurde es freilich anders. Jetzt erst strömten Luxus und Verweichlichung, Konjunkturrittertum und Unmännlichkeit in Laienkreise und Klerus ein. Doch blieb zu keiner Zeit der *Widerstand* aus, meist ging er aus den Kreisen der christlichen Asketen hervor, aber auch alle Christen, die unter stoischem Einfluß standen, haben sich als Kämpfer gewußt, leiblich und seelisch abgehärtet und das Leben gering achtend. Mit Athanasios entstehen bewaffnete militärische Mönchsformationen, dann ertragen origenistisch gesinnte Mönche für ihren Lehrer die härtesten Verfolgungen, und schließlich fahren die iroskotischen Mönche auf ihren Nußschalen zur peregrinatio propter Christum auf die See, um neue Länder mit Einsatz des eigenen Lebens für den neuen Gott zu gewinnen, statt Seeraub zu treiben. Männer wie Ambrosius, die dem Kaiser vor aller Öffentlichkeit entgegentraten, oder Chrysostomos, die in der Sache nicht nachgaben, all die vielen Kämpfernaturen in den dogmatischen Kämpfen haben in der Spätantike noch einmal den Eindruck des alten Tapferkeits- und Männlichkeitsideals erweckt.

c) Frauen

Es war nun eine günstige Synthese, daß die neue Religion auch für Frauen viel Anziehendes hatte, ohne daß dadurch der männliche Charakter des Frühchristentums im geringsten eingeschränkt worden wäre. Schon in Jesu Umgebung finden wir neben den männlichen Schülern eine Anzahl von Frauen, ebenso in allen neutestamentlichen Gemeinden. In den Verfolgungszeiten hielten sie mit den Männern zusammen aus, später traten sie wohl äußerlich mehr zurück, doch waren sie im Hintergrund immer da.

Das hängt aufs engste mit der *Gesamtsituation der Frau* zusammen. Diese war religiös in der griechischen Welt immer eine besondere. Denn die großen Typen der Frau, des Weiblichen, der weiblichen Arbeit waren von jeher hier, und nur hier, religiös-metaphysisch verankert, indem die Göttinnen diese religiöse Objektivität repräsentierten. Dazu kamen die großen Frauentypen der Tragödie. Nie ist bei aller Kritik die Frau schöner, verständnisvoller und tiefer gezeichnet worden als von Euripides.

Schon vor Jahren hat Leipoldt nachgewiesen, daß die Stellung der Frau bei *Jesus* und den Synoptikern unorientalisch und *eindeutig hellenistisch* sei. Dies war die Voraussetzung für die Werbekraft der neuen Religion auf die Frau. Sie fand in Jesu Gleichnissen die Sklavin an der Mühle, die Hausfrau, die den Teig mischt, die Witwe vor dem harten Richter, die Arme, die ihre Drachme verloren hat. Dieser Jesus sprach mit Dirnen und wußte sogar, daß sie eher in das Himmelreich kommen als die ‹Gerechten›. Frauen begleiten, bei Lukas, das ganze Leben Jesu, schauen seiner Geburt erwartungsvoll entgegen, umsorgen ihn, öffnen ihm ihr Herz, sitzen zu seinen Füßen, stehen bei seinem Kreuz, als die Männer alle geflohen sind. Frauen aus allen Gesellschaftsschichten sind es, darunter die Frau eines hohen herodianischen Hofbeamten, ja sogar die Frau des Pilatus hat Sympathien für Jesus. Die ganze Liebesfähigkeit, Leidensfähigkeit und schlichte Gläubigkeit der Frau spiegeln diese Gestalten der Evangelien wider.

An die evangelische *Hochschätzung der Frau* knüpfen, wie das nicht anders zu erwarten ist, die Alexandriner an. Wieder ist es Clemens, der die guten Urteile von Hierokles, Antipater von Tarsos und Musonius über die Frauen wörtlich übernimmt und mit dem christlichen Frauenbild vereinigt. Ähnlich wie Plutarch in seinem schönen Buch über die Tugenden der Frauen schreibt er lange Listen schamhafter, tapferer, kluger und tugendhafter Frauen aus der griechischen

Vergangenheit ab. Die Frau hat «diesselbe Fähigkeit zur christlichen Tugend wie der Mann» und steht Gott genauso nahe wie er.

Mag das den Andrang der Frauen zum Christentum gefördert haben, etwas Besonderes ist es nicht. Denn die Frauen dieser Epoche sind ganz allgemein für alles Religiöse aufgeschlossen. In *allen* Religionen mit Ausnahme des Mithras sind sie zu finden. Eleusis hat von Anfang an Frauen eingeweiht, in Andania kennen wir noch den Eid, den sie vor der Weihe schwören mußten, in Samothrake sucht Arsinoe ihre Zuflucht, Dionysos hat weibliches Gefolge. Vor allem die Frauen zog Isis an, denn in ihrer Gestalt waren alle Typen hellenistischer Weiblichkeit enthalten: Mutter, Königin, Geliebte, Schwester, Tochter, Gattin, Philosophin, Gesetzgeberin und manches andere. In ihrem Tempel ließen sich typisch hellenistische Frauen wie Kleopatra beisetzen, Plutarchs ‹Isis› ist einer Frau gewidmet, weibliche Votive weisen die Isistempel überall in großer Zahl auf, viele Grabdenkmäler zeigen Frauen mit Isisattributen. Auch Adonis hat vorwiegend weibliche Anhängerinnen. Nach Rom bringen Syrerinnen wie Julia Domna, die Tochter des Sonnenpriesters von Emesa, ihre Religionen, und in Dura steht neben den männlichen Soldatenreligionen die Frauenreligion der Azzaanathkona. Auch bei der Philosophie finden sich Frauen ein, und zwar um so mehr, je mehr sie religiös wird. Zwar die Pythagoreerin Theano stellt Haus und Kinder noch über ihre Philosophie, aber Krates und Hipparchia ziehen als philosophierendes Ehepaar heimatlos durch die Welt. Stoiker und Platoniker fordern sogar, daß die Frau philosophieren müsse, und Musonius behauptet, daß nur Philosophinnen gute Hausfrauen seien. Über die Anziehungskraft des Judentums auf Frauen sprachen wir schon.

Im Christentum ändert sich an all dem *nichts*. Die erste Gemeinde versammelt sich im Haus einer Frau, die erste Christin in Europa ist eine Lyderin in Philippi – wie übrigens auch der Manichäismus durch eine Frau nach Europa gebracht worden ist. Auf Jahrhunderte hinaus werden Frauen in vielen Gegenden die treibenden Kräfte im Christentum. Libanios klagt darüber, daß die Frauen die Männer zum Christentum verführen, und die Umwelt nahm an der rasch anwachsenden Zahl christlicher Frauen Anstoß. Es gibt nur wenige frühchristliche Briefe, in denen Frauen nicht erwähnt oder nicht wenigstens gegrüßt werden. Sie kommen aus allen Ständen, wir kennen christliche Sklavinnen, Frauen von Handwerkern, Näherinnen, Bauarbeiterinnen, Schönschreiberinnen, Frauen vom Lande, aber auch reiche Frauen und Witwen, die der Gemeinde nicht immer von Segen waren. Selbst in die an allem interessierten Kreise der obersten Geldschichten oder die Höfe drang das Christentum ebenso wie das Judentum zuerst durch die

Frauen ein. Doch hat Porphyrios behauptet, es sei den frühchristlichen Aposteln nur auf «das Geld reicher Frauen» angekommen, er datiert also Mißstände seiner Zeit zurück. Ob die Gattin des Konsuls Flavius Clemens, Flavia Domitilla, die im Jahre 95 von Domitian wegen «Gottlosigkeit» und jüdischer Sympathien verbannt und deren historische Gestalt von der Legende völlig überwuchert wurde, Christin oder nur Synagogenanhängerin war, ist völlig ungewiß. Die Kaiserin Julia Domna gab ihrem Sohn Caracalla eine christliche Amme, allerdings blieb das ohne sichtbaren Einfluß. Julia Mammäa, die als Syrerin das Christentum aus ihrer Heimat kannte, ließ Origenes an ihren Hof nach Antiocheia kommen und hörte seine Vorlesungen, und Philippus Arabs und seine Gattin standen in Briefwechsel mit ihm. *Nicht der römische Bischof, sondern der griechische Gelehrte* wirkt in dem geistig noch so lebendigen 3. Jahrhundert auf diese Hofkreise. Was mit diesen Frauen beginnt, wird vom 4. bis zum 6. Jahrhundert am Hofe von Konstantinopel vollendet. Von ihm aus haben Frauen die Geschicke des Christentums für immer entscheidend bestimmt. Diese christlichen Bereniken und Kleopatren von Byzanz haben ihren ptolemäischen Vorläuferinnen nur eins voraus: sie stammen meist aus den niederen, sogar niedersten Volksschichten und bringen daher eine größere Unverbrauchtheit, praktische Einsicht, aber auch größere Hemmungslosigkeit mit. Sie kennen das Leben der Gasse, und das hat ihnen und dem Christentum genützt. Nur weil die in jeder Hinsicht überdimensionale Theodora eine Kneipendirne war, ehe sie Kaiserin wurde, konnte sie später Schutzgesetze für gefallene Mädchen, schwere Strafen für Verführer, Gesetze gegen Mädchenhandel, Bordelle und Kuppelei verfügen und mehr als fünfhundert gefallene Mädchen in einer Anstalt betreuen. Es ist bedauerlich, daß die Quellenverhältnisse uns nicht alle diese bedeutenden Frauen, ihre Leistungen und ihre oft sehr komplizierten seelischen Motive, vor allem auch ihre religiöse Tiefe wirklich ganz erkennen lassen. Da ist mit handfester, primitiver Frömmigkeit und temperamentvoller Bildungsfeindlichkeit Charito, die Frau Jovians, die eigenhändig mit ihren Hofdamen die Bibliothek von Antiocheia in Brand steckt, dann die von allen Leidenschaften gepackte Eudoxia, der die Sittenpredigten des Chrysostomos unbequem sind und die keine Intrige scheut, ihn zu stürzen, dann die beiden großen Gegnerinnen Pulcheria und Eudokia, die erstere, Kaiserin und Nonne zugleich, bigott, aber klug und an Schlauheit selbst Leo I. weit überlegen, machtbewußt und von der Größe von Byzanz überzeugt, die andere, Tochter des athenischen Rhetors Leontios, feingebildet und schön, lebhaft in philosophischen Diskussionen in christlichem Gewand, aber griechisch-leicht. Der persönliche Streit dieser beiden so verschiedenen Frauen hat schließlich aus dem Kampf um die zwei Naturen Christi eine weltpolitische Angelegenheit gemacht, und ihr unversöhnlicher Haß ist für die christliche Dogmenbildung entscheidend gewesen. Und dasselbe wiederholt sich noch einmal, diesmal zwischen Mann und Frau. Welcher Prokop auch immer recht haben mag, Theodora, eine der gewaltigsten Frauengestalten der Weltgeschichte, nimmt die Kirchenpolitik in ihre Hände und zerstört die Politik ihres sonst so geliebten Mannes, mit dem sie einundzwanzig Jahre glücklich verheiratet war und dessen Reich ihr so vieles verdankt, ob aus weiblicher Herrschsucht, aus Spieltrieb, aus Bigotterie, wird nie ganz zu entscheiden sein, vielleicht aus allen drei Motiven. Justinian vertreibt die Mönche, Theodora schützt sie, Justinian will um des Reiches willen Unionstheologie, Theodora will den Sieg der Monophysiten, Justinian will, um die Südgrenze zu sichern, Nubien christianisieren, Theodora durchkreuzt seine Pläne mit ihrer eigenen ‹Negermission›. Es ist ein weiter Weg von der Maria und Martha des Neuen Testamentes zu diesen byzantinischen Christinnen.

Was aber trieb nun die Frauen zum Christentum? Zunächst gab es in der gesamten Antike einen großen Kreis von Frauen, der für *Ekstase und Mystik* aufgeschlossen war. Solche Frauen zog der pneumatische Enthusiasmos des Frühchristentums an. Wie Dionysosanhängerinnen treten mit unbezähmbarem Missionseifer die vier prophetischen Töchter des Philippos auf, daneben ekstatische christliche Frauen in Korinth, Philadelpheia, Iberien, dessen Kirche von einer solchen Frau namens Nino begründet sein soll. Justin hat sie anerkannt und an ihnen den Geistesbesitz der Kirche bestätigt gefunden. Dann sammeln sie sich bei den Montanisten, von Tertullian und sogar Cyprian verteidigt. Dionysischen Charakter trägt die ‹heilige Prophetin Prisca›, die wie die Bakchantinnen den Kopf so lange hin und her wirft, bis sie Gesichte sieht und Stimmen hört, oder jene kappadokische Prophetin, die im Winter barfuß durch den Schnee geht, um Ekstasen zu erleben, oder die sieben leuchtertragenden Jungfrauen, die als Bilder der Planeten in weißen Gewändern prophezeien. Nachdem die eigentlich ekstatischen Zeiten bereits vorüber waren, finden wir sie noch immer bei den Priszillianern. Biblisch hat man die Erscheinung dadurch zu rechtfertigen gesucht, daß man Eva zur ersten weiblichen Ekstatikerin und Prophetin machte. Eine letzte Nachwirkung geht noch auf jene Frauen aus, die zur Zeit des Basileios ‹an den Gräbern der Märtyrer› mit aufgelöstem Haar tanzen, nachdem sie sich mit Wein berauscht haben.

Auch der nichtekstatische religiöse Betätigungsdrang der Frau kam zu seinem Recht, wenn auch auf andere Weise als in den Umweltsreligionen. Dort waren die Frauen vorwiegend Priesterinnen, daneben gab es Sängerinnen als Solistinnen oder in Frauenchören, von denen so berühmte wie der von Delos bis in homerische Zeiten hinaufreichen. Das Christentum aber verschob die Tätigkeit der Frau *von der kultischen in die sittlich-soziale Sphäre,* was fraglos dem Wesen der Frau mehr entsprach. Zwar traten in der ersten Gemeinde von Korinth auch Frauen im Gottesdienst auf, zwar fanden sich bis ins 5. Jahrhundert hinein gelegentlich Frauen in der Kirchenleitung und wirkten hier und da Frauen als Lehrerinnen für weibliche Taufbewerber und Mithelfer bei Frauentaufen, aber seit Paulus war der Widerspruch gegen eine kultische Betätigung der Frau so energisch, daß schon im 3. Jahrhundert der kirchenrechtliche Satz aufgestellt wurde, daß eine Frau in der Kirche keinerlei priesterliche Funktionen ausüben dürfe. Aber Arbeit für die Frau gab es in der Kirche genug, wobei allerdings der Westen zurückhaltender war als der Osten. Der Osten hat schon in paulinischer Zeit das Amt der Diakonissen ausgebildet und die Witwen zur Krankenpflege und Waisenbetreuung pflichtgemäß herangezogen; unter Chrysostomos waren in Antiocheia 3000 christliche Witwen mit solchen kirchlichen Hilfsdiensten beschäftigt. Vereinzelt hören wir allerdings auch Klagen über Trunksucht oder Geldliebe dieser Witwen.

Vor allem *gebildeten und innerlich frommen Frauen* gab das Christentum mehr als irgendeine andere Religion. Schon der Gnostiker Ptolemaios schreibt seinen wichtigen Brief über die richtige Schriftauslegung an seine «Schwester Flora», die ihm «wie ein schönes und gutes Land» fähig erscheint, auch das Höchste aufzunehmen. Was für ein geistig und charakterlich hochstehender Kreis von Frauen sammelt sich um Origenes oder um Origenisten wie Rufin. Es gab viel echte weibliche Frömmigkeit im Christentum, Pilgerinnen, die voll innerer Glut den ganzen Osten durchzogen, um die Stätten des Welterlösers und der wichtigsten Gestalten des Alten Testamentes aufzusuchen, Frauen, die sich selbstlos der verwaisten Kinder der Märtyrer annahmen wie die Pflegemutter des Origenes, Frauen, die mit subjektiver Ehrlichkeit alle Formen der Askese auf sich nahmen. Gefährlich wurde es erst, als allzuviele reiche, aber unbefriedigte und hysterische Frauen dem Christentum ihre Reichtümer und ihre Gefühle aufdrängten.

Anziehend auf die Frauen wirkte weiter das *Ethos* des Christentums. Ethische Forderungen hatten auch andere Religionen an die Frauen gestellt, Andania verlangt von der Frau Verzicht auf Luxus, Eleusis ein sauberes Leben, Isis Enthaltsamkeit und Bußleistungen. Es gibt auch Märtyrerinnen dieser Religionen und Philosophien, die ihnen bestätigen, «daß die Tüchtigkeit (ἀρετή) von Mann und Frau gleich sei». Neben den Opfern des römischen Bacchanalienprozesses steht etwa jene Atilia, die um ihres Isisglaubens willen nach Sardinien verbannt wird und sich dort für ihren an Fieber erkrankten Mann aufopfert. Im Christentum gewinnt für die Frau grundsätzlich das Ethos eine zentralere Stellung. Das zeigt sich in dem energischen Kampf der Kirche gegen Frauengemeinschaft, Verwandtenehen, Unsittlichkeiten aller Art, Koketterie, Tanzleidenschaft, Theaterwütigkeit, weiblichen Aberglauben, modischen Unsinn, die Bevorzugung von Haustieren vor Kindern, Geldverschwendung für Kosmetika, weibliche Trinkereien, Schwatzhaftigkeit. Dabei ist das christliche Frauenethos in keiner Weise prüde gewesen; im Osten hat es immerhin fast vierhundert Jahre gedauert, bis eine Synode den gemeinsamen Bäderbesuch von Männern und Frauen untersagte. Positiv fand die Frau in der Kirche eine ungewöhnliche Hochachtung und religiöse Wertschätzung der weiblichen Alltagsarbeit im Haushalt und in der Kinderstube. «Es ist keine Schande für eine Frau, auf der Handmühle ihr Mehl selbst zu mahlen», und beim Weben «singen sie Lieder zum Lob Gottes». In Predigten wird jede Frau zur sozialen Arbeit aufgerufen und die Ehefrau ermahnt, ihrem Mann zu gefallen, auch durch Schmuck und gute Kleidung, mehr aber noch durch ihre inneren Werte. Dann sucht die Kirche die Frau durch mancherlei Maßnahmen sittlich zu schützen, sie fordert die griechische Sitte der Verschleierung des Kopfhaares, auch wo sie noch nicht eingeführt war, verhindert die vielgerügten Flirtmöglichkeiten hellenistischer Kultstätten durch getrennte Sitzplätze in den Kirchen und anderes mehr.

Das letzte Kriterium ist auch hier das Martyrium. Die alte Kirche hat mehr *Frauenmartyrien* aufzuweisen als andere antike Religionen. Da sind die Sklavin Blandina in Lyon, zugleich die Führerin der Gemeinde, die zwei Origenesschülerinnen, die einer ihrer Schüler zum Martyrium begleitet, die markionitischen Märtyrerinnen, die Afrikanerinnen Perpetua und Felicitas, die von Juden gesteinigte Christin in Antiocheia, die Sabina der Pioniusakten, die lachend in den Tod geht, die in die Oase El Charge verbannte Politike, für die sich in einem erhaltenen Papyrusbrief ein Presbyter Psenosiris dringend einsetzt. Wie die Gemeinden an den weiblichen Märtyrern hingen, zeigt die Fülle der weiblichen Märtyrerlegenden und Märtyrerromane. Eine schöne Dichtung erzählt etwa, daß die Frau des Petrus vor ihm das Martyrium erlitten habe, er sich aber darüber gefreut habe, weil ihr die Rückkehr nach Hause geschenkt würde, und ihr in Liebe ein letztes Segenswort nachgerufen habe. Um Paulus bildet sich der Theklaroman mit mancherlei Märtyrermotiven. Hinter diesen Dichtungen steht oft echte Geschichte, denn die römischen Barbaren haben diese Frauen nicht nur gefoltert oder im Zirkus in mythischen Verkleidungen hingeschlachtet, sondern auch zur Prostitution verurteilt. Daß die ägyptischen Opferzettel manche Abgefallenen nennen, versteht sich von selbst. Der Geist weiblichen Kämpfertums bleibt nicht auf die Verfolgungen beschränkt, sondern findet sich auch während der dogmatischen Kämpfe wieder. Gestalten wie die Origenesverteidigerin Melanion oder die «treueste und tapferste Anhängerin des Chrysostomos», die Diakonisse Olympias aus Konstantinopel, sind ebenso echte Märtyrerinnen wie die Frauen, die in Spanien und Südgallien bis zum Tode bei Priszillian aushielten.

Die Erneuerung des Ethos war für die Frau bedeutsam in der *Ehe*. Zwar brauchte auch hier nur das griechische Eheideal erneuert zu werden, Hektor und Andromache, Odysseus und Penelope, die sich für ihren Gatten opfernde Alkestis waren vom Christentum nicht zu übertreffen. So ist auch das Bild der Ehen in der Umwelt des Frühchristentums weithin ein sehr gutes, denn der hellenistische Alltag weist eine große Fülle glücklicher und hochwertiger Ehen auf. Eins der großartigsten Zeugnisse aller Zeiten ist der schlichte, fast nüchterne Nachruf auf eine unbekannte römische Dame (gestorben zwischen 8 und 2 v. Chr.), die während der Bürgerkriege für ihren versteckten Verlobten sorgt, mit eigener Lebensgefahr gegen die Mörder ihrer Eltern vorgeht, ihren Mann rettet, kaum den Verfolgern entgeht, alle Lebensgefahr und Schmach mit ihrem Mann trägt, alles mit ihm teilt und, da sie kinderlos ist, ihm sogar anbietet, sich scheiden zu lassen, ein Opfer, das der Mann natürlich nicht annimmt. Ähnlich sprechen die ‹heidnischen› Grabinschriften aus aller Welt: ‹Coniugi piissimae›, ‹uxori incomparabili›, ‹mulieri innocentissimae›, ‹uxori sanctissimae›, ‹coniugi carissimae›, ‹feminae rarissimae› klingt es hundertfach. Wir wissen von sehr vielen glücklichen Ehen. Am Eingang der hellenistischen Zeit steht die Frau Phokions von Athen, die ihren Mann ihren einzigen Schmuck nennt. Die Bukolik schildert die schlichte Hirtenfrau, die so viel zusammenspart, daß sie ihren Mann freikaufen kann, und das Gütchen in Ordnung hält. Ein Arbeitsloser fragt erst seine Frau, ob er Seeräuber werden dürfe. Von den Religionen heiligt vor allem Isis die Ehe, sie ist Schützerin von Ehe und Hochzeit, in ihren Tempeln werden die Ehen feierlich geschlossen, sie führt getrennte Ehen wieder zusammen. Religiöse *Trauhandlungen* vollziehen häufig auch die Demeterpriesterinnen. Von Dionysos wird gerühmt, daß er nur eine Frau gehabt habe, und in Andania müssen die Ehefrauen schwören, daß sie ihre Ehe ordentlich geführt haben. Daß die Frauen die gleichen Götter verehren sollen wie ihre Männer, fordern Plutarch und Musonius, doch ließ man einander hier eine gewisse Freiheit. Mit Antipatros von Tarsos beginnt eine strenge stoische Eheethik: die

Ehe ist das naturgemäße Zusammenleben und die gegenseitige Hilfe, die durch keine Freundschaft ersetzt werden kann. Sie fordert beiderseitige absolute Treue, gemeinsames Berufsinteresse, seelische Gemeinschaft, gemeinsames Tragen von Freud und Leid, sie ist das Beispiel der vollkommensten Mischung aller Teile. Darum soll man eine Frau nie nach Geld oder Schönheit, sondern nach Tugend und den zu erwartenden Kindern wählen; man soll jung heiraten, denn die Ehe ist eins der besten Erziehungsmittel, und in den eigenen Gesellschaftskreisen bleiben. Vollkommen wird sie, wenn sie bis ins Innerste keusch bleibt und auch Gemeinschaft der Seelen ist.

Beim Christentum steht zunächst eins fest, so sehr verschieden auch seine Haltung zur Ehe zeitweise war: nirgends findet sich in der Antike eine radikalere Kompromißlosigkeit für die *Einehe*. Das geht auf Jesus zurück. «Wer eine Frau auch nur begehrend ansieht, der hat schon mit ihr Ehebruch begangen in seinem Herzen.» Das war in dieser Radikalität für die antike Welt neu. Ist man Jesus darin auch wenig gefolgt, so gehört doch die Ehe als Ausdruck göttlicher Schöpfung zu den unauflöslichen Fundamenten der natürlichen Welt.

Doch hat Jesus die jüdische Auffassung der Ehe als einer unbedingten Pflicht für jeden jungen Mann abgelehnt und betont, daß es Fälle gibt, wo der Mensch um höherer Aufgaben willen unverheiratet bleiben muß. Jeder muß aus der Freiheit seines an Gott gebundenen Gewissens entscheiden. Seine nächsten Schüler waren und blieben verheiratet, die Ehe des Petrus ist auch im paulinischen Schrifttum bezeugt. Viele frühchristliche Missionare zogen wie kynische Wanderapostel mit Frau und Kindern durch die Welt; das Neue Testament nennt mehrere solche Ehepaare. In Fortführung alles dessen hat die alte Kirche gegenüber allen Versuchen, die Ehe zu entwerten, auf ostkirchlichem Boden kompromißlos gelehrt, daß die Ehe gottgewollt sei, Gott dem Menschen aus Güte seine Ehefrau zur Gehilfin gegeben habe und die Ehe die mystische Gemeinschaft mit Christus hier auf Erden abbilde. Ablehnung der Ehe ist Verwerfung von Gottes Schöpfung. Mann, Frau und Kind sind die drei, die versammelt sein müssen, damit der Herr mitten unter ihnen sein kann. Nicht heiraten kann Feigheit sein, auch schädigt es die von Gott gegebene Heimat. Und selbst wenn die Ehe unglücklich sein sollte, so hilft Gott sie ertragen. Die ethischen Kräfte, die aus solchen Lehren erwuchsen, waren ungeheuer, natürlich ist nicht alles christlich in ihnen. Die Ehe genoß einen Schutz wie selten zuvor. Ehebruch schloß in der ältesten Zeit aus der Gemeinde aus, erst auf dem Boden Roms hat Papst Kallist unter starker Empörung weiter Kreise Ehebruch als vergebbare Sünde bezeichnet. Die *Frühehe* wird mit alten griechischen Motivierungen empfohlen, doch sollen junge Frauen erst von älteren und erfahreneren für die Ehe erzogen werden. Die Kirche hat zunächst die Ehe, später auch die Verlobung eingesegnet; wie wirkungsvoll das war, zeigt der Satz des Synesios, daß ihm Gott zwar das Gesetz gegeben habe, der Patriarch von Alexandreia aber seine Frau.

Schwierigkeiten ergaben sich bei der Mischehen- und Scheidungsfrage. Jesu Standpunkt, daß eine Ehe, die sich *scheiden* läßt, nie eine echte Ehe gewesen sei, und daß umgekehrt eine echte, von Gott zusammengeführte Ehe sich überhaupt nicht scheiden lasse, wurde schon im Matthäusevangelium abgeschwächt und zunächst in Rom, wie der ‹Hirt› des Hermas beweist, durch ein kasuistisches Eherecht ersetzt. Nur die Wiederverheiratung Geschiedener hat man als Ehebruch angesehen. Die *Mischehen*, die im Judentum ebenso wie in bewußt griechischen Gegenden wie im Fayum oder auf Kypern verpönt waren, waren von Paulus zugelassen worden, führten aber zu großen Schwierigkeiten. Tertullian schildert einmal, was ein nichtchristlicher Ehemann einer christlichen Ehefrau alles gestatten müsse: sie muß sich im Gottesdienst mit dem heiligen Kuß küssen lassen, Arme und Kranke in den Slums aufsuchen, nachts aufstehen, um zu beten; daher soll man lieber einen armen Christen als einen reichen Nichtchristen heiraten. In den Verfolgungszeiten ist es sogar vorgekommen, daß nichtchristliche Männer ihre Frauen anzeigten. Aus diesen und anderen Gründen haben auch einige Synoden, vor allem in Spanien und Gallien, solche, die Mischehen eingingen, aus der Kirche ausgeschlossen.

Denselben Schutz und dieselbe Achtung, die die Frau als Ehefrau durch das Christentum bekam, erlangte sie auch als *Mutter*. Nun war auch das längst vorbereitet. Der schöne Satz Zieglers über Kallimachos: «Mit Ernst und Ehrfurcht behandelt der Dichter, der sonst nicht leicht etwas mit seinem geistreich spielenden Spott verschont, die Frau als Mutter», gilt für eine Grundschicht des hellenistischen Lebens. Ihren religiösen Ausdruck findet sie in der Verehrung der Demeter von Eleusis und der ‹süßen Mutter› Isis, und ihren philosophischen in den Dankesworten Marc Aurels für seine Mutter und Plutarchs für seine mütterliche Frau, die alles für ihre Kinder auf sich genommen habe. Die Reichweite dieser Mutterverehrung geht von der Königin von Pergamon, der ihre Söhne überschwenglich danken, bis zur Mutter jenes verlorenen Sohne aus kleinsten Verhältnissen, der schreibt: «Ich bitte dich, Mutter, vergib mir, ich weiß, daß ich gefehlt habe.»

Im Neuen Testament steht ein echt hellenistisches Bild, das die Mutter verehrt: «Wenn eine Frau gebiert, hat sie Schmerzen, denn ihre Schicksalsstunde ist gekommen, wenn aber das Kind geboren ist, denkt sie nicht mehr an den Schmerz um der Freude willen.» Mit höchster Achtung spricht die christliche Literatur mit wenigen Ausnahmen von den Müttern, und was die Kirche den christlichen Müttern verdankt, hat sie nie vergessen. Mütter wie die des Origenes, der Familie der großen Kappadoker oder Augustins sind immer zugleich mit ihren Söhnen genannt worden.

Wie verträgt sich aber diese Schätzung der christlichen Ehefrau und Mutter mit dem *Virginitätsideal?* Zunächst geht auch dies auf einen hellenistischen Einbruch zurück. Im apollinischen Kreis gab es von jeher jungfräuliche Priesterinnen, zu denen auch die Pythia und die Artemispriesterinnen von Ephesos gehörten. Die Christen haben sich häufig auf die römischen Vestalinnen berufen. Das Motiv in all diesen Fällen war mystisch-kultisch, denn die Jungfrau ist die alleinige Braut des Gottes oder die Repräsentantin einer jungfräulichen Göttin auf Erden. Anders steht es in der Philosophie. Beim Kynismos kommt die Hochschätzung des Unverheirateten aus der pessimistischen Weltbetrachtung; wenn die Menschen aussterben, ist das nicht schlimmer, als wenn die Fliegen aussterben. Daher soll ein junger Mensch noch nicht, ein alter nie heiraten, und es wäre besser, Aphrodite totzuschlagen statt sie zu verehren. Bei den Stoikern und Neupythagoreern begegnen ähnliche Stimmungen, weil Ehe und Kinder das philosophische Leben oder die missionarischen Aufgaben stören. Auch gibt es viel ‹kultische Keuschheit›, die jeden Geschlechtsverkehr als beschmutzend empfindet. Christen bewundern an Nichtchristen, daß sie, wie die Mutter der Gracchen bei der Werbung des Ptolemaios Physkon, wenigstens eine zweite Ehe ablehnen. Diese Stimmungen sind ins Christentum gekommen, nur die merkwürdige Institution der Syneisakten (virgines subintroductae) stammt nicht aus der hellenistischen Welt, sondern ist die Tapferkeitsprobe syrisch-kleinasiatischer Religionen.

Im Christentum bleiben in den ersten Jahrhunderten beide Ideale, das Eheideal und das Virginitätsideal, *nebeneinander* bestehen. Während zum Beispiel die Pastoralbriefe warm für die Ehe eintreten, bekennt sich die Johannesapokalypse zur Virginität. Allmählich steigt das Ansehen der letzteren. Das Reich Gottes wird erst kommen, wenn «ein Bruder eine Schwester sieht und nicht an sie als Weib denkt, und sie nicht an ihn als Mann», heißt es im 2. Clemensbrief, und im Ägypterevangelium sagt Jesus, daß er gekommen sei, «die Werke des Weiblichen aufzulösen». Der Theklaroman ist die erste größere christliche Dichtung zum Preise der Virginität und völligen Enthaltsamkeit, die sogar neue Seligpreisungen den alten hinzufügt: «Selig sind, die ihr Fleisch jungfräulich bewahren, denn sie werden Tempel Gottes sein. ... Selig sind, die Frauen haben, als hätten sie keine, denn sie werden von Gott erben.» So rückt die Jungfrau den Engeln immer näher, steht über den Märtyrern, da ihr ganzes Leben ein Martyrium sei, und überwindet das Böse absolut. Gregor von Nazianz singt Hymnen auf die Virginität, Methodios hält platonisierende Reden auf sie. Am radikalsten in ihren Formulierungen sind die ständig unter sexuellen Komplexen leidenden Afrikaner, doch hat erst Hieronymus die Ehe ‹schmutzig› genannt.

Die *Gründe* für die Rezeption und die allmähliche Betonung des Virginitätsideals sind wie im Kynismos der Zwang und das Bedürfnis, für die größeren *Aufgaben* des Christen frei zu werden. «Heiraten ist gut, Nichtheiraten ist besser ...», der und die Verheiratete machen sich «darüber Sorgen», wie sie einander «gefallen», die Unverheirateten, «wie sie dem Herrn gefallen». So hat man noch lange gedacht und daher die Virginität nicht als eine Last, sondern «als ein Fest» empfunden. Dazu trat das stoische Motiv, daß Jungfräulichkeit *Freiheit von Leidenschaften* bedeute. Das führt weiter zur gelegentlichen Aufnahme eines anderen kynischen Gedankens: auch die Scham ist eine krankhafte Leidenschaft. Wie ein echter Kyniker spricht der Christus des Ägypterevangeliums: «Wenn ihr euch ausgezogen habt und nicht schämt ... wenn ihr das Schamgewand mit Füßen treten und zwei eins und das Männliche wie das Weibliche werden, so daß es weder Männliches noch Weibliches gibt ...», kommt das Reich Gottes. Erst mit der zunehmenden Verrechtlichung der Kirche wird Jungfräulichkeit eine *Bußleistung* für fremde oder eigene Schuld oder einfach ein ethischer *Lebensstil*, die ‹edelste Lebensart›, die Furchtlosigkeit vor allem außer vor sich selbst, ein Mittel, nicht nur bei sich selbst, sondern auch bei anderen reine Gedanken und innere und äußere Sauberkeit zu erreichen. Doch wird sie nicht immer als Leistung aufgefaßt, sondern auch als Erweis besonderer göttlicher *Gnade*, um die man höchstens beten kann und für die man Gott dankt. Wo dualistisch gedacht wird, ist sie Kampf gegen die *Materie*, wo mystisch, tritt sie in den Dienst der *Brautmystik*. Aus solchen Kreisen stammen mystische Hochzeitslieder wie das des Methodios von Olympos: «Geht dem Bräutigam entgegen ..., denn ich floh das Bett der irdischen Ehe und das Haus um deinetwillen ..., nur mit dir will ich in das prächtige Brautgemach schreiten.» Auch die alte Vorstellung, daß jeder *Geschlechtsverkehr verunreinigt*, bleibt erhalten. Seltener ist *magischer Einschlag*, indem man hofft, durch Virginität höhere Fähigkeiten wie Offenbarungen oder gar Unsterblichkeit zu erlangen. Das alles bleibt noch dem freien Gewissen überlassen; erst als sich ein kirchenrechtlich fixierter *Stand* der Jungfrauen bildet und der Gelübdebruch strafbar wird, als seit der zweiten Hälfte des 4. Jahrhunderts «luxusmüde müßige Damen der stadtrömischen Aristokratie» «Kolonien femininer Asketen» gründen, kommt es zu wirklichen Mißständen.

Geht man nun zum Gegenteil über, so ist es für die gesamte Spätantike wie für das Christentum eine überraschende Tatsache, daß gerade die *Hetären* ein ganz besonderes religiöses Interesse hatten und sich von den hellenistischen Religionen wie vom Christentum stark angezogen fühlten. Die Philosophie ist ohne sie überhaupt nicht zu denken. Keine Schule hat sie zurückgewiesen, in der Akademie sind sie von Anfang an zu finden, im Garten Epikurs hat zeitweise eine Hetäre den Vorsitz geführt, und einer der Hauptvertreter des Kynismos, Bion von Borysthenes, war Sohn einer Hetäre. Die Mehrzahl aber hat sich den Religionen zugewandt. Votive von Hetären sind in vielen spätantiken Religionen zu finden, Eleusis ließ von jeher Hetären zu, an Isis hielten sich die Hetären der römischen Dichter und andere bekannte römische Frauen dieser Klasse und ließen sich die härtesten Reinigungs- und Bußleistungen auferlegen.

Im Christentum mußte allgemein die Verkündigung der Vergebung als auch im besonderen Jesu Wort, daß die Dirnen vor den Frommen in das Himmelreich kommen, werbend wirken. Die ‹große Sünderin› hat sich diesen Frauen leicht eingeprägt. So steht im Römerbrief in der Grußliste mindestens ein ganz ausgeprägter Hetärenname (Tryphaina).

Das bedeutete natürlich in Verbindung mit der Vergebungspredigt aufs neue die Gefahr eines völligen geschlechtlichen *Libertinismus*, doch sind ihr nur gnostisierende Sekten erlegen. Hier kommt es vor, daß einer nach kynischem Vorbild seine Frau jedem gibt, der sie haben will, weil man sein ‹Fleisch kreuzigen müsse›, dort versucht einer ein Mädchen durch das Jesuswort: «Gib jedem, der dich bittet» zu verführen, worauf dieses allerdings antwortet: «So bitte die Mutter um meine Hand.» Ganz selten wird Frauengemeinschaft empfohlen. Das sind Ausnahmen, die nie in die Großkirchen eindrangen. Freilich bleibt auch da nicht alles sauber. Schon der ‹Hirt› des Hermas ist stellenweise eine recht unerquicklich schlüpfrige Literatur, und doch ist er im Gottesdienst verlesen worden; freilich ist er ein römisches Großstadtprodukt. Aber das übereinstimmende Zeugnis von Hippolyt und Tertullian beweist, daß es in Rom unter Papst Kallist eine Erweichung des christlichen Sexualethos gab. Auch sonst gibt es manches Bedenkliche, und wenn im Jahre 506 eine gallische Synode verbieten muß, Frauenklöster in der Nähe von Männerklöstern zu bauen, so läßt auch das manches ahnen.

d) Das Alter

Jugendliche Bewegungen kommen oft in Konflikte mit dem Alter, und es wäre nicht verwunderlich, wenn die Jugendlichkeit und der Radikalismus des frühen Christentums die alten Menschen abgestoßen hätte. Dies ist aber nicht eingetreten.

Dabei kam seiner Mission wieder die besondere, doppelte Stellung des Alters in der Antike entgegen. Einerseits wird das Alter im Hellenismus in jeder Weise geachtet, und die Pflicht, das Alter zu ehren, gehört zu jeder guten Erziehung. Trotz der Bedeutungslosigkeit, zu der die Gerousien und Senate herabgesunken waren, blieb den Greisen sogar noch Raum für eine politische Betätigung, wie Plutarchs Schrift über dieses Thema beweist. Plutarch wie Cicero haben ein schönes Zeugnis dafür abgegeben, daß die Antike den alten Menschen aus keinem Lebensbereich hinausgedrängt hat. Andererseits zeigt sich die allgemein menschliche Furcht vor dem Altwerden bis zu dem Grade, daß man sich an Statistiken klammert, aus denen hervorgeht, wie alt ein Mensch werden könne. Beides, die Würde und Reife des Alters wie die Altersfurcht führen den antiken Menschen zur Religion. Theiler hat in einer bedeutenden Arbeit gezeigt, wie man Pindar nur dann recht versteht, wenn man diese Alterswendung zum Religiösen beachtet. Wie bei diesem finden wir auch sonst die Hinwendung alter Menschen zu den Mysterien; bei Euripides tanzen der greise König und der greise Seher kranzgeschmückt im dionysischen Reigen. Je näher man an den Tod kommt, um so näher kommt man an die letzten Geheimnisse, darum muß der Prophet alt sein, denn nur dann weiß und sieht er mehr als andere Menschen.

In diesem Sinne ist nun wieder eine Szene des Neuen Testamentes hellenistisch: die Begegnung Jesu mit dem alten Nikodemus, dem auf seinen bitteren Alterspessimismus hin die Möglichkeit einer Neugeburt eröffnet wird. Bei Lukas ist der erste, der zusammen mit einer vierundachtzigjährigen Greisin ‹vom Geist erfaßt› das neugeborene göttliche Kind in die Arme nimmt, ein Greis. Wenn auch die Pastoralbriefe eine jugendliche Durchsetzungskraft der kirchlichen Funktionsträger bezeugen, so scheint doch in allen Gemeinden ein Kreis von Alten dagewesen zu sein, der einem jugendlichen Bischof zur Seite stand. Auch schriftstellerisch waren diese Presbyter tätig, und sie genossen, das beweisen Papias und Irenaios, ein hohes Ansehen. Daß es zwischen alt und jung in den christlichen Gemeinden auch zu Spannungen kam, geht aus den häufigen Mahnungen, einander zu tragen und zu verstehen, hervor.

Für die Ausbreitung der Kirche war wichtig, daß sie auch *Greise als Märtyrer* aufzuweisen hatte. Eine Idealgestalt war der alte Polykarp, der sich weigerte, einen «König zu lästern, dem er 86 Jahre gedient» habe; seinem Martyrium folgten weitere. Man hat daraus geschlossen, daß das sonst nur noch zu wenigem nützliche Leben eines Alten höchste Leistung, höchstes Opfer und höchster Gewinn werden könne. Andererseits haben gerade solche Fälle die Gegnerschaft gegen die Christenverfolgungen bedeutend verstärkt und der neuen Religion, die solches ‹bei schwachen Greisen› vermochte, manchen Anhänger zugeführt.

3. Stand und Beruf

a) Handwerker und Kleinbürger

Nach dem Bericht der synoptischen Evangelien kamen die ersten Schüler Jesu aus Handwerkerkreisen und entstammte Jesus selbst einer Handwerkerfamilie. Fischer, Zimmerleute, Zeltmacher, Bauhandwerker, Gerber, Kleingärtner und der kleinbürgerliche Stand der Zoll- und Steuereinnehmer sind die ersten Träger des Christentums gewesen.

Diese Schichten waren weder wirtschaftlich verelendet noch ressentimentgeladene Fanatiker noch blutige Apokalyptiker. Im Gegenteil – sie bildeten das Rückgrat der Welt, den *‹gesunden Mittelstand›*, wie Hunderte von Terrakotten, Wandbilder und Lustspielszenen beweisen. Den Fischer stellen sie in naturgebundener Frische oder mit der beschaulichen Ruhe des Anglers dar, die Bauhandwerker, Bäcker, Schuster bei ihrer Arbeit und ihren Vergnügungen, auch mit ihren kleinen Lastern, die Zeltmacher und Textilhandwerker am Webstuhl und daheim. Das sind alles keine unglücklichen oder gedrückten Menschen. Im Gegenteil, sie sind stolz auf ihr Gewerbe, das sie auf ihren Grabreliefs anpreisen.

Ihr Verhältnis zur Religion und das der *Religionen* zu ihnen war verschieden. Fast alle verehrten mit Stolz ihre Zunftgötter. Beim Keltern singen die Winzer ‹ihrem Dionysos›, die Schuster, die ihre besonders schönen Friedhöfe rühmen, verehren Athene als ihre Patronin, Handwerker aller Art den Hephaistos und die typische Handwerkergöttin Ergane. Von den großen Religionen hat Isis die Handwerker gern gesehen, die sie in geschlossenen Gruppen in ihrer Arbeitstracht in den feierlichen Prozessionen aufziehen ließ. Von den religiösen Zweigen der Philosophie haben die kynisch-stoischen Kreise unter Handwerkern missioniert, Sokrates war Handwerkersohn wie Jesus, der Stoiker Kleanthes war zuerst Berufsboxer, dann

Gepäckträger und Müller. Unermüdlich sagen diese Prediger den Handwerkern, daß es nicht auf Geld und Erfolg, sondern auf ein anständiges Leben ankommt, daß man die Kraft zur Tagesarbeit von der Gottheit nehmen kann, daß auch der Rhythmus des Alltags die Gegenwart Gottes widerspiegelt: «Von Zeus erfüllt sind alle Straßen, alle Märkte der Menschen, das Meer und die Häfen ... er weckt die Menschen zur Arbeit.»

Aber es gibt auch eine geistige Schicht, die den *Handwerker gering achtet* oder gar verachtet – nicht immer ohne dessen Schuld. Für die späteren Platoniker sind «Schuhmacher und Fischer nicht besser als Bordellbesitzer», und über Gastwirte, Schiffer und Spediteure gibt es ähnliche Aussagen. Bei Plotin gilt trotz seiner Liebe zum All der Handwerker als beschränkt und zu nichts Höherem fähig, und so bittere Äußerungen wie die des Ammianus Marcellinus über die römischen Handwerkerschichten, die nur für Alkohol, Würfel, Bordell, Varieté und Zirkus Interesse hätten, spiegeln den hohen Grad der Verachtung wider.

Das Christentum nimmt dagegen eine andere Stellung ein, und das Einmalige an ihm ist, daß die Gebildeten, vor allem in Alexandreia, mit Stolz darauf hinweisen, daß das Christentum dem Handwerker, der keine Zeit zu vielem Studium hat, zugänglich und verständlich sei, woran sich die philosophischen Gegner des Christentums stießen. Die Einfachheit der Lehre Jesu – *«das Herrengebet kann jeder lernen»*, sagt Cyprian einmal – war für diese Schichten wesentlich. Der christliche Unterricht ging vorurteilslos an sie heran und vermittelte ihnen gerade dadurch nicht nur religiöse, sondern auch allgemeine Bildungswerte, soweit sie sie fassen konnten. Besonders Origenes hat diese Verpflichtung tief gespürt: «Wir sind verpflichtet, auch den Ungebildeten zu bilden und den Unreinen zur Reinheit zu erziehen.» Daß dabei zuweilen der Dünkel des Halbgebildeten entsteht, ist klar, so wenn der vom Unteroffizierssohn zum Rechtsanwalt aufgestiegene Tertullian mit Pathos verkündet: «Jeder christliche Handwerker hat Gott gefunden, Platon hat ihn nicht gefunden.» Aber auch die eifrigsten Gegner des Christentums haben zugeben müssen, daß in dieser Zugänglichkeit des Christentums für den Schlichtesten eine große Kraft lag. Denn das Christentum hat den Handwerker dadurch nicht seiner Arbeit entfremdet, sondern im Gegenteil ihren Wert bestätigt und sie versittlicht. Man hat nicht einmal Handwerker zurückgewiesen, die Götterbilder herstellten, sondern, wie der praktische Tertullian, nur von ihnen verlangt, statt dessen Dachreparaturen anzufertigen, Wände zu tünchen, Brunnen zu graben, Tische zu hobeln, Schränke zu leimen, Schuhe und Sandalen zu vergolden und anderes Nützliche zu tun.

Darum sind die Handwerker zuerst in großen Scharen in das Christentum *hineingeströmt.* Wie sie hier aussahen, zeigt Hermas: zyklothym-gutmütig, spießig und moralistisch, aber gesund, selbstbewußt, bildungsbedürftig, nicht ganz phantasielos, unverwüstlich optimistisch, für die Sache der neuen Religion hingabe- und opferbereit, sparsam, fleißig, ohne Interesse für die tiefere Metaphysik des Christentums. So mögen die meisten dieser christlichen Bäcker, Faßhändler, Totengräber, Schmiede, Töpfer, Schlosser, Gärtner, Fleischer, Müller, Gemüsefrauen, Bauarbeiter, Barbiere, Indigofärber, Mattenflechter und Näherinnen gewesen sein, die wir aus den Katakombenbildern, Gräbern, Inschriften und Schriftstellern kennen. Natürlich gab es auch die anderen, die schizothymen Fanatiker und Spintisierer, die Ter Steegens und Jakob Böhmes der alten Kirche. Ihre Art hat Kelsos glänzend geschildert: «Wir sehen aber jetzt auch, wie in den Häusern Textilhandwerker, Schuster, Walker, die ungebildetsten und unkultiviertesten Menschen zwar vor Älteren und Gebildeten nichts zu sagen wagen, wenn sie aber allein mit ihren Kindern und einigen hysterischen Frauen sind, alles mögliche Wunderbare erzählen.»

b) Soldaten

Seinen endgültigen äußeren Sieg über die alte Welt hat das Christentum dadurch gewonnen, daß es eine *Soldatenreligion* wurde. Das reicht bis in seine ersten Anfänge zurück. Bei Lukas kommen Soldaten schon zu Johannes dem Täufer, dem Vorläufer Jesu, der sie weder zurückweist noch von ihnen fordert, ihren Soldatenberuf aufzugeben. Jesus hilft heilend dem Unteroffizier einer römischen Auxiliarkohorte, und in den synoptischen Leidensgeschichten ist außer dem lukanischen Schächer der einzige, der sich zu Christus bekennt, der Centurio, jener ‹Hauptmann am Kreuz›, den die Legende wie keine andere neutestamentliche Nebenfigur geliebt und verklärt hat. In der Apostelgeschichte wird die Gewinnung eines Centurio der cohors Italica zum entscheidendsten Ereignis des Petrusteiles, im Paulusteil wird Paulus vor den Angriffen der Juden durch römische Soldaten geschützt, und ein römischer Offizier gibt ihm gute Ratschläge. In den Paulusbriefen sind zahlreiche Soldatenbilder der Stoa übernommen. Die Johannesapokalypse zeichnet den Welterlöser als Reiterfeldherrn auf dem Streitroß mit dem blanken Schwert, durch Blut reitend. In dem harten synoptischen Jesusbild wird von der Notwendigkeit von ‹Krieg und Kriegsgeschrei› gesprochen und soll der Mantel gegen ein Schwert eingetauscht werden. So konnte der Soldat in den Quellenschriften vieles finden, was ihn anging.

Wie sahen aber diese Soldaten aus, die zum Christentum kamen und ihm schließlich den Sieg verschafften? Seit den ständigen römischen Grenzkriegen war die Bedeutung des Soldaten gestiegen, obwohl aus den alten Bürgerheeren meist moderne Berufsheere geworden waren, die sich seit den römischen Bürgerkriegen eine weitreichende Unabhängigkeit und Selbständigkeit ertrotzt hatten. Diese Entwicklung hatte zunächst eines im Gefolge, was für das Christentum entscheidend wurde: niemand, abgesehen von den Kaufleuten, war so *beweglich* wie der Soldat. In Ägypten und am äußersten Euphrat marschieren Griechen und Makedonen, am oberen Nil liegen Germanen, an der Donau Syrer, am Schwarzen Meer Kelten. Bei aller Beweglichkeit sind sie ein *konstantes Element.* Die Zeiten ändern sich, die Soldaten bleiben dieselben. Ihre Lage ist nicht schlecht, in manchen Zeiten werden sie sogar durch die ungeheuren Kaiserdonative, aber auch durch andere Mittel reich. Für ihr Alter ist gesorgt, als Veteranen können sie hoffen, in einer Militärkolonie angesiedelt zu werden. Gerade diese Militärkolonien haben für das Christentum eine ungeheure Bedeutung. Wir kennen ihr Aussehen am besten von Philadelpheia im Fayum, doch dürften die anderen in römischer Zeit nicht viel anders gewesen sein. Hier bauen die alten Soldaten wie überall, wo man ihnen in allen Teilen der Welt kleine Grundstücke gegeben hat, ihre Obstgärten, so wie ihre Kameraden im christlichen Philippi Rosen züchten, hier schnitzen die Großväter ihren Enkeln Holzschwerter und Flitzbogen und erzählen vom Krieg, hier wird aus der Jungmannschaft der Offiziersnachwuchs durch eine Auslese-Instanz ausgesucht. Nicht nur die erste christliche Gemeinde in Europa war eine solche Militärkolonie, sondern auch die meisten paulinischen Gemeinden im südlichen Kleinasien.

Die Licht- und Schattenseiten der Soldaten halten sich in den ersten christlichen Jahrhunderten die Waage. Teils erscheinen sie als Hüter der Ordnung im Durcheinander der Welt und als Zeichen der Männlichkeit und Disziplin inmitten von viel Dekadenz und Verweichlichung. Die Stoa und Paulus würden den Soldaten nicht so in ihre Bildersprache aufgenommen haben, wenn sein Ruf nicht gut gewesen wäre.

Doch kennt die hellenistische wie die römische Welt auch den *anderen* Soldatentyp. In Ägypten gibt es Soldaten, die die Bewohner einfach aus ihren Häusern hinauswerfen, um selbst einzuziehen, die mitten im Frieden plündern; und über die Gewaltsamkeiten und Grausamkeiten römischer Soldaten beschweren sich wahrhaftig nicht nur jene vergewaltigten thrakischen Dörfer zur Zeit Gordians. Auch der beständige Spott der Komödie über den Soldaten hat seine Berechtigung.

Eins aber kennzeichnet den griechischen wie den römischen Soldaten: beide waren im allgemeinen *fromm*. Als die klassischen Religionen schon weithin erstorben waren, hielt der Soldat noch immer an ihnen fest und trug sie über die Länder, was für die Verbreitung der interpretatio Graeca, Romana und Christiana von größter Bedeutung wurde. ‹Apollon rechts› heißt einmal die Parole einer griechischen Truppe; den Musen opfert man vor der Schlacht, zum Juppiter Stator betet man, daß er die fliehenden Heere zum Stehen bringe; ‹dem Erhörer Apollon›, ‹dem Heiland Asklepios›, ‹zum Herrn Hermes habe ich gebetet›, lauten soldatische Weihinschriften. Dem Apoll schrieb Augustus seinen Sieg bei Actium zu, ein Opfer an Minerva verzeichnet das Militärarchiv von Dura, bei der allgemeinen Neujahrsparoleausgabe gelobt das Heer dem Juppiter einen Stier mit vergoldeten Hörnern. Auch Mars hält sich bei den römischen Truppen lange. Hauptheeresreligion blieb aber der Herrscherkult. Schon in ptolemäischer Zeit weihte die Truppe der Elefantenjäger ‹dem Ptolemaios, der Arsinoe und dem Dionysos› eine Inschrift. In römischer Zeit wird der Augustustempel in Rom, in dem die Militärdiplome aufbewahrt wurden, Zentralheiligtum. Dabei ist nicht zu übersehen, daß sehr viele einfache Soldaten und Unteroffiziere aus eigenem Antrieb dem Herrschergott, unter dessen Fahne sie kämpfen, Weihungen stiften.

Noch mehr haben die Mysterien die Herzen der Soldaten erobert. ‹Der unbesiegten Isis›, ‹der zehntausendnamigen Isis›, ‹der Königin Isis›, ‹dem Gott Ammon›, ‹dem großen Zeus Helios Sarapis›, ‹Ammon siegt›, weihen Soldaten aller Dienstgrade. Während ihres Urlaubs machen sie Wallfahrten nach Philae, um ‹die Herrin Isis› anzubeten. Römische Offiziere schreiben mit Stolz auf die Steine des Memnonkolosses, daß sie Diener des Sarapis seien, und Kaiser Caracalla weiht dem Sarapis sein Schwert. Soldaten werden durch eine Vision berufen, am Kultmahl des Sarapis teilzunehmen, und auf ihre Gräber lassen sie sich Kanopen stellen. Das alles ist genauso merkwürdig wie die Hinwendung der Soldaten zum Christentum, denn Isis-Sarapis sind alles andere als Kriegsgötter. Die verbreitetste Heeresreligion in römischer Zeit ist natürlich noch lange neben dem Christentum Mithras geblieben außer bei den griechischen Truppen: es war ausgeschlossen, daß Soldaten, die sich als Nachfolger der Armeen Alexanders fühlten, einen Perser verehrten. Sonst aber verehrten ihn palmyrenische Bogenschützen, römische Infanterie, thrakische Reiter und germanische Offiziere in gleicher Weise. Mit ihm verbindet sich seit Aurelian Sol-Helios genauso, wie ihn Konstantin mit Christus verbinden wollte. Als Heiland Zeus Helios wird er Soldaten- und Weltgott zugleich. Dazu kommt die Menge der *einheimischen Götter*, die die Soldaten über die ganze Welt hintragen, die Kelten die Epona, die Germanen die Matronen, die Thraker und Pannonier Reitergötter, die Palmyrener Bealim, die Araber Theandrios und Manaf und die Römer den zum Soldaten gewordenen römischen Pan. Andere verehren die Götter, bei denen sie in Quartier liegen, und nehmen sie beim nächsten Quartierwechsel mit, besonders aus dem götterreichen Ägypten. Die Astrologie fehlte in den Heeren auch nicht, sie wurde dadurch gefördert, daß die Feldzeichen oft Tierkreisbilder zeigten. Die höheren Offiziere wandten sich der Philosophie zu, obwohl auch sie in den Religionen nirgends fehlen.

So ist es keine Phrase, wenn die römische Welt viel von ‹frommen› und ‹heiligen› Heeren, Legionen oder Kohorten spricht. Als Julian die hellenistischen Religionen wieder einführen wollte, hat er nicht ungeschickt beim Heere angefangen und die christlichen Offiziere entlassen, aber wie schon Diokletian übersehen, daß das Christentum inzwischen zu einer Soldatenreligion erster Größe geworden war, die sich aus dem Heere nicht mehr wegdenken ließ.

Wie früh das Christentum im Heere wirkte und wie bald es dort ‹auffiel›, geht einwandfrei aus der großen Zahl der sicher bezeugten *Soldatenmärtyrer* hervor. In der nächsten Umgebung Tertullians erwartet ein christlicher Offizier seine Hinrichtung, doch weiß der Soldatensohn, der wahrscheinlich immer gute Beziehungen zum Heere gehabt hat, auch von vielen, die im Heere heimlich Christen sind. Im Martyrium der Perpetua gibt Saturus seinen in sein eigenes Blut getauchten Ring einem Soldaten Pudens, der also auch Christ ist. In der decischen Verfolgung wird ein Soldat, der die Christen vor der Volkswut schützen will, hingerichtet, unter Diokletian sind hohe Stabsoffiziere christlich, und der Versuch, das Heer mit Gewalt zu entchristlichen, scheiterte daran, daß die Zahl der Christen schon zu groß war. Anscheinend haben sich in wenigen Fällen die christlichen Soldaten zur Wehr gesetzt, so eine christliche Baukompanie in Seleukeia, die ihren Tribun Eugenios zum Kaiser ausrief und ein paar Tage Antiocheia in ihrer Gewalt hatte. Einen gebildeten Offizier finden wir unter den Schülern des Origenes, Basilides, von dem wir allerdings nicht viel mehr als den Namen wissen.

Wie weit das Christentum *durch die Soldaten verbreitet* wurde, mögen schließlich noch einige Beispiele zeigen. In Thrakien ist einer der ersten Christen der Soldatenmärtyrer Alexander, in Moesien ein Soldat Dasios, in Laodikeia wird am Anfang des 4. Jahrhunderts ein Soldat Bischof, in Kappadokien genießt ein Soldat Marinus hohes Ansehen als Märtyrer. In Ägypten haben sich Antonius und später Schenute der Soldaten angenommen, hier stammen die meisten frühchristlichen Inschriften von Soldaten. In Gallien vertreten der pannonische Soldat Martin von Tours und Victricius von Rouen den christlichen Soldaten, in Britannien vielleicht das allerdings von der Legende völlig überwucherte ‹Urbild› des späteren heiligen Georg, in Marokko der im Jahre 298 hingerichtete Soldatenmärtyrer Marcell.

Haben nun diese christlichen Soldaten gar keine *Kluft* zwischen ihrem Beruf und der christlichen Botschaft von Liebe und Frieden gespürt? Erstaunlicherweise scheint das nur selten der Fall gewesen zu sein. Wer in der alten Kirche am Soldatentum Anstoß nahm, tat das fast nur, weil der Soldat zum Kaiserkult verpflichtet war. Dabei gab es einen vorchristlichen und außerchristlichen Pazifismus, und zwar nicht nur wie bei Aristophanes und den Epikureern aus Utilitarismus. Euripides lehnt den Krieg aus inneren Gründen ab, und Plutarch lehrt als Ergebnis seiner Geschichtsforschung: «Denn nur um des Gelderwerbs willen entstehen alle Kriege.» Im Christentum aber wirkt sich die Rezeption des Alten Testamentes entscheidend aus. Denn in ihm fand man den Krieg nicht nur gerechtfertigt, sondern sogar als göttliches Gebot. Nur vom Alten Testament her konnten die Christen den Krieg so naiv bejahen, wie sie es oft taten, und nur das Alte Testament ließ das Christentum zur Soldatenreligion werden.

Der einzige, der wirklich konsequent Widerspruch erhob, war *Origenes.* Besonders in seiner Josua- und Richterexegese hat er alle alttestamentlichen Kriegsgeschichten vergeistigt und nur als Symbole für den Kampf des Christen gegen die bösen Leidenschaften und Sünden verstehen wollen. Wenn sie Christen wären, würden auch die Römer «niemals mehr Krieg führen müssen», aller Krieg ist nur menschliche Sünde, und der Christ kann ihn in keinem Fall bejahen. Spätere Origenisten haben das nicht vergessen, sie haben den Krieg unter allen Umständen als Mord angesehen und sogar Polizeitruppen, die gegen Räuber auszogen, im Sinne der Bergpredigt vom Gottesdienst wenigstens zeitweise ausgeschlossen.

Aber diese Gruppe steht allein. Meist schließt man *Kompromisse.* Tertullian hält zwar den Soldatenberuf wegen des damit verbundenen heidnischen Kultes und auf Grund der Worte Jesu für schwierig, lehnt es auch ab, mit dem Schwert für Christus zu kämpfen, aber es ist ihm selbstverständlich, daß der Christ mit dem Nichtchristen zusammen im Kriegsfall ins Feld zieht. Die Sibyllinen unterscheiden zwischen erlaubten Verteidigungskriegen und verbotenen Mordkriegen, Augustin ist zwar gegen Eroberungskriege, glaubt aber, daß Gott einem Soldaten das Töten befiehlt. Am weitesten geht Clemens, der den Christen für den besten Heerführer erklärt, ein Kapitel über richtige Heerführung schreibt und das Berufssoldatentum für den Christen gestattet. Nur gelegentlich wird noch vom Soldatenberuf abgeraten, und das Gebet für Heere und Soldaten wird bedenkenlos aus der Umwelt übernommen.

So fand der Soldat im Christentum schließlich die Geborgenheit in Leben und Sterben, die Verheißung eines Lebens nach dem Tode, die Wertung der Tapferkeit, einen heiligen Raum in einer oft unheiligen Sphäre, einen Schutz vor dem Versinken in Niedertracht, Schmutz und Gemeinheit, den Glauben, daß Gott in der Schlacht schützt und den Sieg verleiht. Dazu kam die Wirkung, die die christlichen Märtyrer auf die Soldaten, die bei den Hinrichtungen zugegen waren, ausübten. Wer so in den Tod ging, mußte fraglos einen Gott haben, wie ihn der Soldat brauchen konnte. Auch die christliche Liebe hat viele gewonnen; so wurde der Soldat Pachom Christ, als er sah, wie die Christen für ihn als Verwundeten sorgten und ihn verpflegten, obwohl er nicht zu ihnen gehörte.

Die Wirkungen der Soldaten auf das Christentum erkennt man zunächst an den militärischen Formen, Bildern und Organisationen in der Kirche. Einige der hellenistischen Religionen waren hier vorangegangen: bei Mithras heißt die Einweihung Fahneneid (sacramentum), wobei Mithras seinem ‹Soldaten› (miles), einem besonderen Weihegrad, die bisher erworbenen Siegerkränze abnimmt, da «ihm allein der Kranz gebührt». Den ‹Unbesiegbaren› begrüßen die Gläubigen, die ‹seine Feldzeichen› führen, mit der Akklamationsformel ‹Mithras siegt›, die ins griechische Christentum übergegangen und bis heute dort gebräuchlich ist. Auch Dionysos hat seine ‹heilige Cohorte›, ebenso Isis, deren Anhänger ‹Soldaten› heißen.

Im Christentum findet sich das alles wieder und noch viel mehr. Das Leben des Christen ist ‹der gute Kampf› gegen Sünde, Dämonen und Götzen, den ‹Hauptsturm› hat der Märtyrer, später der Asket auszuhalten. Er trägt seine ‹Erkennungsmarke›, auf der statt des Kaisernamens der Name Christi oder das Kreuz eingraviert sind, im ‹Fahneneid› der Taufe bindet er sich für ewig. Das ‹Heerlager› ist die Kirche, das ‹Lager des Feindes› die Sünde, der Tod oder die Arena, das unsittliche Leben, der Luxus. Als ‹Sieger› erhält er die übliche Auszeichnung, den ‹Kranz des Lebens›, den der ‹Feldherr› Christus als ‹Kampfrichter› verleiht. Christus als ‹Imperator› ist im Kampf zugegen, er ist ‹unbesiegt›, ‹Kamerad›, ‹Mitkämpfer›, seine ‹Unterfeldherren› sind die christlichen Kaiser oder Erzieher. Seine ‹Soldaten› sind die Christen. Es gibt alle Rangklassen unter ihnen, aber sie bilden doch *ein* ‹Heer›: «Nicht alle sind Generäle, Oberste, Hauptleute, Unteroffiziere ... sondern jeder gehorcht an seiner Stelle den Befehlen des Königs und der Feldherrn.» Als Soldat darf sich der Christ nicht um seine Privatangelegenheiten sorgen, sondern muß ‹unermüdlich seinen Dienst tun›, ‹tapfer sein›, auch auf dem ‹Schlachtfeld des Martyriums› ‹aushalten›, seinen ‹Eid› über seine Familie setzen, auch im größten Leid ‹männlich› bleiben; eiserne ‹Disziplin› ist nötig, ihr müssen sich alle ohne Ausnahme beugen. ‹Feigheit›, ‹Fahnenflucht› (Apostasie) und jedes ‹Paktieren mit dem Feind› sind ausgeschlossen. Zum Dienst gehört die ‹Wache›, das heißt Beten und Fasten. Das Gebet ist die wichtigste ‹Waffe›, das Evangelium die ‹Trompete› und das Kreuz das ‹Feldzeichen› des christlichen Heeres, zusätzliche ‹Waffen› sind die christlichen Tugenden. Besonders bei Tertullian, der als Sachkenner spricht, sind die Bilder ausführlich: der Christ wird ‹zum Kriegsdienst einberufen›, er darf ‹keine Bequemlichkeiten mitnehmen›, muß in ‹Zelten kampieren›, ‹ausdauernd marschieren›, ‹schanzen›, ‹sich einigeln›. Aber die Bilder sollen nicht wörtlich verstanden werden. Die Christen könnten wohl ihrer Zahl und Tapferkeit nach einen Aufstand gegen das römische Reich mit Erfolg machen und das Reich in ihre Hände bekommen, das aber verbietet ihnen ihre Religion.

Für den gewöhnlichen Soldaten im Heere war es wichtig, daß das Christentum ihm seine alten lieben *Soldatengötter* nicht einfach nahm, sondern ersetzte. Es war unmöglich, mit einem Male alle diese Gestalten aus dem Heere zu entfernen, an denen das Herz des Soldaten hing, die zahllosen Götter in Soldatenuniform, die in Rüstungen oder zu Pferd auftretenden Dioskuren, Korybanten, Kabiren, palmyrenischen Götter, Mithras, Horos mit dem Speer auf dem Pferd, die Ungetüme tötenden donauländischen und thrakischen Reiter, den Mandulis, den Baal von Doliche, den Mars Ultor, Juppiter Stator und die Nemesis Campestris, die ‹aus der Schlacht rettenden› Hadad und Atargatis, Isis und Sarapis. Dazu kamen noch der Kaiser als Soldatengott und manche beim Heere beliebte Kaiserin wie die ‹Lagermutter› Faustina, Julia Domna oder Julia Mammaea oder der mit dem Kaiser gleichgesetzte höchste Gott der eroberten Gebiete und die mit den eigenen Offizieren gleichgesetzten fremden Nebengötter. Das hat das Christentum dadurch ersetzt, daß Christus, Maria und Heilige zu Soldatengöttern wurden. In der Johannesapokalypse war der apokalyptische Reitergott Christus, der durch das Blut seiner Feinde reitet, und in der späteren Entwicklung der Mythos vom Kampf mit dem Teufel bei der Höllenfahrt der Anknüpfungspunkt. Maria übernahm die Formen der *Isis castrensis*, und die Soldatenmärtyrer wurden zu Soldatenheiligen besonderer Art. Deren gibt es eine kaum übersehbare Anzahl, und mancher antike Soldatengott versteckt sich hinter ihnen. Der Reiterheilige Menas mit dem Beinamen Kallinikos, der Feldherrnheilige Victor, Leontios im Osten, Martin von Tours im Westen, die beiden Gigantenreiter Theodor und Georg, der Lanzenhauptmann Longinus beweisen, daß das christliche Soldatentum ohne seine Standesgötter nicht auskommen konnte.

Heeresseelsorge gab es bereits außerhalb des Christentums. In Dura ist ein ‹Legionspriester› für die palmyrenischen Götter bezeugt, auf einem Bild ist er bei der Ausübung einer kultischen Funktion dargestellt. Für das Christentum berichtet zuerst Kelsos, daß «in den Militärlagern» Propheten auftreten, die verkündigen: «Ich bin der eine Gott oder Gottes Sohn oder göttlicher Geist. Jetzt bin ich bei euch, denn schon geht die Welt unter, und ihr Menschen geht mit unter auf Grund eurer Ungerechtigkeit. Ich will euch aber retten, und ihr werdet mich wiederkommen sehen mit der Kraft des Himmels. Selig, wer mir jetzt dient, auf alle anderen aber, auf die Städte und die Länder, werde ich ewiges Feuer werfen.» Der soldatische Abt Schenute sorgt für die Soldaten in seiner Gegend, er beschimpft öffentlich einen Kommandeur, weil die Soldaten keine anständige Verpflegung bekommen; der Säulenheilige Symeon bekehrt Räuber und Soldaten. Licinius ließ vor der Schlacht christliche Propagandaliteratur in seinem Heere verteilen, die auch ein schlichtes Gebet enthielt. Athanasios berichtet von einem christlichen Militärgeistlichen, der im 4. Jahrhundert in der Garnison von Alexandreia wirkte. In diesen Kreisen mag die immer reicher wuchernde christliche Soldatenlegende gepflegt worden sein, schon um Predigtbeispiele zu haben; sie übernahm oft nur antike Legenden wie die von dem die Schlacht entscheidenden Regenwunder.

c) Kaufleute und Seefahrer

Neben den Soldaten haben die *Kaufleute* das Christentum in der Welt am weitesten verbreiten helfen. Es ist nicht ohne weiteres zu verstehen, wie eine Religion, in deren heiligen Schriften das Armutsideal eine so große Rolle spielte, auf Kaufmannskreise wirken konnte. Und doch ist die erste Christin auf europäischem Boden eine Purpurhändlerin, Paulus stammt aus einer Kaufmannsfamilie, wie seine zahlreichen Termini der Kaufmannssprache beweisen, und ebenso sein Schüler Markion, der Schiffsbesitzer von Sinope.

Der antike Kaufmann war nicht unreligiös. Wer so den Wechselfällen des Glückes ausgesetzt war wie er, der über Nacht ebenso reich wie arm werden konnte, hatte das Bedürfnis nach göttlichem Schutz. Insbesondere der gebildete, viel reisende Weltkaufmann, den wir unter den Griechen häufig finden, kam weit herum und stieß dabei auf die verschiedensten Religionen, so daß er vergleichen und seinen väterlichen oder den fremden Göttern den Vorzug geben konnte.

Den religiösen Bedürfnissen kommt in der vor- und außerchristlichen Welt an erster Stelle *Hermes* entgegen, dessen Bronze mit dem Geldsack von den Kaufleuten am Rhein, an der Donau, in Nordafrika, in Kleinasien, in Rom und auf dem Balkan als Talisman benutzt worden ist. Er garantiert nicht nur Reichtum und Verdienst wie in der Filzfabrik des Verecundus, dem er das Geld aus seinem Tempel herausbringt, sondern mehr: in der Casa di Meleagro in Pompeji macht er die dunklen Schicksalsmächte durch eine Geldzahlung unwirksam. Neben ihm stehen Isis, die Kaufleute nach dem Piraeus, nach Rhodos, Smyrna, Priene und Lesbos gebracht haben, Attis, den phrygische Kaufleute im Piraeus verehren, ein in Dura zugleich mit Hermes verehrter palmyrenischer Kaufmannsgott und andere.

Die Stellung des Christentums war zunächst schwierig. Jesus hatte die Kaufleute aus dem Tempel vertrieben, und seine harten Worte gegen den Reichtum schienen eine Verbindung mit Kaufmannskreisen zu erschweren. Aber es war wie beim Soldaten: so wie die Worte über die Feindesliebe und die Warnung vor dem Ergreifen des Schwertes nicht stark genug waren, ihn vom Christentum fernzuhalten, so schreckten diese Worte die Kaufleute nicht ab. Seit den Johannesakten sind Kaufleute als die Träger und Verbreiter des Christentums literarisch bezeugt. Wenn der hellenistische Kaufmann seinen Geschäftserfolg dem ‹gewinnbringenden› oder dem ‹Reichtumgeber Hermes› verdankt, so finden sich seit dem 2. Jahrhundert Christen, die unbedenklich Gott als den Geber auch irdischen Reichtums ansehen und das Wort vom ‹Betrug des Reichtums› im Neuen Testament einfach überlesen. Seinen theologischen Niederschlag fand dieses Kaufmannschristentum in Clemens von Alexandreias Buch ‹Welcher Reiche wird selig?›. Das Schriftchen ist aus guter Absicht geschrieben, aber wir hören doch Klagen über die christlichen Kaufleute, weil sie das Christentum oft zum Vorwand für Spekulationen und üble Machenschaften benutzten. Immerhin ist die versittlichende Wirkung solcher Schriften nicht zu verkennen. Der Satz: «Besitz ist uns von Gott anvertraut», hatte in christlicher Umgebung doch mehr Gewicht als in stoischer. Mit dem Neuen Testament fand man sich leicht ab: da Jesus selbst im Gegensatz zu den Rigoristen auch den Reichen nicht von sich gestoßen, sondern ihn berufen hatte, muß es seine Gemeinde auch tun.

Zum Kaufmann gehört der *Seefahrer*. Nun ist das Christentum von Anfang an mit der Schiffahrt verbunden. Die synoptischen Jünger besitzen Boote, Jesus hält vom Schiff aus Lehrvorträge, er rettet aus dem Seesturm und wandelt über Wellen. Die Apostelgeschichte enthält einen der schönsten Seefahrerberichte. Bilder und

Symbole aus dem Seefahrerleben benutzte das Christentum ebenso oft wie die Umweltsreligionen, die Odyssee haben auch Christen gern gelesen und zitiert. Viele Christen taten in der Kriegs- und Handelsmarine Dienst, denn die wasserscheuen Römer überließen das gern den Provinzialen; selbst auf der Rheinflotte finden wir Männer aus Mysien und Tralles. Kelsos wirft dem Christentum vor, daß es sich mit «übelstem Matrosengesindel» abgibt.

Es hatte hier einen günstigen Boden, denn auch der antike Seefahrer war fromm. Wieder sagen die Votive darüber Näheres aus. Ein armer Nilsteuermann bringt dem Zeus Weihgaben dar, eine Schiffsbemannung in Erinnerung an die Lieben daheim der Isis von Philae, auch die Kaiser weihen zum Dank für glückliche Seefahrt. Vor einer Seefahrt läßt man sich gern einweihen; Theophrast nennt als ein Kennzeichen des Feiglings, daß er keine Seereise zusammen mit Uneingeweihten unternimmt. Die meisten Schiffe tragen das Bild eines der vielen Seefahrergötter. Allen voran stehen die Dioskuren von Samothrake, in die sich auf Rat des Orpheus die Argonauten hatten einweihen lassen. Paulus fährt auf einem Schiff mit einem Dioskurenbild, demselben Bild, das die Privatjacht Catulls ziert. Zu ihnen kommt Poseidon, der Schutzgott der römischen Kriegsflotte. Vor allem ist Isis Retterin aus Seenot und Beschützerin der Seefahrt. Bei Wiederbeginn der Seefahrt nach den Winterstürmen wird am 6. März in allen größeren Häfen ihr schönstes Fest *(navigium Isidis)* mit Festzügen und Musik, geschmückten Schiffen und Predigten, Gebeten und Maskerade gefeiert. In vielen Mittelmeerhäfen lebt es bis in alle Einzelheiten zu Ehren der Maria als Meerstern noch fort. In den Isisgebeten ist der Seefahrer nie vergessen.

In diese Tradition trat das Christentum stillschweigend ein. Mit der Überbietung einer verbreiteten hellenistischen Wundergeschichte vom seewandelnden Gott wurde Christus Retter aus Seenot: «Wenn ihr auf See in Gefahr kommt und euch niemand helfen kann, dann wandelt er auf dem Wasser und hilft euch.» Er ist Stiller der Stürme, Steuermann, bester Schutz auf See. Zu ihm gesellen sich seit dem dritten Jahrhundert Seeheilige. Wie bei Plutarch dem Steuermann der Tod des großen Pan zugerufen wird, hört im Petrusroman der Steuermann geheimnisvolle Stimmen, die auf Petrus als Retter hinweisen.

Den stärksten Einfluß hat die Seefahrt auf die christliche *Kunst* ausgeübt, doch ist dieser meist nicht unmittelbar, sondern durch die Seegeschichten des Jonasbuches, der Sintflut und der Evangelien gekommen. Die Kirche als Schiff, der Bischof als Steuermann, der Glaube als Anker, das Kreuz als Mast, die Arche als ewiges Leben haben in den Schiffslampen und den vielen nautischen Symbolen der

Isis Parallelen. Beibehalten wurde im Christentum auch der Gottesdienst, den auf hellenistischen Schiffen der Steuermann hielt, und das Isisgebet ‹für die Seefahrenden und Reisenden›.

d) Landbevölkerung

Obwohl die antike Kultur Stadtkultur war und alle großen geistigen und religiösen Bewegungen aus der Stadt kommen, arbeiteten die meisten Menschen in der Landwirtschaft, und es gab Gebiete, in denen der Bauer die Grundlagen des provinzialen Lebens bildete und die Städte nur einen Oberbau darstellten. Wo der Großgrundbesitz, der selbst meist keine Ahnung von der Landwirtschaft hatte, noch nicht vorherrschend geworden war, blieb ein gesundes Mittelbauerntum, das zum Teil aus Militärkolonisten bestand, zum Teil aber aus alten einheimischen Bauern. Freilich gab es daneben auch ein sehr gedrücktes Kleinbauerntum, das von der Konjunktur und vom Weltmarkt abhängig war, von der Hand in den Mund lebte und in schlechten Erntejahren schlimmer daran war als die Sklaven. Bei den Pächtern zeigt sich die gleiche Differenzierung. Sie reichten von den reichen Erbpächtern bis zu den kleinen, ständig verschuldeten, bitter armen Kätnern, die allzuoft die Schuldgefängnisse bevölkerten. Aus der oft katastrophalen Lage der Kleinbauern und Kleinpächter entstand eine dauernde Landflucht, die durch Zwangsgesetze zu verhindern gesucht wurde, welche seit Diokletian diese Kreise völlig versklavten. Bauernrevolten wie die gallische von 284 n. Chr. halfen nichts. Nur darf man wieder nicht übertreiben. Neben viel Ausbeutung, Bauernlegen, Steuern und Pachtdruck gab es auch Gesundes, Bodenständiges, Bauernwohlstand und Bauernstolz. Aber sowohl die unabhängigen, nur zu Steuern verpflichteten tributarii wie die verschiedenen Grade der stärker an den Boden gebundenen coloni sind auch in römischer und erst recht in byzantinischer Zeit Bauern und keine Sklaven, wenn sie auch unter der Bureaukratie des aufgeschwollenen Beamtenapparates, den Zwangsverpflichtungen für öffentliche Arbeiten und für die Versorgung des Heeres, der Monopolwirtschaft und den hohen Abgaben seufzten. In Rom hat die Begeisterung für den väterlichen Ackerbau nie aufgehört, sie ist etwas ganz anderes als die bukolische städtische Schwärmerei der Alexandriner. Aber auch Griechen haben dafür einen Blick. Mit welcher Wärme schildert Dion von Prusa das bäuerliche Leben und tritt vor der Öffentlichkeit für den Bauern ein. Kaiser kommen aus dem Bauernstand, und auf Grabinschriften heißt es stolz, der Tote sei ein *agricola bonus* gewesen.

Für das Christentum war es bedeutungsvoll, daß es *keine rein städtische Religion* war. Die synoptischen Evangelien spielen auf dem Land, und die Gleichnisse Jesu führen in das Leben des Bauern, das sie gründlich kennen. Das Ackerfeld und der Same, Weinberg und Ölbaum, die Hauptkulturen der antiken Landwirtschaft, Getreide und Vieh sind hier ernstgenommen. Sämann und Hirt werden daher der Kirche zu den ältesten Bildern für Christus, und selbst der Städter Paulus müht sich mit einem Gleichnis aus der Ölbaumpflege ab. Und doch hat sich das Christentum auf dem Lande schwerer durchgesetzt als in der Stadt.

Das hängt mit der *religiösen Haltung des Bauerntums* zusammen. Der Bauer fühlte sich wohl bei den alten bescheidenen Göttern, die keine großen Ansprüche stellten, aber doch für Regen und Sonnenschein, Saat und Ernte, Ölbaum und Rebe sorgten. Pan, Priap, Silvanus, Dusares und andere ländliche Gestalten, als Holzbild in Verbindung mit dem natürlichen Verlauf des bäuerlichen Jahres nach uralten ‹Festkalendern› mit schlichter ländlicher Feier geehrt, erfüllten das religiöse Bedürfnis. Immerhin sind auch die Missionare der Mysterienreligionen über Land gezogen, ihr Götterbild auf einem Esel mit sich führend und große Kollekten einsammelnd. Allerdings haben sie sich den Bauern angepaßt, und es ist kein Wunder, daß wir die primitiveren wie Kybele hier öfter finden als die höheren.

Das Christentum hat von Anfang an auf dem Land missioniert. «Bestelle als Landmann dein Feld, aber denke an Gott, während du pflügst.» Hier hatte der Landmann eine gleichberechtigte religiöse Stellung. In Ägypten bezeugen die Opferbescheinigungen, wie weit das Christentum in die Dörfer vorgedrungen war, in Kleinasien beklagt schon Plinius das Vordringen auf das Land, Bauern als Märtyrer gab es in Kaisareia, das kappadokische Christentum hat seinen ländlichen Charakter nie ganz verleugnet, in Afrika und Gallien gab es frühzeitig christliche Bauern. Wichtig war, daß das Christentum seit Beginn für eine Verbesserung der sozialen Lage des Bauern eintrat. «Seht, der Lohn der Arbeiter, die eure Felder geerntet haben und den ihr ihnen zurückgehalten habt, schreit zum Himmel, und die Schreie der Landarbeiter sind zu den Ohren des Herrn gedrungen», heißt es im Jakobusbrief. Erst nach dem Sieg des Christentums werden solche Stimmen seltener, und als die Kirche im Westen selbst Großgrundbesitzerin wird und seit dem 6. Jahrhundert Tausende von Kolonen versklavt, hören sie fast auf.

Auch die christliche Landmission paßte sich dem Bauern an. Um 400 empfiehlt ein Missionar in Gallien den Bauern das Christentum als die Religion, die in der Stadt verehrt werde und die am billigsten sei. Hier sind zwei seelische Eigenschaften des Bauern gut getroffen. Eine wirkliche Verantwortung hat aber doch nur der griechische

Osten gespürt, während der lateinische Westen die pagani rasch wieder verachtete. Im Osten aber hat, nach dem Wort des guten Kenners A. Jones, «die Kirche die Bauern zu Griechen gemacht». Im Vordergrund stehen dabei wieder Basileios, der fünfzig Landbischöfe überwacht, und Johannes Chrysostomos, der verlangt, überall Landkirchen zu bauen und sich um alle Bauern seelsorgerisch und missionarisch zu kümmern, die in die Großstadt kommen. Nur weil diese Männer den Bauern wirklich gewonnen haben, blieben den kleinasiatischen Provinzen die den Westen verwüstenden christlichen Bauernkriege erspart und konnte später die großartige byzantinische Themenverfassung auf einem befriedeten und zuverlässigen Bauerntum aufgebaut werden.

Das christliche Bauerntum ist öfter in *Sozialaufstände* verwickelt worden, vielleicht schon in den afrikanischen Bauernkrieg von 238, sicher 284–86 in den gallischen Bagaudenaufstand und seit dem vierten Jahrhundert in die mit dem Donatismus zusammenhängenden sozialen Bewegungen.

Seit dem Ende des 3. Jahrhunderts hat sich die Lage des Bauerntums durch die militärischen Requisitionen, die Getreide- und Grundstücksspekulationen und die Militärdiktaturen, die den geordneten Verwaltungsapparat in Gefahr brachten, verschlechtert, zumal da die Getreidegrundsteuer ständig erhöht wurde. Das traf vor allem die Westprovinzen Gallien und Afrika und führte zu den um 284 ausbrechenden *Bagaudenaufständen*, die bis zum Ende dieser Epoche nicht mehr aufhörten. Seit Diokletian haben sie ziemlich allen Kaisern schwer zu schaffen gemacht, die christlichen Kaiser haben sie ebenso brutal und erfolglos zu unterdrücken versucht wie die vorchristlichen. Aber es gab Christen, die mit den Bagauden sympathisierten, vor allem Salvian (etwa 400 bis um 480). Er sieht die Schuld an der Willkür der Richter und Steuerbehörden, die «wie wilde Tiere die ihnen Anvertrauten nicht regierten, sondern auffraßen». Ernster wurde die Situation, als die Bauern durch das Christentum ein stärkeres Selbstbewußtsein und ein höheres Bildungsniveau bekamen. Das zeigt sich, als zu Beginn des 4. Jahrhunderts ein zunächst nur die Stadt bewegender Streit um die Absetzbarkeit der Bischöfe und um radikale oder mildere ethische Forderungen von den durch kaiserliche Entscheidung abgesetzten Bischöfen auf das Land hinausgetragen wurde. Aus dem dogmatischen Streit wurde der *donatistische Bauernkrieg*, zu dem sich der Gegensatz mauretanischen und numidischen Berbertums gegen die römischen Großgrundbesitzer gesellte, der auf beiden Seiten große Opfer kostete und das blühende Afrika zu verwüsten begann, aber auch mit den gallischen Bagauden sich verband.

Im *Circumcellionenaufstand* wurde die Bewegung völlig radikalisiert. Truppenmassen verarmter Kleinbauern, verschuldeter Pächter und verelendeter Landarbeiter zogen im Namen des christlichen Ethos mit glühendem Fanatismus, unerhörtem Todesmut, aber auch echt afrikanischer Grausamkeit gegen die satten Großgrundbesitzer, die den Großgrundbesitz vertretende, reich gewordene und klerikalisierte Kirche und die drückende Römerherrschaft. Der Zusammenbruch erfolgte schließlich wie bei jedem Bauernkrieg einerseits durch die noch stärkere Gewalt und noch größere Grausamkeit der kirchlichen und kaiserlichen Truppen – auch Augustin hatte Gewaltanwendung empfohlen –, andererseits durch unlautere Elemente in der Bauernschaft.

Die gallisch-afrikanischen Bauernbewegungen und das Hochkommen der Kopten sind die ersten großen *Massenbewegungen* in der bäuerlichen Geschichte. Ihr Zusammenhang mit dem Christentum liegt klar zutage. Er beruht vor allem auf dem erhöhten Selbstbewußtsein, das das Christentum den Massen gab.

e) Bildungsschichten, Hofkreise, Politiker

Schon im Neuen Testament steckt ein viel zuwenig beachteter Gegensatz. Jesus und seine unmittelbaren Schüler sind Handwerker, und die synoptischen Evangelien vertreten die Gattung der ‹Volksliteratur›. Paulus und Johannes aber setzen eine sehr hohe Bildung voraus. Mag man der ‹Tiefenwirkung› der hellenistischen Philosophie noch so viel zutrauen, der Johannesprolog oder das 5. Kapitel des 2. Korintherbriefs sind damit noch nicht erklärt. Hier schrieb höchste antike Bildung, und hier war schließlich für sie das Einfallstor in das Christentum. Trotzdem bleibt die Schwere des Problems. Daß Handwerker, Soldaten, Seeleute, Sklaven und Bauern Christen wurden, ist nach allem Gesagten verständlich, daß Platoniker, Stoiker, Epikureer, Juristen, Ärzte, Provinzialstatthalter und endlich Kaiser zum Christentum übertraten, ist wesentlich schwieriger zu verstehen und läßt sich nur aus einer allgemeinen Prädisposition für die Eigenart der christlichen Mysterienreligion in diesen Kreisen erklären.

Vier Gesichtspunkte machen den Übertritt vieler *Philosophen* verständlich:

1. Der oft zitierte Satz: «Die Zeit war denkmüde geworden» ist in dieser Form falsch, denn sowohl der Neuplatonismus als die christlichen Theologen haben viel gedacht. Aber die Philosophie hatte den Glauben an die Absolutheit des Denkens verloren und sehnte sich nach Autoritäten. Darum kann ein Denker wie Basileios

schreiben: «Ich verschwendete meine Jugendzeit im Streben nach einer vor Gott törichten Weisheit.» Unter den vielen Autoritäten aber, die sich anboten, waren die christlichen am radikalsten und kraftvollsten.

2. Die Philosophen hatten sich so weit einander angenähert, daß es, abgesehen von allen möglichen Eklektikern, eigentlich nur noch zwei große Richtungen gab, einen religiös gerichteten metaphysischen *Idealismus* und einen ebenfalls nicht unreligiösen metaphysischen *Rationalismus*. Für beide aber war, wie wir in dem Gegensatz Origenes – Tertullian sahen, das Christentum offen. Denn die seit Paulus christlichen Fragestellungen nach Gott, Seele, Materie, Leid, Tod gingen beide an.

3. Philosophie und Christentum waren in ihrem Sendungsdrang verwandt. Der Philosoph der Spätantike wollte nicht mehr die eigene Erleuchtung, sondern er wollte einer dunklen Welt Licht bringen. Gerade das wollte auch das Christentum.

4. Christentum und Philosophie aller Richtungen waren gleich kritisch gegenüber den überlieferten Religionen, besonders gegenüber der Volksreligion. Zwar suchte man die klassische Religion mit viel Mühe durch Allegoresen oder rationalistische Umdeutungen zu retten, aber man gab diese Mühe bald und endgültig auf, denn nur wenige waren davon ganz befriedigt.

Man kann das verdeutlichen, wenn man die ersten ansieht, die aus dem Philosophenstand zum Christentum kamen, zunächst also *Justin*. Hier ist alles zu finden, was den Athener, der alle Philosophenschulen durchwandert hatte, zum Christen gemacht hatte: die größere Schlichtheit und Wahrscheinlichkeit des Mythos, der geistig-monotheistische Gottesbegriff, die Ethik, die von allem Relativismus befreiende anspruchsvolle Autorität, die Möglichkeit, mit der Logoslehre das Beste des Platonismus und das Ethos der Stoa einzubauen. Den Platoniker *Athenagoras* zog die Auferstehungslehre an, die ihm den Dualismus zwischen Leib und Seele überwinden half, den Alexandriner *Apollos* die stoisierend verstandene Ethik Jesu. *Clemens* von Alexandreia erkennt unter dem Einfluß der Persönlichkeit seines Lehrers Pantainos, daß sich im Christentum eine Harmonie des Lebens erreichen lasse. Für *Origenes* ist in erster Linie sein Vater bestimmend gewesen, bei dessen Märtyrertod er in den entscheidenden Jahren seines Lebens zugegen gewesen war und durch den er den Satz, daß echte Bildung sich im Leben und Sterben bewähren müsse, bewiesen sah. In der Verwirklichung dieser Forderung schien ihm das Christentum alle Philosophien zu übertreffen. Bei den *Kappadokern* gaben die Mütter den Ausschlag; Basileios und Gregor von Nyssa sind durch eine ausgesprochen christliche

Familienerziehung hindurchgegangen, Gregor von Nazianz' Mutter Nonna hatte schon ihren Gatten zum Christentum bekehrt. Auch bei *Chrysostomos* ist der Einfluß seiner jung verwitweten Mutter Anthusa stärker gewesen als der seines Lehrers Libanios, während andere Libaniosschüler, wie *Theodor von Mopsuestia*, länger geschwankt haben. Ein besonders interessanter Fall ist der Dichter *Nonnos* und dessen Bekehrung vom glutvollen Dionysosdichter zum schmucklosen und abstrakten Dichter der Johannesparaphrase: sie läßt erkennen, daß die Lektüre des Johannesevangeliums eine Abkühlung des Rauschhaften zu der nüchternen Trunkenheit johanneischer Mystik bewirkte. Auch der Einfluß der Lehrer war bedeutend, so etwa bei *Euseb*, der sich «aus glühender Liebe» (ἀρετῆς διάπυρος ἐραστῆς) zu seinem Lehrer Pamphilos sogar dessen Namen beilegte.

Im Westen ist es ähnlich. *Novatian*, der erste bekannte philosophierende Lateiner, ist in einer schweren Krankheit zum Christentum gekommen, dessen Gottvertrauen und ernstes Ethos ihn gepackt hatten. *Cyprian* zieht neben dem Ethos die christliche Kulturkritik an. *Lactanz* sieht im Christentum das erfüllt, was die Religionskritik Ciceros als Idealreligion wollte, ferner die Überwindung der dürftigen öffentlichen Religion, der Widersprüche der Philosophie, der Korruption der Welt. Ganz undurchsichtig ist *Firmicus Maternus*. Wie aus dem maßvollen, sittlich ernsten und wissenschaftlich strebenden Astronomen und Astrologen der rabiate, ungerechte, gehässige, brutale Christ geworden ist, ist unverständlich – unter der Voraussetzung, daß wirklich die beiden unter seinem Namen gehenden Schriften aus einer Hand stammen. Der bedeutendste Neuplatoniker des Westens, *Marius Victorinus*, wird Christ, nachdem er vorher andere Mysterienreligionen geprüft hat, weil er im Christentum die höchste Form des Neuplatonismus sieht. *Hilarius* von Poitiers, aus einer gebildeten heidnischen Familie, wird durch intellektuelle Erwägungen bestimmt, Christ zu werden.

Ist die Zahl der aus der Philosophie zum Christentum Gekommenen groß, so hören wir auffällig wenig davon, daß *Priester anderer Religionen* übergetreten sind. Ganz sicher ist es nur für Montanus bezeugt, dessen Christentum den alten Kybelekult nicht völlig abgestreift hat. Im christlichen Roman kommen einige solche Bekehrungsgeschichten vor, aber im allgemeinen scheinen die Priester ihren Religionen bis zuletzt die Treue gehalten zu haben und lieber für sie gestorben zu sein.

Mancherlei Fragen wirft der Übertritt der *Juristen* auf. Das Christentum hatte zunächst kein sakrales Recht, wie man es von den meisten anderen Religionen her gewöhnt war. Auch war es anfangs gar nicht gewillt, den irdischen Rechten göttliche Autorität zu verleihen. Es verwarf die Basis allen antiken Rechtslebens, den Eid, es sah im Gesetz häufig einen Fluch, der nur um der menschlichen Herzenshärte willen auf der Welt lag, aber keinen Wert an sich. Erst als nach Zurückdrängung des Paulinismus die judenchristliche und die römische Einflußsphäre im Christentum so groß wurden, daß man von ihm als ‹*nova lex*› sprach, war der Weg für die Juristen in der Kirche frei. Und viele sind ihn gegangen. Der immer komplizierter werdende kirchliche Verwaltungsapparat bot energischen Juristen reizvolle Aufgaben und Möglichkeiten. Umgekehrt konnte seit dem Beginn der großen Kämpfe zwischen dem christlichen Kaiser und dem heidnischen Senat im 4. Jahrhundert im Staatsdienst nur ein christlicher Jurist vorwärtskommen. Wie wenig tief dabei das Christliche ging, zeigt noch am Ende der Epoche Prokop, der geradezu einen Abscheu vor dem Christentum hatte, aber sich nur dadurch zum ξύμβουλος Belisars aufschwingen konnte, daß er vorgab, Christ zu sein. Das ist nicht der einzige Fall.

Natürlich geht hier der Westen voran. Zwar entstammte im Osten Dionysios von Alexandreia einer Juristenfamilie und war juristisch gebildet, aber Gregor Thaumaturg gab sein Jurastudium auf, um Origenes zu hören, und die juristisch gebildeten Kirchenhistoriker Sokrates, Sozomenos, Euagrios und Malalas waren an der Geschichte mehr interessiert als am Recht. Der Jurist hatte am Hofe mehr Aussichten, und das östliche Kirchenrecht ist von Hofjuristen zunächst als Teil des Staatsrechtes geschaffen, aber auf den Bischofsthronen blieben meist Theologen und Philosophen. Die Gerichtsbarkeit, die seit Konstantin die Bischöfe bekamen, blieb im Osten immer beschränkt, und seit Justinian hielten die Kaiser die staatlichen, nicht die kirchlichen Gesetze für göttlich inspiriert. Auch unter diesem Aspekt versteht man die Verschiedenheit der Haltung des Westens und des Ostens während der großen Lehrkämpfe.

Denn im Westen ist es ganz anders. In Afrika, Rom und Gallien rückte der Jurist in die Spitzenstellungen der Kirche ein, einmal gewiß aus alter römischer Tradition, später aber vor allem deshalb, weil das, was in Byzanz der Kaiser besorgte, im Westen die Kirche selbst erledigte. Nur im Westen können wir in die Motive des Übertrittes von Juristen zum Christentum genauer hineinsehen, und zwar vor allem in Afrika. Am einfachsten liegt es bei *Tertullian*, der nach einem unbefriedigten Leben radikal neu anfangen wollte und dem die Kompromißlosigkeit der radikalen Sätze des christlichen Ethos, seine logische Folgerichtigkeit, seine auch dem Juristen zusagende Nüchternheit den größten Eindruck machten. Als Advokat hatte er in den Verfolgungen Christen verteidigt und ihre todverachtende Haltung kennengelernt – auch das ging an dem ‹Soldatensohn› nicht spurlos vorüber, zumal er selbst stets gegen die eigene Feigheit zu kämpfen hatte. Doch haben auch rein menschliche Motive oft den Ausschlag gegeben. So wurde in Aquitanien der Notar *Sulpicius Severus* Christ, weil ihn der Tod seiner Frau so tief erschütterte, daß ihm keiner aus seiner seelischen Not helfen konnte als Martin von Tours, der ihm zur Weltflucht und zum christlichen Mönchsideal riet.

Steht das ursprüngliche Christentum seinem Wesen nach dem Juristen fern, so steht es dem *Mediziner* um so näher. «Alle Ärzte sind menschenfreundlich», gesteht ein dem Basileios zugeschriebener christlicher Brief an einen Arzt, und bereits auf dieser Basis war eine Verständigung möglich.

Nun war die antike Medizin weithin religiös. Unter dem Zeichen des Asklepios und seiner heilenden Töchter stehen nicht nur die psychotherapeutischen Wunderkuren von Epidauros, sondern auch die nüchterne wissenschaftliche Medizin, Diagnostik und Therapie von Kos. Asklepios ist nicht der einzige Gott der Ärzte, wenn auch nur ihn eine ärztliche Votivinschrift «Heiland, Helfer und König» nennt, aber neben ihm stehen Apoll, der Heilende und Tötende zugleich, Sarapis, Isis, Aphrodite, Hera. Dabei steht der Gott über dem Arzt: der, den der Arzt schon aufgegeben hatte, konnte noch immer hoffen, im Asklepieion vom Gott geheilt zu werden. Das wichtigste ist dabei die Übereinstimmung von ärztlicher Religion und Ethos. Die Inschrift vom Asklepieion von Lambaese: «Als Guter tritt ein, als Besserer komm heraus» *(Bonus intra melior exi)* und ähnliche Sätze, die vom Arzt und vom Kranken verlangen, daß er ἁγνός und ὅσιος sei, beweisen das zur Genüge. Immer sind gewisse mystische Züge sichtbar: im Arzt inkarniert sich Asklepios, so etwa in dem schönen Theopomprelief, wo Asklepios, von seinen Schülern gefolgt, Visite macht wie ein griechischer Arzt. Diese medizinische Mystik führt zur Entstehung anderer Ärzteheroen wie des Machaon und Podaleirios, die die gleichen Züge annahmen wie Asklepios selbst. Gute Beziehungen knüpfen sich auch zwischen der astrologischen Religion und der Medizin an, viele der bekanntesten Astrologen der Spätantike sind zugleich Ärzte, die sich um die Einwirkungen der Gestirne auf die Krankheiten ernstlich mühen. Eng war schließlich das Bündnis zwischen Medizin und Philosophie, und zwar nicht nur im Peripatos und in der Stoa, deren große Ärzte seit Tertullian die Christen seitenweise ausschreiben, sondern auch im Platonismus. Für diese Zeit ist bemerkenswert, daß Plutarch verlangt, jeder Philosoph müsse etwas von Medizin verstehen, und daß Galen das Christentum für besser als den Epikureismus, aber für schlechter als den Platonismus hält. Die Stellung des jüdischen Glaubens zum Arzt charakterisiert eine Stelle bei Jesus Sirach: «Ehre den Arzt mit den ihm zukommenden Ehren, denn auch ihn hat Gott geschaffen, die Heilung aber steht bei dem Höchsten.»

Der ethisch, religiös und philosophisch gebundene Arzt besaß immer ein hohes Ansehen in der Antike, das sich zeitweise sogar finanziell in seiner Steuerbefreiung ausdrückte. Daneben stand aber auch eine grenzenlose Verachtung und Verspottung des Arztes. «Sie hatte viel erlitten von vielen Ärzten und ihr ganzes Vermögen an sie verschwendet, und es hatte ihr nichts genützt, sondern es war immer schlimmer mit ihr geworden», berichtet das Neue Testament, und ein unter Heraklits Namen gehendes griechisches Sprichwort stellt lakonisch fest, daß die Ärzte nur Schmerzen bereiten und Geld verlangen. Es gab unter ihnen viele Nihilisten und reine Materialisten, und ärztliche Grabinschriften wie: «Ich war nichts, ich existierte eine kurze Zeit, ich bin nicht mehr, und das ist mir ganz gleichgültig» zeugen von keiner hohen Achtung vor dem Leben.

Die positive Stellung des Christentums zum Arzt war durch drei Gesichtspunkte bestimmt. Zuerst war Christus selbst als Arzt aufgetreten und konnte daher als solcher angebetet werden. ‹Hilf, Christus, du allein bist Arzt›, ‹nur einer ist Arzt›, heißen verbreitete christliche Formeln. Zweitens forderte die Hochschätzung des Leibes im Christentum eine besondere Pflege, und schließlich gebot die Liebesforderung, auch für den Körper des Leidenden zu sorgen. Daher rechnet Paulus das Heilen zu den besonderen Gnadengaben, und zur Zeit Tertullians bildet sich in Anlehnung an den hippokratischen Ärzteeid ein christliches ärztliches Standesethos, das dem Arzt hohe Honorarforderungen, Abtreibungen und sonstige unehrenhafte Handlungen verbietet.

Schon aus der ältesten Zeit kennen wir eine Reihe christlicher Ärzte. Im Neuen Testament wird ‹der liebe Arzt Lukas› genannt, unter den Märtyrern von Lyon ist ein phrygischer Arzt Alexander, einer der Leibärzte des Alexander Severus war Christ. In der diokletianischen Verfolgung stirbt ein Arzt, der zugleich Presbyter ist, um 300 wird ein geschätzter Arzt Bischof von Laodikeia. Ein nicht weiter bekannter Arzt Flavius schreibt ein medizinisches Lehrgedicht als Christ. In den Anstalten Schenutes und des Basileios wird auf die Medizin höchstes Gewicht gelegt, und die Kliniken des letzteren sind durch ihre große Sauberkeit weithin berühmt. Von den nicht seltenen Grabinschriften christlicher Ärzte sei wenigstens eine neugefundene aus Mailand (um 430) zitiert:

Ich bin das Grab des Arztes Dioskoros, der durch seine Kunst
Oft Kranke selbst vom Tode errettete.
Er gelangte bis zur letzten Vollendung in mancherlei Weisheit,
Hier ließ er seinen Leib zurück und ging ins Paradies.
Hier liegt ein Mann, kundig der Heilkunst,
An Ruf und Gaben alle überragend.

An Selbstbewußtsein hat es diesem Herrn gewiß nicht gefehlt, und seine Bildung zeigt er dadurch, daß er seine Grabinschrift griechisch und lateinisch abfaßt. Wir erfahren noch, daß er aus Alexandreia kam und in Italien zugewandert war.

Wie an die Stelle anderer Berufsgötter Heilige traten, so wurden Asklepios, seine Töchter und die Heilheroen auch allmählich durch Arztheilige ersetzt, unter denen *Cosmas* und *Damian* den ersten Platz gewonnen haben. Immer mehr Wundergeschichten hat man im Lauf der Zeit auf sie gehäuft. Im übrigen bleibt alles, wie es war: neben Musterkrankenhäusern und wissenschaftlichen Ärzten, besonders in Byzanz und Tralles, und neben einer sehr beachtlichen Volksmedizin bei den Kopten gibt es viel Kurpfuscherei und magische Gnadenorte mit Inkubation, heilenden Wunderquellen und dem ganzen Apparat niedersten Aberglaubens.

Grundsätzlich schwierig war das Eindringen des Christentums in die *führenden politischen und wirtschaftlichen Schichten*. In den Synoptikern war alles Herrschen Zeichen des Bösen, der Teufel vergab die Weltreiche und ihre Herrlichkeit. Aber Lukas hatte doch seine Schriften einem hohen Provinzbeamten gewidmet, der bereits im Christentum ‹unterrichtet› ist, Hofbeamte des herodianischen Hofes sind als christenfreundlich gezeichnet, ebenso die Frau des Pilatus, und Pilatus selbst wird entschuldigt. Jedenfalls verhielt sich das Christentum nicht radikal ablehnend.

Auf der Gegenseite bestanden größere Hemmungen. Man mußte im Christentum eine Gefahr für das *politische Gefüge* sehen, besonders da, wo der Staat mit der antiken Religion verbunden war. Aber diese Bindungen waren eben doch nur scheinbar unauflöslich. Am schönsten beweist Cicero, wie man Politiker sein und doch die antike Religion durch die Philosophie bis zu einem Minimum aushöhlen konnte, so daß eigentlich nur noch äußere Sitte übrigblieb. Für den römischen Ritterstand zeigt Musonius Rufus dasselbe Bild. Vielfach konnte die antike Religion dem Politiker und Wirtschaftler zur *Last* werden. Es ist bezeichnend, daß die alten Priestertümer oft jahrelang verwaist waren, weil sie keiner übernehmen konnte und wollte, da sie zu teuer waren. Die Wirtschaftskrisen des 3. Jahrhunderts ließen überall neue Gesellschaftsschichten entstehen, die sich den alten Bindungen nie so stark verpflichtet gefühlt hatten, und die alten Schichten waren oft zu verarmt, um das, was ihnen gewiß teuer war, erhalten zu können. Dazu kam der nicht aufzuhaltende Niedergang des Kaiserkultes, als die Kaiser immer rascher wechselten und immer ungöttlicher wurden.

Lebendig blieben in diesen Kreisen die hellenistischen Religionen. Bis weit ins 4. Jahrhundert hinein waren Isis und Sarapis, der hellenistische Herakles, Dionysos, Helios, Mithras die Götter der Gesellschaft. Davon reden die Bauten und Bilder in den Villen, von der Villa Item über die Villa Adriana bis zu dem Katalog von Mysteriengöttern in einer Villa der Via Appia Nuova. Neben einigen spezifisch römischen Gottheiten werden sie die letzten Schutzgötter des römischen Adels gegen die christlichen Kaiser. Alföldis Kontorniatenentdeckung, die genauere Analyse der Historia Augusta durch Hartke, die Erforschung der Inschriften ergeben alle das gleiche Bild. Symmachus und Prätextat sind ihre letzten großen Verteidiger; dieser ist noch einmal in einer Person Augur, Priester der Vesta und des Helios, Curiale des Hercules, eingeweiht in Eleusis und Dionysos, Hierophant, Neokore, Taurobolist und mithrischer Vater. Das war gewiß auch noch echt religiös, aber nicht mehr allein. Es war ein Bekennertum mit politischen Ressentiments – wie so oft in der Religionsgeschichte. Darum knüpft Julians letzter Versuch hier noch einmal an, darum *auch* schreibt er über Helios und Kybele, und darum versucht auch der Prätorianerpräfekt Flavian seine Repristination mit Hilfe einer Prozession zu Ehren der Kybele, der alten Rettergöttin Roms.

Menschen der obersten Gesellschaftsschichten und der politisch führenden Kreise finden wir natürlich zuerst im Christentum der östlichen *Pufferstaaten.* Hier waren ja aus den erwähnten Gründen National- und Staatskirchen entstanden, deren oberste Beamte christlich wurden, oft allerdings mit Abstrichen und Hinzufügungen. Ein Beispiel ist Paul von Samosata am Hof der Königin von Palmyra, der stark mit politisch-propagandistischen Mitteln arbeitet, ‹moderne› Hymnen von eleganten Frauenchören singen läßt, von einem Thron aus ‹wie ein Sophist› predigt und seine Hörer zum Klatschen veranlaßt.

Im Reich selbst hat sich die *christliche Mission* früh diesen Schichten zugewandt. Vielleicht hat Paulus vor Nero predigen wollen, jedenfalls widmen die Apologeten ihre Schriften dem Kaiser und dem Senat. Tertullian wird nicht unrecht haben, wenn er schreibt, daß bereits zu seiner Zeit Christen in den Stadträten, im Kaiserpalast, im Senat und unter den Rednern des Forums zu finden seien, und wenn er dem Statthalter in Karthago vorhält, daß er Männer seiner Rangklasse, Damen des Adels und seine Freunde unter den Christen finde. Origenes hat die kaiserlichen Damen und den *dux Arabiae* als Hörer, bekennt allerdings auch, daß erst seit kurzer Zeit Männer und Frauen der obersten Stände die christliche Verkündigung annehmen. Auch sein Gönner Ambrosius, der ihm ein Bureau mit sieben Stenographen, sieben Schreibern und sieben Schönschreiberinnen schenkt, kann nicht kleinen Kreisen angehört haben. Ein anderer seiner Freunde, Julius Africanus, hat nicht nur zum Hof von Edessa, sondern auch zum Kaiser Beziehungen, schreibt über Jagd und Taktik, richtet eine große Bibliothek ein, weiß sich überall zu bewegen. In Rom sammeln sich ähnliche Kreise um Hippolyt, können sich aber gegenüber der christlichen *plebs*, die sich um Kallist schart, nicht durchsetzen.

Die *Gründe*, die diese Menschen zum Übertritt veranlaßten, können in vorkonstantinischer Zeit nur innere gewesen sein. Eine Stoisierung oder auch eine Magisierung des Christentums kann dabei geholfen haben; Tertullian jedenfalls hält es für praktisch, einem Statthalter damit zu drohen, daß seine Vorgänger mit Krankheit bestraft worden seien, weil sie Christen verfolgt hätten. Denn abergläubische Haltungen sind in diesen Kreisen üblich. Den Beamten imponierte oft die glänzende christliche Hilfsorganisation, Maßnahmen wie die Anweisungen Gregor Thaumaturgs zur Beseitigung der Kriegsschäden nach einem Goteneinfall und ähnliches. Wie energisch wird hier alles angegriffen, werden Schäden geheilt, Verbrechen verhindert. Mancher Verwaltungsbeamte in den Provinzen mochte sich solche Christen als Mitarbeiter wünschen. Oft ging auch in diesen Ständen der Weg über die Frauen. Zweifellos hat es Eindruck gemacht, wenn eine Vestalin wie Aquilia Severa heiratete und sich für das Christentum einsetzte. Waren sie verheiratet, so wollten sie natürlich im Sinne des 1. Korintherbriefes ihre Männer ‹retten›. Die klug angelegte Verfolgung des Licinius wollte daher vor allem die Zugehörigkeit der Frauen höherer Stände zum Christentum einschränken oder verhindern.

Seit Konstantin wird das alles ganz anders, nicht zum Nutzen der inneren Kraft des Christentums. Immer schon hatten die oberen Schichten sich nach den Sitten und auch nach der Religion des Kaisers gerichtet, so auch diesmal. Alle Hemmungen fielen weg, als die Kaiser mehr und mehr christliche Beamte in die bevorzugten Stellungen einsetzten. Hatten christliche Reichsbeamte vor Konstantin noch Gewissensbisse gehabt, ob sie von einem heidnischen Kaiser Gehalt annehmen dürften, so ging jetzt eine höhere Stelle nach der anderen an christliche Bewerber über; seitdem Konstantin einen Christen zum *comes orientis* eingesetzt hatte, wurde es für einen Nichtchristen immer schwerer, zuletzt sogar unmöglich, ein höheres Staatsamt zu erlangen. Auch die Kirche legte jetzt viel mehr Gewicht auf einflußreiche und reiche Vertreter an höheren kirchlichen und außerkirchlichen Stellen, seitdem sie ein ganz anderes Repräsentationsbedürfnis hatte. Bereits die Synode von Sardika (342 oder 343) verlangt, daß ein Bischof ein gewisses Vermögen besitzen müsse. Aus der vorkonstantinischen Zeit wissen wir mit Sicherheit, daß Cyprian aus einer reichen Familie stammt. Im nachkonstantinischen Rom kam es zunächst zu einer scharfen *Scheidung* zwischen christlichen und nichtchristlichen senatorischen Familien, so daß der konfessionelle Gegensatz die Kämpfe zwischen den Adelsparteien noch vermehrte. Unterhielten die einen die alten Tempel und Kulte, so stifteten die anderen die neuen Prunkkirchen. In der Lebensweise war zwischen beiden kaum ein großer Unterschied. Die Führung des christlichen Stadtadels übernahmen die *Anicier*, deren reichster und kultiviertester Vertreter S. Anicius Probus sich in der Nähe des Petrusgrabes bestatten ließ. Sein den christlichen Gelehrten offen stehendes Haus gab der römischen Kirche einen besonderen Glanz. In den Provinzen ist vor allem *Prudentius* zu nennen, der als höherer Reichsbeamter, zeitweise Statthalter in Spanien und Minister Theodosios' I., ebenso christlicher Dichter war wie *Paulin von Nola*, der als Sohn eines Prätorianerpräfekten, als Statthalter von Campanien und Großgrundbesitzer fälschlich des Mordes an seinem Bruder angeklagt wurde und, durch dieses Erlebnis bestimmt, ein asketisches Leben tiefster Innerlichkeit und Weltflucht begann. So seltsam sein Rückzug aus der Welt anmuten mußte, so großen Eindruck er gemacht hat, so sehr er von Freunden wie Ausonius mißbilligt wurde, bedenkt man, in welche paradiesische Welt von Gärten, Parks und Repräsentationsbauten Paulin sich zurückzog, so vermag man hier doch etwas Ähnliches zu sehen wie eine verchristlichte Form der Weltflucht römischer Epikureer. Auch die weltmüden römischen Damen, die Hieronymus zum Auszug nach Palästina überredete, gehören in diese Kategorie. Andererseits bleiben in dieser Zeit, in der in diesen Gesellschaftskreisen das Christentum ‹Mode› wird, Männer wie Claudian oder Ausonius nur dem Namen nach Christen. Seit dem 5. Jahrhundert treten immer mehr höhere Beamte in den Klerus ein, um Karriere zu machen; eine innere Beziehung zum Christentum haben jedoch nur wenige.

Alle aber überragen zwei Männer, in denen die alte platonische Tradition, daß die Philosophen auch die Politik ernst nehmen und aktiv betreiben sollen, noch einmal lebendig wurde und die die aristokratische römische Politik auch im Gegensatz zum Kaiser mit Hilfe des Christentums vertreten. Der eine ist *Ambrosius* (339–97), Sohn des Prätorianerpräfekten von Gallien und konsularischen Ranges, aussichtsreich in der Beamtenlaufbahn, hochgebildet, ein glänzender

Redner, fest verwurzelt in der geistigen Welt der Antike, glühender Vertreter der alten Romidee, jedoch christlich erzogen und im Haus des Petronius Probus mit den besten Geistern des lateinischen Christentums bekannt geworden. Als Bischof führt er das Amt eines römischen Politikers mit Energie und Tatkraft, aber auch diplomatischer Geschicklichkeit und Klugheit, und doch zugleich getragen von christlichem Ethos und warmherziger Frömmigkeit. Der andere ist *Boëthius* (480–524), der ihm als Römer und als Politiker gleichkommt, aber trotz seiner christlichen Schriften viel weniger Christ als Stoiker und Neuplatoniker ist; in seiner letzten und größten Schrift ‹Über den Trost der Philosophie› ist nichts Christliches mehr enthalten, sondern nur Antikes.

Endlich das *Kaiserhaus.* «Es gereicht uns zur Ehre, daß uns erst Nero und Domitian verfolgt haben ... die guten Kaiser haben uns nicht verfolgt», so wirbt Tertullian um den Hof, nachdem andere Apologeten schon dem Kaiser ihre Schriften gewidmet hatten. Doch hat sich wohl vor *Trajan* keiner wirklich für das Christentum interessiert. Auch dessen Kenntnisse scheinen dürftig gewesen zu sein. *Hadrian* war wohl etwas besser informiert; er findet nichts Anziehendes an der neuen Religion, duldet sie aber wie so viele religiöse Merkwürdigkeiten, die er auf seinen Reisen gesehen hat. Schärfer ablehnend ist *Marc Aurel.* Er ist ein Beispiel dafür, daß das christliche Märtyrertum auch abstoßend wirken konnte. Wieweit die *syrischen Kaiser* Verständnis für das Christentum hatten, ist unsicher, doch hatten sie Christen in ihrer Umgebung. *Caracalla* scheint die kompliziert gewordene Rechtslage dadurch in eine gewisse Ordnung gebracht zu haben, daß er durch Ulpian alle die Christen betreffenden Gesetze sammeln und edieren ließ. *Julia Mammäa,* die Origenes hörte und Beziehungen zu Hippolyt hatte, ist ernster interessiert gewesen. Wenn *Alexander Severus* wirklich neben Orpheus und Apollonius von Tyana auch ein Christusbild in seiner Hauskapelle gehabt hat, würde das nur für seinen allgemeinen Aberglauben sprechen, doch ist die Quelle trübe. Wirklichen Eindruck hat vermutlich Origenes auf *Philippus Arabs* und die Kaiserin Serena gemacht, das würde auch zur Schilderung seiner Person durch den Nichtchristen Aristeides, der seine besondere Menschenfreundlichkeit hervorhebt, passen. Die folgenden Kaiser experimentieren hoffnungslos, ohne jedes Verständnis für das Christentum. *Decius'* römischer Restaurationsversuch, *Valerians* Isisschwärmerei, *Aurelians* politisch klug erwogener Versuch, Sol Invictus zum Reichsgott zu machen, *Diokletians* Erneuerung des Kaiserkults wechseln viel zu rasch ab, um nachhaltig sein zu können, zeigen aber zur Genüge, daß es keinerlei religiöse Kontinuität auf dem römischen Kaiserthron mehr gab. Der religiöse

Dilettantismus der Kaiser des 3. Jahrhunderts ist so erschütternd, daß schon von ihm aus Konstantin zu verstehen ist. Die einen lassen sich noch in Eleusis einweihen, die anderen tanzen um syrische Steine, die dritten konstruieren ‹platonische› Idealstädte, die vierten unterziehen sich mithrischen Tapferkeitsproben, aber in den kurzlebigen Regierungen kommt keiner zur Entfaltung. Abergläubisch aber sind sie ohne Ausnahme.

Überzeugend hat Schönebeck nachgewiesen, daß bereits vor Konstantin *Maxentius* eine bewußte und überzeugte christentumsfreundliche Haltung eingenommen und politisch betätigt habe. Er habe das nur widerwillig aus rein politischen Erwägungen gegebene Toleranzedikt des Galerius aus echter Zustimmung durchgeführt und vieles von dem vorweggenommen, was Konstantin vollendet hat. Sein Bild sei nur durch die energischere, folgerichtigere und vor allem glücklichere Person Konstantins verdeckt worden. Das Bild *Konstantins* selbst ist in letzter Zeit nicht unwesentlich korrigiert worden. So vieles an ihm noch immer ungeklärt bleibt, einiges Sichere läßt sich jetzt doch sagen.

1. Gewiß hat Konstantin das Christentum auch angenommen, weil er einen klaren Blick für die *Realitäten* der Zeit hatte und die lebendigste und in den breitesten Kreisen der Völker wirkende geistige Macht seiner Zeit dem Staate dienstbar machen wollte. Der Mißerfolg der Verfolgungen hatte ihm klar gezeigt, daß man nicht mehr gegen die Christen regieren konnte, wenn man nicht das Reich noch mehr in Unordnung bringen wollte und nicht gar eine aktive, dann aber sehr gefährliche Opposition der Christen heranzüchten wollte, von der schon Tertullian siegesgewiß gesprochen hatte. Auch sah er klar, welchen Gewinn die gute, vor allem soziale Organisation der Kirche dem Staat bringen konnte, wenn man sie für sich gewann. Zudem hatte er erkannt, daß die Ansprüche der Kirche an den Staat noch keine allzu großen waren und daß sie zu manchem staatspolitischen Kompromiß bereit war, auch war sie gewiß nach den harten Zeiten, die sie erlebt hatte, für jedes Wohlwollen dankbar und erkenntlich. Ebenso wie er keinen brauchbaren Nichtchristen entließ, zog er aus dem Christentum Nutzen, wie und wo er konnte. Auch das ‹Talent für Regie›, das zum Wesen Konstantins gehört, konnte in der Kirche leicht Erfüllung finden, da diese selbst noch nach Ausdrucksformen suchte. Dazu kam, daß er mit Hilfe des Christentums den Kampf gegen den konservativen römischen Adel führen konnte.

2. Doch genügt das nicht. Konstantin war viel zu sehr ein antiker Mensch, um nicht auch *innerlich religiös* am Christentum beteiligt gewesen zu sein. In seiner vorchristlichen Zeit hat er an seine Be-

rufung durch Herakles, Apollon, Zeus und Helios geglaubt und vielleicht auch visionäre Erlebnisse gehabt. Daß er sich dann vor dem entscheidenden Kampf Christus zuwandte, ist psychologisch einfach zu erklären: er brauchte jetzt den Gott, der sich durch den Erfolg seiner Gläubigen in der Welt am stärksten zu erweisen schien, was er in der diokletianischen Verfolgung beobachtet hatte. Vielleicht ist ihm das auch durch eine Vision klargeworden. Der neue Gott betrog ihn nicht, Konstantin gewann, und das bestätigte ihm, daß die neue Religion richtig war.

3. Man kann kaum bezweifeln, daß Konstantin für die Ermordung der Faustina und seines Sohnes Crispus eine *Entsühnung* suchte. Die römischen flamines verweigerten sie ihm, auch Eleusis hätte sie ihm verweigert, wie es eine solche Entsühnung bei Neros Muttermord verweigert hatte. Es ist wohl der Bischof Hosius gewesen, der dem Kaiser sagte, für das Christentum gebe es keine unvergebbare Sünde.

4. Auch der Einfluß seiner *Mutter* darf nicht unterschätzt werden. Helena, von einer Hetäre zur Kaiserin geworden, wurde im Alter mit subjektiver Ehrlichkeit fromm. Auch der Vater sympathisierte mit dem Christentum, das er bei der Armee vorfand. Ungleich wichtiger aber war für Konstantin die ‹Mutterbindung›, die noch daraus hervorgeht, daß der Kaiser vor seinem Tod eine Wallfahrt zum Lieblingsheiligen seiner Mutter machte und daß er ihr, solange sie lebte, alle Mittel zum Bau ihrer Kirchen reichlichst zur Verfügung stellte.

5. Konstantin war nur mit *Einschränkungen* Christ. Nie hat er seinen alten Lieblingsgott Helios ganz aufgegeben, und es war ihm wohl sehr wichtig, daß er von Euseb von Kaisareia lernte, wie man ihn mit Christus, der ‹Sonne der Gerechtigkeit›, vereinigen könne. Damit ließ sich der Kaiserkult verbinden, den Konstantin weder aus politischen noch aus glaubensmäßigen Gründen ganz abschaffen wollte, da er aus dem Vertrauen, eine Inkarnation der Sonne auf Erden zu sein, viel persönliche Kraft schöpfte. Die Kirche hat aus dem ‹Sonnengleichen› den ‹Christusgleichen›, den ‹Stellvertreter Christi auf Erden›, den ‹Abglanz der Sonne des Heils und der Gerechtigkeit› gemacht.

6. Drei Faktoren des Christentums waren für Konstantin wichtig, das *Numinose*, das *Organisatorische* und das *Kämpferische;* das Ethische hat für ihn wenig Bedeutung gehabt. Das Numinose befriedigte seine religiös-emotionalen Bedürfnisse, das Organisatorische ermöglichte ihm, sich an die Spitze einer weltweiten Institution zu stellen und ihrem ersten ökumenischen Konzil zu präsidieren, das Kämpferische erlaubte, das Christentum mehr und mehr als Soldatenreligion auszugestalten.

Konstantins Nachfolger blieben Christen, wenn auch die inneren Bindungen oft völlig fehlten. Konstantins Söhne verstanden trotz christlicher Erziehung vom ursprünglichen Christentum noch weniger als ihr Vater. Aber das Christentum war politisch bewährt, und das konnte keiner mehr rückgängig machen. Doch stehen neben religiös kalten Naturen wie Kontantius, gleichgültigen wie Valens und Fanatikern wie Theodosis I. auch überzeugt fromme wie Jovian. Nur über die einzige Ausnahme, *Julian*, sind hier noch ein paar Worte zu sagen. Daß er nicht Christ geblieben ist, entspringt vielen Motiven. Die Greuel, die er als Kind am Hof der christlichen Konstantinssöhne gesehen hatte, die Lebensgefahr, in die sie ihn gebracht hatten, die Ermordung der Seinen durch die ‹christlichen› Kaiser, die ehrgeizigen Strebereien von Bischöfen wie seinem Vormund Euseb von Nikomedien sind mindestens ebenso wesentlich für ihn geworden wie seine immer etwas unglückliche Liebe zu Homer, den ihn Mardonios anempfinden gelehrt hatte, und die Freundschaft des Libanios, der sich wirklich um den Jüngling aus einer humanistischen Romantik heraus bemühte und von ihm eine Rettung der alten Welt ehrlich erhoffte. Psychologisch empfindsam, wurde Julian abgestoßen durch die dogmatischen Gehässigkeiten der streitenden christlichen Parteien, durch das Nüchterne, Herbe und Rauschlose des Christentums. Dazu kam eine Sehnsucht nach dem ‹inconnu›, ein von einem emotional interpretierten Neuplatonismus genährter Drang nach Kosmischem, Idealem in jeder Form, eine Unsicherheit gegenüber der Realität der Welt, alles ein unglückliches Erbteil aus der Verbindung eines bäuerlich-soldatischen Vaters und einer überzüchteten Mutter, und endlich wieder der Einfluß von Frauen: der durch frühen Tod schwärmerisch verklärten Mutter und der warmherzig-lebensfrohen Großmutter. Immerhin ist Julian nicht einmal eine historische Episode geworden, sondern nur eine persönliche Tragödie.

Konfliktlos war der Übergang der höheren Schichten zum Christentum nicht. In vorkonstantinischer Zeit war es für die Beamten nicht leicht, zwei Herren zu dienen. Die rigorose Lösung, keine Beamtenstellen anzunehmen, wurde nur selten gewählt, meist begnügte man sich mit Kompromissen: man verzichtete auf öffentliche Ehren wegen ihres heidnischen Charakters, legte Ämter nieder, die mit priesterlichen Pflichten verbunden waren, machte verstohlen ein Kreuzzeichen, wenn man an heidnischen Bräuchen teilzunehmen hatte, blieb während gewisser Amtsperioden der Kirche fern. Die Kirche selbst ließ das zu, sie schloß auch höhere Beamte, die an vielem Heidnischen teilzunehmen hatten, nur dann aus, wenn sie sich unmittelbar gegen die Disziplin der Kirche vergingen. Nur Origenes fordert die Ablehnung höherer öffentlicher Ämter, da die

Besten ihren Dienst der Kirche zur Verfügung stellen sollten, die ihn dringend brauche.

f) Sklaven

Alle vorherigen Kapitel zeigen, daß die Auffassung, das Christentum sei vorwiegend eine Sklavenreligion gewesen, falsch ist. Man kann nicht einmal sagen, daß es die Sklaven mehr als andere sklavenfreundliche Religionen angezogen hätte.

Denn wie es seit der römischen Eroberung Griechenlands in der Kunst, Literatur und Philosophie immer mehr Sklaven gab, so erhöhte sich auch die Zahl der Sklaven in fast allen hellenistischen Religionen. Bewußt und grundsätzlich hat sich keine den Sklaven entzogen. Selbstverständlich ist das für die Kulte, die selbst Sklaven in ihrem Besitz hatten. So *mußten* die Arbeitssklaven von Eleusis alle eingeweiht sein. Weiterhin ist es selbstverständlich für Kulte, die entlaufenen Sklaven *Asyl* boten wie Andania. Sogar zwangsweise Einweihungen kamen vor; so ließen in Rom Herren ihre Sklaven gegen ihren Willen in Dionysos einweihen. Natürlich kamen auch viele Sklaven freiwillig und aus voller Überzeugung. Hier stehen die Belege für Isis und Mithras an der Spitze.

Im Neuen Testament ist der *Philemonbrief* das erste schöne Zeugnis von einem christlichen Sklaven. Der Sklave Onesimos ist in seiner vorchristlichen Zeit seinem Herrn entlaufen, irgendwo in der griechischen Welt mit Paulus zusammengetroffen, der ihn wie ein Kind aufnahm, und Christ geworden. Nun geht er freiwillig mit dem paulinischen Empfehlungsbrief zu seinem Herrn zurück. Sklavennamen begegnen im Neuen Testament öfter, auch die Türhüterin der ersten christlichen Versammlungsstätte in Jerusalem ist eine Sklavin mit gut griechischem Namen. Plinius kennt zwei Sklavinnen als christliche Gemeindehelferinnen, die er auf der Folter verhören ließ. In den Märtyrerakten sind Sklaven oft genannt, die ‹Mutter› der Märtyrergemeinden Lyon und Vienne ist eine Sklavin Blandina, mit Justin zusammen bekennt ein Kaisersklave Euelpistos und eine Sklavin Charito, mit Perpetua der Sklave Revocatus und die Sklavin Felicitas, mit Pionius die Sklavin Sabina, die von ihrer Herrin manches wegen ihres Christentums hatte erdulden müssen. Bezeichnend ist, daß oft Herren und Sklaven zusammen das Martyrium erleiden. Origenes rühmt von diesen christlichen Sklaven, daß sie zu «wahren Philosophen» wurden. Zu den Sklaven gehört einer der größten Gelehrten der alten Kirche, Euseb von Kaisareia, der freilich gewisse servile Züge nicht verlor.

Versucht man, in die *inneren Motive der Christwerdung* der Sklaven einzudringen, so muß man die seelische Lage des Sklaven überhaupt bedenken. Man ist heute leicht geneigt, die Stellung des Sklaven in der Spätantike als eine äußerst menschliche anzusehen. Das ist teilweise richtig, aber nicht überall und nicht immer. ‹Schwerter, Folterwerkzeuge und Feuer› bedrohen den Sklaven nicht nur im Roman.

Immerhin, das Bild ist auch nicht nur schwarz. Zunächst gab es sehr viele Möglichkeiten, *frei zu werden,* und dann war der Aufstieg unbeschränkt. Schon unter Augustus und seinen Nachfolgern beginnen Freigelassene ihre unheilvolle Rolle an den wichtigsten politischen Stellen oder als Verwalter und Besitzer ungeheurer Vermögen zu spielen, wenn sie auch wohl nur in den seltensten Fällen volle gesellschaftliche Gleichstellung erlangten.

Aber auch da, wo der Sklave nicht frei wurde, bestand oft eine humane Haltung und ein Vertrauens- und Freundschaftsverhältnis zwischen Herren und Sklaven. Besonders in der griechischen Welt galt seit Aristophanes und Menander der Sklave als empfindender Mensch, und es war Zeichen einer schlechten Erziehung, wenn jemand einen Sklaven schlecht behandelte. Es gibt ergreifende Zeugnisse für das gute Verhältnis zwischen Herren und Sklaven. Zu ihnen gehört der bekannte Brief der Sklavin Thais an den Dioiketen Apollonios, der als Seitenstück zum Philemonbrief gelten kann: «Es tut mir sehr leid zu hören, daß Du krank bist, Herr, aber allen Göttern sei Dank, daß sie Dich am Leben erhielten. Ich bitte Dich, Herr, so freundlich zu sein, auch uns über Dein Ergehen zu unterrichten, sonst sterben wir, weil wir Dich nicht jeden Tag sehen. Ich wünschte, wir könnten fliegen und Dich persönlich begrüßen, denn wir sind in Angst, wenn wir Dich nicht sehen . . .» Eine andere Sklavin aus Philadelpheia im Fayum schreibt an ihren Herrn: «Ich bin müde vom Schleppen und Holzsammeln. Aber ich will Dir nicht entlaufen wie die anderen Sklavinnen, weil sie ungerecht behandelt wurden. Ich weiß ja, daß Du das Böse haßt, und darum tue ich es nicht.» Mancher Sklave und manche Sklavin haben ihren Herren eine Weihinschrift errichtet, aber auch mancher Herr hat sich bei den Sklaven bedankt. Das schönste Beispiel ist die Grabinschrift des Pallas für einen seiner Negersklaven: «Seine menschliche Farbe war schwarz, wie ihn die Sonne gebrannt hatte, aber seine Seele war immer voll weißer Blüten und war voll guten Willens gegen seinen verehrten Herrn.»

Die Religionen haben sich auch um die Sklaven gekümmert. Vor allem gab es in Isiskreisen ein starkes soziales Gewissen, das es dem Sklaven leicht machte, zu Isis zu kommen. In den ekstatischen Religionen machte die Ekstase alles gleich; Kassandra verlor auch als Sklavin die göttliche Prophetengabe nicht. Bei Mithras hatte der eingeweihte Sklave die gleiche Stellung wie der eingeweihte Kaiser. Aber eine *bestimmte* Haltung zum Sklavenproblem hat keine Religion eingenommen. Ganz anders die *Philosophie*. Seitdem Platon behauptet hatte, daß viele Sklaven ihre Herren geistig und sittlich übertreffen, daß viele Könige von Sklaven abstammen und daß man Sklaven nicht schlagen dürfe, um sich nicht selbst zu entwürdigen, war das Sklaventhema in der Philosophie beständig erörtert worden. In der Stoa und im Kynismos wird der Unterschied zwischen Sklave und Herr durch den zwischen guten und bösen Menschen völlig verdrängt. Es kommt nur auf den Menschen und seine Haltung an: «Wer sterben kann, hat verlernt, Sklave zu sein.» Einige Einschränkungen bleiben freilich immer, die verlangte das Wirtschaftssystem. Selbst Plutarch, der das Schlagen der Kinder ganz ablehnt, findet sich damit ab, daß man faule und schlechte Sklaven zuweilen schlagen müsse, und Jesus Sirach behauptet sogar, Schläge und Folter seien dem schlechten Sklaven so nötig wie dem Ochsen das Joch.

Beim *Christentum* war, wie bei den meisten Mysterien, von vornherein klar, daß in der Verbindung mit Christus der Unterschied von Herren und Sklaven nichts bedeutet. Diese Feststellung wird religiös vertieft durch die *Christusmystik:* ‹in Christus› sind alle einer und alle frei, und doch auch zugleich alle Eigentum eines neuen Herrn. Gott kümmert sich um den Sklaven wie um den Herrn, richtend und rettend, Christus ist für beide gestorben, und der Geist kann beide in Besitz nehmen. Es ist bezeichnend, daß der Grieche Lukas aus dem von Jesus geheilten Sohn des Centurio einen Sklaven macht. Das ist schon Propaganda, da man in der unmittelbaren Umgebung Jesu sonst keinen Sklaven kennt.

Zur christologischen Begründung kommt zweitens die vom Liebesgebot her selbstverständliche *ethische*. Origenes sieht in der leichten Verständlichkeit des Christentums auch für den einfachsten Sklaven einen Beweis von Gottes grenzenloser Liebe. Durch das Jesuswort: «Wer unter euch der Größte sein will, der sei euer aller Sklave», war jede Mißachtung des Sklaven ausgeschlossen, zumal da, wo man sich selbst wirklich als Christussklave (δοῦλος Χριστοῦ) wußte. Daraus konnte der Sklave lernen, daß es ein freiwilliges Dienen der Liebe gab, das weder entehrte noch mit Seufzen getragen werden mußte, sondern göttlichen Adel in sich trug. Und der Herr konnte lernen, daß er in Wirklichkeit gar nicht Herr war, jedenfalls nicht als wirklicher Christ.

Dazu kam schließlich drittens das *Kultische*. Herren und Sklaven erhielten dieselbe Taufe, nahmen am gleichen Herrenmahl teil und wurden mit dem gleichen Ritus bestattet. Doch liegt hier kein Unterschied zu den Mystenreligionen vor.

Alle drei Momente verpflichteten den Herrn wie den Sklaven. Für den *Herrn* genügten nicht nur die außerchristlichen Forderungen, den Sklaven nicht zu prügeln und nicht als Lasttier zu benutzen, sondern er mußte lernen, in ihm den *Bruder* zu sehen. Für den Sklaven ergab sich die Verpflichtung, «nicht allein den guten und gütigen, sondern auch den tückischen (σκολιός) Herren» gern zu gehorchen, so wie Christus Sklave der ungerechten Welt gewesen war. Ähnlich hatten die Kyniker von Herakles gesprochen. Der sklavenfreundliche Chrysostomos kann daher feststellen, daß das Christentum den Sklaven auf diese Weise treuer und anständiger gemacht habe.

Doch hat die Kirche auch manches ganz Konkrete für den Sklaven getan. Sie hat wenigstens einen Feiertag in der Woche für den Sklaven verlangt und häufig auch durchgesetzt, sie hat sich auf den Synoden energisch gegen Sklavenmißhandlung ausgesprochen, den Sklavenluxus mißbilligt, den Geschlechtsverkehr zwischen Herren und Sklavinnen bekämpft und die Ehen der Sklaven geschützt. Sklaven konnten Kleriker werden, doch mußten sie erst freigelassen sein. Freilassung galt als gutes Werk, Melanie läßt einmal 8000 auf einmal frei; doch sollten Sklaven nicht verlangen, auf Gemeindekosten freigekauft zu werden. Unter Justinian richtet Narses einmal einen hohen Adligen hin, weil er einen Sklaven getötet hatte. An eine völlige Sklavenbefreiung haben aber nur wenige, wie Gregor von Nazianz und Johannes Chrysostomos, gedacht – an der Sklaverei selbst änderte sich nichts. Noch im 5. Jahrhundert gibt es in Antiocheia Christen, die 2000 und mehr Sklaven haben.

So sehr man sich der Sklaven annahm, so gab es doch auch im Christentum eine Reihe von *Berufen*, gegen die man sich *ablehnend* verhielt, nämlich Kuppler, deren Gewerbe im Staat öfter anerkannt oder geduldet war, Hersteller von Götzenbildern, wobei es keinen Unterschied machte, ob diese ‹Künstler oder Handwerker› waren, heidnische Kultbeamte, Goeten. Andere Berufe waren umstritten: radikalere Christen forderten, daß sie aufgegeben würden, mildere ließen sie zu: Weihrauchhändler, Opferfleischhändler (d. h. praktisch alle städtischen Metzger), Gladiatoren, Schauspieler, Berufsathleten, Rennstallbesitzer und Rennfahrer. Aber die Kirche hat für die Leute, die sie zum Berufswechsel zwang, wirtschaftlich gesorgt, ihnen neue Berufe vermittelt und ihre weltweite Organisation dazu benutzt: wenn eine kleine Gemeinde nicht in der Lage war, einen Schauspieler seiner Bildung und seinem Wesen entsprechend in einem ‹christlichen› Beruf zu beschäftigen, nahm ihn eine große Gemeinde auf.

Entscheidend war, daß die Kirche zwar Berufe, aber nicht Menschen zurückwies. Die Verkündigung, daß alle Menschen an Gott gemessen Sünder seien, Gott aber allen helfen wolle, ließ keine Berufsschranke zu. Es war jedem möglich, in die Gemeinschaft der Schuldigen und doch Begnadeten zu kommen, und es wurde ihnen nicht allzu schwer gemacht, das abzulegen, was nicht zu ihr paßte. Die sehr nüchterne und praktische Kirche hatte zahllose Möglichkeiten, Menschen mit Arbeit aller Art zu versorgen.

Dieser *Universalismus*, der grundsätzlich allen den Zugang leicht machte, war eine der Hauptkräfte des jungen Christentums. Mit Erstaunen stellt einer der Gebildeten, Clemens, fest, daß in dieser Religion *jeder* nicht nur Philosoph sein kann, sondern es ganz von selbst wird. Wer das sah, machte sich um Berufsprobleme keine Sorge. Jeder Beruf hat seine Mühe, schreibt Basileios, aber jeder ist von Gott. Diese Auffassung aber geht bis ins Neue Testament zurück. Es gibt tatsächlich kein antikes Buch, in dem alle Berufe so gewertet und geehrt sind wie in ihm. Da ist der altersreife Philosoph, der in der Nacht zu Jesus kommt, der reiche Beamte, der auf den Baum klettert, um Jesus zu sehen, der Provinzialstatthalter, der an Jesus keine Schuld findet, der Finanzminister der äthiopischen Königin, der sich unterwegs taufen läßt. Neben ihnen verkauft die erste Christin Europas ihre Textilwaren, näht der Handwerker Paulus mit schwerer Hand seine Zeltstoffe, schließen Gefängniswärter Türen auf und zu, machen Schiffsleute schwierigste Manöver im Sturm. Da schreitet der Bauer über das Feld, um Samen auszustreuen, da sucht der Hirt ein verlorenes Schaf, da folgen Fischer vom Boot hinweg dem neuen Gott, da werden Zöllner in seiner Tischgemeinschaft besser. Der Unteroffizier bekennt sich zu ihm, als ihn alle vergessen haben, und die Dirne trocknet ihm mit ihren Haaren die Füße. Mägde schöpfen Wasser, Hausfrauen laufen geschäftig hin und her, und Matronen kehren das Haus, um einen verlorenen Groschen zu finden. Und schließlich heißt es in dem ältesten Christushymnus dieses Buches, daß der neue Gott selbst «Sklavengestalt annahm und gehorsam war». In diesen Dingen ist das Neue Testament einmalig und neuer als in einem großen Teil seines Lehrbestandes, und es ist nur schade, daß die Theologen aller Zeiten und Konfessionen das viel zu wenig sahen.

V. DIE DARSTELLUNG

1. *Wort und Schrift*

a) Die Missions- und Propagandarede

Die älteste Form christlicher Darstellung ist die *Missionsrede.* Das war nichts Neues. Schon Xenophanes soll angeblich Jahrzehnte predigend durch Hellas gewandert sein, um die Menschen zur Sinnesänderung aufzurufen, und auch von Empedokles und Heraklit wird eine Missionstätigkeit auf breiterer Basis berichtet. Sokrates predigte auf dem Markt, und zu Platons Zeiten zogen orphische und andere Missionare durch die griechischen Städte. Daß sie sich «im Schmutz wälzen», um dem Menschen anschaulich vor Augen zu führen, wie sein Los im Jenseits sein wird, wenn er nicht umkehrt, berichtet zwar erst Plutarch, es mag aber schon zu früheren Zeiten vorgekommen sein. Der Aufschwung der Verkehrsmöglichkeiten in hellenistischer Zeit macht eine weltweite Propaganda möglich. Die Welthäfen Alexandreia, Korinth, Kenchreai, Puteoli haben in der antiken Missionsgeschichte einen ebenso klangvollen Namen wie die Via Egnatia und die Via Appia. Es ist sicher kein Zufall, daß unter den fünfhundert Städten der Peutingerschen Straßenkarten, eines Werkes des römischen Kartographen Castorius aus dem 4. Jahrhundert, kaum eine ist, die in der Missionsgeschichte der hellenistischen Religionen, der kynisch-stoischen Diatribe und des Christentums nicht eine Rolle gespielt hätte.

Alle hellenistischen Religionen haben bewußt missioniert, allen voran Dionysos. Von Euripides bis zu Nonnos ist das eindeutig bezeugt. Für die Missionare der syrischen und der kleinasiatischen Muttergöttin sind die Quellen besonders reich und bekannt: sie unterstrichen ihre Predigten durch Selbstverstümmelungen, ekstatische Reden und Tänze. Allerdings kam es ihnen auch auf die Kollekten an, wie die bekannte Inschrift von Kefr-Hanna sagt, nach der ein solcher Missionar siebzig Säcke voll gesammelt hat. Friedlich geht neben dieser religiösen Mission die philosophische her. Auf allen Straßen der Welt wandern die Missionare der kynisch-stoischen Diatribe und wirken durch Wort und Beispiel. Einer übertrifft sie alle: *Dion Chrysostomos von Prusa* (40–120). Durch Domitian verbannt und aus seinem sicheren Lebensberuf verdrängt, fristet er sein Leben als Heizer in Bädern und als Gärtnergehilfe, aber er wandert und predigt unaufhörlich. Kaiser wie Nerva und Trajan hörten ihn gern an und lernten von ihm, aber ebenso getische Barbaren, Männer und Frauen aller Stände und Kreise. Keiner, auch kein Christ, hat die Volkspredigt auf ein so hohes Niveau gebracht wie er. Was es seit Homer Großes, Edles und Religiöses im Griechentum gab, verkündete er mit einer tiefen Liebe, damit es geistiger Besitz aller werde. Was die Stoa an herben ethischen Forderungen aufgestellt hat, predigte er nicht nur, sondern lebte es vor. Was der Mensch der hellenistisch-römischen Stadtzivilisation ersehnte und wozu er doch nicht zu kommen wagte, zeigte er ihm auf: das einfache, gottnahe Leben, nahe der Natur, in Ehrfurcht vor dem allwaltenden Zeus.

Für den Beginn der *christlichen Volksmission* ist das Neue Testament unsere beste Quelle. Wie die Missionare des Dionysos und der großen Mutter wirken die christlichen Apostel und Propheten auch zunächst nicht nur durch ihr Wort, sondern vor allem durch ekstatische ‹Beweise des Geistes und der Kraft›. Von Anfang an aber ist der Missionseifer groß: «Einige machen sich nun viel Mühe, nicht nur die Städte zu durchziehen, sondern auch die Dörfer und die Einzelhöfe, um andere zur richtigen Gottesverehrung zu führen.» Die Apostelromane und Apostelakten atmen noch lange etwas vom Geist dieser jugendfrischen christlichen Wanderpredigt, die sich von der des Kynismos nicht einmal in der Tracht der Prediger unterscheidet. Nach dem Sieg des Christentums werden solche Gestalten selten, gelegentlich taucht noch einmal ein Wanderbischof auf, wie die von der Legende überlagerte Gestalt Theophilos' des Inders. Aber er reist schon im Auftrag des Konstantius mit edlen Pferden und vielen Geschenken an arabische Höfe und in den Fernen Osten, um dort zu missionieren; aus der alten ekstatischen Mission ist eine organisierte diplomatische Mission geworden, die der Staat leitet und finanziert, gewiß nicht nur, um das Christentum zu verbreiten. Aber bei Nestorianern, Monophysiten und bei den Manichäern lebt der alte Missionsgeist unverändert fort. «Ein Apostel rastet nicht», heißt es in der Kephalaia Manis, «und wenn einer ausfällt, wird ein anderer geschickt.» Aber auch in der Kirche ist die missionarische Volkspredigt nicht vollständig von der rhetorischen Kultpredigt verdrängt worden. Nur bekommt sie jetzt einen ganz anderen Ton: sie trägt die dogmatischen Streitigkeiten in die Volksmassen. Von ihren Säulen herab halten die Säulenheiligen Reden an das Volk, Wandermönche, Hetzer aller Parteien, turbulente und nervöse Fanatiker durchziehen im 4. und 5. Jahrhundert die ganze Welt. Man denke nur an jene von Theodoret beschriebene Szene, in der in einem römischen Zirkus die christlichen Demagogen – denn dazu sind allmählich die Missionare geworden – das Volk in eine solche Erregung bringen, daß alle unaufhörlich gegen die kaiserlichen Maßnahmen mit einem sehr modern klingenden Ausruf toben: «Ein Gott, ein Christ, ein Bischof!» Allmählich aber zogen die großen Kirchenbauten die Predigt von Gassen und Plätzen ab, und in einem Kultraum hört natürlich die alte Missionspredigt ganz von selbst auf.

Die *gute* christliche Missionsrede unterscheidet sich formal von der hellenistischen, besonders der der Diatribe und der Hermetik, in keiner Weise. Das beweist ihr Glanzstück, die Areopagrede. Aber auch das, was bei den frühen Apologeten noch an Predigten erhalten ist, liegt genau auf der gleichen Ebene. Es gibt aber auch im Christentum noch eine *andere* Form, die mit dem Gekeife unterster kynischer Schichten verwandt ist. Am ‹reinsten› verkörpert sie Tatian. Hier ist nur noch ein wüstes Geschimpfe auf alles Gebildete, eine Verhöhnung aller kunstvollen Rede, eine Aufwiegelung zur Bilderstürmerei, die Vorstufe zur Mönchsdemagogie: «Warum schmeißt ihr die Götterbilder nicht zusammen mit ihren Herstellern in Scherben?» Und als die Zuhörer lachen, fährt er fort: «Ihr lacht nun, aber ihr werdet schon noch weinen müssen.» Über die Wirkung schreibt er selbst; die zahlreichen Zuhörer amüsieren sich köstlich über ihn, er aber redet unentwegt weiter, und etwas bleibt schließlich doch hängen. Zwischen diesen beiden Formen gibt es alle möglichen Zwischenformen: Moralreden gegen Würfelspiel, Theater und Luxus, Angriffe gegen Religionen und Popularphilosophie und später gegen die rivalisierende dogmatische Richtung, aber gelegentlich auch einmal ein schlichtes religiöses Selbstzeugnis. Außerhalb der griechischen Welt sind die Kopten die Meister der Volkspredigt in allen Schattierungen, sie haben sich einen eigenen, zwanglosen und natürlichen Stil geschaffen und sprechen auch da nicht ohne Wärme, wo sie schimpfen. Leider ist das meiste natürlich nie aufgeschrieben worden.

b) Die Kultrede

Bereits am Ende des ersten Jahrhunderts tritt neben die christliche Missionspredigt die rhetorische Kunstrede. Das war nicht nur durch die eher zu- als abnehmende Hochschätzung der Kunstrhetorik in der griechischen und lateinischen Umwelt bedingt, sondern ebenso durch das Vorbild der nicht ohne hellenistische Einflüsse entstandenen Synagogenrhetorik. Freilich wurde ihre sprachformale Entwicklung dadurch auch gehemmt: das schlechte Griechisch der Septuaginta, das schon einigen Schriften des Neuen Testamentes sprachlich zum Verhängnis geworden war, ließ sich auch in den rein attizistischen späteren christlichen Kultreden nicht mehr ganz vermeiden.

Wenn Hilarius von Poitiers an die Spitze einer Schrift das Gebet stellt: «Gib uns also Klarheit in den Worten (verborum significationem), das Licht der Einsicht, die Würde des Geredeten (dictorum honorem) und Glaubwürdigkeit (veritatis fidem)», so erkennt er damit die Bedeutung der Rhetorik für das Christentum voll an. Wer auf spätantike Gebildete Eindruck machen wollte, mußte durch die Rhetorik wirken. Zu allen Zeiten der Epoche haben Rhetoren begriffen, welche großen Möglichkeiten ihnen das Christentum, das sich auf den Logos berief, bot; die Anzahl der früh zum Christentum übergetretenen Rhetoren ist überraschend groß: Miltiades der Apologet, Novatian, Cyprian, Arnobius, Lactanz, wohl auch Clemens von Alexandreia waren Berufsrhetoren. Es war klar, daß ein mehr oder weniger bildloser Kult, in dem das Sakrament erst ganz allmählich in den Vordergrund rückte, das Hauptgewicht auf die Rede legen mußte. Wenn man verkündete, daß Gott durch sein Wort das Schweigen brach, so mußte in einer antiken Umwelt dies Wort so schön und rhetorisch wie möglich weitergegeben werden. Das ist das Hauptkennzeichen der mannigfach verschlungenen Geschichte der christlichen Rhetorik.

Auch sie wurde in den Kampf zwischen *asianischer und attizistischer Rhetorik* hineingezogen, der seit dem dritten vorchristlichen Jahrhundert an Heftigkeit zunahm. Auf der einen Seite die Sucht, modern zu sein, in Rhythmen, Wortwitzeleien, absichtlichen Dunkelheiten orientalische Effekte hervorzurufen, auf der andern die sklavische Nachahmung der klassischen Redner, dazu die auch nach der Bedeutungslosigkeit der politischen Rede noch künstlich gepflegten Unterschiede zwischen ‹demokratischer› und ‹aristokratischer› Rede sind sämtlich in das Christentum hineingetragen worden. Das bewirkte bei den einen eine effektvolle nach Beifall haschende demagogische Art der christlichen Kultrede, bei den anderen eine zurückhaltende, vornehme Predigtform: «die Eingeweihten verstehen, was gemeint ist», heißt es oft in den Predigten des Origenes.

Zunächst freilich knüpft das Christentum an die *Opposition* gegen die Kunstrhetorik an, die mit der sokratischen Wendung gegen die Sophistik begonnen hatte, sich seit Platon und Xenophon besonders gegen die Unsittlichkeit der Gerichtsrhetorik wandte, welche die Hinrichtung Unschuldiger und den Freispruch Schuldiger bewirkte, und die dann auch vom späteren Platonismus fortgesetzt wurde.

In diese Reihe gehört Paulus. «Als ich zu euch kam, Brüder, kam ich nicht im Überschwang der Rhetorik oder des Wissens . . ., und meine Rede und Verkündigung war nicht nach der überredenden Gattung der Rhetorik», schreibt er nach Korinth. Dabei ist wichtig, daß bei ihm nicht etwa die kunstlose Volkspredigt im Gegensatz zur Kunstrhetorik steht, sondern die ekstatische Rede: «Meine Rede war ... im Erweis des Geistes und der Kraft». Im übrigen Frühchristentum verwehrte zunächst die missionarische Volksrede der Kunstrhetorik den Zutritt. In den ältesten erhaltenen christlichen Kultreden finden wir kaum eine Spur von asianischem Bombast oder attizistischem Formalismus. Machten das die Gegner zum Vorwurf, antwortete man, daß sich die Lüge in einen Schwulst von Worten hülle, die Wahrheit aber einfach spreche. Die Attizisten verspottet man, sie sollten lieber dorisch reden, und man weist auf Christus hin, der nur kurz und schlicht gesprochen habe.

Aber die Verwendung der Kunstrhetorik in den hellenistischen Religionen zwang auch das Christentum schließlich, seine Ablehnung aufzugeben. Man mußte den zahlreichen, bis in Julians Zeiten beliebten Lobreden und Kunstpredigten auf die Götter etwas entgegenstellen. Es war doch hier nicht alles nur Form, Künstelei und Schnörkelei, sondern viel echter Glaube in kunstrhetorischer Gestaltung. Soweit wir sehen, ist der Rhetor, der in diesen Kreisen den stärksten Einfluß ausgeübt hat, *Aelius Aristeides* gewesen (um 125 bis 189 n. Chr.). Einerseits um die Formalgesetze der Rhetorik bemüht und ihr Lehrmeister, ist er doch von seiner Religion so gepackt, daß er in seinen ‹heiligen Reden› den Typus der hellenistischen Götterrede schaffen konnte. In seinem Lehrbuch der Rhetorik fordert er, daß man jede Rede mit den Göttern beginnen solle, und in seinen Predigten hat er seinen Gott in einer ästhetisch glänzenden Form verkündet. «Das Mitleiden des Erlösers (Asklepios), das ich bis heute zu meinem Heil erlebe», ist das eine große Thema, die Wunder des Sarapis das andere, und beide werden in einer seltsam ‹pietistischen› Weise durchgeführt. Teils werden die tollsten Wunder erzählt, teils aber wird alles rational begründet, Predigereitelkeit und Heilsgewißheit unerschütterlichster Tiefe kreuzen sich miteinander, hohes Pathos mischt sich mit banalen Geschichten. Gänse zeigen ihm den Weg zum rettenden Heiligtum, aber auch Alexander der Große erscheint ihm, die Krankheit und die hypochondrischen Pferdekuren sind gottgesandt und nötig, um ihn zum größten Redner aller Zeiten zu machen. Noch immer traten auf den großen Festen Lobredner für die Götter auf, die den Aretalogienstil weiter ausbildeten und zum Teil im Wettkampf miteinander stritten. Wir wissen weiter, daß für Isis gepredigt wurde, aber nicht, ob diese Predigten anders aussahen als die bei Apuleius und auf den Isispapyri erhaltenen Aretalogien. Der Typus der rein rhetorischen Götterreden bei Libanios und Julian ist zu sehr Schreibtischerzeugnis, um Schlüsse auf Kultpredigten zu gestatten. Immerhin kann man mit guten Gründen vermuten, daß sie nicht völlig ohne Beziehungen zu Predigten in manchen Mysteriengottesdiensten oder auf Götterfesten waren, ebenso wie die philosophischen Götterlobreden nach Art von Dion von Prusas Zeusrede, in der am Bilde des von Pheidias geschaffenen Zeusbildes die gesamte stoische Theologie entwickelt wird. Wie eng Rhetorik und Kult noch in der Zeit des Libanios verbunden sein konnten, geht aus dessen Ausspruch hervor, daß es keine Rhetorik mehr geben könne, seit es keine Tempel mehr gäbe.

Die christliche Kunstrhetorik hat aber auch von der synagogalen Rhetorik gelernt. Lukas hat das erste Auftreten Jesu mit einer Predigt in der Synagoge verbunden und in der Apostelgeschichte wiederholt christliche Synagogenpredigten skizziert oder länger ausgeführt. Von der hellenistischen Synagoge hat die christliche Rhetorik vor allem die kunstvolle Textpredigt zunächst an Hand des Septuagintatextes, dann auch an Hand des entstehenden neutestamentlichen Textes gelernt. In Alexandreia scheint die synagogale Forderung: ‹keine Predigt ohne Text› zuerst ins Christentum übernommen worden zu sein.

Als erste christliche Kultpredigt wird gern der *zweite Clemensbrief* genannt. Doch steht er durch den persönlichen, mahnenden Ton und die einfache, anspruchslose Form der Missionsrede noch sehr nahe. Eine bestimmte Textpredigt ist er nicht, er lehnt sich aber an eine ganze Reihe von Texten eng an. Jedenfalls ist Alexandreia die Heimat der eigentlichen christlichen Kultpredigt. Diese mag in der gräko-ägyptischen Gnosis zuerst geübt worden sein, Dionysios, dessen klassische Stilführung auf eine ähnliche Predigtweise schließen läßt, hat sie weitergeführt. Dann läßt Clemens' Lob des Predigens die reinste Freude am Rhetorischen erkennen. Ein wertvolles frühes Zeugnis ist die Michiganer Passionspredigt des Melito von Sardes: hier folgt auf die Textverlesung eine grammatisch-exegetische Erklärung durch den Lektor, an die sich die rhetorische Predigthomilie des Bischofs anschließt. Die Einsetzung des Passah nach Exodus dient als Hinweis auf Tod, Höllenfahrt und Auferstehung Christi. Interessant ist der überschwengliche Stil, der sich seltener und dichterischer Worte bedient, eine Vorliebe für Antithesen besitzt und wohl absichtlich hier und da dunkel bleiben will.

Leider können wir uns von der Predigtweise des Origenes gar keine Vorstellung machen, da seine Homilien in einem äußerst beklagenswerten Zustand sind. Auch wenn einige wirklich ganz oder teilweise auf Nachschriften zurückgehen sollten, so sind sie doch so verstümmelt worden, daß wir hier nur resignieren können. Aber wir besitzen einige gewichtige Urteile sogar von Gegnern: «Was aber soll ich seine Beredsamkeit erwähnen, deren Rede so anmutig (amoena), so flüssig (lactea), so süß war, daß mir aus seinem Munde nicht Worte, sondern Honig zu strömen schien! Was für

Schwierigkeiten hat er nicht durch die Macht seines Disputierens erhellt, was für komplizierte Dinge (ardua) so behandelt, daß sie kinderleicht (facillima) erschienen! Aber vielleicht hat er Reden nur mit Sophistereien (argumentorum nexibus) zugedeckt? Gewiß nicht, denn es gab offensichtlich keinen Lehrer, der mehr Beispiele aus dem göttlichen Gesetz benutzte.» Aus der großen Rede Gregor Thaumaturgs kann man erkennen, welche kultivierte und dabei zugleich erlebnisechte Rhetorik in der Schule des Meisters gepflegt wurde. Vielleicht geht es auf Origenes zurück, wenn zuweilen in der späteren griechenchristlichen Rhetorik wieder alte isokratische Gedanken von der Rede als dem unmittelbarsten Weg zu der Idee aufkommen. Wenig wissen wir leider auch von der als effektvoll gerühmten, vom Beifall der Gemeinde begleiteten Predigt des Paul von Samosata, der vielleicht der erste asianische Redner des Christentums war.

In Antiocheia entsteht der Typ des christlichen Predigers, zu dem die Menschen vielfach nur gehen, um seine rhetorische Kunstfertigkeit zu bewundern, der sie auch im Gottesdienst Beifall klatschen. Die bedeutendsten christlichen Prediger aller Zeiten sind in die Schule des heidnischen Libanios gegangen und haben sie nie verleugnet. Ob Text- oder Themapredigt, ob alexandrinisch-allegorische oder antiochenisch-wörtliche Auslegung, tut nichts zur Sache.

Zu den größten rhetorischen Schöpfungen der *griechischen Kirche* gehören die Predigten des *Basileios*, des Sohnes eines Rhetors, der selbst auf den Rhetorenschulen in Kaisareia, Byzanz und Athen geschult worden war. Es gibt nichts Schöneres in der christlichen Rhetorik als seine neun Morgen- und Abendpredigten über die Schöpfung, neben denen sich die Nachahmung durch Ambrosius wie eine Stümperei ausnimmt, obwohl sie gewiß rhetorisch auch hochwertig ist. Erstaunlich ist die glückliche Synthese von einer Fülle naturwissenschaftlicher Kenntnisse mit jener dichterischen Schöpfung der Rede, die Isokrates als Ideal vorgeschwebt hatte, von Wärme des Herzens mit edler, nie falsch pathetischer, immer äußerst gepflegter Sprache, von großer Belesenheit in der griechischen Literatur und Liebe zu ihr, mit allem, was am Christentum gut war, von praktischer Aktualität mit versonnenem Staunen. Es gibt in der spätantiken rhetorischen Literatur keine Parallele zu diesem Hexaemeron. Höhepunkte sind die Abendpredigt über das Licht (gleichsam eine christliche ‹Textpredigt› über den Text Homer Ilias 18, 485), das schön war, ehe ein Mensch es sah, das alle Schwermut heilt, oder die Morgenpredigt, die mit der Versicherung beginnt, sie werde nur kurz sein, weil die anwesenden Arbeiter zur Arbeit müßten. Daneben stehen seine rein praktischen Predigten wie die gegen die Reichen, den Wucher und die Hartherzigkeit während der Hungersnot, die ein eigenes Genus zwischen Kunstrhetorik und Volkspredigt darstellen. Ganz anders predigt der allzu asianisch durchsetzte *Gregor von Nyssa,* der sich oft sklavisch an die Regeln der rhetorischen Lehrbücher hält, die l'art pour l'art-Predigt fördert und dadurch gegenüber Basileios leer wirkt. Auch *Gregor von Nazianz,* Schüler des Libanios und Himerios, hat zwar den Ehrentitel ‹christlicher Demosthenes› schon früh erhalten und überragt in der Handhabung der rein rhetorischen Form und der dichterischen Sprache die Reden des Basileios, erreicht aber dessen warme Menschlichkeit in der Rede nicht. An erster Stelle stehen seine fünf theologischen Reden gegen die Arianer. Er hat eine raffinierte Fähigkeit, Gefühle rhetorisch zu schildern, Liebe, Haß, Leidenschaften aller Art, aber auch Frieden und innere Ruhe. Souverän beherrscht er alle Stilmittel: rhythmische Durchgliederungen, Binnenreime, rhetorischen Dialog, Ironie, Witz, neue Wortschöpfungen. Aber er ist auch sehr selbstbewußt, vergleicht seine Rede mit den Wundertaten der Apostel und ruft, hingerissen von der eigenen Beredsamkeit, in der Ekstase des Redens seinen Hörern zu: «Freut euch über meine Rede, Freunde, Hörer und Hörerinnen, genehmigte und nicht autorisierte Nachschreiber . . . klatscht in die Hände, schreit laut, hebt euren Prediger in die Höhe!»

Schließlich ist *Johannes Chrysostomos* zu nennen. Auch er beherrscht asianische wie attizistische Stilformen, sein eigener Weg aber ist durch zwei Besonderheiten bestimmt, die ‹wissenschaftliche› Exegese der Antiochener, die ihn häufig ganz schlichte Texthomilien predigen läßt, und eine unmittelbare, praktisch-lebendige Volkstümlichkeit mit hohem sittlichem Ernst, einer fröhlichen, optimistischen Frömmigkeit und einer zuweilen forsch angriffsfreudigen Tapferkeit. Das ist wohl das Geheimnis des großen Erfolges seiner Predigten gewesen.

Im Westen beginnt die lateinische christliche Rhetorik mit *Tertullian,* der als erster echt römisch von einem «Predigtamt» (munus evangelii praedicandi) spricht. Von allen christlichen Rednern steht er der Sophistik am nächsten, aber es ist keine elegante griechische Sophistik, sondern eine harte, juristische, drohende, oft böse, römische. Durch Mißbrauch der Schlußform, durch unehrliche Antithesen beweist er alles, was er will. Andererseits hat er durch seine unerhörten Wortschöpfungen, die scharf geschliffenen Formulierungen, die schlagwortartige Kürze, den ständigen Kampfcharakter einen eigenen christlichen Stil geschaffen, dessen eigentümliche Herbheit nicht ohne Wirkung blieb. Die Verbindung mit der klassischen römischen Rhetorik stellt neben Lactanz, Arnobius und Cyprian vor allem *Ambrosius* her, doch entlehnt er auch viel von Basileios. Und doch wirkt ein Vergleich zwischen ihm und Basileios ähnlich wie der bekannte zwischen Cicero und Demosthenes. Den Höhepunkt der lateinischen Predigt bedeutet zweifellos *Augustin*. In ‹de doctrina Christiana› schrieb er das erste lateinische Lehrbuch der christlichen Rhetorik, es lehnt sich völlig an Cicero an. Nun ist auch gewiß bei ihm vieles unausgeglichen. Die beständig parallel gebauten Sätze, die oft manirierte Neigung zu Binnenreimen, die zum Teil geschmacklosen Wortspiele geben seinen Predigten trotz ihrer meist wohltuenden Kürze häufig etwas Monotones oder Geschwätziges, und man kann verstehen, daß er seine Hörer tadelt, weil einige zu rasch ermüden. Wahrhaft unerträglich werden seine Predigten oft durch die ständige Polemik und die allzuoft mit dem Inhalt der Predigt selbst in Widerspruch stehenden Hiebe auf einen Ketzer oder persönlichen Gegner. Etwas Besonderes ist die harmonische liturgische Einbettung in den Gesamtverlauf des Gottesdienstes; bei keinem frühchristlichen Prediger hat man so sehr den Eindruck von der Predigt als wirklichem Teil des Gottesdienstes wie bei Augustin. Dazu kommt das feine psychologische Verständnis für den Hörer, oft sind diese Predigten tatsächlich Zwiegespräche mit der Gemeinde, und zwar nicht mit einem anonymen Kollektiv, sondern mit ihren einzelnen Gruppen.

Von den übrigen Lateinern hat vor allem Hilarius von Poitiers eine eigene rhetorische Note. Zwar ahmt auch er Cicero und besonders Quintilian nach, spricht aber ein hervorragendes Latein, baut prachtvolle Sätze, ist bei aller vornehmen Zurückhaltung mitreißend und bei seinen oft für den Hörer nicht leichten Gedankengängen nicht unanschaulich.

c) Der Brief

Auch die *Briefkultur* der Spätantike hat sich im Christentum seit den neutestamentlichen Briefen fortgesetzt. Die griechischen Stilisten und Epistolographen der späteren Zeit haben lange Listen von Briefstilen und -formularen aufgestellt. Da erscheint der Typus des Verteidigungs-, des Anklage-, des Drohbriefes, des Schimpf-, Klage- und Beileidsbriefes, des Mahn- und Lehrschreibens, des Aufklärungs-, Lob-, Empfehlungs- und Erlebnisbriefes, des Geschäfts-, Verordnungs-, Freundschafts- und Liebesbriefes. Sie alle finden sich bei den Christen wieder. Wir können in vielen Fällen gar nicht sagen, wie viele von den Tausenden ägyptischer Papyrusbriefe von Christen oder Nichtchristen stammen. Da das Briefschema in der Antike kaum wechselt – Sender, Empfänger, Grußformel, kurzes Gebet –, wird das nie zu entscheiden sein. Höchstens die Gebete lassen zuweilen einen Aufschluß zu, aber auch sie sind stereotyp: «Gott sei Dank geht es Dir gut» kann jeder schreiben. Vieles ist so gedankenlos formelhaft wie in unseren Briefen auch. Man mag bezweifeln, ob hinter spezifischen Formeln wie: «Ich bitte täglich den Gott X., daß es Dir gut gehen möge», «Ich bitte täglich für Dich zum Herrn Sarapis» oder «zu allen Göttern» noch irgendein religiöses Erleben steht, geschweige denn hinter den Schlußworten: «Möge Dir das Glück günstig sein» (etwa unser «Hochachtungsvoll») oder «Bleib' gesund» (unser «Herzliche Grüße»).

Immerhin haben wir mehr als genug frühchristliche Briefe. Denn der Brief war die *älteste* christliche Literaturgattung überhaupt. Allerdings besitzen wir aus dieser ältesten Zeit nur einen reinen Privatbrief, den Philemonbrief, alle anderen sind teils Briefe an Gemeinden, teils ein Zwischending zwischen Gemeindebrief und Literaturbrief. Auch dann, wenn sie an konkrete Gemeinden aus konkreten Anlässen geschrieben sind, unterscheiden sie sich von den meisten Briefen der Umwelt durch ihre größere, oft bedeutend größere Länge. Sie wurden auf den Gemeindeversammlungen zunächst wie gewöhnliche Privatbriefe vorgelesen, und erst als man den Mangel an eigenen christlichen heiligen Schriften empfand, rückten sie allmählich in deren Rang auf. Erleichtert wurde das durch die verbreitete antike Vorstellung vom Himmelsbrief, die zu Fälschungen von Jesusbriefen führte und in den Apokalypsen nach alten vorchristlichen Schemata ausgemalt wurde. Die Empfänger sind zunächst die Gemeindeversammlungen als ganze, seit dem Philipperbrief werden neben ihnen die Gemeindeämter genannt, seit der Zeit der Pastoralbriefe und der Briefe in der Apokalypse der Gemeindeleiter. Mit dieser Entwicklung verlieren die Briefe viel von der alten Herzlichkeit und werden ‹amtlicher›. Nie wieder haben christliche Briefe die einmalige Höhe der Paulinen erreicht, weder an Form noch an Inhalt; nicht nur, daß ziemlich alle Stil- und Literaturformen des antiken Briefes wenigstens andeutungsweise auftreten, es findet sich darin auch viel Persönliches, das bis hin zu den Gruß- und Einleitungsformeln reicht.

Nach der neutestamentlichen Zeit ist der erste große christliche Briefschreiber *Ignatios*. Auch seine auf der Fahrt zum Tode geschriebenen Briefe stellen eine eigene Gattung dar, obwohl sie in einigen später aus den Gefängnissen geschriebenen Märtyrerbriefen Verwandtes haben. Aber sie sind ohne das paulinische Vorbild nicht zu denken. Die Verbindung von leidenschaftlicher Glut in Inhalt und Sprache – die allerdings nicht immer ganz so echt wirkt wie bei Paulus – mit Lehrbegriffen und organisatorischen Anweisungen erlaubt, von einem besonderen christlichen Briefwesen zu sprechen. Dagegen sind die beiden, später zu einem zusammengewachsenen

Briefe Polykarps Zeugnisse einer nüchternen, alltäglichen, leicht amtlichen Briefschreiberei eines nicht sehr großen Geistes. Dann ist der Kampf um den Montanismus zum Teil in Briefen ausgefochten worden, von denen aber nichts mehr erhalten ist. Seit dem 2. Jahrhundert beginnt der bald ins Unermeßliche wachsende Briefwechsel der Bischöfe untereinander, der allmählich unpersönlicher wird, bis er in die Hände der Kanzleien übergeht. Aus den Briefen werden bureaukratische Lehrschreiben, Rechtsordnungen, Verfügungen. Dionysios von Korinth (nach 150) wird als einer der ersten in dieser Entwicklung genannt: «Dionysios, der Bischof der Gemeinde Korinth, war von so großer Bildung (eloquentia) und so großem Fleiß, daß er nicht nur die Menschen seiner Stadt und Provinz, sondern auch anderer Provinzen und Städte durch Briefe belehrte.» Man braucht diese Entwicklung nicht auf die Synagoge und den Briefverkehr zwischen den jüdischen Gemeinden und Instanzen zurückzuführen, im Gegenteil: auch diese haben erst gelernt. Er ist eine Fortsetzung des sowohl im Perserreich wie in den Diadochenstaaten wie im römischen Reich dauernd gepflegten Briefwechsels amtlichen Charakters zwischen den einzelnen Beamten und Dienststellen.

Was die folgende Zeit betrifft, so ist der Verlust des Briefwechsels des Origenes bitter zu beklagen. Die beiden erhaltenen Reste, der Brief an Gregor Thaumaturg, der das Lob des Schülers in der feinsten Weise abwehrt, und der an Julius Africanus lassen noch ahnen, wieviel sprachlicher Glanz und persönlicher und sachlicher Reichtum hier vorhanden gewesen sein muß. Erhalten hat sich aus der vorkonstantinischen Zeit die große Briefsammlung *Cyprians*. Sie läßt erkennen, daß in Verfolgungszeiten Briefe oft das einzige Mittel waren, die Gemeindeglieder zusammenzuhalten und zu leiten. Durch sie konnten selbst widerspruchsvolle, uneinige und in der Not der Verfolgungen unsichere Gemeinden von einem guten Briefschreiber und Gemeindeleiter aus der Entfernung gelenkt werden. Reizvoll ist ihr persönlicher Ton. Die Schilderung von eigenem und fremdem Erleben wechselt mit praktischen Anweisungen, Belehrung, Lob und Tadel ab. In Alexandreia entwickelt sich eine neue Art der Osterfestbriefe, die nicht nur die üblichen Kalenderangaben macht, sondern kurze Erläuterungen über dogmatische oder ethische Fragen anschließt.

Im dritten Jahrhundert beginnt dann die unübersehbare Fülle der großen christlichen Briefsammlungen, deren philologische, historische, kultur- und geistesgeschichtliche Bedeutung noch nicht im entferntesten ausgewertet ist und deren wirkliche Auswertung einer ganzen Generation bedarf, zumal da schon die Echtheits-, Text- und Datierungsfragen fast unlösbare Aufgaben stellen. Da sind die Osterfestbriefe, Rundschreiben und persönlichen Schreiben des Athanasios, meist lange, zuweilen unerträglich breite Belehrungen über dogmatische Fragen oder aber leidenschaftliche Polemik gegen andere. Sie sind viel nachgeahmt und hoch geschätzt worden. Da sind die Sammlungen der Papstbriefe, deren Text- und Echtheitsfragen noch völlig im argen liegen. Da sind vor allem die Briefsammlungen der drei *Kappadoker*, an erster Stelle wieder die Perlen christlicher Briefkunst, die des *Basileios*. Der Reichtum der Interessen, die warme persönliche Herzlichkeit, die Mannigfaltigkeit der Themen, die kraftvolle Form einer keineswegs nur rhetorischen Sprache sind nicht mehr überboten worden. Hier sind alle Brieftypen der Antike zu einer wirklichen Vollendung entwickelt. Da gibt es herzliche Bittbriefe für Notleidende und Bedrängte, ganz persönliche, nicht-formelhafte Glückwünsche zu frohen Gelegenheiten, Ausdrücke echtester Freundschaft – besonders die an Amphilochios –, farbige Schilderungen kirchlicher Feste, philosophische und literarische Gespräche, wobei Homer mehr zitiert wird als die Bibel, aber auch dogmatische Erörterungen und kirchenrechtliche Entscheidungen, bitterste Klagen über die Gemeinheit denunzierender Theologieprofessoren, aber auch herzlichen Dank an treue Mitstreiter, Klage über die Geldgier der Bischöfe, aber auch warme kappadokische Heimatliebe. Der in vielen Beziehungen schönste Teil dieses prachtvollen Briefkorpus ist der viel umstrittene und in der Hauptsache doch wohl echte Briefwechsel zwischen dem Christen Basileios und dem Heiden Libanios. Diese Briefe erschließen das Wesen zweier Menschen, die zu den letzten großen Persönlichkeiten der Antike gehören: hinter elegantem rhetorischem Spiel steht die Freundschaft zweier Männer, die der Glaube nicht trennt. «Wäre ich Ikaros, ich flöge zu Dir», schreibt der Christ an den Heiden, und er schickt ihm Schüler aus guter kappadokischer Familie. Und der Heide dankt dem Christen für die schönen Briefe, deren er nicht genug schreiben könne, und für die Kappadoker, die aus der klaren Bergluft kommen und ihre unverbildete Frische mitbringen. Der Feinheit und Intimität dieser Briefe kann man wenig an die Seite setzen.

Man müßte alle diese griechenchristlichen Briefe schildern oder besser lesen, die sprühenden, lebhaften, zuweilen attizistischen des Gregor von Nazianz, die vernünftigen, praktischen, konkrete Situationen meisternden des Gregor von Nyssa, vor allem aber die menschlich so erschütternden, tapferen des Johannes Chrysostomos an die getreue Olympias, dazu die mit ein bißchen Klatschsucht geschriebenen und darum so materialreichen des Theodoret, die eleganten und doch die ganze Persönlichkeit ausstrahlenden des Synesios von Kyrene. Jedenfalls reicht ein Leben nicht aus, um auch nur einen Teil dieser Schätze zu heben.

Im Westen haben Hieronymus und Augustin einen ungeheuren Briefwechsel geführt. Es ist erstaunlich, wer und was alles bei ihnen anfragte, und was sie alles zu beantworten hatten. Was wir heute an Briefen haben, ist aber bereits für die Veröffentlichung bestimmt gewesen, ähnlich wie die Cicero zum Teil nachahmenden Ambrosiusbriefe. Die dogmatisch bedeutenden Briefe Leos I. sind in der Hauptsache Arbeit der Kanzlei.

Die lange Reihe christlicher Literaturbriefe im engeren Sinne beginnt mit dem Barnabasbrief. Sie setzt sich fort in den beliebten Märtyrerbiographien in Briefform und endet in oft sklavischen und nicht sehr originellen Nachahmungen von Seneca- und Cicerobriefen. Auch die poetische Epistel begegnet, besonders in dem reizvollen dichterischen ‹Briefwechsel› zwischen Ausonius und Paulinus von Nola. Auson versucht auf liebenswürdig heitere und doch ernste Art, seinen ihm persönlich nahestehenden Schüler vom asketischen Leben abzulenken. Paulin antwortet, nicht ohne seinen inneren Konflikt merken zu lassen, ehrlich und entschlossen und in ebenso hübschen Versen wie sein Lehrer.

d) Die Propagandaliteratur

Es wird noch oft übersehen, daß der antike Mensch der Wirkung des Buches ebenso unterliegt und vom Buch ebenso abhängig werden kann wie der moderne. Wenn Seneca seiner Mutter einen Trostbrief schreiben will, geht er zuerst in die Bibliothek, um zu sehen, ob es für solche Fälle schon Literatur gibt. Ähnliches begegnet öfter. Daher ist auch die Wirkung der literarischen Propaganda groß gewesen. Leider kennen wir von der Propagandaliteratur der spätantiken Religionen nur wenig. Vieles ist verlorengegangen oder vernichtet worden. Nur über eine Literaturform, die besonders der philosophischen Propaganda im besten Sinne diente, wissen wir mehr, über die *Apologie.* Herausgewachsen aus der Verteidigungsrede des Angeklagten vor Gericht wurde sie vom Rechtswesen losgelöst und ein philosophisch-religiöser Literaturtyp. Er diente dem Christentum, solange es angeklagt und verfolgt war, zunächst als Verteidigungsmittel, noch in der Verfolgungszeit aber auch schon als Mittel des propagandistischen Angriffs. Dieser Typus wurde so fest und schematisch, daß die Unterschiede zwischen den einzelnen Apologien bald nur noch in der größeren oder geringeren Belesenheit der Verfasser liegen.

In allen Apologien ist mit der Grundform der Verteidigungsrede vieles andere zusammengearbeitet. Zunächst die Auszüge aus religionsgeschichtlichen, philosophischen und archäologischen *Handbüchern,* dann die *Kampfschriften* der philosophischen Schulen gegeneinander und gegen die offiziellen Religionen oder die Volksreligionen. Dabei lieferten die antiquarischen Werke das Material, die philosophischen die Gedanken. Von ernsthaften philosophischen Werken benutzten die christlichen Apologien in der Hauptsache Poseidonios, Cicero, Varro und Seneca. Viel Stoff lieferte weiter die *Götterkarikatur* und die Literaturgattung der *Philosophenverhöhnung.* Euhemerismus, kynische Götterverachtung, Komödie und Satyrspiel, Phlyakenposse und Mimiambus, menippeische Satire und andere leichte Literatur haben die Christen reichlich ausgeschrieben.

Die *älteste Schicht* der christlichen Apologetik wie zum Beispiel das Martyrium des Apollonios hält sich eng an die Gerichtsrede. Sie wendet sich an einen möglichst großen Leserkreis und ist daher populär und wenig rhetorisch. Hierher gehört auch Aristeides' Apologie, die stoische, platonische, aristotelische, skeptische und epikureische Gedanken den Handbüchern entnimmt, aber in Stil und Inhalt denkbar einfach ist. Originell ist nichts, beachtenswert aber das starke christliche Selbstbewußtsein. Die Propaganda bleibt auf einer allgemeinen Linie gegen Philosophie und Volksreligion gerichtet, von dem positiven und eigentümlichen Christlichen ist kaum etwas zu spüren. Vielleicht wird es sogar bewußt geheim gehalten. Auf einem höheren Niveau stehen unter den älteren Apologeten Justin und Athenagoras. Justin bleibt trotz seiner Nachahmung platonischer Dialogformen mehr ‹Propagandist› als Philosoph und daher allgemein verständlich. Auffällig sind bei ihm seine Belesenheit und gute Bekanntschaft mit den Philosophenschulen, vor allem aber sein mutiges Selbstbekenntnis. Auch ist er bei weitem christlicher als seine Vorgänger und bleibt doch bei aller Hervorhebung christlicher Gedanken dem heidnischen Gegner gegenüber immer anständig, sogar versöhnlich. Für gebildetere Schichten schreibt Athenagoras, der sich um einen attizistischen Stil müht und außer großen Sammelwerken wohl auch Originalschriften gelesen hat.

Eine *zweite Gruppe,* die fast ausschließlich aus Alexandreia kommt, wendet sich nur an die Gebildeten, wenn sie auch die populäre Sphäre nicht ganz vermeidet. Sie steht in der Mitte zwischen Propagandaliteratur und wissenschaftlichem Schrifttum. Ihre Hauptzeugen sind der *Protreptikos* des Clemens und Origenes' *Contra Celsum.* Sie sind wesentlich origineller und infolge der reichen Bibliotheksmöglichkeiten in Alexandreia viel materialreicher. Das Christliche steht bei ihnen im Mittelpunkt, die Form ist glänzend, wenn auch bei Origenes für eine Propaganda nicht schlagkräftig genug.

Die *dritte Welle* ist die lateinische Apologetik, die von Minucius Felix ausgeht, den Tertullian benutzt und fortgebildet hat. Ein Dialog, in dem die Reden des Heiden denen des Christen genau entsprechen, ein anschaulicher landschaftlicher Hintergrund wie in platonischen Dialogen, eine gute Kenntnis der lateinischen Literatur, eine klare und flüssige Sprache, das alles mußte auf gebildete Leser einen guten Eindruck machen. Tertullian hat diesen Dialog vergröbert, schroffer gemacht und manchen billigen Effekt nicht verschmäht. Doch schreibt er wohl auch für viel weitere Kreise als sein Vorbild Minucius.

Drei Teile lassen sich bei dieser Literaturform unterscheiden, die jedoch nicht sämtlich in jeder Apologie vertreten sind: Verteidigung der eigenen Haltung, Beweis für den eigenen Wert und Angriff auf den Gegner. Die *Verteidigung* richtet sich gegen die Behauptung, die Christen seien gottlos und brächten deshalb alles Unglück über die Welt. In dem abergläubischen 2. und 3. Jahrhundert schiebt man den Christen vorwiegend die Naturkatastrophen in die Schuhe, im 4. und noch im 5. die Schuld am Zusammenbruch des römischen Reiches. «Wenn der Tiber bis an die Stadtmauern steigt, wenn der Nil die Feldfluren nicht bedeckt, wenn das Wetter nicht besser werden will, wenn die Erde bebt, wenn eine Hungersnot, wenn eine Seuche da sind, sofort wird das Geschrei gehört: Die Christen vor die Löwen!» Diese klassisch gewordenen Übertreibungen kennzeichnen den effektvollen Propagandastil. Man antwortet ebenfalls effektvoll: Als Pompeji unterging, gab es dort noch keine Christen, und das römische Reich ist nicht von den Göttern, sondern von eigener Tugend oder eigenem Laster abhängig gewesen: Marius und Sulla haben in Rom schlimmer gehaust als die Barbaren. Gegen den Vorwurf der Unsittlichkeiten im Kult, den man dem Christentum wie fast jedem antiken Kult gemacht hat, zitiert man Vergil, daß die Fama ein Übel sei, und weist darauf hin, daß sich die Christen einwandfrei benehmen, ja, besser als ihre nichtchristlichen Mitbürger. Gegen den Vorwurf, das Christentum sei im Gegensatz zu den alten bewährten Religionen etwas Unausgegorenes und Unbewährtes, führt man mit Hilfe der Septuaginta den Altersbeweis, bekennt sich zur Entwicklungslehre, erklärt das Älteste für das Primitivste und Dümmste, preist die Gegenwart. Man erklärt alle alten Quellen für unzuverlässig und fehlerhaft, erinnert daran, daß sich die heidnischen Religionen dauernd verändern, daß alles einmal neu gewesen sei, daß der christliche Gott älter sei als die nur zweitausendjährige griechische Religion, daß die Römer Sarapis und Kybele erst seit kurzer Zeit aufgenommen hätten. Der Angriff, daß unter den Christen so *viele* Ungebildete seien, wird damit abgewehrt, daß man behauptet, die «wahre Philosophie» könne gerade um so leichter bei den Ungebildeten sein als die Gebildeten zur verlogenen Sophistik neigten. Die Frage, warum der christliche Gott die Verfolgungen seiner Gläubigen zulasse, beantwortet man mit der Hochschätzung des Martyriums, das nicht

Leid, sondern Erlösung sei, und im übrigen habe Gott dem Christen nicht für diese, sondern für jene Welt den Lohn versprochen. Der Vorwurf des Atheismus – ein Gott ist für viele antike Menschen kein Gott – ließ sich mit Hilfe der monotheistischen Strömungen, mit Dichterzitaten und stoischen Begriffen leicht widerlegen. Dem Vorwurf der Staatsfeindlichkeit endlich begegnete man mit dem Hinweis auf die Erfüllung der staatsbürgerlichen Pflichten und auf das christliche Fürbittegebet für Staat und Kaiser. Oder man behauptete, daß von Pilatus an die guten Beamten und die besten Kaiser christenfreundlich gewesen seien.

Zur Verteidigung gesellte sich nun der *Beweis* für den Vorzug der eigenen Position. Auch hier folgte man fast nur der von der Popularphilosophie und zum Teil der vom hellenistischen Judentum gewiesenen Bahn. Neu war die übermäßige Benutzung des Beweises aus den Propheten. Der hohe Grad der Orakelgläubigkeit der Zeit ganz allein macht es verständlich, daß man diese Motivierung so ernst nahm, daß sie anscheinend so großen Eindruck machte und so wenig Kritik bei Schreibern und Lesern fand. Eindrucksvoller war der Beweis aus den Erfolgen des Christentums: «Wo gibt es einen Ort auf der Welt, wo der Name Christi nicht genannt wird. Mögen in einigen Gegenden die sterbenden Glieder des Götzendienstes noch zucken, bald werden alle Länder völlig gereinigt und das Übel gänzlich beseitigt sein.» Ferner wirkte der Hinweis auf das Ethos des Christentums: Christi ethische Forderungen übertreffen die aller Philosophen; seitdem es Christen in der Welt gibt, ist sie besser geworden, und die Tat, nicht die Rede beweist die Vollkommenheit des Christentums. Gern ruft man die antiken Autoren als Zeugen an: «Widerlegt Cicero, wenn ihr uns widerlegen wollt.» Echte und falsche Homer- und Tragikerzitate sprechen für die Christen. Aus der Stoa nimmt man die natürliche Theologie zu Hilfe: «Wir verehren den Gott, den ihr von Natur her kennt.» Schließlich darf auch der den antiken Menschen überzeugende Wunderbeweis nicht fehlen; sowohl die Heilungs- und Erweckungswunder Christi und der Apostel als auch die Strafwunder an Christenverfolgern erzählte man ebensogern wie im Dionysoskreis die Wunder des Dionysos.

Endlich der *Angriff*. Er richtete sich vor allem gegen die Unsittlichkeiten und Geschmacklosigkeiten der Göttermythen. Zog sich der Gegner auf die Mythenallegorese zurück, fragte man: warum so gräßliche, komische oder unsittliche Bilder für Natürliches, das man einfacher sagen kann? Das nimmt man nicht nur aus der Literatur, sondern auch aus dem eigenen Erleben. Tertullian bekennt, daß er früher auch zugesehen habe, wie ein Verbrecher auf der Bühne als Attis kastriert, ein anderer als Herakles verbrannt worden sei, und wie ein dritter als Hephaist die Leichen der Gladiatoren fortgebracht habe. «Zum Theater habt ihr die Götter gemacht», «wir erzählen nicht einmal den Kindern solch alberne Geschichten». Diese Götter haben den Völkern, die sie verehrten, gar nicht geholfen, weder Zeus den Kretern noch die karthagische Himmelsgöttin den Karthagern noch die Tiergötter den Ägyptern, und es ist wahrhaft lächerlich, im Stein von Pessinous die Ursache der Größe Roms zu sehen. So plätschert es im Stil der Diatribesatire nicht immer sehr tief, aber für den Leser amüsant dahin. Ernster wird der Angriff, wenn man die Behauptung aufstellt, alles Übel in der Welt komme aus der falschen und unsittlichen antiken Gottesverehrung. Damit soll besonders die nur konservative Verteidigung der alten Götter getroffen werden. Die Angriffe gegen den *Kult* entstammen wieder ausschließlich der Kritik der Philosophen, dem Spott der Dichter und den alttestamentlichen Propheten. Das Tieropfer ist unästhetisch, sinnlos und grausam, dazu Betrug an den Göttern, Trankopfer verführen zur Trunksucht. Unsittlich sind die mythologischen Bilder in den Kulträumen, obszön die religiöse Kleinkunst. Wie können die ‹alle Völker an Ethos und Vernunft überragenden Griechen› solche Dinge mitmachen! Alles, was seit Jahrhunderten mit Erfolg angegriffen war, wird zusammengefaßt: der Handel mit Idolen, der die Götter verkauft, verpfändet, zerbricht und beschmutzt, die Geldkosten der Religionen, die beweisen, daß die Götter bestechlich sind, die unverstandenen Kulte wie die Luperkalien und die Salierfeier – «mitten im Winter laufen sie nackt herum». Das ist alles nichts Neues, und man darf das Christentum für diese im allgemeinen sehr unerquickliche Literatur nicht allein verantwortlich machen. Nur muß man sie als das sehen, was sie ist, nämlich Propaganda.

Eine besondere Beachtung verdient noch der propagandistische Kampf gegen die *Philosophie*. Er war einfach, man brauchte nur die Streitschriften, in denen die Philosophenschulen einander bekämpften, auszuschreiben und zu popularisieren. Das hat man reichlich getan. Nirgends ist das alte Christentum oberflächlicher und kulturloser als hier. Man belustigt sich auf billige Weise über den platonischen Seelenbegriff, mokiert sich in plattester Form über die Sätze der Vorsokratiker, karikiert die Eifersucht des Aristoteles auf Platon, behauptet die Nutzlosigkeit der pythagoreischen Speisegebote, versteht nichts von der epikureischen Atomistik, aber kritisiert sie, und zeichnet schließlich die Philosophen im Stil der Satire als wacklige Greise. Meist ist alles aus Handbüchern zusammengeschrieben, Quellen hat kaum einer gelesen, und eine ernste Auseinandersetzung gibt es nur bei sehr wenigen.

Endlich ging es dieser Propagandaliteratur auch um die Geltendmachung der christlichen *Rechte* und *Rechtsansprüche*. Auch hier ist man in jeder Weise unkonsequent. Vor dem Sieg des Christentums verlangt man, daß der Staat keinen zu einer bestimmten Gottesverehrung zwingen darf, danach aber verlangt man in dem gleichen Ton, daß er alle zur Gottesverehrung der Christen zwingen muß, und zwar mit Anwendung aller Gewalt. Man fordert das Recht jedes Verbrechers, sich verteidigen zu dürfen, streitet aber dem Gegner und dem Ketzer das Recht der Verteidigung rundweg ab. Man bestreitet die formale Zuständigkeit der antichristlichen Gerichte und die formale Gültigkeit der antichristlichen Gesetze, das Recht der Folter, die Verurteilung ohne Zeugen. Später hat man sich dann nicht darum gekümmert. So ist auch das im Grunde nur Propaganda.

Der Erfolg dieser handfesten Literatur ist groß gewesen. Ihr Geheimnis war das jeder Propaganda, sie hatte jedem etwas zu bieten und sprach die Instinkte und Gefühle an. Sie umschließt die vornehme Dialogform des Minucius Felix, an der sich jeder Gebildete freut, die aufpeitschenden Formulierungen Tertullians, Theophilos' primitive Drohungen mit den Höllenstrafen, Tatians giftige Ironie, das Pathos Justins, die leicht zu lernenden Gedichtchen des Clemens von Alexandreia, die imponierend wüste Materialsammlung des Arnobius, das haltlose Schimpfen im übelsten Straßenton bei Firmicus Maternus. So gewährt diese Literatur, mag man sich noch so an ihr ärgern, doch ein Bild von der praktischen Stoßkraft der jungen Religion.

e) Wissenschaftliche Literatur: Geschichtschreibung, Biographien, Kommentare, Systematik

Es wird vielfach behauptet, daß die Wissenschaft in der Spätantike unaufhaltsam gesunken und schließlich ganz zum Erlöschen gekommen sei, da Glaube und Aberglaube an Stelle des Wissens traten. In einer solchen Verallgemeinerung ist diese Behauptung falsch. Auf allen wissenschaftlichen Gebieten blieb manches lebendig, vor und nach dem Sieg der Kirche. Die Hochschulen und Bibliotheken blühten nach den Bürgerkriegen wieder auf, neue wurden gegründet und erwarben sich einen Namen. Die Geschichtschreibung hatte nach wie vor eine stolze Reihe bedeutender Vertreter, Spezialzweige wie Kultur- und Philosophiegeschichte wurden weiter gepflegt, die Biographie wurde zur Wissenschaft entwickelt. Von Alexandreia aus ging der Siegeszug der Philologie weiter. Abwärts ging es mit der empirischen Naturwissenschaft, die sich im Konflikt zwischen Empirie und religiöser Offenbarung nicht mehr zurechtfand. Alle Wissenschaften aber wurden während der gesamten Epoche bedroht von der Masse der

Handbücher, Enzyklopädien, Sammelwerke und öden Kompilationen.

Das Christentum hatte in dieser Umgebung zunächst keinerlei wissenschaftliche Ambitionen. Selbst Clemens von Alexandreia, der doch die Wissenschaft seiner Zeit recht gut kannte und wissenschaftliche Bücher «Kinder der Seele» nannte, verlangte, daß das einzige Motiv des Schreibens das *Heil* des Lesers sein dürfe. Das ließ sich natürlich nicht halten. Bald entstanden mit den christlichen Schulen auch Bibliotheken. Selbst kleine Kirchen wie Cirta besaßen schon im 3. Jahrhundert Kirchenbüchereien; auf einem christlichen Papyrus um 300 ist der Katalog einer kleinen christlichen Privatbibliothek erhalten, er umfaßt außer biblischen Schriften Origeneswerke, ein Onomastikon und einiges Unsichere.

Im einzelnen ist die Hochschätzung der Wissenschaftszweige bei den Christen sehr unterschiedlich, doch nicht viel anders als in der Umwelt. Bei weitem an der Spitze steht die *Geschichtschreibung*. Da war zunächst das reiche antike Erbe. Die «ehrfürchtige Schau und empirische Haltung», die seit Herodot, und die streng kausale, die seit Thukydides die griechische Geschichtschreibung kennzeichnet, findet sich in der christlichen ebenso wieder wie ihre philosophische Hochschätzung und ihre psychologische Feinheit. Auch das griechische Überlegenheitsgefühl der vorchristlichen griechischen Geschichtschreiber setzt sich bei den christlichen fort. Aus der römischen Geschichtschreibung nimmt man Töne der Resignation, aber auch eine gewisse Zweckgebundenheit: ist die römische oft Werkzeug der Staatspolitik, so wird die christliche zum Werkzeug der Kirchenpolitik. Es bleiben auch die einfachen Vorformen der Geschichtschreibung, Aussprüche von großen Männern und Erinnerungen an sie, Apophthegmata und Hypomnemata, Aktensammlungen und Augenzeugenberichte, dazu die historischen Hilfswissenschaften, Chronologien und Chronographien.

Wie viele antike Historiker ist auch das Christentum auf der Suche nach den *metaphysischen Gehalten* der Geschichte. Wo antike Geschichtschreiber in der Geschichte nur den Beweis für das Walten der Tyche sehen wollten, setzten die Christen einfach Gott dafür ein. Ließen andere die ganze Geschichte auf einen Punkt zulaufen, etwa auf Augustus, machten die Christen Christus zum Angelpunkt der Weltgeschichte. Den geheimnisvollen Parallelismus in der Geschichte erkennen nicht nur Polybios und Plutarch, sondern auch die Christen an. Die moralistische Deutung der Geschichte als Lohn und Strafe wird bei den Christen zu Gottes Geschichtsgnade und Geschichtszorn; Plutarchs Auffassung von der ausgleichenden Gerechtigkeit in der Geschichte begegnet bei den christlichen Historikern öfter.

Dazu kam der Einfluß der Geschichtschreibung des *Alten Testamentes.* Die religiöse Deutung der Geschichte in den Samuelis- und Königsbüchern mit ihrer unbestechlichen Wahrhaftigkeit hat auch die Christen gelehrt, auf die Offenbarungen Gottes in der Geschichte zu achten. Sie haben vor allem aus ihnen gelernt, das Wirken Gottes in der Geschichte in den Bahnen rein innerweltlicher Kausalität zu sehen, und das hat sie oft vor Magisierung oder Mythisierung der Geschichte bewahrt. Auch das Vorbild jüdisch-hellenistischer Historiker, vor allem des Josephus, veranlaßte zur Nacheiferung.

Endlich drängte die eigentümliche christliche *Geschichtsmystik* zur Geschichtschreibung. Wer die Geschichte Christi schrieb, schrieb damit gleichsam die Geschichte Gottes auf Erden, wer Kirchengeschichte schrieb, schrieb die Geschichte des Heiligen Geistes.

Die christliche Geschichtschreibung beginnt mit dem *Lukasevangelium.* Mag sein Verfasser unkritisch sein und von religiösen Gesichtspunkten beherrscht werden, er bemüht sich doch, möglichst alles vorhandene Material zur Geschichte Jesu zu sammeln, zu sichten und wiederzugeben. Es gibt wesentlich schlechtere antike Geschichtschreiber als ihn. Noch mehr gilt das für die lukanische *Apostelgeschichte* trotz ihrer offensichtlichen Unionstendenz zwischen paulinischen und petrinischen Gruppen. Schon ihre Form entspricht einem griechischen durchschnittlich guten Geschichtswerk: Vorrede, eingeschobene Reden, Aktenstücke, Hervorhebung der Hauptpunkte, Wir-Stücke, die aber nicht unbedingt Augenzeugenschaft zu beweisen brauchen. Auch die Parallelmethode wird ähnlich wie bei Plutarch benutzt, Paulus und Petrus werden genau verglichen. Inhaltlich ist besonders der zweite Teil straff bis kurz vor die Endkatastrophe durchgeführt. Hier ist der Bericht schlicht und bis in Einzelheiten hinein zuverlässig, im ersten Teil jedoch werden alle möglichen erreichbaren Quellen zusammengestellt, aber nicht kritisch gesichtet. Jedenfalls hat dieses Buch den Typus der Kirchengeschichte geschaffen und brauchte nur fortgesetzt zu werden; in den alten Evangelienprologen und Kanonverzeichnissen sowie bei Papias zeigt sich das wachsende Interesse an der Frühzeit der Kirche, das bald im Sinne der *laudatores temporis acti* der römischen Profangeschichtschreiber beginnt, das apostolische Zeitalter in jeder Weise zu idealisieren.

Eine neue Gattung christlicher Geschichtschreibung leitet die *Weltchronik des Sextus Iulius Africanus* (gest. um 240) ein. Abhängig von alexandrinischen Chronographen überträgt sie die jüdische Vorstellung von der 7000 Jahre dauernden Welt auf ein Geschichtsbild, hat also durchaus in erster Linie apokalyptische Interessen, mit denen sich jedoch, soweit die Fragmente erkennen lassen, eine großzügige geschichtliche Schau verbindet.

Der eigentliche Begründer der christlichen Geschichtschreibung ist *Euseb* in seiner Kirchengeschichte. Trotz ihrer bekannten Mängel ist sie vor allem in ihrer frühesten, noch nicht konstantinhörigen Fassung ein Werk ersten Ranges. Im Gegensatz zu vieler antiker Geschichtschreibung verzichtet sie auf rhetorische Wirkung und Einheitlichkeit und zitiert statt dessen wörtlich seitenweise Quellen, die allerdings von sehr verschiedenem Rang sind. Aber dadurch allein sind uns wertvollste Dinge erhalten worden. Die Tendenz, die Geschichte als Aktionsbereich Gottes und den Sieg der christlichen Kirche als ein Wunder darzustellen, bleibt so vornehm im Hintergrund, daß sie die geschichtliche Darstellung nirgends stört. Von besonderem Wert sind die letzten Bücher, deren Ereignisse Euseb als Augenzeuge beschreibt.

Euseb hat viele Nachfolger und Nachahmer gehabt. Der aufflammende arianische und der folgende christologische Streit haben zahlreiche Historiker auf den Plan gerufen, die entweder wie Philostorg arianische oder wie Theodoret antiarianische Parteigänger sind. Die Späteren schreiben entweder mit monophysitischer oder nestorianischer Tendenz. Einige heben sich heraus. Aus den wenigen Fragmenten zu schließen, muß vor allem Philipp von Side (um 430) zuverlässig gewesen sein, da er Dinge mitteilt, die der gesamten Tradition schon widersprechen. Ein schönes, in der Methode Euseb folgendes Werk ist das recht objektive des Sokrates von Byzanz (380 bis etwa 440), das ebenfalls Ansätze zu einer Kritik zeigt, während sein Nachahmer Sozomenos mehr auf den Stil Wert legt. Eine sehr merkwürdige Erscheinung ist als Kirchenhistoriker Theodoret von Kyrrhos. Trotz der stark antiarianischen Tendenz schreibt er anschaulich und im allgemeinen der Wahrheit entsprechend. Um so merkwürdiger ist, daß der gleiche Mann eine *historia religiosa* von Heiligen- und Mönchsgeschichten schreibt, die an Wundergläubigkeit, Kritiklosigkeit und legendärem Geschwätz kaum überboten worden ist, es sei denn von zwei westlichen Schriftstellern, die die gleiche unverständliche Spannung aufweisen, Sulpicius Severus und Hieronymus. Sulpicius hat als gelehriger Schüler von Sallust und Tacitus ausgezeichnet die Geschichte seiner Zeit geschrieben, und zugleich schreibt er die albernsten Wundergeschichten von seinem Lieblingsheiligen. Hieronymus ergänzt Eusebs Chronik und schreibt doch Mönchsgeschichten, in denen gehörnte Bocksfüßler auftreten, feurige Wagen in Abgründen verschwinden, der Heilige auf wunderbare Weise einem Rennfahrer zum Sieg in der Rennbahn verhilft, ferner wahnsinnig verliebte Frauen zu Nonnen exorzisiert, Teufel aus Kamelen ausgetrieben, der Wein und die Hülsenfrüchte Geiziger durch Wunder ungenießbar gemacht werden.

Aus den römischen Historikern – die griechischen kennt er nicht, auch Euseb hat er nur in der Übersetzung Rufins gelesen – nimmt dann *Augustin* das Material zu seiner großartigen Geschichtstheologie. Der eine Gott ist und bleibt Herr der Geschichte, auch wenn er auf ihrem Schlachtfeld mit dem Bösen zu ringen hat. Er verleiht die Herrschaft, er hat den Römern die Macht im Westen verliehen und ihre virtutes mit Erfolgen in der Geschichte belohnt. Aber man soll darauf nicht stolz sein: der wirkliche Gottesstaat ragt zwar in die Geschichte hinein, steht aber in ständiger Spannung zu ihr, seinen Bürgern ist es gleichgültig, in welcher Gestaltung der Geschichte sie in ihrem kurzlebigen Erdendasein existieren. Zum Wesen der Geschichte gehört Leid, dem sich keiner entziehen kann, auch der Christ nicht. Zur Geschichte gehört auch immer Schuld; Sallust hat unrecht, wenn er von einer natürlichen römischen Gerechtigkeit spricht. Das Glück der Masse ist keine Norm für einen geschichtlichen Zustand, wenn es, wie so oft in der römischen Geschichte, nur durch Unrecht und Leiden anderer erkauft ist. Die Staaten haben die Wahl, sie können harmonische Gebilde, können aber auch Räuberbanden sein. Das hängt davon ab, welches Verhältnis sie in ihrer Geschichte zu Gott finden. Geschichtskatastrophen sind Erziehungsmaßnahmen Gottes, aber der Barbareneinfall hat wieder gezeigt, daß sich der Mensch kaum oder gar nicht durch die Geschichte erziehen läßt.

Die altchristliche Geschichtschreibung geht im Osten über in die lange Reihe hervorragender byzantinischer Historiker, die die ganze byzantinische Geschichte begleiten, im Westen erstirbt sie mit Cassiodor (um 500–580), der in seinem Kloster Vivarium den Geist der Antike noch einmal aufleben läßt und bei seiner Geschichtschreibung noch griechische Historiker benutzt, allerdings vorwiegend kompiliert.

Ob man die *christliche Biographie* mit den Synoptikern und dem zweiten Teil der Acta beginnen lassen will, ist eine Frage der Terminologie. Dann verläuft die christliche Biographie auf zwei Ebenen. Die höchste ist die aus der Lobrede oder dem Nachruf stammende historisch zuverlässige, wenn auch durch die Liebe zum Lehrer oder Freund zuweilen gefärbte. Hierher gehören Gregor Thaumaturgs Origenesrede, ein Teil von Pamphilos' Origenesapologie, Eusebs Kapitel über Origenes, Pontians Cyprianvita und Possidius' Augustinvita. Auf der unteren Ebene dagegen liegt die unheimlich anwachsende Flut von Märtyrer-, Heiligen- und Mönchsbiographien, die alle Variationen von schlichten Lebensbeschreibungen über den überschwenglichen Panegyrikus bis hin zu den albernsten und ekelhaftesten Wundergeschichten in grausiger Geschmacklosigkeit durchläuft.

Auf eine besondere Höhe hat das Christentum die *Selbstbiographie* gebracht, was mit dem großen Interesse am Heil der eigenen Seele zusammenhängt. Schon Lukas fügt in die Acta selbstbiographische Reden des Petrus und des Paulus ein. Dann erzählt Justin, wie er zum Christentum gefunden habe, und Cyprian beschreibt seine Bekehrung. Die größte Höhe aber erreicht die Autobiographie in *Gregor von Nazianz'* Gedicht über sein Leben, das durch seine 42. Rede und auch durch seine allerdings etwas gefärbte Apologie über die Flucht ergänzt werden kann. Nie wieder hat das christliche Schrifttum das erreicht, auch nicht in Augustins hymnischen Konfessionen. Die Liebe zu den Eltern, die Erinnerung an die schöne Jugend, der Glanz Athens, die Treue zu den mancherlei Freunden, dann die beginnenden inneren Konflikte, der Stolz auf erreichte Ziele, doch auch tiefe Spuren von erlittener innerer und äußerer Not, manche Enttäuschung und sogar Verbitterung über Menschen und Ereignisse, auch ein wenig menschliche Eitelkeit und schließlich die alles übertönende mystische Sehnsucht und Gewißheit der Geborgenheit in Gott, alles in einer dichterisch schönen, jedoch nie gekünstelten Sprache, das alles bildet zusammen ein unübertroffenes autobiographisches Meisterwerk.

Völlig einmalig als Literaturgattung sind, soweit wir wissen, eigentlich nur die Retractationes Augustins, ein Selbstverzeichnis seiner Schriften mit ehrlicher Selbstkritik. Sie gehören aber nicht mehr zur Biographie, sondern führen schon hinüber zu den philologischen Wissenschaften.

Die Grundlage der christlichen *Philologie* bildet die vorchristliche alexandrinische Textphilologie und Kommentarwissenschaft.

Die imponierenden Leistungen altchristlicher Textausgaben, Text- und Literarkritik, Kommentarwissenschaft, Hermeneutik und Übersetzungen beginnen an der alexandrinischen Katechetenschule. Schon Pantainos hat exegetisch gearbeitet, seine beiden großen Nachfolger haben fast die ganze Septuaginta und das ganze Neue Testament kommentiert. Von den Kommentaren des Clemens ist fast nichts erhalten, von den Riesenarbeiten des Origenes ist das meiste verloren, das Erhaltene verfälscht. Und doch gibt es keine Worte, ihre Größe recht zu bezeichnen. Wenn man bedenkt, daß die abendländische Wissenschaft erst in den letzten Jahren, obwohl alle Mittel der modernen Philologie und Textherstellung und die Vorarbeiten von zwei Jahrtausenden vorhanden waren, eine brauchbare Septuagintaausgabe erhalten hat, die das Lebenswerk eines deutschen Gelehrten ausmacht, dann wird man ermessen können, welche unerhörte philologische Leistung Origenes' Hexapla war, sowohl als Textrezension wie als Textvergleichung. Dazu kommen seine mannigfaltigen Kommentare, die kurzen Scholienkommentare im Stil der alexandrinischen Grammatiker, die Satz für Satz vorgehenden, mehr praktischen Homilienkommentare und die riesigen, Wort für Wort erklärenden Tomoi, die, von umfangreichen Exkursen durchsetzt, philologische und allegorische Kommentierung verbinden. Allein der Johanneskommentar umfaßte einst 32 Bücher, von denen fünf die ersten 18 Verse kommentierten. Freilich war ihm alle historische und philologische Arbeit nicht letztes Ziel, sondern nur Weg zu den durch die Allegorese zu gewinnenden ewigen Gehalten des Textes. Das hat dann zur Bekämpfung der alexandrinischen Exegetenschule durch die antiochenische geführt, die sachlicher, freilich auch viel trockener arbeitete als die Alexandriner. Ihr Verdienst ist vor allem, daß sie kritischer vorgeht und religiöse Texte nicht retten will, wo sie nicht zu retten sind, ohne jedoch auf *alle* Allegorese zu verzichten. Ihr bester Vertreter, der Libaniosschüler *Theodor von Mopsuestia* (gest. 428), verwirft bereits das Hohelied als nur profanes Hochzeitslied. In der lateinischen Kirche leidet die Kommentarwissenschaft unter den mangelhaften griechischen Sprachkenntnissen. Der Verfasser des von eschatologischen Spannungen erfüllten ersten Apokalypsenkommentars, *Victorin von Pettau* in der Steiermark, stammt wahrscheinlich aus dem griechischen Raum. Originell ist *Marius Victorinus,* der die Methode der Cicerokommentierung auf die Paulinen anwendet und vom griechischen Text her kommentiert. Die anderen sind mehr oder weniger von den Griechen abhängig, Ambrosius von den Kappadokern und Alexandrinern, der Ambrosiaster von den Antiochenern, und auch Hieronymus hat aus sekundären Quellen von den Griechen abgeschrieben; seine Arbeiten zum Text der Vetus Latina, die mehr fleißig als genial sind, reichen an die Einmaligkeit der Hexapla nicht heran. Auch seine Übersetzung aus dem Hebräischen darf nicht überschätzt werden: an den schwierigsten Stellen hilft ihm doch immer die Septuaginta aus. Sehr ernstlich hat sich Augustin um Text- und Literaturkritik und um die Exegese bemüht, doch hindern ihn seine schlechten griechischen Kenntnisse und seine kirchlichen Rücksichtnahmen oft.

Allmählich versandet die glänzende christliche Kommentarwissenschaft in Auszügen aus den klassischen Werken in Form von Florilegien (deren erstes die Philokalia, Basileios' und Gregor von Nazianz' wertvolle Origenesblumenlese, ist), daneben in der antiken Scholienform, und schließlich in der Häufung der Catenen, die zu jedem Text eine lange Reihe von Kommentarmeinungen der Vergangenheit zusammenstellen. Die schöpferischen Arbeiten der Textkritik und Rezension hören allmählich auf, die Literaturkritik war durch die im 5. Jahrhundert vollendete Kanonisierung des Neuen

Testamentes fast unmöglich geworden. Aber es bleibt die unerschöpfliche Arbeit der Abschreiber und vor allem die ungeheure Leistung der Übersetzungen, besonders im Osten. Wir sahen, wie nach und nach außer der Bibel alle erreichbaren christlichen Schriften durch eine Übersetzertätigkeit, deren Schwierigkeit kaum zu ermessen ist, ins Syrische, Koptische, Persische, Aethiopische, Arabische, Armenische, Georgische, Kirchenslavische und wahrscheinlich bereits in zentral- und ostasiatische Sprachen übersetzt wurden. Im Westen sind die Übersetzungen ins Lateinische ebenso achtunggebietend, neben Rufin und Pelagius ist Hilarius von Poitiers zu nennen. Besonders Origenes, Euseb und Chrysostomos sind unermüdlich immer wieder neu übersetzt worden.

Weiter die *philosophischen Literaturformen.* Ihnen verdankt das Christentum die Systematik, die der philosophischen Darstellung christlichen Lehrens und Lebens dient. Gern übernahm man von Anfang an die alte philosophische Form des *Dialogs.* Justin, Minucius Felix, Methodios und Augustin beherrschen sie recht gut, zum Teil meisterhaft. Häufiger aber ist die Form der *Einzelmonographie* über Themen wie ‹Seele›, ‹Totenauferstehung›, ‹Geist›, die ihre Vorbilder an Einzelmonographien der Philosophie – ‹Kosmos›, ‹Das Erhabene› – haben. Aus den philosophischen *Encheiridien* erwuchsen die kurzen christlichen Lehrabrisse, an deren Spitze Irenaios' Epideixis steht. Es folgen die ethisch-philosophischen *Traktate* nach dem Vorbild des Musonius. Hierher gehört zuerst Clemens' Paidagogos. Außerdem hat Clemens die Literaturform der *Stromateis,* bunte, zusammenhanglose Stoffsammlungen, kleine Skizzen und Essays in die christliche Literatur übernommen. Mit Origenes' *De principiis* beginnen dann die geschlossenen systematischen Darstellungen, deren es aber in der alten Kirche nur sehr wenige gibt; nur Augustins Bücher *De trinitate* kann man ihm vielleicht an die Seite stellen. Noch häufiger aber spielt sich das dogmatische Leben in *Gegenschriften* ab; die meisten dogmatischen Schriften der alten Kirche sind ‹gegen› jemanden gerichtet und entwickeln ihre eigene Lehre im Gegensatz gegen die andere: ‹Abwehr gegen die sogenannte Gnosis›, ‹Gegen die Juden›, ‹Gegen Markion›, ‹Gegen Valentinian›, ‹Gegen Hermogenes›, ‹Gegen Praxeas›, ‹Gegen Kelsos›, ‹Gegen die Heiden›, ‹Gegen die Arianer›, ‹Gegen Eunomios›, ‹Gegen Jovinian›, ‹Gegen Helvidius›, ‹Gegen Vigilantius›, ‹Gegen Johannes von Jerusalem›, ‹Gegen die Pelagianer›, ‹Gegen die Akademiker›, ‹Gegen die Manichäer›, ‹Gegen Faustus›, ‹Gegen Adimantus›, ‹Gegen die Priszillianer und Origenisten›, ‹Gegen Julian›, ‹Gegen Maximin› – so könnte man noch sehr lange fortfahren. Nicht zu dieser Gattung gehören die Protokolle von Religionsgesprächen über bestimmte dogmatische Fragen, die in Frieden und ohne Polemik geführt werden, deren schönstes Beispiel die Unterhaltung zwischen Origenes und Heraklides ist.

f) Erbauungs- und Unterhaltungsliteratur

Als älteste Erbauungsliteratur im engeren Sinne dienen die *Märtyrergeschichte* und *Märtyrerlegende,* die sich zum *Märtyrerroman* entwickeln können. Das ist keineswegs erst christlich, denn auch die außerchristlichen Martyrien sind meistens nicht um der Geschichtschreibung willen aufgezeichnet, sondern dienen erbaulichen Zwekken. Das gilt nicht nur für die hellenistisch-jüdischen Märtyrergeschichten der Makkabäerbücher und verwandte Literatur oder die rabbinischen Martyrien, sondern bis zu einem gewissen Grade für den Kriton und die Schilderung der Dionysosmärtyrer der klassischen Tragödie. Diese Geschichten wollen Mitleid erregen, belehren, zur Nacheiferung anspornen, Ehrfurcht erzeugen, Vertrauen wecken. Im Christlichen wirkt sich das durch Abnahme des Historischen sichtbar aus. Erdichtete Märtyrer setzen die Tradition der historischen fort oder verdrängen sie. Schon im Martyrium Polykarp drängen sich in den historischen Bericht erbauliche Wunderzüge hinein. Diese werden vermehrt und schließlich stereotyp wie der Duft der Märtyrerleiche, die durch sie geschehenden Heilungen oder die Schmerzlosigkeit des Sterbens. Auch der Prozeß wird erbaulicher und weniger aktenmäßig geschildert: die Märtyrer halten lange Predigten, sie vollbringen Wunder an Kühnheit, die Gefühle der Leser werden durch eine grelle Schilderung der Foltern und Hinrichtungen angeregt. Schließlich schrickt man vor keinem Kitsch und vor keiner Sentimentalität mehr zurück, weil die große Masse es so will. Seit dem 4. Jahrhundert entstehen ganze Sammlungen von solchen Geschichten, die in umfangreichen Katalogen aufgeführt werden und im Westen als ‹Martyrologien›, im Osten als ‹Synaxare› mit den Heiligenverzeichnissen verschmolzen werden.

Zum Märtyrerbuch tritt das *Heiligenbuch.* Es verdankt seine Entstehung in der Hauptsache dem Neupythagoreismus. Die Vita Antonii, der Urtyp aller christlichen Heiligenleben, ist eine teils wörtliche, teils ohne Verständnis ausgeschriebene, teils christlich veränderte Pythagorasvita, wie Reitzenstein längst nachwies. Auch Kynikerviten sind den christlichen Asketen-, Mönchs- und Heiligenleben schon vorangegangen. In allen Fällen verfolgen sie rein erbauliche, nie rein historische Ziele. Da es Märtyrer nicht mehr oder nur noch selten gab, tritt der Heilige an die Stelle des Märtyrers, daher gleicht er ihm in der Literatur oft bis aufs Haar. Statt des Märtyrertodes werden furchtbare Kämpfe mit dem Teufel und seinen dämonischen

Gesellen geschildert. Die ganze Literaturgattung ist stereotyp und unterscheidet sich oft nur durch ihre praktische Zwecksetzung: die aus dem liturgischen Bedürfnis der wachsenden Heiligenfeste entstandenen Viten sind kürzer als die oft sehr weitschweifigen für das private Erbauungsbedürfnis verfaßten.

Zur Erbauung dient auch das christliche *Wunderbuch*, eine geradlinige Fortsetzung des antiken Wunderbuchs. Isis-Sarapis müssen eine unerschöpfliche erbauliche Wunderliteratur ins Leben gerufen haben. Die Gattungen sind von den Wundergeschichten selbst abhängig: neben Sammlungen von Heilungswundern werden gern Naturwunder gelesen, die aus der Paradoxographenliteratur geschöpft sind. Sehr beliebt sind gespenstische Geschichten vom Erscheinen Toter, von geheimnisvoll sich öffnenden Türen, merkwürdigen Duplizitäten von Fällen, Traumerfüllungen oder Okkultem aller Art. An erster Stelle jedoch steht – sei es aus menschlichem Gerechtigkeitsgefühl oder aus menschlicher Gehässigkeit – die Literatur über Strafwunder. Der Humor darf dabei nicht fehlen. Daß ein Schwimmer von einer ins Wasser fallenden Erosstatue erschlagen wird, weil er ein Verächter des Eros war, gehört noch zum ‹großen› literarischen Typ; meist sind die Götter gnädiger und senden nur Wanzen, Flöhe und Läuse über die Schuldigen – genau wie in den christlichen Wunderbüchern.

Im Christentum sind erbauliche Wunderbücher vielfach mit den Heiligenbüchern verbunden worden. *Papias von Hierapolis* ist wohl der erste gewesen, der zu Erbauungszwecken christliche Wundergeschichten gesammelt hat. Eine Totenerweckungsgeschichte ist noch erhalten; sie scheint sein Glanzstück gewesen zu sein. Die Hauptmasse der Wunderbücher beginnt in der zweiten Hälfte des 4. Jahrhunderts. Antonius, der die Tiere durch ein Wort zähmt, Makarios, der blinde Hyänen sehend macht, Cosmas und Damian, die Steine schwimmen lassen und vor denen sich Bildsäulen neigen, werden zu Hauptfiguren des verchristlichten hellenistischen Wundergutes. Am tollsten geht es bei den Kopten zu, aber es genügt völlig, die Heiligenviten des Hieronymus zu lesen. Da befiehlt einer einem Götterbild, 69 Götterbilder und 138 Priester aus einem Tempel herauszuschleppen, ein anderer bringt einem wilden Löwen das Beten bei, ein dritter fährt auf einem Stein übers Wasser oder baut aus Staub eine Insel. Man kann leicht Tausende solcher Geschichten sammeln. Auch Strafwunderliteratur fehlt nicht und hat ihr ‹vornehmstes› Beispiel in dem zu Unrecht unter Lactanz' Namen gehenden *De mortibus persecutorum*. Das Buch steht allerdings noch unter dem Eindruck der diokletianischen Verfolgung und ist noch wesentlich höher zu werten als die durchschnittliche Erbauungsliteratur, aber bei aller historischen Interessiertheit verwendet es den Strafwunderapparat: die Christenverfolger verschwinden vom Erdboden, so daß man ihr Grab nicht mehr finden kann, sie werden lebendig von Würmern gefressen oder sterben vor Hunger und Schlaflosigkeit. Auch werden gern grausige Szenen geschildert, und eine derbe Erotik ist nicht vermieden.

Einen sehr großen Raum nimmt endlich die christliche *Unterhaltungsliteratur* ein. Ihre Entstehung ist meist sehr einfach. Man wollte nämlich auch als Christ seine alten lieben *Romane* weiterlesen, da diese aber meist allzu heidnisch waren, mußte einiges gestrichen, anderes christlich bemäntelt werden. Trotzdem blieben sie natürlich das, was sie waren, reine Unterhaltungsliteratur. Es gibt dazu in der Literaturgeschichte eine genaue Parallele, nämlich im puritanischen England. Auch da wollte man nicht auf die geliebten Romane des ‹merry old England› verzichten. So genügten ein paar Striche, das Einfügen von Pastorengestalten, etwas christliche Erbaulichkeit und Tugend, und die Literaturgattung war gerettet.

Eine besondere Literaturform verdient noch Erwähnung, die auch in der *Historia Monachorum* und der *Historia Lausiaca* zu finden ist: die fromme Eulenspiegelei des «Narren in Christo». Ihre Vorläufer sind zweifellos Kynikergeschichten, doch besteht hier ein grundlegender Unterschied: der Kyniker *stellt* sich einfältig, der Christ *ist* es aus der Lauterkeit seines Herzens heraus und weil er weiß, daß das Reich Gottes den Kindern und den geistig Armen gehört. Er tut das, was alle Einfältigen immer getan haben, befolgt Befehle wörtlich statt sinnvoll, stellt zum Entsetzen seiner Lehrer die seltsamsten Fragen, begeht in seiner Naivität rührend komische Handlungen, aber immer ist er reinen Herzens.

2. *Kunst*

a) Hymnus und Dichtung

Die seit den homerischen Hymnen geläufige Form *metrischer* religiöser Hymnendichtung ist auch in christlicher Zeit nicht verschwunden. Im 2. nachchristlichen Jahrhundert lebt sie in den orphischen Hymnen wieder auf, und in den Dionysiaka des Nonnos entsteht sogar noch einmal eine gewaltige Homernachahmung zu Ehren des Gottes, freilich in anderen Farben und in ägypto-hellenistischer Glut. Daneben stehen die metrischen philosophisch-hymnischen Dichtungen, die bei Empedokles, Xenophanes und Parmenides ihre Vorläufer hatten, im Zeushymnus des Kleanthes ihre schönste Form und in den neuplatonischen Hymnen ihre letzte Reife erlangten. Immer abstrakter werdend, verbinden sie Philosophie, Religion und Dichtung zu einem Ganzen.

Im Christentum beginnt die metrische Dichtung spät. Die christlichen Sibyllinen sind ihre ältesten größeren Zeugen, sie sind wie die jüdischen Sibyllinen reine Nachahmungen und Fortsetzungen hellenistischer Orakeldichtung. Dann hat Clemens dem Paidagogos einen anapästischen Hymnus beigefügt, der nach Art der Schulgebete in platonischen Schulen wohl das Schulgebet der christlichen Schule in Alexandreia war. Mit Gregor von Nazianz, der alle antiken Metra beherrscht, beginnt die Reihe griechischer christlicher Dichter, ihm folgt Amphilochios von Ikonion und vielleicht Apollinaris von Laodikeia, die in Jamben und Hexametern Dogmatik dichten oder Psalmen umdichten und Episches und Dramatisches verfassen, das aber verloren ist. Im Lateinischen beginnt die metrische Dichtung mit einigen Stücken bei Hilarius und Ambrosius, spätere nehmen sich meist Vergil zum Muster. Den Höhepunkt bilden die spanischen und gallischen Dichter, vor allem Prudentius. Aber auch Juvencus, Paulin von Nola, Sedulius, Commodian, Avitus, Helpidius und andere verwenden die alten Metren, wenn sie auch nicht immer auf die genauen Längen und Kürzen Rücksicht nehmen.

Aber die metrische Dichtung wird in Ost und West allmählich verdrängt durch die *rhythmische,* die ohne Rücksicht auf Quantität nur die Silbenzahl berücksichtigt.

Sowohl im Griechischen und Syrischen wie auch im Lateinischen wird das die Form christlicher Dichtung, die sich durchsetzt.

Die Gattung, die vor allem bei den Griechenchristen eine hohe Blüte erreichte, ist der Prosahymnus, das ὑμνεῖν ἄνευ μέτρου des Aristeides. Meist in drei Hauptteilen – Anrufung, Aretalogie und Gebetsbitte – verlaufend, wird er in langen Reihen von Gottesattributen, in preisenden Relativ- oder Partizipialsätzen, im Ich-, Du- oder Er-Stil zu einer Lieblingsform der dichterischen Ausdrucksweise. Der Rhetor Menander hat ihn in einer Musterform auf Zeus Sminthias vorgeführt, Aelius Aristeides ist einer seiner Meister, im Asklepioskreis, bei Isis und in der Hermetik hat er seine höchste Blüte entfaltet. Seine rhythmischen Möglichkeiten sind unendlich und bieten Raum für unerschöpfliche Variationen: man kann die Zeilenlänge ständig verändern, Strophenbildungen ohne Zwang eingliedern, kurz, er hat den Vorzug höchster gestaltender Freiheit, ohne dem Zwang eines wenn auch noch so biegsamen Metrums unterworfen zu sein.

Das Christentum hat die Form des Prosahymnus in paulinischer Zeit übernommen. Im Gegensatz zu den wenig eigenständigen Psalmnachahmungen der Judenchristen, von denen wir noch Spuren in den Psalmenflorilegien haben, hat Paulus ganz bewußt in seinem Kampf gegen das Gesetz mit feinem Verständnis für griechische Freiheit auch in den Ausdrucksformen diesen Hymnus gewählt und dem beginnenden Christentum in Römer 8, 1. Korinther 13 und Philipper 2 seine größten Prosahymnen geschenkt. In dieser Form haben die Vertreter des ekstatischen Gottesdienstes gedichtet wie der Chiliast Nepos von Arsinoe und viele andere, meist verlorene: die Gnosis hat sie besonders gepflegt, und allmählich wird sie der wichtigste Bestandteil der Liturgien.

Alle Formen religiöser Dichtung gelten, wie weithin die Dichtung überhaupt, der außerchristlichen Welt als *Enthusiasmos* und besondere Inspiration durch die Gottheit. Aristeides schildert einmal, wie er das erlebt hat. Er fährt bei Nacht auf einer schlechten Straße, da ergreift ihn plötzlich der Gott, er beginnt Hymnen zu dichten und spürt nichts mehr von der Mühsal des Weges.

Mit dem gleichen Enthusiasmos setzt die urchristliche Dichtung da ein, wo sie nicht Nachahmung alttestamentlicher Psalmen und Oden ist. Für Paulus ist, ganz griechisch, das Dichten ein Charisma, eine besondere Wirkung des göttlichen Geistes.

Die nächsten Hymnen, die auf die paulinischen folgen, sind einige schöne *Jubelhymnen*, die den frohen Charakter des Frühchristentums auch in der Dichtung erkennen lassen. Wird auch das Ekstatische mehr und mehr zu Lehrformulierungen, so bleibt der gefühlsstarke Ton doch erhalten:

«Gelobt sei Gott
Und der Vater unseres Herrn Jesu Christi,
Der in seinem großen Erbarmen
Neu uns gezeugt hat zu lebendiger Hoffnung
Durch die Auferstehung Jesu Christi von den Toten
Zu einem unvergänglichen, unbefleckten, unverwelklichen Los,
Aufbewahrt für euch in den Himmeln,
Die ihr in Gotteskraft umhegt seid
Durch Vertrauen auf ein Heil,
Bereit, enthüllt zu werden
In letzter Zeit.»

Diese Lobgesänge stehen in inneren Beziehungen zu dem Kernstück aller religiösen hymnischen Dichtung, der seit dem 4. Jahrhundert in bestimmte dichterische Regeln gebrachten, im Grunde viel älteren *Aretalogie*, einer dichterischen Häufung von Ehrungen aller, mehrerer oder einzelner Götter mit Aufzählung ihrer Taten, ihres Ursprungs, ihrer Kindheit, ihrer Kräfte, ihrer Namen, ihrer Kultstätten und auch ihrer geistigen Ausdeutung oder ihrer Wesensart,

Natur und Substanz. Aus der mythischen Frische der homerischen Hymnen, der ersten echten Aretalogien, ist, nicht ohne Mitwirkung der Philosophie, die Gattung abstrakter und katalogartiger Hymnen geworden, aber auch sie ist das Ergebnis einer ganz organischen griechischen Entwicklung; orientalisch ist auch hier gar nichts. Je nach dem philosophischen Hintergrund werden sie monotheistisch oder pantheistisch oder schwelgen neuplatonisch in Negationen, aber im Grunde bleiben sie, was sie immer waren. Es ist auch völlig falsch, die Form ‹Du tust› für griechisch, die Form ‹Du bist› dagegen für orientalisch zu erklären, denn gerade eine der am typischsten griechischen Aretalogien, der Hymnus der Athener auf Demetrios Poliorketes, hat die ‹ist›-Form:

> «Und heiter ist er, wie's dem Gott geziemt, und schön,
> Lächelnd hergekommen . . ., unsere Sonne ist er.»

Ihre schönsten Beispiele sind die orphischen Hymnen, die Hymnen des Aristeides auf Sarapis und Asklepios, und vor allem die Sein und Tun ohne Unterschied benutzenden Isishymnen.

Es ist ein weiter Abstand von dem schlichten Paian aretalogischer Art an Hygieia, der erzählt, wie die Göttin in der Sorge um Geld, Kinder oder Liebeskummer hilft, zu den rhetorisch ausgefeilten liturgischen oder philosophischen Aretalogien. Auf das Christentum haben nicht die schlichten Formen, sondern nach Zahlengesetzen gegliederte Kunstwerke wie das neunmal Heilig der Hermetiker eingewirkt:

> «Heilig ist Gott, der Vater aller Dinge,
> Heilig ist Gott, dessen Ratschluß von seinen Kräften vollendet wird,
> Heilig ist Gott, der von den Seinen erkannt werden will und erkannt wird.
> Heilig bist du, der durch den Logos das Seiende aufstellte,
> Heilig bist du, dessen Abbild die ganze Natur wurde,
> Heilig bist du, den die ganze Natur in ihrer Gestalt nicht umfaßt.
> Heilig bist du, der stärker als jede Kraft,
> Heilig bist du, der größer als jede Größe,
> Heilig bist du, erhabener als aller Preis,
> Nimm den vernünftigen Gottesdienst!»

Die ersten Ansätze aretalogischer Dichtung finden sich im *Christentum* in der johanneischen Literatur, dann folgt eine Unzahl von Gottes-, Christus-, Marien- und Heiligenaretalogien. Nur die extremsten ‹heidnischen› Merkmale sind weggefallen, sonst bleibt alles beim alten. Die Formeln bleiben meist dieselben, Christus ist Vernichter des Todes, Aufheber des Irrtums, Zerstörer des Todes, Überwinder der Unwissenheit, Offenbarer des Lebens, Geber der Unsterblichkeit; an die Stelle des Mythischen tritt das theologische Abstrakt. Doch zerstört das bei den Griechen nicht das Poetische:

> «Der den Untergang in Aufgang wandelte und den Tod zum Leben kreuzigte,
> Der den Menschen dem Verderben entriß und zum Äther emportrug,
> Der das Vergängliche in Unvergänglichkeit umschuf und Welt zum Himmel machte»,

oder die besonders schönen Verse des Gregor von Nazianz:

«Dich nun wollen wir preisen,	Σὲ νῦν εὐλογοῦμεν,
Mein Christus, Gottes Logos,	Χριστέ μου, λόγε θεοῦ,
Licht aus ewigem Lichte,	Φῶς ἐκ φωτὸς ἀνάρχου,
Und des Geistes Herr,	Καὶ πνεύματος ταμίας.
Dreifach Licht zu einer	Τριττοῦ φωτὸς εἰς μίαν
Herrlichkeit versammelt,	Δόξαν ἀθροιζομένου,
Der das Dunkel löste,	Ὃς ἔλυσας τὸ σκότος,
Der das Licht hinstellte,	Ὃς ὑπέστησας τὸ φῶς
Um im Licht das All zu schaffen.	Ἵν' ἐν φωτὶ τὰ πάντα κτίσῃς.»

Es kann aber auch zu Längen in der Darstellung führen, zumal wenn sich griechische mit alttestamentlichen Formelementen mischen wie im Gotteshymnus des 1. Clemensbriefes:

> «Dich, den allein Höchsten unter Höchsten, den Heiligen unter Heiligen ruhend,
> Der den Hochmut der Hochmütigen erniedrigt, die Nachstellungen der Heiden auflöst,
> Die Niedrigen zur Höhe erhebt und die Hohen erniedrigt,
> Der reich und arm macht, tötet und Leben schafft,
> Den einzigen Wohltäter der Geister und Gott alles Stofflichen,
> Der hineinschaut in die Abgründe, den Aufseher über Menschenwerke,
> Den Helfer derer, die in Gefahr, den Retter derer, die ohne Hoffnung,
> Den Schöpfer und Führer jedes Geistes.»

Auch die Aretalogien im Ichstil werden fortgesetzt, so heißt es ähnlich wie in einer Sarapisaretalogie in den Sibyllinen:

> «Der Himmel ist mein Kleid, das Meer ist mein Mantel,
> Die Erde ist meiner Füße Stütze, um meinen Leib strömt
> Die Luft, und der Gestirne Reigen umgibt mich rings.»

Dabei spiegelt sich die Jenseitigkeit Christi in den Hymnen wider. Wie in der bildenden Kunst kann er durch das Symbol ersetzt werden, so entstehen die Aretalogien auf das Kreuz, deren älteste in den Andreasakten stehen dürfte:

> «Du stehst fest in der Welt, um das Unstete fest zu machen;
> In einer Richtung reichst du bis zum Himmel, um den Logos zu deuten,
> Nach links und rechts bist du ausgebreitet, um die furchtbare feindliche Macht zu vertreiben und die Welt zusammenzuhalten,
> Nach unten bist du in der Erde befestigt, um das Irdische und Unterirdische mit dem Himmel zu verbinden.»

Wird die Dichtung *persönlicher*, tritt das Aretalogische zurück. Es entstehen schlichte Dankgedichte für Rettung aus Todesangst oder Seenot und naive Bittgedichte:

> «Jetzt, Göttin, komm' mir zu Hilfe, denn du nur kannst heilen,
> Wie in den Tempeln die Zahl dankbarer Tafeln beweist»,

oder schließlich die Bitten um das Kommen des Gottes:

> «Freu' dich, Adonis, du Lieber, und komm' zu uns Frohen.»

In der christlichen Dichtung ist die Beziehung auf das Persönliche vor allem bei Gregor von Nazianz und Synesios von Kyrene zu finden. Eins der schönsten Beispiele ist der anapästische Hymnus des Synesios nach seiner Rückkehr von der schwierigen Gesandtschaft nach seinem geliebten Kyrene, der in der Stimmung an seinen Landsmann Kallimachos erinnert und neben neuplatonisch-christlicher Theologie das Intimste enthält:

> «Auf, Seele, in heiligen Hymnen ergriffen
> Bringe die stoffgeborenen Begierden zur Ruhe,
> Wappne dich mit dem mächtigen Drängen des Geistes (νοῦς).
> Dem Götterkönig flechten wir einen Kranz,
> Unblutiges Opfer, Spenden der Hymnen.
> Dich besing' ich auf dem Meere, dich auf den Inseln,
> Dich auf dem Festland, in den Städten, auf Berggipfeln,
> Und wenn ich die Doppelfläche der weiten Heimatebenen, die hoch berühmt sind, durchwandre,
> Dich, Sel'ger, besinge ich, Schöpfer der Welt.
> Dir bringt die Nacht meinen Gesang, o Herrscher,
> Dir stimme ich Hymnen an am Tag, am Morgen, am Abend . . .
> Sieh' auf die schwache, kraftlose Seele in deinem Libyen,

Die dich preist in reinen Gebeten in deiner würdigen heiligen Stadt (Kyrene),
Weil sie der stoffliche Nebel noch ständig bedrängt ...»

Bei der Frage nach der Stellung des frühen Christentums zur Natur waren wir schon dem *Naturhymnus* begegnet. In diesem Zusammenhang muß noch einmal betont werden, wie eng sich die christliche Naturdichtung an hellenistische Vorbilder anschließt, jedoch der Gleichnischarakter der Natur in ihr zum Wesentlichen wird. Aber die gleichen Themen kehren wieder. Seit Alkman die Stille in der Natur besungen hat, wird sie auch für die christliche Dichtung unaufgebbares Gut. Wie die Natur den Göttern im griechischen Hymnus zujauchzt, so wiederholt sie das bei den christlichen Naturdichtern. Theiler hat nachgewiesen, wie stark etwa Alkaios auf Synesios eingewirkt hat; auch die Bukolik und Anakreontik ist nicht spurlos an der christlichen Dichtung vorübergegangen. Für Dionysos, Adonis und Isis gilt dasselbe; Adonis wird bukolische Gestalt. Das Christentum hatte von seiner Schöpfungsfreudigkeit her einen Zugang: als Vorbild einer oft wiederholten Gattung christlicher Naturhymnen kann der große Präfationshymnus im 8. Buch der apostolischen Konstitutionen gelten, in dem sich nur leicht Alttestamentliches mit Griechisch-Stoischem mischt:

«Denn du bist es, der den Himmel wie ein Gewölbe aufgestellt hat und wie ein Fell ausgespannt und die Erde auf das Nichts gegründet hat – durch deinen Willen allein,
Der du das Firmament geformt hast und Nacht und Tag eingerichtet, der das Licht herausführt aus seinen Schatzkammern und es wieder zurückgehen läßt, damit die Finsternis Ruhe über die Lebewesen der Erde bringe,
Der du die Sonne als Herrscher über den Tag an den Himmel gesetzt hast und den Mond als Herrscher über die Nacht und den Sternenchor an den Himmel geschrieben hast zum Preis deiner großen Herrlichkeit.
Der du Wasser geschaffen hast zum Trank und zur Reinigung, lebendige Luft zum Ein- und Ausatmen und zum Entstehen der Stimme ...,
Der das Feuer schuf zur Minderung der Finsternis, zur Beseitigung unserer Mängel, und damit wir uns wärmen und von ihm erleuchtet werden,
Der das große Meer vom Land getrennt hat und auf dem einen die Schiffahrt gelehrt, durch das andere Furten gelegt, und es mit kleinen und großen Tieren angefüllt, zahmen und wilden,

Mit vielfältigen Pflanzen hast du das Land umkränzt und Gewächsen, und hast es schön gemacht durch Blumen und reich durch Saaten,

Du hast um den Abgrund als Wall die ungeheuren Fluten salziger Meere gelegt und um diese den feinkörnigen Sand, du türmst bald ihre Fluten durch Stürme bergehoch auf, bald aber läßt du sie still werden wie eine Ebene.

Bald wühlst du sie auf durch Winterstürme, bald besänftigst du sie zur Meeresstille, so daß sie den Seefahrern glückliche Fahrt verheißt . . .»

Der 1. Clemensbrief enthält einen ähnlichen Naturhymnus mit einem echt griechischen Gefühl für die Harmonie des Kosmos:

«Frühling, Sommer, Herbst, Winter wechseln miteinander in Frieden ab.

Die Ordnungen der Winde vollenden ihren Dienst zu ihrer Zeit tadellos.

Immer fließende Quellen, zur Erquickung und Gesundheit geschaffen, gewähren unaufhörlich den Menschen ihre Brüste zum Leben.

Auch die kleinsten der Lebewesen vereinigen sich in Eintracht und Frieden . . . »

Hierher gehört vor allem Prudentius. Seine Morgenlieder sind in ihrer Stimmung unnachahmlich, doch besingt auch er die Natur nicht um ihrer selbst willen, sondern faßt sie als *symbolhaften Hinweis* auf göttliches Geschehen:

«Der Hahn, des Tages Kündiger, / Verkündet schon das nahe Licht –
Der aber, der die Geister weckt, / Christus, uns schon zum Leben ruft.
Tragt weg, ruft er, das Ruhebett, / Das faul und träg und müde macht.
Steht rein, gerade, nüchtern auf / Und wacht, denn nahe bin ich schon.
Ist erst der Sonne Leuchten da, / Dann ist's zu spät, das Bett zu fliehn.
Gib einen Teil der Nacht daran. / Die Zeit gewinnst du für dein Werk.
Der Vögel morgendlicher Ruf / Erschallt bevor der Tag anbricht.
Das ist das Bild des Kommenden, / Der einst uns alle richten wird.

Er mahnt die, die im Dunkel sind / Und faul in ihren Decken ruhn:
Verlaßt die faule, dumpfe Ruh'! / Schon kommt der Tag, schon wird es Licht.
Bedeckt der Morgenröte Hauch / Den Himmel mit dem ersten Glanz,
Soll, wer zum Werke ist geübt, / Stark werden durch das neue Licht.
Der ird'sche Schlaf, der zeitlich ist, / Ist nur des ewgen Todes Bild.
Die Schuld, sie gleicht der dunklen Nacht. / Sie zwingt uns zu dem trägen Schlaf.
Da mahnt vom hohen Gipfel her / Des Christus mahnend heller Ruf:
Das Licht ist nahe, darum sei / Der Geist des Schlafes Sklave nicht.»

Oder:

«Nachtschauder, Dunkel, Wolkengraun, Wirren und Stürme dieser Welt:
Gebt Raum, es naht das Morgenlicht. Hell wird der Himmel, Christus kommt.
Die Nacht der Erde wird erhellt, durchbohrt vom ersten Sonnenstrahl
Der Dinge Farben wiederkehr'n, gemalt vom glänzenden Gestirn.
So wird auch unser Dunkel hell und klar das trügerische Herz,
Die düstren Wolken spalten sich, wenn Gottes Herrschaft zu uns kommt ...»

Das *Schweigen* in der Natur, das in der byzantinischen Hymnendichtung eins der wesentlichsten Motive ist und immer wieder in den byzantinischen Hymnen erlebt wird, hat Synesios in wunderbarer Weise besungen:

«Die Erde schweige
Bei deinen Hymnen,
Bei deinen Gebeten.
Voll Ehrfurcht schweige
Alles, was Kosmos ist,
Deine Werke, o Vater.
Schweigen soll
Das Wehen der Winde,
Das Rauschen der Bäume,

Der Sang der Vögel;
Still soll der Äther,
Still soll die Luft
Lauschen dem Sang.
Das Rauschen der Wasser
Stehe schweigend still
Unter der Erde ...»

Auf eine besondere Art des christlichen Hymnus hat J. Kroll hingewiesen, den *paradox-antithetischen Hymnus*, der in Gegensätzen schwelgt. Die Vorläufer hierzu sind in der Tragödie und in platonisierenden Kreisen zu suchen: die Formel Soma Sema ist bereits eine solche antithetische Paradoxie, ebenso metaphysisch verankert wie die paradoxen christlichen Hymnen. Sie beginnen schon mit einer gewissen Effekthascherei im 2. Timotheosbrief:

«Denn wenn wir mitsterben, werden wir mitleben,
Wenn wir mit gehorsam sind, werden wir mit König sein,
Wenn wir verleugnen, wird er uns verleugnen.»

Seit Ignatios hat die christologische Dichtung diese Form bevorzugt: Christus ist

«fleischlich und geistig,
geboren und ungeboren,
im Tod wahres Leben ...
erst leidend und dann leidlos.»

Oder in etwas anderer Fassung:

«Fleisch geworden ist der Fleischlose,
Der Zeitlose ist in der Zeit geboren».

Er ist

«der Heilige für die Gesetzlosen,
der Unschuldige für die Schuldigen,
er ist groß und ganz klein, schön und häßlich,
Jüngling und Greis.»

Auch über sich selbst dichtet der Christ seit Paulus in solchen paradoxen Formen:

«Wir liegen nicht am Boden, da wir von dieser Höhe geliebt sind,
Wir gehören zur Zeit, um von ihr gelöst zu werden.»

Die Christushymnen führen weiter zur Form des gedichteten *Hieros Logos*, der jedoch nicht scharf von der Aretalogie zu trennen ist. Der Hauptunterschied – außer seiner bestimmten Stellung im Kult – ist, daß er nicht einzelne Taten des Gottes beschreibt, sondern einen zusammenhängenden Bericht über Leben und Sterben, Geschichte oder Mythos des Gottes gibt und daraus die Segnungen für den Gläubigen ableitet. Der homerische Demeterhymnus ist das klassische Vorbild. Um die Feierlichkeit zu steigern, spricht man bei weniger dichterischer Fähigkeit nicht mehr in eigenen Worten: Irenaios hat uns ein Stück eines Herakleshymnus aufbewahrt, der ganz aus Homerfloskeln zusammengesetzt ist, und die Lateiner bedienen sich gern des Vergilcento. Wie solche Hieroi Logoi vorgetragen wurden, berichtet uns Theokrit: sie sind keineswegs auf den Gottesdienst der Gläubigen beschränkt, sondern können auch bei öffentlichen Kultfeiern von Solisten vorgesungen oder rezitiert werden.

Der *christliche* Hieros Logos fand seine erste dichterische Bearbeitung im Christushymnus des Philipperbriefes. Das setzt sich in drei Strömen fort. Wir sahen bereits, daß der christologische Teil der Bekenntnisse der eine ist; besonders das Nicänum verwendet hier rein dichterische Formeln: «Licht vom Licht, wahrhafter Gott vom wahrhaften Gott ...» mit Aufzählung der Geschichte des Gottes. Ganz ähnlich gestaltet sich zweitens der Teil der christlichen Liturgie dichterisch aus, der die Einsetzungsworte des Kultmahles als entscheidendes Stück der Kultgeschichte einschließt, und der etwa so lautet:

«Er gab sich selbst freiwilligem Leiden hin,
Um den Tod außer Kraft zu setzen
Und die Bande des Teufels zu zerreißen
Und den Hades zu zerschmettern
Und die Gerechten zum Licht zu führen
Und die Höllengrenze niederzureißen
Und die Auferstehung zu offenbaren,
Er, der das Brot nahm in der Nacht, da er verraten ward ...»

Drittens haben die *Dichter* entweder die ganze Geschichte Jesu oder die wichtigsten Bestandteile des Christusmythos besungen. Sieht man ab von Nonnos' Umdichtung des Johannesevangeliums, so hat Hilarius von Poitiers einen echten Hieros Logos gedichtet, der nach einer schwungvollen Einleitung auf große Strecken den Synoptikern folgt. Es genüge der Anfang:

«Einen Hymnus singt, ihr Brüder, einen Hymnus voll Gesang,
Christ dem König laßt uns singen, bringen ihm den schuldgen Dank,

Du bist Wort aus Gottes Herzen, du die Wahrheit, du der Weg,
Wurzel Jesse ist dein Name, und ein Löwe bist du uns.
Gottes Rechte, Berg, Lamm Gottes, auch der Eckstein bist du uns.
Bräutigam und Gott und Taube, Flamme, Hirt und Pforte du.
Von Propheten einst verheißen wardst du Mensch zu unsrer Zeit,
Doch warst du vor allen Zeiten Schöpfer auch der ersten Zeit,
Schöpfer Himmels und der Erde, Schöpfer auch des Meeres du,
Du der Schöpfer aller Dinge, die der Vater dir gebot.
Eine Jungfrau dann empfing dich, wie es Gabriel verhieß . . .
Magier folgten dann dem Sterne, beugten sich zuerst dem Kind,
Und sie brachten Gold und Weihrauch, Gaben für ein Königskind.
. . . Schon als Kind, doch dann erwachsen, tat er Himmelszeichen viel,
Unbekannte und bekannte vor der Zeugen großer Schar,
Bringt die Botschaft vom Reich Gottes, lebt der Welt die Botschaft vor,
Heilt die Schwachen, und die Blinden macht er hell mit seinem Licht . . .»

Von Einzelszenen ist besonders gern die *Geburt* und der *Besuch der Magier* besungen:

«Dem Sohn der Braut wir singen,
Die so nicht Braut gewesen,
Wie's unter Menschen üblich.
Des Vaters dunkler (ἄρρητος) Ratschluß
Sann die Geburt des Christus,
Der Jungfrau reine Wehen
Gebar ihn menschengestaltet . . .»

Unerschöpflich ist das Thema Höllenfahrt und Auferstehung, dagegen ist geradezu auffällig, wie spät und in der alten Kirche selten die Leidensgeschichte dichterisch bearbeitet wird, abgesehen von Ambrosius' ‹Iam surgit hora tertia›, dem Vorbild aller Passionslieder.

Die Hieros-Logos-Dichtungen enden meist mit einer *Wendung an die Gläubigen,* stellen also die Verbindung mit dem Kult her. «Selig, wer das gesehen hat . . .» oder ähnlich lautet seit den homerischen Hymnen und Pindar die einfachste Form. Eine solche Verbindung von Christushymnus und Kultgemeinde weist einer der frühesten christlichen Hymnen auf:

«Der offenbar wurde im Stoff,
Die Gerechtigkeit verkörperte im Geist,
Erschien den Engeln,
Verkündet wurde unter den Völkern,
Geglaubt wurde im Kosmos,
Aufgenommen wurde im Lichtglanz.»

Auch hier werden die antithetischen Formen gern eingesetzt:

«Wenn wir seinen Namen nicht kannten, hat er uns nicht vergessen, sondern Mitleid mit uns gehabt.
Wenn wir ihn schmähten, hat er uns nicht verlassen, sondern sich erbarmend gezeigt.
Wenn wir ihm nicht vertrauten, hat er nicht des Bösen gedacht.»

Noch am Ende hat Boëthius am Schluß seiner freilich nichts ‹spezifisch› Christliches enthaltenden Hymnen die älteste Form solcher Seligpreisungen wieder aufgenommen:

«Glücklich, wer die schweren Ketten der Welt zu lösen vermochte.»

Auch die griechische Hymnendichtung wandte sich bereits *gedanklichen Problemen* zu, und gedichtete Theologie und Metaphysik gibt es sowohl in den Hymnen aller Philosophenschulen wie aller Religionen, gewaltige philosophische und religiöse Lehrgedichte wie Lucrez und seine Vorläufer, die Hymnen der Hermetik und der Neuplatoniker, Kleanthes, Arat. Es ist in der Antike überhaupt selten, daß ein Philosoph nicht zugleich Dichter ist. Die dogmatisch-lehrhafte Dichtung des Christentums hat in der Hauptsache aus den Dichtungen der Stoa und des Neuplatonismus gelernt oder abgeschrieben, vor allem haben die Hermetica, die chaldäischen Orakel und die Hymnen des Proklos die christlichen Dichter beeinflußt. Ihr Hauptinhalt, die neuplatonischen Trinitätsspekulationen, die Kette zwischen Himmel und Erde, die Erlösung als metaphysischer Vorgang, die Beziehungen der Seele zu Gott, das Wesen der Gottheit, beschäftigten die christlichen Dichter in gleicher Weise. So konnte man vieles übernehmen, wobei sich das Merkwürdige herausstellt, daß zum Beispiel in der Schilderung des Sündengefühls der ‹heidnische› Proklos ‹christlicher› ist als sämtliche christlichen Dichter des Ostens.

Im Christentum beginnen die Lehrdichtungen zuerst mit ganz einfachen Formulierungen des Monotheismus in hymnischer Form. Erst unter neuplatonischem Einfluß entstehen echte Lehrdichtungen über Gott. Auch hier ist Gregor von Nazianz, von dem wir etwa fünfhundert Gedichte besitzen, der fruchtbarste, aber völlig vom Neuplatonismus abhängig. Vieles stimmt wörtlich mit Proklos überein. «O du, jenseits von allen Dingen ... wie könnte dich die Vernunft erschauen ... du allein bist unbekannt ... einer und alles bist du.» Auch die trinitarischen sind neuplatonisch, abgesehen von den schlagerartigen Dichtungen, mit denen das Volk die Trinitätsstreitigkeiten singend auf der Straße begleitete. Wieder ist Synesios der glänzendste Dichter dieser Trinitätshymnen. Theiler hat seine Quellen aus den chaldäischen Orakeln und den neuplatonischen Hymnen sorgfältig analysiert. Im Westen hat Marius Victorinus drei Prosahymnen auf die Trinität verfaßt; wahre Monstra trinitarischer Lehrdichtung sind aber die akrostischen Verse des Hilarius von Poitiers, von denen wenigstens einige folgen mögen:

«Der du vor den Zeiten warst,
Der du immer geboren, immer dem Vater gleich,
Denn wie hieße er Vater auch,
Wenn er ohne den Sohn niemals ein Vater ist.
Zweimal uns geborener Gott,
Einmal, Christus, in Wahrheit in Gott geboren und von Gott,
Dann im Körper und doch auch Gott,
Hat dich der Jungfrau Schoß unserer Welt geschenkt ...
Nie verstehen kann menschlicher Geist,
Daß der Sohn im Vater bleibt, und wiederum auch nicht,
Wie der Vater im Innren des Sohns,
Der mit Würde und Recht göttlicher Sohn genannt.
Selig, wer es im Glauben vermag,
Solche gewaltigen Dinge vertrauend gewiß zu erfassen,
Daß aus Gottes Unkörperlichkeit
Geht der göttliche Sohn Körper werdend hervor.
Großes reden wir, die wir Gott
Einen Vater nennen, der alles, was in ihm ist
An der Zierde ewigen Ruhms,
Völlig dem einzigen Sohn hingab zu seinem Besitz.
Nun will der, der einzig ist gut,
Ohne Nutzen für sich das, was ist göttlich an ihm,
Aus sich selber in einen anderen
Zeugte, verwandeln sich in sein lebendiges Bild ...»

Die Lehren der Logoschristologie besingt ein Hymnus bei Clemens, von dem ein Stück erhalten ist:

«Der wegen seines Äußeren verachtet war,
Wegen seiner Taten aber verehrt,
Der Heiland, Retter und Versöhner,

Der göttliche Logos,
Der wirklich Gott, dem Herrn des Weltalls, völlig gleich ist,
Weil er sein Sohn ist und das Wort in Gott.»

Wieder hat Synesios, Chaldäisches, Neuplatonisches und Christliches mischend, diesen Stoff bearbeitet:

«An der heiligen Quelle des durch sich selbst Erzeugten
Kränzen wir den, der noch jenseits der unaussprechlichen Einheiten steht,
Den göttlichen Gott, Gottes herrlichen Sohn,
Den einzigen Sohn aus dem einzigen Vater gezeugt,
Mit weisen (σοφοῖς) Blüten von Hymnen,
Den nach Ratschluß des Vaters die geheimnisvollen Wehen
Aus unbekanntem Schoß heraufführten als Kind ...»

«Wieviele Hymnen und Lieder, die von Anfang an von gläubigen Christen gesungen wurden, besingen nicht Christus als Logos Gottes und Gottheit», bemerkt Euseb. So entstehen schließlich Hymnen, die, ähnlich wie zur Zeit der lutherischen Orthodoxie viele Gesangbuchlieder, einen Abriß der gesamten christlichen Dogmatik geben:

«Kommt herbei, ihr Gläubigen, und laßt uns beten
Zu dem Herrn, Gott, dem Allmächtigen,
Und dem Einen aus dem Einen eingeboren,
Der des ewgen Vaters wesensgleicher Sohn ist,
Und dem heilgen Geist, gleich ewig mit den beiden,
Ungetrennt auch er vom Vater, ein Geheimnis,
Ein Gott ist es nur, doch hat er drei Personen,
Dem des Himmels Kräfte schöne Hymnen singen.
Engel und Gewalten und die Mächtigen
Stehn um ihn herum und dienen ihm beständig,
Cherubim und Seraphim mit vielen Augen
Singen dir den Hymnus: Heilig, heilig, heilig.
Patriarchen und Propheten sind versammelt
Und der heilge Chor der zwölf Apostel
Mit der Gottesmutter, mit den Märtyrern,
Bittend um Befreiung von den Sünden.
Von dir, der du unsterblich und erbarmungsvoll
Um unsrer Schulden willen auf die Welt gekommen,
Damit wir Gnade und Erbarmen fänden
Am Tag der allgemeinen Wiederbringung.
Du heilge Dreiheit, die du wesensgleich,
Laß nichts aus deiner Liebe uns vertreiben,

Doch sende dein Erbarmen auf die Erde
Erziehend strafend, doch dann wieder heilend.»

Auch das *Ethos* gibt der Dichtung Stoff. Ethische Lehrgedichte gab es in der griechischen Welt seit Theognis, in der hellenistischen Zeit kennen wir eine ganze Reihe Mahngedichte und dichterische Anweisungen zum rechten Verhalten und Handeln. Im Christentum ist dieser ethische Ton von vornherein zu erwarten. Schon in dem kleinen Hymnenbruchstück des Epheserbriefs klingt der Ruf zur ethisch gemeinten Wachsamkeit:

«Erwache, der du schläfst,
Und steh von den Toten auf,
Und aufleuchten wird dir der Christus.»

Dem Christentum eigentümlich und ein Beweis für sein Interesse am Alltag ist die Begleitung des gesamten *Tageslaufes* durch Hymnen. Diese sind durch die Einführung und allmähliche Vermehrung bestimmter Gebetsstunden veranlaßt, zeigen aber oft so viele Beziehungen zum Alltag, daß sie keinesfalls immer oder gar ausschließlich für den liturgischen Gebrauch geschaffen oder rezitiert wurden. Nun hat es natürlich auch in der Antike stets Morgen-, Mittag- oder Abendgebete gegeben, aber eine solche Umrahmung des ganzen Tageslaufes mit religiösen Hymnen, wie sie etwa Prudentius' ‹Buch des Tageslaufes› enthält oder wie sie bei Ambrosius zu finden ist, ist neu. Da klingt es am frühesten Morgen:

«Du ewger Schöpfer alles Seins,
Der Tag und Nächte gleich regiert
Und jeder Zeit Termin bestimmt,
Daß in der Welt Bewegung sei:
Schon tönt des Tagesherolds Ruf.
Der in der tiefen Nacht gewacht,
Der Wandrer schaut das erste Licht
Das schon die Nacht vom Tage trennt . . . »

Dann geht es an die Arbeit:

«Schon steigt die Sonne hoch empor,
Nun laßt uns bitten Gott den Herrn,
Daß in der Tagesarbeit er
Uns Schutz vor Schaden nun bereit' . . . »

Vor Tisch singt man:

«Ohne dich, Herr, ist gar nichts mir süß,
Nicht kann ich über die Speise mich freun,

Ehe die Becher und Speisen du, Christ,
So wie alles mit Güte erfüllt
In deiner heilig machenden Treue . . . »

Nach Tisch fährt man fort:

«Sind die Speisen verzehrt und das Essen genossen,
Die des schwachen Körpers Gesetz erfordert,
Bringt die Zunge das Lob Gott dem Vater.»

Und eine reiche Fülle von Abendhymnen beschließt den Tag:

«Christ, der du unser Licht und Tag,
Du löst das nächtge Dunkel auf.»

Die vielen schönen Hymnen, die uns unter dem Wust der Zauberliteratur erhalten sind, beweisen, wie fließend im Grund die Grenzen waren. Und im Christentum, besonders in der Volksreligion, setzen sich auch diese Dichtungsformen ununterbrochen fort. Die Christen beschwören die Dämonen besonders gern mit den Hymnen über die Höllenfahrt Christi.

Die primitive Stufe stellt etwa das Gedicht dar, mit dem in den Johannesakten eine Schlange beschworen wird. Im höchsten Maße überrascht es, wie viele und wie gräßliche *Fluchgedichte* das Christentum aufzuweisen hat, allerdings stammen sie alle aus den unteren Schichten der Bevölkerung – immerhin weisen sie sogar homerische Wendungen auf, in nicht immer schlechten Hexametern:

«Sohn des höchsten Gottes, den nie ein Mensch konnt' erschauen,
Der den Blinden du gabst das Licht der Sonne zu sehen,
Zeige wie einst deine großen göttlichen Wunder:
Räche mein Leiden mit unvergänglicher Rache,
Das ich erlitt und erduldet durch meine einzige Tochter.
Unsere Feinde zerschmettere mit deinen gewaltigen Händen.»

Harmlosere Werke christlicher Volksdichtungen sind Spottverse, wie man sie etwa auf Absonderlichkeiten gewisser Lehren und Lehrer dichtete.

Abgesehen von der lyrischen Dichtung hat das Christentum die *übrigen Formen antiken Dichtens* nicht weitergeführt oder sie sogar ganz absterben lassen, bis sie im späteren Byzanz wieder auflebten. Doch darf man nicht vergessen, daß auch der Hellenismus bereits die Tragödie verkümmern ließ und durch das antike ‹Kino›, die Ausstattungsrevuen und Operetten, verdrängte, und daß es im alexandrinischen Hellenismus Opposition gegen das lange Epos gab.

Immerhin hat sich dies noch fortgesetzt: vom alexandrinischen Epos bis zu Nonnos' Dionysiaka, im Westen durch die Nachahmer Vergils, hat sich das Epos noch gehalten, und Christen haben biblische Epen gedichtet, die aber meist leer, abstrakt und gelehrt bleiben. Hierher gehört die Johannesparaphrase des Nonnos:

> «Zeitlos war, unerreichbar, im unaussprechlichen Anfang
> Gleich dem gleichaltrigen Vater der Logos, der Sohn ohne Mutter,
> Licht vom Licht, der Sohn des selbst entstandenen Gottes.»

Im Westen wurde Vergil nachgeahmt in dem kleinen südgallischen Wunderepos *‹Laudes Domini›* (4. Jhdt. ?), in den biblischen Dichtungen der Proba und in dem Evangelienepos des Juvencus. Wirkliche Kraft hat das alles nicht. Dagegen hat Prudentius in seinen Märtyrerhymnen epische Töne höchster Schönheit und packender Kraft gefunden, während seine allegorische Psychomachie, das Epos des Kampfes von Heidentum und Christentum um die Seele, zu sehr Lehrgedicht bleibt. Auch sonst liebt er den epischen Ton:

> «Gib, o Knabe, das Plektrum, daß den gläubigen Chören ich singe
> Süßes, melodisches Lied, des Christ ungeheure Taten!
> Diesen allein soll unsere Muse besingen, ihn lobe die Lyra.»

Auch Paulin von Nola findet für seinen Lieblingsheiligen epische Töne, die sein individuelles Erleben spiegeln:

> «Alles, was ist, die Dinge des jetzigen Lebens, die Hoffnung
> Auf das künftige, danke ich dir; ich gedenke, daß du mich
> Seit meinen frühesten Jahren mit deinen Händen gehalten.»

Trotz Revue, Ballett, Pantomime und Sketch war die *dramatische Dichtung* nicht ganz untergegangen, man spielte sogar noch Euripides und Menander, und in den großartigen Bühnenwirkungen der Tragödien Senecas hatte sie sogar eine neue Wendung genommen. Das Christentum hat sich durch seine wütenden Angriffe auf das Theater, die die Mythen treffen wollten, die Bühne verbaut, doch lehnten auch die Neuplatoniker in Anlehnung an einzelne Platonsätze das Theater ab. Clemens von Alexandreia kennt zwar dramatische Bearbeitungen biblischer Stoffe, sie stammen aber von hellenistischen Juden, Synesios will noch Dramen und Komödien geschrieben haben, sie sind aber kaum gespielt worden und nicht erhalten. Aber dramatische Szenen bleiben in dem großen lyrischen Drama der ostkirchlichen Liturgie, das die Bühne in die Kirche verlegt.

Und doch ist die Entwicklung der christlichen Dichtung, abgesehen von einzelnen Erscheinungen wie Synesios, aufs empfindlichste gestört worden, und zwar durch den drückenden Zwang des *Biblizismus*. Immer mehr Psalm- oder Prophetenzitate mischen sich in die Dichtungen hinein, so daß die Formen unorganisch werden. Die Florilegien, die mit den beiden ersten Lukaskapiteln beginnen und sich in den Liturgien festsetzen, lähmen die echte Dichtung beständig. Wie störend sind schon die alttestamentlichen Zitate in den ekstatisch-schwungvollen Oden Salomos. Die «elende Übersetzerprosa» der Psalmenübersetzungen wird immer unharmonischer. Vergeblich haben sich Basileios und Ambrosius gegen diesen Biblizismus gewandt, selbstverständlich sind ihm auch echte Dichter wie Gregor von Nazianz oder Boëthius nicht erlegen, aber wie oft hat der Septuagintastil die ganze Schönheit eines christlichen Hymnus zerstört. Es gibt auch hier Ausnahmen. Zuweilen gelang eine wirkliche Einschmelzung, besonders mit dem oft umgedichteten sechsten Jesajakapitel, das sich in eine griechische Aretalogie umwandeln ließ:

«Die unkörperliche Natur der Cherubim
Preist dich mit nie schweigenden Hymnen,
Sechsflügelige Wesen, die Seraphim,
Rühmen dich mit nie endenden Stimmen,
Alle Heere der Engel
Rühmen dich . . . »

Das Trishagion wird einer der Höhepunkte der griechischen Liturgie, besonders in seiner verkürzten, griechischsten Form:

«Heiliger Gott,
Heiliger Starker,
Heiliger Unsterblicher.»

Zweifellos befruchtender als der Biblizismus sind wenigstens für die byzantinische christliche Dichtung die Einflüsse der *syrischen großen Dichter* geworden. Das viel umstrittene Problem, wie weit die berühmten Hymnen der Thomasakten syrischen Ursprungs sind, wage ich nicht zu entscheiden – sie mögen ebensogut gräko-ägyptisch sein. Aber mit Bardesanes und Ephraem beginnt eine syrische christliche Dichtung, die ins Griechische übersetzt dichterische Bedeutung bekam – nicht nur durch ihre Weitschweifigkeit und stereotype Monotonie, nicht nur durch die schon geschilderte, von Romanos übernommene Form oder den Strophenbau, sondern vor allem durch ihre Singbarkeit.

b) Musik

Zu einem großen Teil hat sich das Christentum seinen Sieg ersungen. Die merkwürdige, zuweilen noch immer anzutreffende Auffassung, der christliche Gesang stamme aus der Synagoge, ist falsch: in der Synagoge ist überhaupt von der Gemeinde nicht gesungen worden. Sucht man Anknüpfungen, so liegen sie nur in der hellenistischen Welt. Aber sie wurde vom Christentum durch den Schwung und die Singbarkeit seiner Lieder, deren Volkstümlichkeit und musikalische Gestaltungskraft übertroffen. Sowohl als Werbemittel wie als Ausdruck der Erbauung ist die Musik einer der wichtigsten Faktoren in der Geschichte des *antiken* Christentums. Leider ist auch hier vieles verloren, und Rückschlüsse aus dem in der byzantinischen und lateinischen Kirchenmusik Vorhandenen sind nicht immer möglich oder sicher.

Seit dem vierten vorchristlichen Jahrhundert kämpft die ‹alte› griechische Musik gegen die ‹neue› des l'art pour l'art oder die bloße Programm- und Schlagermusik. Zu allen Zeiten war Musik den Griechen eine göttliche Macht, die in Apoll oder Orpheus ihr Symbol hatte, in den Dienst der Erziehung gestellt wurde, metaphysisch und ethisch begründet war und als Ausdruck von Gesetz und Harmonie in der staatlichen Gesetzgebung einen Platz einnahm. Musik ist Maß und Zahl, Mathematik *nescientis se numerare animae*. Ihre Harmonik entspricht der Harmonik des Alls. In Platons Nomoi ist die höchste Stufe dieser Musikbetrachtung erreicht: Musik gibt das Urbild des Schönen am reinsten wieder, Rhythmus und Tonart entsprechen einem bestimmten Ethos, alle nicht lineare Harmonie ist Kitsch, echte Musik erfordert den ganzen Menschen und kommt aus göttlichem Enthusiasmos.

Diese Musik ist mit der Religion aufs engste verbunden. Das geheimnisvolle Zeichen E am Tempel von Delphoi bedeutet nach Plutarch auch die Quint als wichtigstes Intervall, die apollinischen Sängerchöre singen mit den Singschwänen um die Wette. Bei Poseidonios bilden Musik, Kult und Philosophie eine Einheit, Musik eint Griechen und Barbaren, Götter und Menschen, ist der Ekstase verwandt, macht den Menschen selig, besänftigt den Zorn. In Proklos' System spiegelt sich die Dreigliederung der Welt: Gott entspricht die Oktave, den Dämonen die Quint, den Menschen die Quart. Dabei darf man nie übersehen, daß diese Musik zweierlei fordert, ein feines Ohr, das Empfindlichkeit für alle Modulationen voraussetzt, und die unlösbare Verbindung von Wort und Ton, die für jede echt griechische Musik gilt und es dem Christentum leicht machte, sich zu dieser Musik zu bekennen.

Schon Platon hatte für diese Musik kämpfen müssen. Erbitterte Formen nahm dieser Kampf an, als die Sophisten die Musik für bloßen Luxus erklärten, als der Epikureer Philodem sie auf eine Linie mit der Kochkunst stellte, als römische Barbaren sie nur als kindliches Spielzeug (delectatio puerilis) gelten ließen, und vor allem, als von Syrien und Ägypten her Jazz, Schlager, leeres Virtuosentum und Kitsch eindrangen.

Es gehört zu den großen Ruhmestiteln des antiken Christentums, daß es sich in die *Kampffront* gegen die neue Musik stellte, aber nicht nur negativ ablehnend, sondern auch positiv auf der Linie der alten Musik Neues schaffend, und zwar nicht nur, wie bei den Neuplatonikern und Neupythagoreern, für einen Kreis musikalischer Fachleute, sondern für die breiten Schichten der Gemeinden. Das älteste christliche Lied, das wir besitzen, steht auf der Rückseite einer Getreiderechnung, hat also Armen gehört. Es ist in griechischer Art streng nach dem Text komponiert, von einem der alten griechischen Saiteninstrumente begleitet und hypophrygisch gesetzt, eine Tonart, die den Musikpsychologen als aktiv, kräftig, enthusiastisch erschien, streng diatonisch.

Die musikalische Verwandtschaft zu dem echt ‹heidnischen› Päan eines Berliner Papyrus ist ebenso bekannt wie die Einwirkung des Seikilosliedchens oder der Hymnen des Mesomedes auf die christliche Musik: besonders der letztere hat bei den Christen in hohen Ehren gestanden. Synesios, der seine sämtlichen Hymnen zum Singen bestimmt und der auf die Volkslieder seiner Hirten achtet, singt selbst Hymnen des Mesomed. Doch besitzen wir einen noch früheren Bekenner der ‹alten› und Bekämpfer der ‹neuen› Musik in Clemens von Alexandreia. Rückhaltlos bekämpft er den orientalischen Einfluß, den Jazz, die sentimentalen und chromatischen Harmonien, die Zierkoloraturen.

Der *Charakter* aller altchristlichen Musik ist im Gegensatz zu den viel stärker orientalischen Klagegesängen der Attis- oder Osirisklage ausschließlich innerhalb des Bereiches Jubel, Dank, Hochstimmung zu finden. So haben Chrysostomos und Augustin ihren ungeheuren Eindruck und ihre lebenspendende Kraft beschrieben. Was der Dichtung nicht gelang, schaffte die Musik, die Überwindung eines bloß sklavisch rezitierenden Biblizismus durch die künstlerische Form. Das Psalmodieren des Orients wird zwar nicht völlig abgelehnt, Athanasios schätzt seinen ethischen Wert, Augustin empfiehlt es bei der Arbeit, aber durchgesetzt hat es sich nicht, sondern durch die ganze griechische Welt hat sich dadurch, daß die Christen an die alte Musik anknüpften, der Trópariengesang gebildet und bis heute behauptet. So viele Probleme die von Wellesz meisterhaft erforschte byzantinische Kirchenmusik aufgibt, ihre Grundlage ist die organische Fortbildung der ‹alten› Musik. In die abendländische Kirche ist durch Ambrosius, für den ganz platonisch die Musik Nachahmung der Sphärenharmonie ist, die griechische Musik eingezogen, obwohl die der griechischen Kirche der antiken immer näher blieb. Bei dem praktischen Basileios kommt übrigens auch der alte medizinisch-heilende Gebrauch der Musik noch vor.

Wenden wir uns zunächst dem *Gesang* zu. Seine klassische Form hatte der *Chorgesang* in den geschulten Chören der Tragödie gewonnen, für den Beginn der hellenistischen Zeit sind Platons Nomoi entscheidend. Nach klarer Scheidung von männlichen und weiblichen Chören werden die ersteren aufgegliedert in den unter dem Schutz der Musen stehenden Knabenchor, den apollinischen Jünglingschor und den dionysischen Männerchor, dessen Chorführer für die Auswahl richtiger Musik verantwortlich ist. Hymnen auf Götter, Heroen und Dämonen sind ihre vornehmsten Stoffe, nur Trauergesänge dürfen sie nicht singen, das überläßt man gemieteten und ausländischen Chören. Platon hat ebenso wie Sokrates in diesen Chören mitgesungen und dirigiert.

Alle diese Chorformen finden sich in den Religionen. In Kreta läßt man von Kinderchören die heiligen Gesetze singen, in den Asklepiostempeln singen Knabenchöre zum Morgengottesdienst, bei Dionysos gibt es angestellte Chordirigenten, im Kaiserkult sind seit Caligula Knabenchöre nachweisbar, Ephesos hat einen städtischen Chor zu Ehren der Artemis, Sarapischöre sind inschriftlich belegt, in den Isisprozessionen singen Jugendchöre responsorisch, Alexander von Abonuteichos hat Männerchöre, und die Therapeuten haben Chorführer und Chöre. Meist sind es männliche Sänger, doch kommen auch griechische Mädchenchöre im alten Tarent vor. Im Christentum ist Chorgesang wahrscheinlich durch den Epheser- und Kolosserbrief bezeugt, sicher durch die Apokalypse und durch Plinius, wenn dieser Gesang und nicht Symbolrezitation meint. Frauenchöre werden von Paul von Samosata neu eingeführt, Kinderchöre kennt die syrische Kirche. Den tiefen Eindruck, den das christliche Chorsingen machte, beschreibt Augustin aus der Mailänder Gemeinde des Ambrosius. So nachhaltig war dieser Eindruck, daß die Arianer deswegen Ambrosius der Magie bezichtigten.

Von christlichen Solisten wissen wir nicht sehr viel. Die pseudoklementinische Schrift *ad virgines,* die vielleicht noch vom Ende des dritten Jahrhunderts stammt, verbietet es, christliche Lieder gegen Geld den Nichtchristen vorzusingen, setzt also christliche Berufssänger voraus. Die apokryphen Apostelakten lassen erkennen, daß man gnostische und christliche Hymnen zu Hochzeitsfeiern singen ließ, doch wohl von bezahlten Solosängern und -sängerinnen. Sollte Synesios seine Hymnen wirklich haben singen lassen, so war das bei ihrer Kompliziertheit nur durch sehr virtuose und geschulte Solisten möglich. Am klarsten sehen wir bei der musikalischen Entwicklung der Liturgien. Hier übernahm der Diakon seit dem vierten Jahrhundert die oft sehr schwierigen Solopartien rezitativen oder arienartigen Charakters, die er responsorisch mit dem Chor oder der Gemeinde, aber auch völlig solistisch sang.

Auch über die Anfänge des *Gemeindegesanges* in den hellenistischen Religionen und im Christentum wissen wir nur wenig. Den Begriff einer singenden Gesamtgemeinde finden wir zuerst in der Utopie des Hekataios von Abdera (um 300 v. Chr.), der die Hyperboreer als ein Volk schildert, das täglich Apoll durch Hymnen preist. Auf den großen Prozessionswegen ist immer gesungen worden, doch wohl von allen Teilnehmern, aber nur bei Sarapis ist Laiengesang sicher bezeugt. Aber das beweist natürlich nichts.

In der frühen Kirche schildert zuerst Ignatios, dem Clemens von Alexandreia folgt, die christliche Gemeinde als einen Chor singender Menschen, deren Chorführer der Logos ist. Im Anschluß an die Hymnen der Johannesapokalypse konnte man sich auch die Himmlischen und die Toten als unsichtbare Glieder dieses Chores vorstellen; das wird in eine liturgische Formel umgesetzt. Besonders Clemens schwelgt in diesen Bildern: an Platonisches anknüpfend läßt er Sonne, Mond und Sterne, ja die ganze Sphärenharmonie mit den Christen zusammen singen. Das erste christliche Gesangbuch hat wohl Markion herausgegeben, es soll 150 Lieder umfaßt haben, war also eine ganz genaue und scharfe Kampfansage gegen den Psalter. Der christliche Liedpapyrus zeigt, wie man die Lieder aufgeschrieben, mit Noten oder wenigstens Melodienvermerken versehen und verbreitet hat. Auch das manichäische Psalmbuch gibt einen Eindruck davon, wie altchristliche Gesangbücher ausgesehen haben. Das Niveau darf man sich, nach diesem zu schließen, nicht zu hoch vorstellen, doch war es wohl im allgemeinen volkstümlich.

Das alles ist leider verlorengegangen, weil es der streng gegliederte *liturgische Gesang* verdrängt hat. Auch seine zwei Hauptbestandteile, die responsorischen Gesänge zwischen Solisten, Chor und Gemeinde, und die Antiphone zwischen zwei Chören verschiedener Tonhöhe haben nichts mit dem Orient zu tun, sondern sind Entwicklungsformen der griechischen Musik. Sie kommen von Strophe und Antistrophe des griechischen Theaters her, und zwar ausschließlich. Der Hellenismus hatte ihnen eine besondere Fassung gegeben, den Wechselgesang der Hirten in der Bukolik. Hier begegnen Responsorien von höchster Feinheit, besonders im Rhythmus, und wir können nicht genug bedauern, daß wir dazu keine Musik mehr besitzen. Zudem übertrug sich der Dialogcharakter des gesamten griechischen Lebens nicht nur auf die Rede, sondern auch auf die Musik, das war ganz natürlich. Antiphone und Responsorien sind nichts anderes als *in Musik gesetzter Dialog*. Die Sitte der Zeit biblizistischer Reaktion, die Psalmen responsorisch oder antiphon zu singen, ist nicht mit diesen überliefert oder entstanden, sondern der Versuch, die für das griechische Ohr nicht ohne weiteres als schön empfundenen Psalmen in die griechische Dialogform zu gießen. Basileios, der für die Geschichte des antiphonen Kirchengesanges am wichtigsten ist, geht aber nicht einmal diesen Weg mit, sondern lehnt die Psalmodie im Gottesdienst überhaupt ab.

Die christliche Musik blieb aber *nicht* auf den Kult beschränkt. Ihre Besonderheit war, daß sie alle Sphären des Lebens erfüllte. Man erzählte, daß die Märtyrer singend in den Tod zu gehen pflegten. Das ist sicher auch vorgekommen und hat die Umwelt tief beeindruckt. Singend zog man auch durch die Straßen, wenn eine Verfolgung überstanden war. Man sang daheim, vor und nach dem Essen, bei der Arbeit; Clemens kennt christliche Lieder bei Symposien. Mit Hymnengesang fuhren die christlichen Seeleute über das Meer, die alten griechischen Handwerkerlieder wurden durch christliche ersetzt, Mägde sangen an der Mühle und Frauen beim Spinnen. Die Arianer sangen Schiffer-, Müller- und Wanderlieder mit christlichen Texten, die oft in Versmaßen der Lustspieldichter gedichtet waren.

Auch bei der *Instrumentalmusik* finden wir das Christentum auf der Seite der alten Musik. Die Hymnen der Apokalypse werden in altgriechischer Weise ausschließlich von Saiteninstrumenten begleitet, auch der Papyrushymnus ist von einem solchen begleitet worden, und Synesios behauptet, das erste Lied auf Christus mit Kitharabegleitung komponiert zu haben. Andere Instrumente lehnt das Christentum zunächst ab und stellt sich damit in die alte griechische Linie. Platon hatte die Instrumentalmusik als unethisch verworfen, Euripides sich gegen das Eindringen orientalischer Instrumente gewehrt, Poseidonios in dem Anwachsen der Saitenzahl eine Dekadenzerscheinung gesehen und Plutarch nur den als wirklichen Musiker anerkannt, der außer den beiden alten griechischen Saiteninstrumenten kein weiteres Instrument gelten ließ. Die gleiche Haltung nimmt Clemens von Alexandreia ein.

Genau wie Plutarch und andere Platoniker hat das Christentum nicht einmal die dionysische *Flöte* gelten lassen, denn die Kitharodie wurde als geistig, die Aulodie aber als sinnlich empfunden. Allerdings gibt es einige Ausnahmen; der Tanzhymnus der Thomasakten, der auch den kultischen Tanz als christlich gelten läßt, wird von Flötenmusik begleitet.

Wo *Blechbläser* in den Religionen vorkommen, haben sie keine musikalische, sondern nur signalistische Bedeutung. In dem Riesenraum der Hagia Sophia gaben Trompetenstöße das Zeichen zum christlichen Gottesdienstbeginn. Das stammt weder von dem jüdischen Widderhorn noch von den silbernen Trompeten des Tempelkultes, die der Titusbogen zeigt, sondern gehört zu den vielen Elementen, die die Liturgie aus dem Heerlager übernommen hat; alle römischen aeneatores, die buccinatores, cornicines und tubicines sind keine Musiker, sondern ‹Nachrichtenleute›. An den Anfang des christlichen Gottesdienstes paßte ein solches Trompetensignal ausgezeichnet, weil man dabei an die Trompete denken konnte, die das Signal zur Auferstehung geben würde. Auch der Trompetenbläser auf dem Isiskultbild von Herculaneum gibt wohl nur das Signal zum Beginn eines neuen Aktes in der liturgischen Handlung. Musikalische Bedeutung hat das Blech nirgends.

Dagegen suchten viele der hellenistischen Religionen der *‹modernen› Musik* einen Platz einzuräumen. Ob sie das aus missionarischen Gründen taten oder ob alte orientalische Bindungen betont werden sollten, ob sie damit Ekstasen rascher zu erzielen meinten oder ob sie nicht einfach der Mode nachgaben, läßt sich nicht entscheiden. Schon in Samothrake ist die Kultmusik ‹moderner› als in jedem anderen griechischen Kult, denn man verwendet Tamburine, Schlagzeug und verschiedene Flöten. Sabazios ist noch moderner: neben Flöten aller Arten gebraucht er Kastagnetten, Pauken, Handpauken, Geschrei, Fußstampfen, Schlagzeug aller Art. Der Isiskult hat einen eigenen Stil. Alte ägyptische Zurückhaltung gegenüber der syrischen Musik – viele altägyptische Tempel lassen nur Vokalmusik zu – legt ihm eine gewisse Beschränkung auf. Doch kennt er Holzbläser verschiedener Art und gestattet die alte ägyptische Musikbegleitung durch Händeklatschen. Vor allem hat Isis ihr eigenes heiliges Instrument, das Seistron (Sistrum), das aus vier beweglichen Stäbchen in einem Bügel besteht. Plutarch deutet es als die vier Weltelemente und seine Bewegung als Bewegung der Welt. Ursprünglich Hathor zugehörig, ist es, wie vieles andere auf Isis übertragen, schließlich deren Attribut geworden und das Instrument, mit dem ihre Priester den Segen erteilen. Die wildeste Instrumentierung hatten die syrischen und kleinasiatischen Kulte, von der Hierapolis-Bambyke einen guten Eindruck gibt: hier bliesen Flöten, schrillten Pfeifen, dröhnten Metallbecken, hallten dumpfe Pauken, rasselten Kastagnetten.

Nichts von dem allen im Christentum. Im griechischen Raum blieb die Musik rein vokal. Die abessinische Kirche übernahm zeitweise von Ägypten das Seistron, aber das ist ebenso vereinzelt wie die Flöte in den Thomasakten. Während der ganzen Epoche hat kein Instrument die vox humana des Kirchengesangs gestört, auch die *Orgel* nicht.

Diese war als Wasserorgel von Archimedes und Heron konstruiert, von Ktesibios in Alexandreia beschrieben und verbessert und als Windorgel, zuerst als einfache Verbindung von Syrinx und Sackpfeife, in Gebrauch, sie war auch den Christen bekannt und wurde als profanes Instrument von ihnen bewundert. Julian hat sie als einen Teil des Hofzeremoniells besungen, am byzantinischen Hof gab es eine vergoldete tragbare Kaiserorgel und silberne Orgeln der grünen und blauen Partei. Aber in den Gottesdienst hat sie im Osten nie Eingang gefunden.

Von größter Bedeutung war endlich, daß das Christentum die antike *Musiktheorie* aufnahm und weitergab. Zwar ging vieles von dem verloren, was Aristoxenos von Tarent, Nikomachos von Gerasa, Heron, Philodem von Gadara und andere erarbeitet hatten. Während es Griechen gab, die die Musiktheorie ablehnten – Epikur meinte, schlechte Witze seien ihm lieber als Musiktheorie –, haben die Christen sie vorbildlich gepflegt. Zwar Augustins, von Varro und Plotin beeinflußte sechs Bücher über die Musik behandeln vorwiegend den Rhythmus in allen Feinheiten, aber durch Martianus Capella und andere wurde die Musiktheorie Quintilians oder Boëthius' der Kirche erhalten; ohne diese Überlieferungen sind die Schöpfungen mittelalterlicher Vokalmusik nicht zu denken.

Bei dieser Stellung der Musik ist es selbstverständlich, daß man sie auch *für das Jenseits* wünschte. Bei Platon stand sie in der Nähe des Urschönen, den Platonikern wird der Himmel das große Musikinstrument, auf dem die Gottheit spielt. Jede Vorstellung vom Lande der Seligen weist Musik auf; sogar die Kinder auf dem Kinderparadies des Diokletianthermenmuseums haben Instrumente. Im Christentum entwickelt sich daraus in der Johannesapokalypse der himmlische Chor der Geretteten, der im Stil der alten Musik ewig Gottes Preis singt.

c) Der Kultbau

Die hellenistische Kultarchitektur hat von ihren Vorläufern zwei Schöpfungen übernommen: den *Repräsentativbau* und den *Mysterienkultraum*.

Der große *repräsentative Kultbau* ist der Sitz des Stadtgottes und später der der Reichsgötter, wirklich oder symbolisch als Wohnung des Gottes gedacht, Stadtmittelpunkt und Ausdruck des Glaubens an die beschützende Nähe der Gottheit, zugleich aber auch Entfaltung alles Reichtums, aller baulichen Kultur, aller Formfreude der Stadt, des Staates oder des Reiches. In der hellenistischen und römischen Zeit wird der Drang zum Repräsentativen immer stärker und geht Hand in Hand mit der zunehmenden Verweltlichung der alten Religionen; Riesentempel wie die von Baalbek haben fast nur noch repräsentative Bedeutung.

Die Mysterienreligionen konnten mit diesen Repräsentativbauten nichts anfangen. Sie brauchten Räume für die *Gemeinden*, in denen die heiligen Liturgien gezeigt, die heiligen Texte gelesen, das heilige Geschehnis erlebt werden konnte. Ein Raum in einem Privathaus konnte genügen, wenn er durch die Ausstattung dem Wesen des Kultes entsprach. Das war nicht erst christlich: in dem schönen Mysteriensaal der Villa Item in Pompeji haben wir ein vorchristliches Beispiel für den Dionysoskult. Das berühmteste Vorbild aller eigenen Mysterienkultbauten ist aber das Telesterion von *Eleusis*. Der kleine Bau, der höchstens 1000 Menschen faßt, ist in keiner Weise repräsentativ, enthält aber eine für den Kult unerläßliche Einzelheit, das ausschließliche Oberlicht. Der Raum war so eingerichtet, daß alle Versammelten schauen konnten, was gezeigt wurde, doch reichte er nur für liturgische, nicht für theatralische Aufführungen. Das Telesterion von Eleusis hat auf alle durch Eleusis beeinflußten Mysterienreligionen eingewirkt, besonders der Effekt des Oberlichtes wurde nachgeahmt. Allerdings haben die hellenisierten östlichen Kulte auch östliche, besonders ägyptische, weniger syrische und persische Formelemente beibehalten und eingeschmolzen. Am reichsten ist unsere Kenntnis bei Isis-Sarapis. Hier gibt es große, repräsentative Bauten wie das Sarapeion von Alexandreia, einen griechischen Prostylostempel, den nach Ammian nur der Tempel des Juppiter Capitolinus übertroffen habe. Auch der altberühmte Isistempel auf dem Marsfeld wurde zur Zeit Domitians in einen Repräsentativbau verwandelt, doch wohl mit mehr ägyptischen Zügen. Auf der anderen Seite stehen die kleinen, oft privaten Kulträume. Caligula errichtete in einem Saal des Palatin eine Art Isishofkirche mit einer kleinen Apsis und Dekorationen aus dem Isismythos. Eine Besonderheit ist ein kleiner dreigegliederter bühnenhausartiger Tempel auf hoher Basis, vor dem die Gläubigen standen oder saßen und schauten, was auf dieser liturgischen Bühne vor sich ging. In Pompeji und Porto sind damit unterirdische Räume verbunden, in denen vielleicht die ‹Grenze des Todes› oder die ‹Schwelle der Proserpina› zu suchen ist, die der Myste auf seiner Unterweltsreise zu durchwandern hatte. Auch hier sind alle Bauelemente griechisch, die Schranke zwischen Gemeinde und Vorführenden in Pompeji stammt vielleicht aus Eleusis – Zusammenhänge, die schon vor 100 Jahren Lafaye geahnt hat, die aber so gut wie unbeachtet blieben. Nur zuweilen begegnet ein ägyptisierender Rundbogengiebel oder ein Obelisk nebst Sphinx im Vorhof, sonst stammt alles, was nicht von Eleusis kommt, von der griechischen Bühne. Die Dreigliederung des Raumes scheint liturgisch gebraucht worden zu sein, man kann sie schön an dem kleinen Sarapistempel von Soli sehen. Sie ging unverändert aus den gleichen Gründen in die griechische Kirche über.

Kleine *Andachtsräume* sind, neben den unterirdischen Basiliken der Neupythagoreer, zum Beispiel der dreischiffigen an der Porta Maggiore, die Kybeletempel, so das winzige Tempelchen an der Westtorstraße von Priene. Auch der Kybeletempel vom Palatin war nicht repräsentativ, sondern für eine liturgische Gemeindeversammlung bestimmt. Am besten kennen wir das Mithräum. Auch hier gibt es provinziale Verschiedenheiten; es ist ein Unterschied zwischen den kleinen, eine Höhle nachahmenden Mithräen von Rhein und Donau und dem größeren, gut heizbaren, mit einem amphitheatralischen Raum ausgestatteten von Trier oder dem von Säulen getragenen von Dura mit einer Apsis. Das Prinzip ist das gleiche: Seitenbänke, leicht gewölbte Decke mit Sterndarstellungen, Rhythmus der Siebenzahl in Stufen oder Bodenmosaik, Nebenräume für kultische Funktionen. Endlich gehören auch die Synagogen zu diesen hellenistischen Kultgebäuden ohne Besonderheit. Ihr Säulenhof ist vom Peristylhaus abgeleitet, Emporen oder erhöhte Frauenplätze gibt es auch sonst. Der christlichen Kirche am nächsten kommt eine dreischiffige Langbasilika mit rundem Abschluß und säulengetragenem Atrium mit Vorhalle unter den Mysterienbauten von Samothrake.

In der ersten Zeit hat das Christentum keinen Kultbau, sondern versammelt sich in *Privathäusern.* Die älteste christliche Kirche ist im Jahre 201 in Edessa bezeugt, die älteste erhaltene ist bisher die von Dura aus dem Jahre 232. Auch sie ist nur ein als Kirche eingerichtetes Wohnhaus aus Lehmziegeln mit gepflastertem Hof, einem größeren Versammlungsraum mit erhöhter Plattform ohne Apsis. Hat man ein solches Haus nicht, so mietet man ein beliebiges Triklinium, den Hörsaal eines Philosophen oder irgendeinen beliebigen, passenden Raum. Die Hauskirchen sind sehr klein. Das gesamte Kirchenhaus von Dura hat einen Umfang von 12 × 20 m, der Kirchensaal nur 7 × 3 m. In Cirta versammelten sich im Jahre 303 die Christen in einem Haus, das neben einem Saal mit einem Bischofssitz noch ein Triklinium und einen Bibliotheksraum enthielt; an Gerät fand die Polizei nur ein paar Bücher, Lampen, Kultgefäße und alte Kleider. Auch die römischen Titularkirchen sind im 3. Jahrhundert noch gewöhnliche Häuser. Die Goten haben sogar in der

Zeit des Ambrosius noch Kirchenzelte und Wagenkirchen. In Dura sind übrigens die meisten Heiligtümer in Häuser eingebaut; wie die christliche Kirche enthielten sie neben dem Hauptsaal einen Nebenraum und eine Wohnung, wohl für den Priester.

Von aller antiken Kultarchitektur unterscheidet sich die des ältesten Christentums seit der Areopagrede und dem Johannesevangelium dadurch, daß das Christentum ein Kultgebäude nicht einmal theoretisch als Wohnsitz Gottes gelten läßt, im Gegensatz zum Judentum, das auch nach dem Jahre 70 den Tempel als Wohnsitz der ‹Einwohnung Gottes› ansah und in der hadrianischen Zeit und wohl auch noch unter Julian den Versuch machte, den Tempel wieder aufzubauen. Hier traf sich das Christentum mit der Philosophie. Pantheistische Stoiker und Platoniker sind sich darin einig. Plotin lehnt es ab, in einen Tempel zu gehen, weil nicht der Mensch zu den Göttern kommt, sondern die Götter zum Menschen, und für die meisten Platoniker ist der Wohnsitz des Gottes die Menschenseele. Von hier aus versteht es sich von selbst, daß der christliche Kultbau zunächst nicht an die Tradition der griechischen Tempelarchitektur anknüpfen *konnte,* auch nicht für seine bald beginnenden Repräsentativbauten.

Jeder Versuch, den christlichen Repräsentativbau aus *einer* Wurzel abzuleiten, ist bisher gescheitert und muß scheitern. Weder die alten Theorien der Herleitung aus der römischen Marktbasilika noch die modernen von der allmählich überdachten offenen Raumbasilika *(ecclesia sine tecto, basilica discoperta)* noch all die zahllosen anderen, die nun auf dem Friedhof der Hypothesen ruhen, sind zu halten; weder die römischen noch die orientalischen noch die gallischen noch die persisch-sassanidischen, weder die Reichskunst-, noch die Provinzialkunstableitungen sind als Zauberschlüssel der christlichen Archäologie brauchbar. Vielmehr sind deutlich drei Linien zu erkennen, von denen jeder die gleiche Bedeutung zukommt. Die erste ist die Abhängigkeit des christlichen Repräsentativbaus von *lokalen Bedingungen.* Diese können einheimisch oder importiert sein. Das wenig selbständige, aber sehr nachahmungsfähige Rom hat nicht nur Bauformen aus Syrien und Byzanz, sondern auch aus Gallien und vielleicht sogar Afrika importiert, das pilgerfreudige Gallien hat sich durch die Pilger Nachahmungen der beliebten Pilgerstätten in Palästina und Rom schenken lassen. Was sich an einem Ort, anknüpfend an eine dort längst vorhandene Bautradition, entwickelt, wird durch Pilger oder wandernde Bauleute an den anderen verpflanzt. Die zweite Linie ist «die jeweils geltende *liturgische Praxis».* Liturgie und Kultraum sind aufeinander bezogen, aber die Liturgie ist in den meisten Fällen der frühere Teil. So widerspiegeln geradezu — außerchristlich wie christlich — die Kulträume oft die Liturgie. Drittens aber drückt der christliche Repräsentativbau eine *Idee* aus, die jedoch nicht zu allen Zeiten die gleiche ist. Zunächst heißt sie ‹Gegensatz von außen und innen›. In keinem Baustil der Welt ist der Gegensatz so bewußt gesteigert wie hier. Wer einmal erlebt hat, wie ungeheuer die Wirkung ist, wenn man eine der äußerlich ganz schlichten christlichen Kultbauten betritt und auf einmal im Inneren in einer Flut von Form, Harmonie, Farbe und Licht ertrinkt, in Raumweiten, die das Äußere nicht entfernt ahnen läßt, der weiß, daß dies die schönste Verkörperung der seit Paulus geschaffenen platonisch-christlichen Gegensätzlichkeit von außen und innen ist. Die byzantinische Fortbildung der christlichen Architektur hat eine weitere platonisch-pythagoreische Idee zugrunde gelegt. Sie benutzte die Kuppelarchitektur und wohl auch Vorbilder dionysischer Rundtempel mit einfallendem Oberlicht und ähnlicher Mysterienheiligtümer und hat so die geistigste, idealste, göttliche Form des Platonismus, den *Kreis* und die *Kugel*, das Bild des Kosmos und der ewigen Sphären und ihrer Harmonie, als Architekturprinzip gewählt. Die byzantinischen Architekten lassen Kuppel, Kreis und Bogen in unerhörter Schönheit und Harmonie als einen Kosmos zum Göttlichen emporschwingen und von oben nach unten gleiten, immer beschwingter, immer geistiger werdend, die Masse durch die Kreisbewegung auflösend, so wie der Geist die Welt des Stoffes verschlingt. Nicht vom Orient, erst recht nicht vom Westen her ist diese reifste Form christlicher Architektur zu verstehen, sondern ausschließlich vom christlichen Platonismus her. Nicht eine ‹magische Höhle› ist dieser Raum, sondern das vollendete Abbild des platonischen Kosmos, in San Vitale wie in der Hagia Sophia. Zu der schon oft betonten Verinnerlichung und Vergeistigung der christlichen Architektur kommt im byzantinischen Bereich ihr Platonismus.

In vorkonstantinischer Zeit sind christliche *Repräsentativkirchen* in Edessa gebaut worden, dann von dem Bischof Theonas in Alexandreia, doch haben wir keine Vorstellung von ihnen. Weiter folgen Konstantins große Basiliken in Byzanz, Jerusalem, Bethlehem, Tyros, Antiocheia und Rom. In den nächsten Jahrhunderten entsteht ein Prachtbau nach dem anderen, die Basiliken des Säulenheiligen Symeon und der Menasstadt, die ephesinischen Kirchen, die Kirchen des heiligen Felix in Nola, St. Martin in Tours, die römischen und die afrikanischen Basiliken. Nur selten protestierte man dagegen, am schärfsten Hieronymus, besonders dann, wenn die christlichen Kirchen, wie meist, aus Spolien heidnischer Tempel gebaut wurden. Altes wurde ein- oder umgebaut, wie alte Höhlenheiligtümer; Tempel oder Synagogen wurden in Kirchen umgewandelt, aber möglichst unkenntlich gemacht. Alles Wesentliche war, auch abgesehen von der Idee, griechisch und blieb griechisch. «On n'a jamais suffisamment insisté sur le rôle créateur et sur la part prépondérante de l'art byzantin dans l'élaboration de l'art occidental.» «L'art byzantin» ist aber nichts anderes als «prolongement de l'art hellénistique». Säule und Raumweite, Harmonie der Masse und Farbenfreudigkeit der Inkrustierung, das ist alles griechisch-hellenistisch. Es ist wieder ein merkwürdiges Spiel der Weltgeschichte, daß der Kaiser, der die letzte neuplatonische Professur abschafft, das platonischste Gebäude der Welt, die Hagia Sophia, bauen läßt und seine Repräsentativbauten vor allem in den hellenistischen Städten wie Gerasa errichtet. Das Römische, auch die römische Reichskunst, haben zur christlichen Architekturentwicklung kaum etwas Eigenes beigetragen. Roms Hauptbedeutung ist rein negativ: es hat aus römischem Konservativismus heraus die Entwicklung von Konstantin zu Justinian nicht mehr mitgemacht und ist bei der Basilika stehengeblieben. Wachtsmuths Urteil: «Rom hat fast nichts zum christlichen Kultbau beigetragen», und Strzygowskis leidenschaftlich vorgetragener Satz, daß das christliche Rom nur noch «ein wohlgepflegtes Museum der Kunst aus aller Herren Länder» war, hat jeder neue Fund aus dem Osten bestätigt. Das würde alles noch viel deutlicher werden, wenn wir mehr aus dem hellenistisch-christlichen Alexandreia besäßen.

Basilika und kuppelgekrönter *Zentralbau* sind die beiden Formen christlicher Repräsentativkirchen geworden. Die *Basilika* war zunächst Gemeinderaum, ein einfacher Saal mit einer Apsis. Zuweilen mag man den Saal durch Einziehen von Säulen vergrößert haben, so daß ‹Mehrschiffigkeit› entstand, zuweilen auch einen Peristylhof überdacht haben und zu dem gleichen Ergebnis gekommen sein. Das war nichts Neues; das Pythion in Gortyn, das jüngere Kabirenheiligtum in Samothrake, die pythagoreische Basilica sotterranea vor der Porta Maggiore in Rom beweisen, daß man in den Kulten überall schon basilikale Räume und Bauten benutzte. Außerchristlich und christlich sind sie teils unterirdische, teils oberirdische Anlagen. Erst Konstantin, der ein großer Freund von Basiliken war und mehrere Profanbasiliken bauen ließ, hat aus diesen basilikalen Räumen in Anlehnung an die Markt- und Gerichtsbasilika, die Vitruv genau beschrieben hat, große Repräsentationskirchen bauen lassen. Leider sind alle Konstantinsbasiliken im Laufe der Zeit so verändert worden, daß wir uns kein genaues Bild mehr von ihnen machen können. Nach dem Sieg der Kirche wurden sie Kultraum und Siegeszeichen und breiteten sich daher rasch aus, wo es die Mittel gestatteten; schon im Jahre 325 ist in Castellum Tingitanum eine Repräsentativbasilika zu finden, von 344 stammt die von Num ed Dschemal mit erhöhter Apsis. Der Grundriß ist überall zunächst ziemlich einheitlich, meist quadratisches Atrium, ein- oder mehrschiffiges Langhaus, halbkreisförmige Apsis. Besonders das reiche Afrika vergrößert die Räume und liebt viele Schiffe, während man sonst nur selten mehr als drei Schiffe baut. Karthago aber besitzt um 400 zwei neunschiffige und zwei siebenschiffige, Tipasa eine neunschiffige Basilika.

Im einzelnen gab es viele *Variationsmöglichkeiten.* Das Atrium, das dem Hof der alten Hauskirchen entstammt und meist ein Peristyl ist, konnte durch andere Peristyle mit Nebengebäuden verbunden oder in den Gesamtraum einbezogen werden. Die Schiffe konnten durch Säulen oder Pfeiler getrennt werden, diese durch Gebälk oder durch Bogen nach dem Vorbild der Aquädukte und anderer Bogenbauten verbunden werden. Die Apsis konnte zu liturgischen Zwecken erhöht werden und einige Stufen über dem Langhaus liegen, sie konnte in das Gebäude einbezogen sein oder weit nach außen greifen, halbrund, kleeblattförmig oder polygonal sein. Der ganze Raum, nur das Mittelschiff oder alle Schiffe konnten durch eine Apsis oder durch Apsiden geschlossen werden. Diese und noch viele andere Varianten sind anzutreffen. Das Querschiff kommt in dieser Epoche nur bei ganz großen Kirchen oder bei ganz kleinen kreuzförmigen vor; es stammt nicht aus einer Kreuzsymbolik, da es auch nichtchristliche kreuzförmige Grundrisse von Kulträumen gibt. Besondere Aufgaben stellte die Notwendigkeit, zwei liturgische Nebenräume, Prothesis und Diakonikon, neben die Apsis eingliedern zu müssen. Am harmonischsten ist sie bei den Dreikonchenbauten gelöst, bei denen die ganze Kirche im Dreierrhythmus von drei Außentüren durch drei Schiffe zu dem dreifachen Abschluß einer dreifachen Apsis schreitet; die Räume konnten bei einfachsten Kirchen auch ganz stilwidrig angebaut werden.

In zwei Formen hat die Kirche den *Zentralbau* weiterentwickelt. Die eine ist die *Rundkirche,* die ihre Vorläufer in den Rundtempeln (Tholoi) wie dem von Epidauros oder Samothrake und in den Rundbauten antiker Grabanlagen hat. Die andere, die *Kreuzkuppelkirche,* ist vielleicht eine syrisch-christliche Schöpfung, dann aber erst von Byzanz ausgearbeitet und dort zur höchsten Vollendung geführt worden. Daneben kommen gelegentlich oktogonale und andere polygonale Bauten vor, doch selten als Kirchen, sondern vorwiegend als Taufgebäude und Grabbauten. Die älteste runde oder oktogonale Repräsentativkirche baute Konstantin in Antiocheia; die drei römischen Beispiele sind bekannt, doch ist Sta. Constanza sicher ursprünglich nicht als Kirche, sondern als Mausoleum gebaut. Aber im Westen blieb der Zentralbau selten, im Osten jedoch verdrängte er im 5. Jahrhundert alle anderen Formen. Hier gelang nun auch, nach mehreren Experimenten in der Zeit von Konstantin bis Justinian, dem letzteren schließlich die Krönung der Entwicklung, nämlich die Vereinigung von Basilika und Zentralbau. Es gibt Vorläufer der Hagia Sophia: bei Querschiffbasiliken die Krönung der Vierung durch eine Kuppel in meist kleinen Grabbauten, aber die Genialität der Hagia Sophia selbst ist einmalig: die basilikale Längsachse bleibt erhalten durch zwei gewaltige, in der Längsachse selbst stehende Konchen – aber diese tragen die große Kuppel und heben das Basilikale in der schwingenden Runde des Zentralbaues auf.

Eine Starrheit gab es nirgends. Byzanz, Ephesos, Antiocheia, Rom, selbst die Menasstadt oder kleine Orte in Nordafrika beweisen, welche Freude das Christentum an Bauexperimenten hatte. Da steht in einer rein basilikal bauenden Stadt etwa eine dreischiffige Basilika mit ausladender Apsis, eine Querschiffbasilika, eine Langbasilika mit eingebauter Apsis und eine Basilika mit zwei Gegenapsiden; das kleine Thelepte hat sogar sieben verschiedene Basilikatypen vereinigt. Bei den Städten mit Zentralbauten ist es genauso; nicht zwei von ihnen gleichen einander.

Die *Lage* der christlichen Kultbauten ist vielfach vom Platz abhängig. Während Vitruv für die Anlage der Städte genaue Anweisungen gab, wo die Tempel zu errichten seien, mußte das Christentum zunächst den Platz nehmen, der sich gerade bot. Da in den meisten Fällen die Kirchen über leerstehenden oder enteigneten und zerstörten Tempeln oder Synagogen entstanden, blieb vielfach keine Wahl. Auch da, wo sie wirkliche oder vermutete oder gefälschte Gedenkstätten – besonders in Palästina –, Heiligen- und Märtyrergräber überbauten, war der Bauplatz festgelegt. Lagen die vorchristlichen Heiligtümer an landschaftlich schönen Stellen, auf Bergen, an berühmten Quellen und Hainen, auf den Akropolen und Foren, so erhoben sich dort christliche Kirchen, wenn nicht Aberglaube und Dämonenfurcht gelegentlich eine Bebauung alten Tempelgeländes verhinderten.

Gehen wir nun zu einigen der wichtigeren *Bauelemente* über. Nach wie vor erhalten blieb die *Säule,* auch dann, als sie von den Außenseiten in den Innenraum rücken mußte. Die Kirche übernimmt sie, und zwar nicht nur in den drei hauptsächlichen Kapitellformen, sie macht auch die barocke Fortbildung des Kapitells zum Figurenkapitell mit. Auch übernimmt sie neben den alten Säulenformen die gedrehte Säule des hellenistischen Barocks und den barock verzierten Pfeiler, dessen Typus die Rosenpfeiler vom Hateriergrab darstellen. Dabei lebt man lange von Spolien; die Barbarei, Säulen verschiedener Größe, Stile, Farben, Materialien in eine Kirche einzubauen, haben sich in der Hauptsache Rom und Afrika zunutze gemacht. Auf diese Weise sind ganze Säulenwälder in die Kirchen gekommen, San

Paolo fuori le mura hatte hundert antike Säulen aus prachtvollstem Marmor. Im griechischen Osten aber lieferten die Marmorbildhauer der Prokonnesosinsel im Marmarameer neue Säulen, die viel exportiert wurden, auch nach dem Westen. Hier sind die neuen Kapitellformen entwickelt worden, zuerst nur korinthische Kapitelle, denen ein Kreuzornament eingeschrieben wurde, dann die reiche Fülle byzantinischer Kapitelle mit Tieren, Blättern, Blumen, geometrischen Ornamenten. Im vierten Jahrhundert taucht auch der Kämpfer auf und wird mit Kreuzen, Tieren oder Ornamenten geschmückt; syrische Kirchen und die Menasstadt verwenden ihn reichlich.

Über die Kunst des *Fußbodens* kann erst bei den Mosaiken gesprochen werden. Den ungeheuren Fußbodenluxus, den die Thermen und Villen aufweisen, haben die Kulte anscheinend nicht mitmachen können, dazu waren ihre Mittel wohl meist zu beschränkt. Doch finden sich neben einfachen gepflasterten Böden auch schlichte Mosaikböden in den Mysterienräumen oder Marmorböden mit Angabe von Marken für die verschiedenen Weihegrade wie bei Mithras. Die christlichen Bauten haben schon in vorkonstantinischer Zeit auf den Boden Wert gelegt, später besitzen selbst Kirchen schlichter Mönchsarchitektur Marmorfußböden mit groben Mosaiken, sei es auch nur mit einfachen Würfelmustern. In Gegenden, in denen der Marmor teuer ist, begnügt man sich mit Steinfliesen des einheimischen Gesteins. In den kaiserlichen Kirchen in Byzanz aber überstieg der Fußbodenluxus alles bisher Dagewesene: Marmor verschiedener Farben wurde von dem Porphyr unterbrochen, auf dem nur der Kaiser stehen durfte.

Die *Bedachung* folgte den antiken Kultbauten und war meist eine flache Decke, zuweilen ein Satteldach; auch hier waren klimatische Bedingungen und lokale Traditionen maßgebend. Aber schon in hellenistischer Zeit, dann vor allem unter römischem Einfluß, verbreitete sich die Wölbung, zunächst an Grabbauten, dann an Thermenanlagen und in den großen Marktbasiliken. Im griechischen Bereich bevorzugte man Tonnengewölbe, wohl weil sie dem barocken Drang nach schwingender Bewegung mehr entsprachen, im lateinischen dagegen Kreuzgewölbe, die wir als Bedachung in einem sakralen Raum im Mithräum der Caracallathermen finden. Kuppeln verschiedener Bauart als römische Ziegelkuppel, persische Trombenkuppel, syrische Quaderkuppel begegnen zunächst hauptsächlich auf Grabanlagen.

Die christliche Basilika hat anfangs die übliche flache Holzdecke, aber eine Bemerkung Gregors von Nyssa zeigt, daß man aus einem rein praktischen Grund, nämlich aus Holzmangel, zu Quader- oder Ziegelgewölben überging. Aus solchen praktischen Erwägungen heraus mögen schon vorchristliche Kultbauten wie die Basilika sotterranea eingewölbt worden sein. Aber eine wirkliche Bedeutung hat die Einwölbung der Kirchen doch nur in einzelnen Provinzen gehabt, die ganze Epoche bleibt in der Basilika bei der Flachdecke oder beim Sattel- und Pultdach.

Anders stand es um die *Kuppel*. Wie wir sahen, war sie nicht aus praktischen Gründen gewählt worden, sondern war der Ausdruck neuplatonischen Christentums; byzantinische Kuppelkirchen sind der in Stein und Tonziegel, Marmor und Gold, Mosaik und Edelstein übersetzte Dionysios Areopagita. Seit der unter Kaiser Zenon um 480 erbauten Kuppelkirche von Meriamlik ist die schwingende und doch in sich ruhende Kuppel das Wahrzeichen der griechischen Kirche geworden. Den nie wieder erreichten Höhepunkt bildet die Kuppel des Anthemios von Tralles in der Hagia Sophia. Bei einer Kuppelspannung von 32 m scheint diese Kuppel auf den beiden Rundkonchen zu schweben, und von den vielen Exedren wird die runde Bewegung wieder aufgenommen, nichts ist eckig, nichts gebrochen, überall schwingen die Sphären in diesem Raum, alles geht in der Harmonie des Ganzen auf. Prokop bemerkt, daß die Kuppel nicht auf festen Fundamenten zu stehen scheine und an einem goldenen Seil vom Himmel herabhänge, und Paulus Silentiarios hat in tiefer Ergriffenheit ihre Schönheit besungen in dem letzten guten griechischen Gedicht (um 550).

Eine besondere Rolle spielte bei den nach innen gewandten Kirchen die *Inkrustierung*. Leider wissen wir nicht allzuviel über die Inkrustierung hellenistischer Kulträume, doch erfahren wir zum Beispiel, daß ein Mithräum in Ostia von einem Stifter Marmorinkrustierung erhielt. Die christlichen Repräsentativkirchen haben wohl mehr die reiche Inkrustierung der Villen, Thermen, offiziellen Gebäude nachgeahmt und überboten. Wieder hat vor allem Byzanz eine hohe Kunst der Wandvertäfelung entwickelt, die dem christlichen Raum seine unerhörte Fröhlichkeit gibt. Paulus Silentiarios beschreibt sie in der Hagia Sophia: von oben leuchtet die Goldinkrustierung der Kuppel, an den Wänden schimmern die ‹blumigen Wiesen› von Marmor, Granit, dem kaiserlichen Purpur und edlen Steinen aller Art.

Endlich noch ein Wort zur *Orientierung* der Kirchen. Man hat nirgends die Ausrichtung der Synagogen nach Jerusalem übernommen, sondern die der hellenistischen Kultbauten und Tempel nach dem Sonnenaufgang, allerdings kommt in Afrika auch Nord-Süd-Richtung vor. Bei Ost-West-Ordnung konnte die Apsis entweder im Westen oder im Osten liegen, je nachdem die Gemeinde oder der Bischof der aufgehenden Sonne zugewendet sein sollte. Schon der älteste erhaltene christliche Kirchenraum läßt die Gemeinde nach Osten blicken. Das war rein griechisch gefühlt; alle Tempel griechischer Lichtgottheiten sind nach Osten offen.

Älter als der christliche Kirchenbau war die christliche *Grabarchitektur.* Im Gegensatz zu der in Rom häufigen Feuerbestattung hat das Christentum vorwiegend, nicht ausschließlich, die Erdbestattung gewählt. Als Bestattungsverein, ähnlich wie die Dionysosgemeinde, deren Friedhofsinschrift wir noch besitzen, legte man Friedhöfe an, auf denen zunächst alle Grabformen anzutreffen sind, die die Umwelt auch hat. Man übernahm sowohl die großen und monumentalen Grabbauten und die von Gärten umgebenen Grabanlagen als auch die mannigfachen bemalten Grabhäuser und -tempelchen, Arkosolgräber und Loculi, wie sie jeder antike Friedhof hatte. Wenn es der Boden erlaubte, benutzte man Felsen- und Höhlengräber und in der Nähe der Großstädte die unterirdischen, längst vorchristlichen Grabanlagen der Katakomben.

Auf den Friedhöfen konnten die Christen auch in Verfolgungszeiten ungestört bauen, denn alle Totenstätten standen unter staatlichem Schutz. Die Reicheren bauten sich dort selbst ihre Grabbauten, Ärmere wurden auf Gemeindekosten bestattet, denn das galt als christliches Liebeswerk, und ein Stand von Fossoren sorgte für Ordnung und Würde des Platzes. Zwar waren viele gegen jeden Begräbnisluxus, aber sie haben sich nicht durchgesetzt; die christliche Bejahung des Leibes forderte auch eine Beachtung des toten Leibes.

So wenig konnte man sich von der antiken Tradition freimachen, daß man sogar das *Heroon* übernahm. Einerseits hatte der Historismus und die Romantik des Hellenismus die Gräber der Helden und Heroen, sowohl der mythischen wie der geschichtlichen, ausgeschmückt und ausgebaut, andererseits hatten hochgestellte, reiche oder irgendwie hervorragende Menschen schon zu ihren Lebzeiten Gräberanlagen bauen lassen, die nach dem Vorbild des Mausoleums zu Kultbauten wurden.

Der christliche Heros wurde der *Märtyrer* und später der Heilige. Seit dem Anfang der Märtyrerverehrung in der Mitte des 2. Jahrhunderts begann man die wirklichen oder vermeintlichen Grabstätten der Märtyrer zu pflegen. Mit dem zunehmenden Bedarf an Märtyrern entstanden immer mehr solche Gräber und rückten besonders in den Katakomben völlig unchristliche Grabstätten in den Rang von Heiligengräbern. Das stellte den Baumeistern großartige Aufgaben. Man begann mit einfachen Formen: um das Heiligengrab entstand nach griechischer Sitte ein Temenos als heiliger Bezirk, das Grab selbst bekam, soweit es nicht in einer Höhle lag, einen Überbau, der offene Raum vor ihm war mit einer Säulenhalle umgeben. In vorkonstantinischer Zeit blieb es bei einfachen Anlagen, die man in die

Grüfte, Katakomben, Friedhöfe hineinbaute. Eine neue Wendung begann mit Konstantin. Wie Alexander das Grab des Achill hatte ausbauen und das Grab des Maussollos hatte vollenden lassen, wollte auch Konstantin seinen Heroen Gräber errichten, vor allem natürlich Christus selber. So entstand das repräsentativste christliche Heroon, das Christusgrab unter dem steinernen Baldachin mit der Grabrotunde, das die alte Kirche so oft abbildet und die vita Constantini beschreibt, das Pilger in aller Welt bekannt machten und das überall zu Ehren von Heiligen und Märtyrern oder als Gedenkstätte nachgeahmt wurde. Seit dieser Zeit baute man alle Formen der Heroa weiter, Grabrotunden und Oktogone – 374 baute Gregor von Nazianz ein achteckiges Martyrion in Nazianz –, quadratische oder kreuzförmige Bauten mit Kuppeln oder Apsiden. Im Westen las man aus der Johannesoffenbarung, die der Osten noch lange ablehnte, heraus, daß unter dem himmlischen Altar Märtyrer begraben seien; so wurde auch der irdische zur Grabstätte der Reliquie, in deren Nähe jeder begraben werden wollte. Fenster, Kanäle, Schächte wurden eingebaut, um möglichst in die Nähe des toten Heiligen gelangen zu können. Der Osten verzichtete schließlich auf die Gruft überhaupt und begnügte sich mit dem Einnähen der Reliquie in ein Tuch, das Antiminsion, das auf den Altar gelegt wird.

Märtyrerheroon und Kirche wachsen immer mehr zusammen. Santa Agnese fuori le mura gilt dafür als Schulbeispiel, entscheidend wurden erst die Basiliken Konstantins über dem Christusgrab und den heroisierten Apostelgräbern. Hier mischt sich ein neues Motiv hinein: Kirche und Grab werden zu einer Art Kaiserpalast ausgestaltet, in dem der Tote wohnt. Wenn die Schilderung Pseudo-Eusebs stimmt, so war die Grabeskirche mehr Palast als Kirche. Durch Propyläen kommt man in ein säulenumgebenes Atrium, dann durch drei prachtvolle Türen in eine große dreischiffige Basilika, weiter durch ein anderes, zweistöckiges Säulenatrium zu der Grabrotunde. Wieder war ein Stück ‹Heidentum› über das Christentum Sieger geblieben. Clemens von Alexandreia hatte noch im Gefolge der Philosophie die ‹heidnischen› Tempel scharf angegriffen, weil sie Gräber von Menschen seien, und selbst Eleusis den Vorwurf gemacht, daß Eumolpidensöhne in seinen Tempeln begraben seien. Seit dem 4. Jahrhundert wird aus der Kirche besonders im Westen immer weniger ein Gebäude für die Gemeinde als ein Heroon für einen Heiligen. Das Graboktogon des Menas enthält sogar schon sein Kultbild. Im Westen sind die Bauten des Paulin von Nola für seinen Lieblingsheiligen ein wesentlicher Schritt in dieser Richtung. Wer kann, baut Märtyrerkirchen; in Salona entsteht die exklusive Märtyrerbasilika des Anastasios mit einem ebenso exklusiven Friedhof, Melanie baut eine

Kirche für die Reliquien des Propheten Sacharjah, den Protomärtyrer Stephanos und vierzig moderne Märtyrer, Theophilos von Alexandreia will sich bei den Kopten beliebt machen und schickt den Apa Johannes nach Babylon, um die Knochen der drei Jünglinge im Feuerofen zu holen, denen er eine Riesenkirche errichtet. In Rom aber ziehen die Märtyrer seit dem 4. Jahrhundert um und begeben sich von den Vororten ‹aus den Gräbern in die Stadt›; immer mehr römische Tempel und Stadtkirchen werden zu Märtyrerkirchen umgewandelt.

Zur Kirche und zu den Grabbauten kommt als dritter christlicher Kultbau das *Baptisterium*. Von den hellenistischen Religionen, besonders von Mithras, wissen wir, daß auch sie eigene Anlagen für ihre Taufen hatten, zum mindesten Brunnen- und ähnliche Wasserbauten, wenn diese wohl auch nicht unbedingt erforderlich waren, denn Apuleius erzählt, daß eine Isistaufe ähnlich wie eine christliche Taufe in der Didache unter Umständen in den öffentlichen Bädern stattfinden konnte. Wir wissen zwar genug von Brunnen- und Quellenhäusern, von Nymphäen aller Art, die sich bei griechischen Heiligtümern befanden, leider aber kennen wir noch keinen sicheren Beleg für ein außerchristliches Taufhaus, so daß wir vorläufig die architektonischen Vorbilder für die Baptisterien in den Thermen zu sehen haben.

Für Untertauchtaufen hat man im Osten bis zum 6. Jahrhundert großartige Brunnenanlagen gehabt, in die ‹lebendiges› Quellwasser geleitet wurde und zu denen Stufen hinabführten. Antiocheia hat schon früh ein eigenes Taufhaus besessen, allmählich folgten alle Bischofsgemeinden, selbst kleinere wie Priene. Diese Gebäude sind wie Thermensäle oder vielleicht auch Badeanlagen der Asklepiosheiligtümer rund oder polygonal und enthalten runde, quadratische oder polygonale Taufbecken, die in den meisten Fällen noch Untertauchtaufen ermöglichten. Wo Arianer und Athanasianer nebeneinander leben wie auf der Krim oder in Salona und Ravenna, stehen oft zwei Taufhäuser. Zuweilen findet sich die architektonisch geschickte Verbindung von zwei Basiliken mit einem Taufhaus wie in Stobi und Trier, Paulin vergleicht das mit den zwei Brüsten einer Mutter, zwischen denen das Kind liegt. Nur Ägypten und Palästina waren zurückhaltend: hat man vielleicht lieber im Nil und Jordan getauft? Sonst aber finden wir überall schöne Belege, als schönsten das dreifache, kuppelgekrönte Oktogon des mosaik- und stuckgeschmückten Baptisteriums der Orthodoxen in Ravenna (erbaut 458). Meist stehen sie wegen eines von Eleusis übernommenen liturgischen Brauches im Westen der Kirche: der Täufling wendet sich zunächst nach dem Westen, der bösen Richtung, der er absagt, dann nach dem Osten, der Sonne und Kirche zu, von der das Heil kommt.

Schließlich übernahm das Christentum die großen *Kompositionen* vieler und mannigfaltiger Bauten zu einer Einheit von den griechischen und hellenistischen Kulten, aber auch von den großen Profananlagen. Der heilige Bezirk von Eleusis ist mit seinen Tempeln, Säulenhallen, dem Einweihungsgebäude, den Wasser- und Gartenanlagen für viele hellenistische Kulte Vorbild gewesen. Überall da, wo die eleusinischen Götter hinkamen, wurden sie in größeren oder kleineren Bezirken verehrt. So verbinden sich mit dem Demeter-Kora-Heiligtum in Priene Wohnräume der Priesterinnen, Altarbauten, große Höfe für Feste, Vorhallen, ein querschiffiger Kultraum, eine Marmorbühne. Größer und mannigfaltiger sind die Bezirke der Asklepiosheiligtümer mit ihren Kuranstalten und Kliniken, Liegehallen und Orakelplätzen. Nicht nur die bekannten Asklepieien im griechischen Osten, sondern auch das römische auf der Tiberinsel zum Beispiel hatte außer einem Sanatorium Prunkräume, in denen der Senat fremde Gesandte empfing. Sarapis und Isis brachten die großen Kompositionen aus ägyptischer Vergangenheit mit und verschmolzen sie mit hellenistischen Gestaltungen und Planungen. Das große Sarapeion von Memphis mit Haupt- und Nebentempeln, Herbergen für Wallfahrer und Hotels für Touristen, Aussichtsterrassen und Zellen für die Katochoi, Gärten und heiligen Bäumen ist die umfassendste. Für die syrischen Mysteriengötter ist der Bezirk von Hierapolis-Bambyke ein gutes Beispiel. Was gehört hier alles zum Haupttempel: Kapellen, Parks, ein See mit heiligen Fischen, Pilger- und Touristenherbergen, Säulen für Säulenheilige, Wohnungen für Priester und Asketen und vieles mehr. Der Adonistempel von Dura, das einzige bisher genau bekannte Adonismysterienheiligtum, hat trotz seiner verhältnismäßigen Kleinheit einen besonders langen Hof, eine Art Prozessionsstraße, mehrere Kapellen. Selbst das öffentliche Heiligtum der Ma Bellona in Rom hatte einen Park mit künstlichen Landschaften und schönem Hain. Für Mithras bezeugt Trier den Zusammenbau von Heiligtum, Theater und Priesterwohnung.

Von den großen *christlichen Baukompositionen*, die großzügig in die Stadtplanungen eingreifen, wie die in Byzanz, Ephesos, Jerusalem, Rom seit konstantinischer Zeit, können wir hier absehen, da sie im Grunde keine neuen Prinzipien schaffen. Aber es lohnt sich, an einigen Beispielen klarzumachen, wie gestaltungsfreudig christliche Baukompositionen sein konnten. Zu den vier Basiliken und dem Baptisterium der Menasstadt kommen ausgemauerte oder mit Marmorinkrustierung versehene Schöpfbrunnen für das heilige Wasser, Räume für die Traumorakel wie bei den Asklepieien, Brennereien und Töpfereien für die als Reiseandenken verkauften Menasampullen, Anlagen zur Weingewinnung, ein großer Teich, geräumige Wohngebäude für Kultpersonen, Ärzte, Arbeiter, ein wunderbarer Kryptoportikus zum Grab des Heiligen, ein eigenes Consignatorium, in dem die Neugetauften den Namenswechsel vornahmen, Säulenhallen und Säulenhöfe, eine großartige Wasserleitung. In den Kompositionen von Nola – vier oder fünf Kirchen und ein Baptisterium, durch Höfe, Gärten, Bogengänge verbunden, mit Brunnen, mit stillen Plätzen, Zellen für Meditation und anderen Nebenbauten – fällt auf, wie ihr Erbauer in seinen Gedichtinschriften den Beschauer immer wieder auf die Schönheiten der Anlage aufmerksam macht, so daß diese Verse einen künstlerischen Reiseführer darstellen. Da steht etwa:

> Durch drei Bogen erschaust du jetzt die doppelte Halle,
> Eine bewundert die andre, begrüßt der anderen Schwelle,

oder an einem Garteneingang zu einer der Basiliken:

> Tretet ein in himmlische Straßen durch liebliche Gärten,
> Die ihr Christus verehrt, durch des Parkes schattige Kühle,
> So tritt, wer es verdient, dereinst in den ewigen Garten.

Echt hellenistisch ist diese Liebe zu den schönen architektonischen Durchblicken, auf die Paulin hinweist.

Die herrlichste Gesamtanlage ist die von D. Krencker meisterhaft erforschte Stadt des Säulenheiligen *Symeon*. Vier Riesenbasiliken mit großen Freitreppen laufen kreuzförmig auf den großen achteckigen Hof, in dessen Mitte die Säule stand und der vielleicht sogar überdacht war. In Nordafrika ist neben Tebessa mit seiner 3 m hohen Freitreppe, seinem Prunkhof, seiner schönen dreichörigen Cella vor allem Timgad zu nennen mit einer Hauptbasilika von 40 m Länge, großen Nebengebäuden, starken Umfassungsmauern und weiten Höfen. Zu den großen Kompositionen gehören auch die Klosteranlagen, die in Ägypten und in Georgien meist nach den Formen der Festungen und Militärlager, in Syrien nach denen römischer Villen gebaut werden. In Nachahmung der Kaiserpaläste entstehen gegen das Ende unserer Periode die großen Bischofspaläste an den großen Metropolen mit reichem Marmorschmuck und vielen Räumen.

d) Die bildende Kunst

α) *Allgemeines.* Zweimal ist die Frage nach der Berechtigung der bildenden Kunst im Christentum gestellt worden: vom Judenchristentum her hielt man der werdenden Kirche das Bilderverbot entgegen, aber beachtet hat man das kaum. Erst nach unserer Epoche erfolgte durch den byzantinischen Bilderstreit der zweite Angriff. In ihm hat griechisches Bekenntnis zum Bild seinen letzten Sieg über die Bildlosigkeit des Islam davongetragen und damit, wenn auch auf recht seltsame Weise, endgültig antikes Kunstwollen und -schaffen erhalten.

Eine Strukturanalyse der frühchristlichen bildenden Kunst hat nicht von den Formen, sondern von den *Inhalten* auszugehen, denn sie deuten ihr Leben an. In der Kampfzeit überwiegen Darstellungen, die die Überwindung des Todes zum Thema haben, in der Zeit des Sieges drängen sich diesseitige Bilder aus Welt und Geschichte in den Vordergrund. In der Zeit der dogmatischen Kämpfe werden sie von gedanklichen Allegorien und Symbolen verdrängt, die das innere Ringen widerspiegeln. Keine Gattung verschwindet aber ganz. Vor dem Sieg überwiegt die einfache Volkskunst, nach dem Sieg erscheinen die beiden Schichten der hellenistischen und römischen Kunst wieder: eine repräsentative Kunst, die prächtig, zeitüberdauernd, eindrucksvoll sein will, und eine nicht offizielle, lebendigere, aber auch weniger formgebundene. Klassizistische, romantische und barocke Einbrüche je nach der spätantiken Mode stehen neben der oft innigen, oft nüchternen und ungeschickten Handwerkerkunst der Kopisten – genau wie in der Gesamtantike außerhalb der Kirche. Es gibt eine stärker griechische christliche Kunst, die eine ungeheure Licht- und Farbenfülle mit mehr oder weniger jenseitigen Inhalten durchaus in den Dienst eines Diesseits stellt, das voll Heiterkeit, Beschwingtheit, Schönheit und Harmonie ist. Es gibt eine stärker römische, bei der alles ‹mühseliger und beladener› ist. Und es gibt schließlich eine orientalische, bei der die alten Mittel von Frontalität und Symmetrie in den Dienst spekulativer Abstraktion gestellt werden. Aber alle drei überschneiden sich, und nur selten ist eine ganz rein zu finden.

Die *äußeren* und *inneren Zusammenhänge* mit der Gesamtkunst des Hellenismus sind nirgends zu übersehen. Sie erscheinen erstens in der Überwindung großer Massen, die dunkle, dämonische Kräfte repräsentieren, durch lichte Klarheit schöner Formung. Das verbindet die Kunst von Pergamon mit der christlichen Sarkophagplastik. Zweitens drang von dem hellenistischen Alexandreia her die Bukolik in die christliche Kunst ein. Hirt und Schaf, Kürbislaube und Blumenkorb, Christus als flötenblasender Hirt oder Gärtner, Vögel und Vogelsteller, Fisch und Fischer, Bäume und Gärten werden unaufgebbare Bestandteile christlichen bildnerischen Schaffens. Drittens ist eine Menge von Einzelheiten und Motiven übernommen worden. Da wird aus dem Philosophen, Kaiser oder Arzt mit der Buchrolle der lehrende oder thronende Christus mit der Buchrolle, aus den mit dem Meister diskutierenden Philosophenschülern der Kreis der Apostel um Christus in lebhaftem Schulgespräch. Dabei werden auch die mythischen Darstellungen unverändert übernommen. Eros und Psyche gehen ohne die geringste Veränderung in die christliche Kunst ein, es sind eben die christliche Seele und der christliche Eros. Dieselbe christliche Seele wird weiterhin von Hermes mit dem Heroldstab in den christlichen Himmel geführt. Ein heidnischer Flußgott schaut interessiert bei der Taufe Christi zu. Eroten schweben als christliche Engel über hellenistischen Weinranken mit hellenistischen Vögeln; der Kranz, vielen Christen anstößiges Symbol heidnischen Wesens, ist in der Kunst nie umstritten worden. Da wird aus dem Kasten der Auge oder Danae die Arche Noahs, die Darstellung der Geburt der Athene aus Zeus wird zur Geburt Evas aus Adam, und das Totengericht als Seelenwägung der ägyptischen Totenbücher oder der hellenistischen Adonis- und Nemesisreliefs lebt bis heute in byzantinischen Bildern bulgarischer Klöster weiter. Der widdertragende Hermes wird ebenso zum Christus wie der jugendliche Apoll. Der auf baktrisch-hellenistischen Münzen zuerst im Herrscherkult bezeugte Nimbus kommt ebenso wie die Strahlenkrone des Helios in die christliche Kunst, andere Kaiserinsignien wie Globus und Szepter folgen. Auch scheut man sich nicht, Christus als hellenistischen Zauberer mit dem Zauberstab darzustellen, ein Motiv, das bekanntlich schon die älteste Katakombenmalerei reichlich verwendet. Da, wo man beginnt, den leidenden Christus oder leidende Märtyrer darzustellen, benutzt man als Vorbilder den aufgehängten Marsyas, den gefesselten Prometheus oder den auf das Rad geflochtenen Ixion. Der gedankenlos immer wieder übernommene Irrtum, der bärtige Christustyp sei eine syrische Schöpfung im Gegensatz zu dem jugendlich-apollonischen griechischen, sollte doch einmal verschwinden – als ob es keinen bärtigen Zeus, Poseidon, Asklepios, Sarapis bei den Griechen gegeben hätte. Wie es einen bärtigen und einen unbärtigen Dionysostyp gibt, so gibt es als Nachahmung auch einen bärtigen und einen unbärtigen Christus. Überhaupt stehen die Einflüsse der Dionysoskunst an erster Stelle: wie das Dionysoskind im Liknon liegt, so Christus in der Krippe, der Weinstock ist ikonographisch mit Christus genauso verbunden worden wie mit Dionysos. Ja sogar die ägyptomane Darstellung von Göttern in Tierform machte das Christentum unbedenklich mit: Dionysos wird als Stier, Isis als Kuh, Christus als Lamm dargestellt. Maria entlehnt einige Formen aus der Isiskunst und wird zur säugenden oder das strampelnde Horoskind auf dem Schoß haltenden Isis und bekommt die Isisattribute Halbmond und Stern. Aus der mithrischen Kunst eignet man sich die Darstellungen des heiligen Mahles, des Wasserwunders aus dem Felsen (das vielleicht mißverstanden ist), der Himmelfahrt an, vor allem aber hat sie der Kirche eine ihrer häufigsten Darstellungen geliefert, den Besuch der Magier bei dem Christuskind. Die Porträtkunst schließt sich in den Sarkophagporträts gern an die römische an, in Malerei und Mosaik mehr an den Stil der hellenistischen Mumienporträts oder an den durchgeistigten frontalen Porträtstil des syrisch-hellenistischen Porträts. Seltsam ist nur, daß die christliche Kunst nicht ein einziges der jüdischen Bildmotive übernommen hat, weder die Zitrone (ethrog) noch den Feststrauß (lulab) noch den siebenarmigen Leuchter (menorah) oder die sonstigen typisch jüdischen Bilder. Nur für die alttestamentlichen Szenen der früheren christlichen Kunst ist Einfluß hellenistisch-jüdischer illustrierter Septuagintaausgaben, die in Alexandreia hergestellt wurden, sicher.

Lange hat es jedoch gedauert, bis sich im Christentum das *Götterbild* im strengen Sinne durchgesetzt hat. Hier war doch der Kampf der Apologeten gegen die heidnischen Götterbilder nicht so schnell zu überwinden. Die Karpokratianer waren wohl die einzigen, die schon im 2. Jahrhundert Christusbilder kultisch verehrten. Vor allem haben auch die Platoniker wie Origenes ernste Bedenken, und der Johannes der Akten wendet sich wohl im Kampf gegen aufkommende Bilderverehrung gegen das Porträtieren: «Du maltest eines Toten totes Bild.» Aber den strengen Bekämpfern aller Kultbilder stehen von Anfang an sogar Verteidiger der antiken Götterbilder gegenüber: Origenes ist sich mit Kelsos darin einig, daß es ganz primitiv und ungebildet sei, wenn Christen Zeus- oder Apollonbilder beschimpfen, weil sich diese nicht wehren können, der Christ dürfe nicht einmal eine Statue schmähen. Doch waren es nur sehr wenige gebildete Christen, die wie Plutarch den Bilderstürmern entgegentraten: «Man soll die Tyrannen bekämpfen, aber nicht ihre Bilder» – die Rede des Libanios für die Götterbilder enthüllt ein düsteres Bild. Und doch haben sich die Bilderstürmer nicht durchgesetzt. Von Clemens von Alexandreia bis zu Apollinaris Sidonius führt eine lange Reihe von christlichen Bewunderern der antiken Kunst, die sich zuweilen zu einer reineren Ästhetik durchringt; man hält es für Barbarei, das schöne Menschenantlitz durch Hörner zu verunstalten wie die Künstler, die Alexander als Ammon darstellen, und man wendet sich gegen die starre Monotonie der Götterbilder, die nur durch Attribute voneinander unterschieden sind. Man liest antike Kunstbeschreibungen wie die vom Schild des Achill und deutet sie christlich. Konnte der christliche Platonismus die Liebe zur Kunst hemmen, so konnte er sie auch erst recht fördern, indem er in der irdischen Schönheit noch immer ein Stück himmlische Schönheit abgespiegelt sah. Auch Biblisches konnte förderlich sein, vor allem der Gedanke, daß sich Gott selbst abbilde, schon in dem Menschen, dessen körperliches Bild dadurch heilig wird, vor allem aber in seinem eigentlichen Bild Christus, den man nicht schön genug darstellen kann. Daher spricht die alte Kirche viel von Schönheit: die Kirche ist eine Frau mit schönem Gesicht, schön ist das himmlische Jerusalem, aber auch Gottes geschaffene Welt, schön ist der Tierkreis, schön der menschliche Körper, schön sind Engel und Heilige, Christus ist ‹der Schönste unter den Menschenkindern›, und auch Gott selbst ist schön.

Nun aber gilt es auch, die *Besonderheiten* in der christlichen Kunstentwicklung nicht zu übersehen. Die eine ist die aus der christlich-platonischen Synthese kommende Neigung zu immer stärkerer *Vergeistigung*, die sich verschieden auswirkt und nicht ganz ohne Umweltparallelen ist. Die Figuren werden feierlich und dadurch oft lebloser, das Auge wird besonders betont, übergroß und durchseelt. Die Bewegungen werden verhaltener, Frontalansichten werden bevorzugt, wenn auch längst nicht beherrschend, denn es gibt sehr viele Profildarstellungen in der frühchristlichen Kunst. Der Kontakt zwischen Dargestelltem und Beschauer ist nicht immer wichtig, die Gestalten schauen oft in eine weite Ferne. Doch erreicht es die einmalige Technik der byzantinischen Kunst, daß mit Hilfe der Krümmung des Raumes die Bilder bei strengster Frontalität doch zugleich sowohl den Beschauer wie auch einander anblicken. Die Gestalten lösen sich oft – keineswegs immer – vom Raume los, schweben gleichsam, verlieren ihre irdische Schwere; Licht und Farbe als die geistigen Ausdrucksmittel werden vielen wichtiger als die Formen. Rhythmische Gliederungen umfassen die Einzelheiten wie ein metaphysisches Gesetz ohne Rücksicht auf die Naturnähe. Das ist alles richtig, aber erfordert sofort zwei Einschränkungen: es ist nicht aus dem Christentum entstanden, sondern aus der platonisierenden Grundschicht, denn es widerspricht geradezu der Körperfreudigkeit des Christentums, und es ist zweitens nicht absolut. Es gibt christliche Künstler und Kunstwerke zu allen Zeiten des antiken Christentums, die keines dieser Merkmale tragen.

Zweitens ist die christliche Kunst vielfach durch ihre Bindung an das *Wort* entscheidend bestimmt. Hierin ist ihr die hellenistisch-jüdische, und dieser bereits die Homermalerei und die Illustration antiker Bücher vorangegangen. Aber der christlichen Kunst ging es nicht um Illustration, sondern um Verkündigung. Paulinus von Nola läßt seine Kirchen bemalen, damit der bäuerliche Analphabet diese ‹Biblia pauperum› an den Wänden versteht. Wie alles im Christentum wird auch die Kunst weitgehend Mission. Die Bindung an das Wort hat zu kunstgeschichtlichen Konflikten geführt, etwa bei der

Christusdarstellung. Nach LXX Jes. 53, 2 f. behaupten die einen, Christus sei häßlich gewesen, nach LXX Ps. 44, 3 die anderen, er sei schön gewesen. Wenn sich die ausübenden Künstler auch nicht immer um solche Theologendeutungen gekümmert haben, ganz konnten sie an ihnen nicht vorübergehen.

Das christliche Volk bleibt den Bildern gegenüber antik-massiv abergläubisch. Es ist merkwürdig, wie wenig vergeistigende Kraft das Christentum auf diesem Sektor entfaltet hat. Der Glaube an ‹vom Himmel gefallene› Christus-, Marien- und Heiligenbilder (Acheiropoieta) geht vom Palladion und den vom Himmel gefallenen Bildern der ephesinischen Artemis und des Sarapis in die Kirche über. Als Staat und Kirche die Bildmagie sanktionieren, lebt das antike Götterbild in einer ungeahnten Weise wieder auf, nachdem es bereits einmal durch die Philosophie ziemlich verblaßt gewesen war. Konstantins Kreuzfahne, das Kreuz der Helena, die Reliquien wetteifern jetzt an magischer Kraft mit den überall entstehenden wundertätigen Bildern, zu denen die Pilger und Hilfeflehenden wallfahren.

Sieht man von der magischen Volkskunst ab, entwickelt sich die christliche bildende Kunst gleichsam gesetzmäßig um bestimmte *Zyklen*, um bestimmte *Typen* und um bestimmte *Symbole*. Dabei folgt sie sehr oft dem Gang der *Liturgie*, den festgelegten *Bibellesungen* und den Erfordernissen der schwebenden *dogmatischen Fragen*. Die *Zyklen* erscheinen sowohl in der Form der fortlaufenden Erzählung wie in der häufigeren der nebeneinandergestellten Einzelbilder. Vorbild sind die Homerillustration oder die Septuaginta-Illustration, dazu die hellenistischen Reliefzyklen um Herakles, Dionysos und andere Götter. Im einzelnen konnte inhaltlich und formal die Anordnung der Zyklen und Reihen sehr verschieden sein. Man konnte um ein Hauptbild, eine Hauptgruppe oder eine Hauptfigur gruppieren oder symmetrische Gliederungen bevorzugen, aber auch inhaltlich ordnen. So entsteht entweder eine vollständige, chronologische Abfolge von Einzelszenen in Einzelbildern oder ein Ineinandergleiten von Bildern, so daß in einer Darstellung die eine oder andere handelnde Figur wiederkehrt, aber in verschiedenen Funktionen auftritt. Auch konnten nur bestimmte Szenen ausgewählt werden. Alle diese Typen sind in der hellenistischen und in der christlichen Kunst reichlich vorhanden, und zwar auf allen Gebieten der Kunst.

Eine besondere Bedeutung hat natürlich der Fund der *Synagoge von Dura*, obwohl deren Bilder nicht von strenggläubigen Juden, sondern von hellenistischen Künstlern gemalt worden sind. Zugrunde liegen hellenistische Bibelillustrationen, auffällig ist nur, daß der Text nicht unserer Septuaginta folgt, was jedoch keineswegs den Schluß erlaubt, daß der masoretische Text zugrunde liege. Die große

Komposition der Zyklen ist rein griechische Arbeit mit durch die Grenzlage bedingten persischen Einschlägen. Inhaltlich umfassen die Bilder das gesamte Alte Testament, bevorzugen aber Szenen, die Probleme der Diaspora aufrollen. Daß sie keine unmittelbare Beziehung zur christlichen Kunstentwicklung haben, geht daraus hervor, daß die den Christen wichtigen Szenen – die drei Männer im Feuerofen, Daniel in der Löwengrube – fehlen, daß andererseits die meisten Bilder dieser Synagoge in der christlichen Kunst nicht vorhanden sind. Die ‹Bilderbibel› hat aus der Genesis Abraham, Isaaks Opferung, Jakobs Traum von der Himmelsleiter und den Jakobsegen dargestellt, denkt also jüdisch und nicht kosmopolitisch; die Welt beginnt mit Abraham. Sehr im Vordergrund steht Exodus: Moses wird aus dem Nil gezogen, er steht vor dem brennenden Busch in der Wüste. Der Pharao sitzt auf goldenem Thron in persischer Tracht, dann erleben wir einige der ägyptischen Plagen, es folgt die sehr dramatische Darstellung des Auszuges und des Durchzuges durch das Rote Meer. Dann erhält Moses das Gesetz, Mirjam und Aaron treten auf. Aus den Richter- und Königsbüchern stammt eine Reihe von Geschichten um die Bundeslade, die Salbung Davids durch Samuel, David als Orpheus, Salomo auf prächtigem Thron beim Empfang der Königin von Saba, Salomos Tempel, die wichtigsten Eliasgeschichten. Es folgen Hiob und sein Elend, Ezechiels Prophetie von der Totenerweckung und endlich als für die Diaspora besonders bezeichnend eine große Darstellung vom Triumph der Esther. Dazwischen stehen rein hellenistische dekorative Momente: Löwen, Masken, auch zwei Zauberbilder gegen das böse Auge. Subjektive Gesichtspunkte sind bei der Auswahl dieser Zyklen insofern beteiligt gewesen, als der Stifter Samuel hieß und daher die Samuelbilder malen ließ.

Der älteste *christliche* Zyklus behandelt die *Errettung* des Gläubigen an Hand von neutestamentlichen Wundergeschichten, mit Vorliebe aus dem Johannesevangelium. Die Heilungswunder und Totenauferweckungen, an erster Stelle die des Lazarus, werden ergänzt durch die Jonageschichte, die bereits im Neuen Testament als Auferstehungssymbol gebraucht war, die Errettungen der Danielgeschichten – diese wohl zum Teil unter Einfluß der Mithraskunst – und die Errettung Noahs von der Sintflut. Soweit die Bilder der Begräbniskunst angehören, identifiziert sich der Tote mit einem der Geretteten auf dem Bilde, so wie in der hellenistischen Totenkunst Dionysos die Porträtzüge des Verstorbenen erhält – daher kann an einem Frauengrab Noah als Frau gemalt werden. Das ist echt hellenistische Mystik. Der nächste große Kreis, die *Bilder vom guten Hirten* und die *Sündenfallszenen*, sind aufs tiefste vom Kampf um strengeres oder milderes Christentum beeinflußt und angeregt. Ein dritter Kreis wählt, wie in den hellenistischen Religionen, *Kultszenen:* für das Abendmahl die Speisungsgeschichten und Fischwunder des Neuen Testamentes, für die Taufe das Wasserwunder des Moses und die Taufe Jesu. Ein *eschatologischer Kreis* entwickelt den Typus Christus als Weltrichter und die mitrichtenden Apostel. Nach dem Sieg des Christentums kommen dann lange *‹historische› Zyklen* entweder aus dem *Leben Jesu* mit Einschluß der *Leidensgeschichte* oder dem der *Apostel und Märtyrer*, oder der *Maria* oder schließlich am Ende unserer Periode *zeitgeschichtlicher Ereignisse* etwa aus dem Leben Konstantins oder Justinians in Fortführung hellenistischer Historienmalerei und -mosaikkunst. Natürlich haben die großen Metropolen verschiedene Zyklen entwickelt und verschiedene Szenen bevorzugt. Die gegensätzlichen Lehrrichtungen kann man oft an der Wahl der Stoffe und an Einzelheiten der Bilder erkennen, besonders seit dem christologischen Streit; landschaftliche, provinzielle, völkische Differenzen machen sich bemerkbar. Den starr-majestätischen, schroff frontalen, den Kopf betonenden koptischen christlichen Kunstwerken stehen die prachtvollen, flimmernden, trotz aller Geistigkeit unerhört diesseitigen der ersten byzantinischen Jahrhunderte gegenüber, der schlichten Volkskunst einzelner Katakombenzyklen die raffinierte Dekorationsmalerei anderer, der gelehrten, etwas nüchternen Gegenüberstellung alt- und neutestamentlicher Typen die frisch sprudelnde Anschaulichkeit rein bildhaft Empfindender. Aber eins steht in lebendiger Beziehung zu dem anderen, eins entwickelt sich aus dem anderen. So darf man die Werke nicht zu sehr auseinanderreißen, auch chronologisch nicht. Die Beweglichkeit des Christentums sorgte schon für Ausgleich. Hier dringen die leicht geschwungenen alexandrinischen Motive und Formeln vor, dort verbreitet sich die Liebhaberei der Kappadoker für möglichst viele und realistische Bilder, da dringen die ephesinischen Marientypen ein, dort erwerben sich die aus den nationalen Renaissancen des 3. Jahrhunderts stammenden Abwandlungen Freunde, hier gelangt mit Mithras und Mani Iranisches in die christliche Kunst über die ganze Welt hin, dort dringen Würde und Ernst des römischen Reichsstiles vor. Die Ägyptomanie läßt es zu, Christus als Mumie darzustellen, vom Iranischen übernimmt man die Vorliebe für Jagd- und Reiterszenen, und daß man dabei auch die Geschmacks- und Modewandlungen der Umwelt mitmacht, ist selbstverständlich.

Neben den Bilderzyklen steht die christliche *Symbolkunst.* Was die allegorische Exegese an den heiligen Schriften tat, das tat die Kunst an den Figuren: immer üppiger wuchsen Symbolik und allegorisches Bild, bis im Osten das Trullanum ihnen eine Grenze setzte.

Zunächst hat die christliche Kunst einfach hellenistische Bilder und Symbole benutzt und sie nur christlich interpretiert. Da wurde der Weinstock des Dionysos zum Abendmahls- oder zum Christussymbol, der Ölzweig Apolls zum Zeichen des Friedens, die Palme des antiken Siegers zum Zeichen des Triumphes über den Tod, nur die Ähre von Eleusis hat man selten benutzt, dafür aber das Brot als Abendmahlssymbol, ähnlich wie es im Mithraskult Symbol war. Von den *Tiersymbolen* steht der Fisch an erster Stelle. Der Löwe des Herakles und der Kybele wird zum Christus- oder Apostelbild, ebenso der Adler des Zeus und der Stier des Dionysos. Der Pfau der Juno, der die Kaiserinnen nach ihrem Tod zum Himmel trägt, wird Unsterblichkeitssymbol, neben ihm bleibt es der längst in der griechischen Welt heimische Phönix; die Taube kleinasiatisch-hellenistischer Göttinnen wird Symbol für den Geist. Die Schlange ist nicht nur ein Bild für das Böse wie in der Genesis, sondern wie im Johannesevangelium Christusbild. Vögel symbolisieren die Märtyrer, weil sie zum Himmel fliegen. So wird allmählich jedes Tier zum christlichen Symbol, so daß in Fortführung der griechischen Tierfabel und Tierallegorie ganze biblische Geschichten oder christliche Dogmen in Form von Tierszenen dargestellt werden. Dazu tritt die *Buchstabensymbolik*. Wie Apoll sein E, der römische Juppiter sein IOM, die Unterweltsgötter ihr DM als Zeichen haben, bekommt Christus sein Chi Rho oder sein AO. Reichlich verwendet werden die Symbole des *Kaiserkultes,* Weltkugel, Szepter, Thron, aber auch der Lehrstuhl des Philosophen. Wie in hellenistischen und römischen *Personifikationen* von Schicksal oder Tugenden wird der Mensch Symbol: seit dem ‹Hirten› des Hermas sind christliche Tugenden als Frauen dargestellt – in diesen Zusammenhang mag auch die in ihrer Bedeutung viel umstrittene Orans der Katakombenkunst gehören: sie ist sozusagen Tyche der christlichen Gemeinde und Personifikation ihrer Tugenden. Sonne, Mond und Sterne fehlen nicht. *Das* Symbol aber, das trotz seiner geometrischen Einfachheit der Kunst immer neue Aufgaben gestellt hat und das doch wohl als genuin christlich angesehen werden darf, ist das *Kreuz.* Vom sethianischen Kruzifix auf dem Palatin bis zu den strahlenden, goldenen und edelsteingeschmückten Triumphkreuzen ist ein weiter Weg. Den großen Wendepunkt, auch für die Kunst, bedeutet seine öffentliche Anerkennung als eins der kaiserlichen Symbole durch Konstantin. Durch Verbindung mit Siegeskranz und Christusmonogramm wird es Ausdruck unüberwindlicher Kraft und Geistigkeit.

Schließlich darf die reiche Fortentwicklung rein *dekorativer* Kunst nicht übersehen werden. Ausgehend von den bekannten hellenistischen dekorativen Elementen Akanthus, Palmette, Weinrebe, in Anknüpfung besonders an alexandrinische Dekorationsstile, im Osten zuweilen iranische Elemente aufnehmend, hier teils mehr geometrisierend, dort mehr naturalisierend, immer aber farbenfreudig, bewegt, verschlungen, hat die christliche dekorative Kunst viel Reizvolles geschaffen. Besonders in Byzanz klingt alles in ihr zusammen: dionysische Weinrankenmuster und Pinienzapfen, griechische Eier- und Perlstäbe, iranische Tierornamente, genuin christliche Kreuzornamentik, ägyptische textile Muster, und alles zeigt, wie weltfreudig dieses Christentum blieb.

β) *Die Malerei.* Die Malerei ist die älteste Form christlicher bildender Kunst. Als die Gemeinden noch so arm waren, daß sie sich keine teueren Skulpturen leisten konnten, bemalten sie die einfachen Grabstätten, und auch die schlichte Kirche von Dura ist bemalt. Während man auf den Gräbern lange unbedenklich heidnische Motive gestattete, forderte die Bemalung der Kirchenräume von vornherein christliche. Nur eins ist beiden immer gemeinsam: die fröhliche hellenistische Stimmungsgrundlage, auch bei der Grabmalerei. Selbst der asketische Paulin von Nola will noch, daß seine Kirchenausmalung «fröhlich» (laetus) sei.

Die Heiterkeit hellenistischer und ihr folgender christlicher *Grabmalerei,* technisch in fresco buono oder fresco secco ausgeführt, stammte aus dem Privathaus. Das Grab war eben das Haus des Toten, und man bemalte es, teils um dem Toten eine Freude zu machen, teils um schöne Stätten für Totenmahle und Familienfeiern der Lebenden an den Gräbern zu haben. Eine bunte, fröhliche Bemalung ziert außerchristliche und christliche Grabmäler, lustige, dekorative Elemente, Akanthus, Weinranken, bunte Vögel, Eroten-Engel finden sich von der trajanischen Zeit bis ans Ende der Epoche auf Gräbern für christliche und nichtchristliche Tote, die oft friedlich zusammen liegen. Auch darin ist die heidnische Malerei der christlichen Grabmalerei vorausgegangen, daß sie neben dem Dekorativen figürliche Szenen, neben dem Porträt der Verstorbenen religiöse Darstellungen den Toten mitgab und den Lebenden an den Gräbern vor Augen führte. Häufig nehmen sie auf den Tod selbst Bezug: Genien mit umgestürzter Fackel, Phaidra und Hippolyt, die Entführung Achills, der Raub Ganymeds. Oder sie zeigen, welcher Religion der Tote sein Heil nach dem Sterben anvertraut hatte: wir finden Szenen aus dem Heraklesmythos, die Göttin von Eleusis als Herrin der Unterwelt, Kultszenen aus den Kybelefeiern. Wir finden auch eine leichte Sentimentalität: Pyramus und Thisbe oder Endymion und Selene als Darstellung durch den Tod getrennter Liebe.

Das setzt sich auf den altchristlichen Friedhöfen und in den Katakomben fort. Die meisten von ihnen sind leuchtende Stätten griechischer Heiterkeit und christlicher Todüberwindung. Üppige Blumen- und Weinranken spannen sich über die Decken und um die Gräber, die weiße Farbe macht die dunklen Grabgewölbe hell und die rote die der Sonne ausgesetzten Grabmäler farbig. Scheinarchitekturen, Stilleben, Nachahmungen der Wanddekorationen aller Stile finden sich oberirdisch und unterirdisch. Heidnische Bildchen, meist in einem entzückenden Kleinformat, schmücken die Gräber der Christen, bukolische Szenen, Jahreszeitenbilder, Bilder der Homerillustration oder des täglichen Lebens, Landschaften, Tiere, allegorische, wohl kaum noch verstandene Figuren. Die Wertschätzung der Einzelseele und der Individualität leitet zu einem starken Betonen des Verstorbenenporträts; in Naturtreue erscheinen Handwerker aller Art, Soldaten, Seeleute, Händler, Fuhrleute und viele Frauen. Erreichen sie auch selten die Höhe gräko-ägyptischer Mumienporträts, so sind sie doch meist gute Arbeit. Der nicht vor 200 beginnende eigentliche christliche Bilderkreis umfaßt, wenn man vom guten Hirten als hellenistisch absieht, die Auferweckung des Lazarus, die Heilung des Gichtbrüchigen und des Blinden, die Anbetung der Magier, den Jonazyklus, das Wasserwunder aus dem Felsen, die Danielszenen und die Susannageschichte, alles Hinweise auf Todüberwindung. Daneben stehen Hinweise auf die christlichen Sakramente, die vor dem ewigen Tod schützen, nämlich die Taufe Jesu, die Hochzeit zu Kana, die Samariterin am Brunnen, das Brot- und das Mannawunder, die Arche, Abrahams Opfer, aber auch noch vereinzelt originelle Sonderkombinationen. Ob Mahlszenen das Abendmahl oder das himmlische Mahl meinen, ist unsicher.

Wie die Grabmalerei behält auch die Bemalung des Kultraumes lange ungehemmt außerchristliche Motive bei. Noch Papst Simplicius ließ in der von ihm erbauten Andreasbasilika in Rom die heidnischen Malereien und Mosaiken bestehen. Langsam aber, das bezeugt Paulin, ging die Kirche dazu über, die Wände mit eigenen Bildfolgen zu bemalen, Paulinus selbst hat das mit vollem Bewußtsein getan. Seine Apostelbasilika war reich an alttestamentlichen, seine Felixbasilika an neutestamentlichen Szenen. Er folgte dabei in Anlehnung an alexandrinische Buchmalerei «der genauen Ordnung» der heiligen Schriften. Wenn man dabei, wie in der Kirche von Stobi, von «barbarischer Farbenfreudigkeit» gesprochen hat, vergißt man wieder die Wirkung der südlichen Sonne. Allmählich verdrängt in den großen Kirchen das Mosaik die Malerei, bis diese auf dem Umweg über die Textilmalerei und die Holzmalerei auf dem byzantinischen Ikonostas ihre dauernde Heimstätte im christlichen Kultraum wiederfindet. Doch führt das schon über die hier behandelte Zeit hinaus. Ein Übergang wurde dadurch geschaffen, daß die hellenistische Sitte der kleinen bemalten Hausheiligtümer im Christentum übernommen wurde und zu den Anfängen der byzantinischen Ikonenmalerei führte.

Schon wiederholt war uns das gemalte christliche *Porträt* begegnet. Seit dem 1. Jahrhundert hatte die hellenistische Porträtmalerei in den ägypto-hellenistischen Mumienporträts eine Feinheit des Ausdrucks und der Formengebung erreicht, die kaum zu überbieten war. Sie haben ihre griechischen und ägyptischen Vorläufer gehabt; Theophrast spricht vom Wert des Porträtierens, Plutarch rühmt die Porträts der sikyonischen Malerschule, Pausanias hat in Athen noch viel Porträtmalerei gesehen. Ägypten hat von jeher eine hohe Porträtmalerei besessen, und im Westen hat die römische Verehrung der Ahnenbilder in Verbindung mit etruskischer Grabmalerei eine Bildkunst entwickelt, von der wir leider die besten Zeugnisse nur in der Plastik, nicht aber in der Malerei erhalten haben.

Das Christentum begann zunächst damit, den biblischen Gestalten, besonders den Aposteln, individuellen Charakter zu verleihen und ihre Porträts, also nicht ihre Typen, zu malen. Doch ging das sehr langsam, zögernd und oft auch ungeschickt. Mit der zunehmenden Märtyrerverehrung in Bildern gibt es neue Forderungen und Möglichkeiten zur Schaffung von Porträts, so daß von der alexandrinischen Kunst her das Brustbild, von Antiocheia, Byzanz und dem Westen aus die gemalte Vollgestalt mit Porträtkopf sich ausbreitet. Euseb kennt gemalte Porträts Jesu und der Apostel, und seit Paulin ist die Sitte bezeugt, die dann allgemein wird, die eine Seite der Kirche mit männlichen, die andere mit weiblichen Märtyrerporträts auszuschmücken. Aber eine überragende Porträtkunst hat doch erst Byzanz am Ende der spätantiken Epoche geschaffen. In der Zeit Justinians wird das christliche Porträt in einer Weise realistisch wie selten in der Antike. Man hat behauptet, das byzantinische Porträt sei das einzige, was in Byzanz nicht schmeichelt, und darin liegt ein Wahrheitsmoment. Hier lebt die ungeschminkte Ehrlichkeit und die ganze Beseeltheit antiker Porträtkunst noch einmal auf und fast während der ganzen byzantinischen Geschichte fort.

Dagegen hat sich die reiche hellenistische und campanische *Landschaftsmalerei* nicht mehr weiterentwickelt, da man fast nur am geschichtlichen und menschlichen Geschehen interessiert war. Auch war mit dem Aufkommen des Goldgrundes, wohl durch persische Einflüsse, der Landschaft ein ernster Konkurrent erwachsen. Aber auch hier darf man nicht verallgemeinern: blumige Wiesen, Bäume, Gebüsche, Flüsse, Blumen aller Art sind auch von christlichen Malern weiter gemalt worden. Nur die Landschaft um ihrer selbst willen findet sich nicht mehr.

Jedoch nicht in der Gräber- und Freskenkunst, sondern in der *Miniaturmalerei* hat das Christentum das Beste geschaffen: der Großraummalerei war im Mosaik ein zu ernsthafter Gegner erstanden, während die zunehmende Hochschätzung der heiligen Schriften gebot, sie so schön wie nur möglich auszustatten. Die christliche Buchmalerei ist eine geradlinige Fortsetzung der alexandrinischen Buchillustration, die sowohl fortlaufend den ganzen Text als auch ausgewählte Textstellen illustrierte. Seit den ersten Zeiten des Museions erschienen illustrierte Ausgaben botanischer Werke mit Pflanzenbildern, technischer und physikalischer Werke mit Zeichnungen, illustrierte Homer- und Dramatikerausgaben, illustrierte Weltchroniken, aber auch in ägyptischer Manier illustrierte Toten- und Zauberbücher. Im Anschluß daran entstanden seit dem 2. vorchristlichen Jahrhundert illustrierte Septuagintaausgaben, die ersten Vorbilder der biblia pauperum, deren Einfluß wir noch in einer der schönsten byzantinischen christlichen Bilderbibeln, der Josuarolle – deren Datierung allerdings noch unsicher ist – spüren. Im Zusammenhang damit steht eine große Reihe christlicher Miniaturenbücher und -rollen, etwa die Quedlinburger Itala mit ihren den Homerlandschaften so verwandten schönen Naturbildern, die Cottonbibel mit ägyptomanen Formen, der byzantinische Pariser Psalter mit hellenistischen Schlachtszenen und Landschaften, die christlichen Weltchroniken mit allerdings schon vergröberten Darstellungen.

Auch außerhalb Alexandreias und unabhängig von ihm wurden seit dem 5. Jahrhundert Bibeln gemalt. In Antiocheia, Pergamon und hier und da im Westen, besonders Unteritalien, gab es vorchristliche Miniaturmalerei, nur ist von ihr wenig erhalten. In christlicher Zeit bildet Antiocheia den Mittelpunkt einer christlich-syrischen Buchmalerei, deren Realistik die Ästhetik der Alexandriner verändert oder bekämpft. Die Gesichtstypen verlieren jede Idealität und werden oft orientalisch, zumindest realistisch, die Farben greller, die Szenen brutaler. Auch das nur Dekorative wird stärker, der Hufeisenbogen taucht auf, Prunk und Ornament umgeben die Nebenfiguren, die gehäuft werden, die Frontalität wird strenger, die Architekturstücke werden monumentaler, Bukolik und Idyll treten zurück. Beispiele dafür sind das Rabbula-Evangeliar (6. Jahrhundert) und das Evangeliar von Edschmiadsin.

Seit dem 4. Jahrhundert beginnt *Byzanz* die Herstellung der großen Prachtcodices, für die das kaiserliche Material, der Purpur, gestattet wurde. Byzanztreue Provinzen wie Kappadokien schlossen sich an; der schöne Purpurkodex 1 a des Athener Museums stammt aus Kaisareia in Kappadokien. Der Stil blieb teils in Anlehnung an Alexandreia naturfreudig, bukolisch wie in der Wiener Genesis, oder wurde ‹kaiserlich› historisch und dramatisch wie der prachtvolle Rossanensis mit seinem Glanzstück, der Leidensgeschichte.

γ) *Die Plastik.* Die christliche Plastik, deren hohes Niveau die Sarkophagplastik beweist, ist auf einem Gebiet der Antike nicht gefolgt, nämlich auf dem der rundplastischen *Einzelstatue.* Das ist nicht ohne weiteres verständlich. Während man sich nicht scheute, Christus zu malen und ihn im Sarkophagrelief darzustellen, schuf man seltsamerweise keine Einzelstatuen von ihm. Der Grund ist wohl der, daß es damals noch viel zu viele Götterstatuen gab und daß durch Christusstatuen die Kirchen den heidnischen Tempeln zu ähnlich geworden wären. Dazu kommt allerdings auch, daß der Hellenismus bereits die Gruppendarstellung vor der Einzelstatue bevorzugte, so viele derartige Statuen auch noch geschaffen oder kopiert wurden: Die neuen Religionen haben fast alle ihre typische Einzelstatue.

Christliche *Einzelstatuen* gibt es dagegen fast nicht, und die ältesten sind nicht einmal mit Sicherheit christlich. Es gibt einige Statuetten des guten Hirten, eines bartlosen Jünglings in Hirtenkleidung – außer dem bekannten Exemplar im Lateranmuseum vor allem zwei schöne Exemplare aus Korinth, heute im byzantinischen Museum in Athen. Aber sie haben nichts typisch Christliches, sie könnten ebensogut Darstellungen des Hermes oder Orpheus sein und sind nur die Wiederholung eines Typs des tiertragenden Menschen, der im Mittelmeerraum uralt ist. Das Athener Museum besitzt einen schönen Marmorkopf Christi aus dem 4. Jahrhundert, dann kommt im Osten kaum noch etwas Nennenswertes; ein Ausspruch des für die Kunst doch so aufgeschlossenen Clemens von Alexandreia mag das, auf die Christen übertragen, erklären: «Schön ist der parische Marmor, aber er ist alles andere als Poseidon» (den er darstellen soll), in Rom hatte man anscheinend weniger Hemmungen. Das Thermenmuseum besitzt aus der zweiten Hälfte des 4. Jahrhunderts eine Statue des auf einem Faltstuhl sitzenden jugendlich-schönen Christus mit der Buchrolle in der linken Hand, die rechte Hand zum Redegestus erhoben, aber das ist ein Einzelstück. Das Lateranmuseum besitzt die berühmte sitzende Statue des Hippolyt, aber da ihr gesamter Oberteil ergänzt ist und nur das Schriftenverzeichnis an der Seite des Lehrstuhles sie kenntlich macht, kann man sich keine Vorstellung von ihr machen. Vielleicht war sie die Statue eines heidnischen Philosophen, zum mindesten ist sie genau nach dem Muster einer solchen gemacht. In gnostischen Kreisen hat es angeblich Statuen des Magiers Simon als Zeus und der Prophetin Helena als Athene gegeben. Keine Scheu vor der Einzelstatue hatten jedoch die christlichen Kaiser. Konstantin ließ seine Statue sowohl in Rom wie in Konstantinopel aufstellen, und ihm folgend schufen die byzantinischen Kaiser in Fortführung alexandrinischer Porphyrskulptur ihre prachtvollen Porphyrbilder.

Die eigentliche christliche Plastik ist aber *Reliefplastik*. Zwar hat sie die beiden Höhepunkte vorchristlicher religiöser Reliefplastik, die ungeheuer bewegte mythisch-metaphysische Gigantomachie von Pergamon und die feierliche, historisch idealisierte Plastik der Ara pacis nie erreicht und wohl auch nie erstrebt, aber sie reiht sich doch in die guten Werke hellenistischer religiöser Reliefkunst ein. Mehr und mehr war in den Religionen das Relief an die erste Stelle getreten: Eleusis, Asklepios und Dionysos hatten den Anfang gemacht und sich sogar nicht gescheut, Einweihungsszenen und ekstatisches Erleben im Relief darzustellen. Isisreliefs zeigen Prozessionen und gottesdienstliche Feiern. Dura hat zwei gute Reliefs eines auf dem Kamel thronenden Baal und seiner zugehörigen Göttin. An erster Stelle steht Mithras, bei dem die Kultstatue fast überall durch das Kultrelief verdrängt ist. Auch in kleinen Mithräen ist die orthodoxe Bildfolge in Reliefs wiedergegeben, die zwischen barbarischster Provinzialkunst und hervorragenden archaisierenden Darstellungen wechseln. Unerhört ist bei den mithrischen Reliefs selbst im gröbsten provinziellen Stil der Reichtum an Figuren und Szenen, der dem Beschauer die gesamte Kultgeschichte oft ohne Rücksicht auf Zusammenhang und Folge, aber dadurch um so unmittelbarer und erregender, vermittelte. Bei aller Gleichheit des Kultmythos sind nicht zwei mithrische Reliefs wirklich völlig gleich, obwohl die Einzelszenen oft schematisch wiederholt werden. Die bunte Bemalung läßt die meist recht lebendigen Reliefs noch lebhafter werden, zuweilen hat man noch bunte Steine in die Reliefs eingesetzt wie später in die Ikone der Ostkirche.

Die Reliefplastik des Christentums ist in erster Linie *Sarkophagplastik*. Kultreliefs fehlen *fast* völlig. Doch gibt es einige Reliefs, die als Schmuck der Kulträume gedient haben, sie sind zunächst rein hellenistisch, teilen sich in eine hellenistisch-syrische und hellenistisch-alexandrinische Gruppe, werden dann landschaftlich und völkisch verschieden ausgestaltet und erhalten bei den Kopten eigenes Gepräge. An Türstürzen und in Türbogen, an den Marmorambonen, in den Vorhallen war Platz genug für sie, und wenn nicht der Bilderstreit und der Islam so vieles vernichtet hätten, würde, aus den Resten zu schließen, manches wertvolle christliche Relief vorhanden sein. Wenigstens von *einem* Relief*kult*bild wissen wir mit Sicherheit, dem des Heiligen Menas in seiner Grabeskirche, das wir durch zahlreiche Nach- und Abbildungen kennen. In die Zeit, in der Christus als lehrender Philosoph von Aposteln umgeben dargestellt wurde, führt das Relief auf einer Marmorvase des Museo Kircheriano. Figürliche Reliefgruppen in einer oft wunderbaren Naturtreue hat uns Griechenland und Syrien erhalten: das Athener Museum besitzt ein schönes Geburtsrelief: das Christuskind liegt gewickelt auf einem Steinbett, umgeben von Ochs und Esel, Pinie und Lorbeerbaum. Andere zeigen bukolische Szenen oder die alten Hauptbilder der Katakombenmalerei. Vom 5. Jahrhundert an begegnen analog den Sarkophagreliefs Gliederungen der einzelnen Szenen in Muschelnischen wie auf dem Ambon von Saloniki. Auch von christlichen Tierreliefs sind Reste, wie Löwen, erhalten, so in der relieffreudigen Menasstadt. Endlich wird vom 5. Jahrhundert an das ornamentale Relief häufiger, es führt schließlich zu den reichen dekorativen Friesen mit Pflanzen-, Tier-, Kreuz- und geometrischen Motiven des byzantinischen Mittelalters und der Reliefikone der Komnenenzeit. Ganz eigene Wege geht das koptische Relief, jedoch wieder nicht ohne Bruch mit der hellenistischen Vergangenheit. Hier entstehen die wuchtigen Reliefs der großen Persönlichkeit, allen voran das Apa Schenutes, und die Reliefs der Reiterheiligen, die immer mehr nur Auge und Kopf werden.

An zwei Stellen hatte das *aktuelle Relief* in der Kaiserzeit besonders seinen Platz gefunden, am Triumphbogen und an der großen Ehrensäule. Der Titus- und der Septimius-Severus-Bogen in Rom, der Trajansbogen in Benevent, die Trajans- und Marc-Aurel-Säule in Rom stellen einen Typ dar, der, von Diokletian und Galerius wieder aufgenommen, schließlich mit manchen Stilwandlungen zu den christlichen Kaisern kam. Der Galeriusbogen in Saloniki und der Konstantinsbogen in Rom, so weit er nicht Spolien enthält, zeigen den Übergang: die Reliefs werden weniger dramatisch, die Figuren wenden sich an den Beschauer, die Technik wird flacher. Bei der Säulenreliefplastik ist nicht zu übersehen, daß sie schon von den hellenistischen Kulten nachgeahmt worden ist, für Isis besitzen wir zwei Beispiele: das Isisheiligtum in Campo hatte Säulen, auf denen Kultpersonen mit Kultgeräten im Relief dargestellt waren, das von Pozzuoli solche mit sehr realistischen Darstellungen ägyptischer Tiere.

Während der Konstantinsbogen noch ein rein heidnisches Werk ist, ist diese Art der Plastik im christlichen Byzanz in einigen bedeutenden Exemplaren vertreten, nämlich in den großen Triumphsäulen des Theodosius und Arkadius, und in den Sockelreliefs des unter Theodosius in Byzanz aufgestellten Obelisken von Heliopolis. Hier haben wir die größten Reliefschöpfungen christlicher Kaiser vor uns. Besonders die letzteren sind eigenständige und in ihrer Art eindrucksvolle Werke, auch wenn sie entscheidend vom bisherigen Kunstideal abweichen. *Die genaue Wiedergabe des historisch Ge-*

schehenen ist dem Künstler und der Zeit wichtiger als die Schönheit; deshalb die Überfülle an Figuren, die Individualisierung auch unbedeutender Nebenpersonen, der Realismus der Umgebung der Szenen, die Neigung zu symmetrischer Frontalität, die umgekehrte Perspektive – die Hauptsache ist, daß der Beschauer sieht, was da alles geschieht. Und es geschieht viel: die kaiserliche Familie schaut zu, wie der Obelisk aufgerichtet wird, Barbaren bringen dem Kaiser ihre Geschenke, ein Zirkusrennen wird ausgetragen, der Kaiser belohnt Sieger, Tänzerinnen tanzen, zwei Orgeln werden gespielt. Die beiden Reliefsäulen aber sind Nachahmungen der Trajanssäule, leider sind außer einigen Fragmenten nur schlechte alte Nachzeichnungen vorhanden, da sie zur Türkenzeit abgetragen wurden oder verfielen. Höchst realistische Bilder aus den Barbarenkriegen, Heereszüge, Städtebelagerungen, Seekämpfe, Reiterschlachten und Triumphzüge von großem Figurenreichtum zieren die Reliefbänder. Die Reliefsäulen der Isisheiligtümer haben ihr christliches Gegenstück in den Ciboriumssäulen, die den Altarbaldachin tragen und von denen wenigstens ein kostbarer, wenn auch nicht ganz sicher datierbarer Teil erhalten ist, die vier Säulen, die nach San Marco in Venedig gekommen sind. In je neun Reihen von je neun Nischen – meist Muschelnischen – sind hier Szenen aus den Evangelien und apokryphen Schriften in starker Realistik und lebendiger Bewegung mit tiefem Blick für die seelischen Vorgänge der dargestellten Personen geschaffen. Da tanzt ein Hirte vor Freude bei der Verkündigung der Engel, hier halten sich die Diener die Nase zu, als sie Lazarus aus den Leichentüchern wickeln, da hebt Petrus sein Gewand energisch hoch, als ihm Jesus die Füße wäscht, hier neigen sich die römischen Heeresfahnen bei dem Verhör vor Jesus, da prüft der Speisemeister vorsichtig den von Christus verwandelten Wein – und so geht es weiter, von den Legenden der Marienkindheit bis zur Höllen- und Himmelfahrt, der ganze christliche Mythos, doch ohne Kreuzigung.

Den Höhepunkt erreicht die christliche Reliefplastik in den *Sarkophagen.* Auch diese Kunstgattung wird durch das Christentum lediglich fortgesetzt. Oft stellen dieselben Werkstätten christliche und heidnische Sarkophage her, oft läßt sich gar nicht einmal unterscheiden, ob ein Sarkophag christlich oder heidnisch ist. Auf die sehr schwierigen chronologischen Fragen gehen wir hier nicht ein – sie sind im übrigen gerade an entscheidenden Stellen noch längst nicht gelöst. Bedauerlich ist, daß unsere meisten Zeugnisse aus dem Westen stammen, während im Osten der Islam Unersetzliches zerstört hat.

Steinsarkophage hat die griechische Welt von jeher gekannt. In hellenistischer Zeit sind sie die vornehmste Form des Totenhauses und daher nur in den großen Grabstätten oder in den Gräbern Reicher zu finden. Seit dem zweiten Jahrhundert scheinen die Sarkophage billiger geworden zu sein, sie dringen auch in ärmere Schichten, sind aber qualitativ nunmehr sehr verschieden und reichen von den wenigen großen Reliefplastiken edelster Art bis zu den mit dem Bohrer gearbeiteten billigen Serienfabrikaten. Wo Leichenverbrennung üblich war, trat die Aschenkiste an die Stelle des Sarkophags.

Das vorchristliche Sarkophagrelief hat *alle* formalen Gestaltungen des christlichen geschaffen, und zwar vier Grundformen: das um eine Mittelszene gegliederte Reliefband, das von der klassischen Giebel-Frieskomposition herkommt, das fortlaufende Erzählungsrelief, das auch vom klassischen Fries stammt, die durch architektonische oder dekorative Glieder voneinander getrennten Einzelbilder und das mehrstufige Relief. Auch inhaltlich war dem Christentum vorgearbeitet, denn es gab bereits drei Gruppen, die weitergeführt wurden. Die meisten antiken Bildsarkophage tragen religiöse oder mythische Darstellungen, die von der Überwindung des Todes sprechen. Auf den zahlreichen Dionysossarkophagen erscheint der Tote als Glied des seligen Thiasos, der, durch den Gott erlöst, ihn in ekstatischem Jubel preist. Die Heraklessarkophage heben die Überwindung des Höllenhundes in oft sehr dramatischen Szenen hervor. Auf den Endymion-Selenesarkophagen wird der Tote als Schläfer von der Liebe der Gottheit umfaßt, die Psychesarkophage – gern bei Kindern – erzählen von der Unsterblichkeit der Seele. Leider ist kein nachweisbarer Mysteriensarkophag erhalten außer dem Archigallussarkophag der Isola sacra; auf ihm liegt sinnend mit den Kultgeräten ein ins Unendliche blickender Diener des Gottes. Die Philosophensarkophage gehören ebenfalls hierher, da auch die Philosophie ewiges Leben garantiert. Die zweite Gruppe zeigt Szenen aus dem Leben des Toten. Ein schönes Beispiel ist etwa der ‹Hochzeitssarkophag› der Villa Taverna. Das Leben eines hohen römischen Offiziers und seiner Frau, Erinnerungen an die Hochzeit, an kultische Erlebnisse, an Kämpfe, Kriegszüge und Siege wird gleichsam für immer festgehalten. Solche Sarkophage wirken und sind vornehmer als die protzigen Grabmonumente und -reliefs der neureichen Handwerker, besonders in den Provinzen, vom Stil der Igeler Säule, der Grabmäler von Neumagen oder Bierbach, bei denen Handwerkerbuden, Kaufläden und Backöfen auf den Gräbern stehen.

Bei der dritten Gruppe ist nicht sicher, wie weit ihre Darstellungen reinem *Schmuckbedürfnis* entspringen oder wie weit sie wirklich echte Symbolik enthalten. Allerdings wissen wir gerade bei ihnen oft nicht, welche bereits christlichen Werkstätten entstammen und wie tief hier die christliche Interpretation heidnischer Motive gegangen ist. Hierher gehören zum Beispiel gewisse Odysseesarkophage, bei denen die Vorbeifahrt des Odysseus an den Sirenen christlich als Umschiffung der Todesklippen gedeutet sein könnte – nach literarisch überliefertem Vorbild.

Wir besitzen sogar die einmalige Darstellung einer christlichen Sarkophagwerkstatt. Während im allgemeinen die christliche Kunst anonym bleibt und der Künstler sich nicht selbst nennt, ist der Name eines christlichen Sarkophagbildners erhalten. Auf einer Platte in San Pietro e Marcellino hat ein Sohn dem ‹heiligen, frommen› Sarkophagbildhauer Eutropius ein Denkmal gesetzt, das den Meister bei der Arbeit zeigt. Mit einem Gehilfen, vielleicht dem Sohn selbst, bedient er den Drehbohrer zur Herstellung eines einfachen Strigelsarkophags mit zwei Löwenköpfen, also von völlig heidnischer Form. Daneben liegen seine Arbeitsgeräte, und auf der Seite steht ein bereits fertiger, ebenfalls ganz hellenistischer, einfacher Sarkophag mit zwei Delphinen.

Überall entstanden christliche Sarkophagwerkstätten. Die berühmtesten waren auf der Prokonnesosinsel, in Alexandreia, Antiocheia, Byzanz, Südgallien, Rom und Ravenna, aber auch die provinzialen wie die von Trier haben Beachtliches aufzuweisen. Ihr Sarkophagexport muß zeitweise sehr groß gewesen sein, Hafenstädte wie Ravenna und Massilia bildeten die Vermittler. Das Material findet sich in jeder Güte und Preislage, von einfachen, billigen, rasch verwitternden Kalksteinsarkophagen bis zu kostbaren Marmorwerken und zu den zeitüberdauernden, riesigen byzantinischen Kaisersarkophagen aus edelstem Porphyr. Die Bearbeitung schwankt von einfacher, zum Teil provinzieller Handwerkerarbeit, fabrikmäßig hergestellter Dutzendware, routinierter, aber im Grunde unkünstlerischer Virtuosenarbeit bis zu den ganz großen Kunstwerken einmaliger Künstler, deren Namen leider verschollen sind.

Formal ist alles zu finden, was es in der antiken Sarkophagkunst an Gestalten und Formen gibt. Die Kastenform überwiegt bei weitem, seltener ist die Wanne, in Gallien und auch sonst gelegentlich begegnet in späterer Zeit der stumpfwinklige Kasten. Der Deckel ist brettförmig oder schließt sich als Satteldach oder gewölbtes Dach an Hausformen an. Eckakrotere sind häufig. Die Anordnung der Reliefs ist ein- oder zweistöckig, sie verläuft in fortlaufenden Friesen oder in Einzelszenen, die durch Säulen mit Bogen oder durch Laubbäume voneinander getrennt sind, oft stehen sie in Nischen. Die Einzelszenen sind entweder um eine Mittelgruppe angeordnet oder symmetrisch gruppiert oder stellen eine einfache Szenenfolge nach inhaltlichen Gesichtspunkten her. Wo die bildnerische Kraft nachläßt, begnügt man sich mit Strigelung oder Riefelung des größten Teils der Flächen und hat nur ein Mittelrelief und einige wenige Symbole. Die Größen schwanken zwischen Kindersarkophagen und monumentalen Übergrößen. Provinzielle Eigenarten sind etwa in Rom die Klinendeckel mit Bildern der Toten in plastischer Ausführung, in Afrika die mosaikgeschmückten Sarkophage. Es finden sich alle Stile der Zeit wieder, von harmonisierend-klassizistischen Gebilden über realistisch- oder barock-hellenistische zu frontal-linearen spätantiken, von sparsamster Raumerfüllung, bei der Landschaft und Hintergrund nur angedeutet werden, bis zur Überfülle von Figuren, von naturalistischer und derber Realistik bis zu geistiger Symbolik.

Inhaltlich werden lange Zeit hellenistische Motive weitergeführt: bis weit ins 4. Jahrhundert begegnen Seepferdchen und Meerungeheuer, Niken und Psychen, Helios und Hirt. Aber schon im 4. Jahrhundert tauchen auch die christlichen Katakombenbilder als Sarkophagreliefs auf, vor allem die Todüberwindungsbilder, prächtig naturalistische Jonaszenen mit schönen Schiffen und Kürbislauben, Auferstehungswunder wie das von Lazarus und von Jairus' Tochter mit ihren Zuschauern. Eine längst erkannte Sondergruppe sind die Passionssarkophage, die die gesamte Leidensgeschichte darstellen, jedoch ohne Kreuzigung, die durch das Triumphkreuz oder den thronenden Christus ersetzt wird. Zu ihnen gehört der nach der Mitte des 4. Jahrhunderts entstandene schönste christliche Sarkophag, der des Junius Bassus. Im oberen Mittelfeld thront Christus als schöner Jüngling mit einer Buchrolle, von zwei Aposteln umgeben, über dem das Himmelsgewölbe tragenden Atlas, auf dem unteren zieht er auf einem Esel in Jerusalem ein. Zacchäus sieht ihm vom Baume aus zu, und huldigende Gläubige umringen ihn. Von den anderen Bildern gibt der Sündenfall den Grund seines Leidens an, Hiob, Isaaks Opferung und Daniel in der Löwengrube sind die alttestamentlichen Vorbilder, die Verhaftung des Paulus und das Martyrium des Petrus die neutestamentlichen Nachfolger. Dazwischen steht die Verhaftung Christi und das Verhör vor Pilatus.

Eine besondere Gattung sind die Porträtsarkophage mit Szenen aus dem Leben des Toten: Der Tote blickt nach römischem Vorbild den Beschauer frontal an, oder er steht vor einem Vorhang, betet in Kreuzhaltung zwischen Aposteln, sitzt mit einer Buchrolle, lehrt, musiziert, liegt auf dem Sargdeckel, reicht seiner Frau die Hand, arbeitet in seinem Beruf. Gewiß findet sich unter diesen Darstellungen viel Fabrikware, oft wird das Porträt zuletzt eingemeißelt, das übrige ist Passepartout, aber manches ist doch einmalig.

Unsicher ist, aus welcher Zeit die Sarkophage mit apokalyptischen Szenen stammen. Sie zeigen Darstellungen des himmlischen Jerusalem und sind in ihrer Formgebung teils deutlich römisch, teils klassizistisch und selbst attizistisch. Typisch christlich sind die rein historisierenden, allerdings seltenen Märtyrersarkophage. Ein noch immer ungelöstes Rätsel geben endlich die ravennatischen Sarkophage auf. Hier finden sich keine Einzelszenen mehr, entweder sehen wir nur noch symmetrisch angeordnete, stark vergeistigte Einzelfiguren in Muschelnischen, oder aber die ganze Fläche ist in eine einzige Szene aufgelöst bei äußerster Sparsamkeit, aber höchster Bewegung der Figuren. Meist ist es Maria mit dem Kind, auf das die drei Magier zulaufen, über ihnen schwebt der Stern. Landschaft oder Hintergrund sind nicht einmal angedeutet. Oder aber die Apostel rennen ebenso lebhaft wie die Magier auf Christus zu. Andere zeigen Christus als Lamm auf einem Berg über den vier Paradiesflüssen. Diese Kompositionen sind unerhört eindrucksvoll. Ihr Ursprung ist wahrscheinlich auf der Prokonnesosinsel zu suchen, und so sind sie wohl eine byzantinische Verfeinerung antiochenischer Gestaltung. Schließlich gibt es noch die rein dekorativ-symbolischen Sarkophage. Sie zeigen das oft vergoldete, reich geschmückte Triumphkreuz, zwei symbolische Pfauen neben überreicher Weinstockdekoration mit pickenden Vögeln, Christusmonogramme in streng symmetrischer Anordnung, und bilden den Übergang zur byzantinischen Dekorationsplastik.

Die dekorative Plastik erreicht ihre Höhe auf der Prokonnesosinsel. Ihre Bildhauer schreiten, wegweisend für andere in Ost und West, zu immer neuen, immer kühneren und reicheren Kombinationen fort und schaffen im Naturornament, im stilisierten Tier- und im Pflanzendekor ebensolche Meisterwerke wie im geometrischen und abstrakten Ornament. Sie erstreckt sich nicht nur auf die Sepulkralkunst, sondern überwuchert allmählich üppig die gesamte christliche Plastik, vor allem die Kapitellplastik, und schafft als Meisterwerke die Marmorgitter in den Kulträumen der großen Kirchen.

δ) *Das Mosaik.* Die schöpferischsten und eigenständigsten Leistungen der bildenden Kunst des Christentums liegen nicht auf dem Gebiet der Malerei oder Plastik, sondern auf dem des Mosaiks. Wie die byzantinische Kuppelarchitektur kommt die christliche Mosaikkunst aus einer inneren *Haltung:* edelster Stein, nicht Mörtel, Gold, nicht Farbe war der großen Stoffe würdig, die man darstellen wollte – diese byzantinischen und ravennatischen Meister und ihre Auftraggeber haben etwas vom Geist des perikleischen Zeitalters an sich, das Gold und Elfenbein statt Marmor wählte. Ewiges will für die Ewigkeit dargestellt werden, nicht in verblassender Farbe, sondern in dem leuchtenden Glanz und der funkelnden Glut, die in Byzanz und Ravenna zu finden sind. Nichts konnte zu kostbar sein; «Den billigen Stuck habe ich verachtet und dafür Marmor genommen» – damit gibt Paulinus von Nola seine Motive zu erkennen.

Hellenistische Kulträume haben schon früh Mosaiken gehabt, allerdings, soweit wir wissen, vorwiegend als Fußböden. Im Pronaos des Zeustempels von Olympia befand sich aus vorrömischer Zeit ein Mosaik mit Tritonen, Fischen und Wasservögeln, der Isistempel in Pompeji hatte ein Mosaikpflaster mit Stifterinschrift, der Fortuna Primigeniatempel von Praeneste hatte ein schönes ägyptisierendes Landschaftsmosaik als Apsisschmuck. Selbst hellenistische Synagogen und hellenistisch-jüdische Grabheiligtümer ahmten die Mosaiksitte nach mit Sintflutdarstellungen und anderen biblischen Szenen, aber auch rein hellenistischen Dekorationsmotiven wie Fischen, Delphinen, Vögeln, Blumen, Weinranken. Die Synagogen von Kefr Bir'im, Na'aran, Beth-Alpha sind Beispiele.

Die *religiösen und mythologischen Motive* sind meist säkularisiert und in den profanen Hausschmuck übergegangen – immerhin sind sie sehr zahlreich und, wie ähnliche Motive in der Malerei, auch für die christliche Musivkunst von Bedeutung. Immer kehren orphische und dionysische Szenen wieder. Das Kölner Dionysosmosaik aus dem 2. Jahrhundert mit seinen reichen dekorativen Momenten, Vögeln, Fruchtkörben, Umrandungen und seiner Farbenpracht ist wohl der Boden eines Festsaales, nicht eines Kultraumes, zeigt aber in der Dekoration Beziehungen zu den späteren christlichen Mosaiken. Mehr noch tun das die polychromen Orpheusmosaiken, die bis Jerusalem vorgedrungen sind, sich aber auch in Gallien und Germanien finden. Das auf ein alexandrinisches Vorbild zurückgehende Mosaik des von Tieren umgebenen Orpheus blieb lange das Vorbild christlicher Hirtenmosaiken. Auch Heraklesmosaiken hat es gegeben; Okeanosmosaiken und Mosaiken mit Flußgöttern werden in christliche Mosaiken hinübergerettet. Ob ein schönes Mosaik von Daphne, das den Vogel Phönix auf einem Felsen von der Sonnengloriole umgeben zeigt, vorchristlich ist, ist nicht ganz sicher, vielleicht ist es das hellenistische Urbild der christlichen Phönixmosaiken. Zahlreich sind Philosophen-, Dichter- und Gelehrtenmosaiken, die den Lehrer inmitten der Schüler zeigen wie auf dem meisterhaften Platonmosaik in Neapel: vor der Akropolis sitzt unter dem heiligen Baum neben einer Stele mit Sonnenuhr der Meister, umgeben von sechs Schülern. Hiervon sind die christlichen Philosophenmosaiken beeinflußt.

Das alles ist in die christliche Mosaikkunst eingegangen und in vielen Fällen nur den christlichen Anforderungen entsprechend verändert worden. Aber die Mosaikkünstler von Byzanz haben es doch weit übertroffen, schon in der Technik: Wenn das nicht sehr große Kuppelmosaik des heiligen Georgios von Thessalonike über 34 Millionen Einzelteilchen erforderte, so überstieg das jedes bisherige antike Maß. In noch weit höherem Grade traf das auf die Mosaiken von Konstantinopel und Ravenna zu. Das gilt auch für die Farbe. Das Blau, Grün und Gold byzantinischer und ravennatischer Mosaiken hat keine Vorläufer und keine Nachfolger. Man darf aber über diesen seit dem 5. Jahrhundert langsam erreichten Höhepunkten nicht den breiten Strom der übrigen christlichen Mosaikschöpfungen übersehen.

Die ältesten christlichen Mosaiken sind *Fußbodenmosaiken*, die sich allmählich bis zu den besten Schöpfungen in Aquileia fortbildeten. Im 4. Jahrhundert breitet sich hier ein Bilderbuch aus, das neben den alten hellenistischen Motiven – Vögeln, Fischen, spielenden Eroten, Seeszenen, Weintrauben, Früchtekörben, Hirten mit Syrinx, Niken mit Palme und Kranz – auch Jonaszenen, Porträts lokaler Heiliger und eine christliche Fest- oder Opferprozession mit Blumen, Brot und Trauben zeigt. Schlichter sind Oleander, Schilfgebüsch, Papyrusstauden, Enten, Reiher und kämpfende Tiere auf dem Fußboden der Brotvermehrungskirche; für die Pilgerzeit interessant ist die Fußbodenlandkarte von Madaba, über die viel geschrieben worden ist. Doch tritt der Bildfußboden allmählich zugunsten streublumenartiger Teppichmuster zurück, die Mileter Fußböden mit stilisierten trinkenden Hirschen bilden den Übergang.

Die Bildmosaiken rücken in *Kuppel* und *Apsis*, an die *Triumphbögen* und die *Längswände* des Mittelschiffs. Zunächst leben die hellenistischen Motive auch an diesen Stellen fort: dekorative Wein- und Akanthusranken, bukolische Tiere, Blumen, Früchte, alexandrinische Seebilder, Eroten, idyllische Flußlandschaften. Sogar ein Silen ist in Sta. Constanza in Rom zu finden. Um 400 beginnen die rein christlichen Darstellungen. Das Apsismosaik knüpft zunächst an das Philosophenmosaik an: Christus sitzt mit der Buchrolle zwischen Jüngern. Aber in Sta. Pudenziana beginnt ein neuer, prächtigerer Typus: die Szene wird in den Himmel verlegt, der bärtige Christus thront auf einem prächtigen Thron, die edelsteingeschmückten Mauern des himmlischen Jerusalem leuchten auf, von Golgatha strahlt das Triumphkreuz, allegorische Frauengestalten krönen Paulus und Petrus, die Apostel diskutieren, in den Wolken schweben Evangelistensymbole. Statt zu thronen, kann Christus auch auf der Weltkugel stehen, zu den Aposteln gesellen sich Märtyrer, Heilige, Stifter der Kirchen oder der Mosaiken, zu den Allegoresen der Kirche solche der Tugenden. Wo der Symbolismus siegt, bleibt der Thron leer oder das Kreuz tritt an seine Stelle und als Apostelsymbole erscheinen Tiere. Das Kuppelmosaik schmückt anfangs nur die Wölbungen der Baptisterien und gibt die Taufe Christi wieder, dann bildet es in Byzanz den Typus des Christus Pantokrator aus, der auf dem Gotteswagen des Ezechiel und den Cherubim thront und mit seinen großen Augen bis in die äußerste Ecke der Kirche blickt. An den Triumphbogen und Wänden werden die biblischen Bilderbücher dargestellt, zuerst die alten Katakombenszenen, dann die Bilderbibeln nach den Forderungen der Liturgie und der Perikopenordnungen. In San Apollinare Nuovo ist auf 26 Bildtafeln aus dem Neuen Testament das Schönste gelungen; auf reichem byzantinischem Goldgrund spielen sich bunteste und lebendigste Szenen ab: die Schweine von Gadara stürzen sich ins Wasser, die Jünger fischen, und Christus steht feierlich im Purpur der byzantinischen Kaiser helfend und segnend dabei. Vom Ende der Epoche stammen die großartigen Stiftermosaiken von San Vitale mit allem Glanz byzantinischer Hofkunst: Justinian und Theodora im echten Porträt, umgeben von allem Prunk der Farben und Gewänder, der Vorhänge und Bauformen der Paläste, des Schmucks von Gold und Edelstein, formvollendet und edel, dazu historisch wahrhaftig, trotz der neuen Technik griechisch und unorientalisch bis zum letzten.

ε) *Edelmetalle, Bronze, Elfenbein, Edelsteine, Glas, Holz.* Die Grundanschauung der christlichen Kunst seit dem 4. Jahrhundert, daß zur Ehre Gottes und Christi kein Material kostbar genug sein kann, und das Repräsentativbedürfnis der jugendlichen Religion führten allmählich zur Übernahme aller Kunstzweige, Materialien, Techniken, die die antike Kunsttradition anbot.

Edelmetalle wurden auf die verschiedenste Art im Dienst der hellenistischen Religionen verwendet. Zunächst bildet die Münzprägung der Diadochen- und Kaiserzeit ein ganzes Kompendium der spätantiken Religionsgeschichte. Dann besitzt fast jede Gemeinde wenigstens ein goldenes oder silbernes Götterbild, das in der Prozession getragen wird. Goldreliefs mit Szenen aus Mythos und Kultus zieren manche Tempeltüren, kleine Goldgegenstände haben sich als Votive in Isistempeln gefunden. Bei der großen Isisprozession wird in reichen Gemeinden ein goldenes Schiff, eine goldene Ibisschnabelkanne mit Schlangenhenkel und vielleicht noch anderes Goldgerät getragen, und es wird mit goldenen und silbernen Seistra musiziert. Das Inventar des Isistempels von Nemi verzeichnet vergoldete Seistra und Libationsgefäße, das von Cadix allerlei Goldschmuck für das Isisbild. Selbst Alexander von Abonuteichos besitzt goldene Weihgaben. Das prachtvollste Werk, das wir kennen, ist die große Goldschale von Pietrosa, die als Kultgerät bei einer unbekannten, doch von Eleusis beeinflußten synkretistischen Mysterienreligion gedient hat. In schönem Goldrelief zeigt sie eine Unzahl von Figuren und Kultgegenständen.

Viel umfangreicher war die oft unerhört schöne Silberkunst der hellenistischen Religionen. Hier gehört zum Besten der figurenreiche, dramatische Attissilberteller von Parabiago mit der prunkvollen Darstellung der Himmelfahrt des Attis und seiner heiligen Hochzeit mit Kybele, umgeben von allen wichtigen Personen, Symbolen und Geräten des Attismythos und -kultus. Hierher gehören die wundervollen Attis-, Kybele-, Herakles- und Athenasilberplastiken des Hildesheimer Silberschatzes, und für den Kaiserkult die historischen Silberreliefs des Schatzes von Boscoreale. Besonders reich ist wieder Isis: das Inventar von Cadix nennt 40 kg Silber, München besitzt ein schönes Isissilbergefäß, Nemi nennt vier Silberstatuen, bei Apuleius werden die silbernen Füße einer Isisstatue geküßt. Silberfigürchen der Gottheit oder des Tempels gibt es bei den Isistempeln ebenso zu kaufen wie in Ephesos. Selbst der sparsame Mithras hat Silberreliefs sogar in den Frontheiligtümern von Stockstadt und Pettau.

Das Christentum hat nach seinem Siege auch Gold verarbeitet. An den Anfang mögen ein paar goldene Anhängekreuzchen in Alexandreia gehören, die mit Edelsteinen verziert sind, daneben ein alter Goldreliefschmuck mit der edlen Darstellung der Verkündigung und des Weinwunders. Es folgen zwei Goldamulette von Adana mit Wunderdarstellungen, kleinere Anhänger und Medaillons mit Taufdarstellungen, Apostelbildern und ähnlichem, wohl Taufgeschenke. Mit dem Reliquienkult übernimmt man das Reliquiar: wie man die Asche der Sibylle von Cumae in einem Reliquienbehälter aufbewahrte, so entstanden goldene Reliquiare; das schönste ist eine gallische, wenn nicht ägyptische Arbeit, das Kreuzreliquiar von der Reichenau, das noch ans Ende der Epoche gehört. Goldenes Kirchengerät ist schon vorkonstantinisch, bereits im Jahre 303 werden in Cirta in Afrika neben sechs silbernen auch zwei goldene Kelche in der christlichen Kirche beschlagnahmt. Das von Valentinian III. für die Confessio von S. Pietro gestiftete goldene Relief mit Christus und den Aposteln ist verloren, dagegen besitzen wir eine Reihe Goldbleche aus dem 4. Jahrhundert mit Aposteln, Danielszenen, Durchbohrung einer Schlange oder eines Dämons mit der Kreuzlanze ganz in antiken Bahnen ägypto-hellenistischer Provenienz. Die heilige Melanie beschenkt eine Kirche mit so viel Goldgerät, daß die Nachbarbischöfe neidisch werden. Christliche Goldprägung in bester Form zeigt die Münze Theodosios' II. mit Nike und dem Christusmonogramm, eins der letzten Stücke guter antiker Goldprägung.

Silber haben die Christen ebenfalls reichlich benutzt. Melanie ließ ihr Familiensilber zu Kirchengeräten umarbeiten, Sta. Maria Maggiore in Rom besaß im 5. Jahrhundert außer einem goldenen Kelch einen mit Silberplatten belegten Altar und einen silberen Taufbrunnen in Gestalt eines Hirsches, aus dessen Mund das Taufwasser floß.

Silberne Hostienbehälter, Silberteller mit historischen und symbolischen Szenen, silberne Reliquiare mit antikem Reliefschmuck, silberne Kelche sind zahlreich erhalten, doch ist fast alles unecht und spätere Fälschung. Echt dagegen sind die zahlreichen Silberlöffel mit christlichen Inschriften.

Als drittes Material ist die *Bronze* zu nennen. In den hellenistischen Religionen gibt es neue Kultbilder aus Bronze; zu den schönsten gehört das des Baal von Heliopolis, eine kraftvolle gute Arbeit, die den Gott mit allen seinen Attributen zeigt. Bronzestatuen von Priestern und Priesterinnen sind häufig, sie zeigen den Einfluß der römischen Bronzeporträtkunst. Dazu kommt die reiche Fülle der *Bronzekultgeräte,* der Zauberinstrumente, der Votivhände, der Bronzetüren mit Reliefs, der reliefgeschmückten Diademe aus Bronzeblech, der Bronzealtäre und Räuchergefäße, der im Kult gebrauchten Bronzelampen, Kannen und Becken.

Schon früh wurden christliche *religiöse Bronzestatuen* und -reliefs geschaffen oder antike christlich interpretiert. Das letztere ist wohl der Fall bei der Bronzegruppe einer vor einem Gott knienden Frau, die Euseb in Paneas gesehen hat und für eine christliche Darstellung des blutflüssigen Weibes hält. Zu den ersteren gehören die Bronzegruppen, die Konstantin auf einem Forumbrunnen in Byzanz aufstellt, den guten Hirten und Daniel mit den Löwen, auch die große Bronzestatue Christi, die bis zum Bilderstreit vor dem kaiserlichen Palast gestanden hat. Unübersehbar ist das christliche *Bronzegerät:* Bronzestempel mit Heiligen und Christusmonogrammen, Bronzeschnallen mit Christusporträt und gleichzeitig antiken Tierkampfszenen, Bronzelampen, die so wertvoll sind, daß sie zuweilen gestohlen werden, in Kreuzform oder tiergestaltig mit christlicher Symbolik oder in der Isis entlehnten Schiffsform mit Christus als Steuermann und Seeprediger, Zierscheiben mit Darstellungen aus dem Johannesevangelium, Bronzegewichte mit dem Bild christlicher Kaiser und Kaiserinnen, Bronzebeschläge mit Magierdarstellungen, Bronzegefäße mit realistischen Tierbronzen, Bronzereliquiare mit Reliefs, originelle Räuchergeräte, besonders in der hochstehenden koptischen Bronzekunst, Bronzekannen, Bronzesiegel mit dem Christusmonogramm. Auch größere Kombinationen entstanden, so bronzene Türen wie die aus dem 6. Jahrhundert stammenden der Hagia Sophia mit rein ornamentalem Schmuck, oder kupferne und bronzene Brunnenanlagen im Atrium großer Kirchen.

Das altchristliche Armutsideal scheint gänzlich vergessen zu sein, wenn man die ungeheure Fülle christlichen *Schmuckes* und christlicher *Edelsteinarbeiten* überblickt. Die hellenistische Tradition war vorangegangen. Das Inventar des Isistempels von Nemi zählt unter anderem auf: ein edelsteingeschmücktes Diadem, einen Aquamarinhalsschmuck, ein Paar edelsteingezierte Armbänder, ein Halsband mit 7, ein Paar Ohrringe mit 10 Edelsteinen, eine Krone mit 21 Topasen und 84 Rubinen; das von Cadix ein Diadem der Göttin mit 6 Perlen von zwei verschiedenen Arten, 2 Smaragden, 1 Rubin, 1 Hyazinth, 2 Kristallen, Ohrgehänge aus 2 Smaragden und 2 Perlen, ein Kollier mit 36 Perlen und 20 Smaragden, Fuß- und Armringe, edelsteinbesetzte Fingerringe und Sandalenschmuck – und ähnlich steht es in den Isisinventaren von Graz und Nîmes. Wie lange dabei altägyptische Formen lebendig sind und der Schmuck Träger zeitüberdauernder Symbolik bleibt, zeigt der *Doppeladler*. Zuerst begegnet er im Brustschmuck als Symbol für Ober- und Unterägypten etwa 1800 v. Chr., dann bleibt er Schmuckelement in hellenistischer und römischer Zeit, bis er über den Umweg des Kaiserschmuckes wieder zum Symbol byzantinischer Herrschaft wird und noch von den beiden anspruchsvollen Fortsetzern des byzantinischen Reiches als Staatssymbol übernommen wird. An die Stelle der edelsteingeschmückten hellenistischen Götterbilder und Kultgeräte tritt seit dem 4. Jahrhundert das goldene, mit reichem Edelsteinschmuck versehene Prunkkreuz. So besitzt das Museum von Brescia ein edelsteinbesetztes Kreuz mit der Glasmalerei einer dreiköpfigen Familie – wahrscheinlich der Galla Placidia mit ihren Kindern – in gutem, an die Mumienporträts erinnerndem Porträtstil. Konstantin stellte auf einem der Foren der neuen Hauptstadt ein mit Mosaiken und Edelsteinen geziertes Kreuz auf, vor allem aber das berühmte Prunkkreuz auf Golgatha: wie diese Kreuze ausgesehen haben mögen, zeigt das von Perlen umrandete, mit Edelsteinen bedeckte Triumphkreuz auf dem Apsismosaik von Sta. Pudenziana.

Auch die Kunst der *Gemme* und *Kamee* übernahm das Christentum, wenn sich auch einmalige Meisterwerke wie die Augustusgemmen nicht mehr finden. Clemens von Alexandreia erlaubt dem Christen Siegelbilder auf Ringen und schlägt nach dem Verbot von heidnischen Götterszenen und Obszönem zulässige Symbole vor, nämlich Taube, Fisch, Schiff in voller Fahrt, Leier, wobei er sich auf das Siegel des Polykrates (nach Herodot) beruft, Anker, mit Hinweis auf das Siegel des Seleukos I. Kein einziges dieser Symbole ist ursprünglich christlich. Allmählich aber fanden die biblischen Szenen Eingang in die Gemmenkunst. Das Britische Museum besitzt eine reiche Sammlung christlicher Gemmen vom 3. Jahrhundert an, hier finden sich als Motive Adam und Eva, Jonaszenen, der Gute Hirt, der Seewandel, einmal sogar eine recht primitive Kreuzigung vor sechs Zuschauern, oder aber erweiterte Sinnbilder: der Kreuzanker mit Tauben, Palmen und Fischen, das Christusmonogramm über einer die

Siegespalme reichenden Hand und immer wieder das Fischsymbol mit der Ichthysinschrift.

Das Verlangen, möglichst in kostbarem Material die heiligen Dinge zu gestalten, reizte die christlichen Künstler in besonderer Weise zu *Elfenbeinarbeiten.* Die *hellenistisch-römische Elfenbeinkunst,* die von den alten Zentren des Hellenismus bestimmt wird, folgt der allgemeinen hellenistischen Erlebnisgesetzmäßigkeit: jetzt entstehen bukolische Elfenbeine mit musizierenden Hirten und Hirtinnen, Bäumen und Früchten, jetzt dringt das Porträt in die Elfenbeinschnitzerei ein, bei Triumphzügen trägt man zuweilen – Germanicus ist das erste bekannte Beispiel – Elfenbeinporträts der Triumphatoren. Die Religionen haben nicht nur an repräsentativen Prunkbauten Elfenbeine, wie an Augustus' prächtigstem Tempelbau, dem des Apollo auf dem Palatin, dessen Türen Elfenbeinreliefs mit Szenen aus dem Apollomythos trugen, sondern auch in den Heiligtümern der ‹neuen› Religionen, und zwar von ganzen bearbeiteten Elefantenzähnen bis zu kleinsten Pyxiden. Bis an die Aachener Domkanzel ist ein Dionysos- und ein Isis-Tyche-Elfenbeinrelief gelangt.

Hier hat die *christliche Elfenbeinschnitzerei* eingesetzt, und ihre Werke gehören nicht nur zu den herrlichsten Schöpfungen der christlichen, sondern aller spätantiken Kunst. Auch ihre Wurzeln liegen in Alexandreia und Antiocheia, dann in Byzanz. Zwei ihrer Werke überragen alle anderen, die *Lipsanothek von Brescia* aus der Mitte des 4. Jahrhunderts, also ganz kurz nach dem Siege des Christentums, und der *Thron des Maximian* in Ravenna, doch wohl aus dem 6. Jahrhundert. Die erstere, wohl ein Schmuckkästchen, ist reich an Meisterwerken der Kleinplastik: Christus steht als jugendlicher Philosoph lesend im Kreise von sechs sitzenden Aposteln, vierzehn individualisierte, bester antiker Tradition folgende Apostelporträts umgeben das jugendlich-liebliche Christusporträt; darum rankt sich eine Fülle bekannter und neuer Szenen: aus dem Alten Testament Moses' Geburt, Moses und der Ägypter, die Aufrichtung der ehernen Schlange, der Tanz vor dem goldenen Kalb, der Untergang der Rotte Korah, der ungehorsame Prophet mit Löwe und Esel, David und Goliath, die Jonaszenen, ein Danielzyklus, aus dem Neuen Testament die Blindenheilung, Lazarus, Jairus' Tochter, der Gute Hirte an der Tür des Stalles nach dem Johannesevangelium, die Blutflüssige, Jesu Gefangennahme in Gethsemane, seine Verhöre, Judas' Tod, Petrus' Verleugnung, Ananias und Sapphira aus der Apostelgeschichte, dazu Oranten und ein himmlisches Mahl, beziehungsweise ein Abendmahl. Die wunderbare hellenistische Lebendigkeit und doch fast klassizistische Harmonie dieser Bilder setzt sich fort in dem wohl alexandrinischen *Maximiansthron.* Das Schönste ist hier das nahezu vollendete Rankenwerk, das die Bildszenen umrahmt, und in dem eine Fülle von Tieren – Adler, Lamm, Taube, Schnecke, Schmetterling, Heuschrecke, Kaninchen, Vogel, Pfau, Hirsch, Löwe, Widder, Antilope – in lebhafter Bewegung dargestellt ist. Unter den vierundzwanzig Szenen selbst erscheint, auch psychologisch gut wiedergegeben, die in Ägypten beliebte Josephsgeschichte, daneben Jesusgeschichten, Teile der Marienlegende, neben den Evangelisten das Porträt des Täufers. Zu diesen zwei besonderen Werken gesellt sich die Fülle der Pyxiden, die als Weihrauch-, Hostien- oder Reliquienbehälter dienten. Hier gibt es zunächst rein antik-hellenistische Formen, dann die Auflösung des Reliefs in das Lineare und Flächenhafte und endlich vom 6. Jahrhundert an wieder eine klassizistische Bewegung. So zeigt die Pyxis von Bobbio neben Jagdszenen noch eine reine Orpheusdarstellung, eine Berliner Pyxis des 4. Jahrhunderts Christus als lehrenden Philosophen zwischen philosophierenden Aposteln und den opfernden Abraham als Kalchas. Im 5. Jahrhundert kommen mehr christliche Szenen auf, aber sie werden flächenhafter, frontaler, auch steifer. Auch symbolische Elfenbeine mit Kreuzen und Engeln und rein dekorativ geschnittene mit Bogen, Arkaden und Weinranken kommen vor. Die höfische Kunst schuf die lebendigen *Kaiser- und Konsulardiptychen* des 5. und 6. Jahrhunderts, in denen antike Formen, realistisch-historisierende Beobachtung und echtes Porträt ineinander flossen. Konstantius III. erscheint noch mit Erato, dem Erosknaben und einer Dichterbüste, der vicarius urbis Probian sitzt im Tribunal zwischen seinen zwei Schreibern und spricht zwei lebhaft gestikulierenden Parteien Recht, Anastasios sieht einer Bärenhatz, einem Karussell, Artisten und übenden Gladiatoren zu, die Kaiserhimmelfahrt, die schon vorchristliche Elfenbeine darstellen, bleibt auch auf christlichen erhalten, hohe Beamte ergötzen sich an Zirkusspielen, Justinian als Reiter mit der Lanze auf einem prachtvoll klassizistischen Elfenbein der Sammlung Barberini wird von einem gestürzten Barbaren angefleht, über ihm schwebt das Bild Christi. Natürlich fehlen auch rein christliche Szenen nicht, der Kindermord, die Taufe Christi, das Weinwunder, Apostelporträts.

Künstlerische, handwerkliche und sogar industrielle Großleistungen sind die christlichen *Gläser*. Wieder finden sich Christentum und Umweltsreligionen zusammen. Zentren der religiösen Glasherstellung *waren* Alexandreia, später Georgien, Köln und Antiocheia, dessen Gläser bis China exportiert wurden. In Alexandreia wurde das Glas erfunden, das als Totenbeigabe, als Prunkstück des kleinen Haushaltes und als Reiseandenken am beliebtesten wurde, das *Goldglas* mit eingelegter Goldfolie. Vor den Christen haben es die Juden übernommen und mit ihren Symbolen Thoraschrein, Zitrone, Rübe und siebenarmigem Leuchter versehen.

Die christliche Glasarbeit stellte neben Gebrauchsgegenständen wie den zahlreichen blauen Gläschen zur Umhüllung der Lampen in den Kirchen von Stobi vor allem die großen Kunstgläser besonders Kölner Provenienz her. Die Motive sind entweder rein antik wie die zur Schöpfungsgeschichte umgedeutete Prometheusszene oder christlich im Stil der Katakombenkunst mit originellen provinziellen Abänderungen. Köln hat einen Glasbecher mit vier Glasreliefs: auf dreien wirkt Jesus mit dem Zauberstab Wunder, auf dem vierten predigt er. Eine Schale von Abbéville zeigt in schöner Strichgravierung das Labarum und in zehn Arkadenfeldern alttestamentliche Figuren (um 400), die etwas gröbere von Podgoritza die acht häufigsten Katakombenszenen. Kultgeräte aus Glas sind in Afrika gläserne Kelche, in Gallien gläserne Hostienschalen. Goldgläser waren meist Massenfabrikate, in den Katakomben sind sie in den Mörtel eingedrückt als Totengaben, bei Köln und in anderen Provinzen finden sie sich häufig als Trinkgefäße oder Hochzeitsgeschenke. Meist tragen auch sie nur die bekannten Katakombenszenen, doch kommen einige originelle Darstellungen hinzu wie Christus als Philosoph unter philosophierenden Aposteln, das Wunder des umgekehrten Sonnenuhrzeigers, wobei die Sonne als Helios erscheint, Joseph im Brunnen, die Zersägung Jesajas.

Auffällig ist das Fehlen christlicher *Terrakottenkunst*. Das Material war wohl der heiligen Dinge zu wenig würdig. Die hellenistischen Kulte benutzten viele Terrakottareliefs und -götterbilder, besonders Isis, aber auch alle anderen. Meist dienen sie als Hausaltäre oder sind Votivgaben armer Leute, im Isiskreis erreichen sie eine beachtliche kunsthandwerkliche Höhe. Häufig sind Terrakottalampen mit heiligen Szenen oder in Symbolform, wie die Schiffslampen der Isis, deren schönstes Exemplar sich in Ostia befindet. Große Tonreliefs hat Mithras.

Das Christentum hat auf diesem Gebiet nur wenig vorzuweisen. Terrakottareliefs gab es in Nordafrika mit den typisierten biblischen Szenen. Zahllos waren nur die christlichen Terrakottalampen, die in den Katakomben nach antiker Sitte vor jedem Grab brannten und oft in den Mauerputz eingelassen wurden. Fabrikstempel bezeugen, daß die gleichen Fabriken heidnische wie christliche Lampen herstellten. Bessere tragen die Bilder der Katakombenkunst in einfacher Ausführung, schlichtere nur Kreuz oder Hakenkreuz, Christusmonogramm, Stifterinschrift oder einen Spruch wie ‹Das Licht Christi leuchtet uns allen›. Christliche Reiseandenken aus Terrakotta sind die *Ampullen*, in denen Pilger und christliche Touristen Öl oder heiliges Wasser aus den Wallfahrtsorten mit nach Hause nahmen. Einige sind auch aus Edelmetallen, wie die Goldampullen von Monza oder die römischen Silberampullen, die meisten aber aus Blei oder Ton. Sie tragen eine schematische Zeichnung des besuchten Ortes oder seines Heiligen und sind den touristischen Bedürfnissen angepaßt; für Negertouristen stellt die Menasstadt sogar Ampullen mit Menas als Neger her. Viele tragen die Aufschrift ‹Andenken an . . .›. Tausende solcher Menasampullen sind gefunden und bis nach Köln und Kertsch, Athen und Smyrna gebracht worden; wir kennen hundertzwanzig Sorten.

Eine ansehnliche Höhe erreichte endlich die christliche *Holzschnitzerei*. Die teils hervorragende, teils primitiv-volkstümliche Holzplastik der hellenistischen Religionen setzte sich bei den Christen vor allem in den Türreliefs fort. Schönste Beispiele sind die von hellenistisch-syrischen Künstlern ausgeführten Prachttüren von S. Ambrogio in Mailand aus dem 4. Jahrhundert und die von Sta. Sabina in Rom aus dem beginnenden 5. Jahrhundert. Eingebettet in reiche Pflanzendekoration zeigt die erstere biblische Lieblingsszenen der Predigtthemen des Ambrosius, unter den 18 erhaltenen Tafeln der letzteren befindet sich eine Kreuzigungsdarstellung von bewußt archaisierender Schlichtheit. Den Entsatz einer von Barbaren belagerten Stadt durch ein christliches Heer zeigt ein äußerst dramatisches Schnitzrelief des Kaiser-Friedrich-Museums. Am längsten hat die koptische Kunst in ihrem Balkenschnitzwerk mit prächtigen Figuren die Holzkunst fortgeführt, in der übrigen Kirche haben Marmor, Edelmetalle und Elfenbein das Holz verdrängt.

ζ) *Textilien.* Stoffe und Gewänder spielen in allen Religionen sowohl in der religiösen Bildersprache wie im Kult eine große Rolle. In den hellenistischen Religionen treten sie an vier Stellen auf: Zunächst bilden sie einen wichtigen Schmuck des Kultraums. Vorhänge aus kostbarem Stoff umgeben in späterer Zeit das Kultbild, in edle Stoffe werden die heiligen Geräte gehüllt. Seit älterer Zeit wird das Kultbild selbst bekleidet. Ein Isisinventar führt nicht weniger als sieben vollständige Toiletten der Göttin an, meist Tunica und Pallium, aus roter, blauer und weißer Seide mit goldenen und silbernen Gürteln und anderem Zubehör. Bis ans Ende der römischen Staatskulte wurden römische Götterbilder mit der Toga bekleidet.

Zweitens muß der Gläubige selbst in einem besonderen Gewand zum Kult kommen. Die Mysterieninschrift von Andania gibt genaue Kleidervorschriften, das heilige Haus in der Westtorstraße von Priene darf man nur in weißen Kleidern betreten.

Wichtig ist drittens das oft mit magischen Vorstellungen verbundene liturgische Gewand des Priesters und der Priesterin. Es ist meist das der Gottheit eigentümliche Kleid. So tragen alle Isispriester das Isisgewand mit Fransen und Brustknoten, eine Mischung aus ägyptischen bürgerlichen Frauengewand des neuen Reiches und griechischen Frauentracht des 5. Jahrhunderts. Bei Dionysos, Göttern von Samothrake und Mithras ist es ähnlich; bei ihm kommt zum Gewand die Maske für gewisse Weihegrade, die an den Kultmahlen teilnehmen.

Das führt viertens hinüber zur *Gewandmystik,* deren bekanntestes Beispiel die Olympiaca stola der Isis ist. Das Gewand dient bei der Weihe und im Tode als Vergottungsmittel. Leichentücher haben häufig vergottende Wirkung und tragen daher heilige Zeichen und Bilder.

Das große Interesse des Christentums an Textilien mag damit zusammenhängen, daß es von Anfang an zahlreiche Anhänger aus dem Textilgewerbe besaß. Paulus, Aquila und Prisca waren Leder- und Textilarbeiter, die erste europäische Christin ist Textilhändlerin, die Johannesapokalypse kennt die Textilindustrie von Laodikeia; Milet, Kolossai und Thyatira sind bekannte Textilorte.

Die früheste Marienlegende macht Maria zur Weberin sakraler Teppiche und Gewänder. In den ersten Jahrhunderten sind die eingewebten oder eingestickten Muster christlicher Totengewänder rein hellenistisch, mit zunehmender Koptisierung werden sie farbiger, massenhafter und flächiger. Ähnlich den Isisleichentüchern sind ihre Darstellungen meist symbolhafter Art, Kreuze in jeder Form, Christusmonogramme, Engel und Heilige als Totengeleiter. Dabei ist zwischen der billigen Ware und den kostbaren Geweben aus Goldfäden inhaltlich kein Unterschied. Erst im 5. Jahrhundert sind Szenen der Katakomben und der christlichen Zyklen auf Textilien bekannt, am interessantesten sind die durch ein Druckverfahren hergestellten Petrus- und Mosesszenen von Achmim.

Inzwischen war aber in Byzanz die Textilindustrie mächtig aufgeblüht. Hier hatte Konstantin die kaiserliche Manufaktur geschaffen, die eine Monopolstellung für alle Luxusstoffe bekam. Welche Pracht und welchen Geschmack sie allmählich entwickelte, zeigt am besten das Theodoramosaik in Ravenna, denn zur Zeit Justinians muß sie ihren ersten künstlerischen Höhepunkt erreicht haben. Das Kleid Theodoras zeigt eine Darstellung der Anbetung der Magier in Goldstickerei auf violettem Grund, wohl Purpur. Das viel beschriebene kaiserliche Gewand aus Purpur und Gold, reich mit Edelsteinen nach iranischem Vorbild besetzt, dringt in die bildende Kunst ein und wird zum Christusgewand. Wie groß der christliche Textilluxus allmählich geworden war, zeigt eine Polemik des Hieronymus gegen die Christinnen in Rom, die jeden Tag ein neues Kleid anziehen und keines zweimal.

…n den Kulttextilien hat das Christentum in erster Linie den …*hang* benutzt. Bei Isis ist das Öffnen der Vorhänge im Morgen…tesdienst und das Schließen im Abendgottesdienst wichtiger litur…cher Akt, bei Attis sind die das Kultbild umgebenden Vorhänge besonders heilig, Eleusis bedient sich ihrer in der Liturgie, bei Mithras sind die heiligen Bilder auf Teppichen und Vorhängen eingewebt.

In der Kirche hat der Vorhang in der frühen griechischen Patristik eine doppelte Symbolbedeutung. Er symbolisiert sowohl die Trennung vom Allerheiligsten, das heißt also die Trennung von Gott und Welt, aber auch zugleich den Ort, wo beide sich treffen, den Durchgang zum Allerheiligsten und die Verbindung von Himmel und Erde. Dadurch wird er Christussymbol, das schon der Hebräerbrief in Fortführung philonischer Gedanken verwendet. In der Kirche hängen die Vorhänge zwischen Altar und Gemeinde. Sie sind mit Bildern Christi oder der Ortsheiligen bestickt oder bemalt und werden am Ende zum Ikonostas. Welche innere Bedeutung die Kirche diesen Vorhängen beimaß und wie sie dabei in engster Verbindung mit den Mysterienreligionen blieb, geht aus einer Reihe von Aussagen hervor. Chrysostomos erklärt: «Wenn du siehst, daß die Vorhänge aufgezogen werden, dann glaube, daß sich der Himmel von oben herabsenkt und die Engel herabsteigen . . . die Vorhänge werden aufgezogen und der Chor der Engel tritt hervor. Aber der Ungeweihte versteht das nicht.» Deshalb hat Basileios den Kaiser Valens «innerhalb der göttlichen Vorhänge» zurechtgewiesen, und legt Paulin von Nola bei der Ausschmückung seiner Kirchen besonderes Gewicht auf sie, ebenso wie auf andere Kulttextilien. Das älteste dargestellte Beispiel ist ein grüner Altarvorhang auf einem Mosaik von S. Georgios in Saloniki. In Konstantinopel beschreibt Paulus Silentiarios vier Purpurvorhänge um den Altar der Sophienkirche: in den einen ist das Bild Christi mit Buch und Redegestus eingewebt, daneben Paulus und Petrus. Auf den anderen werden neutestamentliche Szenen gezeigt, Darstellungen der Bauten und Liebeswerke byzantinischer Kaiser und Christus und Maria, den byzantinischen Kaisern die Hand reichend. Jedenfalls wird der Vorhang zum Ort, auf dem sich Christus der Gemeinde in seiner irdischen Gestalt zeigt, weshalb besonders gern Szenen aus dem Leben Jesu auf ihm abgebildet werden, so begegnet etwa in Smyrna Jesus und die Samariterin. Noch erhalten ist ein ägyptischer Kirchenvorhang des 5. Jahrhunderts, er gehört schon dem rein symbolischen Stil an und zeigt neben Pfauen als Lebenssymbol die ägyptische Lebenshieroglyphe.

Zu den Vorhängen kommen die *Altardecken*. Melanie schenkt ihre seidenen Kleider den Kirchen als Altarschmuck, ravennatische Mosaiken zeigen kostbare Altartextilien. Auch hier wird die antike

Tradition fortgesetzt, Polybios bezeugt eine silberne Decke auf einem Zeusaltar.

Die *liturgische Kleidung* hängt in den hellenistischen Religionen aufs engste mit der Gewandmystik zusammen. Wir kennen sie besonders gut von Isis. Abgesehen davon, daß die Priesterin das Gewand ihrer Göttin trägt, sind auch bei anderen Kultpersonen liturgische Gewandeinzelheiten bezeugt, die fast alle später in die christliche Kirche übernommen worden sind. Da ist eine dem byzantinisch-christlichen Epitrachelion ähnliche Schulterbekleidung, ferner ein kostbarer Gürtel von großer Breite und das rhombische, zum Kultgewand gehörende Hypogonation. Die Farben sind weiß und bunt, die Länge der Tuniken überdurchschnittlich, der Stoff meist gutes Leinen, da Wolle als unrein gilt. Auch von Attis wissen wir einiges. Die Attispriester tragen einen besonderen Ärmelbesatz, dazu den wichtigen Brustschmuck. Alle diese Einzelheiten haben nicht nur Schmuck- oder Abzeichenbedeutung, sondern wirken mystisch und sogar magisch, das priesterliche Gewand wird auch im Tode getragen.

Das Christentum hat lange mit der Einführung liturgischer Kleidung gezögert. Obwohl sich Paulus der Formeln der Gewandmystik – «ihr habt Christus angezogen» – bedient, hat die alte Kirche nie dem Priester ein Christusgewand angezogen; nur in der staatlich-offiziellen Kunst tragen Christus und der Gottkaiser als sein Nachfolger die gleiche Tracht. Doch gibt es ein altes kultisches Gewand der Christen, das bis in die Zeiten der Johannesapokalypse zurückgeht, das Gewand der *Täuflinge*. Wahrscheinlich stammt es aus dem Isiskreis, denn man trägt es in Ägypten wie das olympische Kleid der Isis außer am Tauftag auch im Sterben. Bei Kyrill von Jerusalem heißt es sogar «Heilsgewand». In den meisten Fällen ist es eine lange Ärmeltunika aus weißem Leinen. Mit der Übernahme der Mysterienliturgien bildet sich vom 4. Jahrhundert an die kunstvolle liturgische Kleidung heraus, deren symbolische und mystische Ausdeutung bis zur letzten Einzelheit der Areopagite in ein symbolisches System gebracht hat. Sicher von Isis stammt auch das Orarion, das im Mittelalter im Westen zur Stola geworden ist; es ist als gestickter, über die Schulter geworfener Streifen bei einer Berliner Isispriesterin zuerst bezeugt. Ob es jemals als Handtuch für den Diakon gedient hat nach Art des Handtuchs römischer Opferdiener, wie vielfach angenommen wird, läßt sich nicht beweisen.

Früher noch als die Kultdiener trugen die *Asketen* eigene Gewänder. Im Neuen Testament wird die Asketentracht des Täufers geschildert und die Frage der Verschleierung der Jungfrauen hat der Korinther Gemeinde ebenso wie Tertullian Sorgen gemacht. Bereits in den Klöstern Schenutes führte die Notwendigkeit eigener Uniformierung zur Gründung einer großen Stoffweberei, die auch den Markt außerhalb des Klosters belieferte.

An *Protesten* gegen den christlichen Textilluxus und die Kultgewänder hat es nicht gefehlt. Während Clemens in Anlehnung an die Stoa den Kleiderluxus der Zeit als widervernünftig ablehnt, weist Tertullian auf das Beispiel des Herrn hin, der in schmuckloser Kleidung einherging. Ambrosius betont ernstlich den seelischen Schaden, der durch übertriebene Kleiderpracht entsteht, und Hieronymus ironisiert die ägyptischen Christen, weil sie die Toten mit Prunkgewändern bekleiden. Aber aller strenge Eifer hat hier wenig Durchschlagskraft gehabt.

3. Kultische Gestaltung

Zu den größten Schöpfungen der Religionsgeschichte gehört die griechische Liturgie.

Bei der Frage nach ihren Ursprüngen und denen des christlichen Gottesdienste darf man ebensowenig von der Synagoge ausgehen, da ihr Gottesdienst ein völlig anderer ist als bereits der des paulinischen und johanneischen Christentums, wie von der Didache, denn sie gilt nur für einen bestimmten Kreis und ist keineswegs so alt, wie man einmal dachte. Auszugehen ist vielmehr vom Neuen Testament, und aus ihm ergibt sich: 1. Seit den Johannesschriften ist im Christentum ein theophag-mystisches Kultmahl vorhanden: «Wenn ihr das Fleisch des Menschensohnes nicht eßt und sein Blut nicht trinkt, so habt ihr kein Leben in euch. Wer mein Fleisch zerbeißt und mein Blut trinkt, der hat ewiges Leben, und ich werde ihn am letzten Tag erwecken. Denn mein Fleisch ist wahre Nahrung und mein Blut ist wahrer Trank. Wer mein Fleisch zerbeißt und mein Blut trinkt, der bleibt in mir und ich in ihm.» Das ist so unjüdisch, wie nur etwas sein kann, hat aber seine genaue Parallele in den dionysischen Omophagien. Johannes setzt also bereits einen Abendmahlsritus voraus, der keinerlei Analogien in der Synagoge, wohl aber in den hellenistischen Religionen, vor allem bei Dionysos hat. 2. Die Paulusbriefe setzen eine hellenistische Mysterientaufe voraus, deren Wirkung gewandmystisch erklärt und deren Vollzug als ‹mit Christus sterben› bezeichnet wird. Auch das ist völlig unjüdisch, entspricht aber genau den Mysterientaufen. 3. Die Johannesapokalypse schildert den himmlischen Gottesdienst nach dem Bild des irdischen, soweit sie nicht prophetische Bilder benutzt. Sie setzt bereits ein reiches christliches Ritual mit Einschluß des Räucherns voraus, das also in den christlichen Gemeinden der Griechenstädte Kleinasiens am Ende des 1. Jahrhunderts schon vorhanden war.

Das erklärt sich mühelos daraus, daß schon viele der ältesten Griechenchristen in Mysterienreligionen eingeweiht waren, ehe sie Christen wurden, und aus ihnen die Fähigkeit zum liturgischen Gestalten und die Formen mitbrachten. Clemens von Alexandreia, der bestimmt in mindestens eine Mysterienreligion eingeweiht war, nennt das Christentum ‹Logosmysterien› und bemüht sich um die Gestaltung des christlichen Gottesdienstes; sein Einfluß im Sinne der Mysterienreligion auf die alexandrinische Liturgie liegt auf der Hand. Ein unliturgisches Griechenchristentum hat es also wahrscheinlich nie gegeben. Auch Plinius setzt eine Liturgie voraus, die der der Johannesapokalypse ähnlich gewesen sein wird. Die zahlreichen liturgischen Formeln und Anspielungen in den paulinischen Briefen bestätigen diesen Tatbestand.

Die Mysterienliturgie, die eine gewisse Einheit darstellt, ist also nicht erst im 4. oder 5. Jahrhundert ins Christentum gekommen, sondern genau wie der Platonismus und die Stoa bereits in den Zeiten des Paulus und Johannes und vielleicht schon ihrer griechenchristlichen Vorgänger.

Auf keinem Gebiet der antiken Geistesgeschichte gehen die Meinungen so weit auseinander wie auf dem der christlichen Liturgiegeschichte, obwohl oder weil wir hier eine Unzahl von Quellen haben. Vieles aber zeichnet sich auch hier deutlich ab und ist oft nur verschüttet durch jahrhundertealte dogmatische Einseitigkeiten.

a) Herrenmahl und christliche Mysterienliturgie

Alle hellenistischen Mysterienreligionen haben zwei kultische Höhepunkte, eine wiederholbare Feier mit Wortverkündigung und Kultmahl, die meist Telete heißt, und eine einmalige Einweihungsfeier, meist eine Taufe, die Myesis. Beide hat das Griechenchristentum schon vor Paulus übernommen.

Für den antiken Menschen hat fast jedes *Essen* kultische Bedeutung, mag sie noch so sehr abgeblaßt sein. Spende und Gebet am Eingang und Schluß jedes Mahles wollen nicht nur den *Dank* an seinen göttlichen Geber, sondern bei der hellenistischen Immanenzfrömmigkeit auch die *Nähe* des Gottes beim Mahl betonen, die Reliefs und Vasenbilder so oft zeigen. Für Plutarch ist jeder Tisch ein heiliges Gerät. Zu eigentlich *liturgischen Kultakten* werden die Mahle in nahezu allen Religionen des griechischen Kreises während der hellenistischen Zeit. Nicht immer ist ihre Bedeutung ganz klar, immer aber meinen sie einen Hinweis auf die Nähe des Gottes, der der Menschen Tischgenosse wird. Dazu kommen besondere Schattierungen. Eleusis ging voran. Der Genuß des heiligen Gersten-Weintrankes, des Kykeon, der bis heute in der gesamten Ostkirche fortlebt, ist durch den Kultmythos als Speise göttlichen *Trostes* eindeutig definiert: wie die trauernde Göttin durch die heilige Speise getröstet wurde, so wird es auch der Gläubige. Eine andere Schattierung hat das Kultmahl in der Orphik: hier ist es, wohl in der alten Verbindung mit dem *Totenmahl*, ein Hinweis auf das Mahl, das die Seligen nach dem Tode genießen, also eschatologischer Vorblick. Bei Dionysos haben wir drittens trotz allen Abstreitens deutlich ein *theophag-mystisches Mahl:* wenn die Mainaden kleine Tiere zerreißen und sie roh verschlingen, so wiederholen sie die Tat der Titanen, um im Tier den Gott ganz in sich aufzunehmen; auch sie zerbeißen ihn mit den Zähnen wie Johannes seinen Gott. Der gleiche Weg ist das heilige Trinken des dionysischen Weines: in ihm geht der Gott wiederum ganz in den Gläubigen ein. Alle Kultmahle erinnern an eine bestimmte Situation aus der Geschichte des Kultgottes und vollenden dadurch die Verbindung Gott-Gläubiger. Bei den Sarapis-Isis-Kultmahlen spielt der Gedanke der Vereinigung der Gemeindeglieder untereinander eine Rolle, bei Sabazios der Vorgeschmack des himmlischen Mahles. Über die Mithrasmahle unterrichten am besten die Darstellungen auf dem Relief von Konjica und die Bilder von Sta. Prisca. Hier wie auf dem eigenartigen Kabirenrelief von Pettau tragen die Feiernden Masken; der Rabe teilt wie der christliche Diakon die Gaben aus, Kelch und Patene sind mithrische Mahlgeräte. Jüdisch-hellenistische Gruppen wandelten das historische Passahgedächtnismahl unter dem Mysterieneinfluß in ein sakramentales Mahl um. Vieles ist undeutlich, weil die Arkandisziplin verbot, allzuviel über diese heiligen Akte auszuplaudern, aber die große Linie ist zu erkennen.

Die älteste christliche Quelle, die älter als die Abendmahlsberichte der Synoptiker oder gar die Berichte der Apostelgeschichte ist, der 1. Korintherbrief, setzt bereits zwei Teile dieses wichtigsten christlichen Gottesdienstes voraus, die vereint oder getrennt gefeiert werden konnten. Voran ging ein gewöhnliches gemeinsames Abendessen der Gemeinden, das ihre innere Verbundenheit auch äußerlich offenbarte, zu dem jeder nach seinen Kräften beisteuerte. Es unterschied sich in der Hauptsache von keinem antiken Mahl, nur kam es in griechischen Gemeinden wie bei den Dionysosfeiern unter dem Einfluß des Weines und bei der Hochschätzung christlicher Ekstase in rein griechischen Gemeinden wie Korinth gelegentlich zu Erscheinungen von Rauschekstase und Trunkenheit. Paulus wehrte sich dagegen, wohl mit Erfolg. Die sozialen Mißstände, die sich daraus ergaben, daß der eine viel, der andere wenig zu essen hatte, führten zu einer sozialen Umgestaltung dieser ‹Agapen›: man legte das Mitgebrachte zusammen und die Diakone verteilten es gleichmäßig. Die Apostelgeschichte hat diese erste Umgestaltung des christlichen Mahles in die Urgemeinde zurückverlegt. Kultisch-religiös war an diesem Teil des Essens nur der Ersatz der hellenistischen Anfangs- und Endlibationen durch Tischgebete. Bis heute hat sich in der griechischen Kirche in der Austeilung des Antidoron, des ungeweihten Brotes, nach dem Gottesdienst eine Erinnerung an dieses urchristliche Liebesmahl erhalten. In den kleinen ältesten Gemeinden fanden diese gemeinsamen Mahlzeiten täglich statt, die Zeit des Plinius kennt sie nur noch an einem Tag der Woche.

Die eigentliche *Kultfeier* der alten Kirche hatte von Anfang an das ‹*Herrenmahl*› zum Mittelpunkt. Schon diese bereits im 1. Korintherbrief feststehende Tatsache hätte davor warnen sollen, den christlichen Gottesdienst mit dem Synagogengottesdienst zusammenzubringen, in dem es keine Kultmahle gibt. Nicht die Predigt oder die Lesung sind Mittelpunkt des altchristlichen Gottesdienstes – sie sind es in der gesamten christlichen Antike nie gewesen –, sondern das Kultmahl, das ‹Brotbrechen›, wie der älteste Ausdruck dafür lautet, das ‹Herrenmahl›, die ‹Eucharistie›. Seine Bedeutungsschattierungen sind: 1. Das Mahl ist *Wiederholung* des letzten Mahles Jesu und dadurch *Anamnesis* im Sinne von mystisch verbindender Erinnerung an sein Sterben und seine tröstende Leidensgemeinschaft. Deshalb gehört, wo diese Schattierung hervortritt, zum Essen die Verkündigung des Hieros Logos der *Leidensgeschichte*, ausgedrückt vor allem in den *Einsetzungsworten*, aus denen sich die ‹Anamnese› entwickelt. Das Moment des *Trostes* wird zuweilen durch Zusätze wie ‹der zu unserem und aller Menschen Heil litt›, betont, der Charakter der heiligen Kulterzählung durch Erweiterung des Hieros Logos wie in einer koptischen Anaphora: «Denn in der Nacht, in der es dir, du Leben des Alls, gefiel, dich für uns und unser ganzes Geschlecht dem Tode zu übergeben, bei dem letzten Abendmahl, als wir, deine Jünger, mit dir zu Tisch lagen und aßen, da nahmst du das Brot in deine göttlichen, heiligen und lebenspendenden Hände ...» Die Verwandtschaft dieser Form des Mahles mit dem Mithras- und dem eleusinischen Kultmahl haben die Christen seit den Zeiten Justins gespürt und zugegeben. Sein mystischer Charakter ist bis heute in den byzantinischen Liturgien klar ausgesprochen: «An deinem mystischen Mahl, Gottessohn, nimm mich heute als Tischgenossen an.» – 2. Der 1. Korintherbrief beweist neben dem Anamnesischarakter des christlichen Kultmahles den *eschatologischen*. Das Mahl ist hier nicht nur mystisch-hellenistisches Totengedächtnismahl für Christus, sondern

Vorbild des Mahles im Jenseits. Wer jetzt an diesem Mahle teilnimmt, wird auch künftig daran teilnehmen. Zur Bezeichnung dieser Bedeutung hat das Christentum aus Isis schon früh einen Begriff entlehnt, den des ‹Heilmittels zur Unsterblichkeit›, und zwar schon bei Ignatios. Das eschatologische Kurzgebet der Johannesapokalypse «Herr, komm», vereinigt sich daher schon früh mit dem Kultmahl, und in einer alten Liturgie wird beim Brechen des Brotes rezitiert: «Du, Herr, bist allein die Wurzel der Unsterblichkeit». – 3. Seit dem Johannesevangelium ist durch Einfluß der Dionysosmysterien das christliche Kultmahl *theophag – mystisch* aufgefaßt worden, das heißt, der Gott wird auf mystische oder magische Weise mit den Elementen verbunden und so vom Menschen durch das Essen ganz aufgenommen. Das setzte natürlich einen Akt voraus, in dem die Verbindung des stofflichen ‹Brot und Wein› mit dem geistigen Wesen des Gottes aufgewiesen oder in primitiver Form sogar hergestellt wurde. Diesem Ziel dient die Entwicklung der *Epiklese,* deren Reichweite in den Liturgien vom Platonisch-Symbolhaftesten bis zum Zauberhaft-Magischen geht, je nach Zeit, Volk und menschlichem Niveau. Sie steht vor oder nach der Anamnese, ist also, zum Beispiel in Ägypten, dieser über- oder, zum Beispiel in Byzanz, dieser untergeordnet. Sie wendet sich meist an Gott: «Sende den heiligen Geist, damit er verwandle . . .», lautet sie etwa, doch setzen sich die Gedanken an eine wirkliche Wandlung der Substanzen und die entsprechenden Formeln erst unter dem Einfluß des stoischen Substanzdenkens durch. In der älteren Form ist diese Sakramentsmystik stärker an das Leiden Christi gebunden; so spricht bei Clemens von Alexandreia Jesus nur: «Ich gebe mich selbst als Brot . . . und täglich als Trank der Unsterblichkeit hin.» Doch ist bereits Justin unter Hinweis auf die Mithrasmysterien mindestens zweideutig und erlaubte jedenfalls die spätere magische Fortbildung: «Wir halten es nicht für Brot oder Wein, sondern für Jesus Christus, der durch den Logos Stoff wurde.» Die Epiklese ist bei ihm ein Gebet um das Hinzukommen des Logos zu den Elementen. Der liturgische Papyrus von Dêr-Balyzeh, der vielleicht noch in die erste Hälfte des 3. Jahrhunderts hinaufreicht, hat bereits, vielleicht unter dem Einfluß ägypto-hellenischer Magie, in der Epiklese: «Macht das Brot zum Leib, den Kelch zum Blut». Überhaupt ist das magiefreundliche christliche Ägypten Mittelpunkt dieser Auffassung der Epiklese geblieben; auch Origenes spricht von den Broten, auf die der Name Gottes, Christi und des Geistes herabgerufen worden ist, lehnt aber alles Magische ab. Doch bei Petrus von Alexandreia heißt es: «Wir rufen den Abstieg des heiligen Geistes herbei», ganz ähnlich wie in ägypto-hellenistischen Zauberpapyri. Dabei zwingt die Nennung des Namens den Gott – auch das ist echt hellenistisch. Dies mystisch-theophage Mahl braucht keine Gemeindefeier mehr zu sein – so bezeugt Basileios, daß die Einsiedler die konsekrierten Elemente mitnehmen und für sich selbst essen. – 4. Für die Kirchen des Westens trat die vierte Schattierung in den Vordergrund: *das Kultmahl wird zum Opfer.* Die Spiritualisierung des Opferbegriffs im Hebräerbrief bot einen neutestamentlichen Anhaltspunkt, aber auch die Ausdrücke: ‹ausgegossen› und ‹hingegeben› der Einsetzungsworte stammten aus der Opferterminologie und konnten entsprechend wieder verwendet werden. Nun hat es allerdings eine christliche Bewegung gegeben, die im Kampf gegen das heidnische Opfer vom christlichen Opfer nur bildhaft reden wollte: das wahre christliche Opfer sind Gebete, Liebeswerke, sittliche Haltungen, das Martyrium. Die ältesten Kirchen haben keinen Opferaltar, sondern nur einen Tisch. Mit der Didache, Justin und Tertullian setzt der liturgische Opfergedanke allmählich ein. Wieder waren verschiedene Ausprägungen möglich. Die einfachste und natürlichste, Brot und Wein als unblutige Opfer darzubringen, wie man etwa Dionysos Traubenopfer darbrachte, war am seltensten. Häufiger war die Auffassung einer mystischen Wiederholung des Opfers Christi, bei der der Charakter des Symbolischen meist gewahrt blieb. Das ist die im griechischen Osten auftretende Form. Im *Westen* und teilweise in *Ägypten* entwickelte sich jedoch eine massivere Form unter Ausnutzung der Epiklese für die Opferidee: die durch die Epiklese in Leib und Blut verwandelten Elemente werden als Opfergaben dargebracht. So mußten *die materialistischen Afrikaner* die Sache sehen, Cyprian ist der erste sichere Zeuge dafür. Sprachliche und gedankliche Einwirkungen heidnischer Menschenopfer sind dabei nicht ausgeschlossen. Hier nur wird wirklich die dominica hostia Gegenstand der Darbringung. Dabei ist im Lauf der Zeit eine weitere wesentliche Änderung eingetreten. Während noch Tertullian jeden Laien das Opfer vollziehen läßt, ist seit Cyprian und den Apostolischen Konstitutionen ein besonderer Opferpriester nötig, so daß der Laie allmählich bei der Eucharistie zurücktritt. *Das antike Opfer ist eben einfach wieder da,* in den Offertoriumsgebeten, die es begleiten, steht denn auch die alte heidnische Opferbitte um freundliche Annahme dieses Opfers.

Die *Elemente* der Eucharistie, die noch lange von den Feiernden mitgebracht und in einer Opferprozession am Altar niedergelegt wurden, blieben in den meisten Fällen *Brot* und *Wein.* Das Brot wird wie in den Mysterienreligionen als heiliges mit einem *Brotstempel,* entweder einem einfachen Kreuzzeichen oder anderen christlichen Symbolen, abgestempelt. Selbst sehr heidnische Zeichen werden weiter verwendet, so begegnet auf einem christlichen Brotstempel ein phallischer Satyr mit Kreuz und Kelch. Erst allmählich – vollendet wird das im byzantinischen Mittelalter – entwickelt sich ein *Prothesisakt*, in dem das Brot in bestimmte Teile zerlegt und bis in Einzelzüge die Teilung des Opfertieres nachgeahmt wird. In einigen Liturgien beginnt man mit dem rituellen Backen des heiligen Brotes, für das Brotbrechen und die Signierung mit dem Kreuzzeichen entstehen komplizierte Begleithandlungen. Im griechischen Bereich knüpft man an die Sitte, Opferstücke für die Götter beiseite zu legen, an und sondert Teile für Maria und die Heiligen aus. Der Wein wird nach antiker Sitte meist mit Wasser gemischt. Vielleicht spielt schon das Johannesevangelium auf diese Abendmahlssitte an: aus dem Leib Christi fließt Blut und Wasser. Über Mithras ist wohl eine persische Sitte von der Bereitung des Haomatrankes gekommen: man verbeugt sich vor dem heiligen Kelch. Hier begann auch der Streit, denn schon zur Zeit Cyprians gibt es drei Gruppen: die einen wollen gemischten Wein zum Abendmahl, die zweiten ungemischten und die dritten nur Wasser. Das Wasser kann durch Milch oder Käse ersetzt werden, was iranisch ist, denn saure Milch ist die sakramentale Speise der persischen Königsweihe. Auch Honig und Oliven kommen als Abendmahlselemente vor, zuweilen wird der Wein mit Milch und Honig gemischt. Wann die Sitte aufkam, daß die Diakone den Kranken und Verhinderten die heilige Speise ins Haus brachten, ist nicht mit Sicherheit zu sagen.

Wie in Eleusis und den Mysterienreligionen entsteht durch immer neue Zutaten aus dem alten Mahl eine Feier der *Gottesepiphanie*, die durch beständig neue Übernahme von Handlungen und Gesten immer großartiger wird. Bis ins 5. Jahrhundert entwickelt sie sich in einer gewissen liturgischen Freiheit, die mehrere Formen nebeneinander bestehen läßt. Allen gemeinsam ist die Absicht, möglichst eindrucksvoll die reale oder mystische Gegenwart oder Erscheinung des Gottes erleben zu lassen. Von höchster Wichtigkeit ist, daß bei den mithrischen Kultfeiern ein ‹*Einzug*› und ein ‹*Auszug*› inschriftlich belegt sind; hier haben wir vielleicht die Urform der beiden Hauptakte der griechischen Liturgie zu suchen. Auszugehen ist aber auch hier wieder von den Kultakten der griechischen Mysterien, allen voran Eleusis. Es steht heute fest, daß es sich dort nicht um theatralische Aufführungen im Telesterion gehandelt hat, sondern um eine Liturgie, die von der christlich-byzantinischen nicht allzu verschieden gewesen sein dürfte. Die eleusinische Renaissance des 4. Jahrhunderts ist natürlich nicht spurlos am griechischen Christentum vorübergegangen, in der Liturgie konnte sie am leichtesten Eingang finden. Der *Abstieg* und *Aufstieg* der Göttin wird liturgisch-symbolisch vorgeführt, kaum durch anderes symbolisiert als durch das

Anschlagen eines ehernen Beckens (ἠχεῖον) und angezündete Fackeln. Dazu kommt die Elevation der heiligen goldenen Ähre mit einer kurzen Elevationsformel. Aus dem dionysischen Ritual entnahm die griechische Kirche die *Ver- und Enthüllungszeremonien*, die in der Enthüllung der dionysischen Getreideschwinge ihr Vorbild haben. Auch Isis bietet viel Verwandtes. Bereits die Ichernofretstele aus dem mittleren Reich enthält den liturgischen Ausdruck: ‹großer Auszug› des Gottes. Die Verbindung der Elevation des Heiligen Wassers mit Ver- und Enthüllungsriten läßt ein bekanntes isisches Wandbild erkennen. Aus dem Kult des Juppiter Dolichenus mag die heilige *Lanze* in die ältesten Vorformen der byzantinischen Proskomidie gekommen sein. Vieles andere ist uns infolge der ungünstigen Quellenlage nicht mehr erkennbar.

Aus diesen und anderen Einzelheiten ist in der griechischen Liturgie *ein geschlossenes Kunstwerk* entstanden, das in verschiedenen Abwandlungen vorliegt. Sein Mittelpunkt wurden *die beiden Einzüge:* die Erscheinung des Gottes in seiner Niedrigkeit und seine Wiederkehr in Herrlichkeit. Dazu bedurfte es einer Gliederung des liturgischen Raumes in einen ‹himmlischen› Teil, aus dem der Gott kam, und einen ‹irdischen›, in dem ihn die irdische Gemeinde erwartete – beide wurden zunächst durch Vorhänge, dann durch die drei Türen des griechischen Theaters voneinander getrennt. Auf diese Weise wurde die Kultgeschichte zum echten *zeitlosen* Mythos: immer wieder betonen die griechischen Liturgien: «*Heute* zieht Christus ein, *heute* wird er geboren, *heute* wird er gekreuzigt, *heute* steht er zu neuem Leben auf.» Um diese Mittelstücke herum sammeln sich allmählich symbolische Andeutungen der gesamten Heilsgeschichte von der Weltschöpfung bis zum Weltende oft mit den Mitteln einfachster Symbolik: Anzünden und Auslöschen von Kerzen, Gesten, Öffnen und Schließen von Vorhängen und Türen, Wechseln der heiligen Gewänder – immer aber ist das Ziel, das schon das Lukasevangelium und die Apostelgeschichte als Sinn des Kultmahles angeben, die Gegenwart des Herrn zu erkennen. Eine große Rolle spielt das symbolisch überdeterminierte Räuchern. Rauchopfer für Gott, Vertreibung der Dämonen durch den Rauch, Symbolik der aufsteigenden Gebete, zugleich rein ästhetische Wirkungen vereinigen sich hier. Das Schmücken der Altäre mit Blumen, das wir in privaten wie in öffentlichen hellenistischen Kulten kennen, kommt, wenn auch nicht im offiziellen christlichen Ritual, doch nach Darstellungen gelegentlich vor. Nicht einmal der kultische Tanz ist dem Christentum ganz fremd geblieben. Die Deutung, die Servius von ihm gibt, hätte auch ein Christ unterschreiben können: «Daß in den Religionen getanzt wird, hat darin seinen Grund, daß unsere Vorfahren von keinem Teil des Körpers wollten, daß er ohne religiöse Empfindung bleiben sollte, denn der Gesang gehört zur Seele, der Tanz zur Bewegung des Körpers.» So bezeugen die Johannesakten christlichen Kulttanz – beim Tanzen teilt Christus sein Leiden mit –, und auch die Priszillianer haben in den Gottesdiensten getanzt.

Diese Handlungen sind eingebettet in *Gebete*, zu denen ja auch Epiklese, Anamnese und Offertoriumsbitten gehören. Hier sind nun die Variationen besonders groß. Wenn nicht alles täuscht, haben darin die christlichen Liturgien alle Umweltsliturgien weit übertroffen. Das Neue Testament enthielt eine ausgeprägte Gebetsfrömmigkeit, und so sind auch die neutestamentlichen Gebetsformen die Grundlagen der Liturgien. Das bedeutet in erster Linie ein Abgestimmtsein auf Jubel und Dank, und diesen Grundton haben die griechischen Liturgien ohne Ausnahme. Formal gehören die Gebete fast ausschließlich der Gattung der Prosahymnen an, ihre Herkunft ist sehr verschieden. Versuchen wir wenigstens einige Linien aufzuzeigen, die in den meisten Liturgien Gemeinsames umfassen. Von den Schriften des Neuen Testaments hat in erster Linie das Johannesevangelium die Gebetssprache beeinflußt, dann natürlich die paulinische Gebetsdichtung. Die große, immer stärker mystisch verklärte eschatologische Sehnsucht und Gewißheit hat auch den Gebeten der Apokalypse Raum geschaffen, ihr ‹Herr, komm› tönt schon in den ältesten Liturgien. Doch ging man lange mit den neutestamentlichen Formeln völlig frei um, nicht einmal das Vaterunser, das alle Liturgien haben, hat immer einen gleichen Wortlaut gehabt. Lange hat sich in den Liturgien die Erlaubnis zur freien Gebetsinspiration erhalten. Die aus alttestamentlichen Stücken zusammengesetzten Gebete sind in der älteren Zeit selten und werden erst seit dem 5. Jahrhundert häufiger. Neben den Psalmen hat nur Jes. 6 entscheidend eingewirkt, das Trishagion wird eins der immer wiederholten Kernstücke der Liturgien seit dem Papyrus Dêr Balyzehensis, ja, schon seit der Zeit der Apokalypse. Viele Formeln und Gebete sind der Isisliturgie verwandt, besonders die der ägyptischen Liturgien. Wie hier gelegentlich einmal ein ägyptisches Wort, eine ägyptische Formel zur Steigerung des Besonderen vorkommt, so erhalten sich auch in der christlichen Liturgie ein paar fremde Worte oder Gebetsformeln: in der lateinischen griechische, in beiden Sprachen hebräische oder aramäische – verstanden zu werden brauchen sie nicht, es genügt, daß das Fremde feierlicher klingt. Aus dem Isiskult stammt eine Reihe von *Akklamationen*, die in den ägyptisch-griechischen Liturgien besonders beliebt sind, vor allem die ‹Einer ist›-Akklamation. Auch die *Bitte um Frieden* begegnet zum mindesten an ebenso wichtiger Stelle im Isisritual. Die *Fürbittgebete* bei Isis haben auf

Christliches eingewirkt, da sie die gleichen Gegenstände der Fürbitte in gleicher Reihenfolge enthalten: für Kaiser, Senat, Heer, Reich, für Seefahrende und Reisende. Wenn Jesus in einer äthiopischen Liturgie sogar als ‹Sohn der heiligen jungen Kuh› angebetet wird, so ist das wörtliche Übernahme aus einer Isisliturgie. Die reichen Beziehungen zu Mithras sind schon angedeutet worden, hier ist vor allem an eine Akklamation zu erinnern, die sowohl in Dura wie in Sta. Prisca neuerdings bezeugt ist: der ‹Heilruf› mit Benutzung eines iranischen Wortes nama – in ähnlicher Weise benutzt die christliche Hosianna-Akklamation ein fremdes Wort. Aus dem Kaiserkult stammt die Übernahme der meisten *Kaiserakklamationen* für Christus wie ‹Christus König›, ‹Christus siege!›, ‹Höchster Herrscher›. Der kaiserliche Triumphzug oder der Kaisereinzug werden bei den Christuseinzügen beschworen, ein ‹Siegeshymnus› wird dabei gesungen. Aus dem Arvalkult mag die im lateinischen Westen vorkommende Benutzung eines Glöckchens als Gebetssignal stammen. Vieles kommt aus dem *Privatleben*: so bildet das ‹Gebet an den Türen› der Liturgie religiös das profane ‹Paraklausithyron›, die Bitte an der Tür der Geliebten, nach. Dem *Militärleben* entstammt eine Reihe von Gebetssignalen ‹Auf!›, ‹Steht›! Auch die philosophischen Richtungen spiegeln sich oft deutlich wider; besonders an stoisch-poseidonianischen und neuplatonischen Wendungen sind die Gebete reich. In den Zeiten der großen dogmatischen Kämpfe werden auch die Gebete zum Kampfplatz und immer abstrakter durch die Hereinnahme dogmatischer Sätze und Formulierungen. Nur in der älteren Zeit lehnt man sich an Gebete der Synagoge an, seit dem 3. Jahrhundert verschwinden sie völlig.

Es lohnt sich, die Entwicklung einiger Gebete im einzelnen zu verfolgen. Schon die Liturgie Justins enthält *zwei* größere Gebete, eins, das den Übergang von dem vorhergehenden Predigtgottesdienst zur Eucharistie bildet, und das gegliederte eucharistische Gebet selbst, das allmählich ins Zentrum der eucharistischen Handlung tritt. Ein einleitender Dialog zwischen Bischof und Gemeinde mahnt die Gemeinde, die Herzen zu erheben und Gott zu danken, die Gemeinde stimmt zu, dann folgt der Hauptteil, bestehend aus Dank für Schöpfung und Erlösung, aus einer gekürzten Fassung des christlichen Hieros Logos, den Einsetzungsworten, meist in einem Nebensatz, Epiklese und Anamnese. Hymnische Stücke sind häufig an dieses Gebet angegliedert oder eingeschlossen, sie stammen zum Teil noch aus der Zeit der geistbeherrschten ekstatischen Dichtung.

Das *andere* Gebet konnte, wenn ein Wortgottesdienst wegfiel, an den Schluß der Eucharistie rücken und neben seinem Charakter als *Fürbittgebet* zugleich *Dankgebet* für die genossene mystische Speise werden. Hier kommen sehr viele verschiedene Formen vor, und da freie Gebete in der Kirche sehr lange möglich waren, erklärt sich dieser Reichtum. Eine Verbindung von Dank und Fürbitte hat die Didache. Wurde das Mahl noch als wirkliches Essen aufgefaßt, so war das Dankgebet Dank für die Speisen; dann brauchte man nur ein griechisches oder orientalisches Dankgebet zu übernehmen. Doch ist das selten. In den meisten Fällen wird es Ausdruck des Dankes für die erlebte Gottesoffenbarung in Worten der Mystik. Ganz besonderes Gewicht haben die Christen auf die *Fürbitte* gelegt. Hellenistisch, aber auch synagogal sind die Fürbitten für Gemeinde und Familie, Frauen und Kinder, Erwerbszweige und Berufe, Volk und Regierung. Die neutestamentliche Bitte für den nichtchristlichen Kaiser teilt das Christentum mit den Mysterienreligionen und der Synagoge, die auch das Gebet für den Feind schon kennt. Hellenistischen Ursprungs sind die Gebete für die Toten, deren Namen zusammen mit denen der kirchlichen Oberen und einzelner Lebender der Gemeinde, die besondere Nöte oder Freuden hatten, in Diptychen verzeichnet und vom Vorbeter oder vom Diakon verlesen wurden. Streichungen solcher Namen aus kirchenpolitischen Gründen setzen die römische damnatio memoriae fort. Vier Formeln werden zur Einleitung der Diptychengebete benutzt: ‹Gedenke, Gott, an . . .›, oder ‹Wir gedenken der . . .›, oder ‹Wir bitten für . . .›, und schließlich imperativisch: ‹Laßt uns bitten für . . .› Meist enden die Bittgebete mit einem eschatologischen Ausblick.

Allmählich bemächtigt sich die Rhetorik der liturgischen Gebete. Sie werden immer länger und kunstvoller, ihre Dispositionen immer gegliederter und architektonischer. So entwirft Origenes ein Gebetsschema, das sich schon sehr von der schlichten, unrhetorischen oder ekstatischen Form ursprünglich christlichen Betens, dessen Ideal das Vaterunser war, abhebt. Es ist mit griechischem Formempfinden genau harmonisch aufgebaut und enthält:

1. einen trinitarischen Lobpreis.
2. Dank a) für gemeinsame,
   b) für private Wohltaten Gottes.
3. a) Bekenntnis der gegenwärtigen,
   b) Bitte um Vergebung der künftigen,
   c) Bitte um Vergebung der früheren Sünden.
4. Bitte a) um geistige Güter,
   b) um private Güter,
   c) um allgemeine Güter.
5. Trinitarische Abschlußdoxologie.

Um diese Gebete herum kristallisierte sich vieles andere. Die Rezitation eines *Bekenntnisses* in den Liturgien wird aus der Taufliturgie in der Zeit der beginnenden dogmatischen Kämpfe übernommen, an ihr konnte man erkennen, welcher christlichen Richtung die Gemeinde angehörte, die damit ihre vermeintliche Rechtgläubigkeit dokumentierte. Die Austeilung der mystischen Gaben wurde von *Deuteformeln* begleitet, die es ähnlich in Eleusis und bei Attis gegeben hat; sie können von eindrucksvoller Kürze sein: ‹Leib Christi›, ‹Blut Christi›, ‹Kelch des Lebens›, oder von rhetorisch-pathetischer Umständlichkeit: ‹Vereinigung des allerheiligsten Leibes und des kostbaren Blutes ...›. Besonders ausgestattet werden die *Gottesdienstschlüsse*, sowohl die Entlassung der Katechumenen wie das Ende des eucharistischen Gottesdienstes, soweit zwei Teile vorhanden sind. Hier wird der Heroldsruf der Entlassung der griechischen Volksversammlung benutzt, der bereits am Ende von Isisgottesdiensten religiös verwendet war, auch der Schlußruf der Anthesterienfeier: ‹Zur Tür hinaus, Keren, nicht mehr sind Anthesterien› hat auf die ‹Türenformel› der Liturgien eingewirkt. Vorausgeht eine neutestamentliche oder alttestamentliche Segensformel, die durch den wiederholten Friedensgruß erweitert sein kann oder auch frei gestaltet wird. Auch Augenblicke des schweigenden Betens dringen nach dem Vorbild griechischer Mysterienliturgien und ägyptischer Gottesdienste in die Liturgien ein.

Aus der Umwelt stammt eine Fülle verschiedener *Gebetshaltungen*, die mehr oder weniger in den künstlerischen Aufbau der Liturgien eingebettet wurden. Griechisch war das Erheben der Hände, der Blick zum Himmel, die Kußhand, die schon kretisch ist (und zur ad-oratio wenigstens noch sprachliche Beziehungen hat), das Abwärtsstrecken der Hände beim Gebet an Unterweltsgötter, römisch das Verhüllen des Kopfes bei manchen Gebeten. Das Händewaschen vor dem Gebet kennen sowohl der Orient wie die Griechen seit Homer. Ungriechisch ist das Knien, denn die Griechen verspotten es bei den Persern. Aber durch die persische Religion und das persische Hofzeremoniell, das seit Diokletian endgültig eingeführt wurde, verbreitete es sich rasch. In den Religionen ist es vor allem im nichtgriechischen Kreis zu finden: Cäsar rutscht die Stufen zum Tempel des kapitolinischen Juppiter hinauf; das ist wohl ein politisches Zugeständnis. Mithras kennt das Knien auf einem wie auf beiden Knien, Isis hat es aus Ägypten mitgebracht, wo es seit altersher üblich ist.

Das Christentum verfährt zunächst ganz *frei*. Das Neue Testament kennt sowohl das Beten im Stehen als auch im Knien, das Händewaschen vor dem Gebet und den Aufblick zum Himmel. Origenes erklärt die Unwichtigkeit jeder Gebetshaltung, er selbst bevorzugt die griechische, stehend, mit ausgestreckten Händen, nach oben blikkend; er läßt aber auch das Knien gelten. Tertullian rühmt zwar, daß das Vieh kniend bete, doch läßt er auch das stehende Beten gelten. In den griechischen Liturgien wird zum Stehen beim Gebet kommandiert. Man will stehen, wie das Kind vor seinem Vater, und nur langsam bürgert es sich ein, vor einem Herrschergott zu knien. Die eigentliche christliche Modifikation der Gebetshaltung ist das Ausbreiten der Arme in Kreuzform; diese Haltung, vor der sogar die wilden Tiere zurückweichen, bezeugen die meisten Katakombendarstellungen von Betern. Seit dem 4. Jahrhundert nähert sich der Gebetsgestus dem antiken Redegestus und wird nur durch Erheben einer Hand ausgeführt.

Zu den Gottesdiensten gehörten weiter *Schriftverlesung* und meist *Predigt. Lesungen* heiliger Texte gab es in allen hellenistischen Mysterienreligionen, sie sind der wesentlichste Bestandteil des Synagogengottesdienstes. Die ältesten griechenchristlichen Gottesdienste haben dagegen keine eigenen Lesungen gehabt, verlesen wurden höchstens Briefe von den der Gemeinde befreundeten Aposteln oder von befreundeten Gemeinden. Doch wurde das nach dem Erlöschen der frühchristlichen enthusiastisch-ekstatischen Bewegung anders. Schon in Justins Liturgie sind die zwei wichtigsten Lesungen da, ihre Zahl wird später immer mehr erhöht. Zunächst wird, wie in der hellenistischen Synagoge, fortlaufend gelesen, dann aber bilden sich unter dem Einfluß des entstehenden kirchlichen Kalenders und Festjahres bestimmte Perikopenordnungen aus, in denen sich landschaftliche Eigentümlichkeiten und Vorlieben zeigen. Diese spiegeln sich auch in den Zyklen der christlichen Kunst wider. Mit den Lesungen werden wieder kurze Gebete oder dramatische Handlungen wie Elevation oder Küssen des Evangelienbuches verbunden. Der Predigtgottesdienst konnte wie in Andania, bei den Iobakchen, bei Alexander von Abonuteichos, bei Isis und doch wohl auch in Eleusis mit dem Mysteriengottesdienst verbunden werden, urchristlich sind beide im Gebiet des Griechenchristentums eng miteinander verknüpft. Da der Predigtgottesdienst allen offen stand, die eucharistische Feier jedoch nur den Getauften zugänglich war, muß wohl zwischen diesen beiden Hauptteilen des Gottesdienstes die Entlassung der nichtgetauften Teilnehmer erfolgt sein. Der Bischof predigt zunächst wie jeder griechische Lehrer auf einem Sessel sitzend. Mit dem Eindringen der Kunstrhetorik in die Predigt und dem damit verbundenen Zwang zum Stehen, der Vergrößerung der Kirchenräume und ihrer Zentrierung auf den Altar wird ein erhöhter Platz in der Mitte oder an der Seite der Kirche zum Predigen, natürlich auch zu anderen liturgischen Verrichtungen, geschaffen. Eine solche Kanzel benutzt schon der Unterweltsprophet in Platons Staat, der den Seelen ihr künftiges Los verkündet, sie begegnet im Kaiserkult des Heeres und bei Isis, auch die hellenistische Synagoge hat in Großräumen turmartige Predigtstätten. Wie hellenistisch es in diesen Predigtgottesdiensten zuging, beweist nicht nur die Tatsache, daß den Predigern Beifall geklatscht, mit Tüchern zugewinkt, laut zugestimmt wurde, sondern auch deren rhetorisches Verhalten selbst, besonders ihre Gestik.

Die Verbindung des Gottesdienstes mit *Fasten*, die Eleusis, Isis, Kybele und das Judentum schätzten, drang nur langsam ins Christentum ein, da sie im Gegensatz zu Jesusworten stand. Bei Tertullian begann eine Wandlung, die damit endete, daß im Jahre 397 eine Synode von Karthago das Pflichtfasten vor dem Genuß der Eucharistie gebot.

Auch eine *Kollekte* gehört zum Gottesdienst. Ein Mimiambus des Herondas schildert anschaulich, wie Frauen ihre Kollekten in den Asklepiostempel bringen, Kollektenkästen stehen in allen hellenistischen Tempeln, und der kleine Artemistempel von Dura hat einen eigenen Kollektenkastenwächter. Im Tempelgelände von Jerusalem standen die trompetenförmigen Kollektenkästen mit Angaben, für welchen Zweck sie bestimmt waren. Die Christen haben ihre Gaben seit der großen Kollekte des Paulus nicht in Kästen gesteckt, sondern, wie noch heute in der Ostkirche, einsammeln lassen, in großen Kirchen durch die eine Hälfte der Presbyter, während die andere sich um die Gemeinde kümmerte.

Sehr lange – in der östlichen Osterliturgie bis heute – hält sich der in paulinische Zeiten zurückgehende heilige *Kuß* der versammelten Gemeinde untereinander.

An sich ist der Kuß eine ganz allgemeine antike Grußform, seit den paulinischen Briefen ist er den Christen ein Zeichen ihrer Verwandtschaft als Kinder Gottes. Deshalb begannen Radikale, ihn den Heiden zu verweigern. Daß ihn auch Mysterienreligionen ähnlich heilig hielten, beweist Alexander von Abonuteichos, bei dem er Prophetengruß, Abzeichen der esoterischen Gemeinde und Zeichen der Gnadenübertragung ist. In den christlichen Liturgien wird betont, daß man nur dann mit gutem Gewissen den anderen küßt, wenn man wirklich in einem Geist und einer inneren Einheit zusammengehört. Allerdings blieben die Mißbräuche nicht aus; Clemens von Alexandreia tadelt, daß in der Kirche viel geküßt wird, jedoch ohne Liebe, und warnt vor der Gefahr des Kusses, der nur berechtigt sei, wenn er wirklich heilig ist. Im übrigen sorgte die Kirche für *Ordnung* im Gottesdienst, wenn sie auch nicht gerade mit Geldstrafen oder Prügelstrafen und Hinauswurf droht wie die Mysterien von Andania:

sie entwickelt eine genaue Sitzordnung, bei der Männer und Frauen getrennt sitzen, junge Leute nach Geschlechtern getrennt stehen, Büßer außerhalb des Hauptraumes bleiben, die Diakone die Plätze anweisen, aber auch aufpassen, daß niemand schläft, schwatzt oder lacht.

Das wichtigste ethische Moment war die Verbindung von gottesdienstlichem Handeln mit *Sündenbekenntnis und Bußdisziplin.* Hier gab es wieder eine Reihe griechischer und hellenistischer Vorläufer, die Mysterienreligionen aber haben aus dem Osten manches Ungriechische beibehalten. Seit langem war es ägyptische Auffassung, daß das Bekenntnis von der Sünde befreit, und das geht sowohl auf die Hermetik wie auf Isis über. Bei Isis gibt es ein ausgebautes kultisches Beichtinstitut; vor dem Anubiacus wird das Bekenntnis abgelegt, der Büßer oder die Büßerin sitzen traurig vor dem Altar der Göttin oder unterwerfen sich Sühneleistungen, bis sie Absolution und damit Vergebung erlangen. Drohend mahnen ihre Priester zur Buße: «Hüten mögen sich die Gottlosen und ihren Irrtum anerkennen!» Ihre Büßer werfen sich im Tempel auf den Boden, stoßen sich den Kopf an der heiligen Tür wund, flehen die Reinen mit Küssen an, machen Wallfahrten. Auch in den anderen orientalisch beeinflußten Mysterien lebt die alte Tradition fort. Im Judentum ist die Bußstimmung seit dem Exil durch die nationalen Katastrophen erhöht, nirgends ist sie so stark wie hier, nirgends gibt es so viele Bußgebete und Bußleistungen. Neben den rein religiösen Bußpsalmen stehen die kultischen Bußriten des Versöhnungstages; neben einer Fülle stereotyper oder variierter Bitten um Vergebung, die einen sehr verschiedenen religiösen und künstlerischen Wert haben und schwanken zwischen Angst vor dem Gericht und gläubigem Vergebungsvertrauen, gibt es die orientalischen Riten der äußerlichsten Selbsterniedrigung des Büßers. In die essenische ‹Gemeinde des Neuen Bundes› wird niemand aufgenommen, der nicht zuerst nach einer festen Formel ein Sündenbekenntnis abgelegt und vom Priester Absolution empfangen hat.

Das Christentum bewegt sich weithin auf der griechischen Linie. Es ist bezeichnend, daß sich unter den zahlreichen Gebetsstellen bei Paulus und in den Johannesschriften nicht ein einziges Bußgebet findet. Der Christ weiß, *daß ihn keine Schuld mehr von Gott trennen kann und daß ihn diese Gottesnähe ohnehin zu einem besseren sittlichen Leben verpflichtet.* Selbst dem Hermas wird noch in einer Vision gesagt: «Hör auf, immer wegen deiner Sünden zu beten. Bete lieber um Gerechtigkeit», und die Alexandriner definieren Buße einfach als Führen eines neuen sittlichen Lebens. Sogar Tertullian, der erste starre Vertreter der Kirchenzucht, mahnt, daß Reue nur dann einen Sinn habe, wenn sie zur Besserung führe, und daß sie nicht übertrieben werden dürfe.

Aber in den Gottesdienst ist doch Sündenbekenntnis und Bitte um Vergebung eingedrungen, allerdings nur in den vorbereitenden Teil und nie ins Zentrum. Vielfach genügt die einfache Form des hellenistischen Gebets: «Herr, erbarme dich.» Nur in den Randgebieten wird das mit Bußgesten wie Verneigen und an die Brust Schlagen verbunden.

Zu diesen Gebeten gesellt sich jedoch seit dem Anfang des zweiten, vielleicht sogar schon seit dem ersten Jahrhundert die Bußdisziplin und Kirchenzucht, die Teile des Gottesdienstes werden. Im Jakobusbrief ist die Forderung: «Bekennt einander die Sünden» im Zusammenhang des Textes eine Art kultischer Akt, doch mag das jüdisch sein. Die Didache aber bringt das Sündenbekenntnis als Pflicht in Verbindung mit dem Herrentag und dem Brotbrechen. Als Gesetz fordert Tertullian aufs strengste die Exhomologese der Sünden vor der Eucharistie in einem Akt des öffentlichen Gottesdienstes. Die Afrikaner verweigern sogar einem Sterbenden die christliche Gemeinschaft, wenn er nicht die liturgisch-kultische Buße auf sich genommen hat, so weit sind im Osten nur einzelne Armenier gegangen. Im lateinischen Afrika nimmt die öffentliche Kirchenbuße auch die brutalsten Formen an: nach Tertullian gehört dazu «in Sack und Asche liegen, den Körper mit schmutzigen Fetzen bedeckt, mit betrübtem Herzen über die Sünden trauern, nur wenig essen oder völlig fasten, seufzen, Tag und Nacht vor deinem Herrn und Gott weinen und stöhnen, dich vor den Presbytern im Staub wälzen, den Märtyrern zu Füßen fallen, die Brüder bitten, für dich zu beten». Die Kirche setzt seit Cyprian die Strafzeit fest – das ist römisch. Der liturgische Ausschluß und die Diffamierung des Büßers beim Gottesdienst wird von diesen Juristen als Vorstufe des himmlischen Gerichts erklärt. Wenn im griechischen Bereich einmal ein Büßer zu solchen Übertreibungen neigt, so geht er in sein Haus, um sich zu quälen. Die griechische Kirche hat in der Regel viel stärker das innere Erlebnis unabhängig von äußeren Gebärden betont: sie weist auf die beiden Typen des Sünders, auf die große Sünderin als den vorbildlichen, auf Judas als den hoffnungslosen Typ hin, vermeidet aber die Schaustellungen.

Mit dem Sündenbekenntnis kommt auch die *Absolution* in den Gottesdienst. In der griechischen Entwicklung und den davon abhängigen Liturgien ist sie ein schlichtes Gebet, zuweilen mit Handauflegung verbunden, oder eine einfache Formel bei der Austeilung der Elemente: «Dies sei dir zur Sündenvergebung und zum Erlaß ewiger Schuld.» In der lateinischen kommt es darauf an, ob, wie noch bei Tertullian, Gott der Vergebende ist oder, wie zuerst bei Cyprian, die Institution der Kirche; hier darf sich niemand mehr die Absolution selbst zusprechen.

Wichtiger ist die Frage nach der *sittlichen Wirkung* des Kultes. Sowohl Samothrake wie Dionysos behaupten, daß der Mensch durch die Weihe oder überhaupt die Teilnahme am Kult besser, nicht nur selig werde.

Zur Frömmigkeit, Elternliebe, Milde selbst gegen das Tier erziehen die eleusinischen Weihen den Menschen, und bei den Mysterien, die Demosthenes erwähnt, liegt in der Bekenntnisformel: «Ich floh Schlechtes, ich fand Besseres» zugleich die sittliche Bedeutsamkeit der Kultakte. Wenn der Myste von Eleusis durch den Einweihungsakt nicht nur gereinigt und eingeweiht wird, sondern auch ein neues göttliches Leben beginnt, so mißt man der Liturgie diese versittlichende Wirkung bei. In der christlichen Liturgie ist es nicht anders. «Das Heilige den Heiligen» ruft man spätestens seit Kyrills mystagogischen Katechesen der Gemeinde zu und mahnt dabei an ihre sittliche Verpflichtung, und Cyprian hat trotz all seines juristischen Dogmatismus die Wirkung der Eucharistie auf die schlichte Formel gebracht, daß sie durch die Erinnerung an das Leiden des Herrn das Herz gütig mache und zum Tun alles Guten mahne. Daß es daneben auch manche Korruption im Kult gab, daß Tertullian von Unzucht und Fresserei bei christlichen Liebesmahlen spricht, daß er sich darüber erregt, daß die Vorsteher doppelte Rationen erhalten, daß in Rom seit dem novatianischen Streit, und anderswo natürlich auch, die Eucharistie zum Tummelplatz kirchenpolitischer Gehässigkeit wurde, ist die allzu menschliche Kehrseite.

Schließlich dringt in den christlichen Kult etwas ein, was ihm an sich fremd war: die *magische Bedeutung des Kultraums.* Wie die Aufklärungsphilosophie der Spätantike hatte das Christentum den Satz bekämpft, daß die Gottheit in von Menschen gebauten Häusern wohne. Aber auch hier war die allgemein antike religiöse Tradition zu stark, als daß sich das hätte vollständig durchsetzen können. Das ewige Licht in persischen, griechischen und hellenistischen Tempeln und in Jerusalem als Symbol für die ewige Gegenwart des Göttlichen hat die Kirche spätestens im 5. Jahrhundert übernommen. Der Kirchenraum, ein Lehrsaal der christlichen Philosophen, Stätte des gemeinsamen Mahles, dann Raum der heiligen mystischen Zeremonien der göttlichen Epiphanie und des christlichen Opfers, wird wieder zur Wohnstätte Gottes, der Maria, der verklärten Heiligen; er ist gleichsam der sichtbare Himmel. Wie man einst täglich in das Sarapeion ging, um dort seine Privatgebete zu verrichten, so wurde der Kirchenraum Ort persönlicher Anbetung und des erlebten nahen Gottes auch außerhalb der Feiern.

b) Einweihungsfeier und andere sakramentale Akte

Ehe man an der Telete teilnehmen darf, muß man sich der Myesis unterzogen haben, muß man eingeweiht sein. Das gehört zum Wesen jeder hellenistischen Mysterienreligion. Die *Einweihungsfeier* kann alle Stufen vom Erlebnismäßig-Psychologischen über das Symbolisch-Gedachte bis hin zum Dinglich-Magischen durchlaufen. Mühe, Angst, Unruhe, dann Reinigung, so charakterisiert sie Plutarch. Ihr Sinngehalt ist meist ein doppelter: 1. eine *Reinigung*, verbunden mit einer Absage an das alte Leben, 2. eine Begegnung mit dem neuen Gott, ein Erfülltwerden von ihm, eine *Geburt* zu dem neuen göttlichen Leben. Ihre geläufigste Form ist die *Taufe*.

Da sich Jesus selbst von Johannes dem Täufer hatte taufen lassen, lag es nahe, daß die ersten Gemeinden die Taufe als *Initiationsritus* übernahmen. Sie wird sich zunächst wenig von der Johannestaufe unterschieden haben und bedeutete wohl Bereitschaft zur Umkehr, Zusicherung der Vergebung und damit Eingliederung in das Reich Gottes. Aber bei den Griechenchristen und bei Paulus wurde das bereits anders. Hier war die Taufe ein mystisch-sakramentaler Akt, ein Mitsterben mit Christus und ein Auferstehen mit ihm, genau parallel dem Abstieg in das Wasser und dem Aufstieg aus ihm. In Verbindung mit Gewandmystik bedeutet sie ‹Christus anziehen›, sie ist also ein ganz real gedachter Vergottungsakt. Doch wirkt sie nicht magisch, da man den Zustand des Getauftseins durch ethisches Versagen wieder unwirksam machen kann. Bei Johannes war sie eng mit dem Geistempfang verbunden und bewirkte, wieder ganz real, die zweite Geburt, die die erste nur biologische Geburt in eine Geburt in die Ζωή überhöht. Bei beiden ist sie also den Einweihungssakramenten der Mysterienreligionen ganz ähnlich.

Die Lösung der *Mysterientaufe* von der Natursymbolik war längst erfolgt, die alte Saat- und Erntemagie der eleusinischen Taufe lange vergessen, und kultische Überreste des alten Naturkultes, wie etwa die Benutzung des Getreidesiebes bei der Einweihung, waren längst umgedeutet. Schon Platon versteht die Weihe nur noch als Reinigung von Altem und Schlechtem, als Durchschreiten der Todessphäre und Beginn eines neuen Lebens in und mit den Göttern. Nach patristischen Zeugnissen führt die eleusinische Taufe ‹in regenerationem›, zur göttlichen Wiedergeburt.

Freilich ist diese Einweihung verglichen mit der christlichen kompliziert und überdeterminiert. Genauere Darstellungen des gesamten Einweihungsaktes sind erst aus späterer Zeit erhalten, der Aufbau ist nicht mehr erkennbar, wohl aber Teilstücke. Um 200 n. Chr. unterscheidet Theon von Smyrna *vier* Akte: die Reinigung, also die eigentliche Taufe, die Überlieferung der heiligen Handlung, also eine Belehrung durch den Hierophanten, die Schau selbst, wohl irgendeine Epiphanie der Gottheit, verbunden mit einer Wiedergeburtssymbolik und vielleicht Teilnahme am Kultmahl des Kykeon, und schließlich die Bekränzung als Abschluß und Aufnahmeakt in die Gemeinde. Voraussetzung war die Darbringung eines Ferkelopfers, das aber bei einem Preis von drei Drachmen auch für den Ärmsten erschwinglich war. Lehre und Schau verteilen sich wohl auf die Vorweihen in Agrai und die großen Weihen in Eleusis. Zwei Taufpaten sind nötig, die mit dem Täufling geistig verbunden sind; man empfindet es als ungeheuersten Frevel, daß ein eleusinischer Pate Dions diesen später ermordet.

Die dionysische Taufe scheint in der Hauptsache der eleusinischen nachgebildet zu sein. Eigenartig ist nur die mit der Taufe verbundene Tätowierung des Mysten mit einem Efeublatt oder einem anderen heiligen Symbol. Auch die am genauesten beschriebene Isisweihe ist von Eleusis beeinflußt, hat aber manches Ägyptische behalten und manches Eigene entwickelt. Eigentümlich ist die Festsetzung des Tauftages durch einen Doppeltraum und die Bindung des Täuflings an einen bestimmten Lehrer. Der Taufakt selbst kann in jedem öffentlichen Bad durch Übergießen geschehen. Es folgt dann die liturgisch durchgeführte nächtliche Wanderung durch Unterwelt, vier Elemente und Götterhimmel und die Epiphanie des großen Lichtes, der die Apotheose durch das Himmelsgewand, die Bekränzung und die Anbetung des neu Geweihten folgt. Bei *Attis* tritt liturgisch die Bluttaufe an die Stelle der Wassertaufe, ihren Vollzug beschreibt Prudentius in realistischer Weise. Ihr Sinn ist eindeutig: wenn der Myste in der Grube das warme Stierblut über sich rieseln fühlt, weiß er, daß er ‹in Ewigkeit wiedergeboren› ist. Endlich die *mithrische Weihe:* Sie hat verschiedene Stufen und wird je nach den sieben Weihegraden verschieden gewesen sein, einiges lassen Texte und Bilder schärfer erkennen. Gerade sie haben die Christen als ihre gefährlichste Konkurrenz angesehen, sie muß also vom christlichen Einweihungsritus nicht allzu verschieden gewesen sein. Zu ihr gehören der Handschlag mit dem ‹Vater› der Gemeinde, ein Ritus, der wohl aus dem Militärleben oder aus Persien stammt, eine Höllen- und Himmelsreise, schwere Tapferkeitsproben. Eine Wassertaufe steht an hervorragender Stelle. Auch der heilige Zweig, der der persischen Tradition angehört, scheint eine Rolle zu spielen. Bekränzung und Tätowierung sind ebenfalls vorhanden, ebenso vorher ein Unterricht, den ein Hierokeryx und der ‹Vater› selbst leiten. Die einzelnen Weihen scheinen Durchgänge durch einzelne Planetensphären bedeutet zu haben. Kelsos und Sta. Prisca ergänzen sich hier: zum

Weihegrad des ‹Raben› gehört die Mondsphäre, zum ‹Bräutigam› die der Venus; zum ‹Soldaten› die des Mars, zum ‹Löwen› die Juppiters, zum ‹Perser› die des Merkur, zum ‹Sonnenläufer› die der Sonne und zum ‹Vater› die Saturns. Wie das im einzelnen liturgisch vollzogen worden ist, wissen wir nicht, doch kennen wir die Akklamation, die sich eines persischen Wortes bedient: «Nama (Heil) den Sonnenläufern im Schutz der Sonne ... nama den Persern im Schutz Merkurs» und so weiter. Wahrscheinlich hat es eine Fülle von hellenistischen Liturgien gegeben, aber wir können keines dieser Initiationsrituale völlig wiederherstellen, nur über die seelischen Wirkungen hören wir einiges: «Zuerst ein Irren, ein mühseliges Umherlaufen und ängstliches endloses Gehen durch dichte Finsternis, dann kurz vor der Vollendung all das Furchtbare, Schaudern, Zittern, Angstschweiß, Starrheit. Endlich geht ein wunderbares Licht auf, und man kommt in reine Gegenden und Auen, wo man Gesang und Tanz und hohe Dinge hört und heilige Erscheinungen sieht. Hier ist der ganz Geweihte endlich frei und unabhängig, nimmt bekränzt an der Feier teil und verkehrt mit heiligen und reinen Männern, wobei er sieht, daß die ungeweihte Masse in tiefem Schmutz und Nebel sich zertritt und zusammendrängt und aus Unglauben an die jenseitigen Güter in Todesangst gefangen bleibt.»

Schon die Frühpatristik bemerkt, daß der *christliche Einweihungsritus* einfacher ist als der der Umwelt, und das blieb auch lange Zeit so. Das Neue Testament sieht in der Taufe einen ziemlich formlosen Übertragungsakt des Geistes der göttlichen Ekstase durch die mystische Vereinigung mit Christus, sieht also zwar die Taufe völlig im Sinne hellenistischer Kultmystik, bezeichnet sie echt hellenistisch als zweite Geburt aus Wasser und Geist, entwickelt aber noch keine Taufliturgie. Man tauft, wo man gerade Wasser zur Stelle hat, mit trinitarischen oder christologischen Anrufungsformeln, alles ist frei und fließend. Vom 2. Jahrhundert an entwickeln sich die Taufliturgien, die in den Grundlinien übereinstimmen, in Einzelheiten aber vielfach voneinander verschieden sind. Der Taufe gehen nach der Eintragung in das Gemeinderegister wie in den Mysterienreligionen ein Taufunterricht und ein kürzeres oder längeres Katechumenat voraus, die Dauer ist verschieden, im Westen sind 40 Tage das Normale, Elvira verlangt 2 Jahre, die sogenannte Hippolytische Kirchenordnung einen Zeitraum bis zu 3 Jahren, der allerdings verkürzt werden kann. In dieser Zeit ist auf das sittliche Leben zu achten, was sich bei Frauen bis auf die Kleidung zu erstrecken hat. Wird der Katechumene während dieser Zeit Märtyrer, braucht er nicht mehr getauft zu werden, er hat die christliche Bluttaufe empfangen. Den Abschluß dieser Zeit bildet eine Art Prüfung, bei der festgestellt wird, ob der Katechumene

Gutes getan habe: auf dem Sittlichen liegt der Hauptakzent. Bei magisch Denkenden wird der Unterricht mit Handauflegung oder einem Exorzisationsritus abgeschlossen. Wie bei den Mysterienreligionen gehört zu dieser Vorbereitungszeit viel Fasten, Baden und Beten; vom Isiskult stammt die Sitte, daß nicht nur der Täufling, sondern auch der Taufende vorher fastet. Wie in Eleusis müssen Paten gestellt werden, die sich für den Katechumenen verbürgen. In der Verfolgungszeit hatte das mehr praktische als religiöse Bedeutung. Wie bei Isis hing es vom Taufenden ab, wann er den Katechumenen für reif genug erklärte: so schiebt in den Paulusakten Paulus die Taufe der Thekla immer weiter hinaus, weil sie ihm noch nicht genügend innerlich vorbereitet erscheint. Taufzeit ist in erster Linie, lange sogar ausschließlich, Ostern: die Taufe ist eben das Mitauferstehen mit dem Kultgott. Später kommt das Fest des Geistes dazu. Nur bei Kranken, Kindern und Sterbenden wurde davon abgewichen. Den Mysterienweihen entspricht es, wenn fünf Tage vor dem Tauftag ein Bad genommen werden muß, die letzten drei Tage besonders hart gefastet und die Nacht vor der Taufe durchwacht wird. Dem Taufakt kann die *Handauflegung* durch den Bischof vorangehen oder folgen, ein schon im Neuen Testament mit der Taufe verbundener Segens- und Übertragungsgestus. Auch exorzistische Zauberhandlungen wie Anblasen oder mehr oder weniger realistische Signierung mit dem Kreuzzeichen, wenigstens aber Bekreuzigung als Schutz- und Abwehrzauber stellen sich ein. Die Absage an den Teufel und seinen Pomp ist in älterer Zeit ein feierlicher Eid und wohl dem Fahneneid nachgebildet, später ein exorzistischer Ritus. Seit dem Ende des 2. Jahrhunderts kommt die Salbung des ganzen Körpers oder des Kopfes zur Taufe hinzu. Wo es möglich ist, wird die Taufe durch dreimaliges Untertauchen vollzogen, das Hinabsteigen ins Wasser ist das Sterben mit Christus, das Heraufsteigen die Auferstehung. Fehlt genügend Wasser, begnügt man sich wie in den Mysterien mit Übergießen. Das Taufwasser wird vorher vom Bischof wenigstens mit dem Kreuzzeichen gesegnet oder in einem komplizierten Ritus geweiht, wenn möglich benutzt man in älterer Zeit fließendes Wasser. Taufort kann zunächst wie bei Isis jeder Fluß, jede Quelle, jeder Strand sein; die Erlaubnis der Didache, warmes Wasser zu benutzen läßt darauf schließen, daß man auch in öffentlichen Bädern getauft hat.

Die *Taufformel*, die der Taufende spricht, tritt im Neuen Testament in zwei verschiedenen Fassungen auf. In den griechenchristlichen Gemeinden heißt sie einfach und dem mystischen Sinn entsprechend: «Ich tauche dich in Christus hinein.» Am Ende des 1. Jahrhunderts tritt eine trinitarische daneben, die noch ins Matthäusevangelium geraten ist. Beide bleiben in Gebrauch und sind oft nicht unwesentlich verändert worden. Das Taufbekenntnis wird teils mitgeteilt, teils rezitiert, teils abgefragt; für Kinder sprechen es die Eltern. Eine Art Wasserepiklese bahnt sich an, die die Vereinigung des Wassers mit dem Geist herstellt: «Kommt, Wasser von den lebendigen Wassern, ewige, von dem Ewigen uns hergesandt, Ruhe, von der Ruhe zu uns gesandt, Kraft der Rettung, die von jener Kraft kommt, die alles besiegt und alles ihrem Willen unterordnet. Komm' und wohne in diesen Wassern, damit ihnen die Gabe des Heiligen Geistes vollkommen mitgeteilt werde.» Die hellenistische Gewandmystik setzt sich im weißen Taufkleid fort, das allerdings kein Gottes-, wohl aber ein Himmelsgewand ist, der Unterschied ist nur relativ. Die neue Geburt wird auch durch die Annahme eines neuen Namens ausgedrückt, der in Anlehnung an antike theophore Namen gebildet wird oder biblisch ist. Doch behalten gebildete Christen unbefangen ihre heidnischen theophoren Namen bei. Zuweilen werden Milch und Honig als Himmelsspeisen gereicht, in einigen Liturgien werden dem Täufling in Anlehnung an das Johannesevangelium die Füße gewaschen – eine christliche Umwandlung des Adorationsaktes bei der Mysterienweihe.

Die altchristlichen *Deutungen* des Taufaktes, die in den Gebeten oder Einleitungsreden zum Ausdruck kommen, vereinigen alle nur denkbaren Formen griechischer sakramentaler Mystik. Die Brautmystik taucht früh in Verbindung mit ihr auf. Die Taufe ist ‹das Hochzeitskleid›, in dem die Seele dem Bräutigam Christus entgegengeht, sie ist ‹Brautbad›, ‹Erleuchtung›. Bei stoischen Monisten wie Tertullian wird die stoische Physik benutzt, um die Vereinigung des materiell gedachten Geistes mit dem Wasser zu erklären; alles, was die stoische Naturmetaphysik über Wesen und Bedeutung des Flüssigen gesagt hatte, wird auf die Taufe übertragen. Bei allen Vertretern des mystischen Spiritualismus aber ist das Wasser nur Bild des neu machenden Geistes. Das kann dazu führen, daß die Taufe allen Waschungen scharf entgegengestellt wird. So sagt in dem Nazarenerevangelium Jesus zu dem jüdischen Hohenpriester, der kultische Waschungen vorschreiben will: «Du wäschst dich in Wasser, in dem sich auch Schweine waschen, und wäschst deinen Körper, wie es die Dirnen tun. Wir aber waschen uns in lebendigem Wasser.»

Spezifisch christlich ist die *eindeutige Verbindung von Taufe und Ethik*. Die Taufe allein rettet nicht, ja, sie schützt nicht einmal vor neuer Schuld. Der Realist Tertullian betont, daß so, wie der Herr erst nach seiner Taufe versucht wurde, auch der getaufte Christ erst nach der Taufe den gefährlichsten Versuchungen ausgesetzt ist. Darum legt die Taufe besondere ethische Verpflichtungen auf, was in den Taufreden und -gebeten hervorgehoben wird. Das ist alt und steht bereits im Römer- und 1. Korintherbrief. In der bekannten Geschichte bei Clemens von Alexandreia sündigt der Jüngling erst nach der Taufe; ein ‹ex opere operato›-Charakter des Sakramentes ist also ausgeschlossen. Daß der Mensch *vor* der Taufe sündigt, ist längst nicht so schlimm wie daß er *nach* ihr schuldig wird. Aber das Bewußtsein der Taufe gibt auch Kraft zur sittlichen Erneuerung. Vor allem die Lateiner haben sich, ihrer Wesensart entsprechend, um die sittliche Bedeutung der Taufe viele Gedanken gemacht; wegen der Strenge der Forderungen kann den Radikalen die Taufe geradezu als eine Last erscheinen, die man möglichst weit hinausschiebt. Lateinisch ist auch die Deutung der Taufe als Aufnahmeakt in eine juristisch-institutionelle Heilsanstalt. Cyprian hat das als erster vertreten.

Über das seelische *Erlebnis* bei der altchristlichen Tauffeier haben wir bei Cyprian ein schönes Zeugnis. Die Taufe, die wohl bei Lichterglanz in der Nacht oder am frühen Morgen stattfand, hat ihn völlig umgewandelt. Bis dahin war er «in der Finsternis», auf den «stürmischen Wellen der Welt», da aber geht ihm die Gewißheit auf, daß «durch das lebendig machende Wasser der Schmutz der Vergangenheit» entfernt wird und «in das nun gereinigte Herz das Licht von oben, der Geist, kommt»: «Da wurde mir das Zweifelhafte klar, das Finstere licht, das Unmögliche möglich.» Auch Clemens denkt wohl an die Taufe, wenn er christliche ‹Mysterien› so beschreibt: «Von Fackellicht bin ich umstrahlt, so daß ich den Himmel und Gott schaue, so werde ich heilig, daß ich in die Mysterien eingeweiht werde. Der Herr ist der Hierophant und siegelt den Mysten durch die Erleuchtung mit seinem Siegel und übergibt den Gläubigen der Güte des Vaters.»

Zu den beiden kultischen Hauptfeiern kam nun eine Reihe anderer liturgischer Gestaltungen. Wie die gesamte Antike umkleidet auch die Kirche schon früh die beiden Hauptereignisse des Lebens, *Hochzeit* und *Tod*, mit Gottesdiensten. An die Stelle des religiösen Hymnus auf Hymenaios in der antiken Hochzeitsfeier tritt zunächst ein christliches Brautgebet, das im Brautgemach gesprochen wird, den Übergang bildet vielleicht das hellenistische Judentum. Dazu kam noch ein einfacher Segensgestus des Bischofs, der von Ignatios bis zu Synesios belegbar ist. Andere Hochzeitssitten schuf man nicht, die Lateiner führen sogar einen auf die Dauer erfolglosen Kampf gegen den antiken Brautkranz und behalten im übrigen das römische Eheritual meist bei. Über den Eheschluß blieben die Meinungen lange geteilt: für Tertullian beginnt die Ehe mit dem ersten Kuß, nicht mit einem kirchlichen Akt, für Ignatios dagegen mit der Zustimmung des Bischofs.

In den östlichen Religionen, vor allem im Judentum, verhinderten die Reinheitsgebote eine allzu nahe Berührung des ‹religiösen› Menschen mit *Toten*, doch gilt das für die hellenistischen in keiner Weise. Wir wissen, daß man den letzten Worten Sterbender religiöse Bedeutung beimaß, wir kennen eine ganze Reihe von Fürbitten für Sterbende aus allen Teilen der alten Welt, vor allem aus Ägypten, auch einige Gebete Sterbender, aber kultische Akte kennen wir nur wenige. Leider kann man nicht genau sagen, ob bereits der Sterbende mit dem Himmelsgewand der Isis bekleidet wurde, das er zu seiner Weihe getragen hatte, oder erst der Tote. Für die Christen jedenfalls mußte es naheliegen, das letzte Mahl des Herrn auch das letzte Mahl seines sterbenden Nachfolgers werden zu lassen. Hier liegt die Wurzel zu der Sterbekommunion, die Heilmittel zur Unsterblichkeit war. So wurde das Herrenmahl als Sterbesakrament zuerst von den Märtyrern gefeiert, im 4. Jahrhundert hat es sich langsam als solches verbreitet. Es wird dem ersten christlichen Kaiser in der Todesstunde von Euseb von Nikomedien gereicht, aber auch dem vom Sakrament sonst ausgeschlossenen Büßer darf es dann nicht verweigert werden. Gnostische Gruppen verbanden mit ihm noch eine Überhöhung des sonstigen Kultmahles; so flüstert bei den Markosiern der Bischof erst dem Sterbenden die letzten Geheimnisse des Christentums ins Ohr. Auch wird es mit hellenistisch-neuplatonischen Sterbegebeten verbunden, in denen der Sterbende um einen ungehinderten Aufstieg seiner Seele an allen Dämonen vorbei bittet.

Die komplizierten *Bestattungsrituale* der Umwelt hat das Christentum anscheinend, wenigstens zunächst, sehr vereinfacht. Zwar hat man vielleicht in Korinth Tote oder Stellvertreter von Toten getauft, im christlichen Ägypten weiterhin Tote balsamiert, aber man war mißtrauisch gegen alle Vergottungszeremonien an Toten, sowohl römischer als auch griechischer und ägyptischer Art. Lokal bleibt manches erhalten: die Totenwachen, in Ägypten gelegentlich Andeutungen der Augen- und Mundöffnung des Toten, die Aufbahrung, das Salben der Toten, nächtliche Begräbnisfeiern mit Fackeln und Kerzen, im Osten die iranische weiße, im Westen die ägyptische schwarze Trauerfarbe. Das Bekränzen der Toten und Gräber und der antike Blumenschmuck wurden lange umkämpft. Viele sahen darin eine heidnische Vergottung der Toten, andere wollten für das Geld, das dieser Schmuck kostete und an dem sich die Toten doch nicht mehr freuen, lieber gute Werke zugunsten der Toten tun. Aber auch hier hat sich die Antike als stärker erwiesen. Schon Paulin von Nola schmückt wieder die Gräber seiner Heiligen mit Kränzen und Blumen. Eine echt ‹heidnische› christliche Begräbnisprozession schildert Sulpicius Severus beim Tod des Martin von Tours: von allen Seiten kommen die Menschen in großen Scharen, um zuzuschauen, dann naht sich der Zug, voran Mönche und Novizen, dann die Nonnen. Am ausführlichsten ist das christliche Begräbnisritual bei Dionysios Areopagita, bei dem auffällt, daß man selbst im Tod noch große Unterschiede zwischen Klerikern, Mönchen, Laien und Katechumenen macht. Nach einleitenden Lesungen, Hymnengesang und einem Gebet des Bischofs für den Toten küßt zuerst dieser, dann küssen alle anderen die Leiche, die zum Schluß mit Öl gesalbt wird.

Am hemmungslosesten hat man antike Sitten bei den Totenmahlen und *Totengedächtnisfeiern* beibehalten. Die griechischen Totenfeste am 3., 9., 30., 40. Tag und am Jahrestag, und die römischen am 3., 7., 30. Tag haben die Christen weiterhin gefeiert. Auf einer leeren, mit Blumen geschmückten Kathedra nahm der Tote am Fest teil, und dabei ging es oft hoch her: «Es gibt viele, die aufs schwelgerischste bei den Toten trinken und essen . . . und sich betrinken», berichtet Augustin. Doch blieb bei ernsteren Feiern die schlichte altchristliche Form des Brotbrechens am Grab noch lange erhalten.

Seit den Pastoralbriefen bildete sich ein Ritual zur *Weihe* der Presbyter und Bischöfe aus, das zunächst nur in der auch bei den jüdischen Ordinationen üblichen Handauflegung bestand. Seit aber Ambrosius vom Adel des Klerus gesprochen hatte, lag es nahe, profane Riten der Beamtenbelehnung mit kirchlichen Formen zu verbinden. Seit dem 4. Jahrhundert wird der Amtsantritt des Bischofs wie der eines römischen Beamten als ‹Geburtstag› gefeiert. Eine Bischofsweihe wird zum gesellschaftlichen Ereignis, verbunden mit einem Volksfest. Einiges bleibt religiös: während die Nachbarbischöfe dem neuen Bischof die Hände auflegen und so den Geist übertragen, wird ein stilles Gebet um die Herabkunft des Geistes gesprochen. Dann folgt die Bestallung zum Oberpriester durch den dienstältesten Bischof. Um diese einfachste Form kristallisieren sich weitere Sitten: man hält dem Neugeweihten das Evangelienbuch über den Kopf, eine Abwandlung der profanen Bekränzung, es folgen Inthronisation, ebenfalls profaner Herkunft, und Salbung.

c) Heilige Tage und Feste

Der Erfolg einer Religion hängt davon ab, wie weit es ihr gelingt, *alle* Tage des menschlichen Lebens zu erfassen und dabei doch aus dem Alltagsleben einige *herauszunehmen,* an denen der Mensch sich besonders frei und dem Heiligen nahe fühlen kann. Die antike Religion vermochte beides. Sie umgab das ganze Leben, den Alltag und alle Funktionen des Lebens mit einem einfachen oder komplizierten Ritus, sie war zu allen Tages- und Nachtstunden gegenwärtig, aber sie hob auch eine Unzahl von Festtagen aus dem Einerlei der Alltage heraus. Der Immanenzglaube der griechischen Religionen ermöglichte das in ganz besonderer Weise, die Menschennähe der Götter ließ den Festtag glaubwürdig und erlebbar werden; auch als der alte Sinn der Festbräuche längst vergessen war, wurden sie doch in liebgewordenen Formen weitergeführt, und sie sind unter der neuen Religion nur zum Teil erloschen.

Die Höhepunkte des *Tages* oder der *Nacht* erhielten ihre religiöse Weihe. Das ausgearbeitete Ritual eines Morgengottesdienstes besitzen wir von der Isis-Matutin, es lehnt sich zum Teil an altägyptische Formen an. Die Göttin wird geweckt, bekleidet und mit dem Frühstück versorgt, ein Morgenhymnus wird angestimmt. Tibulls Delia singt täglich zweimal, also morgens und abends, in den Isis-Nebengottesdiensten. Aber damit nicht genug. Das ägyptische Osirisritual umfaßte auch in hellenistischer und römischer Zeit, wie Edfu, Dendera und Philai bezeugen, alle Tages- und Nachtstunden; wie weit das allerdings auch außerhalb des ägyptischen Raumes eingehalten worden ist, entzieht sich unserer Kenntnis. Doch gab es in der griechischen Welt ähnliche Erscheinungen. Nicht nur, daß das Morgen- und Abendgebet geläufig war, nicht nur, daß es außer zu den verschiedenen Tageszeiten auch in der Nacht viele Gottesdienste gab, man kennt auch Stundengebete und -feiern in genauer Regelung. Vor allem ist dies sicher für den Asklepios von Epidauros, in dessen Heiligtümern jeder Gottheit eine andere Stunde der Anbetung zusteht. Eine genaue, religionsartige Regelung des ganzen Tages hat die Akademie seit Xenokrates. Dazu gehört eine Stunde Schweigen, die Vorbild für viele östliche Klosterrituale wurde. Je nach der alten Dreiteilung oder der späteren Vierteilung des Tages und der Nacht – die Zeiten wurden in Rom und sicher ähnlich in anderen Städten durch Trompetensignale angegeben –, ließen sich von selbst kleinere religiöse Einschnitte machen. Die Weihen finden gern nachts statt, weil, wie Clemens von Alexandreia interpretiert, die Seele sich nachts leichter vom Körper trennt. Bleibt das alles aber ziemlich locker und auf religiöse Freiwilligkeit gestellt, so hat bei den orientalischen Religionen, insbesondere im Judentum, die religiöse Tageseinteilung eine gesetzliche Fessel. Die zweimalige tägliche Rezitation der jüdischen Bekenntnisformel zu dem einen Gott und das an drei Tageszeiten hergesagte genau festgelegte Gebet bilden die Grundlage. Jedoch gibt es in der Synagoge keine täglichen Gottesdienste wie bei Asklepios, Isis oder im Christentum. Die täglichen Gebetszeiten gelten für das *private* Leben, für dieses aber gesetzlich bindend. Nicht nur der Wortlaut, sondern sogar die Lautstärke, die Dehnung der Vokale, die Haltung sind sklavisch festgelegt. Es ist für alles ein

Gebet befohlen: man darf kein Stück Brot, kein Ei, keine noch so kleine Frucht essen, ohne ein *wörtlich* angeordnetes Gebet zu sprechen. Solche Gebete gibt es für den Ein- und Ausgang, für den Reiseantritt, für jede Handreichung, es gibt Gebete, die dürfen nur alle achtundzwanzig Jahre gesprochen werden – kurz, es gibt eine solche Masse von Einzelheiten in diesem jüdischen Gebetsritus wie in keiner anderen Religion.

Das *Christentum* hat von Anfang an tägliche Gottesdienste. Aus dem täglichen gemeinschaftlichen Mahl der kleinen Gemeinden am Anfang wurde im Lauf der Zeit die *tägliche Feier der Eucharistie.* Da in der älteren Zeit die Christen vorwiegend den arbeitenden Schichten angehörten, konnte dieser Gottesdienst praktisch nur abends stattfinden. Diese Bevorzugung der Abendstunden zeigt sich bis heute in den Liturgien: man beginnt die Festliturgien meistens mit dem Vorabend. Doch schuf nicht nur die Anlehnung an die Umwelt, sondern das kultische und symbolische Bedürfnis der Gemeinden selbst sehr bald auch eine *Morgenfeier.* In ihr wird schon seit Clemens von Alexandreia Christus wie Helios mit «Sei gegrüßt, Licht», angerufen, ein Morgenhymnus gesungen, ein Morgengebet gesprochen, des Auferstehungsmorgens gedacht. Gelegentlich, wie in Karthago, hat man die Eucharistie verdoppelt und sowohl am Abend als auch am Morgen gefeiert. Seit dem 3. Jahrhundert hat man sie allmählich ganz auf den Morgen verlegt. Dazu veranlaßte die aufkommende Sitte, vor der heiligen Speise nichts zu essen. Der *Abendgottesdienst* verlor dadurch an Bedeutung. Er wird dem einfachen Morgengottesdienst ähnlich, enthält einen Abendhymnus, etwa eines der schönen Abendlieder der Dichter oder einen Psalm (so etwa Psalm 140), oder seit dem 4. Jahrhundert das nunc dimittis des Lukasevangeliums, ein Abendgebet; vor allem aber wird feierlich Licht angezündet, wobei Christus als wahrer Helios verehrt wird.

Für das Entstehen *weiterer Tages- und Nachtgottesdienste* ist die zunehmende Sitte bestimmter Gebetsstunden maßgebend geworden. Urchristlich ist das nicht, sondern alle Stundengebete stammen aus asketischen Kreisen, die im Gebet etwas Verdienstliches sahen. Sie bleiben lange Zeit privater Natur, doch hat die kirchliche Organisation eingegriffen; schon im Jahre 400 verbietet eine Synode von Toledo, Stundenfeiern ohne Kleriker abzuhalten. Zu den Gebetsstunden am Morgen und Abend konnten leicht auch Gebetsfeiern am Mittag kommen; Tertullian schlägt vor, zwingt jedoch nicht, in der 3., 6. und 9. Stunde zu beten, er stellt diese Stunden in eine ausgebaute Trinitätssymbolik. Auch in Alexandreia ist die Sitte alt, Clemens kennt sie, doch zu anderen Stunden. Nimmt man zu diesen drei

Gebetsstunden die Abend- und die Morgenfeier hinzu, so ergibt sich eine Fünfteilung, die im klösterlichen Ritus zu fünf Gottesdiensten täglich führte, die meist aus Hymnen, Lesungen und Gebeten bestanden und immer festere Formen annahmen. Sehr früh gesellten sich hierzu das nächtliche Gebet und der nächtliche Gottesdienst. Schon im Neuen Testament wurden nächtliche Gebete hoch geschätzt. Daraus entwickelten sich sechs Gebetsstunden oder sechs gottesdienstliche Feiern. Typisch christlich ist, in ihnen die einzelnen Stationen der Leidensgeschichte erleben zu lassen: die 3. Stunde gilt als Stunde der Aufrichtung des Kreuzes, die 6. Stunde als die der Kreuzigung, die 9. als die des Todes Christi, die 12. als die der Höllenfahrt, die Mitternacht als die der Auferstehung, der Morgenanbruch als die Erscheinung des Christus als neues Licht. Die Nacht konnte noch weiter aufgeteilt werden, so daß man in strengen klösterlichen Ordnungen alle drei Stunden eine Gebetsfeier hielt.

Zur Gliederung des Tages kommt die der *Woche*. Mit der sich in der ganzen antiken Welt seit dem zweiten vorchristlichen Jahrhundert verbreitenden siebentägigen Woche und deren religiöser Bindung an die Planetenastrologie, vor allem aber seit der mit der Einführung des Sonnenkalenders durch die Kalenderreform Cäsars verbundenen religiösen Sonnenbewegung trat der der *Sonne* geweihte Tag in den Vordergrund. Es kann heute kein Zweifel mehr darüber bestehen, daß ihn die ältesten griechenchristlichen Gemeinden, vielleicht sogar Paulus selbst, unmittelbar übernommen haben. Bei Mithras war er als *dies solis* erster Tag der Woche und als dem Helios geweihter Tag aufs engste mit dem Höhepunkt des mithrischen Mythos, der Krönung des Gottes durch Helios, verbunden. Schon die älteste Fassung des hellenistischen christlichen Mythos verlegte die Auferstehung auf ihn und nannte ihn Herrentag. Daneben kennt ihn Justin wie Cicero und Plutarch als Kronostag. Das Christentum übernahm ihn im leidenschaftlichen *Kampf gegen den jüdischen Sabbat*. Für Paulus bedeutet Sabbatfeier Heilsverlust, Ignatios, Justin, Tertullian folgen ihm darin. Doch gab es im Gegensatz zum Judentum bis ins 4. Jahrhundert keine Arbeitsruhe, selbst strengste Klöster setzen am Sonntag die Handarbeit fort. Nur die Zeit zum Gottesdienst sollte auch den Sklaven eingeräumt werden. Erst als Konstantin im Jahre 321 in einem sehr klugen politischen Entschluß den Heiden und Christen gleichermaßen heiligen Helios-Christustag zum Staatsfeiertag erklärte, ruhte an ihm die Arbeit, die an anderen Staatsfeiertagen auch ruhte, in erster Linie also die der Behörden, während der private Arbeitsgang ungestört weiterlief. Protest gegen diese Entwicklung, die zur paulinischen Ablehnung der ‹Tage und Feste› im Gegensatz stand, hat es nur zuweilen gegeben: Origenes versteht zwar, daß die noch unerzogene Menge einen Sonntag brauche, der Gnostiker aber feiert immer Herrentag.

Auch die übrige Woche wurde zunächst im Gegensatz zum Judentum weiter gegliedert. An die Stelle der beiden jüdischen Fasttage Montag und Donnerstag traten als christliche Fasttage Mittwoch und Freitag.

Wichtiger war die Überleitung der religiösen Festkalender des *Jahreslaufes* in das Christentum. Sie waren in allen Teilen der antiken Welt uralt und durch immer neue Feste bereichert worden, zumal da, wo der römische und der griechische Festkalender zusammengewachsen waren, oder in Städten wie Alexandreia, wo mit den Menschen auch die Festtraditionen aller Welt zusammenströmten. «Ein Leben ohne Feste ist wie eine lange Reise ohne Gasthäuser», soll Demokrit gesagt haben. Durch *zwei* Merkmale sind die Feste des Jahres bestimmt, durch *Natur-* und durch *Geschichtsereignisse.* Zu den ersteren gehören die mit den Gestirnen verbundenen Feste: von Ägypten her vor allem Sonnen-, vom Osten her vor allem Mondfeste; das christliche Festjahr hat beide aufgenommen. Dazu kommen Saat-, Ernte-, Weinlese-, Jahreszeitenfeste, aber auch Feste bei lokalen Naturereignissen. So feiert man in Byblos, wenn die Frühlingsniederschläge die rötliche Erde von den Bergen wegschwemmen und die Flüsse sich rot färben, in Ägypten, wenn der Hundsstern zum ersten Mal wieder erscheint und die Nilschwelle wieder beginnt. Historische Feste sind die Gründungstage der Städte und Reiche, die Geburts- und Todestage der Heroen oder großen Persönlichkeiten, Gedenktage an Siege und sonstige Ereignisse. Aus diesen Elementen haben sich die großen Festkalender entwickelt. Das alles hat das Christentum fortgesetzt, nur die Verteilung der Feste über mehrere Jahre, wie die alle zwei, drei oder vier Jahre stattfindenden Feste, die sowohl die griechisch-römische Welt als auch der Orient kennt, hat es nicht mitgemacht. Der Jahreszyklus mit seinen ewigen Wiederholungen war ihm wohl eine zu geschlossene Einheit.

Das Christentum hat im Johannesevangelium ein Vorbild der Festfreudigkeit, denn Jesus tritt in ihm meist auf Festen auf. Zudem waren zwei Feste des jüdischen lunaren Kalenders durch geschichtliche Ereignise mit der Anfangsgeschichte des Christentums eng verbunden, Ostern und Pfingsten. Noch nicht neutestamentlich sind die christlich gedeuteten Feste des Sonnenjahres. Sie sind vermutlich zuerst in Alexandreia eingeführt worden, bestimmt nicht vor dem 2. oder gar 3. Jahrhundert. Noch lange haben die Christen mehr oder weniger unbefangen die außerchristlichen Feste mitgefeiert, soweit ihnen das nicht religiös völlig unmöglich war. Noch im 6. Jahrhundert wird im Osten eine Legende propagiert, daß das Labarum der

Konstantinsstatue während heidnischer Feste spurlos verschwinde, um gegen die Teilnahme der Christen an diesen Festen deutlich zu protestieren. Scharf bekämpft wurde nur die Teilnahme an ausgesprochenen Götterfesten, und zwar schon von Tertullian mit seinem nüchternen Rationalismus: «Wenn ihr einander Geschenke machen wollt oder Belohnungen verteilt, braucht ihr doch deswegen keine Götterfeste zu inszenieren! Ich bade mich, wenn ich schmutzig bin, aber nicht zur Vorbereitung eines heidnischen Festes . . .»

Erfolgreicher als der Kampf war die Übernahme der beliebtesten heidnischen Feste ins Christentum und ihre Ergänzung durch neue. Immer reicher wurde das christliche Kirchenjahr. Zu dem alten Oster-Pfingst-Kreis mit seinen Vor- und Nachfeiern, Fasten- und Freudenzeiten tritt der Weihnachtskreis, später folgen die großen Marienfeste. In Byzanz führt das zu dem geschlossenen Ring der zwölf großen Feste der Ankündigung, Geburt, Darstellung, Taufe und Verklärung Christi, der Erweckung des Lazarus, des Palmsonntags, des Karfreitags, der Ostern, Himmelfahrt, Pfingsten und der Apotheose der Gottesmutter. Dazu kommt die wachsende Menge der Heiligen- und Märtyrerfeste, bis schließlich jeder Tag seinen Heiligen bekommt. So übertraf die Kirche auch den reichsten antiken Festkalender. Damit war ein weites Feld für beständige liturgische Neuschöpfungen eröffnet, denn nach dem Tagescharakter konnten sich Lesungen, Gebete, Hymnen und Predigten richten. Aetheria rühmt den de-tempore-Charakter der Predigten in Jerusalem. Alle diese Reichtümer sind in den großen liturgischen Sammelwerken der byzantinischen Kirche, den Euchologien, Triodien, Pentekostarien, Oktoechen und anderen, erhalten.

Nirgends reißt die Verbindung mit der Antike ab. Schon der älteste christliche Festkreis, *Ostern*, setzt das Mysterienfest der Klage um den toten und des Jubels um den auferstandenen Gott fort. Wieweit das Herbstfest in Eleusis diesen Charakter hatte, können wir nicht mehr sagen. Sicher ist es für das Fest der Osirisklage und des Osirisjubels, dessen Hauptbestandteile sich vom Alten Reich bis in hellenistische Zeit fast unverändert erhalten haben. In Rom feiert man es als Inventio vom 26. Oktober bis zum 3. November. Osiris verläßt den Tempel, wird von Typhon getötet, von Isis, Nephthys und Anubis gesucht, von einer Trauerprozession, in der ein schwarz verhüllter Stier mitgeführt wird, beklagt. Am Auferstehungstag erschallt der Ruf: «Wir haben ihn gefunden, laßt uns alle fröhlich sein» (εὑρήκαμεν, συγχαίρωμεν), und eine jubelnde Freudenprozession mit einem goldenen Gefäß voll ‹Lebenswasser› beginnt. Ein ähnliches Fest für Adonis kennen wir aus Byblos durch Lukian, für Alexandreia durch Theokrit. Am nächsten kommt der christlichen

Osterzeit das hellenistische Kybele-Attis-Fest. Das kommt einmal daher, daß dieses auch im Frühling gefeiert wurde und, da die ausführlichste christliche Osterliturgie wohl zuerst am heiligen Grab gefeiert wurde, daß sich der Einfluß von Attis-Kybele in Jerusalem stärker geltend machte als der von Isis. Am Vorabend des 15. März bringt die Bruderschaft der Schilfträger Schilf in den Tempel, am 15. selbst folgt eine Prozession mit Schilfrohr, die der Vorgänger der christlichen Palmenprozession ist. Dann kommt die eigentliche ‹Karwoche› mit strengem Fasten, bei dem auch kein Brot gegessen wird. Am 22. März fällen die Dendrophoren eine Pinie, die mit Veilchen und Wollbinden umwickelt und mit Kultgeräten behängt wird, sie ist ‹der heilige Baum› und entspricht der christlichen Kreuzsymbolik, denn sie stellt nicht den toten Attis dar, sondern den Baum, unter dem Attis starb. Dieser selbst wird in der Todesnacht auf eine Bahre gelegt – auch zu diesem Ritus hat die griechenkirchliche Liturgie eine Parallele. Der eigentliche Trauertag, der ‹Bluttag›, ist der 24. März, an dem es zu ekstatischen Selbstverstümmelungen der Attisgläubigen kommt. Die ganze Gemeinde klagt mit, mehr oder weniger hemmungslos. In der ‹großen Nacht› vom 24. zum 25. wird dann plötzlich, genau wie in der griechischen Kirche, Licht im Dunkel entzündet, und dem ‹Christus ist auferstanden› der griechischen Liturgie entspricht die vom Priester verkündete Formel: «Getrost, ihr Mysten, da der Gott gerettet ist, so wird auch euch aus Leiden Heil zuteil.» Da bricht der Jubel los, der den ganzen folgenden Tag, den ‹heiteren Tag›, anhält und mit einem ‹Ostertisch› und allerlei Kurzweil begangen wird.

Das hohe Alter und die große Bedeutung des *christlichen Osterfestes* ergibt sich außer seiner neutestamentlichen Bezeugung daraus, daß es bereits im 2. Jahrhundert zu einem heftigen Kampf um seinen Termin kam und daß selbst Festgegner wie Tertullian, die jeden Tag des Christen ohne Unterschied als Feiertag wissen wollten, es widerspruchslos anerkannt haben. Eine längere Vorbereitungszeit mit Fasten kennt das 3. Jahrhundert, die in der ältesten Zeit nur zwei Tage, den Freitag und Sonnabend der Karwoche, umfaßte, sich allmählich verlängerte, aber erst nach dieser Zeit einheitlich geregelt wurde. In einigen Gegenden wird in der Karwoche Arbeitsruhe gehalten. Den Beginn der ‹großen Woche›, wie sie schon in der Peregrinatio Aetheriae heißt, bildet die Palmenprozession. Daß neben den Palmen- auch Olivenzweige getragen wurden, ist eine deutliche Entlehnung griechischer Sitte. Spätestens vom 4. Jahrhundert an wird der Gründonnerstag hervorgehoben und an ihm der Ritus der Fußwaschung in Anlehnung an das Johannesevangelium vollzogen: meist wäscht der Bischof den niederen Klerikern die Füße. Für den

Karfreitag bezeugt die Peregrinatio Aetheriae die Anbetung der Kreuzreliquie und einen dreistündigen Gottesdienst vor dem Votivkreuz auf Golgatha. Den eigentlichen Abschluß bildet die ‹große Nacht›, deren Liturgie im griechischen Bereich reicher ist als im lateinischen. Der Höhepunkt der Nacht ist das Entzünden des Lichtes, welche Sitte bis heute in der griechischen Kirche aller Länder unverändert erhalten ist und den Zauber der östlichen Osternacht bewirkt, im Westen aber im Brennen der Osterkerze ihren Nachklang hat. Hier ist alles hellenistischer Mysterienritus mit christlichem Text. Eine Prozession Klagender und Suchender verläßt die dunkle Kirche und sucht den toten Gott. Als sie ergebnislos zurückkommt, tritt ihr wie bei Attis oder in dem griechischen Andania ein Priester an der Kirchentür entgegen und begrüßt sie mit der Verkündung der Auferstehung des Gottes. Viele Riten umgeben das Osterlicht. Im Westen hat Augustin einen Hymnus darauf verfaßt, und Hieronymus bezeugt, daß man in der Liturgie die klassischen Verse von Vergils Georgica über die wachsschaffenden Bienen benutzte und überhaupt mit Vergilworten ein Preislied auf die Natur hier einschob, ein Brauch, der im römischen Exsultet fortlebt. Die Naturbeziehung des Osterfestes wird nie völlig übergangen; so beginnt etwa der Osterhymnus in der mozarabischen Liturgie: «Es freue sich der Himmel, es frohlocke die Erde, es lache das Meer, es leuchte die Sonne, heller Himmel ist wieder da, die Pest entwich, der Sturm ist still, das Dunkel ist gewichen.» Schon seit den Zeiten Konstantins verbanden sich mit dem Ostergottesdienst Volksfeste mit großartigen Illuminationen in den Städten.

Pfingsten wurde aus dem jüdischen Festkreis beibehalten, bekam aber eine andere Bedeutung; es wurde das Gründungsfest der historischen christlichen Kirchen für alle christlichen Realisten, das Fest des Geistes für die christlichen Platoniker. Dieser historische und philosophische Gehalt des Festes, dem ein mythisches Minimum fehlte, verhinderte die Ausbildung liturgischer Besonderheiten. Die fünfzig Tage zwischen Ostern und Pfingsten aber wurden zur Freudenzeit erklärt; das Himmelfahrtsfest am vierzigsten Tage entstand nicht vor dem Ende des 4. Jahrhunderts aus biblizistischem Historismus als ein Ersatz für Götterhimmelfahrten und Kaiserapotheosen.

Dem jüdisch-lunaren Oster-Pfingst-Festkreis schloß sich, zuerst in Alexandreia, ein solarer, rein hellenistischer *Weihnachtsfestkreis* an. In ihm vereinigen sich die hellenistischen Festformen des Göttergeburtstages, der Götterepiphanie und das Hauptfest des Sonnenkalenders, die Wintersonnenwende. In Alexandreia ist es eine genaue christliche Kopie des Aionfestes vom 6. Januar, im Westen eine Verbindung des Geburtsfestes des Sol invictus mit der Saturnalienfeier am 25. Dezember. Durch die Kappadoker, besonders Gregor von Nazianz, wird das Dezemberdatum auch im Osten heimisch, doch wehrt sich Alexandreia bis 431 dagegen. Es gelingt aber, das Januardatum als Fest der Epiphanie beizubehalten und auch im Westen zu verbreiten.

Am 6. Januar war im Koreion von Alexandreia die Geburt des neuen Aion aus einer Jungfrau gefeiert worden. Das war nur eine Übertragung des eleusinischen Geburtsfestes gewesen, das dort alljährlich bei Fackelglanz für das Brimoskind gefeiert wurde. «Die Herrin gebar den heiligen Knaben, Brimo den Brimos», verkündet der Hierophant. Die alexandrinischen Rufe hörten wir schon: «In dieser Stunde, heute, hat die Jungfrau den Aion geboren», «Die Jungfrau hat geboren, das Licht geht auf». So hat jede hellenistische Religion ihr Weihnachtsfest: «Gebetet habe ich für Dich beim Isisgottesdienst in der Nacht ihres Geburtstags», heißt es in einem Bremer Papyrus. Auch den Geburtstag des Horos hat man festlich begangen, und vielleicht hat auch das Fest der Heimkehr des Osiris am 18. Dezember, bei dem 365 Lampen entzündet wurden, um das künftige Jahr zu erleuchten, auf die christliche Weihnacht eingewirkt. Am 6. Januar aber hatte Dionysos ein viel gefeiertes Fest; die Kirche übernahm es, indem sie den 6. Januar zugleich zum Festtag der Hochzeit von Kana machte. Der 25. Dezember aber war nicht nur der Geburtstag der Sonne, sondern auch das mithrische Hauptfest, der Geburtstag Apolls und in manchen Gegenden der Tag der Epiphanie des Dionysos. Seit der augusteischen Zeit ist vielfach belegt, daß man am Geburtstag des Kaisers vor dessen Bild Lichter anzündet. Die engen Beziehungen von Weihnachten zur Feier des Kaisergeburtstages und dem damit verbundenen Anfang des neuen Jahres deutet schon der römische Chronist von 354 an.

Den 6. Januar hatte die doketische Gnosis, vor allem Basilides, als Tag der Taufe Christi gefeiert, da ihr diese als eigentliche Epiphanie galt. Daraus gestaltete die griechische, zuerst wohl wieder die alexandrinische Kirche das Fest der *Wasserweihe*, das Johannes Chrysostomos genau so kennt, wie es heute die Ostkirche noch feiert. An Stelle Christi wird das Kreuz getauft, die liturgischen Formeln preisen das Wasser als den Urstoff. Zur Verlegung des Magierbesuches und der Hochzeit von Kana auf diesen Tag kam auch noch das Gedenken der wunderbaren Speisung. Man wollte möglichst alle Hauptszenen der Epiphanie vereinen.

In wachsender Zahl traten die Marien- und Heiligenfeste, die Erinnerungstage an biblische und kirchengeschichtliche Ereignisse an die Stelle anderer vorchristlicher Feste; oft wurden sie rein lokal gefeiert, einige wurden allgemein begangen. Wo Göttermutterfeste oder Isisfeste nicht auszurotten waren, wurden sie seit dem 5. Jahrhundert zu Marienfesten. Selbst das navigium Isidis wird ähnlich wie bei Apuleius für Maria bis heute weitergefeiert. Die Märtyrerfeste gehen nur zum kleinsten Teil auf historische Erinnerungen zurück, in den meisten Fällen führen sie antike Heroentage unter anderen Namen weiter. Eine große Rolle spielten bei den antiken Festen die Translationen von Reliquien. Schon Agesilaos ließ das Grab der Alkmene öffnen und ihre Reliquien nach Sparta bringen, die Translation der Gebeine des Orest, von der Pausanias berichtet, die der Kybele, des Asklepios, des Steines von Emesa nach Rom waren große Feiertage, für Sarapis wurde eine Translationsgeschichte erfunden, der auch Plutarch zum Opfer gefallen ist. Den Christen soll Philippus Arabs gestattet haben, die Leiche des Pontian feierlich zu überführen. Die Beispiele aus Rom und Mailand sind die bekanntesten, aber auch anderswo gehen sie in die Hunderte. Daß sich dabei Heilige verdoppeln oder vervielfachen, daß Namensgleiche vereinigt werden, ist selbstverständlich. Alt und ursprünglich sind nur einige Märtyrerfeste. Daß es bei diesen Festen, die in der Nähe der Märtyrergräber gefeiert wurden, zuweilen sehr hoch herging, besonders wenn Gedächtnismahle abgehalten wurden, ist bezeugt. Von historischen Festen hat der ‹Kreuzauffindungstag› größere Bedeutung erlangt. Iranischen Einfluß auf den christlichen Festkalender beweisen die Engelfeste, die ein Fest zu Ehren der persischen Fravashis übernehnehmen und zuerst in den parthischen Grenzgegenden aufzutauchen scheinen; von hier sind sie nach Konstantinopel gekommen.

Auch die antiken *Naturfeste* hat das Christentum zu einem großen Teil übernommen. Hierher gehören die Fortführungen der vor allem im antiken Rom beliebten Umgänge um Stadt oder Flur zur Erhöhung der Fruchtbarkeit und zur Abwehr von Schaden. Das römische Amburbale ist zur Lichtmeßprozession geworden, und für die Feldumgänge haben wir von Vienne um 500 ein sicheres Zeugnis.

Zu den meisten größeren antiken Festen gehört eine *Prozession.* Unübersehbar groß ist die Zahl der Prozessionen in der griechischen Welt, mannigfaltig sind ihre Motive und liturgische Gestaltung, aber immer sind sie frohe Schaustellungen des religiösen Erlebens, das sich im Festzug dem Gott am nächsten fühlt. Alle werden überstrahlt von der großen Prozession nach Eleusis, einem Zwischending zwischen Prozession und Massenwallfahrt. Die Prozession tanzender Mädchen von Samothrake ist auf dem Tempelfries festgehalten, Xenophon von Ephesos beschreibt eine Artemisprozession: sieben Stadien von der Stadt liegt der Tempel, zu dem die Jugend reich geschmückt in Prozessionen zieht, im Anschluß daran werden Ehen gestiftet. Am ausführlichsten schildert Apuleius die große Isisprozession. Voran zieht eine lustige Maskerade, die harmlos spottend einen Philosophen, einen Beamten, einen Soldaten karikiert und komische Tiermasken mit sich führt. Dann folgt eine Schar bekränzter, weiß gekleideter Frauen, die der Göttin Blumen streuen und Duftstoffe sprengen. Die dem Bild der Göttin am nächsten Gehenden tragen Spiegel auf dem Rücken, damit die Göttin nicht ihren Rücken sieht. Es folgen die unerläßlichen Lampen- und Fackelträger, dann ein weiß gekleideter Kinderchor, Flötenspieler und Sänger. Endlich, von Herolden geleitet, die Eingeweihten in weißer Kulttracht, die Priesterschaft in der Festtracht des Neuen Reiches und die Träger der heiligen Geräte: Schiffslampe, Trag-Altärchen, Palmzweig, Hermesstab, Segenshand, brustförmiges Gefäß, Getreidesieb, Kanne mit heiligem Wasser, Schöpfgefäß; hinter ihnen die Götter selbst, Anubis durch einen Priester dargestellt mit einer Maske, wie sie das Pelizäusmuseum noch in einem Exemplar besitzt, Isis in der alten Form der ägyptischen Himmelskuh, also nur symbolisiert, und die Kiste mit den geheimen Kultgeräten. Ihnen folgt der Oberpriester mit Seistron und Rosenkranz. Ähnlich, doch ägyptischer, ist die Prozession einer hermetisch-isischen Religion, die Clemens gesehen hat: hier werden die gesamten heiligen Bücher von dazu berufenen Priestern getragen, eine Hauptrolle spielt der Schreiber mit Federn auf dem Kopf, Buchrolle und Schreibzeug. Auch eine echt ägyptische Opfertafel mit Broten fehlt nicht – das Ganze ist ein Stück hellenistische Ägyptomanie.

Das Christentum hat hier nichts geändert, höchstens einige burleske Züge gestrichen, aber auch längst nicht überall. Im 4. Jahrhundert nimmt das christliche Prozessionswesen einen raschen Aufschwung: Julian beschreibt eine aus der Kirche unter Orgelmusik ausziehende Prozession, auch Basileios und Chrysostomos erwähnen ähnliche. Ob der 57. Kanon von Elvira bereits christliche Prozessionen, die schlichter sein sollten als heidnische, voraussetzt, oder ob er das Verbot meint, nichtchristliche Prozessionen ausstatten zu helfen, geht aus dem Text nicht mit Sicherheit hervor. Alle Schattierungen kehren wieder, von der prunkenden Feierlichkeit byzantinischer Kaiserprozessionen und der Würde römischer Bischofsprozessionen bis zu den farbenfreudigen, oft ausgelassenen Prozessionen der kleinen Städte und Dörfer, die bis heute ein Stück antiken Volkslebens unverändert bewahren.

Zugleich drang das griechische *Volksfest* in die Kirche ein. Wenn die Menschen der griechischen Welt zu einem großen Fest oft von meilenweit her zusammenkamen, so wollten sie nicht nur Erbauung, sondern auch Erholung und Vergnügen. Es gab viele solche Feste, bei denen sich Gottesdienst und Markt, Festessen und Trinkerei, Tanz und Spiel widerspruchslos verbanden. Andania ist das schönste Beispiel.

Da werden genaue Vorschriften für das Zeltlager der Festwallfahrer gegeben, die Märkte streng beaufsichtigt, Ausschreitungen bestraft. Ähnlich werden auf der Inschrift von Kommagene für die religiösen Volksfeste die Vergnügungen und Schmausereien gesetzlich geregelt. An all den vielen Wallfahrtsorten, selbst bei den sehr stark hellenisierten Wallfahrtsfesten um den Tempel von Jerusalem, ging es ähnlich zu; ein Zeitgenosse kann sich einen Isiswallfahrtsort gar nicht anders vorstellen als «voll von einer Menschenmasse, die immer müßig in den Tempeln herumbummelt und mit den heiligen Musikinstrumenten» Musik macht.

Das christliche Wallfahrtswesen ist genau das gleiche. Wir haben ein paar wertvolle Zeugnisse darüber. Der gestrenge Paulin von Nola findet nichts dabei, daß seine Bauern ein Schweineschlachten zu Ehren des heiligen Felix veranstalten, und erzählt nach Aelians Vorbild ganz treuherzig, wie ein Schwein und ein Ochse freiwillig nach Nola kommen, um gegessen zu werden. Nur daß die Bauern sich allzusehr betrinken, betrübt ihn – daß sie eine antike Weinspende dabei auf das Grab des Heiligen gießen, stört ihn weniger. Aber schließlich kommen sie bei Fackelschein oft weite Wege gegangen, und man soll daher schon ein Auge zudrücken – geschieht doch alles dem Heiligen zur Ehre. Aetheria erzählt von den schönen Jahrmärkten bei den heiligen Stätten; und in Rom oder in der Menasstadt war es genau so.

Zum Schluß gehört zu dem liturgischen Bestand die Fülle von *Weihungen und Segnungen;* sie machen jeden profanen Gegenstand durch eine Formel oder einen Gestus zu einem heiligen, der dadurch göttliche Eigenschaften oder Wirkungen bekommt. Wieder reichen sich antike Religionen und Christentum die Hände. Die Konsekration von Feldfrüchten, die vom römischen Arvalritus bekannt war, lebt in der Kirche ebenso weiter wie das Weihwasser, das in Eleusis und bei Isis beliebt war und für das es in Isisheiligtümern sogar Automaten gab, das geweihte Brot, das uns ein Mimiambus des Herondas als im Asklepiostempel käuflich vorführt, und die komplizierten Rezepte für heilige Salb- und Ölungsstoffe. Die kaum überschaubaren Riten bei Tempelgründungen, die Dedikation von heiligen Hainen, Grotten, größeren Votiven ist in den vielfach gegliederten Riten der Kirchweihe, deren wichtigste Stücke sich bis in die Zeit Konstantins zurückverfolgen lassen, ebenfalls bewahrt. Bis heute wird in der römischen Kirche ein Ritus der römischen Feldmesser ausgeführt, die Absteckung eines Raumes durch ein Aschenkreuz, die natürlich christlich interpretiert wird. Auch die exorzistischen Riten sind meist vorchristlich.

d) Geistige Umdeutung und Symbolik des Kultes

Bei keiner Hochreligion steht der Kult isoliert für sich, sondern in engsten Beziehungen zur Gedankenwelt, zur Lehre, zum Mythos und zum Ethos. So wie er diese befruchtet, so bedarf er auch ihrer zu seinem Verständnis und seiner Deutung. Je inniger sein Verhältnis zu ihnen ist, umso ganzheitlicher ist die Religion. Für die antiken Religionen gilt das in besonderem Maße, weil der Kult sich mit dem starken philosophischen Einschlag der Religionen verständigen mußte. Das führt zur *Kultallegorese* und *Kultsymbolik*.

Je mehr die religiöse Philosophie einen *‹vernünftigen Gottesdienst›* forderte, umso mehr waren die hellenistischen Religionen gezwungen, wenn sie ihre alten Kultbräuche und Riten verteidigen wollten, sie zu allegorisieren oder symbolisch zu deuten. Was in der Mythenallegorese geschah, mußte in der Kultallegorese erst recht geschehen. Die Antike hat sich unendlich viel Mühe damit gegeben: Plutarchs Isisbuch ist hierfür ein klassisches Schulbeispiel. Welche Arbeit haben sich hellenistische Philosophen und Theologen mit der Rechtfertigung und Ausdeutung der komplizierten Opferriten gemacht. Jede kleine Spezialbezeichnung für Einzelteile des Opfertieres, jedes alte Kultgerät, jeder Ritus sind in komplizierten Verfahren allegorisiert worden, sowohl die antike Naturwissenschaft wie die Religionsphilosophie hat man in sie hineingeheimnißt. Einige einfachere Beispiele mögen genügen: das Wasserschöpfen bei Isis bedeutet ein Bekenntnis zu der Philosophie des Thales, die Musik in den Kulten die harmonische Stimmung des Kosmos, die Drehung bei und das Niedersetzen nach dem Gebet den Umlauf der Welt oder die Unbeständigkeit aller Dinge, das aus Flachs gesponnene Leinenkleid des Priesters die Bläue des Äthers, das Töten des Opferschweines die Tötung der Schwelgerei, das Seistron die ständige Bewegung aller Dinge, die bunten Isisgewänder die bunte Mannigfaltigkeit des Kosmos, die Zahl der Substanzen der heiligen Salbe ein mathematisches Gesetz. Völlig vergeistigt wird der Kult bei den späteren Neuplatonikern; bei Proklos kommt alles nur noch auf innere Erlebnisse an, denen der äußere Kult nur ein belangloser Schatten ist. Hier löst das Schweigen den Kultus ab, wie es am schönsten bei Porphyr ausgesprochen ist: «Alles Sinnliche ist für das Übersinnliche unrein. Deshalb paßt zu ihm auch nicht das gesprochene Wort, aber auch nicht das innere Wort, wenn es durch eine seelische Leidenschaft befleckt ist. Wir verehren Gott aber durch reines Schweigen und durch reine Gedanken über ihn. Man muß also in Vereinigung und Verähnlichung mit ihm den eigenen Wandel als heiliges Opfer Gott darbringen, den Wandel, der zugleich ein Hymnus ist und unsere Seligkeit.»

Schon Paulus hat die christliche Kultfeier symbolisch ausgelegt: «Der Becher des Segens, für den wir danken, ist er nicht Gemeinschaft mit dem Blut Christi? Das Brot, das wir brechen, ist es nicht Gemeinschaft mit dem Leib Christi? Denn ein Brot, ein Leib sind wir vielen; alle aber nehmen wir an einem Brot teil.» Ganz unter alexandrinischem Einfluß hat der Hebräerbrief die Kultakte allegorisiert, allerdings noch nicht auf den christlichen, sondern auf den alttestamentlichen Kult bezogen. Als aber der Platonismus in die Kirche einzog, wurde der christliche Kult geistig «Nachahmung der Ewigkeit», die Liturgie «Weg zu den Ideen». Unerschöpflich ist die symbolische Deutung der Elemente: das Brot bedeutet die Einheit der feiernden Gemeinde, die ernährende Substanz des Lebens, die wahre geistige Sättigung durch Gott, die vergottende Speise für den Todesweg, die Vorausnahme des Himmelsbrotes im Jenseits, das Wort Gottes und seine nährende Kraft. Der Wein bedeutet das mit nüchterner Trunkenheit erfüllende Wort Gottes, den Geist als Quelle alles echten Lebens, die unvergängliche Freude des Christen, den göttlichen Rausch, die überwältigende Liebe. Die Mischung von Wasser und Wein aber bedeutet die innere Reinigung des Menschen, die zwei Naturen Christi, die Verbindung von Christus und Mensch im Gläubigen oder in der Gemeinde, die Vereinigung von Seele und Leib oder von Geist und Seele. Das kann kosmisch ausgeweitet werden: alles Wasser in der Welt meint eigentlich die Taufe, alles Brot und aller Wein die Eucharistie. Der Höhepunkt wird im Neuplatonismus des Areopagiten erreicht. Alles wird ihm zum Bild der himmlischen Wirklichkeit, die Kerzen Bild der geistigen Lichtfülle, die Gerüche geistige Segnungen, die Töne Widerhall der göttlichen Harmonie. Auch die einfachsten Gesten, Formen und Farben der Liturgie bekommen bildhaften Sinn. Die gesamte Ostkirche hat daran bis heute festgehalten.

4. *Organisation und Recht*

Rudolf Sohm hat die Entstehung einer juristischen Organisation im Christentum als dessen größte Tragik bezeichnet. Mögen seine Ergebnisse zum Teil veraltet, zum Teil unrichtig sein, einen der folgenschwersten Vorgänge in der Kirchengeschichte hat er klar gesehen.

Im Urchristentum, besonders bei Paulus, gehörte es zu den Grunderkenntnissen, daß zwischen Religion und Recht ein radikaler Gegensatz bestehe: «Christus hat uns erlöst von dem verfluchten Gesetz.» Aus dieser Erkenntnis sollte eine Gemeinschaft herauswachsen, die auf dem Geist und auf der Liebe ‹gesetzesfrei› aufgebaut war. Die ekstatischen Liebesgemeinden, vor allem Korinth, versuchten die Verwirklichung. Aber sie scheiterten an der menschlichen Unzulänglichkeit. Die Gemeinden brauchten ein Recht, um nicht im Chaos zu enden. Zögernd erst, bei den Griechen noch lange mit der Freiheit der Ekstase und Liebe kämpfend, aber durch die Rechtstraditionen des Orientes, Roms und des Alten Testamentes beschleunigt, wurde die Kirche eine Rechtsorganisation mit einem Recht iure divino. Aus der Gemeinschaft der Liebe wurde die Kirchenzucht, aus dem allgemeinen Priestertum eine juristisch einwandfreie Amtshierarchie, aus dem im Geist redenden Herrn der gesetzlich geschützte Bischof. An die Stelle der Ekstatiker traten die Advokaten, und schließlich wurde auch das Verhältnis Gottes zum Menschen durch einen Rechtskodex geregelt.

Der Gegensatz beginnt im Neuen Testament. Die paulinische Kirche des Geistes, die ohne jede Rechtsbindung die geistgetriebenen christlichen Enthusiasten zur Feier des Herrenmahles und zur Liebestätigkeit zusammenrief, wird verdrängt durch einen Kultverein mit einer zunächst amtsaristokratischen, dann monarchischen Organisation. Der Kampf beginnt im Galaterbrief, der Sieg des Kultvereins ist in den Pastoralbriefen entschieden. Eines hat das Neue Testament jedoch noch an keiner Stelle: dieser Kultverein ist noch nirgends juristisch organisierte *Heilsanstalt.* Die Alexandriner und andere christliche Platoniker versuchten, den immer schärfer werdenden Gegensatz zu überbrücken, und es ist ihnen für den griechischen Osten, nicht für den lateinischen Westen gelungen: die empirische Kirche ist ein nur schwaches Abbild der Kirche des Geistes, die unsichtbar, jenseits, ‹vor Sonne und Mond geschaffen› ist.

Die geistig-ekstatische Form der Kirche kennt keinen Priester und kein Amt, sondern das *‹allgemeine Priestertum›*. Jeder kann im paulinischen Korinth je nach seiner Begabung lehren, als Prophet auftreten, Liebestätigkeit ausüben, in der Ekstase reden, taufen, kurz, jeder kann das tun, wozu der Geist ihn ‹treibt›. Jeder Christ kann mit dem Anspruch auftreten: «Ich bin ein Priester des Herrn und diene ihm priesterlich, ihm bringe ich ein geistiges Opfer dar.» Im 1. Petrusbrief, bei den griechischen Apologeten und noch bei Tertullian, der sich aus der Rechtserstarrung schließlich befreite und den ekstatischen Montanisten zuwandte, ist das allgemeine Priestertum derer, die Gott im Geist anbeten, selbstverständlich: «Sind wir Laien denn nicht auch Priester? ... Du darfst auch als Laie taufen ... Wo drei versammelt sind, ist es eine Gemeinde, auch wenn es nur Laien sind.»

Aber der gleiche Tertullian – ähnlich wie später Augustin, bei dem zeit seines Lebens ein spiritualistischer mit einem juristischen Kirchenbegriff ringt – hatte die Laien plebs und plebeii genannt. Man wird der Entwicklung nicht mehr Herr. Die Didache bekannte sich noch einmal zur charismatischen Kirche, über dem Ekstatiker steht kein Amt mehr. Wenn er im Geist redet, darf ihn keiner kritisieren, er kann die Eucharistie feiern, wie er will. Nur durch seinen Lebenswandel, aber nicht durch eine juristische Legitimation hat er sich auszuweisen. Auch bei Hermas ist der Geistträger dem Amt noch vorgeordnet, er darf sich vor den Presbytern setzen. Dann aber haben nur kleine Gemeinschaften und enthusiastische Sekten dem juristischen Amtsbegriff ausweichen können. Das gefestigte Amt hat sie unbarmherzig verfolgt, selbst das strenge Ethos der Montanisten, Donatisten und Pelagianer hat sie nicht vor der Eifersucht des juristisch fixierten Amtes schützen können.

Doch bleibt immer ein Unterschied zwischen griechischer und lateinischer Kirche, wenn auch die Übernahme römischen Rechts durch Byzanz später manches ähnlicher erscheinen läßt, als es wirklich war. In der ganzen Epoche aber gilt, daß die griechische Kirche des Ostens nie in der gleichen Weise Juristenkirche wurde wie die römische. Ihr klerikales System hat seine Legitimation nicht aus einem Kirchenrecht iure divino, sondern aus der platonisch-paulinischen Christusmystik und dem Stufenschema himmlischer und irdischer Hierarchien. Ihr Kirchenbegriff ist nicht der eines dem Gesetz Gottes gehorchenden, juristisch festgelegten Heilsvereins, sondern einer mystischen Spiegelung der göttlichen Welt in Raum und Zeit. Ihr Lebensnerv ist nicht das vom Priester verwaltete sakrale und bald auch säkulare Recht, sondern die Liturgie. Aber der Ursprung der christlichen Rechtskirche liegt bei den judenchristlichen antipaulinischen Kreisen. Hier wurde der Versuch gemacht, die Kirche zu organisieren, nach dem Muster der weltweiten jüdischen Volksorganisation, mit einer Spitze in Jerusalem, juristisch bevollmächtigten Sendboten als Aufsichtsorganen und einer grundsätzlichen juristischen Gesetzesbasis. In paulinischer Zeit hat sich das nicht durchsetzen können. Das ‹Aposteldekret›, jenes juristische Grundgesetz, ist von den griechischen Gemeinden nicht einmal zur Kenntnis genommen, geschweige denn durchgeführt worden: sie haben die Jerusalemer Gemeindeleitung nicht als juristische Oberbehörde anerkannt und sich der Steuerpflicht nicht unterworfen. So wenig wirklichen Einfluß hat dieser Versuch auf die spätere Kirche gehabt, daß nicht ein einziges der drei altkirchlichen Ämter der Synagogenverfassung entstammt, und von den jüdisch-synagogalen Ämtern findet sich keins in der Kirche. Das wahrscheinlich älteste christliche Amt, das des *Diakonen,* ist überhaupt noch ganz aus dem Charismatiker herausgewachsen. Es bildet allerdings bereits den Übergang von freier zu organisierter Liebestätigkeit. Doch entsprang es nicht juristischen Erwägungen, sondern praktischer Notwendigkeit. Auch die im Neuen Testament synonym gebrauchten Kollegien der *Bischöfe* oder *Presbyter* haben hier noch keine eigentlichen Rechtsfunktionen; in den schon weiter gehenden Pastoralbriefen sind sie doch nur als religiöses und ethisches Vorbild, nicht als legislative oder gar richterliche Instanz gedacht. Der Zusammenhang der Gemeinden über die Welt hin ist erst recht nicht juristisch geregelt. Die einzelnen Gemeinden stehen kongregationalistisch als einzelne Lichter und Kolonien der himmlischen Heimat nebeneinander, ihr Gründer, Heros eponymos und Führer ist ausschließlich der von Gott gekommene und zu Gott erhöhte Herr.

Bei der entstehenden klerikalen Institution ist aber wieder der tiefe Unterschied zwischen griechischer und lateinischer Kirche zu beachten. Zwar beginnt die Bindung an eine organisierte Kirche auch im Osten früh. Sieht man von einer sehr unsicheren Stelle bei Justin ab, so hat Ignatios als erster den Heilsgedanken an den Bischof gebunden und Irenaios den Geist an die kirchliche Institution: wo die Kirche ist, da ist der Geist. Aber ähnliche Formeln brauchen die Mysteriengemeinden und sogar die Philosophenschulen. Die Begriffe bleiben fließend, das Recht ist nirgends konstitutiv, die Person des Bischofs, nicht die Organisation des Bischofsamtes, ist entscheidend, der Geistbegriff bleibt übergeordnet. So ist es im Osten immer geblieben: das Recht bleibt Domäne des Kaisers, das Kirchen*recht* ist nur ein Zweig des Staatsrechtes, der Häretiker ist nicht Kirchenfeind, sondern Staatsfeind, ob er selig wird, entscheidet nur Gott, nicht der Rechtsspruch der Kirche.

Ganz anders ist es überall da, wo römisch-juristischer Einfluß die Entwicklung der Kirche grundlegend bestimmt hat, das heißt also vor allem in Afrika und Rom. Dobschütz hat eine glänzende Beobachtung an der Wunderliteratur gemacht: «In Griechenland fallen Götterbilder, in Rom (kirchliche) Decretalen vom Himmel.» Der judenchristliche Einfluß auf Rom hat auch vieles beigetragen, zum mindesten den schon frühen und häufigen Gebrauch jüdischer Verfluchungs- und Exkommunikationsformeln. In Afrika kennt der Rechtsanwalt Tertullian in seiner kirchlichen Zeit weitgehende institutionelle Rechtssätze, doch hat ihn der Montanismus von der Erstarrung in Rechtsformen abgehalten. Erst Cyprian hat die römische juristische Institutionskirche geschaffen. «Außerhalb der Kirche gibt es kein Leben und kein Heil.» Wer durch einen Rechtsakt aus der Kirche ausgeschlossen wird, hat das Heil verloren. «Niemand kann Gott zum Vater haben, der die Kirche nicht zur Mutter hat.» Alle Versammlungen von Christen außerhalb der Kirche sind illegal, Häretiker ist nicht mehr, wer sich von Gott trennt, sondern der Gegner der Rechtskirche; selbst der Geist darf nicht mehr wehen, wo er will, sondern ist an die römisch-afrikanische *Rechts*institution gefesselt. Die knöcherne Hand des Juristen rührt sogar an das Heldentum des Martyriums: Märtyrer ist nur, wer innerhalb der Kirche das Martyrium erleidet; wer als Märtyrer außerhalb der Kirche stirbt, ist in Wahrheit gar keiner, sondern wird durch den Tod mit Recht für seinen Rechtsbruch gegenüber der Kirche bestraft. Es muß zur Rechtfertigung des Griechenchristentums gesagt werden, daß solche Thesen ausschließlich in Afrika und Rom, und auch da längst nicht überall, angenommen worden sind. Und man vergesse auch nicht: die Wurzel zu einer solchen Auffassung liegt weder im Christentum noch im Orient, sondern, wie Beck in seinem ausgezeichneten Buch über Tertullian und Cyprian nachwies, im römischen Recht, aus dem diese kirchlichen Advokaten nun einmal nicht herauskonnten.

Über diesem grundlegenden Gegensatz darf jedoch das Gemeinsame nicht übersehen werden. Es liegt zunächst in der Tendenz beider Kirchen, die Verwaltung und Leitung *weder demokratisch* zu gestalten, wie die meisten hellenistischen Kulte, *noch kollegial*, wie das Judentum und andere orientalische Religionen, *sondern monarchisch-diktatorisch*, wie die hellenistischen Staatskulte und der römische Kaiserkult. Seit dem 3. Jahrhundert gehört zum Christentum fast allgemein nicht mehr nur Glaube und Liebe, sondern ebenso notwendig Gehorsam gegen den monarchischen Bischof.

Bischof ist eine alte, religiös getönte, rein griechische Bezeichnung. Seit Homer heißen die Götter Bischöfe als Aufseher und Hüter der Welt und der Menschen. In späterer Zeit gebrauchen die kynischen Philosophen das Wort als Lieblingsbezeichnung für die Stellvertreter der Gottheit auf Erden, die beaufsichtigen und bessern sollen, besonders also für die kynischen Wanderprediger, und Plutarch gebraucht es für die Erzieher. Als Kultbeamte begegnen Bischöfe in Thera und Rhodos im 2. vorchristlichen Jahrhundert. Ein monarchisches Bischofsamt erwähnt die ältere Schicht des Neuen Testamentes nirgends. Wer die ‹Geistesgabe der Leitung› (χάρισμα τῆς κυβερνήσεως) hat, ist Ältester oder Bischof. Neue Verhältnisse schaffen erst die Pastoralbriefe, die eine genau geregelte Ordination mit vorhergehender Prüfung nach dem Vorbild rabbinischer Ordinationen mit dem griechischen Begriff verbinden, doch bleibt das Wichtigste am Bischof noch immer sein ethisches Verhalten.

Der monarchische Bischof ist eine Schöpfung des hellenistischen Kleinasien. Wenn die ἄγγελοι der sieben kleinasiatischen Gemeinden Bischöfe bezeichnen, ist die Johannesapokalypse das älteste Zeugnis dafür, sonst ist Ignatios der erste leidenschaftliche Vertreter. Die verworrenen Verhältnisse in dem unorganisch rasch wachsenden Christentum Kleinasiens mögen ihn dazu veranlaßt haben, dem Bischof eine diktatorische Autorität zu verleihen. Wer dem Bischof gehorcht wie Christus, lebt christusgemäß. «Ohne den Bischof sollt ihr überhaupt nichts tun.» Er ist das Abbild des einen Gottes, ohne ihn gibt es keine Gemeinde, kein reines Gewissen, kein göttliches Gesetz. Im Brief nach Smyrna ist eine Kette gebildet: der Christ soll dem Bischof gehorchen, wie Christus Gott gehorsam war. Ohne den Bischof darf weder getauft noch eine eucharistische Feier gehalten werden. «Wer den Bischof ehrt, wird von Gott geehrt, wer ohne Bischof etwas tut, dient dem Teufel.» Was aber der Bischof für recht erklärt, das gefällt Gott. Kurz, er ist der gute Hirte, der die zur Gefolgschaft verpflichtete Herde vor den Wölfen schützt. «Wer zu Gott und Jesus Christus gehört, der ist beim Bischof.»

Zu dieser Entwicklung gibt es nun wieder eine Reihe hellenistischer Analogien. Die Inschrift von Torre Nuova beweist, daß an der Spitze der dionysischen Gemeinden ein monarchischer ‹Heros› stand. Über seine Vollmachten wissen wir nichts, doch deutet der Name an, daß er eine Art Mittlerstelle zwischen dem Gott und der Gemeinde hatte. Einen monarchischen Oberpriester in jeder Provinz hat der Kaiserkult, monarchisch waren vor allem die großen Priesterstaaten in Kleinasien und Syrien. Aber trotz aller Analogien ist doch die diktatorische Gewalt des Bischofs im Christentum etwas Eigenes, der antiken Religion letztlich Fremdes und Unverständliches und nur aus den Erfordernissen der harten Kampfzeiten innerhalb der Kirchen und mit den äußeren Feinden zu verstehen.

Nachträglich wurde das Bischofsamt durch *Traditions-* und *Sukzessionsketten* legitimiert. Dieses Verfahren hatten längst alle ägyptischen, rabbinischen, römischen und einige griechische Religionen benutzt, an ihm ist nichts neu und eigentümlich. Nur muß man sehr beachten, daß auch hier das Christentum nicht der jüdischen, sondern der hellenistischen Linie folgt. Denn während bei den Rabbinen die Tradition und Sukzession nur auf Lehrer zurückgeht, geht sie bei Griechen und Christen bis zum Gott selbst. Wie in Eleusis Demeter selbst die Priesteraristokratie begründete, die ihre Geheimlehren von Geschlecht zu Geschlecht weitergibt, so belehrte Christus selbst die Apostel, die ihrerseits die Lehre weitergeben. Gleichzeitig übernahm das Christentum die Einrichtung der antiken kalenderartigen Priesterlisten, um die Lückenlosigkeit der Tradition nachzuweisen. Für die Zeiten, in denen es noch keine monarchischen Bischöfe gab, fälschte man ohne Hemmungen um des Traditionsprinzips willen.

Das Traditionsprinzip ist die Hauptwaffe der Rechtskirche gegen die Geistkirche. Irenaios und Tertullian haben das Schlagwort ‹apostolisch› benutzt, um den drohenden Zerfall der Kirche in zahllose Richtungen, Gruppen und Sekten zu verhindern und die Willkür der Bibelauslegungen einzuschränken, und die Alexandriner haben sich im Kampf gegen die extremsten Auswüchse der Gnosis angeschlossen. Allerdings schränkte man zunächst noch ein. Ignatios hatte noch gesagt: «Ich befehle euch nicht in gleicher Weise wie Petrus und Paulus, denn sie sind Apostel, ich bin nur ein unter dem Gericht Stehender», und bis zu Ambrosius hört man solche Stimmen. Der starre Traditionsanhänger Cyprian gestattete sogar, in einem Konflikt zwischen Vernunft und Tradition unter Umständen die Vernunft entscheiden zu lassen. Schon seit dem Ende des 2. Jahrhunderts aber setzte sich mehr und mehr der Satz durch, daß alles, was nicht der Tradition entspricht, Häresie ist, daß die apostolische Tradition durch die bischöfliche Sukzession garantiert wird, und, ganz hellenistisch, daß sie älter und *daher* wahrer ist als die neuen gnostischen Lehren. Es war schon zu spät, als Tertullian unter dem Einfluß des Montanismus einsah, welche Gefahr der Traditionalismus bedeutete, und gegen Tradition und Bischöfe zum Kampf aufrief, indem er den Geist gegen die Tradition anrief: er war selbst einer der Hauptschuldigen an dieser Entwicklung gewesen. Versuche, die Tradition nur an die Lehre oder die Glaubensregel zu binden, waren zum Scheitern verurteilt, da diese ausgelegt werden mußten. So blieb schließlich doch nur das diktatorisch-monarchische Bischofsamt als Traditionsgarant übrig: «Die Masse der Gläubigen muß aber einem einzelnen gehorchen, damit sie so einig bleiben kann ...»; auch in der Welt würde Frieden sein, wenn es nur einen Kaiser gäbe. Als sich aber immer mehr herausstellte, daß die apostolischen Bischöfe keineswegs einer Meinung und nicht gewillt waren, sich einander unterzuordnen, und als es schließlich zu den großen Kirchenspaltungen kam, wurde das monarchische Prinzip doch noch einmal zu durchbrechen versucht: Vincentius von Lerinum schuf die berühmte Formulierung, Tradition sei «quod ubique, quod semper, quod ab omnibus creditum est». Mehrheitsprinzip und consensio der Bischöfe wurden zur Forderung erhoben, aber es entstand nur eine neue Illusion.

Real blieb die wachsende Macht der Bischöfe. «Gehorcht eurem Bischof und erweist ihm alle Ehre, denn wißt, wenn ihr sie ihm erweist, erweist ihr sie Christus.» Die göttliche Legitimierung des Herrschers ist wieder da, genau wie im Herrscherkult. Christlich ist daran nichts mehr. Seit Papias ist die ununterbrochene Kette da: Christus setzt die Apostel ein, diese die Bischöfe und Diakone. Entgegen den Quellen behauptet dann Clemens, die Apostel seien immer und überall derselben Meinung gewesen, und *jeder* Bischof will nun einen

Stammbaum, der mindestens auf einen Apostelschüler zurückgeht. Dabei ist eines wieder aufschlußreich: je mehr in diesem Traditionssystem Petrus in den Vordergrund rückt, um so mehr tritt Paulus zurück. Es blieb also doch eine Erinnerung daran, daß sich der Schöpfer der Geistkirche, der erbitterte Gegner des Petrus, nicht so leicht in die Traditionslinie einreihen ließ.

Mit der Zunahme der Autorität und Machtfülle haben sich die *Formen* des Bischofsamtes gewandelt. Zunächst konnte jeder Christ Bischof werden, wenn er die geistigen und ethischen Qualitäten besaß; er sollte ‹würdig des Herrn›, edel gesinnt, nicht geldliebend, wahrhaftig, gerecht und auch glücklich verheiratet sein. Häufig wurden Laien Bischöfe, häufiger noch Diakone. Erst in Rom ist um 250 die Praxis der staatlichen Ämterlaufbahn übernommen worden, so daß der Bischof alle anderen christlichen Ämter durchlaufen haben muß. Damit hing das Verbot zusammen, Laien zu Bischöfen zu weihen, das auch zuerst in Rom erlassen wurde. Bei der Auswahl und Berufung scheinen zunächst drei Formen nebeneinander hergegangen zu sein, entweder die von der rabbinischen Ordination beeinflußte Form der Berufung durch eine autorative Persönlichkeit, etwa einen Apostel oder Apostelschüler, die Selbstergänzung eines Kollegiums von Presbytern, und endlich die nach Art der griechischen und römischen Beamtenwahl vollzogene Gemeindewahl; diese wird die Regel. Eine Prüfung ging in der älteren Zeit voraus, bei der es auf guten Ruf auch bei Nichtchristen ankam, dagegen weniger auf wissenschaftliche oder spezielle Bildung. Der Wahlmodus, den Nikaia festlegt, dürfte vorhandenes Gewohnheitsrecht legalisieren: es wählt die anwesende Gemeinde. Bis 483 sind auch die Bischöfe von Rom vom gesamten römischen Volk gewählt worden. Nur ein Minimum von zwölf Wählern wird gelegentlich gefordert. In großen Gemeinden sind diese Wahlen äußerst tumultuarisch, mit Volksakklamationen und Schlägereien verbunden, doch wahrt man immer streng die formale Legalität. Wie bei der römischen Kaiserwahl liefert die Propaganda die nötigen Wundergeschichten, selbst Hilarius von Poitiers muß sich die göttliche Bestätigung durch eine Schar von Tauben geben lassen, die ihn bei der Wahl umflattern. Seit Cyprian gilt die vollzogene Wahl als unwiderruflich. Ausnahmen von diesem Modus sind sehr selten; nur die altarmenische Kirche hat zeitweilig erbliche Bischofsstühle gehabt.

Als höchster Verwaltungsbeamter der Gemeinde oder der Diözese ist der Bischof unabsetzbar und braucht niemandem Rechenschaft abzulegen. Schon die pseudoklementinischen Homilien stellen den Satz auf, daß, wer ‹Petrus› anklage, in Wirklichkeit Gott anklage. Kallist hat als erster die Unabsetzbarkeit des Bischofs gefordert, selbst dann, wenn er eine Todsünde begehe, und er hat das im Westen durchgesetzt, obwohl der erste Clemensbrief nur sittlich Einwandfreie als unabsetzbar gelten läßt. Die bischöfliche Jurisdiktions- und Strafgewalt ist absolut, doch rät Cyprian, in besonderen Fällen die Mitbischöfe zu fragen. In sein Gebiet darf keiner hineinreden, er aber hat sich auf seine Diözese zu beschränken. Der Wechsel von einem Bistum zum anderen ist in Nikaia verboten worden. Alle diese Regelungen, deren Entwicklung sich leicht in den Konzilsakten verfolgen läßt, sind zum großen Teil Folgerungen aus dem Zusammenbruch des römischen Beamtenapparates.

Die Machtstellung der Bischöfe beruhte zu einem großen Teil auf ihren *kultischen Privilegien.* Von Ignatios bis in die Zeit des Ambrosius darf der Bischof allein taufen, das bedeutet, daß er den Eintritt ins Christentum und zugleich die Aufnahme in die himmlische Seligkeit gestatten oder verweigern kann. Das war noch wichtiger als die Forderung, ohne Bischof keine Eucharistie zu feiern, die sich in den wachsenden Gemeinden nicht durchführen ließ. Am weitesten geht die Vermischung von Recht, Kult und Religion zugunsten des Bischofsamtes bei Cyprian. Weit über Ignatios hinausgehend erklärt er den Bischof zum Rechtsstellvertreter des Menschen bei Gott, dessen Fürbitte zum Heil notwendig ist. Da die Kirche auf die Bischöfe hin gegründet ist, steht der Bischof über dem Märtyrer. Alle Bischöfe sind gleichberechtigt – in diesem von ihm stets gezeigten Stolz widersetzt er sich energisch den römischen Ansprüchen. So ist er der erste Vertreter der sich bildenden Bischofsaristokratie, die turmhoch über der plebs der Laien steht.

Tauf- und Ordinationsrecht, jurisdiktionelle Gewalt und legislativer Anspruch, Autorität über Rechtgläubigkeit und Irrtum, Macht auch über Charismatiker und Märtyrer verbanden sich notwendig mit äußeren Ehren, je äußerlicher die Kirche wurde. Cyprian, der wußte, was solche Dinge für die Masse bedeuten, verlangte als erster, daß man vor dem Bischof wie einst vor den heidnischen Götterbildern aufstand. Seit dem 4. Jahrhundert küßte man ihm die Hand und vollzog die Proskynese. In einigen Gegenden des Westens wurden sogar *fasces* vor ihm hergetragen. Zum Teil war das dadurch bedingt, daß die Bischöfe allmählich immer mehr Funktionen übernahmen, die früher römische höhere Beamte ausführten.

Je größer die Kirche wurde, um so mehr schlossen sich die Bischöfe zu *Synoden* zusammen. Ursprünglich waren sie freie Zusammenkünfte, die später die Formen römischer *Provinziallandtage* annahmen, bis sie zu Machtinstrumenten des Kaisers oder der großen Metropoliten wurden. Im einzelnen muß man dabei zwischen reinen Bischofsversammlungen und den größeren Synoden, auf denen auch

Presbyter, Diakone, Klostervorsteher oder geladene Gäste erscheinen konnten, unterscheiden. Im allgemeinen kann man sagen, daß im Osten die Synoden – das war auf griechischem Boden eigentlich selbstverständlich – eine größere Bedeutung hatten als im lateinischen Westen, wo die bischöflichen Kanzleien sie mehr und mehr ausschalteten. Tertullian beklagt das und wünscht das griechische statt des lateinischen Verfahrens. Die kleinste Einheit, aber auch die älteste, war die Provinzialsynode. Nikaia verlangte, daß sie zweimal jährlich abgehalten werden sollte, ihr wichtigstes Privileg war die Nachprüfung der durch den Bischof ausgesprochenen Exkommunikationen. Verhandelt wurden alle Angelegenheiten, die die Provinz betrafen, Personalfragen, liturgische und dogmatische Probleme, Fragen des Ethos und der Kirchenzucht. Einzelne Synoden griffen schon über den Raum ihrer Provinzen hinaus; so entschieden Arles im Jahre 314 auch über afrikanische Fragen, römische Synoden über Fragen östlicher und afrikanischer Kirchen. Etwas völlig Neues begann mit den großen *Weltkonzilien* seit Nikaia. Sie wurden vom Kaiser einberufen und tagten unter kaiserlichem Vorsitz, waren also *staatsrechtlich politische* Organe, zugleich aber kirchenrechtliche Legislative. Rom hat sie infolge seines frühen Primatanspruches nie mit vollem Herzen anerkannt, der Papst hat sie nicht besucht, sondern sich nur durch Legaten vertreten lassen. Sonst aber vereinigte sich hier alles, was im Christentum Macht, Einfluß und Geist hatte. Es waren die letzten und zugleich größten Demonstrationen der Einheit des römischen Reiches. Sie zeigten ein außerordentlich buntfarbiges Bild. Hier saßen neben den aalglatten Diplomatentypen der griechisch-byzantinischen Hofbischöfe gerade bäuerliche und soldatische Naturen wie der Apa Schenute, der aus seinen Wüstenkasernen kam, neben klugen keltischen Bischöfen aus Gallien und Britannien machtbewußte Germanenbischöfe vom Rhein oder aus den Gotenländern, neben syrischen Realisten alexandrinische Idealisten, neben würdevollen, dogmatisch uninteressierten, aber juristisch formulierenden Oberitalienern und Afrikanern christliche Neuplatoniker subtilster Prägung aus Kleinasien, robuste, machtgierige, soldatische Kämpfer neben blassen, aristokratischen Denkern, Sozialreformer und Weltgestalter wie Basileios neben herben Asketen und Weltflüchtigen. Ihre Arbeitsleistungen waren trotz aller Schwierigkeiten, Spannungen und Intrigen unerhört: immer wieder fußten die ganze Kirchengeschichte und das ganze Kirchenrecht auf den Canones der ökumenischen Synoden. Nur freilich: die religiösen Fragen traten hinter den Rechtsfragen mehr und mehr zurück. Zwar wurden hier die großen dogmatischen Kämpfe ausgefochten, aber in der Kleinarbeit nahmen Kalender- und Disziplinarfragen, Abgrenzungen der Diözesen, verwaltungstechnische und wirtschaftliche Probleme soviel Raum ein, daß man oft im Zweifel sein kann, ob man es überhaupt noch mit religiösen Menschen zu tun hat. Hier liegt auch der Grund für den schließlichen Zusammenbruch des Synodalsystems. Wenn man kranke Bischöfe gewaltsam auf Synoden schleppen ließ, um einen Anhänger mehr zu haben, wenn sich Parteien bildeten, die auch vor Totschlag nicht zurückschreckten, wenn die notwendige Einstimmigkeit kaum noch zu erreichen war, wenn die Konzilien zu Räubersynoden ausarteten, dann war ihr Ende nahe. Die eigentliche Gewalt ging an die Metropoliten und schließlich im Osten an den Kaiser, im Westen an den Bischof von Rom über.

Die Weltpolitik der Kirche machten nicht die Bischöfe und nicht die Synoden, nicht sie trafen die großen weltgeschichtlichen Entscheidungen, sondern die in Chalkedon im Jahre 451 zum ersten Male von den gewöhnlichen Bischöfen streng geschiedenen *Metropoliten und Patriarchen.* Sie befanden sich ausnahmslos an den politischen Zentren, und ihre Geschichte setzte die politische Geschichte der Spätantike fort. Natürlich gab es auch in diesem Bereich Vorläufer. Der Patriarch von Alexandreia etwa nimmt die Stelle des Oberpriesters des Kaiserkultes ein, und die politisch und religiös einflußreichen Provinzialoberpriester haben auch in den anderen Provinzen ihre christlichen Nachfolger gefunden. Doch waren nur wenige von weltweiter Bedeutung. Von den vier östlichen Diözesanmetropolen, die Diokletian zu Hauptstätten seiner Reichsorganisation gemacht hatte, haben nur Antiocheia, Ephesos und Kaisareia kirchliche Bedeutung erlangt, dazu kam nach der Neuaufteilung des Reiches auch Alexandreia für Ägypten einschließlich Libyen. Ephesos und Kaisareia mußten sich schon sehr bald der Reichshauptstadt unterstellen, so daß praktisch nur Byzanz, Antiocheia und Alexandreia Patriarchate waren. *Sie stellten drei Welten dar. Alexandreia* trat das Erbe des hellenistischen Ptolemaierreichs an, und seine ersten Patriarchen haben es gegenüber dem Vorderen Orient gut bewahrt. Als sich der Patriarch aber auf das koptische Element stützte, weil er Mönchssoldaten brauchte, erging es ihm wie den Ptolemaiern nach der Schlacht bei Raphia. Die Geschichtsparallelität ist verblüffend. Alexandreia verliert die Kraft griechischen Geistes, mit dem es sich gegenüber den Machtansprüchen von Byzanz gehalten hatte, es ruft, wie die letzten Ptolemaier, Rom zu Hilfe, trennt sich damit völlig von der Gemeinschaft der griechischen Kirche, verfällt der Koptisierung und schließlich ohne Widerstand dem Islam.

Antiocheia führte die seleukidische Tradition fort, aber es war nie so griechisch wie Alexandreia, auch fehlten ihm die politischen Kämpfer auf dem Patriarchenthron, so daß seine Machtstellung mehr und mehr an Byzanz verlorenging. So blieben seit 451 allein Byzanz und Rom, deren Metropoliten rechtlich in Chalkedon einander gleichgestellt wurden, was durchaus der Wirklichkeit entsprach. Damit war das fünfhundertjährige Ringen zwischen Griechenchristentum und lateinischem Christentum zu einem natürlichen Abschluß gekommen. Die dramatische Auseinandersetzung verzeichnet in ihren Einzelheiten jede Kirchengeschichte. Alle Versuche der Einmischung des römischen Patriarchen in das Gebiet des griechischen waren gescheitert, sowohl die Aufhetzung des Volkes und des niederen Klerus zur Zeit Coelestins wie die diplomatischen Proteste Leos wie die Palastintrigen durch römisch beeinflußte kaiserliche Frauen. Das war nicht allein das Verdienst großer byzantinischer Patriarchen oder der Kaiser, sondern vor allem des in Byzanz im 4. und 5. Jahrhundert zu neuem Leben erwachten Griechengefühls. Rom war in der griechischen Welt tot. Man war Grieche, nicht Lateiner. Man haßte Rom nicht einmal mehr, seitdem man Byzanz hatte, man ignorierte es einfach. Darin waren sich Christen wie Nichtchristen völlig einig: ein Rhetor wie Libanios hat nie die Sehnsucht gehabt, nach Rom zu reisen. Daß die Kirche von Byzanz im Jahre 451 auch rechtlich den Schnitt gemacht hat, legitimierte nur den vorhandenen Tatbestand.

Während die griechischen Patriarchen in politischen Dingen durch den Kaiser von vornherein entlastet waren, hatte der *römische* seit dem Verfall des weströmischen Reiches die politischen Aufgaben mit zu übernehmen. Von Anfang an hatte er eine exponiertere Stellung: es fehlten ihm starke Gegenspieler, wie es Byzanz, Alexandreia und Antiocheia füreinander waren. Arles, Karthago und Mailand haben als westliche Patriarchate Rom oft hell überstrahlt, aber sie haben ihm noch öfter ihren Glanz geliehen und ihre Macht abgetreten. So ist auch die geistige Struktur der römischen Metropolitanentwicklung unkomplizierter und kampfloser als die griechische.

Zwar die ‹Einmischung› des 1. Clemensbriefes in die Streitigkeiten innerhalb der Gemeinde von Korinth hat mit einer römischen Sonderstellung noch nichts zu tun. Schon das vorchristliche Rom hat seit der Neugründung Korinths im Jahre 44 v. Chr. zu dieser Stadt ein besonders enges Verhältnis gehabt, so werden auch die beiden christlichen Gemeinden enge Beziehungen und viele persönliche Bekannte gehabt haben. Petrus und Paulus werden noch nicht zum Ruhm Roms erwähnt; daß sie dort gestorben sind, war schließlich kein Verdienst der römischen Gemeinde. Auch das rhetorische Lob, das Ignatios der römischen Liebestätigkeit spendet, ist wie das des paulinischen Römerbriefs, das dem Glauben der Gemeinde gilt, keineswegs einmalig, es gehört zum Stil christlicher Briefe, wie die Sendschreiben der Johannesapokalypse an kleinasiatische Gemeinden bezeugen.

Dann kommt der große Anstoß durch Tertullian. Das durch Verfolgungen und innerkirchliche Streitigkeiten mehr als andere Teile des Westens zerrissene Afrika suchte Anlehnung. Von den Gemeinden, in denen ‹die Lehrstühle der Apostel an ihrem Platze stehen›, ist ihm Rom die wichtigste. Aber der Kampf gegen Kallist zwingt ihn zum Rückzug. Er spottet über den heidnischen *‹pontifex maximus›* auf dem Papstthron, den ‹Bischof der Bischöfe›, den ‹gesegneten Papst›, den ‹Apostolischen› in bitterstem Hohn, aber wieder kommt er zu spät. Seit der Mitte des 2. Jahrhunderts entwickelt sich eine in Rom von der Reichsverwaltung erlernte Diplomatie des römischen Bischofs; Soter (166/7–174) sucht die Beziehungen zu Korinth, Eleutheros (um 174–189) die zu Gallien fester zu knüpfen. Mit Fabian (236–250) und seinen Nachfolgern beginnt die Zeit der engsten Verbindung zu Afrika, ständig gehen besonders unter Cyprian Briefe und Boten hin und her. Zwar redet der afrikanische Patriarch den römischen nur als Bruder an, zwar gesteht er ihm keinen Rechtsprimat und erst recht keine autoritative dogmatische Entscheidung zu, sondern hält an afrikanischen Besonderheiten der Praxis und Lehre auch gegen Rom fest, aber Rom ist ihm doch die Hauptgemeinde *(ecclesia principalis)*. Nur den *tyrannicus terror* des römischen Papstes (Stephan I. 254–257) lehnt er in jeder Form ab. Stephan versuchte in der Tat sowohl in Afrika wie im Osten bei Gelegenheit des Ketzertaufstreites diktatorisch einzugreifen, aber ohne Erfolg. Er ist wohl der erste gewesen, der Mt. 16, 18 der römischen Propaganda dienstbar gemacht und auf den römischen Bischof ausgelegt hat.

Die geistesgeschichtliche Rolle Roms beginnt aber doch erst während des arianischen Streites, und zwar nicht wegen seiner dogmatischen Entscheidungen, sondern weil Rom mehr und mehr zum Zufluchtsort der sich zerfleischenden Parteien wird. Selbst Basileios hat zeitweise den Frieden von Rom erhofft, sah sich aber schwer getäuscht. Während des ganzen 4. Jahrhunderts, besonders unter Damasus (366–384), bemühten sich die verschiedensten Gruppen der Streitenden um die Anerkennung Roms; das theodosianische Edikt von Thessalonike hatte im Jahre 380 das römische und das alexandrinische Bekenntnis für rechtgläubig erklärt. Das 5. Jahrhundert wird von Machtkämpfen mit dem Osten beherrscht, dabei geht es fast immer um römischen Einfluß in Thessalonike, Illyrien und Griechenland. Um die Bundesgenossenschaft der Alexandriner gegen Byzanz zu behalten, verdammt Anastasius I. (um 399–402) den Origenes, obwohl er sich nur ein paar Kapitel aus ihm vorlesen ließ. Der Höhepunkt ist unter Leo I. (440–461) erreicht. Dank seiner hervorragenden, von Prosper von Aquitanien geleiteten Kanzlei wird die Theorie vom *vicarius Christi* und vom ursprünglichen Primat Roms entwickelt und in alle schwebenden Fragen in West und Ost aktiv eingegriffen. Leo errang Ansehen und weltpolitische Bedeutung durch seine Friedensverhandlungen mit den Hunnen (452) und den Vandalen (455). Sie zeigen die diplomatischen Fähigkeiten dieses Bischofs, ebenso die von seiner Kanzlei verfaßte *Epistula ad Flavianum*, welche, mit Unklarheiten und Mehrdeutigkeiten arbeitend, die im Osten streitenden christologischen Parteien befrieden und unter die römische Autorität stellen möchte. Er ordnet Gesandtschaften ab, richtet Nuntiaturen ein und hält sich dabei genau an die Institutionen der römischen Reichsverwaltung. Er spricht und schreibt im Hofstil des Kaisers, nimmt und gibt im Westen Bischofs- und Metropolitanrechte, wem er will, intrigiert im Osten mit Hilfe der Pulcheria. Aber so sehr er in jener günstigen Zeit, als Hunnen, Goten und Vandalen alle politischen Mächte des Westens vernichteten, im Westen nahezu die Alleinherrschaft auf kirchlichem wie auf weltlichem Gebiet aufrichten konnte, im Osten scheiterte er. Es gelang ihm nicht, das Konzil von Chalkedon auf italienischen Boden zu ziehen und den Einfluß des byzantinischen Kaisers auf die Konzilien zu verhindern. Vor allem half sein Protest gegen den 28. Kanon von Chalkedon, der in allen Entscheidungen des Glaubens und des Rechtes Konstantinopel und Rom gleichstellte, nichts, so daß die Primatansprüche über den Osten unter Leo endgültig gescheitert sind.

Zu den Rechtsträgern Bischof, Konzil, Patriarch trat als vierter der *Kaiser*. Auch das war nicht neu. Seleukiden und Ptolemaier hatten Staatsreligionen unter ihrem eigenen ‹Summepiskopat›, die römischen Kaiser haben nicht nur den Kaiserkult, sondern häufig auch ihre Lieblingsreligion staatlich privilegiert und geleitet, das Sassanidenreich schuf eine streng staatsgesetzlich geregelte zoroastrische Staatskirche. Das fand man auch völlig in der Ordnung; Plutarch empfiehlt dem Herrscher, die Religion zum Mittel der Politik zu machen. Das beste Vorbild gaben die Ptolemaier, die schon vor 312 für Ägypter und Griechen getrennte Staatsreligionen schufen und die nicht unmittelbar staatlichen Religionsgemeinschaften staatlich beaufsichtigten und subventionierten. In ihren Staatskirchen waren die Priester Staatsbeamte, die Tempel auf Staatskosten gebaut und unterhalten, die Synoden vom König präsidiert oder berufen. Der König setzte den obersten Priester, der in Wahrheit ‹Kultusminister› und immer ein Grieche war, ein, er regelte die Finanzverhältnisse und vergab wichtige Religionsprivilegien wie das Asylrecht.

Im Christentum beginnt der Weg zur kaiserlichen Kirche mit Maxentius und Konstantin. Zunächst setzte sich nur in einer neuen Form und mit neuem Namen der schon unter verschiedenen Herrschern und Gestalten propagierte kaiserliche Sonnenkult fort, erst aus der christlichen Intoleranz erstand im 4. und 5. Jahrhundert die absolute christliche Staatskirche. Damit wurden die kirchlichen Rechte und Pflichten zu Staatsgesetzen, die kaiserlichen Stiftungen und finanziellen Regelungen Grundlage des Kirchenvermögens, das kaiserliche Placet Voraussetzung für dogmatische Entscheidungen der Gesamtkirche. Tatsächlich ist die gesamte christliche Kirche bis heute glaubensmäßig an die kaiserlichen Entscheidungen des ersten Reichskonzils von Nikaia gebunden. Legitimiert wurde diese Stellung des Kaisers entweder in Fortführung des Kaiserkultes mystisch, indem man den Kaiser zum ‹Apostelgleichen›, nur selten zum ‹Christusgleichen› erklärte, oder seit Euseb platonisch, indem er zum ‹Abbild Gottes auf Erden› wurde, und daher Konzilentscheidungen wie das Nicaenum nicht nur als Reichsgesetze, sondern auch als göttliche Gesetze erlassen werden konnten. Der zunehmenden kaiserlichen Autorität in der Kirche war die Charakterlosigkeit der streitenden christlichen Parteien von großem Nutzen, in diesem Falle besonders die der Athanasianer. Entschied der Kaiser zu ihren Gunsten, lieferten sie ihm so gut wie alles aus, entschied er gegen sie, stimmten sie den Schlachtruf von der ‹staatsfreien Kirche› an. Echte Opposition, wie etwa die des Hilarius von Poitiers, die nicht von opportunistischen, sondern von grundsätzlichen Erwägungen herkam, war sehr selten. Die demütig servilen Briefe des Papstes Liberius (352–366) aus dem Exil beweisen, wie rasch der Kaiser mit jeder Opposition fertig wurde, wenn er stark blieb; notfalls setzte er einen Gegenbischof gegen unbequeme Opponenten ein. Gut ging alles, wenn dem Kaiser kluge und ergebene Bischöfe zur Seite standen, und dieses Glück hat Byzanz oft gehabt. Schon Konstantius ließ seine Kirchenpolitik von den diplomatisch erfahrenen Hofbischöfen Valens von Mursa und Ursacius von Singidunum nicht ungeschickt führen.

Dabei brauchten die Bischöfe keineswegs kaiserliche Handlanger zu werden. Unerschrocken und ungehindert sagte der aktive, ethisch saubere Wanderbischof Theophilos den ersten christlichen Kaisern die Wahrheit, Ambrosius, der aus Senatorenstolz dem Kaiser entgegentrat, Basileios, der die griechische Geistesaristokratie gegen den unfähigen Valens ausspielte, Chrysostomos, der aus christlicher Liebe schon als junger Geistlicher unerschrocken gegen ein kaiserliches Blutbad auftrat und sein Bistum und sein Leben durch seinen Kampf gegen die Kaiserin verlor, sind echte Opponenten. Meist aber gelingt es dem Kaiser, die ehrgeizigen und selbstsüchtigen Patriarchen zu Instrumenten seiner Politik zu machen: im Jahre 451 spielt er mit Erfolg das bisher mit Alexandreia verbundene Rom gegen Alexandreia aus, im Jahre 482 Alexandreia gegen Rom. Er verhindert die Machtansprüche Leos I., er entreißt dem römischen Bischof alte römische Einflußsphären wie Thessalonike und Illyrien, er spricht sehr energisch auch bei Papstwahlen mit, wenn er es für erforderlich hält, er erkauft sich widerspenstige Kirchen durch juristische Zugeständnisse oder durch kaiserliches Geld. Vieles, was scheinbar der Kirche diente, lag völlig im Interesse des Staates. Gratian garantierte eine innerkirchliche Gerichtsbarkeit ohne staatliche Einwirkung: das befreite den Staat von der oft sehr lästigen Pflicht, sich in Klerikerhändel einmischen zu müssen und sich bei Entscheidungen in religiösen oder pseudoreligiösen Dingen unbeliebt zu machen. Die Kirchen bekamen das Asylrecht der alten Tempel: mochten sie mit den entlaufenen Verbrechern anfangen, was sie wollten! Man sieht im allgemeinen das 4. und 5. Jahrhundert, in dem sich das alles vollzog, viel zu einseitig im Lichte der Kirchengeschichtler. Staats- und geistesgeschichtlich bringen diese Jahrhunderte viel mehr einen Sieg des Kaisers als einen Sieg der Kirche. Aber es war ein Zeichen für die geistige Überlegenheit des byzantinischen Kaisers, daß die Kirche gar nicht merkte, was mit ihr geschah. Mit Justinian ist der Höhepunkt erreicht. Staat und Kirche sind spannungslos eins geworden, gewiß nicht zum Schaden beider.

Wenden wir uns den *niederen* Amtsträgern zu. Steht in den offiziellen und alten Religionen meist einer auf Tradition, Bildung und Vermögen gegründeten Priesteraristokratie ein niederer Klerus gegenüber, der die notwendigen Dienste leistet, so sind in den hellenistischen Religionen die Ämter meist an verschiedene Weihegrade gebunden und in lebenslängliche und temporäre, hauptamtliche und nebenamtliche geschieden. Die Staffelung ist außerordentlich groß. So stehen in Eleusis unter den erblichen Priestergeschlechtern Hierophanten, Fackelpriester, Erzpriester, Ausleger, Ministranten, Priester der Einzelgottheiten, Feuerträger, Küster. Bei Dionysos kommen noch Gottesträger, Fuchsfellträger und -trägerinnen, Getreideschwingenträger, Phallenträger, Kirchenbuchführer, Jugendunterweiser, Kistenträger, drei Klassen von Hirten, Höhlenbewacher und einige uns unverständliche Ämter hinzu. Beim delphischen Apoll und seinen Filialkulten hat sich eine ähnliche Entwicklung vom Charismatischen zum Juristischen vollzogen wie im Christentum: die Propheten geben ursprünglich Orakel, werden dann Orakelerklärer und schließlich ein gewähltes, sehr teures Priesteramt. Besonders zahlreich sind die Ämter bei Isis-Sarapis, bei denen Ägyptisches und Griechisches zusammenfließt. Ein Katalog genüge: da sind Oberpriester, Priester, Propheten, Hierophanten, Hierophonen, Traumausleger, Schiffsführer, Lichterträger, Tempelwächter, Göttertatenrezitatoren, Buchführer, Hymnoden, Götterbildbekleider, Götterbildträger, Kalenderbearbeiter, Gemeindediener, Kirchenmusiker, Schlüsselbewahrer, Altardiener, Finanzverwalter, Türöffner, ferner eine Reihe aus anderen Kulten übernommener Ämter wie Schilfträger, Kistenträger usw. Am schärfsten abgegrenzt sind die Priesterränge außer im nichtgriechischen Ägypten in Rom. Die alte Reihenfolge rex sacrorum, flamen Dialis, flamen Martialis, flamen Quirinalis, pontifex maximus setzt sich nach unten in langer Reihe fort, und jedes Amt hat seinen rechtlich klar umrissenen Ort.

Im Christentum hat sich die Entwicklung von der anfänglichen amtslosen Zeit bis zu den sieben Ämterklassen keineswegs reibungslos vollzogen. In den ältesten charismatischen Gemeinden zeigen sich die ersten Ansätze einer Zweiteilung späterer Ämter. Wie in allen größeren Religionsgemeinden bildet sich ein Senat, ein Kreis von Ältesten, die Presbyter, heraus und daneben das erste eigentliche Amt, die Gemeindediener, die Diakone. Die Presbyter sind natürlich in der Zeit der Ekstasen und des allgemeinen Priestertums kein Amt; noch in der Zeit des Clemens von Alexandreia gibt die Person, nicht die Institution den Ausschlag: «Nicht die Wahl macht zum Presbyter und Diakon, sondern der Wandel und die Lehre des Herrn.»

Die Rechtsformen, Prüfung, Wahl oder Berufung, Ordination, setzen sich seit dem 2. Jahrhundert langsam durch. Verlangt wird schon früh körperliche Gesundheit. Wie die meisten durch die Grabinschriften bekannten hellenistischen Priester bleiben die christlichen verheiratet, nur im Westen setzt im 4. Jahrhundert eine asketische Strömung ein, die mit dem Verbot der Priesterehe endet. Aus praktischen Gründen blieben sie in einer Gemeinde, als die Zeit der Wandermissionare zu Ende war. In der Zeit Cyprians sucht man nach einer religiösen Begründung und findet sie leicht: wie der Bischof Nachfolger Gottes oder Christi ist, ist der Presbyter Nachfolger der Apostel. Daher ist er iure divino berechtigt, von den Laien Gehorsam zu fordern. Mit dem Bischof sollen die Presbyter zusammenstimmen wie die Saiten einer Kithara, daher bemüht sich Cyprian, sein Presbyterium ständig um sich zu haben und wenigstens jeden Abend gemeinsam mit ihm zu essen. Sehr umstritten ist die Frage ihrer Absetzbarkeit: römischen Traditionen folgend verneint sie der Westen, während der Osten sie bejaht.

Wie dem entsprechenden Amt in den hellenistischen Kulten, liegt dem christlichen *Diakon* zunächst die Bedienung bei den gemeinsamen Mahlzeiten und die Verteilung der Gaben ob. Dann wird er bis ins 3. Jahrhundert Diener für alles. Er ist Platzanweiser im Gottesdienst, bringt den Kranken das heilige Mahl in die Häuser, sammelt die Kollekten ein, wo sie nicht mehr auf den Altar gelegt werden können, weil die Gemeinden zu groß geworden sind, sorgt für Ordnung und Würde während des Gottesdienstes, hält Wache an den

Türen, damit kein Unberufener in den Gottesdienst der Getauften kommt, kümmert sich um die soziale Not in den Gemeinden, macht Hausbesuche. Dadurch wird er oft beliebter oder zum mindesten volkstümlicher als der Priester, und es hat gelegentlich an scharfen Auseinandersetzungen zwischen beiden nicht gefehlt. Wir finden zum Beispiel in den donatistischen Kämpfen besonders viele Diakone unter den Radikalen. Nur ein Assimilationsprozeß hat hier schließlich die Gefahren beseitigt. Als die Gemeinden größer geworden waren, wurde der Diakon durch einen Subdiakon entlastet und mehr und mehr mit kultischen und liturgischen Funktionen betraut. Dadurch rückt er dem Priester näher, bis schließlich das Diakonat und auch das Subdiakonat zur Stufe in der Ämterlaufbahn zum Priester wird. Immer mehr Priester und sogar Bischöfe gehen aus den Diakonen hervor; so wachsen diese in die entstehende Priesteraristokratie hinein, wodurch allerdings ihr Abstand zu den Laien größer wird.

Hier aber wird ein verhängnisvolles Bild der Gesamtentwicklung sichtbar: der altchristliche Klerus entfernt sich von der Gemeinde. Das beginnt damit, daß in der Mitte des 2. Jahrhunderts die oberen Geistlichen nicht mehr als Brüder, sondern als Herren angesprochen werden wollen. Um die gleiche Zeit stellt man Anforderungen an die Abstammung, an die Bildung, auch an das Vermögen dessen, der höherer Kleriker werden will. Im 3. Jahrhundert sind weite Kreise des Klerus schon weltmännisch. Clemens von Alexandreia spottet über die Attispriester, die im Gegensatz zu den gepflegten und gebildeten christlichen Priestern schmutzige Haare, fleckige Kleidung und lange Fingernägel haben. Es ist ein Klerus entstanden, der sich auf dem Parkett der Höfe wie in den Villen der Reichen mit absoluter Sicherheit bewegt und als christlicher Privatseelsorger den antiken Hausphilosophen zu verdrängen beginnt. Clemens von Alexandreia empfiehlt ihn schon: er vermöge besser als der bisherige Hausphilosoph die nötigen Anweisungen für das Seelenleben zu geben, offen zu reden, auf die Fehler aufmerksam zu machen und für den Hausherrn zu beten, und Clemens' Verteidigungsschrift für den Reichen ist wohl für solche Seelsorger als eine Art Handbuch gedacht. Die Seelsorge bei den Reichen wird ein Spezialgebiet auch der Diakone; über die römischen Diakone als Seelsorger bei reichen Damen hat Hieronymus vernichtend geurteilt, doch ist er wohl, wie immer, nicht unbefangen.

Verschwunden ist der im Neuen Testament charismatische, bis ins 4. Jahrhundert noch vereinzelt nachzuweisende Stand des *Lehrers*. In ägyptischen Kirchenordnungen wurde für ihn noch eine sechsjährige Ausbildungszeit gefordert, aber er wurde durch die Einführung der Kindertaufe überflüssig, da er doch in der Hauptsache den

Katechumenenunterricht leitete. Auch der weibliche Grad der Witwen verschwindet bis auf die Diakonissen der Ostkirche; Priesterinnen hat die Kirche nie gehabt.

Um die symbolische Siebenzahl zu erreichen, hat man, vielleicht in Anlehnung an Mithras, die wachsende Menge der *niederen Kleriker* in vier Gruppen zusammengefaßt. Sie stammen alle von antiken Vorbildern. Die niederste Gruppe ist die der *Türhüter*, eine sowohl profane wie religiöse antike Institution. In der griechischen Kirche gehörten sie nicht zum Klerus und in der lateinischen waren sie von weiterer Beförderung ausgeschlossen. Der wichtigste niedere Kleriker war der *Lektor*, meist ein junger Mensch wie in den hellenistischen Kulten, etwa bei Dionysos auf den Bildern der Villa Item. Kinder, die als Ministranten ähnlich den *paides amphithaleis* der hellenistischen Kulte beim Gottesdienst mitgewirkt hatten, konnten Lektoren werden und dann aufrücken, doch wurde eine längere Probezeit und eine Prüfung verlangt. Kaiser Julian war bekanntlich in seiner Jugend zeitweise Lektor. In Cyprians Zeit galt eine Ernennung dazu schon als besondere Ehre und Würde. Der *Exorzist*, das letzte Überbleibsel der alten charismatischen Medizin, spielt seit dem 3. Jahrhundert nur noch eine untergeordnete Rolle; da er für seine Heilkraft nach einigen Kirchenordnungen erst Beweise beibringen mußte, war er nicht überall zu finden. Der *Akoluth* endlich, vielleicht eine stadtrömische Schöpfung, übernahm eine Reihe dienender Aufgaben vom Diakon und war Liktor des Bischofs. Endlich gibt es eine Reihe nicht in die offizielle Siebenzahl aufgenommener Ämter: Dolmetscher in den mehrsprachigen Kirchen, Sänger und Musikanten, Totenbestatter. Selbst der Bäcker des heiligen Gebäcks, den wir von den Mysterien von Samothrake kennen, fehlt als Bäcker der Abendmahlsbrote in einigen östlichen Nationalkirchen nicht.

Gehen wir nun von den Ämtern und Institutionen zu den *Rechtsquellen* und *Rechtsgrundlagen* über. Theoretisch blieb die Autorität des *Herrn* nicht nur Glaubens-, sondern auch Rechtsgrundlage. Paulus hatte bei einer Frage des Eherechtes auf die absolute Gültigkeit eines Herrenwortes hingewiesen, im Vergleich zu dem seine eigenen Meinungen über Ehefragen nur persönliche Meinung und rechtlich unverbindlich seien. Da aber im Neuen Testament sehr wenig Rechtssätze enthalten waren, entstehen seit dem 2. Jahrhundert ähnlich wie bei den Pythagoreern pseudonyme Rechtsordnungen, die sich auf den Herrn oder auf die Apostel zurückführen und sich der religiösen Autorität der Schrift für den Rechtssektor gleichstellen. So will die syrische Didaskalie «von den zwölf Aposteln . . . und unserem Bruder Paulus . . . und Jakobus dem Bischof» verfaßt sein. Wo es möglich ist, sucht man für jedes kasuistische Gesetz einen Schriftbeweis, doch lehnt Tertullian es ab, unbedingt für jede kasuistische Einzelheit einen Schriftbeweis zu verlangen. Zweite Rechtsgrundlage sind die Canones der Synoden, vor allem die von Nikaia. Ihr Ansehen bewirkt, daß immer mehr gefälschte Sätze den alten und den ökumenischen Synoden untergeschoben werden. Dazu kommen die Rechtsentscheidungen der Väter und die Verfügungen bedeutender Bischöfe. Auch sie werden nach dem jeweiligen Bedürfnis gefälscht. Cyprian beklagt, daß bei den Abschriften seiner Entscheidungen gefälscht wird, und gefälschte Papstbriefe liefen schon unter Innozenz I. in großer Menge um.

Diese verschiedenen Rechtsquellen drängten zu größeren und einheitlichen *Kodifizierungen*. Die ältesten christlichen Kodifizierungen sind die Kirchenordnungen, und zwar seit dem 3. Jahrhundert. Die syrische Didaskalie, die Apostolische Kirchenordnung, die Apostolischen Konstitutionen, das ‹Testament unseres Herrn› und die hippolytischen Canones bezeichnen den Weg. Das sind alles noch keine vorbildlichen Rechtsbücher, vieles ist aus der Situation erwachsen, aber es bildete eine solide Grundlage kirchlicher Rechtsprechung. Dazu kamen bischöfliche Erlasse in Briefform, wie die Osterbriefe oder die Papstbriefe, die gesammelt und bald bindend wurden. Am wichtigsten wurden die Sammlungen von Konzilsakten, die teils aus Protokollen, teils aus privaten Auszügen bestanden und von denen die Sammlung des Dionysios Exiguus (6. Jhdt.) für den Westen die größte Bedeutung erlangt hat. Das staatlich geltende Kirchenrecht sammelte endlich die große Kodifikation des Codex Theodosianus und des Codex Iustinianus.

Die Hauptform kirchlicher Rechtsprechung war von jeher christlich wie außerchristlich die *Kirchenzucht*. Besonders für Isis sind Strafen für die Übertretung göttlicher oder kultgemeindlicher Gesetze und deren Ersatz durch Bußleistungen belegt, nirgends aber ist die Kirchenzucht und die Bußdisziplin so ausgebaut worden wie in der christlichen, vor allem in der lateinischen Kirche. In den älteren Schichten des Neuen Testamentes war Buße noch die freie Leistung eines gequälten Gewissens, die zu Befreiung und Erlösung führte. Sie stand im Gegensatz zu der rabbinischen Bußauffassung, die durch Werke Gesetzübertretungen auszugleichen suchte. Aber jüdische Bußtheorie und römisches Rechtsempfinden verbinden sich schon bei Tertullian zu einem neuen Bußbegriff: Buße ist die Ableistung einer kirchlich verhängten Strafe für Übertretungen der *lex disciplinae* oder der *regula fidei*. Damit wird sie zum gebotenen Rechtsakt und unterscheidet sich nur graduell von jeder anderen Strafe. Verweigerung der Buße bedeutet Ausschluß aus der Gemeinde, Verlust des ewigen Heiles, bürgerlichen Tod und gesellschaftliche Ächtung. Bischof und

Presbyter werden damit zeitliche und ewige Richter, die genau nach den Canones richten; mildernde Umstände werden nur bei Märtyrern und Sterbenden zugelassen. Die richterliche Machtfülle, die dem Priester mit der Handhabung der Kirchenzucht gegeben ist, tritt zum ersten Male in der Auseinandersetzung zwischen Ambrosius und Theodosius an die Öffentlichkeit: der Kaiser muß vor dem Bischof seine Insignien ablegen und in Asche Kirchenbuße tun.

Zum Schluß noch ein Wort zur *Finanzlage* der alten Kirche. Die antiken Religionen wurden entweder durch Stiftungen ihrer Bekenner oder durch staatliche Zuwendungen finanziert; nur das Judentum führte eine weltweite gleichmäßige Kopfsteuer für alle seine Bekenner durch. Am geordnetsten war das Finanzwesen der Religionen seit den ältesten Zeiten in Ägypten. Hier galt das Prinzip, das sich erst die Ptolemaier, dann der römische Staat zu eigen machten: je fester der Staat eine Religion an sich binden will, um so besser und ausschließlicher finanziert er sie, da sie sonst durch die Zuwendungen ihrer Gläubigen zu einer selbständigen und unter Umständen gefährlichen Geldmacht werden kann. Sie sammelt dann große Vermögen an, wird Grundbesitzer, Bank- und Wirtschaftsunternehmer. In Ägypten ist alles genau geregelt. Die hauptamtlichen Priester haben drei Einnahmequellen, ein festes staatliches Gehalt, freie Einnahmen aus Kasualien und Sondereinnahmen für Nebenleistungen etwa als Schiedsrichter, Gutachter und so weiter. Dafür haben sie auch Steuern zu zahlen, so etwa die Leinensteuer zum Begräbnis des Apis.

Anders ist es bei allen hellenistischen Religionen, die nicht offizielle Stadtreligionen sind. Da die höheren städtischen Priesterämter als teure Ehrenämter der Stadt Geld einbrachten, kam eine städtische Bezahlung nur für unterste Dienstleistungen in Frage. Alle anderen Religionen finanzierten sich selbst. Klar sehen wir bei der Sarapisgemeinde von Delos. Ihre Mitglieder sind reiche Kaufleute, die den Kult tragen. Nur als Geste macht der athenische Staat dreißig Jahre lang etwa alle fünf Jahre eine kleine Stiftung von Kultgegenständen oder gibt einen Bauzuschuß. Ein Rechtstitel leitet sich davon in keiner Weise ab. Als 128 v. Chr. diese Stiftungen aufhören, werden sie stillschweigend von den reichen Priestern übernommen. Daß die angestellten Priester auch in Ägypten im allgemeinen nicht reich sind, geht daraus hervor, daß sie dauernd Geldgeschäfte machen, die ihnen ein Vielfaches ihres Gehaltes einbringen. Die Papyri geben da ein ziemlich düsteres Bild. Höhere Priester waren ohnehin dazu gezwungen, denn in der gesamten Antike waren ihre Ausgaben ungeheuer. Die niederen aber hatten oft kaum genug zu leben. Die Sarapiskatochoi etwa erhielten für ihre kultischen Arbeiten nur eine sehr schäbige Lebensmittelzuteilung und eine lächerliche Bezahlung, von der sie auch noch Steuern an die Pastophoren abgeben mußten. Wenn sie kein eigenes Vermögen hatten, mußten sie betteln gehen.

Das *Christentum* wurde in der frühesten Zeit nur aus freiwilligen Liebesgaben seiner Glieder finanziert. Das beweisen die beiden ‹Kollektenkapitel› des 2. Korintherbriefes. Allerdings bildet sich der Grundsatz heraus, daß niemand mit leeren Händen zum Herrenmahl kommen sollte, doch wurde keinerlei Zwang ausgeübt. Eine große Gebefreudigkeit ermöglichte nicht nur den Ausbau der Gemeinden, die Unterhaltung der Wanderprediger und bald auch der Gemeindeämter, sondern vor allem die großartige Liebestätigkeit der ersten Jahrhunderte. Bis Konstantin hat die Kirche aus freiwilligen Spenden Häuser zu Kirchen umgewandelt, Friedhöfe erworben oder angelegt, Witwen, Waisen, Arme und Kranke versorgt. Nur selten hört man einmal eine Klage über das Nachlassen der Gebefreudigkeit. Man spendete oft Sachwerte, Brot, Öl, Wein, Kleidungsstücke, aber auch Geld; manche richteten sich nach dem alttestamentlichen Zehnt und der Erstlingsgabe.

Ganz anders wird es seit Konstantin. Jetzt beginnen die großen kaiserlichen Spenden an die Kirche, die Genehmigung zum Benutzen der Staatspost, die Errichtung kaiserlicher Kirchen, die Öffnung kaiserlicher Paläste für die Bischöfe, die staatlichen Getreidezuteilungen an den Klerus, die Erteilung der Erbfähigkeit an die Kirchen, die größte Vermächtnisse und Stiftungen ermöglichte. Seit Chrysostomos ist das *Eigenkirchenrecht* belegt, das also keineswegs erst, wie vielfach noch angenommen wird, eine mittelalterliche Schöpfung ist: der Grundbesitzer, der auf seinem Grund eine Kirche errichtet, ist für deren Erhaltung und die Besoldung ihres Klerikers verantwortlich. Auf Konstantin geht auch die Steuerbefreiung der Kleriker zurück. Allmählich eignet sich die Kirche durch Staatsgesetz oder durch illegale Gewaltakte die Tempelgüter an, und so wurde sie da, wo ihr der Staat weniger auf die Finger sah, unermeßlich reich. Vom 5. Jahrhundert an ist der römische Bischof der größte Grundbesitzer im römischen Reich. Aber auch gewöhnliche Priester werden in dieser Zeit sehr reich.

Die *Finanzverwaltung* hat zunächst der Bischof, der keine Rechenschaft schuldig ist, doch kümmern sich die Metropoliten um die Finanzen der unterstellten Bischöfe, und Rom versuchte sogar einmal, sich in asiatische Finanzverhältnisse einzumischen. Dieses unbürokratische System konnte bei geeigneten Persönlichkeiten zum Vorteil der Kirche gereichen, wie bei Basileios oder Chrysostomos, die mit diesem Geld Gewaltiges an Sozialarbeit geleistet haben, es konnte aber auch, wie bei Antonin von Ephesos, der wohl als erster kirchliche Ämter für Geld verkaufte, zu einer schamlosen persönlichen Bereicherung führen. Gegen die Einsichtnahme weltlicher Instanzen in die bischöfliche Geldverwaltung sträubte man sich seit Leo I. Über die *Veräußerung von Gemeinde- und Kirchengut* ist öfter gestritten worden; da es theoretisch als Besitz Gottes gilt, wurde es im Jahre 483 in Rom von einer Synode in gemeinsamer Verhandlung mit dem Senat für unveräußerlich erklärt, doch wurde das im Jahre 502 gemildert: Grundstücke mit zu hohen Gestehungskosten und totes Kapital an Edelsteinen und Metallen dürfen verkauft werden. Justinian verbietet im Jahre 535 jede Veräußerung, doch steht dem Kaiser das Tauschrecht über Kirchengut zu. Im Westen hatte Ambrosius dem Kaiser die Verfügungsgewalt über das Kirchenvermögen abgesprochen, da dieses Gott gehöre. Dabei erneuerte er den alten römischen Rechtssatz, daß der Tempel Eigentum des in ihm verehrten Gottes sei.

Die Besoldung des Klerikers fordert schon das Neue Testament: «Wer im Wort unterrichtet wird, soll den, der ihn unterrichtet, an allen Gütern teilnehmen lassen.» Die ältesten Gemeinden unterhalten daher nicht nur ihre eigenen Lehrer, sondern auch die wandernden Kleriker und Propheten, doch trifft die Didache Maßnahmen gegen eine Ausbeutung. Die Gehälter waren in vorkonstantinischer Zeit niedrig, wir hören von einem Bischof, der monatlich hundert Denare bekam, und Tertullian tadelt, daß sich Bischöfe besondere Fastengebühren zahlen lassen, doch wohl, weil sie darauf angewiesen waren. Feste Sätze hat es nirgends gegeben, der Bischof bezahlte sich nach dem, was da war, und gab seinen Klerikern nach eigenem Gutdünken. Nicht alle hatten Privatvermögen wie Cyprian, der ein Landgut besaß. Mit Konstantin wird das alles sofort anders.

In der geschilderten Entwicklung zur Rechtskirche zeigt sich gewiß die große Tragik des Geistes, die Sohm richtig erkannt hat. Das letzte Wort ist aber auch das noch nicht. Die Kirche konnte in dieser empirischen Welt nicht Reich Gottes sein, sondern mußte, wie Augustin es schon aussprach, *corpus permixtum* bleiben, und daher bedurfte sie notwendig einer juristischen Organisation. So vieles diese Rechtsinstitution von der eigentlichen Religion getötet hat, ihre weltgeschichtliche Bedeutung besteht doch in dem, was Gregorovius für den Westen klassisch formulierte: «Sie (die organisierte Rechtskirche) rettete den Latinismus und die antike Zivilisation, welche auf sie übergegangen war oder deren Reste sie doch in Verwahrung nahm. Sie stand als das alleinige Bollwerk da, an welchem sich die wogende Völkerflut der Barbaren brach. Daß sie schon ein unerschütterlicher Organismus war, während das antike Reich zerfiel, ist eine der größten Tatsachen der Geschichte überhaupt.»

VI. DIE DURCHSETZUNG

1. *Die geistige Durchdringung der Antike mit christlichen Ideen*

Mit zwei Grundlehren stand und fiel das Christentum. Die eine hieß: Diese Welt voll Hast und Unruhe, Leid und Unwissenheit, Vergänglichkeit und Tod, Haß und Schuld wird von einem gütigen Gott geliebt, und diese Liebe wird dem Menschen darin sichtbar, daß Gott in der Gestalt eines historischen Gottmenschen für den Menschen stellvertretend am Kreuz leidet. Die andere hieß: Weil Gott den Menschen liebt, muß der Mensch, der diesen Gott verstanden hat, seinen Mitmenschen als seinen Bruder lieben und das durch die Tat beweisen. Beide Ideen sind selten rein gelehrt worden, doch sind sie es, die auf die Antike den tiefsten Eindruck gemacht haben.

Gewiß waren beide in der Antike schon angelegt. Die Welt der Bürgerkriege, der Barbareneinfälle und Wirtschaftskrisen, des Kampfes aller gegen alle in der Großstadt, der nervösen Unruhe und der römischen Härte und Gefühlsroheit hungerte nach göttlichem Frieden und menschlicher Liebe, und wir wissen, in welchen Religionen und Philosophien sie beides suchte und vielfach auch fand. Aber das Christentum bot in der Ausschließlichkeit der beiden Grundideen doch etwas Neues und Eigenartiges.

Aber ihm wurde das geistige Eindringen in die antike Welt nicht leicht gemacht. Schon die Paulusbriefe lassen deutlich erkennen, wo die Schwierigkeiten lagen. Abgesehen von einigen naheliegenden Mißverständnissen wie etwa der libertinistischen Interpretation der Gnadenlehre: «Je mehr Sünde, um so mehr Gnade», waren es vor allem folgende, wie wir in erster Linie aus den Schriften der großen Gegner des Christentums, des Kelsos, Porphyr und Julian, erkennen:

1. Die Botschaft von einem *gekreuzigten* Gott wirkte abstoßend. Das überrascht, denn der Unterschied zwischen einem gekreuzigten Gott und einem im Nil ertrunkenen oder auf dem Oeta verbrannten scheint für den flüchtigen Beobachter nicht groß zu sein. Er lag aber eben darin, daß das Christentum für seinen leidenden Gott nicht, wie die anderen, mythische, sondern historische Realität beanspruchte.

2. Es war sehr schwer zu verstehen, daß Gott gerade den *sündigen*, den ungebildeten, den leidenden Menschen vorbehaltlos liebt und sich über den Verlorenen mehr freut als über den Gerechten. Wohl gab es, wie wir sahen, in Eleusis auch dazu gewisse Analogien. Aber die Schroffheit, mit der das Christentum das behauptete, untergrub die ethischen Fundamente des antiken Lebens.

3. An der Historizität des christlichen Kultgottes hätte man sich weniger gestoßen, wenn seine historische *Bedeutung* größer gewesen wäre. Aber er hatte weder eine große politische Leistung aufzuweisen wie Alexander und Augustus noch eine große geistige wie Platon und Epikur, an deren Vergottung man sich nicht stieß. Die Wunder, die man von ihm erzählte, waren nicht mehr als Durchschnittsleistungen irgendeines Goeten, seine Auferstehung war widerspruchsvoll oder schlecht bezeugt.

4. Am unverständlichsten waren der radikale *Absolutheitsanspruch,* die Intoleranz und das starke Selbstbewußtsein der Christen. Das widersprach antiker Mäßigung und Toleranz. In diesem einen Punkt war das Christentum wirklich unantik, hier sind seine Beziehungen zum Judentum deutlich.

5. Das christliche *Ethos* war nicht zu verwirklichen, und daher mißtraute man ihm. Man interpretierte es als Ethos des Ressentiments oder als gutmütige Beschränktheit. Die formale Weite des christlichen Liebesbegriffes zu verstehen, war bei dem Vorherrschen der antiken Materialethiken nicht leicht.

6. Man spürte – Kelsos und Porphyrios hatten dafür ein feineres Verständnis als viele moderne Verteidiger oder Gegner des Christentums –, wieviel Antikes, insbesondere Platonisches dem Christentum zugrunde lag. Um so weniger verstand man, warum das Christentum so vieles durch Tradition Geheiligte ablehnte. Die Christen erwiesen sich *gottloser* als die Epikureer, denn diese opferten doch wenigstens, weil das ungeschriebene antike Gesetz es befahl. Die Antike hat nie einen Sinn für Revolutionen gehabt, auch das widersprach ihrem Gefühl für das Maß. Die Christen aber waren Revolutionäre. Das galt als Zeichen ihrer Unbildung.

7. Eine schwere Belastung war das *Alte Testament.* Es war in einem schlechten Griechisch geschrieben, stammte von den verhaßten Juden, bildete den genauen Gegensatz zu so vielem, was die christliche Liebesidee wollte.

Alle diese Angriffe waren für das junge Christentum *von höchstem Wert,* denn sie zwangen es zu ständiger Besinnung. Ohne Kelsos ist Origenes, ohne Porphyr ist Augustin nicht zu denken. Aber das Christentum hat alle diese Einwände geistig zu überwinden versucht und dadurch überwunden, daß es seine Gegner unmerklich zu sich herüberzog.

Leider sind wir hier in einer methodisch schwierigen Lage, da wir nicht nachweisen können, welche spätantiken Rhetoren, Dichter, Denker und überhaupt Vertreter des Geisteslebens in ihren Werken unmittelbar unter christlichem Einfluß stehen. Das ist wegen der nahen Verwandtschaft von Christentum und Antike äußerst schwierig und hängt sehr von subjektiver Meinung ab. Während man früher diesen Einfluß für sehr weitgehend hielt, ist man heute zu vorsichtig. Christliche Einflüsse auf das Corpus Hermeticum, auf die Vita Apollonii, auf alle Neuplatoniker sind nicht von der Hand zu weisen. Nachweisbar sind sie aber erst bei ziemlich allen Schriftstellern des 4. Jahrhunderts mit Einschluß von Christentumgegnern wie Julian. Sicherer ist ein anderer Weg: die Frage nach der durchdringenden geistigen Kraft des Christentums bei den zu ihm *übergetretenen* geistigen Führern der Antike. Daraus ergeben sich etwa folgende Züge:

1. Das Christentum hat aufs tiefste den hellenistischen *Platonismus* durchdrungen. Sämtliche führenden Geister des frühen Christentums von Origenes, wenn nicht schon von Paulus an, bis zu Augustin und zum Areopagiten waren christliche Platoniker. Sie formten den Platonismus in folgenden Punkten um: Aus der Schichtung Idee–Stoff wird die Schichtung Gott–Welt. Aus dem an sich existierenden Geist wird bei den Christen ein Geschenk göttlicher Gnade. Die Ideen, insbesondere die Gerechtigkeit, werden Qualitäten Gottes, der Demiurg des Timaios wird mit dem einen Gott gleichgesetzt, aus dem sich selbst suchenden Eros wird die Gott suchende Agape. Der Abstieg der Ideen wird zur Inkarnation Gottes, der Aufstieg zur Ideenschau zur mystischen Gemeinschaft mit Christus. Der die Ideen spiegelnde utopische Staat wird zum Reich Gottes. An die Stelle der Seelenwanderung nach freier Wahl tritt die durch Gottes Erziehung bewirkte, aber von menschlicher Freiheit unablösbare endliche Erfüllung jeder Seele in Gott. Die Gesetze als Erzieher werden durch den göttlichen Pädagogen Christus ersetzt, die Rückerinnerung an die Welt der Ideen durch die mystisch-sakramentale Rückerinnerung an den Kultgott. Durch diese christliche Umformung ist der Platonismus zur wirklichen Religion geworden, während die außerchristlichen Neuplatoniker in einer Zwischenstellung stehengeblieben oder in Magie versunken sind.

2. Auch die *Stoa* ist christlich umgebildet worden, und zwar von den Apologeten und vor allem von Clemens. An die Stelle des oft recht unscharfen stoischen Ideals des Weisen tritt, wie Pohlenz gezeigt hat, die konkrete Gestalt des Christus, dem alle stoischen Tugenden zugeschrieben werden. Die stoischen Gottesbeweise, die zu einem Allgott führen, werden auf den persönlichen, viel blutwärmeren Gott der Christen angewandt, auf den man doch in hohem Grade stoische Allformeln beziehen konnte. An die Stelle des Naturgesetzes tritt das ebenso unverbrüchlich geoffenbarte Gottesgesetz, wobei freilich der Kern der christlichen Formalethik verlorengeht. Der stoische Logos als Weltvernunft wird zum Reden Gottes, das sich in bestimmten Akten und Menschen der Weltgeschichte von der Schöpfung an in-

karniert, am reinsten in Christus. An die Stelle des kosmopolitischen stoischen Weltstaates, der eine Utopie war, tritt die konkrete politische Größe der Weltkirche. Der stoische Optimismus und die stoische Hochachtung des Menschen im Kosmos wird durch den christlichen Schöpfungsglauben religiös unterbaut. Die von dem Stoiker so oft vergeblich erstrebte Befreiung von den Affekten wird durch den Hinweis auf göttliche Hilfe kraftvoller ermöglicht. Stoischer Schicksals- und Vorsehungsglaube wird ebenfalls von seiner starren Kälte befreit, er wandelt sich in den Glauben an einen liebenden Gott.

3. So nahe der *Kynismos* weiten Kreisen christlicher Asketen steht, so hat er sich doch auch eine ähnliche Verwandlung gefallen lassen müssen. Nicht nur der alte hedonistische Kynismos, der die Mühen des kynischen Lebens auf sich nimmt, weil Bedürfnislosigkeit die höchste Lust ist, sondern auch der spätere ethische, dem die Mühe der einzige anständige und tugendhafte Weg ist, bleiben innerweltlich. Bei den Christen aber ist das kynische Leben immer an Gott gebunden, sei es, daß es in den primitiveren Schichten einen göttlichen Lohn erwartet, sei es, daß es aus reiner Liebe zur Nachfolge Christi wird, den man dann natürlich einseitig als Kyniker erlebt. Liebe zu Gott und zum Menschen, dem der Asket durch seine Entsagung dient, war wenigstens theoretisch das letzte Motiv.

4. Christen, die aus dem Philosophenstand kommen oder die am ausgesprochensten philosophisch Beeinflußten unter den frühen und späten Apologeten bezeugen die christliche Durchdringung der zahlreichen eklektischen Philosophien, insbesondere der in dieser Zeit so einflußreichen *Popularphilosophien*. Minucius Felix hat das klar gesehen. Die popularisierten Philosophien boten sich dem Menschen in den Auslagen der verschiedenen Schulen, die für jedes Niveau zurechtgemacht waren, an, und nun taumelt einer, wie Justin, von einem philosophischen Laden zum anderen und weiß nicht recht, wo er kaufen soll, oder er wählt überall etwas aus und konstruiert sich eine oft genug widerspruchsvolle und in vielen Lücken auseinanderklaffende eigene Philosophie, deren Unsicherheit am deutlichsten in metaphysischen Fragen sichtbar wird. Man leugnet die Götter aus aufklärerischen oder materialistischen Gründen, aber man will sie doch auch nicht ganz aufgeben und sucht sie deshalb noch rational als mindestens möglich zu erweisen. Das ganze Dilemma jener Aufklärungszeit wird überall sichtbar, nicht zuletzt in der Inkonsequenz der Götterlehre des Epikureismus. Nun tritt in diese rationale Zergliederung und gefühlsmäßige Ungewißheit das Christentum ein. Es ist *auch* eklektisch und schreibt mit Vorliebe Varros Religionsgeschichte und Ciceros Religionsphilosophie aus. Aber es begnügt sich nicht damit, sondern benutzt alle nur erreichbaren Bausteine *aller*

Philosophien, um sie als einen tragenden Untergrund für eine absolute Gottesanschauung zu benutzen. Mit Hilfe all dieses philosophischen Tastens beweist es, daß alles Ungelöste in der Philosophie erst durch eine Offenbarung gelöst werden könne, und es hat Selbstbewußtsein genug, zu behaupten, daß es diese absolute Offenbarung, die allem philosophischen Fragen eine endgültige befriedigende Antwort zu geben vermag, besitze. Das hat tiefen Eindruck gemacht. Hier trat nicht eine neue Philosophenschule neben die alten; hier sprach vielmehr eine innere Sicherheit, die sich alle Philosophien dienstbar machte, nicht nach dem Geschmacksurteil des eklektisch Wählenden entschied, sondern sie alle einem einheitlichen Wahrheitskriterium unterwarf, nämlich der Offenbarung, deren man innerlich völlig gewiß war. Damit war der Eklektizismus zwar noch als Methode möglich, nicht aber als Lebenshaltung: das Christentum stellte unerbittlich die Frage, die Octavius bei Minucius Felix stellt, wo denn die Wahrheit hinter den unausbleiblichen Gegensätzen sei. Gewiß bestand längst die Sehnsucht, die Philosophie in Mythos, Offenbarung oder Mystik ausmünden zu lassen, das Christentum aber hat aus ihr zuversichtlich eine absolut gewisse Behauptung gemacht. Zugleich konnte es dank seines neutestamentlichen Schriftbesitzes, in dem ihm die Wahrheit enthalten war, auf solche verzweifelten Auswege wie die der Neuplatoniker verzichten, die schließlich, weil auch ihre Philosophie auf eine Offenbarungslösung hindrängte, in Ermanglung religiöser Urkunden zwangsweise in die finstersten Tiefen der Magie hineingetrieben wurden.

5. Zugleich drang der christliche Geist entscheidend in die *Naturphilosophie* ein. Wie wir sahen, war ihm die religiöse Bedeutung der Natur von den Synoptikern her ein wesentlicher Glaubensinhalt. Diese Natur mit den Gott dankenden Blumen, aber auch der seufzenden Kreatur stand einer Philosophie gegenüber, die den Begriff Natur ständig anwandte, aber nur selten in Verbindung mit einer religiösen Weltbetrachtung. Lactanz kritisierte ganz richtig, daß der Name Natur in den meisten Fällen lediglich ein Deckmantel für zerstörte Religion sei. Deshalb überwältigte viele das machtvolle religiöse Naturerlebnis der Christen. Die großen Hexaemera haben ebenso wie die Naturhymnen der Christen aus der atomisierten, säkularen spätantiken Natur wieder etwas Lebendiges gemacht. Man hat die Naturwissenschaft der Zeit nicht verworfen, sondern von ihr eklektisch alles mögliche übernommen. Tertullian etwa hat, gemessen an seiner Umwelt, ansehnliche naturwissenschaftliche Kenntnisse, ganz zu schweigen von Basileios; aber sie sind nicht um ihrer selbst oder um praktischer Zwecke willen da, sondern geben Einblick in das Wirken Gottes.

6. Wie stark christliches Ideengut in heidnische *Religionen* eindringen konnte, beweist Julian. Er muß immer wieder auf Dinge hinweisen, die die Christen besser machen als die Nichtchristen, aber vor allem den heidnischen Religionen immer wieder christliche Ideen unterschieben und einfügen. Das gilt vor allem für den christlichen Liebesbegriff, dem auch er sich nicht entziehen konnte, aber auch für gewisse kirchliche Einrichtungen, die er in die griechischen Kulte einführen will. Auch da, wo das Christentum die hellenistischen Religionen übernahm und sie seiner Welt eingliederte, geschah es nicht sklavisch, sondern mit grundlegenden Veränderungen. Zunächst hat es aus der vielfach zersplitterten religiösen Welt eine Einheitsreligion gebildet und diese zu einer Lebensform für alle Tage und alle Bereiche des Lebens werden lassen. Auch Isis ist mit allen Göttinnen der Welt gleichgesetzt worden, doch auf dem Weg der Addition. Christus aber hat die anderen Götter wirklich im doppelten Sinne in sich aufgehoben. Alles, was der Antike an Dionysos, Isis, Herakles, Mithras heilig war, ging in das Christusbild ein, aber es entstand immer wieder ein Christusbild, nicht ein Mischgebilde. Das Volk konnte seine alten lieben Götter alle in Christus wiederfinden, aber es betete doch nur einen an. Waren Wesenszüge oder Götter im Christusbild nicht unterzubringen, so gab man sie auch nicht preis, ordnete sie aber Christus als Engel, Heilige oder Dämonen unter. Man gewann, ohne zu verlieren. Selbst den Kaiserkult, der zum Garanten der Ordnung und zur Legitimierung der Herrscher wesentlich für die Antike war, gab man nicht auf. Keine antiken Herrscher sind stärker vergottet worden als die Kaiser von Byzanz, und Ambrosius spricht von Theodosius in einer Terminologie, die die Vertreter des Kaiserkultes nie überboten haben. Und doch ist auch hier etwas Neues entstanden. Der Kaiser ist nicht mehr Gott, weil er durch Leistung, durch Senatsbeschluß, durch Tradition, durch Institution, durch Insignien, durch Beliebtheit beim Volk göttliche Qualitäten bekommen hätte, sondern nur als ein bestimmtes Glied in dem geschichtlichen Wirken des höchsten Gottes, gewiß als sein Abglanz, und doch eben nur als Abglanz. Denn der Kaiser wird nie zum Christus selbst, sondern nur zu dessen Bild, während selbst in dem sehr zurückhaltenden Eleusis Kaiser Gallienus mit Demeter gleichgesetzt wird. Die Sonderstellung des Kaisers beruht darauf, daß Gott einen irdischen Vertreter bei der Weltregierung braucht und ihn als solchen einsetzt. Damit war der Kaiserkult seiner Isolierung entrückt und wirklich eingebettet in eine große Einheitsreligion.

7. Auch die *Volksreligion* hat die christliche Geisteswelt übernommen und umgestaltet. Zwar wurde hier mehr als auf anderen Gebieten beseitigt, und Zauber und Astrologie wurden wenigstens

theoretisch bekämpft. Aber vieles blieb und wurde schließlich auch eingegliedert, wenn auch nicht ohne manchen Protest. Wenn Gott als der Herr der Sterne anerkannt wurde, konnte man in einem gewissen Umfang die Sterne als seine Offenbarung betrachten und eine christliche Astrologie schaffen. Wenn man die Wunder nicht mehr an den Stoff oder an den Zauberer band, sondern Gott als ihren Urheber gelten ließ, der sie auf das Gebet des Frommen, Heiligen, Exorzisten, Priesters hin wirkte, konnten sie ohne Schaden auch weiterhin gewirkt werden. Wenn das Amulett das heilige Zeichen zeigte, an dem Gott gestorben war, durfte es jeder tragen. So drang bis in die untersten Schichten ein letzter Strahl göttlicher Liebe, denn diese war es, die durch das Amulett schützte und durch das Wunder heilte. Damit war aber auch die Volksreligion nicht mehr isoliert, wie bisher, sondern ein dienendes Glied für die christliche Idee geworden. Das gab einen viel höheren Grad von Geborgenheit, denn man vertraute jetzt nicht mehr auf einen Gegenstand oder einen Zauberer, sondern auf den hinter ihnen stehenden Gott. Da man außerdem wußte, daß Gott nur dem hilft, der christlich lebt, gelang es sogar, die Volksreligion bis zu einem gewissen Grad zu versittlichen.

8. Damit verwandelt aber in einem langen Prozeß die christliche Geisteswelt auch das *profane* Leben. Auch hier tritt an die Stelle isolierter Haltungen, Anschauungen, Lebensweisen eine religiöse Ganzheitlichkeit. Vieles bleibt immer in Fluß, oft werden vorhandene Entwicklungen nur beschleunigt, oft wird nicht mehr erreicht, als daß Fragen neu und radikal gestellt werden. Aber es entsteht doch ein neues Gesamtbild, wenigstens im Bereich der Geistesgeschichte. Noch nie war die soziale Frage in breiten Kreisen so ernst genommen, noch nie die Kritik an den Unsittlichkeiten des öffentlichen Lebens so laut geäußert worden. Wichtiger war das Vorbild einer Gruppe von Menschen, die nach einem neuen Lebensideal lebten und sich im Alltag des Lebens darum mühten. Ein zuverlässiger Beobachter stellt zum Beispiel fest: «Die christliche Gemeinde in Athen ist friedliebend und wohl geordnet, weil sie Gott in allem gefallen will. Die athenische politische Gemeinde aber ist undiszipliniert und läßt sich in keiner Weise mit der dortigen christlichen Gemeinde vergleichen. Dasselbe kann man über die christliche und die politische Gemeinde in Korinth oder auch in Alexandreia sagen.»

Die Christen haben den Erfolg ihrer Ideen schon sehr frühzeitig erkannt, und die Besten unter ihnen haben darin ein göttliches Wunder gesehen, an dem sich ihr Selbstbewußtsein und ihre Aktivität immer neu entzündeten. Jesus hat «die Welt nicht nur mehr erschüttert als der Athener Themistokles, sondern auch als Pythagoras und Platon», kann Origenes schon vor dem endgültigen Sieg des Christentums ohne Übertreibung feststellen. Paulus ist erstaunt, wie rasch sich das Christentum verbreitet, den Apologeten ist es ein Rätsel, vor dem sie und ihre Nachfolger oft staunend stehen. Zuletzt ist die Antwort aber doch denkbar einfach. Da die großen Erfolge des Christentums *vor* Konstantin liegen, ist der Hauptgrund weder in der radikalen christlichen Intoleranz zu suchen noch in dem Aufsteigen unterer Schichten – denn zu denen gehörten weder Clemens noch Origenes, weder Hippolyt noch Cyprian –, sondern in der geistigen Macht und der inneren Glut der doppelten Liebesidee, die freilich auf eine Welt stieß, die in einzigartiger Weise dafür vorbereitet war und schließlich ihren geistigen Besitz zur Verfügung stellte. Denn das ist nun die andere Seite: das Christentum lebt auch von dieser Welt und hat sich von ihr ebenfalls durchdringen lassen.

2. *Angleichung und Übernahme*

«Es ist alles euer, ihr aber gehört Christus» – damit war von Anfang an dem Christentum die Möglichkeit gegeben, die antike Welt in sich aufzunehmen. In welchem Maße es das getan hat, haben wir fast auf jeder Seite dieses Buches gesehen. Die ältesten literarischen Zeugnisse des Christentums, die Paulusbriefe, die synoptischen Evangelien, die johanneische Literatur sind schon so verschmolzen mit der hellenistischen Geist- und Formenwelt, daß man von einem ‹reinen Christentum› zu keiner Zeit reden kann. Nur das Schwanken zwischen stärkerer und schwächerer Angleichung an die Umwelt wirft Fragen auf; die Tatsache als solche ist jedem klar, der das Christentum nicht zu einer unwirklichen Abstraktion macht. Eine einfache Statistik der Beziehungen ist unmöglich; die oft gehörte These, erst im 4. Jahrhundert sei der Höhepunkt erreicht, ist deshalb falsch, weil zu allen Zeiten die Angleichung weitgehend abhing von Herkunft, Individualität und Bildungsstand des einzelnen. Wir sahen, wie tief Paulus, Johannes, Lukas in ihrer geistigen Umwelt verwurzelt sind, wie die Apologeten auch dann aus ihr leben, wenn sie sie ablehnen. Aber der Gradunterschied ist groß: die einen schreiben antike Popularliteratur aus, die anderen leben von den Quellen antiker Bildung. Aber von seiner Umwelt hat sich nicht einmal der Asket in der Wüste völlig losgelöst.

Untrennbar waren und blieben die Verbindungen zur Philosophie. Schon die Apostelgeschichte kennt Diskussionen zwischen Christen, Epikureern und Stoikern, dann fordert Justin die Kyniker zu öffentlichen Disputationen heraus. Wer macht sich einmal an die entsagungsvolle, aber sehr nützliche Arbeit eines Registers aller von den christlichen Schriftstellern vom 1. bis zum 5. Jahrhundert gelesenen antiken Schriften? Das Ergebnis wäre erstaunlich. Was hat Clemens, was Basileios, was Chrysostomos alles gelesen. Die Kirchengeschichte hat hier wie so oft ein falsches traditionelles Bild geschaffen, das erst langsam zerstört wird. Wie wenig bleibt selbst bei Augustin übrig, wenn man einmal alles abstreicht, was aus der außerchristlichen Antike stammt.

Das gilt auch für die *Dichter*. Es gibt nur wenige kirchliche Schriftsteller, die nicht wenigstens ein paarmal Homer zitieren, den sie ebenso lieben wie die Nichtchristen. Als Julian Troja besucht, läßt er sich von dem christlichen Bischof Pegasios die heiligen Stätten der Ilias zeigen, weil dieser sie am treulichsten hegt und verehrt. Wie oft begegnet Hesiod in der griechischen patristischen Literatur! Euripides ist für Clemens von Alexandreia der Dichter, aus dem jeder Christ lernen kann; er findet sich noch heute als Heiliger auf mancher ostkirchlichen Bilderwand. Aber die griechischen Kirchenväter zitieren auch entlegenste Dichter, Philosophen und Historiker. Im Westen ist es nicht anders, nur nimmt hier Vergil die Stelle Homers ein. Aber man zitiert nicht nur, man freut sich auch daran, wie Basileios in seinem schönen Gleichnis von dem Baum, über dessen Blätter man sich freut, auch wenn er keine Früchte trägt, man lernt und will lernen.

Wir brauchen keine Einzelheiten zu wiederholen. Aber es ist nötig, im Ganzen zu sehen, wieviel das Christentum dem Geistesbesitz der Umwelt verdankt:

1. Zumindest seit Paulus stand das Christentum unter *platonischem Einfluß*. «Das Sichtbare ist zeitlich, das Unsichtbare aber ewig» – «Wir erkennen jetzt durch einen Spiegel, in einem Rätselwort». Die Geistesgeschichte des antiken Christentums ist zu einem großen Teil eine Geschichte des Platonismus. Die Schöpfungslehre rückt immer weiter von der Bibel ab und auf den Timaios zu, Gotteslehre, Ethik, Liturgie, selbst Kirchenbau sind von platonischem Geist erfüllt. Jede Schattierung des Platonismus wird christlich: echter Platon, später Platonismus von der Färbung des Plutarch, des Plotin, Porphyrios, Proklos. Die Etappen bezeichnen Paulus–Justin–Origenes – die Kappadoker – Euseb–Augustin–Dionysios Areopagita. Die Verehrung Platons in christlichen Kreisen ist grenzenlos. Die Karpokratianer stellen ihn neben Jesus, Clemens von Alexandreia weiß mehr von ihm als von der Bibel; Beutler hat in seiner schönen Schrift über Minucius Felix richtig gesehen, daß es «typisch christlich» ist, Platon aus allen Philosophen herauszuheben. Die Kappadoker legen die Bibel nach Platon aus, über Marius Victorinus geht der platonische Einfluß bis zu Boëthius, der zuletzt nur noch plato-

nisierend schreibt. Augustin preist Platon in überschwenglichen Worten als den nächsten Verwandten der Christen. Noch nach 500 schreibt und lehrt in Syrien ein aus dem Origenismus hervorgegangener reiner christlicher Platoniker, Stephanos bar Sudhaile.

Die Vereinigung des Christentums mit dem Platonismus, sei es dem ursprünglichen, dem mittleren oder dem neuen, gehört zu den *glücklichsten Ereignissen der europäischen Geistesgeschichte*. Wo sie gelang, entstand eine großartige Metaphysik von strahlender Einheitlichkeit. Ihre Grundlage war die Lehre vom Abstieg des Göttlichen und vom Aufstieg des Menschen, den wohl die Christen mehr als die Platoniker als Gnade erlebten, der für sie aber doch ebenso real war wie für jene. Die Verschmelzung von Eros und Agape verlieh dem Eros ein sittliches Moment, bewahrte aber die Agape vor der Verbürgerlichung und Rationalisierung. Wo sich platonische Hochschätzung der Erkenntnis mit dem christlichen Geistbegriff verband, verfiel der christliche Glaubensbegriff nicht in ein unwissendes und unkritisches Fürwahrhalten. Selbst die platonische Eschatologie hat es dem Christentum ermöglicht, seine alten apokalyptischen Bilder zu vergeistigen und dadurch mit einem neuen Leben zu erfüllen, als sie infolge des Ausbleibens des Weltendes zu verblassen begannen.

2. *Der stoische Einfluß* macht sich schon im Römerbrief durch die nicht ganz widerspruchslose Einführung der stoischen Lehre von einer natürlichen Gottesoffenbarung und durch die Hereinnahme stoischer Tugend- und Lasterkataloge geltend. In der Folgezeit wird besonders Seneca bedeutungsvoll, den Tertullian «unser» nennt, den Hieronymus und Augustin für einen Christen halten und von dem die christlichen Rhetorenschulen einen Briefwechsel mit Paulus herstellen. Im 6. Jahrhundert ersetzt man in stoischen Schriften den Namen des Sokrates durch Christus und ediert sie als christliche.

Hauptsächlich von der Stoa her ist das Christentum moralisiert worden. Auch trübte die stoische Gotteslehre das ursprüngliche Bild, denn schon bei den Apologeten ist der liebende christliche Gott durch den rationalen der Stoa verdunkelt. Die Verbindung mit dem stoischen Logosbegriff war nicht immer glücklich, da sie die Gestalt des historischen oder mythischen Christus im Abstrakten auflöste. Die stoische Ethik bedeutete eine Verengung der altchristlichen Liebesethik, obwohl ihre Rezeption das Christentum erdnäher und lebenstüchtiger machte. Hilfreich war jedoch die Aneignung des gesamten stoischen Arsenals von Waffen zur Bekämpfung der antiken Religionen, denn sie hat dem Christentum seinen Missionsweg erleichtert. Endlich ermöglichte die Annahme der stoischen Lehre vom Logos spermatikos und des stoischen Naturrechts die Verbindung von Christlichem und Vorchristlichem und bewahrte das Christentum vor sektiererischer Isolierung.

3. Hier aber enthüllt sich nun eine große *Paradoxie*, die aus dem Satz: «Es ist alles euer» erwachsen mußte. Weil das Christentum *keine Religion und Philosophie neben sich duldete, aber jede in sich aufzunehmen bemüht war, mußte seine Einheitlichkeit an dieser einströmenden Fülle zerbrechen.* Man kann heterogene Dinge nur bis zu einem gewissen Grade aufnehmen, das Christentum hat sich darin übertan, und so mußte es zu der langen Kette innerchristlicher Kämpfe kommen, die darauf zurückzuführen waren, daß man außer dem Platonismus und der Stoa auch Pythagoras, Aristoteles und sogar Epikur aufnahm.

4. Von entscheidender Bedeutung war die Vermählung mit der *Philologie* und der *Kommentarwissenschaft*. Erst dadurch wurde das Christentum zu einer Buchreligion; als der Geist noch redete, war das Buch ‹toter Buchstabe›, und lange überlieferte jeder Herrenworte und -taten, wie er wollte. Als aber von Origenes bis Hieronymus die Philologen zu Worte kamen und die Kommentarwissenschaft die heiligen Schriften als Objekte des kommentierenden Verstandes anzusehen begann, änderte sich das Gesicht des Christentums wesentlich: aus der naiven wurde eine gelehrte Religion. Auch das war zweischneidig. Einerseits entstand aus der ehemaligen Einheit von ‹Gebildeten und Ungebildeten› der Gegensatz von ‹gemeinen Gläubigen› und ‹Gnostikern›, andererseits aber eröffneten sich dem Christentum allmählich alle Schätze antiker Bildung.

5. Die schon im Neuen Testament einsetzende Durchdringung des Christentums mit Mythos und Kultus der *Mysterienreligionen* ermöglichte eine größere Anschaulichkeit des christlichen Glaubens und eine leichtere Zugänglichkeit zu den christlichen Feiern. Wenn fast alle Mysteriengötter und -göttinnen im Christentum ihre Spuren hinterließen, wenn für den Gläubigen ihre verschiedenen Todesschicksale im Todesschicksal des Christus zusammengeschaut wurden, wenn man Riten wiederfand, die man längst kannte und die doch verständlicher gemacht wurden als in den anderen Religionen, wenn man nicht völlig zu verbrennen brauchte, was man bisher angebetet hatte, sondern wenn jeder, der bisher eingeweiht worden war, wo immer das auch gewesen sein mochte, seinen Lieblingsmysteriengott in Christus konkret und geschichtlich wiederfand, so war ein Übertritt zum Christentum nicht schwer und erforderte keinen absoluten Bruch mit der Vergangenheit. Die Übernahme der Mysterienliturgien konnte wirksamer und prachtvoller gestaltet werden, weil die Mysterienreligionen sich zersplittert hatten und oft zu arm waren, vor allem dann, als das Christentum größere staatliche finanzielle Hilfen zum

Bau seiner Kirchen erhielt, als die Mysterienreligionen sie jemals erhalten hatten. Jedes Bild, jeden Brauch konnte man aus den Mysterienreligionen übernehmen. Theoretisch ließ sich das leicht mit dem Begriff des Logos spermatikos oder mit dem paulinischen des Vorläufers und Erziehers im Hinblick auf Christus rechtfertigen. Um sich trotzdem zu sichern, fügte man bei Christus das Attribut ‹*wahr*› hinzu: er ist der wahre Weinstock Dionysos, der wahre Orpheus, der wahre Attis, sogar der wahre Prometheus. Ein berühmter Christushymnus des Paulin von Nola zeigt das am deutlichsten:

Heil, wahrer Apollo, erhabener Paian,
Töter des Unterweltdrachens!
Der Köcher deines süßen Evangeliums,
Der auf den vier Evangelisten ruht,
Der Pfeil getaucht in prophetische Süße,
Gefiedert mit der Väter Orakeln,
Der Bogen tönend von väterlicher Tugend,
Die Sehne mächtig durch Wunder,
Haben die alte Schlange getötet.
Io, edler Triumphator!

Allerdings verliert dadurch die Gestalt Christi ihre Einmaligkeit, gelegentlich sogar ihre evangelische Geschichtlichkeit und wird gleich allen hellenistischen Mythengestalten zeitlos. Jetzt heißt es in den Liturgien nicht mehr: «Gekreuzigt unter Pontius Pilatus», sondern «*Heute* ist Gott Mensch geworden, *heute* wird Christus gekreuzigt, *heute* sind wir von der Finsternis erlöst». Es gibt in den griechischen Liturgien Gebete, in denen sechzigmal dieses ‹Heute› die Zeilen einleitet und die gesamte Heilsgeschichte in eine zeit- und raumlose Geistigkeit umgewandelt wird.

6. In drei Schichten hat sich das Christentum den Kulten der *Gottmenschen* und dem *Herrscherkult* angepaßt. Im Neuen Testament hatte es deren Terminologie und Erlebnisformen auf Christus übertragen, später auch auf Märtyrer, Heilige, Bischöfe und Asketen, endlich in Byzanz wieder auf den Kaiser. Von Augustus bis Aurelian waren Kaiser als Licht der Welt verehrt worden, im Neuen Testament war es Christus und der echte Christ, seit Konstantin ist es wieder der Kaiser. Führte einst Apollon, dann Augustus das neue Zeitalter herbei, so war es im Christentum zunächst Christus, dann aber der streng christliche Kaiser Theodosius, der sich die Inschrift setzen ließ:

Theodosius schmückte diesen Ort nach dem Tod des Tyrannen,
Er bringt die goldene Zeit, der dies Tor aus Gold gebaut hat.

7. Von großem Nutzen war es für das Christentum, daß es am

spätesten von allen hellenistischen Religionen kam. Trotz der Verehrung des Alten und trotz aller Renaissancebewegungen gehört die cupiditas novarum rerum zu den Hauptkennzeichen der Epoche. Das Christentum wird schon von Lukas als «das Neueste» angekündigt. Dura, von dem wir die Bauzeiten der Tempel ziemlich genau kennen, ist ein Spiegelbild für die allgemeine Lage: die Kirche kommt zuletzt, sie ist noch sechzig Jahre nach dem ersten Mithräum gebaut. So konnte das Christentum aus den Erfahrungen der anderen lernen und hat das bewußt oder unbewußt getan. Zugleich aber war es noch neu, als die anderen Religionen zum Teil schon veraltet waren und den Reiz des Neuen verloren hatten, denn die Zeit war schnellebig.

8. Die *aufsaugende Kraft* des Christentums ließ Zwischenlösungen zu. Einen starren Monotheismus hat es nie gehabt. Jetzt nahm es auf dem Weg der Heiligenverehrung jeden antiken Gott auf, der aufgenommen werden wollte. Die antiken Heilgötter erscheinen als Cosmas und Damian, der alte Schutzgott der Nilschwelle bekommt den Namen des großen Schenute. Wie die antike Menschenvergottung den Menschen zum ‹Mittempelbewohner› (σύνναος) eines Gottes machte, so wurden die Heiligen Synnaoi Christi und ihre Bilder neben das Christusbild in die Kirchen gestellt. Weil sich die neue Religion auch nicht zu erhaben dünkte über die Torheiten der Volksreligion, sondern vieles aus ihr beibehielt, konnte sie jeden Grad der Volkstümlichkeit erlangen.

9. Auch dem antiken *Profanleben* hat sich das Christentum gut eingefügt. Wie man in der Kunst jahrhundertelang keinen Unterschied zwischen christlichen und heidnischen Werkstätten findet, so ist auch in Handel, Wandel und Sitte mit wenigen notwendigen Einschränkungen der paulinische Satz: «Es ist alles euer» angewandt worden. Damit wurde das Christentum immer weltoffener und immer weniger sektenhaft, es gewann das Recht, sich in die Kultur der Umwelt vollwertig hineinzustellen. Gregor von Nazianz kann Julian den Anspruch verweigern, daß er allein Hellene sei, denn die Christen haben bewiesen, daß sie es ebenso sind. Das war richtig. Im Westen hat besonders Augustin gegen den Einwand protestiert, das Christentum löse die Kultur und Sitte der alten Welt auf, und die lange Reihe der gebildeten Christen von Clemens von Alexandreia bis zu Synesios und Boëthius gibt ihm recht.

oder ohne kaiserliche Genehmigung niedergebrannt, geplündert, zerstört. In Kleinasien fiel unter anderem der Vespasiantempel von Ephesos, in Syrien der Apollontempel von Antiocheia, in Ägypten um 389/91 das Sarapeion von Alexandreia, in Griechenland der Tempel von Korfu, auf dem Balkan um 350 das schöne thrakische Zeus-Herakles-Heiligtum von Kustendil den christlichen Brandstiftern zum Opfer. In Rom preisen sogar Prudentius und selbstverständlich Hieronymus die Anstifter dieser Barbareien, die sich mit Recht die Taufe verdient hätten und durch diese Taten echtes Römertum und adlige Gesinnung bewiesen. Es war klar, daß Renegaten aller Stände versuchten, sich auf diese Weise erhöhtes Ansehen zu verschaffen. In Afrika hat Augustin vor solchen Verwüstungen nicht zurückgeschreckt, und in Germanien haben im Jahre 337 die Christen den großen Tempelbezirk von Trier völlig zerstört. Ganz besonders schlimm haben es die Kopten getrieben, was natürlich zu verstehen ist: sie konnten zu griechischen Kunstwerken wirklich keine Beziehungen haben. Sie besaßen ein gefälschtes kaiserliches Edikt, das Theodosius in den Mund gelegt wird: «Für immer gebe ich dir die Tempelschlüssel von Alexandreia bis Assuan mit der Vollmacht, aus den Tempeln jeden Schatz zu nehmen, den du findest und zur Errichtung von Kirchen und Klöstern brauchen kannst . . .» Sogar als Heilige sind die Brandstifter und Diebe verehrt worden wie Martin von Tours, der selbst zur Axt und zum Feuerbrand greift, und dessen Barbarismen Sulpicius Severus noch durch Wundergeschichten feiert, die sich später in den germanischen Missionsbüchern unverändert forterben, oder wie Theodor von Amasea, der einen Kybeletempel anbrennt, oder Karterios, der ein Sarapeion zerstört. Zahllos sind die Verhöhnungen und Entweihungen der Tempel und Kultgebräuche durch die christlichen Massen.

Häufiger als die Zerstörung ist die *Umwandlung antiker Kultstätten in Kirchen.* In Kleinasien wurden der Apollontempel und das Asklepieion von Milet, das Sarapeion von Ephesos, der Aphroditetempel von Aphrodisias, das Iseion von Pergamon, der Stadttempel von Kaisareia zu Kirchen umgestaltet, in Syrien der Haupttempel von Heliopolis neben vielen kleineren. Die Geburtskirche in Bethlehem steht auf einem Adonisheiligtum und die Grabeskirche auf einem Tempel aus hadrianscher Zeit. In Ägypten wurde um 390/91 der Dionysostempel von Alexandreia zur Kirche; der Bischof Theophilos veranstaltete bei dieser Gelegenheit einen äußerst geschmacklosen, an die niedersten Instinkte appellierenden Spottumzug mit den heiligen Geräten der Tempel, was allerdings bei den Griechen Alexandreias einen Aufstand hervorrief. Auch in Luxor, Karnak, Assuan, Edfu, Dendera, Medinet Habu und zuletzt, ganz am Ende der Epoche in Philai, wurden die Tempel oder Teile der Tempel zu Kirchen. In Kyrene hatte der alte Apollontempel aus dem 6. Jahrhundert dasselbe Schicksal, in Griechenland widerfuhr Dodona, dem Parthenon, Erechtheion und Theseion das gleiche. In Rom sind die ältesten sicheren Beispiele der Romulustempel und die Mithräen unter San Clemente und Santa Prisca. Im übrigen Italien finden sich Beispiele von Syrakus über den Monte Cassino bis Aquileia; unter den zahlreichen Beispielen Afrikas ist zu erwähnen der Haupttempel der Himmelskönigin von Karthago, der nunmehr der ‹Himmelskönigin und dem Herrn› geweiht wird. In Spanien hat man in Kirchen sogar römische Altäre mit nur ganz geringen Veränderungen und Ausmeißelungen benutzt. Eine rühmliche Ausnahme macht Basileios, der zwar auch leerstehende heidnische Tempel enteignet, jedoch um die Wohnungslosigkeit der Armen zu beseitigen, und im Westen Hilarius von Poitiers, der Duldung verlangt.

Die letzte Konsequenz war der *gewaltsame* Zwang, zum Christentum überzutreten. Zuerst haben ihn die afrikanischen Lateiner auf Grund eines völlig mißverstandenen neutestamentlichen Wortes gefordert. Welcher abgrundtiefe Haß bei Christen vorkommen konte, zeigt am krassesten der Renegat Firmicus Maternus. Sein Buch wendet sich an die «allerfrömmsten Kaiser» und weist sie auf die Staatsgefährlichkeit der Nichtchristen hin. Ein Jahrhundert früher hatte man genau denselben Vorwurf den Christen gemacht. Sogar der Mythos vom Kampf des Zeus gegen Saturn muß herhalten, um die revolutionäre Gesinnung des Heidentums zu beweisen. Dann folgt die unverhüllte Aufforderung, die Tempel niederzubrennen, alles auszurotten und zu zerstören, die Nichtchristen auch gegen ihren Willen zum Eintritt in die Kirche zu zwingen oder aufs strengste zu strafen. «Zerschmettert die Götterbilder des Teufels, damit er besiegt am Boden liegt und in Asche und Flammen vergeht.» Mit einer nicht mehr zu überbietenden Dummheit und Bosheit wird jeder Klatsch über die außerchristlichen Religionen im Ton höchster Entrüstung erzählt, wobei auf die niedersten Instinkte der Leser spekuliert wird: Firmicus bemüht sich, ihnen möglichst viel Angst vor den alten Kulten einzujagen. Persönlicher Haß oder Neid mag mitsprechen wie in den Angriffen auf Porphyrios, die alles andere als sachlich sind. Gefährlich ist das Buch, weil es dem Staat den Weg zu jedem Unrecht christlich sanktioniert. Zu jeder Grausamkeit wird der Kaiser aufgerufen – etwas Christliches ist nicht mehr zu erkennen: «Vernichtet im Auftrag Gottes den Götterdienst, zerstört die Tempel!» Alle ethischen Hemmungen fallen weg: «Raubt ohne Rücksicht, frömmste Kaiser, den Schmuck der Tempel. Diese Götter sollen in den Münzen und Schmelzöfen umgeschmolzen werden. Nehmt die

Weihgeschenke in euer Vermögen und eignet sie euch an ... keine Spur des verfluchten Heidentums soll übrigbleiben ... euch, frömmste Kaiser, ist befohlen, zu züchtigen und zu strafen ... weder den Sohn soll man nach Gottes Befehl schonen noch den Bruder, und Gott erlaubt sogar, die Ehefrau mit dem Schwert hinzurichten.» Das war römisch, und die Folgen kann man sich leicht ausmalen.

Die *Gegenbewegungen* der Nichtchristen blieben nicht aus, aber sie hatten keine rechte Kraft mehr, weil ihnen die Volkstümlichkeit und radikale Unbekümmertheit des jungen Christentums abging, weil ihnen die Einheitlichkeit fehlte, oder weil sie oft zum Deckmantel sich widersprechender Ideen und Interessen dienten. Am machtvollsten war noch die *Julians*. Aber auch er dringt nicht durch, denn er ist am wenigsten das, was er zu sein beansprucht, Grieche. Seine drei großen christlichen Gegner, die Kappadoker, waren bessere Griechen als er. Ganz ungriechisch wird er ein Opfer orientalischer Magie, seinen Kampf gegen das Christentum führt er mit den geliehenen Waffen des Porphyrios. Er ist viel zu wenig geistig, viel zu sehr Stimmungsmensch mit allerlei Ressentiments, um Grieche sein zu können. In seinen Mitteln ist er nicht besser als die schlechtesten christlichen Kaiser: entweder imitiert er Christliches oder er glaubt durch Gesetz und Propaganda eine geistige Bewegung zu entfachen, oder er greift zu halben Gewaltmitteln, die nur einem schwachen Gegner hätten ernstlich schaden können. Dazu kam, daß er sich lächerlich machte oder unverständlich wurde; das Volk begriff nicht, warum sich der Germanensieger mit einem struppigen Bart, in den sich öfter eine Laus verlief, und mit von Rußtinte beschmutzten Fingern oder mit von Opferblut besudelten Händen in der Öffentlichkeit zeigte. Gewiß war er ernst und ehrlich, aber er überschätzte seine Kräfte. Er wollte die Christen von der griechischen Bildung ausschließen, aber die war von ihnen schon in Besitz genommen worden, er wollte die Christen aus Heer und Staatsapparat entfernen, aber da verlor er seine besten Soldaten und Beamten. Da er nicht genug ‹heidnische› Persönlichkeiten fand, mußte er oft übelste Konjunkturritter wie Hekebolios einstellen. Seinem Wesen nach ist der letzte Christenverfolger dem ersten, Nero, recht ähnlich; was beide adelt, ist die gleiche hoffnungslose und unglückliche Liebe zu Griechischem, aber beide täuschen sich darin, daß sie meinen, viel griechischer zu sein als sie es wirklich sind. Beide haben mehr Haß geerntet, als sie verdienen; aber wie Nero in Plutarch so hat Julian in Libanios und in dem Christen Prudentius einen Verteidiger gefunden.

Im allgemeinen waren es nicht *Griechen*, sondern Juden und Syrer, die sich im Osten am längsten gegen das Christentum gewehrt haben, Männer wie Jamblich, der ‹Blender ohne Glanz›, der 360 Götter in ein System bringt und allen orientalischen Unsinn mit einer dünnen neuplatonischen Decke umhüllt. Nur einige bis zur tragischen Größe aufsteigende Griechen lassen auf einsamen Posten in letzter Spätherbstschönheit das Alte noch einmal in wunderbarem Glanze aufleuchten, vor allem der Rhetor Libanios. Gewiß halten sich Epidauros, die hellenistische Isis, Eleusis, das heidnische Athen noch lange, aber als Museumsstücke mit immer kleineren Kreisen von Anhängern.

Anders in Rom. Hier kam es im 4. Jahrhundert durch den römischen Adel noch einmal zu einem kraftvollen Bekenntnis zum Heidentum. Im Jahre 359 ließ der Stadtpräfekt Memmius Vitrasius Orfitus einen Apollotempel weihen. Vettius Agorius Praetextatus, der sich in Eleusis einweihen ließ, tat in Achaia als Prokonsul alles, was er konnte, um die hellenistischen Kulte zu erhalten, und übernahm in Rom das Augurenamt. In einer ergreifenden Grabinschrift (nach 384) bezeugt seine Gattin seine tiefe Frömmigkeit, deren wichtigste Verse in der schönen Übersetzung von Latte lauten:

Als frommer Myste birgst du in des Herzens Schrein,
Was heilge Weih'n dich finden ließen, und verehrst
Also vielfach gebildet Gottes Majestät.
Die Gattin nimmst du gütig zur Gefährtin dir
Bei allen Opfern, die in Treue jegliches
Geheimnis, irdisch sowie himmlisch, mit dir teilt.
Soll ich von deinen Ehren sprechen, von der Macht,
Von jenen Freuden, die den Menschen hoch erwünscht?
Das alles galt dir als vergänglich stets und klein,
Die heilge Priesterbinde war dein höchster Ruhm.
Du hast mich, Gatte, durch der Lehren Kraft befreit
Vom Los des Todes, keusch und lauter wie ich war ...
Und machst mich wert, Eleusis' Weihen zu empfahn.

Claudian wurde von seinem Vater durch die Tempel Roms geführt, und er hat das nie vergessen. Um das Jahr 368 mußte Alfenius Caeionius Julian einen Prozeß über sich ergehen lassen wegen Festhaltens an der alten Religion. Für ihre Erhaltung brachte der verarmende heidnische Adel gewaltige finanzielle Opfer. Als Alarich auf Rom marschierte, versprachen tuskische Auguren, die Stadt würde gerettet werden, wenn man die alten Opfer wieder einführte. W. Hartke hat uns gezeigt, wie die literarische Propaganda fortdauerte, Alföldi, wie in den Kontorniaten noch heidnische Prägungen auflebten; aber auch mit dem Schwert kämpfte das römische Heidentum noch einmal um seine Existenz. Als Arbogast im Jahre 392 Kaiser Valentinian II.

ermorden ließ und den Rhetor Eugenios, der zwar Christ, aber humanistisch tolerant war, zum Kaiser erhob, erneuerte der Prätorianerpräfekt Virius Nicomachus Flavian die Opferschau und die Isis- und Kybeleprozession in Rom, stellte eine Zeusstatue in seinem Lager auf und verlieh Nichtchristen höhere Beamtenstellen. Aber Flavian fiel noch vor der Entscheidungsschlacht von Aquileia im Jahre 394, in der die unter dem Zeichen des Herakles kämpfenden Truppen des Eugenios von den unter dem Zeichen des Kreuzes kämpfenden des Theodosius geschlagen wurden.

Die versöhnendste Szene während dieses Sterbens des ‹Heidentums› ist der *Kampf um die Victoria* im Senatssaal, eine tarentinische Schöpfung, die Cäsar mit einem Altar in der Curia Iulia aufgestellt, der Augustus die Beutestücke aus Ägypten geweiht hatte und vor der jede Senatssitzung mit einem Opfer begann. Konstantius ließ den Altar entfernen, Julian ihn wieder hinstellen, Gratian ihn auf Betreiben der christlichen Senatoren wieder entfernen.

Den Empfang einer Gesandschaft heidnischer Senatoren unter Führung des Q. Aurelius Symmachus bei dem Kaiser verhinderte Ambrosius. Da wird, durch Vermittlung der Kaiserin Justina, Symmachus, einer der letzten echten Römer, Stadtpräfekt und übergibt dem Kaiser seine berühmte Rede. Nach einem Hinweis auf den Wert echter Tradition und das Verhalten Konstantins, der weder Priestertümer noch Tempel abschaffte, folgen die klassischen Worte: «Jeder hat seine eigene Sitte, seinen eigenen Gottesdienst; verschiedene Wächter gab der göttliche Geist den Staaten; wie den Menschen die Seelen bei der Geburt, so werden den Völkern vom Schicksal verschiedene Schutzgötter zugeteilt . . .» Dann spricht die Roma: «Diese Religion hat mir die Welt unterworfen, diese Opfer haben Hannibal von den Mauern und die Senonen vom Kapitol vertrieben . . . Was kommt es darauf an, nach welcher Erkenntnisform man die Wahrheit sucht?» Ist nicht die große Hungersnot die Folge des Vorgehens gegen die Vestalinnen gewesen? Denn nichts geschieht durch Zufall. Darum bittet schließlich die Roma: «Laßt mich weiterhin bei meiner väterlichen Religion bleiben, denn sie genügt mir.»

Den Ausschlag gab nicht der Kaiser, sondern *Ambrosius.* Er spricht keine müde Bitte um Duldung aus, sondern ist erfüllt von der absoluten Gewißheit, daß ihm die Zukunft gehört, und von einer Selbstsicherheit, aus der heraus er dem jungen Kaiser vorschreibt, was er zu tun hat. Die Szene würde jedem Dramatiker Ehre machen. Zwei senatorische Römer echten Adels stehen sich gegenüber; aber der eine ist bei aller Tapferkeit, mit der er seine Überzeugung vertritt, und bei aller Verwurzelung in der Geschichte seines Volkes müde, der andere hat die gleiche Romliebe, aber er weiß, daß das Alte unrettbar verloren ist. Der eine stützt sich auf die Tradition, der andere auf die lebendigen Volksmassen, die die Kirche bilden, aber er pocht nicht nur auf diese Macht, sondern will auch überzeugen. Nur deshalb ist seine Antwort ebenso adlig wie die Bittschrift des Symmachus, und das ist das Versöhnende. Christliche Senatoren, führt er aus, können nicht mehr vor einer Gottheit schwören, an die sie nicht glauben. Nicht der Götterdienst, sondern die virtus hat Rom groß gemacht. Religiöser Relativismus ist von Übel, denn es kann nur *eine* Wahrheit geben. Und ein Satz, der die Gegner schlagartig charakterisiert: «Ihr erbittet von den Kaisern Frieden für eure Götter, wir von Christus Frieden für die Kaiser.» Dann kommt der christliche Wahrheitsbeweis für das Neue, der Beweis aus der christlichen Liebestätigkeit: die ‹Heiden› sollten doch einmal aufzählen, «wieviel Gefangene die Tempel losgekauft, wieviel Arme sie betreut haben, wieviel Unterstützung sie Verbannten gewährt haben. Bei uns aber sind die Güter der Kirche die Schätze der Armen». Jeder, der diese Reden nebeneinander liest, wird von ihrer Schönheit und Ehrlichkeit gepackt, sowohl von der Rede des Alters bei Symmachus, wie von der stürmenden, selbstbewußten Jugend bei Ambrosius. Daß die römische Antike in dieser Weise ausklang, macht ihr gewiß keine Unehre, *keiner* der beiden Gruppen.

Schließlich folgt noch ein kleines *Satyrspiel*. Im Jahre 399 ließ Stilicho die Statue ohne den Altar noch einmal aufstellen und erließ auch einige Schutzgesetze für heidnische Kultstätten. Zu gleicher Zeit aber plünderte seine Frau den Schmuck der römischen Göttinnen und hing ihn sich selbst um den Hals, was ihr nichts weiter zuzog als den Fluch der letzten Vestalin.

VII. DAS ERGEBNIS

Fünf Jahrhunderte hindurch haben antikes Christentum und antikes Nichtchristentum einander befruchtet und miteinander gerungen. *Dieser Prozeß entschied das Schicksal der europäischen Geschichte.* Das wichtigste Ergebnis war, daß die Antike auch weiterhin Fundament des gesamteuropäischen Geisteslebens im Osten wie im Westen blieb. Als Germanen, Slaven und Araber in diese Geschichte eintraten, konnten sie das Ergebnis dieses Prozesses nicht mehr ausstreichen. Aber auch christliches Denken, Glauben und Lieben waren aus dieser Geschichte nicht mehr fortzunehmen. Europäische Geistigkeit heißt seither Antike *und* Christentum. Doch haben beide Partner sich in diesem Prozeß entscheidend gewandelt.

1. *Die neue Welt*

a) Weltbilder und Ideale

Von einem antiken Weltbild darf man ebensowenig reden wie von einem christlichen. Das sind nur systematische Konstruktionen. Wohl aber darf man vernünftigerweise fragen, was das Christentum zu den Weltbildern und Idealen der Spätantike Neues hinzugebracht und welche alten es beseitigt oder bekämpft hat. In vielen Fällen muß es unsicher bleiben, welche Einzelheiten christlich, welche vorchristlich sind, aber die Geisteshaltung selbst ist unverkennbar eine echte Synthese.

Es ist eine historische Tatsache, daß der Absolutheitsanspruch des christlichen Glaubens und seiner Liebesforderungen die antike Geisteshaltung verändert hat. Wir sahen, daß die Idee als solche nicht neu war, wohl aber ihre Unbedingtheit und Ausnahmslosigkeit. Vom Neuen Testament bis zu Augustin schwingt sie sich in weitem Bogen und dringt in alle Schichten und antiken Räume ein. Wenn auch die Wirklichkeit oft hinter dem Ideal zurückblieb, das, was damit gemeint war, erregte eine Welt, die weithin lieblos und doch unendlich liebebedürftig war, aufs tiefste. Zum mindesten war die Folge, daß das Christentum den individualisierten Menschen zum *sozialen* Denken und Helfen zu erziehen begann. Gewiß haben auch hier Stoa und Kynismos gut vorgearbeitet, aber bei ihnen hat doch die Liebe nie auch nur annähernd die zentrale Stellung und die Wirkungskraft erlangt wie bei den Christen, insbesondere bei den großen Sozialethikern unter ihnen. Damit bekam auch die in Unordnung geratene, allzu komplizierte Wertwelt der Spätantike eine sehr einfache und fast jedem zugängliche ideelle Grundlage, die man nur annehmen oder ablehnen konnte und die die Mehrheit der Menschen doch wenigstens theoretisch anzunehmen bereit war, weil der Mensch seiner Natur nach liebebedürftig ist. Wenn die Idee die Kraft hatte, bis in das liebefernste Gebiet, das Recht, zu wirken, wenn Menschenschlächtereien zum Vergnügen allmählich aufhörten, wenn man sich der Menschen in Gefängnissen annahm, so bedeutete das einen tiefen Einschnitt in das antike Leben. Das hat oft lange gedauert – so hat noch Belisar bei militärischen Vergehen die Kreuzigungsstrafe vollzogen –, aber die Veränderung war doch merklich. Wenn Basileios Krankenhäuser für Arme und Arbeitsämter gründete, wenn von Afrika bis Kleinasien das Christentum die Arbeitslosigkeit bekämpfte und für Arbeitsbeschaffung sorgte, so waren dies aus der Liebe geborene praktische Leistungen, die die Antike sonst nicht aufzuweisen hatte. Die Christen haben tatsächlich die Herrschaft der Selbstliebe, den Egoismus als Prinzip, schmerzlicher empfunden als alle anderen und dagegen zu tun versucht, was möglich war. Cyprian hat einmal in Nachahmung der Menippea geschildert, wie ein Mensch von einem hohen Berg aus die ganze Welt überblickt und durch alles hindurchsieht, und wie er von tiefstem Mitgefühl erfaßt wird, als er die unter dem allgemeinen Egoismus leidenden Menschen erblickt, die Land- und Seeräuber, Kriege und Grausamkeiten, Morde in der Arena, den Streit in den Häusern, den Betrug der Advokaten und die Bestechlichkeit der Richter. Daraus folgert er nicht einen billigen Pessimismus, sondern die Notwendigkeit zu helfen. Sehr viele haben fest und ehrlich geglaubt, daß die Kirche mit neuer Kraft aus der Liebe eine neue und bessere Welt gestalten müsse, und sich energisch darum bemüht, ein solches Ziel zu verwirklichen; dieser Glaube teilte sich den Besten der spätantiken Welt auf irgendeine Weise mit, er war einer der wesentlichen Gründe für den Sieg des Christentums. Das haben auch Gegner wie Lukian anerkannt, und Julian will es von Nichtchristen nachgeahmt haben. Am tiefsten, tiefer als mancher Christ, hat es Libanios verstanden, als er, der bewußte Heide, ganz im Sinne christlicher Prediger die Liebe zu Elenden und Gefangenen, Notleidenden und Einsamen gebot und selbst zu üben versuchte.

Auf diese Weise hat das Christentum die Welt viel stärker *ethisiert* als es der antiken Religion und Philosophie jemals gelungen ist. Augustin wird darin recht haben, daß sogar die Barbaren viele ihrer Gegner deshalb schonten, weil die Welt christlich geworden war. Die Philosophie hatte sich bei allem ernsten Wollen ethisch nicht so durchsetzen können wie das Christentum.

Das Christentum war in seinen ethischen Forderungen geradliniger, kompromißloser und weniger theoretisch. Die Gleichnisse Jesu sprachen das ethische Gefühl stärker an als das verstandesmäßige *Urteil*, und darum wirkten sie auf größere Kreise. Auch der metaphysische Unterbau der Ethik war von Gefühlen getragen: das menschliche Handeln geschieht ständig vor den Augen Gottes, Gott will nichts anderes, als daß die Menschen sich zueinander so verhalten wie Kinder eines Vaters. Diesen einfachen Formeln konnte sich jeder irgendwie anpassen. Sah der eine darin nur eine allgemeine Anständigkeit, so konnte der sittlich feiner Empfindende daraus die Forderung der Selbsthingabe, des Opfers, der innerweltlichen Askese um des Bruders willen entnehmen. Das Vorbild Christi bot doch noch mehr Möglichkeiten ethischer Nachahmung als das des Herakles. Dabei konnte man den ‹harten› oder den ‹weichen› Jesus wählen, wenn es nur aus Liebe geschah. Denn vielfältig wie die Liebe selbst waren die Möglichkeiten ihrer Verwirklichung.

Das alles konnte sich auch *negativ* auswirken durch eine erbarmungslose Kritik an allen, insbesondere den religiösen Institutionen der Antike. Arnobius hat es einmal so formuliert: «Die antiken Religionen behaupten, Bildungswert zu haben. Aber nirgends kann man sehen, daß die Welt durch sie im geringsten besser geworden ist.» Doch blieb man nicht bei der Kritik stehen, sondern bemühte sich ständig, ein neues *Positives* an die Stelle des Negativen zu setzen. Abgesehen von den erwähnten sozialen und sittlichen Verbesserungen im Einzelnen drang eine höhere *Wertung* ernster Sittlichkeit in breitere Schichten; der christliche Asket wurde nicht mehr so belächelt wie der kynische Straßenprediger. Gewiß haben Männer wie die Alexandriner, die durch ihr Leben zeigten, daß Furcht und Begierde keine Herrschaft mehr über sie hatten, das meiste von den Stoikern und den Platonikern gelernt, was sie aber von diesen unterschied, war die größere religiöse Wärme, mit der es geglaubt und in großem Umfang in die Tat umgesetzt wurde. So konnte die antike *Religionskritik* zu einem gewissen Abschluß gebracht werden. Man hatte seit langem die Religionen und Mythen verspottet, ihre Anstößigkeiten umgedeutet, sie nicht mehr für wahr gehalten, aber man hatte sie bestehen lassen. Man hatte ihre sittlichen und intellektuellen Gefahren erkannt, aber schließlich war es doch besser, der Menge Zugeständnisse zu machen. Das Christentum kam von der *praktischen*, nicht von der philosophischen oder staatstheoretischen Seite her und sagte einfach: «Wer will von euch, daß eure Kinder euren Göttern ähnlich werden?» Auch die ethische Gewissensschärfung im Bunde mit der Popularphilosophie wirkte durchschlagend; sie reichte von sehr primitiven religiösen Lohn- und Strafandrohungen für den einfachen Mann bis zur Rezeption der sublimsten Ethik philosophischer Systeme für den Gebildeten.

Doch muß man noch tiefer gehen. Trotz ihrer Fülle an Religionen war die Spätantike *eine säkularisierte Welt*. Es ist schon längst als merkwürdig erkannt worden, daß die Masse der Papyri aus dem religionsreichen Ägypten so wenig wirkliche persönliche Religiosität zum Ausdruck bringt. Nun soll man nicht übertreiben. Es gab tiefreligiöse Menschen und Religionen, die dem Christentum kaum in etwas nachstanden, es gab religiöses Suchen, es gab religiöse Sitten, aber die Melodie der hellenistischen Großstadt, das Tempo der Weltkultur, der Kampf des Alltags, die großen Krisen, der flache Luxus, die verfeinerte Zivilisation gingen doch über alles das hinweg. Es ist eine oft absurde Diskrepanz: Hunderte von Kirchen und Sekten, und doch eine völlige Weltlichkeit und irdische Hast. Nun erhob das Christentum nicht nur die Forderung des *Primats der Religion*, sondern setzte sie in seinem Missionseifer, seiner Werbe- und Anziehungskraft und all seiner jugendlich unverbrauchten, oft auch unbekümmerten Energie wirklich in weitesten Kreisen durch. Die religiöse Betrachtung und Deutung der Welt griff allmählich wieder, wie einst in Hellas, auf jedes einzelne Lebensgebiet über. Religiöse Übereinstimmung wird die Brücke von Mensch zu Mensch und von den Menschen zu den Dingen. Wenn Menschen nicht im Religiösen übereinstimmen, können sie es auch im Menschlichen nicht. Damit wurde die durch die Säkularisierung bedingte Zersplitterung des antiken geistigen Lebens zwar nicht beseitigt, aber doch zu einer großen Kontur zusammengefügt.

Das geschah aber *keineswegs durch eine Negierung* der Welt. Byzanz, der Raum, in dem sich das Christentum am reinsten erhalten und am wenigsten mit Barbarischem vermengt hat, war alles andere als ein Reich der Askese und Weltflucht, und die großen Bischofsresidenzen im Westen – Mailand, Rom, Karthago, Trier und Arles – waren es auch nicht. Weil der christliche Gott immanent und transzendent zugleich war, enthielt das christliche Weltbild immer beide Pole, mochte nun der eine hier, der andere dort stärker betont werden. Es ging dem Christentum, abgesehen von verschwindend kleinen, rein eschatologischen Kreisen, um die Verwirklichung der Gottesherrschaft *auf Erden*, die sich allerdings in der jenseitigen Gottesherrschaft fortsetzt und von dorther ebenso ihre Kraft gewinnt wie der konkrete platonische Staat vom Idealstaat der Gerechtigkeit. Zunächst aber mußte sie *hier* in Erscheinung treten. Damit bekam die Welt in der Gottesherrschaft ein einheitliches Ziel, mochte man es je nach Charakter und Temperament, Herkunft und Tradition auch verschieden interpretieren. Aber alle Kulturgüter konnten diesem Ziel dienstbar gemacht werden, und wenn das nicht möglich war, allmählich oder gewaltsam verschwinden. Nicht der Mensch, sondern Gott war das Maß aller Dinge. Damit erhielt das Leben auf breitester Basis eine neue Weihe und neue Würde. Ein düsteres Weltbild war das keineswegs, denn Gott zum Ziel haben, hieß zuletzt ‹Gott genießen›; mag die Welt noch so schlecht und leidvoll sein, das Reich Gottes strahlt in sie hinein und sucht nach Verwirklichung in ihr. Gewiß sah es jeder an einer anderen Stelle verwirklicht: Origenes in der Gemeinschaft der immer strebend sich zu Gott Bemühenden, Augustin in der Gemeinschaft der Erwählten, Basileios und Chrysostomos in der aktiv und sozial tätigen Kirche, Hieronymus in den Klöstern, der Areopagite in der Schönheit und Farbenpracht der Liturgien und Gottesdienste, die Apologeten in der Schöpfungsherrlichkeit der Welt, die Byzantiner in ihrem Reich; irgendwie spürten sie alle die Nähe und Wirklichkeit der Herrschaft Gottes. Das gab dem Frühchristentum trotz aller Zeitkritik und vieler weltflüchtiger Einzelgänger eine Kraft, die an der Praxis der Welt und des Lebens, der Gestaltung des Tages, der Organisation der Erde und des Einzelschicksals tätig wirken wollte. Daher konnten die weltmüde Resignation und der oberflächliche Nihilismus, die wir so oft in der Spätantike finden, die dem Ansturm der Barbaren ohne Hoffnung entgegensahen und sich in inneren Kämpfen verzehrten, nicht wirklich aufkommen. Es lohnte sich, trotz des tausendjährigen Vierfrontenkrieges, den Byzanz zu kämpfen hatte, wieder und noch zu leben, denn jede Osternacht machte in der Fülle ihrer Lichter und Farben auch dem Einfältigsten klar, daß er nicht ganz gottverlassen sei. Dieser Glaube war etwas anderes als der viel zu sehr säkularisierte felicitas temporum-Glaube der augusteischen und hadrianischen Zeit, weil er durch eine religiöse Transzendenz gesichert war, die bei allen Wechselfällen des Schicksals unantastbar blieb. Denn dem Christentum konnte selbst eine größere Enttäuschung durch das, was es für das Gottesreich hielt, niemals schaden, weil das, was auf Erden unvollendet blieb, im Jenseits seine Vollendung finden, und, was hier rätselhaft blieb, einmal enthüllt werden würde. Alle Diesseitigkeit wurde soweit relativiert, daß immer noch genügend Raum für die Transzendenz blieb. Das Reich Gottes war nie *ganz* zu verwirklichen, es war immer unendliche Aufgabe und deshalb voller Dynamik, in der innerweltlichen Askese antiker christlicher Sozialreformer wie im Sendungsdrang christlicher Tatmenschen und in der inneren Erlebniswelt kontemplativer Naturen.

Das religiöse Gesicht der Welt wurde aber auch *vereinfacht*. Der eine Gott der Christen war doch vernünftiger als die 360 Götter Jamblichs, die gewiß oft handgreiflich praktischen Predigten der christlichen Prediger waren erfolgreicher als die nicht mehr originellen Reden der Rhetoren, die ergreifende Schlichtheit der Leidensgeschichte war packender als die oft so komplizierten antiken Mythen. Wie viele Menschen haben eigentlich Plutarchs Isis und Osiris wirklich verstehen können? Die einfachen Grundlagen des christlichen Glaubens dagegen waren auch bei den einander bekämpfenden christlichen Gruppen unbestritten dieselben, und so konnte es doch zu einer gewissen *geistigen Einheit* kommen.

Auf dieser Basis erwuchs der alten Welt in ihrer christlichen Form noch einmal eine Haltung des *Selbstbewußtseins*, der *Zuversicht*, der *Freude*, in der sie die drohenden Mächte des Nordens und Ostens, die sie äußerlich besiegten, innerlich überwand. Die Germanen wurden Christen wie die Slaven. Byzanz und Rom blieben auch weiter die beiden leuchtenden Sonnen und bewiesen eine unerhörte Lebenskraft. Das Selbstbewußtsein der ‹Kinder Gottes› wußte sich allen Lagen gewachsen, dem Leid des Martyriums und dem Prunk des byzantinischen Hofes. Man wußte sich im Besitz Homers, Platons und Vergils und war überzeugt, doch noch mehr zu wissen und zu besitzen als diese. Man freute sich auch inmitten von Kriegen und Krisen, weil die Freude des Besitzes der himmlischen Heimat erlebte Gegenwart war. Das neue Lebensgefühl des Christentums, mochte es noch so sehr säkularisiert und vermenschlicht werden, gab der Antike eine unüberwindliche Kraft.

Eins freilich hat das Christentum der Antike aufs Ganze gesehen *genommen:* ihre bedenkenlose Unbekümmertheit und ihren beschwingten Humor. In gewissem Sinne bedeutete es doch eine *Puritanisierung*. Man kann das deutlich an der freundschaftlichen Auseinandersetzung zwischen Ausonius und Paulin von Nola erkennen. Ausonius warnt seinen alten Freund vor zu viel Frömmigkeit und hält ihm den naiven, heiteren und unbeschwerten Lebensgenuß entgegen. Nun hatte gewiß auch die außerchristliche Antike schon viel davon verloren. Stoa und Neuplatonismus waren auch humorlos, und andererseits gab es auch Christen mit Humor. Aber das allgemeine Bild hatte sich geändert. Auch in starker äußerer Bedrängnis vermochte es die Antike, noch über sich selbst zu lachen; der Geist des Aristophanes war nie ganz entschwunden. Wenn in einer Kneipe in Ostia die sieben Weisen auf Latrinenbänken sitzen und ihre philosophischen Schlagworte in solche über die Verdauung ändern, so ist das nur ein Beispiel für tausende. Für so etwas hatten die Christen keinerlei Verständnis mehr. Jeder einzelne Augenblick wurde ernst, oft zu ernst genommen. Das aber war gefährlich wie jeder Puritanismus. Es verführte nicht nur zu Heuchelei und Bigotterie, es verödete nicht nur weite Strecken des Lebens durch Leistungsfanatismus und bloße moralische Tüchtigkeit, sondern es machte auch dem im Grunde genußbedürftigen Menschen die neue Religion oft zur schweren Last und trieb ihn in eine Spannung hinein, die um so leidenschaftlicher war, je weniger sie geäußert werden durfte.

b) Kultur und Zivilisation

Viel schwieriger ist es, die Veränderungen, die das Christentum in der antiken *Kultur* hervorgerufen hat, auf einige Formeln zu bringen. Überschaut man noch einmal alle Einzelheiten, so zeigt sich auf dem kulturellen Gebiet im weitesten Sinne ein so kompliziertes Ineinander von Vorchristlichem und Christlichem, daß man nur schwer trennen kann.

Daß aus dem *Bild der Städte* Tempel, Altäre, Götterbilder und Weihgeschenke verschwanden, ist nicht erst eine Folge des Christentums. Pausanias und Strabo geben einen Eindruck davon, wie die heiligen Stätten in Griechenland auch ohne christlichen Einfluß verödeten, anderswo war es ähnlich. Als an die Stelle der Tempel die Kirchen traten, wurde das Stadtbild äußerlich anders, sonst aber blieb vieles beim alten. Die zivilisatorischen Errungenschaften erhielten sich überall da, wo die wirtschaftliche Basis dafür vorhanden war. Das christliche Byzanz steht keiner hellenistischen Großstadt nach, und die Villen der Christen in Syrien und Kleinasien, in Gallien und Afrika unterscheiden sich in nichts von den außerchristlichen. Für Fulgentius von Ruspe, einen der kunstsinnigsten Christen, ist das antike heidnische Rom, dessen Tempel noch stehen, das Abbild der Himmelsstadt. Auch der Stil des Privatlebens blieb unverändert. Große Prunkveranstaltungen wie die kaiserlichen Synoden, die der Kaiser selbst auf goldenem Thronsessel eröffnete, oder die kaiserlichen Prunkprozessionen befriedigten das antike Repräsentations- und Sensationsbedürfnis genauso wie ähnliche Schaustellungen vorchristlicher Zeit. Langsam verschwanden die Arena und die Bühne, aber der Zirkus und der Sportplatz blieben. In den christlichen Kernländern Kleinasien, Pontus, Nordägypten, Afrika, Gallien blühte die antike Zivilisation erneut auf und in gewissem Umfang auch die antike Kultur.

Aber einige *Einschränkungen* sind doch zu machen. Das Christentum lehnt wenigstens im Prinzip die Formschönheit um ihrer selbst willen, jedes l'art pour l'art, ab. Das führt zu einer Erstarrung der säkularen künstlerischen Weiterentwicklung. Die Wissenschaft und die Philosophie wurden durch das Schriftprinzip vielfach gelähmt, die Mannigfaltigkeit freier geistiger Strömungen durch die Orthodoxie, die sich in den Lehrkämpfen entwickelt hatte, zu sehr eingeengt, so daß eine Gefahr der Standardisierung des geistigen Lebens von der

Kirche her drohte. Gewiß hat die christliche Einheitskultur etwas Imponierendes, da sie der oft sinnlosen geistigen Zersplitterung der Spätantike Einhalt gebot, aber vielfach setzte sie sich nicht auf geistige Weise, sondern mit den Zwangsmitteln des Staates durch, so daß seit dem 6. Jahrhundert nur noch wenige wagten, gegen diese kirchliche Uniformierung des Geistes zu lehren, zu leben oder zu schreiben. Doch konnten Druck und Gewalt nicht verhindern, daß unter der Decke viel Selbständiges weiterlebte. Bei den Ketzern des Mittelalters trat es auf einmal wieder hervor. Auch in der immer starrer werdenden Kirche war nicht zu verhindern, daß Schrift und Dogma sehr verschieden ausgelegt wurden, zumal da die Schrift selbst in ihrem Inhalt, ihren Lehr- und Lebensmöglichkeiten sehr mannigfaltig und nicht widerspruchslos war. Der große, unheilbare Bruch zwischen griechischem und lateinischem Christentum war zugleich die Bestätigung für die unübersteigbare *Kultur*grenze zwischen griechischer und lateinischer Welt. Byzanz hat im Bilderstreit auch die griechische Kultur noch einmal mitverteidigt, in Rom haben Barbaren und christliche Barberini ganz konsequent die für Rom immer heterogenen griechischen Elemente aus dem Stadtbild wieder entfernt. Aber auch innerhalb des griechischen wie des lateinischen Christentums blieben Differenzierungen genug. Eine wirkliche christliche Einheitskultur hat es nie gegeben. Im Gegenteil: Renaissancebewegungen sind immer von vielen Christen mit Begeisterung gefördert worden, und die Erkenntnis, daß das Christentum in seiner religiösen Eigenart gar nicht Schöpfer einer besonderen Kultur sein dürfe, sondern in allen Kulturen sich behaupten müsse, hat schon Paulus und nach ihm noch mancher andere gehabt.

c) Politik und Wirtschaft

Sichtbar wird die Veränderung auch auf den Gebieten des *Staates* und der öffentlichen Ordnung. Das gilt für die Theorie wie für die Praxis. Beim Eintritt des Christentums in die Welt rangen noch mehrere Staatsauffasungsen der Spätantike miteinander: die monarchische oder aristokratische Romidee, für die Rom das Haupt der Welt und das Imperium der Idealstaat war, die kynisch-stoische Weltstaatsidee der Kosmopoliten, in der es theoretisch weder Herrschende noch Beherrschte gab, die aufkommenden Autonomie- und Herrschaftsbestrebungen der Provinzen, aus denen die Kaiser stammten und die über das alte Rom dominieren wollten, das Streben nach von Rom unabhängigen Nationalstaaten in den Randgebieten, und in den großen Städten wie Alexandreia und Antiocheia das Ideal der freien Stadt auf dem Hintergrund des griechischen Polisgedankens. Dazu kam bei den Philosophen der platonische Gedanke, daß alle irdischen Staatsformen und Staaten nur relativ und der wirkliche Staat der Gerechtigkeit eine transzendente Größe sei. Man übersieht oft, daß alle diese Richtungen lebendig waren. Die Kämpfe um Reichseinheit und Reichsteilung, um politische und rechtliche Vormacht des Römertums oder Verleihung des Bürgerrechtes an alle, um zentralen Beamtenstaat oder Verselbständigung der Provinzen und Städte, um römisches oder hellenisches Recht bestimmten den Charakter der ersten christlichen Jahrhunderte und verlangten vom Christentum eine Stellungnahme, je mehr es eine Macht wurde, mit der die Politiker rechnen mußten. Der donatistische Satz: «Quid Christianis cum regibus, quid episcopis cum palatio» hat sich nirgends durchgesetzt.

Die beiden großen politischen Konzeptionen des antiken Christentums, die die europäische Geschichte auf Jahrhunderte bestimmt haben, sind die christliche *Romidee* und die christliche *Byzanzidee*.

Die Idee, *Rom* sei auf Grund seines besonderen Ethos zur Weltherrschaft bestimmt, war im Scipionenkreis geprägt worden, Cicero hatte sie gegen alle Angriffe der Griechen verteidigt, Panaitios hatte die Basis der sittlichen Rechtfertigung mit philosophischen Mitteln begründet. Im harten Kampf gegen die entgegengesetzte hellenistische Weltreichsidee Marc Antons hatte sie auf dem Schlachtfeld von Actium den Sieg davongetragen, in Augustus hatte sie ihren historischen Mythos bekommen, dem die augusteischen Dichter Farbe verliehen. Rom wirft die Widerstrebenden zu Boden, aber verzeiht dem Bereuenden, baut Neues und erhält Bestehendes, zwingt Könige, in seinen Triumphzügen zu schreiten, ehrt alle Götter im Glanz der Tempel, bringt der Welt Frieden, Gerechtigkeit, Glückseligkeit durch seine unüberwindlichen Kräfte, seine Milde, seine Tüchtigkeit, seine Tapferkeit, seine Frömmigkeit und sein Glück. Unter den guten Kaisern des 2. Jahrhunderts ist die Idee fast unbestritten, die Münzprägung unter Hadrian und Antoninus Pius verkündet sie, Aelius Aristeides preist sie mit dichterischem Schwung. Dann gerät sie ins Wanken. Valerians katastrophale Niederlage hat ihr im Osten, die Barbareneroberungen haben ihr im Westen die schwersten Schläge zugefügt, aber noch im Untergang klammern sich Rhetoren und Dichter ebenso fest an sie wie die letzten Historiker.

Diese Romidee war religiös untermauert. Nicht der Kaiser oder der Senat sind ihre Garanten, sondern die alten Götter Roms, Juppiter Capitolinus, Vesta und ihr unverlöschbares Feuer, die Götter des Palatin, Apollo und Venus, und alle, denen Augustus Tempel wiederherstellte oder neu errichtete. Auch die fremden Götter Kybele, Isis, Sarapis entwickeln eine Romidee: sie sind nach Rom ausgewandert, weil Rom sie gern aufnahm, sie als Retter in kritischen Lagen feierte und ihnen und ihren Herkunftsländern zum Dank dafür manche Privilegien erteilte.

Die religiöse Romidee stellte nun das Christentum vor zwei Möglichkeiten. Es konnte die Romidee verchristlichen oder sie ablehnen. Es hat beides getan.

Die Romliebe des Christentums war alt. Paulus war mit Stolz römischer Bürger gewesen und hatte den römischen Staat wiederholt religiös gerechtfertigt und in ihm eine göttliche Ordnungsinstanz gesehen. Das Lukasevangelium und die Apostelgeschichte waren ihm darin gefolgt. Dann hat unter den ersten Apologeten Melito von Sardes diese Gedanken fortgeführt: die glänzendste Philosophie, das Christentum, konnte nur in der glänzendsten Periode der Weltgeschichte, im augusteischen Reich, entstehen. Bei aller Kritik ist für Tertullian das Reich als solches gottgewollt und gottgesegnet, daran können auch schlechte Vertreter nichts ändern. In der älteren Zeit schließen sich die Griechen nicht aus: Origenes sieht in der Tatsache, daß die Welt vom römischen Kaiser regiert wird, eine göttlich gewollte Vorbereitung des Christentums, und für Euseb ist das Römische Reich die göttliche Vorstufe des christlichen Reiches. Christus und Augustus sind zwei Pole göttlichen Handelns mit der Welt; der eine Kaiser entspricht dem einen Gott, die pax Augusta dem christlichen ‹Frieden auf Erden›, die Unterwerfung der Völker durch Rom dem Sieg Gottes über die Dämonen.

Das sind Vorläufer der rein christlichen Romidee, deren Entfaltung mit *Ambrosius* beginnt. Seine tiefste Überzeugung, die freilich nicht nur aus dem Christentum, sondern aus dem immer vorhandenen Kaiserhaß des aristokratischen Senators stammt, lautet, daß nicht der Kaiser, sondern die Kirche das wahre Rom repräsentiert. Darum beginnt mit Ambrosius der Übergang des christlich-metaphysischen Romgedankens in einen christlich-politischen. Er wird zum senatorisch-aristokratischen Prinzip. Der christliche Aristokrat, der Bischof, ist der echte Römer, er tritt dem Kaiser entgegen, er garantiert römische Staatsgesinnung und wird in der Lage sein, die Barbaren dem Reich mit Hilfe der Kirche zu unterwerfen, einzugliedern und zu assimilieren. Dann hat Leo I. diesen politischen Gedanken monarchisch abgewandelt und beim Angriff Attilas vor aller Welt demonstriert. Der römische Bischof ist der eigentliche Nachfolger der Imperatoren und damit das Haupt der Welt, in ihm verkörpert sich von nun an die ewige Herrlichkeit des Reiches.

Während der Osten, wie wir noch sehen werden, diese Idee völlig ablehnte, hat sie der lateinische Westen freudig übernommen: es war seine letzte politische Möglichkeit. Ihm gehören die beiden großen Dichter der christlichen Romidee an, der Spanier Prudentius und der

Gallier Apollinaris Sidonius. Prudentius besingt in glühenden Farben das christliche Rom, das neu geboren, nun erst die alten Römertugenden verwirklicht und jetzt völlig unbesiegbar und ewig sein wird. Der christliche Römer, geadelt durch die Kraft der Märtyrer und die Gerechtigkeit des neuen Gesetzes, ist erst der echte Römer: Viel ‹heidnischer› dichtet der gallische Aristokrat, Epikureer und Bischof von Clermont, Apollinaris Sidonius, über Rom.

Die christlichen Panegyriker Roms erwerben sich eine gewisse Einheitsterminologie. Petrus und Paulus treten an die Stelle von Romulus und Remus als Stadtgründer, Rom ist das neue Jerusalem. Mag es noch so tief sinken, es wird sich immer wieder erheben. Der von Livius und Augustin abhängige spanische Historiker Orosius (um 400) hat in einer ‹Geschichte gegen die Heiden› diese ganze Terminologie zusammengefaßt und die Fortdauer Roms bis zur Ankunft des Antichrist noch einmal zum Leitgedanken der Weltgeschichte gemacht.

Aber schon längst gab es gegen die Verherrlichung Roms eine starke *Gegenbewegung*, deren Geschichte Fuchs unter dem richtigen Titel: ‹Der geistige Widerstand gegen Rom› geschrieben hat. Von den Griechen war sie ausgegangen, Karneades hatte zum großen Zorn des alten Cato als erster gelehrt, daß Rom den Gipfel der Ungerechtigkeit, Gewalt, Brutalität und Heuchelei darstelle. Von ihm her entwickelt sich bald auch eine feste Terminologie: dem hellen, lichten Bild des Alexanderreiches tritt das düstere des römischen Reiches gegenüber. Die Makedonen kamen als Kulturbringer zu den Völkern, die Römer als Räuber und Mörder, Alexander wurde nie besiegt, Rom oft, Alexander wurde überall geliebt, Rom überall gehaßt, Alexander brachte den Frieden, die Römer haben durch Eroberungen und Bürgerkriege der Welt den Frieden geraubt, ihr Symbol ist mit Recht der Wolf, stammen sie doch alle von Frauenräubern, Mördern und Dieben ab. Bis zur Zeit der Bürgerkriege und Proskriptionen blieb dieser Rompessimismus meist auf die Griechen beschränkt, dann aber, in diesen schauerlichen Zeiten, übernehmen ihn die römischen Historiker, und zwar fast ausnahmslos. Sallust deckt in schonungsloser Wahrhaftigkeit Roms Verbrechen auf, von ihm stammt der für Augustin so wichtige Gedanke, daß Rom noch für die Vernichtung Karthagos zu büßen habe. Livius' düstere Vorrede gibt den Ton an für eine klagende Kritik an dem Rom seiner Zeit. Dazu trat die jüdische Literatur mit ihrem maßlosen Romhaß, besonders die jüdischen Sibyllinen, der syrische Baruch, das 4. Esrabuch. Doch auch maßvolle Römer wurden von tiefen *Zweifeln* an der Romidee gequält. Liegt nicht die alte Schuld des Brudermordes noch immer auf der Stadt? Haben nicht die Götter Rom wegen seiner zahlreichen Verbrechen verlassen? Steht nicht auch Rom unter dem ehernen Gesetz, daß alles, was entstanden ist, wieder vergehen muß? Zeigt nicht die Gegenwart, daß es in Rom wenig Tugend, aber viel Betrug, Luxus, Lüge, Laster gibt?

Christliche Romfeinde haben diese Gedanken sofort aufgenommen. Minucius Felix und Tertullian haben daraus gelernt, daß Rom sein Glück seinem Unrecht verdanke, und daß Juppiter die Römer oft verlassen habe. Bei den christlichen Sibyllen steigert sich das zum Haß auf Rom. In Cyprian sprechen die alten afrikanischen Ressentiments gegen Rom; in seinem Altern und Vergehen sieht er ein göttliches Gesetz, sein Untergang scheint ihm sicher. Lactanz, für den Roms Untergang dem Weltuntergang unmittelbar vorausgeht, zitiert die negativen Stimmen. Am meisten Wucht und innere Spannungen aber haben diese Gedanken bei Augustin. Ihm bedeutet Rom unendlich viel, und die Plünderung durch die Vandalen erschüttert ihn aufs tiefste. Aber auch er sieht die Ursache des Falles der Stadt in der Sittenlosigkeit, dem Luxus, dem Götzendienst Roms besonders seit der Eroberung von Karthago. Echte Gerechtigkeit und wahre virtus waren in Rom immer selten, und so muß auch Rom vergehen: «Himmel und Erde werden vergehen, was ist es dann Besonderes, wenn auch das Römische Reich einmal vergeht?» Roms Größe ist nur zum Teil gottgewollt, das, was menschliche virtus dazu beigetragen hat, entspringt nur glänzenden Lastern. Es gibt gute Anlagen bei den Römern, aber nur das Christentum kann sie entwickeln.

Selbständiger und umstürzender war die christliche *Byzanzidee*. In ihr verbanden sich Panhellenismus und Griechenstolz mit dem Christentum. Ihre Entstehung ist nicht ohne Konstantin zu denken, obwohl dieser alles andere als ein Grieche war. Aber er hatte am Fehlschlag Diokletians erkannt, daß man den Osten verliert, wenn man auf der Romidee aufbaut. So gründet er seine neue Hauptstadt im griechischen Bereich, fördert das griechische Recht und wendet sich einer Religion zu, deren heilige Schriften griechisch geschrieben waren und die ihren Rückhalt in den wichtigsten Provinzen der griechisch-hellenistischen Welt hatte. Ihre Vorläufer hatte die Byzanzidee in den Reichsideen der hellenistischen Großreiche, in den Konzeptionen philhellenischer Kaiser wie Nero und Hadrian, vor allem aber im Herzen der panhellenisch denkenden Weltgriechen. Das griechische Christentum war dafür sofort empfänglich. Es sah in einer Zeit, in der in Rom der Senat noch in heidnischen Händen war, Byzanz als seine Stadt an. Ihr Geist war von Anfang an anders als der des alten Rom, erkennt doch selbst Augustin noch an, daß man in Konstantinopel nie Dämonen angebetet habe wie in Rom. Bald schon blickt man mit dem Recht der Jugend von dem neuen, strahlenden christlichen Byzanz auf Rom herab; darin finden sich christliche und nichtchristliche Griechen zusammen. Als einer der ersten lehnt es der Rhetor Themistios (317–388) ab, nach Rom zu gehen, weil er in Byzanz griechisches Leben spürte. Mag Konstantin selbst die Stadt hauptsächlich aus Groll gegen Rom und den Senat ausgebaut haben, mag sich der Römerhaß auch darin zeigen, daß man das alte Orakel, Rom werde untergehen, sobald Troja neu gebaut werde, auf den Bau Konstantinopels bezog, mag sich der Triumph über Rom in Sätzen wie dem des kaiserlichen Prinzenerziehers, des afrikanisch-lateinischen Christen Lactanz, der als einer der ersten vom Westen nach dem Osten gegangen war, äußern: «Der römische Name, in dem jetzt der Erdkreis regiert wird – es schaudert den Geist, das zu sagen, ich will es sagen, weil es geschehen wird –, wird weggefegt werden von der Erde, das Reich wird nach Osten zurückkehren, der Osten wird wieder herrschen und der Westen dienen.» In der politisch-mystischen, christlich-platonischen Byzanzidee ist nicht ein Abklatsch der Romidee entstanden, sondern die Idee der platonischen Politeia und des christlichen Reiches Gottes sind zu einer politisch-metaphysischen Einheit verschmolzen, die den griechischen Kosmosgedanken bekannte, dem keine civitas diaboli gegenübersteht wie im Westen.

Die christliche Byzanzidee gipfelt in der politisch-mystischen, platonisch-christlichen *Kaiseridee.* Sie ist in Byzanz etwas völlig anderes als in Rom. Bei Euseb ist sie in den Hauptzügen fertig: der Kaiser ist das Abbild des göttlichen Urbildes. «Wenn man meine Regierung lobt, die doch in der Berufung durch Gott ihren Ursprung hat, muß man zugestehen, daß nur Gott der Grund meines Handelns ist», läßt ein Panegyriker Konstantin in Nikaia sagen. Gott enthüllt dem Kaiser seine Pläne und Absichten, und darum ist er kein Tyrann, sondern nur eine Stufe in der Offenbarung Gottes. Über ihm steht immer Christus, dessen Urteil er sich unterwirft. «Gott hat dich gegeben, Gott wird dich beschützen», heißt die byzantinische Kaiserakklamation. Mit der zuletzt doch juristischen römischen Kaiservergottung oder römischen Papstinthronisation hat sie gar nichts zu tun. Man denke daran, welch große Schwierigkeit eine römische Kaiservergottung macht. Nur dem entrückten toten Kaiser kommt sie zu nach Einschaltung aller möglichen juristischen Sicherungen: der Senat behält allein das Recht, den Kaiser zum Gott machen zu können, und mindestens ein Zeuge muß schwören, daß er die Kaiserseele zum Himmel fahren sah. Dabei kam es zu ständigen Prozeßkonflikten. Tiberius oder Hadrian wurden vom Senat als Götter abgelehnt, aber Antoninus Pius setzte schließlich doch Hadrians Vergottung durch. Man macht sich wie Vespasian darüber lustig – «wehe, ich glaube, ich werde ein Gott» – oder lehnt die Vergottung wie Tiberius schroff ab unter Berufung auf den alten Zuruf beim Triumph: «Gedenke, daß du Mensch bist.» Aber ebensowenig wie römische erklären auch persische Analogien die byzantinische Kaiseridee. Nicht ganz auszuschließen sind gewisse Einflüsse der Heliosverehrung und der Analogie Herrscher – Sonne. Schon Alexander soll angeblich ein Heliosgewand getragen haben, aber erst Aurelian und Konstantin haben das ins Politische übersetzt; Konstantin ist noch fünf Jahre nach dem Konzil von Nikaia als Helios dargestellt worden. Der Kaiser ist allgegenwärtig wie die Sonne, Konstantin läßt sich als ‹gegenwärtiger Gott› (praesentissimus Deus) titulieren.

Den Christen bedeutete diese Kaiseridee deshalb *keine* Schwierigkeit, weil der Kaiser seit Konstantin ‹die Sache Gottes› in der Welt vertrat. Daher entwickelt sich im Herrscherzeremoniell wohl das merkwürdigste Gemisch von Christentum und Heidentum. Alles, was sinnlich möglich ist, um die Göttlichkeit des Kaisers darzustellen, wird unter dem Schutz der Kirche aufgeboten. Sein Palast und Hof sind Abbild des Himmels, er steht auf Porphyr und bekleidet sich mit Purpur, speist an goldenen Tischen, verbirgt sich hinter kostbaren Vorhängen wie Gott hinter Wolken. Man schweigt in seiner Gegenwart, entzündet Kerzen vor ihm und hüllt ihn in Weihrauchwolken.

Neben dem Kaiser steht die Kaiserin oder die Mutter des Kaisers, wie Maria neben Christus steht, und schließlich, aber wohl erst nach dieser Epoche, sind Kaiser, Kaiserin und ökumenischer Patriarch Abbild der himmlischen Trinität, untrennbar, unzerreißbar, unvermischt und unverwandelbar ineinander – drei und doch einer.

Und doch, eine Grenze bleibt immer. Das Abbild ist nie Urbild. Griechische Herrscher erscheinen als neuer Dionysos, neuer Apollon, neuer Zeus, neuer Herakles, sie sind der inkarnierte Gott. *Kein* byzantinischer Kaiser ist aber als ‹neuer Christus› begrüßt oder angebetet worden.

Byzanz- und Kaiseridee schaffen um die «christustreue Stadt» ein Reich, «dessen Sicherheit auf der wahren Religion beruht.» Damit war alles in Religion eingebettet wie am Anfang der griechischen Geschichte. Der Ring hat sich, echt griechisch, geschlossen. Es gab keine säkulare Sphäre mehr, selbst die Zirkusparteien wurden zu religiösen Parteien. Daher litt dieses starke Reich nie an der verhängnisvollen Doppelheit des westlichen Mittelalters: es gab keine Konflikte zwischen Kaiser und Papst, zwischen Weltlichkeit und Weltflucht, zwischen Weltstaat und Gottesstaat. Kraft dieser religiös-platonisch-christlichen Einheit berufen die Kaiser Konzilien und Synoden und beteiligen sich an den Diskussionen, krönen die Patriarchen die Kaiser oder verteidigen wie Sergios die Stadt im Namen des Kaisers aufs tapferste. Ohne Bruch heißt es bis in die letzte Palaiologenzeit: Es gibt keine Kirche ohne den Kaiser, und keinen Kaiser ohne die Kirche.

Rom- und Byzanzidee waren nicht die einzigen politischen Konzeptionen des Christentums. Zu ihnen kam die allerdings unwirksame und im Theoretischen bleibende Idee eines christlichen *Weltstaates* mit Gleichberechtigung aller. Die Kirche hat viele Hauptstädte, und ihre Synoden und Konzilien sind nicht an einen Ort oder einen Staat gebunden. Irenaios hat zuerst den Gedanken einer Weltkirche im kosmopolitischen Sinne eindeutig formuliert: «Die Kirchen in Germanien glauben und überliefern dasselbe wie die in Spanien, bei den Kelten, im Orient, in Ägypten, in Libyen oder im Weltmittelpunkt.» Origenes betont, daß das Reich Christi schon über den Senat, die Könige der Welt und die Völker hinausrage, und Tertullian triumphiert, daß die Kirche größer sei als das Alexanderreich, die germanischen Reiche, das römische Imperium. Es war aber nicht nur der Gegensatz von Rom- und Byzanzidee, der die Verwirklichung einer auch politischen Weltkirche unmöglich machte, sondern vor allem die Differenzierung des Christentums in die einzelnen Nationen und seine Bindung an Volks- und Nationalstaaten, die unter seinem Einfluß sich festigten.

Geistesgeschichtlich bedeutsam war in allen Fällen, daß das Christentum die *grundsätzliche Frage* nach dem Sinn und Wert des Politischen ernst durchdacht hat. Es gab viele, die grundsätzlich alle Politik verneinten oder wenigstens sehr kritisch betrachteten, und zwar nicht nur Asketen und Mystiker, sondern gerade Männer, die sich als Bischöfe oder in anderen Ämtern politisch betätigen mußten. Es ist nicht die epikureische Haltung, die den unpolitischen Menschen für glücklicher hält als den politischen, die alle politische Tätigkeit ablehnt ohne Rücksicht auf die Folgen, und die deshalb auch für die Fehlschläge der Staaten von ihren Gegnern verantwortlich gemacht wird; so führt Plutarch den Untergang des Pyrrhos auf den Epikureismus seiner Offiziere zurück. So einfach konnten es sich die Christen nach den paulinischen Worten über den Staat, vor allem aber nach ihrer neuen weltpolitischen Stellung seit Konstantin und Theodosius nicht machen. Am tiefsten hat schließlich Augustin die Fragen erkannt. Alle politischen Gebilde und Aufgaben der Welt sind vorläufig, aber sie haben keinen Eigenwert. Die Schicksale der vergangenen Weltreiche beweisen die Vergänglichkeit alles Politischen, ihre Ungerechtigkeit die Gottlosigkeit alles nur Staatlichen. Darum sehnt sich der Christ nach dem Reich Gottes, seinem eigentlichen politischen Raum. Das war schon paulinisch, aber in der Zeit, in der das Christentum zur Weltherrschaft gelangt war, bekam es drei neue Ausprägungen, die nun zugleich den Übergang von dieser Epoche zum Mittelalter bilden.

Erstens konnte sich ein sehr gefährlicher Utopismus entwickeln, indem man den idealen Begriff des Reiches Gottes zu einer politischen Realität säkularisieren wollte. Augustin selbst hat die Grenze nicht mehr scharf eingehalten. Zweitens lag die Verwandlung der Politik in Kirchenpolitik nahe. Wenn der einzelne Fromme um seiner Seele willen der Politik absagt, in der Welt aber immer regiert werden muß, springt die kirchliche Institution ein und vergißt allmählich ihre eigentliche Aufgabe. Drittens aber konnten die augustinischen Gedanken auch einen positiven Wert gewinnen, wenn ein ernster und verantwortungsbewußter Herrscher sie in einen Fürstenspiegel umdeutete und aus ihnen die Relativität seines politischen Handelns und seine Bindung an das nunmehr auch politisch wegweisende Ideal des Reiches Gottes erkannte.

So bedeutsam die politischen Ideen waren und für die Zukunft wurden, so wenig hat das antike Christentum zu dem großen Komplex der *Wirtschaft* beigetragen. Die wirtschaftlichen Veränderungen, die zunächst die Beseitigung der antiken Religionen mit sich brachten, die Verödung der alten Religionsstätten, ihrer Märkte und Bankinstitute, das Aufhören des Handels mit Opfertieren und so weiter wurden entweder völlig von anderen allgemeinen Wirtschaftskrisen überdeckt oder diese Wirtschaftsformen verschwanden nur scheinbar, denn die Kirche lenkte sie sehr bald in ihre eigenen Bahnen. Auch als die Bistümer und Klöster zu den reichsten und mächtigsten antiken Wirtschaftsinstitutionen wurden, haben sie am Wirtschaftssystem nichts geändert. Gewiß hat hier und da das christliche Liebesideal wirtschaftliche Härten verhindert und geheilt, die Maßnahmen, die die guten Kaiser gegen Schuldknechtschaft, Wucher, soziales Unrecht ergriffen, wurden bejaht und zuweilen erweitert, im Grunde aber blieb alles beim alten. Trotz des paulinischen Verbotes prozessiert die Kirche schon in vorkonstantinischer Zeit um ihre Häuser, Grundstücke, Eigentumsrechte aller Art, dann treibt sie ihre Abgaben und Steuern ebenso unbarmherzig ein wie der Staat, beteiligt sich in Ägypten und Rom an den Getreidespekulationen, kommt nirgends zu einer großen wirtschaftlichen Gesamtkonzeption, die sich mit den politischen Ideen vergleichen ließe. Doch darf auch hier nicht übersehen werden, daß Männer wie Schenute, Basileios und Chrysostomos die christlichen Liebesforderungen auf die Wirtschaft zu übertragen suchten; daß sie sich nur in ihren verhältnismäßig kleinen Wirkungsbereichen zum Teil durchzusetzen vermochten, entwertet ihre Versuche nicht.

Doch die Wirtschaftsformen selbst sind nicht anders geworden. Die chronisch werdende Krise blieb bestehen, und wo einzelne Bischöfe oder schließlich das geniale Finanzsystem von Byzanz wirkliche Neuerungen und Verbesserungen schufen, erwuchsen sie aus rein wirtschaftlichen Erwägungen im Einklang mit rein wirtschaftlichen Gesetzmäßigkeiten. Christen handhabten die Sklavenwirtschaft im allgemeinen menschlich, aber die Sklavenwirtschaft blieb. Nur ganz kleine Gruppen haben für kurze Zeit das Armutsideal des Neuen Testamentes verwirklichen können. Als die römische Kirche zum reichsten Grundbesitzer der Spätantike geworden war, dachte sie gar nicht mehr an Wirtschaftsreformen. Wo Sozialaufstände unter christlichen Schlagworten ausbrachen, wie in Afrika, blieb das Christliche nur Propagandamittel. Der Lebensstil der christlichen Reichen war von dem der antiken nur wenig verschieden. So sehr auch viele Christen um die soziale Verantwortung wußten, eine neue Ära des Wirtschaftslebens brach nicht an.

2. *Das neue Christentum*

Hat das Christentum der Welt ein anderes Gesicht gegeben, so hat umgekehrt die Welt das Gesicht des Christentums sehr verändert. Das ursprüngliche Christentum war davon ausgegangen, daß die Welt trotz ihrer Schuld von dem einen Gott, der ihr Vater sein will, geliebt wird. Diese Liebe war an Jesus Christus, in dem sich die historische Person und der Mythos vom sterbenden und auferstehenden Gott vereinigten, sichtbar geworden. Sie bildete sich da real ab, wo der gottmenschliche Erlöser aus der Welt Gottes auf diese Welt des leidenden Menschen kam und mit ihm litt, um so die Liebe Gottes auch im Sterben und in der Überwindung des Todes zu erweisen. Aus dieser religiösen Erfahrung erwuchs die Geborgenheit des Glaubens, daß den Menschen nichts mehr von der Liebe Gottes trennen könne. Denn auf Grund dieser in Christus schon sichtbaren Liebe Gottes werden einmal am Ende alle Schuld und alles Leid von den Schultern des Menschen genommen, «Gott wird abtrocknen alle Tränen von ihren Augen». Für das Leben in der gegenwärtigen Welt galt das Vorbild des Lebens Jesu, das schlichte Wort seiner Gleichnisse und das Doppelgebot der Liebe. Weil alle Menschen Kinder eines Vaters sind und der neue Gottmensch mit ihnen und für sie alle litt, sind sie verpflichtet, einander mit einer Liebe zu lieben, die täglich sich erneuert und keine Grenzen kennt. Da aber der Mensch seiner gegenwärtigen Natur nach nicht fähig zu dieser Liebe ist, muß er sich von dem göttlichen Geist treiben lassen, der dann in sein Herz kommt, wenn er sich in die mystische Verbindung mit dem neuen Gott hineinführen läßt, die in der neuen Gemeinde und in den Sakramenten anschaulich wird.

Das war das ursprüngliche Christentum. Aber auf den Wegen, die wir in diesem Buch mit ihm gegangen sind, ist es in sechsfacher Weise verändert worden:

1. Es wurde *säkularisiert,* das heißt, es wurde gezwungen, mehr und mehr Zugeständnisse an die Welt zu machen. Es entwickelte eine Organisation nach dem Muster der staatlichen, es erlebte, wie aus der Liebe Wirtschaftsprobleme wurden, wie aus dem Geist die massiven Formen der Technik und Magie erneut herauswuchsen, kurz, es wurde ein Stück Welt selbst, und es mußte sich darum mit einem Minimum seiner ursprünglichen Ziele, Absichten und Hoffnungen begnügen. Außerchristliche Kräfte bedienten sich seiner mehr und mehr, innerchristliche wurden unsicher. So entstand ein Kompromiß, noch immer fähig, der Welt neue Impulse zu geben, aber ohne die ursprüngliche Frische und Eigenart.

2. Es wurde *dogmatisiert.* Die Freiheit, Weite und warme Emotionalität des ursprünglichen Christentums waren von zwei Seiten her bedroht, von einer starken philosophischen Tradition, der das Christentum nicht ausweichen konnte, und von der ängstlichen oder selbstsicheren Forderung der Rechtswelt. Als man erst einmal zu fragen begann, was denn überhaupt der ‹richtige› Sinn der Worte Jesu, der Schriften der Apostel, des christlichen Kultes seien, konnte man dem Dogma nicht mehr entgehen. Feiner und sublimer in der griechischen Welt, härter und massiver in der römischen beeinträchtigte es mehr und mehr die Beweglichkeit der Geister.

3. Damit schwand der ursprüngliche *Enthusiasmos.* Man war nicht mehr Christ, weil man vom Geist dazu getrieben wurde, sondern man wurde dazu erzogen, man trat zum Christentum über, wie man vorher zu irgendeiner anderen Religion übergetreten war. Die nüchternen Lebensformen traten an die Stelle der gewaltigeren und heroischen, an die Stelle des Liebesenthusiasmos trat die Moral guter Werke.

4. Damit schwanden weithin die *persönliche* Mystik und überhaupt die *persönliche* religiöse Ergriffenheit. «*Ich* lebe . . . Christus lebt in *mir*», hieß es bei Paulus, «*dein* Glaube hat *dir* geholfen» bei Jesus, «*er* zog fröhlich *seine* Straße», bei Lukas; es ging immer um Mensch und Gott. Aber dann wurde aus der intimsten Innerlichkeit eine Massenbewegung. Daß es eine städtische Bewegung war, ist das Besondere an ihr: nur als solche gewann sie diesen ewig vibrierenden, immer mehr unpersönlichen und nie sicher zu bestimmenden Charakter der hellenistischen Großstadt; das bedeutete zwar ein Gegengewicht gegen das starre Dogma, war aber auch von jener unsicheren Labilität, die ihrerseits wieder zu festen Konturen des Rechts und des Dogmas drängte.

5. Das aber führte zur *Preisgabe der Einheit.* Der altchristliche

Satz: «Ihr seid alle einer in Christus» blieb nur noch als Ideal bestehen. Bald schon sah das Christentum in Antiocheia anders aus als in Byzanz oder gar in Rom und Karthago. Da halfen auch keine künstlichen Versuche, die Einheit wiederherzustellen. Die hellenistische Stadt war zu stark. Von der Bildung der Nationalkirchen ganz abgesehen, war zum mindesten die Spaltung zwischen den vier großen Metropolen unüberwindbar. Ungebrochen führt die ägyptische Linie über die Ptolemaierzeit und die koptische Renaissance in das alexandrinische Christentum, in sein Dogma und seine Kirchenpolitik, ebenso der syrisch-orientalische Geschichtsrealismus in seleukidisch-griechischer Interpretation in den antiochenischen Dyophysitismus. Griechische Formung und Tradition geht ebenso ungebrochen mit dem ganzen griechischen Überlegenheitsgefühl in das Christentum von Byzanz ein, und römisches Wesen spaltet von dieser griechisch-östlichen Welt die römische Kirche ab. Die Einheit war unwiederbringlich verloren.

6. Schließlich leben im Christentum unverändert und unausrottbar *vorchristliche Gedanken und Formen* fort, ja sie erwachen zu neuem Leben. Es ist falsch, immer noch zu meinen, daß das nur im paganen Bereich des Dorfes und der entlegenen Gegenden der Fall war. Immer und überall gilt der Leipoldtsche Satz, daß Religionen nicht sterben. Gerade weil das Christentum in seinen Anfängen so frei, so großzügig war, alles seinem Herrn dienstbar zu machen, mußte es auch Nährboden für das Alte werden; teils gereichte das zum Segen, teils zur völligen Verstümmelung des ursprünglich Christlichen.

Stellt man nun noch einmal zusammenfassend die Frage, welches die wichtigsten Gründe für die Durchsetzung des Christentums sind, so ergibt sich nach allem Gesagten etwa folgendes:

1. Das Christentum hat mit der *Idee der Gottes- und Menschenliebe* in ihrer *Ausschließlichkeit* etwas Neues in die Welt gebracht. Diese Liebesidee war jedem irgendwie zugänglich, und es war leicht einzusehen, daß hier eine Lösung für die Nöte der Welt, die Schrekken der Kriege, die Wirren der Wirtschaft, die innere und äußere Verzweiflung des Einzellebens gefunden werden könnte, und zwar ohne äußeren Aufwand, nur durch eine innere Erneuerung.

2. Dank der formalen Weite und des alles umfassenden Anspruchs dieser Idee konnte das ursprüngliche Christentum nach und nach *so gut wie alles* zu sich heranziehen: «Es ist alles euer.» Der Mensch konnte Christ werden und doch bis zu einem sehr hohen Grade sein altes Weltbild, sein ihm lieb gewordenes geistiges Leben, seine Lebensformen, bis zu einem gewissen Punkte sogar seine alten Götter nach einem Reinigungsprozeß mit in das neue Leben der Liebe und Freiheit, des Vertrauens und Hoffens hineinnehmen. Noch einmal

konnte daher im Rahmen des Christentums die antike Kultur aufblühen, freilich jetzt nicht mehr zu Ehren des Menschen, sondern zu Ehren des neuen Gottes, der allein die Liebesidee rein verkörperte.

3. Diese neue Idee fand einen Raum und Menschen vor, die sie *gern* aufnahmen und auf sie vorbereitet waren. Das gilt vor allem überall da, wo die *platonische Grundströmung* der spätantiken Geistigkeit lebendig war. Hier war die Verbindung von Hellenismus und Christentum eine geschichtliche Notwendigkeit. Weil die besonders im hellenischen Raum zahlreichen, auf das Christentum vorbereiteten Menschen in ihm die Lösung der geistigen Zersplitterung und zugleich die echte Gotteserkenntnis und die damit echt griechisch verbundene Erlösung sahen, waren sie bereit, dafür alles einzusetzen, was sie hatten, ihr Vermögen, ihre Bildung, selbst ihr Leben.

4. Aber das Christentum hätte sich nicht allein durch seinen geistigen Besitz durchgesetzt. *Ein* verhängnisvolles jüdisches Erbe hatte es mitgebracht, das ihm zwar äußerlich schließlich zum Enderfolg verhalf, aber die Liebesidee für immer in die größte Gefahr brachte: die *radikale Intoleranz.* Viele Beispiele haben wir kennengelernt, nur an eins der typischsten sei noch erinnert. Der vermutlich spanische Papst Damasus sammelte eine Truppe aus Totengräbern und Stadtsoldaten und stürmte mit ihnen eine Basilika, in der von ihm abtrünnige Christen sich verteidigten; es gab nach Ammianus Marcellinus' objektivem Bericht 137 Tote. Der gleiche Papst stand hinter den Blutedikten des gleichfalls spanischen Theodosius I., die sich eines in der Antike bisher völlig unbekannten frömmelnden Stiles bedienten, um Verfolgungen gegen Nichtchristen und die von Damasus abtrünnigen Christen einzuleiten. Die brutale, kompromißlose Grausamkeit der Christen, und zwar ihrer geistigen Führer, der Bischöfe und Patriarchen, gegen Nichtchristen, Häretiker, Juden, selbständig Denkende hat in der gesamten antiken Religionsgeschichte keine Parallele. Hier war der Geist der Rachepsalmen des Alten Testamentes stärker als die Liebesforderungen des Neuen.

5. Wie sich aber auch Licht und Schatten verteilen mögen, eins ist sicher: der Hellenismus brauchte eine *Erneuerung.* Die alten Götter und Lebensformen waren erschöpft, die Philosophie drehte sich im Kreise um die alten Probleme. Sie waren weder tot noch erledigt, aber auf die alte Weise konnten sie auch nicht mehr gelöst werden. Die neue Religion nahm sie alle auf, hob sie aber auf eine andere metaphysische Ebene, gab bedenkenlos alles preis, was sich nicht mehr halten ließ, anstatt es zu konservieren, und nun konnte von neuem ihre Beantwortung versucht werden. Was für den Geist gilt, gilt aber auch für das Leben. Auch hier schienen alle Sensationen allmählich ausgekostet zu sein, alle Krisen durchlebt, alle Ethiken aus-

probiert, alle Genüsse genossen. Es drohte ein Pessimismus aus Übersättigung oder eine Flachheit der Langeweile. Da machte das Christentum wieder Mut zum Leben, mochte dieses für den einen in der Verwirklichung der christlichen Ideale in dieser Welt, für den anderen in der Gewißheit eines besseren Jenseits liegen. Auch der fernste christliche Asket und seltsamste Heilige bekam ein neues *Lebensgefühl,* das im Grunde bei härtester Askese lebensbejahender war als die müden Emotionen aller spätantiken Snobs, Pessimisten, Existentialisten und Nihilisten.

So enthüllt sich doch trotz aller Schatten die Epoche als eine wundervolle *Synthese,* die das Ende der Antike im Goldglanz byzantinischer Mosaiken, der synthetischsten Form aller bildenden Künste, erstrahlen läßt. Es ist nicht das Licht einer Abenddämmerung, sondern das Morgenlicht einer neuen europäischen Geistesgeschichte, dessen Sonne in Hellas und seiner geistigen Welt steht. So beginnen die eigentlichen europäischen Jahrhunderte, in Byzanz wie im Westen und im Norden. Ruhend auf dem Grundpfeiler des christlichen Platonismus, glaubt die Welt wieder an das Ineinander von göttlicher Idealität und menschlicher Realität, an den Abstieg des Göttlichen und den Aufstieg des Menschlichen. Von daher deutet sie alles und schafft sie alles. Ihr Gefühlsreichtum spannt sich von dem Pol jubelnder Freude des erlösten und geborgenen Menschen hin bis zum Pol tiefster Trauer über Schuld und Vergänglichkeit; ihr Denken müht sich mit allen griechischen Denkmitteln um das Kernproblem der Welt, die Gottmenschheit, ihr Ethos ist die unendliche Aufgabe und Forderung der Liebe, die Leistung und Geschenk zugleich ist und in der alle Tugenden, Gesetze und Maximen aufgehoben sind. Dabei wird nichts standardisiert oder uniformiert, sondern formt sich eigentümlich in Byzanz und Rom, bei Kopten und Syrern, bei Kleinasiaten und Kelten, bei Slaven und Germanen. Das Christentum erscheint anders und ist doch dasselbe bei reich und arm, gebildet und ungebildet, Mann und Frau, jung und alt. Kein Stand und Beruf ist von ihm ausgeschlossen. Es schafft sich Formen mit allen Kunstmitteln, die zur Verfügung stehen, vor allem in der Musik als der geistigen Kunst, aber auch in der alles umschließenden platonischen Kuppel der Architektur und in dem Farbenspiel des Mosaiks. An den Logos gebunden, wendet es dem Wort in Rede und Dichtung, Schrift und Liturgie besondere Aufmerksamkeit zu. Schließlich schafft es auch die staatlichen und rechtlichen Einheiten des Reiches von Byzanz und des römisch-germanischen Reiches des Mittelalters.

Wo man auch hinschaut, es ist alles Erfüllung und nirgends ein Ende.

NACHWEIS DER ZITATE

Seite 2: Hom. Odyss. 3, 380; 7, 14 f.; 13, 391; Soph. Aias 14, 39. Hymn. Orph. 40 (Quandt). R. CAGNAT, Inscriptiones Graecae ad res Romanas pertinentes 1 (1911). Nr. 1313 Zeile 5. Pap. Ox. 11 Nr. 1380 Zeile 28. 109 f. Apul. metam. 11, 25, 1. Menand. bei Stob. 1, 2, 17 (Wachsmuth); Anth. Gr. 10, 107. Solon D 3, 3 f.; Aristoph. equ. 1173.

Seite 4: Cleanth. frgm. 537, 15 f. (metr. Übers. Wilamowitz, Antike 1, 1925, 158. Eurip. frgm. 638 (Nauck).

Seite 5: Pindar frgm. 107–112 (Werner); Olymp 2, 68–75 (Werner); W. THEILER, Die zwei Zeitstufen in Pindars Stil und Vers. 1941. Soph. frgm. Nauck 297. 752 (Pearson 320. 837). Eurip. Herc. 613. Aristoph. av. 1709–1712. Plato Gorg. 526 d.

Seite 6: Plato Phaed. 109 e.

Seite 7: Cic. rep. 6, 14 (Ziegler).

Seite 8: Plut. audiend. poet 21 f. Pindar Isthm. 6, 35–51 (Werner); Theocr. 24, 73–85 (Edmonds); Seneca Herc. Oet. 1610–1982 (Thomann).

Seite 9: Plut. Is. et Osir. 362 a; Tac. hist. 4, 83; Arnob. adv. nationes 5, 5, 100 (Marchesi). R. P. A.-J. FESTUGIÈRE, La révélation d'Hermès Trismégiste III: Les doctrines de l'âme. 1953. 165 f.

Seite 10: 1. Kor. 10, 18; Rom. 9, 3. 8; Gal. 4, 21–31.

Seite 12: P. Ab. 2, 7 (6).

Seite 13: j Pea II, 5 (9 b). LXX Ps. 1, 2; 118, 92. 105. 165 p Ta'an I, 1 (2 b. 3 a); II, 1 (8 a f.); b Ta'an 16 a.

Seite 14: Luk. 18, 11.

Seite 19: Luk. 15, 11–32. LXX Ps. 68, 28.

Seite 20: Luk. 15, 4. 7; Mt. 18, 12 f.; 20, 8; 21, 31. A. DEISSMANN, Licht vom Osten. 4. Aufl. 1923. 145–148. Cic. nat. deor. 2, 24, 62 (Plasberg). I. M. PRICE, The Great Cylinder inscriptions A and B of Gudea. 1927. Cylinder A 3, 6 f. LXX Ps. 26, 10.

Seite 21: Hom. Hymn. Demeter 480. 486 f. (Weiher); Pindar frgm. 115 (Werner). Luk. 10, 23. Luk. 7, 32; Mt. 11, 17.

Seite 22: Luk. 7, 34; Mt. 11, 19. Plut. Alcib. 22. Acta Philippi 34 (Huck, Synopse zu Mt. 18, 3). Luk. 22, 24–26; Mark. 10, 41 f.; Mt. 20, 25 f.

Seite 23: Seneca epist. 1, 10, 5. Plato Theaet. 176 a–c. Diog. Laert. 6, 2, 28 f. (Hicks). Luk. 6, 46; Mt. 7, 21. Diog. Laert. 2, 5, 27; 6, 9, 104. Mt. 6, 32. Diog. Laert. 6, 5, 86 f.; Luk. 18, 18–30; Mark. 10, 17–31; Mt. 19, 16–30. Diog. Laert. 6, 1, 13;

Luk. 9, 3; Mark. 6, 9; Mt. 10, 10. Luk. 10, 21; Mt. 11, 25. Dion Prus. or. 10, 32.

Seite 24: Luk. 17, 20 f.

Seite 25: Luk. 6, 20; 12, 31; 16, 16; Mt. 5, 3; 6, 33; 11, 12; 13, 44–46. LXX Judith 16, 17. H. Gressmann, Vom reichen Mann und armen Lazarus. Abh. Berl. Akad. Phil. Hist. 1918 Nr. 7.

Seite 26: Mt. 17, 20. Epiphan. haer. 30, 16 (Holl). Luk. 6, 5 Codex D.

Seite 27: Dion Prus. or. 9, 4–7. Luk. 10, 13–15; Mt. 11, 21–24. Mt. 5, 17–19; 5, 31 f.; 6, 9; 7, 6; 10, 5 f.; 15, 26. Philo legat. 118 (Cohn-Wendland). Mt. 5, 21–45.

Seite 29: A. Dieterich, Die Weisen aus dem Morgenland. ZNTW 3 (1902). 9. Sueton, Augustus 94, 3 (Ihm).

Seite 30: Apul. metam. 11, 23, 7; LXX Jes. 9, 1. Luk. 2, 11. Hippol. ref. 5, 8 (115). M. Dibelius, Jungfrauensohn und Krippenkind. SHA Phil. Hist. 1931. 43 Anm. 2. Plut. Is. et Osir. 12 (355 e). Plut. Lykurg 3. Ditt. Or. 2, 458.

Seite 31: Mark. 6, 3; Mt. 13, 55. Mt. 4, 15; LXX Jes. 8, 23 f.

Seite 33: Mark. 15, 39; Mt. 27, 54. p Schab VI, 8 (23 b).

Seite 34: Mt. 14, 27. Plut. reg. et imp. apophthegm. Alex. 15 (180 d).

Seite 35: Ditt. Or. 2, 458. Ditt. Or. 1, 383. Curt. Ruf. 10, 9, 28 (Hedicke). Seneca clement. 1, 10, 3. Plin. Paneg. 11, 2.

Seite 36: Luk. 10, 17. 20. Mark. 1, 31–34. Mark. 9, 14–29. Dan. 7, 13; 4. Esra 13 (11); Hen. 46. Rom. 5, 15–19; 1. Kor. 15, 45–50. Luk. 9, 58.

Seite 37: Luk. 4, 1. Luk. 10, 21–23.

Seite 38 f.: W. Bousset, Die Religion des Judentums. 3. Aufl. 1926. S. 222.

Seite 39: b Sanh. 98 b. O. Immisch, Matthäus 16, 18. ZNTW 17 (1916). 18–26.

Seite 40: Luk. 13, 31–33; 18, 31–34; Mt. 16, 21 f.; 20, 18 f.; Mark. 10, 33 f. Luk. 23, 26; Mt. 27, 32; Mark. 14, 51 f.; 15, 21. Joh. 7, 52.

Seite 41: 1. Kor. 11, 24 f.; Luk. 22, 19. Joh. 11, 50; 18, 14. Aristeas 139–142 (Hadas).

Seite 42: Mark. 15, 34; Mt. 27, 46.

Seite 43 f.: Charitonis Aphrodisiensis De Chaerea et Callirhoe 3, 3 (W. E. Blake).

Seite 48: Plin. nat. hist. 31, 102 (9, 45).

Seite 50: Gal. 1, 16; 2. Kor. 4, 6. 1. Kor. 15, 1–11. 1. Kor. 15, 50.

Seite 51: Seneca apocol. 5, 13; Firm. Matern. err. 22, 1; Luk. 24, 38; Mt. 28, 5; Mark. 16, 6. Plut. Is. et Osir. 54 (373 a).

Seite 52: Act. Apost. 6, 1; 9, 29.

Seite 53: Mt. 28, 16 f.

Seite 54: Euseb. h. e. 2, 23, 4–18. Gal. 2, 9. 12. Act. Apost. 6, 5.

Seite 55: 1. Kor. 16, 22; Act. Apost. 1, 6; Apok. 22, 20. Pap. Ox. 1, 2.

Seite 56: Act. Apost. 2, 42.

Seite 57: Gal. 2, 10; Rom. 15, 26. Luk. 12, 5; Mt. 10, 28. Euseb h. e. 2, 23, 6. Plut. non posse suav. viv. sec. Epicur. 21 (1101 e). Gal. 2, 1–10. Act. Apost. 15, 20. 29 Codex D; 16, 4; 21, 25.

Seite 58: Gal. 2, 4. Act. Apost. 11, 26, vgl. Act. Apost. 26, 28.

Seite 59: Sueton Claud. 25, 4. Philipper 3, 8.

Seite 60: Rom. 13, 4; Act. Apost. 18, 12–17. Act. Apost. 16, 6–10.

Seite 61: Act. Apost. 17, 16–34. Act. Apost. 18, 9 f. Act. Apost. 28, 11. Philipper 3, 5 f.

Seite 62: Iuvenal sat. 14, 96–106. Rom. 9, 3–5. Gal. 1, 17; 4, 25 f.

Seite 63: 1. Thess. 2, 15 f. Gal. 1, 15–22.

Seite 64: Gal. 2, 1–10. Gal. 2, 11–13; 1. Kor. 1, 12; 3, 22. 2. Kor. 11, 24 f.

Seite 65: Philipper 2, 21. 2. Thess. 3, 10.

Seite 66: Philipper 4, 11–13. 2. Kor. 4, 7–9; 5, 4–8. 2. Kor. 6, 9 f. 1. Kor. 15, 10. 1. Kor. 4, 12. Gal. 6, 17. 2. Kor. 11, 23–33.

Seite 67 f.: Rom. 8, 9–15; 1. Kor. 2, 10–15; 3, 16; 7, 40; 12, 3 f.; 14, 2; 2. Kor. 1, 22; 3, 6. 17; Gal. 3, 2.

Seite 68 f.: Rom. 5, 5. Rom. 8, 35–39. 1. Kor. 12, 31–13, 13. Rom. 4, 17.

Seite 70: Rom. 1, 20; 6, 19; 8, 3–9; 13, 14; 1. Kor. 3, 16 f.; 2. Kor. 4, 4–11; 5, 1–9; Gal. 5, 16. 2. Kor. 4, 4; Kol. 1, 15. Rom. 8, 3; Philipper 2, 6–8.

Seite 74: Wilamowitz, Hellenistische Dichtung 2, 1924. S. 257.

Seite 75: Plut. Colot. 30 (1124 de). Rom. 9, 16; 2. Kor. 8, 13 f.; Philipper 4, 5; Kol. 4, 1.

Seite 76: 2. Kor. 3, 6–8; Plato Phaedr. 60 (276 a). Plato Phaedr. 29 (249 cd). 1. Kor. 2, 6–14. Plato Apol. 9 (23 a). 1. Kor. 1, 20–25. 1. Kor. 2, 1–16; Gal. 4, 9.

Seite 77: 1. Kor. 15, 28. Rom. 11, 32. 2. Kor. 3, 18.

Rom. 8. 10 f. 2. Kor. 5, 17. Gal. 2, 20. 1. Kor. 5, 3–5; Gal. 1, 8 f.; 6, 17.

Seite 78: 2. Kor. 4, 10. 2. Kor. 1, 5; Gal. 6, 17. Kol. 1, 24. Gal. 3, 27; Rom. 6, 3–5. 2. Kor. 2, 14–16. 2. Kor. 12, 4.

Seite 79: Rom. 12, 1. Seneca ira 3, 26, 4. Epict. Gnom. C 3 (Schenkl). Rom 7, 15. Epict. Dissert. 2, 26, 1 f. (Schenkl; Souilhé). Gal. 5, 17–23.

Seite 80: Philipper 2, 6–11; Rom. 1, 2. 4; 8, 3; 15, 3; 1. Kor. 1, 23; 2, 2; 15, 23–28; 2. Kor. 5, 10. 21; 8, 9.

Seite 81: Rom. 3, 25. 2. Kor. 5, 19; Rom. 5, 10; Kol. 1, 21. Rom. 1, 16 f.; 3, 22; Gal. 2, 16 f.; 3, 8. L. Curtius, Die Aphrodite von Knidos. Antike 1 (1925). 41.

Seite 82: Seneca provid. 5, 6. Rom. 8, 15. Rom. 8, 2. Rom. 8, 21. Rom. 6, 18. Rom. 12, 2. Gal. 5, 16. 24; 6, 1. Epict. Dissert. 1, 11, 33; 3, 22, 48 (Schenkl; Souilhé). 1. Kor. 3, 21 f. Epict. Dissert. 3, 22, 67–76 (Schenkl; Souilhé).

Seite 83: 1. Kor. 7, 29–31. Gal. 4, 9 f. Philipper 4, 4–6. J. Leipoldt, Die Arbeit im Neuen Testament. Ev. Dt. 18 (1942). 27.

Seite 84: 1. Kor. 15, 42–51; 2. Kor. 5, 1–10.

Seite 86: 1. Kor. 12, 12–27. Philipper 1, 15–18.

Seite 87: Euseb h. e. 3, 39, 3 f. (286). Iren. haer. 3, 11, 9. Epiphan. haer. Nr. 51. R. Eisler, Das Rätsel des Johannes-Evangeliums. Eranosjb. 3 (1935). 323–511. E. Schwartz, Aporien im vierten Evangelium. N. Gött. G. G. 1907. 342–372; 1908. 115–188. 497–560.

Seite 88: H. Windisch, Johannes und die Synoptiker. 1926.

Seite 89: Joh. 3, 16 f.; 4, 21; 8, 27 f.; 14, 8; 1. Joh. 4, 8 f. Joh. 1, 18; 5, 36–38; 6, 29. 57; 7, 29; 8, 42; 10, 36. Joh. 15, 5 f. Joh. 10, 14 f.

Seite 90: 1. Joh. 3, 9; Joh. 3, 3. Joh. 6, 56. Joh. 3, 17–21. Joh. 3, 18. 29; 4, 36; 8, 32–36; 15, 11; 1. Joh. 1, 4; 2. Joh. 12; Apok. 19, 7.

Seite 91: J. Grill, Untersuchungen über die Entstehung des vierten Evangeliums. 1 1902, 2 1923. CIL 10, 3800. Joh. 2, 1–11; 15, 1.

Seite 92: F. Pfister, Herakles und Christus. ARW 34 (1937). 42–60. Seneca Herc. Oet. 1673–1679. 1725 f. Seneca Herc. Oet. 1472. Joh. 19, 30. Seneca Herc. Oet. 1831–1839. Joh. 19, 26. Joh. 14, 18. Plato Phaed. 116 a. Cornut. 16, 165; 31, 221–223. Epict. Dissert. 3, 24, 14 (Schenkl; Souilhé). Epict. Dissert. 3, 22, 49 (Schenkl; Souilhé). Joh. 3, 17. Joh. 18, 37; 19, 11. Diog. Laert. 6, 56. Joh. 7, 34. R. Cagnat, Inscriptiones Graecae ad res Romanas pertinentes 1 (1911) Nr. 826.

Joh. 11, 4 Cagnat 1 Nr. 317; IG 14, 638. 1488. 1782; CIL 6, 20616; L. VIDMANN, Syll. inscr. rel. Is. 1969. Nr. 462. 778. Joh. 4, 14.

Seite 93: Porphyr. abst. 4, 8 f. Joh. 14, 16. 26; 15, 26; 16, 7.

Seite 94: Joh. 3, 5–8; 4, 24; 6, 63; 14, 17; 15, 26; 16, 13; 1. Joh. 4, 6; 5, 6. E. A. ABBOTT, Johannine Grammar. 1906. P. FRIESENHAHN, Hellenistische Wortzahlenmystik im Neuen Testament. 1935. Joh. 12, 20–23. 29.

Seite 95: Joh. 3, 14; 4, 5–12; 5, 45 f.; 6, 32 f.; 8, 52–58. R. EISLER, Das Rätsel des Johannesevangeliums. 1936. 475–485. Joh. 1, 45–50. Joh. 5, 16–18; 6, 41; 7, 1. 13; 9, 22; 10, 31–33; 11, 8; 13, 33; 18, 36. G. BERTRAM, Die Himmelfahrt Jesu vom Kreuz aus. Deißmann-Festschr. 1927. 187–217.

Seite 97: Herodot 9, 16. Apok. 1, 1. Apok. 5, 5; 6, 2; 12, 9. 11; 13, 7; 17, 14; 20, 2–6.

Seite 98: Apok. 1, 10. Apok. 2, 9. 13; 3, 9.

Seite 100: F. BOLL, Aus der Offenbarung Joh. 1914. Apok. 3, 15 f. Apok. 7, 17; 21, 4. Apok. 1, 5 f. Apok. 21, 5. Apok. 3, 19.

Seite 102: Apok. 1, 3; 22, 7.

Seite 106: Plut. non posse suav. viv. sec. Epic. 21 (1101 ef). 23 (1103 bc).

Seite 107: Hermas mand. 10, 1, 1 f. Basil. hom. 4, 7 (MSG 31, 237), vgl. hom. 3 (MSG 31, 217–261). Euseb h. e. 7, 22, 4 (680). Aristid. Apol. 15, 10. Aristid. Apol. 17, 5.

Seite 108: Soph. Aias 126; Eurip. Med. 1224; frgm. 638 (Nauck). Anth. Gr. 10, 124. Soph. Oed. Col. 1224–1227.

Seite 109: H. DÖRRIE, Leid und Erfahrung. Die Wort – Sinnverbindung παθεῖν – μαθεῖν im griechischen Denken. 1956.

Seite 110: Mt. 11, 28; 1. Kor. 7, 31; Joh. 16, 33. Ign. Rom. 3, 3. Ign. Rom. 5, 3.

Seite 112: Seneca, ad Helviam matrem 6.

Seite 113: Cic. de oratore 2, 40, 169. Rom. 8, 22. Athenag. res. mort. 12.

Seite 114: Ditt. Syll. 3, 1125. Apok. 1, 8; 21, 6; 22, 13. Hebr. 13, 8.

Seite 115: Corp. Herm. 13, 20 (Nock – Festugière Bd. 2 S. 208). Apul. metam. 11, 2, 4. Athenaios Deipn. 6, 253 e.

Seite 116: CIL 11, 6632. G. Kaibel, Epigrammata Graeca ex lapidibus conlectae. 1878 Nr. 1041, 6. Plato leg. 7, 791 a; Epicur bei Diog. Laert. 10, 144, 17. 145, 20. Epicur Usener 490. LXX Num. 6, 26. NuR 11 (1646); p Ber. IX, 5 (60 b); p Pea I, 1 (1 a).

Seite 117: Mt. 11, 28–30. Hebr. 3, 7–4, 11.

Seite 118: Act. Thom. 52. 122. 1. Tim. 2, 1–3. Ephes. 6, 15; Optat. Milev. 2, 15 (Ziwsa). Ign. Trall. 4, 2. Ev. Hebr. bei Clem. Al. strom. 5, 14, 96.

Seite 119: E. KALINKA, Antike Denkmäler in Bulgarien. 1906. Nr. 232 (S. 195). August. conf. 1, 1.

Seite 122: Iustin Apol. 1, 43; 2, 7 (Krüger); c. Tryph. 102, 4; Athenag. legat. 24.

Seite 123: Plato rep. 10, 613 a.

Seite 124: Wilcken Urk. 1 Nr. 70. Athenaios Deipn. 6, 253 e.

Seite 125: Luk. 12, 7; 21, 18; Mt. 10, 30 Jakob. 4, 15. Od. Salom. 5, 13–15. J. BERNARDIN, A coptic sermon attributed to Athanasius. JThSt 38 (1937). S. 123 fol. 105.

Seite 126: Philo, quis rer. div. her. 24 f.

Seite 127: Od. Salom. 28, 1. Od. Salom. 36, 1. Od. Salom. 13, 1.

Seite 128: Act. Joh. 57. Epiphan. haer. 48, 11, 1. 9 (Holl). Montanus Frgm. 1 (Hilgenfeld p. 591) = Didym. Trinit. 3, 4, 1 (MSG 39. 984). Act. Apost. 17, 28. Heraclit Frgm. 62. Pindar Nem. 6, 1 f. Arat Phaen. 1, 2–5.

Seite 129: August. Conf. 1, 2. Min. Fel. Octav. 32, 7.

Seite 130: Pap. Ox. 1, 1, 4. Act. Joh. 108. Org. in Jer. 20, 3; Didym. in Ps. 88, 8. Act. Joh. 94 f. Macar. hom. 46, 3–6, vgl. auch 15, 1–6. 35 f. (Dörries-Klostermann-Kröger).

Seite 131: Act. Thom. 7. 36. Od. Salom. 3, 2–5.

Seite 132: Od. Salom. 28, 6 b. Od. Salom. 6, 1. Od. Salom. 40, 4 f. Od. Salom. 3, 7 b (9). Iren. haer. 1, 21, 3. R. DUTHOY, The Taurobolium. 1969. S. 18 Nr. 23. Apul. metam. 11, 16, 4. Od. Salom. 3, 16. Od. Salom. 41, 9.

Seite 133: Clem. Al. paed. 3, 12, 101, 3. Od. Salom. 17, 4–6.

Seite 134: Firm. Matern. err. 21, 3.

Seite 134 f.: Ign. Trall. 11, 2. Gal. 6, 17; Ign. Eph. 9, 2. Ign. Smyrn. 1, 1; 4, 2.

Seite 136: Eph. 5, 14. Ambrosius bei A. S. Walpole, Early Latin hymns. 1922. Hymn. 4, 21–24 (S. 38).

Seite 137: August. Conf. 8, 12 (29).

Seite 138: Plotin enn. 6, 9, 9. 11. 37 ff. u. o.

Seite 139: Verg. Aen. 6, 54 f. Iren. haer. 4, 20, 6. Epiphan. haer. 48, 4, 1.

Seite 140 f.: August. Conf. 9, 10, 23–26.

Seite 141: Rom. 8, 23–26; 2. Kor. 5, 2–4; Eurip. Troad. 578.

Seite 142: Hermas mand. 11. 1. Kor. 14, 27 f.

Seite 143: Plut. Pyth. orac. 24 (406 f.).

Seite 146: Clem. Al. protr. 12, 118, 5 f. (92 f.); Org. Cels. 3, 23. 1. Tim. 1, 4; 4, 7; 2. Tim. 4, 4; 2. Petr. 1, 16.

Seite 147: 1. Kor. 15, 1 f. Iustin Apol. 1, 23, 2 (Krüger).

Seite 148 f.: Aristid. Apol. 11, 2.

Seite 149: Anonymer Historiker FGrHist. II B1 Nr. 153. Apul. metam. 11, 25, 1; J. BERGMAN, Ich bin Isis. 1968.

Seite 150: Notscavi Ser. 5 Bd. 20 (1923). 173 f. Apul. metam. 11, 25, 1 f.

Seite 151: Iren. haer. 3, 22, 4. Zeno Veron. Hom. 2, 8, 2.

Seite 152: MSG 92 S. 1335–1348.

Seite 154: Ovid metam. 9, 693. Aristoph. Lysistr. 387–398; Bion 1 (Edmonds). Melito v. Sardes bei J. KROLL, Die christl. Hymnodik. Neudr. 1968 S. 21.

Seite 155: Seneca, Herc. fur. 610–612. J. KROLL, Gott und Hölle. Der Mythos vom Descensuskampf. 1932.

Seite 160: F. J. DÖLGER, Die Sonne der Gerechtigkeit und der Schwarze. 1918. 13. Firm. Matern. err. 22, 3 f.

Seite 161: Iustin Apol. 1, 21. 24.

Seite 164: Iren. haer. 1, 21, 5.

Seite 167: Pseudoclem. Recogn. 2, 58 (Rehm).

Seite 165. 168: Hippol. ref. 5, 10, 1.

Seite 169: Act. Joh. 93. 101.

Seite 170: Pseudoclem. Recogn. 2, 13, 4 (Rehm). Iren. haer. 1, 21, 5. Iren. haer. 1, 13, 3. Hippol. ref. 5, 14 f.

Seite 175: J. VOGT, Konstantin der Große und sein Jahrhundert. 1949. 272. Clem. Al. protr. 6, 59, 1.

Seite 176: Clem. Al. strom. 1, 5, 30, 2. Org. Cels. 3, 57. Org. Hom. in Ex. 11, 6 (139).

Seite 177: Org. in Philokalia 13, 1 (Robinson).

Seite 178: Basil. ad iuv. 2–5. 8 (Deferrari). August. retract. 1, 13.

Seite 180: Min. Fel. Octav. 17–19; 38, 5; Cic. nat. deor. 1, 34, 93.

Seite 183: Tert. praescr. haer. 13.

Seite 184: Clem. Al. quis div. 37 f. Clem. Al. strom. 4, 22, 136, 5. Clem. Al. strom. 5, 4, 24, 3.

Seite 185: 1. Joh. 1, 1. Org. Cels. 7, 50.

Seite 186: Clem. Al. strom. 2, 2, 9, 4. Org. Cels. 1, 12.

Seite 187: Org. Cels. 8, 12. August. baptism. 5, 27, 38 (Petschenig CSEL 51 p. 293–95).

Seite 189: Basil. ad iuv. 4.

Seite 190 f.: 2. Tim. 3, 15–17.

Seite 192: Ptolem. ad Floram 3, 2–5, 8 (Quispel).

Seite 194: Ishodad von Merv in Mt. praef. 1 (M. D. GIBSON, The commentaries of Isho'dad of Merv. Hor. Sem. 5/6. 1911 fol. 1 a).
Seite 197: Org. princ. 4, 2, 4 (11); Hom. in Num. 18, 4. Porphyr. bei Euseb h. e. 6, 19, 4.
Seite 198: Philo opif. mund. 1, 1.
Seite 199: 1. Kor. 9, 9.
Seite 200: Org. princ. 4, 2, 1, 8–4, 3, 5, 21; Cels. 7, 19.
Seite 202: Geront. Vita Melan. 11.
Seite 203: E. PETERSON, Heis Theos. 1926. Jakob. 2, 19; 1. Kor. 8, 6; Hermas mand. 1, 1.
Seite 204: Org. princ. 1 praef. 47, 4. Org. Cels. 8, 41.
Seite 207: Arnob. adv. nationes 1, 27, 9 (Marchesi). Pap. Ox. 3, 407. Org. Cels. 3, 70; 5, 23.
Seite 208: Bion Frgm. 18 (Edmonds). Theophil. Autol. 2, 8. Hippol. ref. 10, 27.
Seite 209: Org. Cels. 4, 19.
Seite 210: Clem. Al. strom. 6, 14, 109, 5. Cic. off. 3, 28, 102.
Seite 211: Pap. Ox. 1021; Ditt. Or. 2, 660 = CIG 3 Nr. 4699.
Seite 212: S. EITREM, Zur Apotheose. Exkurs 1: Eine Akklamationsformel. Symbol. Osl. 15/16 (1936). S. 129.
Seite 213: August. Confess. 10, 37 (28). Boeth. consol. 3 (Gothein p. 166). Rom. 11, 33.
Seite 214: Cic. nat. deor. 1, 23, 65–24, 66 (Plasberg).
Seite 215: Tert. adv. Prax. 7, 8; carn. Chr. 11, 4. Acta Carpi, Pap., Agath. 2.
Seite 216: Iren. haer. 4, 6, 4–7.
Seite 217: Org. Cels. 6, 69.
Seite 218: Cornut. 16.
Seite 220: Org. princ. 1, 2, 8; 2, 6, 3.
Seite 221: Org. princ. 2, 6, 2. Org. Cels. 4, 15; 6, 76 f.; princ. 2, 6, 3–7; in Gen. hom. 8, 9.
Seite 222: Ign. Trall. 9, 1. Ign. Smyrn. 3, 2.
Seite 223: R. ABRAMOWSKI, Der theolog. Nachlaß des Diodor von Tarsos. ZNTW 42 (1949). 19–69. Frgm. 12 S. 31.
Seite 224: Ign. Eph. 7, 2. Isaak von Antiocheia, Viertes Gedicht über die Menschwerdung (Landersdorfer) Vers 1–80.
Seite 226: Org. Cels. 8, 15.
Seite 227 f.: Org. Cels. 4, 15.
Seite 231: Basil. spir. sanct. 9, 22 f. (Pruche).
Seite 235: Org. princ. 4, 4, 1(28). Zeile 18–26.
Seite 236: Tert. Hermog. 3, 4. Cagnat 1 Nr. 1116.
Seite 242: CIL 8, 1 Nr. 7854, vgl. CIL 6, 2 Nr. 13528; 12 Nr. 4015;

Notscavi Ser. 5 Bd. 21 (1924). 348; Ser. 6 Bd. 6 (1930). 481; Ser. 6 Bd. 8 (1932). 424.

Seite 244: Plut. conv. sept. sap. 9, 153 cd.

Seite 246: P. Ab. 3, 10; p. Berach. V, 3 (35 b).

Seite 247: A. MERLIN, Inscriptions latines de la Tunisie. 1944. Nr. 1688. Iren. haer. 2, 30, 8. August. Sermo 141, 2; vgl. auch c. Faust. Manich. 21, 12 (Zycha CSEL 25 Sect 6, 1 S. 583 f.). Athenag. legat. 16.

Seite 248: Org. Cels. 4, 99. Tert. fug. in pers. 2, 6. Tert. adv. Marcion. 1, 13, 5.

Seite 250: Theophil. Autol. 1, 17. Greg. Nyss. op. hom. 2 (MSG 44 p. 135). Greg. Nyss. op. hom. 3 (MSG 44 p. 136).

Seite 251: Greg. Nyss. in verb. fac. hom. Hom. 2 (MSG 44 p. 279 f.). Greg. Nyss. in verb. fac. hom. Hom. 1 (MSG 44 p. 261).

Seite 252: Tert. anima 5, 6. Tert. res. mort. 2, 11–14; 5, 9; 8, 3; 9, 2 ff.; 14, 11; carn. Chr. 10, 2 f., 6; anima 7 u. o. Ign. Eph. 7, 2.

Seite 253: Greg. Nyss. orat. catechet. 5 (MSG 45 p. 21).

Seite 254: Soph. Oed. rex 1329–1331. Aristoph. nub. 1461. Mon. Ancyr. 3, 14 (Diehl).

Seite 255: Seneca provid. 3, 9.

Seite 256: Mc. Aurel 5, 8 (Theiler). Cyprian ad Demetrian. 19.

Seite 257: Clem. Al. quis div. 33, 6 (954).

Seite 259: Sueton Calig. 22, 4 (Ihm). Corp. Herm. 1, 27; 7, 1.

Seite 260: Pelag. de operibus 13 (de Plinval S. 33).

Seite 262: Org. princ. 3, 4, 3.

Seite 263: Clem. Al. protr. 11, 113, 3–5 (87).

Seite 264: Org. Cels. 3, 59.

Seite 265: Org. Turapapyrus J. SCHERER, Entretiens d'Origène avec Héraclide. 1949. S. 140 Z. 6–11 = 8, 18–24.

Seite 267: Iren. haer. 3, 18, 1.

Seite 268: Strabo 10, 3, 18 (471). Iren. haer. 4, 37, 3 f.

Seite 269: H. J. DIESNER, Fulgentius von Ruspe als Theologe und Kirchenpolitiker. 1966.

Seite 270: Org. princ. 3, 6, 153, 3.

Seite 271: August. Ench. ad Laur. 8, 25 f. (Corp. Christian. S. L. 46. 1969 p. 63 f.). Clem. Al. quis div. 23 (948).

Seite 272: Iustin Apol. 1, 57, 2 (Krüger). Clem. Al. strom. 2, 7, 34, 2. Cyprian mortal. 22.

Seite 273: Mart. Iustin 5, 1–3. Cyprian mortal. 20 f. 1. Kor. 15, 50.

Seite 274: Org. Cels. 2, 5. Org. exh. ad mart. 47.

Seite 275: Iustin Apol. 1, 18, 6 (Krüger). A. DIETERICH, Nekyia. 1893. S. 30. 38; Petrapk. Akhmim 6–10. Iustin Apol. 1, 19, 1

(Krüger). Tert. res. mort. 10. 14; Min. Fel. Octav. 34, 9 f.; Athenag. res. mort. 3; Iren. haer. 2, 29, 2; 5, 13, 3–5.

Seite 276: Tert. res. mort. 63, 2 f.

Seite 277: A. DIETERICH, Nekyia. 1893 S. 45.

Seite 279: Org. Cels. 6, 26. Org. princ. 1, 6, 69, 2. Org. orat. 25, 1.

Seite 280: Org. princ. 2, 10.

Seite 283: Org. Cels. 1, 4. 9; 3, 27. Clem. Al. strom. 4, 18, 113, 6. 22, 135, 1–4.

Seite 284: Greg. Thaum. in Org. 12 (146).

Seite 285: Org. Cels. 8, 64.

Seite 286: Geront. Vita Melan. 44.

Seite 287: Tert. idol. 20, 2.

Seite 290: Mt. 25, 40. Evang. Nazar. Frgm. 27 = Hieron. Eph. 5, 4. Mt. 20, 26 f. Par. Basil. Hom. 5, 7 (zu Lk. 12, 18. MSG 31. 261–277).

Seite 291: Org. Cels. 8, 74. Tert. idol. 15, 11.

Seite 292: Iustin Apol. 2, 2, 16 (Krüger).

Seite 293: 2. Thess. 3, 10–12. Eph. 4, 28. 1. Kor. 4, 12; 15, 10. Greg. Thaum. in Org. 6 (81–85).

Seite 294: Barnab. 19, 5. Tert. ux. 2, 4.

Seite 297: Plato Phaedr. 279 b. c. Diog. Laert. 6, 1, 3.

Seite 298: Luk. 6, 20–22; Mt. 5, 3; 13, 22; Mark. 4, 19. Evang. Nazar. Frgm. 16 = Org. Comm. in Mt. 15, 14. Hermas sim. 1, 8. Clem. Al. quis div. 31 (953). Cyprian op. et el. 13–15. Luk. 16, 25; Jakob. 5, 1–3.

Seite 299: Tert. cult. fem. 1, 5, 1.

Seite 300: Luk. 7, 34; Mt. 11, 19.

Seite 307: M. P. NILSSON, Die Religion in den griechischen Zauberpapyri. 1948.

Seite 308: The Warren Papyri 1941. PWarren Nr. 21 col. 2 Zeile 24 (Seite 53).

Seite 309: Method. Olymp. symp. 8, 13–15. Tert. idol. 9, 3–6.

Seite 310: Ign. Eph. 20, 2.

Seite 311: A. J. FESTUGIÈRE, La révélation d'Hermès Trismégiste. 1. 1950. 38.

Seite 313: Gal. 3, 28. Rom. 1, 14; 1. Kor. 9, 20. Act. Apost. 2, 11.

Seite 315: Clem. Al. strom. 4, 8, 58, 3.

Seite 317: A. HEUSS, Die archaische Zeit Griechenlands als geschichtliche Epoche. Antike und Abendland 2. 1946. 26–62. Plut. exil. 5 (600 f.). Joh. 12, 20 f.

Seite 320: Firm. Matern. err. 6, 9.

Seite 321: Theodoret h. e. 2, 16 (Parmentier).

Seite 325: Isaak von Antiocheia, Über die Nachtwachen zu Antiochien 1–39 (Landersdorfer BKV 6).

Seite 326: Isaak von Antiocheia, Zweites Gedicht über das Fasten. Vers 165–170 (Landersdorfer).

Seite 327: Act. Apost. 28, 28. Jubiläen 22, 16.

Seite 328: Ass. Mos. 1, 12–14. Martial 1, 41, 3–5; 12, 57. LXX Zus. zu Esther 3, 13 de.

Seite 330: Mt. 10, 17 Par. Tert. Scorp. 10, 10. Evang. Petr. 11, 48 f.; 12, 50. 52. W. Bousset, Die Religion des Judentums. 3. Aufl. 1926. 177.

Seite 331: Iustin Tryph. 13, 1. Tert. adv. Iud. 1, 1, 7; idol. 7, 3; Org. Cels. 2, 34; Mart. Pion. 13.

Seite 334: Jeznik v. Kolb, Contra philos. 2, 15; 4, 12 (Weber).

Seite 345: Porphyr. bei Euseb h. e. 6, 19, 7. Vinc. Lerin. commonit. 17 (23) (Jülicher).

Seite 348: Socr. h. e. 7, 13–15.

Seite 350: G. Roeder, Altägyptische Erzählungen und Märchen. 1927. 47. A. H. M. Jones, The Greek City from Alexander to Justinian. 1940. 79.

Seite 353: J. Leipoldt, Schenute von Atripe. 1903. S. 64 f.

Seite 355: J. Leipoldt, Schenute von Atripe. 1903. S. 109 und Text S. 195.

Seite 357: Org. Hom. in Jes. Nav. 5, 5 f.; Cels. 1, 52.

Seite 363: August. serm. 280, 2. Zosim. epist. 3, 6 f. (Migne PL 20 p. 659 f.).

Seite 365: Tert. pall. 4, 1. Tert. pall. 2, 1.

Seite 367: E. Kornemann, Große Frauen des Altertums. 3. Aufl. 1947. S. 318.

Seite 370: Hieron. prol. in Jerem. 1, 4 (CSEL 59 p. 4), vgl. auch 3, 1.

Seite 375: Cyprian op. et el. 19. Mt. 18, 3.

Seite 376: Evang. Thom. bei Hippol. ref. 5, 7, 20, kopt. Text Leipoldt 1967 Nr. 3 (4). August. Conf. 1, 9, 14. Min. Fel. Octav. 37, 5. Org. Hom. in Luk. 15 (Rauer p. 94).

Seite 378: Gangra canon 74 = MSL 67 p. 57.

Seite 380: Acta Mar Simon 9. 1. Kor. 11, 14 f. Ign. ad Polyc. 3, 1.

Seite 381: J. Leipoldt, Jesus und die Frauen. 1921.

Seite 385: Diog. Laert. 7, 175.

Seite 386: Aristid. Apol. 15, 6.

Seite 387: E. Schwartz, Palladiana. ZNTW 36 (1937). 200.

Seite 388: Mt. 5, 28.

Seite 389: K. ZIEGLER, Kallimachos und die Frauen. Antike 13 (1937). 23. BGU 3 Nr. 846. Joh. 16, 21.

Seite 390: 2. Clem. 12, 5. Evang. Aegypt. bei Clem. Al. strom. 3, 9, 63.

Seite 391: 1. Kor. 7, 32–35. Tert. exh. cast. 10; Act. Paul. 1, 5 f. (238 f.). Clem. Al. strom. 3, 13, 92. Method. Olymp. Hymn. 11 (VI) Strophe 1–3.

Seite 392: E. SCHWARTZ, Kyrillos von Skythopolis. 1939. 56. 356 f. Clem. Al. strom. 3, 4, 27, 1–3. Euseb h. e. 3, 29, 2–4. Hippol. ref. 6, 19 f.

Seite 393: W. THEILER, Die zwei Zeitstufen in Pindars Stil und Vers. Untersuchungen zur antiken Literatur. 1970. 148–191.

Seite 394: Mart. Polyc. 9, 3.

Seite 395: Arat Phaenomena 1–6. Plut. ira cohib. 12 (460 f.); Plato Charmid. 163 b f. Org. Cels. 1, 62. Tert. Apol. 46.

Seite 396: Org. Cels. 3, 55.

Seite 400: Plut. cons. ad Apoll. 13. Org. Cels. 5, 33; 8, 70. 73.

Seite 401: 1. Clem. 37, 1–3.

Seite 403: Org. Cels. 7, 8 f.

Seite 405: Org. Cels. 1, 62. Act. Thom. 66.

Seite 407: Act. Joh. 67. Jakob. 5, 4.

Seite 408: A. H. M. JONES, The Greek city from Alexander to Justinian. 1940. 299. Salvian gub. Dei 5, 6, 24–26.

Seite 410: Basil. epist. 223.

Seite 411: Hieron. vir. ill. 81; Photius Lex. 13.

Seite 413: Basil. epist. 189.

Seite 414: Mark. 5, 26. Heraklit frgm. 58 (Diels 1, 163 f.). Jes. Sir. 38, 1 f. Ign. Eph. 7, 2.

Seite 415: Rivista di arch. crist. 26 (1950). 235.

Seite 416: A. ALFÖLDI, Die Kontorniaten. 1942/3. W. HARTKE, Römische Kinderkaiser. 1951. Euseb h. e. 7, 27–30.

Seite 419: Tert. apol. 5.

Seite 420: H. v. SCHÖNEBECK, Beiträge zur Religionspolitik des Maxentius und Konstantin. 1939.

Seite 424: Pap. Giessen Nr. 17; W. Peek, Griech. Grabgedichte. 1960. Nr. 207.

Seite 425: Seneca epist. 26, 10 (III, 5). Jes. Sir. 33, 27. Mt. 20, 27; Mk. 10, 44.

Seite 426: 1. Petr. 2, 18.

Seite 428: Plut. superst. 3 (166 a–c).

Seite 429: Org. Cels. 3, 9.

Seite 430: Theodoret h. e. 2, 17 (Parmentier). Tatian or. 17, 2; 26, 9; 34, 1–35, 1.
Seite 431: Hilar. trin. 1, 38. 1. Kor. 2, 1–4.
Seite 432: Tatian or. 26, 9.
Seite 433 f.: Vinc. Lerin. commonit. 17 (23) (Jülicher).
Seite 435: Greg. Naz. or. 42, 26.
Seite 438: Hieron. vir. ill. 27; Euseb h. e. 4, 23.
Seite 442: Tert. Apol. 40.
Seite 443: Firm. Matern. err. 20, 5. Arnob. adv. nat. 3, 1, 66 b (Marchesi). Tert. Scap. 2, 1.
Seite 457: 1. Petr. 1, 3–5.
Seite 458: Athenaios Deipn. 6, 253 d e. Corp. Herm. 1, 31.
Seite 459: Clem. Al. protr. 11, 114, 1 (88). Greg. Naz. MSG 37 S. 512 f. 1. Clem. 59, 3. Sibyll. 1, 138–140.
Seite 460: Act. Andr. 3, 19 (II, 1 p. 23). Tibull. 1, 3, 27 f. Theocr. 15, 149. Synes. hymn. 1 (3), 1–28. 359–368 (Terzaghi).
Seite 461: Apost. Konst. 8, 12 (Funk).
Seite 462: 1. Clem. 20, 9 f. Prudent. liber cath. 1, 1–16; 2, 1–8.
Seite 463: Synes. hymn. 2 (4), 28–43 (Terzaghi).
Seite 464: J. KROLL, Die christliche Hymnodik. Sonderausgabe 1968. 2. Tim. 2, 11 f. Ign. Eph. 7, 2. Apost. Konst. 8, 12, 30 f. Act. Joh. 77. Act. Andr. 2, 1 (p. 38). J. KROLL, Gott und Hölle. 1932. 18.
Seite 465 f.: CSEL 65 Pars 4 p. 217–223; A. S. WALPOLE, Early Latin hymns. 1922. Nr. 1, 1–23 (S. 5–8).
Seite 466: Synes. hymn. 3 (5), 1–7 (Terzaghi).
Seite 467: 1. Tim. 3, 16. Act. Joh. 81. Boeth. cons. phil. 3 poet. 12, 3 f. (Gothein p. 198).
Seite 468: Greg. Naz. carm. 1, 1, 29 ff. W. BULST, Hymni Latini antiquissimi. 1956. Hymn. I, 1. Strophen 1 f. 5–8; CSEL 65 Pars 4 p. 209 f. Clem. Al. protr. 10, 109 (86).
Seite 469: Synes. hymn. 4 (6), 1–7 (Terzaghi). Euseb h. e. 5, 28, 5. P. MAAS, Frühbyzantin. Kirchenpoesie 1. 2. Aufl. 1931 Nr. 2
Seite 470: Ephes. 5, 14. A. S. WALPOLE, Early Latin hymns. 1922. Nr. 2, 1–8; 81, 1–4 (S. 293). Prudent. liber cath. 3, 11–15; 4, 1–3.
Seite 471: A. S. WALPOLE, Early Latin hymns. 1922 Nr. 61, 1 f. (S. 259). G. BJÖRCK, Der Fluch des Christen Sabinus. 1938.
Seite 472: Nonnos, Paraphr. 1, 1–3 (Janssen). Prudent. liber cath. 9, 1–3. Paulin. Nol. carm. 21, 348–350 (v. Hartel).
Seite 473: WILAMOWITZ, Kleine Schriften 2. 1941. 171. P. MAAS, Frühbyzantin. Kirchenpoesie 1. 2. Aufl. 1931 Nr. 1.
Seite 485: G. VEZIN, L'adoration et le cycle des mages. 1950. 3. F.

Wachtsmuth, Der Raum 2. 1935. S. V–VII, vgl. 116. 141. 154 f. 181–184. J. Strzygowski, Der Mittelmeerglaube in der altchristlichen Kunst und die Tatsachenwelt von Asien und Europa. (Oriens Christ. 29 3. Serie 7. Band). 1932. 233.

Seite 494: Paulin. Nol. epist 32, 15 (von Hartel). Paulin. Nol. epist. 32, 12 (von Hartel).

Seite 497: Act. Joh. 28 f. Plut. Arat 13 (1032 e – 1033 a).

Seite 507: Clem. Al. protr. 4, 65, 5 (50).

Seite 514: Paulin. Nol. carm. 27, 393 f. (von Hartel).

Seite 526: C. Schneider, Studien zum Ursprung liturgischer Einzelheiten östlicher Liturgien. 1. Katapetasma. Kyrios 1 (1936). 57–73.

Seite 528: Joh. 6, 53–56.

Seite 532: Act. Joh. 109. Clem. Al. quis div. 23, 4 (948). Iustin Apol. 1, 66. C. H. Roberts-B. Capelle, An early euchologium. The Dêr-Balizeh papyrus. 1949. 24 f.

Seite 535 f.: Servius in Verg. ecl. 5, 73 (G. Thilo 1887 S. 63).

Seite 537: S. Euringer, Die aethiopische Anaphora unserer Herrin Maria. Oriens Christ. 34 (3. Ser. 12. Band) 1937. 97.

Seite 542: Hermas vis. 3, 1, 6.

Seite 543: Jakob. 5, 16. Tert. paen. 9, 4.

Seite 544: Demosth. coron. 259 f. Act. Thom. 50.

Seite 549: Act. Thom. 52. Pap. Ox. 5 Nr. 840.

Seite 550: Cypr. ad Donat. 3 f. Clem. Al. protr. 12, 120, 1 (92 f.).

Seite 552: August. sermon. 273. 280. Sulpic. Sever. epist. 3, 16–21 (Hahn p. 149–151).

Seite 557: Tert. Apol. 42, 4.

Seite 560: Pap. Bremen Nr. 15 (Abh. Berl. Akad. Phil.-Hist. 1936/7 S. 47) Zeile 31–34.

Seite 564: Porphyr. abst. 2, 34.

Seite 565: 1. Kor. 10, 15–17. Dion. Areop. eccl. hier. 2, 3, 2. Gal. 3, 13.

Seite 566: 2. Clem. 14, 1–3. Od. Salom. 20, 1 ff. Tert. pud. 21, 17; exh. cast. 7.

Seite 568 f.: E. von Dobschütz, Christusbilder. 1899. 19. Cypr. epist. 73, 21. Cypr. eccl. un. 6. A. Beck, Römisches Recht bei Tertullian und Cyprian. 1930.

Seite 570: Ign. Smyrn. 8 f.

Seite 571: Ign. Rom. 4, 3. Pseudoclem. Hom. 3, 59, 1–62, 4. Vinc. Lerin. commonit. 2 (3) (Jülicher)

Seite 587: Gal. 6, 6. F. Gregorovius, Geschichte der Stadt Rom im Mittelalter. 5. Aufl. 1910. Bd. 1 S. 13 f.

Seite 594: Org. Cels. 1, 29.

Seite 595: 1. Kor. 3, 22 f.

Seite 599: Paulin. Nol. CSEL 30 Appendix carmen 2, 51–60 (von Hartel S. 349). F. J. DÖLGER, Antike und Christentum 3 (1932). 226 f.
CIL 3, 1 Nr. 735 vom Jahre 388.

Seite 600: Act. Apost. 17, 18–21.

Seite 602: Cypr. ad Demetr. 4.

Seite 603: Tert. Apol. 2, 7–9.

Seite 607: A. MINGANA, The vision of Theophilus. Woodbrooke Studies 3 (1931). 8 und Anm. 1.

Seite 610: K. LATTE, Die Religion der Römer und der Synkretismus der Kaiserzeit. 1927. 88 Nr. 47.

Seite 611: J. WYTZES, Der Streit um den Altar der Viktoria. 1936; H. A. POHLSANDER, Victory, the story of a statue. Historia 18 (1969). 588–597.

Seite 615: Arnob. ad nationes 6, 26, 134 (Marchesi).

Seite 621: Optat. Milev. 1, 22 (Ziwsa = CSEL 36).

Seite 624: August. Sermo de excidio urbis Romae. Corp. Christian. S. L. 13, 2. 1969.

Seite 625: Lact. div. inst. 7, 15, 11. Euseb ad coet. sanct. 26 (Heikel).

Seite 627: Iren. haer. 1, 10, 2.

Seite 629: Apok. 7, 17; 21, 4.

NAMENREGISTER

SACHREGISTER

(Auswahl)